日本思想大系 3

律令

井上光貞
関晃
土田直鎮
青木和夫

岩波書店刊行

目次

凡例

一、本書には養老律令を収録する。律は写本として残存する部分と、名例律(下)の逸文(『唐律疏議』で補う)を収録する。令は『令義解』『令集解』の写本が残存する部分について、それらより令文を抽出したものを掲げ、残りの部分は逸文を掲げた。

一、底本は次の通りである。

〔律〕

名例律(上)　賊盗律——内閣文庫蔵紅葉山文庫本『律』

衛禁律　職制律——東洋文庫蔵広橋家本『律』(『吉部秘訓抄』紙背)

闘訟律——東京国立博物館蔵九条家本延喜式紙背(『古簡集影』による)

〔令〕

官位令　戸令　田令　賦役令　学令　選叙令　継嗣令　考課令　禄令　宮衛令　軍防令　儀制令　衣服令　営繕令

公式令　関市令　捕亡令　獄令　雑令——内閣文庫蔵紅葉山文庫本『令義解』

神祇令——宮内庁書陵部蔵藤波本『神祇令』

僧尼令——国学院大学蔵猪熊本『令義解』

職員令　後宮職員令　東宮職員令　家令職員令　厩牧令　假寧令　喪葬令——無窮会蔵『令集解』

一、逸文である倉庫令、医疾令の作成においては、復原された条文の字句の下端に逸文の収載されている史料名をあらわす(一)(二)…を付し、出典を示した。名例律(下)の作成については、四三頁に凡例を掲げた。

一、令の巻別編成は『養老令』十巻の巻別編成(『本朝法家文書目録』所収「養老令」目録)によった。『令義解』の巻別編成にはよらない。

＊　＊　＊

一、条文ごとにまず原漢文を掲げ、その後に訓読文を付した。本注は本行中に一行小字で示した。律の疏は原文中に二行割書で掲げ訓読文では省いた。なお名例律(下)は訓読文は掲げず、また疏は省いた。

一、条文には各篇目ごとに条文番号をつけた。律については養老律写本によらず、すべて『唐律疏議』にもとづく番号によった。但し、令逸文の条文番号は適宜つけたものであるので( )で括った。また底本に記入されている条文名を〔 〕で括り頭注欄に掲げた。底本に条文名の記入のないものについては適宜これをつけ( )で括った。

一、原文には、句点・返り点を付した。句点は、訓点のある底本については、その句点・読点及び訓読を参酌しつつ施し、適宜省略・補入した。底本に訓点がない場合はこれに准じた。返り点は、訓点のある底本では返り点のある場合とない場合が混在するが、底本の訓読にしたがって記入した。ただし底本の訓読を誤りと認めた場合は独自に施し、その旨を訓読注に掲記した。

一、字体は概ね通行の字体を用いるが、一部旧字体を残したものもある。

1異体字を通行の字体に改めた例

敍→殺　蔫→篤　弃→棄　羕→承　婚→婚　灾→災　珎→珍　囙→因　ホ→等　盖→蓋　烝→丞　㪴→料

ただし、改めなかったものもある(例　柒・㚊・掭)

2字義があい通ずると認めて改めた例

萠→簡(ふだまたはえらぶの意の場合)　薄→簿(帳簿の意の場合)　藉→籍(戸籍の意の場合)　籍→藉(よるの意の場合)　暑→署(署名の意の場合)　挍→校

3旧字体を用いた例　　證(証)　假(仮)　藝(芸)　畫(画)

一、底本の文字を改訂した場合、諸本に参考とすべき異文がある場合、また諸本に体裁の異同がある場合、原文の文字の右傍にアラビア数字をつけることによって校異を参照すべきことを示した。但し、校異の掲出は重要なものに限りできるだけ小範囲にとどめた。校異の凡例は七〇二頁に掲げた。校合本については解題を参照されたい。

一、訓読文の作成にあたって、訓点の施されている紅葉山文庫本及び藤波本・猪熊本を底本とする部分については、できるだけ底本の訓読に従うことを基本方針とした。その他の諸本を底本とする部分は、これに准じた。

一、訓読文には句点と読点を併用した。また必要に応じ適宜並列点(・)を用いた。

一、訓読にあたっての参考として訓読注を設け、巻末に一括した。原文中の該当文字の右傍に漢数字を付すことによって参照すべきことを示した。訓読注の凡例は七一四頁に掲げた。

一、訓読文の作成についてのより詳細な方針については、解題を参照されたい。

＊　　＊　　＊

一、注解を施した語句には、原文中に＊をつけた。

一、頭注に収めきれない事柄、また別に論ずべき事柄は補注として巻末に一括した。

一、補注番号は条文番号によって示し、数項目にわたる場合はさらにａｂｃ…で示した。

一、条文ごとに、当該条文の趣旨を説明する注解を付した。また各篇目の冒頭に当該篇目の全体を説明する注解を設け、頭注欄に☆で示した。

一、↓は、参照すべき関連条文あるいは頭注・補注があることを示す。参照にあたって以下の方針をとった。

(a) 本書に収録されているものについては、各篇目の名称は全て二字の表記に略称する。

(例、名例律↓名例　後宮職員令↓後宮　戸令↓戸令)

本書に収録されていないもの(律に限られる)については略称を使わない。

(例、戸婚律　詐偽律　捕亡律)

(b) 参照条文の指示は全て条文番号による。本書に収録されない唐律及び日本律逸文の場合は、唐律疏議にもとづく条文番号によった。

(c) 頭注・補注を参照させる場合、それぞれ注・補と略称する。↓戸令補3d、とあれば、戸令第3条の補注のd(第4項)を見よ、の意である。

一、引用文中において〈 〉で括られたものは、本注であることを示す。

一、令の注解にあたっては、その注釈書である『令義解』『令集解』に論及することが多いが、その引用・参照に際しては次の方針をとった。

(a) 『令集解』所載の諸説を指示する際には、集解、と冠することはしない(例、「古記」「跡記」「穴記」等。但し、「或云」のみ「集解或説」とする)。「釈云」「朱云」はそれぞれ「令釈」「朱説」とする。

(b) 「集解諸説」と総称した場合には、原則として「義解」も含むものとする。

一、主な引用書目の略称は次の通りである。

紀・書紀―日本書紀　続紀―続日本紀　後紀―日本後紀　続後紀―続日本後紀　文徳実録―日本文徳天皇実

録　三代実録―日本三代実録　和名抄―和名類聚抄　名義抄―類聚名義抄　疏議・唐律疏議―故唐律疏議

また「延喜式」は誤解のおそれのない限り、延喜、とは冠しなかった。例えば「弾正式」とあれば「延喜弾正台式」の意である。

＊　＊　＊

一、本書の執筆分担は次の通りである。

(a) 原文・訓読文の整定及び校異・訓読注の作成は、吉田孝(律)・早川庄八(令)があたり、築島裕氏の指導により補訂した。

(b) 注解は、主として次のような分担のもとに原稿を作成し、井上光貞・青木和夫が全体的な整理統一を行なった。

名例律―青木和夫　衛禁律―笹山晴生　職制律―吉田孝　賊盗律・闘訟律―関晃

官位令・職員令・後宮職員令―青木和夫　東宮職員令・家令職員令―早川庄八　神祇令・僧尼令―井上光貞

戸令・田令・賦役令―吉田孝　学令・選叙令―土田直鎮　継嗣令・考課令―加藤晃　禄令・宮衛令・軍防令―笹山晴生　儀制令・衣服令・假寧令―黛弘道　営繕令・捕亡令・獄令・雑令―森田悌　公式令―早川庄八・柳雄太郎　倉庫令・廐牧令・医疾令・喪葬令・関市令―関晃

一、律及び令の一部について滋賀秀三・池田温氏の、神祇令について西田長男・宮地治邦氏の、僧尼令について平川彰氏の、選叙令・考課令について野村忠夫氏の、医疾令について酒井シヅ氏の、それぞれ高教にあずかった。また、引用文の校正・検討について菊地礼子氏の助力を得た。

律

律* 目録

名例第一*1　衛禁第二*　職制第三*　戸婚第四*　廐庫第五*　擅興第六*

賊盗第七*　闘訟第八*　詐偽第九*　雑律第十*　捕亡第十一*　断獄第十二*

1 笞罪五　笞十贖銅一斤*1-1　笞廿贖銅二斤　笞卅贖銅三斤　笞冊贖銅四斤　笞五十贖銅五斤

笞（ち）罪（ざい）五　笞十贖（ぞく）銅（どう）一斤（こん）　笞廿贖銅二斤　笞卅贖銅三斤　笞冊贖銅四斤　笞五十贖銅五斤

2 杖罪五　杖六十贖銅六斤　杖七十贖銅七斤　杖八十贖銅八斤　杖九十贖銅九斤　杖一百贖銅十斤

杖（ちやう）罪五　杖六十贖銅六斤　杖七十贖銅七斤　杖八十贖銅八斤　杖九十贖銅九斤　杖一百贖銅十斤

3 徒罪五　徒一年贖銅廿斤　徒一年半贖銅卅斤　徒二年贖銅冊斤　徒二年半贖銅五十斤　徒三年贖銅六十斤

徒（づ）罪五　徒一年贖銅廿斤　徒一年半贖銅卅斤　徒二年贖銅冊斤　徒二年半贖銅五十斤　徒三年贖銅六十斤

4 流罪三　近流贖銅一百斤　中流贖銅一百廿斤　遠流贖銅一百冊斤

流（る）罪三　近（ごん）流贖銅一百斤　中（ちう）流贖銅一百廿斤　遠（をん）流贖銅一百冊斤

5 死罪二　絞斬二死　贖銅各二百斤

☆**名例律**―名は刑名、例は法例〈唐律疏議〉。刑罰の名称や律全体の通則を集めた篇目。→補☆a。**律目録**―律全体の目次と五罪・八虐・六議までにかかる標題。→補☆b。

名例―以下、唐律疏議の条数と写本として残存する養老律の条数とを比較すると、唐五十七条、日本三十二条存。**衛禁**―唐三十三条、日本十四条存。**職制**―唐五十九条、日本五十六条。**戸婚**―唐四十六条、日本逸。**廐庫**―唐二十八条、日本逸。**擅興**―唐二十四条、日本逸。**賊盗**―唐五十四条、日本五十三条。**闘訟**―唐六十条、日本三条存。**詐偽**―唐二十七条、日本逸。**雑律**―唐六十二条、日本逸。**捕亡**―唐十八条、日本逸。**断獄**―唐三十四条、日本逸。合計唐五百二条、日本百五十八条存。

1 〔笞罪条〕長三尺五寸の笞で臀を打つ刑。→獄令63。唐律は笞刑、以下の五罪もみな刑。罪と刑→補1。

笞十贖銅一斤―笞十、又は贖銅一斤の意。以下同。贖銅→名例補11a。唐律は「笞一十」以下5条の「絞斬」までを本文とし、「贖銅」云々はすべて注とする。→補☆b。

2 〔杖罪条〕杖で臀を打つ刑。杖の長さは笞と同じだが径は一分太い。→補2。

3 〔徒罪条〕今日の懲役刑。→補3。

4 〔流罪条〕唐律は「流刑三。二千里〈贖銅八十斤〉。二千五百里〈贖銅九十斤〉。三千里〈贖銅一百斤〉」。→補4。流人の「召令入京」と「不在赦限」との使いわけの例、続紀、天平十二年六月甲午条。

5 〔死罪条〕唐律は「死刑二。絞斬〈贖銅一百二十斤〉」。→補5。

死罪二　絞斬二死　贖銅各二百斤

6　八虐

八虐

(1)一曰。謀反。謂。謀危国家。謂。臣下将図逆節。而有無君之心。不敢指斥尊号。故託云国家。

一に曰はく、反を謀る。謂はく、国家を危せむと謀れるをいふ。

(2)二曰。謀大逆。謂。謀毀山陵及宮闕。謂。有人獲罪於天。不知紀極。潜思釈憾。将図不逞。遂起悪心。謀毀山陵及宮闕。

二に曰はく、大逆を謀る。謂はく、山陵及び宮闕を毀たむと謀れるをいふ。

(3)三曰。謀叛。謂。謀背圀従偽。謂。有人謀背本朝。将投蕃国。或欲翻城従偽。或欲以地外奔。

三に曰はく、叛を謀る。謂はく、圀を背きて偽に従へむと謀れるをいふ。

(4)四曰。悪逆。謂。殴及謀殺祖父母父母。殺伯叔父。姑。兄姉。外祖父母。夫。夫之父母。殴。謂。殴撃。謀。謂。計謀。自伯叔以下。即拠殺訖。若謀而未殺。自当不道。悪逆者。常赦不免。決不待時。不道者。会赦合原。唯止除名而已。以此為別。故立制不同。

四に曰はく、悪逆。謂はく、祖父母・父母を殴ち、及び殺さむと謀り、伯叔父・姑・兄姉・外祖父母・夫・夫の父母を殺せるをいふ。

(5)五曰。不道。謂。殺一家非死罪三人。支解人。謂。一家之中。三人被殺。倶無死罪者。若三人之内。有一人合死。及於数家各殺二人。唯合死刑。不入八虐。或殺一家三人。本条罪不至死。亦不入八虐。支解人。謂。殺人支解。亦拠本罪合死者。造畜蠱毒厭魅。謂。造合成蠱。雖非造合。乃伝畜之。堪以害人者皆是。即未成者。不入八虐。厭魅其事多端。不可具述。皆謂。邪俗陰行不軌。欲令前人疾苦及死者。若殴告及謀

6〔八虐〕律の諸条文から支配秩序を揺がす諸罪を抽出して八条に分類命名し、罪の軽重を定めた各条とは別に、罪の性質を明らかにした部分。謀叛条以前は各条がそのまま一個の罪名だが、悪逆条以後は各条とも数個の罪の総称。唐律の十悪を模倣。↓補6a。裁判や行刑を厳しくし、威嚇効果を持たせている。↓補6b。数えるには八条に分つ。↓補6c。八虐全体を一条とし、呼称するには八虐該当律条一覧↓補6d。

(1)〔謀反条〕君主に対する殺人予備罪。謀反の実例は↓補6e。**謀反**―慣用音ムヘン。謀は、二人以上の共同謀議、又は一人でも犯行が計画的な場合(名例55)。謀のみで極刑の斬(賊盗1)なので実行に移った場合の「反」は論ずる必要がなかった。**国家**―唐律では社稷。社稷も国家も直接に皇帝・天皇などの尊号を指称するのを憚ったもの(疏)。

(2)〔謀大逆条〕御陵・皇居の損壊を謀る罪。刑は絞、実行に移れば「大逆」として斬(賊盗1)。**宮闕**―闕は宮殿正門両側の物見台。転じて皇居。皇居の中門以内(名例律裏書)。

(3)〔謀叛条〕亡命・敵前逃亡・投降などを謀る罪。今日の外患罪を含む。刑は絞、実行に移れば斬(賊盗4)。**謀叛**―慣用音ムホン。謀反と謀叛との別↓補6f。**圀**―国の則天文字。↓補6g。**偽**―正統でない支配者。反乱者や蕃国。

(4)〔悪逆条〕直系尊属に対する暴行・殺人予備、二等親以内の尊属・長上と外祖父母とに対する殺人の罪。**殴**―蹴る場合も含む。**殺**―既遂。未遂は不道(不道条の疏)。**姑**―父の姉妹。

殺伯叔父。姑。兄姉。外祖父母。夫。夫之父母。（謀殺伯叔等。殺訖。即入悪逆。今直言謀殺。不言故闘。若故闘殺訖。亦入不道。挙謀殺未傷是軽。明故闘已殺是重。軽重相明。理同八虐。）殺四等以上尊長（依令。従祖伯叔父姑。舅。姨。再従兄姉等是。）及妻。

五に曰はく、不道。謂はく、一家に死罪に非ざる三人を殺し、人を支解し、蠱毒を造畜し、厭し魅し、若しくは、伯叔父・姑・兄姉・外祖父母・夫・夫の父母を殴ち、告し、及び殺さむと謀り、四等以上の尊長及び妻を殺せるをいふ。

(6) 六曰。大不敬。謂。毀大社。及盗大祀神御之物。（神御物者。謂。大幣者。大社神宝亦同。）乗輿服御物。（乗輿服御物者。謂。主上服御之物。人主以天下為家。乗輿巡幸。不敢指斥尊号。故託乗輿以言之。本条注云。服通衾茵之属。真副等。皆須監当之官部分擬進。乃為御物。）盗及偽造神璽。内印。（神璽者。謂。依令。践祚之日。中臣奏天神之寿詞。忌部上神璽之鏡剱。）合和御薬。誤不如本方。（謂。合和御薬。雖憑正方。中間錯謬。誤違本法者。）及封題誤。（謂。依方合訖。封題有誤。若以丸為散。応冷言熱之類。）若造御膳。誤犯食禁。（営造御膳。須憑食経。而所司誤不依経。即是不敬。）御幸舟船。誤不牢固。（帝王所之。莫不慶幸。舟船既擬供御。故曰御幸舟船。工匠造船。備尽心力。誤不牢固。即入此条。但御幸舟船以上三事。皆為因誤得罪。誤未進御。亦同八虐。如其故為。即従謀反科罪。其監当官司。准法減科。不入不敬。）指斥乗輿。情理切害。（此謂。情有觖望。発言謗毀。指斥乗輿。情理切害者。若使無心怨天。唯欲誣構人罪。自依反坐之法。不入八虐之条。）及対捍詔使。而無人臣之礼。（謂。奉詔出使。宣布四方。有人対捍不恭詔命。而無人臣之礼者。詔使者。奉勅定名。及令所司差遣者是。）

六に曰はく、大不敬。謂はく、大社を毀ち、及び大祀の神御の物、乗輿の服御の物を盗み、神璽・内印を盗み、及び偽りて造り、御薬を合和するに、誤ちて本方の如くにせず、及び封題誤てるをいふ。若しくは、御膳を造るが、誤ちて食禁を犯せる、御幸の舟船、誤ちて牢く固くせず、乗輿を指斥するが、情理切害ある、及び詔使に対ひ捍むで、人臣の礼無きをいふ。

(5) 〔不道条〕大量殺人、残虐な殺人、呪術による傷害殺人など非人道的な罪、および二等親以内の尊属・長上と外祖父母とに対する暴行・告訴告発・殺人予備、四等親以内の尊属・長上に対する殺人の罪。唐律の不道・不睦両条を合成。**殺一家非死罪三人**―構成要件は被害者が同一家族でかつ三人中一人も死刑に相当する罪を犯していないこと(疏・賊盗12)。**支解人**―肢体切断による殺人や焼殺など(疏・賊盗12)。**造畜**―製造および所持。**蠱毒**―或る種の毒虫から製造した毒(賊盗15)。**厭魅**―諸種の呪術(疏・賊盗17)。蠱毒と厭魅の別→補6h。**若**―以下は唐律の不睦条にほぼ相当。**告**―告訴・告発。**尊長**―尊は尊属、世代が上の親族。長は長上、年長の親族。

(6) 〔大不敬条〕天皇に対し不敬にあたる諸罪。→補6i。**毀大社**―日本律の附加。大社は伊勢神宮か。**大祀神御之物**―大嘗祭の大幣。伊勢の神宝も含む(疏・神祇10・職制89)。**乗輿服御物**―天皇の衣服調度の類。皇后・皇太子らのそれもこれに準ずる(名例51)。**神璽**―神器である鏡と剣(疏)。→神祇13・公式補40。**内印**―天皇御璽(公式40)。**合和御薬**→職制12。**造御膳**→職制13。**御幸舟船**→職制14。以上三者は過失の場合で、故意ならば謀反。直接責任者たる医師・典膳・工匠の刑はいずれも徒三年。監督官は連座するが大不敬にはならない(疏・職制12 13 14)。**指斥乗輿**―天皇を誹謗。刑は斬(職制32)。他人が指斥乗輿したと誣告した場合は、誣告反坐(名例53)になるが大不敬にはならない(疏)。**対捍詔使**―刑は絞(職制32)。

(7)七曰。不孝。謂。告ニ言詛ニ詈祖父母父母一。本条直云ニ告ニ祖父母父母一。此注兼云ニ告言一。文雖レ不レ同。其義一也。詛猶レ呪也。詈猶レ罵也。依ニ本条一。詛欲レ令ニ死及疾苦一。皆以ニ謀殺一論。自当ニ悪逆一。唯詛求ニ愛媚一。始入ニ此条一。依ニ賊律一。子孫於ニ祖父母父母一求ニ愛媚一而厭呪者。徒二年。厭呪雖ニ復同文一。理乃詛軽厭重。但厭ニ魅凡人一。則入ニ不道一。若呪詛者。不レ入ニ八虐一。例云。其応レ入レ罪者。則挙レ軽以明レ重。然呪詛是軽。尚入ニ不孝一。厭魅是重。亦入ニ此条一。及祖父母父母在。別籍異財。謂。祖父母父母在。子孫就養無レ方。出告反面。無ニ自専之道一。而有ニ異財別籍一。情無ニ至孝之心一。名義以レ之俱淪。情節於レ玆並棄。稽ニ之典礼一。罪悪難レ容。二事既不ニ相須一。違者。並当ニ八虐一。居ニ父母喪一。身自嫁娶。若作レ楽釈レ服従レ吉。居ニ父母喪一。身自嫁娶。皆謂。首従得レ罪者。若其独坐ニ主婚一。男女即非ニ不孝一。所ニ以称ニ身自嫁娶一者。以レ顕下主婚不レ同ニ八虐一故也。其男夫居レ喪娶レ妾。合レ免ニ所居一官一。女子居レ喪為レ妾。得レ減ニ妻罪一二等一。並不レ入ニ不孝一。若作レ楽者。自作遣レ人等。楽。謂。撃ニ鍾鼓一。奏ニ糸竹匏磬塤篪一。歌舞散楽之類。釈レ服従レ吉。謂。喪制未レ終。而在ニ十三月之内一。釈ニ去縗衣一。而着ニ吉服一者。聞ニ祖父母父母喪一。匿不ニ挙哀一。詐称ニ祖父母父母死一。依レ礼。聞ニ親喪一。以レ哭答ニ使者一。尽レ哀而問レ故。父母之喪。創巨尤切。聞即崩殞。擗踊号レ天。今乃匿不ニ挙哀一。或簡ニ択時日一者。並是。其詐称ニ祖父母父母死一。謂。祖父母父母見在。而詐称レ死者。若先死。而詐称ニ始死一者非。姧ニ父祖妾一。

七に曰はく、不孝。謂はく、祖父母・父母を告言・詛詈し、及び祖父母・父母在るとき、別籍・異財し、父母の喪に居て、身自ら嫁娶し、若しくは楽を作し、服を釈いて吉に従ひ、祖父母・父母の喪を聞いて、匿して挙哀せず、詐りて祖父母・父母死にたりと称し、父祖の妾を姧せるをいふ。

(8)八曰。不義。謂。殺ニ本主一。本国守。見受レ業師一。本主者。依レ令。親王及五位以上。得ニ帳内資人一。於ニ所レ事之主一。名為ニ本主一。見受レ業師。謂。見受ニ経業一大学国学者。私学亦同。若已成レ業者。雖ニ先去レ学一。並同ニ見受レ業師之例一。吏卒殺ニ本部五位以上官長一。吏。謂。史生使部。卒。謂。防人衛士之類。其有レ殺ニ本部五位以上官長一。並入ニ此条一。及聞ニ夫喪一。匿不ニ挙哀一。若作レ楽。釈レ服従レ吉。及改嫁。夫者。妻之天也。恩義既隆。聞レ喪。即須ニ号慟一。而有ニ匿レ哀不レ挙。居レ喪作レ楽。釈レ服従レ吉。改嫁忘レ憂。皆是背レ礼違レ義。故俱為ニ八虐一。其改嫁為レ妾者非。

(7)〔不孝条〕直系尊属に対する諸罪。悪逆ほど甚しくないもの。唐律の不孝・内乱両条を合成。**告言**―告(不道条)、訴など皆同じで、今日の告訴と告発の両者を含めた意。直系尊属を訴えれば絞(闘訟律44)。**詛**―単なる呪詛でなく、目的は「求愛媚」だが厭魅(えんみ)を加えた厭呪(疏)。刑は徒二年(賊盗17)。**詈**―面と向かって罵詈すれば徒三年(闘訟律28)。**別籍・異財**―戸籍・財産のどちらでも子孫が勝手に分けると徒二年(戸婚律6)。この次に、唐律には「若供養有闕」とあるが、日本律は削除。**父母喪**―期間は一年(喪葬17)。祥月を加えて十三カ月。**身自嫁娶**―当人たちの意志で結婚すれば徒二年(戸婚律30)。結婚が保護者の意向、又は妻でなく妾ならば、不孝にならない(疏)。**作楽・釈服従吉**―自ら演奏すると否とに拘らず音楽を聞き、又は喪服を平服に着換えれば、いずれも徒一年半(職制30)。**聞喪**―死去に際して。**匿不挙哀**―刑は二年(職制30)。**詐称**―刑は徒一年半(詐偽律22)。大宝律は徒二年半(假寧3古記)。**姧父祖妾**―唐律では内乱条。日本律での刑は徒二年半。→補6j。

(8)〔不義条〕礼義に反する諸罪。**本主**―本来は所有者の意(例、戸令40 44・廏牧19・捕亡4他)。ここでは帳内・資人の仕える親王や五位以上(疏)。唐律では「本属」の「府主」。**本国守**―唐律では本属の「刺史・県令」。県令に相当する郡領を日本律では省く。本主や本貫地の国守を殺せば斬(賊盗5)。**見受業師**―大学・国学・私学での師。「見」は現在の意。疏は卒業生にとっての旧師も同じとするが、唐律の疏は私学と旧師を含めない。**吏**

八に曰はく、不義。謂はく、本主、本国の守、見に業受けたる師を殺し、吏卒、本部の五位以上の官長を殺し、及び夫の喪を聞きて、匿して挙哀せず、若しくは楽を作し、服を釈いて吉に従ひ、及び改嫁せるをいふ。

7 六議

六議

(1)一曰。議レ親。謂。*皇親。及皇帝五等以上親。及太皇太后。皇太后四等以上親。（太皇太后者。皇帝祖母也。皇太后者。皇帝母也。）皇后三等以上親。

一に曰はく、親を議る。謂はく、皇親及び皇帝の五等以上の親、及び太皇太后・皇太后の四等以上の親、皇后の三等以上の親をいふ。

(2)二曰。議レ故。謂。故旧。（謂。宿得二侍見一。特蒙二接遇一歴久者。）

二に曰はく、故を議る。謂はく、故旧をいふ。

(3)三曰。議レ賢。謂。有二大徳行一。（謂。賢人君子言行可レ為二法則一者。）

三に曰はく、賢を議る。謂はく、大徳行有るをいふ。

(4)四曰。議レ能。謂。有二大才藝一。（謂。能整二軍旅一。莅二政事一。塩二梅帝道一。師二範人倫一者。）

四に曰はく、能を議る。謂はく、大才藝有るをいふ。

(5)五曰。議レ功。謂。有二大功勲一。（謂。能斬レ将搴レ旗。推二鋒万里一。或率レ衆帰化。寧二済一時一。匡二救艱難一。若遠使二絶域一。経二渉険難一者。）

五に曰はく、功を議る。謂はく、大功勲有るをいふ。

卒―疏は唐律の疏に倣い、吏を史生・使部ら、卒を防人・衛士らと区別するが、要するに雑任以下の意。官戸・官奴婢も含む(賊盗5)。令では使わぬ語。**官長**―次官以上(宮衛4 17)。雑任以下と五位以上官長との関係は、上文の帳内・資人らと本主との関係と類比され、刑も同じ(賊盗5)。**夫喪**―喪の期間も「不挙哀」「作楽」「釈服従吉」「改嫁(身自嫁)」の場合の刑も、上条の「父母喪」の場合と同じ。**改嫁**―再婚(戸令26)。妻でなく妾になると徒一年(戸婚律30)だが不義にはならない(疏)。

7 〔六議〕律の適用に際して議という優遇を受ける(名例8)資格を六条に分類命名した部分。議親・議貴は客観的だが、他の四条は結局天皇の認定に拠るか。唐律の八議を整理。数えるには六議全体を一条とし、呼称するには六条に分つ。→補7a。

(1) 〔議親条〕天皇の血族と姻族とを特定の範囲内で、議すべき「親」とする。**皇親及皇帝五等以上親**―皇親と天皇の五等以内の親とは別の範疇。大宝律との相違→補7b。

(2) 〔議故条〕多年の側近で天皇から厚遇されている人物を、議すべき「故」とする。

(3) 〔議賢条〕賢人・君子ともよぶべき人物を、議すべき「賢」とする。

(4) 〔議能条〕司令官としても政治家としても優れた人物を、議すべき「能」とする。

(5) 〔議功条〕国難に際して武功を挙げ、又は艱難を顧みず海外に使した人物を、議すべき「功」とする。

(6) 〔議貴条〕三位以上を、議すべき「貴」とする。散位も同じ(名例律裏書)。

(6)六曰。議㆑貴。謂。三位以上。

六に曰はく、貴を議る。謂はく、三位以上をいふ。

*名例律第一　*凡弐拾伍条

8 凡六議者。犯㆓*死罪㆒。*皆条㆓所㆑坐及応㆑議之状㆒。*先奏請議。*議定奏裁。〔此名㆓議章㆒。六議人犯㆓死罪㆒者。皆条録㆓所㆑犯応㆑死之坐㆒。及録㆓親故賢能応㆑議之状㆒。先奏請議。依㆑令。於㆑官集議。議定奏裁。〕*議者。*原㆑情議㆑罪。*称㆓定㆑刑之律㆒。而不㆓*正決㆒之。〔原㆑情議㆑罪者。謂。原㆓其本情㆒。議㆓其犯罪㆒。称㆓定㆑刑之律㆒。而不㆓正決㆒之者。謂。奏状之内。唯云。准㆑犯依㆑律合㆑死。不㆓敢正言㆓絞斬㆒。故云㆑不㆓正決㆒之。〕流罪以下。*減㆓一等㆒。其犯㆓*八虐㆒者。不㆑用㆓此律㆒。〔流罪以下。犯状既軽。所司減訖。自依㆓常断㆒。其犯㆓八虐㆒者。死罪不㆑得㆓上議㆒[1]。流罪以下。不㆑得㆓減罪㆒。故云㆑不㆑用㆓此律㆒。〕

凡そ六議の者、死罪犯せらば、皆坐する所、及び議すべき状を条にして、先づ奏請して議せよ。議定して奏裁せよ。議といふは、情を原ねて罪を議り、刑定むる律を称して正決せざるぞ。流罪以下は一等減せよ。其れ八虐犯せらば、此の律用ゐじ。

9 凡応㆑議者*祖父母。父母。伯叔[1]。*姑。兄弟。姉妹。妻子。*姪・孫。〔此名㆓請章㆒。六議之人。蔭及㆓姪孫㆒。〕以上㆓入㆑請。若*五位及*勲四等以上。犯㆓死罪㆒者上請。〔四位以下。及勲四等以上。此等之人。犯㆓死罪㆒者。並為㆓上請㆒。〕請。謂。*条㆓其所㆑犯及応㆑請之状㆒。*正㆓其刑名㆒奏請。〔条㆓其所㆑犯者。謂。条録㆓請人所㆑犯応㆑死之坐㆒。及応㆑請之状者。謂。応㆑議者祖父母等。若五位及勲四等以上応㆑請之状。正㆓其刑名㆒者。謂。録㆓請人所㆑犯。准㆑律合㆑絞合㆑斬。奏請聴㆑勅。〕流罪以下。*減㆓一等㆒。其犯㆓*八虐[2]㆒。*殺㆑人。

名例律第一―律全十二篇中の第一篇の意。奥題の「律巻第一」は養老律全十巻中の第一巻の意で、これとは別。**凡弐拾伍条**―養老の名例律は上下二巻に分ける(本朝法家文書目録)。第一巻の「名例上」は「律目録」の7条とこの25条とから成るか(→補☆b)。

8 〔議条〕疏では「議章」。議は特に会議を開き、慎重に審議する意。前条の六議中の一項以上の該当者に対する裁判手続と減刑についての規定。該当者とその血親は次条以下の優遇も受ける。**死罪**―死刑に当る罪。律は罪と刑を特に区別しない(→補1)。以下同。**条所坐及応議之状**―容疑事項と議の該当事由とを個別に列挙。**先奏請議**―まず上奏して議を申請する。**議定奏裁**―結論を上奏して裁可を仰ぐ。→獄令40。**議**―太政官で開き、少数意見も付記。**原情議罪**―事実や情状を究明していかなる罪かを論議。**称定刑之律**―律の関係条文を記載する。称は上奏文に記すという程度の意。→儀制13。**正決**―正式の判決。上奏の時には「准犯依律合死」と記すに止め、「絞」とか「斬」とかまでは記さない(疏)。**減一等**→補8。**八虐**→名例6。

9 〔請条〕疏では「請章」。請は天皇の裁決を申請する意。請の該当者とその死罪の場合の手続、その流罪以下の場合の刑の減軽を規定。該当者の親族の一部には次条を適用。**祖父母**―以下は二等親以内(儀制25)の一部。但し律の通例により祖父母は高・曾に及び、孫は曾・玄に及ぶ(名例52)。唐律よりも範囲が狭い。**姑**―父の姉妹。訓ヲバ。**姪**―兄弟の子。男子はヲヒ、女子はメヒ。**五位**―四位と五位。三位以上は前条適用。**勲四等**―従四位相当(官位9)。勲一等以下。**請**—一般の流以上は太政官で按覆する(獄令2)が、請の場合は直ちに上奏。**条其所犯及応請之状**—容疑事項と請の該当事由とを個別に列挙。**正其刑名**—前条の「正決」と同。「絞」「斬」まで記す。**減一等**↓補8。**犯八虐**—唐律は「犯十悪、反逆縁坐」。「反逆縁坐」の四字脱か。↓補9a。**殺人**—殺し訖れば故殺・闘殺(闘訟5)・謀殺(賊盗9)、首犯・従犯を問わない(疏)。**監守**—監臨または守主の官。その地位権限を利用して犯した下記の罪は一般に刑を加重される。↓補9b。**姦他妻妾**—唐律は「姦」。↓補9c。**盜・略人**—盜は強盗(賊盗34)・竊盗(賊盗35)、略人は人身売買(賊盗45以下)。姦・盜・略人も未遂ならば流罪以下は減一等(疏)。**受財枉法**—収賄して且つ法を曲げる(職制45)。

10 〔減条〕疏では「減章」。減は刑の減軽。前二条の減を「議減」「請減」、本条の減を「例減」という(名例14疏)。**七位・勲六等以上**—六位・七位と勲五等・六等。勲五等は正五位、勲六等は従五位に相当(官位10 11)。**官位勲位得請者**—「五位及勲四等以上」(前条)に拠り請の資格ある者。**祖父々母々**—「祖父母父母」と訓む(以下同)。以下は前条よりも範囲が狭い。唐律は此の次に「兄弟姉妹」。**此孫**—唐律に此の注なし。**各**—七位・勲六等以上も得請者の祖父母以下も。**例**—前条の例。即ち「犯八虐」以下は除外。

11 〔贖条〕疏では「贖章」。贖の適用と五流など減・贖適用除外の規定。贖は実刑の代りに相当額の贖銅(名例1〜5)を徴収する換刑。贖銅↓補11a。五流↓補11c。**応議請減**—前三条の該当者。親族は勿論、議監守内姦二他妻妾一。盜。略レ人。受レ財枉レ法者。不レ用二此律一。流罪以下。減二一等一者。減訖。各依二本法一。若犯二八虐一。及殺レ人者。謂。故殺闘殺謀殺等。殺訖不レ問二首従一。其監守内姦二他妻妾一。盜。略レ人。受レ財枉レ法者。此等請人。死罪不レ合二上請一。流罪以下。不レ合二減罪一。故云レ不レ用二此律一。其盜不レ得レ財。及姦略未得。並従二減法一。

凡そ議すべき者の祖父母・父母・伯叔・姑・兄弟・姉妹・妻子・姪・孫、若しくは五位及び勲四等以上、死罪犯せらば、上請せよ。請といふは、謂はく、其の犯せる所、及び請すべき状を条にして、其の刑名を正しくして奏請するをいふ。流罪以下は、一等減せよ。其れ八虐を犯し、人を殺し、監守の内に他の妻妾を姦し、盜し、人を略し、財を受けて法を枉げたらば、此の律用ゐじ。

10 凡七位勲六等以上。及官位。勲位得レ請者之祖父々母々。妻。子孫。此孫不レ及二曾玄一。犯二流罪以下一。各従下減二一等一之例上。此名二減章一。七位以上。謂。六位七位。勲六等以上。謂。五等六等。官位勲位得レ請者。謂。五位及勲四等以上。蔭及二祖父母。父母。妻。子孫一。犯二流罪以下一。各得レ減二一等一。若上章請人得レ減。此章亦減。請人不レ得レ減者。此章亦不レ得レ減。故云レ従下減二一等一之例上。

凡そ七位・勲六等以上、及び官位・勲位の請得る者の祖父母・父母・妻・子孫、此の孫は、曾玄に及ぼさず。流罪以下犯せらば、各一等減する例に従へよ。

11 凡応二議請減一。及八位。勲十二等以上。若官位勲位得レ減者之父母。妻子。犯二流罪以下一。聴レ贖。此名二贖章一。応二議請減一者。謂。議請減三章内人。亦有下無レ官而入二議請減一者上。故不レ云レ官。若応二以レ官当一者。自従二官当法一。議請以下人。身有レ官者。自従二官当除免一。不レ合二留レ官取レ蔭収レ贖。其加役流。反逆縁坐流。謂。縁二反逆一得二流罪一者。子孫犯過失流。謂。耳目所レ不レ及。思慮所レ不レ到之類。而殺二祖父母父母一者。不孝流。謂。告二言祖父母父母一者絞。従者流。及会赦猶流者。案賊盗律云。造畜蠱毒。雖会赦。并同居家口。及教令人。亦遠流。断獄律云。殺四等尊属。従父兄姉。異父兄姉。及反逆者。身雖会赦。猶近流。此等並是会赦猶流。其造畜蠱毒婦人。有官無官。並依下文。配流如法。有官者。仍除名至配所免居作。各不得減贖。除*名。配流如法。男夫犯此五流。假有一品以下及取蔭者。並不得減贖。除名仍配流如法。三流倶役一年。称加役流者。役三年。家無兼丁者。依下条。加杖免役。故云如法。称除名者。免居*作。謂。有人本犯徒以下。及有蔭之犯五流之人。有官者。除名配流免居作。即本罪不応流配。而特*配者。雖無官。亦免居作。謂。有人本犯徒以下。及有蔭之人。本法不合配流。而責情特配者。雖是無官之人。亦免居作。其*於二*等以上尊長。及外*祖父母。夫*。々*之父母。犯*過失殺傷応徒。若*故殴人至癈疾応流。男夫犯*盗。謂。徒以上。及妻*妾犯姦者。亦不得減贖。過失殺祖父母父母。已入五流。若傷即合徒罪。故云二等以上。其二等親尊長。及外祖父母。夫。夫之父母。犯過失殺及傷。応合徒者。故殴人至癈疾応流。謂。恃蔭合贖。故殴人至癈疾。准犯応流者。男夫犯盗徒以上。謂。計盗罪。至徒以上。強盗不得財亦同。及妻妾犯姦。並亦不得減贖。言亦者。亦如五流不得減贖之義。有官者。各従除*免官当法。謂。男夫於監守及八虐内盗者。並合除名。若男夫凡盗断徒以上。及妻妾犯姦者。並合免官。其於二等以上尊長等。犯過失殺傷応徒。及故殴凡人至癈疾応流。並合官当。其五流除名配流。会降至徒以下。有蔭応贖之色。更無配役之文。即有聴贖者。有不聴贖者。止如加役流。反逆縁坐流。不孝流此三流。会降並聴収贖。其子孫犯過失流。雖会降。亦不得贖。何者文云。於二等以上尊長。犯過失応徒。不得減贖。此雖会降。猶是過失応徒。故不合贖。其有官者。自准除免官当之例。本法既不合例減。降後亦不合減科。其会赦猶流者。会降灼然不免。

凡そ議請減すべき、及び八位・勲十二等以上、若しくは官位・勲位の減得る者の父母・妻子、流罪以下犯せらば、贖聴せ。若し官を以て当すべくは、自ら官当の法に従へよ。其れ加役流・反逆縁坐流・子孫犯過失流・不孝流及び会赦猶流は、各減贖すること得じ。除名・配流せむこと、法の如くせよ。除名は、居作免せよ。即し本罪流配すべからざらむ、而るを特に配せば、官無しと雖も、亦居作免せよ。其れ二等以上

該当者の中には本人も官人でない場合があるので「官」といわない(疏)。**八位・勲十二等以上**―八位・職事初位(→名例15注)と勲七等以下十二等以上。勲十二等は従八位相当(官位17)。唐律は「九品以上之官」、即ち日本の初位は唐の九品と異なる(→官位18注)。**官位勲位得減者**―「七位勲六等以上」(前条)に拠り減の資格ある者。**父母**―以下は、唐律から「祖父母」「孫」を省く。親族の受ける贖は蔭贖という。**聴贖**―「収贖」(名例30)と同。聴は許容だが、律ではその執行が強制される場合がある。→補11b。**応…自…**―何々しうる場合は当然何々せよ、の意。即ち官人の場合は官当が贖より優先する(疏)。**官当**―流徒の実刑の代りに位勲を一年間剝奪する換刑(名例17)。官当でも贖に換えうる場合→名例22。**其**―以下を五流という。→補11c。**加役流**―役三年の遠流。**反逆縁坐流**―謀反・大逆の縁坐での遠流。**子孫犯過失流**―錯誤や過失により直系尊属を殺した場合の流。**不孝流**―八虐の不孝に当る罪による流。**会赦猶流**―恩赦に会ってもなお許されぬ流。**除名**―官人から位勲のすべてを六年間剝奪する附加刑(名例18・21)。官人の名籍から削除する意。**居作**―流刑に付加する徴役。近中遠の三流は一年、加役流は三年(名例24)。除名官人は免役(賦役20)。**特配**―犯意が憎むべきために、特に勅断あって流とされた場合。**其**―以下は五流以外で減・贖の適用から除外される場合。**二等以上尊長**―二等以内の親族(儀制25)の中の尊属と長上。尊長→名例6(5)注。大宝律は「祖父母父母伯叔父姑兄弟」。**外祖父母**―四等の尊属。**夫**―一等親だが必ず

の尊長及び外祖父母・夫・夫の父母に於きて、過失に殺し傷ること犯して徒すべき、若しくは故に人を殴ちて癈疾に至して流すべき、男夫の盗を犯し、謂はく、徒以上をいふ。及び妻妾の姧犯せらば、亦減贖すること得じ。官有らば、各除免・官当の法に従へよ。

12 凡婦人有二官位一犯レ罪者。各依二其位一。従二議請減贖当免之律一。

凡そ婦人官位有りて罪犯せらば、各その位に依りて、議請減贖・当免の律に従へよ。

13 凡五位以上妾。犯レ非二八虐一者。流罪以下。聴二以レ贖論一。五位以上。是為二通貴一。妾之犯レ罪。不レ可二決配一。若犯レ非二八虐一。流罪以下。聴二用レ贖論一。其贖条不レ合レ贖者。亦不レ在二贖限一。若妾自有二子孫一。及取二余親蔭一者。假犯二八虐一。聴レ依二贖例一。

凡そ五位以上の妾、犯せること八虐に非ずは、流罪以下は、贖を以て論すること聴せ。

14 凡一人兼*有二議請減一。各応レ得レ減者。唯得下以二一*高者一減上レ之。不レ得二累減一。假有。身是皇帝故旧。合二議減一。又父有二三位一。合二請減一。又身有二七位一。合二例減一。此雖二三処俱合レ減レ罪。唯得下以二一議故高者一減上レ之。不レ得二累減一。若従*坐*二減。謂。共犯レ罪。造意者為レ首。従者減二一等一。自*首減。謂。有レ犯レ法。知二人欲レ告而自首。聴レ減二二等一。故*失減。謂。判官故出二入罪一。放而還獲。減二一等一。次官不レ知レ情。以レ失論。失出減二判官之罪五等一。又断獄律。断レ罪応二決配一之。而聴レ収レ贖。応レ収レ贖。而決配之。各減二故失一等一。謂。故減二故一等一。失減二失一等一。是名二故失減一。公坐*相承減者。謂。同司犯二公坐一。假由。判官断レ罪失出。法減二五等一。放而還獲。又減二一等一。惣減二六等一。次官減二七等一。官長減二八等一。主典減二九等一。又以二議請減之類一得二累減一。若有二議請減之類。各又更減二一等。是名レ得二累減一。

凡そ一人兼ねて議請減有りて、各減得べくは、唯一の高き者を以て減すること得む。

しも尊長とはいえない(唐名例律6十悪不睦条疏)。**夫之父母**―二等の尊属。従って「二等以上尊長」と重複。唐律は「夫之祖父母」とするので重複しない。養老律は「祖」脱か。**過失殺傷**―祖父母・父母の過失殺は既に不孝流に含む。従ってこれを除く尊長の過失殺及び過失傷害。過失→補11d。**故殴人至癈疾応流**―故殴は闘殴より罪一等重い(闘訟5)。癈疾は例えば一支癈(戸令7)。闘殴で人の支体を折ると徒三年(闘訟4)。従って故殴で人を癈疾にすると近流。**犯盗**―竊盗は贓が五端一尺以上になると徒一年(賊盗35)。強盗は不得財でも徒二年(賊盗34)。**妻妾犯姧**―和姧でも徒二年(雑律22)。→補11e。**除免官当**―除は除名、免は免官・免所居官。以上三者は官人に対する附加刑だが、官当は贖と共に換刑。→補11f。

12 〔婦人有官位条〕前四条中の有位者の特権は、婦人の有位者にも適用されるとする規定。唐律との比較→補12。

13 〔五位以上妾条〕五位以上の妾に対する蔭の規定。妻と妾→戸令補27b。

14 〔一人兼有議請減条〕身分による刑の減軽は累加しえず、犯情による減軽は累加しうるとする規定。

兼有―身分上の特権である議・請・減三者中の二者以上に該当する場合。なお本項の疏の「七位」は「六位」が適切か。→補14a。**一高者**―最も高い資格の減。即ち議・請・減とも流罪以下減一等という減軽の量は同じだが、適用される犯罪の範囲は八虐以外のすべてという議が最も広く、適用される親族の範囲も減・議・請の順に広くなる。

累ねて減すること得じ。若し従坐減・自首減・故失減・公坐相承減は、又、議請減の類を以て、累ねて減すること得む。

15 凡贈位及外位*。与二正位一同。職事初位*。与二八位一同。外六位以下。不レ在二蔭レ親之例一。外位稍異二正位一。故不レ許三其蔭二親属一。用*レ蔭者。存亡同。准レ蔭応二議請減贖一者。親雖レ亡。亦同二存日一。故云二存亡同一。若藉二尊長蔭一*而犯二所蔭尊長一。尊長。謂。祖父母。父母。伯叔。姑。兄姉是。及藉二所親蔭一*。犯二所親祖父母父母一者。所親。謂。傍親。非二祖父母。父母。及子孫一。但傍蔭二己身一者。尊長卑幼皆是。假如。藉二伯叔蔭一。而犯二伯叔之祖父母。父母一。藉二姪蔭一。而犯二姪之父母一之類。並*不レ得レ為レ蔭一。並不レ得二以レ蔭論一。文称下犯レ夫及義絶。得ト以二子蔭一。婦犯レ夫。既得二子蔭一。明夫犯レ婦。亦取二子蔭一可レ知。其子孫例別生レ文。不レ入二所親之限一。即取二子孫蔭一者。違二犯父祖教令一。及供養有レ闕。亦得下以二蔭贖一論上。若取二父蔭一。而犯レ祖者。不レ得レ為レ蔭。若犯レ父者。得レ以二祖蔭一。即殴*二告三*等尊長。四等尊属*一者。亦不レ得二以レ蔭論一。三等尊者。依レ令。曾祖父母。伯叔婦。夫之祖父母。夫之伯叔姑。継父同居。長者。従父兄姉。異父兄姉。四等尊属者。高祖父母。従祖祖父姑。従祖伯叔父姑。外祖父母。舅姨。其婦人犯レ夫。及義絶*二者。得レ以二子蔭一。雖レ出亦同*。婦人犯レ夫。及与二夫家一義絶。并夫在被レ出。並得レ以二子蔭一者。為三母子無二絶道一故。

凡そ贈位及び外位は、正位と同じ。職事の初位は、八位と同じ。外六位以下は、親蔭する例に在らず。蔭用ゐることは、存亡同じ。若し尊長の蔭に藉りて、所蔭の尊長を犯し、及び所親の蔭に藉りて、所親の祖父母・父母を犯せらば、並に蔭為るを得じ。即し三等の尊長・四等の尊属を殴ち告せらば、亦蔭を以て論すること得じ。其れ婦人、夫を犯し、及び義絶えむは、子の蔭以ゐること得む。出されたりと雖も亦同じ。

16 凡無レ官*犯レ罪。有レ官事発。流罪以下。聴*二以レ贖論一。謂。従二初位*及庶人一。而得二八

若—以下四者は犯情による減軽。相互に累加し得、また身分減軽の一にも累加し得る。**従坐減**—従犯は減一等(名例42)。**自首減**—自首による減軽。↓名例37。**故失減**—故意又は過失により誤判した裁判担当官に対する減軽。↓補14b。**公坐相承減**—公務に関わる犯罪の連坐者に対する減軽。公坐相連↓獄令補25。

15 〔贈位条〕 位および蔭についての規定。

この条の蔭は位ある者が親族に及ぼし得る議・請・減・贖の特権。

外位—主に畿外に本官を持つ官人に授けられる位。外正五位上から外少初位下までの二十階。↓選叙補2a。唐律では「視品官」。**職事初位**—初位相当の官(官位18 19)を帯びる者。**用蔭者存亡同**—蔭を用い得ることは、その蔭を及ぼす者の死亡後も、生存中と同様である。**尊長**—この場合は自分に蔭を及ぼす二等以内の尊属と長上。即ち名例9 10 11に拠り、祖父母・父母・伯叔・姑と兄姉。**所親**—この場合は自分に蔭を及ぼす傍系親。尊長卑幼を問わない。疏の不注意↓補14a。**並不得為蔭**—自分の尊属・長上や所親の直系尊属に対して罪を犯したならば、その尊属・長上やその所親の蔭を用いることはできない。**殴告**—殴打や告言より重い罪は勿論含まれる。**三等尊長**・**四等尊属**—範囲は疏および儀制25に示されている。↓儀制補25。**義絶**—妻が義絶される場合↓戸令31。**出**—離婚。夫が妻を離婚し得る場合↓戸令28。

16 〔無官犯罪条〕 犯行と発覚との間に位・蔭が変動した場合の規定。いずれも当事者の利益に従う(名例31・獄令31も同趣旨)。

官—官につくことは位のあることを前提とす

るため、日本律ではしばしば官を位と同じ意味で使う。**聴以贖論**↓下文「不以官当除免」注。**初位**―散位の初位。職事の初位は八位と同(前条)。**位記**―叙位の辞令。書式↓公式16〜18。日本には唐の告身に当る任官の辞令が無いため、官人の身分証明には位記を充当。その破棄↓獄令28。**不以官当除免**―即ち「聴以贖論」(本文)。官人に対する換刑としては、一般に贖より官当を優先させ(名例11)、附加刑として除名・免官・免所居官もあるが(名例18〜20)、本項の場合に贖を適用することとしたのは、犯行時点では官人でなかったという理由によるか。**不用此律**―八虐は除名、五流(↓補11 c)は除名して実刑に処する。五流の他にも贖条(名例11)で除外された諸罪については減・贖し得ない(疏)。

卑官―卑は賤、低。官は位。**遷官**―位が上り、その位に相当する官に遷る。同じ位の他の官に遷る場合も含む(疏)。**在官・去官**―此等の「官」は位でなく官。**事発去官**―事件が発覚して裁判にかかり、判決に至らぬうちに退任したとき(疏)。**公罪**↓次条注。**勿論**―罪を免ずる。ほぼ今日の免訴に相当。**余罪**―私罪。なお検校や摂判(公式58)も在官・去官の官と同じに扱い、宿衛の官の犯情の重い場合を除き、本項の適用を受ける(疏)。

有官―官は位。有位者が犯罪により無位となった場合、有位の当時に犯した別の罪が発覚しても、その罪については以前の位による蔭が適用される(疏)。**有蔭**―父祖の位による蔭。有位の父祖が犯罪により無位となった場合、父祖の有位の当時に犯した子孫の罪が発覚しても、子孫には父祖の位による蔭が適用され

位以上*位記一者。*不二以レ官当。除免一。犯二八虐及五流一者。*不レ用二此律一。無レ官犯レ罪。有レ官事発。流罪以下。皆依二贖法一。謂。従二初位及庶人一。而得二八位以上位記一者。其除名及当免。在レ身見無二八位以上位記一者。亦同二無官例一。其於二贖章内一。合二除免官当一者。亦聴レ収レ贖。故云レ不二以レ官当。除免一。若犯二八虐五流一。各依二本犯一。除名及配流。不レ用二此条贖法一。故云レ不レ用二此律一。若有三七位以上応二例減一者。文称二流罪以下一。以レ贖論一。既称二以レ贖一。拠二贖条内一。不レ得レ減者。此条亦不レ合レ減。自余雑犯応レ減者。並従二減例一。拠二下文一。無レ蔭犯レ罪。有レ蔭事発。並従二官蔭之法一。故知得レ依二減例一。*一卑官犯レ罪。*遷官事発。謂。任二初位一時犯レ罪。任二八位以上一。事発之類。遷官。但改官即是。非三独進レ品始名二遷官一。*在レ官犯レ罪。*去レ官事発。謂。在二本任一犯レ罪。去レ任後事発。*或事発去レ官。犯二公*罪流以下一。各*二勿論。謂。事発未[1]二断勾一間。便即去レ職。此等三事。犯二公罪流以下一。各勿論。*余罪論如レ律。並謂。私罪皆拠レ律科。雖二復遷官去任一。並不レ免レ罪。其依レ令。内外官勅令レ摂二他司事一者。皆為二検校一。若比司即為二摂判一。此等犯二公坐一。去レ官者。律云。在レ官犯レ罪。去レ官事発。或事発去レ官。[2]公罪流以下勿論。但検校摂判之処。即是監臨。若有二愆違一。罪無二減降一。其有二勅符一差遣。及比司摂判。摂時既同二正職一。停レ摂理是去レ官。公坐流罪。亦従二免法一。若事関二宿衛一。情状重者。録奏聴レ勅。其*有レ官犯レ罪。無レ官事発。謂。若有二八位一。犯二流罪一。合二除名一。其事未レ発。又犯二徒一年一。亦合二除名一。断二一年徒一。以二八位官一当。并除名訖。其流罪後発。以レ官当レ流。比徒四年。前已当二徒一年一。猶有二三年徒在一。聴下従二官蔭之律一。徴二銅六十斤一放免上。其官高応レ得二議請減一。亦准レ此。*有レ蔭犯レ罪。無レ蔭事発。謂。父有二七位一時。子犯二徒罪一。父除名之後事発。亦得下依二七位子一聴上レ贖。其父或五位以上。当時准レ蔭得二議請減一。父除免之後事発。亦依二議請減法一。無レ蔭犯レ罪。有レ蔭事発。並従二官*蔭之法一。謂。父無レ官時。子犯レ罪。父得二七位一事発者[3]。聴レ贖。若得二五位一。子聴レ減。得二三位一。[4]子聴レ請。蔭更高者。聴レ議。此等四事。各得レ従レ寛。[5]故云レ従二官蔭之法一。

凡そ官無くして罪を犯して、官有りて事発れらば、流罪以下は、贖を以て論すること聴せ。謂はく、初位及び庶人従りして、八位以上の位記得たる者をいふ。官を以て当し、除免せず、八虐及び五流犯せらば、此の律用ゐじ。卑官にして罪を犯して、遷官して事発れらむ、官に在りて罪を犯して、官を去りて事発れらむ、或いは事発りて官を去れらば、公罪の流以下犯せらば、各勿論。余の罪は、論せむこと律の如くせよ。

る(疏)。**官蔭之法**—位による蔭、即ち議請減・官当・贖の適用。

17 〔官当条〕官当の場合に毀棄される位記と徒刑・流刑との換算関係についての規定。官当は徒・流の実刑の代りに現在の位階・勲等を一年間剝奪する換刑。→補17a。

私罪—官人の犯罪の中で、公務に関係が無いもの、または関係があっても、天皇の下問に対し詐欺に渉る答をし(詐偽律7)、請託を受けて法を枉げる(職制45)など、私心ある不正行為(本注・疏)。**一品以下三位以上**—親王四品以上と諸王・諸臣三位以上。唐律はこのような特段の規定は設けず、五品即ち日本の五位以上の一官をすべて徒二年に当てる。**一官**—一つの品・位階、勲等。具体的にはこれを証する一枚の位記。

公罪—公務に関わる犯罪で私曲の無いもの。私罪の反対概念。**私曲**—私心と不正との両者が相須(ま)って私曲という一つの概念となる(疏)。相須・不相須→補17b。

以官当流—例外を除き(名例11)、官人は流の実刑に処さず、流刑をみな徒刑四年に比定し、相当分の位記を棄毀する。もし位記が不足すれば残余は贖で徴収する(名例22)。**三流**—近流・中流・遠流。この三流と絞・斬の二死とは、減軽の際にも各々一括して減一等とする(名例56)。

有二官—同一人が位階の他に勲等を有するとき。**官位**—官に任ずべき品または位階。文位とも。**勲位**—武功により授けられる勲等。品・位階・勲等の一覧→官位補☆a「官位官品表」。位階、勲等の分け方→公式54。

行守—官位令の規定する官位相当に照合して、其れ官有りて罪を犯して、官無くして事発れらむ、蔭(おむ)有りて罪を犯して、蔭無くして事発れらむ、蔭無くして罪を犯して、蔭有りて事発れらば、並に官蔭(くわんおむ)の法に従へよ。

17 凡犯二私罪*一。以レ官当レ徒者。私罪。謂。私自犯。及対レ詔詐不レ以レ実。受レ請枉レ法之類。私罪。謂。不レ縁二公事一。私自犯者。雖レ縁二公事一。意渉[1]二阿曲一。亦同二私罪一。対レ詔詐不レ以レ実者。対レ詔雖レ縁二公事一。方便不レ吐二実情一。心挟二隠欺一。故同二私罪一。受レ請枉[2]レ法者。謂。受二人属請一。屈レ法申レ情。縦不レ得レ財。亦為二枉法一。此例既多。故云二之類一。一*品以下。三位以上。以二一*官一当二徒三年一。五位以上。以二一官一当二徒二年一。八位以上。以二一官一当二徒一年一。若犯二公罪*一者。公罪。謂。縁二公事一致レ罪。而無二私曲*一者。私曲相須。公事与奪。情無二私曲一。雖レ違二法式一。是為二公坐一。若詔勅施行。不レ暁二勅意一而違者。為レ失レ旨。雖レ違二勅意一。情不レ渉レ私。亦皆為二公坐一。各加二一年一当。謂。八位以上。一官当二徒二年一之類。以レ官当レ流*者。三流*同比二徒四年一。八位以上犯レ流。不レ合二真配一。既須二当贖一。所以比二徒四年一。假有。八位犯二私罪流一。以二四官一当之。無二四官一者。准二徒年一当贖。故云二三流同比徒四年一。其有*二二官一。謂。官*位為二一官一。勲位*為二一官一。官位毎レ階各為二一官一。勲位即正従各為二一官一。先以二官位一当。次以二勲位一当。謂。位記雖レ多。先取二最高者一当。以二勲位高者一当。次行守*者。各以二本位一当。仍*[3]各解二見任一。假有。従五位下行二正六位一。犯二二年半私罪一。例減一等。猶徒二年。以二本階従五位一。当[4]二一年一。仍解二六位見任一。其有下六位守二五位職事一。亦犯中私罪二年半徒上者。例減一等。亦用二本位一。当二徒一年一。余徒収レ贖。解二五位職事一之類。若有*二余罪一。及更犯*者。聴下以二歴任*之官一当上。歴任。謂二降*所不至一者。若有二余罪一者。謂。二官当レ罪之外。仍有二余徒一。或当レ罪雖レ尽。而更犯レ法。未レ経二科断一者。聴下以二歴任降所不至位記一以レ次当上レ之。

凡そ私罪犯して、官を以て徒(づ)に当てば、私罪といふは、謂はく、私(わたくし)に自(みづか)ら犯し、及び詔(ぜう)に対(こた)ふること詐(いつは)りて実(じつ)を以てせず、請を受けて法(のり)を枉(ま)げたる類(たぐひ)をいふ。一品以下・三位以上は、一官を以て徒三年に当てよ。五位以上は、一官を以て徒二年に当てよ。八位以上は、一官を以て徒一年に当てよ。若し公罪犯せらば、公罪といふは、謂はく、公事に縁りて罪を致して、私曲無き者をいふ。各一年加へて当てよ。官を以て流に当てば、三流同じく徒四年に比す。其れ二官有らば、謂はく、官位を一官と為、勲位を一官と為るをいふ。先づ官位を以て当てよ。次に勲位を以て当てよ。行守は、各本位を以て当てよ。仍りて各見任解け。若し余の罪有らむ、及び更に犯せらば、歴任の官を以て当すること聴せ。歴任といふは、降所不至の者を謂ふ。

18 凡犯㆓*八虐。*故殺人。*反逆縁坐㆒。八虐。謂。謀反以下。不義以上者。故殺人。謂。不㆑因㆓闘競㆒。而故殺者。謀㆑殺㆑人已殺訖亦同。余条称㆘以㆓謀殺故殺㆒論㆖。及云㆑従㆓故殺法㆒等。殺訖者。皆准㆑此。其家人奴婢等非[1]。案㆓賊律㆒。殺㆘一家非㆓死罪㆒三人㆖。注云。奴婢家人非。其故殺㆔旧家人奴婢経㆓放為㆑良。本条雖㆑不㆑至㆑死。亦同㆓故殺之例㆒。反逆縁坐者。謂。縁㆓謀反及大逆人㆒得㆑罪者。本応㆓縁坐㆒*老疾免者亦同。[一] 謂。縁坐之中。有㆓年八十及篤疾㆒。雖㆑免㆓縁坐之罪㆒。身有㆓官位㆒者。亦各除名。若其身先亡者。不㆑合㆓除名㆒。仍聴㆑為㆑蔭。*[二]獄成者。*雖㆑会㆑赦。猶除名。[三] 獄成。謂。贓状露験。及省断訖未㆑奏者。[四] 犯㆓上八虐等罪㆒。獄成之後。雖㆑会㆓大赦㆒。猶合㆓除名㆒。獄若未㆑成。即従㆑赦免。注云。贓状露験者。贓。謂。盗㆓八虐之贓㆒。見獲㆓本物㆒。状。謂。殺㆑人之類。得㆓状為㆑験。雖㆑在㆓国郡㆒。並名㆓獄成㆒。及省断訖未㆑奏者。謂。刑部覆断訖。雖㆑未㆑経㆑奏。亦為㆓獄成㆒。此是赦後除名。[2]常赦不㆑免之例。*即監臨主守。於所㆓監守㆒。犯㆓*姧㆒。盗。*略㆑人。若受㆑財而枉㆑法者。亦除名。姧。謂。犯㆓良人妻妾㆒。盗及枉㆑法。謂。*盗三端。*枉法一端者。[五] 略㆑人者。不㆑和為㆑略。十[3]歳以下。雖㆑和亦同㆓略法㆒。律文但称㆑略㆑人。即不㆑限㆔将為㆓良賤㆒。若略㆓家人㆒。亦合㆓除名㆒。依㆓闘律㆒。殴㆓傷家人㆒。減㆓凡人一等㆒。奴婢又減㆓一等㆒。今略㆓良人及奴婢㆒。並合㆓除名㆒。挙㆘略㆓奴婢㆒是軽㆖。計㆑贓入㆓除名之法㆒。略㆓家人㆒是重。明知亦合㆓除名㆒。其共盗者。併㆑贓論。雖㆓贓不㆑入㆑己。亦是。共枉㆑法者。無㆓併㆑贓之文㆒。唯云。官人受㆑財。復以㆓所㆑受之財㆒。分求㆓余官㆒。元受者。併㆑贓論。余各依㆓己分法㆒。其有㆓共謀受㆒者。不㆑同㆓元受之例㆒。不㆑合㆓併㆑贓得㆑罪。各依㆓己分㆒。為㆓首従㆒科之。*獄成会㆑赦者。*免㆓所居官㆒。

本人の位階相当より高い官に任ずれば守、低い官に任ずれば行と称する(選叙6)。**仍各解見任**—官当によって本来の位階が剝奪されると、行・守のいずれにせよ、帯びている官も当然解かれる。**有余罪**—位階・勲等の両者を剝奪してもなお罪が重く、徒刑に換算して何年分かが残るとき。**更犯**—更に罪を犯せば刑が併科され(名例29)、官人の場合は位記が尽きれば贖する(名例22)が、歴任の位記があればそれを余罪や更犯の官当に用いる。**歴任之官**—これまで位階が上るたびに授与されてきた位記。「歴任位記」(名例21)とも。高い位記から順に毀棄する。**降所不至**—免官は現在の位よりも二階下までが降至、それらより下が降所不至(降至→獄令28)。

18 〔除名条〕 除名すべき諸罪についての規定。本条列挙の他、五流も除名(名例11)。除名は官人の名籍を削除する意。期間は六年(名例21)。重罪の官人に対する附加刑。**八虐**→名例6。**故殺人**—殺意ある殺人(闘訟5)。謀殺の既遂(賊盗9)なども含む。家人・奴婢を殺した場合は含まない(疏・賊盗12)。**反逆縁坐**—謀反・大逆の縁坐。→賊盗1。**老疾免者**—年八十以上と篤疾とは流を免ずる(賊盗1)が、官人は老でも疾でも除名。**獄成**—贓(ぬすみもの)が摘発されたり、現行犯という状(かたち)だったりすれば、「贓状露顕」とよび、国や郡の審理段階でも「獄成」とし、またこれほど犯行明白でなくとも、刑部省に上送されて判決案が出た段階では「獄成」とする(本注・疏)。**雖会赦猶除名**—赦に会って基本刑が許されても、除名という附加刑は許されない。

会レ降者*。同二免官法*一。此是。赦後仍免二所居之官一。亦為二常赦所レ不レ免。降既節級減レ罪。不レ合二悉原一。故降二除名之科一。聴レ従二免官之法一。假令。降レ罪悉尽。亦依二免官之例一。即降後重断。仍未二奏畫一。更逢二赦降一。猶合レ免二所居之官一。其雑*犯死罪。即在*レ禁身死。若免*レ死別配。及背*レ死逃亡者。並除名。皆*謂。本犯合レ死。而獄成者。[七]其雑犯死罪。及在レ禁身死者。謂。犯レ法合レ死。在レ禁身亡。[4]免レ死別配者。謂。本犯死罪。蒙レ恩別配二流徒一之類。及背レ死逃亡者。謂。身犯二死罪一。背レ禁逃亡。[7]此等所レ犯獄成。並従二除名之律一。故注云。皆謂。本犯合レ死。而獄成者。[8]其背レ死逃亡者。即断レ死除名。依レ法奏畫。不レ待二身至一。其下文。犯二流徒一。獄成逃走。亦准レ此。会*レ降者。聴レ従二当贖法一。謂。雑犯死罪以下。未二奏畫一逢レ降。有レ官者。聴二官当一。有レ蔭者。依二贖法一。本法不レ得二蔭贖一者。亦不レ在二贖限一。其会レ赦者。[9]依レ令解二見任職事一。如特奉二鴻恩一。惣蒙二原放一。非常之断。人主専レ之。官位勲位。並合レ如レ初。不レ同二赦降之例一。若加役流以下五流犯者。会二赦及降一者。会赦猶流。常赦所レ不レ免。雖レ会二赦降一。仍依レ前除名配流。其不孝流。反逆縁坐流。雖レ会レ赦亦除名。子孫犯過失流。会レ赦免レ罪。会レ降。有レ官者。聴レ依二当贖法一。其加役流。犯非二一色一。入二八虐一者。雖レ会二赦降一。[10]仍除名。律称下以二枉法一論。監守内以レ盜論上者。会レ赦免二所居官一。会レ降同二免官法一。[11]自余雑犯。会レ赦従レ原。会レ降依二当贖法一。凡断罪之法。応二例減一者。先減後断。其五流先不レ合レ減者。雖二会レ降後一。亦[12]不二減科一。

凡そ八虐、故殺人、反逆縁坐犯して、本より縁坐すべきが、老疾にして免されむ者も亦同じ。獄成りんたらば、赦に会ふと雖も、猶し除名。獄成りたらんといふは、謂はく、贓状露験ならむ、及び省の断訖りて奏せざる者をいふ。即し監臨主守、監守する所に、姧し、盗し、人を略し、若しくは財を受けて法を枉げたること犯せらば、亦除名。姧といふは、謂はく、良人の妻妾犯せるをいふ。盗し、及び法を枉げたらむといふは、謂はく、盗の三端、枉法の一端なる者をいふ。獄成りて赦に会へらば、所居の官免せよ。降に会へらば、免官の法に同じ。其れ雑犯の死罪、即し禁に在りて身死に、若しくは死を免して別に配せむ、及び死を背いて逃亡せらば、並に除名。皆謂はく、本犯死すべ

「獄成」でなければ除名も許される(疏)。**監臨主守**→名例54。監臨または主守の官が監守の対象に、以下の罪を犯したときは、請の手続も例減も適用されず(名例9)、除名が付加される。**姧**—名例9 19では「姧他妻妾」。本条本注では「犯良人妻妾」。即ち家女や婢は含まない。**略人**—良人に限らず、家人・家女・奴・婢の略取も除名(疏)。**盗三端**—唐律では盗も枉法と同じく一疋で除名。但し監守の盗として凡盗より二等重くする(唐賊盗律36相当条文)。この条文を省いた日本律は凡盗の場合(賊盗35)を準用するので、除名の下限も一端(唐の一疋)より二等重い三端としたものか。**枉法一端**—盗は三端、枉法は二端(と各一尺)で一等加重(賊盗35・職制48)。枉法に一端という段階は無いので、ここも「枉法二端」とすべきか。**会赦**—上文の監守の犯罪は、獄が成ると、本刑が減軽されても免官は付加され、本刑が免除されても免所居官は付加される(疏)。**免所居官**→名例20。**降**—減軽。赦は刑の免除だが降は刑の減軽(疏)。**免官**→名例19 21。

雑犯死罪—前二項以外の死刑該当者の中で。**在禁身死**—獄死者。**免死別配**—別勅により流刑または徒刑に減軽された死刑囚。**背死逃亡**—逃亡した死刑囚。**皆…**—本項の死(死刑囚)とは皆、獄成った者について謂う。**会降**—刑が減軽されると除名も許され、官当または贖が科される。

19　〔免官条〕免官すべき諸罪についての規定。免官は位階も勲等も剝奪する附加刑。三年後に二等降して再叙(名例21)。

犯—以下の姧・盗・略人は監守以外で行われ

た官人の犯罪。監守内ならば前条により除名。**謂**―以下は日本律独自の本注(↓補9 c)。**与和**―同意すること。姧他妻妾は男官、与和は女官の場合。**受財而不枉法**―収賄したが法は曲げなかったとき。↓職制48。**断徒以上**―判決が徒刑以上。

犯流徒―疑罪即ち証拠不充分で明白な判決の下し難い疑獄(獄令51・断獄律34)や過失の場合を除く。また免所居官は徒一年相当(名例23)であるから、次条の免所居官に当る諸罪を犯して逃走すれば、本条により免官となるとも考えられるが、これは本刑が流・徒の場合に限られ、本刑が杖以下ならば逃走しても免官としない(疏)。**祖父母**―曾・高祖父母も同(名例52)。**作楽**―名例6(7)疏に、自分で演奏しても他人にさせても同じとあり、本条も同(疏)。刑は徒一年(職制31)。**婚娶**―刑は徒一年(戸婚律31)。「嫁娶」(同)は女子が嫁(とつ)ぎ男子が娶(とめ)る場合であり女子も含まれるが、本条は「婚娶」であり男子に限定される(疏)。大宝戸婚律は「嫁婚」(儀制16古記)。**二官**―位階と勲等。**降所不至**↓名例17注。

20 〔免所居官条〕 免所居官すべき諸罪についての規定。免所居官は位階か勲等かを剝奪する附加刑。↓補20。**老疾無侍**―祖父母・父母が年八十以上か篤疾で、その官人以外に侍すべき人が無いときに。↓戸令11。**委親之官**―老疾の親を棄てて赴任すれば、杖一百(職制31)。但し本人が才能顕著で朝廷から起用が要請されている場合は此の限りでない(選叙22)。また辞退せずに老疾の親を伴って赴任し、または任地で親が老疾となっても辞任しなければ、選叙22に対する

うして、獄成りたる者をいふ。降に会へらば、当贖の法に従ふること聴せ。

19 凡犯ニ*姧。*謂。姧ニ他妻妾ー。及*与和者。盗。略レ人。*受レ財而不レ枉レ法。姧。盗。略レ人。並謂。監臨外犯レ罪。受レ財而不レ枉レ法者。謂。雖ニ即因レ事受レ財。於レ法無レ曲。並謂ニ*断徒以上ー。若*犯ニ流徒ー。獄成逃走。犯ニ流徒ー者。謂。非ニ疑罪及過失ー。此外犯ニ流徒ー者。獄成逃走者。謂。減訖仍有ニ徒刑ー。若依レ令。責レ保参対。及合レ徒不レ禁亦同。律既不レ注ニ限日ー。推勘逃実即坐。其免所居官之法。依レ律。比徒一年。此条犯ニ徒流ー逃走。即獲ニ免官之坐ー。若其合レ杖逃者。即不レ入ニ免官之法ー。為ニ比徒之法。便以異ニ本犯徒流ー故。*祖父々母々。犯ニ死罪ー被ニ囚禁ー。而*作レ楽。*[1]及婚娶者。免官。曾高以下祖父々母々。犯ニ死罪ー見被ニ囚禁ー。其子孫乃[2]作レ楽者。自作遣レ人作並同。上条遣レ人与ニ自作ー不レ殊。此条理亦無レ別。及婚娶者。止拠ニ男夫娶レ妻。不レ言ニ嫁娶ー者。明婦人不レ入ニ此色ー。自レ犯ニ姧盗ー以下。並合ニ免官ー。謂。*二官並免。*降所不至者。聴レ留。二官。謂。官位為ニ一官ー。勲位為ニ一官ー。此二官並免。三載之後。降ニ先位二等ー叙。降所不至者。謂。二等以外歴任之位是。若会レ降有ニ余罪ー者。聴レ従ニ官当減贖法ー。

凡そ姧し、謂はく、他の妻妾を姧し、及び与に和へる者をいふ。盗し、人を略し、財を受けて法枉げざること犯せらむ、並に断徒以上を謂ふ。若しくは流徒犯して、獄成りて逃走せらむ、祖父母・父母死罪犯して囚禁せられたらむ、而るを楽を作し、及び婚娶せらば、免官せよ。謂はく、二官並に免するをいふ。降所不至は、留むること聴せ。

20 凡祖父々母々。*老疾無レ侍。*委レ親之レ官。老。謂。八十以上。疾。謂。篤疾。並依レ令合レ侍。今乃不レ侍。委レ親之レ官者。其有下才用灼然。要藉ニ駈使ー。令中帯レ官侍上者。不レ拘ニ此律ー。其委レ親之レ官。依レ法有レ罪。既将之レ任。理異レ委レ親。及先已任レ官。親後老疾。不レ請ニ解侍ー。並科ニ違令之罪ー。在ニ父母喪ー*生レ子。*及娶レ妾。在ニ父母喪ー生レ子者。皆謂。十三月内而懐胎者。若父母未レ亡以前懐胎。雖下於ニ服内ニ而生者上不レ坐。縦除レ服以後始生。但計[1]レ胎。是服内而懐者。皆依レ律得レ罪。其娶レ妾者。亦准ニ十三月内ー為レ限。*兄弟別籍異財者。免所居官。謂。居レ喪未レ踰ニ十三月ー。兄弟別籍異財。其別籍異財。不ニ相須ー。並合レ免ニ所居之一官ー。並不レ計レ閏。謂。*免ニ所居之一官ー。*若兼帯ニ勲位ー者。免ニ其官位ー。

凡そ祖父母・父母、老疾にして侍無きを、親を委てて官に之けらむ、父母の喪に在りて子を生み、及び妾娶れらむ、兄弟別籍・異財せらば、免所居官。謂はく、所居の一官免するをいふ。若し兼ねて勲位帯せらば、其の官位を免せよ。

21 凡除名者。*官位。*勲位悉除。*課役従本色。謂。出身以来官位勲位悉除。無蔭同庶人。有蔭従蔭例。故云各従本色。又依令。除名未叙人。免役輸庸。不在雑徭及点防之限。*六載之後*聴叙。假有。元年犯罪。至六年之後。七年正月。始有叙法。其間雖有閏月。但止拠載言之。不似称年要以三百六十日為限。依選叙令。三位以上。奏聞聴勅。正四位従七位下叙。従四位正八位上叙。正五位正八位下叙。従五位従八位上叙。六位七位大初位上叙。八位初位少初位下叙。若有出身位高於此法者。聴従高。出身。謂。藉蔭及秀才明経之類。又軍防令。勲位犯除名。限満応叙者。一等於九等叙。二等於十等叙。三等於十一等叙。四等以下於十二等叙。*若本犯不至免官。而*特除名者。叙法同免官例。本犯不至免官者。情在可責。而特除名。矜其所犯先軽故。許同免官之例収叙。*免官者。*三載之後。降先位二*等叙。称載者。理与六載義同。亦止取三載之後。入四年聴叙。降先位二等者。四位以下。一階為一等。三位以上及勲位。正従各為一等。假有。正四位上免官。三載之後。得従四位上叙。勲一等免官。三載之後。従三等叙。是為三載之後。降先位二等叙。*免所居官。及*官当者。*朞年之後。降先位一等叙。匝四時曰朞。称年者。以三百六十日。従勅出解官日始計。*若本犯不至免所居官。及官当。而*特免官者。叙法同免所居官。*其免官者。若有二官。各聴依所降位叙。假有。正六位上兼帯勲一等。犯免官者。官位降至従六位上叙。勲位降従三等叙。此是各聴依所降位叙。即免官。免所居官。及官当。*断訖*更犯。余有歴任位記者。各依当免法。假有。人犯免官及免所居官。或以官当徒。各用一官二官当免訖。更犯徒流。或免官。免所居官。々当。余有歴任之位記在者。各依上法当免。未断更犯。通以降至者当之。*兼有二官者。先以高者当。此既重犯之人。若有勲位官位二官者。先以高者当。假有。歴任六位及六等勲者。先以勲位当。若当罪不尽。亦以次高者当。不限勲位官位。*仍累降之。所降雖多。*各不得過四等。假有。前犯免官。已降二等。又犯免官。亦降二等。故云仍累降之。即雖断訖更犯経三度以上。叙日止依此

違令罪として笞五十(雑律61)。**生子**—父母の喪は十三カ月。その期間中に妊娠させれば、杖一百(戸婚律7)。**娶妾**—喪の期間中に妾を娶れば、徒一年(戸婚律30)。妻を娶れば八虐の不孝(名例6(7))として除名(名例18)。**別籍異財**—喪の期間中に戸籍や財産を兄弟で分割すれば、杖一百(戸婚律7)。生前の別籍・異財は八虐の不孝として除名。**免所居之一官**—具体的には、現在の位階または勲等を示す位記一枚を毀棄(→補20)。**若…**—もし、位階と勲等を兼帯すれば位階のみを剝奪。位階の優先は官当の場合と同。

21 〔除法条〕除名・免官・免所居官・官当の年限・再叙・降限・処遇に関する規定。**除名**—該当する諸罪→名例18。**官位・勲位**—位階と勲等(名例17)。**課役**—調と庸と雑徭。→賦役補9b。但し除名年限中は雑役や兵役などの力役を免除。→賦役補20。**本色**—本来の身分。親族の蔭も本色の一種と見られ(疏)、五位以上の蔭ある者(賦役18)は除名されても本色に従って課役を免除。**六載之後**—除名された時から数えて七年目の正月以後。通例では「年」は三百六十日即ち満一年(名例55)。「載」は暦年即ち数え年で、月数・日数には拘らない。載の実例→補21。**聴叙**—再び叙位・叙勲することとする。聴の意味→補11b。再叙位・再叙勲の規準→選叙37・軍防35。**若…**—もし、免官にさえ該当しない諸罪であるのに。**特除名**—特に勅断あって除名とされた場合は、再叙の際には情状を顧慮して免官の場合と同じ規準による。**免官**—該当する諸罪→名例19。**三載之後**—数えて四年目の正月以後。載→前注「六載之

再降四等法二其免所居官及官当。断訖更犯。後叙各降二一等一。乃至四度重犯。惣降二四等一。後犯雖レ多。止以二四等一為レ限。或頻犯二免官一訖。又再犯二免所居官一者。亦各計レ所レ犯。降二四等一叙之。故云二所レ降雖レ多。各不レ得レ過二四等一。各。謂。二官各降。不レ在二通計之限一。官位為二一官一。所レ降不レ得レ過二四等一。勲位為二一官一。所レ降亦不レ得レ過二四等一。此二官犯者。各降二四等一為レ法。不レ在二通計之限一。若*官尽未レ叙。更犯二流以下罪一者。聴*二以レ贖論一。謂*。後叙合レ得二八位以上一者。謂。用レ官当免並尽。未レ到二叙時一。犯二流以下罪一者。聴二以レ贖論一。以二其年限未レ充。必有二叙法一故。免二決配一。聴二依レ贖論一。本犯不レ合レ贖者。亦不レ合レ贖。此条内。有レ殴二告三等尊長。四等尊属一者。得二以レ贖論一。上条。殴二告三等尊長。四等尊属一。不レ得二以レ蔭論一。今此自身官尽。聴二以レ贖論一。即非二用レ蔭之色一。聴レ同二贖法一。叙*限各従二*後犯一計レ年。犯二免官及免所居官一未レ叙。更犯二免官及免所居官。々当一者。各依二後犯一。計レ年聴レ叙。官尽更犯。聴レ依二贖法一。若犯当二免官一。更三載後聴レ叙。免所居官者。亦朞年之後叙。其犯二徒流一。不レ合レ贖而真配。流者即依レ令六載。徒則役満叙之。雖二役満一。仍在二免官限内一者。依二免官叙例一。*不レ在二課役之限一。雖レ有二歴任之位記一。*不レ得レ預二朝参之例一。不レ在二課役之[2]限一者。謂。有二叙限一故。免二其課役一。依レ令。初位免二徭役一。其初位未レ叙之間。免レ役従レ課。上文官尽未レ叙。更犯二流以下罪一者。聴二以レ贖論一注云。後叙合レ得二八位以上一者。彼文則守二後叙一。明此亦不レ異。雖レ有二歴任之[3]官一者。假有。一位犯当二免官一。仍有二歴任二位以下官一。未レ叙之間。不レ得レ預二朝参之例一。其免所居官。及以レ官当レ徒。限内未レ叙者。亦准レ此。

凡そ除名は、官位・勲位悉くに除け。課役本色に従へよ。六載の後、叙すること聴せ。若し本犯免官に至らざらむ、而るを特に除名せば、叙法は免官の例に同じ。免官は、三載の後に、先位に二等降して叙せよ。免所居官及び官当は、朞年の後に、先位に一等降して叙せよ。若し本犯、免所居官及び官当に至らざらむ、而るを特に免官せば、叙法は免所居官に同じ。其れ免官の者、若し二官有らば、各降する所の位に依りて叙すること聴せ。即し免官・免所居官及び官当、断し訖りて更に犯せらむ、余りて歴任の位記有らば、各当免の法に依れ。兼ねて二官有らば、先づ高き者

後」。**二等**—三位以上は正・従を、四位以下は正・従・上・下を、勲位は各等を、各々一等と数える(公式54)。三載後に、例えば正四位上は従四位上に、勲一等は勲三等に再叙する(疏)。

免所居官—該当する諸罪↓名例20。**官当**—流徒の実刑の代りに位記を当てる換刑。代当の規準↓名例17。**朞年之後**—満一年過ぎて後。朞は一周の意。**若…**—もし、免所居官にさえ該当しない諸罪で、しかも本刑が贖で済み官当を要しないときに。**特免官**—前注「特除名」参照。**其免官**—上文の「特免官」を指す。**断訖**—判決が出た後に。**更犯**—名例17の「更犯」は「未経科断」(同条疏)即ち「未断更犯」(本条疏)、本条は「断訖更犯」。しかし更犯に対し歴任の位記を充て得る点は同じか。**有二官**—名例17・20では官位・勲位の中の官位から削るが、本条では高い方から降す(疏)。**仍累降之**—更犯が免官ならば位階と勲位を二等ずつ、免所居官ならば位階か勲位かを一等、官当で代当するときは位階や勲位を一等、更犯以前の降等にそれぞれ累積して降す。**各不得過四等**—位階についても勲位についても、各々通算して四等を超過してはならない。即ち位階と勲位は混合しない。

官尽未叙—官は位。更犯累降の結果、位階も勲位もすべて失い、未だ再叙に至らない間。**聴以贖論**—後に必ず再叙されるので、未叙の間も官人と見做し、実刑でなく贖を科する。**謂**—以下十字の注は日本律独自。唐では最も低い九品でも贖し得るが、日本では九品を八位勲十二等(名例11)と書換えたために此の注を加えたもの。**叙限**—再叙までの年限。**後犯**

を以て当てよ。仍りて累ねて降せよ。降する所多しと雖も、各四等に過すこと得じ。各といふは、謂はく、二官各降するをいふ。通計の限に在らず。若し官尽きて叙せずして、更に流以下の罪犯せらば、贖を以て論すること聴せ。謂はく、後の叙に八位以上得べき者をいふ。叙限は各後犯に従ふて年計ふ。課役の限に在らず。歴任の位記有りと雖も、朝参の例に預くること得じ。

22 凡以レ官当レ徒者。罪*一軽不レ尽二其官一。留*レ官収レ贖。官*二少不レ尽二其罪一。余*罪収レ贖。假有。五位以上。犯二私坐徒二年一。例減一等。即是罪軽不レ尽二其官一。留レ官収レ贖。官少不レ尽二其罪一者。假有。八位犯二私坐一年半徒一。以レ官当二徒一年一。余罪半年。収レ贖之類。 其犯二除*免一者。罪雖レ軽。従レ例除免。假有。五位以上。及帯二勲位一。於監臨内。盗二布三端一。本坐合二杖八十一。仍須二准レ例除名一。或受二財十五端一尺一。而不レ枉レ法。本坐徒一年半。亦准レ例免官。或在二父母喪一。兄弟別籍異財。合二杖一百一。亦准レ例免所居官。 罪若重。仍依二当*贖法一。假有。正七位上。復有二歴任従七位下一。犯二除名流一。不レ合二例減一者。以レ流比二徒四年一。以二正七位上階一。当二徒一年一。又以二従七位下階一。当二徒一年一。更無二歴任位記及勲位一。即徴二銅卌斤一。贖二二年徒坐一。仍准レ例除名。若罪当二免官一者。亦准二此当贖法一。仍依レ例免官。此名二罪若重。仍依二当贖法一。

凡そ官を以て徒に当てば、罪軽うして其の官尽きずは、官を留めて贖収れ。官少うして其の罪尽きずは、余の罪は贖収れ。其れ除免犯せらば、罪軽しと雖も、例に従へて除免せよ。罪若し重くは、仍りて当贖の法に依れ。

23 凡除名者。比徒三年。免官者。比徒二年。免所居官者。比徒一年。初*位不レ用二此律一。除名。免官。免所居官。罪有二差降一。故量二軽重一。節級比徒。初位非二職事一者。品秩卑微。与二白丁一無レ異。故不レ用二比徒之律一。 謂。以二軽*罪誣*レ人。及*入*出之類一故。制二此比一。假有。人告三五位以上。監主内盗二布三端一。若事実盗者。合二杖八十一。仍合二除名一。若虚。誣告人不レ可三止得二杖罪一。故反坐比徒三年。免官者。

―更犯を累ねた最後の犯罪。降等についてはら起算する。但し後犯が贖を許されない流や徒(名例11)ならば、流は令(獄令17)に依り六載後に、徒は服役満了後に再叙する(疏)。**不在課役之限**―後に必ず再叙されるので、未叙の間も官人と見做し、課役を免除する。但し再叙が八位や勲十二等以上ではなく初位となる場合には、「免徭役」(賦役19)即ち調を徴し庸・雑徭などは免(疏)。**不得預朝参之例**―免官・免所居官・官当に処せられて未叙の間は出仕しえない。朝参→公式補55b。

22 〔以官当徒条〕「官当条」とも(名例30疏)。官当と贖との競合関係、及び除免と官当・贖との関係についての規定。**罪軽不尽其官**―本刑の年数が官当の位記一枚で代当される年数(名例17)よりも少ないとき。**留官収贖**―官当せずに本刑を贖させる。**官少不尽其罪**―官当で代当される年数が本刑よりも少ないため、差引くと端数が出るとき。**余罪収贖**―端数は贖させる。結局、本刑よりもまず官当、次いで贖、そして官当の端数を贖させるのが原則。**除免**―除名・免官・免所居官。除免は附加刑であるから、本刑の軽重に拘らず、罪の性質(名例18~20)によって科する。**当贖**―官当・贖。当贖は換刑であるから、除免した上で、仍(おな)科することがある。

23 〔比徒条〕除免などの附加刑や還俗などの名誉刑と本刑との換算規定。律の中には、その犯罪に関わりのある者の除免や還俗などの刑を規準として、量刑すべく規定した条文があるので、設けたもの。

誣ニ告五位。於監臨外盗ニ布五端一。徒一年。仍合ニ免官一。若虚。反坐不レ可ニ止科ニ徒一年一。故比徒二年。免所居官者。謂。告ニ人父母服内別籍異財一。合ニ杖一百一。仍合ニ免所居官一。若虚。反坐不レ可ニ止得ニ杖罪一。故比徒一年。及入出之類。謂。不レ盗ニ監臨内物一。官人枉判。作レ盗レ所ニ監臨一。或実盗ニ監臨一。官人判作レ不レ盗。即是官司出ニ入除名一。比徒三年。若出ニ入免官。免所居官一。亦依ニ比徒二年。一年之法一。其蔵ニ匿罪人一。若過致資給。或為ニ保證一。及故縦等。有ニ除免一者。皆従ニ比徒之例一。故云ニ之類一。　若*[3]所レ枉重。自従レ重。謂。誣告及出入之罪。重ニ於比徒之法一者。自従ニ反坐等重法一科之。不ニ復仍准ニ比徒之法一。　若誣ニ僧*尼応ニ還*俗一者。比徒一年。依レ令。僧尼飲レ酒酔乱。及与レ人闘打者。各還俗。假有。人誣ニ告僧尼与レ人闘打一者。若実。並須ニ還俗一。既虚。反坐比徒一年。　其応ニ苦*使一者。十日比ニ笞十一。依レ令。僧尼綾羅錦綺。不レ得ニ服用一。違者。各十日苦使。假有。人誣ニ告服ニ用錦羅一。若実。十日苦使。既虚。反坐笞十。　官*司出入者。罪亦如レ之。謂。応レ断ニ還俗及苦使一。官司判放。或不レ応ニ還俗及苦使一。官司枉入。各依ニ此反坐徒杖之法一。故云ニ亦如レ之。失者。各従ニ本法一。

凡そ除名は、比徒三年。免官は、比徒二年。免所居官は、比徒一年。初位は此の律用ゐじ。謂はく、軽罪に人を誣し、及び入出の類あるを以ての故に、此の比制す。若し枉げたる所重くは、自ら重きに従へよ。若し僧尼を還俗すべきに誣せらば、比徒一年。其れ苦使すべくは、十日を笞十に比せよ。官司出入せらば、罪亦之の如く。

24　凡犯*レ流応レ配者。三*流俱役*一年。本*条称ニ加*役流一者。配ニ遠処一。役三年。犯レ流。若非ニ官当。収贖。老疾之色一。即是応レ配之人。三流遠近雖レ別。俱役一年為レ例。加役流者。本法既重。与ニ常流一理別。配ニ遠処一。居ニ役三年一。　役満。及会レ赦免レ役者。即於ニ配処一。従*ニ戸口例一。役満ニ一年及三年一。或未レ満会レ赦。即於ニ配所一。従ニ戸口例一。課役同ニ百姓一。応レ選者。須レ満ニ六年一。故令云。流人至ニ配所一。六載以後聴レ仕。反逆縁坐流。及因ニ反逆一。免レ死配流。不レ在ニ此例一。即本犯不レ応レ流。而特配流者。三載以後聴レ仕。　妻*妾従之。妻妾見已成者。並合レ従レ夫。[1]又依レ令。犯レ流断定。不レ得三棄ニ放妻妾一。若妻犯ニ七出一者。夫若不レ放。於レ夫無レ罪。若犯レ流聴レ放。即假偽者多。依レ令。不レ放於レ理為レ允。犯ニ義絶一者。官遣レ離之。違レ法不レ離。合レ得ニ杖罪一。義絶者離之。七出者不[2]レ放。　家*[3]人不レ在ニ従例一。

父*祖子孫。欲レ随者聴。曾高以下。及玄孫以上。欲下随ニ流人一去上者。皆聴。　移*郷人家*口亦准レ此。移郷人妻妾随之。父祖子孫

初位—散位の初位。**軽罪**—除免や還俗などに関わりがなければ軽い刑で済む筈の場合。**誣**—讒言。人を誣告すると、被誣告者に科せられる刑を、逆に誣告者が負わねばならない(闘訟律41・獄令32 33)。例えば、監臨主守が布三端を盗むと杖八十(賊盗35)となるが、監守内の盗ならば除名(名例18)。しかしこれが誣告と判ると、誣告者は杖八十でも除名でもなく、本条の「除名者比徒三年」により刑は徒三年(疏)。**入出**—出入とも。裁判担当官が故意または誤失によって不当な判決を下したとき、無罪から有罪にしたり刑を重くしたりすれば入といい、その逆を出という(断獄律19)。**之類**—以上の他にも、犯人を匿い、または逃亡を助け(捕亡律18)、他人の裁判に際して虚偽の報告や証言をし(詐偽律25 26)、囚人を脱走させる(捕亡律16)など。**若所枉重**—もし本刑の方が重く、本条を適用すると却って刑が軽くなるとき。**僧尼**—唐律は「道士・女冠」。僧尼統制の法規としては僧尼令がある(→僧尼補☆)。唐律では「諸称道士女冠者、僧尼同」(唐名例律57)。**還俗**—官人の除名に相当。→僧尼補2b。**苦使**—僧尼の贖罪的な労働。→僧尼補3c。**官司出入**—裁判担当官の不当な判決。この部分は注か。

24〔犯流応配条〕流刑者の服役年限と流刑者・移郷者の家族同行についての規定。**犯流応配者**—流の実刑に処すべき者。流配人(次条)・流人とも。即ち官当や贖に換えられた者や老疾は除く(疏)。**三流**—近流・中流・遠流(名例4)。**役**—強制労働。居作(→名例11注)とも。使役方法→獄令18 19。**本条**—律の各条文。**加役流**→補11c。**従戸口例**—一般

欲レ随者聴。不レ得レ棄ニ放妻妾一。皆准ニ流人一。故云ニ亦准一レ此。若流移人身喪。家口雖レ経レ附レ籍。六年内*願レ還者。放還。籍。謂。六年一造。申ニ送太政官一。流移人。若到ニ配所一。六年必経レ造レ籍。故云。雖レ経レ附レ籍。六年内願レ還者聴。既称レ願レ還。即不レ願レ還者。聴レ住。即造*ニ畜蠱毒一家口。不レ在ニ聴レ還之例一。依ニ本条一。造ニ畜蠱毒一。幷同居。雖レ会レ赦猶流。況此已至ニ配所一。故不レ在ニ聴レ還之例一。下*条准レ此。為[4]下下条云。流人逃者身死。所レ随家口。仍准ニ上法一聴レ還。上有ニ下条准レ此之語一。下有中准ニ上法一之文上。家口合レ還。及不レ合レ還。一准ニ上条之義一。

凡そ流犯して配すべくは、三流倶に役一年。本条に加役流と称するは、遠処に配して役三年。役満ち、及び赦に会ひて役免されば、即ち配処にして、戸口の例に従へよ。妻妾従へよ。家人は従ふる例に在らず。父祖・子孫、随はむと欲はば聴せ。移郷の人の家口も亦此に准へよ。若し流移の人、身喪しなば、家口は籍に附くに経たりと雖も、六年の内に還らむと願はば、放し還せ。即し蠱毒を造畜せる家口は、還ること聴す例に在らず。下の条も此に准へよ。

25 凡流配人。在レ道会レ赦。計*[一]ニ行程一。過レ限者。不*レ得ニ以レ赦原一。行程者[1]。依レ令。馬[2]七十里。歩人五十里。但馬及歩人同行。遅速不等者。並従ニ遅者一為レ限。謂。従ニ上道日一。惣ニ計行程一。有レ違者[二]。假有。配ニ近流一。准ニ歩程一。合ニ卌日一。若未レ満ニ卌日一会レ赦。不レ問ニ已行遠近一。並従レ赦原。従ニ上道日一。惣ニ計行程一。有レ違者。即不レ在ニ赦限一。有レ故*者。不レ用ニ此律一。故。謂。病患死亡及請粮之類。准レ令。臨時応レ給レ假者。及前有ニ阻難一。不レ可レ得レ行。聴レ除ニ假故一。不レ入ニ程限一。故云レ不レ用ニ此律一。若*程内至ニ配所一者。亦従[三]レ赦原。假有。人配ニ近流一。合ニ卌日程一。卌日限前。已至ニ配所一。而遇ニ恩赦一者。亦免。逃*亡者。雖レ在ニ程内一。亦不レ在ニ免限一。即逃*者身死。所レ随家口。仍准*ニ上法一。聴レ還。行程之内逃亡。雖レ遇レ赦。不レ合ニ放免一。即逃者身死。所レ随家口。雖ニ已附一レ籍。六年内願レ還者。准ニ上条一聴レ還。

凡そ流配の人、道に在りて赦に会へらむ、行程を計うるに限に過せらば、赦を以て

の住民と同じに扱う。謀反・大逆関係を除いては七年目に、また勅断あって特に配流された者ならば四年目には出仕を許す(獄令17)。**妻妾従之**―流・移の者は妻妾を必ず同行しなければならない(獄令11)。義絶(戸令31)でなければ、たとえ七出(戸令28)に当る妻妾でも置去りにしてはならない(疏)。**家人不在従例**―日本律独自の規定。↓補24a。**父祖子孫**―直系親族。妻妾と異なり同行は任意。**移郷人**―殺人犯で死刑を免ぜられた者。遺族の復讐を予防するため、移住を強制(賊盗18)。家移人とも。流刑と移郷の差は服役の有無。**家口亦准此**―移人の妻妾・父祖子孫・家人の同行については流人の場合と同。**六年内**―流・移された本人の死亡後六年以内。配所到着後の六年以内ではない。↓補24b。**造畜蠱毒家口**―蠱毒を造畜した者の同居の家口はみな遠流で、赦に会っても許されない(賊盗15)。従って、造畜した本人の死亡後も、その家口という理由により本条の適用を受けることはできない。**下条准此**―受刑者本人が死亡した場合の同行家族は一般に本条を適用して帰郷させるが、造畜蠱毒者の家口は常に例外とする。

25 〔流配人在道会赦条〕 流刑者が配所へ送られる途中で赦に会ったときの規定。

計行程過限者―出発の日からの日数が標準行程によって算出された所要日数を越えた場合(本注)。標準行程は一日に馬七十里、徒歩五十里(公式88)。馬と歩行者と同行するときは遅い方の五十里で計算する(疏)。しかし実際は別。↓補25。**不得以赦原**―赦によって釈放するというわけにゆかない。**故**―本人および同行家族の出産・病気・死亡や行路の障害

(獄令21)、郷里の父母等の喪(同22)、給粮(同15)など。これら正当な事由による遅延日数は除外する。**若**…―所要日数より早く到着した後、所要日数が来るまでの間に赦があれば、正当な事由による遅延の場合と同じく釈放される。**逃亡者**―途中での逃亡者。逃亡するまでは標準行程に適合していても赦は無効となる。**逃者**―途中での逃亡者のほかに、配所からの逃亡者を含む。即ち本条の疏は、その家口が配所で附籍された場合についてのべているから、受刑者本人もすでに配所に到着しているわけである。**上法**―前条。前条に準じて、配所から逃亡した後の死でも、その妻妾・父祖子孫ら家口は六年以内に帰郷しうる。

26〔犯死罪非八虐条〕親を養わせるために死刑・流刑の執行を延期するときの規定。

八虐―八虐は議請減を許さず(名例8 9)、殊に悪虐以上は季節に拘らず刑を執行する(獄令8)。**祖父母**―曾・高も同(名例52)。**老疾応侍**―年八十以上か篤疾ならば侍即ち養う者を必要とする(戸令11)。**家**―戸内(疏)。この家は戸と同。**二等親成丁**―二等親(儀制25)以内で、かつ丁(戸令6)つまり年二十一以上六十以下の健康な男子。侍は、近親でも他人でもよく、また年二十以下でもよいとされるが(戸令11)、本条はこのように限定。天子の恩沢を示し、孝を勧めるための限定か。**上請**―家の実情を知る国司が刑部省に連絡し、実情を具申して勅の処分を仰ぐ。疏は後に条件が変ったときの処置をも説明。

犯流者―会赦猶流を除く(本注)他は、五流(名例11)でも八虐の流でも本項を適用する。

権留養親―流刑の執行を仮りに停止して親に

原すこと得じ。謂はく、上道の日従り、行程を惣べ計ふるに、違へること有る者をいふ。故有らば、此の律用ゐじ。若し程の内に配所に至りなば、亦赦に従ふて原せ。逃亡の者は、程の内に在りと雖も、亦免す限に在らず。即し逃げたる者身死なば、随へらむ所の家口は、仍りて上の法に准へて還ること聴せ。

26 凡犯二死罪一非二八虐一。而祖父々母々老疾応レ侍。家無二二等親成レ丁者一。上請。謂。非二謀反以下。不義以上死罪。而祖父母々々。通二曾高一以来。年八十以上。及篤疾。扨レ令。応レ侍。戸内無二二等親年廿一以上。六十以下一者。皆申二刑部一。具レ状上請。聴二勅処分一。若勅許レ充レ侍。家有二二等親進丁。及親終。更奏。如元奉二進止一者。不レ奏。家無二二等親成レ丁者。律意属在二老疾人二等親一。其曾高於二曾玄一非二二等親一。縦有亦合二上請一。犯レ流者。権留養レ親。謂。非二会赦猶流一者。犯二流罪一者。雖二是五流及八虐一。亦得二権留養レ親。会赦猶流者。不レ在二権留之例一。其権留者。官判聴。不レ須二上請一。不レ在二赦例一。仍准二同季流人一。未二上道一限内。会レ赦者。従レ赦原。権留養レ親。動経二多載一。雖レ遇二恩赦一。不レ在二赦限一。依レ令。流人季別一遣。同季流人。若未二上道一而会レ赦者。得三従レ赦原一。課調依レ旧。侍丁依レ令免二徭役一。唯輸レ調。為三其充レ侍未レ流故。云二課調依レ旧。其死罪囚。家無二二等親一上請。勅許レ充レ侍。若逢二恩赦一者。合レ免。何者。権留養レ親。不レ在二赦例一。既無二各字一。止為二流人一。但死罪上請。勅許レ留レ侍。経レ赦之後。理無二殺法一。況律無二不レ免之制一。即是会レ赦合レ原。又断レ死之徒。例無二課輸一。雖レ得レ留レ侍。課不レ合レ徴。免レ課霑レ恩。理用為レ允。若家有二進丁一。及親終三月者。即従レ流。計レ程会レ赦者。依二常例一。本為三家無二成丁一故。許レ留レ侍。若家有二二等親進丁一。及親終三月者。並従二流配之法一。計レ程会レ赦者。一准二流人常例一。即至二配所一応レ侍。合二居作一者。亦聴二親終三月一。然後居作。流人至二配所一。親老疾応レ侍者。並依二侍法一。合二居作一者。亦侍二親終三月一。然後居作。其犯二死罪一聴レ侍。流人権留養レ親。中間各犯二死罪以下一者。依二下文一。犯レ罪已発。及已配而更為レ罪者。各重二其事一。若死囚重犯二死罪一。亦同二犯流加杖法一。若本坐是絞。重犯二斬刑一。即須二改断従レ斬。前犯絞者。亦依二加杖例一。若依レ前応レ侍。仍更重請。若犯二流徒一者。各准二流徒之法一。杖罪以下。依レ数決之。流人聴レ侍者。犯二死罪一上請。若犯レ流。依二留住法一加杖。侍二親終一。於二配所一累役。犯レ徒応レ役。亦准レ此。応二蔭贖一者。各依二本法一。

凡そ死罪の八虐に非ざるを犯せらむ、而るを祖父母・父母老疾にして侍すべき、家に二等の親の丁に成れる無くは、上請せよ。流犯せらば、権りに留めて親養はしめよ。謂はく、会赦猶流に非ざる者をいふ。赦の例に在らず。仍りて同季の流人に准ふ。未だ上道せざる限の内に、赦に会へらば、赦に従へて原せ。課調は旧に依れ。若し家に進丁有らむ、及び親終りて三月になむなば、即ち流に従へよ。程を計ふるに赦に会へらば、常の例に依れ。即し配所に至りて侍すべく、居作すべくは、亦親終りて三月ありて、然うして後に居作すること聴せ。

27 凡犯徒*応役*。而*家無兼*丁者。（謂。非収贖之人。法合役身。而戸内全無兼丁。若家内唯[1]有二丁。倶犯徒坐。或一人先従征防。或逃走。及被禁[2]。並不同兼丁。家無兼丁。免徒加杖者。矜其粮餉乏絶。又恐家内困窮。一家二丁。倶在徒役。理同無丁之法。便須決放一人。征防之徒。遠従公役。及犯徒罪以上。獄成在禁。同無丁例。其任官。及事発逃走。同有丁例。居官之人。雖非丁色。身既見居栄禄。不可同無兼丁。若兼丁逃走。在未発之前。既不預知。得同無兼丁限。如家人犯徒。[3]発後兼丁然始逃亡。若其許同無丁。便是長其奸偽。即同丁限。依法役身。又三人倶犯徒坐。家内更無兼丁者。律称家無兼丁。本謂全無丁者。三人決放一人。即是家有丁在。足堪粮餉。不可更放二人。若一家四人徒役。決放二人。其徒有年月及尊卑不等者。先従見応役日少者決放。役日若[4]亭。即決放尊長。其夫妻並徒。更無兼丁者。決放其婦。）妻*年廿一以上。同兼丁之限。婦*女家無男夫兼丁者。亦同。（妻同兼丁。婦女雖復非丁。拠礼。与夫斉体。故年廿一以上。同兼丁之限。其婦人犯徒。戸内無男夫年廿一以上者。亦同無兼丁例。言以上者。謂。六十以下。其残疾既免丁役。亦非兼丁之限。）徒一年加杖*一百廿。不居作。一等加廿。流*至配所応役者。亦如之。（徒一年加杖一百廿。一等加廿。即是半年徒加杖廿。不居作。既已加杖。故免居作。流至配所応役者。謂。流人応合居役。家無兼丁。応加杖者。亦准此。）若徒*年限内。無兼丁者。惣計応役日。及応加杖数。准*折決放。（役限未満。兼丁死亡。或入老疾。或犯罪。征防。見無兼丁者。若犯徒一年。三百六十日。合杖一百廿。即是卅日当杖十。若犯二年半徒。五百卌日。）

侍せしめる。親は祖父母・父母。これは太政官が判断し措置してよいことであり、勅を仰ぐ必要はない(疏)。**不在赦例**―権留養親はややもすれば多年に渉るので、その間に赦があっても、適用から除外する。但し前項の死刑の場合には赦が適用される(疏)。**仍准同季流人**…―但し赦が適用される場合もある。即ち流人は四季の季別に一度発遣される(獄令13)が、同季の流人の発遣までの間に赦があれば権留養親者も同時に許される。**課調依旧**―調はこれまで通りに徴収する。即ち侍丁として庸と雑徭はもともと免除されている(賦役19)。**進丁**―年二十一に達した男子。ただし前項により二等親以内のもの。**親終三月**―侍した親が死亡して三月後。唐律は一年後。服紀(喪葬17)も唐より短縮しているのに準ずる。**常例**―一般の例。即ち流の途中で赦に会えば前条の規定による。**至配所応侍合居作者**―同行した親が配所で老・疾となったとき、それが居作即ち役(名例24)の期間中ならば、役を中断して侍せしめる。その親が死亡すれば、喪假五十日(獄令22)を与え三月後に役を再開させる。なお疏は侍の期間中の重犯について説明している。

27 〔犯徒応役条〕 徒罪を犯した者の家に本人以外に働き手の無いとき、役を杖に換刑する規定。加杖の法とも。

徒―名例3。**役**―居作(下文)。**家**―戸(↓前条注)。**兼丁**―受刑者以外の働き手。丁は、本来は男子を指すが(↓前条注)、本条では受刑者の妻も含む(本注)。疏は兼丁の認定規準と加杖の優先順位を説明。**妻**―年二十一以上六十以下の妻・婦女を丁妻・丁女と記す例が戸籍にも見える(大宝二年西海道諸国・養老五年下総国の戸籍など)。**婦女**―婦人。男夫の対語。ここでは女子の徒刑者。縫作と舂米に役する(獄令18)。**加杖**―徒罪の役を杖に換刑すること。従って当然「不居作」(下文)。一般の杖は杖六十から一等ごとに杖十を加えて杖百までだが(名例2)、加杖は役一年の換刑としての杖百二十から半年ごとに杖二十を加えて杖二百まで。二百が最高限(名例29)。**流至配所応役者**―流刑者を配所で役すべきとき。役は三流とも一年、加役流は三年(名例24)、その間の食糧は官給(獄令56)。配所での役に本条を適用する。**徒年限内無兼丁者**―徒の居作中に、家族を支える兼丁が死亡・老疾・征防・犯罪等の事由で無くなったと認定されたとき。**准折決放**―残余の期間を加杖に換算し、加杖を執行して役を放(ゆる)す。准折は比例換算による削減。例えば、徒一年ならば加杖百二十、一年は三百六十日(名例55)だから、残余の期間は三十日につき加杖十の割合で削減する。換算して十に満たない分は切捨てる(疏・名例56)。**盗及傷人**―盗は強盗(賊盗34)でも竊盗(同35)でも、傷人は相手が親族でも(闘訟律24以下)他人でも(同1以下)同じ。みな本条を適用しないが、その条文に「准盗」とか「減故殺傷一等二等」などの文言があれば適用する(疏)。本項の疏は唐律の疏と異なる。→補27。**老疾合侍**→前条注「老疾応侍」。盗や傷害による徒罪でも、親が老疾で、かつ兼丁が無ければ、加杖に換える(疏)。

28 〔雑戸条〕 雑戸・陵戸および婦人の流罪は杖と役に換刑し(留住の法)、雑戸・陵

合二杖一百卌一。即是卅八日当二杖十一。二年徒。七百廿日。合二杖一百六十一。即是卌五日当二杖十一。二年半徒。九百日。合二杖一百八十一。即五十日。当二杖十一。三年徒。一千八十日。合二杖二百一。即五十四日。当二杖十一。三年半徒。一千二百六十日。亦合二杖二百一。即六十三日。当二杖十一。四年徒。一千四百卌日。亦合二杖二百一。即七十二日。当二杖十一。其役日未レ尽。不レ満二杖十一者。律云。加者。数満乃坐。既不レ満レ十。抛レ理放之。 盗*及傷レ人者。不レ用二此律一。盗者。不レ限二強竊一。傷レ人。不レ拠二親疎一。本条称三准盗及減二故殺傷一等二等一者。依二加杖例一。 親*老疾合レ侍者。仍従二加杖法一。謂。祖父々母々老疾。家無レ丁者。雖二是盗及傷レ人。亦依二加杖之法一。

凡そ徒を犯して役すべからむ、而るが家に兼丁無くは、妻年廿一以上ならば、兼丁の限に同じ。婦女の家に男夫の兼丁無くは、亦同じ。徒一年に加杖一百廿。居作せず。一等に加廿。流、配所に至りて役すべくは、亦之の如く。若し徒年の限の内に、兼丁無くは、役すべき日、及び加杖すべき数を惣べ計へて、准へ折いて決放せよ。盗し、及び人を傷れらば、此の律用ゐじ。親、老疾にして侍すべくは、仍りて加杖の法に従へよ。

28 凡雑戸*。陵戸*犯レ流者。近流決杖一百。一等加卅。留住*俱役三年。犯二加役流一者。役四年。此等不レ同二常人外[1]配一。合二近流一者。決杖一百。中流決杖一百卅。遠流決杖一百六十。俱留住役三年。犯二加役流一者。役四年。例云。累レ[2]徒応レ役者。不レ得レ過二四年一。故三年徒上。止加二一年一。以充二四年之例一。 犯レ徒者。准下無二兼丁*一例上加杖*。還*依二本色一。其婦*人犯レ流者。亦留住。婦人之法。例不二独流一。故犯レ流不レ配。留住決杖居作。 造*[3]二畜蠱毒一応レ流者。配流如レ法。造二畜蠱毒一。所在不レ容。擯二之遠処一。絶二其根本一。故雖二婦人一。亦須二投竄一。縦令。嫁向二中華一。事発還従二配遣一。並依二流配之法一。三流俱役一年。設使遇レ恩。亦不レ合レ免。婦人教令造畜者。只得二教令坐一。不レ同二身自造畜一。自依二常犯一科罪。案二賊律一。造二畜蠱毒一者。雖レ会レ赦不レ免。同居不レ知レ情亦流。但是諸条犯レ流。加杖配レ徒之色。若有二蠱毒一。並須二配遣一。故於二雑戸等留住下一立レ例云。造二畜蠱毒一者。配流如レ法。斯乃雑戸以下惣摂。不下独為二婦人一生上文。 近*流決杖六十。一等加廿。俱役三年。婦人近流決杖六十。中流決杖八十。遠流決杖一百。三流俱役三年。若加役流。杖亦一百。即役

戸の徒罪は杖に換刑する規定。

雑戸・陵戸—いずれも諸司・諸陵に隷属しているので、一般人のように配所には送らない。雑戸→戸令補19d。陵戸→喪葬1注。同様に官私の主に隷属する官戸・家人・官私奴婢は流・徒を杖に換刑(名例47)。**留住**—現住地に住まわせたままの役。徒刑も現住地で役する(獄令18)が国司が管理するのに対し、雑戸・陵戸は所属の諸司が管理するか。**倶役三年**—ふつうは近・中・遠の三流ともに役一年(名例24)、留住はそれぞれの数の杖刑を執行した後、三流ともに役三年。**加役流**—役の最高限を四年とする規定(次条)があるために、加役流でも一年を加えるに止める。

兼丁・加杖→前条注。**還依本色**—加杖した後、本来の身分に依って隷属させられている諸司に還す。**婦人犯流者**—婦人は「与レ夫斉レ体」(前条疏)だから夫から離して配流しない。**造畜蠱毒**—造畜蠱毒は教令者も同居の家口もみな配流するが(賊盗15)、教令者は婦人ならば留住の法を適用しうる(疏)。なお本注は、疏に「雑戸以下惣摂」即ち雑戸らにも適用するとあって婦人のためだけの注ではない。**近流決杖六十**—婦人は決杖数を雑戸らより三流とも逓減(疏)。**夫犯流配者**—夫も共に流罪を犯して配流されたとき。同行した妻は居作も決杖も免除され、夫が途中で死ねば帰郷しうる。但し同行すればすべて許されると知って、故意に流罪以下を犯したときは、この限りでない(疏)。

29 〔更犯条〕 刑の併科とその最高限についての規定。最高限は役四年、杖二百。

已発—発覚後。告訴・告発を発覚の時点とす

四年。既決杖文在レ上。明須二先決後役一。若夫*犯レ流配者。聴レ随之。至二配所一免二居作一。婦人元不レ合レ配。以二夫流一故所以聴レ随。矜二其本法無一レ流。所以得レ免二居作一。従レ流無レ杖。不レ在二決例一。其有二夫在レ路身死一。婦人不レ合レ従レ流。既得二却還一。不三復更合二居役一。即是惣更無レ罪。有レ官。亦不二官当一。若犯二八虐五流一者。各依二除名之法一。若夫犯レ流事発。婦知レ随而故犯二流以下一。聴レ従二官当減贖法一。無レ官者。至二配所一加杖居作。

凡そ雑戸・陵戸、流犯せらば、近流に決杖一百。一等に加卅。留住して倶に役三年。加役流犯せらば、役四年。徒犯せらば、兼丁無き例に准へて加杖せよ。還して本色に依れ。其れ婦人、流犯せらば、亦留住せよ。蠱毒を造畜して流すべうは、配流せむこと法の如くせよ。近流に決杖六十。一等に加廿。倶に役三年。若し夫、流犯して配せらば、随ふること聴せ。配所に至して居作免せよ。

29 凡犯レ罪已発*。及已配*。而更為レ罪者。各重*二其事一。已発。謂。已被二告言一。其依レ令。応二三審一者。初告亦是発訖。及已配。謂。犯レ徒已配。而更為二笞罪以上一者。各重二其後犯之事一。而累科之。即重犯レ流者*。依二留住法一決杖。於二配所一役三年。犯レ流未レ断。或已断配訖未レ至二前所一。而更犯レ流者。依二雑戸留住法一決杖。近流一百。中流一百卅[1]。遠流一百六十。仍各於二配所一役三年。通二前犯流応レ役一年一。惣四年。若前犯二常流一。後犯二加役流一者。亦止惣役四年。若已至二配所一更犯者*。亦准レ此。已至二配流之処一。而更犯レ流者。亦准二上解留住法[2]一決杖配役。其前犯処二近流一。後犯処二遠流[3]一。即於二前配所[4]一科決。不三復更配二遠流一。即累二流徒一応レ役者*。不レ得レ過二四年一。若更犯二流徒罪一者。准二加杖例一。有レ犯二徒役一未レ満更犯レ流。々役未レ満更犯レ徒。或徒役内復犯レ徒応二役身一者。並不レ得レ過二四年一。假有。元犯二加役流一。後又犯二加役流一。前後累レ徒雖レ多。役以二四年一為レ限。若役未レ訖更犯二流徒罪一者。准二加杖例一。犯罪雖レ多。累決二杖笞一者。亦不レ過二二百一。若有レ人重犯二流罪一。依二留住法一決杖。於二配所一役三年。此三年之役。家無二兼丁一者。不レ合乙准下無二兼丁一例上決杖甲。流人雖レ無二兼丁一。而無二加杖之例一。三年之役。本替二流罪一。雖レ無二兼丁一。不レ合二加杖一。唯有下元犯之流至二配所一応レ役者。家無二兼丁一。得レ准二徒加杖一。其*杖罪以下。亦各依レ数決之。累決二笞杖一者。不レ得レ過二二百一。其応二加杖一者亦如レ之。累二流徒一。応二役四年一。限内

復犯二杖笞一者。亦依二所レ犯杖笞数一決。或初犯[3]二杖一百一。中又犯二杖九十一。後又犯二笞五十一。前後雖レ有二二百卌一。決之不レ得レ過二二百一。其犯レ徒応二加杖一者。亦如レ之。假如。雑戸。陵戸。官私奴婢等。並合二加杖一。縦令。重犯二流徒一。累決二杖笞一。亦不レ得レ過二二百一。

凡そ罪犯して已に発り、及び已に配して、更に罪為せらば、各其の事を重ねよ。即し重ねて流を犯せらば、留住の法に依りて決杖せよ。配所にして役三年。若し已に配所に至りて、更に犯せらば、亦此に准へよ。即し流徒を累ねて役すべくは、四年に過すこと得じ。若し更に流徒の罪を犯せらば、加杖の例に准へよ。其れ杖罪以下は、亦各数に依りて決せよ。累ねて笞杖決せば、二百に過すこと得じ。其の加杖すべくは、亦之の如く。

30 凡年*七十以上。*十六以下。及*癈疾。犯二流罪以下一。*収レ贖。七十以上。七十九以下。十六以下。十一以上。及癈疾。為レ矜二老小[1]及疾一故。流罪以下収レ贖。上条贖章。称二流罪[2]以下一聴レ贖。此条及官当条。即言レ収レ贖。此是随レ文設レ語。更無二別例一。犯二*加役流一。*反逆縁坐流。*会赦猶流一者。不レ用二此律一。至二*配所一免二居作一。此等三流。特重二常犯一。故惣不レ許レ収レ贖。至二配所一免二居作一者。矜下其老小[3]。不上レ堪二役身一。故免二居作一。其婦人流法。与二男子一不レ同。雖二是老小[3]一。加役流。会赦猶流。亦合二収贖一。唯造二畜蠱毒一。幷同居家口仍配。*八十以上。*十歳以下。及*篤疾。犯二*反逆一。*殺人*応レ死者。上請。此等年雖二老小[1]一。情状難レ原。故反逆及殺レ人。准レ律。応二合死一者。官司不レ断。依二上請之式一。奏聴二勅裁一。*盗及傷レ人。亦収レ贖。傷レ人及盗。既侵二損於人一。故不レ許二全免一。令二其収一レ贖。文云。盗及傷レ人収レ贖。盗既不レ言二強竊一。傷レ人不レ顕二親疎一。為二其老小[1]一。特被二哀矜一。設令。強盗。傷レ親合レ死。拠レ文。並許レ収レ贖。又既称二傷レ人収一レ贖。即似二不レ傷者無一レ罪。若有レ殴二殺他人家人奴婢一者。不レ合レ論レ罪。奴婢賤隷。唯於レ被レ盗之家。称レ人。自外諸条。不レ同二良人一。又例云。殺二一家三人一。為二不道一。注云。家人奴婢者非。即験不レ同二常人之限[4]一。其応レ出レ罪者。挙レ重以明レ軽。雑犯死刑。尚不レ論レ罪。殺二傷家人奴婢一。明亦不レ論。其殴二父母一。雖二小[3]及疾可一レ矜。[5]能殴者。乃為二悪逆一。或愚癡而犯。或情悪故為。於レ律。雖レ得レ勿レ論。准レ礼。仍成二不孝一。[3]老小重疾。上請聴レ裁。*有レ官者。各従二官当除免法一。若有レ官者。須レ従二官当除免之法一。不

る。三審すべき場合(獄令32)は最初の告訴・告発(疏)。**已配**―徒による服役中。**重其事**―後の罪に対する刑を前の罪に対する刑に併科する。

即重犯流者―以下は流罪に流罪を重ねた場合。後に犯した分については留住の法(前条)を準用して併科する。疏に、判決以前或いは判決以後配所到着以前とあるが、いずれにせよ発覚以後(上文の「已発」)である。**已至配所更犯者**―配所到着以後の更犯。留住の法を準用する点では同じである。前の罪が近流、後の罪が遠流でも、近流を改めて遠流とはしない(疏)。

即累流徒応役者―以下は流罪と徒罪とを重ねた場合。流と徒、徒と流、徒と徒を重ねても、併科する服役期間の最高限は四年、杖の最高限は二百とする。**其杖罪以下**―以下は杖罪・笞罪を相互に、または流罪・徒罪を重ねた場合。加杖を含めて杖・笞は併科の最高限を二百とする。

30 〔七十以上条〕 老小・身体障害者に対する刑の減免または換刑についての規定。**七十以上**―周礼によれば七十以上と小児は奴としない(唐律疏議)。**十六以下**―唐律は十五以下。日本では十六以下が「小」(戸令6)。**癈疾**―中程度の身障者(戸令7)。**収贖**―聴贖(名例11)と同じ意味(疏)。**加役流・会赦猶流**―五流。↓補11c。**至配所免居作**―以上三流は罪が重いので贖を許さずに配流するが、それでも老・小であるのを矜んで服役は免除する。婦人は配流しないのが原則であり(名例28)、加役流でも造畜蠱毒を除く会赦猶流でも、老・小の婦人ならば贖に換刑

（疏）。婦人の反逆縁坐は日本律では削除（↓賊盗1注）。

八十以上―篤疾と共に侍を給され（戸令11）、高年として賑給（戸令45）の対象ともなった。**十歳以下**―八十以上と共に死罪でも散禁（獄令39）。**篤疾**―重度の身障者（戸令7）。**反逆**―謀反と大逆（賊盗1）。**殺人**↓名例9注。**応死者上請**―死刑に該当するときは請の手続（名例9本注）をとる。**盗及傷人**↓名例27注。たとえ強盗による死刑、親族を傷害した罪での死刑でも贖しうる。親を殴打したときは上請（疏）。**有官者各従官当除免法**―七十以上や癈疾でも八十以上や篤疾でも、位の有る者は、それぞれ官当を贖よりも優先し（名例22）、除名（同18）・免官（同19）・免所居官（同20）に該当する諸罪であれば必ずこれらを付加する。**九十以上・七歳以下**―礼記に「九十を耄、七歳を悼といい、耄や悼が死罪を犯しても刑を加えない」とある（唐律疏議）。**縁坐応配没者**―反逆の縁坐で没官されるとき。八十以上は没官を免除（賊盗1）。**坐其教令者**―老小は智力に欠けているので、もし教唆者がいれば教唆者のみに同じ罪を負わせるが、親を殴打したり子孫を斬殺したりした罪ならば、それぞれ他人を殴打・斬殺した罪に置換える（疏）。**受贓者備之**―贓（名例32）は老小であれ周囲の者であれ、実際に受用した者に贖わせる。

31　〔犯罪時雖未老疾条〕　犯行と発覚の間に、老小・身体障害・疾病という事由に変動があった場合の規定。いずれも当事者の利益に従う（名例16・獄令31と同じ趣旨）。**老疾**―より一層の老・疾。犯行から発覚までに年齢が増すか障害や疾病が重くなるかして、

レ得ニ留レ官徴レ贖。毆ニ傷伯叔父一。合ニ除名一。盗ニ五端以上一。合ニ免官一。毆ニ凡人一折レ支。合ニ官当一之類。文云。八十以上。十歳以下。盗及傷レ人。亦収レ贖。注云。有レ官者。各従ニ除免当贖法一。若本罪至レ死。自依ニ贖例一。条有ニ収贖之文一。注設ニ除免之法一。止為レ矜ニ其老疾一。非レ謂ニ故軽ニ其罪一。但雑犯死罪。例不ニ当贖一。雖ニ是有レ官。並合ニ除名一。既死無ニ比徒之文一。官有ニ当徒之例一。明其除免当法。止拠ニ流罪以下一。若欲ニ以レ官折レ死。便是律外生レ文。自須ニ依レ法除名一。死依ニ贖例一。余皆勿論。除ニ反逆一。殺人応レ死。盗及傷レ人之外。悉皆不レ坐。故云。余皆勿論。九*十以上。七*歳以下。雖レ有ニ死罪一。不レ加レ刑。縁*坐応ニ配没一者。不レ用ニ此律一。謂。父犯ニ反逆一。罪状已成。子七歳以下。仍合ニ配没一。故云。不レ用ニ此律一。即有レ人教令。坐*ニ其教令者一。老小之人。皆少ニ智力一。但是被レ教作レ罪。皆以ニ所レ犯之罪一。坐ニ所ニ教令一。假如。[6]教ニ七歳小児一。毆ニ打父母一。或教ニ九十老者一。斫[7]ニ殺子孫一。所ニ教令一者。各同下自毆ニ打及殺ニ凡人一之罪上。不レ得下以ニ犯レ親之罪一。加中於凡人上。若有レ贓応レ備。受レ贓者備*ニ之。有ニ盗詐等贓一。応ニ合備償一。或老小[1]自入。或旁[8]人受之。皆徴ニ受用之人一。故云。受レ贓者備之[9]。

凡そ年七十以上・十六以下、及び癈疾、流罪以下犯せらば、贖収れ。加役流・反逆縁坐流・会赦猶流犯せらば、此の律用ゐじ。配所に至りて、居作免せよ。八十以上・十歳以下、及び篤疾、反逆・殺人の死すべきを犯せらば、上請せよ。盗し、及び人を傷れらば、亦贖収れ。官有らば、各官当・除免の法に従へよ。余は皆勿論。九十以上・七歳以下は、死罪有りと雖も、刑加へず。縁坐配没すべくは、此の律用ゐじ。即し人有りて教令せらば、其の教令の者を坐せよ。若し贓有りて備ふべくは、贓受けたる者、備へよ。

31　凡犯レ罪時。雖レ未ニ老疾*一。而事発時老疾者。依ニ老疾一論。假有。六十九以下犯レ罪。年七十事発。或無レ病時犯レ罪。癈疾後事発。並依ニ上解収贖之法一。七十九以下。犯ニ反逆一。殺人応レ死。八十事発。或癈疾時犯レ罪。篤疾時事発。得レ入ニ上請之条一。八十九犯ニ死罪一。九十事発。並入ニ勿論之色一。故云。依ニ老疾一論。若事発已後。未ニ断決一。然始老疾者。聴ニ以レ贖論一。律以ニ老疾不レ堪レ受レ刑故。節級優異。七十衰老。不レ能ニ徒役一。此雖ニ発在ニ六十九時一。至ニ年七十一始断。衰老是一。不レ可ニ仍遣ニ役身一。此是徒役内老疾。

依二老疾一論。假有。七十九犯二加役流一。事発。至二八十一始断。止得二依レ老免一レ罪。不レ可二仍配一従レ流。[2]八

又依二獄令一。犯レ罪。逢レ格改。若格軽聴レ従レ軽。依二律及令一。務従二軽法一。[3]至二於老者一。豈得二配流一。八十之人。事発与断相連者。例従二軽典一。断依二発時之法一。唯疾人与二老者一理別。多有三事発之後。始作二疾状一。臨時科断。須レ究二本情一。若未レ発時已患。至二断時一成レ疾者。得レ同二疾法一。若事発時無レ病。断日加レ疾。推有二故作一者。[4]准レ格。仍依二犯時一。実患者。聴レ依二疾例一。

*若在二徒限内一老疾。亦如レ之。

假有。六十九以下。配二徒役一。或二年三年役限未レ満。年入二七十一。又有三配役時無レ病。[5]役限内成二癈疾一。並聴下准二上法一収上レ贖。故云下在二徒限内一老疾。亦如上レ之。又計二徒一年一。三百六十日。応レ贖者。徴二銅廿斤一。即是一斤銅折二役一十八日一。計二余役一。不レ満二十八日一。徴銅不レ満二一斤一。数既不レ満。並宜レ従レ放。[6]

犯レ罪時幼小。[7]事発時長大。依二*幼小一[7]論。

假有。七歳犯二死罪一。八歳事発。死罪不レ論。十歳殺レ人。十一事発。仍得二上請一。十六時偸盗。十七事発。仍以レ贖論。此名下幼[7]小時犯レ罪。長大事発。依二幼[7]小一論上。

凡そ罪を犯しし時に、老疾ならずと雖も、事発る時に老疾ならば、老疾に依りて論せよ。若し徒の限の内に在りて老疾ならば、亦之の如く。罪を犯しし時幼小にして、事発れる時に長大ならば、幼小に依りて論せよ。

32 凡彼*一此倶罪之贓。謂。計レ贓為レ罪者。[二]受レ財枉レ法。不レ枉レ法。及受下所二監臨一財物上。并坐贓罪。依レ法与レ財者。亦各得レ罪。此名二彼此倶罪之贓一。計レ贓為レ罪者。及*犯禁之物。*則没官。謂。鼓吹幡幟。及禁書璽印之類。私家不レ応レ有者。是名二犯禁之物一。従二彼此倶罪贓一以下。並没官。若盗二人所レ盗之物一。*三倍贓亦没官。假有。乙盗二甲物一。景転盗之。彼此各有二倍贓一。依レ法。並応レ還レ主。甲既取二乙倍備一。不レ合三更得二景贓一。乙即元是盗人。不レ可二以レ贓[1]資一レ盗。故倍贓亦没官。若有二糺告之人一。応レ賞者。依レ令。与レ賞。若私鋳レ銭事発。所レ獲作具。及銭銅。或違レ法殺二馬牛一等肉。如レ此之類。律令無レ文者。其肉及銭。私家合レ有。准二如律令一。不レ合二没官一。作具及銭。不レ得二仍用一。毀訖付レ主。罪依レ法科。*取与不レ和。謂。恐喝詐欺。強市有二乗利一。強率斂之類。*雖レ和。与者無レ罪。謂。去レ官而受二旧官属士庶饋与一。或和率斂。或監臨官司和市有二乗利一。或雇レ人而告二他罪一得レ実。但是不レ応レ取レ財而取。与者無レ罪。皆是。*若乞索之贓。*並還レ主。強乞索。和乞索。得レ罪雖レ殊。贓合レ還レ主。称レ並者。従二取与不レ和以下一。並徴還レ主。即*簿斂之物。赦書到後。*罪雖二決訖一。未レ入二官司一者。*四従レ赦原。謂。謀反大逆人。家資合二没官一者。赦書到後。其罪人雖二已決訖一。其物未レ入二官司一者。並従レ赦原。若簿斂之物。已入二所在官司一守掌者。並不レ合二放免一。若

前条各項に規定する換刑または刑の減免の段階が進むときは、進んだ段階の適用を受ける。発覚以後判決以前に同様な変動があったときも同じ。但し年齢と違って障害や疾病には故意に作(な)る場合があるから、実情を究明する必要がある(疏)。**在徒限内**―徒刑の服役中に。例えば服役中に年七十となり、残余の服役年限を贖銅に換刑するときは、二十斤を一年とし(名例3)、一年は三百六十日であるから(名例55)、一斤を十八日とし、一斤未満は切捨てる(疏)。**幼小**―老と同じく、年齢の段階は前条各項に規定。

32 〔彼此倶罪条〕 贓や没官物の処分についての規定。贓は不正に授受奪取された財貨。訓ヌスミモノ。彼此倶罪の四贓と強盗・竊盗の二贓とで六贓という(雑律1疏)。**彼此倶罪之贓**―両当事者共に罰せられるべき行為に関わる贓。その額で刑も決まる場合の贓(本注)。即ち、受財の枉法(職制48)・受財の不枉法(同)・監臨の受財(同50)・非監臨の受財(雑律1)の四贓。**犯禁之物**―私有禁止の兵器(軍防44・擅興律20)・禁書(雑令8・職制20)・璽印(賊盗24)など。**没官**―官に没収すること。人間の場合は官戸・官奴婢とする(戸令38・賊盗1)。**倍贓**―盗品を更に盗んだ者から徴収すべき、盗品の倍額の賠償。倍贓は「盗者倍備」(名例33)、即ち盗人が被害者に二倍にして返す意。例えば、乙が甲から盗み、景(→補6 g)がその盗品を更に盗んだとき、甲は乙から倍贓を得るが、乙は盗人だから得られず、景からの倍贓は没官する(疏)。**取与不和**―取った者と与えた者との間に合意の無いとき。恐喝(賊盗38)・詐欺(詐偽律

罪*未処決。物雖送官。未*経分配者。猶為*未入。若反逆之罪。仍未処決。罪人雖已断訖。其身尚存者。物雖送官。但未経分配者。並従赦原。即縁*坐家口。雖已配*没。罪人得免者。亦免。謂。反逆人家口。合縁坐没官。罪人於後蒙恩得免。縁坐者。雖已配没。亦従放[2]免。其奴婢同於資財。不従縁坐免法。但是謀反大逆。罪極誅夷。罪人既不会赦。縁坐亦不合原。去取之宜。皆随罪人為法。其謀叛已上道。及殺一家非死罪三人。支解人。縁坐雖及家口。其悪不同反逆。又律文特顕反逆縁坐。為与八虐同科。不得請減及贖。自同五流。除名配流如法。自余縁坐流。並得減贖。不除名。雖云合流。得減贖者。明即与反逆縁坐不同。赦書若八虐不原。非反逆縁坐人。仍従恩免。以其身非八虐。又非反逆之家故。

凡そ彼此倶罪の贓、謂はく、贓を計へて罪為る者をいふ。及び犯禁の物は、没官せよ。若し人の盗める所の物を盗せるが、倍贓は亦没官。取り与ふるが和はざる、和へりと雖も、与へたる者は罪無きをいふ。若しくは乞ひ索めたる贓は、並に主に還せ。即し簿斂の物、赦書到りて後、罪決し訖りたりと雖も、官司に入れずは、赦に従ふて原せ。若し罪処決せずは、物官に送れりと雖も、分配に経ずは、猶未入と為よ。即し縁坐の家口、已に配没せりと雖も、罪人免さるること得ば、亦免せ。

12)・強制的な商行為(強市→職制52)・強制的な募金(率斂→同55)など。**雖和与者無罪**―合意があって与えた者は無罪とされるときでも、これを受取った者は有罪。元の部下や人民からの贈与(職制57)・合意の上での募金(同55)・監臨官の商行為による利得(同52)・第三者を訴えさせるために人を雇ったときの経費(闘訟律55)など。**乞索**―権勢を利用して財貨を要求すること(職制58)。乞取とも(同50)。**並還主**―恐喝以下の贓はみな元の所有者に返還させる。**簿斂之物**―帳簿を作製して没収すべき対象。その他、前項の贓および没官の物や人間。謀反・大逆者の財産は没収(賊盗1)。**罪雖決訖**―犯罪者本人が処刑された後でも。**従赦原**―簿斂の対象のほうは赦書にもとづいて没収を免除。もしそれが当地の官司に保官された後ならば没収は免除しない(疏)。**罪未処決**―判決にもとづく本人の死刑がまだ執行されていないとき。**未経分配者**―当地の官司から刑部省贓贖司(職員31)に連絡して関係諸司に分配し終っていなければ。**為未入**―「未入官司」として「従赦原」。**縁坐家口**―謀反・大逆の罪で縁坐した家族。奴婢を除き、すでに官司に入り分配を終っていても、犯罪者本人が許されれば釈放される(疏)。**配没**―官有の賤民とすること。

(名例律　下)

〔凡例〕一　養老律の本文・本注の一条全体が残存すると推定される条文は、そのまま掲載した(「凡」で始まる条文)。なおその逸文を収載する史料名を(出典)として示した。

一　養老律の本文・本注の一条全体は残存しないと推定される条文は、まず唐律(岱南閣叢書本『故唐律疏議』による)の該当条(本文・本注)を掲載し(「諸」で始まる条文)、養老律の逸文については左の如く表示した。

(イ)　養老律逸文が唐律と同文の場合には、唐律の該当語句の右側に傍線(—)を附し、異文の場合には波線(〜)を附してその下の(　)内に養老律逸文の語句を掲示した。

(ロ)　養老律逸文を収載する史料名を、傍線・波線の下端に附した(一)(二)……の番号によって各条の末に示した。なお史料名は必要最小限なものに限定し、特に参考となるものだけを(参考)として示した。

(ハ)　養老律逸文は、原則として律文であることを明示して引用されているものだけに限定した。掲示した逸文のほかに、養老律逸文と推定される語句や、唐律の規定に相当する規定の存在が推定される場合も多数あるが一々挙示しなかった。なお名例律後半の養老律は、唐律とほぼ同主旨であったと推定される。

一　養老律逸文の多くは、本文と本注を区別していないので、本文と本注の区別は唐律に従った。

＊　＊　＊

一　各条文の趣旨を頭注欄に記した。また、養老律と唐律の主要な差異及び大宝律逸文の一部を若干掲記した。

33（以贓入罪条）「贓」（→名例32注）の徴収についての規定。贓は、正贓即ち現物があれば、本主に返還、または官に没収するが、消費してしまった場合は対価を徴収するのが原則。犯人が死刑・流刑のときは免除、盗による贓は「倍備」つまり倍返し。

34（平贓条）「贓」の評価についての規定。公定の労賃は一人一日布二尺六寸。即ち歳役の庸（賦役4）と同じ。唐律「駝騾驢」は養老律にはないか。

35（略和誘条）「蔽匿条」（政事要略巻五十九赦書事交替式私記）とも。身分変更など、君主の権限を侵す諸罪は、赦があっても、それを蔽匿（おおいかくす）している限り許さないとする規定。以下五条の趣旨は自首の奨励。

33 諸以レ贓入レ罪。正贓見在者。還二官主一。㈠ 転易得二他物一。及生産蕃息。皆為二見在一。㈠㈡ 已費用者。死及配流勿レ徴。㈢ 別犯流及身死者亦同。余皆徴之。盗者倍備。若計二庸賃一為レ贓者。亦勿レ徴。会二赦及降一者。盗。詐。枉法。猶徴二正贓一。余贓非二見在一。㈣ 及収レ贖之物。限内未レ送者。並従二赦降一原。㈤

㈠政事要略巻二十二牽甲斐勅旨御馬事。㈡紅葉山文庫本令義解捕亡令15裏書。㈢政事要略巻五十九禁断犯用官物事。㈣考課令64集解。㈤政事要略巻八十二議請減贖事。（参考）禄令7集解古記。

34 諸平レ贓者。皆拠二犯処当時物価及上絹（布）估[1]。㈠ 平二功庸一者。計二一人一日一為二絹三尺（布二尺六寸）一。㈡ 牛馬駝騾驢車亦同。其船及碾磑邸店之類。亦依二犯時賃直一。庸賃雖レ多。各不レ得レ過二其本価一。

㈠法曹類林巻百九十二寺務執行十七。㈡営繕令1義解。

35 諸（凡）略二和三誘人一。若和同相売。及略二和三誘部曲（家人）奴婢一。若嫁売之。即知レ情娶買。㈠ 及蔵二逃亡部曲奴婢一。署置官過レ限。及不レ応レ置而置。詐二假官一。假二与人官一。及受レ假者。若詐レ死。私有二禁物一。謂。非二私所レ応レ有者。及禁書之類[1]。赦書到後百日。見在不レ首。㈡ 故蔽匿者。復罪如レ初。媒保不レ坐。其限内事発。雖レ不二自首[2]一。非二蔽匿一。㈢ 雖二限内一。但経レ問不レ臣[3]者。亦為二蔽匿一。即有二程期一者。計二赦後日一為レ坐。㈣ 其因レ犯逃亡。経レ赦免レ罪。限外不レ首者。止坐二其亡一。不レ論二本罪一。謂。赦書到後百日限外計之。

㈠類聚三代格巻二十断罪贖銅事。㈡政事要略巻五十九赦書事。㈢西宮記巻二十一裏書。㈣政事要

36 (会赦改正徴収条)「小蔽匿条」(政事要略巻五十九赦書事交替式私記)とも。不正申告や権限濫用など、行政を乱す諸罪は、赦があっても、それを蔽匿している限り許さないという規定。

37 (自首条)「自首減」(犯情による減軽として累加することが可能)の規定。↓名例14。発覚以前の自首は刑を免除、発覚以後犯人特定以前の自首は二等減が原則。殺傷・姧など、備償しえない諸罪には適用しない。

略巻五十九赦書事。

36 諸(凡)会レ赦応二改正徴収一。経レ責二簿帳一。而不二改正徴収一者。各論如二本犯律一。㈠ 謂。以レ嫡為レ庶。以レ庶為レ嫡。㈡ 違レ法養子。㈢ 私入道。詐二復除一。避二本業一。増二減年紀一。侵二隠園田一。㈣ 脱二漏戸口一之類。須二改正一。㈣ 監臨主守之官。私自借貸。及借二貸人一財物畜産之類。須二徴収一。

㈠類聚三代格巻二十断罪贖銅事。㈡公式令62集解。㈢法曹至要抄巻下、違法養子為養父母無服假事。㈣続左丞抄三、文永五年勘答。

37 諸(凡)犯レ罪未レ発而自首者。原二其罪一。正贓猶徴如レ法。其軽罪雖レ発。因首二重罪一者。免二其重罪一。即因レ問二所レ劾之事一。而別言二余罪一者。亦如レ之。即遣二人代首一。若於レ法得二相[1]容隠一者為レ首。及相告言者。[2]各聴レ如二罪人身自首法一。縁坐之罪。及謀叛以上。本服期(二等親)雖二捕告一。倶同二自首例一。其聞二首告一。被レ追不レ赴者。不レ得レ原レ罪。謂。止坐二不レ赴者身一。即自首不レ実。及不レ尽者。以二不実不尽之罪一罪之。至レ死者聴レ減二一等一。自首贓数不レ尽者。止計二不尽之数一科之。其知二人欲レ告。及亡叛而自首者。減二罪二等一坐之。即亡叛者。雖レ不二自首一。能還二帰本所一者亦同。其於レ人損傷。因レ犯殺傷而自首者。得レ免二所レ因之罪一。仍従二故殺傷法一。本応二過失一者。聴レ従レ本。於レ物不レ可二備償一。本物見在首者。聴レ同二免法一。即事発逃亡。㈠ 雖レ不レ得レ首二所レ犯之罪一。得レ減二逃亡之坐一。[3]若越二度関一及姦。㈠ 私度亦同。姦。謂。犯二良人一。并私習二天文一者。並不レ在二自首之例。㈠

㈠政事要略巻八十四自首覚挙事。

38 （犯罪共亡条） 共犯逃亡者の「自首減」の規定。共犯者の半数以上、または自分より罪の重い者を捕えて自首すれば、刑を免除。犯人をかばった罪は、犯人が死ぬと二等減。赦によって犯人が減免されれば同様に減免。なお共犯逃亡については→名例44。

39 （盗詐取人財物条） 「贓」の自発的返還も自首とみなす規定。ただし強盗・竊盗・詐欺の贓が二等減（名例37）のとき、他の四贓（彼此倶罪之贓→名例32注）ならば三等減。

40 （同司犯公坐条） 「公坐相承減」の規定。→名例14。公務上の誤失の罪は、直接責任者からまず遡って四等官の各等ごとに一等ずつ逓減し、次いで下僚に及ぶ。長官・次官の罪には下僚は連坐しない。なお公坐相連については→獄令25。

41 （公事失錯条） 「覚挙条」（公式62集解或云）とも。覚挙すれば無罪とする規定。覚挙は公務上の誤失の自発的訂正で、発覚以前の自首と同じ扱いを受ける。ただし裁判上の誤失は、判決執行後ならば出入人罪の法（→名例23注）による。本条も前条と同じく、連坐関係規定。

38 凡[1]犯レ罪共亡。軽罪能捕二重罪一首。重者応レ死。殺而首者亦同。及軽重等。獲二半以上一首者。皆除二其罪一。常赦所レ不レ原者。依二常法一。即因二罪人一以致レ罪。而罪人自死者。聴レ減二本罪二等一。若罪人自首。及遇レ恩原減者。亦准二罪人原減法一。其応二加杖及贖一者。各依二杖贖例一。

（出典）政事要略巻八十四自首覚挙事。

39 凡[1]盗詐取二人財物一。而於二財主一首露[2]者。与下経二官司一自首上同。其於二余贓応[3]レ坐之属一。悔レ過還レ主者。聴下減二本罪[4]三等一坐上之。即財主応レ坐者。減レ罪亦准レ此。

（出典）政事要略巻八十四自首覚挙事。

40 諸同職（司）犯二公坐一者。長官為二一等一。通判官（次官）為二一等一。判官為二一等一。主典為二一等一。各以二所由一為レ首。㈠ 若通判官（次官）以上。異判有レ失者。止坐二異判以上之官一。㈡ 其闕無二所レ承之官一。亦依二此四等官一為レ法。㈠ 即無二四等官一者。止準二見官一為レ罪。若同職有レ私。連坐之官。不レ知レ情者。以レ失論。即余官及上官。案省不レ覚者。各逓減二一等一。下官不レ覚者。又逓減二一等一。亦各以二所由一為レ首。㈡ 検勾之官。同二下従之罪一。応レ奏之事有レ失。勘読及省審之官。不二駮正一者。減二下従一等一。若辞状隠伏。無二以験知一者。勿論。㈢ 謂。首減レ首。従減レ従。

㈠三代実録仁和元年十月十九日条。㈡職員令30集解。㈢考課令2集解。

41 凡[1]公事失錯。自覚挙者。原二其罪一。応二連坐一者。一人自覚挙。余人亦原之。其断レ罪失錯。已行決者。不レ用二此律一。其官[2]文書稽レ程。応[3]二連坐一者。一人覚挙[4]。

余[5][6]人並原之。主典不レ免。若主典自挙。並減二一等一。

(出典)政事要略巻八十四自首覚挙事。(参考)法曹至要抄巻上、覚挙事。

42
諸共犯レ罪者。以二造意一為レ首。随従者減二一等一。若家人共犯。止坐二尊長一。㈠ 於レ法不レ坐者。帰二罪於其次尊長一。尊長。謂。男夫。侵二損於人一者。以二凡人首従一論。即共二監臨主守一為レ犯。雖二造意一。仍以二監主一為レ首。㈡ 凡人以二常従一論。

㈠師守記貞治三年五月十三日条。政事要略巻六十損不堪佃田事。㈡政事要略巻五十九蠲除事。

43
諸共犯レ罪而本罪別者。雖三相因為二首従一。其罪各依二本律首従一論。㈠ 若本条言レ皆者。罪無二首従一。不レ言レ皆者。依二首従法一。㈡ 即強盗及姦。略レ人為二奴婢一。犯二闌入一。若逃亡。及私二度越三度関桟垣籬一者。亦無二首従一。

㈠政事要略巻六十七男女衣服幷資用雑物等事。㈡賊盗律1疏・同15疏。

44
諸共犯レ罪而有二逃亡一。㈠ 見レ獲者称二亡者一為レ首。更無二證徒一。則決二其従罪一。後獲二亡者一。称二前人一為レ首。鞫問是実。還依レ首論。通二計前罪一。以充二後数一。若前輸二贖物一。後応レ還者還之。其増二減人罪一。令レ有二軽重一者。亦従二此律一。若枉入二人徒年一者。即計レ庸折二除課役㈡及贖直一。毎二枉一年一。折二二年一。雖レ不レ満レ年。役過二五十(四十)日一者。折二一年一。㈡ 即当年無二課役一者。折二来年一。其有二軍役一者。折二役日一。其本応レ徒。已決二杖笞一者。即以二杖笞贖直一。準減二徒年一。㈢[1]

㈠獄令30義解。㈡賦役令4集解。㈢官位令首部集解。

45
諸二罪以上倶発。以二重者一論。謂。非レ応レ累者。唯具条二其状一。不レ累レ軽以加レ重。㈠㈡ 若重

42 (共犯罪条)「従坐減」の規定。↓名例14。共犯者中の従犯は首犯から罪一等を減ずる。一家族の共犯は、他人の生命財産を侵損したときを除き、家長のみを罪する。監守(名例54)と民間人との共犯は監守を首犯とする。

43 (共犯罪本罪別条) 親族相互間の犯罪に他人が共犯として加わっているときの規定。親族相互間の犯罪については、一般の場合とはいちいち別に罰則を設けてあるので、親族か他人かによって各則を適用し、その上で各則に「皆」とあるときや強盗などのときを除き、首従の別を考慮する。

44 (共犯罪逃亡条) 共犯者逃亡のため首犯を従犯と誤認したときの規定。後に改めて量刑の差の分を科する。裁判担当官の誤判により量刑を改める必要を生じたときも、これに同じ。

45 (二罪以上倶発条) 併合罪についての規定。同時に複数の罪が発覚したときは、その中の最も重い罪に対する刑のみを科する。発覚後に別の罪を犯したときは併科↓名例29。

罪応レ贖。軽罪応三居作官当一者。以二居作官当一為レ重。等者従レ一。㈠若一罪先発。已経二論決一。余罪後発。其軽若等勿論。重者更論之。通二計前罪一。以充二後数一。㈢即以レ贓致レ罪。頻犯者並累科。㈠若罪法不レ等者。即以二重贓一併二満軽贓一各倍論。累。謂。止累二見発之贓一。倍。謂。二尺為二一尺一。不レ等。謂。以二強盗。枉法等贓一。併二従竊盗。受所監臨一之類。即監臨主司。因レ事受レ財。而同事共与。若一事頻受。及於二監守一頻盗者。累而不レ倍。其一事分為二二罪一。罪法若等。則累論。罪法不レ等者。則以二重法一併二満軽法一。罪法等者。謂。若貿二易官物一。計二其等一准盗論。計レ所レ利以盗論之類。罪法不レ等者。謂。若請二官器仗一。以二亡失一併二従毀傷一。以二考校不実一。併二従失不実一之類。累併不二加重一者。止従レ重。[1]㈠其応二除免。倍。没。備償。罪止一者。各尽二本法一。

㈠西宮記巻二十一成勘文事。㈡朝野群載巻十一着駄勘文。㈢政事要略巻八十一断罪事。

46 [1]凡同居若三等以上親。及外祖父母。外孫。[2]若孫之婦。夫之兄弟。及兄弟妻。有レ罪相為レ隠。家人奴婢。為レ主隠。皆勿論。即漏二露其事一。及擿二語消息一。亦不レ坐。其四等以下親相隠。減二凡人三等一。若犯二謀叛以上一者。不レ用二此律一。

(出典)政事要略巻八十四告言三審誣告等事。

47 諸官戸部曲。称二部曲一者。部曲妻及客女亦同。官私奴婢有レ犯。㈠本条無二正文一者。各准二良人一。㈠若犯二徒流一者。加杖免二居作一。応レ徴二正贓及贖一。無レ財者。准二銅二斤一。各加杖十。決訖。付二官主一。若老小及癈疾。不レ合二加杖一。無レ財者放免。即同主奴婢自相殺。主求レ免者。聴レ減二死一等一。親属自相殺者。依二常律一。[1]

46 (相隠条)　家族や近親が互いに罪をかばうときの規定。生活を共にする同居者は家人・奴婢をも含め、また三等以内の親族と四・五等の姻族(儀制25)の一部ならば無罪。他の四等以下の親族ならば一般の場合(罪人より一等減↓捕亡律18)よりもさらに三等減。ただし謀反・謀大逆・謀叛にはこれを適用しない。

47 (官戸家人条)　賤民の犯罪についての規定。律の各条文に特例が無いときには良民と同じに扱う。徒罪・流罪には加杖・留住(名例27 28)の法を適用する。

唐律「諸官戸部曲」の「部曲」は養老律では「家人」か。唐律本注「称部曲者、部曲妻及客女亦同」は養老律にはなかったか。

48 （化外人相犯条）外国人の犯罪についての規定。両当事者が同国人のときはその国の法を、異国人のときは本律を適用する。

49 （本条別有制条）適用すべき条文が複数あるときの規定。特に罰則が設けてあって、それが通則と異なるときは、その特則に従う。しかし他の関連条文の構成要件にも該当し、かつその条文の罰則の方が重いときは、この重い方を適用する。

唐律「本応軽者、聴従本」は大宝律も同文（戸令43古記）。養老律も同文か。

50 （断罪無正条条）該当条文が無いために刑を類推すべきときの規定。該当条文引用の義務→獄令41。判決にさいしては類似の罪に該当する条文を挙げ、それより軽い（挙重明軽）、または、それより重い（挙軽明重）とする。次条以下はこのような准用のための定義的規定。

51 （称乗輿車駕御条）三后・皇太子についての定義。諸条に「乗輿」「車駕」「御」とあるときは、皇后・皇太后・太皇太后のそれらについても同じ。「令」（公式6）に関する罪は一等減。皇太子に対する罪は一等減。ただし八虐（名例6）として扱う。

唐律（開元律）「制勅」（唐永徽律は「詔勅」か）・唐律本注「十悪」は、養老律では「詔勅」「八虐」か。

52 （称二等親祖父母条）祖父母・孫・親・子の定義。諸条の「祖父母」は曾祖父母・高祖父母、「孫」は曾孫・玄孫、「親」は養父母、「子」は男子・女子を共に含む。

唐律「嫡。継。慈母。若」は養老律になかった可能性もあるが未詳。唐律「称祖免以上

㈠賊盗律12疏。

48 凡[1]化外人。同類自相犯者。各依㆓本俗法㆒。異類相犯者。以㆓法律㆒論。

（出典）法曹至要抄巻上、化外事。

49 諸本条別有㆑制。与㆑例不㆑同者。依㆓本条㆒。即当条雖㆑有㆓罪名㆒。所㆑為重者。自従㆑重。㈠ 其本応㆑重而犯時不㆑知者。依㆑凡論。㈡ 本応㆑軽者。聴㆑従㆑本。

㈠後愚昧記応安四年五月十九日条。㈡令抄、戸令。

50 凡[1]断㆑罪而無㆓正条㆒。其応㆑出㆑罪者。則[2]挙㆑重以明㆑軽。其応㆑入㆑罪者。則[3]挙㆑軽以明㆑重。

（出典）後愚昧記応安四年五月十九日条。

51 諸称㆓乗輿。車駕及御㆒者。太皇太后。皇太后。皇后並同。㈠ 称㆓制勅㆒者。太皇太后。皇太后。皇后。皇太子令。減㆓一等㆒。若於㆓東宮㆒犯失。及宮衛有㆑違応㆑坐者。亦同㆓減例㆒。本応㆓十悪㆒者。雖㆑得㆓減罪㆒。仍従㆓本法㆒。

㈠儀制令1集解。

52 諸称㆓期親（二等親）㆒。及称㆓祖父母㆒者。曾高同。称㆑孫者。曾玄同。㈠ 嫡孫承㆑祖。与㆓父母㆒同。㈡ 縁坐者。各従㆓祖孫本法㆒。其嫡。継。慈母。若養者。与㆑親同。㈢ 称㆑子者。男女同。縁坐者。女不㆑同。称㆓祖免以上親㆒者。各依㆓本服㆒論。不㆑以㆓尊圧及出降㆒。義服同㆓正服㆒。

㈠粟島神社文書貞永二年四月明法勘文。㈡田令6集解。㈢選叙令22集解。

親…」以下の部分は養老律にはなかったか。

53 （反坐罪之坐之条） 坐・罪・准・以の定義。諸条の「反坐」「罪之」「坐之」「与同罪」は、真犯（関係条文の規定する罪そのもの）ではないにしても、それと同罪の意で、刑は絞まで。「准二枉法一論」「准レ盗論」などの「准…論」も真犯ではないが、枉法・盗などの関係条文を准用して罪を論じ、刑は遠流まで。除名・免官・免所居官・倍贓・加役流は科さない。「以二枉法一論」「以レ盗論」などの「以…論」は真犯と同じで、枉法・盗などの関係条文をそのまま適用する。

唐律「監主加罪」は養老律になかったと推定される。↓賊盗36・同補☆

54 （監臨条） 監臨と主守の定義。「監臨」は監督し支配すること、管隷とも（管隷と因事管隷の相違↓公式補11）。例えば、省は職寮司を、国は郡を監督し、国司は国内の、郡司は郡内の土地人民を支配する、など。「主守」は官物や囚人を保管する責任あること。臨時に任命された保管責任者も含む。

なお唐律との相違↓補9b。

55 （称日条） 日・年・衆・謀の定義。「日」は昼夜合せて満一日の意だが、功（労働の成果）、庸（労働の対価）を計るときの「日」は朝から夕方まで（この定義は唐律による。日本律は存否未詳）。「年」は三百六十日、即ち満一年。ただし人の「年」（年齢）は戸籍にもとづき数え年。「衆」は三人以上。「謀」は二人以上の共謀をいうが、一人でも陰謀・予備の証拠のあるときは含まれる。

56 （称加条） 加・減の定義。「加」は五罪二十等の中の遠流までの各等を一等ずつ

53 諸称二反坐。及罪之。坐之。与同罪一者。止坐二其罪一。㈠ 死者止絞而已。称二准枉法論。准盗論一之類。罪止流三千里（遠流）。但准二其罪一。並不レ在二除免。倍贓。㈠㈡ 監主加罪。加役流之例一。㈠㈡ 称二以枉法論。及以盗論一之類。皆与二真犯一同。㈡㈢

㈠政事要略巻五十九禁断犯用官物事。㈡後愚昧記応安四年五月十九日条。㈢政事要略巻六十損不勘佃田事。

54 諸称二監臨一者。統摂。案験。為二監臨一。謂。州[1]。県。鎮。戍。折衝府等。判官以上。各於二所部之内一。総為二監臨一。自余。唯拠下臨二統本司一。及有上所二案験一者。即臨二統其身一而不レ管二家口一者。姦及取レ財。亦同二監臨之例一。称二主守一者。躬親保典為二主守一。雖三職非二統典一。臨時監主亦是。

（参考）養老律の疏の一部分は残存する（職員令2義解）。

55 諸称レ日者。以二百刻一。計二功庸一者。従レ朝至レ暮。役庸多者。雖レ不レ満レ日。皆併レ時率レ之。称レ年者。以二三百六十日一。称二人年一者。以レ籍為レ定。㈠ 称レ衆者。三人以上。称レ謀者。二人以上。謀状彰明[1]（彰顕）。雖二一人一。同二二人之法一。㈡㈢

㈠文保記、無服殤。㈡法曹至要抄巻上、衆證事。㈢賊盗律1疏。

56 諸称レ加者。就二重次一。称レ減者。就二軽次一。唯二死三流。各同為二一減一。加者。数満乃坐。㈠ 又不レ得三加至二於死一。㈡ 本条加入レ死者。依二本条一。加入レ絞者。不二加至レ斬。其罪止有二半年徒一。若応二加杖一者。杖一百。応レ減者。以二杖九十一為レ次。[1]㈢

㈠西宮記巻二十一成勘文事。㈡西宮記巻二十二於市行事裏書。㈢僧尼令21集解。

加重してゆくこと。一般には死罪にまでは加重しない。「減」は同様に一等ずつの減軽。ただし死罪と流罪とは、減軽するときに限ってそれぞれ一等とみなす。減一等↓補8。

57　(僧尼犯罪条)　僧尼の師弟関係などについての規定。僧尼の犯罪はその「師」に対しては伯叔母に対するのと同じに扱い、「弟子」に対しては兄弟の子に対するのと同じに扱う。

57

凡[1]僧尼。若於二其師一。与二伯叔父一同。於二其弟子一。与二兄弟之子一同。寺家人奴婢。於二三綱一。与二主之二等親一同。余僧尼。与二主之五等親一同。犯二姦盗一者。同二凡人一。

(出典)政事要略巻八十二等親事。

衛禁律 第二

〔1条～16条に該当する部分は、養老律写本残存せず〕

17 凡車駕行。衝隊者。杖一百。若衝兵衛及内舎人仗者。徒一年。謂。入仗隊間者。誤者。各減二等。（車駕行幸。皆作隊仗。若有人衝入隊間者。杖一百。衝入仗間者。徒一年。其仗衛主司。依上例。故縦与同罪。不覚減二等。）（若有人誤入隊間。得杖八十。誤入仗間。得杖九十。）若畜産唐突。守衛不備。入宮門者。杖七十。衝仗衛者。笞五十。（畜産唐突。謂。走逸入宮門。守衛不備者。杖七十。若入殿門。律更無文。亦同宮門之坐。仗衛者在宮殿及駕行之所。得罪並同。）

凡そ車駕行するに、隊を衝けらば、杖一百。若し兵衛及び内舎人の仗を衝けらば、徒一年。謂はく、仗隊の間に入れるをいふ。誤てらば、各二等減せよ。若し畜産、唐突せらむ、守衛備へずして、宮門に入れらば、杖七十。仗衛を衝けらば、笞五十。

18 凡宿衛人応上番不到。及因假而違者。一日笞廿。三日加一等。過杖一百。五日加一等。罪止徒二年。（若有番上宿衛人。番期五日未満。因一日假。遂違不上者。合科四日違罪。所以知者。番期有限。々内有故。須請假日。假満即須赴番。違假不上。准日科断。其人四日之外。即当下直。下日不労請假。豈合計日累科。四日之外。明知不坐。）

凡そ宿衛の人、上番すべきに到らず、及び假に因りて違へらば、一日笞廿。三日に一等加へよ。杖一百に過せらば、五日に一等加へよ。罪止徒二年。

19 凡宿衛者。兵仗不得遠身。違者。笞五十。若輙離職掌。加一等。（謂。宿衛人各有

☆**衛禁律**—衛は警衛、禁は関禁(唐律疏議)。宮城の警衛、関の守固等に関する法規。衛禁律の欠佚部分及び唐律との差異→補☆

17 (車駕行衝隊条) 行幸時の警備の隊列に人畜の突入を許した場合の罰則。

車駕—行幸時の天子に対する尊称。→儀制1。**隊**—警固にあたる衛士の隊列。**杖一百**—唐律は徒一年。**兵衛及内舎人仗**—唐律は三衛仗。兵衛→軍防補38。内舎人→職員3。仗はその隊列、衛士の隊列(隊)より天子に近い。**徒一年**—唐律は徒二年。**誤者**—故意でなく過失の場合。**畜産唐突**—家畜がとびだす。**守衛**—宮門外を守衛する衛士。**宮門**→宮衛補1a。**杖七十**—唐律は杖一百。**仗衛**—兵衛・内舎人の隊列。**笞五十**—唐律は杖八十。

18 (宿衛人上番条) 宿衛人が出勤を怠った場合の罰則。

宿衛人—兵衛・内舎人。→宮衛補12a。**因假而違**—給された假の期間が過ぎても出勤しない場合。**笞廿**—唐律は笞四十。

19 (宿衛兵仗条) 宿衛人が武器を手放し、あるいは職場を離れた場合の罰則。

宿衛—兵衛・内舎人。**兵仗**—武器。唐衛禁律19の疏議に「謂横刀常帯。其甲矟弓箭之類、有時応執着者、並不得遠身」とある。**笞五十**—唐律は杖六十。**主司**—監督にあたる上官。唐衛禁律5の本注に「謂応判遣、及親監当之官。余条主司準此」とある。ただしこの条の「主司」は唐律では「主帥以上」。→宮衛補12b・同補14。

20（行宮諸門条）行宮諸門を宮城諸門に比当することについての規定。

外営門・次営門―牙帳門・御幕門とともにいずれも行宮の門。外営門が一番外側で、以下順次御在所に近くなる。**与宮門同**―闌入等の場合、宮城での宮門についての規定を適用する。宮城に闌入した場合、唐衛禁律2には、「諸闌二入宮門一徒二年。殿門徒二年半。…入二上閤内一者絞。若持レ仗及至二御在所一者斬」とあり、該当する日本律（闌入宮門条）には、本条の疏および法曹至要抄によると、「凡闌二入宮門一徒一年。殿門徒一年半。閤門徒三年。持レ仗者各加二二等一。至二御在所一者絞。持レ仗者斬」とあった。宮門→宮衛補1a。**牙帳門**―唐律は内営牙帳門。牙旗は天子の旗。牙帳はそれを立てた陣営。**殿門**―唐では太極門等の諸門をさす。日本では宮衛令の制にはなく、律にのみ、宮門の内、閤門の外の門として見える。宮衛23穴記の引く或云には「朝堂之門也」とある。→宮衛補1a。**閤門**―宮城の内門。→宮衛補1a。唐律は上閤。**上条**―衛禁律2闌入宮門条（上掲）。

21（宮城内外行夜条）行夜の者が法を犯した場合の、その主司に対する罰則。

行夜―夜間の巡検。宮城内→宮衛4。宮城外→宮衛24。**主司**→衛禁19。

22（唐律は、廟社・禁苑に対する犯罪に罰則のない場合には廟は宮から減一等、社と禁苑は廟から減一等とするという規定、および廟社禁苑に射箭・投石等を行なった場合の罰則。）

23（宮門外守衛条）守衛者以外の者が諸門の守衛にあたった場合の罰則。

職掌之処。而輒離者。別処宿者。又加二一等一。主司各加二二等一。謂。兵仗遠レ身杖七十。輒離二職掌一杖八十。別処宿者。杖九十。

凡そ宿衛は、兵仗、身に遠ざくること得じ。違へらば、笞五十。若し輒く職掌離れたらば、一等加へよ。別処に宿せらば、又一等加へよ。主司は各二等加へよ。

20 凡行宮。外営門次営門与二宮門一同。牙帳門与二殿門一同。御幕門与二閤門一同。至二御在所一。依二上条一。行宮。謂。車駕行幸及所レ至安置之処。外営門次営門与二宮門一同。闌入者。得徒一年。牙帳門与二殿門一同。闌入者徒一年半。御幕門与二閤門一同。闌入者徒三年。至二御在所一。依二上条一絞。自余諸犯。或以二闌入一論。及応二加減一者。並同二正宮殿之法一。

凡そ行宮の外営門・次営門は、宮門と同じ。牙帳門は殿門と同じ。御幕門は、閤門と同じ。御在所に至れらば、上の条に依れ。

21 凡宮城内外行夜。若有レ犯レ法。行夜主司不レ覚。減二守衛者罪二等一。謂。宮城内外及京街。夜並置レ鋪持レ更。即是守衛者。又有二探更行更之人一。此是行夜者。若当二探行之処一。有レ犯レ法者。行夜主司不レ覚。減二守衛者罪二等一。謂。上条闌入守衛不レ覚。減二一等一注云。謂。専当者。行夜主司不レ覚犯レ法。皆減二此持レ時専当人二等一。

凡そ宮城の内外、行夜するに、若し法を犯せること有らむ、行夜の主司覚らずは、守衛の者の罪に二等減せよ。

22 （養老律写本にこの条なし）

23 凡於二宮門外一。若宮城門一守衛。以下非レ応二守衛一人上。冒名自代。若代之者。徒一年。京城門減二一等一。守衛。謂。衛士。其在二諸処一守当。又減二一等一。謂。非二宮城京城等門一。自余街鋪捉道。及余犯応レ坐者。各減二宿衛罪三等一。謂。非二冒代一以外余犯。或兵仗遠レ身。輒離二職掌一之類。本条応レ坐者。各減二宿衛罪三等一。若逃走違レ番。不レ在二減例一。其冒代人未レ至二職掌之処一事発者。律無二正条一。宜下従二不応為軽一笞卅上。　主*帥以上加二守衛罪二等一。[3]

凡そ宮門の外、若しくは宮城門に於きて、守衛するに、守衛すべきに非ざる人を以て、冒名して自ら代り、若しくは代れらば、徒一年。京城門は二等減せよ。守衛といふは、謂はく、衛士をいふ。其れ諸処に在りて守当するは、又一等減せよ。余犯坐すべくは、各宿衛の罪に三等減せよ。主帥以上は、守衛の罪に二等加へよ。

24 凡越二兵*庫垣一。及筑*紫城一。徒一年。*[1] 陸奥越後出羽等柵亦同。曹*[2]司垣杖一百。大[3]宰府垣亦同。国垣杖九十。郡垣杖七十。坊*市垣笞五十。皆謂。有二門*禁一者。縦無二垣墻一。唯有二柵籬一亦是。若従二溝*瀆内一入出者。与*二越罪一同。溝瀆者。通レ水之渠。従二此渠一而入出。亦得二越罪一。越*而未レ過。減二一等一。或在二城及垣籬上一。或在二溝瀆中間一。未レ得レ過者。従レ越二兵庫垣一以下。各得レ減二一等一。余*条未レ過准レ此。謂。越二宮城京城宮殿垣一。及関応レ禁之処一。未レ過者。各得レ減二罪一等一。即兵庫及城柵等門。応レ閉忘誤不レ下レ鍵。若[4]毀二管*鍵一而開者。各杖六十。兵庫及城柵等。各有レ禁。門応レ閉。皆須レ下レ鍵。其忘誤不レ下レ鍵。若応レ開毀二管鍵一而開。各得二杖六十一。錯下レ鍵。及不レ由レ鑰*而開者。笞卅。余*門各減二二等一。錯下レ鍵。謂。管鍵不二相当一者。及不レ由レ鑰而開者。謂。不レ用レ鑰而開。各笞卅。余門。謂。国郡及坊市之類。官有二門禁一者。若応レ閉忘誤不レ下レ鍵。応レ開毀二管鍵一而開。各笞卅。錯下レ鍵。及不レ由レ鑰而開。各笞廿。故云三余門各減二二等一。若擅*[5]開閉者。各加二越罪一等一。擅[5]。謂。非時而開閉者。即城*主無レ故開閉者。与二越罪一同。謂。国郡之城主執レ鑰者。不レ依二法式一開閉。与二越罪一同。其坊[6]令市正非時開閉。亦同二城主之例一。既云二城主無レ故開閉一。即是有レ故許レ開。若有三機[7]忽駅使及詔勅事速。非時至二国郡一者。城主験レ実。亦得二依レ法為開一。又依二宮衛令一。京路分レ街立レ鋪。夜鼓声絶。即禁二行人一。若公使及有二婚嫁喪病一。須二相告赴一。求二訪医薬一者。勘問明知レ有レ実放過。是為レ有レ故。除二此等一外。擅[5]開閉者。即合[8]二此坐一。

凡そ兵庫の垣、及び筑紫の城を越えたらば、徒一年。陸奥・越後・出羽等の柵も亦

宮門外若宮城門→宮衛補1a。衛士の守衛担当区域。唐律は「宮城門外若皇城門」。**冒名自代**—守衛すべきでない人が、守衛すべき人の名をかたって守衛にあたる。**代之**—守衛すべき人が、守衛すべきでない人を守衛にあてる。**徒一年**—唐律では以下に「以下応二守衛一人上代者、各杖一百」の規定がある。**京城門**—京城外郭の羅城門。→宮衛補1a。**減二等**—唐律は減一等。**衛士**→軍防補12a。**在諸処守当**—上記以外の場所で守衛の任務についている場合。**減一等**—唐律は減二等。**余犯応坐者**—守衛の者(衛士)が、武器を手放したり、職場を離れたりして処罰されるべき場合(疏)。**宿衛**—兵衛・内舎人。宿衛人の場合の処罰規定→衛禁19。**主帥以上加守衛罪二等**—主帥は守衛(衛士)の統率者。→宮衛補14。この規定は唐律にはない。

24（越垣及城条）垣および城柵を越えた者、および城柵等の門禁を犯した者についての罰則。

兵庫—左右兵庫・内兵庫。→職員64 65。地方の国・郡の兵庫も含むか。**筑紫城**—続紀、文武二年五月条に見える大野・基肄(椽)・鞠智(菊池)城等をさすか。**陸奥越後出羽等柵**—渟足柵(大化四年)・磐舟柵(大化五年)・出羽柵(和銅二年初見)等をさすか。**曹司垣**—諸官司の垣。**坊市垣**—左右京の各坊および東西市の垣。**門禁**—鍵をかけて人がみだりに出入するのを禁じている門。**溝瀆**—みぞ。水を通す渠(疏)。**与越罪同**—本条を適用する。**越而未過**—越える行為をおこしながら未遂に終った場合。**余条未過准此**—宮城・京城・宮殿の垣を越えようとし、あるいは許可なしに関を通ろ

同じ。曹司の垣は、杖一百。大宰府の垣も亦同じ。国の垣は、杖九十。郡の垣は、杖七十。坊・市の垣は、笞五十。皆謂はく、門禁有るをいふ。若し溝瀆の内従り入出せらば、越えたる罪と同じ。越えて過さずは、一等減せよ。余の条の過さざらむも、此に准へよ。即し兵庫及び城・柵等の門、閉つべくして、忘れ誤ちて鍵を下さず、若しくは、管鍵を毀ちて開けらば、各杖六十。錯ちて鍵を下し、及び鑰に由らずして開けらば、笞卌。余の門は、各二等減せよ。若し擅に開閉せらば、各越えたる罪に一等加へよ。即し城主、故無くして開閉せらば、越えたる罪と同じ。

25 凡私度レ関者。徒一年。謂。三関者。摂津長門減二一等一。余関又減二二等一。越度者。各加二一等一。不レ由レ門為レ越。謂。公使有二鈴符一。軍防丁夫有二惣歴一。自余各請二過所一而度。若無二鈴符公文一。私従二関門一過者。已至二越所一未レ度者。減二五等一。謂。已到下官司応二禁約一之処上。余条未レ度准レ此。越度之人。已至二官司防禁之所一。未レ得レ度者。減二越度五等一。余条未レ度准レ此者。謂。城及垣籬等。有二禁約一之処。已至二越所一而未レ度者。皆減二已越罪五等一。若越度未レ過者。准下上条減二一等一之例上。即被レ枉二徒罪以上一。抑屈不レ申。及使人覆訖。不二与理一者。聴下於二近レ関国郡一具レ状申訴上。所在官司。即准レ状申二太政官一。仍逓送至レ京。若無二徒以上罪一。而妄陳者。即以二其罪一々之。官司抑而不レ送者。減二所レ訴之罪二等一。関外有レ人。被二官司枉二断徒罪以上一。其除免之罪。本坐雖レ不レ合レ徒。亦同二徒罪之法一。抑屈不レ申。及使人覆訖。不二与理一者。文称レ及者。使人未レ覆。亦聴下於二近レ関国郡一具レ状申訴上。所在官司。謂。近レ関国郡。即准レ状申二太政官一。仍逓送至レ京。若勘無二徒以上罪一。而妄訴者。妄訴二徒流一。還得二徒流一。妄訴二死罪一。還得二死罪一。妄訴二除免一。皆准二比徒之法一。謂。元無二本罪一而妄訴者。若実有レ犯。断有二出入一而訴二不平一者。不レ当二此坐一。其応二禁及散送一。並依二所レ訴之罪一。准レ令逓之。官司抑而不レ送者。減二所レ訴之罪二等一。謂。枉得二死罪一。官司不レ送。合二徒三年一之類。

うとして未遂に終った場合も、本条に准じ罪を一等減じる(疏)。→衛禁25。**管鍵・鑰**→宮衛16注。**余門**—国・郡・坊・市等の門で人がみだりに出入するのを禁じているところ(疏)。**擅開閉者**—開閉すべきでない時に開閉する(疏)。**城主**—城を掌る国司。坊門の場合の坊令、市門の場合の市正もこれに准じる(疏)。

25 (私度関条) 正規の許可をえずに関を通ろうとする者に対する罰則、および関外の人が上訴する場合の規定。

私度関—鈴符(公式42)をもった公使、惣歴(名簿)に記載された軍防丁夫(征行の兵士、防人、丁匠、役夫等。→関市5)、通行許可証である過所(関市1・公式22)の所持者以外の者が、かってに関を通ること(疏)。

三関—鈴鹿(伊勢)・不破(美濃)・愛発(越前)の三関。

摂津・長門—いずれも海上交通の要衝。船舶で往来する者について過所を勘検する。

越度—関以外の通行禁止の場所を通ること。

已至越所未度者—越度を意図して現地に赴きながら、まだその行為をおこさなかった場合。

余条未度准此—城や垣等を越えようとして、まだその行為をおこさなかった場合も、本条に准じて減五等。すでに行為をおこしながら未遂に終った場合は減一等(疏)。→衛禁24。

被枉徒罪以上—関外の国の人で、官司によって不当に徒以上の罪と判ぜられた者(疏)。

抑屈不申—官司によって不服の申し出を抑えられる。→公式65。上訴の手続→公式63。

使人覆訖—囚覆使(獄令3)による推覆。

不与理—なお判決が不合理である場合。

逓送→公式49。

凡そ私に関度えたらば、徒一年。謂はく、三関をいふ。摂津・長門は、一等減せよ。余の関は、又二等減せよ。越度せらば、各一等加へよ。門に由らざるを、越と為。已に越所に至りて度えずは、五等減せよ。謂はく、已に官司禁約すべき処に到れるをいふ。余の条の度えざるも、此に准へよ。即し徒罪以上に枉げられたらむ、抑屈して申さず、及び使人覆し訖りて与理せずは、関に近き国郡に於きて、状を具にして申訴することと聴す。所在の官司、即ち状に准へて太政官に申し、仍りて逓送して京に至せ。若し徒以上の罪無からむ、而るを妄りに陳せらば、即ち其の罪を以て罪せよ。官司抑へて送らずは、訴ふる所の罪に二等減せよ。

26 凡不レ応レ度レ関而給二過所一。取而度者亦同。若冒二名請二過所一而度者。各徒一年。有二征役番期及罪譴一之類。皆不レ合三輙給二過所一。而官司輙給。及身不レ合レ度レ関而取二過所一度者。若冒二他人名一請二過所一而度。各徒一年。摂津長門減二一等一。余関又減二二等一。即以二過所一与レ人。及受而度者。亦准レ此。以下所二請得一過所上。而転与レ人。及受二他過所一。而承度者。亦徒一年。但律文皆云。度者得二徒一年一。明知。未レ度者不レ合二徒坐一。若関司未レ判二過所一以前。准下越レ関未レ度各減二五等一之例上。若已判二過所一。未レ出二関門一。同三未レ過各減二一等一。其与二過所一人。既因レ度成レ罪。前人未レ度。亦同減科。既無二各不レ応レ給二過所一而給者。不レ在二減例一。若家内人相冒。杖八十。家人不レ限二良賤一。但一家之人相冒而度者。杖八十。既無二各字一。被レ冒レ名者無レ罪。若冒度私度越度。事由二家長処分一。家長雖レ不レ行。亦独坐二家長一。此是家人共犯。止坐二尊長一之例。主司及関司知レ情者。与同罪。不レ知レ情不レ坐。主司。謂。給二過所一曹司。及関司知二冒度之情一。各同二度人之罪一。不レ知二冒情一。主司及関司倶不レ坐。即将二馬牛一。越度冒度及私度。各減二度人二等一。家畜相冒者不レ坐。謂。毛色歯歳不レ同。相冒並不レ得レ罪。

凡そ関度ゆべからずして、過所を給ひ、取りて度えたる者も、亦同じ。若しくは冒名

26 (不応度関条) 過所に関する不法行為に対する罰則。

不応度関而給過所—関の通過を認めてならない者に過所を発給する。過所は関の通行許可証。→関市1・公式22。この場合の関は三関。→衛禁25。

取而度者—過所の受給者。

冒名請過所而度者—他人の名をかたって過所の発給を受け、関を通過した場合。

摂津・長門→衛禁25。

亦准此—徒一年。以上、関を通過する以前、もしくは関司が過所を検閲する以前であれば、衛禁25に准じていずれも減五等、関司の検閲以後、関門通過以前であれば減一等。過所を他人に与えた者も、関の通過以前であれば罪科を減じる。ただし過所を不正に発給した者については減じない(疏)。

家内人相冒—家内の人の名をかたる。この場合家長を坐する(疏)。→名例42。

主司→衛禁19。この場合は過所を発給した官司の者。

関司→軍防54。

与同罪—関を通過した者に対するのと同じ罪を科する。→名例53注。

越度→衛禁25。

冒度—本条の「冒名請過所而度者」。

私度→衛禁25。

家畜相冒者—馬牛の毛色や歳が申告と合致しない場合(疏)。

して過所を請けて度えたらば、各徒一年。摂津・長門は、一等減せよ。余の関は、又二等減せよ。即し過所を以て人に与へ、及び受けて度えたらば、亦此に准へよ。若し家内の人、相ひ冒せらば、杖八十。主司及び関司、情を知れらば、与同罪。情を知らずは、坐せず。即し馬牛を将て、越度・冒度及び私度せらば、各度人に二等減せよ。家畜相ひ冒せらば、坐せず。

27 凡関津度レ人。無レ故留難*者。一日主司*笞廿*。一日加二一等一。罪止杖一百。依レ令。行人出二入関津一者。各依二先後一而度。無レ故留難不レ度者。主司即合二此坐一。此謂。非二公使一之人。若軍機[1]急速。而留難不レ度。致二稽廃一者。自従二所レ[2]廃重一論。

凡そ関津、人を度すに、故無くして留難せらば、一日に主司は笞廿。一日に一等加へよ。罪止杖一百。

28 凡私度*者有[1]二他罪重[2]一。主司知レ情*。以二重者一論。不レ知レ情*者。依二常律一。謂。無二過所一。従二関門一私度。止徒一年。或有下避二死罪一逃亡。別犯中徒以上罪上。是名レ有二他罪重一。関司知レ情者。以二故縦罪一論。各得二所レ度之人重罪一。若不レ知二罪人別犯之情一者。依二常律不覚故縦之法一。

凡そ私度の者、他罪の重き有らむ、主司情を知れらば、重き者を以て論せよ。情を知らずは、常律に依れ。

29 凡領二人*兵一度レ関。而別*人妄随度者。将*領主司。以二関司一論。謂。有二別人一。妄随度者。罪在二領兵官司一。[1]故将領主司以二関司一論。知レ情与同罪。不レ覚減二二等一。若知三別有二重罪一。亦依二重罪一科之。関司不レ覚。減二将領者罪一等一。謂。関司承二将領者文簿一。不レ覚二別人随度一者。減二将領者一等一。謂。減二度者罪三等一。知*レ情者。各依二故縦法一。称レ各者。将領主司及関司。倶得二度人之罪一。

凡そ人兵を領して関度えたらむ、而るを別人妄りに随ひ度えたらば、将領の主司は、

27 （関津無故留難条）理由なく関津で人を滞留させた場合の罰則。
留難—抑留し通過させない。→関市2。**主司**→衛禁19。ここでは関津の管理にあたる国司。**笞廿**—唐律は笞四十。

28 （私度者有他罪条）私度者に、他のより重い罪があった場合の主司に対する罰則。
私度者→衛禁25。**主司知情以重者論**—例えば死罪を犯して逃亡している者が私度した場合、関津の主司(衛禁27)がその事情を知っていて、かつ私度を黙認した場合には、故縦の法(衛禁29)により与同罪とされ、主司に死罪が科せられる(疏)。**不知情者依常律**—私度者がより重い罪を別に犯していることを主司が知らなかった場合、前条により、私度ということについてのみ、知情・不知情のそれぞれの場合に応じて主司に罪を科する(疏)。

29 （領人兵度関条）余人が人兵に従って関を通過した場合の主司・関司に対する罰則。
人兵—丁匠・兵士など。**別人妄随度**—歴名(名簿)に記載された以外の者が随行し関を通過する。**将領主司以関司論**—この場合将領主司(人兵の統率者)の責任とし、衛禁26 28等の関司に対するのと同じ罪を科する。**知情者各依故縦法**—名簿以外の者が随行していることを知っていた場合、将領主司・関司とも故縦の法により与同罪とし、度人の罪を科する。唐衛禁律1闌入太廟門条に「故縦者各与同罪〈余条守衛及監門、各準レ此〉」とあり、疏に「故縦者、謂、知二其不レ合レ入而聴レ入、或知レ越二垣而不レ禁。並与二犯レ法者一同罪」とある。

関司を以て論せよ。関司覚らずは、将領の者の罪に一等減せよ。情を知れらば、各故縦の法に依れ。

30 (養老律写本にこの条なし)

31 (養老律写本にこの条なし)

32 凡*縁辺之城戍。有*二外姦内入一。謂。衆*不レ満二百人一者。内姦外出。而候望者*不レ覚。徒一年半。主司*1徒一年。謂。出*2入之路。関二於候望一者。国境縁辺。皆有二城戍一。式二遏寇盗一。[3]預備二不虞一。其有二外姦内入一。謂。蕃人為レ姦。或作[4]二間諜一之類。注云。謂。衆不レ満二百人一者。此謂。小々姦寇抄掠者。若満二百人一。自依二擅興律一。連二接寇賊一。被レ遣二斥候一。不レ覚二賊来一。徒二年。内姦外出者。謂。国内人為レ姦。[5]而出向二化外一。或荒海之畔。幽険之中。候望之人不レ覚レ有二姦出入一。合二徒一年半一。雖レ非二候望者一。[6]但是城戍主司不レ覚。得二徒一年一。謂。内外姦人出入之路。関二於候望一者。目所レ堪レ見為レ関。謂。在二候望之内一。其有二姦人入出[7]。力所レ不レ敵者。伝二告比近城戍国郡一。若不二速告一。及告而稽留。不*二即共捕一。致*レ失二姦寇一者。罪*亦如レ之。其有二姦人入出一。所レ経城戍。皆即捕之。若力所レ不レ敵者。即須下伝二告比近城戍国郡一。令中共捕遂上。[8]若不二速告一。及告而稽留。不二即共捕一致レ失二姦寇一者。並徒一年。故云。罪亦如レ之。

凡そ縁辺の城戍、外姦の内に入り、謂はく、衆百人に満たざるをいふ。内姦の外に出づること有らむ、而るを候望の者、覚らずは、徒一年半。主司は徒一年。謂はく、出入の路、候望に関るをいふ。其れ姦人入出せらむ、力敵せざる所有らば、比近の城戍・国郡に伝告せよ。若し速かに告げず、及び告げたるが稽留して即ち共に捕へずして、姦寇失すること致せらば、罪亦之の如く。

33 凡烽候*不レ警。令二[1]寇賊犯一レ辺。及応レ挙二烽燧一而不レ挙。応*レ放二多烽一而放二少烽一

---

30 (唐律は禁物をもって関を私度した場合の罰則。)

31 (唐律は縁辺の関塞を越度し、化外人と交易し、禁兵器を与え、あるいは婚姻をなした場合の罰則。)

32 (縁辺城戍条) 縁辺の城戍で監視の不行届から姦人の出入を許した場合の罰則。

縁辺之城戍—辺境の異族と境を接する地域におかれた城柵・兵営。→軍防65。

外姦内入—蕃人が間諜などの目的で侵入する(疏)。

衆不満百人者—唐律では「非三衆成二師旅一者」。百人に満ちた場合は、擅興律10逸文の「連二接寇賊一、被レ遣二斥候一、不レ覚二賊来一、徒二年」の規定による(疏)。

候望者—監視者。

主司→衛禁19。

出入之路関於候望者—姦人の出入路が監視者の目の届く範囲内にあり、しかも監視者が出入に気づかなかった場合に、監視者およびその主司にこの罪が適用される。

不即共捕—比近の城戍国郡が、姦人の入出を許した城戍と共に捕えることをせず。

致失姦寇—姦人寇賊をとりにがす。

罪亦如之—徒一年。

33 (烽候不警条) 烽燧に関する各種の不正についての罰則。

烽候不警—監視者の不注意で烽が放たれたのを見おとす。→軍防67。

応放多烽而放少烽—放つべき烽の炬数は賊衆の多少などによって異なり、危急の場合ほど炬数は多くなる。その数は別式に規定される。→軍防68。

者。各徒*二年。烽候。謂。従二縁辺一置レ烽。連二於京邑一。烽燧相応。以備二非常一。放レ烽多少。具在二別式一。候望不レ覚[2]。是名二不警一。若令二蓄寇犯レ塞。外賊入レ辺。及応レ挙二烽燧一而不レ挙。応レ放二多烽一而放二少烽一者。各徒二年。 若放*レ烽已訖。而前烽不レ挙。不二即往告[3]一者。亦[4]如レ之。依レ令。放レ烽訖。而前烽不レ挙者。即差二脚力一往告。不二即告一。亦徒二年。故云。亦如レ之。 使*烽各減二三等一。以*レ故陥二敗戸口軍人城戍一者絞。応レ挙二烽燧一而不レ挙。或応レ放二多烽一而放二少烽一。或放レ烽訖。而前烽不レ挙。不二即往告一等。以レ故陥二敗戸口一。或是軍人及城戍者。各得二絞罪[5]二之。 即不*レ応レ挙二烽燧一而挙。若応レ放二少烽一而放二多烽一。及遶*レ烽[6]二里内輒放二煙火一者。各徒一年。

凡そ烽候警めずして、寇賊をして辺を犯さしめ、及び烽燧を挙ぐべくして挙げず、多烽を放つべくして少烽を放てらば、各徒二年。若し烽を放つこと已に訖れらむ、而るを前烽挙げざるに、即ち往りて告げずは、亦之の如く。使烽は、各三等減せよ。故を以て、戸口・軍人・城戍を陥し敗れらば、絞。即し烽燧を挙ぐべからずして挙げ、若しくは少烽を放つべくして多烽を放ち、及び烽遶れる二里の内に、輒く煙火を放てらば、各徒一年。

徒二年―唐律は徒三年。

放烽已訖而前烽不挙不即往告―烽を放っても前方の烽が烟火を発しないときは、徒歩の連絡員を派遣するという令の規定(軍防67)に違反した場合。

使烽各減三等―この句、唐律にはない。使烽は未詳。何らかの重要度の低い烽か。

以故陥敗戸口軍人城戍者―上記の不正を行なった結果、人民・軍人・城戍に損害を与えた場合。

不応挙烽燧而挙―以下も烽燧に関する不正だが、上記にくらべ、それによって生じる危険が少ないもの。

遶烽二里内輒放煙火↓軍防75。

☆**職制律**―官人の服務規律違反を罰する篇目。職務の執行に直接関係が深い一般的な犯罪についての罰則規定。↓補☆

1 （官有員数条） 定員外の官人を置いたり、官制にない官人を置いた場合の罰則。

官有員数―内外百司の雑任以上は職員令に定員が定められている。**署置過限**―定員を超過して官人を置く。**不応置而置**―格や令に規定のない官人を置く。**非奏任者**―本条では奏任以上の官でないもの、即ち判任・判補(選叙3)の官をさす(疏)。もし奏任の官について上文の違法を犯せば、「上書、詐不㆑以㆑実者、徒二年」(詐偽律7 逸文)。**後人知而聴者**―後任の官人が前任の官人の(上文に該当する)違法行為を知りながら、そのまま許容した場合。**減前人署置一等**―前任者が違法な署置をした罪から一等減じた罪を科する。**規求者**―違法な署置をはかり求めて任官した者。**為従坐**―従犯として初置官(首犯)の罪から一等減じ(名例42)、杖九十。**被徴須者勿論**―召し出されて補任された者は罪に問わない。**即軍機要速量事権置者**―もし軍務で急を要し、事態を考慮して派遣先で権(かり)に置く場合には(疏)。

2 （貢挙非其人条） 官人の候補者の推薦・試験・選任・勤務評定などの不正についての罰則。

貢挙―官人の候補者として推薦すること。貢は諸国貢人。↓職員70・考課75。挙は別勅挙人・大学挙人。↓学令11。**非其人**―貢挙されるのにふさわしい人でない。**徳行乖僻不如挙状**―行状が道徳に反すること多く、推薦状と食い違っている。この場合にはたとい試験に及第しても退けて推薦者を処罰する(疏)。

職制律 第三

凡[1]伍拾陸条

1 凡*官有㆓員数㆒。而署*置過㆑限。及不*㆑応㆑置而置。謂。非*㆓奏任㆒者。一人杖一百。三人加㆓一等㆒。十人徒二年。官有㆓員数㆒。謂。内外百司雑任以上。在㆑令。各有㆓員数㆒。而署置過㆑限。及不㆑応㆑置而置[1]者。謂。格令無㆑員。妄相署置。注云。謂。非㆓奏任㆒者。謂。官判任及省判補者。若是奏任者。従㆓上書詐不㆑実論㆒。後*人知而聴者。減*[2]㆓前人署置一等㆒。謂。前人署置過㆑限。及不㆑応㆑置而置。後人知㆓其乗員㆒而聴㆑任者。減㆓初署置人罪一等㆒。規*求者。為*㆓従坐㆒。謂。人自規求而任者。為㆓初置官従坐㆒。合㆓杖九十㆒。被*㆓徴須㆒者勿論。謂。被㆓徴召㆒而補者不㆑坐。即*軍機要速。量㆑事権置者。不㆑用㆓此律㆒。謂。行軍之所。須㆑置㆓権官㆒。不㆑当㆓署置之罪㆒。故云㆑不㆑用㆓此律㆒。

凡そ官、員数有らむ、而るを署置限に過し、及び置くべからずして置けらば、謂はく、奏任に非ざる者をいふ。一人に杖一百。三人に一等加へよ。十人に徒二年。後人知りて聴せらば、前人の署置に一等減せよ。規求せる者は、従坐と為よ。徴須せられたる者は、勿論。即し軍機要速にして、事を量りて権に置けらば、此の律用ゐじ。

2 凡*貢挙非*㆓其人㆒。及応㆓貢挙㆒而不㆓貢挙㆒者。一人杖六十。二人加㆓一等㆒。罪止徒一年。非㆓其人㆒。謂。徳*行乖僻。不㆑如㆓挙状㆒者。若*試不㆓及第㆒。減㆓二等㆒。率*㆓五分㆒。得㆓三及第㆒者不㆑坐。貢者。依㆑令。諸国貢人。挙者。若別勅令㆑挙。及大学送㆑官者。為㆓挙人㆒。皆取㆓方正清循。名行相副者㆒。若徳行無㆑聞。妄相推薦。或才堪㆓利用㆒。[1]蔽而不㆑挙者。一人杖六十。二人加㆓一等㆒。罪止徒一年。注云。非㆓其人㆒。謂。徳行乖僻。不㆑如㆓挙状㆒者。若使名実乖違。即是不㆑如㆓挙状㆒。[2]縦試得㆓及第㆒。亦退而獲㆑罪。如其徳行無㆑虧。唯只策不㆓及第㆒。減㆓乖僻之罪二等。率五分得三及第者不坐。謂。試五得三。試十得六之類。所貢官人。皆得免罪。若貢五得二。科三人之罪。貢十得三。科七人之罪。但有一人徳行乖僻。不如挙状。即以乖僻科之。縦有得第者多。並不合共相准折。若考校課試。而不以実。及選官乖於挙状。以故不称職者。減一等。負殿応附不附。及不応附而附。致考有昇降者。罪亦同。考校。謂。内外文武官寮。年終応考校功過者。課試。謂。貢挙之人藝業伎能。依令。課試有数者。其官司考試不以実。及選官乖於所挙本状。以故不称職者。謂。不習典憲。任以法官。明練経史。授之武職之類。各減貢挙非其人罪一等。負殿応附不附者。依令。私坐毎一斤為一負。公坐二斤為一負。各十負為一殿。校考之日。負殿皆悉附状。若故違不附。及不応附而附者。謂。蒙別勅免。或経恩降。公私負殿。並不在附限。若犯免官以上。及贓賄入已。恩前獄成。仍附景迹。除此等罪。並不合附。而故附致使考校有昇降者。得罪亦同。謂。与考校課試不実罪同。失者。各減三等。謂。意在堪貢。心不渉私。不審徳行有虧。得減故罪三等。自貢挙以下。失者各減三等。余条失者准此。謂。一部律内。公事錯失。本条無失減之文者。並准此減三等。承言不覚。又減一等。謂。承校試人言。不覚差失。従失減三等上。更減一等。知而聴行。与同罪。謂。従貢挙以下。知非其人。或試不及第。考校課試。知其不実。或選官乖状者。各与初試者同罪。

凡そ貢挙其の人に非ず、及び貢挙すべくして貢挙せずは、一人に杖六十。二人に一等加へよ。罪止徒一年。其の人に非ずといふは、謂はく、徳行乖僻にして、挙状の如くならざる者をいふ。若し試に及第せずは、二等減せよ。五分を率にして三の及第を得たらば、坐せず。若し考校・課試するに、実を以てせず、及び官を選ぶに、挙状に乖き、故を以て職に称はずは、一等減せよ。負殿附くべくして附けず、及び附くべからずして附けたらむ、考昇降有ること致せらば、罪亦同じ。失せらば、各三等減せよ。余の条の失せるも、此に准へよ。言を承けて覚らずは、又一等減せよ。知りて行ふこと聴せらば、与同罪。

若試不及第減二等—もし(徳行乖僻でなく)試験に及第しない程度ならば、推薦者の罪を二等減ずる。**率五分得三及第者不坐**—試験に及第しない場合にも、推薦した五人のうち三人の割合で合格していれば、残り二人の落第者については罪に問わない。この割合に達しないときは、落第者の数に応じて(二等減の)罪を科する(疏)。**考校**—内外の文武官僚の一年間の功・過を当司の長官が毎年末に評定する。→考課1。**課試**—貢挙された人の芸業・技能について各種の試験を課する。→考課70〜75。**選官**—官人に選任する。**以故不称職**—上文のような考校課試・選官の結果、ふさわしくない職につける。例、法律に未熟な者を法官に任ずる類(疏)。**減一等**—貢挙非其人の罪より一等減ずる。**負殿**—官人の犯した罪の軽重に応じて考第を降す計算規準。→考課57。**応附不附**—考状に負殿を附すべきときに附さない。**不応附而附**—考状に負殿を附すべきでないときに附する(考課64)。**致考有昇降者**—(上文の行為によって)考(勤務成績評価)に不当な昇降をもたらした場合。**罪亦同**—上文の考校課試不実の罪と同じ。なお律の刑罰とともに考校した官人の考を降する。→考課2。**失者各減三等**—過失で犯した場合には(上文の各項の罪から)各々さらに三等減ずる。**余条失者准此**—公務に関して錯誤・過失で罪を犯した場合に(疏)、該当条文に失減についての規定がなければ、全て本条に準じて失減三等とする。**承言不覚**—報告を受けた者がその報告に失があることに気がつかない場合。**又減一等**—失減三等からさらに一等減ずる。**知而聴行与同罪**—不正を知りながらその施行を見過したならば、貢挙・考校課試・選官の担当者と同罪。与同罪→名例53。

3　(唐律は、地方官が私用で勝手に管轄地域から出たときの罰則。)

4　(在官応直不直条)　官人が勤務を怠り、点呼に応じなかった場合の罰則。**直**―昼間の勤務(いわゆる日直)。**宿**―夜間の勤務(いわゆる宿直)。宿・直→公式59・職員1。**通昼夜者笞卅**―昼夜引きつづき勤務すべき時に、両方とも勤務しなければ(合計笞四十とはしないで)笞三十。**点不到**―点呼に出頭しない場合。**一点**―点呼一回につき。**限取二点為坐**―(一日に何回点呼を行なっても)出頭しなかった二回分だけの罪(笞二十)を科する。もし全く役所に来ていない場合には→職制5。なお、万葉集九四九に王臣等が春日山に遊びに出かけて処罰された例が見える。

5　(官人無故不上条)　官人が正当な理由なく欠勤した場合の罰則。宿衛人については→衛禁18。

官人―広義の官人。→補5。**無故**―正当な理由なく。**不上**―出勤しない。**因假而違**―休暇の規定(→假寧令)に違反する。**辺要之官**―辺境にあって重要な職務にある官。→假寧10。

6　(之官限満不赴条)　任地へ出発する程限、任地から帰還する程限に違反した場合の罰則。

之官―赴任する。**限**―外官(地方官)が赴任・帰還する際の装束假の程限については→假寧13。**代**―交替の官人。**不還**―任所に留まって帰還しない。なお、任所の職分田の収穫が終っていない場合には→假寧13・田令34。

3　(養老律写本にこの条なし)

4　凡在レ官。応レ直*不レ直。応レ宿*不レ宿。各笞廿。通*二昼夜一者。笞卅。依レ令。内外百官応二分番宿直一。若応二当直[1]一不レ直。応レ宿不レ宿。昼夜不二相須一。各笞廿。通二昼夜一不レ直者。笞卅。若点*不レ到者。一*点笞十。謂。内外官司応二点検一者。或数度頻点。々即不レ到者。一点笞十。一日之[2]点。限*取二二点一為レ坐。謂。一日之内。点検雖レ多。只抴二二点一為レ限。若全不レ上[3]。計レ日以二無レ故不レ上科之。其二日以上。日別常向二曹司一。曹司点検。毎レ点不レ到。若科二無レ故不レ上[4]。即是日別常来。若以二累点一科之。罪又重二於不レ上者。假有。十日之内。日別皆来。毎レ点不レ到者。若八位頻点不レ到。便是已発更犯。合下重二其事一累点科上之。雑任之人。自須二当日決放一。初雖二累点罪重一。点多不レ至二徒刑一。計レ日不レ上。初軽。日多即至二徒坐一。所以日別上者抴レ点。全不レ来者計レ日。

凡そ官に在りて、直すべくして直せず、宿すべくして宿せずは、各笞廿。昼夜に通へらば、笞卅。若し点に到らずは、一点に笞十。一日の点、限るに二点を取りて坐為よ。

5　凡官*人無*レ故不*レ上。及当レ番不レ到。若因*[1]レ假而違者。一日笞廿。三日加二一等一。過二杖一百一。十日加二一等一。罪止徒一年半。謂。官人以下。因レ給レ假而故違者。辺*要之官。加二一等一。謂。在二縁辺要重之所一。無レ故不レ上以下。各加二罪一等一。

凡そ官人、故無くして上せず、及び番に当りて到らず、若しくは假に因りて違へらば、一日に笞廿。三日に一等加へよ。杖一百に過せらば、十日に一等加へよ。罪止徒一年半。辺要の官は、一等加へよ。

6　凡之*レ官限*満不レ赴者。一日笞十。々日加二一等一。罪止徒一年。即代*到不*レ還。減二二等一。依レ令。之レ官各有二装束程限一。々満不レ赴者。一日笞十。十日加二一等一。罪止徒一年。其替人已到。淹留不レ還者。准二不レ赴レ任之程一。減二罪二等一。其有二田苗一者。依レ令。聴下待二

収田訖一遺上[1]。無二田苗一者。依レ限須レ還。

凡そ官に之かむに、限満ちて赴かずは、一日に笞十。十日に一等加へよ。罪止徒一年。即し代、到りて還らずは、二等減せよ。

7 凡*従レ駕*稽違。及従而*先還者。*笞卅。謂。百官雑任以上。応レ従レ駕者。雖レ不レ満レ日。即得二此坐一。三日加二一等一。過二杖一百一。十日加二一等一。罪止徒二年。*侍臣及*執仗加二一等一。謂。少納言。侍従。中務判官以上。及内舎人。

凡そ駕に従はむに稽り違ひ、及び従ひて先に還れらば、笞卅。三日に一等加へよ。杖一百に過せらば、十日に一等加へよ。罪止徒二年。侍臣及び執仗は、一等加へよ。

8 凡*大祀不二*預申レ期。及不レ*頒二告所司一者。笞五十。*以レ故*廃レ事者。徒一年。依レ令。祭祀所司。預申二太政官一。々散斎之日。平旦頒二告諸司一。其不二預申レ期。及不二頒下一者。笞五十。即雖二申及頒下一。事不二周悉一。所レ坐亦同。以レ故廃二祀事一者。所由官司徒一年。応二連坐一者。各依二公坐法一。節級得レ罪。*[1]幣帛之属*不レ如レ法。杖六十。謂。不レ依二常典一。一事有レ違者。*闕レ数者。杖八十。謂。一事闕[2]小者。*全闕者。杖一百。全闕。謂。一*[3]坐。*中小祀逓減二二等一。従二大祀一以下犯者。中祀減二大祀二等一。小祀減二中祀二等一。故云二逓減二等一。*余条中小祀准レ此。謂。下条大祀在二散斎一。弔レ喪問レ疾。盗律盗二大祀神御物一之類。本条無二中小祀罪名一者。准レ此逓減。

凡そ大祀に預め期を申さず、及び所司に頒ち告げずは、笞五十。故を以て事廃れたらば、徒一年。幣帛の属、法の如くにせずは、杖六十。数闕けたらば、杖八十。全く闕けたらば、杖一百。全闕といふは、謂はく、一坐をいふ。中小の祀は、逓に二等減

7 （従駕稽違条）天皇の駕に随行する際に遅れたり、先に還った場合の罰則。

従駕―天皇の乗物に随行する。→宮衛26。**稽違**―（駕に）遅れる。**先還**―（駕より）先に還る。**笞卅**―違犯した時間が一日に満たなくても笞卅とする（疏）。**侍臣**―疏は少納言・侍従・中務判官以上（職員2 3）とするが、宮衛14義解は少納言・侍従・中務少輔以上を侍臣とする。**執仗**―内舎人（疏）。職員3の内舎人の職掌に「帯刀…若駕行分衛前後」。

8 （大祀不預申期条）祭祀の手続や準備（神祇15 16）に手落ちがあった場合の罰則。

大祀→神祇12。**預申期**→神祇15。**頒告所司**→神祇15。**以故**―「不預申期及不頒告所司」の結果。**廃事**―大祀が行えない場合。**幣帛之属**→神祇16。**不如法**―常典と相違していれば。**闕数**―（相違に止まらず）闕少している場合。**全闕**―（祀る坐一つが）全く闕けている場合。**坐**―祀られる神々の単位で、具体的には幣帛を奉る単位。**中小祀逓減二等**―中祀（神祇12）は大祀から二等減じ、小祀は中祀から二等減ずる。**余条中小祀准此**―他の条に大祀についての規定しかない場合（職制9・賊盗23など）にも、「中小祀逓減二等」を適用。

9 （在散斎弔喪条）散斎・致斎の期間に斎戒のタブーを犯した場合の罰則。唐律との比較→補9。

大祀→職制8。**散斎**―あらいみ（荒忌）。神事に与る者が致斎の前後に行う物忌。→神祇11。**判署**―裁断し、署名する。**刑殺文書**―罪を定め、死刑を執行する公文書。**決罰**―杖笞の執行（疏）。疏によれば流徒は含まれない。**食宍**―動物の肉を食う。唐律には「食宍」の二字

せよ。余の条の中小の祀も、此に准へよ。

9 凡大祀在散斎。而弔喪問疾。判署刑殺文書。及決罰。食宍[1]者。笞五十。奏聞者。杖七十。刑。謂。定罪。殺。謂。殺戮罪人。此等文書不得判署。及不得決罰杖笞。違者笞五十。若以此刑殺決罰等事奏聞者。杖七十。致斎者。各加二[2]等。

凡そ大祀の散斎に在らむ、而るを喪を弔ひ、疾を問ひ、刑殺の文書に判署し、及び決罰し、宍を食はば、笞五十。奏聞せらば、杖七十。致斎は、各二等加へよ。

10 凡祭祀及朝会侍衛。行事失錯。及違失儀式者。笞卅[1]。謂。百官朝参集会。及侍衛祭祀之事。行事失錯。及違失儀式者。謂。言辞諠囂。坐立怠慢。乖衆者乃坐。謂。声高諠閙。坐立不正。不依儀式。与衆乖者乃坐。応集而主司不告。及告而不至者。各笞五十。謂。祭祀以下及余事合集之人。而主司不散[2]告令集[3]者。罪在主司。告而不至。独坐不至之者。故云各笞五十。

凡そ祭祀及び朝会・侍衛、行事失錯し、及び儀式に違失せらば、笞卅。謂はく、言辞諠囂・坐立怠慢にして、衆を乖けらば、乃し坐す。集むべくして主司告げず、及び告げて至らずは、各笞五十。

11 （養老律写本にこの条なし）

12 凡合和御薬。誤不如本方。及封題誤者。医徒三年。合和御薬。須先処方依方合和。不得差誤。若有錯誤。不如本方。謂。分両多少。不如方法之類。合成仍題封其上。注薬遅駃[1]冷熱之類。并写本方俱進。若誤不如本方。及封題有誤等。但一事有[2]誤。医即合徒三年。料理簡択不精者。杖六十。料理。謂。応熬削洗漬之類。簡択。謂。去悪留善。皆須精細之類。有不精者。杖六十。未進御者。各減一

なし。↓補9。**奏聞**—刑殺決罰等の事を天皇に奏聞する（疏）。**杖七十**—唐律の杖六十より重い。↓補9。**致斎**—まいみ（真忌）。↓神祇11。**加二等**—唐律は加一等。↓補9。

10 （祭祀朝会侍衛条）祭祀などの行事に失錯があり、儀式に違失した場合の罰則。

祭祀—唐の祠令では天をまつるを祀、地をまつるを祭とする。**朝会**—朝廷における集会。**言辞諠囂**—声高にさわぐ。**乖衆者乃坐**—（儀式に則らないで）参列者からはっきり乖違したときに即ち罰する。**主司**—担当官。ここでは進行係。**各笞五十**—招集しなかった場合には主司を、招集を受けたが参集しなかった場合には不参集者だけを、笞五十に処する。

11 （唐律は宗廟の享（まつり）の担当官に喪中の者を任命した場合の罰則。日本律令は宗廟の享の制を継受しなかった。）

12 （合和御薬条）天皇の服する薬の調合を間違えた場合の罰則。

合和—調合する。**御薬**—天皇（及び三后・皇太子）の服する薬。以下本条・職制13〜17等の「御」は三后を含み、皇太子も準ずる。↓名例51。**誤**—間違えて。もし故意にすれば謀反となる。↓名例6(1)謀反・賊盗1。以下職制13〜17の「誤」も同じ。**本方**—雑律7の疏に「今古薬方及本草」。**封題**—合成した薬の使用法などの説明書き（名例6(6)大不敬の疏）。**医**—薬を調合した者。**徒三年**—一事でも間違えば徒三年（唐律は絞）。同時に八虐の大不敬となる（名例6）。皇太子に対して八虐に当る罪を犯した場合には一等減ずるが、なお八虐として扱われる（名例51）。**料理**—薬の原料を熬ったり削ったり洗ったり漬したりするこ

等一。謂。応レ徒者。従二徒上一減。応レ杖者。従二杖上一減。[3]是名三各減二一等一。*監当官司。各減二医一等一。依レ令。[4]合二和御薬一。中務少輔以上一人。[5]共二内薬正等一監視。除レ医以外。皆是監当官司。[6]並於二已進未進上一。各減二医罪一等一。*余条未レ進レ御。及監当官司。*並准レ此。謂。下条造二御膳一。御幸舟船。乗輿服御物。但応二供奉一之物。未レ進レ御者。各随二軽重一。減二一等一。監当官司又各減二一等一。故云二並准一レ此。

凡そ御薬を合和するに、誤ちて本方の如くにせず、及び封題誤てらば、医は徒三年。料理・簡択、精しくせずは、杖六十。御に進らずは、各一等減せよ。監当の官司は、各医に一等減せよ。余の条の御に進らざらむ、及び監当の官司も、並に此に准へよ。

13 凡造二*御膳一。*誤犯二*食禁一者。*典膳*徒三年。謂。造二御膳一者。皆依二食経一。々有二禁忌一。不レ得二輒造一。若下乾脯不レ得レ入二黍米中一。莧菜不上レ得レ和二鼈肉一之類。有レ所レ犯者。典膳徒三年。若穢悪之物。在二食飲中一。杖一百。*簡択不レ精。減二[1]一等一。謂。簡レ米択レ菜。有下不二精好一者上。不二*品嘗一者。杖六十。謂。酸鹹苦辛之味不レ品。及応レ嘗不レ嘗。倶得二此坐一。

凡そ御膳を造るが、誤ちて食禁を犯せらば、典膳は徒三年。若し穢悪の物、食飲の中に在らば、杖一百。簡択精しくせずは、二等減せよ。品嘗せずは、杖六十。

14 凡*御幸舟船。*誤不二牢固一者。工匠*徒三年。謂。皇帝所レ幸舟船。[1]造作荘厳。不二甚牢固一。可二以敗壊一者。工匠各以二*所由一為レ*首。謂。造作之人。皆以二当時所由人一為レ首。若不二整飾一。及*闕少者。徒一年。其舟船。若不二整頓修飾一。及在レ船[2]篙棹之属。有レ所二闕少一。得二徒一年一。此亦以二所由一為レ首。

凡そ御幸の舟船、誤ちて牢く固くせずは、工匠は徒三年。工匠は、各所由を以て首と為よ。若し整へ飾らず、及び闕少せらば、徒一年。

15 凡*乗輿*服御物。持護修整。不レ如レ法者。*笞五十。謂。乗輿所二服用一之物。皆有二所司執持修整一。自有二常法一。不レ如レ法者。

と(疏)。**簡択**—悪い部分を除き善い部分を留める(疏)。永徽律も「簡択」。宋刑統・唐律疏議が「揀択」とするのは後周の太祖の父の諱を避けたか(内藤乾吉説)。職制13 18も同じ。**監当官司**—御薬を合和するのを監視する中務少輔以上一人と内薬正等。↓医疾23。**余条**…—職制13〜15などに未進御や監当官司についての規定がない場合。**並准此**—いずれの場合もこの条と同じく各減一等。

13 (造御膳条) 天皇の食する膳の造り方を間違えた場合の罰則。

御膳—天皇の食する膳。**御・誤**↓職制12注。**食禁**—食経に記されている禁忌(疏)。食い合せの類。**典膳**↓職員46。**徒三年**—唐律は絞。なお徒三年と同時に八虐の大不敬となる(名例6)。**簡択**—食物の材料をえらぶ。唐律は簡択不精だけでなく進御不時も罰する。**品嘗**—酸鹹苦辛の味を適切にし味見をする。なお未進御の場合・監当官司については↓職制12。

14 (御幸舟船条) 天皇の乗る舟船の造り方を誤った場合の罰則。

御幸舟船—天皇の乗る舟船。**御・誤**↓職制12注。**徒三年**—唐律は絞。なお徒三年と同時に八虐の大不敬となる(名例6)。**所由**—この条では牢固ならざる原因を作った者。**首**—首犯。↓名例42。**闕少**—船に備わっているべき器具(例、棹など)が不足している場合。なお未進御の場合・監当官司については↓職制12。

15 (乗輿服御物条) 天皇の使用する物の管理や準備が十分でない場合の罰則。

乗輿—天皇を婉曲に指す語。儀制1に「乗輿〈服御所レ称〉」。御と同じく三后を含み、皇太

其*車馬之属不㆓調習㆒。*駕馭之具不㆓完牢㆒。徒一年。〈謂。御馬有㆓驚駭㆒。車輿及鞍轡之属有㆓損壊㆒者。〉*未㆑進㆑御。減㆓三等㆒。*応㆓供奉㆒之物闕乏者。*杖六十。〈謂。衣服飲食之類。但是応㆓供奉㆒者。皆須㆓預備㆒。有㆓[1]一闕乏㆒。即杖六十。〉

凡そ乗輿(じょうよ)の服御(ぶくご)の物、持護(ちご)・修整(しゅしゃう)すること、法の如くにせずは、笞五十。其れ車馬(しゃめ)の属(たぐひ)、調習(でうじふ)せず、駕馭(がご)の具、完牢(ぐわんらう)ならずは、徒(づ)一年。御(ご)に進(たてまつ)らずは、三等減せよ。供奉すべき物、闕乏せらば、杖六十。

16 凡*主司私*借㆓*乗輿服御物㆒。*若借㆑人。*及借之者。徒二年。〈乗輿服御物。主司持護修整。常須㆑如㆑法。若有㆓私借㆒。或将借㆑人。及借㆑之者。各徒二年。〉*非服而御之物。杖一百。*在㆑司服用者。*各減㆓一等㆒。〈謂。雖㆑非㆓自借及借㆑人。在㆑司服用者。服御物。徒二年上減。非服而御。杖一百上減。故云㆓各減㆒一等㆒。〉非服而御。謂。帷帳几[1]杖之属。〈之属者。謂。筆硯書史及[2]器[3]玩等是。非㆑[4]服之物。色類既多。故云㆓之属㆒也。〉

凡そ主司(しゅし)、私(わたくし)に乗輿(じょうよ)の服御(ぶくご)の物を借(か)り、若しくは人に借(か)し、及び借(か)れらば、徒二年。非服而御(ひぶくにご)の物は、杖一百。司に在りて服用(ぶくよう)せらば、各一等減せよ。非服而御といふは、謂はく、帷帳(ゐちやう)・几杖(きちやう)の属(たぐひ)をいふ。

17 凡*監当官司及*典膳。*誤*将㆓*雑薬㆒至㆓*御膳所㆒者。*徒三年。〈御厨造㆑膳。従㆑造至㆑進。皆有㆓監当官司㆒。但是雑薬。誤将至㆓御膳所㆒者。即得㆓此坐㆒。未㆑至㆓膳所㆒。従㆓不応為重㆒。雑薬。謂。合和為㆑薬。堪㆓服餌㆒者。若有㆓毒性㆒。雖㆑不㆓合和㆒。亦為㆓雑薬㆒。所。謂。監当之人。応㆑到之処。〉

凡そ監当(けむだう)の官司(くわんじ)、及び典膳(てんぜん)、誤(あやま)ちて雑薬(ざふやく)を将(も)ちて、御膳所(ごぜんしょ)に至(いた)れらば、徒三年。所といふは、謂はく、監当の人の到るべき処をいふ。

子も準ずる。↓職制12注。**服御物**―天皇が身につける物。御↓職制12注。**持護修整**―大切に維持し、きれいに整備しておく。なお唐律は持護修整不如法だけでなく、進御乖失(皇帝に進めるとき礼に乖く)も罰する。**車馬**―天皇の乗る車・馬。**駕馭之具**―車・馬の備品。**未進御**―(車・馬を)未だ天皇の用に供していない場合。減三等は職制12〜14より軽い。**応供奉之物闕乏**―供奉すべき衣服・飲食物などが(預備してなくて)、必要なときに足りない場合。**杖六十**―一つでも不足すれば杖六十。なお開元律には本条の末尾に「其雑供有闕、笞五十」の規定があったが、永徽律及び日本律にはない。

16 (主司借服御物条) 天皇の用に供する物を借りたり貸したりした場合の罰則。

主司―担当官。この条では天皇の用に供する物の管理をつかさどる官。**借**―主司が自ら借り出す。借は使用貸借を示す語。↓職制52注。**乗輿服御物**↓職制15。**借人**―主司が他人に貸し出す。**借之**―主司から借り出す。**非服而御之物**―天皇が身にはつけないが使用する物。御↓職制12注。**在司服用**―当該の役所の外に借り出したり貸し出したりしないで、役所内で身につけたり使用したりした場合。**各減一等**―服御物の場合は徒二年から、非服而御之物の場合は杖一百から、それぞれ一等減ずる。

17 (将雑薬至膳所条) 天皇の食事に薬物がまぎれこむのを防ぐための罰則。

監当官司―この条では、奉膳(職員46)、尚膳(後宮13)などをさすか。**典膳**↓職員46。**誤**↓職制12注。**雑薬**―合和して薬となし服用に堪えるもの。もし毒性あれば合和しなくても雑薬とする(疏)。**御膳所**—唐衛禁律2疏に「御膳所。謂、供御造食之処」。なお養老律疏には開元律疏にない「未レ至二膳所一、従二不応為重一」の句がある。従不応為重↓補17。**徒三年**—唐律は絞。

18　(外膳犯食禁条)　朝廷で百官に供する膳を正しく造らなかった場合の罰則。

外膳—朝廷で百官に供する食事。内膳(御膳)に対する語。↓職員40 46。**食禁**↓職制13。**膳部**↓職員40。**簡択**↓職制13注。**誤**—上文の「犯食禁」「穢悪…不浄」はいずれも故意の場合(職制13はすべて誤の場合)。

19　(漏泄大事条)　国家の機密を漏らした場合の罰則。

漏泄—うっかり漏らす。もし故意に賊徒に知らせた場合は、唐擅興律9を適用。**潜謀討襲**—寇賊の討伐・急襲をひそかに謀る。**収捕謀叛**—謀反・大逆・謀叛の徒を捕える。闘訟律39によれば、謀反等を知った者は随近官司に密告する義務がある。**非大事応密**—天文・風雲気色の異変の類。陰陽頭は「有レ異密封奏聞」(職員9)、観天文生は「其仰観所レ見、不レ得二漏泄一」(雑令8)。**徒一年**—非大事を漏泄した場合。**蕃国使**—蕃国(↓戸令補16b)からきた使者。この条の蕃国は唐を含む。**加一等**—非大事の場合は徒一年半、ただし大事の場合にも斬にはしない(疏)。↓名例56。**初伝者**—最初に漏泄した者。一般には職務上の秘密の漏泄か。**伝至者**—罪人や蕃使に伝えた者。**従**—従犯。↓名例42。**転伝**—初伝者と伝至者との中間にあって展転相伝する。**勿論**—罪に問わない。

18　凡外膳*。謂。供二百官一。犯二食禁*一者。膳部*笞五十。百官常食以上。皆官厨所レ営。名為二外膳一。故注云。謂。供二百官一。犯二食禁一者。食禁上已解訖。若有レ犯者。所由膳部笞五十。穢悪之物。在二食飲中一。及簡択*不浄者。笞卌。穢悪之物。謂。不浄之物。在二食飲中一。及簡択有二不浄一。其所由者。得二笞卌一。誤*者。各減二二等一。謂。誤犯二食禁一。笞卅。誤簡不浄。笞十。

凡そ外膳、謂はく、百官に供するをいふ。食禁を犯せらば、膳部は、笞五十。穢悪の物、食飲の中に在り、及び簡択不浄ならば、笞卌。誤てらば、各二等減せよ。

19　凡漏*二泄大事応レ密者絞。大事。謂。潜*謀二討襲一。及収*二捕謀叛一之類。依二闘訟律一。知二謀反及大逆一者。密二告随近官司一。其知二謀反大逆謀叛一。皆合二密告一。或掩二襲寇賊一。此等是大事応レ密。不レ合二人知一。輙漏泄者絞。注云。大事。謂。潜謀二討襲一者。討。謂。命レ将誓レ師。潜謀二征討一。襲。謂。不レ声二鍾鼓一。掩二其未レ備者。既有下窃謀二討襲之事一。及収中捕反逆之徒上。故云二謀叛之類一。非*二大事一応レ密者。徒*一年。依レ令。風雲気色有レ異。密封奏聞之類。有二漏泄一者。漏二泄於蕃*国使一者。加*二一等一。国家之事。不レ欲二蕃国聞知一。若漏二泄於蕃国使一。加二一等一合二徒一年半一。其大事。縦漏二泄於蕃使一。亦不二加至一レ斬。仍以二初*伝者一為レ首。謂。初漏泄者。伝*至者為レ従*。謂。伝至二罪人及蕃使一者。即転*二伝大事一者。杖六十。謂。展転相二伝大事一者。非二大事一者勿論*。謂。非二大事一。雖レ応レ密。而転伝之人。並不レ坐。

凡そ大事の密にすべきを漏泄せらば、絞。大事といふは、謂はく、潜に討襲を謀り、及び謀叛を収捕する類をいふ。大事に非ずして密にすべくは、徒一年。蕃国使に漏泄せらば、一等加へよ。仍りて初伝の者を以て、首と為よ。伝へ至る者は、従と為よ。即し大事を転し伝へたらば、杖六十。大事に非ずは、勿論。

20　凡玄*象器物。天*文。図*書。讖*書。兵*書。七曜暦。太*一雷公式。私*家不レ得レ有。違者徒一年。私*習亦同。其緯*候及論語讖。不レ在二禁限一。玄象者。玄天也。謂。象レ天為二器具一。以二経星之文及日月所レ行之道一。転レ之以観二時変一。天文者。謂。日月五星廿八宿等。図書者。河出レ図。洛出レ書是。讖書者。先代聖賢所レ記。未来徴[2]祥之書。兵書。謂。太公六韜。黄石公三略之類。七曜暦。謂。日月五星之暦。太一雷公式者。並是式名。以占二吉凶一者。私家皆不レ得レ有。違者徒一年。若将伝用。言渉二不順一者。自従下造二妖言一之法上。緯候及讖者。五経緯。尚書中候。論語讖。並不レ在二禁限一。

凡そ玄象の器物、天文・図書・讖書・兵書・七曜暦・太一雷公式、私家に有つこと得じ。違へらば、徒一年。私に習へらば、亦同じ。其れ緯候及び論語讖は、禁する限に在らず。

21　凡稽*二緩詔*[1]書一者。一日笞廿。詔[2]勅在レ令。各給二写程一。五十紙以下一日程。過レ此以外。毎二五十紙一。加二一日程一。所レ加多者。惣不レ得レ過二三日一。其赦書計レ紙雖レ多。不レ得レ過二二日一。軍機急速。事有二促限一者。皆当日出了。此外仍停者。是為二稽緩一。*[3]騰二詔勅一符移之類皆是。謂。奉二正詔勅一。更騰以出。符移解牒皆是。故言二之類一。[4]一日加二一等一。罪止杖一百。其*官文書稽*程者。一日笞十。三日加二一等一。罪止杖八十。官文書。謂。在レ曹常行。非二詔勅論奏一者。依レ令。少事五日程。中事十日程。大事廿日程。徒以上弁定須レ断者。卅日程。除レ此之外。皆准レ事稽程者。

凡そ詔書を稽緩せらば、一日に笞廿。詔勅を騰ふる符移の類は、皆是そ。一日に一等加へよ。罪止杖一百。其れ官文書を稽程せらば、一日に笞十。三日に一等加へよ。罪止杖八十。

22　凡被二詔*書一。有レ所二施行一而違*者。徒二年。失*錯者。杖八十。失錯。謂。失二其旨[1]一。其勅及論奏。得レ罪亦同。依二上条一。稽二緩[2]詔書一注云。騰二詔勅一符移之類皆是。即明詔勅之義。軽重不レ殊。其論奏御[3]畫レ聞。勅則承レ旨宣用。御畫不レ軽レ承レ旨。理与二勅旨一義同。

凡そ詔書を被りて施行する所有らむ、而るを違へらば、徒二年。失錯せらば、杖八十。失錯といふは、謂はく、其の旨を失へるをいふ。

23　凡受レ詔*忘誤。及写二詔*書一誤者。事*若未レ失。笞卅。已*失笞五十。転*受者減*二一

20　（玄象器物条）天文・予言・軍略などの知識が民間に広まるのを防ぐための罰則。↓雑令8。
玄象器物—天体観測のための器物。銅渾儀の類。↓雑令補8a。**天文**—天文に関する書。↓補20a。**図書**—河図・洛書。↓補20a。**讖書**—先代の聖賢が記した未来徴祥の書。↓補20a。**兵書**—六韜・三略の類。**太一雷公式**—太一式(太乙式)と雷公式。吉凶を占う書。**私家不得有**—神護景雲元年に大津連大浦の随身する天文陰陽等書を没官(続紀)。なお禁書の内容を伝用した場合には↓賊盗21。**私習亦同**—徒一年。↓補20b。なお私習天文は自首しても罪を免じない。↓名例37。**緯候**—五経の緯書と尚書中候(疏)。

21　（稽緩詔書条）詔書や官文書を出すのが規定の日程よりも遅れた場合の罰則。
稽緩—公式62に規定された日程よりも遅れる。**詔書**—天皇の命令を伝える文書。書式の如何にかかわらず、詔書のほか勅旨・論奏を含む。↓職制22疏・公式1〜3。**騰詔勅符移之類**—詔勅を騰(つた)える太政官符など。↓公式補1e。**官文書**—詔・勅・論奏以外の官文書(疏)。**稽程**—公式62に規定された日程よりも遅れる。

22　（詔書施行違条）詔書を施行する際にその主旨と異なった場合の罰則。
詔書↓職制21。**違**—故意に詔書の主旨を違えた場合。**失錯**—失誤して詔書の主旨を取り違えた場合(本注)。自ら覚挙した場合↓名例41。

23　（受詔忘誤条）詔書の作成過程で錯誤を犯した場合の罰則。
詔—天皇の命令。**詔書**↓職制21。**事若未失**—詔書の主旨が失われていない場合。**已失**—詔

等一。謂。承レ詔之人。忘二誤其事一。及写二詔書一。脱二乗文字一。并文字錯失。事若未レ失者。謂。未レ失二詔書之意一。已失。謂。已失二事意一而施行。転受者。減二一等一。若宣レ詔忘誤。及写レ詔失錯。[1]転転受者。雖二自錯誤一。為レ非三親承二詔勅一故減二一等一。未レ失二其事一。[2]合二笞廿一。事若已失。[2]合二笞卅一。故云三転受者減二一等一。

凡そ詔を受けて忘誤し、及び詔書を写して誤てらむ、事若し失せずは、笞卅。已に失せらば、笞五十。転し受けたらば、一等減せよ。

24 凡詔*書有*レ誤。不*二即奏聞一。輒*改定者。笞五十。謂。旨意参差。或脱二乗文字一。於レ理有レ失者。皆合二覆奏一。然後改正施行一。不二即奏聞一。輒自改定者。笞五十。官*文書誤。不レ請*二官司一。而改定者。笞卅。謂。常行文書有レ誤。於レ事改動者。皆須下請二当司長官一。然後改正上。若有二不レ請自改定一者。笞卅。知レ誤。不*二奏請一而行*者。亦*如レ之。知二詔書誤[1]一不レ奏。知二官文書誤一不レ請。依レ錯施行。亦如レ之。詔書誤[2]。得二笞五十一。官文書誤[2]。得二笞卅一。依二公式令一。詔勅宣行。文字脱誤。於二事理一無二改動一者。勘二験本案一。分明可レ知。即改従レ正。不レ須二覆奏一。其有二官文書脱誤一者。諮二長官一改正。

凡そ詔書に誤有らむ、即ち奏聞せずして、輒く改定せらば、笞五十。官文書誤てらむ、官司に請はずして、改定せらば、笞卅。誤を知りて、奏請せずして行へらば、亦之の如く。

25 （養老律写本にこの条なし）

26 凡上*書若奏*事而誤*[1]。笞五十。口*[1]誤。減二一等一。口誤不*レ失レ事者勿*論。上書。謂。書奏特達。奏事。謂。面陳。有レ誤者。笞五十。若口誤。減二一等一。合二笞卅一。若口奏雖レ誤。[2]事意無レ失者不レ坐。上*二太政官一而誤。笞卅。余*文書誤。笞廿。誤。謂。脱二乗文字一。及錯失者。上二太政官一而誤者。謂。内外百司。応レ申二太政官一。而有二文字脱乗及錯失一者。合二笞卅一。余文書誤者。謂。非レ上二太政官一。凡是官文書誤者。合二笞廿一。即誤*有レ害者。各*加二一等一。有レ害。謂。当レ言レ勿レ原。而言レ原之。当レ言二千端一。而言二十端一之類。上書奏事誤有レ害者。合二杖七十一。上二太政官一。誤有レ害者。合二笞五十一。余文書誤有レ害者。合二笞卅一。是名三各加二一等一。注云。有レ害。謂。当レ言レ勿

書の主旨が失われたまま施行された場合。**転受者**―詔または詔書を転受した人が錯誤を犯した場合。**減一等**―事若未失と已失にわけ、各一等減ずる。

24 （詔書誤輒改定条） 詔書や官文書に誤りがあるとき、勝手に改定したり、そのまま施行した場合の罰則。**詔書**↓職制21。**有誤**―文意に矛盾があったり、文字に脱剰があって、当然詔書の主旨が失われていると考えられる場合(疏)。内容に関わりのない文字の脱誤の場合は↓公式74。**即奏聞**―直ちに天皇に覆奏する。**輒改定**―勝手に自ら改定した場合。**官文書**↓職制21。**請官司**―当司長官に上請する(疏)。**奏請**―詔書は奏聞、官文書は請官司。**行**―(誤ったまま)施行した場合。**亦如之**―詔書の場合は笞五十、官文書の場合は笞卅。なお唐律には本条の末に「輒飾レ文者各加二一等一」の規定があった。

25 （唐律は、上書や奏事において天子や天子の祖先の諱を犯した場合の罰則。日本ものちには避諱の思想を中国から継受したが、中国ほど重視しなかった。この規定も日本律編纂者が意識的に削除したものと推定される。）

26 （上書奏事誤条） 天皇に対する上書・奏事や、官文書に誤りがあった場合の罰則。**上書**―天皇に特達する文書(疏)。例↓公式8。**奏事**―天皇に直接奏する事(疏)。一般には文書をともなう(例↓公式3〜5)。**誤**―文字に脱剰があり、錯失がある場合(本注)。**口誤**―天皇に口頭で奏するときに誤った場合。**不失事**―主旨には間違いがない場合。**勿論**―罪に問わない。**上太政官**―諸司から太政官に申上

レ原。而言レ原之。当レ言二千端一。而言二十端[3]一之類。称二之類一者。自須三以レ類求二之一。類例既多。事非二一緒一。假有。犯レ罪当レ言レ原之。而言レ勿レ原。当レ言レ勿レ原。而言レ原之。承レ誤已行決。及原放訖者。此即当条雖レ有二罪名一。所レ為重者。自従二失出入一論。不レ可下直従レ有レ害加中二等上。若誤*可レ行。非*二上書奏事[5]一勿論。可レ行。謂。*案省可レ知不レ容レ有二異議一。当レ言二甲申一。而言二甲由[6]一之類。上三太政官一以下。雖レ誤案験可レ行者。皆不レ坐。可レ行者。謂。案二験其状一。省二察是非一。不レ容三更有二別議一。当レ言二甲申之日一。而言二甲由之日一。如レ此之類。是案省可レ知。雖レ誤皆不レ合レ罪。

凡そ上書、若しくは奏事にして、誤てらば、笞五十。口に誤てらば、二等減せよ。口に誤てるが、事を失せずは、勿論。太政官に上して誤てらば、笞卅。余の文書、誤てらば、笞廿。誤といふは、謂はく、文字を脱乗し、及び錯失せるをいふ。即し誤ちて害有らば、各二等加へよ。害有りといふは、謂はく、原すこと勿れと言ふべくして、原すと言ひ、千端と言ふべくして、十端と言へる類をいふ。若し誤つとも行ふべからむ、上書・奏事に非ずは、勿論。行ふべしといふは、謂はく、案省して、異議有ることを容れずと知るべし。当に甲申と言ふべくして、甲由と言へる類をいふ。

27 凡事*応レ奏而不レ奏。不*レ応レ奏而奏者。杖七十。応*二言上一而不二言上一。雖*二奏上一。不レ待レ報而行亦同*。不レ応二言上一而言上。及不*レ由レ所レ管而越言上。応*二行下一而不二行下一。不レ応二行下一而行下者。笞[1]五十。応レ奏而不レ奏者。謂。依二律令及式一。事合[2]レ奏而不レ奏。或格令式無[2]二合レ奏之文一。及事理不レ須二聞奏[3]一。是不レ応レ奏而奏者。並合二杖七十一。応二言上一者。謂。合二申上一而不二言上一。注云。雖二奏上一。不レ待[4]レ報而行亦同。[5]事合レ奏及以[6]申上応二合[4]待レ報者。皆須二待レ報而行一。若不レ待レ報而輙行者。亦同二不レ奏不レ上[7]之罪一。若抛レ文。且奏且行。或申奏知レ不レ須レ待レ報者。不レ当二此坐一。不レ応二言上一者。依二律令及格式一。不レ遣二言上一而輙言上。及不レ由レ所レ管而越言上者。謂。国管レ郡。々事須レ上レ官。皆先申二所レ管国一。不レ申而越言上者。并事応二行下一而不二行下一。不レ応二行下一而行下者。謂。応レ出二符移一而不二出行下一。不レ応レ出二符移一而出行下者。各笞五十。

する文書。**余文書**—太政官に申上する以外の一般の官文書。**誤有害**—誤ったために実害が生じた場合。例えば罪をゆるすなかれと書くべきときに、罪をゆるすと書くような類(本注)。**各加二等**—上書・奏事の場合以下、各加二等。ただし誤った刑を科した場合、断獄律19入人罪の規定を適用した罪の方が、本条の罪より重い場合には、重い方の罪を科する。↓名例49。**誤可行**—誤っていても明白な錯誤であって執行には差支えない場合。**非上書奏事勿論**—上書・奏事以外の官文書の場合には罪に問わない。**案省可知**……—その状を検討して、異なった意味に解される余地が無いことが明白な場合。例えば干支の甲申を甲由と誤写した類。

27 (事応奏而不奏条) 天皇や上級官司への奏聞・言上や、下級官司への下符等について違法があった場合の罰則。**事応奏**—律令や式にもとづいて天皇に奏すべき場合(疏)。**不応奏**—令や格式に奏すべき規定がなく、また当然奏する必要のない場合(疏)。**応言上**—下級官司から上級官司に言上すべき場合。**雖奏上不待報而行**—奏聞・言上しても、報を待つべきときに待たないで執行した場合。**亦同**—奏の場合は不奏の罪(杖七十)、上の場合は不上の罪(笞五十)と同じ。**不由所管而越言上**—例えば国は郡を管するので、郡事を太政官に言上する際には、まず管する所の国に申すべきであるのに、郡が直接太政官に言上する類(疏)。**応行下**—符・移を出すべき場合(疏)。符・移↓公式12 13。

凡そ事、奏すべくして奏さず、奏すべからずして奏せらば、杖七十。言上すべくして言上せず、奏上すと雖も、報を待たずして行へらば、亦同じ。言上すべからずして言上し、及び管ぶる所に由らずして越えて言上し、行下すべくして行下せず、行下すべからずして行下せらば、笞五十。

28 凡*公文有二*本案一。*事直而*代二官司一署者。杖七十。*代判者。杖一百。*亡二失案一而代者。各加二一等一。公文。謂。在レ官文書。有二本案一。事直唯須二依行一。[1]或奏状及符移等。其有丙非下応二判署一之人上。代二官司一署レ案。及署二応レ行文書甲者。杖七十。若代判者。杖一百。其亡二失案一而代者。各加二一等一。代署者杖八十。代判者徒一年。此皆謂。事直而代者。[2]若増減出入[3]罪重者。[4]即従レ重科。

凡そ公文本案有りて、事直ならむ、官司に代りて署せらば、杖七十。代りて判せらば、杖一百。案を亡失して代れらば、各一等加へよ。

29 凡受レ*詔出レ使。*不レ返二詔命一。*輙干二他事一者。*徒一年。*以レ故有レ所二廃闕一者。*徒二年。余使妄干二他事一者。杖七十。以レ故有レ所二廃闕一者。杖一百。*越レ司侵レ職者。笞五十。受二詔勅一出レ使。事訖皆須二返命奏聞一。若不二返命一。更干二預他事一者。[1]徒一年。以レ故有レ所二廃闕一者。徒二年。余使。謂。非二詔使一。妄干二他事一者。杖七十。以レ故有レ所二廃闕一者。杖一百。越レ司侵レ職者。謂。設レ官分レ職。各有司存。越二其本局一。侵二人職掌一。笞五十。其受二三后及皇太子令一。出レ使不レ返レ命。得レ罪依レ減二詔勅一一等一。

凡そ詔を受けて使に出でたらむ、詔命に返せずして、輙く他事に干れらば、徒一年。故を以て廃闕する所有らば、徒二年。余の使、妄りに他事に干れらば、杖七十。故を以て廃闕する所有らば、杖一百。司を越えて職を侵せらば、笞五十。

30 凡聞二父母。若夫之喪一。*匿不二挙哀一者。*徒二年。*喪制未レ終。*釈レ服従レ吉。[1]若忘*

28 (公文代署判条) 署・判すべき官人に代って署・判した場合の罰則。

公文―官文書。**本案**―底案。官司に留めてある原文。**事直**―内容に枉曲がない場合。**代官司署**―署名すべきでない人が、署名すべき官人に代って、案や施行文書に署名した場合。**代判**―判すべき官人に代って判した場合。この条の判は一般行政事務の決裁だけでなく、罪に関する判決(断)を含む。**亡失案而代**―本案を亡失していて、上文の代署代判を犯した場合。

29 (受詔出使不返条) 詔使等が命ぜられた以外の事に関与したり、官人が自己の職掌の範囲を越えて他司の職掌を侵した場合の罰則。

詔―天皇の命令。詔勅。**不返詔命**―命ぜられた仕事の結果を天皇に報告しないで。**干他事**―命ぜられた以外の事に関与する。**徒一年・徒二年**―なお天皇の詔でなく三后・皇太子の令(公式6)を受けて使に出た場合に、上文の罪を犯せば詔使の場合の罪から各一等減ずる(名例51)。**以故**―そのために。**越司侵職**―(職員令には官を設けて各々その職掌を定めているが、)自分の本司を越えて他の官司の職掌を侵した場合。いわゆる越権行為。

30 (匿父母夫喪条) 父母・夫などの親族の喪を匿したり、喪中の行動が礼に背いた場合の罰則。

匿不挙哀―父母・夫の死去の報に接したら、日時を択ばず直ちに哭泣すべきであるのに(疏)、喪を匿して哀しみを公にしない。**徒二年**―唐律は流二千里。なお徒二年と同時に、父母の場合は八虐の不孝に、夫の場合は八虐の不義となる(名例6)。**喪制未終**—喪の期間中に。父母・夫の場合の喪は一年(喪葬17)。**釈服従吉**—喪服をやめて平常の服装にもどる。**忘哀作楽**—哀しみを忘れて音楽を奏する。**自作遣人等**—自分で奏すると、人に奏させるとを問わず、同罪とする。**徒一年半**—徒一年半と同時に、父母の場合は八虐の不孝、夫の場合は八虐の不義となる(名例6)。**雑戯**—双六・囲碁の類(疏)。**遇楽而聴**—たまたま音楽を奏しているところに出会って、聴き入ってしまう。**参預吉席**—たまたま礼宴の席に出会って、その中に参加してしまう。**祖父母・外祖父母**—唐律は期親尊長。外祖父母を祖父母と並列したのは日本律の特色。**徒一年**—徒一年と同時に、祖父母の場合は八虐の不孝となる(名例6)。**喪制未終**—祖父母の場合の喪は五月、外祖父母の場合は三月(喪葬17)。**二等以下**→儀制25。**尊長**—尊属と、同世代の年長者。**各逓減二等**—例えば二等尊長の場合、匿不挙哀は徒一年から二等減じ、釈服従吉は杖一百から二等減ずる。**卑幼**—卑属と、同世代の年少者。**各減一等**—同等親の尊長の場合から各々一等減ずる。妻は二等親の幼とみなす(疏)。

31 (委親之官条) 祖父母、父母、夫に対する孝敬に欠けた場合の罰則。

祖父母—曾祖父母・高祖父母も同じ(名例52)。**老疾無侍**—年八十以上及び篤疾には子孫が侍となるが(戸令11)、已れのほかに侍となる子孫がいない場合。**委親之官**—親をすておいて任所に赴く。**増年状**—親の年齢・疾状を増す。**入侍**—侍丁となる。↓戸令補11a。**杖一百**—委親之官の場合には杖一百と同時に免所居官

レ哀作レ楽。[2] *自作遣レ人等。*徒一年半。*雑戯杖八十。即*遇レ楽而聴。及*参二預吉席一者。各杖六十。父母之恩。昊天莫レ報。荼毒之極。豈若レ聞レ喪。婦人以レ夫為レ天。哀類二父母一。聞レ喪即須二哭泣一。豈得二択レ日待一レ時。若匿而不二即挙哀一者。徒二年。其嫡孫承レ祖者。与二父母一同。喪制未レ終。謂。父母及夫喪。十三月内。釈レ服従レ吉[1]。若忘レ哀作レ楽。注云。自作遣レ人等。徒一年半。雑戯杖八十。楽。謂。金石糸竹笙歌鼓儛[3]之類。雑戯。謂。双六囲碁之属。即遇レ楽而聴。謂。因レ逢二奏楽一而遂聴者。参二預吉席[1]一。謂。遇二逢礼宴之席一。参二預其中一者。聞二*祖父母。*外祖父母喪一。匿不二挙哀一者。*徒一年。*喪制未レ終。釈レ服従レ吉。杖一百。*二等以下*尊長。*各逓減二二等一。*卑幼各*減二一等一。聞二二等尊長喪一。匿不二挙哀一者。杖九十。喪制未レ終[4]。釈レ服従レ吉[1]。杖八十。三等尊長。匿不二挙哀一杖七十。喪制未レ終。釈レ服従レ吉杖六十。四等尊長。匿不二挙哀一笞五十。喪制未レ終。釈レ服従レ吉笞卌。其於二卑幼一。匿不二挙哀一。及釈レ服従レ吉。各減二当色尊長一等一。其妻既非二尊長一。又殊二卑幼一。在二礼及詩一。比為二兄弟一。即是妻同二於幼一。若聞レ喪不二即挙哀一。於レ後択[6]レ日挙訖。事発者不レ可レ無レ罪。二等以上従二不応得為重法[7]一。三等不応得為軽[8]。若未レ挙事発者。各従二不挙之坐一。又居二二等親喪一作レ楽。及遣レ人作者。律雖レ無レ文。不レ合レ無レ罪。従二不応得為一従[9]レ軽笞卌。

凡そ父母、若しくは夫の喪を聞きて、匿して挙哀せずは、徒二年。喪制終らざるに、服を釈ぎて吉に従ひ、若しくは哀を忘れて楽を作せらば、自ら作せる、人を遣れる、等し。徒一年半。雑戯は、杖八十。即し楽に遇ひて聴き、及び吉席に参預せらば、各杖六十。祖父母・外祖父母の喪を聞きて、匿して挙哀せずは、徒一年。喪制終らざるに、服を釈ぎて吉に従へらば、杖一百。二等以下の尊長は、各逓に二等減せよ。卑幼は、各一等減せよ。

31 凡*祖父母父母*老疾無レ侍。*委レ親之レ官。即妄*増二年状一。以求二*入侍一。*杖一百。祖父母父母老疾。委レ親之レ官。謂。年八十以上。或篤疾。依レ法合レ侍。見レ無二人侍一。乃委二置其親一而之二任所一。妄増二年状一。以求二入侍一者。或未二年八十一。及本非二篤疾一。乃妄増二年八十及篤疾之状[1]一。従二祖父母老疾一以下。各合レ処二杖一百一。若祖父母父母及夫。犯二死罪一被二*囚禁一。而*作レ楽者。*徒一年。祖父母父母及夫。

犯㆓死罪㆒被㆓囚禁㆒。而子孫及妻妾作㆑楽者。以㆓其不孝不義㆒。虧㆓斁特深㆒。故各徒一年。

凡そ祖父母・父母、老疾にして侍無きを、親を委て官に之けらむ、即しくは妄りに年状を増し、以て入侍を求めたらば、杖一百。若し祖父母・父母及び夫、死罪を犯して囚禁せられたらむ、而るを楽を作せらば、徒一年。

32 凡*指㆓斥*乗輿㆒。*情理切害者*斬。謂。言㆓議乗輿㆒。原㆓情及㆑理㆒。俱有㆓切害㆒者。*言㆓議政事乖失㆒。而[1]渉㆓乗輿㆒者*上請。謂。論㆓国家法式㆒。言㆓議是非㆒。而因渉㆓乗輿㆒者。与㆑指㆓斥乗輿㆒。情理稍異。故律不㆑定㆓刑名㆒。臨㆑時上請。非㆓切害㆒者。徒二年。謂。語雖㆑指㆓斥乗輿㆒。而情理非㆓切害㆒者。対㆓捍*詔使㆒。而*無㆓人臣之礼㆒者*絞。謂。奉㆓詔勅㆒使人。有㆑所㆓宣告㆒。対㆑使拒捍。不㆑依㆓人臣之礼㆒。既不㆑承㆓詔命㆒。又出㆓拒捍之言㆒者。*因㆓私事㆒闘競者非。謂。不㆑渉㆓詔勅㆒。別因㆓他事㆒。私自闘競。或雖㆘因㆓公事㆒論競㆖。不㆑干㆓預詔勅㆒者。並従㆓殴詈本法㆒。

凡そ乗輿を指斥するが、情理切害あらば、斬。政事の乖失を言議して、乗輿に渉れらば、上請せよ。切害に非ずは、徒二年。詔使に対ひ捍みて、人臣の礼無くは、絞。私事に因りて闘競せるは、いはず。

33 凡*駅使*稽程者。一日笞卅。二日加㆓一等㆒。罪止徒一年。謂。依㆑令。量㆓事緩[1]急㆒。[2]日有㆓行程㆒者。若*軍機[3]要速者[4]。加㆓三等㆒。謂。是征討掩襲。報㆓告外境消息㆒。及告㆑賊之類。*有㆑所㆓廃闕㆒者。違㆓一日㆒徒三年。一日加㆓一等㆒。謂。由㆓稽遅㆒廃㆓闕経略掩襲告報㆒之類。*以㆑故陥㆓敗戸口軍人城戍㆒者。*加役流。謂。由㆓駅使稽遅㆒。遂陥㆓敗戸口軍人等一人以上及諸城戍㆒者。

凡そ駅使、稽程せらば、一日に笞卅。二日に一等加へよ。罪止徒一年。若し軍機要速ならば、三等加へよ。廃闕する所有らむ、一日違へらば、徒三年。一日に一等加

(名例20)。**囚禁**—拘禁。**作楽**—音楽をなす。

徒一年—官人の場合は徒一年と同時に免官(名例19)。なお唐律本条には、祖父母や父の名前と抵触する官司・官職に居すわった場合や父母の喪中に官途についた場合の罰則も含むが、日本律はこれらの部分を削除している(→名例補20・職制25注)。

32 (指斥乗輿条) 天皇を批判したり、詔使に抵抗した場合の処罰。→補32。

指斥—名指しで非難する。**乗輿**—天皇を間接的にさす語(儀制1)。乗輿に対する罪は太皇太后・皇太后・皇后の場合も同じ。皇太子の場合は減一等(名例51)。**情理切害**—情状過激にわたる。**斬**—斬と同時に八虐の大不敬となる(名例6)。**言議政事乖失而渉乗輿**—まつりごとの是非を論議していて天皇にも言及する。**上請**—天皇の判断を仰ぐ。**詔使**—天皇の命を奉じた使者。**無人臣之礼**—人臣としての礼を無視する。**絞**—絞と同時に八虐の大不敬となる(名例6)。三后・皇太子の場合も大不敬(名例51)。**因私事闘競者非**—天皇の命と関係なく私事で詔使と闘競した場合にはこの条を適用しない。

33 (駅使稽程条) 駅使が規定の行程より遅れた場合の罰則。

駅使—駅馬を利用する使者。→厩牧補14。**稽程**—規定された行程(公式42)より遅れる。**軍機要速**—軍事上急速を要するとき。征討、掩襲、外境消息を報告、賊の来襲を告知する類(疏)。**有所廃闕**—駅使が遅れたために経略・掩襲・告報等に重大な支障が生じたとき。**以故**—駅使稽遅によって。**加役流**→名例24本注。

へよ。故を以て戸口・軍人・城戍を陥し敗れらば、加役流。

34　凡*駅*使無レ故以レ*書寄レ人行之。及受レ寄者[1]。杖一百。有二軍機要速一。或追二徴報告一。如レ此之類。遣二専使一乗レ駅賷二送文書一。無レ故。謂。非二身患及父母喪一者。以二所レ賷文書一。別寄二他人一送之。及受レ寄二文書一者。各杖一百。*若致二稽程一。*[2]行者為レ*首。駅使為レ*従。謂。行不レ充二駅数一。計レ程重二於杖[3]一百一者。即以二受レ書行者一為レ首。駅使為レ従。此為二常行駅使一而立二罪名一。即為二*軍事警急一。而稽留者。以二駅使一為レ首。行者為レ従。軍機[4]警急。謂。報二告征討掩襲救援及境外消息一之類。而稽留者。罪在二駅使一。故以二駅使一為レ首。行者為レ従。*有レ所二廃闕一者。従二前条一。謂。違二一日一徒三年。以レ故陥二敗戸口軍人城戍一者。加役流。其*非二専使之書一。而便寄者勿論。謂。非下故[5]遣二専使一所レ賷之書上。因而附之。其使人及受レ寄人並勿論。

凡そ駅使、故無くして、書を以て人に寄せて行かしめ、及び寄を受けたらば、杖一百。若し稽程致せらば、行ける者を首と為、駅使を従と為よ。即し軍事警急に為て、稽留せらば、駅使を以て首と為、行ける者を従と為よ。廃闕する所有らば、前条に従へよ。其れ専使の書に非ずして、便に寄せたるは、勿論。

35　凡文書*応レ遣レ駅而不レ遣レ駅。不[1]レ応レ遣レ駅而遣[2]者。杖八十。依二公式令一。在京有二機速事一。及諸国有二急速大事一。皆合レ遣レ駅。而所司乃不レ遣レ駅。非レ応レ遣レ駅而所司乃遣レ駅[3]者。杖八十。

凡そ文書、駅を遣るべくして駅を遣らず、駅を遣るべからずして遣れらば、杖八十。

36　凡*駅使受レ書不レ依二*題署一。誤詣二他所一者。随レ所二稽留一。以二*行書稽程一論。減二二等一。文書行下。各有レ所レ詣。応二封題署一者。具注二所レ詣国一。使人乃不レ依二題署一。誤詣二他所一。因レ此稽程者。随レ所二稽留一。准二上条行書稽留之程一。減二二等一。謂。違二一日一笞十。二日加二一等一。罪止杖九十。若軍機要速。加二三等一。有レ所二廃闕一者。従二徒三年上一減二二等一。徒二年。以レ故陥二敗戸口一。亦従二加役流上一減二二等一。徒二年半。若由二*題署者誤一。坐二其題

34 （駅使以書寄人条）駅使が正当な理由なく文書を他人に寄託した場合の罰則。

駅使↓職制33注。ただしこの条は軍機要速とか報告を徴するために専使(公式80)を遣す場合(疏)。**無故**—正当な理由なく。**疏**は駅使自身が病患の場合や父母の喪の場合を正当な理由としてあげる。↓公式49。**書**—駅使が賷す文書。**若致稽程**—受寄した者がさらに稽程を致し(職制33)、その罪が寄人・受寄の罪(杖一百)より重いとき。駅使が通常の駅使である場合と軍事警急の飛駅使である場合とに分ける。**行者**—駅使から書を受寄して行く者。**首・従**↓名例42。**軍事警急而稽留**—この場合には職制33の「若軍機要速者、加三等」を適用する。ただしその罪が杖一百より軽い場合には、寄人・受寄の基本刑杖一百を科する。**有所廃闕者従前条**↓職制33。**非専使之書而便寄**—具体例としては公文書を国府から国府へ逓送する類。

35 （文書応遣駅条）駅を発遣すべきときに発遣しなかった場合、発遣すべきでないときに発遣した場合の罰則。

応遣駅—疏は京に機速の事がおこり、諸国に急速の大事がおこった場合とする。この条の遣駅は馳駅の意か。↓公式補9・公式46 50。

36 （駅使不依題署条）駅使が文書を間違った場所へ携行したために稽留した場合の罰則。

駅使↓職制33注。**題署**—文書の入れ物に書かれた文書の宛先等。飛駅の場合の例↓公式補9。**以行書稽程論減二等**—職制33の規定をそのまま適用し、刑量だけそれぞれ二等減ずる。**由題署者誤**—題署した者が題署を誤ったため

署者一。謂。元題署者錯[1]誤。即罪二其題署之人一。駅使不レ坐。

凡そ駅使、書を受けて題署に依らざらむ、誤ちて他所に詣れらば、稽留せる所に随ひ、行書稽程を以て論して、二等減せよ。若し題署の者の誤に由れらば、其の題署の者を坐せよ。

37 凡増*二乗駅馬一者。一疋杖八十。一疋加二一等一。謂。依二公式令一。乗レ駅各有二本数一。々外乗取者。主*司知*レ情。与*同罪。謂。駅馬主司知下増二乗馬[1]一情上者。与二乗人一同罪。不レ知[2]者勿論。謂。不レ知二増乗情一者不レ坐。余*条駅司准レ此。謂。枉レ道及越過。賫二私物一之類。

凡そ駅馬に増乗せらば、一疋に杖八十。一疋に一等加へよ。主司、情を知れらば、与同罪。知らずは、勿論。余の条の駅司も、此に准へよ。

38 凡乗二駅馬一輙枉*レ道者。五里笞*五十。五里加二一等一。罪止徒一年。謂。乗二駅馬一者。皆於二駅路[1]一而向二前駅一。若不レ依二駅路一別行者。越*至二他所一者。各加*二一等一。謂。越二過所レ詣之処一。假如。従レ京使向二相模国一。無レ故輙過二相模以東一。即計レ里加二枉道一等一。経*レ駅不レ換レ馬者。笞*卌。謂。所レ経之駅不レ換レ馬者。因而致レ死者。依二廐牧令一。乗二官畜[2]一非理致レ死者備償。無*レ馬者不レ坐。謂。在レ駅無レ馬越過者無レ罪。因而致レ死者不レ償[3]。若有。使乗レ駅枉レ道五里。経過反覆。往来便経二十里一。如レ此犯者。計二十里一科。律注二枉道一。本慮二馬労一。又恐二行遅於レ事稽廃一故。

凡そ駅馬に乗りて、輙く道を枉げたらば、五里に笞五十。五里に一等加へよ。罪止徒一年。越えて他所に至れらば、各一等加へよ。謂はく、詣る所の処を越え過ぎたるをいふ。駅を経て馬を換へずは、笞卌。馬無くは、坐せず。

39 凡乗二駅馬一賫二私物一。謂。非二随身衣*仗一者。謂。乗二駅馬一者。唯得レ賫二随身所レ須衣仗一。衣。謂。衣被之属。仗。謂。弓刀之類。除レ此之外。

に稽留が生じたとき。

37 （増乗駅馬条）　駅馬を増乗した場合の罰則。

増乗駅馬―身分に応じて駅鈴の剋数で定められた駅馬の数（公式42）よりも多く乗用する。**主司**―駅を管理する官。具体的には駅長をさすか。↓廐牧15。**知情**―駅使が不法に増乗する情況を知っていたとき。**与同罪**―駅使と同罪。↓名例53注。**余条**―職制38 39など。

38 （乗駅馬枉道条）　駅使が駅路によらなかった場合、駅馬を乗り換えなかった場合の罰則。

枉道―駅路によらないで別の道を行く。**里**↓雑令4。**越至他所**―目的地を越え過ぎて行く。**加一等**―目的地を越え過ぎた里数を数え、枉道の罪に一等加える（疏）。**経駅不換馬**―駅馬は一駅ごとに乗り換える規定（廐牧18）に違反する。**笞卌**―もし馬が死んだ場合には笞卌と同時に、廐牧27により備償。**無馬者不坐**―駅に馬がいない場合には、乗り換えなくても罰しない。↓廐牧18。

39 （乗駅馬賫私物条）　駅馬で私物を運んだ場合の罰則。

衣仗―衣類と武器。**大斤**↓雑令1。**余条准此**―他の律条の斤も大斤とする。例、廐庫律4逸文「応レ乗二官馬牛一、私駄物不レ得レ過二十斤一。違者五斤笞十、十斤加二一等一、罪止杖六十」。本条は廐庫律4の駅馬の場合の加重規定。

40 （長官使人有犯条）　在外長官や使人が罪を犯したときの処置についての規定と、それに違反した場合の罰則。

在外長官―具体的には大宰帥・国守・郡大領（疏）。↓職員69～78。長官がいなくて次官が

輙賣行者。十斤笞廿。十斤加二一等一。罪止杖一百。斤。[1] 謂。大*斤者。余*条准レ此。

凡そ駅馬に乗りて、私物を齎てらば、謂はく、随身の衣仗に非ざる者をいふ。十斤に笞廿。十斤に一等加へよ。罪止杖一百。斤といふは、謂はく、大斤をいふ。余の条も此に准へよ。

40 凡*在外長官。及使人於二使処一。有レ犯者。所部属官*等。不レ得二即推*一。皆須二申*上聴レ裁。謂。大宰国郡等長官。及諸使人於二使処一。有レ犯者。所部次官以下。及使人所レ詣之司官属。並不レ得二輙即推鞫一。若無二長官一。次官執レ印者。亦同二長官一。皆須下先申二上司一聴上レ裁。若*犯当二死罪一。*留レ身待レ報。謂。拠二糺告之状一合レ死者。散二留其身一。待二上報下一。若留レ身。[1] 印及管鑰等。付二知事次官一。違者。各減二所*レ犯罪四等一。

凡そ在外の長官及び使人、使処にして、犯せること有らば、所部の属官等、即ち推ふこと得じ。皆申上して裁を聴くべし。若し犯せること死罪に当れらば、身を留めて報を待て。違へらば、各犯せる所の罪に四等減せよ。

41 凡用二関契一。事訖応二輸納一。而稽*留者。一日杖一百。一日加二一等一。十*日遠流。其節*刀。駅*鈴者。一日笞五十。二日加二一等一。十日徒一年。伝*符減二三*等一。

凡そ関契を用ゐて、事訖りて輸納すべからむ、而るを稽留せらば、一日に杖一百。一日に一等加へよ。十日に遠流。其れ節刀・駅鈴は、一日に笞五十。二日に一等加へよ。十日に徒一年。伝符は、三等減せよ。

42 凡公*事応レ行而稽留。及事*有二期会一而違者。一*日笞卅。五日加二一等一。罪止徒一

その官司の印を執っている場合には、次官も長官と同じ(疏)。**属官等**—長官の場合は所部の次官以下、使人の場合は詣る所の司の官属(疏)。**推**—推鞫。取調べ。**申上**—上級官司に申す。**犯当死罪**—糺告之状によると死罪に相当するとき(疏)。**留身**—長官の身を散留(散禁→獄令39注)。なおその場合には印・管鑰等は長官の職務を代行する次官に付す(疏)。**所犯罪**—長官・使人の犯した罪。

41 (用関契事訖条) 関契・節刀・駅鈴・伝符を使用後に返納するのが遅れた場合の罰則。

関契→公式43。**稽留**—輸納する期限(律の本意は還到の日か)より遅れる。なお駅鈴・伝符の輸納期限については「還到二日之内、送納」(公式42)。**十日遠流**—十日以上遅れても罪を加えない(唐律疏議)。なお関契についての十日遠流は、唐律該当条の十日徒一年よりも重いことが注目される。**節刀**→軍防18注。**駅鈴・伝符**→公式42。**減三等**—駅鈴の場合より三等減ずる。なお擅興律3逸文「其駅鈴違レ限不レ納者、笞四十。伝符減二二等一」と本条との関係については→公式42注「二日之内」。

42 (公事応行稽留条) 公事で出張するとき、文書を下すときに、所定の期限より遅れた場合の罰則。職制33 36が駅使についての規定であったのに対して、この条は一般的な使人・文書発給についての規定。

公事応行—文書・官物等を部送するとき(疏)。行く者は無位も有位と同じ(疏)。**事有期会**—例えば朝集使の上京期限は十一月一日(考課1)、計帳使は八月三十日(戸令18)。**一日笞卅**…—期限がある場合はその期限、期限がな

年。公事応レ行者。謂。有レ所ニ部送ー。不レ限ニ有位無位ー。而輙稽留。及事有ニ期会ー。謂。若ニ朝集使及計帳使ー之類。[1]依レ令。各有ニ限期ー。而違不レ到者。但事有ニ期限ー者。以ニ違レ限日ー為レ坐。無ニ期限ー者。以下付ニ文書ー及部ニ領物ー後上。計ニ行程ー為レ罪。 即*公事有レ限。 主*司符下乖レ期者。 罪亦如レ之。公事有レ限。与ニ上文事有ニ期会ー義同。上文謂ニ在レ下有レ違。此文謂ニ主司下レ符乖レ期者。並同下違ニ期会ー之罪上。 若誤*不レ依ニ題署ー。 及題*署誤。 以致ニ稽程ー者。 各減ニ罪[2]二等ー。使人不レ依ニ題署ー。錯詣ニ他所ー。及由ニ所司題署有レ誤。而致ニ稽程ー者。減[3]ニ二等ー。謂。違ニ一日ー者笞卅。減ニ二等ー笞十。罪止ニ徒一年ー。減ニ二等ー合ニ杖九十ー。

凡そ公事行くべからむ、而るを稽留し、及び事期会有らむ、而るを違へらば、一日に笞卅。五日に一等加へよ。罪止徒一年。即し公事限有らむ、主司符下すこと期に乖へらば、罪亦之の如く。若し誤ちて題署に依らざらむ、及び題署誤てらむ、以て稽程致せらば、各罪二等減せよ。

43 凡奉*レ使有レ所ニ部送ー。而雇*レ人寄レ人者。杖八十。闕*レ事者。杖一百。受*[1]ニ雇寄ー者。減ニ一等ー。奉レ使有レ所ニ部送ー。謂。差為ニ綱典ー。部ニ送官物及囚徒畜産之属ー。而使者不レ行。乃雇レ人寄レ人而領送者。使人合ニ杖八十ー。闕レ事者。謂。於ニ前事ー有レ所ニ廃闕ー。其受レ寄及受レ雇者。不レ闕レ事者。杖七十。闕レ事者。杖九十。故云レ減ニ一等ー。 即*綱*典*自相放代者。 笞五十。謂。或綱独部送。放[2]レ典不レ行。或典自領行。而留レ綱不レ去者。 取*レ財者。 坐*贓論。 闕レ事者。 依*ニ寄雇闕レ事法ー。 仍以レ綱為レ首。 典為*レ従。 其闕レ事及不レ闕レ事。并受レ財輸レ財者。皆以レ綱為レ首。典為レ従。其贓既是彼此俱罪。仍合ニ没官ー。其受レ雇者。已減ニ[3]使者罪一等ー。不レ合ニ計レ贓科レ罪。其贓不レ徴。若監臨官司将ニ所部典ー。行放取レ物者。並同ニ監臨受レ財之法ー。不レ同ニ綱典之罪ー。

凡そ使を奉りて部送する所有らむ、而るを人を雇ひ人に寄せらば、杖八十。事を闕けらば、杖一百。雇寄を受けたる者は、一等減せよ。即し綱・典、自ら相ひ放して代れらば、笞五十。財を取れらば、坐贓論。事を闕けらば、寄雇事を闕ける法に

い場合は部送する物を受領した日を起点とした行程(公式88)から、それぞれ超過した日数で罪を定める。**公事有限**—上文の事有期会は下級官司から上級官司に対する場合。ここは上級官司から下級官司に対する場合(疏)。**主司符下**—担当官司が符(公式13)を下す。**誤不依題署**—書かれた宛先に行かないで誤って他所に行く。↓職制36。**題署誤**—宛先が書き誤っている。↓職制36。

43 (奉使部送雇寄人条) 綱・典に起用された使者が自ら部送しない場合の罰則。

奉使有所部送—綱・典に任ぜられて官物・囚徒・畜産の類を部送する(疏)。**雇人寄人**—使者(綱・典)自身は行かないで、人を雇い、または人に寄託して領送する(疏)。**闕事者**—雇人・寄人した結果、部送に廃闕が生じたとき。**受雇寄者**—雇われた者、寄託をうけた者。**綱・典**—綱は部送の責任者。典は綱の補佐。**自相放代**—綱・典が相談の上で、一方を職務から放免し、一方だけで部送する。**取財**—綱・典のうち部送する者が、行かない者から財を取る。**坐贓論**↓補43。ただし綱・典でない一般の受雇者は、坐贓の罪に問わず、財も没官しない(疏)。**依寄雇闕事法**—上文の「闕事者、杖一百」による。**首・従**↓名例42。

44 (諸司妄称己善条) 内外諸司が妄りに己れの功績を上申させた場合の罰則。

政迹—政治上の顕著な功績。**申請於上**—上級官司に申請する。もし天皇に虚状を上表した場合は、詐偽律7逸文の「上書、詐不レ以レ実者、徒二年」による。なお唐律には「遺人妄称…」の前に「輙立レ碑者、徒一年」とある。**有贓重者坐贓論**—贓(名例32)にあたるものが

あり、雑律1の坐贓の規定(↓補43)を適用した刑量が本罪の杖一百より重い場合には、重い方の坐贓の罪による。贓とは上申させる人に握らせた金の類か。**受遣者各減一等**—官人の指示を受けて申請した人は、官人の罪(杖一百、坐贓)からそれぞれ一等減ずる。官人の指示でなく、自発的に申請したときでも、妄りにした場合は不応得為罪(↓補17)の重を科する(疏)。

45 (有所請求条) 主司に対して法を曲げることを請求した場合の罰則。この条は財の授受が行われない場合。もし財が授受されれば↓職制46〜49。

有所請求—本注に「主司(担当官)に対して、主司が法を曲げることを求める」。**許**—請求してきた事を承諾する。**与同罪**—請求者と同じ刑量(笞五十)にする。↓名例53。**皆不坐**—(主司が請求された事を承諾しない場合には、)主司・請求者ともに罪に問わない。**已施行者**—法を曲げた事を施行してしまった場合。**各杖一百**—主司・請求者おのおの杖一百。**所枉罪重者**—主司が請求によって法を曲げて増減出入した刑量が、杖一百より重い場合には。**以出入人罪論**—官司が故(ことさら)に軽く、または重く断罪したときの罰則(断獄律19)をそのまま適用する(以…論↓名例53)。例えば徒罪一年を請求によって法を枉げて免ずれば、主司は出入人罪の徒一年に処する。**減主司罪三等**—(出入人罪を以て論ぜられた)主司の罪から三等減ずる。ただし三等減じた罪が杖一百(前項の已施行の場合の罪)より軽い場合には、杖一百に処する(疏)。**自請求**—犯罪者が自ら請求したとき。**本罪**—請求の対象となった罪。

依れ。仍りて綱(かう)を以て首と為(し)、典(でん)を従と為よ。

44 凡内外諸司。実無二政迹*一。遣下人妄称二己善一申*中請於上上者。杖一百。若虚状上表者。依二上書詐不レ実。徒二年。有*レ贓重者。坐贓論。謂。計レ贓重二於本罪一者。従レ贓而断。受*レ遣者。各減二一等一。若官人不レ遣[1]。妄申請者。従二不応為重一科。雖レ有二政迹一。而自遣者亦同。謂。官人雖レ有二政迹一。而遣二人申請一者。官人亦依レ前科レ罪。若所部自申上。不レ知不レ遣者不レ坐。

凡そ内外の諸司、実(まこと)に政迹(しやうじやく)無からむ、人をして妄(みだ)りに己(おの)が善(ぜん)を称(しよう)して上に申請せしめたらば、杖一百。贓(ざう)有りて重くは、坐贓(ざざう)論。遣(けん)を受けたる者(ひと)は、各一等減せよ。政迹有りと雖も自(みづか)ら遣(や)れらば、亦同じ。

45 凡有*レ所二請求一者。笞五十。謂。従二主司一求二曲[1]レ法之事一。謂。凡是公事。各依二正理一。輙有二請求一。規二為曲レ法者一。即為レ人請者。与二自請一同。謂。為レ人請求者。雖レ非二己事一。与二自請一同。主司許*者。与*同罪。謂。然二其所レ請之事一者。主司不レ許。及請求者。皆*不レ坐。謂。主司不レ許レ曲[2]レ法。及請求之人。皆不レ合レ坐。已*施行者。各*杖一百。謂。曲レ法之事已行。主司及請求之者。各杖一百。本罪仍在。所*レ枉罪重者。主司者[3]。以*二出入人罪一論。謂。所司得二属請一。枉曲断レ事。重二於一百杖一者。主司得二出入人罪一論。假如。先レ是一年徒罪。属請免レ徒。主司得二出入徒罪一。還得二一年徒坐一。他人及親属為二請求[4]一。減*二主司罪三等一。若他人及親属為二属請一。免二徒一年一。減二主司罪三等一。唯合二杖八十一。此則減罪軽二於已施行杖一百一。如レ此之類。皆依二杖一百一科之。若他人親属等。属二請徒二年半罪一。主司曲為二断免一者。他人等減二三等一。仍合二徒一年一。如レ此之類。減罪重二於杖一百一者。皆従二減科一。自*請求者。加二本*罪一等一。謂。身自請求。而得レ枉レ法者。各加下所二請求一罪一等上科之。即監*臨。勢*要。勢要者。雖*二官卑一亦同。謂。除二監臨一已[5]外。但是官人。不レ限二官位高下一。唯拠下主司畏懼。不二敢乖違一者上。為*レ人属請者。杖一百。謂。為レ人属二請曲レ法者。無レ問二行与レ不レ行。許与不レ許。但属即合二杖一百一。主司許者。笞五十。所*レ枉重者。罪与二主司一同。謂。所レ枉重二於杖一百一。与二主司出入坐一同。至*レ死[6]減二一等一。主司拠レ法合レ死者。監臨勢要減二死一等一。

凡そ請求する所有らば、笞五十。謂はく、主司に従りて法を曲ぐる事求むるをいふ。即し人の為に請へらば、自ら請へると同じ。主司許せらば、与同罪。主司許さざらむ、及び請求せる者も、皆坐せず。已に施行せらば、各杖一百。枉ぐる所の罪重くは、主司は、出入人罪を以て論せよ。他人及び親属、請求為らば、主司の罪に三等減せよ。自ら請求せらば、本罪に一等加へよ。即し監臨・勢要、勢要といふは、官卑しと雖も、亦同じ。人の為に属請せらば、杖一百。枉ぐる所重くは、罪主司と同じ。死に至らば、一等減せよ。

46 凡受㆓人財㆒而為㆓*請求㆒者。*坐贓論。加㆓二[1]等㆒。謂。非㆓監臨之官㆒。*監臨*勢要*准㆓枉法㆒論。与㆑財者坐贓論。減㆓三等㆒。若受㆓他人之財㆒。許㆑為㆓属請㆒。未㆑属事発者。止従㆓坐贓之罪㆒。若無㆑心㆓属請㆒。[2]詭妄受㆑財。自依㆓[3]詐欺㆒科断。其受㆘所㆓監臨㆒之財㆖。為㆓他司㆒属請。律無㆓別文㆒。只従㆓坐贓㆒加㆓二等㆒。罪止中流。即重㆓於受㆘所㆓監臨㆒。若未㆑属事発。止同㆚受㆘所㆓監臨㆒財物㆖法㆙。若官人以㆓所㆑受之財㆒。分求㆓余官㆒。元受者併㆑贓論。余各依㆓己分法㆒。謂。官人初受㆓有[4]㆑事家財物㆒。後減㆓所㆑受[5]物㆒。転求㆓余官㆒。初受者併㆑贓論。余各依㆓己分法㆒。假有。判官受㆓得枉法贓十端㆒。更有㆓両官連判㆒。各分㆓二端㆒与之。判官得㆓十端之罪㆒。余各得㆓二端之坐㆒。二人仍並為㆓二端之従㆒。其有㆓共謀受㆑財分㆑贓入㆑[6]己者。亦各依㆓己分㆒。為㆓首従之法㆒。其中雖㆑有㆓[7]造意及以預㆑謀。不㆑受㆑財者。事若曲㆑[8]法。止依㆓曲法首従㆒論。不㆑合㆓拠㆑贓為㆑罪。如其曲法罪軽。従㆘知㆓部内有㆑[9]犯不㆗挙劾㆖。減㆓罪人罪[10]法㆒科之。

凡そ人の財を受けて、請求為らば、坐贓論して、二等加へよ。監臨・勢要は、枉法に准へて論せよ。財を与へたる者は、坐贓論して、三等減せよ。若し官人、受くる所の財を以て、分ちて余官に求めたらば、元受けたる者は、贓を併せて論せよ。余は各己が分法に依れ。

監臨―支配・監督の地位にあること。ここでは監臨之官。↓名例54。**勢要**―監臨の地位にはないが、主司に対して影響力をもつ官人。**官卑**―(主司よりも)官位が低い。**為人属請**―他人のために主司に対して法を曲げることを属請したとき。主司の承諾・不承諾、已施行・未施行を問わず、属請の事実だけで犯罪を構成する(疏)。**所枉重者罪与主司同**―主司が枉げた刑量が、属請の罪(杖一百)より重いときは、主司の出入人罪と同じ刑に処する。**至死減一等**―主司の出入人罪が死罪にあたるときは、監臨・勢要は死一等減じて遠流。

46 (受人財請求条) 他人の財を受けてその人のために、主司に対して法を曲げることを請求した場合の罰則。以下49条までは単なる請求(前条)よりも刑が加重される。本条は他人のために請求した場合、47条は本人が自ら請求した場合、48条は監臨之官が請求されて事前に受財した場合、49条は同じく事後に受財した場合、についての規定。**請求**↓職制45。**坐贓論加二等**―受けた財を贓として、坐贓の規定(→補43)に二等加える。**監臨・勢要**↓職制45。**准枉法論**―職制48を準用して同条による刑量を科する(准…論↓名例53)。

47 (有事以財行求条) 贈賄をして法を曲げることを求めた場合の罰則。**行求**―まいないをして法を曲げることを求める。**坐贓論**↓補43。**同事共与**―数人が一緒に犯した事件について、財を出し合ってあつめ、まいないをする。**首・従**↓名例42。**依己分法**―自分の出した財分について坐贓を適用。

47 凡有レ事以レ財行求*。得レ枉レ法者。坐贓論*。不レ枉レ法者。減二二等一。謂。雖下以レ財行求上。官人不下為二曲レ判一[1]。減二坐贓二等一。即同事共与者*。首則併レ贓論*。従者依*二己分法一*[2]。謂。数人同犯二一事一。斂レ財共与。元謀レ斂者。併レ贓為レ首。其従而出レ財者。依二己分一為レ従[3]。

凡そ事有りて財を以て行求せらむ、法を枉ぐること得たらば、坐贓論。法を枉げずは、二等減せよ。即し同事に共与せらば、首は、贓を併せて論せよ。従者は、己が分法に依れ。

48 凡監臨之官*。受レ財而枉レ法者*。一尺杖八十。二端加二一等一。卅端絞。謂。受下有レ事人財一。而為二曲レ法処断一者。不レ枉レ法者*。一尺杖七十。三端加二一等一。卅[1]端加役流*。謂。雖レ受二有レ事人財一。判断不レ為二曲レ法一者。

凡そ監臨の官、財を受けて法を枉げたらば、一尺に杖八十。二端に一等加へよ。卅端に絞。法を枉げずは、一尺に杖七十。三端に一等加へよ。卅端に加役流。

49 凡有レ事先不レ許レ財*。事過之後而受レ財者。事若枉*准[1]*二枉法一論。事不レ枉者。以*レ受下所二監臨一財物上論。謂。官司推劾之時。有レ事者先不レ許レ物。事了之後而受レ財者。事若曲レ法。准二前条枉法一科レ罪。既称レ准二枉法一。不レ在二除免。加役流之例一。若当時処断。不レ違二正理一。事過之後而与二之財一者。即以レ受下所二監臨一財物上論。

凡そ事有りて先づ財を許さず、事過ぐる後に財を受けたらむ、事若し枉げたらば、枉法に准へて論せよ。事枉げずは、監臨する所の財物を受くるを以て論せよ。

50 凡監臨之官*。受下所二監臨一財物上者*。一尺笞卅。一端加二一等一。十端徒一年。十端加二一等一。七十端近流。謂。監臨之官。不レ因二公事一。而受二監臨内財物一者。与者減*二五等一。罪止杖一百。

48 (監臨受財枉法条) 監臨之官が特定の事案の判断(裁定・判決)に関連して(事前に)財を受けた場合の罰則。事後に財を受けた場合は→職制49。また特定の事案の判断に関連しないで、単に監臨するところから財を受けた場合は→職制50。

監臨之官→名例54。なお唐律(永徽律も開元律と同じ)は「監臨主司」。**受財而枉法**―この場合には請・減の恩典に浴さず(名例9)、また除名(名例18)。**不枉法**―受財而不枉法の場合は、減の恩典には浴するが(名例10)、徒以上に断ぜられた場合は免官(名例19)。**加役流**→名例24本注。なお受財枉法・受財不枉法ともに財は彼此倶罪之贓として没官(名例32)。

49 (事過後受財条) 特定の事案の判断に関連して、事後に財を受けた場合の罰則。事前の場合は→職制48。

有事先不許財―官司が推劾する以前には財を受け取らない。**事若枉**―その事案の判断に関して法を曲げる。**准枉法論**―職制48を準用する。刑量は遠流までは同じだが、加役流以上は科さない。また除名・免官は科さない(准…論→名例53)。**以受所監臨財物論**―職制50をそのまま適用(以…論→名例53)。

50 (受所監臨財物条) 特定の事案の判断と関係なく監臨内の財物を受け取った場合の罰則。

監臨之官→名例54。**受所監臨財物**―公事によらないで監臨内の財物を受ける(疏)。**与者減五等**―財を与えた人は、監臨之官の刑量から五等減ずる。なお財物は彼此倶罪之贓として没官(名例32)。**乞取**―財主の自発的意志によるのでなく、官人の方から口をかけたり、要求したりして財を取る。この場合には与えた者は無罪で、その財も彼此倶罪之贓ではないから財主に返還される。↓名例32。**強乞取**—威もしくは力を以て強制的に乞取する(疏)。**准枉法論**↓職制49注。

51 (因使受送遺条) 官人が使者として赴いた先で財を受けた場合の罰則。**於使所**—使者として赴いた目的地。後文の経過処に対する語。**送遺**—おくりもの。**乞取**↓職制50注。**与監臨同**—監臨之官と同じく職制50をそのまま適用する。**経過処**—使所への往還の途中。**減一等**—職制50の規定から一等減ずる。**糺弾之官**↓職員58。なお巡察使(職員2)なども含まれるか。

52 (貸所監臨財物条) 監臨之官が、監臨する部内で、財物を貸(か)りた場合、売買して利益をあげた場合、契約に違反した場合、衣服等を借りて還さない場合の罰則。**貸所監臨財物**—監臨之官(↓名例54)が監臨する部内から財物を貸(か)りる。「貸」は消費貸借(「借」＝使用貸借に対する語)。借・貸は有償・利付の場合を含むと解する説もあるが、律においてはいずれも無償・無利子の借用の意か(滋賀秀三説)。**坐贓論**↓補43。**以受所監臨財物論**↓職制50(以…論↓名例53)。なお財物は出貸人に還す(名例32疏)。**強**—威もしくは力を以て強制的に(かりあげる)。**各加二等**—百日内は坐贓論に、百日以上は以受所監臨財物論に、それぞれ二等加える。**余条強者准此**—余条(例、職制53 58)に強制したときについての具体的な規定がない場合には、強者加二等を適用。**若売買有乗利**—監臨之官が所部において売買をして利益をあげる。**以乞取監**

*乞取者加二一等一。謂。非二財主自与一。而官人従乞者。加下受レ所二監臨一罪一等上。*強乞取者。*准二枉法一論。謂。以二威若力一強乞取者。其因レ得二餉送一而更強乞取。既是一事分為二二罪一。以二重法一併二満軽法一。若是頻犯。及二人以上之物。仍合二累併倍論一。[1]

凡そ監臨(けむりむ)の官、監臨する所の財物を受けたらば、一尺に笞卅。一端に一等加へよ。十端に徒一年。十端に一等加へよ。七十端に近流(ごんる)。与へたる者(ひと)は、五等減せよ。罪(ざい)止(し)杖(ぢやう)一百。乞ひ取れらば、一等加へよ。強(し)ひて乞ひ取れらば、枉法(わうほふ)に准(なずら)へて論せよ。

51 凡官人因レ使。*於二使所一受二*送遺[1]一。及*乞取者。*与二監臨一同。謂。官人因レ使。於二所レ使之処一受二送[2]饋財物一。或自乞取者。計レ贓准レ罪。与二監臨官一同。*経過処取者。*減二一等一。謂。非二所レ詣之処一。因レ使経歴之所[3]所而取レ財者。*糺弾之官不レ減。糺弾之官。人所二畏懼一。雖二経過之処一。而受二送遺一。乞取。及強乞取者。各与二監臨之[4]罪一同。

凡そ官人(くわんにん)、使(し)に因(よ)れらむ、使所(ししよ)にして送遺(そうゐ)を受け、及び乞ひ取れらば、監臨(けむりむ)と同じ。経過(きやうくわ)する処(ところ)に取れらば、一等減せよ。糺(く)弾(だん)の官は、減せず。

52 凡*貸[1]下所二監臨一財物上者。*坐贓論。謂。監臨之官。於二所部一貸二財物一者。若百日不レ還。*以レ受下所二監臨一財物上論。為二其淹レ日不[2]レ償。以レ受下所二監臨一財物上論。*強者*各加二二等一。謂。以二威若力一而強貸者。百日内坐贓論加二二等一。満二百日一外。従乙受下所二監臨一財物上上甲加二二等一。*余条強者准レ此。謂。如三下条私役使及借二牛馬一之類。強者各加二二等一。但一部律内。本条無二強取罪名一。並加二二等一。故於レ此立レ例。所レ貸之物。元非レ擬二将入一レ己。雖レ経二恩免[3]一。物尚徴還。縦不レ経レ恩[4]。償訖事発。亦不レ合レ罪。為下貸時本許[5]二酬償一。不レ同二悔レ過還一レ主故也。若取受之贓。悔[6]レ過仍減二三等一。恩前費用。准レ法不レ徴。貸者赦後[7]乃徴。償訖故聴レ免レ罪。*若売買有二乗利一者。計レ利以レ*乞二取監臨財物一論。謂。官人於二所部一売レ物及買レ物。計二時估一有二乗利一者。*強市者。笞五十。謂。以二威若力一強買レ物者。[8]雖[9]二復当レ価。猶笞五十。*有レ利[10]者。計レ利*准二枉法一論。假有。官人遣二人或市司一。而為二市易一。所レ遣之人及市司。為二官人一売買有二乗利一。官人不レ知二乗利之情一。不レ合レ得レ罪。依レ律。犯時不レ知依レ凡論故也。所レ為レ市者。雖レ不レ入レ己。既有二乗利一。或強売買不レ得レ無レ罪。

合レ従ニ不応得為一。准ニ官人応レ坐之罪一。百杖以下。所レ市之人従レ軽笞卌。徒罪以上。従レ重杖八十。仍不レ得レ重ニ於官人知レ情応レ得之罪一。若市易已訖。官人知レ情。准ニ家人所レ犯知レ情之法一。 即断*契有レ数。官人於ニ所部一市易。断契有レ数。仍有レ欠レ物。 違*負不レ還。過*ニ五十日一。[11] 以レ受下所ニ監臨一財物上論。違負不レ還。五十日以下。依ニ雑律一。科ニ負債違レ契不レ償之罪一。若満ニ五十日一。[12] 以レ受下所ニ監臨一財物上論。 即借ニ衣服。器翫之属一。経ニ卅日一不レ還者。坐贓論。罪止徒一年。衣服器物。品類至多。不レ可ニ具挙一。故云ニ之属一。[13]謂。借経ニ卅日一不レ還者。坐贓論。罪止徒一年。所レ借之物各還レ主。

凡そ監臨する所の財物を貸れらば、坐贓論。若し百日還さずは、監臨する所の財物を受くるを以て論せよ。強ひたらば、各二等加へよ。余の条の強ひたるも、此に准へよ。若し売買乗利有らば、利を計へて、監臨の財物を乞ひ取るを以て論せよ。強市せらば、笞五十。利有らば、利を計へて、枉法に准へて論せよ。即し断契、数有らむ、違負して還さずして、五十日に過せらば、監臨する所の財物を受くるを以て論せよ。即し衣服・器翫の属を借れらむ、卅日経て還さずは、坐贓論。罪止徒一年。

53 凡監*臨之官。私*役*ニ使所ニ監臨一。及借*ニ奴*婢。牛馬。車船。碾磑。邸店之類一。各計*ニ庸賃一。[1] 以*レ受下所ニ監臨一財物上論。謂。監臨之官。私役ニ使所部之人一。及従ニ所部一借ニ奴婢牛馬之類一。称ニ奴婢一者。[2]家人亦同。各計ニ庸賃一。[3]人畜車計レ庸。船以下准レ賃。[3]以レ受下所ニ監臨一財物上論。強者加ニ二等一。其借ニ使人功一。計レ庸一日布二尺六寸。人有ニ強弱一。力役不レ同。若年十七以上六十九以下。犯レ罪徒役。其身庸依ニ丁例一。其十六以下七十以上及癈疾。既不レ任ニ徒役一。庸力合レ減ニ正丁一。宜レ准ニ当時当郷庸作之価一。[4]若准レ価不レ充ニ布二尺六寸一。即依ニ減価一計レ贓科レ罪。其価不レ減者。還依ニ丁例一。 即役ニ使非*レ供レ己者一。謂。在ニ公家一駈使者。 計レ庸坐*贓論。罪止杖一百。其応*ニ供レ己駈使一。而収*ニ庸直一者。罪亦如レ之。止合ニ供レ身駈使一。拠レ法不レ合レ収レ庸。而収ニ庸直一。亦坐贓論。罪止杖一百。故云ニ亦如レ之。 供*レ己求レ輸ニ庸直一者不レ坐。

臨財物論―職制50の乞取の規定をそのまま適用(以…論→名例53)。**強市**―威もしくは力を以て強制的に買い上げる。価格が正当であっても罪は同じ(疏)。**有利者**―強市によって利益をあげたとき。**准枉法論**―職制48の受財枉法の規定を準用(准…論→名例53)。**断契**―契約書。**違負不還**―断契に違い負債を還さない。**過五十日**―なお、五十日以内の場合は、雑律10の「負債違レ契不レ償、一端以上、違ニ廿日一笞廿、廿日加ニ一等一、罪止杖六十。卅端加ニ二等一、百端又加ニ三等一。各令ニ備償一」を適用。この職制52は雑律10の監臨による加重規定。

53 (私役使所監臨条) 監臨之官が監臨する部内の人を私用に役使したり、奴婢・牛馬・車船等を借りた場合の罰則。

監臨之官→名例54。**私**―私用で。**役使所監臨**―監臨する部内の人を役使する。**借奴婢牛馬車船…**―所部から奴婢・牛馬・車船の類を借りる。借は(無償の)使用貸借(→職制52注)。**奴婢**―家人(→戸令補40)も同じ(疏)。**計庸賃**―(役使・借用したところを)人・畜・車は庸で計え、船以下は賃で計えて贓の数量を算出する。→名例34。**以受所監臨財物論**→職制50(以…論→名例53)。**非供己者**―公家(官衙)に直属して公事に供された人(本注)であるが、官人個人の用に供されていない人。**坐贓論**→補43。非供己者を役使した場合は、監臨する部内の一般の人を役使した場合よりも罪が軽くなる。**応供己駈使**―供己とは、官人個人の用に供する意。大宝律の疏に「事力・侍人之類」とあったが(戸令11古記)、養老律は削除。**収庸直者**―直接人身を駈使すべきであるとして、庸直(労役分の代価)を徴収することが法によって禁ぜられている場合に、庸直を徴収したならば(疏)。**供己求輸庸直**—己れに供された人が、庸直を輸納することを求めたとき。ただし公案がある場合(疏)。**若有吉凶**—吉凶の場合には下文の範囲内で所部の人を借使することを許す。**於親属**—監臨する部内であっても、相手が親属である場合には(下文の行為をも処罰しない)。**雖過限**—上文の範囲(四十人・五日)をこえて駈使しても。**受饋**—饋餉・財物・飲食などを受ける(疏)。↓職制50 54。ただし日本律の職制54は唐律と異なるので、ここの疏の飲食は不要か。**乞・貸**—財物を乞取する(↓職制50注)、財物を貸りる(↓職制52注)。**五等以上**↓儀制25。**三等以上婚姻之家**↓獄令補49。**余条親属准此**—他の条に親属とある場合には、上文の定義による。

54 (監臨強取猪鹿条) 監臨之官が部内から強制的に食物を提供させた場合の罰則。唐律との差異↓補54。**監臨之官**↓名例54。**猪鹿之類**—禽獣及び酒食蓏菓の類(疏)。食物一般。**依強取監臨財物法**—職制50の「強乞取者、准枉法論」による。**乞取**↓職制50注。**坐贓論**↓補43。**受供饋者勿論**—部内の人から自発的に食事の提供を受けた場合には罪に問わない。

55 (率斂監臨財物条) 監臨之官が部内の人をさそって財物をあつめ、贈物とした場合の罰則。

謂。有二公案一者不レ坐。 若*有二吉凶一。借三使所二監臨一者。不レ得レ過二卌人一。毎レ人不レ得レ過二五日一。吉。謂。祭祀。凶。謂。喪葬。或挙哀及殯斂之類。聴三許借二使監臨部内一。所レ使惣数。不レ得レ過二卌人一。毎レ人不レ得レ過二五日一。 其*於二親属一。雖*レ過レ限。及*受饋。乞**貸。皆勿論。謂。親属別於二数限外一駈使。及受二饋餉財物飲食一。或有二乞貸一[5]。皆勿論。 親属。謂。五*等以上。及三*等以上婚姻之家。謂。並通受二饋餉一。借貸役使。依レ法無レ罪。 余*条親属准レ此。謂。一部律内。称二親属一処[6]。悉拠二五等以上。及三等以上婚姻之家一。故云レ准レ此。

凡そ監臨の官、私に監臨する所を役使し、及び奴婢・牛馬・車船・碾磑・邸店の類を借れらば、各庸賃を計へて、監臨する所の財物を受くるを以て論せよ。即し己に供するに非ざる者を役使せらば、謂はく、公家に在りて駈使する者をいふ。庸を計へて坐贓論。罪止杖一百。其れ己に供して駈使すべからむ、而るを庸直を収れらば、罪亦之の如く。己に供するが、庸直輸さむと求めたらば、坐せず。若し吉凶有りて、監臨する所を借使せむは、卅人に過すこと得じ。人毎に五日に過すこと得じ。其れ親属に於きては、限に過すと雖も、及び受饋・乞貸、皆勿論。親属といふは、謂はく、五等以上、及び三等以上の婚姻の家をいふ。余の条の親属も、此に准へよ。

54 凡*監臨之官。強取二猪*鹿之類一者。依*下強取二監臨財物一法上。謂。監臨之官。於二所部内一。強取二禽獣及酒食蓏菓之類一者。計レ贓准二枉法一論。 乞*取者。坐*贓論。謂。計二其所一レ直。坐贓論。 受*二供饋一者勿論。謂。非二強乞取一而自供饋者。

凡そ監臨の官、強ひて猪・鹿の類を取れらば、強ひて監臨の財物を取れる法に依れ。乞ひ取れらば、坐贓論。供饋を受けたるは、勿論。

55　凡率*下斂所二監臨一財物上。饋*二遺人一者。雖*レ不レ入レ己。以*レ受下所二監臨一財物上論。率[1]レ人斂レ物。或以レ身率レ人。以取二財物一饋二遺人一者。雖レ不レ入レ己。併倍以レ受下所二監臨一財物上論。若自入者。同二乞取法一。既是率斂之物。与者不レ合レ有レ罪。其物還レ主。

凡そ監臨する所の財物を率斂(そつれむ)して、人(ひと)に饋遺(くゐゐ)せらば、己(おのれ)に入れずと雖も、監臨する所の財物を受くるを以て論せよ。

56　凡監*[1]臨官家口於二所部一。有下受*乞。借*貸。役*使。売*買有二乗利一之属*上。各減二官人罪二等一。謂。監臨官家口於二部内一。有下受レ財。乞レ物。借貸[2]。役使。売買有二乗利一之属上者。各減二官人[3]身犯二等一。官人知*レ情与*同罪。不レ知レ情者。各減二家口罪五等一。謂。官人知レ情者。並与二家口一同レ罪。其不レ知レ情者。各減二家口罪五等一。謂。准二身自犯一。得レ減二七等一。其在*レ官非二監臨一。里長坊長坊令[4]者省掌之属此為三在レ官非二監臨一。及*家口有レ犯者。各*減二監臨及監臨家口一等一。

凡そ監臨の官の家口(けく)、所部(しよぶ)にして、受乞(じゆこつ)、借貸(しやくたい)、役使(やくし)、売買乗利(まいまいじようり)有る属(たぐひ)有らば、各官人(くわんにん)の罪(つみ)に二等減せよ。官人、情を知れらば、与同罪(よどうざい)。情を知らずは、各家口(けく)の罪に五等減せよ。其れ官に在りて監臨に非ず、及び家口、犯せること有らば、各監臨及び監臨の家口に一等減せよ。

57　凡去*レ官而受二旧*官属。士庶饋*与一。若乞*取。借貸之属。各*減二在レ官時三等一。旧官属。謂。前任所僚佐。士庶。謂。旧所管部人。受二其饋送財物一。若売買假[1]賃有二乗利一役使之類。各減二在レ官時三等一。謂。家*口未レ離二本任所一者。若家口去訖。受二饋餉一者。律無二罪名一。若其乞索者。従二因レ官挾レ勢乞索之法一。

凡そ官を去りて、旧(もと)の官属(くわんぞく)・士庶(じしよ)の饋与(くゐよ)を受けたる、若しくは乞取(こつしゆ)・借貸(しやくたい)せる属(たぐひ)は、各官に在りし時に三等減せよ。謂はく、家口(けく)本任(ほんにむ)の所(ところ)を離れざるをいふ。

率斂所監臨財物—監臨(↓名例54)する部内の人をさそいつらねて財物をよせあつめる。**饋遺人**—人(ここでは上司や有力な官人か)に贈物をする。**雖不入己**—自ら着服しないときでも。もし着服すれば職制50の乞取の規定による(疏)。**以受所監臨財物論**↓職制50(以…論↓名例53)。率斂した財物を併倍(合計して二分する。↓名例45)した贓の数量による。なお率斂されて財物を与えた者は罪に問わず、また財物は主に還す(疏)。↓名例32。

56　(監臨家口受乞条)　監臨之官の家口が、監臨之官に禁ぜられた受乞などの行為を部内で行なった場合の罰則。

監臨官↓名例54。**受乞**↓職制50。**借貸**↓職制52 53。**役使**↓職制53。**売買有乗利之属**↓職制54 55など。**知情**—事情を知っていたならば。**与同罪**—家口と同罪。↓名例53。**在官非監臨**—疏は里長・坊長・坊令(戸令1 3 4)、省掌(職員3)を例としてあげる。**家口**—在官非監臨の家口。**各減…**—在官非監臨は監臨官から、在官非監臨の家口は監臨官の家口から、それぞれ一等減ずる。

57　(去官受旧官属条)　官を去った後に、在任中の官人に禁ぜられた受乞などの行為を行なった場合の罰則。

去官—官を去ってから、家口が未だ任地を離れないまでの間(本注)。**旧官属士庶**—前任所の下僚や管内の人。**饋与**—贈物。**乞取借貸之属**↓職制56注。**各減在官時三等**—職制50 52 53などから三等減ずる。なお財物を与えた人は罪に問われず、財物は主に還す。↓名例32。**家口未離本任所**—なお、もし家口が本任所から去り終った後に乞索した場合は↓職制58。

58 凡因官挾勢。及豪強之人乞索者。坐贓論。減一等。将送者為従。或有。因官人之威。挾恃形勢。及郷閭首望豪右之人。乞索財物者。皆累倍所乞之財。坐贓論減一等。若強乞索者加二等。親故相与者勿論。親。謂。内外五等以上親。若三等以上婚姻之家。故。謂。素是通家。或欽風若旧。車馬不恪。縞紵相貽之類者。

凡そ官に因りて勢を挾み、及び豪強の人、乞ひ索めたらば、坐贓論して一等減せよ。将ちて送れる者は、従と為よ。親故相ひ与へたらば、勿論。

59 凡称律令式不便於事者。皆須申太政官議定奏聞。若不申議。輙奏改行者。徒二年。謂。律令及式条内。有事不便於時者。皆須弁明不便之状。具申太政官議定。以応改張之議奏聞。若不申太政官。直述所見。径奏改者徒二年。即詣闕上表者不坐。詣闕上表。論律令及式不便於時者不坐。若先違令式而後奏改。亦徒二年。所違罪重者。自従重断。

凡そ律令式、事に便ならざること称れらば、皆太政官に申して議定して奏聞すべし。若し議を申さずして、輙く奏して改行せらば、徒二年。即し闕に詣りて上表せらば、坐せず。

律巻第三　衛禁[1]　職制

58 (挾勢乞索条) 自己の官制上の地位でなく一般的な権勢を利用して乞索した場合の罰則。**因官挾勢**―縁故の官人の威をかり、その勢力を恃みにして。**豪強之人**―在地の有力者。**乞索**―正当な理由なく財物を要求して提供させる。もし強制した場合には罪を二等加える(疏)。→職制52本注。**坐贓論**→補43。**将送者**―財を斂めて送った人。**従**―従犯。首犯から一等減ずる(名例42)。なお、財物は主に還す(名例32)。**親**―親属(→職制53本注)。**故**―古くから親しく交際してきた家。

59 (称律令式条) 律令式を輙く改行した場合の罰則。**称律令式不便於事**―律令式が実際の運用に不便であると考えられるとき。**太政官**→職員2。**議定奏聞**―太政官で審議した結果、改正すべき場合には天皇に奏聞する。**不申議**―太政官に対して議を申請しないで。**輙奏改行**―上文の手続を経ないで、直接天皇に奏聞して律令式を改行したとき。**詣闕上表**―朝廷に出頭して上表する。**不坐**―罪に問わない。ただし上表より先に令式を改行した場合にはやはり徒二年。また令式を改行した罪が他の律条によると徒二年より重くなる場合には重い方の罪を科する(疏)。

賊盗律　第七

凡[1]伍拾参条

1 凡謀*反及大*逆者。皆*斬。人君者。与二天地一合レ徳。与二日月一斉レ明。上祇二宝命一。下臨二率土一。而有二[1]狡竪凶徒一。謀レ危二国家一。始興二狂計一。其事未レ行。[2]将而必誅。即同二真反一。名例称レ謀者。二人以上。若事已彰顕。雖二一人一。同二二人之法一。大逆者。謂。謀レ毀二山陵及宮闕一。反則止拠二始謀一。大逆。謂。其真犯。言レ皆者。罪無二首従一。父子。若*家人資*財田宅。並没*官。其家人不レ同二資財一。故特言之。奴婢各同二資財一。故不二別顕一。年*八十。及篤疾者。並免。祖孫兄弟。皆配二遠流一。不レ限二籍之同異一。即雖二謀反一。詞理不レ能レ動レ衆。威力不レ足レ率レ人者。亦皆斬。謂。結謀真実。而不レ能レ為レ害者。謂。雖レ構二乱レ常之詞一。不レ足レ動二衆人之意一。雖レ騁二凶威若力一。不レ能二駈率得一レ人。雖レ有二反謀一。無二能為レ害者。亦皆斬。[3]故注云。謂。結謀真実。而不レ能レ為レ害者。若自述二烋*[4]徴一。假二託霊異一。妄称二兵馬一。虚説二反由一。伝二惑衆人一。無二真状可一レ験者。自従二妖*[5]法一。父子並配二遠流一。資財不レ在二没限一。假有。反逆人応二縁坐一。其継養子孫。依二本法一。雖レ会レ赦合レ正之。即不レ在二縁坐之限一。若反逆事彰之後。始訴正之。須レ従二本宗縁坐一。刑法慎二於開塞一。一律不レ可二両科一。執レ憲履レ縄。務従二折中一。違法之輩。已[6]汨二朝章一。雖レ経二大恩一。法須レ正之。正即凡人。不レ得レ為レ親。其謀*大逆者絞。上文大逆。即拠二逆事已行一。此為二謀而未一レ行。唯得二絞罪一。律不レ称レ皆。自依二首従之法一。謀*レ毀二大社一者。徒一年。毀者遠流。

凡そ謀反及び大逆せらば、皆斬。父子、若しくは家人・資財・田宅は、並に没官。年八十及び篤疾は、並に免せ。祖孫・兄弟は、皆遠流に配せよ。籍の同異を限らず。即し謀反と雖も、詞理衆を動すに能はず、威力人を率ゐるに足らずは、亦皆斬。謂はく、結び謀れること真実にして、害為すに能はざる者をいふ。若し自ら烋徴を述べ、霊

☆**賊盗律**—賊は賊叛、盗は劫盗。謀反以下、主として反逆・殺人・呪詛・盗略等の罪、およびその関連事項に関する法規。唐律との差異→補☆

1 〔謀反条〕謀反・大逆、および大社を毀損する罪に対する罰則。

謀反—君主に危害を加えようとする罪。→名例6(1)。謀は二人以上の場合をいう。名例55に「称レ謀者、二人以上」とあり、その本注に「謀状彰顕、雖二一人一同二二人之法一」とある。**大逆**—山陵および宮闕を毀損する罪。謀大逆(名例6(2))の既遂のもの。**皆斬**—首従の別を立てず、共謀者はすべて斬刑とするの意。唐名例律43に「若本条言レ皆者、罪無二首従一。不レ言レ皆者、依二首従法一」とある。**家人**→戸令補40。**資財**—奴婢を含む。**没官**—政府の所有物とすること。この場合、父子・家人は官戸となる。→戸令38。唐律では父と年十六以上の子を皆絞とし、十五以下の子および母・女・妻妾(子の妻妾もまた同じ)・祖孫・兄弟姉妹を没官とする。その範囲は日本律より遥かに広く、また以下の条文でも一般に婦人をも縁坐の対象としている。**年八十及篤疾**—唐律は婦人の年六十および癈疾をも免とする。篤疾→戸令7。**烋徴**—よいしるし。烋は休に同じ。**妖法**—賊盗21造妖書条の規定を指す。**謀大逆**—謀議のみで未遂のもの。この場合は首謀者のみ絞で、他は従として一等を減ずる。**謀毀大社**—八虐の中の大不敬にあたる(名例6(6))。唐律にはこの規定はない。

異に假託して、妄りに兵馬を称し、虚しく反の由を説いて、衆人を伝惑せむ、真状の験かるべき無くは、自ら妖法に従へよ。父子は並に遠流に配せよ。資財は没する限に在らず。其れ謀大逆は絞。大社を毀たむと謀れらば、徒一年。毀てらば、遠流。

2 凡*縁坐非二同居一者。資財*田宅。不レ在二没限一。雖二同居一非二縁坐一。及縁坐*人子応レ免レ流者。各准*二分法一留還。（縁坐人子。謂。兄弟之子。挽レ律亦不二縁坐一。各准二分法一留還。謂。未レ経二分異一。犯レ罪之後。並准二戸令一。依二分法一。）老*疾得レ免者。各准*二一子分法一。（謂。年八十及篤疾。各准二戸内応レ分人多少一。人別得下准二一子分法一留還上。假有。一人年八十。有二三男十孫一。一孫反逆。或一男見在者。依レ令。作二三男分法一。添二老者一人一。即為二四分一。若三男倶死。唯有二十孫者一。依レ令。諸子均分。老人共二十孫一為二十一分一。毎留二一分一与二老者一。是為三各准二一子分法一。）其*出養入道者。並不二追坐一。出養者。従二所養坐一。僧尼及婦人。若*官戸陵戸家人公私奴婢。犯二反逆一者。止坐二其身一。

凡そ縁坐は、同居に非ずは、資財・田宅は、没する限に在らず。同居と雖も、縁坐に非ざらむ、及び縁坐の人の子の流免すべくは、各分法に准へて留め還せ。老疾の免得むは、各一子の分法に准へよ。其れ出養・入道は、並に追坐せず。出養は、所養の坐に従へよ。僧尼及び婦人、若しくは官戸・陵戸・家人・公私の奴婢、反逆を犯せらば、止其の身を坐せよ。

3 凡口陳二欲レ反之言一。心無二真実之計一。而無レ状レ可レ尋者。徒*三年。（謂。有レ人。実無二謀レ危之計一。口出二欲レ反之言一。勘無二真状可レ尋。妄為二狂悖之語一者。若有。口陳下欲二逆叛一之言上。勘無二真実之状一。律令既無二条制一。各従二不応為重一。）

凡そ口に反せむとすといふ言を陳べて、心に真実の計無からむ、而るを尋ぬべき

2 〔縁坐条〕反逆の縁坐、およびそれに伴う没官に関する免除規定。

縁坐—前条に規定する縁坐。**資財**—家人・奴婢を含む。**縁坐人子応免流者**—兄弟の子など。**分法**—疏によれば戸令23応分条に規定する財産分配法。**老疾得免者**—前条にいう年八十以上および篤疾の者。**各准一子分法**—疏によれば、老疾者に三男十孫があった場合、一男でも現存すれば財産の四分の一、現存しなければ十一分の一をその老疾者の分として留め還すというが、これは唐律疏議をそのまま採ったもので、戸令23応分条の分法とは一致しない。**其出養入道者並不追坐**—出養は他家の養子孫となっているもの。唐律はここを「若女許嫁已定、帰二其夫一、出養入道、及娉レ妻未レ成者、不二追坐一」とする。**官戸陵戸家人公私奴婢**—いわゆる五色の賤民。→戸令補35 a。唐律はここを「道士及婦人、若部曲・奴婢」とする。

3 〔口陳欲反条〕口に反意を述べながら、謀反の実がなかった場合の罰則。

反—謀反のみで、謀大逆・謀叛は含まれない。**徒三年**—唐律は流二千里とする。謀大逆・謀叛の場合は律令に規定がないので、雑律62の事理重き場合の罰則を適用して、杖八十とする(雑律62疏)。

4 〔謀叛条〕謀叛の未遂・既遂のものに対する罰則。

謀叛—国家に離反しようとする罪(名例6(1))。未遂の場合は首謀者が絞で、従者は遠流。**已上道者**—すでに行動を起した場合はの意。上

道は出発すること。**皆斬**→賊盗1注。**余条被駈率准此**―謀反・謀大逆(賊盗1)、亡命山沢不従追喚者(本条)、劫囚(賊盗10)などの場合も、この規定に准じて被駈率者は処罰されない(疏)。**子中流**―子が年十六以下ならば、贖銅をもって中流に代える(疏)。贖→名例11。**部衆十人以上**―唐律は「部衆百人以上」とする。**父子配遠流**―唐律は「父母妻子、流三千里」とする。**以十人以上論**―部衆十人以上を率いた場合と同じに扱って、父子を遠流に配する。**攻撃虜掠**―城隍を攻撃し、または百姓を虜掠するの意。攻撃した城隍に拠って拒守した場合には、反法(賊盗1謀反条)を適用する(疏)。**亡命山沢不従追喚者**―亡命は名籍を脱して逃亡すること。命は名に同じ。続紀、慶雲四年七月十七日条以降の大赦令に「亡二命山沢一、挟二蔵軍器一、百日不レ首、復レ罪如レ初」の如き文言がしばしば見える。**抗拒将吏者**―追討をうけて抵抗したもの。この場合は謀叛のすでに上道したもの(上文)と同じに扱う。

5 〔謀殺詔使条〕 詔使・本主・本国守・本部五位以上官長に対する謀殺行為の罰則。**本主**―家令・文学・帳内・資人の主人、および家人・私奴婢の所有主。ただしここでは帳内・資人の主人だけか(名例6(8)疏)。本主・本国守・本部五位以上官長を殺すことは八虐の不義にあたる(名例6(8))。**本部**―所属の官司。**徒三年**―唐律は流二千里。**官戸奴婢**―官戸・官奴婢の本司は宮内省の官奴司。その長官の官奴正は正六位上相当の官。官戸・官奴婢→戸令35・同補35cd。**余条**―例えば唐闘訟律11に該当する条文(疏)。**遠流**―唐律は絞。**皆斬**→賊盗1注。

に状無くは、徒三年。

4 凡謀レ*叛者絞。謂。欲レ背二本朝一。将レ投二蕃国一。始謀未レ行事発者。首処レ絞。従者遠流。 已*上道者。皆*斬。謂。協同謀計乃坐。被二駈率一者非。*余条被二駈率一准レ此。協者。和也。謂。本情和同。共作二謀計一。此等各依二謀叛之法一。被駈率者非。謂。元本不二共同一情。臨レ時而被二駈率一者不レ坐。余条被二駈率一准レ此。謂。謀反謀大逆。或亡二命山沢一。不レ従二追喚一。既肆二凶悖一。堪二擅殺レ人。并劫レ囚之類。被二駈率一之人。不レ合レ得レ罪。 *子中流。若子年十六以下合レ贖。 若率二*部衆十人以上一。*父子配二遠流一。所レ率雖レ不レ満二十人一。以レ故為レ害者。*以二十人以上一論。害。謂。有レ所二*二攻撃虜掠一者。或攻二撃城隍一。或虜二掠百姓一。並依二十人以上一論。其攻二撃城隍一。因即拒守。自依二反法一。 即*亡レ命山沢。不レ従二追喚一者。以二謀叛一論。謂。背誕之人。亡二命山沢一。不レ従二追喚一者。 其*三抗二拒将吏一者。以二已上道一論。謂。有二将吏一追討。仍相抗[1]拒者。以二已上道一論。並身処レ斬。子中流。抗拒有レ害者。父子遠流。並准二上文一。率二衆十人以上一。不レ須レ有レ害。若不レ満二十人一。要須レ有レ害。得レ罪乃与二十人以上一同。

凡そ叛謀れらば、絞。已に上道せらば、皆斬。謂はく、協同して謀り計れらば、乃し坐せよ。駈率せられたる者をばいはず。余の条の駈率せられむも、此に准へよ。子は中流。若し部衆十人以上を率ゐたらば、父子は遠流に配せよ。率ゐたる所、十人に満たずと雖も、故を以て害為せらば、十人以上を以て論せよ。害と謂ふは、攻め撃ち虜掠する所有るをいふ。即し命に亡げ山沢にして、追喚に従はずは、謀叛を以て論せよ。其れ将吏に抗ひ拒へらば、已に上道せるを以て論せよ。

5 凡謀レ殺二詔使一。若本*主。本国守一。及吏卒[1]謀レ殺二本*部五位以上官長一者。徒*三年。*官戸奴婢与二吏卒[1]一同。*余条准レ此。謂。官戸奴婢等。殴二詈本司五位以上官長一。当条無二罪名一。並与二吏卒一同。 已傷者遠*流。殺者

*皆斬。

凡そ詔使若しくは本主・本国の守を殺さむと謀り、及び吏卒、本部の五位以上の官長を殺さむと謀れらば、徒三年。官戸・奴婢は吏卒と同じ。余の条も此に准へよ。已に傷れらば遠流。殺せらば皆斬。

6 凡謀レ殺二*祖父母々々一。*外祖父母。夫。夫之祖父々母々一者。*皆斬。*嫡母。*継母。*伯叔父。*姑。兄姉者。*遠流。已傷者絞。*1五等以上尊長者。徒三年。已傷者中流。已殺者皆斬。即尊長謀レ殺二*1卑幼一者。各依二*故殺罪一。*減二四等一。已傷者。*減二二等一。已殺者。依二*故殺法一。上文尊長謀レ殺二卑幼一。当条無二罪名一。各依二故殺罪一。減二四等一。已傷者。減二二等一。假如。有レ所二規求一。謀レ殺二二等卑幼一。合二徒二年一。已傷者。合二徒三年一。已殺者。依二故殺法一合レ絞之類。言故殺法者。謂。罪依二故殺法一。其首各依二本謀一論。造意雖レ不レ行。仍為レ首。従者不レ行。減二行者一等一。假有。伯叔数人。謀二殺猶子一訖。即首合二近流一。従而加レ功。合二徒三年一。従者不レ加レ功。徒二年半。従者不レ行。減二行者一等一徒二年之類。略挙レ殺二二等卑幼一。余者不二復備一レ文。其応レ減者。各依二本罪上一減。

凡そ祖父母・父母・外祖父母・夫・夫の祖父母・父母を殺さむと謀れらば、皆斬。嫡母・継母・伯叔父・姑・兄姉は、遠流。已に傷れらば、絞。五等以上の尊長は、徒三年。已に傷れらば、中流。已に殺せらば、皆斬。即し尊長、卑幼を殺さむと謀れらば、各故殺の罪に依りて四等減せよ。已に傷れらば、二等減せよ。已に殺せらば、故殺の法に依れ。

7 凡*家人*奴婢。謀レ殺レ主者。*皆斬。謂。謀而未レ行。但同籍良口。合レ有二財分一者。並皆為レ主。謀レ殺者。罪無二首従一。謀レ殺二主之*二等親。及外祖父母一者。絞。已傷者。皆斬。主之二等親。謂。別二戸籍一者。

6 〔謀殺祖父母条〕 尊属および卑属に対する謀殺行為の罰則。

祖父母―父の父母。曾・高祖父母を含む。名例52に「称二二等親一、及称二祖父母一者、曾高同」とする。祖父母・父母を殺すことを謀ること、および伯叔父姑・兄姉・外祖父母・夫・夫之父母を殺すことは八虐の悪逆にあたり(名例6(4))、伯叔父姑・兄姉・外祖父母・夫・夫之父母を殺すことを謀ること、および四等以上の尊長と妻を殺すことは不道にあたる(名例6(5))。**父母**―実父母および養父母。**外祖父母**―母の父母。**皆斬**→賊盗1注。**嫡母**―庶子からみた正妻。**継母**―前妻の子からみた正妻。**伯叔父**―父の兄弟。**姑**―父の姉妹。**遠流已傷者絞**―ここまでの部分を唐律は「諸謀レ殺二期親尊長、外祖父母、夫、夫之祖父母一者、皆斬」とし、その本注に「犯レ姦而姦人殺二其夫一、所レ姦妻妾、雖レ不レ知レ情、与同罪」とする。**五等以上尊長**→儀制25。尊長は目上の親族。唐律はこの部分を「謀レ殺二緦麻以上尊長一者、流二千里。已傷者、絞。已殺者、皆斬」とする。緦麻は五服の第五で、わが五等の親に当る。**卑幼**―目したの親族。**故殺罪**―意図的に人を殺す罪。謀殺の既遂をも含む。名例18の疏に「故殺人、謂、不レ因二闘競一、而故殺者。謀レ殺レ人已殺訖亦同」とあり、闘訟5の疏に「即有二害心一、及非レ因二闘争一、無レ事而殺、是名二故殺一」とある。**減四等**―唐律は減二等。**減二等**―唐律は減一等。**故殺法**―各種の場合の故殺について規定した諸条をさす。

7 〔謀殺主条〕 所有主およびその親族に対する家人・奴婢の謀殺行為の罰則。

家人→戸令補40。**奴婢**→戸令補35d。**皆斬**→

凡そ家人・奴婢、主を殺さむと謀れらば、皆斬。主の二等の親及び外祖父母を殺さむと謀れらば、絞。已に傷れらば、皆斬。

8 凡妻妾謀*レ殺二故夫*之祖*父々母々一者。徒*三年。已傷者。遠*流。已殺者。皆*斬。謂。一家之内。妻妾寡者数人。夫亡之後。並已改嫁。後共謀レ殺二故夫之祖父々母々一。倶得二斬刑一。若兼他人同謀。他人依二首従之法一。不レ入二皆斬之限一。家*人奴*婢。謀レ殺二旧主一者。罪亦同。故夫。謂。夫亡改嫁。旧主。謂。主放為レ良者。妻妾若被レ出。及和離。即同二凡人一。不レ入二故夫之限一。其家人奴婢。自贖免レ賤者。亦同二主放一。若転売及自理訴得レ脱。即同二凡人一。余*条故夫旧主准レ此。謂。殴詈告言之類。当条無レ文者。並准レ此。

凡そ妻妾、故夫の祖父母・父母を殺さむと謀れらば、徒三年。已に傷れらば、遠流。已に殺せらば、皆斬。家人・奴婢、旧主を殺さむと謀れらば、罪亦同じ。故夫と謂ふは、夫亡して改嫁せるをいふ。旧主と謂ふは、主の放して良と為るをいふ。余の条の故夫・旧主も、此に准へよ。

9 凡謀*レ殺レ人者。徒*二年。已傷者近*流。已殺者斬。謂。二人以上。若事已彰顕。欲レ殺不レ虚。雖二独一人一。亦同二二人謀法一。従而加*レ功者。加*役流。謂。同謀共殺。々時加レ功。雖レ不二下手一。殺レ人当時。共相擁迫。由二其遮遏一。逃竄無レ所。既相因藉。始得レ殺之。如レ此経営。皆是加レ功之類。不レ加レ功者。近*流。謂。同謀従人。不レ加二功力一者。造*意者。雖レ不レ行。仍為レ首。謂。元謀二屠殺一。其計已成。身雖レ不レ行。仍為二首罪一。合レ斬。余加レ功者。加役流。雇*レ人殺者。亦同。謂。造意為レ首。受レ雇加レ功者為レ従。即従者不レ行。減二行者一等一。余*条不レ行准レ此。謂。劫レ囚傷レ人。及謀レ殺二五等以上尊長一。已傷之類。従者不レ行。亦減二一等一。其有二発レ心謀レ殺。即皆斬一者。同謀不レ行。不レ在二減例一。謂。謀レ殺二祖父母。外祖父母。夫一。同謀不レ行。亦得二斬罪一。

凡そ人を殺さむと謀れらば、徒二年。已に傷れらば、近流。已に殺せらば、斬。従

賊盗1注。**二等親**—二等以上の親の意。儀制25に「凡五等親者、父母・養父母・夫・子、為二一等一。祖父母・嫡母・継母・伯叔父姑・兄弟・姉妹・夫之父母・妻・妾・姪・孫・子婦、為二二等一」とある。外祖父母は四等の親(儀制25)。

8 〔故夫条〕 故夫の祖父母・父母に対する妻妾の、および旧主に対する家人・奴婢の謀殺行為の罰則。

謀殺—謀は二人以上の場合をいう。→賊盗1注。**故夫**—夫の死後に改嫁した場合の前夫。離婚した場合は含まない(疏)。**祖父母**—曾・高祖父母を含む(→賊盗6注)。**徒三年**—唐律は流二千里。**遠流**—唐律は絞。**皆斬**→賊盗1注。**家人**→戸令補40。**奴婢**→戸令補35d。**旧主**—放賤してくれたときの旧所有主、または自ら贖して良民となったときの旧所有者。転売されたもの、および自ら訴えて良民となったものの場合は含まれない(疏)。**余条**—唐闘訟律30妻妾殴詈故夫父母条該当条文・闘訟律36家人奴婢詈旧主条逸文などをさす。

9 〔謀殺人条〕 一般的な謀殺行為に対する罰則。

謀殺人—謀は二人以上の場合をいう。→賊盗1注。**徒二年**—唐律は徒三年。**近流**—唐律は絞。**加功**—殺害の実行に加わること。直接には手を下さないでも、有効な補助行為をしたものを含む。**加役流**—三流ともに配所に至って役一年であるのに対して、遠処に配して三年の役を課する刑。→名例24。唐律はここは絞。**近流**—唐律は流三千里。**造意**—犯罪を首唱したもの。名例42に「諸共犯レ罪者、以二造意一為レ首、随従者減二一等一」とある。**雇人殺**

ひて功加へたらば、加役流。功を加へずは、近流。造意は、行かずと雖も、仍りて首と為よ。人を雇ふて殺せらば、亦同じ。即し従者行かずは、行ける者に一等減せよ。余の条の行かざらむも、此に准へよ。

10 凡劫レ囚者遠流。謂。犯レ罪之人。身被二囚禁一。凶徒党与。来相劫奪者。傷レ人。及劫二死囚一者絞。謂。因レ劫二軽囚一傷レ人。及劫二死囚二而不レ傷レ人者。各得二絞罪一。仍依二首従一科断。殺レ人者皆斬。謂。因レ劫レ囚而有レ殺レ人者。罪無二首従一。但劫即坐。不レ須レ得レ囚。謂。以二威若力一。強劫レ囚者。即合二此坐一。不レ須三要在レ得レ囚。若竊レ囚而亡者。与レ囚同罪。謂。竊二死囚一。還得二死罪一。竊二流徒囚一。還得二流徒一之類。他人親属等。假使。得二相隠一。亦不レ許レ竊レ囚。故云二他人親属等一。竊而未レ得減二二等一。謂。竊計[1]已行。未レ離二禁処一者。減二所レ竊囚罪二等一。謂。未レ得二死囚一者。徒三年。未レ得二流囚一者[2]。徒二年半之類。以レ故殺二傷人一者。従二劫レ囚法一。假有。父祖子孫。見被二囚禁一。而欲二劫取一。乃誤傷二殺祖孫一。拠レ律。劫レ囚[3]者遠流。傷レ人。及劫二死囚[4]一者絞。殺レ人者皆斬。拠二此律意一。本為レ殺二傷傍人一。若有二誤殺二傷被レ劫之囚一。止得二劫レ囚之坐一。若其誤殺二父祖一。論レ罪重レ於レ劫レ囚。既是因レ誤而殺。須レ依二過失之法一。其因レ竊レ囚。過失殺二他人一者。下条云。因レ盗而過失殺二傷[5]人一者。以二闘殺傷一論。至レ死者。加役流。竊レ囚之事。類二因レ盗之罪一。其有。過失彼此不レ殊。殺二傷人一者。亦依二闘殺傷[6]一論。応レ至レ死者。従二加役流坐一。其有三誤殺傷本法軽二於竊レ囚未レ得者。即従レ重科。又有。竊レ囚而亡。被二人追捕一。棄レ囚逃走。後始拒格。因而[7]傷殺者。依二下条一。竊盗発覚。棄レ財逃走。因相拒捍。如レ此之類。事有二因縁一者。非二強盗一。今者。竊レ囚而亡。棄レ囚逃走。理与二竊盗発覚。棄レ財逃走一義同。止得二拒捕而科一。不レ同二劫レ囚之罪一。

凡そ囚劫へらば、遠流。人を傷り、及び死囚を劫へらば、絞。人を殺せらば、皆斬。但し劫へらば即ち坐せよ。囚得るを須たず。若し囚を竊むで亡げたらば、囚と同じ罪。他人・親属等し。竊むが得ずは、二等減せよ。故を以て人を殺し傷れらば、囚劫へる法に従へよ。

11 凡有レ所二規避一。而執二持人一為レ質者。皆斬。有レ人。或欲レ規レ財。或欲レ避レ罪。執二持人一為レ質。規レ財者求レ贖。避レ罪者防レ格。不二

者亦同—雇われて功を加えたものは従とする(疏)。余条—次条の囚を劫掠して人を傷けた場合、6条の五等以上の尊長を殺そうとして已に傷けてしまった場合など(疏)。

10 〔劫囚条〕囚人を強奪し、または盗み取ろうとした場合の罰則。

劫—威力をもって奪うこと。ここでは強奪に成功することを必要としない。

傷人—強奪行為に伴って人を傷けた場合。

死囚—死罪の囚人。

皆斬→賊盗1注。

他人親属等—親属相隠の規定(名例46)があるけれども、ここでは囚人の親属であっても、他人の場合と同様に囚人と同罪にするの意。

減二等—囚人の罪から二等を減ずるの意。

以故殺傷人者—囚人を盗み取る行為に伴って人を殺傷したときはの意。

従劫囚法—上文の囚を劫掠した場合の規定に従って絞および斬とするの意。

11 〔執質条〕財を求めるため、または罪を免れるために、人を質とした場合の罰則。

規避—規ははかる。財(身代金)を求めること。避は避罪。質と交換に罪を免れること。

皆斬→賊盗1注。

部司—その地の里長以上(疏)。

隣伍—四隣五保。五保→戸令補9a。

避質不格者—質が危害を受けることを恐れて、犯人に立ち向わなかったときはの意。格は、うつ、たたかう。

レ限二規避軽重一。持レ質者。皆合二此坐一。*部司及*隣伍。知見*避レ質不レ格者。*徒一年半。部司。謂。持レ質処里長以上。幷四隣伍保。或知見。皆須二捕格一。若避レ質不レ格者。徒一年半。質二*五等以上親一者。聴二身避不一レ格。謂。賊執二五等以上親一為レ質。唯聴二一身不一レ格。不レ得二率レ衆惣避一。

凡そ規り避る所有りて、人を執持して質に為らば、皆斬。部司及び隣伍、知り見て、質を避けて挌たずは、徒一年半。五等以上の親を質にせらば、身避けて挌たざること聴す。

12 凡*殺下一家非二死罪一三人上。*同籍及*二等親。外祖父母為二一家一。即*殺雖二先後一。事応二同断一。或応二合同断一。而発有二先後一。皆是。奴婢家人非。及*支二解人一者。謂。殺レ人而支解者。*皆斬。*子*徒三年。殺レ人之法。事有二多端一。但抛二前人身死一。不レ論二所レ殺之状一。但殺下一家非二死罪一良口三人上。即為二不道一。若三人内一人。先犯二死罪一而殺之者。即非二不道一。只依下殺二一人一罪法上。同籍及二等親為二一家一。謂。同籍不レ限二親疎一。二等親雖二別籍一亦是。即殺二一家三人一。雖レ有二先後一。発時応二合同断一。或所レ殺之事。応二合同断一。事発乃有二先後一者。皆為二一時殺法一。惣入二不道一。殺二一家三人一之内。兼殺二奴婢家人一者非。及支二解人一者。謂。殺レ人而支解者。或殺時即支解。或先支解而殺之。皆同二支解一。[1]入二不道一。若殺訖。絶レ時後。更支解者非。或故焚焼而殺。或殺時即焚焼者。文雖レ不レ載。罪与二支解一義同。皆合レ処レ斬。罪無二首従一。子徒三年。假有。家人奴婢。殺二別主家人奴婢一家三人一。或支解者。依レ例。有レ犯各准二良人一。合レ入二八虐一。

凡そ一家に死罪に非ざる三人を殺し、同籍及び二等の親、外祖父母を一家と為。即ち殺せること先後ありと雖も、事同断すべからむ、或いは同断すべくして、発れること先後有らば、皆是そ。奴婢・家人をばいはず。及び人を支解せらば、謂はく、人を殺して支解せるをいふ。皆斬。子は徒三年。

13 凡祖父々母々。外祖父母及夫。為レ人所レ殺。*私和者。*徒三年。*二等親徒二年。

徒一年半—唐律は徒二年。

五等以上親—立ち向うべき者の五等以上の親。等親→儀制25。唐律は「期以上親、及外祖父母」とする。期は服喪一年の意で、斉衰(五服の第二。わが二等の親に当る)のこと。

12 〔非死罪条〕一家の中の三人以上を殺し、あるいは人を支解した場合の罰則。

殺一家非死罪三人—三人の被害者が同一家族でかつ三人中一人も死刑に相当する罪を犯していないこと。また奴婢・家人は数に入れない(本注)。一家の中の死罪にあらざる三人を殺すことと、人を支解することは、八虐の不道にあたる(名例6(5))。

同籍—親疎を問わない。

二等親—二等以上の親の意。→賊盗7注。二等親と外祖父母は別籍をも含む。

殺雖先後……—殺した時期あるいは発覚した時期に前後があっても、一括して扱うべき性質のものであれば同時と見なすの意。

支解—四肢を切り離すこと。殺す際あるいは殺す前に支解したものをも含むが、殺したのち時を隔てて支解したものはここには含まない。人を焼き殺したもの、あるいは殺してすぐに焚焼したものも、支解と同じく斬に処する(疏・賊盗19疏)。

皆斬→賊盗1注。

子—唐律は妻子。

徒三年—唐律は流二千里。

13 〔私和条〕親族を殺されて犯人と私和し、または知りながら告言しなかった場合の罰則。

私和—勝手に犯人と和解して告言しないこと。

徒三年—唐律は流二千里。**二等親**→賊盗7注。

三等以下親。*遞減二一等一。*受レ財重者。各*准盗論。謂。受二讐家之財一。重二於私和之罪一。受二財五端一。准盗合二徒一年一之類。雖二私和罪重一。受レ財罪軽一。其贓本合二計限一。為二数少従一レ重。終合二没官一。発後輸レ財私和。依レ法合レ重二其事一。如傍親為出レ財私和者。自合二行求之法一。依二雑律一。坐贓論減二五等一。其贓亦合二没官一。假如。五等親私和。合二杖一百一。雖レ不二私和一。知レ殺二二等以上親一。経二卅日一不レ告*者。各減二二等一。其有二五等内親自相殺一者。疎殺レ親合レ告。親殺レ疎不レ合レ告。親疎等者。卑幼殺二尊長一得レ告。尊長殺二卑幼一不レ得レ告。其応二相隠一者。疎殺レ親。義服殺二正服一。卑幼殺二尊長一。亦得二論告一。其不レ告者。亦無レ罪。若殺二祖父母父母一。応レ償レ死者。雖レ会レ赦仍移郷避レ讐。以下其与二子孫一為中讐故。令二移配一。若子孫知而不レ告。従二私和及不レ告之法一科。若監臨親属。為二部下人一所レ殺。因レ茲受レ財私和。依レ律。監臨之官。知三所部有二犯法一。不二挙劾一者。減二罪人罪三等一。況監臨内相殺。被レ殺者復是本親。一違[1]二律条一。二乖二親義一。受二財一端以上一。皆是枉法之贓。々軽及不レ受レ財。各得二私和之罪一。其間有二罪重一者。各従レ重科。又有。主被二人殺一。家人奴婢私和受レ財。不レ告二官司一者。家人奴婢。身繋二於主一。々被二人殺一。侵害極深。其有二受レ財私和。知レ殺不レ告。金科雖レ無二節制一。亦須[2]二比附論刑一。豈為二在レ律無レ条。遂使三独為二僥倖一。然家人奴婢。法為レ主隠。其有二私和不レ告。得レ罪並同二子孫一。

凡そ祖父母・父母・外祖父母及び夫、人の為に殺されたるを、私に和へらば、徒三年。二等の親は、徒二年。三等以下の親は、遞に一等減せよ。財を受けたること重くは、各准盗論。私に和はずと雖も、二等以上の親を殺せりといふことを知りて、卅日経るまでに告せずは、各二等減せよ。

14 凡以レ物置二人耳鼻及孔*竅中一。有レ所レ妨者。*杖六十。謂。耳鼻孔竅。皆為二要所一。輙以二他物一置レ中。有レ所レ妨者。若本条殴罪重者。依二殴法一。其故*屏二去人服用飲食之物一。以レ故殺二傷人一者。*各以二闘殺傷一論。謂。寒月屏二去人衣服一。或登レ高乗レ馬。私去二梯轡一。或飢渇之人。屏二去飲食一之類。以三屏去之故。及置二物於人孔竅之中一。而殺二傷人一者。若殺二凡人一。或傷二尊長一応レ死。或於二卑幼及賤人一。雖レ殺不レ合レ償レ死。及傷二尊卑貴賤一。各有二等差一。須下依二闘律一従二本犯一科断上。故云下各以二闘殺傷一論上之。若恐二迫人一。使二畏懼一。致二死傷一者。各随二其状一。*以二故闘戯殺傷一論。謂。恐動逼迫。使二人畏懼一。而有二死傷一者。若履二危険一。臨[1]二氷炭一。而故相恐迫。使二人墜陥一。而致二死傷一者。依二故殺傷法一。或因レ闘恐迫。而

遞減一等—三等親は徒一年半、四等親は徒一年、五等親は杖一百となる。

受財重者各准盗論—受けた財物を窃盗贓と見なした場合の罪のほうが私和の罪より重ければ、盗に准じて取り扱うの意。例えば五等の親を殺され、布五端を受けて私和したときは、私和は杖一百、布五端は盗に准じて徒一年であるから、重いほうの徒一年の刑とする。私和の罪のほうが重い場合にも、受けた財は没官する(疏)。

准盗論→名例53。

告—告言、告訴。闘訟律59逸文に「凡強盗及殺人賊発、被レ害之家及同伍、即告二其主司一」、その疏に「主司、謂二坊長・坊令・里長等一」とあり、また闘訟律54逸文に「凡告二人罪一、皆須下明注二年月一、指中陳実事上。不レ得レ称レ疑」とある。

14 〔耳鼻条〕 人の耳鼻中に物を入れるなどして自由を妨げ、またその結果人を殺傷した場合の罰則。

孔竅—あな。**杖六十**—唐律は杖八十。

屏去—取り去る。

各以闘殺傷論—それぞれの場合に応じて、闘によって人を殺傷した罪に関する闘訟律1以下の諸規定を適用するの意。なおこれには物を人の耳鼻等に入れて殺傷した場合も含まれる(疏)。

以故闘戯殺傷論—それぞれの事情に従って、故殺傷法・闘殺傷法・戯殺傷法を適用するの意。故殺傷法→闘訟5。戯殺傷法は闘訟律37戯殺傷人条逸文に「凡戯殺二傷人一者、減二闘殺傷二等一」とある。

致二死傷一者。依二闘殺傷法一。或因レ戯恐迫。使二人[2]畏懼一。致二死傷一者。以二戯殺傷一論。若有二如レ此之類一。各随二其状一。依二故闘戯殺傷法一科レ罪。

凡そ物を以て人の耳鼻及び孔竅の中に置いて、妨へたる所有らば、杖六十。其れ故に人の服・用・飲食の物を屏去して、故を以て人を殺し傷れらば、各闘殺傷を以て論せよ。若し人を恐し迫めて、畏り懼らしめて、死傷致せらば、各其の状に随ひて、故闘戯殺傷を以て論せよ。

15 凡*造二畜*蠱毒一。謂。造合成レ蠱。堪レ害レ人者。及*教令者絞。造。謂。自造。畜。謂。伝畜可三以毒二害於人一。故云。謂二造合成レ蠱堪レ害レ人者。及教令人。並合二絞罪一。若同謀而造。律不レ言レ皆。即有二首従一。造畜者*同居家口。雖レ不レ知レ情者。*遠流。謂。所二造及畜一者同居家口。不レ限二籍之同異一。雖レ不レ知レ情。皆従レ流。若*里長。*坊令坊長亦同。知而不レ糺者。*徒三年。律文唯顕二里長等罪一。不レ言二国郡知レ情之法一者。里長之等。親管二百姓一。既同里閈。多相諳委。国郡去レ人稍遠。管レ戸又多。是故律文遂無二節制一。若知而不レ糺。依下闘訟律。監臨之官。知三所部有二犯法一。不二挙劾一者。減中罪人罪三等上。造畜者*雖レ会レ赦。幷同居家口及教令人。亦遠流。造二畜蠱毒一之人。雖レ会二大赦一。幷同居家口及教令人等。亦遠流。八十以上。十歳以下及*篤疾。*無二家口同流一者。放免。拠二此老幼及疾。身自犯レ罪。猶尚免レ流。今以[1]二同居供活一。有二同家口一亦配。無二同居家口共去一。其老小及疾。不レ堪二自存一。故従二放免一。依レ律。老小篤疾。無二家口同流一者放免。其家惣無二良口一。唯有二家人奴婢一者。不レ合レ従レ流。家人奴婢。既是卑賤。諸条多不レ同二良人一。即非二同流家口之例一。即以二蠱毒一々二同居一者。被レ毒之人父母妻妾子孫。不レ知二造レ蠱情一者。不レ坐。依レ律。被レ毒之人父母。不レ知レ情者放免。假有。親兄弟。大房造レ蠱。以レ毒二小房一。既同父母。不レ知レ情者。父母合レ原。蠱毒家口会レ赦猶流。恐三其渉二於知一レ情。所以例不レ聴レ住。若以二蠱毒一々二同居一。被レ毒之人父母妻妾子孫。不レ知レ情者不レ坐。雖二復兄弟相毒一。終是被レ毒人父母。既無二不レ免之制一。不レ知レ情者不レ坐。又依レ律。犯レ罪未レ発。自首合レ原。造二畜蠱毒一之家。良賤一人先首。雖二既首訖一。不レ得レ免レ罪。犯レ罪首免。本許二自新一。蠱毒已成。自新難レ雪。雖レ会二大赦一。仍並従レ流。

凡そ蠱毒を造畜し、謂はく、造り合はせて蠱に成して、人を害するに堪へたるをいふ。及

15 〔造畜条〕 **蠱毒**を造畜した場合の罰則。**造畜**―造は自ら蠱毒を合成すること。畜は合成したものを伝えて所有していること。**蠱毒**―諸種の悪虫を容器に合せ入れて互いに喰い殺させ、人を害するまじないの手段とするもの。唐律の疏に「蠱有二多種一、罕二能究悉一。事関二左道一、不レ可二備知一。或集二合諸虫一、置二於一器之内一、久而相食、諸虫皆尽。若蛇在、即為二蛇蠱一之類」とある。造畜蠱毒は八虐の不道にあたる(名例6(5))。**教令**―勧めそそのかすこと。今日の教唆に類似するが同視しえない(滋賀秀三)。また子孫に教えさとす意味でも使われる(闘訟律28 47)。**同居家口**―籍の同異を限らない(疏)。また婦人をも含む。名例28の「其婦人犯レ流者、亦留住」の本注に「造二畜蠱毒一応レ流者、配流如レ法」とあり、その疏に「造二畜蠱毒一、所在不レ容。擯二之遠処一、絶二其根本一。故雖二婦人一、亦須二投竄一」とある。**遠流**―名例24に「若流移人身喪、家口雖レ経レ附レ籍、六年内願レ還者、放還。即造二畜蠱毒一家口、不レ在二聴レ還之例一」とある。**里長**―養老律施行時にはすでに郷長と改称。一郷五十戸を管した。→戸令1。**坊令坊長**―京の坊ごとに坊長、四坊ごとに坊令を置いた。→戸令3 4。**徒三年**―唐律は里正も同居家口と同じく流三千里とする。**雖会赦**―大赦に会っても許されない(疏)。名例11に「其加役流、反逆縁坐流、子孫犯過失流、不孝流、及会赦猶流者、各不レ得二減贖一。除名配流如レ法」とある。**篤疾**→戸令7。**無家口同流者放免**―これらの老・幼・疾は自活が困難であるから、同流者がなければ、本人が罪を犯した場合にも放免する(疏)。

び教令せらば、絞。造畜の者の同居の家口は、情知らずと雖も、遠流。若し里長、坊令・坊長も亦同じ。知りて糺さずは、徒三年。造畜せる者は、赦に会ふと雖も、幷せて同居の家口、及び教令の人は、亦遠流。八十以上・十歳以下及び篤疾は、家口の同流無くは、放免せよ。即し蠱毒を以て、同居を毒せらむ、毒されたる人の父母・妻妾・子孫、蠱造れる情を知らずは、坐せず。

16 凡以二毒薬一。薬レ人及売者絞。* 即売買而未レ用者。近流。謂。以下鴆毒。冶葛。烏頭。附子之類。堪二以殺一レ人者上。将用レ薬レ人。及売者知レ情。並合レ科レ絞。即売買未レ用者。謂。買二毒薬一。擬二将殺一レ人。売者知二其本意一。而未レ用者近流。 雖二毒薬一。可二以療一レ病。買者将毒レ人。売者不レ知レ情不レ坐。謂。雖二毒薬一。可二以療一レ病。買者将以レ毒レ人。売者不レ知二毒レ人之情一者。売者不レ坐。若犯二尊長一者。各依二謀殺及已殺法一。如其施二於卑幼一。亦准二謀殺已殺一論。如其薬而不レ死者。並同二謀レ殺已傷之法一。 魚肉有レ毒。* 曾経レ病レ人。* 余者速焚之。違者杖九十。謂。曾経下人食為二魚肉一所上レ病者。余速即焚之。恐二人更食一。須レ絶二根本一。 故与二人食一。幷出売令二人病一者。徒一年。謂。知二前人食已得一レ病。故将更与二人食一。或将出売。以レ故令二人病一者。 以レ故致レ死者絞。即人自食致レ死者。従二過失殺レ人法一。* 謂。魚肉有レ余。不二速焚一レ之。雖レ不レ与レ人。其人自食。因即致レ死者。従二過失殺レ人法一。徴レ銅入二死家一。 盗而食者不レ坐。謂。人盗竊而食。以致二死傷一者。魚肉主不レ坐。仍科下不二速焚一之罪上。其有二害心一。故与二尊長食一。欲レ令レ死者。亦准二謀殺一論。施二於卑賤一至レ死。依二故殺法一。

凡そ毒薬を以て人を薬せらむ、及び売れらば、絞。即し売り買ふて、用せずは、近流。毒薬と雖も、以て病を療しつべからむ、買へる者、将ちて人を毒せらむに、売れる者、情を知らずは、坐せず。魚肉毒有りて、曾、人を病にし経たらむ、余れらば、速く焚け。違へらば、杖九十。故に人の食に与へ、幷せて出し売りて、人をして病ましめ

16 〔毒薬条〕 毒薬・毒物の使用および取扱いについての罰則。

絞―尊長あるいは卑幼に対して毒薬を用いた場合には、それぞれ尊長・卑幼に対する謀殺已殺法（賊盗6）を適用し、死に至らなかった場合には同じく謀殺已傷法（賊盗6）を適用する（疏）。

魚肉―唐律は脯肉とする。脯肉は、ほじし、乾肉。日本律は恐らく国情に合せて魚肉と改めたもので、主として乾魚であろう。

曾経病人―かつて人を中毒させたことがある。

過失殺人法―闘訟律38をさす。同逸文に「凡過失殺二傷人一者、各依二其状一、以レ贖論」とあり、贖銅を徴して死家に入れる。過失殺傷は不注意等による殺傷。同逸文の本注に「謂、耳目所レ不レ及、思慮所レ不レ到、共挙二重物一、力之所レ不レ制、若乗レ高足跌、及因レ撃二禽獣一、以致二殺傷一之属、皆是」とある。

17 〔厭魅条〕 厭魅あるいは符書を造って人を呪詛する行為に対する罰則。

厭魅―図形・人形などを用いて人を害するまじないの法。唐律の疏には「厭事多レ方、罕二

たらば、徒一年。故を以て死致せらば、絞。即し人自ら食むで、死致せらば、過失に人を殺せる法に従へよ。盗みて食へらば、坐せず。

17 凡有所憎悪。而造厭魅*。及造符書*呪詛*。欲以殺人者。各以*謀殺論。減二等。謂。有所憎嫌前人。而造厭魅。厭事多方。罕能詳悉。或刻作人身。繋手縛足。如此厭勝。事非一緒。魅者。或假託鬼神。或妄行左道之類。或呪。或詛。欲以殺人者。於二等尊長及外祖父母。夫。夫之祖父母。各不減。以故致死者。各依*本殺法。謂。以厭魅符書呪詛之故。但因一事致死者。不依減例。各従本殺法。欲以疾苦人者。又減*二等。謂。称又減者。三等以下親及凡人。非外祖父母。謀殺得減二等者。謂。従謀殺上。惣減四等。子孫於祖父々母々。家人奴婢於主者。各不減。即是二等尊長。外祖父母。夫。夫之祖父母。唯減二等。其祖父々母々以下。雖復欲疾苦。亦同謀殺之法。不同減例。其於伯叔父。姑。兄姉。外祖父母。夫。々之父母呪詛。已令疾苦。理同殴法。便入不道。即於祖父母父母及主*。直求愛媚而厭呪者。徒二年*四。謂。子孫於祖父々母々。及家人奴婢於主。造厭呪符書。直求愛媚者。若渉*乗輿者。皆絞*五。謂。雖直求愛媚。便得罪。重於盗服御之物。准例。亦入八虐。罪無首従。

凡そ憎み悪む所有りて、厭魅を造り、及び符書呪詛を造りて、以て人を殺さむとせらむは、各謀殺を以て論して二等減せよ。二等の尊長及び外祖父母・夫・夫の祖父母に於きては、各減せず。故を以て死致せらば、各本殺の法に依れ。以て人を疾苦せしめむとせらば、又二等減せよ。子孫、祖父母・父母に於き、家人・奴婢、主に於きては、各減せず。即し祖父母・父母及び主に於きて、直愛媚を求めて厭呪せらば、徒二年。若し乗輿に渉れらば、皆絞。

18 凡殺人応死。会赦免者移*郷。殺人応死。而会赦免罪。而死家有父子。祖孫。伯叔。兄弟者。移郷為戸。其有特勅免死者。亦依会赦例移

能詳悉。或図畫形像、或刻作人身、刺心釘眼、繋手縛足。如此厭勝、事非一緒。魅者、或假託鬼神、或妄行左道之類」とある。厭魅は八虐の不道にあたる(名例6(5))。続紀、天平元年四月癸亥条に「勅、内外文武百官及天下百姓、有学習異端、蓄積幻術、厭魅呪咀、害傷百物者、首斬従流」とあり、その後しばしば厭魅事件の記事が見える。

符書—道術の呪文などを記した書きつけ。

呪詛—まじないのろうこと。

以謀殺論—5～9条などの謀殺行為に関する罰則を適用するの意。→名例53。

依本殺法—謀殺人条(賊盗9)その他の謀殺に関する規定の已殺の場合の罰則をそのまま適用し、減例の規定は適用しないの意。

又減二等—謀殺を以て論じて二等を減じた上に、さらに二等を減ずるの意。

主—家人・奴婢の所有主。

徒二年—唐律は流二千里。

若渉乗輿者—もし君主の身辺の衣服・調度などを使って、君主の愛媚を求めるまじないをした場合にはの意。乗輿は服御に関していう場合の天子の尊称。→儀制1。

皆絞—関係者は首従の別なくすべて絞の意。→賊盗1注「皆斬」。唐律は皆斬とする。

18 〔移郷条〕 殺人犯が赦に会ったときは移郷すべきことについての規定。

移郷—名例24に「凡犯流応配者、三流倶役一年。〈本注略〉妻妾従之。父祖子孫、欲随者聴。移郷人家口、亦准此」とある。唐律は「移郷千里外」とするが、わが律では距離を規定していない。移郷させるのは、復讐行為を防ぐため。

郷。　若群党共殺。　止移二下手者及頭首之人一。群党共殺。謂。謀殺造意合レ斬。同謀共闘。以二下手重者一為二重罪一合レ絞。故云。止移二下手及頭首之人一。其以二威力一使レ人殺者。亦合二移郷一。　若死家無二父子一。　祖孫。　伯叔。　兄弟一。　或先他国。　*雑戸及陵戸。　官戸。　家人。　奴婢。　若婦人有レ犯。　或殺二他主家人奴婢一。　並不レ在二移限一。　家人奴婢自相殺者亦同。　*違者*徒一年。　謂。此以上応レ移不レ移。不レ応レ移而移者。

凡そ人を殺して死すべきが、赦に会ひて免されば、移郷せよ。若し群党して共に殺せらば、止下手の者、及び頭首の人を移せよ。若し死家に父子・祖孫・伯叔・兄弟無からむ、或いは先より他国ならむ、雑戸及び陵戸・官戸・家人・奴婢、若しくは婦人、犯有らむ、或いは他主の家人・奴婢を殺せらば、並に移する限に在らず。家人・奴婢、自ら相ひ殺せらば、亦同じ。違へらば、徒一年。

19　凡残二害死屍一。　謂。　焚焼支*解之類。　謂。支二解形骸一。割二絶骨体一。及焚焼之類。　及棄二屍水中一者。　各減二闘殺*罪五等一。　*五等以上尊長減*二三等一。　*棄而不レ失。　及*髠レ髪若*傷者。　各又減二一等一。　謂。凡人各減二闘殺罪七等一。五等以上尊長減二五等一。　即子孫於二*祖父々母々一。　家人奴婢於レ主者。　*各不レ減。　謂。並同二闘殺之罪一。子孫合レ入二悪逆一。　*皆謂。　意在二於悪一者。　謂。従二残害一以下。並謂。意在二於悪一。如無二悪心一。謂。若遺二言水葬一。及遠道屍柩。将レ骨還レ郷之類。並不レ坐。

凡そ死屍を残害し、謂はく、焚き焼き、支解せる類をいふ。及び屍を水中に棄てたらば、各闘殺の罪に五等減せよ。五等以上の尊長は、三等減せよ。棄てて失せず、及び髪を髠り、若しくは傷れらば、各又二等減せよ。即し子孫、祖父母・父母に於き、家人・奴婢、主に於きては、各減せず。皆謂はく、意、悪に在るをいふ。

雑戸及陵戸官戸家人奴婢―雑戸は特定の官庁に所属する特殊技能者の戸。↓戸令19。奴婢は官(公)奴婢を含む。陵戸以下はいわゆる五色の賤民。↓戸令35。唐律では「其工楽雑戸、及官戸奴、并太常音声人、雖レ移レ郷、各従二本色一」とあり、その本注に「部曲及奴、出売及転配事二千里外人一」とあるが、わが律では雑戸以下のものは移さない。

違者―移すべきを移さず、移すべからざるを移した場合(疏)。

徒一年―唐律は徒二年とする。

19　〔残害条〕　死体の不法な扱いに対する罰則。

支解―四肢を切り離すこと。↓賊盗12。**闘殺罪**―闘訟5の「凡闘殴殺レ人者絞」とある規定をさす。**五等**―唐律は一等を減ずとしていて極めて重い。**五等以上尊長**―五等親。↓儀制25。尊長は目上の親族。**減三等**―唐律は「緦麻以上尊長不レ減」とする。緦麻はわが五等の親にあたる。**棄而不失**―水中に棄てたが失わなかったもの。**髠髪**―髪を剃りおとす。**傷**―死体を損傷する。**祖父母**―父の父母。曾・高祖父母をも含む(名例52)。**各不減**―闘殺罪の規定をそのまま適用し、子孫の場合は八虐の悪逆に入れる(疏)。悪逆↓名例6(4)。**皆謂意在於悪者**―残害以下すべて悪意をもって行なった場合だけをいうの意。

20　〔穿地条〕　死体を掘り出して放置し、および塚墓上で火を焚いて地中の棺槨や死体を焼損した場合の罰則。

燻狐狢―狐や狢(むじな)の類をいぶし出すために

草木に火をつけて焼く。**棺槨**—棺はひつぎ。槨は棺を納める外側の箱。日本では棺を納める施設、玄室。**杖一百**—唐律は徒二年ではるかに重い。**焼屍**—狐狢を燻べることによって、墓中の死体を焼損した場合。**徒一年**—唐律は徒三年。**五等以上尊長**—五等以上の尊長の死体・塚墓に対して行なった場合にはの意。五等親→儀制25。尊長は目上の親族。**加二等**—唐律は「各逓加二一等一」とする。順次に一等を加えてゆくと、期親(日本の二等親にほぼ相当)の尊長の棺槨を焼いた場合には流二千五百里となるから、これもわが律よりはるかに重い。**卑幼**—目したの親族。**依凡人**—親族関係などのない普通の場合の規定、すなわち上の杖一百の規定を基準にしての意。**減二等**—唐律は「逓減二一等一」とあって、期親の場合は四等を減じることになる。**家人**→戸令補40。**奴婢**→戸令補35d。**徒一年**—唐律は徒二年。**徒二年**—唐律は流三千里。**徒三年**—唐律は絞。

21　〔造妖書条〕　妖書・妖言を造り、またはそれらを所有・伝用した場合の罰則。

妖書—災祥を説き吉凶を予言するなど、不穏な内容をもった書物。**妖言**—同様の内容をもった言辞。**遠流**—唐律は絞。**休咎**—休は休に同じ。よいこと、さいわい。咎は、天のとがめ、わざわい。**不順**—道理にそむくこと。**伝用**—他人が造ったものを使用すること。**惑衆者**—衆は三人以上。名例55に「称レ衆者、三人以上」とある。同居者は含まない(疏)。**減一等**—唐律は流三千里。**無害者**—実害がなかった場合には。**杖六十**—唐律は杖一百。**杖八十**—唐律は徒二年。**笞卌**—唐律は杖六十。

20　凡穿レ地得二死人一。不二更埋一。及於塚墓燻*二狐狢一。而焼二棺*槨一者。杖*一百。謂。因レ穿レ地而得二死人一。其屍不レ限二新旧一。不二即埋掩一。令二其曝露一。或於二他人塚墓一。而燻二狐狢一之類。因焼二棺槨一者。焼*レ屍者。徒*一年。五*等以上尊長加*二二等一。卑*幼依*二凡人一減*二二等一。若子孫於二祖父々母々一。家*人奴*婢於レ主。燻二狐狢一者。徒*一年。焼二棺槨一者。徒*二年。焼レ屍者。徒*三年。謂。子孫奴婢等。因レ燻二狐狢一。而至レ焼二棺及屍一者。

凡そ地を穿るが死人を得て、更に埋まず、及び塚墓に狐狢を燻べて、棺槨を焼けらば、杖一百。屍を焼けらば、徒一年。五等以上の尊長は、二等加へよ。卑幼は、凡人に依りて二等減せよ。若し子孫、祖父母・父母に於き、家人・奴婢、主に於きて、狐狢を燻べたらば、徒一年。棺槨を焼けらば、徒二年。屍を焼けらば、徒三年。

21　凡造二妖*書及妖*言一。遠*流。造。謂。自造二休*咎及鬼神之言一。妄説[1]二吉凶一。渉二於不*順一者。造二妖書及妖言一者。謂。構二成怪異之書一。詐為二鬼神[2]之語一。休。謂。妄説二他人及己身有二休徵一。咎。謂。妄言二国家有二咎悪一。観レ天畫レ地。詭説二災祥一。妄陳二吉凶一。並渉二於不順一者。伝*用以惑*レ衆者。亦如レ之。謂。非二自造一。伝二用妖言妖書一。以惑二三人以上一者。伝。謂。伝レ言。用。謂。用レ書。其不レ満レ衆者。減*二一等一。謂。被二伝惑一者。不レ満二三人一。若是同居。不レ入二衆人之限一。此外一人以上。雖レ不レ満レ衆。合二徒三年一。言理無*レ害者。杖*六十。謂。雖レ説二変異一。無レ損二於時一。若三預言二水旱一之類。即私有二妖書一。雖レ不二行用一。杖*八十。謂。前人旧作。私[3]裏相伝。非二己所レ制。雖レ不二行用一。仍得二此坐一。言理無レ害者。笞*卌。謂。妖書言理。無レ害二於時一者。

凡そ妖書及び妖言を造れらば、遠流。造ると謂ふは、自ら休咎及び鬼神の言を造りて、妄りに吉凶を説けるが、不順に渉れるをいふ。伝用して以て衆を惑せらば、亦之の如く。

伝と謂ふは、言を伝ふるをいふ。用と謂ふは、書を用ゐるをいふ。其の衆に満たずは、一等減せよ。言理、害無くは、杖六十。即し私に妖書有らば、行用せずと雖も、杖八十。言理、害無くは、笞卅。

22 凡夜無レ故入二人家一者。笞卅。昼漏尽為レ夜。々漏尽為レ昼。謂。夜無二事故一。輙入二人家院内一者。主人登二時格殺者。勿論。若知レ非二侵犯一。而殺傷者。減二闘殺傷二等一。謂。知下其迷誤。或因二酔乱一。及老小疾患。并婦人不上レ能二侵犯一。而殺傷者。若殺二他人奴一。合二徒三年一。得下減二一等一徒二年上之類。假有。外人来奸。主人旧委。夜入而殺者。亦得二勿論一。律開二格殺之文一。本防二侵犯之輩一。設令。旧知奸穢。終是法所レ不レ容。但夜入二人家一。理或レ難レ弁。縦令。知犯亦為二罪人一。若其殺即加レ罪。便恐長二其侵暴一。聴レ同二格殺一。理用無レ疑。況文称下知レ非二侵犯一而殺傷上。即明知二是侵犯一而殺。自然依レ律勿論。其已就二拘執一而殺傷者。各以二闘殺傷一論。謂。夜入二人家一。已被二擒獲一。拘留。執縛一。無二能相拒一。本罪雖レ重。不レ合二殺傷一。主人若有二殺傷一。各依二闘法一科レ罪。至レ死者遠流。

凡そ夜故無くして、人家に入れらば、笞卅。昼の漏尽きて夜と為。夜の漏尽きて昼と為。主人、登の時に格ち殺せらば、勿論。若し侵犯に非ざることを知りて、殺し傷れらば、闘殺傷に二等減せよ。其れ已に拘執に就けらむ、而るを殺し傷れらば、各闘殺傷を以て論せよ。死に至れらば、遠流。

23 凡盗二大祀神御之物一者。中流。謂。供二神御一者。大社神宝亦同。供二神御一者。謂。大幣。其擬レ供二神御一。謂。営造未レ成者。若饗薦之具。已饌呈者。徒二年。饗薦。謂。祭幣酒餅之属。饌呈。謂。已入二祀所一。経二祀官省視一者。未二饌呈一者。徒一年半。若盗二釜甑刀匕之属一。並従二常盗之法一。謂。並不レ用レ供レ神。故従二常盗之法一。言二之属一。謂。盤盂雑器之類。

22 〔入人家条〕 夜間人家に侵入し、および侵入者を殺傷した場合の罰則。
人家―院の内をいう(疏)。院は、やしきの囲い、垣牆。**笞卅**―唐律は笞四十。**昼漏**―漏刻(水時計)の目盛りの昼間の部分。宮衛4に「昼漏尽、閉門鼓撃訖、即閉二諸門一」とあり、その古記に「昼漏尽、謂、以二日入一為レ限也」とある。**登時**―即時に同じ。そのとき、すなわち。**勿論**―罪として扱わないの意。**減闘殺傷二等**―闘殺傷に関する闘訟律5以下の諸条の規定を適用し、それぞれの罰則に二等を減ぜよの意。**就拘執**―捕えられて抵抗力を有しないこと。**以闘殺傷論**―闘殺傷に関する闘訟律5以下の諸条の規定を適用する。↓名例53。**遠流**―唐律は加役流。

23 〔大祀条〕 大祀のための供神の物などを盗んだ場合の罰則。
大祀―散斎一月を要する最も重要な祭祀。大嘗祭のほかに臨時の大祀がある。↓神祇12。唐律の疏に「大祀、謂二天地・宗廟・神州等一」とする。**神御之物**―神が用いる料として供える物。疏によれば大幣をさす。大祀の神御の物を盗むことは八虐の大不敬にあたる(名例6(6))。**謂供神御者**…―唐律のここの注は、「謂、供二神御一者、帷帳几杖亦同」とする。**大社**―伊勢神宮か。**神宝**―その神社に蔵し、それによって神を祭る宝物。**擬供神御**―神に供えるために営造中の神御の物。唐律はこの下に「及供而廃閑」の一句がある。**饗薦**―饗は神が供物をうけること、薦は神に供物をすすめること。**饌呈**―飲食・幣物を神前に供えること。**祀官**―神職。**甑**―釜の上にのせて米などを蒸す器。こしき。**刀**―ほうちょう。**匕**―さじ。しゃもじ。**常盗之法**―普通の盗罪に関する規定、すなわち35条の規定をさす。

24 〔神璽条〕 神璽・関契・内印・駅鈴および天皇の衣食等を盗んだ場合の罰則。

神璽→公式40。神璽を盗むことは八虐の大不敬にあたる(名例6(6))。唐律はここを「御宝」とする。御宝は皇帝八宝・三后宝など、その地位のしるしとした印璽。**関契**―固関使・発兵使がその任務の証として携行した割符。伊勢(鈴鹿関)・美濃(不破関)・越前(愛発関)の三関国に各二枚が支給され、中央では後宮の蔵司の尚蔵がこれを掌った。→公式補43 a。**内印**―天皇の印で方三寸。五位以上の位記と諸国に下す公文に印した(公式40)。内印を盗むことは八虐の大不敬にあたる(名例6(6))。**駅鈴**―公使・官人が官道を旅行する際に携行した駅馬使用許可証としての鈴。→公式補43 a。**遠流**―唐律にはここの「関契、内印、駅鈴者、遠流」に当る句はない。**乗輿**―服御の物についていう天子の尊称。→儀制1。**服御物**―天皇が身辺に使用する衣服・食膳・調度の類。**衾茵**―衾は、ふすま、夜着。茵は、しとね、しきもの。**副**―予備の分。**監当之官**―その係の官。**部分**―処分に同じ。とりはからう、処置する。**廃闋**―使用済みとなったもの。**擬供食御**―係の官人に差し出す前の食物。**非服而御之物**―天皇が身辺に使用するけれども身にはつけないもの。帷帳・几杖の類。もし盗んだ品が高価であれば、その価格を計算して、常盗すなわち竊盗(賊盗35)の罰則を適用し、それに一等を加える(疏)。

凡そ大祀の神御の物を盗めらば、中流。謂はく、神御に供するをいふ。大社の神宝も亦同じ。其れ神御に供せむと擬む、謂はく、営造成らざるをいふ。若しくは饗薦の具、已に饌呈せらば、徒二年。饗薦と謂ふは、祭幣・酒餚の属をいふ。饌呈と謂ふは、已に祀の所に入れて、祀の官の省視るに経たるをいふ。饌呈せずは、徒一年半。若し釜・甑・刀・匕の属を盗めらば、並に常盗の法に従へよ。

24 凡盗二神璽一者絞。謂。践祚之日寿璽。関契。内印。駅鈴者。遠流。謂。貪利之而非二行用一者。乗輿服御物者。中流。謂。供二奉乗輿一之物。服通二衾茵之属一。真副等。皆須二監当之官。部分擬レ進。乃為二御物一。称二之属一者。氈褥之類。真副等。真。謂。見供二服用一之衣。副。謂。副弐之服。其擬レ供二服御一。及供而廃闋。若食将レ御者。徒二年。将御。謂。已呈二監当之官一。擬レ供二服御一。謂。営造未レ成。及供而廃闋。謂。已供用事畢。若食将レ御者。謂。御食已呈二監当之官一擬レ進。而盗及食者。擬レ供二食御一。及非服而御之物者。徒一年半。擬レ供二食御一。謂。未レ呈二監当之官一。及非服而御之物者。謂。帷帳几杖之属。若贓重者。各計レ贓以二常盗一論。加二一等一。

凡そ神璽を盗めらば、絞。関契、内印、駅の鈴は、遠流。謂はく、貪利して行用せるに非ざるをいふ。乗輿の服御の物は、中流。謂はく、乗輿に供奉する物をいふ。服は衾茵の属に通す。真副等し。皆監当の官の部分して進めむと擬るを須つて、乃し御物と為。其れ服御に供せむと擬む、及び供して廃み闋りたらむ、若しくは食、御せむとせらむは、徒二年。将御と謂ふは、已に監当の官に呈せるをいふ。食御に供せむと擬らむ、及び非服而御の物は、徒一年半。

25〔外印条〕外印・伝符その他の官印および畜産印を盗んだ場合の罰則。
外印―太政官の印で方二寸半。六位以下の位記および太政官の文案に印した。→公式40。**伝符**―官人が官道を旅行する際に携行した伝馬使用許可証。→公式42。唐律のこの部分は「諸盗㆓官文書印㆒者、徒二年」とあって、伝符は27条に規定。**畜産印**―官牧の牛馬におす烙印。→厩牧10。唐律では畜産印を余印の中に含めてしまっているので、盗めば杖一百。**非行用者**―もし行用すれば偽造・偽行用・規避の罪とし、詐偽律8詐為官文書条逸文・同13詐為官私文書条逸文などの規定を適用する(疏)。**諸司諸国之印**―諸司印は方二寸二分、官に上る公文・案、および移・牒に印する。諸国印は方二寸、京に上る公文・案、および調物に印する。→公式40。

26〔詔書条〕詔書・官文書・随身符などを盗んだ場合の罰則。
詔書―詔書および勅旨。→公式1 2。唐律は「制書」とし、それに勅・奏抄をも含ませている。**官文書**―官司の発行する一般の公文書。印の有無を問わない(疏)。**重害文書**―盗失によって重大な影響を生ずる文書。**加一等**―唐律はこの次に「紙券、又加一等」の句があるが、わが律では削っている。**無所施用者**―もし事態の変更を目的として盗んだときは、詐偽律6詐為詔書条逸文・同8詐為官文書条逸文などの文案増減の場合の罰則を適用(疏)。**獄案**―判決の案文。徒罪以上は刑部省に送る(獄令1)。**黜陟**―黜は官位などを降しさげる。陟は昇せすすめる。**除免**―除名と免官。→名例18 19 20 17。**之類**―食粮・財物・行軍大簿帳

25 凡盗㆓外印*及伝符*㆒者。徒二年。余印者杖一百。畜産印*杖八十。亦謂。貪利之而非㆓行用㆒者*一。余印。謂。諸司諸国之印*。皆謂。藉以為㆑財。不㆑擬㆓行用㆒。若将行用。即従㆓偽造。偽行用。規避之罪㆒科之。

凡そ外印及び伝符を盗めらば、徒二年。余の印は、杖一百。畜産の印は、杖八十。亦謂はく、貪利して行用せるに非ざるをいふ。余の印と謂ふは、諸司・諸国の印をいふ。

26 凡盗㆓詔書*㆒者。徒二年。官文書*杖一百。謂。在㆑司尋常施行文書。有㆑印無㆑印等。重害文書*加㆓一等*㆒。亦謂。貪利之無㆑所*㆓施用㆒者。重害。謂。徒罪以上獄案*。及婚姻。良賤。勲賞。黜陟*。授官。除免*之類*。称㆓之類㆒者。謂。倉粮。財物。行軍大簿帳。及戸籍。計帳之類。若欲㆑動㆑事盗者。自従㆓増減之律㆒。若盗㆓随身符*㆒者。加㆓官文書一等㆒。即盗㆓応*㆑除文案㆒者。依㆓凡盗法*㆒。謂。計㆑贓科㆑罪。

凡そ詔書を盗めらば、徒二年。官文書は杖一百。重害の文書は、一等加へよ。亦謂はく、貪利して施用せる所無きをいふ。重害と謂ふは、徒罪以上の獄案及び婚姻・良賤・勲賞・黜陟・授官、除免の類をいふ。若し随身符を盗めらば、官文書に一等加へよ。即し除くべき文案を盗めらば、凡盗の法に依れ。

27 凡盗㆓節刀*㆒者。徒三年。謂。皇華出㆑使。黜㆓陟幽明㆒。将軍奉㆑詔。宣㆓威殊俗㆒。皆執㆓節刀㆒。取㆓信天下㆒。宮殿門*。庫蔵*。及倉廩*。筑紫城等鑰*。徒一年。国郡倉庫*。陸奥越後出羽等柵*。及三関門鑰亦同。宮城*。京城及官厨鑰*。杖一百。公廨及国厨等鑰*。杖六十。諸門鑰*。笞五十。謂。内外百司。及諸関坊市門等。官有㆓門禁㆒皆是。亦謂。貪利之非㆓施行㆒者。

凡そ節刀を盗めらば、徒三年。宮殿門・庫蔵及び倉廩・筑紫城等の鑰は、徒一年。

国郡の倉庫、陸奥・越後・出羽等の柵及び三関の門鑰も、亦同じ。宮城・京城及び官厨の鑰は、杖一百。公廨及び国厨等の鑰は、杖六十。諸門の鑰は、笞五十。

28 凡盗ニ禁兵器一者。徒一年半。弩。具装者。徒二年。若盗罪軽。同ニ私造法一。盗ニ余兵器及幡幟。儀仗一者。加ニ凡盗一等。（余兵器。謂。雖ニ是官兵器一。私家合レ有者。）若盗下守ニ衛宮殿一兵器上者。又各加ニ一等。（謂。見用レ守ニ衛宮殿一者。）即在レ軍。及宿衛相盗。還充ニ官用一者。各減ニ二等一。（即在レ軍。謂。行軍之所。若宿衛相盗。還充ニ官用一者。各減ニ二等一。若入レ私者。各同ニ上文盗法一。）

凡そ禁兵器を盗めらば、徒一年半。弩・具装は、徒二年。若し盗の罪軽くは、私に造れる法に同じ。余の兵器及び幡幟・儀仗を盗めらば、凡盗に一等加へよ。若し宮殿を守衛する兵器を盗めらば、又各一等加へよ。即し軍に在りて、及び宿衛相ひ盗みて、還りて官用に充てたらば、各二等減せよ。

29 凡盗ニ毀仏像一者。徒三年。即僧尼盗ニ毀仏像一者。中流。（為ニ其盗ニ毀所レ事先聖形像一故。加ニ俗人之法一。）菩薩減ニ一等一。（其非ニ菩薩之像一。盗ニ毀化生。神王之類一。当ニ不応為一従レ重。有ニ贓入レ己者。即依ニ凡盗法一。若毀損功庸多者。計レ庸坐贓論。各令ニ修復一。）盗而供養者。杖八十。盗毀不ニ相須一。

凡そ仏像を盗み毀れらば、徒三年。即し僧尼、仏像を盗み毀れらば、中流。菩薩は一等減せよ。盗みて供養せらば、杖八十。盗み毀れる、相ひ須たず。

30 凡発レ塚者。徒三年。（発撤即坐。）已開ニ棺槨一者。遠流。（謂。有レ棺有レ槨者。必須ニ棺槨両開一。不レ待ニ取レ物触レ屍。）発ニ而未レ撤者。徒二年。（謂。雖レ発レ塚而未レ至ニ棺槨一者。）其塚先穿。及未レ殯。而盗ニ屍柩一者。徒一年

および戸籍・計帳など(疏)。**随身符**—親王・大納言以上、および中務の少輔以上、五衛府の佐以上を夜間などに別勅をもって召喚する際に用いる割符。→公式補45 a。唐律にはこの随身符の規定はない。**応除文案**—廃棄すべき文書。詔・勅・奏の案以下の常留文書以外は三年過ぎれば廃棄する(公式83)。**依凡盗法**—一般的な盗罪の規定である35条を適用し、盗品の価格に基づいて罪を科する。

27 〔盗節刀条〕 節刀および宮殿門その他の鑰を盗んだ場合の罰則。

節刀—征討大将軍・遣唐大使などに授ける刀。→軍防補18 a。唐律にはここに節刀の規定はない。また唐律の本条は「諸盗ニ宮殿門符発兵符伝符一者、流ニ二千里。使節及皇城京城門符、徒三年。余符、徒一年、門鑰各減ニ三等一」とあって、門符のことをまず掲げている。**宮殿門**—宮城内の諸宮殿の門。**庫蔵**—庫は文書・兵器、蔵は財物を納めるくら。**倉廩**—倉は穀物、廩は米を貯蔵するくら。**筑紫城**→衛禁24(三五頁)。**鑰**—門扉を開閉するかぎ。鑰匙。**倉庫**—庫蔵・倉廩の約。**柵**—蝦夷に対する防禦施設。**三関**—鈴鹿(伊勢)・不破(美濃)・愛発(越前)の三関。**宮城**—宮城(大内裏)の周囲の諸門。**京城**—京の周囲の諸門。**官厨**—太政官厨をはじめとする中央諸官衙の炊事場。**公廨**—内外諸司の庁舎。**国厨**—国衙の炊事場。**諸門**—上掲以外の内外諸司および関・坊・市等の門。

28 〔禁兵条〕 諸種の兵器を盗んだ場合の罰則。

禁兵器—私家に所有することを禁止されている兵器。軍防44に「凡私家、不レ得レ有ニ鼓鉦・

弩・牟・矟・具装・大角・少角及軍幡一。唯楽鼓不レ在二禁限一」とある。唐擅興律20に「諸私有二禁兵器一者、徒一年半」、その本注に「謂、非二弓箭刀楯短矛一者」とあり、それに該当する日本律には、法曹至要抄によると「凡私有二禁兵器一者、徒一年」とあった。**徒一年半**—唐律は徒二年。**弩**—機械仕掛で矢を発する具。おおゆみ。→軍防補10。**具装**—馬の甲(よろ)。→軍防44。**徒二年**—唐律は流二千里。**私造法**—唐擅興律20は、右に引いた部分に続いて、「弩一張、加二二等一。甲一領及弩三張、流二千里。甲三領及弩五張、絞。私造者、各加二一等一」、その本注に「甲、謂、皮鉄等。具装、与レ甲同」とあり、それに該当する日本律にも私造の場合の罰則があったと推測される。**余兵器**—私家に所有してよい兵器。右掲の唐擅興律20の本注によれば、弓箭・刀・楯・短矛などをさす。**幡幟**—軍用のはた、のぼり。**儀仗**—礼容に用いる兵器。→官衛18注・同補22。**加凡盗一等**—凡盗は35条の罰則。唐律はここを杖九十とする。**軍**—行軍の所(疏)。**宿衛**—衛府の官人および内舎人が宿直警衛すること。

29 〔仏像条〕 仏・菩薩像を盗み、または毀損した場合の罰則。

仏像—唐律は道教関係の場合をも含めて、ここは「天尊像・仏像」とする。**僧尼**—唐律ではこの上に「道士・女冠盗二毀天尊像一」の句がある。**中流**—唐律は加役流。**菩薩**—唐律は「真人・菩薩」とする。**杖八十**—唐律は杖一百。**盗毀不相須**—盗と毀のどちらか一方だけでよい。相須は、両方そろうことを必要条件とするの意。→名例補17b。

半。其塚先穿。謂。先自穿陥。旧有二隙穴一者。及未レ殯。謂。屍猶在レ外。而未二殯埋一。而盗二屍柩一者。謂。盗者元無二悪心一。或欲三詐代二人屍一。或欲二別処改葬一之類。此文既称レ未レ殯。明上文発レ塚。殯訖而発亦是。依レ律。発レ塚者。徒三年。既不レ顕二尊卑貴賤一者。若尊長発二卑幼之墳一。不レ可レ重二於殺罪一。若発二尊長塚一。拠レ法止同二凡人一。律云。発レ塚者。徒三年。在二於凡人一。便減二殺罪一等一。若発二卑幼之塚一。須下減二本殺一等一科上之。已開二棺槨一者。遠流。即減二已殺一等一。発而未レ撤。徒二年。計二凡人之罪一。減二死四等一。卑幼之色。亦於本殺上減二四等一而科。若盗二屍柩一者。依下減二五等一之例上。其於二尊長一。並同二凡人一。盗二衣服一者。減二一等一。器*物者以*盗論。

凡そ塚を発けらば、徒三年。発き撤せらば、即ち坐せよ。已に棺槨を開けらば、遠流。発くが撤せずは、徒二年。其れ塚、先より穿たれたらむ、及び殯せざらむ、而るを屍柩を盗めらば、徒一年半。衣服を盗めらば、一等減せよ。器物は以盗論。

31 凡盗二*山陵内木一者。杖*一百。草者減二三等一。謂。帝皇山陵草木。不[1]レ合[2]二芟刈一。而有レ盗者。若盗二他人墓*塋内樹一者。杖*七十。若其非レ盗。唯止斫伐者。准下雑律毀二伐樹木稼穡一。各准盗論上。

凡そ山陵の内の木を盗めらば、杖一百。草は三等減せよ。若し他人の墓塋の内の樹を盗めらば、杖七十。

32 凡盗二官*私馬牛一而殺者。徒二年半。馬牛軍国所レ用。故与二余畜一不レ同。

凡そ官私の馬牛を盗みて殺せらば、徒二年半。

33 凡盗不レ計レ贓*而立二罪名一。及言二減罪一。而軽二於凡盗*一者。計レ贓重。以*二凡盗一論。加二一等一。従レ盗二大祀神御物一以下。不レ計レ贓科。唯立二罪名一。亦有二減処一。並謂二得レ罪応レ重。故別立二罪名一。若減レ罪軽二於凡盗一者。各須下計レ贓以二凡盗一論。加中一等上。假有。盗二他馬一而殺。平二馬贓一直二布廿端[2]一。若計二凡盗一合二二年半徒一。以二盗殺レ馬故。加二凡盗一等一。処二徒三年一。及言二減罪一。軽二於凡盗一者。上条盗二屍柩一者。徒一年半。盗二衣服一者。減二一等一。假有。盗二屍上衣服直二布五端一。依二凡盗法一。合[3]二徒一年一。文称レ減二一等一。只徒一年。故依二凡盗一。加二一等一。合二徒一年半一之類。是名下以二凡盗一論。加中一等上。

30 〔発塚条〕墳墓を発掘し、および内部のものを盗んだ場合の罰則。

塚—冢の俗字。墳墓。**徒三年**—唐律は加役流で、極めて重い。**発撤**—撤は徹の誤りか。唐律は徹。内部の墓室まで達すること。**棺槨**↓賊盗20注。槨まで開くと、遺骸や副葬品に手を触れなくても遠流(疏)。**遠流**—唐律は絞。**徒二年**—唐律は徒三年。**先穿**—すでに穴があいていた場合。**未殯**—まだ埋葬していない場合。**屍柩**—死体が納めてある棺。柩はひつぎ。**徒一年半**—唐律は二年半。**器物**—唐律は「器物・甎版」とする。**以盗論**—盗罪として扱い、35条の規定を適用する。↓名例53。唐律は「以二凡盗一論」とある。

31 〔山陵条〕山陵および他人の墓域内の草木を盗んだ場合の罰則。

山陵—帝皇の墳墓。**杖一百**—唐律は「諸盗二園陵内草木一者、徒二年半」とし、木と草を別けない。**墓塋**—塋もはか。**杖七十**—唐律は杖一百。もし草木を伐っただけで持ち去らなかった場合は、雑律の・「毀二伐樹木稼穡一、各准盗論」という規定(唐雑律54棄毀器物稼穡条に該当する条文)に准じて扱う(疏)。

32 〔盗官私馬牛条〕官私の馬・牛を盗んで殺した場合の罰則。

官私馬牛—官は左右馬寮・諸官衙・軍団の馬、駅馬・伝馬、官牧の馬牛、および典薬寮の牛など。私は民間所有の馬牛。

33 〔不計贓而立罪名条〕盗罪で贓の額に拘らず刑を科すべき場合(例、賊盗23)、および減軽の規定があるために、その量刑が凡盗より軽くなる場合の取扱い方の規定。

贓—不法に入手した財物。盗品。**凡盗**—35条

凡そ盗の贓を計へずして罪名を立てたる、及び減罪と言はむ、而るを凡盗より軽くは、贓を計ふるに重くは、凡盗を以て論して、一等加へよ。

34 凡*強盗。謂。以二威若力一而取二其財一。先強後盗。先盗後強等。若与二人薬酒及食一。*使二狂乱一取レ財。亦是。即得二*闌遺之物一。殴二撃財主一而不レ還。及竊盗発覚。棄レ財逃走。財主追捕。因相拒捍。如レ此之類。事有二*因縁一者。*非二強盗一。以二威若力一。假有。以レ威脅レ人。不レ加二凶力一。或有直用二凶力一。不レ作二威淩一。而劫掠取レ財者。先強後盗。謂。先加二迫脅一。然後取レ財。先盗後強。謂。先竊二其財一。事覚之後。始加二威力一。如レ此之例。倶為二強盗一。若飲二人薬酒一。或食中加レ薬。令二其迷謬一。而取二其財一者。亦従二強盗之法一。即得二闌遺之物一。財主来認。因即殴撃。不レ肯レ還レ物。及竊二取人財一。其物主知覚。遂棄レ財逃走。財主逐之。因相拒捍。如レ此事類。是事有二因縁一。並非二強盗一。自従二闘殴及拒レ捕之法一。拠二捕亡律一。被レ盗雖二傍人一。亦得二捕繫一。其有二盗者将レ財逃走一。傍人追捕。因即格傷。或絶レ時。不レ絶レ時者。依レ律。盗者雖二是傍人一。皆得二捕繫以送二官司一。盗者既将レ財逃走。傍人依レ律合レ捕。其人乃拒二傷捕者一。即是先盗後強。絶レ時以後捕者。既無二財主尋逐一。便是不レ知二盗由一。因相拒捍。唯有二拒レ捕之罪一。不レ成二強盗一。不レ得レ財。徒二年。*一尺徒三年。*二端加二一等一。*十五端及傷レ人者絞。殺レ人者斬。*殺二傷奴婢一亦同。*雖レ非二財主一。但因レ盗殺傷皆是。諸条奴婢。多悉不レ同二良人一。於レ此殺二傷奴婢一。亦同二良人之坐一。雖レ非二財主一。但因レ盗殺傷。無レ問二良賤一。皆如二財主之法一。其持レ仗*者。雖レ不レ得レ財遠流。*十端絞。傷レ人者斬。

凡そ強盗の、謂はく、威若しくは力を以て、其の財を取れるをいふ。先づ強ひて後に盗める、先づ盗みて後に強ひたる、等し。若し人に薬酒及び食を与へて、狂乱せしめて財を取る、亦是そ。即し闌遺の物を得て、財主を殴ち撃ちて還さず、及び竊盗発覚して、財を棄てて逃走せむ、財主追捕せむ、因りて相ひ拒捍せむ、此の如き類は、事因縁有らば、強盗に非ず。財を得ざらむは、徒二年。一尺に徒三年。二端に一等加へよ。十五端、及び人を傷れ

らば、絞。人を殺せらば、斬。奴婢を殺し傷れらば、亦同じ。財主に非ずと雖も、但盗に因つて殺し傷れらば、皆是そ。其れ仗を持てらば、財を得ずと雖も、遠流。十端に絞。人を傷れらば、斬。

35 凡*竊盗不レ得レ財。笞五十。一尺杖六十。一*端加二一等一。五*端徒一年。五端加二一等一。五十端加*役流。其有三於二一家頻盗。及一時而盗二数家一者。並累而倍論。倍。謂。二尺為二一尺一。若有二一処贓多。累倍不レ加レ重者。止従二一重一而断。其倍贓依レ例惣徴。

凡そ竊盗の財を得ざらむは、笞五十。一尺に杖六十。一端に一等加へよ。五端に徒一年。五端に一等加へよ。五十端に加役流。

36 (養老律写本にこの条なし)

37 凡故焼二人舎屋。及積聚之物一而盗者。計二所*レ焼減価一。併*レ贓*以二強盗一論。賊人姧詐。千端万緒。盗[1]竊穿窬。触レ途詭譎。或有下焼二人舎屋及積聚之物一。因即盗中取其財上。計二所レ焼之物減価一。併二於所レ盗之物一。計レ贓以二強盗一論。十五端絞。若有下持レ仗焼二人舎宅一。因即盗二取其財一。或焼中傷物主上者。依二雑律一。故焼二人舎屋一。徒三年。不レ限二強之与一レ竊。然則持レ仗焼[2]レ舎。止徒三年。因即盗二取財物一。便是元非二盗意一。雖二復持[3]レ仗。而行事同二先強後盗一。計レ贓以二強盗一科レ罪。火若傷レ人者。同二強盗傷レ人法一。

凡そ故に人の舎屋、及び積聚の物を焼いて盗めらば、焼ける所の減価を計へて、贓を併せて強盗を以て論せよ。

38 凡*恐喝取二人財物一者。口恐喝亦同。准*一盗論加二一等一。謂。知二人有レ犯。欲二相告訐[1]一。恐喝以取二財物一者。雖二口恐喝一。亦与二文牒一同。雖レ不レ足二畏忌一。財主懼而自与亦同。謂。亦同二恐喝之罪一。展*転伝レ言而受レ財者。皆為二従坐一。假如。甲遣二乙景一。伝二言於丁一。恐喝取二物五端一。甲合二徒一年半一。乙景各徒一年。是名三受レ財者。皆為二従坐一。若*為レ人侵[2]損。恐喝以求二備償一。事

に規定する罪。**以凡盗論加一等**—35条の規定を適用して、それに一等を加える。

34 〔強盗条〕一般的な強盗行為に対する罰則。

強盗—強盗贓は六贓の一。盗贓は倍額を徴し、正贓が見在すれば官主に還す。↓名例33。強盗罪には首従の別を立てない。↓唐名例律43。**強食**—薬を入れた食物。**闌遺之物**—闌は飼主の許から逸脱した家畜。遺は遺失物。↓廐牧24。雑律60逸文参照。**因縁**—よりどころ、依拠。ここは、ほかにわけがあって威力を用いた場合はの意。**非強盗**—これらの場合には、闘殴法(闘訟律1以下の諸条)あるいは捕亡法(闘訟律18)を適用する(疏)。**一尺**—布一尺。**二端加一等**—二端一尺で一等を加えて近流となる。唐律は二端を二疋(絹)とする。**十五端**—唐律は十疋。**奴婢**—家人をも含む。**雖非財主**—その奴婢が財主でない場合でもの意。**仗**—剣戟の総名、武器。**十端**—唐律は五疋。

35 〔竊盗条〕一般的な竊盗行為に対する罰則。

竊盗—竊盗贓は六贓の一。盗贓は倍額を徴し、正贓は見在すれば官主に還す。↓名例33。**一家**の物を数度にわたって盗み、あるいは数家の物を同時に盗んだ場合は、それらの贓(盗品)を総計した額の半分の額によって罪を科する。もし一処の贓が総計の半分より多いときは、その一処の贓による。但し倍贓は総計の額に基づいて徴収する(疏)。**一端加一等**—一端一尺で杖七十となる。唐律は一端を一疋(絹)とする。**五端**—唐律は五疋。以下みな端を疋とする。**加役流**—遠処に配して三年の役を課する流刑。↓名例24。

有二*因縁一之類者非。假有。甲為レ乙践二損田苗一。遂恐二喝於乙一。得二倍苗一之外。更取レ財者。為レ有二損苗之由一。不レ当二恐喝之坐一。苗外余物。即当下非二監臨主司一因レ事受レ財坐贓上科断。此下是事有二因縁一之類者。非中恐喝上。其有下恐喝取二財五端一。首不レ行。又不レ受レ分。伝レ言者二一人受レ財。一人不レ受者。律称二准盗一。須レ依二盗法一。按二下条一。共盗者。併レ贓論。造意及従。行而不レ受レ分。即受レ分而不レ行。各依二本首従法一。若造意不レ行。又不レ受レ分。即以下行人専二進止一者上為レ首。造意為レ従。至レ死減二一等一。従者不レ行。又不レ受レ分。笞卌。其首不レ行。又不レ受レ分。即以二伝レ言取レ物者一為レ首。五端合二徒一年半一。造意者為レ従。合二徒一年一。又一人不レ受レ分。本[3]合二為レ従笞五十一。又有。監臨恐二喝所部一取レ財。不レ可レ同二凡人之法一。名例律。当条雖レ有二罪名一。所レ為重者。自従レ重。理従二強乞之律一。合下准二枉法一而科上。若知レ有二罪不レ虚。恐喝取レ財[4]放者。合下従二真[5]枉法一而断上。 若財未レ入者。杖六十。即*五等以上親。自相二恐喝者。犯二*尊長一。以二*凡人一論。*強盗亦准レ此。謂。下条強二盗五等以上尊長一。並依二凡人強盗之罪一。不レ在二准レ親減例一。犯二卑幼一。各依二*本法一。恐喝許[6]レ財。無レ限二多少一。財未レ入者。杖六十。即五等以上自相恐喝者。犯二尊長一。以二凡人一[7]論。准盗加二一等一。犯二卑幼一。各依二本法一。謂。恐二喝五等卑幼一取レ財者。減二凡人一等一。五端徒一年。四等以上。逓減二一等一。

凡そ恐し喝して、人の財物を取れらば、口に恐し喝せらば、亦同じ。准盗論して一等加へよ。畏り忌むに足らずと雖も、財主懼りて自ら与へたらば、亦同じ。展転して言伝へて、財受けたらば、皆従坐と為よ。若し人の為に侵損せられて、恐し喝し以て備へ償ふこと求めたらむ、事因縁有る類をばいはず。若し財入れずは、杖六十。即し五等以上の親の自ら相ひ恐し喝せらば、尊長を犯せらば、凡人を以て論せよ。強盗も亦此に准へよ。卑幼犯せらば、各本法に依れ。

39 凡本以二他故一殴二撃人一。因而奪二其財物一者。計レ*贓以二*強盗一論。謂。本無二規レ財之心一。乃為二別事一殴打。因見二財物一。遂即奪之。事類二先強後盗一。故計レ贓以二強盗一論。以三先無二盗心一之故。贓満二十五端一応レ死者。加役流。若奪二財物一不レ得者。止従二故闘殴法一。文称下計レ贓以二強盗一論上。奪レ物贓不レ満二一尺一。同二強[1]法不得財一。徒二年。既元無二盗心一。雖レ持レ杖。亦不レ加二其罪一。雖二監臨一亦同。至レ*死者加*役流。 因而竊取者。以二*竊盗一論。

36 〔唐律疏議は監臨主守自盗条。監臨および主守の官が所管の財物または部内の人の財物を盗んだ場合の罰則。↓補☆〕

37 〔故焼人舎条〕 人の舎屋・集積物に火をつけて物を盗んだ場合の取扱い方の規定。**所焼減価**—火災による損害額。**併贓**—火災損害額と盗品の額とを合計して。**以強盗論**—強盗として扱い、34条を適用するの意。なお盗を目的としないで焼いた場合は、雑律44を適用する。

38 〔恐喝条〕 人を恐喝して財物を取った場合の罰則。**恐喝**—人の犯行をたねに文書または口頭で脅迫すること。**准盗論加一等**—35条(竊盗条)の規定を準用し、その罰則に一等を加える。**准盗論**→名例53。**展転伝言而受財者**……—例えば甲が乙・丙(景→名例補6 g)を遣わして丁を恐喝し、物五端を取った場合、甲は盗に準じて一等を加えれば徒一年半であるのに対して、乙と丙は従犯としてそれに一等を減じ、徒一年の罪を科する(疏)。**若為人侵損**……—例えば甲が乙のために田苗を踏み損じられ、乙を恐喝して損苗の倍額を出させた上にさらに財物を取った場合は、損苗という理由があるから、恐喝の罪としては扱わず、余分に取った財物は坐贓(名例32)として科断する(疏)。**因縁**↓賊盗34注。**五等以上親**↓儀制25。**尊長**—目上の親族。**以凡人論**—親族以外の普通の場合と同じに扱い、盗に准じて一等を加える。**強盗亦准此**—尊長に対して強盗をした場合もこれに准じ、40条の等親関係による逓減の規定を適用しないで、一般の強盗の場合の規定である34条を適用するの意。**本法**—40条をさす。

加㆓一等㆒。謂。先因㆓他故㆒殴撃。而輙竊㆓取其財㆒者。 若有㆓殺傷㆒。*各従㆓故闘法㆒。謂。本因㆓殴撃㆒殺傷。元非㆓盗㆑財損害㆒。各従㆓故闘法㆒。謂。因㆑闘致㆑死者絞。故殺者斬。称㆑各者。従㆓強奪及竊取㆒。各以㆓故闘㆒論。

凡そ本他の故を以て人を殴ち撃ちて、因りて其の財物を奪へらば、贓を計へて強盗を以て論せよ。死に至らば、加役流。因りて竊み取れらば、竊盗を以て論して、一等加へよ。若し殺し傷れること有らば、各故闘の法に従へよ。

40 凡盗㆓*五等親財物㆒者。*減㆓凡人一等㆒。四等以上。*逓減㆓一等㆒。五等以上相盗。皆拠㆓別居㆒。其有㆓相盗㆒。不㆑限㆓強竊㆒。 *殺傷者。*各依㆓本殺傷㆒論。謂。因㆑盗誤殺㆓傷人㆒。若殺㆓傷尊卑長幼㆒。各依㆓本殺傷法㆒。 此謂。因㆑盗而誤殺者。謂。本心只欲㆑規㆑財。因㆑盗而誤殺㆑人者。同㆓因㆑盗過失殺㆑人。依㆓闘殺之罪㆒。不㆑言㆑傷者。為㆓傷罪稍軽㆒。聴㆑従㆓誤傷之法㆒。但殺㆑人坐重。雖㆑誤同㆓闘殺㆒論。若実故殺。自依㆓故殺傷法㆒。 若有㆑所㆓*規求㆒。而故殺㆓二等以下卑幼㆒者絞。余条准㆑此。即此条因㆑盗。是為㆑有㆑所㆓規求㆒。故殺㆓二等以下卑幼㆒者絞。誤殺者。自依㆓本闘殺㆒論。余条。謂。諸条姧及略和誘。但是争競。有㆑所㆓規求㆒。而故殺㆓二等以下卑幼㆒。本条不㆑至㆑死者並絞。故云。余条准㆑此。

凡そ五等の親の財物を盗めらば、凡人に一等減せよ。四等以上は、逓に一等減せよ。殺し傷れらば、各本殺傷に依りて論せよ。此は謂はく、盗に因りて誤ちて殺せるをいふ。若し規り求むる所有りて、故に二等以下の卑幼を殺せらば、絞。余の条も此に准へよ。

41 凡同居*卑幼。将㆑人盗㆓己家財物㆒者。*以㆔私輙用㆓財物㆒論。加㆓二等㆒。謂。共居子孫弟姪之類。将㆓外人㆒共盗㆓己家財物㆒者。案㆓戸婚律㆒。同居卑幼。私輙用㆑財者。五端笞十。五端加㆓一等㆒。罪止杖一百。 他人減㆓*常盗罪一等㆒。謂。卑幼将㆑人盗㆑物雖㆑多。罪止徒一年半。他人減㆓常盗罪一等㆒。其於㆓首従㆒。自依㆓常例㆒。 若有㆓殺傷㆒者。*各依㆓本法㆒。謂。依㆘故殺㆓傷尊長卑幼㆒本法㆖。他人依㆓強盗殺傷法㆒。 他人殺傷。縦卑幼不㆑知㆑情。仍*従㆓本殺傷法㆒坐之。称㆓坐之㆒者。不㆑在㆓除免加役流之例㆒。若他人誤殺㆓傷尊長㆒。卑幼不㆑知㆑情。亦依㆓誤法㆒。其被㆓

39 〔本以他故条〕他の理由で人を殴撃し、それによって財物を奪った場合の罰則。

贓—奪った財物。**以強盗論**—強盗として扱い、34条を適用する。**至死者**—贓が十五端以上で死罪に至った場合。**加役流**—遠処に配して三年の役を課する刑。↓名例24。本来盗心がなかったので、死罪としない(疏)。**以竊盗論**—35条を適用する。**各従故闘法**—各は強奪と竊取のそれぞれについての意。故闘法は闘訟5の闘殺傷と故殺傷の規定をさす。

40 〔盗五等親財物条〕五等以上の親族の財物を盗んだ場合の罰則。

五等親—五等の親は妻妾父母・姑子・舅子・姨子・玄孫・外孫・女聟。等親↓儀制25。この親族はみな別居のものをいう(疏)。**減凡人一等**—普通の強盗・竊盗の場合の規定(賊盗34 35)より一等を減ずる。**逓減一等**—等親関係に従って順次に一等を減ずるの意。従って一等の親は五等を減ずることになる。唐律は「大功減㆓一等㆒、期親減㆓三等㆒」とする。**殺傷者**—親族以外を殺傷した場合も含む(疏)。**各依本殺傷論**—それぞれ闘殺法(闘訟5)と誤傷法(唐闘訟律35該当条文)を適用する。殺人は罪が重いので、誤殺であっても闘殺法を適用する(疏)。**規求**—財物の取得を目的とする。規ははかる。

41 〔同居条〕同居の卑幼が他人を率いて自家の財物を盗んだ場合の罰則。

卑幼—目したの親族。**以私輙用財物論**—戸婚律13同居卑幼私輙用財条逸文の規定を適用するの意。**常盗罪**—35条に規定する罪。

殺傷人。非尊長者。卑幼不知殺[1]情。唯得盗罪。無殺傷之坐。其有知情幷自殺傷者。各依本殺傷之法。若卑幼共他人強盗者。律無加罪之文。案職制律。貸所監臨財物。強者加二等。余条強者准此。諸親相盗。罪有等差。将人盗己家財[2]者。加私輙用物[3]二等。更無強盗之文。止顕殺傷之坐。若殺傷罪重。従殺傷法科。如殺傷坐軽。即准強者加二等。此是一部通例。故[4]不条別生文。

凡そ同居の卑幼、人を将て己が家の財物を盗めらば、私に輙く財物用ゐたるを以て論して、二等加へよ。他人は、常盗の罪に一等減せよ。若し殺し傷れること有らば、各本法に依れ。他人殺し傷れらむ、縦ひ卑幼情を知らずは、仍りて本殺傷の法に従へて坐せよ。

42 凡因盗而過失*殺傷人者。以*闘殺傷論。至*死者加*役流。謂。因行窃盗。而過失殺傷人者。以其本有盗意。不従過失収贖。故以闘殺傷論。得財不得財等。謂。得財与不得財。並従闘殺傷科。財主尋逐。遇*二他死者非。謂。財主尋逐盗物之賊。或墜馬。或落坑致死之類。是遇他故而死。盗者唯得盗罪。而無殺傷之坐。其共盗。臨*三時有殺傷者。以*強盗論。謂。共行窃盗。不謀強盗。臨時乃有殺傷人者。同行而不知殺傷情者。止依窃*盗法。謂。同行元謀窃盗。不知殺傷之情。止依窃盗法為首従。殺傷者。自依強法。

凡そ盗に因りて過失に人[1]を殺し傷れらば、闘殺傷を以て論せよ。死に至らば、加役流。財得たる、財得ざる、等し、財主尋ね逐はむ、他に遇ふて死にたらむをば、非はず。其れ共に盗みて臨時に殺し傷れること有らば、強盗を以て論せよ。同じく行きて殺し傷れる情を知らずは、止窃盗の法に依れ。

43 凡以私財物。奴婢。畜産之*類。碾磑。邸店。庄[1]宅。車船。色類至多。故云之類。余*条不別顕奴婢者。与

各依本法—卑幼については尊長・卑幼に対する故殺法(唐闘訟律26該当条文以下の諸条)、他人については34条の強盗殺傷法の規定による(疏)。

従本殺傷法坐之—他人が誤って尊長を殺傷した場合は、卑幼が情を知らないでも誤殺傷法(唐闘訟律35該当条文)によるが、殺傷されたのが尊長でない場合は、情を知らなければただ盗罪を得、殺傷の罪にはならない(疏)。坐之→名例53。

42 〔因盗而条〕 盗みの行為に伴って、人を殺傷した場合の罰則。

過失殺傷—不可抗力による殺傷。闘訟律38逸文の本注に「謂、耳目所不及、思慮所不到、共挙重物、力之所不制、若乗高足趺、及因撃禽獣、以致殺傷之属、皆是」とある。

以闘殺傷論—闘訟律1闘殴人条から同5闘殴殺人条に至る諸条を適用する。

至死者—死罪になった場合にはの意。

加役流—遠処に配して三年の役を課する刑。→名例24。

遇他死者—他のことで死んだ場合。例えば、落馬し、坑に落ちるなど(疏)。

臨時—その時になって。

以強盗論—34条の規定を適用する。

窃盗法—35条の規定。

43 〔貿易条〕 私有の財物を官物と交換した場合の罰則。

之類—碾磑・邸店・庄宅・車船その他(疏)。

余条……—例えば1条(謀反条)に資財とあるのは奴婢・畜産を含み、廐庫律2逸文に畜産とあるのは奴婢をも含む(疏)。

畜産財物ー同。謂。反逆条中。称ニ資財並没官一。不レ顕ニ奴婢畜産一。又厩庫律。験ニ畜産一不レ以レ実者。一笞卅。即無下験ニ奴婢一之文上。若験不実者。亦同下験ニ畜産一之法上。故云。余条不ニ別顕ニ奴婢一者。与ニ畜産財物一同。*一貿ニ易官物一者。*二計ニ其等一准盗論。謂。将ニ私馬一貿ニ易官馬一。其馬各直ニ布五端一。其価雖レ等。仍准盗論。合ニ徒一年一。*官物賤亦如レ之。謂。私馬直ニ布十端一。博ニ官馬直ニ五端一。亦徒一年。*計ニ所利一*以盗論。謂。以ニ私物直ニ布一端一。貿ニ易官物直ニ布四端一。即一端是等。合ニ准盗論。杖六十一。三端是利。以盗論。合ニ杖八十一。有ニ倍贓一。応ニ累併一者。皆将ニ以盗一累ニ於准盗一加レ罪之類。除免倍贓。各尽ニ本法一。其貿ニ易奴婢一。*計レ贓重ニ於和誘一者。*同ニ和誘法一。仮有。以ニ私奴婢直ニ布卅端一。貿ニ易官奴婢直ニ布七十端一。即是計レ利五十端。合ニ加役流一。以下本条和ニ誘奴婢一。罪止中流上。即於ニ此条貿易一。不レ可ニ更重一。故云レ同ニ和誘法一。

凡そ私の財物・奴婢・畜産の類を以て、余条に別に奴婢顕さざるは、畜産・財物と同じ。官物に貿易せらば、其の等を計へて准盗論。官物賤しくとも、亦之の如く。所利を計へて以盗論。其れ奴婢を貿易せらむ、贓計ふるに和誘より重くは、和誘の法に同じ。

44 凡山野之物。已加ニ功力一。*刈伐積聚。而輙取者。*各以盗論。謂。草木薬石之類。有レ人已加ニ功力一。或刈伐。或積聚。而輙取者。各准ニ積聚之処時価一。計レ贓依ニ盗法一科レ罪。

凡そ山野の物、已に功力を加へて、刈り伐り、積み聚めたらむ、而るを輙く取れらば、各以盗論。

45 凡*略レ人。略ニ売人一。*不レ和為レ略。年十歳以下。雖レ和亦同ニ略法一。為ニ奴婢一者。*遠流。注云。年十歳以下。雖レ和亦同ニ略法一者。謂。十歳以下。未レ有レ所レ知。易レ為ニ誑誘一。雖ニ共安和一。亦同ニ略法一。為ニ*家人一者。*徒三年。為ニ妻妾子孫一者。*徒二年半。略レ人為ニ家人一者。或有ニ状験可レ憑。或勘詰知ニ実不ニ以為レ奴者。為ニ妻妾子孫一者。為ニ弟姪一之類亦同。*未レ得各減ニ四等一。因而殺ニ傷人一者。*同ニ強盗法一。謂。因レ略レ人拒闘。或殺若傷。同ニ強盗法一。既同ニ強盗之法一。因レ略殺ニ傷傍人一亦同。*和誘者。各減ニ一

貿易ー物と物を交換すること。**計其等**ー価格が等しい場合にはの意。**准盗論**→名例53注。本条では例えば私馬を官馬と交換し、馬の価格が共に布五端であった場合は、価格は等しいけれども准盗として扱い、35条の規定によって徒一年とする(疏)。ただしこの場合は倍贓を徴しない。**官物賤亦如之**ー布十端の価格の私馬を五端の価格の官馬と交換した場合も、同じく徒一年とする(疏)。**計所利**ー価格を計算すると利益があったことになる場合にはの意。この場合は名例45の「其一事分為ニ二罪一、罪法若等、則累論」の規定が適用される。**以盗論**→名例53注。本条では、利益の分については以盗として扱うの意。例えば布一端の価格の私物を布四端の価格の官物と交換した場合には、等価である一端の分については准盗論で、杖六十、利益である三端の分については以盗論で、杖八十であるが、両者を合せて四端の刑として杖九十を科し、そのほかに三端の分の倍贓を徴収する(疏)。**倍贓**→名例32注。**計贓重於和誘者**ー利益の分を計算した結果の量刑が和誘の罪の場合より重くなったときはの意。贓は不法に取得した財物、盗品。**和誘法**ー46条の規定をさす。→名例32。

44 〔山野条〕他人が刈伐・積集した山野の物を勝手に取った場合の罰則。

功力ー労働力。**各以盗論**ー盗罪として扱い、各々その地方の時価に基づいて35条の規定を適用する(疏)。

45 〔略人条〕人を略したり和誘した場合、およびそれを売った場合の罰則。

略ーかすめる、かどわかす。**和**ー合意すること。**奴婢**→戸令補35d。**遠流**ー唐律は絞。人

等。若*和同相売為奴婢者。*皆徒三年。和同相売。謂。元謀両和。相売為奴婢者。売人。及被売人。罪無首従。皆得此坐。其数人共売。他人自依首従之法。*売未售者。減一等。謂。和同相売。未售事発者。*下条准此。謂。下条得[2]亡奴婢而売未售。及売[3]二等卑幼及兄弟孫。外孫。為奴婢。未售者。亦減一等。故云准此。即略。和誘。及和同相売。他人家人者。各減良人一等。謂。略他人家人為奴婢者。徒三年。略家人還為家人者。合徒二年半。略為妻妾子孫者。徒二年。和誘家人為奴婢。徒二年半。還為家人。徒二年。為妻妾子孫。徒一年半。若共他人家人。和同相売為奴婢。徒二年半。為家人者。徒二年。故云。各減良人一等。其略和誘五等以上親家人。律雖無文。令有任主駈使。不可同於凡人。亦須依盗法而減。五等親家人減凡人家人一等。四等親減二等。三等親減三等。二等親減四等。若家人被人所誘。将為妻妾子孫。而和同[4]逐去者。名例律。共犯罪。随従者減一等。背主受誘。即当此条。准其罪坐。減誘者罪一等。自余受誘。律無正文者。並合従坐科罪。若逃亡罪重者。依例。当条雖有罪名。所為重者。自従重。

凡そ人を略し、人を略し売りて、和はざるを略と為。年十歳以下は、和へりと雖も、亦略法に同じ。奴婢と為らば、遠流。家人と為らば、徒三年。妻妾・子孫と為らば、徒二年半。得ずは、各四等減せよ。因りて人を殺し傷れらば、強盗の法に同じ。和誘せらば、各一等減せよ。若し和同して相ひ売つて奴婢と為らば、皆徒三年。売るが售られずは、一等減せよ。下の条も、此に准へよ。即し他人の家人を略し、和誘し、及び和同して相ひ売れらば、各良人に一等減せよ。

46 凡*略奴婢者。*以強盗論。*和誘者。*以竊盗論。謂。計贓各依強竊為罪。其贓並合倍備。各罪止*中流。即奴婢別齎*財物者。自従*強竊法。*不得累而科。謂。奴婢身所着衣服外。乗有財物。自従強竊法。因略者。一尺徒三年。二端加一等。和誘者。一尺杖六十。一端加一等。各従一重科之。並不得将奴婢之身。累併財物同断。故云自従強竊法。不得累而科之。其奴婢身[1]齎別財。[2]略誘不知有物。止得略誘本罪。贓不合科。如其知者。財雖奴婢将行。各同強竊法。其略誘良人。或家人。衣服外有財者。亦同強竊盗法。不取入己。良人家人合有資財。不在坐限。若

を略して奴婢とした場合には首従の別を立てない。↓唐名例律43。**家人**↓戸令補40。唐律では部曲。**徒三年**―唐律は流三千里。**徒二年半**―唐律は徒三年。**未得各減四等**―未得は、未遂の場合にはの意。この句は唐律にはない。**強盗法**―34条の規定。**和誘**―合意の上で誘拐すること。**和同相売**―あらかじめ相談の上で一方の人が他方の人を売ること。**皆徒三年**―皆は、首従の別を立てず、売った人も売られた人も共にの意。唐律は「皆流二千里」とする。**売未售者**―売りに出してまだ買手がつかなかったときはの意。**下条**―46条の逃亡奴婢を売った場合、および47条の二等卑幼等を売った場合の規定をさす(疏)。

46 〔略奴婢条〕 奴婢を略し、または和誘した場合、および逃亡奴婢を売り、または蔵隠し、その子孫を買い、または乞い取った場合の罰則。

略―かすめる、かどわかす。↓賊盗45。

以強盗論―34条を適用する。

和誘―合意の上で人を誘拐すること。↓賊盗45。

以竊盗論―35条の規定を適用する。

中流―唐律は流三千里。

財物―着衣以外の財物。

強竊法―34 35条の規定。

不得累而科―奴婢の身柄の分と所持の財物の分とを累計した総額に基づいて罪を科するのではなく、どちらか重いほうによって罪を科する。その際に贓は倍備するが、和誘の場合に財物を所持していることを知らなかったならば、贓は科さない(疏)。

不送官—捕亡8に「凡捉獲逃亡奴婢、限五日内、送随近官司」とあり、その義解に「謂、過五日不送者、科違令」とある。

准盗論—盗罪に准じて扱い、35条の規定を適用する。↓名例53注。

与同罪↓名例53注。ここは、売手も買手も、あるいは請求した者も請求に応じた者も、みな同罪の意。

47〔売二等卑幼条〕 卑幼の親族を売って奴婢とした場合の罰則。

二等卑幼—等親法(儀制25)では弟妹・妻妾・姪(兄弟の子)・孫・子婦を二等の卑幼とするが、ここでは孫と妻妾は含まれない。

兄弟孫—四等の親。

外孫—五等の親。

徒一年—唐律はここまでを一括して「諸略売期親以下卑幼為奴婢者、並同闘殴殺法」とし、その本注に「無服之卑幼、亦同」とする。

和売—当人と合意の上で売ること。

凡人和略法—45条の規定をさす。

得逃亡奴婢。不*送官而売者。以和誘論。（凡[3]捉獲逃亡奴婢。依令。五日内。合送官司。其有不送而私売者。以和誘論。）蔵隠者。減一等坐之。（謂。減盗罪一等坐之。）即私従奴婢。買子孫及乞取者。准*盗論。（謂。或買或乞。各平所乞買奴婢之価。計贓准盗論。並不在除免。倍贓。加役流之例。）乞売者与*同罪。（謂。奴婢将子孫。乞人及売与人。並与買乞者同罪。）雖以為良亦同。（謂。乞買者。雖将為良人。亦与充賤罪同。）

凡そ奴婢を略せらば、強盗を以て論せよ。和誘せらば、竊盗を以て論せよ。各罪止中流。即し奴婢別に財物を賫てらば、自ら強竊の法に従へよ。累ねて科すること得じ。若し逃亡の奴婢を得て、官に送らずして売れらば、和誘を以て論せよ。蔵し隠せらば、一等減して坐せよ。即し私に奴婢に従へて、子孫を買ひ、及び乞ひ取れらば、准盗論。乞へ売れらば、与同罪。以て良と為りと雖も、亦同じ。

47 凡売二*等卑幼。及兄*弟孫。外*孫為奴婢者。徒二年半。（二等卑幼。謂。弟妹。若兄弟之子者。）子孫者徒*一年。即和*売者。各減一等。其売余親者。各従凡*人和略法。（其売妻妾為婢者。妻妾雖是二等。不可同之卑幼。故諸条之内。毎別称夫。本犯非応義絶。或准二等之幼。若其売妻妾為婢。原情即合離異。夫自嫁者。依律両離之。売之充賤。何宜更合此条。売二等卑幼。妻妾固不在其中。只可同彼余親従凡人和略之法。其於殴殺。還同凡人之罪。故知。売妻妾為婢。不入二等幼之科。名例云。家人共犯。止坐尊長。此文売二等卑幼。及兄弟孫。外孫。子孫。被売之人。不合加罪。為其卑幼合受処分故。又例云。本条別有制。与例不同。依本条。其売余親。各従凡人和略法。既同凡人為法。不合止坐家長。）

凡そ二等の卑幼、及び兄弟の孫、外孫を売つて奴婢と為らば、徒二年半。子孫は、徒一年。即し和ふて売れらば、各一等減せよ。其れ余親を売れらば、各凡人の和略の法に従へよ。

48 凡知略。和誘。和同相売。及略和誘奴婢。而買之者。各減売者罪一等。謂。知略和誘和同相売等情。而故買之者。各依其色。准前条。減売人罪一等。假有。人知略売良人為奴婢。而買之者。従流上減一等。合徒三年之類。知祖父々母々売子孫買者。各加売者罪一等。謂。略和誘他人而売。得罪已重。故買者。減売者罪一等。若知祖父売子孫。得罪稍軽。故買者。加売者罪一等。假有。父祖売子孫為奴婢。合徒一年。知而買之者。加罪一等。合徒一年半之類。展転知情而買。各与初買者同。假有。甲知他人祖父売子孫而買。復売与乙。々又売与景。展転皆知売子孫之情而買者。甲乙景。倶合徒一年半。雖買時不知。買後知而不言。亦以知情論。初買之時。不知略和誘和同相売之情。買得之後訪知。即須首告。不首告者。各同初買之罪。若知略和誘充賤。而娶為妻妾者。律云。知略和誘和同相売。而買之者。各減売者罪一等。其略為家人。減為賤罪一等。為妻妾子孫。又減一等。即是従賤為妻妾。減罪二等。通初買減三等。假有。知略良為婢合流。買為婢者。減一等。買為家人。減二等。娶為妻妾。減三等。挙斯一節。即買余色。減罪可知。

凡そ略し、和誘し、和同して相ひ売る、及び奴婢を略し、和誘せりと知りて、買へらば、各売れる者の罪に一等減せよ。祖父母・父母、子孫を売ることを知つて、買へらば、各売れる者の罪に一等加へよ。展転して情を知りて買へらば、各初め買へる者と同じ。買ひし時知らずと雖も、買ひて後に知りて言はずは、亦情知れるを以て論せよ。

49 凡知略。和誘。及強盗。竊盗。而受分者。各計所受贓。准竊盗論。減一等。知略和誘人。及略和誘奴婢。或強盗竊盗。若知情而受分者。為其初不同謀故。計所受之贓。准竊盗論。減一等。假有。知人強盗。受布五端者。減竊盗一等。合杖一百之類。知盗贓而故買者。坐贓論。減一等。謂。知強竊盗贓。故買。十端合杖九十。知而為蔵者。又減一等。知盗贓而故蔵。又減一等。合杖八十。其余犯贓故買及蔵者。律無罪名。従不応為。流以上従重。徒以下従軽。

凡そ略・和誘及び強盗・竊盗を知りて、分受けたらば、各受けたる所の贓を計へて、

48 〔知略和等条〕略・和誘・和同相売などの事情を知りながら良人・奴婢を買った場合の罰則。
略・和誘・和同相売→賊盗45 46。
祖父母父母売子孫→賊盗47。唐律はこの下に「及売子孫之妾若己妾」の句がある。
展転知情而買―甲から乙、乙から丙(景)へと売られて、甲乙丙らがみな事情を知りながら買った場合はの意。

49 〔知略和条〕略・和誘・強盗・竊盗などの事情を知りながら分けまえに与かり、あるいは故買・故蔵した場合の罰則。
略・和誘→賊盗45 46。
強盗→賊盗34。
竊盗→賊盗35。
計所受贓―分けまえの価格を計算しての意。贓は不法に入手した財物。
准竊盗論―竊盗罪に准じて扱い、35条の規定を適用する。→名例53注。
盗贓―盗品。
坐贓論―坐贓の罪として扱い、雑律1逸文の規定を適用するの意。坐贓は六贓の一で、監臨の主司にあらずして、事に因って不法に財物を受ける罪。→名例32・雑律1。
蔵―盗品を隠匿または保管する罪。

竊盗に准へて論して、一等減せよ。盗の贓を知つて、故に買へらば、坐贓論して、一等減せよ。知りて蔵すこと為らば、又一等減せよ。

50 凡共盗者*。併*レ贓論。造意*及従*。行而不レ受レ分。即受レ分而不レ行。各依二本首従*法一。假有。十人同盗二得十端一。人別分得二一端一。亦各得二十端之罪一。若造意之人。或行而不レ受レ分。或受レ分而不レ行。雖二行受有一レ殊。各依二本首従一為レ法。或止用二一人一為レ首。余為二従坐一。假有。甲造意不レ行受レ分。乙為レ従行而不レ受レ分。仍以レ甲為レ首。乙為レ従之類。 若造意者不レ行。又不レ受レ分。即以下行人専二進止*一者上為レ首。造意者為レ従。至*レ死減*二一等一。假有。甲造意行盗而不レ行。所二盗得一財。又不レ受レ分。乙景丁等同行。乙為二処分方略一。即是行人専二進止一者。乙合レ為レ首。甲不レ行為レ従。共強盗応レ至レ死者。減二死一等一遠流。雖レ有二従名一。流罪以下。仍不レ得レ減。 従者不レ行。又不レ受レ分。笞卌。強盗杖八十。謂。共謀二竊盗及強盗一。従者不レ行。又不レ受レ分者。 若本不二同謀一。相遇共盗一。以下臨時専二進止一者上為レ首。余為二従坐一。共強盗者。罪無二首従一。謂。強盗雖二本不一レ謀。[1]但是同行。並無二首従一。 主遣*二家人奴婢*一盗者。雖レ不レ取レ物。仍為レ首。主遣二当家々人奴婢一行盗。雖レ不レ取二所レ盗之物一。主仍為二行盗首一。家人奴婢為レ従。 若行盗之後。知レ情受レ財。強盗竊盗。並為二竊盗従一。謂。家人奴婢。私自行盗。[2]々後知レ情受。[3]則准二所レ受多少一。不レ限二強之与一レ竊。並為二竊盗従一。假有。家人等先強盗竊盗得レ財。主後知レ情受二布五端一。合二杖一百一之類。若有レ人行盗。其主先不二同謀一。乃遣二家人奴婢一。随[4]二他盗人一[5]而盗者。即元謀為レ首。家人奴婢為レ従。主為二家人奴婢従一。盗者首出二元謀一。若元謀不レ行。即以三臨時専二進止一為レ首。今奴婢之主。既不二元謀一。又非二行色一。但以下処二分奴婢一随レ盗求上レ財。奴之此行。由二主処分一。然主[6]唯駈二使家人一。不レ可レ同二於盗者元謀一。既自有レ首。其主即為レ従論。計二入レ奴之贓一。准為二従坐一。假有。奴婢逐レ他[7]。惣盗二五十端一。奴婢分得二十端一。奴婢為二五十端従一。徒三年。主為二十端従一。合二徒一年一。

凡そ共に盗せらば、贓を併せて論せよ。造意及び従、行きて分受けざらむ、即ち分受けて行かずは、各本首従の法に依れ。若し造意の者、行かず、又分受けずは、即ち行人の進止専らにせる者を以て、首と為よ。造意をば、従と為よ。死に至らば、

50 〔共盗条〕二人以上が共同で強盗または竊盗を行なった場合の罰則。

盗↓賊盗34 35。

併贓論―盗品の総額に基づいて各人の罪を定めるの意。

造意―首唱者。

従―随従者。

本首従法―名例42に「諸共犯レ罪者、以二造意一為レ首。随従者減二一等一。若家人共犯、止坐二尊長一」とある規定をさす。

進止―指揮すること。

至死―造意者で従となった者が死罪となった場合にはの意。

減一等―死罪に一等を減じて遠流とするが、流罪以下のときは、従であっても一等を減じない(疏)。

家人↓戸令補40。

奴婢↓戸令補35 d。

一等減せよ。従者行かず、又分受けずは、笞卌。強盗は、杖八十。若し本同じく謀らずして、相ひ遇ひて共に盗せらば、臨時に進止専らにせる者を以て、首と為よ。余をば、従坐と為よ。共に強盗せらば、罪首従無し。主、家人・奴婢を遣りて、盗せしめたらば、物取らずと雖も、仍りて首と為よ。若し行盗の後に、情を知りて財受けたらば、強盗・竊盗、並に竊盗の従と為よ。

51 凡共謀二*強盗一。*臨時不レ行。而行者*竊盗。共謀者受レ分。*造意者為二竊盗*首一。*余並為二竊盗従一。若不レ受レ分。造意者為二竊盗従一。余並笞五十。假有。甲乙景丁。同謀強盗。甲為レ首臨時不レ行。而行者竊盗。甲雖レ不レ行。共謀受レ分。甲既造意。為二竊盗首一。余行者並為二竊盗従一。甲若不レ受レ分復不レ行。為二竊盗従一。々者不レ行又不レ受レ分。笞五十。前条竊盗従不レ行又不レ受レ分。笞卌。此条笞五十者。為三元謀二強盗一故。若共謀二竊盗一。臨時不レ行。而行者強盗。其不レ行者。造意受レ分。知レ情不レ知レ情。並為二竊盗首一。造意[1]不レ受レ分。及従者受レ分。倶為二竊盗従一。同謀行二竊盗一。臨時有三不レ行之人一。而行人自為二強盗一。其不レ行者。是元謀造意。受二強盗臓分一。不レ限二知レ情不レ知レ情。並為二竊盗首一。其造意者不レ受レ分。及従者受レ分。倶為二竊盗従一。

凡そ共に強盗を謀りて、臨時に行かざらむ、而るを行ける者、竊盗せらむ、共に謀れる者、分受けたらば、造意をば、竊盗の首と為よ。余をば、並に竊盗の従と為よ。若し分受けずは、造意をば、竊盗の従と為よ。余をば、並に笞五十。若し共に竊盗を謀りて、臨時に行かざらむ、而るを行ける者強盗せらむ、其の行かざる者、造意にして分受けたらば、情知れる、情知らざる、並に竊盗の首と為よ。造意、分受けず、及び従者、分受けたらば、倶に竊盗の従と為よ。

51 〔共謀強盗条〕強盗を共謀しながら、現場に行った者が竊盗をした場合、およびその逆の場合の罰則。

強盗→賊盗34。

臨時—その時になって。

竊盗→賊盗35。

造意者—首唱者。

首—主犯。→賊盗50。

余—現場に行かず、また分を受けなかった者で、造意者以外の者。

52 〔三犯条〕盗を繰り返して三たび徒罪または流罪を犯した場合の罰則。

断—判決を下すこと、断罪。

止数赦後為坐—赦の対象となったものは数に入れないの意。

親属—職制53の本注に「親属、謂、五等以上、及三等以上婚姻之家。余条親属准此」とある。等親→儀制25。

53 〔公取条〕盗の定義についての規定。

須移徒—本来の場所から移動させることを俟って、はじめて盗と見なすの意。須は必要条件とするの意。

闌圏繋閉之属—馬・牛・駝・騾の類(疏)。闌・圏はともに畜類を飼うためにまばらな垣または仕切りを囲らした処。ませ。

放逸飛走之属—鷹・犬の類(疏)。

専制—つかまえて思うままにできる状態にすること。

54 〔部内条〕部内および軍役の所に盗人が生じた場合の里長・郡司・国司・軍団幹部に対する処罰の規定。

容止—滞在させる。かくまう。**里長**—養老律令施行時にはすでに郷長と改称、一郷五十戸を管する。戸令1に「凡戸、以五十戸為里。毎里置長一人」とあり、本注に「掌、検校戸口、課殖農桑、禁察非違、催駈賦役」とある。唐律は里正。**笞卌**—唐律は笞五十。

坊令坊長—戸令3に「凡京、毎坊置長一人。四坊置令一人」とあり、本注に「掌、検校戸口、督察奸非、催駈賦徭」とある。唐律は坊正・村正とする。**郡内**—唐律は県内。

笞廿—笞刑を受けるのは郡領。唐律は笞三十。

一処以一人論—一処に起きた事件は一人とし

52 凡盗経断*後。仍更行盗。前後三犯徒者近流。三犯流者絞。行盗之人。寔為巨蠹。屢犯明憲。罔有悛心。前後三入刑科。便是怙終其事。峻之以法。用懲其罪。故有強盗竊盗経断更為。三犯徒者近流。三犯流者絞。亦謂。断後又為者。其未断経降者。不入三犯之限。三盗。止*数赦後為坐。謂。拠赦後三犯者。不計赦前犯状為数。若有三犯死罪。会降皆至流徒。或一両度止犯流徒。或一両度従死会降。惣成三犯者。律有赦後之文。不言降前之犯。死罪会降。止免極刑。流徒之科。本法仍在。然其所犯本坐。重於正犯徒流。准律而論。惣当三犯之例。其於親*属相盗者。不用此律。謂。自依親属本条。不用此三犯之律。案職制律。親属。謂。五等以上親。及三等以上婚姻之家。假有。従父兄弟婦家犯盗徒流以上。並不入三犯之例。

凡そ盗、断に経て後、仍りて更に行盗せらば、前後三たび徒犯せらば、近流。三たび流犯せらば、絞。三たび盗せらば、止赦後を数へて坐すること為よ。其れ親属に於きて相ひ盗めらば、此の律用ゐじ。

53 凡盗。公取。竊取。皆為盗。器物之属。須*移徙。闌*圏繋閉之属。須絶離常処。放*逸飛走之属。須専*制。乃成盗。若畜産伴類随之。不併計。即将入己。及盗其母而子随者。皆併計之。公取。謂。行盗之人。公然而取。竊取。謂。方便私竊其財。皆名為盗。注云。器物之属。須移徙。謂。器物銭帛之類。須移徙離於本処。珠玉宝貨之類。拠入手隠蔵。縦未将行亦是。其木石重器。非人力所勝。応須駄載者。雖移処。未駄載間。猶未成盗。但物有巨細。難以備論。略挙綱目。各臨時取断。闌圏繋閉之属。須絶離常処。謂。馬牛駝騾之類。須出闌圏。及絶離繋閉之処。放逸飛走之属。謂。鷹犬之類。須専制在己。不得自由。乃成為盗。若畜産伴類随之。不併計。假有。盗馬一疋。別有馬随。不合併計為罪。即因逐伴而来。遂将入己。及盗其母。而子随之者。皆併計為罪。

凡そ盗は、公に取る、竊に取る、皆盗と為。器物の属は、移し徙すを須つ。闌圏・繋閉の属は、常の処絶ち離つを須つ。放逸・飛走の属は、専制するを須ちて、乃し盗に成る。若し畜産の伴類の随へらむは、併せ計へず。即し将つて己に入れ、及び其の母を盗まむ、而るを子の随へらば、皆併せ計へよ。

54　凡部内有三一人為レ盗。及容*二止盗者一。里*長笞*卌。謂。国郡郷里所レ管之内。百姓有二一人為レ盗。及外盗入レ境。所部容止一。所レ管里長笞卌。坊*令坊長亦同。三人加二一等一。郡*内一人笞*廿。謂。郡内一人行盗。郡領合二笞廿一。有二五人行盗一。即笞卌之類。四人加二一等一。部界内有二盗発及殺レ人者。一*処以二一人一論。殺レ人者。仍同*二強盗之法一。謂。一処盗発。同二部内一人行盗一。一処殺レ人。仍従二一人強盗之法一。下文。強盗者加二一等一。即是部内有二一人強盗一者。里長等笞五十。雖レ非二部内人一。但当[1]境強盗発亦准レ此。容二止殺人賊一者。亦依二強盗之法一。*国随二所レ管郡多少一。通計為レ罪。各罪止徒[2]二年半。強盗者。各加二一等一。以[3]二官*[4]長一為レ首。佐*職為レ従。但宜レ風導レ俗。粛二清所部一。長官之事。故以二長官一為レ首。即国守郡領闕者。以二次官一当之。即盗及盗発。殺レ人後卌日捕獲。他人自捕等。主司各勿論。謂。部内有レ人行盗。及当境盗発。若部内人殺二他人一。及境内人[5]被レ殺。事発[6]後卌日。自捕獲。并他人捕獲。主司並得レ免レ罪。限*外能捕獲。追*減二三等一。謂。卌日限外能捕獲者。雖二結正訖一。仍得レ減之。若已経二奏決一者。依二捕亡律一。不レ在二追減之例一。若*軍役所有レ犯。隊*正以上。両毅以下。准*二部内征人冒名之法一。同二国郡一為レ罪。軍役有レ犯。謂。行軍。及領二軍人一徭役之所。有三犯レ盗及殺レ人事発。若容二止盗者一。隊正以上。両毅以下得レ罪。並准二部内征人冒名之法一。同二国郡一為レ罪。謂。隊正。団内一人為レ盗。及容二止盗者一。若有二盗発之所一。各笞卌。強盗及容二止強盗一。若殺レ人及強盗事発。若被レ殺之処。毎レ事各加二一等一。校尉[7]旅帥。減二隊正一等一。両毅。准二所レ管校尉多少一。通計為レ罪。假如。部内一人為レ盗。及容二止盗者一。里長笞卌。三人加二一等一。計隊正同二里長一。亦一人笞卌。三人加二一等一。旅帥[7]校尉。一人笞卌。両毅[8]假管二三校尉一。三人笞卌。管二四校尉一者。四人笞卌。同二国郡一為レ罪。[4]官長為レ首。佐職為レ従。

凡そ部内に一人盗為、及び盗者を容止せること有らば、里長、笞卌。坊令・坊長も亦同じ。三人に一等加へよ。郡の内は、一人に笞廿。四人に一等加へよ。部界の内に、盗発り、及び人を殺せること有らば、一処は一人を以て論せよ。人を殺せらば、仍りて強盗の法に同じ。国は管べたる所の郡の多少に随ふて、通計して罪為よ。各罪止徒二年半。

て数えるの意。**同強盗之法**—強盗が起きた場合と同じに扱い、竊盗の場合の刑に一等を加える。**国随所管郡多少通計為罪**—唐律の疏はその通計の法はすでに戸婚律に見えると述べ、唐戸婚律3には「諸州県不レ覚二脱漏増減一者、県内十口笞三十。三十口加二一等一。過二杖一百一、五十口加二一等一。州随二所管県多少一、通計為レ罪」とあり、その本注に「通計、謂、管二二県一者、二十口笞三十。管二三県一者、三十口笞三十之類。計レ加亦準レ此。若脱漏増減、併在二一県一者、得下以二諸県一通上レ之。若止管二一県一者、減二県罪一等一。余条通計準レ此」とある。**官長**—長官のこと。国は守、郡は大領または領。**佐職**—次官のこと。国は介、郡は少領。**限外**—三十日の期限をすぎて後。**追減三等**—奏決以前ならば結正(律の正文を引用して判決を下すこと)後でもよい(疏)。唐捕亡律1「限外、若配贖以後、能自捕得者、各追減二三等一」の本注に「已経二奏決一者、不レ在二追減之例一。余条追減準レ此」とある。**軍役所**—行軍および兵士徭役の所(疏)。**隊正以上**—軍防1に「凡軍団太毅領二千人一。少毅副領。校尉二百人。旅帥一百人。隊正五十人」とある。**部内征人冒名之法**—唐擅興律5に「諸征人冒名相代者、(中略)若部内有二冒名相代者一、里正笞五十。一人加二一等一。県内一人、典笞三十。二人加二一等一。州随二所レ管県多少一、通計為レ罪。各罪止二徒二年一。〈佐職以上、節級為レ坐。〉主司知レ情、与二冒名者一同罪。其在レ軍冒名者、隊正同二里正一。〈本注略〉旅帥・校尉、減二隊正一等一。果毅折衝、随二所レ管校尉多少一、通計為レ罪。〈其主典以上、並同二州県之法一。〉」とある。

強盗せらば、各一等加へよ。官長を以て首と為よ。佐職を従と為よ。即し盗し、及び盗発り、人を殺して後の卅日に、捕へ獲たらば、他人、自ら捕へたる、等し。主司は各勿論。限の外に能く捕へ獲たらば、追ひて三等減せよ。若し軍役の所にして犯有らば、隊正以上、両毅以下は、部内の征人冒名の法に准へて、国郡に同して罪為よ。

律巻第七[1]

闘訟律 第八 [1]

〔1条〜3条(前半)に該当する部分は、養老律写本残存せず〕

3 〔諸闘(一)以二兵刃一。斫二射人一不レ着者。杖一百。(二) 兵刃。謂。弓箭刀[1]矟矛穳之属。即殴罪重者。従二殴法一。若刃傷。刃。謂。金鉄無二大小之限一。(一)〕 堪二以殺レ人者。及折二人肋一。眇[*一]二其両目一。堕[*]二人胎一。徒二年。堕レ胎者。謂。辜[*]内子死乃坐。若辜外死者。従[*]二本殴傷一論。堕二人胎一。謂。在レ孕未レ生。因レ打而落者。注云。堕レ胎者。謂。[2]辜内子死乃坐。謂。在二母辜限之内一。而子死者。子雖レ傷。而在二母[3]辜外一死者。[4][5]止従二本殴傷法一。無二堕胎之罪一。其有下殴二親属貴賤等一胎落上者。各依下徒[6]二年上為二加減[7]一之法上。皆須二以レ母定レ罪。不下拋レ子作二尊卑一。若依レ胎制レ刑。或致二欺紿一。故保辜止保二其母一。不二因レ子立レ辜。為レ無レ害二子之心一也。若殴レ母罪重。同二折傷一科之。假有。殴レ姉胎落。依二下文一。殴二兄姉一徒一年半。折傷者近流。又条。折傷。謂。折レ歯以上。堕レ胎合二徒二年一。重二於折レ歯之坐一。即殴レ姉落レ胎合二近流一之類。

(一)式目抄、坤、殺害及傷罪科事。(二)金玉掌中抄、刃傷罪事。

〔諸兵刃を以て、人を斫り射て着らずは、杖一百。兵刃といふは、謂はく、弓箭・刀・矟・矛・穳の属をいふ。即し殴罪重くは、殴法に従へよ。若し刃傷し、刃といふは、謂はく、金鉄、大小の限無く〕以て人を殺すに堪ふるをいふ。及び人の肋を折り、其の両目を眇し、人の胎を堕せらば、徒二年。胎を堕すといふは、謂はく、辜の内に子死にて乃し坐するをいふ。若し辜の外に死にたらば、本殴傷に従へて論せよ。

4 凡闘殴折[*一]二跌人支体[*]一。及瞎[*二]二其一目一者。徒三年。折レ支者。折レ骨。跌レ体者。骨節[1]

☆**闘訟律**―闘は闘殴、訟は告訟(唐律疏議)。各種の闘殴、また闘殴による殺傷、各種の告言・誣告等の罪、およびその関連事項に関する法規。闘訟律の欠佚部分および唐律との差異→補☆

3 (闘以兵刃条) 兵刃をもって闘い、人に傷害を与えた場合の罰則。〔 〕内の文は唐律該当部分。傍線部分は養老律逸文。名例律下凡例(四三頁)参照。

眇―目をつぶして半盲にすること。唐闘訟律2闘殴折歯毀耳鼻条の疏に「眇一目、謂殴二眇其目一、虧二損其明一而猶見レ物者」とある。

堕人胎―胎児に打撃を与えて流産させる。

辜内―胎児の母の辜限以内にの意。辜限は、傷害罪の場合に傷の軽重が定まるまで一定の期間犯人を留置し、その間に被害者が死んだときは殺人罪とする期限。闘訟律6逸文に「凡保辜者、手足殴二傷人一、限二十日一、以二他物一殴傷者、廿日、以二刃及湯火一傷者、卅日、折二跌支体一、及破レ骨者、五十日。〈殴傷不二相須一。余条殴傷及殺傷、各准レ此。〉限内死者、各依二殺人一論。其在二限外一、及雖レ在二限内一、以二他故一死者、各依二本殴傷法一。〈他故、謂下別増二余患一而死者上。〉」とある。

従本殴傷論―胎児の母に対する殴傷の罪として扱い、闘訟律1以下の諸条の殴傷に関する規定を適用する。

4 (闘殴折跌人支体条) 闘殴して骨折その他の重大な傷害を与えた場合の罰則。

折跌―折は骨折、跌は捻挫させること。

支体―四肢と体部。ここでは、主として四肢(疏)。

瞎―盲目にする。

辜内→闘訟3注。

余条折跌…—唐闘訟律11該当条文以下の諸条に規定する闘殴および故殴による折跌の場合も、辜内に平復すればみな二等を減ずる。

損二事以上—支体を折跌したり一目を瞎することを二個所以上について行うの意。

因旧患令至篤疾—旧患があったところに傷害が加わったために篤疾に至らしめた場合にはの意。篤疾→戸令7。

断舌—全く言語不能にした場合をいう。

毀敗人陰陽—生殖不可能にした場合をいう。陰陽は男女の生殖器。

5 （闘殴殺人条） 闘殴して人を殺し、あるいは故に人を殺傷した場合の罰則。

〔 〕内の文は唐律該当部分。

闘殴殺人—約して闘殺という。殺意なく闘殴の結果、人を殺した場合をいう。

刃—武器以外の物。

故殺人—格闘の場においてでなしに、一方的作為によって意図的に人を殺すこと。謀殺の既遂も故殺に含まれる。名例18の疏に「故殺人、謂、不レ因ニ闘競ニ而故殺者。謀レ殺レ人已殺訖亦同」とある。

兵刃—武器。3条の欠佚部分の唐律の本注に「兵刃、謂、弓箭・刀・矟・矛・穳之属」とある。

差跌。失二其常処一。辜*内平復者。各減二二等一。余*条折跌平復准レ此。因二闘殴一折二跌人支体一。[2]謂。手足。或折二其手足一。或跌二其骨体一。及瞎二其一目一。謂。一目喪レ明。全不レ見レ物者。徒[3]三年。注云。折レ支者。謂。折二四支之骨一。跌レ体者。謂。骨節差跌。失二於常処一。辜内平復者。謂。折二跌人支体一。及瞎レ[4]目。於二下文立二辜限内一。骨節平復者。[5]及目得レ見レ物。並於二本罪上一減二二等一。各徒二年。注云。余条折跌平復准レ此。謂。於二諸条尊卑貴賤等闘殴及故殴折跌一。辜内平復。並減二二等一。雖レ非二支体一。於二余骨節一平復亦同。

即*損二二事以上一。及*因二旧患一。令レ至二篤疾一。若*断レ舌及*毀二敗人陰陽一者遠流。即損二二事以上一。[6]謂殴レ人一目瞎及折二一支一之類。及因二旧患一。令レ至二篤疾一。假有。旧瞎二一目一為二残疾一。更瞎二一目一成二篤疾一。或先折二一脚一為二癈疾一。更折二一脚一為二篤疾一。若断レ舌。謂。全不レ得レ語者。[7][8]敗二人陰陽一。謂。孕レ嗣癈絶者。若断レ舌語猶可レ解。[9]毀二陰陽一不レ絶レ孕レ嗣者。並従レ傷科。若有レ人目先盲。重殴睛壊。口或先瘂。更断二其舌一者。還科二断舌瞎目之罪一。

凡そ闘ひ殴ちて、人の支体を折り跌へ[10]、及び其の一目を瞎せらば、徒三年。支を折るといふは、骨を折るをいふ。体を跌ふといふは、骨節差ひ跌へて、其の常の処を失ふをいふ。辜の内に平復せらば、各二等減せよ。余の条の折り跌へて平復せしも、此に准へよ。即し二事以上を損し、及び旧の患に因りて篤疾に至らしめ、若しくは舌を断ち、及び人の陰陽を毀敗せらば、遠流。

5 凡闘*殴殺レ人者絞。謂。元無二殺心一。因二相闘殴一而殺レ人者也。以レ刃*及故*殺レ人者斬。謂。闘而用レ刃[1]。即有二害心一。及非レ因二闘争一。無レ事而殺。是名二故殺一。各合二斬罪一。雖レ因レ闘。而用二兵*刃一殺者。与二故殺一同。謂。本雖二是闘一。乃用二兵刃一殺レ人者。同二故殺之法一。即得二斬罪一。名例犯二八虐及故殺人一者。雖レ会レ赦猶除名。兵刃殺レ人。[2]責二其情一重。文同二故殺之法一。会レ赦猶遣二除名一也。為下人以二兵刃一逼上己。因用二兵刃一拒而傷*殺者。依二闘*法一。謂。人以二兵刃一逼レ己。因用二兵刃一拒之而傷二殺逼レ己之人一。雖レ用二兵刃一。亦依二闘殺之法一。律云。以二兵刃一殺者。与二故殺一同。既無二傷文一。即是傷依二闘法一。然此云下用二兵刃一拒而傷殺者上。[3]為二以傷レ人因而致レ死故。連言也。[4]余条用二兵刃一准レ此。謂。余条親戚良賤以二兵刃一逼レ人。人以二兵刃一拒殺者。並准二此闘法一。不レ因レ闘。故殴二傷人一者。加二闘*殴傷罪一等一。〔雖レ因レ闘。但絶時而殺傷者。

傷殺者―傷けて殺すの意で、傷または殺の意ではない(疏)。
闘法―闘殺法、すなわち本条冒頭の「凡闘殴殺レ人者絞」の部分の規定をさす。
闘殴傷罪―闘訟律1以下の諸条に規定する闘殴して人を傷けた場合の罪。

従二故殺傷法一〕

凡そ闘ひ殴ちて人を殺せらば、絞。刃を以て、及び故に人を殺せらば、斬。闘に因ると雖も、兵刃を用ゐて殺せらば、故殺と同じ。人、兵刃を以て己に逼るが為に、因りて兵刃を用ゐて拒みて傷り殺せらば、闘法に依れ。余の条の兵刃を用ゐたるも、此に准へよ。闘に因らずして、故に人を殴ち傷れらば、闘殴傷の罪に一等加へよ。〔闘に因ると雖も、但し絶時に殺し傷れらば、故殺傷の法に従へよ。〕

〔5条(後半)以下に該当する部分は、養老律写本残存せず〕

令[1] 巻第一

官位令（くわんゐりやう） 第一　　凡（すべて）壹拾玖条

親王*

1 一品　太政大臣*

二品　左右大臣*

三品*
四品*[1]　大納言*　大宰帥*　八省卿*

親王（しんわう）

一品（いちほむ）　太政大臣（だいじやうだいじん）〈オホイマツリコトノオホイマチキミ・（オホイ）マツ（ン）コト（ノ）オホマ（ヘツキミ）〉

二品（にほむ）　左右大臣（さうだいじん）〈（ヒダリミギ）リノオホイマチキミ〉

☆**官位令**—官位相当の一覧表。官位官品表↓補☆a。官には皆それぞれにふさわしい身分の者、すなわち相当の品や位を持つ者が任ぜらるべきであるとする、官位相当の思想は、日本の律令制度の一特質であった↓補☆b。音訓と官名↓補☆c。本令での底本訓点のあらわしかたについては、訓読注参照。構造↓補☆d。**凡壹拾玖条**—律も令も各篇冒頭に条数を記す。官位令は紅本により、親王を一条、諸王・諸臣を正・従ごとに一条と数える↓補☆e。

〔**親王**〕一品から四品までの相当官の標題。親王は天皇の兄弟や皇子に与えられる称号↓継嗣1。訓ミコ(御子)。品という特別な位に叙せられるので(公式54)、官位官品表でも諸王・諸臣と区別して掲出したもの↓補1。

1 〔一品条〕以下、親王が任ぜられる官を品ごとに列挙。紅本により一括して一品条とよぶ。慣用音イッポン。品の訓はシナ。

太政大臣—律令制度の諸官を代表する最高の地位。則闕之官とよばれ、常置する必要はない↓職員2。親王すなわち皇子の任例は、七世紀後半の天智朝に大友皇子、持統朝に高市皇子のみ↓職員補2b。慣用音ダジャウダイジン。訓では政の字を略してオホキオホイマウチキミ(古今集)・オホキオホイドノ(源氏物語)・オホキオトド(伊勢物語)なども。

左右大臣—太政官の長官。定員は左大臣・右大臣各一人。↓職員2。左右は官位相当も職掌も等しいが、唐にならって左が上位。左大臣を一上(いちのかみ)ともいう。親王の任例はない。

三品・四品—大納言以下は三品でも四品でも可の意。広本は四品を三品の下に連記↓補☆

e。**大納言**—太政官で大臣と共に政務を審議する官。定員は四人。→職員2。親王の任例はない。慣用音ダイナゴン。**大宰帥**—大宰府の長官。→職員69。平安以後は親王の任とされた。慣用音ダザイノソツ、略してソチとも。帥の意味→補☆c。**八省卿**—八省は中務・式部・治部・民部・兵部・刑部・大蔵・宮内。卿は省の長官。卿の意味→補☆c。平安以後は親王の任例が増加。なお諸王・諸臣を任ずる場合は、中務卿の官位相当が他の七省卿よりも一階高い→官位8。

〔諸王・諸臣〕前頁の親王と同様に、以下の諸条の標題。訓はオホキミタチ・オミタチ(続紀、宣命)。王は親王の子孫に対する称号→継嗣1。なお大宝令には「諸王不レ下二六位一」との規定があった→補2a。

2 〔正一位条〕以下、諸王・諸臣が任ぜられる官を、三位までは正・従の位ごとに、四位以下は正・従の位を更に上・下の階に内分けして列挙。位と階→公式54。本条も紅本により正一位条とよぶが、この条のみでは無内容であり、次の従一位条と合せて太政大臣が正従一位の相当官という意味になる。

正一位—生前の授位は奈良時代に五例→補2b。平安以後は死後の贈位か神への授位のみ。光台一覧に「正の字、清てよむべし。神位なればなり。…正二位、此位より以下は濁り読むならひなり」とある。

3 〔従一位条〕従の訓は和名抄に「比呂伊」。正はオホキ、従はヒロキとよむ→補☆c。

4 〔正二位条〕正一位条と同様に、この条のみでは無内容。

三品(さむぼむ)

四品(しほむ)

大納言(だいなふごん)〈オホイモノマウスツカサ〉　大宰帥(だいさいそち)〈オホミコトモチノカミ〉　八省卿(はちしやうきやう)〈ヤツノツカサノカミ〉

諸王　諸臣

諸王(しよわう)　諸臣(しよじん)

2 正*一位

正一位(しやういちゐ)〈オホイヒトツノクラヰ〉

3 従[1]一位

太政大臣

従一位(じゆいちゐ)〈スナイヒトツノクラヰ〉

太政大臣(だいじやうだいじん)

4 正二位

正二位(しやうにゐ)〈オホイフタツノクラヰ〉

5 従[1]二位

左右大臣

従二位(じゆにゐ)〈スナイフタツノクラヰ〉

左右大臣(さうだいじん)

6 正三位

大納言　勲*一等

正三位(しやうざむゐ)　大納言(だいなふごん)(オホイモノマウスツカサ)　勲一等(くんいちとう)

7 従三位
大宰帥　勲二等

従三位(じゆさむゐ)　大宰帥(だいさいそち)　勲二等(くんにとう)

8 正四位
皇太子傅*一　中務卿*二
以前上階*
七*省卿三　勲三等

正四位(しやうしゐ)　皇太子(こうだいし)(ノ)傅(ふ)(カシツキ)　中務卿(ちうむきやう)(ナカノマツリコトスルツカサノカミ)
以前上階(いぜんじやうかい)
七省の卿(しちしやうきやう)　勲三等(くんさむとう)

9 従四位
弾正尹*　左右大弁*
以前上階

---

5 〔従二位条〕前条と合せて正二位・従二位の相当官は左大臣・右大臣の意。

6 〔正三位条〕相当官は大納言の他、一時、近衛大将・中衛大将。三位の慣用音サンミ。

勲一等―勲位(→軍防補33)は軍事上の功績に対する栄典。一等から十二等まであり、三位から八位までの正従合計十二の位に準ずる。唐の勲官や武散官の制度を参考に大宝令で創設。以下、各位の最後に付載されているのは朝参行立(公式54 55)その他の便宜のため。

7 〔従三位条〕従三位までは貴といい、多くの特権がある。相当官は大宰帥の他、令外に中納言(天平宝字五年以後)・弾正尹(天平宝字三年以後。令では従四位上)・左右近衛大将(大同二年以後)。

8 〔正四位条〕四位と五位は通貴といい、多くの特権がある。一時、上階に中納言、下階に左右京尹(令では大夫で正五位上)。

(上階) **皇太子傅**―皇太子輔導の官。→東宮1。東宮傅(みこのみやのかしづき)とも。**中務卿**―中務省の長官。→職員3。**以前上階**―以後下階、の意を含む。広本には次条末尾に「以前下階」とある。

(下階) **七省卿**―中務省を除く七省の各長官。

9 〔従四位条〕上階までは皇太子傅を除き勅任官→選叙3。相当官の追加→補9。

(上階) **弾正尹**―弾正台の長官。→職員58。尹の意味→補☆c。天平宝字三年七月から従三位(続紀)。**左右大弁**―太政官の事務部門を担当、定員は左大弁・右大弁各一人。→職員2。

(下階) **神祇伯**―神祇官の長官。→職員1。伯の意味→補☆c。**中宮大夫**―中務省中宮職

の長官。↓職員4。大夫の意味↓補☆c。皇后・皇太后・太皇大后など三宮職の各長官も従四位下。**春宮大夫**—春宮坊の長官。↓東宮2。

10〔正五位条〕上階は府・省の大次官、職・衛府の長官など。令外に一時、按察使・授刀佐・外衛中将。下階は省の大次官、台の次官など。令外に左右近衛少将(大同二年以後)また一時近衛少将・中衛少将。なお大宝令には正五位以下に「外位」があった↓選叙補2a。

(上階) **左右中弁**—左右の大弁に次ぐ官。↓職員2。大弁から少弁まで定員と職掌は同じ。官位相当も近接。**大宰大弐**—大宰府の大次官。↓職員69。弐の意味↓補☆c。延暦二十五年二月から従四位下(三代格)。**中務大輔**—中務省の大次官。↓職員3。大少次官とも、卿と同じく他省より一階上。**左右京大夫**—左京職・右京職の各長官。↓職員66。天平宝字五年二月から左右京尹一人とし正四位下、同八年九月に復旧(続紀)。弘仁十三年正月から従四位下(三代格)。**大膳大夫**—宮内省大膳職の長官。↓職員40。**摂津大夫**—摂津職の長官。↓職員68。延暦十二年三月に職を廃止。**衛門督**—衛門府の長官。↓職員59。督の意味↓補☆c。延暦十八年四月から従四位下。府は大同三年七月に左衛士府に併合(後紀)。**左右衛士督**—左衛士府・右衛士府の各長官。↓職員61。衛門督と共に昇格。府は弘仁二年十一月に左右衛門府と改称(後紀)。

(下階) **左右少弁**—左右の中弁に次ぐ官。↓前注「左右中弁」。**七省大輔**—中務省を除く

従四位(じゅしゐ)

神祇伯*　中宮大夫*
春宮大夫*　勲四等[1]
以前上階
弾正尹(だんじゃうゐん)〈タハスツカサノカミ〉　左右大弁(さうだいべん)〈ヒダリミギリノオホイオホトモヒ〉
神祇伯(じんぎはく)〈カムツカサノカミ〉　中宮大夫(ちゅうぐうだいぶ)〈ナカノミヤノカミ〉
春宮大夫(しゅんぐうだいぶ)〈ミコノミヤノカミ〉　勲四等(くんしとう)

10 正五位

左右中弁*1　大宰大弐*
中務大輔*1　左右京大夫*
大膳大夫*　摂津大夫*
衛門督*　左右衛士督*
以前上階
左右少弁*　七省大輔*
弾正弼*2　大判事*
勲五等

正五位(しゃうごゐ)

左右中弁(さうちゅうべん)〈ヒダリミギリノナカノオホトモヒ〉　大宰大弐(だいさいだいに)〈オホミコトモチノオホイスケ〉

七省の大次官。**弾正弼**—弾正台の次官。↓職員58。弼の意味↓補☆c。弘仁十四年十一月から大弼と少弼に分けて大弼は従四位下(三代格)。**大判事**—刑部省の大判事。↓職員30。大宰府のは従六位下。

11 〔従五位条〕五位までは勅授↓選叙2。
上階は主に大寮(↓補☆d)の長官。後に内匠頭(神亀五年以後)・諸陵頭(天平元年以後。令では諸陵正で正六位上)・内蔵頭(大同三年以後。令では従五位下)・縫殿頭(延暦十八年以後。令では従五位下)・左右衛門佐(弘仁二年以後)・左右兵衛佐(延暦十八年以後。令では正六位下)の他、一時衛門佐・左右衛士佐(両者とも令では従五位下)・外衛少将を追加。

下階は府・省の少次官、職の次官、小寮(↓補☆d)の長官など。令外に掃部頭(弘仁十一年以後)・修理亮(弘仁九年以後)・斎院長官(弘仁九年以後)・勘解由次官(天安元年以後)の他、一時、内厩頭・主馬頭を追加。また上下階の別なく斎宮頭(神亀五年以後)・鋳銭長官(和銅二年以後)。一時は勘解由長官(延暦十七~天安元)を追加。

(上階) **中務少輔**—中務省の少次官。↓職員3。**左右大舎人頭**—以下、左右兵庫頭までは大寮の長官。頭の意味↓補☆c。なお中務省左大舎人寮・右大舎人寮は大同三年八月に左右併合(後紀)。↓職員5。**大学頭**—式部省大学寮。↓職員14。**木工頭**—宮内省木工寮。↓職員41。**雅楽頭**—治部省雅楽寮。↓職員17。

中務大輔〈(ナカ)ノマツリコトノオホイスケ〉　左右京大夫〈(ヒダリミギリ)ノミサトノカミ〉
大膳大夫〈オホカシハテノカミ〉　摂津大夫〈スフルツノカミ〉
衛門督〈ユケヒノカミ〉　左右衛士督〈(ヒダリミギ)リノミカイモリノカミ〉
以前上階
左右(ノ)少弁〈(スナ)イ(オホトモヒ)〉　七省(ノ)大輔
弾正弼〈(タダスツカサ)ノスケ〉　大判事〈オホイコトトコトハルツカサ・オホイコトハルツカサ〉
勲五等

11 従五位
*二中務少輔　*二左右大舎人頭
*大学頭　*木工頭
*雅楽頭　*三玄蕃頭
*主計頭　*主税頭
*図書頭　*左右兵衛督
*左右馬頭　*左右兵庫頭
*大国守
以前上階
*神祇大副　*四侍従
*1少納言　*大宰少弐

*七省少輔　*大監物
*五中宮亮　*六春宮亮
*左右京亮　*大膳亮
*摂津亮　*衛門佐
*左右衛士佐　*皇太子学士
*内蔵頭　*縫殿頭
*大炊頭　*散位頭
*陰陽頭　*主殿頭
*典薬頭　*上国守
*一品家令　*職事一位家令
*勲六等

従五位(じゆごゐ)

中務(ちゆむ)少輔(せうふ)〈ナカノマツリコトノスナイスケ〉　左右(さう)〈ヒダリミギリノ〉大舎人〈オホドネリノ〉頭〈カミ〉
大学(だいがく)〈フムヤノ〉頭〈カミ〉　木工(もく)〈コタクミノ〉頭〈カミ〉
雅楽(げがく)〈ウタマヰノ・ウタノ〉頭〈カミ〉　玄蕃(ぐゑんばん)〈ホフシマラヒトノ〉頭〈カミ〉
主計(しゆけい)〈カスエノ〉頭〈カミ〉　主税(しゆさい)〈チカラノ〉頭〈カミ〉
図書(づしよ)〈フムノ〉頭〈カミ〉　左右兵衛督(さうひやうゑとく)〈ヒダリミギリノツハモノトネリノカミ〉
左右(さう)〈ノ〉馬(め)〈ノ〉頭〈カミ〉　左右(さう)〈ノ〉兵庫(ひやうご)〈ツハモノクラノ〉頭〈カミ〉

玄蕃頭―治部省玄蕃寮。↓職員18。**主計頭**―民部省主計寮。↓職員22。**主税頭**―民部省主税寮。↓職員23。**図書頭**―中務省図書寮。↓職員6。**左右兵衛督**―左兵衛府・右兵衛府。↓職員62。兵衛府四等官の官位相当は衛門・衛士両府より二階低く、大寮と同格。しかし延暦十八年四月から衛門・衛士並みに昇格。督は従四位下(三代格)。なお大宝令では督を率と表記。督・率の意味↓補☆c。**左右馬頭**―左馬寮・右馬寮。↓職員63。**左右兵庫頭**―左兵庫・右兵庫は寛平八年九月に左右併合。↓職員64。**大国守**―大国の長官。↓職員70。大国も大寮と同格。

(下階) **神祇大副**―神祇官の大次官。↓職員1。**侍従**―中務省に属し定員八人。↓職員3。和名抄には「於毛止比止万知岐美」。**少納言**―太政官に属するが天皇に近侍、侍従を兼ね、定員三人。↓職員2。**大宰少弐**―大宰府の少次官。↓職員69。**七省少輔**―中務省を除く七省の少次官。**大監物**―監物は中務省に属し物品の出納を監察。大中少の別があるが職掌は同じ。↓職員3。**中宮亮**―亮は次官。亮の意味↓補☆c。中務省中宮職↓職員4。**春宮亮**―春宮坊。↓東宮2。以上の職・坊の長官は従四位下、以下三職の長官は正五位上。**左右京亮**―左京職・右京職。↓職員66。**大膳亮**―宮内省大膳職。↓職員40。**摂津亮**―摂津職の廃止。**衛門佐**―佐は次官。佐の意味↓補☆c。衛門府↓職員59。延暦十八年四月から従五位上(後紀)。**左右衛士佐**―左衛士府・右衛士府。↓職員61。衛門佐と共に昇格。**皇太子学士**―皇太子の学問上の師。↓東宮1。東宮学士(続紀、天平十三年七月条)とも。

大国〈ノ〉守〈カミ〉

以前上階

神祇〈ノ〉大副〈オホイスケ〉

侍従〈オホトヒト〉

少納言〈スナイモノマウスツカサ・（スナイ）モノマウシ〉

大宰〈ノ〉少弐〈（スナ）イスケ〉

七省〈（ナナツノ）ツカサノ〉少輔

大監物〈オホイヲロシモノヽツカサ〉

中宮〈（ナカ）ミヤノ〉亮〈スケ〉

春宮〈ミコノミヤノ〉亮〈スケ〉

左右京〈（ヒダリミギリ）ノミサトノ〉亮〈スケ〉

大膳〈（オホカシ）ハデノ〉亮

摂津〈（スブ）ルツノ〉亮

衛門〈ノ〉佐

左右〈ノ〉衛士〈ノ〉佐〈スケ〉

皇太子〈ノ〉学士〈フミハカセ〉

内〈ノ〉蔵〈ノ〉頭〈カミ〉

縫殿〈（ヌヒト）ノハ〉頭

大炊〈ノ〉頭

散位〈トネ〉頭

陰陽〈ウラノ〉頭

主殿〈トノモリノ〉頭

典薬〈クスリノ〉頭

上国〈ノ〉守〈カミ〉

一品〈ノ〉家令〈（イヘ）ノカミ〉

職事一位〈ノ〉家令〈（イヘ）ノカミ〉

勲六等

12

正六位

神祇少副*

大内記*

弾正大忠*

左右弁大史*

内蔵頭—以下、典薬頭までは小寮の長官。中務省内蔵寮。↓職員7。頭は大同三年八月から従五位上(後紀)。訓クラノカミ(源氏物語)。**縫殿頭**—中務省縫殿寮。↓職員8。延暦十八年七月に大寮に準じ(三代格)、従って頭は従五位上。訓ヌイノカミ(運歩色葉集)。**大炊頭**—宮内省大炊寮。↓職員42。**散位頭**—式部省散位寮は寛平八年九月に式部省に併合(三代格)。↓職員15。散位の訓、三位と区別するために、後世サンニともよぶ。**陰陽頭**—中務省陰陽寮。↓職員9。**主殿頭**—宮内省主殿寮。↓職員43。**典薬頭**—宮内省典薬寮。↓職員44。**上国守**—上国の長官。↓職員71。上国も小寮とほぼ同格。**一品家令**—一品の親王家・内親王家につけられる家令の長官。↓家令1。**職事一位家令**—現に官を帯びている正一位・従一位の諸王臣家につけられる家令の長官。↓家令5。一品・一位の家令も小寮と同格。**勲六等**↓官位6注「勲一等」。

12　〔正六位条〕　六位から八位までは奏授↓選叙2。相当官は家令を除き奏任↓選叙3。上階は大司(↓補☆d)の長官など。令外に大外記(延暦二年以後。令では正七位上)を追加。下階は府・省の大判官、大寮の次官、中司の長官など(↓補☆d)。令外に内匠助(神亀五年以後)・諸陵助(天平元年以後)・内蔵助(大同三年以後。令では従六位上)・縫殿助(延暦十八年以後。令では従六位上)、また一時主馬助・内厩助を追加。なお上下階の別なく斎宮助(神亀五年以後)、一時は勘解由次官(延暦十七〜天安元)。

(上階)　**神祇少副**—神祇官の少次官。↓職員1。

大内記―内記は中務省に属し詔勅の作製などを担当。→職員3。大中少の別があるが定員や職掌は同じ。**弾正大忠**―弾正台の大判官。→職員58。忠の意味→補☆c。**左右弁大史**―左右の弁官の大主典。→職員2。主典中の最高位。大史・少史とよばれる主典は他に神祇官にあるが神祇大史は正八位下。

正親正―以下、囚獄正までは大司の長官。正の意味→補☆c。宮内省正親司。→職員45。**内膳奉膳**―宮内省内膳司の長官。高橋氏か安曇氏の出身ならば内膳奉膳、他氏ならば内膳正と表記、訓は同じ。→職員46。**造酒正**―宮内省造酒司。→職員47。**兵馬正**―兵部省兵馬司は大同三年正月に兵部省に併合。→職員25。**鍛冶正**―宮内省鍛冶司は大同三年正月に同省の木工寮に併合。→職員48。**造兵正**―兵部省造兵司は寛平八年九月に兵庫寮に併合。→職員26。**畫工正**―中務省画工司は大同三年正月に同省内匠寮に併合。→職員10。**典鋳正**―大蔵省典鋳司は宝亀五年に内匠寮に併合。→職員34。**掃部正**―大蔵省掃部司は弘仁十一年閏正月に宮内省内掃部司と併合、宮内省掃部寮となる。→職員35。長官は掃部頭、従五位下。**内薬正**―中務省内薬司は寛平八年九月に宮内省典薬寮に併合。→職員11。**東西市正**―左京職東市司・右京職西市司。→職員67。**官奴正**―宮内省官奴司は大同三年正月に同省の主殿寮に併合。→職員49。**鼓吹正**―兵部省鼓吹司は寛平八年九月に兵庫寮に併合。→職員27。**園池正**―宮内省園池司は寛平八年九月に同省の内膳司に併合。→職員50。**諸陵正**―治部省諸陵司は天平元年八月に寮(大寮)へ昇格。→職員19。長官は諸陵頭、従五位上。**贓贖正**―

正親正*　内膳奉膳*一
造酒正*　兵馬正*
鍛冶正*　造兵正*
畫工正*　典鋳正*
掃部正*　内薬正*
東西市正*　官奴正*
鼓吹正*　園池正*
諸陵正*二　贓贖正*
囚獄正*　二品家令*

以前上階

大宰大監*　八省大丞*
弾正少忠*　中判事*
左右大舎人助*　大学助*
木工助*　雅楽助*
玄蕃助*三　主計助*
主税助*　図書助*
左右兵衛佐*　左右馬助*
左右兵庫助*　内兵庫正*

土工正* 葬儀正*1
采女正*四 主船正*
漆部正* 縫部正*
織部正* 隼人正*
内礼正* 内薬侍医*五
大学博士* 大国介*
中国守* 勲七等*六

正六位

神祇少副〈カムヅカサノスナイスケ〉 大内記〈(ウチ)ノオホイシルスツカサ〉
弾正大忠〈(タダスツカサ)ノオホイマツリコトヒト〉 左右弁大史〈(ヒダリミギリ)ノオホトモヒノオホイサウクワン〉
正親〈オホキミノ〉正〈カミ〉 内膳奉膳〈(ウチ)ノ(カシハデ)ノスケ〉
造酒〈サケノ〉正 兵馬〈ツハモノウマノ〉正
鍛冶〈カチノ〉正 造兵〈ツハモノツクリノ・ツクリツハモノヽ〉正
畫工〈エタクミノ・エシノ〉正 典鋳〈イモノ(ノ)・イモシ(ノ)〉正
掃部〈カモリノ〉正 内薬〈ウチノクスリノ〉正
東西市〈(ヒムガシニシ)(ノイチ)ノ〉正 官奴〈ヤツコノ〉正
鼓吹〈ツヽミフエノ〉正 園池〈ソノイケノ〉正
諸陵〈ミサヽギノ〉正 贓贖〈アカムモノヽ〉正

刑部省贓贖司は大同三年正月に刑部省に併合。贓贖の訓→職員31。**囚獄正**―刑部省囚獄司。→職員32。この司は中世以後忌まれ、職原抄に「近代不ㇾ必任ㇾ此司ㇾ。若憚ㇾ名号ㇾ歟」とある。**二品家令**―二品の親王家・内親王家につけられる家令の長官。→家令2。二品家令は大司とほぼ同格。

(下階) 大宰大監―大宰府の大判官。→職員69。監の意味→補☆c。**八省大丞**―各省の大判官。丞の意味→補☆c。次官以上は中務省が他省より一階高いが判官以下は同階。定員は式部・刑部両省のみ二人。他は一人。**弾正少忠**―弾正台の少判官。→職員58。**中判事**―刑部省の中判事。→職員30。寛平八年九月に廃止。

左右大舎人助―以下、左右兵庫助までは大寮の次官。各官の序列は長官(従五位上)の場合と同じ。なお中務省左大舎人寮・右大舎人寮は大同三年八月に左右併合。→職員5。**大学助**―式部省大学寮。→職員14。**木工助**―宮内省木工寮。→職員41。**雅楽助**―治部省雅楽寮。→職員17。**玄蕃助**―治部省玄蕃寮。→職員18。**主計助**―民部省主計寮。→職員22。**主税助**―民部省主税寮。→職員23。**図書助**―中務省図書寮。→職員6。**左右兵衛佐**―左兵衛府・右兵衛府。→職員62。大宝令では佐を翼と記す。延暦十八年四月から衛門・衛士と同格の従五位上(後紀)。**左右馬助**―左馬寮・右馬寮。→職員63。**左右兵庫助**―左兵庫・右兵庫は寛平八年九月に左右併合。→職員64。**内兵庫正**―以下、内礼正までは中司(→補☆d)の長官。なお内兵庫は大同三年正月に左右兵庫に併合。→職員65。**土工正**―宮内省土工司の廃止併合は未詳(官職秘抄)。↓職員51。**葬儀正**—治部省葬儀司は大同三年正月に兵部省鼓吹司に併合。葬儀の訓↓職員20。**采女正**—宮内省采女司は大同三年正月に中務省縫殿寮に併合。↓職員52。**主船正**—兵部省主船司の廃止併合は未詳(官職秘抄)。↓職員28。**漆部正**—大蔵省漆部司は大同三年正月に中務省内匠寮に併合。↓職員36。**縫部正**—大蔵省縫部司は大同三年正月に中務省縫殿寮に併合。↓職員37。**織部正**—大蔵省織部司。↓職員38。**隼人正**—衛門府隼人司は大同三年正月に衛門府に併合、同年八月に復置、兵部省の所管。↓職員60。**内礼正**—中務省内礼司は大同三年正月に弾正台に併合。↓職員12。**内薬侍医**—中務省内薬司に所属、定員四人。司は寛平八年九月に宮内省典薬寮に併合、侍医も同十月に同寮の所属。↓職員11。**大学博士**—式部省大学寮所属の大学の教官。↓職員14。**大国介**—大国の次官。↓職員70。介の意味↓補☆c。**中国守**—中国の長官。↓職員72。中国も中司と同格。**勲七等**↓官位6注「勲一等」。

13　〔従六位条〕　位は奏授↓選叙2。相当官は家令を除き奏任↓選叙3。上階は府・省の少判官、職・坊の大判官、小寮の次官、小司・監の長官など(↓補☆d)。令外に掃部助(弘仁十一年以後)・修理大進(弘仁九年以後)・斎院次官(弘仁九年以後)・左右近衛将監(大同二年以後)・中衛将監・外衛将監を追加。下階は職・衛府の大判官、署の長官など。令外に修理少進(弘仁九年以後)・勘解由判官(天安元年以後)、格で左右兵衛大尉(延暦十八年以後。令では正七位下)を追加。また上

囚獄正

以前上階

大宰大監

弾正少忠

左右大舎人助

木工助

玄蕃助

主税助

左右兵衛佐

左右兵庫助

土工正

采女正

漆部正

織部正

内礼正

大学博士

中国守

二品家令

八省大丞

中判事

大学助

雅楽助

主計助

図書助

左右馬助

内兵庫正

葬儀正

主船正

縫部正

隼人正

内薬侍医

大国介

勲七等

13

従六位

下階の別なく斎宮寮諸司の長官。

（上階）　**神祇大祐**—神祇官の大判官。→職員1。祐の意味→補☆c。**大宰少監**—大宰府の少判官。→職員69。**八省少丞**—各省の少判官。定員は各省共に二人。**中監物**—中務省所属、物品の出納を監察。→職員3。大監物は従五位下。**中宮大進**—中務省中宮職の大判官。→職員4。進の意味→補☆c。**春宮大進**—春宮坊の大判官。→東宮2。

内蔵助—以下、典薬助までは小寮の次官。各官の序列は長官（従五位下）の場合と同じ。なお内蔵助は大同三年八月から正六位下。中務省内蔵寮。→職員7。**縫殿助**—延暦十八年七月から正六位下。中務省縫殿寮。→職員3。**大炊助**—宮内省大炊寮。→職員42。**散位助**—式部省散位寮は寛平八年九月に式部省に併合。→職員15。**陰陽助**—中務省陰陽寮。→職員9。**主殿助**—宮内省主殿寮。→職員43。**典薬助**—宮内省典薬寮。→職員44。

主水正—以下、主蔵正までは小司・監の長官。なお宮内省主水司→職員53。**主油正**—宮内省主油司は寛平八年九月に主殿寮に併合。→職員54。**内掃部正**—宮内省内掃部司は弘仁十一年閏正月に大蔵省掃部司（職員35）と併合。→職員55。**筥陶正**—宮内省筥陶司は大同三年正月に同省大膳職に併合。→職員56。**内染正**—宮内省内染司は大同三年正月に中務省縫殿寮に併合。→職員57。**舎人正**—春宮坊舎人監。→東宮3。**主膳正**—春宮坊主膳監。→東宮4。**主蔵正**—春宮坊主蔵監。→東宮5。

上国介—以下、上国・一品家・一位家は小寮と、三品・二位家は小司と同格。なお上国→職員71。**一品家扶**—一品の親王・内親王の家

*神祇大祐　*大宰少監
*八省少丞　*中監物
*一中宮大進　*二春宮大進
*内蔵助　*縫殿助
*大炊助　*散位助
*陰陽助　*主殿助
*典薬助　*主水[1]正
*主油正　*内掃部正
*筥陶正　*三内染正
*舎人正　*主膳正
*主蔵正　*上国介
*一品家扶　*三品家令
*職事一位家扶　*職事二位[2]家令

以前上階

*神祇少祐　*少判事
*四大宰大判事　*五中宮少進
六春宮少進　左右京大進
大膳大進　摂津大進

*衛門大尉　　*左右衛士大尉
*大蔵大主鑰　　*主鷹正
*主殿首　　*主書首
*主漿首　　*主工首
*主兵首　　*主馬首
*下国守　　*勲八等

従六位(じゅろくゐ)

神祇大祐(じんぎだいいう)〈カムヅカサノオホイマツリコトヒト〉　　大宰(だいさい)〈ノ〉少監(せうげむ)〈スナイマツリコトヒト〉
八省(はちしやう)〈ノ〉少丞(せうじよう)〈スナイマツリコトヒト〉　　中〈ノ〉監物(けむもち)〈ヲロシモノヽツカサ〉
中宮(ちうぐ)〈ナカミヤノ〉大進(だいしん)〈オホイマツリコトヒト〉　　春宮(しゆんぐ)〈ミコミヤノ〉大進(だいしん)〈オホイマツリゴトヒト〉
内〈ノ〉蔵〈ノ〉助〈スケ〉　　縫殿(ぬひとの)〈ノ〉助
大炊(おほひ)〈ノ〉助　　散位(さんゐ)〈トネ〉助
陰陽(おむやう)〈ノ〉助　　主殿(しゆでん)〈トノモリノ〉助
典薬(てんやく)〈ノ〉助　　主水(もひとり)〈モンドリノ〉正〈カミ〉
主油(あぶら)〈アブラノ〉正　　内(うち)〈ノ〉掃部(かにもり)〈カニモリノ〉正
筥陶(はこすゑ)〈ハコスエノ〉正　　内〈ウチ〉染〈ソメモノノ〉正
舎人(とねり)〈トネリノ〉正　　主膳(しゆぜん)〈カシハデノ〉正
主蔵(しゆざう)〈クラノ〉正　　上国(じやうごく)〈ノ〉介〈スケ〉

令の次官。↓家令1。扶は助の意。**三品家令**—同上、三品家令の長官。↓家令3。**職事一位家扶**—現に官を帯びている正一位・従一位の諸王臣家家令の次官。↓家令5。**職事二位家令**—同上、二位家令の長官。↓家令6。(下階) **神祇少祐**—神祇官の少判官。↓職員1。**少判事**—刑部省の少判事。↓職員30。**大宰大判事**—大宰府の大判事。↓職員69。**中宮少進**—少進は少判官。大進は大判官。以下五職坊の長官と大少判官は一階異なるが、次官と大少主典は同階。

衛門大尉—衛門府の大判官。↓職員59。後、左右衛士府に併合(後紀)。尉の訓「万豆利古止比止」(和名抄)、「ゼウ」(伊呂波字類抄)。尉の意味↓補☆c。**左右衛士大尉**—左衛士府・右衛士府の各大判官。↓職員61。弘仁二年十一月から左右衛門大尉と改称(後紀)。

大蔵大主鑰—主鑰は出納の責任者。大蔵省と中務省内蔵寮とに大少各二人ずつ所属。↓職員73。大蔵少主鑰は従七位下、内蔵大主鑰は正七位上。

主鷹正—兵部省主鷹司の長官。↓職員29。司の四等官は以下の春宮坊六署と同じく正と令史(少初位下)のみで、中央官庁としては最小。**主殿首**—春宮坊主殿署の長官。↓東宮6。主殿署の訓は「美古乃美夜乃止乃毛里乃豆加佐」(和名抄)。**主書首**—春宮坊主書署の長官。署は大同二年八月に主蔵監に併合。↓東宮7。**主漿首**—春宮坊主漿署の長官。署は大同二年八月に主膳監に併合。↓東宮8。漿の訓は華厳経音義私記に「古美豆」、おもゆの意。**主工首**—春宮坊主工署の長官。↓東宮9。**主兵首**—春宮坊主兵署の長官。署は大同二年八月に

主蔵監に併合。→東宮10。**主馬首**―春宮坊主馬署の長官。→東宮11。主馬署の訓は「美古乃美夜乃牟万乃豆加佐」(和名抄)。**下国守**―下国の長官。→職員73。**勲八等**→官位6注「勲一等」。

14〔正七位条〕位は奏授→選叙2。相当官は家令を除き奏任→選叙3。上階は府・省・台の大主典、職・衛府の少判官(大判官は従六位下)など。格で少外記(延暦二年以後。令では従七位上)・少内記(大同元年以後。令では正八位上)、令外に按察使記事(養老五年以後)・左右兵衛少尉(延暦十八年以後。令では従七位上)。

下階は大寮・衛府の大判官(次官は正六位下)など。令外に内匠大允(神亀五年以後)・諸陵大允(天平元年以後。→職員19)、格で内蔵大允(大同三年以後)・縫殿大允(延暦十八年以後。以上両者は令では允で従七位上)・律学博士・直講・文章博士(以上三者は神亀五年以後。→学令補☆b)、また一時、紀伝博士(→学令補☆b)・内厩大允・主馬大允を追加。また上下階の別なく斉宮大允(神亀五年以後。次官は正六位)。

(上階)**中内記**―中務省に属し、詔勅の起草などを担当。→職員3。大同元年七月、廃(後紀)。大内記は正六位上。**大外記**―外記は太政官に属し、詔草案の検討や太政官奏の起草などを担当。大少の別があるが定員や職掌は同じ。→職員2。延暦二年五月、正六位上に昇格(続紀)。**大宰大工**―大宰府で営繕などを担当。→職員69。少工も職掌は同じで正八位上。**大宰少判事**―大宰府の少判事。**大判事**は

一品〈ノ〉家〈ノ〉扶〈スケ〉　三品〈ノ〉家令〈イヘノカミ〉

職事一位〈ノ〉家〈ノ〉扶〈スケ〉　職事二位〈ノ〉家令〈イヘノカミ〉

以前上階

神祇少祐〈(カムヅカ)サノ(スナ)イ(マツリゴト)ヒト〉　少判事〈スナイコトトコトハルツカサ・スナイコトハルツカサ〉

大宰〈ノ〉大判事　中宮〈(ナカ)ノ(ミヤ)ノ〉少進〈(スナ)イ(マツリゴト)ヒト〉

春宮〈(ミコ)ノ(ミヤ)ノ〉少進　左右〈ノ〉京〈ミサトノ〉大進

大膳〈(オホカシ)(ハデ)ノ〉大進　摂津〈(スブ)ルツノ〉大進

衛門〈ユケヒノ〉大尉〈オホイマツリコトヒト〉　左右〈(ヒダリミ)(ギリ)ノ〉衛士〈ノ〉大尉〈オホイマツリコトヒト〉

大蔵〈ノ〉大主鑰〈(オホ)イカイトリ・(オホイ)カキノツカサ〉　主鷹〈タカツカサノ〉正〈カミ〉

主殿〈トノモリノ〉首〈カミ〉　主書〈フムノ〉首

主漿〈コムツノ〉首　主工〈タクミノ〉首

主兵〈ツハモノヽ〉首　主馬〈ムマノ〉首

下国〈ノ〉守　勲八等

14

正七位

中内記*　大外記*—

大宰大工*　大宰少判事*

左右弁少史*　大宰大典*

八省大録*　弾正大疏*

*左右京少進　　*大膳少進
*摂津少進　　*衛門少尉
*左右衛士少尉　　*内蔵大主鑰
*防人正　　*二品家扶
*四品家令
　以前上階
*大宰主神　　*弾正巡察
*左右大舎人大允　　*大学大允
*木工大允　　*雅楽大允
*玄蕃大允　　*主計大允
*主税大允　　*図書大允
*左右兵衛大尉　　*左右馬大允
*左右兵庫大允　　*少監物
*大主鈴　　*判事大属
*助教　　*医博士
*陰陽博士　　*天文博士
*主醤　　*主菓餅
*大国大掾　　*勲九等

従六位下。↓職員69。**左右弁少史**―左右の弁官の少主典。大史は正六位上。↓職員2。**大宰大典**―大宰府の大主典。↓職員69。以下、大典・大録・大疏三者の少主典はみな正八位上。典の意味↓補☆c。**八省大録**―各省の大主典。定員は各省共一人。録の意味↓補☆c。**弾正大疏**―弾正台の大主典。↓職員58。疏の意味↓補☆c。**左右京少進**―左京職・右京職の各少判官。↓職員66。**大膳少進**―宮内省大膳職の少判官。↓職員40。**摂津少進**―摂津職の少判官。↓職員68。延暦十二年三月に職を国としたのに伴ない少進は少掾となる。従六位下の大進も大掾。**衛門少尉**―衛門府の少判官。↓職員59。府は大同三年七月に左右衛士府に併合(後紀)。**左右衛士少尉**―左衛士府・右衛士府の各少判官。↓職員67。弘仁二年十一月から左右衛門少尉と改称(後紀)。**内蔵大主鑰**―主鑰は出納の責任者。中務省内蔵寮と大蔵省とに大少各二人ずつ所属。内蔵大少主鑰は大蔵大少主鑰より各一階下。↓職員7 33。延暦十八年四月に廃(後紀)。**防人正**―大宰府防人司の長官。↓職員69。防人司は正・佑(正八位上)・令史(大初位下)で構成され、佑・令史の相当位は中司(↓補☆d)と同じであるが、正の相当位(中司では正六位下)が低い特殊な司。↓補☆c。**二品家扶**―二品の親王家・内親王家の家令の次官。↓家令2。**四品家令**―同上、四品家令の長官。↓家令4。(下階)**大宰主神**―大宰府における祭祀の主宰者。↓職員69。中央における神祇官にあたる。**弾正巡察**―弾正台の巡察弾正。定員十人。その職掌は弾正大忠(正六位上)と同じ。↓職員58。

左右大舎人大允―以下、左右兵庫大允までは大寮の大判官。各官の序列は長官(従五位上)・次官(正六位下)の場合と同じ。なお中務省左大舎人寮・右大舎人寮は大同三年八月に左右併合。↓職員5。允の意味↓補☆c。**大学大允**―式部省大学寮。↓職員14。**木工大允**―宮内省木工寮。↓職員41。**雅楽大允**―治部省雅楽寮。↓職員17。**玄蕃大允**―治部省玄蕃寮。↓職員18。**主計大允**―民部省主計寮。↓職員22。**主税大允**―民部省主税寮。↓職員23。**図書大允**―中務省図書寮。↓職員6。**左右兵衛大尉**―左兵衛府・右兵衛府。↓職員62。大宝令では大尉を大直と表記。延暦十八年四月から従六位下(後紀)。**左右馬大允**―左馬寮・右馬寮。↓職員63。**左右兵庫大允**―左兵庫・右兵庫。↓職員64。寛平八年九月に左右併合(三代格)。

少監物―中務省所属、物品出納を監察。↓職員3。中監物は従六位上。**大主鈴**―主鈴は中務省に所属、駅鈴の出納などを担当。↓職員3。少主鈴は正八位上。**判事大属**―刑部省の判事に所属する大主典。↓職員30。少属も正八位下で、判事の大少属は職・坊・寮の大少属よりも相当位階が高い。**助教**―式部省大学寮所属の大学の助教、定員二人。↓職員14。大宝令では助博士、養老令で助教と改めた後も訓は同じ。**医博士**―宮内省典薬寮に所属、医生の教官。↓職員44。同寮の医師より二階上。**陰陽博士**―中務省陰陽寮に所属、陰陽生の教官。↓職員9。同寮の陰陽師より一階上。**天文博士**―同右、天文生の教官。↓職員9。**主醬**―宮内省大膳職に所属、醬など調味料製造の責任者。↓職員40。大同三年正月に廃

正七位〈(しやうしちゐ)〉

中内記〈(ウチ)ノナカノシルスツカサ〉　大外記〈トノオホイシルスツカサ〉

大宰〈ノ〉大工〈(オホ)イタクミ〉　大宰〈ノ〉少判事〈(スナイコトコトワルツカサ)〉

左右〈ノ〉弁〈ノ〉少史〈(スナ)イサウクワン〉　大宰〈(オホミコトモチ)ノ〉大典〈(オホ)イサウクワン〉

八省〈ノ〉大録〈(オホ)イサウクワン〉　弾正〈ノ〉大疏〈(オホイ)サウクワン〉

左右京〈(ヒダリミギリ)ノミサトノ〉少進　大膳〈(オホカシハデ)ノ〉少進

摂津〈(スブルツノ)〉少進　衛門〈(ユゲヒ)ノ〉少尉〈(スナ)イマツリコトヒト〉

左右〈ノ〉衛士〈ノ〉少尉〈(スナ)イ(マツリゴトヒト)〉　内〈ノ〉蔵〈ノ〉大主鑰〈オホイカイトリ・(オホ)イカキノツカサ〉

防人〈サキモリノ・サトモリノ〉正〈カミ〉　二品〈ノ〉家〈ノ〉扶〈スケ〉

四品〈ノ〉家令〈(イヘ)ノカミ〉

以前上階

大宰〈ノ〉主神〈カムツカサ〉　弾正〈(タダスツ)カサノ〉巡察〈メクリミルツカサ〉

左右〈(ヒダリミギリ)ノ〉大舎人〈ノ〉大允〈オホイマツリコトヒト〉　大学〈ノ〉大允

木工〈(コタクミ)ノ〉大允〈(オホイマツリゴトヒト)〉　雅楽〈(ウタマヒ)ノ〉大允

玄蕃〈ノ〉大允　主計〈(カズヘ)ノ〉大允

主税〈(チカラ)ノ〉大允　図書〈ノ〉大允

左右〈ノ〉兵衛〈ノ〉大尉　左右〈ノ〉馬〈(ムマ)〉大允

左右〈ノ〉兵庫〈ノ〉大允　少監物〈スナイヲロシモノヽツカサ〉

大主鈴〈（オホ）イスゝノツカサ〉　判事（はんじ）〈コトワルツカサノ〉大属（だいぞく）〈（オホ）イサウクワン〉
助教（じょけう）〈スケハカセ〉　医博士（い はくじ）
陰陽（おむやう）〈ノ〉博士（はくじ）　天文（てんもん）〈ノ〉博士（はくじ）
主醤〈ヒシホノツカサ〉　主菓餅（くだもののつかさ）〈クタモノツカサ〉
大国（だいこく）〈ノ〉大掾〈（オホ）イマツリコトヒト〉　勲九等（くんくとう）

15 従七位

*少外記　*左右大舎人少允
*大学少允　*木工少允
*雅楽少允　*玄蕃少允
*主計少允　*主税少允
*図書少允　*左右兵衛少尉
*左右馬少允　*左右兵庫少允
*内蔵允　*縫殿允
*大炊允　*散位允
*陰陽允　*主殿允
*典薬允　*音博士
*陰陽師　*暦博士
*書博士　*算博士

（三代格）。**主菓餅**―同右、菓子や餅などの製造責任者。→職員40。右と同時に廃。**大国大掾**―大国の大判官。→職員70。**勲九等**→官位6注「勲一等」。

15 〔従七位条〕位は奏授→選叙2。相当官は家令を除き奏任→選叙3。上階は大寮・衛府の少判官（大判官は正七位下）、小寮の判官（次官は従六位上）など。後に内匠少允（神亀五年以後）・諸陵少允（天平元年以後。→職員補19）・内蔵少允（大同三年以後）・縫殿少允（延暦十八年以後。以上両者は令では允）・掃部允（弘仁十一年以後）・斎院判官（弘仁九年以後）。下階は大司の判官（長官は正六位上）など。令外に勘解由主典（天安元年以後）・左右近衛将曹（大同二年以後）の他、一時、授刀大志・近衛将曹・中衛将曹・外衛将曹を追加。また上下階の別なく斎宮少允（神亀五年以後。大判官は正七位）。

（上階）**少外記**―太政官に所属、詔草案の検討や太政官奏の起草などを担当。→職員2。延暦二年五月から正七位上（続紀）。大外記は正七位上。**左右大舎人少允**―以下、左右兵庫少允までは大寮の少判官。大判官は一階上。なお左大舎人寮・右大舎人寮の各少判官。→職員5。大同三年八月に左右併合。**大学少允**―式部省大学寮。→職員14。**木工少允**―宮内省木工寮。→職員41。**雅楽少允**―治部省雅楽寮。→職員17。**玄蕃少允**―治部省玄蕃寮。→職員18。**主計少允**―民部省主計寮。→職員22。**主税少允**―民部省主税寮。→職員23。**図書少**

允―中務省図書寮。↓職員6。**左右兵衛少尉**―左兵衛府・右兵衛府。↓職員62。大宝令では少尉を少直と表記。延暦十八年四月から正七位上(後紀)。**左右馬少允**―左馬寮・右馬寮。↓職員63。**左右兵庫少允**―左兵庫・右兵庫。↓職員64。寛平八年九月に左右併合。
内蔵允―以下、典薬允までは小寮の判官。小寮は判官に大小の別がない。各官の序列は長官(従五位下)・次官(従六位上)の場合と同じ。なお中務省内蔵寮↓職員7。大同三年八月に「加二内蔵寮少允一員一」(後紀)。従って寮は大少允ある大寮と同じ構成になり、大允は正七位下、少允が従七位上。**縫殿允**―中務省縫殿寮。↓職員8。延暦十八年七月に「加二允一員一以置二大少一宜准二大寮一」(三代格)。**大炊允**―宮内省大炊寮。↓職員42。**散位允**―式部省散位寮。↓職員15。寮は寛平八年九月に式部省に併合。**陰陽允**―中務省陰陽寮。↓職員9。**主殿允**―宮内省主殿寮。↓職員43。**典薬允**―宮内省典薬寮。↓職員44。
音博士―式部省大学寮に所属、大学生に漢字の発音を教授、定員二人。↓職員14。訓コヱノハカセ(釈日本紀、秘訓〈書紀持統五年九月条〉)。**陰陽師**―中務省陰陽寮に所属、定員六人。↓職員9。同寮の陰陽博士より一階下。**暦博士**―中務省陰陽寮に所属、暦を造り、且つ暦生に教授。↓職員9。**書博士**―式部省大学寮に所属、大学生に書を教授、定員二人。↓職員14。書の訓、フムよりもテカキ(釈日本紀、秘訓〈書紀持統五年九月条〉)の方が適切か。**算博士**―同右、算術を算生に教授。↓職員14。貞観十三年十二月廿七日官符で正七位下(三代格)。**呪禁博士**―宮内省典薬寮に所属、

呪禁博士*一　大国少掾*
上国掾*　一品家大従*
一品文学*　三品家扶二
職事一位家大従*　職事正三位家令*
以前上階
正親佑*　内膳典膳*
造酒佑*　兵馬佑*
鍛冶佑*12　造兵佑*
畫工佑*　典鋳佑*
掃部佑*　内薬佑*
東西市佑*三　官奴佑*
鼓吹佑*　園池佑*
諸陵佑*　贓贖佑*
囚獄佑*　大解部*
大宰博士*　大典鑰*
大蔵少主鑰*　医師*
漏剋博士*　針博士*
一品家少従*　二品家従*

二品文学* 　四品家扶*

職事一位家少従* 　職事従三位家令*

勲十等*

従七位(じゆしちゐ)

少外記(せうぐゑき)〈トノスナイシルスツカサ〉 　左右(さう)〈ノ〉大舎人(おほどねり)〈ノ〉少允〈(スナ)イマツリコトヒト〉

大学(だいがく)〈ノ〉少允 　木工(もくく)〈(コタク)ミノ〉少允

雅楽(うた)〈ウタ〉少允 　玄蕃(ぐゑんばん)〈ノ〉少允

主計(かずへ)〈(カズ)ヘノ〉少允 　主税(ちから)〈(チカ)ラノ〉少允

図書(づしよ)〈ノ〉少允 　左右(さう)〈ノ〉兵衛(ひやうゑ)〈ノ〉少尉〈(スナ)イマツリコトヒト〉

左右(さう)〈ノ〉馬(め)〈ノ〉少允〈(スナ)イマツリコトヒト〉 　左右(さう)〈ノ〉兵庫(ひやうご)〈ノ〉少允

内〈ノ〉蔵〈ノ〉允〈マツリコトヒト〉 　縫殿(ぬひとの)〈ノ〉允

大炊(おほひ)〈ノ〉允 　散位(さんゐ)〈トネ〉允

陰陽(おむやう)〈ノ〉允 　主殿(とのもり)〈ノ〉允

典薬(てんやく)〈ノ〉允 　音博士(おむはくじ)〈ヲムハカセ〉

陰陽(おむやう)〈ノ〉師 　暦〈(コヨ)ミノ〉博士(はくじ)

書〈フム〉博士(はくじ) 　算〈サン〉博士(はくじ)

呪禁(しゆこむ)〈ノ〉博士 　大国〈ノ〉少掾

上国〈ノ〉掾 　一品〈ノ〉家〈ノ〉大従〈(オホ)イマツリコトヒト〉

病気治療の呪(まじ)を呪禁生に教授。→職員44。呪禁師よりも二階上。

大国少掾―大国の少判官。→職員70。**上国掾**―上国の判官。→職員71。大国と上国の格差は大寮と小寮の格差にほぼ同じ。**一品家大従**―一品の親王家・内親王家の家令の大判官。→家令1。一品・一位家令は小寮と同格だが、判官に大少のある点が異なる。**二品文学**―二品の親王家の家庭教師。→家令1。文学は内親王家には付かない。**職事一位家大従**―現に官を帯びている正一位・従一位の諸王臣家家令の大判官。→家令5。**職事正三位家令**―同右、正三位の諸王臣家の家令の長官。→家令7。従三位家令は一階下。

(下階) **正親佑**―以下、囚獄正までは大司の判官。各官の序列は長官(正六位上)の場合と同じ。佑は祐(神祇官の判官)と字音も意味も同じ。→補☆c。なお宮内省正親司の判官→職員45。**内膳典膳**―宮内省内膳司。→職員46。和名抄、「判官」に注して「内膳曰二典膳一」とある。**造酒佑**―宮内省造酒司。→職員47。**兵馬佑**―兵部省兵馬司は大同三年正月に兵部省に併合。→職員25。**鍛冶佑**―宮内省鍛冶司は大同三年正月に同省木工寮に併合。→職員48。**造兵佑**―兵部省造兵司は寛平八年九月に兵庫寮に併合。→職員26。**畫工佑**―中務省画工司は大同三年正月に同省内匠寮に併合。→職員10。**典鋳佑**―大蔵省典鋳司は宝亀五年中務省内匠寮に併合。→職員34。**掃部佑**―大蔵省掃部司は弘仁十一年閏正月に宮内省内掃部司と併合、宮内省掃部寮となり、判官は掃部允、従七位上。→職員35。**内薬佑**―中務省内薬司は寛平八年九月に宮内省典薬寮に併合。

→職員11。**東西市佑**―左京職東市司・右京職西市司。→職員67。**官奴佑**―宮内省官奴司は、大同三年正月に同省主殿寮に併合。→職員49。**鼓吹佑**―兵部省鼓吹司は寛平八年九月に兵庫寮に併合。→職員27。**園池佑**―宮内省園地司は寛平八年九月に同省内膳司に併合。→職員50。**諸陵佑**―治部省諸陵司は天平元年八月に寮へ昇格、判官は大允が正七位下、少允が従七位上。→職員19。**贓贖佑**―刑部省贓贖司は大同三年正月に刑部省に併合。→職員31。**囚獄佑**―刑部省囚獄司。→職員32。

大解部―刑部大解部。→職員30。大同三年正月に廃(三代格)。解部は訴訟当事者の訊問を担当。治部省に大少、刑部省に大中少の各解部が属する。治部大解部は正八位下。**大宰博士**―大宰府管轄下の諸国学生の教官。→職員69。**大典鑰**―中務省に所属、鑰の出納責任者。→職員3。大少各二人。少典鑰は従八位上。**大蔵少主鑰**→官位13注「大蔵大主鑰」。**医師**―宮内省典薬寮所属、定員十人。→職員44。**漏刻博士**―中務省陰陽寮所属、漏剋(水時計)による時報の責任者。→職員9。**針博士**―宮内省典薬寮所属、針生の教官。→職員44。実際に医療に従事する針師は一階下。

一品家少従→家令1。大従は一階上。**二品家従**→家令2。**二品文学**→家令2。なお→前頁注「一品文学」。**四品家扶**→家令4。**職事一位家少従・職事従三位家令**→前頁注「職事一位家大従」「職事正三位家令」。**勲十等**→官位6注「勲一等」。

一品〈ノ〉文学〈フミハカセ〉　三品〈ノ〉家〈ノ〉扶

職事一位〈(ノ)〉家〈ノ〉大従〈(オホイ)マツリコトヒト〉　職事正三位〈ノ〉家令

以前上階

正親(おほきみ)〈オホキミノ〉佑〈マツリコトヒト〉　内膳(ないぜん)〈(ウチ)ノ(カ)シハデ)ノ〉典膳(てんぜん)〈マツリコトヒト〉

造酒(さけ)〈サケノ〉佑〈(マツリゴ)(ト)ヒト〉　兵馬(ひやうめ)〈(ツ)ハモノウマ)ノ〉佑

鍛冶(たんや)〈ノ〉佑　造兵〈(ツク)リツハモノ、〉佑

畫工(ゑたくみ)〈エタクミノ〉佑　典鋳〈イモノ、〉佑

掃部(かにもり)〈カモリノ〉佑　内薬(うちのくすり)〈(ウチ)ノ(ク)スリ)ノ〉佑

東西(とうざい)〈ノ〉市〈ノ〉佑　官奴(やっこ)〈ヤツコノ〉佑

鼓吹(つづみふえ)〈ツヽミフエノ〉佑　園池(そのいけ)〈ソノイケ(ノ)〉佑

諸陵(みさざき)〈ミサヽキノ〉佑　贓贖〈アカムモノヽ〉佑

囚獄(ひとや)〈ヒトヤノ〉佑　大解部(ときべ)〈(オホ)イトキヘ〉

大宰(だいさい)〈ノ〉博士(はかせ)　大典鑰(かぎのつかさ)〈(オホ)イカキノツカサ〉

大蔵(おほくら)〈ノ〉少主鑰(かぎとり)〈ス(ナイ)カイトリ〉　医師(くすし)〈クスシ〉

漏剋(ろこく)〈ノ〉博士(はくじ)　針(しむ)〈ハシン〉博士(はくじ)

一品(いちほむ)〈ノ〉家(いへ)〈ノ〉少従〈ス(ナイ)マツリコトヒト〉　二品(にほむ)〈(ノ)〉家〈ノ〉従〈マツリコトヒト〉

二品(にほむ)〈ノ〉文学(ふみはかせ)〈フミハカセ〉　四品(しほむ)〈ノ〉家〈ノ〉扶〈スケ〉

職事一位(いちゐ)〈ノ〉家〈ノ〉少従　職事従三位(じゆさむゐ)〈ノ〉家令〈(イヘ)ノ(カミ)〉

16　正八位

勲十等（くんじふとう）

少*内記　大*宰少典
八*省少録　弾*正少疏
内*一兵庫佑　土*工佑
葬*1儀佑　采*女佑
主*船佑　漆*部佑
縫*部佑　織*部佑
隼*人佑　内*礼佑
少*主鈴　内*蔵少主鑰
呪*禁師　針*師
薬*二園師　典*三履
典*革　大*宰陰陽師
大宰医師　大宰少工
大宰算師　中*国掾
防*人佑　大*宰主船
大*宰主厨
以前上階

16〔正八位条〕内位は奏授、外位は判授↓選叙2。相当官は家令などを除き奏任↓選叙3。上階は府・省・台の少主典（大主典は正七位上）、中司の判官（長官は正六位下）など。

下階は官・職・衛府の大主典（判官は従六位上から正七位上まで）、小司・監の判官（長官は従六位上）など。令外に下階に修理大属（弘仁九年以後）、格で左右兵衛大志・医師（以上両者は延暦十八年以後。令では従八位上）の他、一時授刀少志。

（上階）**少内記**―中務省に属し詔勅の起草などを担当。↓職員3。大同元年七月から正七位上（三代格）。

大宰少典―大宰府の少主典。↓職員69。典の意味↓補☆c。**八省少録**―各省の少主典。定員は中務など五省が三人、刑部・大蔵・宮内三省は二人。録の意味↓補☆c。**弾正少疏**―弾正台の少主典。↓職員58。疏の意味↓補☆c。**内兵庫佑**―以下、内礼佑までは中司の判官。各官の序列は長官の場合と同じ。なお内兵庫は大同三年正月に左右兵庫に併合。↓職員65。**土工佑**―宮内省土工司の廃止併合は未詳。↓職員51。**葬儀佑**―治部省葬儀司は大同三年正月に兵部省鼓吹司に併合。↓職員20。**采女佑**―宮内省采女司は大同三年正月に中務省縫殿寮に併合。↓職員52。**主船佑**―兵部省主船司の廃止併合は未詳。↓職員28。**漆部佑**―大蔵省漆部司は大同三年正月に中務省内匠寮に併合。↓職員36。**縫部佑**―大蔵省縫部司は大同三年正月に中務省縫殿寮に併合。↓職員37。**織部佑**―大蔵省織部司。↓職員38。**隼人佑**―衛門府隼人司。↓職員60。佑は大同

*神祇大史　*中宮大属
*四春宮大属　*左右京大属
*大膳大属　*五摂津大属
*治部大解部　*刑部中解部
*衛門大志　*左右衛士大志
*判事少属　*2主水佑
*主油佑　*内掃部佑
*筥陶佑　*六内染佑
*舎人佑　*七主膳佑
*主蔵佑　*按摩博士
*衛門医師　*左右衛士医師
*三品家従　*三品四品文学
*職事二位家従　*勲十一等

正八位(しやうはちゐ)

少内記(せうないき)〈ウチノスナイシルスツカサ〉　大宰(だいさい)〈オホミコトモチノ〉少典(せうてん)〈スナイサウクワン〉
八省(はちしやう)〈ヤツノツカサノ〉少録(せうろく)〈スナイサウクワン〉　弾正(だんじやう)〈タダスツカサノ〉少疏〈スナイサウクワン〉
内〈ノ〉兵庫(ひやうご)〈ノ〉佑〈マツリコトヒト〉　土工(つちたくみ)〈ツチタクミノ〉佑
葬儀(もてありきもの)〈ノ〉佑　采女(うねめ)〈ノ〉佑

三年正月から元慶元年十二月まで不置。**内礼佑**―中務省内礼司は大同三年正月に弾正台に併合。→職員12。
少主鈴―中務省に所属、駅鈴の出納などを担当。→職員3。大主鈴は正七位下。**内蔵少主鑰**―中務省内蔵寮に所属、内蔵の出納を担当。→職員7。大主鑰は正七位上。**呪禁師**―宮内省典薬寮に所属、呪禁による治療に従事。→職員44。呪禁博士よりも二階下。**針師**―宮内省典薬寮に所属、針による治療に従事。→職員44。針博士よりも一階下。**薬園師**―宮内省典薬寮に所属、薬草を栽培し兼ねて薬園生を教育。→職員44。**典履**―大蔵省に所属、百済手部(くだらてびと)を率い皮革製品を製作。→職員33。**典革**―大蔵省に所属、狛部(こまびと)を率い、皮革を製造。→職員33。
大宰陰陽師―以下、中国掾を除き、主厨まで大宰府所属の諸官。職員69での掲載順も、少工を除き、この順。正七位上では大工、大典の順であるのに、ここで少工を少典より下げた理由は未詳。**中国掾**―中国の判官。→職員72。他の階での例によると、正八位上階での位置も末尾の筈。**防人佑**→職員69。佑は一般には判官であるが防人佑のみは次官か。→補☆c。**大宰主船**・**大宰主厨**→職員69。両者共、弘仁十四年正月に停めて代りに主城二員を置いたが承和七年九月に復旧(三代格)。但し主船は復旧後は正八位下(三代格)。
(下階) **神祇大史**―神祇官の大主典。→職員1。史の意味→補☆c。**中宮大属**―中務省中宮職の大主典。→職員4。属の意味→補☆c。定員は以下の諸職坊すべて一人。**春宮大属**―春宮坊の大主典。→東宮2。**左右京大属**―左

主船(ふね)〈ノ〉佑　漆部(ぬりべ)〈ヌリヘノ〉佑

縫部(ぬひべ)〈(ヌヒ)ヘノ〉佑　織部(おりべ)〈ノ〉佑

隼人(はやひと)〈(ハヤト)シノ〉佑　内〈ノ〉礼〈ヰヤノ〉佑

少主鈴(すないすずのつかさ)〈(スナ)イスヽノツカサ〉　内〈ノ〉蔵〈ノ〉少主鑰〈(スナイ)カイトリ・(スナ)イカキノツカサ〉

呪禁(しゆこむ)〈ノ〉師　針〈ノ〉師

薬園(やくをん)〈ノ〉師　典履(てんり)〈クタラテビトノツカサ・クタラテヒトヘノツカサ〉

典革(てんかく)〈コマヘノツカサ〉　大宰(だいさい)〈ノ〉陰陽(おむやう)〈ノ〉師

大宰(だいさい)〈ノ〉医師〈(クス)ジ〉　大宰(だいさい)〈ノ〉少工〈(スナイ)タクミ〉

大宰(だいさい)〈ノ〉算〈ノ〉師　中国(ちうごく)〈ノ〉掾〈マツリコトヒト〉

防人(ばうにん)〈サキモリノ〉佑〈マツリコトヒト〉　大宰(だいさい)〈ノ〉主船(ふねのつかさ)〈フネノツカサ〉

大宰(だいさい)〈ノ〉主厨〈クリヤノツカサ〉

以前上階

神祇(じんぎ)〈(カミ)ノ(ツ)カサ)ノ〉大史(だいし)〈(オホ)イサウクワン〉　中宮(ちうぐう)〈(ナカ)ノ(ミヤ)ノ〉大属〈(オホ)イサウクワン〉

春宮(しゆんぐ)〈ミコノミヤノ〉大属　左右京(さうきやう)〈(ヒダリミギリ)ノ(ミサト)ノ〉大属(おほいさうくわん)

大膳(だいぜん)〈(オホカシ)ハデノ〉大属　摂津(せふしん)〈ノ〉大属

治部(ぢぶ)〈ヲサムルツカサ(ノ)〉大解部〈オホイトキヘ〉　刑部(ぎやうぶ)〈ウタヘサダムルツカサノ〉中解部〈ナカノトキヘ〉

衛門(ゆげひ)〈ノ〉大志〈(オホイ)サウクワン〉　左右(さう)〈ノ〉衛士〈ノ〉大志〈(オホイサ)ウクワン〉

判事(はんじ)〈ノ〉少属〈ス(ナイ)サウクワン〉　主水(もひとり)〈モントノ〉佑〈マツリコトヒト〉

京職・右京職の各大主典。→職員66。**大膳大属**—宮内省大膳職の大主典。→職員40。**摂津大属**—摂津職の大主典。→職員68。延暦十二年三月から摂津大目。

治部大解部—解部は治部省・刑部省共、訴訟当事者の訊問を担当。→職員16。治部少解部は従八位下。**刑部中解部**→職員30。大同三年正月に廃(三代格)。大解部は従七位下。刑部省の訓、貞観七年以前はウタヘウタフルツカサ、以後は、ウタヘサダムルツカサ→職員補30。**衛門大志**—衛門府の大主典。→職員59。志の意味→補☆c。**左右衛士大志**—左衛士府・右衛士府の大主典。→職員61。

判事少属—刑部省の判事に所属。→官位14注「判事大属」。

主水佑—以下、主蔵佑までは小司・監の判官。序列は長官(従六位上)の場合と同じ。なお宮内省主水司→職員53。**主油佑**—宮内省主油司は寛平八年九月に主殿寮に併合。→職員54。**内掃部佑**—宮内省内掃部司は弘仁十一年閏正月に大蔵省掃部司と併合。→職員55。**筥陶佑**—宮内省筥陶司は大同三年正月に同省大膳職に併合。→職員56。**内染佑**—宮内省内染司は大同三年正月に中務省縫殿寮に併合。→職員57。**舎人佑**—春宮坊舎人監。→東宮3。**主膳佑**—春宮坊主膳監。→東宮4。**主蔵佑**—春宮坊主蔵監。→東宮5。

按摩博士—宮内省典薬寮に所属、按摩生を教育。→職員44。按摩師は従八位上。

衛門医師→職員59。**左右衛士医師**→職員61。右両者を含めて諸衛府医師は、選叙3の「余官奏任」の規定に拘らず判補であったが、仁和元年十二月から奏任となった(三代格)。

三品家従→家令3。**三品四品文学**—三品親王家の文学と四品親王家の文学。→家令3 4。
職事二位家従→家令6。以上の内、三品家令と二位家令は長官・判官・主典の相当位が同じ。特に二位家令は主水司以下の小司や春宮坊の三監と同じ。
勲十一等→官位6注「勲一等」。

17〔従八位条〕内位は奏授、外位は判授→選叙2。相当官は家令などを除き奏任→選叙3。上階は官・職・衛府の少主典(大主典は正八位下)。大寮・衛府の大主典(少判官は従七位上)など。令外に修理少属(弘仁九年以後)・左右兵衛少志(延暦十八年以後。令では下階)・内匠大属(神亀五年以後)・諸陵大属(天平元年以後)・内蔵大属(大同三年以後)・縫殿大属(延暦十八年以後。以上両者は令では下階)を追加。
下階は大寮の少主典(大主典は上階)、小寮の大主典(判官は従七位上)など。令外に内匠・諸陵・内蔵・縫殿の少属、掃部大属(弘仁十一年以後)・斎院主典(弘仁九年以後)を追加。また上下階の別なく斎宮大少属(神亀五年以後)など。
(上階)**神祇少史**—以下、左右衛士少志までの各少主典の所属官司については、官位16正八位下の各大主典の注参照。定員は神祇少史・大膳少属が各一人、他は各二人。
左右大舎人大属—以下、左右兵庫大属までは大寮の大主典。所属官司→官位15「左右大舎人少允」以下の注。定員は皆各一人。

主油〈アフラノ〉佑〈マツリコトヒト〉　内〈ノ〉掃部〈カニモリノ〉佑
筥陶〈ハコスヘノ〉佑　内〈ノ〉染〈ソメノ〉佑
舎人〈ノ〉佑　主膳〈ノ〉佑
主蔵〈クラノ〉佑　按摩〈アンマノ〉博士
衛門〈ノ〉医師　左右〈ノ〉衛士〈ノ〉医師
三品〈ノ〉家〈ノ〉従〈マツリコトヒト〉　三品四品〈ノ〉文学〈フミハカセ〉
職事二位〈ノ〉家〈ノ〉従〈マツリコトヒト〉　勲十一等

17

従八位

神祇少史[*一]　中宮少属
春宮少属　左右京少属
大膳少属　摂津少属
衛門少志　左右衛士少志[二]
左右大舎人大属[*]　大学大属
木工大属　雅楽大属[三]
玄蕃大属　主計大属[四]
主税大属[五]　図書大属[六]
左右兵衛大志[1]　左右馬大属
左右兵庫大属　少典鑰[*]

*按摩師　　*雅楽諸師
*左右兵衛医師　　*馬医[2]
*四品家従　　*大国大目

以前上階

*刑部少解部　　*治部少解部
*左右大舎人少属　　*大学少属
*木工少属　　*雅楽少属
*玄蕃少属　　*主計少属
*主税少属　　*図書少属
*左右兵衛少志[3]　　*左右馬少属
*左右兵庫少属　　*内蔵大属
*縫殿大属　　*大炊大属
*散位大属　　*陰陽大属
*主殿大属　　*典薬大属
*主計算師　　*主税算師
*大国少目　　*上国目
*一品家大書史　　*職事一位家大書史
*勲十二等

少典鑰―中務省に所属。鑰の出納を担当。↓職員3。大典鑰は従七位下。

按摩師―宮内省典薬寮に所属、按摩・接骨などの医療に従事。↓職員44。按摩博士より一階下。**雅楽諸師**―治部省雅楽寮の歌師・儛師・笛師・唐楽師・高麗楽師・百済楽師・新羅楽師・伎楽師・腰鼓師の諸師。↓職員17。しかし同寮所属の楽儛の諸師は、以上の他にも各種あって「随時増減」するという(職員17古記の引く雅楽寮大属尾張浄足の説)。**左右兵衛医師**―延暦十八年四月に左右兵衛府四等官が衛門府と同格になったとき、同じく昇格して正八位下。なお↓官位16注「衛門医師」「左右衛士医師」。**馬医**―左馬寮・右馬寮の馬医。↓職員63。

四品家従↓家令4。**大国大目**―大国の大主典。↓職員70。目の意味↓補☆c。他の階では国司、家令の順であるのに、ここでは異例。

(下階) **刑部少解部**↓職員30。大同三年正月に廃(三代格)。解部は刑部・治部とも、訊問を担当。**治部少解部**↓職員16。治部大解部は刑部中解部と同階の正八位下。

左右大舎人少属―以下、左右兵庫少属までは大寮の少主典。各官の排列は従八位上の大主典の場合とも同じ。なお中務省の左右大舎人寮は大同三年八月に左右併合。↓職員5。**大学少属**―式部省大学寮。↓職員14。**木工少属**―宮内省木工寮。↓職員41。**雅楽少属**―治部省雅楽寮。↓職員17。**玄蕃少属**―治部省玄蕃寮。↓職員18。**主計少属**―民部省主計寮。↓職員22。**主税少属**―民部省主税寮。↓職員23。**図書少属**―中務省図書寮。↓職員6。**左右兵衛少志**―左兵衛府・右兵衛府。↓職員62。延暦十八年四月から従八位下(後紀)。志の意味↓補☆c。**左右馬少属**―左馬寮・右馬寮。↓職員63。**左右兵庫少属**―左兵庫・右兵庫。↓職員64。寛平八年九月に左右併合(三代格)。

内蔵大属―以下、典薬大属までは小寮の大主典。少主典は一階下。なお中務省内蔵寮↓職員7。大属は大同三年八月から従八位上(後紀)。**縫殿大属**―中務省縫殿寮。↓職員8。延暦十八年七月から従八位上(三代格)。**大炊大属**―宮内省大炊寮。↓職員42。**散位大属**―式部省散位寮。↓職員15。寮は寛平八年九月に式部省に併合(三代格)。**陰陽大属**―中務省陰陽寮。↓職員9。**主殿大属**―宮内省主殿寮。↓職員43。**典薬大属**―宮内省典薬寮。↓職員44。

主計算師・主税算師―民部省主計・主税各寮に所属、定員各二人。↓職員22 23。算師は他に大宰府に一人、正八位上。

大国少目―大国の少主典。↓職員70。大国は大寮と同格。**上国目**―上国の主典。↓職員71。上国は小寮と同格だが主典に大少の別がない。

一品家大書吏・職事一位家大書吏―大書吏は家令の大主典。↓家令15。少主典は一階下。一品・一位の家令は小寮と同格だが家令なので判任。

勲十二等↓官位6注「勲一等」。勲位は十二等で終る。

従八位

神祇〈ノ〉少史〈(スナ)イサウクワン〉　中宮〈ノ〉少属〈(スナ)イサクワン〉

春宮〈ミコノミヤノ〉少属〈スナイサウクワン〉　左右京〈ヒダリミギリノミサトノ〉少属〈スナイサウクワン〉

大膳〈ノ〉少属　摂津〈ノ〉少属

衛門〈ノ〉少志〈(スナ)イサウクワン〉　左右〈ノ〉衛士〈ノ〉少志

木工〈コタクミノ〉大属　雅楽〈ウタノ〉大属

左右〈ノ〉大舎人〈ノ〉大属〈(オホイ)サウクワン〉　大学〈ノ〉大属

玄蕃〈ノ〉大属　主計〈カズヘノ〉大属

主税〈チカラノ〉大属〈オホイサウクワン〉　図書〈ノ〉大属

左右〈ノ〉兵衛〈ノ〉大志　左右〈ノ〉馬〈ムマノ〉大属

左右〈ノ〉兵庫〈ノ〉大属　少典鑰〈スナイカイトリ・(スナイ)カギノツカサ〉

按摩〈ノ〉師　雅楽〈ウタマイノ〉諸〈ノ〉師

左右〈ノ〉兵衛〈ノ〉医師　馬〈ノ〉医

四品〈ノ〉家〈ノ〉従〈マツリコトヒト〉　大国〈ノ〉大目〈オホイサクワン〉

以前上階

刑部〈ノ〉少解部　治部〈ヲサムルツカサノ〉少解部

左右〈ノ〉大舎人〈ノ〉少属〈スナイサウクワン〉　大学〈ノ〉少属

木工〈ノ〉少属　雅楽〈ウタノ〉少属

玄蕃〈ノ〉少属　　主計〈ノ〉少属
主税〈ノ〉少属　　図書〈ノ〉少属
左右〈ノ〉兵衛〈ノ〉少志　　左右馬〈ヒダリミギリ〉〈ノウマ〉ノ少属
左右〈ノ〉兵庫〈ノ〉少属　　内〈ノ〉蔵〈ノ〉大属
縫殿〈ノ〉大属　　大炊〈ノ〉大属
散位〈トネ〉〈ノ〉大属　　陰陽〈ノ〉大属
主殿〈トノモ〉〈ノ〉大属　　典薬〈クス〉〈リノ〉大属
主計〈カズ〉〈ヘノ〉算〈ノ〉師　　主税〈チカ〉〈ラノ〉算〈ノ〉師
大国〈ノ〉少目　　上国〈ノ〉目
一品〈ノ〉家〈ノ〉大書吏〈オホイ〉〈サ〉〈ウクワン〉　職事一位〈ノ〉家〈ノ〉大書吏
勲十二等

18　大初位

内蔵少属*　　縫殿少属*
大炊少属*　　散位少属*
陰陽少属*　　主殿少属*
典薬少属*　　正親大令史*
内膳令史*　　造酒令史*
兵馬大令史*　　鍛冶大令史*1

18　〔大初位条〕位は判授→選叙2。相当官は家令などを除き奏任→選叙3。上階は小寮の少主典・大司の大主典・主典など。下階は大司の少主典、中司の主典など。後に掃部少属(弘仁十一年以後)を追加。また令外に、上下階の別なく斎宮寮の舎人・蔵部・膳部各司の主典(神亀五年七月置、三代格)、同じく炊部司の主典(大同三年八月置、三代格)を追加。なお初位は唐の九品に相当するが、九位とせずに初位としたのは、中国では九、日本では八を尊重する数としていたことの他、八位までと初位との間に待遇の差別があり、その差別は唐の流内と流外との関係を参考にしたためか。

(上階)**内蔵少属**—以下、典薬少属までは小寮の少主典。各官の排列は一階上の大属とも同じ。所属官司→官位17「内蔵大属」以下の注。なお内蔵少属は大同三年八月から従八位下(後紀)。→職員7。**縫殿少属**—延暦十八年七月から従八位下(三代格)。→職員8。**大炊少属**→職員42。**散位少属**→職員15。式部省散位寮は寛平八年九月に同省に併合(三代格)。**陰陽少属**→職員9。**主殿少属**→職員43。**典薬少属**→職員44。

正親大令史—以下、囚獄大令史までは大司の大主典または主典。大司の少主典は一階下。大司には大令史・少令史各一人の諸司と令史一人のみの諸司とがあるが、令史一人の場合は大令史と同格にしてある。しかしいずれにせよ、各官の排列は長官以下判官までの通例を変更しなかった。なお正親大令史は宮内省正親司→職員45。**内膳令史**—宮内省内膳司。→職員46。**造酒令史**—宮内省造酒司。→職員

造兵大令史*　　畫工令史*
典鋳大令史*　　掃部令史*
内薬令史*　　東西市令史*
官奴令史*　　鼓吹大令史*
園池令史*　　諸陵令史*
贓贖大令史*　　囚獄大令史*
畫師*[2]　　大宰判事大令史*
一品家少書吏*[3]　　二品家大書吏*[4]
職事一位家少書吏*

以前上階

正親少令史*　　兵馬少令史
鍛冶少令史[5]　　造兵少令史
典鋳少令史　　鼓吹少令史
贓贖少令史　　囚獄少令史
内兵庫令史*　　土工令史*
葬儀令史*[6]　　釆女令史*
主船令史*　　漆部令史*
縫部令史*　　織部令史

47。**兵馬大令史**—兵部省兵馬司。→職員25。司は大同三年正月に兵部省に併合(三代格)。**鍛冶大令史**—宮内省鍛冶司。→職員48。司は大同三年正月に同省木工寮に併合(三代格)。**造兵大令史**—兵部省造兵司。→職員26。司は寛平八年九月に同省兵庫寮に統合(三代格)。**畫工令史**—中務省画工司。→職員10。司は大同三年正月に同省内匠寮に併合(三代格)。**典鋳大令史**—大蔵省典鋳司。→職員34。司は宝亀五年に中務省内匠寮に併合(官職秘抄)。**掃部令史**—大蔵省掃部司。→職員35。司は弘仁十一年閏正月に内掃部司と統合して宮内省掃部寮(小寮)となる(三代格)。従って主典は掃部大属(従八位下)と掃部少属(大初位上)。**内薬令史**—中務省内薬司。→職員11。司は寛平八年九月に宮内省典薬寮に併合(三代格)。**東西市令史**—左京職東市司・右京職西市司。→職員67。**官奴令史**—宮内省官奴司。→職員49。司は大同三年正月に同省主殿寮に併合(三代格)。**鼓吹大令史**—兵部省鼓吹司。→職員27。司は寛平八年九月に同省兵庫寮に統合(三代格)。**園池令史**—宮内省園池司。→職員50。司は寛平八年九月に同省内膳司に併合(三代格)。**諸陵令史**—治部省諸陵司。→職員19。司は天平元年八月に寮(大寮)に昇格(続紀)。本官は諸陵大属(従八位上)と諸陵少属(従八位下)に分離。**贓贖大令史**—刑部省贓贖司。→職員31。司は大同三年正月に本省に併合(三代格)。**囚獄大令史**—刑部省囚獄司。→職員32。

畫師—中務省画工司に所属、定員四人。→職員10。職員10古記に「此長上画師無レ位。…官位令無レ文」とあり、大宝官位令には欠け

隼人令史*　　内礼令史*
挑文師*　　大宰判事少令史*
防人令史*　　中国目*
二品家少書吏*7

大初位

内蔵〈ウチノクラノ〉少属　　縫殿〈ノ〉少属
大炊〈ノ〉少属〈スナイサウクワン〉　　散位〈ノ〉少属
陰陽〈ノ〉少属　　主殿〈トノモノ〉少属
典薬〈テンヤクノ〉少属　　正親〈ノ〉大令史〈オホイサウクワン〉
内膳〈ウチノカシハテノ〉令史　　造酒〈ノ〉令史
兵馬〈ツハモノウマノ〉大令史　　鍛冶〈ノ〉大令史
造兵〈ツハモノツクリノ〉大令史　　畫工〈ノ〉令史
典鋳〈イモノノ〉大令史　　掃部〈カニモリノ〉令史
内〈ノ〉薬〈ノ〉令史　　東西〈ノ〉市〈ノ〉令史
官奴〈ノ〉令史　　鼓吹〈ノ〉大令史
園池〈ソノイケノ〉令史　　諸陵〈ノ〉令史
贓贖〈ノ〉大令史　　囚獄〈ノ〉大令史
畫師　　大宰〈ノ〉判事〈ノ〉大令史

ていたことが知られる。**大宰判事大令史**―大宰府の判事に所属する書記。少令史は下階。大少令史とも職掌は刑部判事の大少属(職員30)と同じで一般の主典と少し違う。→職員69。**一品家少書吏**―以下、一品・一位の家令は小寮、二品の家令は大司と同格。少書吏は家令の少主典。→家令1。**二品家大書吏**→家令2。**職事一位家少書吏**→家令5。

(下階) **正親少令史**―以下、囚獄少令史までは大司の少主典。正親少令史と囚獄少令史の他は、寛平八年までに廃止。→官位18注「正親大令史」。

内兵庫令史―以下、内礼令史までは中司の主典。なお内兵庫は大同三年正月に左右兵庫に併合(集解所引格)。→職員65。**土工令史**―宮内省土工司。→職員51。司の廃合年次未詳(官職秘抄)。**葬儀令史**―治部省葬儀司。→職員20。司は大同三年正月に兵部省鼓吹司に併合(三代格)。**采女令史**―宮内省采女司。→職員52。司は大同三年正月に中務省縫殿寮に併合(三代格)。**主船令史**―兵部省主船司。→職員28。司の廃合年次未詳(官職秘抄)。**漆部令史**―大蔵省漆部司。→職員36。司は大同三年正月に中務省内匠寮に併合(三代格)。**縫部令史**―大蔵省縫部司。→職員37。司は大同三年正月に中務省縫殿寮に併合(三代格)。**隼人令史**―衛門府隼人司。→職員60。司は大同三年正月に本府に併合、七月に復置、八月に兵部省に所属(三代格)。**内礼令史**―中務省内礼司。→職員12。大同三年正月に弾正台に併合(三代格)。

挑文師―大蔵省織部司に所属、定員四人。→職員38。挑は「挑謂二之插(さし)一也」(儀礼、鄭玄注)、また「結綜成レ文、謂二之挑一」(職員38古記)。挑文は、色糸を插込んで錦・綾や、経糸(たていと)を捩(よじ)って羅など、文様ある高級織物を織成すること。挑文師は才伎長上(選叙11 22)として考に預り、禄(禄令3)を得る。

大宰判事少令史―大宰府の判事に所属する書記。↓職員69。なお↓官位18注「大宰判事大令史」。

防人令史―大宰府防人司の主典。↓職員69。防人司官人の官位相当の特殊性↓官位14注「防人正」。

中国目―中国の主典。↓職員72。中国は中司と同格。

二品家少書吏↓家令2。二品の家令は大司と同格。

19 〔少初位条〕 位は判授↓選叙2。相当官は家令などを除き奏任↓選叙3。上階は小司・監の主典など。下階は署の主典など。(上階) **主水令史**―以下、内染令史までは小司の主典。なお宮内省主水司↓職員53。**主油令史**―宮内省主油司。↓職員54。司は寛平八年九月に同省主殿寮に併合(三代格)。**内掃部令史**―宮内省内掃部司。↓職員55。司は弘仁十一年閏正月に大蔵省掃部司と統合して宮内省掃部寮(小寮)となる(三代格)。従って主典は掃部大属(従八位下)と掃部少属(大初位上)。**筥陶令史**―宮内省筥陶司。↓職員56。司は大同三年正月に同省大膳職に併合(三代格)。

一品〈ノ〉家〈〈ノ〉〉少書史　　二品〈ノ〉家〈〈ノ〉〉大書史
職事一位〈ノ〉家〈ノ〉少書史
以前上階
正親〈ノ〉少令史　　兵馬〈ノ〉少令史
鍛冶〈ノ〉少令史　　造兵〈(ツハモ)ノ(ツク)リノ〉少令史
典鋳〈(イモ)ノ〉少令史　　鼓吹〈ノ〉少令史
贓贖〈ノ〉少令史　　囚獄〈ノ〉少令史
内〈ノ〉兵庫〈ノ〉令史　　土工〈ノ〉令史
葬儀〈ノ〉令史　　釆女〈(ウネ)ノ〉令史
主船〈ノ〉令史　　漆部〈(ヌリ)ベノ〉令史
縫部〈(ヌヒ)ベノ〉令史　　織部〈(オリ)ベノ〉令史
隼人〈ノ〉令史　　内〈ノ〉礼〈ノ〉令史
挑文〈(アヤ)ノ〉師〈シ〉　　大宰〈ノ〉判事〈ノ〉少令史
防人〈(サキモ)リノ〉令史　　中国〈ノ〉目
二品〈ノ〉家〈ノ〉少書吏〈(スナ)イ(サ)ウクワン〉

19

少初位
主水令史*[1]　　主油令史*
内掃部令史*　　筥陶令史*

内染令史―宮内省内染司。↓職員57。司は大同三年正月に中務省縫殿寮に併合(三代格)。**舎人令史**―以下は春宮坊の三監の主典。三監は内染司までの小司と同格。なお舎人監↓東宮3。**主膳令史**―主膳監。↓東宮4。**主蔵令史**―主蔵監。↓東宮5。

染師―宮内省内染司に所属、定員二人。↓職員57。司は大同三年正月に中務省縫殿寮に併合(官職秘抄)。

下国目―下国の主典。↓職員73。

三品四品家書吏―書吏は主典。三品家令と四品家令では官位相当が長官は二階、次官と判官は一階ずつ差があるが主典は同階。↓家令34。**職事二位家書吏**―職事二位家令の主典には大書吏と少書吏があるが(家令6)、官位相当には差別がない。「此則家吏品秩卑微、是以不三更煩差降一也」(義解)。従って職事二位家令の令・従・書吏は、小司や春宮坊三監の正・佑・令史と同階になった。三品家令のそれらも同階だが扶が加わる。

(下階) **主鷹令史**―兵部省主鷹司。↓職員29。司は、以下の春宮坊六署や職事三位家令とともに、四等官が長官と主典のみからなる最小の官司。**主殿令史**↓東宮6。**主書令史**↓東宮7。**主漿令史**↓東宮8。**主工令史**↓東宮9。**主兵令史**↓東宮10。**主馬令史**↓東宮11。

職事三位家書吏―職事正三位家令と同従三位家令とでは、長官は一階の差があるが、主典は同階。↓家令78。

内染令史*一　　舎人令史*
主膳令史*　　主蔵令史*二
染師*三　　下国目*
三品四品家書史*　　職事二位家書史*
以前上階
主鷹令史*　　主殿令史*
主書令史*　　主漿令史*
主工令史*　　主兵令史*
主馬令史*　　職事三位家書史*

少初位(せうしよゐ)

主水(しゆすい)〈モントンノ〉令史(さうくわん)　　主油(あぶら)〈ノ〉令史(さうくわん)
内〈ノ〉掃部(かにもり)〈ノ〉令史(さうくわん)　　筥陶(はこすゑ)〈ノ〉令史(さうくわん)
内〈ノ〉染〈ソメモノノ〉令史(さうくわん)　　舎人(とねり)〈ノ〉令史(さうくわん)
主膳(かしはで)〈カシハテノ〉令史(さうくわん)　　主蔵(しゆざう)〈ノ〉令史(さうくわん)
染〈ソメモノノ〉師　　下国(げこく)〈ノ〉目
三品四品(さむぼむしほむ)〈ノ〉家(いへ)〈ノ〉書吏(さうくわん)〈サウクワン〉　　職事二位(しきじにゐ)〈ノ〉家〈ノ〉書吏(さうくわん)〈サウクワン〉
以前上階
主鷹(たかつかさ)〈ノ〉令史(さうくわん)　　主殿(とのもり)〈トノモリ(ノ)〉令史

主書(ふみ)〈フムノ〉令史

主工(たくみ)〈タクミノ〉令史

主馬(うま)〈ムマノ〉令史

主漿(こみづ)〈コムツノ〉令史

主兵(つはもの)〈ツハモノヽ〉令史

職事(しきじ)三位(さむゐ)〈ノ〉家(いへ)〈ノ〉書吏(さうくわん)

令[1] 巻第二

凡捌拾条[2]

職員令 第二

1 神祇官

伯*一人。掌*二。*神祇祭祀。*祝部神戸名籍*三。大嘗*四。鎮魂*五。御巫*六。卜兆*七。*惣㆓判官事㆒。余長官判㆑事准㆑此。*大副一人。掌同㆑伯。余次官不㆑注㆓職掌㆒者。*掌同㆓長官㆒。*少副一人。掌同㆓大副㆒。*大祐一人。掌。*糺㆓判官内㆒。*審㆓署文案㆒。*勾㆓稽失㆒。*知㆓宿直㆒。余判官准㆑此。*少祐一人。掌同㆓大祐㆒。*大史一人。掌。*受㆑事上抄。*勘㆓署文案㆒。*検㆓出稽失㆒。読㆓申公文㆒。余主典准㆑此。*少史一人。掌同㆓大史㆒。*神部卅人。*卜部廿人。使部卅人*八。*直丁二人。

神祇官

伯一人。掌らむこと、神祇の祭祀、祝部・神戸の名籍、大嘗、鎮魂、御巫、卜に兆みむこと、官の事を惣べ判らむこと。余の長官事判らむこと、此に准へよ。大副一人。掌らむこと伯に同じ。余の次官職掌注さざるは、掌らむこと長官に同じ。少副一人。掌らむこと大副に同じ。大祐一人。掌らむこと、官内を糺し判らむこと、文案を審署し、稽失を勾へ、宿直を知らむこと。余の判官此に准へよ。少祐一人。掌らむこと大祐に同じ。大史一人。掌らむこと、事を受りて上抄せむこと、文案を勘署し、稽失を検へ出し、公文読み申さむ

☆職員令―中央・地方の各官司ごとに、官名・定員・職掌など、その構成を規定した篇目。→補☆。四等官の各官名の意味→官位補☆c。官位相当の規準→官位補☆d。

1（神祇官条）担当は朝廷の祭祀→補1a。

本条の四等官の各々に「准㆑此」とある掌は、諸官司に共通する。

伯―長官。従四位下。**掌**―職員令を通じ、当該官司所属諸官の職務も長官の掌として総括。**神祇祭祀**―主要な祭祀→神祇1。**祝部神戸名籍**―全国の祝の名帳と神戸の戸籍を管理。祝部→補1b。神戸→神祇補20a。**大嘗・鎮魂**→神祇1。両祭を特記した理由は「祭祀之中、此祭尤重」（令釈）とも「是殊為㆓人主㆒、不㆑及㆓群庶㆒」（義解の問答→補1c）とも。**御巫卜兆**―神祇官の巫の卜も監督。→補1d。**惣判官事**―惣判は決裁。此の掌は中務卿（職員3）以下では省略。畫工正（職員10）は例外。**大副**―大次官。従五位下。**掌同長官**→補1e。**少副**―少次官。正六位上。**大祐**―大判官。従六位上。**糺判**―非違を糾弾し決裁に関与。しかし非違糾弾は弾正台の職務（中田薫説）。**審署文案**―主典の作製した公文草案を審査し署名する。**勾稽失**―主典の検出した公務遅滞、公文の過失を判断。大宝令は勘校稽出・監印。**知宿直**―宿直（→公式59注）の割当て。**少祐**―少判官。従六位下。**大史**―大主典。正八位下。**受事上抄**―授受した公文を記録。**勘署文案**―公文草案を勘造し署名する。勘は考慮の意。**検出**―指摘だけで当否の判断は判官に仰ぐ。大宝令は挙問。**少史**―少主典。従八位上。**神部・卜部**→補1f。**使部**―雑用係。その採用→軍防47。**直丁**―直丁と駈使丁の別→補1g。

こと。余の主典（しゅてん）此に准へよ。少史（せうし）一人。掌らむこと大史に同じ。神部（かむべ）卅人。卜部（うらべ）廿人。使部（しぶ）卅人。直丁（ぢきちやう）二人。

2　太政官

*太政大臣一人

*右師二範一人一。儀二形四海一。経レ邦論レ道。燮二理陰陽一。無二其人一則闕。

*左大臣一人。掌。統二理衆務一。挙二持綱目一。惣二判庶事一。弾正糺不レ当者。*兼得レ弾之。右大臣一人。掌同二左大臣一。*大納言四人。掌。*参二議庶事一。*敷奏。*宣旨。*侍従。*三献替。*1少納言三人。掌。奏二宣小事一。請二進*鈴印伝符一。進二付*飛駅函鈴一。兼*監二官印一。其少納言。*在二侍従員内一。*大外記二人。掌。*勘二詔奏一。*及読二申公文一。勘二署文案一。検二出稽失一。*少外記二人。掌同二大外記一。*史生十人。掌。*繕二写公文一。*四行二署文案一。余史生准レ此。*左大弁一人。掌。*管二中務式部治部民部一。*受二付庶事一。*糺二判官内一。署二文案一。勾二稽失一。知二諸司宿直。*諸国朝集一。若右弁官不レ在。則併行之。右大弁一人。掌。管二兵部刑部[五]大蔵宮内一。*余同二左大弁一。*左中弁一人。掌同二左大弁一。右中弁一人。掌同二右大弁一。*左少弁一人。掌同二左中弁一。右少弁一人。掌同二右中弁一。*左大史二人。右大史二人。*左少史二人。右少史二人。*左史生十人。右史生十人。*左官掌二人。掌。通二伝*訴人一。検二校使部一。守二当官府一。*庁事鋪設。右官掌二人。掌同二左官掌一。左使部八十人。右使部八十人。左直丁四人。右直丁四人。*巡察使。掌。巡二察諸国一。不二常置一。応二須巡察一。権於二内外官一。取二清正灼然者一充。巡察事条及使人数。臨時量定。

2（太政官条）太政官は国政を総括。官内に少納言・左弁官・右弁官の三局あり、大納言以上が通摂（義解）。↓補2a。**太政大臣**—一品・正従一位。天皇の師範。↓補2b。**右**—職掌がないので「掌」としない。**左大臣**—二品・正従二位。右大臣も同。太政官の実際上の長官。↓補2c。**兼得弾之**—「太政大臣者得レ弾二弾正一。及左右大臣・弾正者互相弾之。唯不レ得レ弾二太政大臣一也」（古記）。なお大宝令には「朝聘」とあった。↓補2d。**大納言**—三品四品・正三位。議政官。↓補2e。**参議庶事**—大臣と共に政務を審議。大臣が無ければ「得二専行一」但し「不レ得二兼弾一之」（義解）。**敷奏・宣旨**—敷は陳べる。奏上と宣下。大納言は大事（例えば公式134）、少納言は小事（公式5）を奏宣。**侍従・献替**—側近にあって是非を献言。替は非とすることを替える。中務省侍従の「規諫」より強い。**少納言**—従五位下。↓補2f。**鈴印伝符**—鈴は駅馬、伝符は伝馬の使用に必要↓厩牧補14。印は「天皇御璽」則ち内印↓公式補40。**飛駅函鈴**—飛駅のための函（↓公式補9）と鈴（↓公式補42）。鈴印以下の出納は中務省の主鈴。**監官印**—官印は「太政官印」則ち外印↓公式補40。印は長官が保管（職制40疏）、少納言は捺印の監視↓補2f。**在侍従員内**—官位相当も中務省侍従と同。**大外記**—正七位上。↓補2g。**勘詔奏**—詔書の作成に加わり（公式1）、論奏・奏事の草案を書く（公式34）。**及**—以下は主典の通掌。大宝令は「読申公文」を欠く。**少外記**—従七位上。**史生**—官位相当のない雑任。↓補2h。**繕写**—浄書し複写し装丁する。**行署**—主典以上の所に行って署名を取

太政官

太政大臣一人

右は一人に師とし範として、四海に儀形たり。邦を経め道を論し、陰陽を燮らげ理めむ。其の人無くは闕けよ。

左大臣一人。掌らむこと、衆の務を統べ理め、綱目を挙げ持り、庶事を惣べ判らむこと。弾正の糺さむこと当らずは、兼ねて弾すること得む。右大臣一人。掌らむこと左大臣に同じ。大納言四人。掌らむこと、庶事に参議せむこと、敷奏、宣旨、侍従せむ、献り替てむこと。少納言三人。掌らむこと、小事を奏宣せむこと、鈴印伝符請け進らむ、飛駅の函鈴を進り付けむこと、兼ねて官印監むこと。其れ少納言は、侍従の員の内に在り。大外記二人。掌らむこと、詔奏を勘へむこと、及び公文読み申し、文案を勘署し、稽失を検へ出さむこと。少外記二人。掌らむこと大外記に同じ。史生十人。掌らむこと、公文を繕写し、文案に行署せむこと。余の史生此に准へよ。左大弁一人。掌らむこと、中務、式部、治部、民部を管べむこと、庶事を受け付けむこと、官内を糺し判らむこと、文案に署し、稽失を勾へ、諸司の宿直、諸国の朝集を知らむこと。若し右弁官在らずは、併せて行へ。右大弁一人。掌らむこと、兵部、刑部、大蔵、宮内を管べむこと。余は左大弁に同じ。左中弁一人。掌らむこと左大弁に同じ。右中弁一人。掌らむこと右大弁に同じ。左少弁一人。掌らむこと左中弁に同じ。右少弁一人。掌らむこと右中弁に同じ。左大史二人。右大史二人。左少史二人。右少史二人。左史生十人。右史生十人。左官掌二人。掌らむこと、訴人を通伝せむ、

る。「無二史生一司者、主典自行署取」(古記)。**左大弁**―従四位上。右大弁も同。→補2a。**管**―管轄。行政機構上の指揮権を持つ「因事管隷」のこと→公式補11a。太政官はすべての官司に対して因事管隷の権限を持つので、「管」以下は、そのための事務連絡を担当する左右弁官に八省を適宜割り振ったもの。「武事申レ右、文事申レ左」(跡記)とも。他に「神祇官・春宮坊、左弁官管。弾正台、右弁官管也。但随二事勢一申二左右一耳」(令釈)。**受付庶事**→公式62。大宝令「申付庶事」。**糺判官内**―以下「宿直」までは判官の通掌。「署」は太政官符に署名→公式13。「勾稽失」は因事管隷する諸司の稽失をも検勾。「勘校稽失、謂二宮内幷諸司稽失一也」(古記)。「諸司宿直」の諸司も同じ。但し宿衛官(公式60)は別。なお大宝令施行期には宿直のうち日直の割当ては式部の担当であった。「宿直事。今行事、昼式部知、夜弁官知。依レ令、不レ可レ然也。皆弁官可レ知」(新令私記)。**諸国朝集**―諸国司を毎年冬、朝廷に集めて政務を報告させる。朝集使→考課補61。**余同左大弁**―同の意味↓補1e。**左中弁**―正五位上。右中弁も同。**左少弁**―正五位下。右少弁も同。弁官は少弁でもすべての国・寮・司の長官より位が上。**左大史**―正六位上。右大史も同。掌を規定しないのは弁官の主典として神祇大史の掌に准ずるため。従って太政官では外記も大史も主典→補2g。**左少史**―正七位上。右少史も同。「掌同二大史一」(職員1神祇少史)。**左史生**―左弁官の史生。史生は書記。雑任→補2h。**官掌**―庶務係。雑任。掌は、官掌・省掌の他、後に台・府・職・坊・寮・司にも設置。**訴人**

使部を検校せむ、官府を守当せむこと、庁事の鋪設のこと。右官掌二人。掌らむこと左官掌に同じ。左使部八十人。右使部八十人。左直丁四人。右直丁四人。巡察使。掌らむこと、諸国を巡り察むこと。常にしも置かず。巡察すべくは、権に内外の官にして、清正灼然なる者を取りて充てよ。巡察の事条、及び使の人数は、臨時に量り定めよ。

3 中務省　*管二職一。寮六。司三一。

*卿一人。掌。*侍従。*献替。*賛二相礼儀一。*審二署詔勅文案一。受レ事*覆奏。*宣旨。*労問。*受二納上表一。*監二修国史一。*及女王内外命婦宮人等名帳。*考叙。*位記。*諸国戸籍。租調帳。*僧尼名籍事。*大輔一人。掌同レ卿。*唯規諫。不二献替一。*少輔一人。掌同二大輔一。*大丞一人。掌。*宮人考課。余准二神祇大祐一。*少丞二人。掌同二大丞一。*大録一人。*少録三人。史生二十人。*侍従八人。掌。常侍。規諫。拾レ遺補レ闕。*一 内舎人九十人。*二 掌。帯レ刀宿衛。供二奉雑使一。若駕行分二衛前後一。*大内記二人。掌。造二詔勅一。凡御所記録事。*中内記二人。掌同二大内記一。*[1]少内記二人。掌同二中内記一。*大監物二人。掌。監二察出納一。請二進管鎰[2]一。*中監物四人。掌同二大監物一。*少監物四人。掌同二中監物一。史生四人。*三 大主鈴二人。掌。*出二納鈴印伝符。飛駅函鈴[3]一事。*四 少主鈴二人。掌同二大主鈴一。*五 大典鎰[4]二人。掌。出二納管鎰[5][6]一。*六 少典鎰[7]二人。掌同二大典鎰[8]一。*省掌二人。掌。通二伝訴人一。検二校使部一。守二当省府一。庁事鋪設。余省掌准レ此。使部七十人。直丁十人。

中務省　職一、寮六、司三を管ぶ。

卿一人。掌らむこと、侍従せむ、献り替てむ、礼儀を賛け相かむこと、詔勅の文案を審署

―「広中二公事一人」(朱説)。**庁事鋪設**―諸施設の整備。**巡察使**―国司らの地方行政監察のため、太政官から臨時に派遣される使。使は兼補の職で官位相当はない。

3 (中務省条) 天皇の国事行為に関する事務などや後宮関係事務を担当。訓「奈賀乃司」(跡記)、「奈加乃万豆利古止乃豆加佐」(和名抄)。→補3a。

管―監臨→名例補9b。左大弁の掌の「管」とは別→職員2注。**卿**―三品四品・正四位上。他省の長官よりも一階上。**侍従・献替**―大納言の掌と同。中務の最(さ)でも「侍従覆奏」(考課12)。**賛相礼儀**―宮中での礼儀について天皇を輔佐。一般官人の礼儀は内礼司(職員12)。**審署**―内記の作成した詔勅の文案を審査、署名。→公式1 2。**覆奏**―勅の覆奏→公式2。覆奏は天皇の命令に相違ないか確認を求めるための奏。**宣旨**―義解は侍従の宣勅(軍防19)のみを挙げるが、勅はすべて中務を経由(公式71)。**労問**―勅により慰労し(軍防18 19)、安否を問う(公式56)。**受納上表**―上表は天皇に奉る書。すべて中務を経由→公式補65。**監修国史**―図書寮(職員6)が撰修する国史を更に監修。**及**―以下の名帳は縫殿寮(職員8)が管理。女王・内外命婦・宮人等↓補3b。**考叙**―縫殿寮は考課即ち勤務評定だけをして中務省に送り、省で叙位。**位記**―女王以下の位記。男官は文官が式部省、武官が兵部省。位記→公式16〜18。**諸国戸籍租調帳**―「国々申二送太政官一。即送二中務一耳」(古記)。即ち「擬二御覧一」(義解)のため。**僧尼名籍**↓雑令38。**大輔**―大次官。正五位上。次官は他省より一階上。**唯規諫不献替**―少納言や侍従

し、事を受けて覆奏せむこと、宣旨、労問のこと、上表受け納れむ、国史を監修せむこと、及び女王、内外の命婦、宮人等の名帳、考叙、位記のこと、諸国の戸籍、租調帳、僧尼の名籍の事。大輔一人。掌らむこと卿に同じ。唯し規諫すらくのみ。献替せず。少輔一人。掌らむこと大輔に同じ。大丞一人。掌らむこと、宮人の考課のこと。余は神祇の大祐に准へよ。少丞二人。掌らむこと大丞に同じ。大録一人。少録三人。史生二十人。侍従八人。掌らむこと、常に侍せむこと、規諫し、遺れたるを拾ひ、闕けたるを補はむこと。内舎人九十人。掌らむこと、刀帯きて宿衛せむこと、雑使に供奉せむこと。若し駕行には前後に分衛す。大内記二人。掌らむこと、詔勅造らむこと。凡べて御所の記録の事。中内記二人。掌らむこと大内記に同じ。少内記二人。掌らむこと中内記に同じ。大監物二人。掌らむこと、出し納るるを監察むこと、管鎰請け進らむこと。中監物四人。掌らむこと大監物に同じ。少監物四人。掌らむこと中監物に同じ。史生四人。大主鈴二人。掌らむこと、鈴印伝符、飛駅の函鈴出し納れむ事。少主鈴二人。掌らむこと大主鈴に同じ。大典鎰二人。掌らむこと、管鎰出し納れむこと。少典鎰二人。掌らむこと大典鎰に同じ。省掌二人。掌らむこと、訴人を通伝せむ、使部を検校せむ、省府を守当せむこと、庁事の鋪設のこと。余の省掌此に准へよ。使部七十人。直丁十人。

4　中宮職

大夫一人。掌。*一吐二納啓令一。亮一人。大進一人。少進二人。大属一人。少属二人。*二舎人四百人。使部三十人。直丁三人。

と同。規は正す。「規諫者少々行事。仮令、御酒過レ度、正諫耳」(古記)。**少輔**—少次官。従五位上。**大丞**—大判官。正六位下。判官・主典の相当は八省皆同。**宮人考課**—宮人は女官。後宮十二司職員→補3b。縫殿寮から送付された考課の当否を審査。式部大丞(職員13)の「勘問考課」と同じ意。「勘問之字、文略耳」(穴記)。**少丞**—少判官。従六位上。**大録**—大主典。正七位上。**少録**—少主典。正八位上。**侍従**—従五位下。訓「於毛止比止万知岐美」(和名抄)。→補3c。**拾遺補闕**—天皇身辺の世話。「拾遺者、可レ行事在ニ遺忘一申悟耳。補闕者、仮令、臣等将ニ朝見一不レ著ニ御襪一令レ服耳」(古記)。**内舎人**—訓ウドネリ(源氏、浮舟)。侍従に類する近習→軍防補46b。**大内記**—正六位上。以下は少典鎰まで品官、即ち四等官以外の長上官。内記→補3d。**中内記**—正七位上。大同元年廃止(後紀)。**少内記**—正八位上。**大監物**—従五位下。監物は典鑰と史生を従える。→補3e。**管鎰**—管も鎰(鑰)も鍵(かぎ)。lock でなく key。**中監物**—従六位上。**少監物**—正七位下。**大主鈴**—正七位下。主鈴→補3f。**出納**—少納言の監督下で行なう。「少納言率ニ主鈴等一請進也。即卿輔等請進時幷事緒相知耳」(古記)。**大典鎰**—従七位下。典鎰(鑰)→補3e。**少典鎰**—従八位上。**省掌**—庶務係。職掌は太政官掌と同じだから「掌准ニ官掌一」としてよい筈。

4　(中宮職条)　皇后関係の事務を担当。沿革→補4。大職。以下の職寮司の大小の別と各四等官の官位相当→官位補☆d。**吐納啓令**—皇后に啓を納め、皇后の令を吐く。啓・令は天皇に於ける奏・宣。なお啓→公式

中宮職

大夫一人。掌らむこと、啓令吐ひ納したまはむこと。亮一人。大進一人。少進二人。大属一人。少属二人。舎人四百人。使部三十人。直丁三人。

5 左大舎人寮 右大舎人寮准㆑此。

頭一人。掌。左大舎人名帳。*分番。*宿直。*假使。容儀事。助一人。大允一人。少允一人。大属一人。少属一人。*大舎人八百人。*使部二十人。直丁二人。

左大舎人寮 右大舎人寮も此に准へよ。

頭一人。掌らむこと、左大舎人の名帳、分番、宿直、假使、容儀の事。助一人。大允一人。少允一人。大属一人。少属一人。大舎人八百人。使部二十人。直丁二人。

6 図書寮

頭一人。掌。*経籍図書。*修㆓撰国史㆒。*内典。仏像。*宮内礼仏。*校写。装潢。功程。*給㆓紙筆墨㆒事。助一人。大允一人。少允一人。大属一人。少属一人。*写書手二十人。掌。*校㆓写書史㆒。*装潢手四人。掌。装㆓潢経籍㆒。*造紙手四人。掌。造㆓雑紙㆒。造筆手十人。掌。造㆑管。*造墨手四人。掌。造㆑墨。使部二十人。直丁二人。*紙戸。

図書寮

頭一人。掌らむこと、経籍図書のこと、国史を修撰せむこと、内典、仏像、宮の内の礼仏のこと、校写、装潢、功程のこと、紙筆墨給はむ事。助一人。大允一人。少允一人。大属一人。少属一人。写書手二十人。掌らむこと、書史を校写せむこと。装潢手四人。掌

7．令↓公式6。**舎人**—中宮舎人とも。大夫の掌に、次の左大舎人頭の掌と同様に、中宮舎人云々と加えてもよい筈。舎人↓軍防補46b。

5 （左大舎人寮条） 左右大舎人寮は大寮。大舎人を指揮して天皇に供奉。

分番・宿直—分番は交代で勤務させるための組(番)分け。宿直は夜間が宿、昼間が直。これは大舎人のそれであり、寮の四等官の分番宿直(公式59)は判官である大少允の担当(職員1)。**假使**—請假(假寧11)と遣使。**大舎人**—大は天皇の、の意。兵衛や使部よりも優秀な者を選ぶ。↓軍防47。**使部二十人**—寮は大小を問わず、すべて使部二十人を配属。

6 （図書寮条） 宮中の図書の保管、国史編纂などを担当。大寮。

経籍図書—経籍は儒教の古典。図書は河図・洛書の略で陰陽五行関係の書物(集解諸説)。**修撰国史**—国史の編纂↓補6a。**内典**—外典(儒教の経典)に対し仏教の経典。仏像・仏具と共に寮の庫に保管、宮中の法会に供する。**宮内礼仏**—法会そのものは玄蕃寮の担当↓職員18注「供斎」。**校写装潢功程**—下文の書写手・装潢手らの工程を管理する。**給紙筆墨**—造紙手以下の工程を管理し、紙・筆・墨を本寮の他に諸官司に支給する。**写書手**—以下の「手」は大宝令では「生」。師・博士・生・手↓補6b。**校写書史**—書物を筆写し校正する。史も書と同じ意。**装潢**—装は装丁、潢は用紙の染色。黄蘗(きはだ)で染めて虫喰を防ぐ。古くは黄文(きぶみ)氏の掌か(姓氏録考証)。**造紙手**—紙戸から出て特種な紙を漉く技術者。**管**—筆。「彤管」(毛詩、北風)。**紙戸**—「五十戸。山代

らむこと、経籍を装潢せむこと。造紙手四人。掌らむこと、雑の紙造らむこと。造筆手十人。掌らむこと、管造らむこと。造墨手四人。掌らむこと、墨造らむこと。使部二十人。直丁二人。紙戸。

7 内蔵寮

頭一人。掌。*金銀。*珠玉。*宝器。*錦綾。雑綵[1]。氈褥。諸蕃貢献*奇瑋之物。*年料供進御服。及*別勅用物事。助一人。允一人。大属一人。少属一人。*一大主鑰[2]二人。掌。主ニ当出納一。*余主鑰[3]准レ此。*二少主鎰[4]二人[5]。掌同ニ大主鎰一[6]。*蔵部四十人。*価長二人。掌。平ニ物価一市易。*余価長准レ此。*典履二人。掌。縫ニ作*三靴履鞍具一。及検ニ校*百済手部一。四百済手部十人。掌。雑縫作事。使部二十人。直丁二人。*百済戸。

内蔵寮

頭一人。掌らむこと、金、銀、珠、玉、宝器、錦、綾、雑綵、氈褥、諸蕃の貢献する奇瑋の物、年料に供し進る御服、及び別勅に用ゐむ物の事。助一人。允一人。大属一人。少属一人。大主鑰二人。掌らむこと、出し納るるを主当せむこと。余の主鑰此に准へよ。少主鎰二人。掌らむこと大主鎰に同じ。蔵部四十人。価長二人。掌らむこと、物の価を平りて市ひ易はむこと。余の価長此に准へよ。典履二人。掌らむこと、靴、履、鞍具縫ひ作らむこと、及び百済手部を検校せむこと。百済手部十人。掌らむこと、雑の縫ひ作らむ事。使部二十人。直丁二人。百済戸。

8 縫殿寮

国」(官員令別記)。仮の品部とされる。神亀三年山背国愛宕郡出雲郷雲上里計帳に「紙戸」がみえる。

7 (内蔵寮条) 天皇の宝物や日常所用の物品を調達、保管、供進。小寮。大同三年八月から大寮。沿革→補33a。

金銀—「金銀以下雑物、皆自ニ大蔵省一割別而所レ送者也」(義解)とあるが、本寮で独自に保管し調達する物もある。**珠玉**—「自生為レ珠、作為レ玉」(義解)。**宝器**—「金樽・玉盞之類」(義解)。以上、或いは「金・銀・珠・玉の宝器」と訓むべきか。**錦綾**—以下、錦・綾→賦役35注。雑綵は染色した絹。氈は「和名、賀毛。毛席。撚レ毛為席也」(和名抄)。褥は茵、「和名、之土禰」(和名抄)。正倉院の国家珍宝帳に「羅褥」「錦褥」。**奇瑋**—珍しい玉。**年料**—毎年必要とする一定の数量。又、その物。「一年須物」→倉庫4。**別勅**—年料の外に臨時の勅によって。**大主鑰**—正七位上。職掌→補7a。**余主鎰**—大蔵省にも配属。**少主鎰**—正八位上。**蔵部**—伴部。出納の作業に従事。**価長**—買上価格の当否を検査。→補7b。**余価長**—大蔵省と東西市司にも配属(職員33 67)。**典履**—正八位上。才伎長上として百済手部を管理。**靴履**—靴の訓「化(ゑく)乃久都」(和名抄)。武官礼服用(衣服13)。履は「久豆」(和名抄)。文武官朝服・制服用(衣服5 6 14)。しかしここでは単に皮製の履物の類の意か。**百済手部**—百済戸の伴部。五人交代で番上。→補7c。**百済戸**—雑戸。→補7c。

8 (縫殿寮条) 後宮十二司の申告に基づき宮人の考課を作成、中務本省に送付。また後宮の縫司に宮中所用の衣服等を縫製させて内蔵寮に送付。小寮。延暦十八年七月から大寮。↓補8。
女王―以下「考課」までは中務卿・大丞の掌(職員3)に包含。「裁縫衣服」以下は縫司の掌(後宮15)と同。↓補8。**纂組**―「纂組、絛縚、一種無レ別」(古記)。編んだり組んだりして帯や紐を作ること。絛帯↓衣服2。

9 (陰陽寮条) 天文・気象を観測、異変があれば占って上奏し、また暦を作り時刻を知らせる。小寮。天武天皇は壬申の乱に際して「親秉レ式占」し(書紀、天武元年六月甲申条)、「能ニ天文遁甲一」(同、即位前紀)といわれ、陰陽寮・陰陽博士・陰陽師は天武・持統朝にしばしばみえる。
天文―「日月蝕、星変也」(古記)。**暦数**―「計ニ日月之度数一、而造レ暦授レ時也」(義解)。造暦↓雑令補6a。**風雲**―大宝令では「卿雲」。「太気也」(古記)。**気色**―「蒙霧之類」(古記)。**有異密封奏聞**↓雑令補8b。**陰陽師**―従七位上。以下の師・博士・生↓補6b。**占筮相地**―神祇官の亀卜に対し、筮は筮竹を使う卜占。相地は地相を択ぶこと。陰陽寮は日を択ぶこともある(営繕3)ので、ここは占筮一般と相地との意か。**陰陽博士**―正七位下。**陰陽生**―以下の暦生・天文生を含む諸生の出身と教育↓雑令7。**暦博士**―従七位上。**天文博士**―正七位下。**漏剋博士**―従七位下。漏剋は水時計。日本では天智天皇が皇太子時代に造ったのが最初という(書紀、斉明六年五月是月条)。**守辰丁**―辰は辰宿、星の位置。転じて時刻。守辰でトキモリ。「時守之打鳴鼓」(万葉二六四一)。丁とあるので仕丁の中から撰ぶか。

頭一人。掌。女王。*及内外命婦。宮人名帳。考課。及裁ニ縫衣服一。纂*組事。助一人。
允一人。大属一人。少属一人。使部二十人。直丁二人。

縫殿寮
頭一人。掌らむこと、女王、及び内外の命婦、宮人の名帳、考課のこと、及び衣服裁ち縫はむこと、纂組の事。助一人。允一人。大属一人。少属一人。使部二十人。直丁二人。

9 陰陽寮
頭一人。掌。天文。*暦数。*風雲気色。*有レ異密封奏聞事。*[1] [2] 助一人。允一人。大属一人。少属一人。陰陽師六人。*[3] 掌。占筮相レ地。*陰陽博士一人。*掌。教ニ陰陽生等一。陰陽生十人。*掌。習ニ陰陽一。暦博士一人。*掌。造レ暦。及教ニ暦生等一。暦生十人。掌。習レ暦。天文博士一人。*掌。候ニ天文気色一。有レ異密封。及教ニ天文生等一。天文生十人。掌。習レ候ニ天文気色一。漏剋博士二人。*掌。率ニ守辰丁一。*伺ニ漏剋之節一。守辰丁二十人。掌。伺ニ漏剋之節一。以レ時撃ニ鐘鼓一。使部二十人。直丁三人。

陰陽寮
頭一人。掌らむこと、天文、暦数、風雲の気色のこと、異なること有らば密封して奏聞せむ事。助一人。允一人。大属一人。少属一人。陰陽師六人。掌らむこと、占筮して地相むこと。陰陽博士一人。掌らむこと、陰陽生等に教へむこと。陰陽生十人。掌らむこと、陰陽習はむこと。暦博士一人。掌らむこと、暦造らむこと、及び暦生等に教へむこと。暦生十人。掌らむこと、暦習はむこと。天文博士一人。掌らむこと、天文の気色候ひ、異なること有らば密封せむこと、及び天文生等に教へむこと。天文生十人。掌らむこと、天文の気色候ふこと習はむこと。漏剋博士二人。掌らむこと、守辰丁を率て、漏剋の節伺はむこと。守辰丁二十人。掌らむこと、漏剋の節伺ひ、時を以て鐘鼓撃たむこと。使部二十人。直丁三人。

10 畫工司

正一人。掌。絵事。彩色。判*二司事一。余正判レ事准レ此。佑*一人。令史一人。畫*師四人。畫*部六十人。使部十六人。直丁一人。

畫工司

正一人。掌らむこと、絵の事、彩色のこと、司の事判らむこと。余の正、事判らむこと此に准へよ。佑一人。令史一人。畫師四人。畫部六十人。使部十六人。直丁一人。

11 内薬司

正一人。掌。供*二奉薬香一。和*二合御薬一事。佑一人。令史一人。侍*医四人。掌。供二奉診*候一。医薬事。薬生*十人。掌。擣二篩諸薬一。使部十人。直丁一人。

内薬司

正一人。掌らむこと、薬香に供奉せむ、御薬和合せむ事。佑一人。令史一人。侍医四人。掌らむこと、診候ふに供奉せむこと、医薬の事。薬生十人。掌らむこと、諸薬を擣き篩はむこと。使部十人。直丁一人。

12 内礼司

10 (畫工司条) 宮中の絵画・彩色を担当する大司。大同三年正月、中務省内匠寮(令外官司)に併合(三代格)。**判司事**—諸司の長官に共通する職権。神祇伯の掌との重複→補10。**佑**—判官。司は皆、次官を置かない。**畫師**—大宝令では無位、養老令では大初位上の才伎長上。**畫部**—伴部。

11 (内薬司条) 天皇・中宮・東宮の診療を担当する大司(一般官人は典薬寮→職員44)。養老六年十一月、女医博士(医疾16)を配属(続紀)。寛平八年九月、宮内省典薬寮に併合(三代格)。侍医四人・女医博士一人・薬生十人は同寮に配転。**供奉薬香**—薬物と香料を用意。それらの出処→職員44・賦役35・医疾20 22。**和合御薬**—侍医の処方に際し内薬正らが本省の次官以上と立合い、進上する際には侍医、内薬正、中務卿の順に毒味をする(医疾23)。**侍医**—正六位下。**診候**—「取レ脈也」「見二病気色一也」(古記)。**薬生**—薬部から取るか(医疾2)。しかし薬園生と異り、師は無い→補6b。

12 (内礼司条) 中司。大同三年正月、弾正台に併合(三代格)。**宮内**—宮門内。**宮門**→宮衛補1a。**主礼**—「主礼六人、元以二大舎人一為レ之」(続紀、大宝三年正月条)。後に把笏(同、天平十年九月条)。「番上人也。一番三人可レ有耳」(朱説)。

正一人。掌。宮*内礼儀。禁*二察非違一。佑一人。令史一人。主*礼六人。掌。分二察非違一。
使部六人。直丁一人。

内礼司

正一人。掌らむこと、宮の内の礼儀のこと、非違を禁め察むこと。佑一人。令史一人。主礼六人。掌らむこと、非違を分ち察むこと。使部六人。直丁一人。

13 式部省 管二寮二一。

卿一人。掌。内*外文官名帳。考*課。選*叙。礼*儀。版*位。位*記。校*[1]二定勲績一。論*レ功封賞。朝*集。学*校。策*二試貢人一。禄*賜。假*使。補*二任家令一。功*臣家伝田事。大輔一人。少輔一人。大丞二人。掌。勘*二問考課一。余同二中務大丞一。少丞二人。掌同二大丞一。大録一人。少録三人。史生二十人。省掌二人。使部八十人。直丁五人。

式部省 寮二を管ぶ。

卿一人。掌らむこと、内外の文官の名帳、考課、選叙、礼儀、版位、位記のこと、勲績校へ定めむ、功を論して封賞せむこと、朝集、学校のこと、貢人を策試せむこと、禄賜、假使のこと、家令補任せむこと、功臣の家の伝、田の事。大輔一人。少輔一人。大丞二人。掌らむこと、考課勘へ問はむこと。余は中務の大丞に同じ。少丞二人。掌らむこと大丞に同じ。大録一人。少録三人。史生二十人。省掌二人。使部八十人。直丁五人。

14 大学寮

頭一人。掌。簡*二試学生一。及釈*奠事。助一人。大允一人。少允一人。大属一人。少

---

13 (式部省条) 文官の人事・養成・行賞などを担当。訓「乃利乃豆加佐」(和名抄)。↓補13。

内外文官名帳―内外の別↓公式53。文武の別↓公式52。名帳は叙位・任官の名簿↓公式84。**考課**―毎冬、内外の諸官司から集まる考文を校定して太政官に送付(考課1)。**選叙**―毎冬、内外の諸官司から集まる選文を校定して太政官に送付し、応叙人も本省に集め(選叙補1)、翌春、叙位・任官(選叙13)。**礼儀**―義解は朝廷の礼儀とする。**版位**↓儀制14。**位記**↓公式16〜18。**校定勲績**―勲簿の校定か。勲簿↓軍防31。**論功封賞**―功の大小を決める案を作り、功封(禄令13)・功田(田令6)などの手続をとる。**朝集**↓職員2注。**学校**―大学生の入学・退学(学令2 11 21)を始め大学の博士・助教を考課(学令10)して、大学管理。**策試貢人**↓考課74。**禄賜**―禄は季禄(禄令1)・位禄(禄令10)。上日を条件として支給。賜は「節日及別勅所レ給」(令釈)。**假使**―假は假寧2以下の諸種の假。使は巡察使(職員2)ほかの遣使。**補任家令**―本主の申請により(古記)式部省が選考し(義解)太政官が補任(選叙3)。その考課も案記(考課66)。**功臣家伝田**―功臣の家から提出した伝記を更に撰修(義解)。「田」に対しては古記から義解まで皆注釈がない。「田」は或いは後の攙入か。**勘問**―提出された考文はまず大少判官が審査、疑点があれば提出者を呼出して訊問。中務・兵部の大少判官も同。

14 (大学寮条) 大寮。大学↓学令補☆a b。学制は学令を参照。

簡試学生―頭・助は年終試を行ない(学令8)、

屬一人。*博士一人。掌。*教㆓授経業㆒。*課㆓試学生㆒。*助教二人。掌同㆓博士㆒。*学生四百人。掌。分㆓受経業㆒。*音博士二人。掌。教㆑音。*書博士二人。掌。教㆑書。*算博士二人。掌。教㆓算術㆒。算生三十人。掌。習㆓算術㆒。使部二十人。直丁二人。

大学寮（だいがくれう）

頭一人。掌らむこと、学生（がくしやう）を簡（えら）び試（こころ）みむこと、及び釈奠（しやくでん）の事（こと）。助一人。大允一人。少允一人。大属一人。少属一人。博士（はくじ）一人。掌らむこと、経業教へ授け（きやうごふをしへさづけ）、学生を課試（くわし）せむこと。助教（じよけう）二人。掌らむこと博士に同じ。学生（がくしやう）四百人。掌らむこと、経業を分（わか）ち受（う）けむこと。音博士（おむはくじ）二人。掌らむこと、音教（おむをし）へむこと。書博士（ふみのはくじ）二人。掌らむこと、書（ふみ）教へむこと。算博士（さんのはくじ）二人。掌らむこと、算術（さんじゆつ）教へむこと。算生（さんのしやう）三十人。掌らむこと、算術習はむこと。使部二十人。直丁二人。

15　散位寮

頭一人。掌。*散位名帳。*朝集事。助一人。允一人。大属一人。少属一人。史生六人。使部二十人。直丁二人。

散位寮（さんゐれう）

頭一人。掌らむこと、散位（さんゐ）の名帳（みやうちやう）、朝集（てうじふ）の事（こと）。助一人。允一人。大属一人。少属一人。史生六人。使部二十人。直丁二人。

16　治部省　管㆓寮二。司二㆒。

卿一人。掌。*本姓。*継嗣。*婚姻。*祥瑞。*喪葬。*贈賻。*国忌。*諱。*及諸蕃朝聘事。大輔

出仕を求める者を簡試して太政官に挙送（学令11 12）。簡試は博士が課試した者から更に簡ぶ意。**釈奠**—春秋に孔子らを祭る儀式→学令補3。**博士**—正六位下、助と同階。大博士・大学博士・明経博士とも。→補14a。**教授経業**—経は明経、博士・助教が教授し、業は業術、書・算の博士らが教授→学令1。これをすべて博士の掌とすることは博士が大学の長であることを示す。**課試**→学令8 15。**助教**—正七位下、大允と同階。大宝令では助博士（学令4古記）。**学生**—明経を主とし、後に明法生・文章生、また各々の得業生が加わる。→学令2・同補☆b。学生は庸と雑徭を免除（賦役19）。五位以上の子ならば調も免除（賦役18）。**音博士**—従七位上、以下の博士も同。学生はまず音博士について音読、暗誦した後、博士・助教の講義を聴く（学令8古記）。従って音博士に専属する学生はいない。→補14b。**書博士・算博士**—音博士と同じく教養課程担当。しかし書・算に終始する学生はいる→学令15。→補14c。

15　（散位寮条）小寮。寛平八年九月に式部省に併合（三代格）。唐では散官は尚書省吏部の所管（唐令拾遺、選挙一〇）で、散位寮相当の官司はない。

散位名帳—文官武官共に本寮に登録。「但時行事、武散位在㆓兵部㆒也」（穴記）。六位以下は分番で本寮に勤務→選叙11。**朝集**—朝集は弁官・式部・兵部皆関与するが、本寮は諸国の国庁に上番する散位の上日を点検（新令私記）。

16　（治部省条）本来は姓氏即ち身分の判定を担当。訓「乎佐牟留都加佐」（和名抄）。

一人。少輔一人。大丞一人。少丞二人。大録一人。少録三人。史生十人。*大解部四人。掌。*鞫ニ問*譜第争訟一。*少解部六人。掌同ニ大解部一。省掌二人。使部六十人。
直丁四人。

治部省 寮二、司二を管ぶ。

卿一人。掌らむこと、本姓、継嗣、婚姻、祥瑞、喪葬、贈賻、国忌、諱、及び諸蕃の朝聘の事。大輔一人。少輔一人。大丞一人。少丞二人。大録一人。少録三人。史生十人。大解部四人。掌らむこと、譜第の争訟鞫ひ問はむこと。少解部六人。掌らむこと大解部に同じ。省掌二人。使部六十人。直丁四人。

17 雅楽寮

頭一人。掌。*文武雅曲。*正儛。*雑楽。*男女楽人*音声人名帳。*試ニ練曲課一事。助一人。大允一人。少允一人。大属一人。少属一人。*歌師四人。二人。掌。教ニ歌人歌女一。二人。掌。臨時取下有ニ声音一。堪ニ供奉一者上教之。歌人卌[1]人。*歌女一百人。*儛師四人。掌。教ニ*雑儛一。*儛生百人。掌。習ニ雑儛一。[2]笛師二人。[3]掌。教ニ雑笛一。笛生六人。掌。習ニ雑笛一。*々工八人。*唐楽師十二人。掌。教ニ楽生一。*高麗百済新羅[4]楽師准レ此。楽生六十人。掌。習レ楽。[5]余楽生准レ此。高麗楽師四人。楽生廿人。百済楽師四人。楽生廿人。新羅楽師四人。楽生廿人。*伎楽師一人。掌。教ニ伎楽生一。其生以ニ楽戸一為之。*腰鼓生准レ此。[二]腰鼓師二人。掌。教ニ腰鼓生一。使部廿人。直丁二人。*楽戸。

雅楽寮

後に音楽・僧侶・陵墓など喪礼と関係。→補16a。

本姓・継嗣—本姓究明のため、嫡庶の別を明らかにする。継嗣の届出は治部が受理→継嗣3。**婚姻**—大宝令は「婚姻・服紀」。古記に「五位以上嫡妻籍、及庶人婚姻之争訟事。雑戸陵戸等類」。服紀(喪葬17)も含めて皆身分の確定に関わる。**祥瑞**—人君の徳に応じて出現するという珍しい物や現象。→儀制8。**喪葬**—喪は服喪や殯など埋葬前の儀礼、葬は埋葬。**贈賻**—死者への贈物。古記に「兼知ニ贈官一」。賻物の規準→喪葬5。**国忌**—国家の忌日→儀制補7b。**諱**—皇祖以下の御名を避けること(古記)→補16b。**諸蕃朝聘**—外交関係事務。玄蕃寮の所管。大宝令では左右大臣の掌→補2d。**大解部**—正八位下。解部は刑部省にも配置。訴訟の事実審理に当る。→補16c。**鞫問**—鞫は追究。刑部解部(職員30)の「問窮」と同。**譜第**—系譜の次第。卿の掌に「本姓・継嗣・婚姻」とあるのも結局は同じ意。**少解部**—従八位下。

17 (雅楽寮条) 大寮。雅楽とは正楽、即ち宮廷音楽。→補17a。

文武雅曲・正儛・雑楽—古記に「帯レ刀為レ武、無レ刀為レ文」。舞曲の曲目と演者→補17b。**楽人・音声人**—唐の太常寺の音声人は良民と区別される隷属民。従って唐令で一般の良民たる楽人に対し特記する意味はあるが、日本令では無意味か。**試練曲課**—古記に「一日若干調習」。**歌師**—以下は、日本在来の歌舞。雅楽寮の諸師は皆従八位上、定員は随時増減(古記所引尾張浄足説)。**歌女一百人**—天平十七年二月廿日の雅楽寮解に、二月現在七十九頭一人。掌らむこと、文武の雅曲、正儛、雑楽のこと、男女の楽人、音声人の名帳のこと、曲課試練せむ事。助一人。大允一人。少允一人。大属一人。少属一人。歌師四人。二人は、掌らむこと、歌人、歌女教へむこと。二人は、掌らむこと、臨時に、声音有りて供奉に堪へたらむ者を取りて教へむこと。歌人卅人。歌女一百人。儛師四人。掌らむこと、雑の儛教へむこと。儛生百人。笛師二人。掌らむこと、雑の笛教へむこと。笛生六人。掌らむこと、雑の笛習はむこと。笛工八人。唐楽師十二人。掌らむこと、楽生教へむこと。高麗、百済、新羅の楽の師此に准へよ。楽生六十人。掌らむこと、楽習はむこと。余の楽生此に准へよ。高麗楽師四人。楽生廿人。百済楽師四人。楽生廿人。新羅楽師四人。楽生廿人。伎楽師一人。掌らむこと、伎楽生教へむこと。其れ生は楽戸を以て為よ。腰鼓生も此に准へよ。腰鼓師二人。掌らむこと、腰鼓生教へむこと。使部廿人。直丁二人。楽戸。

18 玄蕃寮

頭一人。掌。仏寺。*僧尼名籍。*供斎。*蕃客*辞見*讌饗*送迎。及*在京夷狄。*監ニ当館舎一事。助一人。大允一人。少允一人。大属一人。少属一人。史生四人。使部廿人。直丁二人。

玄蕃寮

頭一人。掌らむこと、仏寺、僧尼の名籍、供斎のこと、蕃客の辞見、讌饗、送迎のこと、及び在京の夷狄のこと、館舎を監当せむ事。助一人。大允一人。少允一人。大属一人。少

人(大日本古文書二)。**雑儛**—五節儛・田儛・筑紫儛・諸県儛など→補17b。**儛生**—以下の諸生とも大宝令には欠。**笛工**—令釈以下、笛吹と解する。工は楽人。**唐楽師**—以下は外来の舞。楽師は儛師を含む。楽生も楽・儛を併習。**高麗**—高句麗。**伎楽**—呉(くれ)楽とも。唐や朝鮮三国の楽舞より古く渡来して諸寺に伝わる→補17a。**腰鼓**—伎楽の鼓は腰につける。**楽戸**—「歌人・歌女・笛吹。右三色人等、男直身免ニ課役一、女給ニ養丁一也。不レ限ニ国遠近一、取ニ能レ歌人一耳。伎楽卅九戸・木登八戸・奈良笛吹九戸。右三色人等、倭国臨時召。但寮常為ニ学習一耳。為ニ品部一、取レ調免ニ雑徭一也」(官員令別記)。

18 (玄蕃寮条) 大寮。玄は僧侶、蕃は海外諸国。僧侶には海外に学ぶ者が多いので外交とは近縁。訓「保宇之万良比止乃豆加佐」(和名抄)。**僧尼名籍**→雑令38。**供斎**—令釈に「宮内幷在京礼仏」。経典や仏像は図書寮の所管→職員6。**蕃客**—外国の使節。蕃は外蕃→戸令補16b。**辞見**—辞別と閲見の儀式。使人(儀制6)・将軍(軍防18)も出発・帰還に辞見する。**讌饗**—饗宴。穴記は「小曰レ讌、大曰レ饗」。**送迎**—京の入口の羅城門での送迎。**在京夷狄**—上京している蝦夷など。蕃とは別。夷狄→戸令補16b。**監当館舎**—蕃客用の館舎の管理。

属一人。史生四人。使部廿人。直丁二人。

19 諸陵司

正一人。掌。*祭二陵霊一。*喪葬凶礼。*諸陵。及*陵戸名籍事。佑一人。令史[1]一人。*土部十人。掌。賛二相凶礼一。*員外臨時取充。使部十人。直丁一人。

諸陵司

正一人。掌らむこと、陵の霊祭らむこと、喪葬凶礼、諸の陵のこと、及び陵戸の名籍の事。佑一人。令史一人。土部十人。掌らむこと、凶礼を賛け相かむこと。員の外は臨時に取りて充てよ。使部十人。直丁一人。

20 喪儀司[1]

正一人。掌。*凶事儀式。及*喪葬之具。佑一人。令史一人。使部六人。直丁一人。

喪儀司

正一人。掌らむこと、凶事の儀式、及び喪葬の具のこと。佑一人。令史一人。使部六人。直丁一人。

21 民部省　管二寮二一。

卿一人。掌。諸国*戸口名籍。*賦役。*孝義。*優復。*蠲免。*家人。*奴婢。*橋道。津済。渠池。山川。藪沢。*諸国田事。大輔一人。少輔一人。大丞一人。少丞二人。大録一人。少録三人。史生十人。省掌二人。使部六十人。直丁四人。

民部省　寮二を管ぶ。

19 （諸陵司条）　大司。訓「美佐々岐之豆加佐」（和名抄）。↓補19。
祭陵霊―定期的には毎年十二月に太政官が諸陵墓に派遣する荷前使の準備（諸陵式）。**喪葬凶礼**―凶礼には各種があり（大唐開元礼）、その中の喪葬の礼。喪葬そのものは治部卿の掌。**諸陵**―陵ごとに配置された陵戸により維持管理する。**陵戸名籍**―陵戸の戸籍は諸国から本司に送付↓戸令19。陵戸籍↓戸令補19a。大宝令と陵戸↓戸令補35b。陵戸↓喪葬1注。**土部**―伴部。土師氏出身。皇親と三位以上の喪に派遣（喪葬4）。**員外臨時取充**―「此正職掌也。而注二土部下一者、是随レ便注耳」（令釈）。

20 （喪儀司条）　中司。訓「モテアリキモノ」（官位令紅本）は喪葬具を持ち歩いて葬列に随行する意。諸陵司の掌と重複し、大同三年正月に兵部省鼓吹司に併合（三代格）。**凶事儀式**―前条の喪葬凶礼の言換えにすぎない。儀式には吉凶共にある（学令22・雑令41）。土部も諸陵司に属。**喪葬之具**↓喪葬8。

21 （民部省条）　全国の民政、特に財政を担当。訓「カキノツカサ」（釈日本紀、秘訓）、「多美乃都加佐」（和名抄）。↓補21。
戸口名籍―戸籍・計帳↓戸令18 19。戸口は戸の構成員。口は被支配者、隷属者を数える時に使う。**賦役**―租税や徭役の賦課↓賦役補☆。恐らく此の下に、大宝令には「計二料国用一、及勾二用度一」とあったが、養老令は語句を少し変えて主計頭の掌に挿入。**孝義・優復**―孝義は孝子・順孫・義夫・節婦。優はゆたか、復はゆるす。孝義の優賞と課役免除↓賦役17。**蠲免**―蠲は除く。免も同。下級官人に対する課役の免除↓賦役11。優復は臨時、蠲免は常卿一人。掌らむこと、諸国の戸口の名籍のこと、賦役、孝義、優復、蠲免、家人、奴婢、橋道、津済、渠池、山川、藪沢のこと、諸国の田の事。大輔一人。少輔一人。大丞一人。少丞二人。大録一人。少録三人。史生十人。省掌二人。使部六十人。直丁四人。

22 主計寮

頭一人。掌。計二納調及雑物一。* 支二度国用一。* 勘二勾用度一事。[1] 助一人。大允一人。少允一人。大属一人。少属一人。算師二人。* 掌。勘二計調庸* 及用度一事。[2]* 史生六人。使部廿人。直丁二人。

主計寮

頭一人。掌らむこと、調及び雑物を計へ納めむ、国用を支度せむ、用度を勘へ勾へむ事。助一人。大允一人。少允一人。大属一人。少属一人。算師二人。掌らむこと、調庸及び用度を勘へ計へむ事。史生六人。使部廿人。直丁二人。

23 主税寮

頭一人。掌。倉廩出納。* 諸国田租。* 舂米。* 碾磑事。* 助一人。大允一人。少允一人。大属一人。少属一人。算師二人。掌。勘二計租税一。* 史生四人。使部廿人。直丁二人。

主税寮

頭一人。掌らむこと、倉廩の出納、諸国の田租、舂米、碾磑の事。助一人。大允一人。少允一人。大属一人。少属一人。算師二人。掌らむこと、租税を勘へ計へむこと。史生四

時の職務。**家人・奴婢**—その名籍のことだから上文の戸口名籍に含まれる。しかし「在二異色一者重明耳」(古記)。身分の判定は治部省の所管。**橋道**—以下の維持管理は国郡司。民部省は地図で知るだけで「不二更関渉一」(義解)。橋道・津済(の渡船)の維持管理→営繕12 13・雑令13。渠池・山川・藪沢の利用→雑令9 12。**諸国田**—民部省には諸国の田図が集まる(田令23)。

22 (主計寮条) 中央財政の収支を計算する大寮。延暦九年二月「諸司之中、尤是恩劇」として少允・少属各一人を増員(三代格)。**調及雑物**—調(賦役1)・諸国貢献物(賦役35)など現物納の収入のすべて。大宝令の「調租財貨」は唐令と同文か。唐では租も中央送付、また租税の銭納が一般化している。**支度国用**—支度は配分、国用は予算。経常支出の原案作成で、予算の骨格立案や臨時支出は太政官→賦役5 22・営繕6、及び公式3注「支度国用」。**勘勾用度**—勘勾は監査し摘発する。用度は支出。つまり決算の検討。**算師**—従八位下。主税の算師も同。**勘計**—勘勾と違って摘発はしない。**調庸**—庸は歳役が本来(賦役4)という主旨があるために頭の掌からは省いたか。**史生六人**—和銅元年八月に四人を加えて「通レ前十人」(続紀)。

23 (主税寮条) 主計寮が中央を担当するのに対し、主税寮は地方の財政収支を監査。大寮。

倉廩出納—倉は穀倉、廩は米倉というが、いずれも田租を蓄積する倉の出納。在京の倉は京職と共に監査→倉庫2。**諸国田租・舂米**—諸国は田租を蓄積、その一部は舂米として運

人。使部廿人。直丁二人。

24　兵部省　管㆓司五㆒。

卿一人。掌。内外武官名帳。考課。選叙。位記。兵士以上名帳。朝集。禄賜。假使。差㆓発兵士㆒。兵器。儀仗。城隍。烽火事。大輔一人。少輔一人。大丞一人。掌。准㆓式部大丞㆒。少丞二人。掌同㆓大丞㆒。大録一人。少録三人。史生十人。省掌二人。使部六十人。直丁四人。

兵部省　司五を管ぶ。

卿一人。掌らむこと、内外の武官の名帳、考課、選叙、位記のこと、兵士以上の名帳、朝集、禄賜、假使のこと、兵士を差し発さむこと、兵器、儀仗、城隍、烽火の事。大輔一人。少輔一人。大丞一人。掌らむこと式部の大丞に准へよ。少丞二人。掌らむこと大丞に同じ。大録一人。少録三人。史生十人。省掌二人。使部六十人。直丁四人。

25　兵馬司

正一人。掌。牧及兵馬。郵駅。公私馬牛事。佑一人。大令史一人。少令史一人。使部六人。直丁一人。

兵馬司

正一人。掌らむこと、牧及び兵馬、郵駅、公私の馬牛の事。佑一人。大令史一人。少令史一人。使部六人。直丁一人。

26　造兵司

京(田令2)。これらを正税帳により把握する。碾磑―水力利用の石臼。碾は米をひき、磑は麦をひく。↓雑令12注。しかしこの部分は唐令を不用意に模倣したもののようである。租税―租は田租。税は田租を蓄積したもの。正税帳や、その付属文書の輸租帳・出挙帳により勘計する。

24　(兵部省条)　軍政一般、特に武官人事を担当。訓「都波毛乃都加佐」(和名抄)。↓補24。内外武官名帳―以下、位記まで↓職員13注(式部卿掌)。考課・選叙は、武官の考文を校定し(考課1)、中等の位子を試練して兵衛に選任する(軍防47)など。兵士以上名帳―上文の武官名帳に入らぬ者、即ち兵士や兵士中から選抜して軍団の職員とした者の名簿(軍防14)。主帳・校尉以下(義解)。朝集―以下、禄賜・假使↓職員13注。差発兵士―兵士二十人以上の動員は申官するが(軍防17)衛士・防人の差遣は(軍防16)本省が諸国に命じ、申官はしない(義解)。兵器・儀仗―合せて器仗とも。儀仗↓宮衛18・同補22。諸国からの現状報告↓軍防42 45。左・右・内兵庫(職員64 65)の器仗も兵部が現状を把握(古記)。城隍―城は柵も同。隍は堀。城隍の修理↓軍防53。烽火―訓は度布比(和名抄)↓軍防補66。

25　(兵馬司条)　大司。大同三年正月兵部省に併合(三代格、弘仁四年七月十六日符)。牧―官馬を飼う諸国牧↓厩牧補4。兵馬―牧から軍団に配属される官馬(厩牧13)。郵駅―郵も駅と同じ意。駅制も兵部省の所管。公私馬牛―その現状を全国の国司から太政官を経由、本司に報告↓職員70注・厩牧25。

正一人。掌。*造雑兵器。及*工戸々口名籍事。佑一人。大令史一人。少令史一人。*雑工部廿人。使部十二人。直丁一人。*雑工戸。

造兵司

正一人。掌らむこと、雑の兵器造らむこと、及び工戸の戸口の名籍の事。佑一人。大令史一人。少令史一人。雑工部廿人。使部十二人。直丁一人。雑工戸。

27 鼓吹司

正一人。掌。調習鼓吹事。佑一人。大令史一人。少令史一人[1]。使部十人。直丁一人。*鼓吹戸。

鼓吹司

正一人。掌らむこと、鼓吹調習せむ事。佑一人。大令史一人。少令史一人。使部十人。直丁一人。鼓吹戸。

28 主船司

正一人。掌。*公私舟檝。及舟具事。佑一人。令史一人。使部六人。直丁一人。*船戸。

主船司

正一人。掌らむこと、公私の舟檝、及び舟具の事。佑一人。令史一人。使部六人。直丁一人。船戸。

29 主鷹司

---

26 (造兵司条) 大司。寛平八年九月に兵部省に併合(三代格)。
造雑兵器—造り方→営繕4。**工戸**—下文の雑工戸。雑工戸など雑戸の戸籍は諸国から本司に送付→戸令19。**雑工部**—伴部。雑工戸から取るが、他氏からでもよい(義解)。**雑工戸**—「鍛戸」以下の雑戸、「爪工」以下の品部から成る(官員令別記)。→補26。

27 (鼓吹司条) 大司。大同三年正月に治部省喪儀司を併せ、寛平八年九月に兵部省に併合(三代格)。鼓笛は喪儀にも軍事にも使う。なお塙本を底本とする国史大系本などの刊本には、少令史の次に「吹部卅人」とあるが、吹部は延暦十五年十月にその名称と定員が規定された(後紀)のであって、令には無かった筈である。
鼓吹戸—品部。「大角吹(はらふき)、弁二百十八戸。右毎戸召自九月至三月習」(官員令別記)。神亀三年十月に三百戸とした(続紀)。小角吹(くだふき)も大宝二年御野国戸籍(大日本古文書一)にみえる。

28 (主船司条) 中司。延喜式に見えないが廃止時未詳。
公私舟檝—難波津の官船を管理(営繕13 15)、全国の私船も調査(営繕14)。天平六年出雲国計会帳にも「公私船(以下欠文)」が朝集使によって報告されたことが見える。檝は楫、かじ(櫂)。**船戸**—品部。「船守(ふなもり)戸、百、津国。以十戸一番役。為品部、免調役」(官員令別記)。

29 (主鷹司条) 中央官司としては最も格が下り、春宮坊の六監と同格の下司。放鷹司とも。→補29。

正一人。掌。調二習鷹犬一事。[1] 令史一人。使部六人。直丁一人。*鷹戸。

主鷹司

正一人。掌らむこと、鷹犬調習せむ事。令史一人。使部六人。直丁一人。鷹戸。

30 刑部省 管二司二一。

卿一人。掌。*鞠レ獄。*定二刑名一。*決二疑讞一。*良賤名籍。*囚禁。*債負事。大輔一人。少輔一人。大丞二人。少丞二人。大録一人。少録二人。史生十人。*大判事二人。掌。*案二覆鞠状一。*断二定刑名一。*判二諸争訟一。*中判事四人。掌同二大判事一。*少判事四人。掌同二中判事一。*大属二人。掌。*抄二写判文一。*少属二人。掌同二大属一。*大解部十人。掌。*問二窮争訟一。*中解部廿人。掌同二大解部一。*少解部卅人。掌同二中解部一。省掌二人。使部八十人。直丁六人。

刑部省 司二を管ぶ。

卿一人。掌らむこと、獄鞫はむこと、刑名定めむこと、疑讞決せむこと、良賤の名籍、囚禁、債負の事。大輔一人。少輔一人。大丞二人。少丞二人。大録一人。少録二人。史生十人。大判事二人。掌らむこと、鞫はむ状案覆せむこと、刑名断り定めむこと、諸の争訟判らむこと。中判事四人。掌らむこと大判事に同じ。少判事四人。掌らむこと中判事に同じ。大属二人。掌らむこと、判文抄写せむこと。少属二人。掌らむこと大属に同じ。大解部十人。掌らむこと、争訟問ひ窮めむこと。中解部廿人。掌らむこと大解部に同じ。少解部卅人。掌らむこと中解部に同じ。省掌二人。使部八十人。直丁六人。

鷹戸―品部。「鷹養(たかかい)戸、十七戸。倭・河内・津。右経レ年毎レ丁役。為二品部一、免二調役一」(官員令別記)。

30 (刑部省条) 裁判・行刑を担当。訓「宇多倍多々須都加佐」(和名抄)。→補30。

鞠獄―訴訟の事実審理。実務は解部が担当。**定刑名**―長官・次官は判事と共に律令格式の該当条文を引用して判決(獄令35 41)。裁判官であることは判事と同じ(考課17)。**疑讞**―疑点が多いために諸国から上送されてきた事案(獄令51)。**良賤名籍**―良民の相続関係の訴訟は治部省の所管だが、良賤の別についての訴訟は本省の所管。しかし判別の所拠である戸籍は中務省と民部省にあって本省にはない。**囚禁**―被管の囚獄司の職務。**債負**―被管の贓贖司の職務。**大判事**―正五位下。大輔と同階。大宰府にも大少判事あり、掌も略同文。**案覆鞠状・断定刑名**―卿の掌の「鞠獄・定刑名」と同(朱説)。**判諸争訟**―意味は上の八字と重復するので、朱説のように「不レ能二解部問窮一兼問耳」という解釈も生じた。実際に解部の掌と重復したためか、大同三年正月に刑部解部は廃止(三代格)。**中判事**―正六位下。大丞と同階。寛平八年九月廃止(三代格)。**少判事**―従六位下。少丞より一階下。**大属**―正七位下。同じ大主典でも大録より一階下。判事は刑部省でも大宰府でも独自に主典を持つ。**抄写判文**―判決文の浄書・複写・記録。一般の主典の掌(職員1)とやや異。**少属**―正八位下。少録より一階下。**大解部**―従七位下。解部→補16c。**問窮**―治部大解部(職員16)掌の「鞠問」と同。**中解部**―正八位下。**少解部**―従八位下。

31 贓贖司

正一人。掌。*簿斂。配没。贓贖。闌遺一雑物事。佑一人。大令史一人。少令史一人。使部十人。直丁一人。

贓贖司(あかふもののつかさ)

正一人。掌らむこと、簿斂(ふれむ)、配没(はいもち)、贓贖(ざうぞく)、闌遺(らんくゐ)の雑物(ざふもち)の事(こと)。佑一人。大令史一人。少令史一人。使部十人。直丁一人。

32 囚獄司

正一人。掌。*禁二囚罪人一。*徒役。*功程。及*配決事。佑一人。大令史一人。少令史一人。*一物部卅人。掌。主二当罪人決罰一事。*物部丁廿人。

囚獄司(しゆごくし)

正一人。掌らむこと、罪人を禁囚(きむしゆ)せむこと、徒役(づやく)、功程(くうちやう)及び配決(はいくゑち)の事(こと)。佑一人。大令史一人。少令史一人。物部(もつぶ)卅人。掌らむこと、罪人(ざいにん)の決罰(くゑちばち)を主当(しゆたう)せむ事(こと)。物部丁(もつぶちやう)廿人。

33 大蔵省 管二司五一。

卿一人。掌。*出納。諸国*調及*銭。*一金銀。珠玉。1銅鉄。*骨角歯。羽毛。*漆。*帳幕。*二権衡度量。*売買估価。諸方貢献*雑物事。大輔一人。少輔一人。大丞一人。少丞二人。大録一人。少録二人。史生六人。*大主鑰二人。少主鑰二人。*蔵部六十人。*価長四人。*典履二人。掌。縫二作靴履鞍具一。検二校百済手部一。*百済手部十人。掌。雑縫作事。*典革一人。掌。雑革染作。検二校狛部一。*三狛部六人。掌。雑革染作。省掌二人。使部

31 (贓贖司条) 大司。大同三年正月に刑部省に併合(三代格)。訓は贖の訓「阿可布」(華厳経音義私記)に基づく。**簿斂**―以下は「贓・贖・闌遺雑物を簿斂配没する」と訓むべきか。簿斂・配没・贓→名例32。贖→名例1。闌は遺と同。没官・闌遺の雑物の処理→捕亡13 15・厩牧23 24。贓贖物の用途→獄令55。

32 (囚獄司条) 大司。訓「比止夜乃官」(和名抄)。**禁囚罪人**―告言者(獄令32)を含む。**徒役**―徒(名例3)の懲役。畿内の居役者を含む→獄令18 19。**功程**―作業量。標準は一人一日布二尺六寸→名例34・獄令52。弾正台が監察→獄令57。**配決**―配も決も実刑の執行。**物部**―物部氏出身の伴部。衛門府・東西市司にも配置。**物部丁**―民部省から分配された仕丁を充当。

33 (大蔵省条) 国庫を管理、朝廷行事の設営、器具・衣服等の製作を担当。訓「於保久良乃都加佐」(和名抄)。→補33 a。**出納**―実務は下文の大少主鑰や蔵部らの担当。→補3 e。**調**―諸国から京送された調(賦役3)は民部省主計寮で計納(職員22)、本省へ納入。**銭**―調銭や鋳銭司鋳造の銭。**金銀珠玉銅鉄**―諸国からの金銀珠玉(賦役35)や銅鉄(雑令9)を納入、被管の典鋳司で器物に造り、また中務省内蔵寮(職員7)へ送る。**骨角歯羽毛**―器物に造り薬物に充てる。**漆**―調(賦役1)として納入。被管の漆部司で使用。**帳幕**―被管の縫部司の製作。**権衡度量・売買估価**―市場管理のために計量器を毎年検査(関市14)、市場価格を報告させ(関市12)、その簿を保存(公式83)。估は沽。估価は価格。**雑物**

六十人。直丁四人。*駈使丁六人。*百済戸。*狛戸。

大蔵省　司五を管ぶ。

卿一人。掌らむこと、出納、諸国の調及び銭、金、銀、珠、玉、銅、鉄、骨、角、歯、羽、毛、漆、帳幕、権衡、度量、売買の估価、諸方貢献の雑物の事。大輔一人。少輔一人。大丞一人。少丞二人。大録一人。少録二人。史生六人。大主鑰二人。少主鑰二人。蔵部六十人。価長四人。典履二人。掌らむこと、靴、履、鞍具縫ひ作らむこと、百済手部を検校せむこと。百済手部十人。掌らむこと、雑の縫ひ作らむ事。典革一人。掌らむこと、雑の革染め作らむこと、狛部を検校せむこと。狛部六人。掌らむこと、雑の革染め作らむこと。省掌二人。使部六十人。直丁四人。駈使丁六人。百済戸。狛戸。

34　典鋳司

正一人。掌。造二*鋳金銀銅鉄一。*塗飾。*瑠璃。*玉作。及*工戸々口名籍事。佑一人。大令史一人。少令史一人。*雑工部十人。使部十人。直丁一人。*雑工戸。

典鋳司

正一人。掌らむこと、金銀銅鉄造り鋳むこと、塗飾、瑠璃、玉作のこと、及び工戸の戸口の名籍の事。佑一人。大令史一人。少令史一人。雑工部十人。使部十人。直丁一人。雑工戸。

35　掃部司

正一人。掌。*薦*席*牀*簀*苫。及*鋪設。*洒掃。*蒲*藺*葦*簾等事。佑一人。令史一人。掃部

—金銀珠玉・羽毛の他にも各種の貢献物がある(賦役35)。**大主鑰・蔵部・価長・典履・百済手部**—掌は内蔵寮(職員7)の場合と同。大少主鑰の官位相当はこちらが各一階上。蔵部・価長の定員も多い。なお大蔵本省製作の靴履などは賞賜用、内蔵寮のは供御(令釈)。**典革**—典履と同じく正八位上の才伎長上。**狛部**—狛戸の伴部。**駈使丁**→補1g。**百済戸**—雑戸。→補7c。**狛戸**—品部。→補33b。

34　(典鋳司条)　鋳造のみでなく、塗金・彫金・槌金等の技法による金属器の他、ガラス器・玉器も製作。大司。官職秘抄に「宝亀五年併二内匠寮一」とある。

金銀銅鉄→職員33注。鉄は鋳造にのみ用い、鍛造鉄器は宮内省鍛冶司(職員48)の製作。**塗飾**—塗金や彫金など。**瑠璃・玉作**—瑠璃は普通エメラルド等の緑柱石とされるが、正倉院の「白瑠璃碗」「紺瑠璃坏」はガラス器。しかし水精・琥珀・瑪瑙・白大理石等を素材とした玉器もある。**工戸々口名籍**—造兵正の掌(職員26)と同文。**雑工部・雑工戸**→職員26注。

35　(掃部司条)　朝廷諸行事の設営を担当。大司。弘仁十一年閏正月に宮内省内掃部司と統合、宮内省掃部寮(小寮)。

薦—菰。蓆。薦は和名抄に「古毛」。イネ科のコモで織った敷物。蓆より粗い。**席**—蓆。筵。筵は和名抄に「無之路」、席も同訓。**牀**—床。木製の腰掛。背はない。**簀**—和名抄に「須乃古」。竹製。後に板敷の縁もいう。**苫**—和名抄に「度万」。編二菅・茅一以覆レ屋也」。**鋪設**—鋪は敷く。設営。古記に必要な資材は本司が茨田の葦原で駈使丁に使って作殖、造備する他、大蔵に調として納入されたものを

十人。使部六人。直丁一人。駈使丁廿人。

掃部司

正一人。掌らむこと、薦、席、牀、簀、苫のこと、及び鋪設、洒掃のこと、蒲、藺、葦の簾等の事。佑一人。令史一人。掃部十人。使部六人。直丁一人。駈使丁廿人。

36　漆部司

正一人。掌。雑塗漆*事。佑一人。令史一人。漆*部廿人。使部六人。直丁一人。

漆部司

正一人。掌らむこと、雑の塗漆の事。佑一人。令史一人。漆部廿人。使部六人。直丁一人。

37　縫部司

正一人。掌。裁ニ縫衣服*一事。佑一人。令史一人。縫*部四人。使部六人。直丁一人。縫*女部。

縫部司

正一人。掌らむこと、衣服裁ち縫はむ事。佑一人。令史一人。縫部四人。使部六人。直丁一人。縫女部。

38　織部司

正一人。掌。織ニ錦*綾*紬*羅*一及雑染*事。佑一人。令史一人。挑*文師四人。掌。挑ニ錦綾羅等文一事。[1] 挑*文生八人。使部六人。直丁一人。染*戸。

使う、とある。薦・席・簀・苫は調の品目→賦役1。**洒掃**—洒は水を打つ。訓ソソグ。**蒲**—和名抄に「加末。草名。以レ藺可ニ以為レ席也」。**藺**—和名抄に「為(ゐ)」。また「似レ莞而細堅、宜レ為レ席」。**葦**—蘆。葭。和名抄に「阿之」。**簾**—和名抄に「須太礼。編レ竹帳也」。

36　(漆部司条)　漆塗りを担当。中司。大同三年正月に中務省内匠寮(令外官司)に併合(三代格)。→補36。

漆—大蔵卿の掌。木の他に布・紙・皮等に塗る技術も発達し、器物・仏像・絵画等の製作に使用された。**漆部**—二十人中に伴部は七人で他は品部。→補36。

37　(縫部司条)　官給の衣服を縫製。中司。大同三年正月に中務省縫殿寮に併合(三代格)。縫殿寮や縫司との職務分担→補8。

衣服—「衛士等衣服也」(義解)。**縫部**—縫女部の伴部か。他司の伴部と同じく、中務省縫殿寮の縫部四人は時服を支給される(中務式)。**縫女部**—大宝令では縫部の次、使部の前に位置(義解)。「十戸。経レ年女役。但考仕大蔵省記定送ニ中務省一耳」(古記)。古くは品部か。後に女孺を配置。

38　(織部司条)　諸種の繊維品を織染。中司。

錦・綾・紬・羅→賦役35。規格→営繕5。**雑染**—布の他に糸も染める。「此司受レ糸雑染耳」(伴記所引跡記)。**挑文師**—文様ある錦・綾・羅等の織成法を教える→官位18注。→補38。**挑文生**—「得レ考也。以ニ自挑織一故也」(義解)。諸生は普通は得考でない。生と手の別→補6b。大宝令では挑文師・挑文生の別なく、「挑文四人」のみか→補38。**染戸**—品部。「緋染七十戸」「藍染卅三戸」(官員令別記)など→補38。

39 （宮内省条）天皇や皇室に関する庶務を担当。訓「美夜乃宇知乃都加佐」（和名抄）。→補39。

出納—「被管諸司之出納也」（義解）、つまり調雑物以下の出納。**調雑物**—調の中の食品は被管の大膳職に納入。**舂米**→田令2。舂米は被管の大炊寮に納入。**官田**—畿内の官田は宮内省の直営→田令36 37。**御食産**—官田の他、被管の造酒・園池・主水などの諸司も供御の食品を生産する。**諸方口味**—「仮如、大宰進二腹赤一、吉備進二白魚御贄一之類」（伴記所引跡記）。なお大宝令には卿の掌に「仕女丁」（賦役38注）もあった。

40 （大膳職条）朝廷での会食の料理を担当。内膳司との別→補40a。

膳羞—膳も羞も本来は食事の供進の意。また美味な料理をいう。**醢**—肉や魚の醤（ひしお）漬。訓「之々比之保」（和名抄）。以下、食料までは膳羞の内容を示す。**葅**—野菜などを楡（にれ）の粉を混ぜた塩に漬けた食品。白貝葅（→賦役1j）もある。訓「邇良木」（和名抄）。但し賦役1傍訓は、ナマリ。**醤・豉・未醤**—みな調味料。漬けものにも使う。下文の主醤が製造を指導。以上の訓「比之保」「久木」「美蘇」

織部司

正一人。掌らむこと、錦、綾、紬、羅織らむこと、及び雑の染の事。佑一人。令史一人。挑文師四人。掌らむこと、錦、綾、羅等の文挑らむ事。挑文生八人。使部六人。直丁一人。染戸。

39 宮内省　管二職一。寮四。司十三一。

卿一人。掌。*出納。*諸国調雑物。*舂米。*官田。*及奏二宣御食産一。*諸方口味事。大輔一人。少輔一人。大丞一人。少丞二人。大録一人。少録二人。史生十人。省掌二人。

使部六十人。直丁四人。

宮内省　職一、寮四、司十三を管ぶ。

卿一人。掌らむこと、出納、諸国の調の雑物、舂米、官田のこと、及び御食産奏宣せむこと、諸方の口味の事。大輔一人。少輔一人。大丞一人。少丞二人。大録一人。少録二人。史生十人。省掌二人。使部六十人。直丁四人。

40 大膳職

大夫一人。掌。諸国調雑物。及造二庶*膳羞一。*醢。*葅。*醤。*豉。*未醤。*肴。*菓。*雑餅。*食料。率二膳部一以供二其事一。亮一人。大進一人。少進一人。大属一人。少属一人。主醤二人。掌。造二雑醤豉未醤等一事[1]。主菓餅二人。掌。菓子。造二雑餅等一事[2]。膳部一百六十人。掌。造二庶食一事[3]。使部卅人。直丁二人。駈使丁八十人。雑供戸。

大膳職

(和名抄)。肴—いわゆる酒の肴。醢から未醬までを指すか。訓「サカナ、クタ物、一云フクシ物」(名義抄)。菓・雑餅—菓は木の実。大膳式や和名抄に各種の菓や餅がみえる。下文の主菓餅の担当。食料—菓や雑餅を指すか。主醬・主菓餅—共に正七位下相当。大同三年正月に廃、代りに同七月に少進・少属を各一人増(三代格)。膳部—伴部。雑供戸—品部。鵜飼や江人・網曳など。↓補40b。

41 (木工寮条) 土木建築を担当。大寮。京内大橋などの修理も本寮(営繕11)。中務式には本寮に大工一人・少工一人・長上工十三人・工部五十人・飛騨工三十七人。**木作**—斐陁匠丁(賦役39)。木工以外にも諸種の工匠を擁する。**採材**—植林、製材。**工部廿人**—「不レ限二貴賤一、知レ工人充得レ考、并給二衣服常食一」(古記)。**駈使丁**—定員の無い理由↓補1g。

42 (大炊寮条) 諸国からの舂米を始め穀類を収納、現物のまま、又は炊飯して諸司に分給。小寮。古くからの官司↓書紀、天智十年是歳条。**舂米**→田令2。平安前期に年間一万八千石を収納(類聚符宣抄、寛平六年八月四日官符)。**雑穀**—「分二諸司一者、弁官勘二量月料一給」(古記)。「仮令、粟充二主水一、大豆充二大膳一之類」(義解)。**大炊部**—米を精白し炊飯する伴部か、未詳。品部として大炊戸も所属。「大炊戸廿五戸。津国客饗」(官員令別記)。

大夫一人。掌らむこと。諸国の調の雑物のこと、及び庶の膳羞造らむこと、醢、葅、醬、豉、未醬、肴、菓、雑の餅、食料のこと、膳部を率て以て其の事に供せむこと。亮一人。大進一人。少進一人。大属一人。少属一人。主醬二人。掌らむこと、雑の醬、豉、未醬等造らむ事。主菓餅二人。掌らむこと、菓子のこと、雑の餅等造らむ事。膳部一百六十人。掌らむこと、庶の食造らむ事。使部卅人。直丁二人。駈使丁八十人。雑供戸。

41 木工寮

頭一人。掌。営二構木作*一。及採*レ材事。助一人。大允一人。少允二人。大属一人。少属一人。工部*廿人。使部廿人。直丁二人。駈使丁*。

木工寮

頭一人。掌らむこと、木作営構せむこと、及び材採らむ事。助一人。大允一人。少允二人。大属一人。少属一人。工部廿人。使部廿人。直丁二人。駈使丁。

42 大炊寮

頭一人。掌。諸国舂米*。雑穀*分給。諸司食料事。助一人。允一人。大属一人。少属一人。大炊部*六十人。使部廿人。直丁二人。駈使丁卅人。

大炊寮

頭一人。掌らむこと、諸国の舂米、雑穀の分給、諸司の食料の事。助一人。允一人。大属一人。少属一人。大炊部六十人。使部廿人。直丁二人。駈使丁卅人。

43　（主殿寮条）殿舎及び行幸の際の諸施設の維持管理を担当。小寮。

御→公式38。**輿輦**―行幸の際の乗物。「輿、無輪也。輦、有輪也」。訓は輿が「母知許之」、輦が「多許之」（以上、古記）。**蓋笠・繖扇**―蓋は「岐沼加散」（和名抄）→儀制15。笠は「加佐」（和名抄）→厩牧14。繖は蓋と同（古記）。笠と共に雨具。扇は「阿布岐」（和名抄）。**帷帳**―帷は「加太比良」、帳は「張（とばり）」で、小帳が「斗張（とばり）」（以上、和名抄）。**湯沐**―ゆあみ。主殿寮に御湯舎がある。**洒掃**→職員35。掃部司は舗設物の洒掃か。**燈燭**―「油火為レ燈、蠟火為レ燭」（義解）。訓は燈も燭も「度毛師比」（和名抄）。**松柴炭燎**―「柴、薪也」（令釈）、「燎、庭燎（にはび）」（義解）。主に松を使う。訓は「タキギ・スミ・ニハビ」か。**殿部**―伴部。大化前代からの名負氏、日置・子部・車持・笠取・鴨の五氏から採る。

44　（典薬寮条）官人の医療を担当し医師らを養成。小寮。侍医は中務省内薬司（職員11）に所属。

薬物―直営の薬園で栽培する他、諸国で採取（医疾20 22）、また貢献（賦役35）。内薬司の薬は「自二此司一分納」（穴記）。**療疾病**―常時の医療対象は五位以上に限るか（医疾24）。**薬園**―下文の薬園師が管理。直営の薬園の所在→医疾20注。**医師**―従七位下。しかし大初位下以下でも補任しうる（医疾13）。針師と共に患家へ派遣され、治療成績で考課（医疾12 26）。**医博士**―正七位下。医師十人の内、優れた者を取る。針博士以下の取り方も同じ（医疾1）。**薬方・脈経**―薬方は薬の処方。脈経は書名（医疾3）でもあるが、広く人体についての学

43　主殿寮

頭一人。掌。供御輿輦。蓋笠。繖扇。帷帳。湯沐。洒二掃殿庭一。及燈燭。松柴。炭燎等事。助一人。允一人。大属一人。少属一人。殿部卌人。使部廿人。直丁二人。駈使丁八十人。

主殿寮

頭一人。掌らむこと、供御の輿輦、蓋笠、繖扇、帷帳、湯沐のこと、殿庭洒掃せむこと、及び燈燭、松柴、炭燎等の事。助一人。允一人。大属一人。少属一人。殿部卌人。使部廿人。直丁二人。駈使丁八十人。

44　典薬寮

頭一人。掌。諸薬物。療二疾病一。及薬園事。助一人。允一人。大属一人。少属一人。医師十人。掌。療二諸疾病一。及診候。医博士一人。掌。諸薬方。脈経。教二授医生等一。医生卌人。掌。学二諸医療一。針師五人。掌。療二諸瘡病一。及補写。針博士一人。掌。教二針生等一。針生廿人。掌。学レ針。按摩師二人。掌。療二諸傷折一。按摩博士一人。掌。教二按摩生等一。按摩生十人。掌。学三按摩療二傷折一。呪禁師二人。掌。呪禁事。呪禁博士一人。掌。教二呪禁生一。呪禁生六人。掌。学二呪禁一。薬園師二人。掌。知二薬性色目一。種二採薬園諸草薬一。及教二薬園生一。薬園生六人。掌。学レ識二諸薬一。使部廿人。直丁二人。薬戸。乳戸。

典薬寮

識、の意か。医生―薬部や世襲の諸氏等から取る→医疾2。按摩・呪禁・薬園の諸生も同。受業・考課など→医疾3～11 13 15。**針師**―正八位上。考課→医師注。**瘡病・補写**―瘡は腫物、かさ。補写は必要を補い、不要を瀉する。**針博士**―従七位下。採用→医博士注。**針生**―採用など医生に準ずるか。**案摩師**―従八位上。案摩は官位・医疾では按摩。考課は医疾12 26を準用か。**傷折**―医疾14では按摩・傷折と判縛。**案摩博士**―正八位下。**案摩生**→医生注。**呪禁師**―正八位上。呪禁→医疾14。**呪禁博士**―従七位上。採用→医博士注。**呪禁生**→医生注。**薬園師**―正八位上。常時は典薬寮に勤務(穴記)。薬園へ出張管理し、薬園生に実習(医疾20)。**薬性色目**―性は薬の成分、色は形状、目は名称。**薬園生**→医疾2 20。**薬戸・乳戸**―品部。→補44。

45 (正親司条) 皇族の名簿を作製、季禄・時服の支給を担当。大司。和名抄に「於保岐無太知乃司」。
皇親―義解では二世以下の諸王、古記以下の諸説及び正親式では親王・諸王。→継嗣1。

46 (内膳司条) 天皇の食膳の調理を担当。大司。→補40 a。
奉膳―他司では正。「准レ令、以二高橋・安曇

頭一人。掌らむこと、諸の薬物のこと、疾病療さむこと、及び薬園の事。助一人。允一人。大属一人。少属一人。医師十人。掌らむこと、諸の疾病療さむこと、及び診候はむこと。医博士一人。掌らむこと、諸の薬方、脈経のこと、医生等に教へ授けむこと。医生卅人。掌らむこと、諸の医療学びむこと。針師五人。掌らむこと、諸の瘡病療さむこと、及び補写せむこと。針博士一人。掌らむこと、針生等教へむこと。針生廿人。掌らむこと、針学びむこと。案摩師二人。掌らむこと、諸の傷れ折れたるを療さむこと。案摩博士一人。掌らむこと、案摩生等教へむこと。案摩生十人。掌らむこと、案摩して傷れ折れたるを療すこと学びむこと。呪禁師二人。掌らむこと、呪禁の事。呪禁博士一人。掌らむこと、呪禁生教へむこと。呪禁生六人。掌らむこと、呪禁学びむこと。薬園師二人。掌らむこと、薬の性、色目知らむこと、薬園に諸の草薬種ゑ採らむこと、及び薬園生教へむこと。薬園生六人。掌らむこと、諸の薬識ること学びむこと。使部廿人。直丁二人。薬戸。乳戸。

45 正親司

正一人。掌。*皇親名籍事。佑一人。大令史一人。少令史一人。使部十人。直丁一人。

正親司

正一人。掌らむこと、皇親の名籍の事。佑一人。大令史一人。少令史一人。使部十人。直丁一人。

46 内膳司

奉膳二人。掌。惣知御膳。進食先嘗事。典膳六人。掌。造供御膳。調和庶味寒温之節。令史一人。膳部卌人。掌。造御食。使部十人。直丁一人。駈使丁廿人。

内膳司

奉膳二人。掌らむこと、御膳を惣べ知らむこと、進食に先づ嘗みむ事。典膳六人。掌らむこと、供御の膳造らむこと、庶味寒温の節調へ和らげむこと。令史一人。膳部卌人。掌らむこと、御食造らむこと。使部十人。直丁一人。駈使丁廿人。

47 造酒司

正一人。掌。醸酒醴酢事。佑一人。令史一人。酒部六十人。掌。供行觴。使部十二人。直丁一人。酒戸。

造酒司

正一人。掌らむこと、酒、醴、酢醸らむ事。佑一人。令史一人。酒部六十人。掌らむこと、行觴に供せむこと。使部十二人。直丁一人。酒戸。

48 鍛冶司

正一人。掌。造作銅鉄雑器之属。及鍛戸々口名籍事。佑一人。大令史一人。少令史一人。鍛部廿人。使部十六人。直丁一人。鍛戸。

鍛冶司

正一人。掌らむこと、銅、鉄、雑器の属造り作らむこと、及び鍛戸の戸口の名籍の事。佑一

二氏任内膳司者、為奉膳、其以他氏任之者、宜名為正」(続紀、神護景雲二年二月条)。**惣知御膳**—奉膳は「知」即ち監督のみで「造」は典膳の掌(跡記・朱説及び考課22義解)というが、「造与知無別」(考課22古記)。**進食先嘗**—いわゆる毒味。大膳職の長官・次官、後宮の膳司の長官も同(職制13・後宮13)。**典膳**—他司の佑、判官。**造供御膳**—膳部を率いて材料を吟味し調理する。調理責任者。→職制13。**調和庶味寒温之節**—季節により料理によって適切に冷やし温める。**膳部**—伴部。

47 (造酒司条) 酒・酢の類を醸造。大司。訓「佐希之司」(和名抄)。**醴**—義解に「甜酒」、和名抄に「古佐介。一日一宿酒也」。米・麹・酒を混ぜて一夜で醸造。**酢**—訓「須」、「鄙語、酢為加良佐介」(和名抄)。**酒部**—酒戸の伴部。**酒戸**—品部。「倭国九十戸・川内国七十戸、一番役十丁」(官員令別記)。また外国の客のために「津国廿五戸。今定十戸」(同上)。

48 (鍛冶司条) 金属器を鍛造。大司。大同三年正月に木工寮に併合(三代格)。鋳造などは大蔵省典鋳司(職員34)。**鍛部**—鍛戸の伴部。**鍛戸**—雑戸。「三百卅八戸。自十月至三月、毎戸役丁」(官員令別記)。→補26。

49 (官奴司条) 官有の賤民を管理・使役。大司。大同三年正月に主殿寮に併合(三代格)。**官戸奴婢**—官戸と官奴婢→戸令35 36 38 41 42。**名籍**→戸令36。**口分田**→田令27。

50 (園池司条) 官内省直営の官田を除く皇室御料地や庭園を管理、供御の食品(御

人。大令史一人。少令史一人。鍛部廿人。使部十六人。直丁一人。鍛戸。

49 官奴司

正一人。掌。官戸*奴婢名籍*。及口*分田事。佑一人。令史一人。使部十人。直丁一人。

官奴司

正一人。掌らむこと、官戸、奴婢の名籍、及び口分田の事。佑一人。令史一人。使部十人。直丁一人。

50 園池司

正一人。掌。諸苑*池。種二殖蔬菜樹菓等一事。佑一人。令史一人。使部六人。直丁一人。園戸*。

園池司

正一人。掌らむこと、諸の苑、池のこと、蔬菜樹菓等種ゑ殖ゑむ事。佑一人。令史一人。使部六人。直丁一人。園戸。

51 土工司

正一人。掌。営二土作*瓦*一埿一。幷焼*二石灰等一事。佑一人。令史一人。泥部*二廿人。使部十人。直丁一人。泥戸*三。

土工司

正一人。掌らむこと、土作、瓦埿営らむこと、幷せて石灰等焼かむ事。佑一人。令史一人。

食産→職員39注)を生産。大司。寛平八年九月に内膳司(職員46)に併合(三代格)。

苑池―宮城や離宮の庭園の他、皇室御料の池・畠・果樹園等も含むか。園と苑との別は、伴記に「養二牛馬一曰レ園、養二禽獣一曰レ苑」(蒼頡篇)。天平十七年四月十六日の園池司解は孔雀の食料を請求(正倉院文書)。しかし園地はふつう野菜・桑漆の畑など→田令15。池も古記に「物産所在之池」。**園戸**―品部。「園三百戸、経レ年一番役二百五十戸一」(官員令別記)。

51 (土工司条) 土工事一般。中司。土工・瓦工・石灰工の配属や、その功程は木工式。木工寮への併合時は未詳。

土作―例えば「塗レ壁之類」(穴記)。**瓦埿**―瓦。「以レ埿為レ瓦。故連言」(義解)。**焼石灰**―石灰岩や貝殻を焼いて建築資材の石灰を造る。**泥部**―泥戸の伴部。「泥部者、古言、波都加此乃友造」(穴記)。**泥戸**―品部。「泥戸五十一戸。一番役二廿五丁一」(官員令別記)。「泥戸、奴利戸」(穴記)。

52 (采女司条) 采女を管理。中司。大同三年正月に中務省縫殿寮に併合(三代格)、弘仁三年二月に復置(後紀)。

検校采女―穴記は「此司只有二名帳一、其身在二女司一耳」というが、古記に「采女考仕者、申二中務省一也」、采女式に「凡諸節会日、正及令史、供二奉御膳前一」とあり、帳簿上だけではなく、采女の勤務も管理し評定したらしい。采女→後宮18。**令史**―采女式に「用二采女朝臣氏一」。**采部**―采女の伴部。男官か。

53 (主水司条) 供御の水を扱う小司。訓「毛比止里乃司」(和名抄)。モヒは水を入れる器、転じて飲料水。

樽水―容器に貯えた飲料水の意か。樽→賦役補11。「樽水」は後宮の水司では「漿水」→後宮12。饘・粥―古記に「饘、加太賀由、厚粥也。粥、汁」。和名抄に「饘、加太賀由、厚粥也。粥、之留加由、薄糜也」。いずれも米を水で煮たもの。蒸したものは飯(ひい)。氷室―主水式に山城・大和・河内・近江・丹波の諸国に合計十カ所みえる。氷部―水部。水戸の伴部。弘仁七年九月廿三日官符で十三人増(三代格)。本文に水部・水戸を氷部・氷戸とするのは誤か。氷戸―水戸。品部。「百卌四戸。自二三月一至二八月一、毎丁役。自二九月一至二二月一、一番役卅丁」(官員令別記)。

54　(主油司条)　調の油脂を保管・分配。小司。寛平八年九月に主殿寮に併合(三代格)。

調膏油―「肉脂為レ膏、自余為レ油」(義解)。調副物に胡麻油・麻子油・荏油・曼椒油・猪脂・脳→賦役1。油は主殿寮では燈油に使う。

55　(内掃部司条)　宮中諸行事の設営を担当。小司。弘仁十一年閏正月に大蔵省掃部司(職員35)と統合、宮内省掃部寮(小寮)。

掌―朱説に「所掌之事、皆悉為二御料一」。牀―以下は「狭畳」を除き掃部正の掌に既出→職員35注。ここでは「酒掃」が落ちているが、先に舗設すべき道具を挙げ、「及」以下に資材を挙げていて、列挙の順序は整理されている。狭畳―狭は接頭語。「狭畳猶レ畳」(令釈)。掃部式に供御料の狭帖の功程がみえる。掃部―掃部も駈使丁も掃部司より定員が多い。

56　(筥陶司条)　箱を調達する他、調の陶器類も監査。小司。大同三年正月に大膳職に併合(三代格)。

泥部廿人。使部十人。直丁一人。泥戸。

52　采女司

正一人。掌。検二校采女等一事。佑一人。*令史一人。*采部六人。使部十二人。直丁一人。

采女司

正一人。掌らむこと、采女等検校せむ事。佑一人。令史一人。采部六人。使部十二人。直丁一人。

53　主水司

正一人。掌。*樽水。*一饘。*二粥。及*氷室事。佑一人。令史一人。*氷部卌人。使部十人。直丁一人。駈使丁廿人。*氷戸。

主水司

正一人。掌らむこと、樽水、饘、粥、及び氷室の事。佑一人。令史一人。氷部卌人。使部十人。直丁一人。駈使丁廿人。氷戸。

54　主油司

正一人。掌。諸国調*膏油事。佑一人。令史一人。使部六人。直丁一人。

主油司

正一人。掌らむこと、諸国の調の膏油の事。佑一人。令史一人。使部六人。直丁一人。

55　内掃部司

正一人。掌*。供御牀*狭*畳席薦簀簾苫鋪設。及蒲藺葦等事。佑一人。令史一人。掃*部卌人。使部十人。直丁一人。駈使丁卌人。

内掃部司

正一人。掌らむこと、供御の牀、狭畳、席、薦、簀、簾、苫、鋪設のこと、及び蒲、藺、葦等の事。佑一人。令史一人。掃部卌人。使部十人。直丁一人。駈使丁卌人。

56　筥陶司

正一人。掌。筥*陶*器皿事[1]。佑一人。令史一人。使部六人。直丁一人。筥戸。

筥陶司

正一人。掌らむこと、筥、陶、器、皿の事。佑一人。令史一人。使部六人。直丁一人。筥戸。

57　内染司

正一人。掌。供御雑染之属。佑一人。令史一人。染*師二人。使部六人。直丁一人。

内染司

正一人。掌らむこと、供御の雑の染の属。佑一人。令史一人。染師二人。使部六人。直丁一人。

58　弾正台

尹*一人。掌。粛*[二]清風俗[一]。弾*[二]奏内外非違[一]事。弼*一人。大*忠一人。掌。巡*[二]察内外[一]。糺[二]弾非違[一]。余同[二]神祇大祐[一]。少忠二人。掌同[二]大忠[一]。大*疏一人。少疏一人。巡*察弾

筥—筥戸は毎年一丁につき「長二尺・広一尺八寸・深四寸、若干具。長一尺六寸・広一尺四寸・深三寸、二具」を司に納入(官員令別記)。延喜式では調・庸として明櫃・折櫃・韓櫃・柳筥・麻笥(け)等を徴収(主計式)。**陶器皿**—「検[二]校土師皿器[一]」(古記)。調として各種の陶器・土師器を徴収(主計式)。

57　(内染司条)　大蔵省織部司の「雑染」(職員38)に対し、内染司は「供御の雑染」。小司。大同三年正月に中務省縫殿寮に併合(官職秘抄)。駈使丁には官奴婢を充てていた(古記)が、後に解放して今良とし、男二人・女二十二人を縫殿寮に配属(縫殿式)。**染師**—少初位上。大同三年十二月に廃止(三代格)。

58　(弾正台条)　行政を監察、官人の非違を摘発。訓「太々須豆加佐」(和名抄)。**尹**—従四位上。後に従三位↓官位9注。**粛清風俗**—民間の風俗の教化ではなく、「但此条、風俗之字訓者、法也式也」(古記)、即ち官人の綱紀の粛正。**弾奏内外非違**—弾奏の書式↓公式8。弾正台の権限↓公式補8ab。刑部省との職務分掌↓獄令補1d。内外の内は京内、外は京外の諸国であるが、諸国における非違まで糾弾しうるのは、「諸国之人、輻[二]湊京都[一]」(古記)、また官人の害政抑屈について告言があれば「弾正受推」(公式65)。**弼**—正五位下。後に大少弼に分け大弼は従四位下↓官位10注。職掌は長官と同↓職員1(神祇大副)。**大忠**—正六位上。大少忠共に八省の大少判官より一階上。**巡察内外**—この内は宮城内で宮門外、外は宮城外で京内(穴記)。宮門内は中務省内礼司(職員12)、京外の諸国は太政官巡察使(職員2)の所管。**大疏**—大少疏の

正十人。掌。巡㆓察内外㆒。糺㆓弾非違㆒。史生六人。使部卅人[1]。直丁二人。

弾正台

尹一人。掌らむこと、風俗を粛め清めて、内外の非違を弾し奏さむ事。弼一人。大忠一人。掌らむこと、内外を巡り察て、非違を糺し弾さむこと。余は神祇の大祐に同じ。少忠二人。掌らむこと大忠に同じ。大疏一人。少疏一人。巡察弾正十人。掌らむこと、内外を巡り察て、非違を糺し弾さむこと。史生六人。使部卅人。直丁二人。

59 衛門府 管㆓司一㆒。

督一人。掌。諸門*禁衛。出入*。礼儀。以㆑時*巡検。及隼人。門籍*。門牓*事。佐一人。大尉二人。少尉二人。大志二人。少志二人。医師*一人。門部*二百人。物部*卅人。使部卅人。直丁四人。衛士*。

衛門府 司一を管ぶ。

督一人。掌らむこと、諸門の禁衛、出入、礼儀のこと、時を以て巡り検むこと、及び隼人、門籍、門牓の事。佐一人。大尉二人。少尉二人。大志二人。少志二人。医師一人。門部二百人。物部卅人。使部卅人。直丁四人。衛士。

60 隼人司

正一人。掌。検㆓校隼人*㆒。及名帳*。教㆓習歌儛*㆒。造㆓作竹笠*㆒事。佑一人。令史一人。使部十人。直丁一人。隼人。

隼人司

官位相当は八省の主典と同。大少忠や巡察弾正が巡察する時に随行して非違を記録する(朱説)。**巡察弾正**—正七位下。月別に三度、諸司を巡察(続紀、和銅五年五月条)。弘仁四年六月に二人減(集解所引格)、同十四年十一月に又二人減(三代格)、天長三年に又二人減(三代格)。

59 (衛門府条) 靫負(ゆげ)の系譜を引き、宮城門(外門)と宮門(中門)を守衛。警衛担当区域→宮衛補4b。大同三年七月に左右衛士府と統合、弘仁二年十一月にこれを左右衛門府と改称(後紀)。四等官の官位相当は小職と同。

諸門→宮衛補1a。ここでは宮城門と宮門。**出入礼儀**—出入者の服装や行儀の監視。**以時巡検**→宮衛17。**門籍・門牓**—籍は人の、牓は物品の、出入許可の証明→宮衛補1b。**医師**—諸衛府医師は正八位下相当で判補→官位16注。考課等は典薬寮医師に準ずるか→職員44注。**門部**—宮城門を守衛する伴部。門ごとに負名氏がある→宮衛補1a。**物部**—伴部。内(うち)物部。**衛士**—はじめ二百人→軍防補12a。

60 (隼人司条) 畿内・近国に移住した隼人とその朝廷での勤務を管理。中司。訓「波夜比止乃豆加佐」(和名抄)。大同三年正月に衛門府に統合、同年八月に復置して兵部省に移管(後紀)。

隼人—朝廷への服属が遅れて異種族視されていた南九州の住民。ここでは朝廷に勤務する隼人。**名帳**—畿内・近江・丹波・紀伊の諸国は隼人計帳を送付(隼人式)。**歌儛**—隼人舞などの民俗芸能。**竹笠**—籠・簀などの竹器を製作(隼人式)。竹笠はみえない。

正一人。掌らむこと、隼人を検校せむこと、及び名帳のこと、歌舞教習せむこと、竹笠造り作らむ事。佑一人。令史一人。使部十人。直丁一人。隼人。

61 左衛士府　右衛士府准レ此。

督一人。掌。禁二衛*宮掖一。検二校*隊仗一。*以レ時巡検。衛士名帳。及*差科。*大備。陳設。*車駕出入。前駈後殿事。佐一人。大尉二人。少尉二人。大志二人。少志二人。*医師二人。使部六十人。直丁三人。*衛士。

左衛士府　右衛士府も此に准へよ。

督一人。掌らむこと、宮掖を禁衛せむこと、隊仗を検校せむこと、時を以て巡り検むこと、衛士の名帳、及び差し科せむこと、大備、陳設のこと、車駕の出入に、前駈し後殿せむ事。佐一人。大尉二人。少尉二人。大志二人。少志二人。医師二人。使部六十人。直丁三人。衛士。

62 左兵衛府　右兵衛府准レ此。

*督一人。掌。検二校*兵衛一。分二配*閤門一。*以レ時巡検。*車駕出入。分二衛前後一。及左兵衛名帳。*門籍事。佐一人。大尉一人。少尉一人。大志一人。少志一人。医師一人。番長四人。兵衛四百人。使部卅人。直丁二人。

左兵衛府　右兵衛府も此に准へよ。

督一人。掌らむこと、兵衛を検校し、閤門に分配せむこと、時を以て巡り検むこと、車駕の出入に、前後分衛せむこと、及び左の兵衛の名帳、門籍の事。佐一人。大尉一人。少尉一

---

61 (左衛士府条) 地方の軍団兵士から選抜した衛士を左右衛士府に分属させて宮城内を守衛、儀仗を整え、行幸に供奉。警衛担当区域→宮衛補4b。弘仁二年十一月に左右衛門府と改称。四等官の官位相当・定員は衛門府と同。

宮掖―宮と掖(古記)。掖は正門の脇の小門。別式により中門やその築垣の周囲及び宮城内の諸庁舎を守衛(宮衛4古記)。**隊仗**→宮衛27。ここでは衛士の正身点検か→宮衛3。**以時巡検**→宮衛17。**差科**―集解諸説は諸庁舎への差配と解するが、差科は徴発→賦役23 34。名帳により衛士を全国から徴集する意か。**大備陳設**―集解諸説のように行幸と解すると「車駕」以下と重複。大きな儀式の際の儀仗の陣容か。儀仗→宮衛補22。**車駕出入前駈後殿**―行幸の前駈と後衛。なお大宝令の掌には「門籍牓」もあったが「今行事不二相預一」(古記)。**医師**→職員59注。延暦十八年六月に一人減(三代格)。**衛士**―はじめ左右各四百人→軍防補12a。

62 (左兵衛府条) 地方豪族の子弟を主とする兵衛を左右兵衛府に分属、天皇を守衛、行幸に供奉。夜は京内を巡検。警衛担当区域→宮衛補4b。官位相当は大寮と同。延暦十八年四月から衛門府・衛士府と同格。

督―以下の判官までは大宝令では率(長官)・翼(次官)・大直(大判官)・少直(少判官)。**兵衛**→軍防補38。上番した兵衛の点検→宮衛3。**閤門**―内裏の諸門。大宝令では内門。大極殿・朝堂院の諸門も兵衛が開閉。**以時巡検**→宮衛17。**車駕出入分衛前後**―行幸に際し天皇側近を守衛。**門籍**―門牓も掌る→宮衛補1

人。大志一人。少志一人。医師一人。番長四人。兵衛四百人。使部卅人。直丁二人。

63 左馬寮　右馬寮准レ此。

頭一人。掌。左閑馬調習。養飼。供御乗具。配ニ給穀草一。及飼部戸口名籍事。助一人。大允一人。少允一人。大属一人。少属一人。馬医二人。馬部六十人。使部廿人。直丁二人。飼丁。

左馬寮　右馬寮も此に准へよ。

頭一人。掌らむこと、左の閑の馬の調習、養飼のこと、供御の乗具のこと、穀草配給せむこと、及び飼部の戸口の名籍の事。助一人。大允一人。少允一人。大属一人。少属一人。馬医二人。馬部六十人。使部廿人。直丁二人。飼丁。

64 左兵庫[1]　右兵庫准レ此。

頭一人。掌。左兵庫儀仗兵器。安置得レ所。出納。曝涼。及受レ事覆奏事。助一人。大允一人。少允一人。大属一人。少属一人。使部廿人。直丁二人。

左兵庫　右兵庫も此に准へよ。

頭一人。掌らむこと、左の兵の庫の儀仗、兵器、安置するに所得しめむ、出し納めむ、曝し涼さむこと、及び事を受りて覆奏せむ事。助一人。大允一人。少允一人。大属一人。少属一人。使部廿人。直丁二人。

65 内兵庫[1]

---

b。**少尉**―延暦十八年四月に一人増(後紀)。少志も同。**医師**→職員59注。**番長**―兵衛の上番ごとの長。兵衛四百の内から取る(古記)。

63 (左馬寮条) 馬寮は諸国の御牧や官牧から毎年貢上される馬を飼養・調教。大寮。**閑**―門の横木、転じて厩。**養飼**→厩牧1。**供御乗具**―中務省内蔵寮の典履が鞍具を縫作(職員7)。一般の鞍具は大蔵省の典履(職員33)。**穀草**―穀は粟・稲・豆、草は乾草・青草など(厩牧1)。但し「今行事、馬一匹日料、乾草三囲宛。雑穀之類不ニ給養一」(古記)。「調草輸停。官以レ銭仰買ニ畿内一充ニ馬寮一」(厩牧2古記)。**飼部**―下文の飼丁。**馬医**―従八位上。馬医師(官位17)。**馬部**―馬飼造戸の中から上番する伴部。**飼丁**―「左馬寮、飼造戸二百卅六戸・馬甘三百二戸。右馬寮、馬甘造戸二百卅戸・馬甘二百六十戸。右、馬造等、仕レ寮者為ニ伴部一、免ニ調・雑徭一。不レ仕者取レ調。其馬甘、為ニ雑戸一、免ニ調・雑徭一」(官員令別記)。

64 (左兵庫条) 儀仗用・実用の武器を保管。大寮。寛平八年九月に左右兵庫・造兵司・鼓吹司を統合して兵部省兵庫寮(三代格)。**儀仗・兵器**→宮衛18・同補22。**安置得所**―種類別に棚に安置(軍防43)。また兵庫の築地内では火を使えず(宮衛8)、築地の外側は武装した衛士が昼夜警備(宮衛7)。**出納**―その手続→軍防41。壊れている時の措置→同41 42 45。**曝涼**→軍防43。**受事覆奏**―勅を受けた兵庫頭が更めて天皇に確認を求める。本司覆奏→公式2注。

65 (内兵庫条) 掌は左右兵庫とほぼ同。本来は天皇供御の武器の保管か。中司。大

正一人。掌准㆓兵庫頭㆒。佑一人。令史一人。使部十人。直丁一人。

内兵庫

正一人。掌らむこと兵庫の頭に准へよ。佑一人。令史一人。使部十人。直丁一人。

66 左京職　右京職准㆑此。管㆓司一㆒。

大夫一人。*掌。左京*戸口名籍。字㆓養百姓㆒。糺㆓察所部㆒。貢挙。孝義。*田宅。*雑徭。良賤。訴訟。*市廛。*度量。倉廩。*租調。兵士。*器仗。*道橋。過所。闌遺雑物。僧尼名籍事。亮一人。大進一人。少進二人。大属一人。少属二人。*坊令十二人。使部卅人。直丁二人。

左京職　右京職も此に准へよ。司一を管ぶ。

大夫一人。掌らむこと、左京の戸口の名籍のこと、百姓を字養せむこと、所部を糺し察むこと、貢挙、孝義、田宅、雑徭、良賤、訴訟、市廛、度量、倉廩、租調、兵士、器仗、道橋、過所、闌遺の雑物のこと、僧尼の名籍の事。亮一人。大進一人。少進二人。大属一人。少属二人。坊令十二人。使部卅人。直丁二人。

67 東市司　西市司准㆑此。

正一人。掌。*財貨交易。*器物真偽。*度量軽重。*売買估価。*禁㆓察非違㆒事。佑一人。令史一人。*価長五人。*物部廿人。使部十人。直丁一人。

東市司　西市司も此に准へよ。

正一人。掌らむこと、財貨の交易、器物の真偽、度量の軽重、売買の估価のこと、非違を禁

同三年正月に左右兵庫に併合(三代格)。

66　(左京職条)　京の中央を南北に貫通する朱雀大路の東側(左京)の諸坊が左京職、西側(右京)の諸坊が右京職の管轄。小職。

掌—国司掌(職員70)とほぼ同。しかし京職は京官(公式53)なので、「祠社」「勧課農桑」「鼓吹・郵駅・伝馬・烽候・城牧・公私馬牛」「寺」は、同じ京官の神祇官・民部省・兵部省・治部省の所管としたためか、掌に無い。以下は異なるもの等についての注。**戸口名籍**—国司掌では「戸口簿帳」。戸籍・計帳以外は他の京官が作製。**田宅**—「田」があるのに「勧課農桑」がないのは不審。**雑徭**—国司掌では「徭役」。京畿内では「役」即ち庸がなく、「徭」即ち雑徭のみ(→賦役補4e)。**市廛**—廛は店、即ち「肆」(関市12)。被管の市司を通じて管理。**度量**—市司を通じて監視。**租調**—京では租の収納に主税も立合う(倉庫2)。京畿内の調は諸国の半額(→賦役補1m)。**器仗**—大宝令になし(令釈)。**道橋**—職員21注。**坊令十二人**—四坊に一人(戸令3)。十二人は藤原京での定員。

67　(東市司条)　東市司は左京職、西市司は右京職の被管。大司。

財貨交易—財貨は財物(→僧尼補18b)や貨物(関市12)で、いずれも動産。交易の場は市に限る(関市20)。偽物の禁止→関市17・19。**器物真偽**—器物は財貨と同(穴記)。**度量軽重**—市内での使用の監視か。「権衡文略耳」(穴記)。**売買估価**—估価を案記、京職から大蔵省に報告(→職員33注)。**禁察非違**—里長の掌(戸令1)と同。非違は「市内非違」(朱説)。**価長**—価格を検査する伴部→補7b。**物部**—罪人を

決罰する伴部。死刑は市で執行↓獄令7。

68 (摂津職条) 津国には難波宮があり、特に職を置く。小職。延暦十二年三月に職を廃して摂津国とする(三代格)。

帯―津国には他に国司を置かない。大宰府とやや異。掌―国司掌(職員70)とほぼ同。この掌に無いのは「鼓吹」「烽候」「城牧」「公私馬牛」。以下は異なるもの等についての注。市廛↓京職掌(職員66)注。度量軽重↓京職・市司掌。しかし摂津職には市司がない。倉廩―以下「道橋」までは京職掌注。津済―難波津。民部掌(職員21)では「橋道・津済」。津済の維持管理↓営繕12 13・雑令13。上下公使―他国の掌になし。津済から出入する諸外国使人をも指すか。舟具―兵部省主船司の掌「公私舟檝及舟具」と同↓職員28注。「是主船所レ掌舟檝、共検校知耳」(古記)。

69 (大宰府条) 西海道の筑前国を含む九国三嶋を管轄。四等官の官位相当は中務省より長官が一階高く、少次官が一階低い他は、同省と同。

帯―大同三年五月十四日符に「或下二官符一而定二別当一、或府司相量分二置其人一」(三代格)。別当即ち筑前国司を置くのが普通。主神―正七位下。祭祠―大宰府での祭祀を主宰。神祇伯の「祭祀」との別は式に依る(穴記)。帥↓官位1注。掌―以下「僧尼名籍」までは国司掌(職員70)と同。蕃客―外国の使節。蕃は「外蕃」↓戸令補16b。帰化―「化外人」(戸令16)・「蕃人」(公式70)が王化に帰すること↓戸令補16b。饗讌↓職員18注「讌饗」。大弐↓官位10注。少弐―少次官の定員二人は他に例がない。糺判府内・審署文案・勾稽失・

め察む事。佑一人。令史一人。価長五人。物部卅人。使部十人。直丁一人。

68 摂津職　帯二津国一。

大夫一人。掌。祠社。戸口簿帳。字二養百姓一。勧二課農桑一。糺二察所部一。貢挙。孝義。田宅。良賤。訴訟。市廛。度量軽重。倉廩。租調。雑徭。兵士。器仗。道橋。津済。過所。上下公使。郵駅。伝馬。闌遺雑物。検二校舟具一。及寺。僧尼名籍事。亮一人。大進一人。少進二人。大属一人。少属二人。史生三人。使部卅人。直丁二人。

摂津職　津の国を帯す。

大夫一人。掌らむこと、祠社のこと、戸口の簿帳のこと、百姓を字養せむこと、農桑を勧め課せむこと、所部を糺し察むこと、貢挙、孝義、田宅、良賤、訴訟、市廛、度量の軽重、倉廩、租調、雑徭、兵士、器仗、道橋、津済、過所、上下の公使、郵駅、伝馬、闌遺の雑物のこと、舟具を検校せむこと、及び寺、僧尼の名籍の事。亮一人。大進一人。少進二人。大属一人。少属二人。史生三人。使部卅人。直丁二人。

69 大宰府　帯二筑前国一。

主神一人。掌。諸祭祠事。帥一人。掌。祠社。戸口簿帳。字二養百姓一。勧二課農桑一。糺二察所部一。貢挙。孝義。田宅。良賤。訴訟。租調。倉廩。徭役。兵士。器仗。鼓吹。郵駅。伝馬。烽候。城牧。過所。公私馬牛。闌遺雑物。及寺。僧尼名籍。蕃客。帰化。饗讌事。大弐一人。掌同レ帥。少弐二人。掌同二大弐一。大監二人。掌。糺二判府内一。審二署文案一。勾二稽失一。察二非違一。少監二人。掌同二大監一。大典二人。掌。受レ事上抄。

勘㆓署文案㆒。検㆓出稽失㆒。読㆓申公文㆒。少典二人。掌同㆓大典㆒。*大判事一人。掌。*案㆓覆犯状㆒。断㆓定刑名㆒。*判㆓諸争訟㆒。*少判事一人。掌同㆓大判事㆒。*大令史一人。掌。*抄㆓写判文㆒。*少令史一人。掌同㆓大令史㆒。*大工一人。掌。*城隍。*舟檝。*二戎器。諸営作事。*少工二人。掌同㆓大工㆒。*博士一人。掌。*教㆓授経業㆒。*課㆓試学生㆒。*陰陽師一人。掌。*占筮相㆑地。*医師二人。掌。*診候。療㆑病。*算師一人。掌。*勘㆓計物数㆒。*防人正一人。掌。*防人名帳。*戎具。*教閲。*及食料田事。佑一人。*掌同㆑正。令史一人。*主船一人。掌。*修㆓理舟檝㆒。*主厨一人。掌。*三醯。*四醢。*五虀。*葅。*醤。*豉。*六鮭等事。史生廿人。

大宰府　筑前の国を帯す。

主神一人。掌らむこと、諸の祭祠の事。帥一人。掌らむこと、祠社のこと、戸口の簿帳のこと、百姓を字養せむこと、農桑を勧め課せむこと、所部を糺し察むこと、貢挙、孝義、田宅、良賤、訴訟、租調、倉廩、徭役、兵士、器仗、鼓吹、郵駅、伝馬、烽候、城牧、過所、公私の馬牛、闌遺の雑物のこと、及び寺、僧尼の名籍のこと、蕃客、帰化、饗讌の事。大弐一人。掌らむこと帥に同じ。少弐二人。掌らむこと大弐に同じ。大監二人。掌らむこと、府内を糺し判らむこと、文案を審署し、稽失を勾へ、非違を察むこと。少監二人。掌らむこと大監に同じ。大典二人。掌らむこと、事を受りて上抄せむこと、文案を勘署し、稽失を検へ出し、公文読み申さむこと。少典二人。掌らむこと大典に同じ。大判事一人。掌らむこと、犯さむ状案覆せむこと、刑名断り定めむこと、諸の争訟判らむこと。少判事一人。掌らむこと大判事に同じ。大令史一人。掌らむこと、判文抄写せむこと。少令史一人。

察非違—国郡司判官の通掌(職員70 74)。前三者は判官一般の掌→職員1注。「察非違」は「糺判府内」とは別で、「巡㆓察所部非違㆒」(義解)。**受事上抄**—以下は主典一般の掌→職員1注。**大判事**—従六位下。刑部少判事の相当位と同。以下は「遠ノ朝廷」としての大宰府に置かれた品官。**案覆犯状**—以下の掌は刑部判事(職員30)とほぼ同。「犯状」は大宝令「解状」、即ち九国三嶋から送付された調書など。「惣別国等申送罪状、案覆断定耳」(古記)。また「大監以下不㆑預㆑聞㆓獄訟㆒」(古記)とも。**判諸争訟**→職員30注。**少判事**—正七位上。**大令史**—大初位上。この令史は判事に属する主典。**抄写判文**—刑部判事に属する主典の掌(職員30)と同。**少令史**—大初位下。**大工**—正七位上。いわば技師長。**城隍**—城や水濠(職員24)。**舟檝**—舟具→職員68注。**戎器**—戎は戈(ほこ)と甲(よろい)の合字。兵器、軍器。造り方→営繕4。**少工**—正八位上。**博士**—従七位下。管内諸国の国博士(職員80・賦役19)とは別で、「今行事、遠国者遣㆓博士・医師㆒也。近国者学生等来㆓大宰府㆒習耳」(朱説)。**教授経業・課試学生**—大学博士の掌(職員14)と同。管内諸国の国学生(職員80)も教えるので学生定員を記さない(朱説)。**陰陽師**—正八位上。**占筮相地**—陰陽寮陰陽師の掌(職員9)と同。**医師**—正八位上。**診候療病**—典薬寮医師の掌(職員44)の略文。国医師が医生に教授する(医疾18 19)ように、大宰医師も管内諸国の医生に教授するが「不㆑称㆓教授㆒者、文略也」(義解)。**算師**—正八位上。**勘計物数**—主計・主税の算師の掌(職員22 23)の略文か。**防人正**—正七位上。防人司の佑と令史の官位相当は中司。正掌らむこと大令史に同じ。大工一人。掌らむこと、城隍、舟檝、戎器、諸の営作の事。少工二人。掌らむこと大工に同じ。博士一人。掌らむこと、経業を教へ授け、学生を課試せむこと。陰陽師一人。掌らむこと、占筮して地を相むこと。医師二人。掌らむこと、診候ひて、病療さむこと。算師一人。掌らむこと、物の数勘へ計へむこと。防人正一人。掌らむこと、防人の名帳、戎具、教閲、及び食料の田の事。佑　一人。掌らむこと正に同じ。令史一人。主船　一人。掌らむこと、舟檝修理せむこと。主厨　一人。掌らむこと、醯、醢、韲、葅、醤、豉、鮭等の事。史生廿人。

70

大国

守一人。*掌。*祠社。戸口*簿帳。*字二養百姓一。*勧二課農桑一。*糺二察所部一。*貢挙。*孝義。*田宅。*良賤。*訴訟。*租調。*倉廩。*徭役。*兵士。*器仗。*鼓吹。*郵駅。*伝馬。*烽候。*城牧。*過所。*公私馬牛。*闌遺雑物。及*寺。僧尼名籍事。*余守准レ此。其*陸奥。出羽。越後等国。兼知二*饗給。*征討。*斥候一。*壱岐。*対馬。*日向。薩摩。大隅等国。惣二知*鎮捍。*防守。及*蕃客。*帰化一。*三関国。又掌二*関剗及*関契事一。*介一人。掌同レ守。余介准レ此。大掾一人。掌。*糺二判国内一。審二署文案一。勾二稽失一。察二非違一。余掾准レ此。少掾一人。掌同二大掾一。大目一人。掌。*受レ事上抄。勘二署文案一。検二出稽失一。読二申公文一。余目准レ此。少目一人。掌同二大目一。史生三人。

大国

守一人。掌らむこと、祠社のこと、戸口の簿帳、百姓を字養せむこと、農桑を勧め課せむこ

のみ中司の正より三階下。**防人**↓軍防補12 b。**戎具**—兵士の装備↓軍防7。戎器(大工の掌)とはやや異。**教閲**—教練し閲兵する。**食料田**—食料の自給↓軍防62。**掌同正**—従ってこの佑は次官↓官位補☆d。**主船**—正八位上↓官位16注。**修理舟檝**—令釈以下は、大工が新造し主船が修理すると解するが、修理は造替(営繕15)即ち新造を含むか。**主厨**—正八位上↓官位16注。**醯**—酉(さけ)と㐬(かゆ)と皿(さら)の会意。魚や肉を発酵させた、または汁気の多い酸味のある品。**醢**↓職員40注。**韲**—野菜などを細く切って酢や醤で和えた食品。**葅**↓職員40注。**醤・豉**—いずれも調味料↓職員40注。**鮭**—各種の乾魚(古記)。所謂サケは鮭。**等**—酒も掌る(古記)。以上は蕃客や供御の儲にあてる(三代格、承和七年九月廿三日官奏)。

70　(大国条)　民部式に大和以下十三国。官位相当と定員は大寮と同。国の等級↓補70。

掌—範囲が広く、律令の条文の大半に関係。**祠社**—祠は「祭之惣名」(職員68令釈)。例えば春時祭田↓儀制19。社は神社。その維持管理↓神祇16 20。**簿帳**—公文書の帳簿。名籍即ち戸籍・計帳を含む。**字養百姓**—字は宀(家)と子。愛、養の意。親の子に対するように、地方官は百姓を字養する義務がある↓戸令32 33・同補33 a。**勧課農桑**—勧農の義務は「勧務農功」(戸令33)、「課桑漆」(田令16)、「勧課田農」(考課54)なども。**糺察所部**—国司の最に「粛清所部」(考課46)。糺察は下文の大掾の掌に「糺判」「察非違」。所部は管轄する範囲の意。所管(職制27)とも。国守の巡行↓戸令33。**貢挙**—貢は諸国貢人、挙は諸国学生。

と、所部を糺し察むこと、貢挙、孝義、田宅、良賤、訴訟、租調、倉廩、徭役、兵士、器仗、鼓吹、郵駅、伝馬、烽候、城牧、過所、公私の馬牛、闌遺の雑物のこと、及び寺、僧尼の名籍の事。余の守此に准へよ。其れ陸奥、出羽、越後等の国は、兼ねて饗給、征討、斥候知れ。壱岐、対馬、日向、薩摩、大隅等の国は、鎮捍、防守、及び蕃客、帰化を惣べ知れ。三関国は、又関剗及び関契の事掌れ。介一人。掌らむこと守に同じ。余の介此に准へよ。大掾一人。掌らむこと、国内を糺し判らむこと、文案を審署し、稽失を勾へ、非違を察むこと。余の掾此に准へよ。少掾一人。掌らむこと大掾に同じ。大目一人。掌らむこと、事を受りて上抄せむこと、文案を勘署し、稽失を検へ出し、公文読み申さむこと。余の目此に准へよ。少目一人。掌らむこと大目に同じ。史生三人。

71 上国

守一人。介一人。掾一人。目一人。史生三人。

上国

守一人。介一人。掾一人。目一人。史生三人。

72 中国

守一人。掾一人。目一人。史生三人。

中国

守一人。掾一人。目一人。史生三人。

73 下国

孝義→職員21注。**田宅**—田(田令3以下)と宅地(田令17)。すべての土地の現状を掌握。**良賤**—良民と賤民との別も戸籍等で掌握。放賤は本属に届出る(戸令39)。**訴訟**—訴訟一般の受理(公式63・雑令17)と裁判(獄令12)。**租調**—租と調の徴収と送付(田令12・賦役123)。**倉廩**—穀倉や米倉(→職員23注「倉廩」)に限らず、すべての官倉の管理。**徭役**—徭は雑徭(賦役37)、役は歳役(賦役4)だが、舂米運京(田令2)、調庸運脚(賦役3)など各種の力役も管理。**兵士**—簡点して軍団に入れ(軍防3)、土木工事(営繕16)や罪人追捕(捕亡3)等に直接使役する他、兵士等の名帳(軍防14)軍団の人事(考課67・軍防13)も掌握。**器仗**—兵器と儀仗(→職員24注)。戎具(軍防4)も含む。**鼓吹**—吹は大角(はら)小角(くだ)。民間での所持を禁じ(軍防44)軍団に教習させる(軍防39)。**郵駅・伝馬**—郡ごとの伝馬を含め、駅制は国司が維持管理→厩牧補14。**烽候**—候は候望(軍防67)で、烽候は烽火(職員24)と同。烽→軍防補66。**城牧**—城隍(職員24)と牧(職員25)。国司は城隍を修理(軍防53)、諸国牧を維持管理→厩牧補4。**過所**—関の通行許可書(関市1)。その発行者と書式→公式補22。**公私馬牛**—必要な時に徴発するために私馬牛も調査、毎年太政官に報告(厩牧25)。天平六年出雲国計会帳に「伯姓牛馬帳一巻」。中央では兵馬司の所管(職員25)。**闌遺雑物**—闌は遺と同。闌畜・闌遺物の処置→厩牧23 24・捕亡15。中央では贓贖司が収納(職員31)。**寺僧尼名籍**—寺ごとに僧尼の籍を造り(雑令38)、太政官経由、中務省(職員3)・玄蕃寮(職員18)にも送付。**余守准此**—以上は一般の国司守一人。目一人。史生三人。

下国

守一人。目一人。史生三人。

74　大郡

大領一人。掌。撫二養所部一。検二察郡事一。[1]余領准レ此。少領一人。掌同二大領一。主政三人。掌。糺二判郡内一。審二署文案一。勾二稽失一。察二非違一。余主政准レ此。主帳三人。掌。受レ事上抄。勘二署文案一。検二出稽失一。読二申公文一。余主帳准レ此。

大郡

大領一人。掌らむこと、所部を撫養せむこと、郡の事検へ察むこと。余の領此に准へよ。少領一人。掌らむこと大領に同じ。主政三人。掌らむこと、郡内を糺し判らむこと、文案を審署し、稽失を勾へ、非違を察むこと。余の主政此に准へよ。主帳三人。掌らむこと、事を受りて上抄せむこと、文案を勘署し、稽失を検へ出し、公文読み申さむこと。余の主帳此に准へよ。

75　上郡

大領一人。少領一人。主政二人。主帳二人。

上郡

大領一人。少領一人。主政二人。主帳二人。

76　中郡

の通掌。以下は特定の国司に対し、それぞれ「兼」「惣」「又」として掌を追加。**陸奥**—以下三国は蝦夷に接する。但し出羽は和銅五年九月に陸奥から分置(続紀)。従って大宝令には無い筈。**饗給**—食を饗し禄を給する(令釈)。大宝令では撫慰か。即ち招慰(考課55)と同じで蝦夷を帰順させること。**征討**—兵二十人以上の差発には勅が必要なので(軍防17)馳駅する(公式50)。**斥候**—「擅興律、主将守城条云、若連二接寇賊一、被レ遣二斥候一、不レ覚二賊来一者、徒二年」(伴記)。**壱岐・対馬**—新羅に備える。両嶋には国司の代りに嶋司を置く。**日向**—大隅・薩摩両国は隼人の居地。大隅は日向から分置→補70。大宝令には無い。養老令は日向を削るべきか。**鎮捍・防守**—鎮捍は擅興律(疏)に「防鎮捍賊」とあり、防守と同(穴記)。**蕃客・帰化**—いずれも大宰府に連絡。帥の掌と同→職員69。**三関国**—伊勢(大国)・美濃(大国、のち上国)・越前(大国)の三国。それぞれ鈴鹿・不破・愛発の三関を守り、天皇崩御等の緊急の際に畿内と東国との連絡を遮断。その特殊性→選叙8・軍防48 54・公式43 52。**関剗**—名例43疏に「関謂二検判之処一、剗謂二塹柵之所一」(義解)。剗の訓もセキ。関→関市補1。**関契**—半片を蔵司(後宮5)、他の半片を三関国守が保管(公式43)、兵の動員(軍防17)とその通行証とする。大宝令では「木契」。→公式補43a。**糺判国内**—以下は地方官判官の通掌→職員69注。**受事上抄**—以下は主典の通掌→職員1注。

71　(上国条)　民部式に山城以下三五国。→補70。官位相当と定員は小寮と同。

大領一人。少領一人。主政一人。主帳一人。

中郡

大領一人。少領一人。主政一人。主帳一人。

77 下郡

大領一人。少領一人。主帳一人。

下郡

大領一人。少領一人。主帳一人。

78 小郡

領一人。主帳一人。

小郡

領一人。主帳一人。

79 軍団

*大毅一人。掌。検*二校兵士一。充二備戎*具一。調二習弓馬*一。簡*二閲陳列一事。少毅二人。掌同二大毅一。主*帳一人。校*尉五人。旅帥十人。隊正廿人。

軍団

大毅一人。掌らむこと、兵士を検校せむこと、戎具充て備へむこと、弓馬調習せむこと、陳列を簡閲せむ事。少毅二人。掌らむこと大毅に同じ。主帳一人。校尉五人。旅帥十人。隊正廿人。

72 (中国条) 民部式に安房以下一一国→補70。官位相当と定員は中司と同。

73 (下国条) 民部式に和泉以下七国二嶋→補70。官位相当は主典(目)が下司より一階上、定員は同。

74 (大郡条) 大郡は二十里以下十六里以上(戸令2)。郡の沿革→戸令2注・同補2a。郡司の任用→選叙13。選叙→選叙15。考課→考課67。職分田→田令32。

大領—奏任(選叙3)だが官位相当は無く、初任は外従八位上(選叙13)。**撫養所部**—大国守掌に「字養百姓」。所部は所管、撫養は撫育とも。国郡司は「撫育有方」ならば戸口が増し、「撫養乖方」ならば戸口が減る(考課54)。**検察郡事**—大国守掌(職員70)に「糺察所部」。「姧盗起、獄訟繁」は「郡領之不」(戸令33)。**少領**→大領注。初任は外従八位下。**主政**—判任(選叙3)だが無位でもよく(選叙13)、徭役を免除(賦役19)。**糺判郡内**—以下は地方官判官の通掌→職員69注。**主帳**→主政注。**受事上抄**—以下は主典の通掌→職員1注。

75 (上郡条) 十二里以上(戸令2)十五里以下。

76 (中郡条) 八里以上(戸令2)十一里以下。

77 (下郡条) 四里以上(戸令2)七里以下。四等官から一官を省くとき、司や中国では職掌が長官と同じ次官を省くが、郡では判官を省く。

78 (小郡条) 二里以上(戸令2)三里以下。四等官の構成は下司・下国と同。

79 (軍団条) 軍団は国司指揮下の軍事・警察機構→軍防補1。大毅・少毅の任用→軍防13。選叙→選叙15。考課→考課67。官位

相当も職務給もないが、徭役は免除(賦役19)。本条の定員は、校尉以下が指揮する兵士数(軍防1)から考えると、兵士一千人の軍団の場合である。
大毅—五百人以下は大・少の別なく「毅一人」(集解所引八十一例)。**検校兵士**—以下は考課に際して「統領有レ方、部下粛整」(考課67)とも。**戎具**—兵士各人の装備。その内容→軍防7。**弓馬**—優れた者を騎兵とする(軍防2)。**簡閲**—古記は簡試即ち試験と解し、義解は検閲即ち閲兵とする。防人正掌には教閲(職員69)。**主帳**—書・算に巧みな者を(軍防13)、兵士の中から選んで国司が任命(職員24穴記)。掌は郡の主帳と同(跡記)。しかし兵士と同じ扱いで、考課はない(朱説)。定員は校尉以下と異なり兵士数に関係がない。**校尉**—以下は「二百長」「百長」「五十長」とも→軍防補1。

80 (国博士医師条) 国学についての規定。国博士・医師の任用・考選→選叙補**27**。

80 凡国博士医師。国別各一人。其学生。大国五十人。上国卌人。中国卅人。下国廿人。医生各減㆓五分之四㆒。

凡そ国博士、医師は、国別に各一人。其れ学生は、大国に五十人、上国に卌人、中国に卅人、下国に廿人。医生は各五分が四を減せよ。

後宮職員令 第三

凡壱拾捌条

1 妃二員

右四品以上。*

妃二員

右は四品以上。

2 夫人三員

右三位以上。

夫人三員

右は三位以上。

3 嬪四員

右五位以上。

嬪四員

右は五位以上。

宮人職員*

宮人の職員

4 内侍司

☆**後宮職員令**―後宮の妃・夫人・嬪の号名・定員・品位、宮人の職名・定員・職掌、及び関連規定から成る篇目。→補☆。後宮は「為㆓御在所後㆒。故後宮云耳」(古記)。「皇后亦合㆑在㆓後宮㆒」(穴記)。以下の妃・夫人・嬪は号(号禄→禄令12)であって官や職ではない。また封戸・位禄についての「女減㆑半」(禄令10)の規定や、位田についての「女減㆓三分之一㆒」(田令4)の規定も適用せず、品・位に相当する分を全給する(禄令12・田令4古記)。

1 (妃条) 訓キサキ。立后するとオホキサキ即ち皇后。「今法、用㆓妃以下㆒皆為㆑妾也」(古記)。皇女から選ぶ→補☆

四品以上―官位相当のある官ではないので、一品〜四品の間ならば何品を授けてもよい。「得㆓三色号㆒者、即授㆓其品位㆒耳」(古記)。以下の夫人・嬪についても同じ。

2 (夫人条) 訓オホトジ。トジは家政を掌る婦人の敬称。「漢書云、天子妾称㆓夫人㆒」(古記)。貴族の家の出身→補☆

3 (嬪条) 訓ミメ、御妻の意。礼記や唐令でも、嬪は夫人の次位。

〔**宮人職員**〕以下15条までの標題。宮人は「婦人仕官者之惣号也」(義解)。いわゆる女官。女王・内外命婦も後宮に勤務すれば宮人。官位令に載らず官位相当がないので、掌以上には季禄支給のために相当位を規定→禄令9。考課・選叙→後宮15。十二司の沿革→補☆

4 (内侍司条) 内侍司は後宮における天皇の日常生活に供奉。→補4。内侍所は温明殿にあった(西宮記)。

*尚侍二人。掌。供ニ奉常侍。*奏請。*宣伝一。検ニ校*二女孺一。兼知ニ*内外命婦*朝参。及*禁内礼式一之事。*典侍四人。掌同ニ尚侍一。唯不レ得ニ奏請。宣伝一。若無ニ尚侍一者。得ニ奏請。宣伝一。*掌侍四人。掌同ニ典侍一。唯不レ得ニ奏請。宣伝一。女孺一百人。

内侍司（ないしのつかさ）

尚侍（ないしのかみ） 二人。掌らむこと、常侍（にやうじ）、奏請（そうしやう）、宣伝（せんでん）に供奉（ぐぶ）せむこと、女孺（めのわらは）を検校（けむげう）せむこと。兼（か）ねて内外（ないぐゑ）の命婦（みやうぶ）の朝参（でうさむ）、及び禁内（きむない）の礼式（らいしき）知らむ事。典侍（ないしのすけ） 四人。掌らむこと尚侍に同じ。唯（ただ）し奏請、宣伝すること得ず。若（も）し尚侍無くは、奏請、宣伝すること得む。掌侍（ないしのまつりごとひと） 四人。掌らむこと典侍に同じ。唯し奏請、宣伝すること得ず。女孺（めのわらは）一百人。

5 蔵司

*尚蔵一人。掌。*神璽。*関契。*供御衣服。*巾櫛。*服翫。及*珍宝。*綵帛。*賞賜之事。*典蔵二人。掌同ニ尚蔵一。*二掌蔵四人。掌。出納。綵帛。賞賜之事。女孺十人。

蔵司（くらのつかさ）

尚蔵（くらのかみ）一人。掌らむこと、神璽（じんじ）、関契（ぐゑんけい）、供御（ぐご）の衣服（えぶく）、巾櫛（こんしち）、服翫（ぶくぐわん）のこと、及び珍宝（ちんぽう）、綵帛（さいびやく）、賞賜（しやうし）の事。典蔵（くらのすけ）二人。掌らむこと尚蔵に同じ。掌蔵（くらのまつりごとひと） 四人。掌らむこと、出納（すいなふ）、綵帛、賞賜の事。女孺十人。

6 書司

*一尚書一人。掌。供ニ奉*内典。*経籍。及*紙。*墨。*筆。*几案。*糸竹之事。*二典書二人。掌。同ニ尚書一。女孺六人。

尚侍—准従五位。奈良後期から有力貴族の妻が尚侍と尚蔵を兼ね、平安初期には准従三位→禄令補9。**奏請・宣伝**—奏上して勅を請い、その勅を宣し伝える。国務に関わる大事は大納言が「敷奏・宣旨」、小事は少納言が「奏・宣」(職員2)するのと同。「凡此為ニ女司一、不レ渉ニ男官一。若須レ渉者、自依ニ勅旨式一也」(義解)というが、平安初期の内侍宣は大事にも関与→補4。**女孺**—義解は氏女(後宮18)、古記は采女(同上)も含むとする。和気広虫も最初は女孺(大日本古文書一五)。孺は幼児の意。**内外命婦**→後宮16注。**朝参**→公式補55b。なお後宮15注。**禁内礼式**—後宮での儀式・礼儀。**典侍**—准従六位。後に准従四位→禄令補9。大宝令での掌は「請伝」か。「典侍、注、請伝之字若為。答、奏ニ宣小事一、謂ニ之請伝一耳。少納言一種也」(古記)。**掌侍**—准従七位、後に准従五位。定員四人中の上席は後に勾当内侍、勾当とも。

5 (蔵司条) 職掌は中務省内蔵寮(職員7)に類似するが、天皇に常侍して神璽・関契を預るので極めて重職。

尚蔵—相当位が最高で、准正三位。**神璽**—「神璽之鏡剣」(古記)。→神祇13。しかし印か→公式補40。**関契**—半片は三関国、半片が蔵司。→公式補43a。**供御衣服**—天皇・皇后の衣服。縫司(後宮15)で縫製。**巾櫛・服翫**—供御の巾櫛・供御の服翫。巾は「頭巾之類」(古記)。服翫は「双六・囲碁・玉等之類」(伴記)。**珍宝・綵帛**—内蔵寮にも保管。綵は染めた絹、帛は白絹。**賞賜**—「別勅給レ人物」(朱説)。**典蔵**—准従四位。**掌蔵**—准従七位。

書司

尚書一人。掌らむこと、内典、経籍に供奉せむこと、及び紙、墨、筆、几案、糸竹の事。典書二人。掌らむこと尚書に同じ。女孺六人。

7　薬司

*一尚薬一人。掌。供㆓奉医薬㆒之事。*二典薬二人。掌同㆓尚薬㆒。女孺四人。

薬司

尚薬一人。掌らむこと、医薬に供奉せむ事。典薬二人。掌らむこと尚薬に同じ。女孺四人。

8　兵司

*一尚兵一人。掌。供㆓奉兵器㆒之事。*二典兵二人。掌同㆓尚兵㆒。女孺六人。

兵司

尚兵一人。掌らむこと、兵器に供奉せむ事。典兵二人。掌らむこと尚兵に同じ。女孺六人。

9　闈司一

*尚闈一人。掌。*宮閤*1管鎰。及*出納之事。*典闈四人。掌同㆓尚闈㆒。女孺十人。

闈司

尚闈一人。掌らむこと、宮閤の管鎰のこと、及び出納の事。典闈四人。掌らむこと尚闈に同じ。女孺十人。

6　(書司条)　職掌は中務省図書寮(職員6)に類似するが、楽器も保管。**尚書**―准従六位。**内典・経籍**―内典が仏教、経籍が儒教関係の典籍。→職員6注。**紙・墨・筆**―製造は図書寮。「此女官常収置耳」(朱説)。**几案**―几はオシマヅキ即ち脇息(和名抄)だが、ここでは机か。「案亦几属也」(義解)。**糸竹**―糸は絃楽器、竹は管楽器。「ふんのつかさの御琴めし出て」(源氏、絵合)。**典書**―准従八位。

7　(薬司条)　侍医も女医博士も御薬の処方も中務省内薬司(職員11)の所管であり、御薬進上のさいにも関与する規定がない(医疾23)が、例えば元旦の屠蘇などは内薬司で調合したものを「尚薬執㆓御盞㆒率㆓女孺㆒升レ殿、令㆓薬司童女先嘗㆒、然後供御」(貞観儀式)。**尚薬**―准従六位。**典薬**―准従八位。

8　(兵司条)　朝廷の武器は左右兵庫(職員64)、天皇のそれは内兵庫(同65)の所管であり、後宮の兵器とは何なのか不審であるため、「先云、甑兵器・弾弓之類」(朱説)とも。唐の尚服局の司仗に倣って、強いて設けたものか。訓は兵部省の訓(和名抄)と同。**尚兵**―准正七位。**典兵**―准従八位。

9　(闈司条)　闈司は宮城諸門の鍵の保管と出納。中務省の監物・典鑰との授受→職員補3e。訓「美可度乃都可佐」(監物式)。闈は「爾雅、宮中門謂㆓之闈㆒」(令釈)。**尚闈**―准正七位。**宮閤**―宮門・閤門→宮衛補1。**管鎰**→宮衛16注。**出納**―「出㆓納諸門管鎰㆒」(義解)。**典闈**―准従八位。

10　殿司
*二尚殿一人。掌。供二奉輿*繖。膏。沐。燈油。火燭。薪炭一之事。*三典殿二人。掌同二尚殿一。

女孺六人。

殿司
尚殿一人。掌らむこと、輿繖、膏、沐、燈油、火燭、薪炭に供奉せむ事。典殿二人。

掌らむこと尚殿に同じ。女孺六人。

11　掃司
*二尚掃一人。掌。供二奉牀*席。灑掃。鋪設一之事。*三典掃二人。掌同二尚掃一。女孺十人。
掃司
尚掃一人。掌らむこと、牀席、灑掃、鋪設に供奉せむ事。典掃二人。掌らむこと尚
掃に同じ。女孺十人。

12　水司
*二尚水一人。掌。進二*漿水。雑*粥一之事。*三典水二人。掌同二尚水一。*采女六人。
水司
尚水一人。掌らむこと、漿水、雑の粥進らむ事。典水二人。掌らむこと尚水に同じ。
采女六人。

13　膳司
*尚膳一人。掌。*知二御膳一。進食先嘗。惣二摂膳*羞。酒*醴。諸*餅*蔬*菓一之事。*典膳二人。

10　(殿司条)　職掌は宮内省主殿寮(職員43)に類似し、殿司は「与二男官一共預知耳。以下諸司亦放レ此也」(朱説)。訓「とのもりつかさ」(枕草子)。
尚殿―准従六位。**輿**―以下は↓職員43注。**膏**は同54注。**典殿**―准従八位。

11　(掃司条)　職掌は宮内省内掃部司(職員55)に類似。大蔵省掃部司(同35)は朝廷を担当。「堂上はかもん・とのもりの女孺これをはく」(建武日中行事)。
尚掃―准従七位。**牀**―以下は↓職員35注。**灑掃**は酒掃と同。**典掃**―准従八位。

12　(水司条)　職掌は宮内省主水司(職員53)に類似。
尚水―准従七位。**漿水**―粟で醸した発酵飲料。周礼で王の六飲または四飲の一。古記は「漿水、以二粟米飯一漬二水汁一、名為レ漿也。粟水訓耳」、即ちアハモヒと訓み、華厳経音義私記は「音将、訓古美豆」、即ちコミヅと訓む。**粥**↓職員53注。**典水**―准従八位。**采女**↓後宮18。飲食の給仕が伝統的な本務か。

13　(膳司条)　職掌は宮内省内膳司(職員46)に類似。大膳職(同40)は朝廷を担当。
尚膳―准正四位。尚蔵に次ぐ高位。**知**―以下七字は内膳奉膳の掌と同。**膳羞・餅・菓**↓職員40注。**醴**↓職員47注。**蔬**―蔬菜。「菜蔬」とも。「久佐比良」(和名抄)。**典膳**―准従五位。**掌膳**―准正八位。実例はみな采女出身。

14　(酒司条)　職掌は宮内省造酒司(職員47)に類似し、「醸酒事、与二男官一共預知之」(令釈)とも、「女司来二此司一之倶造耳」(職員47穴記)ともいうが、本司には女孺も采女も配属されていない。

掌同二尚膳一。掌膳*二四人。掌同二典膳一。采女六十人。

膳司

尚膳一人。掌らむこと、御膳を知らむこと、進食に先づ嘗みむこと、膳羞、酒醴、諸の餅、蔬、菓を惣べ摂べむ事。典膳二人。掌らむこと尚膳に同じ。掌膳四人。掌らむこと典膳に同じ。采女六十人。

14 酒司

*尚酒一人。掌。醸レ酒之事。典酒*一二人。掌同二尚酒一。

酒司

尚酒一人。掌らむこと、酒醸らむ事。典酒二人。掌らむこと尚酒に同じ。

15 縫司

*二尚縫一人。掌。裁*二縫衣服一。纂組之事。兼知二女功*及朝参*一。典縫*三二人。掌同二尚縫一。掌*縫四人。掌。命婦参*見。朝会*引導之事。

右諸司掌以上。皆為二職事*一。自余為二散事*一。各毎二半月一。給二沐假三日*一。其考*叙法式。一四准二長上之例一。東宮々人*1。及嬪以上女竪*准レ此。

縫司

尚縫一人。掌らむこと、衣服裁ち縫はむこと、纂組の事。兼ねて女功、及び朝参を知れ。典縫二人。掌らむこと尚縫に同じ。掌縫四人。掌らむこと、命婦の参見、朝会の引導の事。

尚酒—准正六位。**典酒**—准従八位。

15 (縫司条) 職掌は大蔵省縫部司(職員37)に類似。本司は中務省縫殿寮(職員8)と連絡して宮中所用及び賞賜用の衣服・纂組を製作。職員に女孺らがみえぬが、古記に「充二諸司一外、余氏女、皆置二此司一」。義解も同。**尚縫**—准正四位。尚蔵に次ぐ高位。**裁縫**—以下六字は縫殿頭の掌と同文。**女功**—婦人労働↓営繕9。ここでは衣服・纂組の出来高・出来具合など。**朝参**—掌縫の掌「命婦参見、朝会引導」の略で、実務は掌縫が執るか。朝参↓公式補55b。**典縫**—准従五位。**掌縫**—准正八位。**参見**—天皇の接見に参上。「謂二勅引入一也」(朱説の引く古答)。**朝会**—「元日・朔日、朝会。尋常、参見耳」(穴記)。**職事**—男官の職事官(公式52)とは別。女官でも掌以上には相当位(禄令9)があるので男官の職事官に准じたもの。**散事**—男官の散位(選叙11)とは別。ほぼ雑任(↓職員補☆)に当る。**沐假三日**—洗髪のための暇が毎月六日。男官の暇は毎月五日↓假寧1。**考叙**—考課と選叙。長上↓選叙9注。「婦女…其考選准二官人之例一」(書紀、天武二年五月条)。**東宮々人**—人数は別式による(古記)。**嬪以上女竪**—東宮の妃以下嬪以上を女竪という。竪は孺と同。

16 (朝参行立次第条) 女官等の朝参のさいの行列の順序についての規定。内親王・女王・内命婦は列を異にし、同列中では位の順。基本は男官の場合と同↓公式55。**内親王**—皇女。内親王の称は大宝令で始用。唐令にはない。訓ヒメミコ。**女王**—女子の諸王。諸王↓継嗣1。**内命婦**—本人が五位以上の婦人。**外命婦**—五位以上の官人の妻。**不在**

右は、諸司の掌以上をば、皆職事と為よ。自余をば散事と為よ。各半月毎に、沐假三日給へ。其れ考叙の法式は、一つ長上の例に准へよ。東宮の宮人、及び嬪以上の女竪も此に准へよ。

16　凡*内親*1王女王及*内命婦。朝参行立次第者。各従二本位一。其外命婦*。准二夫位次一。若諸王以上。娶二臣家一為レ妻者。*不レ在二此例一。

凡そ内親王、女王、及び内命婦、朝参に行立せむ次第は、各本位に従れ。其れ外命婦は、夫の位の次に准へよ。若し諸王以上、臣家を娶きて妻と為むは、此の例に在らず。

17　凡親王*及子*者。皆給二乳*一母一。親王三人。子二人。所レ養子年十三*以上。雖二乳母身死一。不レ得二更立替一。其考叙者。並准二宮人一。*自外女竪。不レ在二考叙之限一。

凡そ親王及び子には、皆乳母給へ。親王に三人、子に二人。養へらむ所の子、年十三以上ならば、乳母身死にたりと雖も、更に立て替ふること得じ。其れ考叙は、並に宮人に准へよ。自外の女竪は、考叙の限に在らず。

18　凡諸氏*。々*別貢レ女。皆限二年卅以下十三以上一。雖レ非二氏名一。欲二*1自進仕一者聴。其貢二*二采女一者。郡*少領以上姉妹及女。形容*三端正者*四。皆申二中務省一奏聞。

凡そ諸の氏は、氏別に女貢せよ。皆年卅以下十三以上を限れ。氏の名に非ずと雖も、自ら進仕せむこと欲はば、聴せ。其れ采女貢せむことは、郡の少領以上の姉妹及び女の、形容端正なる者をもちてせよ。皆中務省に申して奏聞せよ。

此例─親王・諸王の妻が臣家の出ならば内親王・女王の列には加われない。従って「不レ得二朝参一」(古記)ということになる。

17　(親王及子乳母条)　親王と二世王に乳母を給する規定。

親王─女子の親王も含む。親王→継嗣1。**子**─二世王。孫王、「給乳母王」(禄令11)とも。内親王と諸王との間の子は除く(集解諸説)。**乳母**─訓「米乃止」「知於毛」(和名抄)。この規定は古くからの慣行を成文化したもの。しかし唐令にもみえる。**年十三**─十三歳を区切りとした例→後宮18・戸令24・学令2。**自外女竪**─「親王家有二女竪一、依二此文一知耳」(朱説)。

18　(氏女采女条)　後宮の女孺・采女となる氏女・采女についての規定。

諸氏─「其氏女、謂二京畿内一也」(古記)。京畿内の忌寸以上の諸氏(関晃説)。**氏別貢女**─大同元年十月十三日官符(三代格)では「中間停廃、略無二遵行一」なので「氏之長者、択二氏中端正女一貢之」とし、また「十三已上」では「心神易レ移、進退未レ定」なので「年卅已上卌已下、時無レ夫者」を採れとする。**自進仕**─自進とも仕女とも。**采女**─訓はウネギメ即ち頸(うな)に領巾(ひれ)を掛けた女の転化(古事記伝)というが未詳。采女は後漢では下級の女官。大和朝廷が国造を服属させたときに兵衛(→軍防補38)と共に貢上させたのが起源とされる。後宮では水司・膳司に配属。検校は宮内省采女司(職員52)。**郡少領以上**─大領・少領には国造を優先→選叙13。**端正**─古記に「端正、俗語賀富好(かほよき)也」。

東宮職員令 第四

凡壹拾壹条[1]

1 傅一人。掌。以二道徳一輔二導東宮一。学士二人。掌。執レ経奉説。

傅一人。掌らむこと、道徳を以て東宮を輔け導かむこと。学士二人。掌らむこと、経を執りて奉説せむこと。

2 春宮坊 管二監三。署六一。

大夫一人。掌。吐二納啓令一。宮人名帳。考叙。宿直事。亮一人。大進一人。少進二人。大属一人。少属二人。使部卅人。直丁三人。

春宮坊 監三、署六を管ぶ。

大夫一人。掌らむこと、啓令吐ひ納したまはむこと、宮人の名帳、考叙、宿直の事。亮一人。大進一人。少進二人。大属一人。少属二人。使部卅人。直丁三人。

3 舎人監

正一人。掌。舎人名帳。礼儀。分番事。佑一人。令史一人。舎人六百人。使部十人。直丁一人。

舎人監

正一人。掌らむこと、舎人の名帳、礼儀、分番の事。佑一人。令史一人。舎人六百人。使部十人。直丁一人。

☆**東宮職員令**―皇太子に附属する諸家政機関と、その職員ならびに職掌を定める。↓補☆a。東宮職員令の条数↓補☆b。

1 (東宮傅条) 皇太子輔導の官としての傅および学士の定員と職掌。

傅―官位8に皇太子傅、相当位は正四位上。東宮傅ともいうが、下文の学士とともに春宮傅とは書かない。ミコノミヤノカシヅキ(官位8紅本傍訓)。唐制では、太子に太師・太傅・太保の三師あり。三師は「以二道徳一、輔二教太子一者也」(唐六典)。なお傅は本令の冒頭に置かれているが、春宮坊以下の諸司を統轄するものではない(「古記云、…問、傅知二坊事一以否、答、不レ合、但大夫管二諸司事一耳」)。**以道徳輔導東宮**―古記は、傅の行事は太政大臣(職員2)と同じとし、朱説は「其大旨象二太政大臣一置耳」だが則闕の官でない点が異なると説く。**学士**―官位11に皇太子学士、相当位は従五位下。東宮学士とも。フミハカセ(官位11紅本傍訓)。**執経奉説**―「朱云、以二先聖典籍一教耳」。先聖↓学令3。経↓学令5。

2 (春宮坊条) 皇太子の家政機関の中心となる組織としての春宮坊の職員と職掌。「朱云、春宮坊、謂東宮之内政事所レ行也」。四等官の名称および官位相当は中宮職と同じ↓官位補☆d。唐制に太子の左・右春坊あり、これに倣ったものだが、養老令官制で坊と称するのはこの官司のみ。第3条以下の三監・六署を管する。↓補2。和訓は跡記に「美子宮司」(ミコノミヤノツカサ)、和名抄「美古乃美夜乃豆加佐」。**吐納啓令**―中宮大夫の職掌と同じ↓職員4。皇太子の意志を問い、あるいは承ること。啓↓公式7。令↓公式6。**宮人**↓職員3。後宮職員令で内侍司以下を総括して「宮人職員」。ただしここでは皇太子に附随する宮人。後宮15に「東宮宮人」とあるに同じ。同条古記が「東宮々人、臨時定、依㆓別式㆒耳」(義解もほぼ同じ)というように、東宮職員令では員数を定めていない。**名帳**―宮人の名帳は、また縫殿寮にもあり→職員8。**考叙**―大宝令では「考選」。集解諸説によれば、この考叙は、宮人の考叙のみでなく、舎人監以下の坊内諸司の考叙をも含む意。ただし傅・学士の考は、大夫が上日行事を録して式部に送り、式部が校定(1条義解、釈無㆑別)。しかし古記は「但学士考、傅合㆑定」とする。**宿直**→公式59。ただし職員1の四等官の通則的職掌では、「知宿直」は判官の任。ここで長官の職掌とするのは、所管諸司の宿直を管するため(「跡云、所管諸司宿直、皆知耳」)。

3　(舎人監条)　東宮舎人を監する官司。小司(→官位補☆d)。監は、唐に国子監・将作監・軍器監等あり。養老令官制でこの名称を有する官司は舎人・主膳・主蔵の三監のみ。ただし大宝令では在外の監司を定め、一時芳野・和泉の二監を置く→公式補53。なお舎人監は延喜以前に廃止。

舎人―東宮舎人→軍防46。東宮舎人と帯刀舎人→補3。

4　(主膳監条)　皇太子の食膳を管する官司。小司(→官位補☆d)。古記に「兼㆓炊司酒司㆒」という。したがって内の内膳司(職員46)・大炊寮(同42)・造酒司(同47)の機能を統合したものに当る。大同二年に主漿署を併合し、令史一員を加増。和訓は和名抄「美古乃美夜乃加之波天乃豆加佐」。

4　主膳監

正一人。掌。*進食先嘗。及諸飲膳事。佑一人。令史一人。膳部六十人。使部六人。直丁一人。駈使丁(くしちやう)廿人。

主膳監(しゆぜんげむ)

正一人。掌らむこと、進食(しんじき)に先(ま)づ嘗(こころ)みむこと、及び諸(もろもろ)の飲膳(おむぜん)の事。佑一人。令史一人。膳部(かしはで)六十人。使部六人。直丁一人。駈使丁廿人。

5　主蔵監

正一人。掌。*金。玉。宝器。錦綾。雑綵。*裁㆓縫衣服㆒。*玩好之物。[1] 佑一人。令史一人。蔵部廿人。使部六人。直丁一人。駈使丁二人。

主蔵監(しゆざうげむ)

正一人。掌らむこと、金(こむ)、玉(ごく)、宝器(ほうき)、錦綾(こんりよう)、雑綵(ざふさい)のこと、衣服裁(えぶくた)ち縫(ぬ)はむこと、玩好(ぐわんがう)の物(もの)のこと。佑一人。令史一人。蔵部(くらべ)廿人。使部六人。直丁一人。駈使丁二人。

6　主殿署

首一人。掌。*湯沐。燈燭。*洒掃。*鋪設事。令史一人。*殿掃部廿人。使部六人。直丁一人。駈使丁十人。

主殿署(しゆでんじよ)

首(かみ)一人。掌らむこと、湯沐(たうもく)、燈燭(とうそく)、洒掃(さいさう)、鋪設(ふせち)の事。令史一人。殿掃部(でんさうぶ)廿人。使部六人。直丁一人。駈使丁十人。

7　主書署

首一人。掌。供㆓進書薬筆*研*之*属㆒。令史一人。使部六人。直丁一人。

主書署（しゅしょじょ）

首一人。掌らむこと、書薬筆研（しょやくひちげん）の属（たぐひ）供進（ぐしん）せむこと。令史一人。使部六人。直丁一人。

8　主漿署

首一人。掌。饘*。粥。漿*水。及菓*子之属。令史一人。水部[1]十人。使部六人。直丁一人。駈使丁六人。

主漿署（こみづのつかさ）

首一人。掌らむこと、饘（かたがゆ）、粥（しるかゆ）、漿水（こみつ）、及び菓子（くだもの）の属のこと。令史一人。水部（もひとりべ）十人。使部六人。直丁一人。駈使丁六人。

9　主工署

首一人。掌。木土構作*。及銅鉄雑*作事。令史一人。工部六人。使部六人。直丁一人。駈使丁六十人。

主工署（たくみのつかさ）

首一人。掌らむこと、木土（もくど）の構作（かうさ）、及び銅鉄（どうてち）の雑（くさぐさ）の作（つくりもの）の事。令史一人。工部（たくみべ）六人。使部六人。直丁一人。駈使丁六十人。

10　主兵署

首一人。掌。兵*器。儀仗之属。令史一人[1]。使部六人。直丁一人。

進食先嘗→職員46。

5　（主蔵監条）　皇太子の宝物や衣服を掌る官司。小司（→官位補☆d）。正の職掌によれば、内の内蔵寮（職員7）と縫殿寮（同8）の機能を統合したものに当る。大同二年に主書・主兵の二署を併合し、令史一員を加置。延喜以前に停廃。紅本官位13主蔵の傍訓「クラ」。

金玉→職員7。**裁縫衣服**→職員8。**玩好之物**—もてあそびもの、おもちゃ。

6　（主殿署条）　皇太子の鋪設等のことを掌る官司。下司（→官位補☆d）。古記に「兼㆓掃部司㆒」といい、内の主殿寮（職員43）と掃部司（同35）・内掃部司（同55）の機能を統合したものに当る。署は唐では寺・監の被管にあり、養老令官制での署は主殿署以下の六署のみ。和訓は和名抄「美古乃美夜乃止乃毛里乃豆加佐」、紅本官位13でも主殿の傍訓「トノモリ」。

湯沐燈燭→職員43。**洒掃**→職員35 43。**鋪設**→職員35 55。**殿掃部**—主殿署が内の主殿寮・掃部司・内掃部司の機能を統合したものとして設けられたため、その伴部も殿部と掃部を併せた職掌をもつので、このように称した。和訓はトノカニモリか。訓読文では音読とする。

7　（主書署条）　皇太子に書・薬等を供進する官司。下司（→官位補☆d）。内の図書寮（職員6）・内薬司（同11）・典薬寮（同44）の機能を統合したものに当る。大同二年に主蔵監に併合。

書→職員6。**薬**→職員11 44。**筆研**→職員6。

8　（主漿署条）　かゆ等を掌る官司。下司（→官位補☆d）。内の主水司（職員53）の機

主兵署（つはもののつかさ）

首一人。掌らむこと、兵器（ひやうき）、儀仗（ぎちやう）の属のこと。令史一人。使部六人。直丁一人。

11　主馬署

首一人。掌。供二進乗馬＊。鞍具之属一。令史一人。馬部十人。使部十人。直丁一人。

主馬署（しゆめじよ）

首一人。掌らむこと、乗馬（じようめ）、鞍具（あんぐ）の属（たぐひ）供進（ぐしん）せむこと。令史一人。馬部（めぶ）十人。使部十人。

直丁一人。

能と、大膳職(同40)の機能の一部を統合したものに当る。大同二年に主膳監に併合。紅本官位13主漿の傍訓「コムツ」(コミヅの音便)。
饘粥→職員53。**漿水**→後宮12。**菓子**→職員40。

9　(主工署条)　土木金属の工作を掌る官司。下司(→官位補☆d)。古記は「兼二木工司土工司鍛冶司一」といい、内の木工寮(職員41)・土工司(同51)・鍛冶司(同48)の機能を統合したものに当る。延喜以前に停廃。主工は紅本官位13傍訓に「タクミ」。
構作—職員41に「営構」、同48に「造作」。
雑作—大宝令では「雑器」。

10　(主兵署条)　兵器・儀仗を掌る官司。下司(→官位補☆d)。内の左右兵庫(職員64)・内兵庫(同65)の機能を統合したものに当る。大同二年に主蔵監に併合。主兵は紅本官位13傍訓に「ツハモノ」。
兵器—穴記は、本署の掌る兵器は主工署が造ったもので、左右兵庫等の収納するものではないという。

11　(主馬署条)　馬・馬具を掌る官司。下司(→官位補☆d)。内の左右馬寮(職員63)に当る。和名抄「美古乃美夜乃牟万乃豆加佐」、紅本官位13の主馬の傍訓「ムマ」。
乗馬—朱説は「乗馬者此亦大司馬(左右馬寮ノコト)分受」とする。なお穴記「調習之事、可レ放二馬寮一也」。

家令職員令 第五

凡捌条

1 親王 内親王准レ此。但文学不レ在二此例一。一品

文学*一人。掌。執レ経講授*。以下准レ此[1]。家令一人。掌。惣二知家事一*。余家令准レ此。扶一人。掌同二家令一*。余扶准レ此[2]。大従一人。掌。検二校家事一*。余従准レ此。少従一人。掌同二大従一。大書吏一人。掌。勘二署文案一*。余書吏准レ此。少書吏一人。掌同二大書吏一。

親王 内親王も此に准へよ。但し文学は此の例に在らず。一品

文学一人。掌らむこと、経を執りて講授せむこと。以下此に准へよ。家令一人。掌らむこと、家の事惣べ知らむこと。余の家令此に准へよ。扶一人。掌らむこと家令に同じ。余の扶此に准へよ。大従一人。掌らむこと、家の事検校せむこと。余の従此に准へよ。少従一人。掌らむこと大従に同じ。大書吏一人。掌らむこと、文案を勘署せむこと。余の書吏此に准へよ。少書吏一人。掌らむこと大書吏に同じ。

2 二品

文学一人。家令一人。扶一人。従一人。大書吏一人。少書吏一人。

二品

文学一人。家令一人。扶一人。従一人。大書吏一人。少書吏一人。

3 三品

☆家令職員令—有品親王と職事三位以上の家政機関の職員およびその職掌を定めた篇目。↓補☆a。家令以下の四等官の相当位は、一品・職事一位の場合で上国(職員71)の国守以下とほぼ同じであり、格としてはそれぞれの家政組織が一国に匹敵する。また八世紀以降、令外の家政職員があらわれるが、その主なものについては↓補☆b。なお家令の語は、家政職員の長官の意とともに、「書吏以上惣名」(考課66義解)の意としても用いられる。

1 (一品条) 親王一品家の家政機関の職員とその職掌。家令以下の官位相当は小寮(↓官位補☆d)に準ずるが、判官に大少(相当位は大従従七位上、少従従七位下)あり、また史生(↓職員補2h)・使部(↓軍防47・同補46b)・直丁(↓職員補1g)等を置かない。以下第8条まで家政職員として使部・直丁等を置かないのは、帳内・資人(↓軍防49・同補48a)が給せられたためか。なお家令(以下書吏以上)の考は、毎年本主が「諸司考法」に準じて評定する(考課66)。文学についても同じ(同条義解・本条義解)。また文学の季禄は他の職事官と同じく相当位に応じて支給されるが、家令以下書吏以上には相当位より一級降した季禄が支給される(禄令1)。

文学—相当位は従七位上。家庭教師。唐の親王府に、傅一人、友一人、文学二人(「掌二讎校典籍、侍従文章一」唐六典)あり。以下第4条まで、内親王家には文学を置かない。

経↓学令5。

惣知家事—「跡云、家令、不レ得レ同二諸司断決一」、また「朱云、家令、惣二知家事一、一事以上也、但不レ得レ行二決罰一也」。ただし本令冒

文学一人。家令一人。扶一人。従一人。書吏一人。

三品

文学一人。家令一人。扶一人。従一人。書吏一人。

4 四品

文学一人。家令一人。扶一人。従一人。書吏一人。

四品

文学一人。家令一人。扶一人。従一人。書吏一人。

5 *職事一位　女亦准レ此。

家令一人。掌。知二家事一。扶一人。大従一人。少従一人。大書吏一人。少書吏一人。

職事（しきじ）の一位　女も亦此に准へよ。

家令一人。掌らむこと、家の事知らむこと。扶一人。大従一人。少従一人。大書吏一人。少書吏一人。

6 二位

家令一人。従一人。大書吏一人。少書吏一人。

二位

家令一人。従一人。大書吏一人。少書吏一人。

7 正三位

頭の集解に「凡家令者、唯得レ決二答仕丁一、不レ得レ決二資人一」。

掌同家令―次官の職掌の通則的表記（職員1）。

検校家事―穴記は、従は内外諸司の判官と異なり、「勾二稽失一、宿直」（職員1）等のことは行わないとするが、今説は「准二放神祇之例一」とする。

勘署文案―「朱云、大書吏、勘二署文案一者、此一端云耳、受レ事上抄、検二出稽失一、読二申公文一、具如二神祇官史一者」。朱説のいう「受レ事上抄」以下三項は、職員1での主典の通則的職掌。

2 （二品条）親王二品家の家政機関の職員。家令以下の官位相当は大司（→官位補☆d）に準ずるが、次官（正七位上相当）を有する。文学の相当位は従七位下。

3 （三品条）親王三品家の家政機関の職員。家令以下の官位相当は小司（→官位補☆d）に準ずるが、次官（従七位上相当）を有する。文学の相当位は正八位下。

4 （四品条）親王四品家の家政機関の職員。相当位は、文学正八位下、家令正七位上、扶従七位下、従従八位上、書吏少初位上。

5 （一位条）職事一位家の家政機関の職員。正従を分たない。官位相当は小寮（→官位補☆d）に準ずるが、判官に大少（相当位は大従従七位上、少従従七位下）あり。

職事―公式52に「有二執掌一者、為二職事官一」。官位相当を有する官に任じている者。

6 （二位条）職事二位家の家政機関の職員。正従を分たない。官位相当は小司（→官位補☆d）に準ずるが、主典に大少（ともに少初位上）あり。

7 （正三位条）職事正三位家の家政機関の職員。相当位は、家令従七位上、書吏少初位下。

8 （従三位条）職事従三位家の家政機関の職員。相当位は、家令従七位下、書吏少初位下。

家令一人。書吏二人。

正三位

家令一人。書吏二人。

8 従三位

家令一人。書吏一人。

従三位

家令一人。書吏一人。

令[1]　巻第三[2]

神祇令(じんぎりやう)　第六

凡弐拾条

1　凡*一天神地祇者。*神祇官皆依ニ常典*二一祭之。

凡そ天神地祇(てんじんちぎ)は、神祇官(じんぎくわん)、皆、常(つね)の典(のり)に依りて祭(まつ)れ。

2　仲春　祈年*一祭

仲(なか)の春(はる)　祈年(としごひ)の祭(まつり)

3　季春　鎮花*一祭

季(すゑ)の春(はる)　鎮花(はなしづめ)の祭

4　孟夏　神衣*1一祭　大忌*2祭　三枝*祭　風神*3二祭

孟(はじめ)の夏(なつ)　神衣(かむみそ)の祭　大忌(おほいみ)の祭　三枝(さいぐさ)の祭

☆**神祇令**—神祇は天神地祇の略。神祇信仰にもとづく公的祭祀の大綱を定めた篇目。↓補☆。条数は「凡弐拾条」とある。凡天神地祇云々の一行を第1条とし、各月ごとの祭を一条と数え、凡天皇即位云々の条を第10条とすると二十条になるので、右により条の番号を付する。↓補☆

1　〔天神地祇条〕天神地祇はみな、神祇官が、恒例によって祭るものとする。内容上、1〜9条は一つの全体をなし、1条は総則、2〜9条前半は四時の公的諸祭の列挙、9条後半は結語・補説。

天神地祇—天神は天の神で、昊天上帝のほか日月星辰・司中・司命・風師・雨師等、地祇は地の神で、后土のほか社稷・五祀・五岳等。わが国ではアマツ神、クニツ神をさし、職員1跡記にも「自レ天而下坐曰レ神也、就レ地而顕曰レ祇也」とある。職員1古記及び本条義解等は、天神として伊勢・山代鴨(山城国愛宕郡賀茂御祖神社・賀茂別雷神社)・住吉(摂津国住吉郡住吉坐神社)・出雲国造斎神(出雲国意宇郡熊野坐神社)等をあげ、地祇として大神(大和国城上郡大神大物主神社)・大倭(大和国山辺郡大和坐大国魂神社)・葛木鴨(大和国葛上郡葛木御歳神社か。↓補2)・出雲大汝神(出雲国出雲郡杵築大社)等をあげる(カッコ内は注者。神名帳による)。**神祇官**↓職員1。**常典**—神祇令に規定する恒例の意。その違反の罰則は職制律↓補☆

2　〔仲春条〕以下9条まで月ごとに公的祭祀を列挙する。ここは仲春(陰暦二月)におこなう祭。

祈年祭↓補2。

風神(かざかみ)の祭

5　季夏　*1月次祭　*2一鎮火祭　*道饗祭

季(すゑ)の夏　月次(つきなみ)の祭　鎮火(ひしづめ)の祭　道饗(みちあへ)の祭

6　孟秋　*大忌祭　*1一風神祭

孟(はじめ)の秋(あき)　大忌(おほいみ)の祭　風神(かざかむ)の祭

7　季秋　*神衣祭　*1神嘗祭

季(すゑ)の秋　神衣(かむみそ)の祭　神嘗(かむにへ)の祭

8　仲冬　*1一上卯*二相嘗祭　*寅日*三鎮魂祭　*2四下卯*五大嘗祭

3　〔季春条〕季春(陰暦三月)におこなう祭。**鎮花祭**→補3。

4　〔孟夏条〕孟夏(陰暦四月)におこなう祭。以下の四祭の読順→補4a。**神衣祭**→補4b。**大忌祭**→補4c。**三枝祭**→補4d。**風神祭**→補4e。

5　〔季夏条〕季夏(陰暦六月)におこなう祭。**月次祭**→補5a。**鎮火祭**→補5b。**道饗祭**→補5c。

6　〔孟秋条〕孟秋(陰暦七月)におこなう祭。**大忌祭**→補4c。**風神祭**→補4e。

7　〔季秋条〕季秋(陰暦九月)におこなう祭。**神衣祭**→補4b。**神嘗祭**→補7。

8　〔仲冬条〕仲冬(陰暦十一月)におこなう祭。**上卯**—十一月のはじめの卯の日。**相嘗祭**→補8a。**寅日**—十一月の上卯の次の寅の日(朱説)。**鎮魂祭**→補8b。**下卯**—一月に二卯のとき。三卯なら中卯(集解諸説)。故に鎮魂祭の翌日。**大嘗祭**→補8c。

9　〔季冬条〕季冬(陰暦十二月)におこなう祭。この条は、前に準ずれば三つの祭名のみのはずであるが、本篇の条番号(→本篇冒頭注)によれば結語・補説の部分をふくむ。

仲の冬 上つ卯に相嘗の祭
寅の日に鎮魂の祭
下つ卯に大嘗の祭

9 季冬 月次*1祭
鎮*2火祭
道*3饗祭

前*件諸祭。供*二レ神調度及礼*儀。斎*日皆依二別式一。其*祈年月次祭者。百官集二神*祇官一。中*臣宣二祝*三詞一。忌*部班二幣*帛一。

季の冬 月次の祭
鎮火の祭
道饗の祭

前の件の諸の祭、神に供せむ調度及び礼儀、斎日は皆別式に依れ。其れ祈年・月次の祭には、百官神祇官に集れ。中臣、祝詞宣べ。忌部、幣帛班て。

10 凡天皇即位。惣*二祭天神地祇一。散*1斎一月。致*斎三日。其*大幣者。三月之内。令二修理訖一。

凡そ天皇即位したまはむときは、惣べて天神地祇祭れ。散斎一月、致斎三日。其れ大幣は、三月の内に、修理し訖へしめよ。

11 凡散*斎之内。諸司理レ事如レ旧。不レ得二弔*レ喪。問レ病。食*1レ完。亦不レ判二刑殺一。

月次祭→補5a。**鎮火祭**→補5b。**道饗祭**→補5c。

前件諸祭…—以下は1条〜9条の全体のうち、結語・補説の部分(→神祇1注)。1条〜9条前半の諸祭の調度等は別式に定めること及び、祈年・月次二祭の主たる次第を規定する。**供神調度**—諸祭の鋪設に要する物品。**礼儀**—諸祭をとりおこなう作法次第。**斎日**→補11。**其祈年月次祭者…**—以下に祈年祭(→補2)・月次祭(→補5a)の次第を記す。**神祇官**→職員補1a。**中臣**—神祇官及び諸司中の中臣氏をとるとする説(穴記・義解)、神祇官の神部(→職員補1f)の中臣氏をとるとする説(朱説)がある。**祝詞**—祈年祭の祝詞→補2。月次祭の祝詞→補5a。**忌部**—神祇官及び諸司中の忌部氏をとるとする説(穴記・義解)、神祇官の神部の忌部氏をとるとする説(令釈・穴記所引或説・朱説)がある。貞観儀式は前者。**幣帛**→補9。

10 (即位条) 天皇即位(=践祚)にあたりおこなわれる、後の践祚大嘗祭の祭、斎の期間、及び諸神に奉る幣帛について規定する。→補10a。

天神地祇→神祇1。**散斎一月・致斎三日**—散斎→補11。一月とは十一月朔日より晦日まで(古記・義解)。致斎→補11。三日は十一月丑日から卯日まで(穴記・義解)。**其大幣者…**→補10b。

11 (散斎条) 斎(ものいみ)に散斎・致斎をわけ、その期間の禁忌等を定める。→補11。違反の罰則→職制9。

散斎—あらいみ。→補11。**弔喪問病**—なお重親喪病のときは祭に預らぬものとする(義解)。

不レ決二罰罪人一。不レ作二音楽一。不レ預二穢悪*之事一。致斎*。唯為[2-3]二祀事一得レ行。自余悉断。其致斎前後*。兼為二散斎一。

凡そ散斎の内には、諸司の事理めむこと旧の如く。喪を弔ひ、病を問ひ、完食むこと得じ。亦刑殺判らず、罪人を決罰せず、音楽作さず、穢悪の事に預らず。致斎には、唯し祀の事の為に行ふこと得む。自余は悉くに断めよ。其れ致斎の前後をば、兼ねて散斎と為よ。

12　凡一月斎為二大祀一。三日斎為二中祀一。一日斎為二小祀一。

凡そ一月の斎をば、大祀と為よ。三日の斎をば中祀と為よ。一日の斎をば小祀と為よ。

13　凡践祚之日。中臣*奏二天神之寿詞*一。忌部*上二神璽之鏡剱[1]一。

凡そ践祚の日には、中臣、天神の寿詞奏せよ。忌部、神璽の鏡剱上れ。

14　凡大嘗者。毎レ世一年。国司*行レ事。以外。毎レ年所司*行レ事。

凡そ大嘗は、世毎に一年、国司事行へ。以外は、年毎に所司事行へ。

15　凡祭祀。所司*預申レ官。官散斎日*平旦。頒二告諸司一。

凡そ祭祀には、所司預め官に申せ。官、散斎の日の平旦に、諸司に頒ち告げよ。

16　凡供二祭祀一幣帛*。飲食*。及菓実之属。所司長官*。親自検校。必令二精細一。勿レ使二穢雑一。

凡そ祭祀に供せむ幣帛、飲食、及び菓実の属は、所司の長官、親自ら検校せよ。必

食完―この禁忌、唐令になし↓補11。**穢悪**―例として古記に婦女の子をうむところ、令釈に「祓詞所謂上烝下淫之類」(大祓祝詞の己母犯罪以下、仲哀記の上通婚下通婚か)をあげ、穴記に仏法も、という。**致斎**―まいみ。↓補11。**致斎前後**…―散斎の期間中に致斎あるをいう。

12　〔月斎条〕斎の期間により、祀に大・中・小を区分する。↓補11。

13　〔践祚条〕践祚(＝即位)の儀には中臣が寿詞を、忌部が鏡剱を上るとする。↓補13a。**中臣**―臨時に諸司の中臣氏をあてる(朱説)。**天神之寿詞**↓補13b。**忌部**―中臣の場合に同じ。**神璽之鏡剱**↓補13c。

14　〔大嘗条〕毎世の大嘗祭(後の践祚大嘗祭↓補10a)は国司、毎年の大嘗祭(後の新嘗祭↓補8c)は所司が事を行なうとする。**国司**―悠紀、主基国司をさす。↓補10a。**所司**―穴記に「神祇官、預レ祭諸司皆同」。義解に「在京諸司、預二祭事一者也、釈無レ別也」。

15　〔祭祀条〕祭祀は、所司が預め官(太政官)に申し、官(太政官)は散斎の日の平旦に関係所司に頒告すべしとする。唐令にならった規定か(唐令拾遺、祠令四〇参照)。違反の罰則↓職制8。**所司**―神祇官。**散斎日**―弘仁二年二月官符により「散斎之前一日」に改む。散斎↓補11。

16　〔供祭祀条〕祭祀に供する幣帛・飲食・菓実等は所司の長官が検校すべきこととする。唐令にならった規定か(唐令拾遺、祠令四一参照)、違反の罰則↓職制8。**幣帛**↓補9。**飲食**―神に供する飲物(酒・水

等)・食物(米穀・蔬菜・鳥獣・魚介等)。後に神饌(ミケ)ともいう。**所司**—朱説に「預二祭事一司々長官」。

17 〔常祀条〕臨時に諸社に幣帛を供する使者の任命資格。

常祀之外—臨時の意。延喜式に「臨時祭、凡常祀之外応レ祭者、随レ事祭之」。**幣帛**→補9。**卜食**—亀卜にかなうこと。**唯伊勢神宮…**→補17。

18 〔大祓条〕六月・十二月の晦日の大祓の行事の次第を規定する。

大祓→補18a。**御祓麻**—祓に用いる麻、古語にぬさ。**東西文部**—東文直と西文首(令釈・穴記・義解)。**祓刀**→補18b。**祓詞**→補18c。**祓所**—朱雀門。→補18a。**中臣宣祓詞卜部為解除**→補18d。**卜部**→職員補1f。

19 〔諸国条〕諸国で大祓(→補18a)をなすときに各郡・各戸及び国造の供進すべき料物の規定。→補19a。

毎郡—負担者は郡司。天武の詔の場合→補19a。**刀一口…**—穴記に刀一口は一加良、皮一張は一波太、鍬一口は一和とよむと。**雑物等**—天武の詔(→補19a)の刀子一口以下にあたるか。**麻一条**—天武の詔(→補19a)でも戸別に麻一条。ぬさ(幣)か。**国造**→補19b。

20 〔神戸条〕神戸の調庸・田租・神税の用途・管理の規定。

神戸→補20a。**調庸**→賦役1〜4。**田租**→田令1・2。**税**—神税。→補20b。**准義倉**—令釈に「謂レ不レ得二出挙一耳」、義解に「不二出挙一」。出挙しないこと。義倉→賦役6。**所司**—神祇官。但し集解諸説では、太政官を経て神祇官に申送るとする→補20b。

ず精しく細しからしめよ。穢雑せしむること勿れ。

17 凡*常祀之外。須下向二諸社一。供中*幣帛上者。皆取二五位以上*卜食者一充。*唯伊勢神宮。常祀亦同。

凡そ常の祀の外に、諸の社に向いて、幣帛供すべくは、皆五位以上の卜に食へらむ者を取りて充てよ。唯し伊勢の神の宮は、常の祀も亦同じ。

18 凡六月十二月晦日*大祓者。中臣上二*御祓麻一。*東西文部上二*祓刀一。読二*祓詞一。訖百官男女。聚二集*祓所一。*中臣宣二祓詞一。*卜部為二解除一。

凡そ六月、十二月の晦の日の大祓には、中臣、御祓麻上れ。東西の文部、祓の刀上りて、祓詞読め。訖りなば百官の男女祓の所に聚り集れ。中臣、祓詞宣べ。卜部、解へ除くこと為よ。

19 凡諸国須二大祓一者。*毎レ郡出二*刀一口。皮一張。鍬一口。及*雑物等一。戸別*麻一条。其*国造出二馬一疋一。

凡そ諸国に大祓すべくは、郡毎に刀一口、皮一張、鍬一口、及び雑の物等出せ。戸別に麻一条。其れ国造は馬一疋出せ。

20 凡*神戸*調庸及*田租者。並充下造二神宮一。及供レ神調度上。其*税者。一*准二義倉一。皆国司検校。申二送*所司一。

凡そ神戸の調庸及び田租は、並に神宮造り、及び神に供せむ調度に充てよ。其れ税は一つ義倉に准へよ。皆国司検校して、所司に申し送れ。

僧尼令　第七

凡弐拾柒条

1　凡僧尼。*上観二玄象一。假説二災祥一。語及二*国家一。妖二惑百姓一。幷習二読*兵書一。*殺レ人奸盗。及*詐称レ得二聖道一。*並依二法律一。付二官司一科レ罪。

凡そ僧尼、上づかた玄象を観、假つて災祥を説き、語国家に及び、百姓を妖惑し、幷せて兵書を習ひ読み、人を殺し、奸し、盗し、及び詐りて聖道得たりと称せらば、並に法律に依りて、官司に付けて、罪科せよ。

2　凡僧尼。*卜二相吉凶一。及*小道*巫術療レ病者。皆*還俗。其依二仏法一。持レ呪救レ疾。不レ在二禁限一。

凡そ僧尼、吉凶を卜ひ相り、及び小道、巫術して病療せらば、皆還俗。其れ仏法に依りて、呪を持して疾を救はむは、禁むる限に在らず。

3　凡僧尼自還俗者。*三綱録二其*貫属一。京経二*僧綱一。自余経二国司一。並申レ**省除付。若三綱及*師主。隠而不レ申。卅日以上。五十日*苦使。六十日以上[1]。百日苦使。

凡そ僧尼自ら還俗せらば、三綱其の貫属録せよ。京は僧綱に経れよ。自余は国司に経れよ。並に省に申して除き付けよ。若し三綱及び師主、隠して申さずして、卅日以上ならば、五十日苦使。六十日以上ならば、百日苦使。

4　凡僧尼。将二*三宝物一。餉二*遺*官人一。若合二*構朋党一。擾二乱徒衆一。及罵二辱三綱一。*[1]凌二

☆僧尼令—僧尼統制上の刑罰・規制を主内容とする篇目。↓補☆

1　〔観玄象条〕僧尼の最も重い犯罪の種類と、それに対する刑罰を規定する。↓補1ab。

上観玄象—天文現象の観察。妖惑百姓まですべてを備えて一つの犯罪。**国家**—古記を除く集解諸説では、名例6(1)の本注の「国家」に同じく人主(=天皇)をさすのだとする。**兵書**—職制20の禁書の一つ。疏に太公六韜・黄石公三略之類と。**殺人奸盗**↓補1a。なお結婚も僧尼では奸の一種。古記に「奸謂娶亦同、為レ無二娶法一故也」、朱説に「奸謂雖レ有二主婚一、猶可レ称レ奸也、於二僧尼一定二夫妻一、不レ許故也」。**詐称得聖道**↓補1a。**並依法律**…↓補1b。

2　〔卜相吉凶条〕仏法の持呪以外の呪術的行為による療病を禁じ、その違反に対する刑罰を規定する。↓補2a。

卜相—卜は亀卜、相は地相を視ること。道僧格(大唐六典、祠部郎中員外郎条引用)は卜を占に作る。そのため集解諸説に、占筮(筮竹による占)を含むとする説が多い。**小道**—集解諸説は厭符(まじなって悪魔をはらうおふだ)の類とし、穴記は呪禁・解除(はらえ)を含むとする。**巫術**—説文に「巫、巫祝也。女能事二無形一、以レ舞降レ神者也」。シャーマニズム。朱説にも「祭レ神而療レ病耳」。**還俗**↓補2b。

3　〔自還俗条〕僧尼が自ら還俗するときの届出の手続、及びそれの違反に対する刑罰を規定する。

三綱—寺院の統轄にあたる僧職。上座・寺主及び都維那。↓補3a。**貫属**—出家以前の本

突*長宿[2]一者。百日苦使*。若集論レ事。辞状正直。以レ理陳諫者。不レ在ニ此例一。

凡そ僧尼、三宝の物を将て、官人に餉り遺り、若しくは朋党を合せ構へ、徒衆を擾乱し、及び三綱を罵り辱しめ、長宿を凌ぎ突けらば、百日苦使。若し集まつて事論するに、辞状正直にして、理を以て陳べ諫めむは、此の例に在らず。

5 凡僧尼。非レ在ニ寺院一。別立ニ道場*一。聚レ衆教化。幷妄説ニ罪福*一。及殴ニ撃長宿一者。皆還俗。国郡官司。知而不ニ禁止[1]一者。依レ律科レ罪*。其有ニ乞食者*一。三綱連署。経ニ国郡司一。勘ニ知精進練行*一。判許。京内仍経ニ玄蕃一知。並須ニ午以前。捧レ鉢告乞一。不レ得ニ因レ此更乞ニ余物*一。

凡そ僧尼、寺の院に在るに非ずして、別に道場を立てて、衆を聚めて教化し、幷せて妄りに罪福を説き、及び長宿を殴ち撃てらば、皆還俗。国郡の官司、知りて禁止せずは、律に依りて罪を科せよ。其れ乞食する者有らば、三綱連署して、国郡司に経れよ。精進練行なりといふことを勘へ知りなば、判りて許せ。京内は仍りて玄蕃に経れて知らしめよ。並に午より以前に、鉢を捧げて告げ乞ふべし。此に因りて更に余の物乞ふこと得じ。

6 凡僧聴下近*親郷*里。取ニ信心童子*一供侍上。年至ニ十七[*1]一。各還ニ本色[2]一。其尼取ニ婦女情願者一。

凡そ僧は、近親郷里に、信心の童子を取りて、供侍すること聴せ。年十七に至りなば、各本色に還せ。其れ尼は、婦女の情に願はむ者を取れ。

貫、即ち戸籍に記載された本籍。古記に「前本貫幷本姓」。**僧綱**→補3b。**省**—治部省。被管の玄蕃寮は僧尼名籍を掌る。→職員18・雑令38。**除付**—僧尼名籍より除き、民部省所管の戸籍に附する。**師主**—名例57の疏の逸文(本条集解にも引用)に「於ニ寺内一親承ニ経教一、合レ為ニ師主一」。**苦使**—僧尼にのみ科せられる刑罰。→補3c。

4 〔三宝物条〕僧尼の最も重んずべき三宝物を官人に遺り、又は徒党を組んで秩序を乱し、三綱・長宿を侮辱する等の犯罪に対する刑罰を規定する。→補4。**三宝物**—三宝は仏・法・僧。僧の私物は三宝物に入らない。**餉遺**—人に物をおくること。集解諸説は、嘱請(たのみ請うこと)の意志が無くとも同罪、ただし三宝物を以てしない嘱請は8条による、とする。**官人**—内外百官の主典以上。凡人におくり、又は自ら用いた場合は別で、集解諸説は戸婚律13によるとする。**合構朋党**—徒党を組んで陰謀をたくらむこと。養老元年四月の行基らを誡むる詔(続紀)にこの字句がみえる。**凌突**—犯し欺く。**長宿**—長老宿徳。**苦使**→補3c。

5 〔非寺院条〕僧尼が㈠道場で教化し、妄りに罪福を説き、長宿を殴撃する等の行為を犯したときの本人及び国郡官司の刑罰、及び㈡乞食のときの手続・規制を規定する。**道場**→補5a。**妄説罪福**—寺院の内外を問わない。→補5b。**依律**—一般には違令罪(雑律61)。殴撃の場合は名例57・闘訟27・60が適用条文。**其有乞食者**→補5c。**精進練行**—古記に「行基大徳行事是」。**余物**—食物以外のもの。古記に「衣服財物之類」。

6　〔取童子条〕僧尼に供侍すべき童子等の資格を規定する。→補6。
近親—古記に「親属」。ただし令の用語としては三等以上親。**郷里**—令釈に「所レ生郷里」、義解に「本貫」。**童子**→補6。**年至十七**—年十七になると課口(戸令5)。続紀、養老元年五月の詔に「依レ令僧尼取下年十六已下、不レ輸二庸調一者上、聴レ為二童子一。而非レ経二国郡一、不レ得二輙取一。云々」。

7　〔飲酒条〕僧尼の飲食を規制し、その違反や俗人との闘打に対する刑罰を規定する。→補7a。
飲酒—下文との関係上「謂レ不レ至レ酔也」(古記)。**五辛**→補7b。**苦使**→補3c。**三綱**→補3a。**与人闘打**—僧が俗人を。僧同士間は21条による(古記・穴記・義解)。**還俗**→補2b。ただし闘打が闘訟律により徒一年を越えれば21条による(穴記・朱或説・義解)。

8　〔有事可論条〕僧尼が所司を経由せずに表啓を上り、又は妄りに官家に嘱請(頼み請うこと)することを禁じ、その違反に対しての刑罰を規定する。→補8a。
所司—玄蕃寮・治部省、ないし国司ほか。**上表啓**→補8a。古記はここを凡人における公式65に比して「進二太政官幷東宮官一」意とするとする。**擾乱官家**—集解諸説によれば下句と合せて一事。古記に「美太良加波志久、官家爾妄相嘱請也。官家謂二百官一也」。**再犯**→補8b。**屈滞**—令釈に「屈曲也、滞留也」。

9　〔作音楽条〕僧尼の、音楽及び博奕的行為に対する刑罰を規定する。→補9。
博戯—双六・樗蒲の類。「武習力競之類」(古記ほか)も。→捕亡13。ただし集解諸説は、

7　凡僧尼。飲*レ酒。食レ肉[1]。服[2]*二五辛一者。卅日苦*使。若為二疾病薬分一所レ須。三*綱給二其日限一。若飲レ酒酔乱。及与*レ人闘打者。各還*俗。

凡そ僧尼、酒を飲み、肉食み、五辛服せらば、卅日苦使。若し疾病の薬分に為るに、須ゐむ所は、三綱其の日限給へ。若し酒を飲みて酔ひ乱れ、及び人と闘打せらば、各還俗。

8　凡僧尼。有レ事須レ論。不レ縁二所*司一。輙上*二表啓一。幷擾*二乱官家一。妄相嘱請者。五十日苦使。再*犯者。百日苦使。若有下官司及僧綱。断決不平。理有二屈*滞一。須中申論上者。不レ在二此例一。

凡そ僧尼、事有りて論すべからむ、所司に縁れずして、輙く表啓を上り、幷せて官家を擾乱し、妄りに相ひ嘱請せらば、五十日苦使。再び犯せらば、百日苦使。若し官司及び僧綱、断決不平にして、理屈滞すること有りて、申論すべきこと有らば、此の例に在らず。

9　凡僧尼作二音楽一。及博*戯者。百日苦使。碁*琴不レ在二制限一。

凡そ僧尼、音楽を作し、及び博戯せらば、百日苦使。碁琴は制する限に在らず。

10　凡僧尼。聴レ着二木*蘭。青*碧。皀*。黄。及壊*色等衣一。余色。及綾*。羅*。錦*。綺*。並不レ得二服用一。違者各十日苦使。輙*着二俗衣一者。百日苦使。

凡そ僧尼は、木蘭、青碧、皀、黄、及び壊色等の衣着ること聴せ。余の色、及び綾、羅、錦、綺は、並に服用すること得じ。違へらば各十日苦使。輙く俗衣着けたら

ば、百日苦使。

11　凡寺僧房停二婦女一。尼房停二男夫一。経二一宿以上一。其所*由人。十日苦使。五日以上。卅日苦使。十日以上。百日苦使。三綱知而聴者。同二所由人罪一。

凡そ寺の僧房に婦女を停め、尼房に男夫を停めて、一宿以上経たらば、其の所由の人、十日苦使。五日以上ならば、卅日苦使。十日以上ならば、百日苦使。三綱知りて聴せらば、所由の人の罪に同じ。

12　凡僧不レ得三輙入二尼寺一。尼不レ得三輙入二僧寺一。其有下観二省師主一。及死病看問。斎戒。功徳。聴学上者聴。

凡そ僧は輙く尼寺に入ること得じ。尼は輙く僧寺に入ること得じ。其れ師主を観省、及び死病を看問ひ、斎戒、功徳、聴学すること有らば聴せ。

13　凡僧尼。有二禅行修道一。意楽二寂静一。不レ交二於俗一。欲下求二山居*一服*二餌上者。三綱連署。在京者。僧綱経二玄蕃一。在外者。三綱経二国郡一。勘レ実並録申*レ官。判下。山居所レ隷国郡。毎知二在山一。不レ得三別向二他処一。

凡そ僧尼、禅行修道有りて、意に寂に静ならむことを楽ひ、俗に交らずして、山居を求めて服餌せむと欲はば、三綱連署せよ。在京は、僧綱、玄蕃に経れよ。在外は、三綱、国郡に経れよ。実を勘へて並に録して官に申して、判りて下せ。山居の隷けらむ所の国郡、毎に在る山知れ。別に他処に向ふること得じ。

14　凡任二僧*綱一。謂。律師以上。必須レ用下徳行。能伏二徒衆一。道俗欽仰。綱*二維法務一

僧侶の場合は財を賭けなくとも罪とし、また他人の博戯を糺告しても、僧尼は蓄財を許されないので賞例に非ずと。**琴**—古記に「舜五絃琴之類是。一云、琴七絃在レ徴、僧尼聴」。

10　〔聴着木蘭条〕僧尼の服制の規定とその違反に対する罰則。→補10a。

木蘭・青碧・皂・壊色→補10b。**綾・羅・錦**→職員38。**綾・羅・錦・綺**—貴族の着る高級織物。綺は和名抄に「一云二於利毛能一、又一訓二加無波太一、似レ錦而薄者也」。**輙着俗衣**—大宝令文は「輙」の下に「去二法服一」とある。

11　〔停婦女条〕僧尼の房に異性が同宿するを禁じ、違反した僧尼及び三綱の刑罰を規定する。→補11。

所由人—異性を宿泊させた僧尼。集解諸説によれば、相手の俗人については名例42の首従の法を勘案して刑を科する。

12　〔不得輙入尼寺条〕僧尼が特定の場合を除き互にその寺に入るを禁ずる。→補12。

13　〔禅行条〕僧尼が本寺を離れて山居するときの届出の手続等を規定する。→補13。

山居—寺院を離れて山にこもる。義解に「山居在二金嶺一（金峰山をさす）」はその例。**服餌**—神仙の術として不死の薬を服用すること。令釈にも「避レ穀却レ粒、欲レ服二仙薬一」。従って道教的思想。→補13。**申官判下**—太政官に申し、太政官の可否をきいて、公文を下す。

14　〔任僧綱条〕僧綱の資格・任命の手続・任期等、及びその違反に対する刑罰を規定する。→補14。

僧綱→補3b。**綱維法務**—法務は古記に「仏法法律」といい、跡記・穴記もほぼ同じ。綱維は古記に「法式」ともいうが、綱はつなを

者上。所レ*挙*徒衆。皆連署牒レ官。若有三*阿党朋扇。浪挙二無徳者一。百日苦使。一任以後。不レ得二輙換一。若有二過罰一。及老病不レ任者。即依二*上法一簡換。

凡そ僧綱任せむことは、謂はく、律師以上をいふ。必ず徳行ありて、能く徒衆を伏せむ、道俗欽ひ仰ぎて、法務に綱維たらむ者を用ゐるべし。挙せむ所の徒衆、皆連署して官に牒せよ。若し阿党朋扇して、浪りに無徳の者を挙すること有らば、百日苦使。一任の以後、輙く換ふること得じ。若し過罰有らむ、及び老い病して任ふまじうは、即ち上法に依りて簡び換へよ。

15 凡僧尼。有レ犯二苦使一者。修二*営功徳一。料二*理仏殿一。及*灑掃等使。*須レ有二功程一。若*三綱*顔面不レ使者。即准二所レ*縦日一罰苦使。其有二*事故一。須二聴許一者。並須下審二其事情一知レ実。然後依上レ請。如有二*意故一。無レ状輙許者。輙許之人。与二妄請人一同レ*罪。

凡そ僧尼、苦使犯せること有らば、功徳を修営し、仏殿を料理し、及び灑き掃ふ等に使へ。功程有るべし。若し三綱顔面つて使はずは、即ち縦せる所の日に准へて罰苦使せよ。其れ事の故有りて、聴し許すべくは、並に其の事の情を審らかにして、実を知りて、然うして後に請ふに依るべし。如し意故有りて、状無きを輙く許せらば、輙く許せる人は、妄りに請へる人と罪同じ。

16 凡僧尼。詐為二方便一。移二*名他一者。還俗。依レ*律科レ罪。其*所由人*与同罪。

凡そ僧尼、詐りて方便を為して、名を他に移せらば、還俗。律に依りて罪科せよ。

張って緩めぬこと、維はそれを堅くもつこと。**挙**—推挙すること。→補14。**徒衆**—僧ら。**阿党朋扇**—阿党はおもねりくみすること。朋は仲間、扇は扇動。**上法**—本条前半の規定。

15 三綱が苦使を執行しないときの刑罰等を規定する。→補15a。

〔修営条〕苦使(→補3c)の役務内容と、

修営功徳—経典の書写、梵鐘の鋳造、仏像の荘厳など。**料理仏殿**→補15b。**灑掃**—水まきや掃除。**須有功程**—功程(一日の仕事の量。→営繕1注)に決まりあるべきをいう。道僧格との比較→補15a。**三綱**→補3a。**顔面**—古記に「謂、阿党(→14条注)一種、俗語也」。**所縦日**—ゆるして苦使を執行しなかった日数。**罰苦使**—古記に「罰謂レ科也」。**事故**—自己の病、父母や師主の病・喪等。**有意故無状輙許者**→補15c。**同罪**→補15c。

16 〔方便条〕僧尼(甲)が詐って俗人(乙)に法名を移すという行為を犯したとき、甲及び乙のうける刑罰を規定する。→補16a。

移名他—甲がその度縁(→補21b)を乙に授与して乙を僧となすこと。**依律科罪**—甲を還俗させた上で、律、即ち戸婚律5(→補16a)により罪を科す(古記・跡記・朱説・額説)。**所由人**—乙をさす。**与同罪**→補16b。

17 〔有私事条〕㈠僧尼が私事の訴訟のため、㈡僧綱佐官以上及び三綱が衆事・功徳のため、官司に参ずるときの処置を規定する。→補17a。

権依俗形—古記に「謂、参赴之時、著二俗服一、退レ寺之時、著二法服一也」。令釈に「故知、権称二姓名一耳」。違反は違令罪(雑律61)。**参事**—古記に「謂、申訴之事也、預二於事一耳」。**佐**

其れ所由の人は与同罪。

17 凡僧尼。有二私事一訴訟。来二詣官司一者。権依二俗形一参レ事。其佐官以上及三綱。
為二衆事若功徳一。須レ詣二官司一者。並設二床席一。
凡そ僧尼、私の事有りて訴訟して、官司に来り詣らば、権に俗形に依りて事に参れ。
其れ佐官以上及び三綱、衆事若しくは功徳の為に、官司に詣るべくは、並に床席
設けよ。

18 凡僧尼。不レ得下私畜二園宅財物一。及興販出息上。
凡そ僧尼、私に園宅財物を畜へ、及び興販出息すること得じ。

19 凡僧尼。於二道路一遇二三位以上一者隠。五位以上。斂レ馬相揖而過。若歩者隠。
凡そ僧尼、道路にして三位以上に遇へらば、隠れよ。五位以上には、馬を斂へて相
ひ揖して過せ。若し歩ならば隠れよ。

20 凡僧尼等身死。三綱月別経二国司一。々々毎レ年附二朝集使一申レ官。其京内。僧綱
季別経二玄蕃一。亦年終申レ官。
凡そ僧尼等身死なば、三綱月別に国司に経れよ。国司年毎に朝集使に附けて官に申
せ。其れ京内は、僧綱季別に玄蕃に経れよ。亦年の終に官に申せ。

21 凡僧尼有レ犯。准二格律一。合二徒年以上一者。還俗。許下以二告牒一当中徒一年上。若
有二余罪一。自依レ律科断。如犯二百杖以下一。毎二杖十一令二苦使十日一。若罪不レ至二還
俗一。及雖レ応二還俗一未二判訖一。並散禁。如苦使条制外。復犯レ罪不レ至二還俗一者。

官→補17b。**衆事**—古記に「謂二衆僧事一也」。**功徳**—古記に「立二塔柱一之類」。

18 〔不得私畜条〕僧尼が私に園宅財物を蓄え、売買・貸借によって利を収めることの禁止。→補18a。

園宅財物→補18b。**興販**—義解に「賤買貴売也」。ただし古記に「暫向レ市売二買随身宿具一、聴レ之也」。**出息**—令釈に「謂出挙耳」。義解に「貸レ物生レ子」。ただし古記に「無利借貸者不レ禁也」。

19 〔遇三位已上条〕僧尼が路上、乗馬または歩行で、三位以上ないし四・五位にあったときの礼を規定する。→補19。

隠—古記に「若不レ堪レ隠者、亦斂レ馬立レ側」、義解もほぼ同じ。これは儀制10の本注による敷衍解釈か。斂馬云々は「駐レ馬立二於道側一」（儀制10令釈）の意。**揖**—両手を胸の前で拱して、これを上下し、又は前に推しすすめる礼。

20 〔身死条〕僧尼死亡の時の届出の手続を外国・京の各々につき規定する。→補20。

附朝集使申官—朝集使→考課補61。天平六年出雲国計会帳の、朝集使に付し進上した公文十九巻中に僧尼帳一巻がみえる。穴記には申官につき「但国解、官受付二治部一除レ帳耳」とし、朱説もほぼ同じ。**亦年終申官**—古記に「謂、省(治部省)惣二目録一申レ官也」とし、令釈も同じ。

21 〔准格律条〕僧尼が俗法上、㈠徒一年以上、㈡杖罪以下、の罪を犯し、ないし㈢内律に違反したときのそれぞれについて刑罰と禁法を規定し、また刑をうけた僧尼は本寺の三綱らを告言し得ざること、及びその例外を規定する。→補21a。

令下三綱依二仏法一量レ事科罰上。其*還俗。并被レ罰之人。不レ得レ告*二本寺三綱及衆*事一。若謀*大逆。謀*叛。及妖*言惑レ衆者。不レ在二此例一。

凡そ僧尼犯有らむ、格律に准ふるに、徒年以上なるべくは、還俗せよ。告牒を以て徒一年に当つること許せ。若し余の罪有らば、自ら律に依りて科断せよ。如し百杖以下犯せらば、杖十毎に苦使十日せしめよ。若し罪還俗に至らざらむ、及び還俗すべしと雖も判り訖らずは、並に散禁。如し苦使の条制の外に、復罪を犯して還俗に至らずは、三綱をして仏法に依りて事を量りて科罰せしめよ。其れ還俗し、并せて罰せらるる人は、本寺の三綱及び衆事告すること得じ。若し謀大逆、謀叛、及び妖言し衆を惑はせらば、此の例に在らず。

22 凡有二私*度及冒*名相代一。并已判二還俗一。仍被二法服一者。依*レ律科断。師主三綱。及同房人。知レ情者各還*俗。雖レ非二同房一。知レ情容止。経二一宿以上一。皆百日苦使。即僧尼知レ情。居二止浮逃*人一。経二*一宿以上一者。亦百日苦使。本*罪重者。依レ律論。

凡そ私度及び冒名して相ひ代れること有らむ、并せて已に還俗を判れるを、仍し法服被けたらば、律に依りて科断せよ。師主、三綱及び同房の人、情を知れらば各還俗せよ。同房に非ずと雖も、情を知りて容止して、一宿以上経たらば、皆百日苦使。即ち僧尼情を知りて、浮逃の人を居止して、一宿以上経たらば、亦百日苦使。本罪重くは、律に依りて論せよ。

准格律—格及び律条によって。**徒年以上**—徒一年以上死罪以下。**許以告牒当徒一年**—還俗のため告牒を没収する代りに徒一年分を減刑する。告牒→補21b。官人の官当(名例17)に類する処置。→補21a。**苦使**→補3c。**若罪不至還俗**—穴記に「断二定苦使一、未レ預二苦使一間也」、讃説・義解もほぼ同じ。**雖応還俗未判訖**—穴記・讃説に「推鞫(罪を調べる)之間也」。**散禁**→獄令39注。**如苦使条制外復犯罪不至還俗**→補21c。**其還俗并被罰之人**—集解諸説に還俗者は終身、苦使を犯せる者は闘訟律51に準じて苦使の期間。**告**—告訴。**衆事**—穴記・讃説に「謂二衆僧事一也」。**謀大逆・謀叛**—名例6八虐の第二・第三。第一の謀反は勿論。**妖言惑衆**—賊盗21と異なり、妖言・惑衆の二事を合せて一つの罪。

22　〔私度条〕(一)私度及び、他人の名をかたって官度をうけた僧尼で、還俗後も法衣を着用せるもの、及びその師主ら、また(二)同房以外の僧尼や浮逃人を宿泊させた僧尼、の刑罰を規定する。

私度—官の許可なくして出家すること(→補16a)。**冒名相代**→補22a。**依律科断**—律は戸婚律5(→補16a)。なお同条の疏に「断後陳訴、須レ著二俗衣一、仍被二法服一者、亦従二私度一、科二杖一百一也」(本条、私)。**還俗**→補22b。**浮逃**→戸令17。**一宿以上**—俗人の場合は捕亡律17により十五日以上。**本罪重者**…—本条と律条を比べ、刑罰の重い方を科するの意。その律条として古記・朱説に捕亡律18をあげ、義解に「仮如、知レ情容二停反逆一之類也」。

23　(教化条) 僧尼等が経像を俗人に授け門ごとに歴訪教化せしめるを禁じ、違反し

23 凡[1]僧尼等。令下*俗人付二其*経像一。歴レ門教化上者[2]。百日苦使。*其俗人者。依レ律論。
凡そ僧尼等、俗人をして其の経像を付けて、門を歴て教化せしめたらば、百日苦使。其れ俗人は、律に依りて論せよ。

24 凡*家人奴婢等。若有二*出家一。後犯二還俗一。及自還俗者。並追帰二旧主一。各依二*本色一。其*私度人。縦有二*経業一。*不レ在二度限一。
凡そ家人、奴婢等、若し出家すること有りて、後に還俗を犯し、及び自ら還俗せらば、並に追して旧主に帰せ。各本色に依れ。其れ私度の人は、縦ひ経業有りとも、度の限に在らず。

25 凡僧尼。有レ犯二百日苦使一。経二*三度一。改配二*外国寺一。仍不レ得レ配二入畿内一。
凡そ僧尼、百日苦使犯せること有りて、三度経たらば、改めて外国の寺に配せよ。仍りて畿内に配入すること得じ。

26 凡[1]斎会。不レ得下以二*奴婢一。*牛馬。及兵器一。充中布施上。[2]其僧尼不レ得二輙受一。
凡そ斎会には、奴婢、牛馬、及び兵器を以て、布施に充つること得じ。其れ僧尼も輙く受くること得じ。

27 凡僧尼。不レ得二*焚レ身捨レ身一。若違及*所由者。並*依レ律科断[1]。
凡そ僧尼、身を焚き、身を捨つること得じ。若し違へらむ、及び所由の者は、並に律に依りて科断せよ。

た僧尼・俗人に科する刑罰を規定。→補23a。
俗人—「童子(→補6)之類」(古記・令釈)とする説とそれ以外も含む説(穴記)がある。**経像**—古記に「経并仏像也」、令釈も同じ。**其俗人者**…→補23b。

24 〔出家条〕出家した家人・奴婢等が罪により、又は自ら還俗したときは旧主に帰してもとの身分とする規定(→補24)、及び経業あるものでも私度の人は出家を許さないとする規定。
家人奴婢等—家人・奴婢→戸令35。等は「官戸・奴婢(戸令35)亦同」(義解)。**出家**→補24。**本色**—出家以前のそれぞれの身分。**私度人**→考課22注「私度」。**経業**—古記に「所レ知経論也」、令釈もほぼ同じ。**不在度限**—穴記に「不レ聴二得道一」、義解に「不レ聴二其度一」。

25 〔外国寺条〕僧尼が百日苦使の罪を三度犯したときは外国の寺に配し畿内に配入することを禁ずる。大宝令には「制有二禁約一」の字ありしか。
三度→補25。**外国**—ここは畿内に対する諸国。

26 〔布施条〕斎会のとき、奴婢・牛馬・兵器等を布施すること、及び僧尼これをうけることの禁止。→補26。
奴婢—古記に「家人同也」、令釈もほぼ同じ。
牛馬—古記・令釈に「雑畜同也」。

27 〔焚身捨身条〕僧尼の焚身・捨身を禁じ、それに違反した僧尼及び関係者の刑罰を規定する。→補27a。
焚身捨身→補27b。**所由者**—古記に「知レ情并受二雇倩一人也」、令釈もほぼ同じ。受雇倩は詐偽律20にみえる字句。**依律科断**→補27c。

令　巻第四[1]

戸令　第八

凡肆拾伍条

1 凡戸*。以二五十戸*一為レ里*。毎レ里置二長*一人一。掌。検*二校戸口一。課*二殖農桑一。禁*二察非違一。催*二駈賦役一。若山谷阻険。地遠人稀之処。随*レ便量置。

凡そ戸は、五十戸を以て里と為よ。里毎に長一人置け。掌らむこと、戸口を検校し、農桑を課せ殖ゑしめむこと、非違を禁め察む、賦役を催し駈はむこと。若し山谷阻り険しくして、地遠く人稀ならむ処には、便に随ひて量りて置け。

2 凡郡*。以二廿里以下十六里以上一。為二大郡一。十二里以上為二上郡一。八里以上為二中郡一。四里以上為二下郡一。二里以上為二小郡一。

凡そ郡は、廿里以下十六里以上を以て、大郡と為よ。十二里以上を上郡と為よ。八里以上を中郡と為よ。四里以上を下郡と為よ。二里以上を小郡と為よ。

3 凡京*。毎レ坊*置二長*一人一。四坊置二令*一人一。掌*。検*二校戸口一。督*二察奸非一。催*二駈賦徭一。

凡そ京は、坊毎に長一人置け。四坊に令一人置け。掌らむこと、戸口を検校し、奸非を督し察、賦徭を催し駈はむこと。

4 凡坊令*。取下正*八位以下。明廉強直。堪二時務一者上充。里長*坊長*。並取二白丁*清

☆**戸令**—編戸・造籍、家の秩序、良賤の秩序、国郡司の教化政策などについて規定した基本的な篇目。律の戸婚にほぼ対応する。→補☆

1 〔為里条〕里の構成、里長の職掌などについての規定。日本の戸令には「村」についての規定はない。→補1a。沿革→補1b。

戸—訓はヘ(乙類)。→補1c。令釈・義解は「一家為二一戸一」と注す。→補1d。**五十戸**→補1e。**里**—訓はサト。五十戸をサトと訓む場合があるのは(万葉三五一)、この条と関係がある。霊亀元年式(出雲国風土記)によって里は郷と改められ、郷の下に二〜三の里が設けられるが(いわゆる郷里制)、天平十二年頃、郷の下の里は廃止され、郷制となる。→補1f。**長**—里長(おさ)。五十戸長とも書かれた。里長の任用資格→戸令4。徭役免除→賦役19。郷里制施行期には、里長は郷長となり、郷長の下に二〜三人の里正がおかれたが、郷里制廃止によって里正も廃され、郷長だけとなる。**検校戸口**→補1g。**課殖農桑**→補1h。**禁察非違**→賊盗15 54。**催駈賦役**→補1i。**随便量置**→補1j。

2 〔定郡条〕郡の等級・構成についての規定。沿革→補2a。日本の戸令には国の等級についての規定はない。→補2b。

郡—訓はコホリ。七世紀の後半には評の字を用い、郡の字を用いるのは大宝令から。評は朝鮮の制でコホリも朝鮮語に由来するらしい。

3 〔置坊長条〕坊長・坊令の配置規準と職掌についての規定。沿革→補3a。

京・坊→職員66。**長**—坊長。坊長の任用基準→戸令4。徭役免除→賦役19。**令**—坊令。左

正。強幹者ニ充。若当里当坊無レ人。聴下於ニ*比里比坊一簡用上。若八位以下情願者聴。

凡そ坊令には、正八位以下の、明廉強直にして、時の務に堪へたらむ者を取りて充てよ。里長、坊長には、並に白丁の清く正しく、強く幹からむ者を取りて充てよ。若し当里、当坊に人無くは、比里、比坊に簡び用ゐること聴せ。若し八位以下情に願はば、聴せ。

5　凡*戸主。皆以ニ*家長一為之。戸内有ニ*課口一者。為ニ課戸一。無ニ課口一者。為ニ不課戸一。*不課。謂。*皇親。及*八位以上[一]。*男年十六以下。并*蔭子。*耆。*癈疾。*篤疾。*妻。*妾。*女。*家人。*奴婢。

凡そ戸主には、皆家長を以て為よ。戸の内に課口有らば、課戸と為よ。課口無くは、不課戸と為よ。不課といふは、謂はく、皇親、及び八位以上、男年十六以下、并せて蔭子、耆、癈疾、篤疾、妻、妾、女、家人、奴婢をいふ。

6　凡男女。*三歳以下為レ*黄。十六以下為レ小[1]。廿以下為レ中。*其男廿一為レ丁。六十一為レ老。六十六為レ耆。無レ夫者。為ニ*寡妻妾一。

凡そ男女は、三歳以下を黄と為よ。十六以下を小と為よ。廿以下を中と為よ。其れ男は、廿一を丁と為よ。六十一を老と為よ。六十六を耆と為よ。夫無くは寡妻妾と為よ。

7　凡一目盲。両耳聾。手無ニ二指一。足無ニ三指一。手足無ニ*大拇指一[一]。*禿瘡無レ髪[二]。*久漏[三]。*下重。*大瘻瘇[四]。*如レ此之類。皆為ニ残疾一[五]。*癡。瘂[六]。*侏儒。腰背折[七]。*一支癈。如レ此

右京職に各十二人。↓職員66。**掌**―坊長・坊令に共通する職掌。このなかに検校戸口と催駈賦徭とが含まれていることは、日本令の坊が里と重層していなかったことを示す。↓補3b。**検校戸口**↓補3c。**督察奸非**↓賊盗54。**催駈賦徭**↓補3d。

4　〔取坊令条〕坊令・里長・坊長の任用資格についての規定。沿革↓補4a。

坊令↓職員66・戸令3。**正八位以下**↓補4b。**里長**↓戸令1。**坊長**↓戸令3。**白丁**↓補4c。**比里比坊**―比隣の里・坊。

5　〔戸主条〕戸主の定め方、課戸・不課戸の別、不課口の範囲についての規定。沿革↓補5a。

戸主―行政上の基礎的な単位である戸の法的な責任者。戸籍の筆頭に記される。**家長**↓補5b。**課口**―課役(賦役9)の全部もしくは一部を負担する口。**不課**↓補5c。**皇親**↓職員45・継嗣1。**八位以上**―初位については↓賦役19。**男年十六以下**↓戸令6。**蔭子**↓補5d。**耆**↓戸令6。**癈疾・篤疾**↓戸令7。**妻・妾・女**―妻・妾と未婚の女。女性の総称か。**家人・奴婢**↓戸令35・40。

6　〔三歳以下条〕年齢の区分についての規定。沿革↓補6a。

三歳―数え年の三歳。律令の年齢は原則として数え年↓田令補3d。**黄**―大宝令は緑。↓補6b。**中**―大宝令は少。↓補6c。**其男**↓補6d。**寡妻妾**―大宝令は寡婦。↓補6e。

7　〔目盲条〕身体障害や病疾を程度に応じて残疾・癈疾・篤疾の三段階に区分する規定。該当者には、その段階に応じて種々の保護を加えた。↓補7a。

之類。皆為二癈疾一。*悪疾。*癲狂。二支癈。両目盲。如レ此之類。皆為二篤疾一。

凡そ一つの目盲、両つの耳聾、手に二つの指無く、足に三つの指無く、手足に大きなる拇指無く、禿は瘡にして髪無く、久漏、下重、大瘻瘇、此の如き類は、皆残疾と為よ。癡、瘂、侏儒、腰背折れたらむ、一つの支癈れたらむ、此の如き類をば、皆癈疾と為よ。悪疾、癲狂、二つの支癈れたらむ、両つの目盲らむ、此の如き類をば、皆篤疾と為よ。

8 凡*老*残。並為二*次丁一。
凡そ老残は、並に次丁と為よ。

9 凡戸。皆*五家相保。一人為レ*長。*以相検察。勿レ造二非違一。如有二*遠客来過止宿一。及保内之人*有レ所二行詣一。並語二同保一知。
凡そ戸は、皆五家相ひ保れ。一人を長と為よ。以て相ひ検察せしめよ。非違造すこと勿れ。如し遠くの客来り過りて止まり宿ること有り、及び保内の人行き詣く所有らば、並に同保に語りて知らしめよ。

10 凡*戸逃走者。令二*五保追訪一。*三周不レ獲*除レ帳。*其地還レ公。未レ還之間。五保及*三等以上親。均分*佃食。*租調代輸。三等以上親。謂。同里居住者。戸内口逃者。同戸代輸。六年不レ獲亦除レ帳。地准二上法一。
凡そ戸逃走せらば、五保をして追ひ訪はしめよ。三周までに獲ずは、帳除け。其れ地は公に還せ。還さざらむ間、五保及び三等以上の親、均分して佃り食め。租調は

大拇指—親指。**禿瘡無髪**—頭に瘡(できもの)が生じて髪が禿げ落ちる。**久漏**—身体が腐って穴から膿汁が出て止らない。**下重**—陰核(きんたま)が脹腫して歩行が困難になる。**大瘻瘇**—瘻は頸の腫(はれもの)、瘇は足の腫。瘻瘇の大きなもの。**如此之類**→補7b。**癡**—白癡。**侏儒**—短人、こびと。**一支癈**—手足のうち一本が不具で使えない。**悪疾**—癩病。**癲狂**—癲は癲癇、狂は精神異常。

8 〔老残条〕老丁と残疾を次丁とする規定。次丁の沿革→補6a。**老**—老丁。→戸令6。**残**—正丁に相当する年齢の残疾。**次丁**—正丁に対する次丁。正丁より課役の負担が少ない。→補8。

9 〔五家条〕五家を保とし、相互に検察させる規定。日本の戸令は四隣の規定を設けなかった。→補9a。**五家**—律令では一家をそのまま一戸とする原則だったので、五家は五戸と同じ(戸令5)。ただし実際には「家」と「戸」は必ずしも対応していなかった(→補9a)。**長**—保長。**以相検察**→補9b。なお保は徴税の機能ももっていた→補9c。**遠客**—一日程外、一宿以上(古記・穴記)。**有所行詣**—「亦一日程以上外、可レ経レ宿是也」(穴記)。

10 〔戸逃走条〕戸または戸口が逃走したときの処置についての規定。沿革→補10a。**戸**—一戸全体。**五保**→戸令9。**三周**—三年に同じ。→補10b。**除帳**—計帳(戸令18)から除くこと。課役の徴収と関連する。→補10c。**其地還公**—大宝令は「(其)地従二一班収授一」(古記)とあり、帳籍から除いたのち最初の班田(田令21)の際に収公する規定であったが、

代りて輸せ。三等以上の親といふは、謂はく、同里に居住する者をいふ。戸の内の口逃げたらば、同戸代りて輸せ。六年までに獲ずは、亦帳除け。地は上の法に准へよ。

11 凡年八十及篤疾*。給ニ侍*一人ー。九十二人。百歳五人。皆先尽ニ子孫ー。若無ニ子孫ー。聴レ取ニ近親*ー。無ニ近親ー。外取ニ白丁*ー。若欲レ取ニ同家中男*ー者。並聴。郡領以下官*人。数加ニ巡察ー。若供侍不如法者。随レ便推決。其篤疾十歳以下。有ニ二*等以上親ー者。並不レ給レ侍。

凡そ年八十及び篤疾には、侍一人給へ。九十に二人。百歳に五人。皆先づ子孫を尽せ。若し子孫無くは、近親を取ること聴せ。近親無くは、外に白丁を取れ。若し同家の中男を取らむと欲はむには、並に聴せ。郡領以下の官人、数と巡り察ること加へよ。若し供侍不如法ならば、便に随ひて推決せよ。其れ篤疾の十歳以下にして、二等以上の親有らば、並に侍給はず。

12 凡無レ子*者。聴レ養下四*等以上親於ニ昭穆*ー合者上。即経ニ本属*ー除附*。

凡そ子無くは、四等以上の親の、昭穆に合へらむ者を養ふこと聴せ。即ち本属に経れて除き附けよ。

13 凡戸内欲下折ニ出口ー為上レ戸者。非レ成ニ中男*ー。及寡*妻妾者。並不レ合レ折。応*レ分者。不レ用ニ此令ー。

凡そ戸の内に、口を折ち出して戸と為むと欲はば、中男に成れるに非ず、及び寡妻妾は、並に折つべからず。分つべくは、此の令用ゐじ。

養老令は班年に限定せず、令釈・義解は「除帳之年還レ公、不レ待ニ班田之日ー」とする。**三等以上親**↓儀制25。**均分佃食**―古記に「若其田少者、誰人先佃。答、令レ佃ニ五保ー」。**租調代輸**―徭役は本人が居ないので課さない。租↓田令1。調↓賦役1。

11 〔給侍条〕高齢者と篤疾者に侍丁を給する規定。↓補11。

篤疾↓戸令7。**侍**―原則として丁男(戸令6)を充てる。古記に「不レ離ニ老者許ー、取ニ水湯ー、求ニ訪物并医薬ー供侍耳」。侍丁の処遇↓補11。**近親**―集解諸説は三等以上親(儀制25)とする。↓僧尼6。**白丁**―課役を輸している無位の丁男。↓補4c。**中男**↓戸令6。**郡領以下官人**↓職員74。なお集解諸説は主政以上とする。**二等以上親**↓儀制25。

12 〔聴養条〕養子の要件と手続きについての規定。↓補12a。

子―この条では男子。↓補12b。**四等以上親**↓儀制25。この部分、唐令では「同宗」。↓補12c。**昭穆**↓補12d。ここでは「於昭穆合者」は子の世代にある者をさす。**本属**―本籍のある官司。**除附**―実父の戸籍から除き、養父の戸籍に附ける。

13 〔為戸条〕戸口を析出して新しい戸をつくるときの規定。↓補13。

中男・寡妻妾―大宝令は少丁・寡婦。↓戸令6。**応分者不用此令**―「縦非レ成ニ中男ー、及寡妻妾、然猶堪レ為ニ戸主ー者、亦合レ聴レ分也」(義解)。なお大宝令には「堪レ為ニ別戸ー」という本注があり、古記は「謂、臨時准量耳」と説明する。

14 凡新*附レ戸。皆取二保*證一。本二問元*由一。知レ非二逃*亡*詐*冒一。然後聴之。其先有二両*貫一者。従二本*国一為レ定。唯大*宰部内。及三*越。陸奥。石*城。石*背等国者。従二見住一為レ定。若*有二両*貫一者。従二先*貫一為レ定。其*於レ法不レ合二分析一。而因二失*郷一。分レ貫。応二合戸一者。亦*如レ之。

凡そ新に戸に附かば、皆保證を取りて、元の由を本づけ問へ。逃亡し詐り冒せるに非ざることを知りて、然うして後に聴せ。其れ先より両貫有らば、本国に従へて定むること為よ。唯し大宰の部内、及び三越、陸奥、石城、石背等の国は、見住に従へて定むること為よ。若し両貫有らば、先貫に従ふて定むること為よ。其れ法に於りて分ち折ぐべからざらむ、而るを失郷に因りて、貫を分ちて、合戸すべくは、亦之の如く。

15 凡戸居二狭*郷一。有レ楽レ遷二就寛*郷一。不レ出二国境一者。於二本郡一申牒。当国処分。若出二国堺一。申レ官*待レ報。於二閑*月一。国郡領送。付領訖。各申レ官。

凡そ戸、狭き郷に居て、寛なるに遷り就かむと楽ふこと有らむ、国の境を出でずは、本郡に申牒せよ。当国処分せよ。若し国の堺を出でたらば、官に申して報待て。閑の月に、国郡領し送れ。付け領し訖らば、各官に申せ。

16 凡没二落外*蕃一得レ還。及化外*人帰レ化者。所在国郡。給二衣粮一。具レ状発二飛駅*一申*奏。化外人。於二寛*国一附*レ貫安置。没*落人依二旧*貫一。無二旧貫一。任於二近親一附レ貫。並給レ粮遞送。使レ達二前*所一。

14〔新付条〕新しく戸に附けるとき、本貫が両つあるときなどの処置についての規定。

新附戸―「未レ附二戸籍一之人、始新附レ貫也」（義解）。古記に「生益亦同」とあるは、令の本意と異なるか。**保證**―保任と證言↓公式補78a。**元由**―ここでは本貫のない理由。**逃亡**↓補17a。**詐冒**↓賦役補12b。**両貫**―二つの本貫。↓補14a。**本国**―集解諸説は父国とするが、令の本意は未詳。↓補14a。**大宰部内**↓軍防48。**三越**―越前・越中・越後。↓補14b。**石城・石背**―大宝令文には無い。↓補14b。大宰部内～石背等の国に特例を設けたのは軍事的に重要な地域だったため（軍防48）。**従見住為定**―上記の地域に見住するものは本貫をそこに定める。**若有両貫者**―両貫がともに大宰府部内以下の諸国にあるとき。**先貫**―先に定めた本貫。穴記に「不レ論二本国・見住一、従二先貫一也」。**其於法不合分析**―例、名例6不孝・戸婚律6逸文。**失郷**―「遭二時喪乱一、流離失郷之類也」（義解等）。**亦如之**―「其先有両貫者…」以下の規定全体を指すか。

15〔居狭条〕狭郷から寛郷に移住するときの手続き規定。↓補15a。

戸―戸を単位に移住を認める意か。**狭郷**↓田令13。大宝令文は「狭里」か。↓補15b。**寛**―寛郷（田令13）。**官**―太政官。**閑月**―農閑期。↓賦役補22c。

16〔没落外蕃条〕外蕃に没落していた人が還ってきたとき、及び化外の人が帰化してきたときの規定。大宝令文↓補16a。

没落―「没者被二抄略一也。落者遭二風波一而流落也」（義解）。**外蕃**↓補16b。**化外人**―王化

に浴していない人。→補16b。**帰化**→補16b。**発飛駅**―大宝令は「上飛駅」(飛駅→公式補9)。**申奏**―天皇に奏聞する。**寛国**―寛郷(田令13)の国の意か。**附貫**―本貫を定めて戸籍につける。**没落人**―大宝令は「化内人」(→補16b)。**旧貫**―没落する以前の本貫。**前所**―目的地。

17 〔絶貫条〕浮逃によって本貫が絶えたとき、及び奴婢等が良人とされたときの本貫の定め方。

浮逃―「浮者浮浪也。逃者逃亡也」(義解等)。→補17a。**絶貫**―戸籍から削除され、本貫をもたない。→戸令10。**家人奴婢**→戸令35 40。**訴良**―良人であると訴える。**附貫**→戸令16注。奴婢等が良とされて附貫される際には姓を附ける。→補17b。**本属**→補17c。

18 〔造計帳条〕計帳の作成手続きについての規定。→補18a。

計帳―手実・計帳歴名・大帳目録の一部もしくは総体をさす語。→補18a。**六月卅日以前**→補18b。**京国官司**―唐令は里正。→補1g。**手実**―手ずから実状を記した文書。ここでは戸主自ら戸口等の実状を申告する文書。→補18b。**全戸不在郷**―「合家之二外任一、并浮逃未レ除之類」(古記)。**郷**―大宝令は「里」。→補18c。**旧籍**→補18d。**所由**―よるところ。理由。**依レ式造レ帳**―帳は大宝令では「国帳」(→補18a)。古記に「国総造二目録一巻一申送也。如二戸籍一、不レ作二里別為レ巻、惣写二三通一也」。**申送太政官**→賦役5。

19 〔造戸籍条〕戸籍の作成手続きについての規定。戸籍の沿革→補18a。

戸籍―戸ごとに戸口の姓名・続柄・年齢等を

凡そ外蕃に没落して還ることを得たらむ、及び化外の人化に帰らば、所在の国郡、衣粮給へ。状を具にして飛駅発てて申奏せよ。化外の人をば、寛なる国に貫に附けて安置せよ。没落の人は旧の貫に依れ。旧の貫無くは、任に近親に貫に附けよ。並に粮給ひて逓送し、前所に達せしめよ。

17 凡*浮逃*絶レ貫。及*家人奴婢。被レ放為レ良。若*訴レ良得レ免者。並於二所在一*附レ貫。
若欲レ還二*本属一者聴。

凡そ浮逃して貫絶えたらむ、及び家人、奴婢、放されて良と為たらむ、若し良と訴へて免せらるること得たらば、並に所在に貫に附けよ。若し本属に還らむと欲はば、聴せ。

18 凡造二*計帳一。毎レ年*六月卅日以前。*京国官司。責二所部*手実一。具注二家口年紀一。若*全戸不レ在レ*郷者。即依二*旧籍一転写。并顕下不レ在*所由上。収訖。*依レ式造レ帳。連署。八月卅日以前。*申二送太政官一。

凡そ計帳造らむことは、年毎に六月の卅日の以前に、京国の官司、所部の手実責へ。具に家口、年紀を注せよ。若し全き戸、郷に在らずは、即ち旧の籍に依りて転写せ。并せて在らざる所由顕せ。収り訖らば、式に依りて帳造りて、連署して、八月の卅日の以前に、太政官に申し送れ。

19 凡*戸籍。*六年一造。起二十一月上旬一。依レ式*勘造。*里別為レ巻。惣写二三通一。*其縫皆注二其国其郡其里*其年籍一。五月卅日内訖。*二通申二送太政官一。一通留レ国。其

*雑戸陵戸籍。則更写二一通一。各送二*本司一。*所レ須紙筆等調度。皆出二当戸一。国司勘二量所レ須多少一。臨時斟酌。不レ得レ侵二損百姓一。其籍至レ官。並即*先納後勘。若有二*増減隠没不*同一。随レ*状下推。国*承二錯失一。即於二*省籍一。具注二事由一。国*亦注二帳籍一。

凡そ戸籍は、六年に一たび造れ。十一月の上旬より起りて、式に依りて勘へ造れ。里別に巻と為せ。惣べて三通写せ。其れ縫に、皆其の国、其の郡、其の里、其の年の籍と注せよ。五月卅日の内に訖へしめよ。二通は太政官に申し送れ。一通は国に留めよ。其れ雑戸、陵戸の籍は、更に一通写して、各本司に送れ。須ゐむ所の紙、筆等の調度は、皆当戸に出さしめよ。国司須ゐむ所の多少を勘へ量つて、臨時に斟酌せよ。百姓を侵損すること得じ。其れ籍官に至らば、並に即ち先づ納めて後に勘へよ。若し増減隠没して不同なること有らば、状に随ひて下推せよ。国、錯失せりと承ることは、即ち省籍に、具に事の由を注せよ。国も亦帳籍に注せよ。

20　凡戸口。当下造二*帳籍一之次上。計レ年。将レ*入二丁老疾一。応下徴二*免課役一。及給上*侍者。皆国司親*皃二形状一。以為レ定*簿。*一定以後。不レ須二更皃一。若疑レ有二奸欺一者。亦随レ事皃定。以附二帳籍一。

凡そ戸口、帳籍造る次に当りて、年を計ふるに、丁老疾に入らむとせむは、課役を徴り免し、及び侍給ふべくは、皆国司親ら形状を皃て、以て簿定むること為よ。一たび定めての以後、更に皃るべからず。若し奸み欺けること有りと疑はしくは、亦事に随ひて皃定めて、以て帳籍に附けよ。

記した基本文書。身分・年齢等に関連する律令の諸規定はすべて戸籍の記載による(例、名例55)。**六年一造**→補19a。**式**―書式等を定めた細則(例、養老五年籍式)。**里**→戸令1。**其縫**―紙の継目(の裏側)。**注其国其郡其里其年籍**―「其」はいずれも「某」の誤りか。→補19b。**其年籍**―令集解・実例ともに作り始めた年を籍年とする。**二通申送太政官**―太政官から一通は中務省へ(職員3)、一通は民部省へ(職員21)まわされる。→補19c。**雑戸陵戸籍**―雑戸籍と陵戸籍。→補19d。**本司**―雑戸はそれぞれ属する官司(職員26 34 48 63等)、陵戸は諸陵司(職員19)。**所須紙筆等調度**―戸籍の作成に必要な材料。集解諸説は計帳も同じとする。→補19e。**先納**→補19f。**増減隠没**―「増減者年紀不レ依レ実也。隠者脱レ籍不レ上也。没者詐レ生注レ死也」(義解)。**不同**―穴記に「与二先籍一相違也」。**下推**―国に推問する。**承**―承認する。**省籍**―民部省と中務省の両方の籍か。→補19g。**国亦注帳籍**→補19h。

20　〔造帳籍条〕課役の徴収に関連する年齢・疾患の実検についての規定。→補20a。**帳籍**―計帳と戸籍(→補18a)。**将入丁老疾**→補20a。**課役**→賦役補9b。**侍**→戸令11。**皃**―貌の本字。**簿**―集解諸説は後文の帳籍と同じとするが未詳。→補20b。**一定以後**―「小子入二中男、中男入レ丁、丁入レ老、老入レ耆之間、是為二一定以後一」(義解)。

21　〔籍送条〕戸籍を太政官に送る使者についての規定。**籍**―戸籍。**応送太政官**→戸令19。**調使**―貢調使。調の貢進→賦役3。**若調不入京**―種々の事由(例、辺境の国、恩復の年)で調を京進しない場合。**専使**↓公式80。

22　〔戸籍条〕戸籍の保存期間についての規定。

五比―比はならべてくらべる意。五比は五回分。戸籍は六年一造(戸令19)なので五比を留めれば三十年間。**其遠年者依次除**↓補22a。**近江大津宮庚午年籍不除**―天智天皇の庚午(六七〇)年の戸籍は廃棄しない。大宝令は「水海大津宮庚午年籍莫レ除」。↓補22b。

23　〔応分条〕財産の相続についての規定。唐令では家産分割法であったが、日本令では遺産相続法。↓補23a。大宝令文は養老令の規定と大幅に異なっていた。↓補23b。**氏家人・奴婢**↓戸令35。大宝令文↓補23c。**氏賤**―氏に属する賤民。↓補23d。**不在此限**―この条の適用をうけない(氏上に継承)。**田宅**―大宝令は田を相続財産から除いている。↓補23e。**其功田功封唯入男女**―大宝令文にはこの部分はなかったか(↓田令補6b)。功田↓田令6。功封↓禄令13。唯入男女は直系卑属にのみ相続されることを示す。↓補23f。**揔計作法**―家人・奴婢・田宅・資財を総計し、以下の分法によって計算する。**嫡母・継母**―嫡母は妾の子からみた父の嫡妻、継母は前妻の子からみた父の後妻(儀制25)。いずれも嫡子の実母でない場合か。↓補23g。**嫡子**↓継嗣2注。嫡子の相続分は養老令で大幅に減少した。↓補23b。**妾**―被相続人の妾。↓補23h。**庶子**―この条では嫡子以外の男子。↓継嗣2注。**妻家所得不在分限**―妻は被相続人の妻か。↓補23i。**兄弟亡者子承父分**―相続人である兄弟のある者が既に死亡しているとき

21　凡*籍。*応レ送二太政官一者。附二当国調使一送。*二若*調不レ入レ京。*三専使送之。

凡そ籍、太政官に送るべくは、当国の調使に附けて送れ。若し調京に入れずは、専に使して送れ。

22　凡戸籍。恒留二*五比一。*其遠年者。依レ次除。*近江大津宮庚午年籍。不レ除。

凡そ戸籍は、恒に五比留めよ。其れ遠き年のは、次に依りて除け。近江の大津の宮の庚午の年の籍は、除くことせず。

23　凡応レ分者。*家人。*奴婢。*氏賤。*不レ在二此限一。*田宅。資財。*其功田功封。唯入二男女一。*揔計作レ法。*嫡母。*継母。*及嫡子。各二分。*妾同二女子之分一。*庶子一分。*妻家所得。不レ在二分限一。*兄弟亡者。子承二父分一。*養子亦同。*兄弟俱亡。則諸子均分。*其姑姉妹在レ室者。各減二男子之半一。雖二已出嫁一。未レ経二分財一者。亦同。*寡妻妾無レ男者。承二夫分一。*女分同レ上。若夫兄弟皆亡。各同二一子之分一。*有レ男無レ男等。謂。在二夫家一守レ志者。*若欲二同財共居一。*及亡人存日処分。證拠灼然者。不レ用二此令一。

凡そ分すべくは、家人、奴婢、氏の賤は、此の限に在らず。田宅、資財、其れ功田功封は唯し男女に入れよ。揔べ計へて法作れ。嫡母、継母、及び嫡子に、各二分。妾は女の分に同じ。庶子に一分。妻家の所得は、分する限に在らず。兄弟亡しなば、子、父が分承けよ。養子も亦同じ。兄弟俱に亡しなば、諸子均分せよ。其れ姑姉妹、室に在らば、各男子の半減せよ。已に出嫁すと雖も、分財経ずは、亦同じ。寡妻妾、男無くは、夫の分承けよ。女の分は上に同じ。若し夫兄弟皆亡しなば、各一子の分に同じ。男有

る、男無き、等し。謂はく、夫の家に在りて志守る者をいふ。若し同財共居せむと欲りせむ、及び亡人の存日に処分して、證拠灼然ならば、此の令用ゐず。

24 凡男*年十五。女年十三以上。聴二*婚嫁一。

凡そ男の年十五、女の年十三以上にして、婚嫁聴せ。

25 凡嫁レ女。皆先*由二祖父母。父母。伯叔父*姑。兄弟。*外祖父母一。次及二*舅*従母。従父兄弟一。若舅従母。従父兄弟。不二*同居共財一。及無二*此親一者。並任二女所一レ欲。為二*婚主一。

凡そ女に嫁せむことは、皆先づ祖父母、父母、伯叔父姑、兄弟、外祖父母に由れよ。次に舅従母、従父兄弟に及ぼせ。若し舅従母、従父兄弟、同居共財せず、及び此の親無くは、並に女の欲せむ所に任せて、婚主と為よ。

26 凡*結婚已定。*無レ故三月不レ成。及*逃亡一月不レ還。若*没二落外蕃一。一年不レ還[1]。及犯二*徒罪以上一。女家欲レ離者。聴之。雖二*已成一。其夫没二落外蕃一。有レ*子五年。無レ子三年不レ帰。及逃亡。有レ子三年。無レ子二年不レ出者。並聴二改嫁一。

凡そ結婚已に定まつて、故無くして三月まで成らず、及び逃亡して一月までに還らず、若しくは外蕃に没落して一年までに還らざらむ、及び徒罪以上犯せらむ、女家離れむと欲せば、聴せ。已に成りたりと雖も、其れ夫外蕃に没落して、子有るは五年、子無きは三年までに帰らず、及び逃亡して、子有るは三年、子無きは二年までに出こずは、並に改嫁聴せ。

には、その子が父の分を承ける。↓補23j。**養子**—戸令12。**兄弟倶亡則諸子均分**—相続人である兄弟が皆死亡し、被相続人の孫たちが相続するときは均分する。↓補23k。**其姑姉妹在室者**—相続人である男子の姑(父の姉妹)と姉妹で未婚のもの。↓補23l。**寡妻妾**—死亡した兄弟(相続人)の寡妻妾。夫の嫡庶によって得分は異なる。↓補23m。**女分同上**—上文の姑姉妹在室者の規定をさすか。**有男無男等**↓補23n。**若欲同財共居**↓補23o。**亡人存日処分**—被相続人が生存中に行った処分。↓補23p。

24 〔聴婚嫁条〕男女の結婚が許される年齢についての規定。

年—数え年(↓田令補3d・名例55)。**婚嫁**—「婚、謂、男聚(娶カ)レ妻也。嫁、謂、婦帰二夫家一也」(宮衛24古記)。

25 〔嫁女条〕女を嫁するときに婚主となる親族についての規定。↓補25a。

由—底本訓点「ふれよ」は令の本意かどうか未詳。↓補25a。**姑**—この条では父の姉妹(↓戸令28注)。**外祖父母**↓補25b。**舅**—この条では母の兄弟(↓戸令28注)。**従母**—母の姉妹。儀制25・喪葬17では姨(喪葬17の大宝令は従母)。**同居共財**—「同居・共財、二事相須也」(義解)。**此親**—上文に列挙された親族。**婚主**—婚姻を主(つかさど)る人。↓補25a。

26 〔結婚条〕婚約と婚姻を女家が解消できる事由についての規定。↓補26a。

結婚已定—婚約がまとまる。定婚。↓補26b。**無故三月不成**—定婚から三ヵ月たっても正当な理由なく成婚(結婚式)が行われない。成婚の実態↓補26c。**逃亡**↓戸令17。**没落外蕃**↓

27 凡先奸。後娶為二妻妾一。雖レ会レ赦。猶離之。

凡そ先づ奸して、後に娶きて妻妾と為らば、赦に会ふと雖も、猶し離て。

28 凡棄レ妻。須レ有二七出之状一。一無レ子。二淫泆。三不レ事二舅姑一。四口舌。五盗竊。六妬忌。七悪疾。皆夫手書棄之。与二尊属近親一同署。若不レ解レ書。畫レ指為レ記。妻雖レ有二棄状一。有二三不一レ去。一経レ持二舅姑之喪一。二娶時賤後貴。三有レ所レ受無レ所レ帰。即犯二義絶。淫泆。悪疾一。不レ拘二此令一。

凡そ妻棄てむことは、七出の状有るべし。一には子無き。二には淫泆。三には舅姑に事へず。四には口舌。五には盗竊。六には妬忌。七には悪疾。皆夫手書して棄てよ。尊属、近親と同じく署せよ。若し書解らずは、指を畫いて記とすることを為よ。妻、棄つる状有りと雖も、三の去てざること有り。一には舅姑の喪持くるに経たる。二には娶いし時に賤しくして後に貴き。三には受けし所有りて帰す所無き。即ち義絶、淫泆、悪疾犯せらば、此の令に拘れず。

29 凡棄レ妻。先由二祖父々母々一。若無二祖父々母々一。夫得二自由一。皆還二其所レ賫見在之財一。若将婢有レ子。亦還之。

凡そ妻棄つることは、先づ祖父母、父母に由れよ。若し祖父母、父母無くは、夫自由することを得む。皆其の賫てらむ所の見在の財還せ。若し将たる婢、子有らば、亦還せ。

30 凡嫁レ女棄レ妻。不レ由二所由一。皆不レ成レ婚。不レ成レ棄。所由後知。満二三月一不

戸令16。**徒罪**—大宝令文は「杖罪」(古記)。→名例23。**已成**—成婚(→補26b)したのち。**子**—古記は「女子不レ同」とするが、義解等は「称レ子者、男女同也」とする。→補12b。

27 〔先奸条〕先ず情交して後に結婚したときは、赦に会っても離婚させる規定。→補27a。

奸—婚姻外の男女の情交。**妻妾**—→補27b。**雖会赦**—奸罪が赦に会って免ぜられても。

28 〔七出条〕夫の一方的な意志によって離婚できる事由についての規定。→補28a。

七出之状—大宝令は「六出之状」。→補28b。**無子**—「雖レ有二女子一、亦為レ無レ子」(義解等)。→補12b。古記等は妻年五十以上とする。戸婚律40疏「妻年五十以上無レ子、聴レ立レ嫡以レ長。即四十九以下無レ子、未レ合レ出之」。**淫泆**—「須二其姦訖一、乃為二淫泆一」(義解等)。**舅姑**—「夫父曰レ舅、夫母曰レ姑」(義解等)。戸令25の舅姑とは異なる。**口舌**—→補28a。**悪疾**—大宝令にはなし。→補28b。**尊属近親**—集解諸説は女家の尊属近親も含まれるとする。**近親**—戸令11注。**畫指**—自署の代りに指の長さと節の位置を画いたもの。→補28c。**記**—しるし。証拠。**三不去**—離婚できない三つの事由。**経持舅姑之喪**—妻が舅姑の喪をつとめおえたとき。**無所帰**—妻を帰す実家がないとき。**義絶**—戸令31。**悪疾**—大宝令にはなしか。**不拘此令**—三不去の適用をうけない。

29 〔先由条〕棄妻条とも。棄妻に関与する親属と妻の持参財産の処置についての規定。この条の前半は戸令25の嫁女の婚主についての規定と対応する。

棄妻—戸令28。**自由**—「猶レ云二自専一也」(義

レ*理。皆不レ得二更論一。

凡そ女に嫁せ、妻棄てむことは、所由に由れずは、皆婚成らず、棄を成さず。所由後に知りて、三月に満つまでに理することせずは、皆更に論すること得じ。

31 凡殴二妻之祖父々母々一。及*殺二妻外祖父母。伯叔父姑。兄弟姉妹一。若夫妻祖父々母々。外祖父母。伯叔父*姑。兄弟姉妹。*自相殺。及妻*殴二*詈夫之祖父々母々一。*殺二傷夫外祖父母。伯叔父姑。兄弟姉妹一。及*欲レ害レ夫者。*雖レ会レ赦。皆為二*義絶一。

凡そ妻の祖父母、父母を殴ち、及び妻の外祖父母、伯叔父姑、兄弟姉妹を殺し、若しくは夫妻の祖父母、父母、外祖父母、伯叔父姑、兄弟姉妹の自ら相ひ殺せらむ、及び妻、夫の祖父母、父母を殴ち詈り、夫の外祖父母、伯叔父姑、兄弟姉妹を殺し傷り、及び夫を害せむとせらば、赦に会ふと雖も、皆義絶と為よ。

32 凡*鰥寡。孤独。貧窮。老疾。不レ能二自存一者。令二近親収養一。若無二近親一。付二坊里一安*恤。*如在レ路病患。不レ能二*自勝一者。当界郡司。収付二*村里一安養。仍加二医療一。并勘二問*所由一。具注二*貫属一。患損之日。移二送*前所一。

凡そ鰥寡、孤独、貧窮、老疾の、自存するに能はずは、近親をして収養せしめよ。若し近親無くは、坊里に付けて安恤せしめよ。如し路に在りて病患して、自勝するに能はずは、当界郡司、収りて村里に付けて安養せしめよ。仍りて医療を加へ、并せて所由を勘へ問へ。具に貫属注せよ。患損えむ日に、前所に移し送れ。

解)。**所賣見在之財**—妻家より将来して見存する財。**婢有子**—婢は馬牛と同じに扱われた(名例33疏)。

30 〔嫁女棄妻条〕嫁女・棄妻が正当な親族によって行われなかったときの規定。**嫁女・棄妻**→戸令25 29。**所由**—具体的には戸令25 29に規定されている親族。**理**—ここでは嫁女・棄妻が正当でないとして糺す手続きをとること。→補30。

31 〔殴妻祖父母条〕義絶とする事由についての規定。→補31 a。**殺**→名例9注。**姑**—この条では父の姉妹。**自相殺**—「夫祖父母与二妻祖父母一相殺之類」(古記)。**殴詈**—殴または詈。**殺傷**—殺または傷。**欲害**—「或欲レ陥レ罪、或欲レ害レ身」(古記等)。→補31 b。**雖会赦**—以上に列挙された犯罪については賊盗・闘訟律に規定があり、八虐(名例6)に入るものもある。赦に会ってその罪がゆるされても。**義絶**→補31 a。

32 〔鰥寡条〕種々の困窮民や病気になった往来者の救済についての規定。→補32 a。**鰥寡孤独**—古記は礼記を引き「王制称、小而無レ父謂二之孤一。老而無レ子謂二之独一。老而無レ妻謂二之鰥一。老(而)無レ夫謂二之寡一。此四者、天民之窮而無レ告者也」。→補32 b。なお孤は大宝令では惸か。→補32 c。**安恤**—「安置謂二之安一也、供給謂二之恤一也」(古記)。**如在路病患**—丁匠の場合には→賦役31。**自勝**—「勝者任也」(義解)。**村里**—大宝令は「坊里」。**所由**—ことの由るところ。事情。**貫属**—本貫。本籍地。**前所**—目的地。

33 〔国守巡行条〕国守が毎年一回、部内を巡行して礼の秩序を百姓に教導し、郡司の政治の実態を検察する規定。→補33a。**国守**―国司の長官(職員70)。賊盗54疏に「宣レ風導レ俗、粛二清所部一、長官之事」。→補33b。**風俗**→職員58。**問百年**―礼記、王制に「問二百年一者就レ見レ之」。跡記に「尊二恤百年以上人等一、問二風俗古事等一」。**録囚徒**―古記に「知二罪人数一、附二郡司考一」。**理冤枉**―裁判の不正を正す。**政刑**―政教と刑罰。**五教**―集解諸説は尚書、舜典の孔安国注「五常之教、父義・母慈・兄友・弟恭・子孝也」を引く。**勧務農功**―義解等に「文称二農功一。故知、巡行必以二春時一」。**部内**―この条では国内。**好学**―古記・令釈等は「通二一経以上一者」とするが(学令11)、法意は一般的な好学の意か。**清白異行**―義解に「不レ濁為レ清。不レ緇為レ白。仮如、曾参耕レ魯、魯君致レ邑、固辞不レ受之類。此行過厚、異二於人倫一、故云二異行一」。**挙**―官吏の候補者として推薦する。**進之**―具体的には朝集使に附して本人を上京させる(考課75)。**常**―五常之教。→前掲注「五教」。**糺而縄之**―「加レ罰教レ正、而成二其善人一」(跡記)。**其郡境内**…―以下は国守が郡司の政治の実態を検察する規定。→補33c。**郡領**―大領・少領(職員74)。**獄訟**―「争レ罪曰レ獄、争レ財曰レ訟」(義解)。**郡司**―大領～主帳の四等官全て(職員74)。**正色直節**―「正二顔色一、直二節操一也」(義解)。**政績能不**―上文の郡領の能不をさす。**還迹善悪**―上文の郡司の還迹(おこない)の善悪をさす。**皆録入考状**→考課67。**至考**→考課1。**侵害**―「害政及抑屈之類是也」(義解等)。

34 〔国郡司条〕国郡司が部内に入って検校する際の心得についての規定。**所部**―監臨(名例54)する地域。ここでは国・

33 凡*国守。毎レ年一巡二行属郡一。観二*風俗一。問二*百年一。録二*囚徒一。理二*冤枉一。詳察二*政刑得失一。知三百姓所二患苦一。敦喩二*五教一。勧二*務農功一。部内有下*好学。篤道。孝悌。忠信。*清白。*異行。発二聞於郷閭一者上。*挙而*進之。有下不孝悌。悖レ礼。*乱レ常。不レ率二法令一者上。*糺而縄之。*其郡境内。田疇闢。産業脩。礼教設。禁令行者。為二*郡領之能一。入二其境一。人窮遺。農事荒。奸盗起。*獄訟繁者。為二郡領之不一。*若郡司在レ官公廉。不レ及二私計一。*正レ色直レ節。不レ飾二名誉一者。必謹而察之。其情在二貪穢一。諂諛求レ名。公節無レ聞。而私門日益者。亦謹而察之。其*政績能不。*及還迹善悪。*皆録入二考状一。以為二褒貶一。即事有二*侵害一。不レ可レ待レ*至レ考者。随レ事糺推。

凡そ国の守は、年毎に一たび属郡に巡り行いて、風俗を観、百年を問ひ、囚徒を録し、冤枉を理め、詳らかに政刑の得失を察、百姓の患へ苦しぶ所を知り、敦くは五教を喩し、農功を勧め務めしめよ。部内に好学、篤道、孝悌、忠信、清白、異行にして、郷閭に発し聞ゆる者有らば、挙して進めよ。不孝悌にして、礼を悖り、常を乱り、法令に率はざる者有らば、糺して縄せ。其れ郡の境の内に、田疇闢け、産業脩り、礼教設け、禁令行はれば、郡領の能と為よ。其の境に入るに、人窮まり遺し、農事荒れ、奸盗起り、獄訟繁くは、郡領の不と為よ。若し郡司、官に在りて公廉にして、私の計に及ぼさず、色を正し、節を直うして、名誉を飾らずは、必ず謹みて察よ。其れ情、貪り穢らはしきに在りて、諂ひ諛つて名を求め、公節聞ゆること無くして、私の門日に益さば、亦謹みて察よ。其れ政績の能不、及び遥迹の善悪、皆録して考状に入れて、以て褒げ貶すこと為よ。即ち事侵害すること有りて、考に至るを待つべからずは、事に随ひて糺し推へ。

34 凡国郡司。須下向二所部一検校上者。不レ得下受二百姓迎送一。妨二廃*産業一。及受二供*給一。致レ令二煩擾一。

凡そ国郡司、所部に向ひて検校すべくは、百姓の迎へ送るを受け、産業を妨げ廃め、及び供給を受けて、煩擾せしむること致すこと得じ。

35 凡陵*戸。官*戸。家*人。公私*奴婢。皆当*色為レ婚。

凡そ陵戸、官戸、家人、公私の奴婢は、皆当色婚すること為よ。

36 凡官*戸奴婢。毎レ年正月。本*司色*別。各造二籍二通一。一通送二太政官一。一通留二本司一。有二工*能一者。色別具*注。

凡そ官戸奴婢は、年毎に、正月に、本司色別に、各籍二通造れ。一通は太政官に送れ。一通は本司に留めよ。工能有らば、色別に具に注せよ。

37 凡良*人及家*人。被二圧*略*一充レ賤*。配*二奴婢*一而生二男女*一者。後訴得レ免。所レ生男女。並従二良人及家人一。

凡そ良人及び家人、圧略せられて賤に充てられて、奴婢に配して男女を生めらば、後に訴して免すこと得たらば、生めらむ所の男女は、並に良人及び家人に従へよ。

38 凡官*奴婢。年六十六*以上。及癈*疾。若被二配*1没一。令*レ為レ戸者。並為二官*戸一。至二

郡。**産業**—具体的には主として農業。**受供給**—大宝令は「受給」(古記)。↓補34。

35 〔当色為婚条〕賤民は同じ種類の賤民とだけしか結婚できないとする規定。↓補35a。

陵戸—天皇・皇族などの陵墓を守るもの。大宝令文には陵戸の二字はなかったか。↓補35b。**官戸**—官に属する上級の賤民。↓補35c。**家人**—奴婢より上級の私賤民。↓補40。**公私奴婢**—公奴婢(官奴婢)と私奴婢。奴婢の基本的性格↓補35d。**当色**—同じ種類。↓補35a。

36 〔造官戸籍条〕官戸と官奴婢の籍の作成についての規定。↓補36。

官戸奴婢—官戸と官奴婢。↓戸令35。**本司**—ここでは宮内省の官奴司(職員49)。大宝令文は「本省」(古記)。**色別**—官戸と官奴婢との種類別に。**工能**—「工作書算医術之類」(古記)。**色別具注**—工能の種類を具体的に注す。なお白丁の場合は↓営繕7。

37 〔良人家人条〕良人・家人が不法に賤とされたときの出生子の身分についての規定。

良人—賤人(広義)に対する語。↓補37。**家人**↓戸令35 40。**圧**—不法に身分をおとしめる。**略**↓賊盗45。**賤**—ここでは奴婢(狭義の賤)をさすか。**配**—結婚させる。**奴婢**↓戸令35。**男女**—大宝令は「子」。

38 〔官奴婢条〕官奴婢・官戸の老齢・疾病等による放免の規定。↓補38a。

官奴婢↓戸令35。**年六十六**—良人の耆の年齢と同じ。↓補38a。**癈疾**↓戸令7。篤疾については↓補38a。**配没**—没官(例、戸令43・賊盗1)。**令為戸**—配没されたがとくに戸を

年*七十六以上一。並放為レ良*。任所レ楽処附レ貫*。反逆縁坐*。八十以上*。亦聴レ従レ良。

凡そ官奴婢、年六十六以上及び癈疾ならむ、若し配没せられて、戸と為しめたらば、並に官戸と為よ。年七十六以上に至りなば、並に放して良と為よ。任に楽はむ所の処に、貫に附けよ。反逆の縁坐、八十以上ならむは、亦良に従ふること聴せ。

39 凡放二*家人奴婢一。為二良及家人一者。仍経二本属一*。申牒除附*。

凡そ家人、奴婢を放して、良及び家人と為ば、仍りて本属に経れて、申牒して除き附けよ。

40 凡家*人所レ生子孫。相承為二家人一。皆任本主*駈使。唯不*レ得二尽レ頭駈使。及売買一。

凡そ家人の生めらむ所の子孫は、相ひ承けて家人と為よ。皆任に本主駈使せよ。唯し頭を尽して駈使し、及び売買すること得ず。

41 凡官戸*。家人*。公私奴婢*。被二抄略一*。没在二外蕃一*。自抜得レ還者*。皆放為レ良*。*非二抄略一。及背レ主入レ蕃。後得レ帰者。各還二官主一*。

凡そ官戸、家人、公私の奴婢、抄略せられて、没して外蕃に在りて、自ら抜けて還ること得たらば、皆放して良と為よ。抄略せらるるに非ず、及び主を背きて蕃に入りて、後に帰ること得たらむは、各官主に還せ。

42 凡官戸*。陵戸*1。家人*。公私奴婢*。与二良人一為二夫妻一*。所レ生男女。不*レ知レ情者。従レ良。皆離之*。其逃亡*所レ生男女*。皆従レ賤*。

凡そ官戸、陵戸、家人、公私の奴婢、良人と夫妻と為て、生めらむ所の男女、情を

為すことを認められたもの。↓補38b。**官戸**↓戸令35。**年七十六**↓補38a。**良**↓補37。**附貫**―本貫を定めて戸籍に附ける。**反逆縁坐**↓賊盗1。**八十以上**↓補38a。

39 〔放家人奴婢為良及家人条〕家人・奴婢を放免する手続き規定。↓補39。

家人・奴婢↓戸令35 40。**本属**―本籍のある国郡。**除附**―旧籍から除き、新籍に附ける。なお放良の手続き↓戸令17・補17b。

40 〔家人所生条〕家人の身分の固定、駈使の方法、売買の禁止についての規定。↓補40。

家人―奴婢より上級の私賤人。↓戸令35・補40。**本主**―家人の主。↓補43b。**不得尽頭駈使**―全員を同時に駈使することはできない。「仮有、家人男女十口者、放二両三口一令レ産二私業一耳」(令釈)。

41 〔官戸自抜条〕賤人が外蕃から帰ったときの身分についての規定。

官戸・家人・公私奴婢↓戸令35。**被抄略**―「為二蕃賊一被二虜掠一也」(古記)。**外蕃**↓戸令16。**自抜**―自らの意志・努力で外蕃から抜け出す。**良**―良人。**非抄略**―例えば「乗レ舟遭二逆風一、流漂得レ著二外蕃一也」(古記)。**各還官主**―官戸・公奴婢は官に、家人・私奴婢は主に還す。

42 〔為夫妻条〕賤人と良人の間に生れた子の身分についての規定。↓補42。

官戸・陵戸・家人・公私奴婢↓戸令35。大宝令には陵戸の二字はなかったか(↓補35b)。**為夫妻**―正式に結婚する。**不知情**―相手が賤人であることを知らないとき。**皆離之**―知情と不知情とを論ぜず、みな離婚させる。**逃亡**―賤人が逃亡したときか。↓補42。**男女**―大

知らずは、良に従へよ。皆離て。其れ逃亡して生めらむ所の男女は、皆賤に従へよ。

43　凡家人奴。奸二主及主五等以上親一。所レ生男女。各没官。
凡そ家人、奴、主及び主の五等以上の親を奸して、生めらむ所の男女は、各没官。

44　凡化外奴婢。自来二投国一者。悉放為レ良。即附二籍貫一。本主雖三先来二投国一。亦不レ得レ認。若是境外之人。先於二化内一充レ賤。其二等以上親。後来二投化一者。聴二贖為レ良。
凡そ化外の奴婢、自ら国に来投せらば、悉くに放して良と為よ。即ち籍貫に附けよ。本主先より国に来投せりと雖も、亦認むること得じ。若し是れ境外の人、先より化内に賤に充てられたらむ、其の二等以上の親、後に化に来投せらば、贖ひて良と為ること聴せ。

45　凡遭二水旱災蝗一。不熟之処。少レ粮応二須賑給一者。国郡検レ実。預申二太政官一奏聞。
凡そ水旱災蝗に遭ひて、不熟ならむ処、粮少くして賑給すべくは、国郡実を検へて、預め太政官に申して奏聞せよ。

宝令は「子者」(古記)。前行の男女も同じか。
皆—知情と不知情とを論ぜず。

43　〔奴奸主条〕家人・奴が、主及び主の親族と姦して生れた子は没官する規定。↓補43a。
家人奴↓戸令35。**奸**—婚姻外の男女の情交。和姦。↓補27a。**主**↓補43b。**五等以上親**↓儀制25。**男女**—大宝令は「子」か。**没官**—官有の賤人とする。

44　〔化外奴婢条〕化外の奴婢が帰化してきたとき、化外の人が化内において賤にあてられたときの規定。↓補44。
化外—「教化之所レ不レ被、是為二化外一」(義解)。↓補16b。**奴婢**↓戸令35。**自**—「主自将来者非」(古記等)。**来投**—帰化。↓補16b。**附籍貫**—本貫を定めて戸籍に附ける。**認**—自分の奴婢と認定する。**境外**—化外と同じ。**二等以上親**↓儀制25。**贖**—代価を払う。

45　〔遭水旱条〕水旱災蝗などの災害に遭って賑給するときの手続規定。なお課役免除については↓賦役9。国郡司の考課との関連↓考課65。
水旱災蝗—水害・旱魃・蝗(いなご)の害など自然災害の総称。**賑給**—食糧等を施し与える。**奏聞**—天皇に奏上する。賑給は天皇の徳治の重要な手段であり、一般に天皇の恩勅によって行なわれた。

田令　第九　　　凡参拾柒条

1　凡田*。長卅歩*。広十二歩為レ段*。十段為レ町*。段租**稲二束二把。町租稲廿二束。

凡そ田は、長さ卅歩、広さ十二歩を段と為よ。十段を町と為よ。段の租稲二束二把。町の租稲廿二束。

2　凡田租*。准二国土収獲早晩一。九月中旬起輸。十一月卅日以前納畢*。其舂*レ米運レ京者。正月起運。八月卅日以前納畢。

凡そ田租は、国土の収り獲らむ早晩に准へて、九月の中旬より起りて輸せ。十一月の卅日より以前に納れ畢れ。其れ米に舂きて京に運ばむは、正月より起りて運べ。八月卅日より以前に納れ畢れ。

3　凡給二口分田*一者。男二段*。女減二三分之一*一。五年以下不レ給*。其地有二寛狭*一者。従二郷土法*一。易田*倍給。給訖。具録二町段*及四至*一。

凡そ口分田給はむことは、男に二段。女は三分が一減せよ。五年以下には給はず。其れ地、寛に、狭きこと有らば、郷土の法に従へよ。易田は倍して給へ。給ひ訖りなば、具に町段及び四至録せよ。

4　凡位田*。一品八十町*。二品六十町。三品五十町。四品卌町。正一位八十町。従一位七十四町。正二位六十町。従二位五十四町。正三位卌町。従三位卅四町。

☆**田令**—田の面積の単位、田租、各種の田の班給規準や手続き、園宅地の取扱い、田地の用益についての規制、諸司田・官田などについて規定した篇目。→補☆

1　〔田長条〕田の面積の単位、田租の徴収規準についての規定。沿革→補1a。

田—訓はタ(→補☆)。**歩**—令大尺の五尺(雑令4)。一歩四方の田積単位にも用いる。**段**—田積単位。三〇歩×一二歩＝三六〇歩＝一段。段の起源→補1a。**町**—田積単位。十段＝一町。町の起源→補1a。**租**—訓はタチカラ。田に課せられた基本的な税目。→補1b。**二束二把**—不成斤の二束二把(束・把は稲を量る単位)。成斤では一束五把。→補1c。

2　〔田租条〕田租の輸納の時期、舂米の運京の時期についての規定。

田租→田令1。**納畢**—原則としてそれぞれの国に納める。→補2。**舂米**—稲穀を舂(つ)いて米にする。令文では田租の一部を舂米運京する主旨と解せられるが、天平時代の行事は異なる。→補2。

3　〔口分条〕口分田の班給規準についての規定。→補3a。

口分田—口(人)ごとに分けられる田。**二段**—段→田令1。二段は代制の百代にあたる。→補3b。**女減三分之一**—女は一段百二十歩となる。口分田の受田資格→補3c。**五年以下不給**—満六歳未満の幼児には班給しない意か。→補3d。**寛狭**→田令13。**従郷土法**—実際には地域ごとに規準を定めたらしい。→補3e。**易田**—地味が薄いため、一年おきに耕種する田。**町段**—田積の意か。古記は歩数も記すと

正四位廿四町。従四位廿町。正五位十二町。従五位八町。女減㆓三分之一㆒。

凡そ位田は、一品に八十町。二品に六十町。三品に五十町。四品に卌町。正一位に八十町。従一位に七十四町。正二位に六十町。従二位に五十四町。正三位に卌町。従三位に卅四町。正四位に廿四町。従四位に廿町。正五位に十二町。従五位に八町。女は三分が一減せよ。

5 凡職分田。太政大臣卌町。左右大臣卅町。大納言廿町。

凡そ職分田は、太政大臣に卌町。左右大臣に卅町。大納言に廿町。

6 凡功田。大功世々不㆑絶。上功伝㆓三世㆒。中功伝㆓二世㆒。下功伝㆑子。大功。非㆓謀叛以上㆒。以外。非㆓八虐之除名㆒。並不㆑収。

凡そ功田は、大功は世世に絶えず。上功は三世に伝へよ。中功は二世に伝へよ。下功は子に伝へよ。大功には、謀叛以上に非ず、以外は、八虐の除名に非ずは、並に収らず。

7 凡給㆑田。非㆓其土人㆒。皆不㆑得㆓狭郷受㆒。勅所㆑指者。不㆑拘㆓此令㆒。

凡そ田給はむことは、其の土の人に非ずは、皆狭き郷に受くること得じ。勅に指さむ所は、此の令に拘れず。

8 凡応㆑給㆓職田位田㆒人。若官位之内。有㆓解免㆒者。従㆑所㆓解免㆒追。其除名者。依㆓口分例㆒。若有㆓賜田㆒者。亦追。当家之内。有㆓官位㆒。及少㆓口分㆒応㆑受者。並聴㆓廻給㆒。有㆑乗追収。

凡そ職田、位田給ふべき人、若し官位の内に、解免すること有らば、解免せむ所に

し、班田図等も歩数を記す。**四至**―東西南北の隣接地。

4 〔位田条〕位田の班給規準についての規定。→補4。

位田―品位階に応じて班給される田。品階によるものは「品田」とも呼ばれた。**一品〜従五位**→官位1〜11。位田は五位以上(通貴)に与えられる。神亀五年格により外位は内位の半分とされた。**女減三分之一**―古記・令釈等は嬪以上(後宮1〜3)には減じないとする(禄令12)。

5 〔職分田条〕職分田の班給規準についての規定。

職分田―官職に応じて班給される田。大宝令では「職田」。→補5。**太政大臣・左右大臣・大納言**→職員2。

6 〔功田条〕功田の等級と世襲についての規定。→補6a。

功田―特異な功績に対して与えられる田。**大功世々不絶**―功田の相続法については→補6b。**謀叛以上**―八虐の謀反・謀大逆・謀叛をいう(名例6)。**以外**―上功・中功・下功。→補6c。**八虐之除名**―八虐を犯して除名に処せられた場合(名例6 18)。

7 〔非其土人条〕狭郷での受田を制限する規定。

其土人―その土地の人。→補7。**狭郷**→田令13。**勅所指**―天皇の命令で指定した場合。一般には賜田(田令12)か。

8 〔官位解免条〕官人が解免や除名されたときの給田の処置についての規定。

応→補8a。**職田**―職分田。→田令5。**位田**→田令4。**若官位之内有解免者**―若し歴任の

官位の内で解免せられたものが有れば。→補8b。**従所解免追**―解免された所に従って給田を取り上げる。→補8c。**除名**→名例18。**依口分例**―口分田だけは取り上げない。→補8d。**若有賜田者亦追**―除名の場合には賜田(田令12)も取り上げる。大宝令は「並追」(唐令と同じ)。功田の処置→田令6。**当家之内**…→補8e。**乗**―剰余。

9 〔応給位田条〕位田を規定通りに給せられないで死亡したときの規定。→補9。

位田→田令4。**未請**―未だ受田しない。**未足**―規定額に達しない。

10 〔応給功田条〕功田の全額または指定額を給せられないで死亡したときの規定。→補6a。

功田→田令6。

11 〔公田条〕公田の賃租の方式とその価の使途についての規定。

公田―私田に対する語で、公に属する田(田令29)、この条では主に乗田を指すか。→補11a。**随郷土估価**―その地域の売買価格に従って。→補11b。**賃租**―田を一年間賃貸借して耕作させること。→補11c。**送太政官**→補11d。

12 〔賜田条〕賜田の定義についての規定。→補12。

別勅―個別に出された勅。

13 〔寛郷条〕寛郷・狭郷の定義についての規定。→補13。

悉足者―古記・穴記は口分田の班給額を基準とする。**寛郷・狭郷**―郷は一般的な郷土の意。実際にはほぼ郡を単位としたか。→補13。

従ひて追せよ。其れ除名は、口分の例に依れ。若し賜田有らば、亦追せよ。当家の内に、官位有り、及び口分少くして受くべくは、並に廻して給ふこと聴せ。乗れること有らば追して収れ。

9 凡応レ給二位田一。未レ請。及未レ足而身亡者。子孫不レ合二追請一。

凡そ位田給ふべからむ、請けず、及び足らずして身亡しなば、子孫追ひて請くべからず。

10 凡応レ給二功田一。若父祖未レ請。及未レ足而身亡者。給二子孫一。

凡そ功田給ふべからむ、若し父祖請けず、及び足らずして身亡しなば、子孫に給へ。

11 凡諸国公田。皆国司随二郷土估価一賃租。其価送二太政官一。以充二雑用一。

凡そ諸国の公田は、皆国司郷土の估価に随ひて賃租せよ。其の価は太政官に送り、以て雑用に充てよ。

12 凡別勅賜レ人田者。名二賜田一。

凡そ別勅に人に賜はむ田をば、賜田と名づく。

13 凡国郡界内。所部受田。悉足者。為二寛郷一。不レ足者。為二狭郷一。

凡そ国郡の界の内に、所部に受けむ田、悉くに足んなば、寛なる郷と為よ。足らずは、狭き郷と為よ。

14 凡狭郷田不レ足者。聴二於寛郷遙受一。

凡そ狭き郷の田足らずは、寛なる郷に遙に受くること聴せ。

15 凡給二園地一者。随二地多少一均給。若絶レ戸還レ公。

凡そ園地給はむことは、地の多少に随ひて均しく給へ。若し戸絶えば、公に還せ。

16 凡課二桑漆一。上戸桑三百根。漆一百根以上。中戸桑二百根。漆七十根以上。下戸桑一百根。漆卌根以上。五年種畢。郷土不レ宜。及狭郷者。不二必満レ数。

凡そ桑漆課せむことは、上の戸に桑三百根、漆一百根以上。中の戸に桑二百根、漆七十根以上。下の戸に桑一百根、漆卌根以上。五年に種ゑ畢へよ。郷土の宜しからざらむ、及び狭き郷には、必ずしも数に満てず。

17 凡売二買宅地一。皆経二所部官司一。申牒。然後聴之。

凡そ宅地売り買はむことは、皆所部の官司に経れて、申牒して、然うして後に聴せ。

18 凡因二王事一。没二落外蕃一不レ還。有二親属同居一者。其身分之地。十年乃追。身還之日。随レ便先給。即身死二王事一者。其地伝レ子。

凡そ王事に因りて、外蕃に没落して還らざらむ、親属の同居有らば、其の身の分の地は、十年あつて乃し追れ。身還らむ日に、便に随ひて先づ給へ。即ち身王事に死なば、其の地は子に伝へよ。

19 凡賃二租田一者。各限二一年一。園任賃租。及売。皆須下経二所部官司一。申牒。然後聴上。

凡そ田賃租せむことは、各一年を限れ。園は任に賃租し、及び売れ。皆所部の官司に経れて、申牒して、然うして後に聴すべし。

---

14 〔狭郷田条〕狭郷で田が不足する場合には寛郷で遙受する規定。
狭郷・寛郷↓田令13。**遙受**↓補14。

15 〔園地条〕園地の班給と収公についての規定。↓補15a。
園地―蔬菜や桑漆などを植える地か。↓補15a。**均給**―班給の規準は明確でない。↓補15b。**絶戸**―戸口が一人もいなくなること(喪葬13)。

16 〔桑漆条〕桑と漆を戸等に応じて植えさせる規定。
桑漆―桑は絹織物、漆は漆器の原料。↓補16a。**上戸・中戸・下戸**―戸等の定め方↓補16b。**五年**―義解に「新別為レ戸、亦依二此限一」。**不宜**―風土が桑や漆に適さない。**狭郷**↓田令13。

17 〔宅地条〕宅地の売買の手続きについての規定。大宝令文の有無↓補17。
所部官司―一般には郡と国。京では京職。**申牒**↓公式14注。

18 〔王事条〕王事によって外蕃に没落、または死亡したときの田地の処置。
王事―天皇の命による事。↓補18a。**外蕃**↓戸令16。**親属同居**↓補18b。**身分之地**―一身に属する田地。令釈・義解等は、口分田・位田・賜田をあげ、職田は入らないとする。↓補18c。**十年乃追**―大宝令は「三班乃追」。↓補18c。**身死王事**↓補18a。**其地伝子**↓補18d。

19 〔賃租条〕田の賃租、園の賃租・売買についての規定。
賃租↓田令11。**各限一年**―律令では原則として田の永売を禁止し、一年期売のみを許した。↓補19a。**園**↓田令15。**売**―永売。**皆須経**…

20 凡給二*口分田一。務従二便近一。*不レ得二隔越一。若因二*国郡改隷一。地入二他境一。及*犬牙相三接者。聴四依レ旧受一。本郡*無レ田者。聴二隔郡受一。

凡そ口分田給はむことは、務めて便近に従れ。隔越すること得じ。若し国郡の改まり隷くに因りて、地他の境に入れらむ、及び犬牙に相ひ接らば、旧に依りて受くること聴せ。本郡に田無くは、隔郡に受くること聴せ。

21 凡田。*六年一班。*神田。寺田。不レ在二此限一。若以二身死一。応レ退レ田者。*毎レ至二班年一。即従二収授一。

凡そ田は、六年に一たび班へ。神田、寺田は、此の限に在らず。若し身死にたるを以て田退くべくは、班はむ年に至らむ毎に、即ち収り授ふに従へよ。

22 凡応レ還二公田一。皆令下*主自量。為二*一段一退上。不レ得二*零畳割退一。先有レ零者聴。

凡そ公に還すべき田をば、皆主をして自ら量りて、一段と為て退さしめよ。零畳して割き退すこと得じ。先より零ちたること有らば聴せ。

23 凡応レ班レ田者。毎二*班年一。正月卅日内。申二太政官一。起二十月一日一。*京国官司。*預校勘造レ簿。至二十一月一日一。摠二集*応レ受之人一。対共給授。二月卅日内使レ訖。

凡そ田班ふべくは、班はむ年毎に、正月卅日の内に、太政官に申せ。十月一日より起りて、京国の官司、預め校へ勘へて簿造れ。十一月一日に至りなば、受くべき人を摠べ集めて、対ふて共に給ひ授けよ。二月の卅日の内に訖らしめよ。

24 凡授レ田。先*課役。後不課役。先無。後少。先貧。後富。

然後聴↓田令17・補19b。

20 〔従便近条〕口分田を班給する場所についての規定。

口分田↓田令3。**不得隔越**—古記は「此郡人給二彼郡一、彼郡人給二此郡一不レ合也」と注するが令意は未詳。**国郡改隷**—国郡の区画の変更。**犬牙相接**—犬の牙のように入り組む。**本郡無田者聴隔郡受**↓補20。

21 〔六年一班条〕田を収授する年次(班年)についての規定。大宝令では三条からなるか。↓補21a。

六年一班—六年毎に班田収授する。戸籍が六年一造(戸令19)であったのと対応する。↓補21b。なお班給は、生益(新しく受田年令に達した場合)、隠首(戸籍から漏れていた者が自首した場合)等を対象とし、既班給田は死亡するまでそのままとした(令釈・義解等)。**神田寺田不在此限**—神田・寺田は収授の対象から除外する。↓補21c。**毎至班年**—大宝令では初班で死亡したときは三班収授としたらしい。↓補21d。

22 〔還公田条〕公に還す田の形態についての規定。

主—この条では戸主か。**一段**—一処。一筆。↓補22。**零畳**—零は、はした。僅か。畳は、つもる。かさねる。

23 〔班田条〕班田の日程や手続きについての規定。↓補23a。大宝令には死者分を戸内で廻給する規定もあった。↓補23b。

班年↓田令21。**京国官司**—京職・国司。**預校勘造簿**—義解に「校二勘田及応レ給人数一造レ簿」。古記は「造二田文一也」。**応受之人**—跡記は戸主とするが、令意は受田すべき本人か。

凡そ田授はむことは、先づ課役に、後に不課役に。先づ無きに、後に少きに。先づ貧しきに、後に富めるに。

25 凡田有*二交錯一。両主求レ換者。経二*本部一。判聴二*除附一。

凡そ田交錯せること有りて、両んの主、換へむと求めなば、本部に経れて、判つて除き附くること聴せ。

26 凡官人百姓。並不レ得下将二*田宅園地一。*捨施及*売易与上レ寺。

凡そ官人百姓は、並に田宅園地を将て、捨施し、及び売り易へて寺に与ふること得じ。

27 凡*官戸奴婢口分田。*与二良人一同。*家人奴婢。随二*郷寛狭一。*並給二三分之一一。

凡そ官戸、奴婢の口分田は、良人と同じ。家人、奴婢は、郷の寛狭に随ひて、並に三分が一給へ。

28 凡田。為レ水侵食。不レ依二旧派一。*新出之地。*先給二被レ侵之家一。

凡そ田、水の為に侵食せられて、旧の派に依らずして、新に出でむ地は、先づ侵されたらむ家に給へ。

29 凡*公私田。荒廃三年以上。*有二能借佃者一。経二官司一。判借之。*雖隔越亦聴。私田*三年還レ主。*公田六年還レ官。*限満之日。所レ借人口分未レ足者。公田即聴レ充二口分一。私田不レ合。其官人於二*所部界内一。有二*空閑地一。願レ佃者。任聴二営種一。*替解之日。還レ公。

↓補23 c。

24 〔授田条〕授田の優先順位についての規定。

課役→賦役9。授田と課役との関係→補24。

25 〔交錯条〕田主を異にする田が交り合っているときの交換手続きの規定。

田有交錯両主求換—古記に「一処上田一町、二人各給二中分一。一処中田一町、先二人亦各給二中半一。二人情下願不レ論二上中下一一処全作上者、判聴二除附一」。**本部**—京では京職、地方では国郡司(関市1)。**除附**—田簿に除附する(義解)。

26 〔官人百姓条〕官人・百姓が田宅園地を寺に捨施・売易するのを禁ずる規定。

田宅園地—穴記・義解等は「依レ文、奴婢牛馬等、不レ在二禁限一」。→補26。**捨施**—布施。**売易**—義解に「売及貿易」。古記は「頓売易也。限二一年一売買非也」(頓売易＝永売易、限一年売買＝賃租→田令19)。

27 〔官戸奴婢条〕公私の賤人の口分田についての規定。

官戸奴婢—官戸と官奴婢。→戸令35 38。**口分田与良人同**→田令3。官戸奴婢の口分田は官に属するので不輸租。**家人奴婢**—家人と私奴婢。→戸令35。**郷寛狭**→田令3 13。**並給三分之一**—家人・奴は良男の、家女・婢は良女の各々三分の一。→補27。

28 〔為水侵食条〕田が水によって侵食され、水流が変化したときの規定。

新出之地—旧川地で佃食に堪える地(古記)。**先給被侵之家**—具体的な処置→補28。

29 〔荒廃条〕荒廃田を借佃したときや、官人が空閑地を営種したときの規定。

凡そ公私の田、荒廃して三年以上ならむ、能く借つて佃らむといふ者有らば、官司に経れて、判つて借せ。隔越せりと雖も亦聴せ。私の田は三年あつて主に還せ。公の田は六年あつて官に還せ。限満たむ日に、借らむ所の人の口分足らずは、公田は即ち口分に充つること聴せ。私田はすべからず。其れ官人、所部の界の内にして、空閑の地有り、佃らむと願りせば、任に営種すること聴せ。替り解けむ日には、公に還せ。

30　凡*競田。*判得已耕*種者。後雖ニ*改判一。*苗入ニ種人一。耕而未レ種者。酬ニ*其功力一。未レ経ニ断決一。強耕種者。*苗従ニ地判一。

凡そ競田、判りて、得て、已に耕し種ゑたらば、後に改判せりと雖も、苗は種ゑし人に入れよ。耕して種ゑずは、其の功力酬いよ。断決に経れずして、強ひて耕し種ゑなば、苗は地判に従へよ。

31　凡在外諸司*職分田。*大宰帥十町。大弐六町。少弐四町。大監。少監。大判事二町。大工。少判事。大典。防人正。主神。博士一町六段。少典。陰陽師。医師。少工。算師。主船。主厨。防人佑一町四段。諸令史一町。史生六段。*大国守二町六段。上国守。大国介二町二段。中国守。上国介二町。下国守。大上国掾一町六段。中国掾。大上国目一町二段。中下国目一町。史生如レ前。

凡そ在外の諸司の職分田は、大宰の帥に十町。大弐に六町。少弐に四町。大監、少監、大判事に二町。大工、少判事、大典、防人の正、主神、博士に一町六段。少典、

公私田―令釈・義解は、位田・賜田・口分田・墾田等を私田とし、乗田等を公田とする。↓補29a。**有能借佃…判借之**―この部分、大宝令には「主欲ニ自佃一先尽ニ其主一」(主＝田主)という附加規定があった。↓補29b。なお大宝令には荒廃田についての規定だけでなく、荒地の開墾についての規定も存在したらしい。↓補29c。**雖隔越亦聴**―義解は他郡でもよいとし、跡記は他国の場合は太政官の処分を聞くとする。**三年・六年**―借佃の期間。**主・官**―律令では動産・不動産を通じて一般に、私物の享有主体は「主」、公物の享有主体は「官」と表記された。↓補29d。**口分未足**↓田令3。**官人**―具体的には国司か。**所部界内**―この条では国内か。**空閑地**―大宝令文の「荒地」(↓補29c)との異同について↓補29e。**替解之日還公**―交替・解官の際には公に還す。大宝令は「替解日還レ官収授」。なお一般の百姓の墾田の取扱いについては、律令に明確な規定がない。↓補29f。

30　〔競田条〕係争中の田の作物の帰属についての規定。

競田―係争中の田。**判**―判決。**種**―「殖訖」(令釈)。水田では田植をいうか。↓田令34注。**改判**―古記に「先経レ郡、郡司判与レ甲。乙不レ伏申レ国。国判与レ乙。如此改判中間耕種耳」。**苗入種人**―苗は作物のこと。なお集解諸説は、田直(賃租の価直)を改判の人に入れるとするが、令文とは直接の関係はないか。**其功力**―耕に要した労力。**苗従地判**―古記に「已雖ニ殖訖一、猶得レ地之人苅取也」。

31　〔在外諸司職分田条〕大宰府の官人と国司の職分田についての規定。↓補31。

陰陽師、医師、少工、算師、主船、主厨、防人の佑に一町四段。諸の令吏に一町。史生に六段。大国の守に二町六段。上国の守、大国の介に二町二段。中国の守、上国の介に二町。下国の守、大上国の掾に一町六段。中国の掾、大上国の目に一町二段。中下国の目に一町。史生は前の如く。

32　凡郡司職分田*。大領*六町。少領四町。主政。主帳各二町。狭郷*不*レ須三要満二此数一。

凡そ郡司の職分田は、大領に六町。少領に四町。主政、主帳に各二町。狭き郷は、要ずしも此の数に満つべからず。

33　凡駅田*。皆随*レ近給。大路四町*。中路三町。小路*1二町。

凡そ駅田は、皆近きに随ふて給へ。大路に四町。中路に三町。小路に二町。

34　凡在外諸司職分田*。交代以前種者*。入二前人一*。若前人自耕未レ種。後人酬二其功*直一。闕官田用二公力*一営種。所レ有当年苗子*。新人至日。依レ数給付*。

凡そ在外の諸司の職分田は、交代の以前に種ゑたらば、前の人に入れよ。若し前の人自ら耕して種ゑずは、後の人其の功直酬いよ。闕官の田は、公力を用て営種せよ。有らむ所の当年の苗子は、新人の至らむ日に、数に依りて給ひ付けよ。

35　凡外官新至レ任者。比レ及二秋収一。依レ式給レ粮*。

凡そ外官新に任に至らば、秋収るに及ぶ比ほひまでに、式に依りて粮給へ。

36　凡畿内置二官田一*。大和*。摂津各卅町。河内。山背各廿町。毎二二町一配二牛*一頭一。

職分田―大宝令は「公廨田」。→補31。なお民部例・天平十二年遠江国浜名郡輸租帳ともに公廨田は不輸租。**大宰帥〜史生**→職員69。**大国守〜史生**→職員71〜73。なお大納言以上の職分田については→田令5。

32　〔郡司職分田条〕郡司の職分田についての規定。前条の在外諸司職分田と別条にしたのは、郡司の特殊な性格による。→補32。

職分田―大宝令は「職田」(田令5)。なお民部例・浜名郡輸租帳ともに輸租とす。→補32。**大領〜主帳**→職員74。**狭郷**→田令13。**不須要満此数**―大宝令は「皆随二郷法一給」。百姓口分の例に准じて増減し、不足分を遙受することをゆるす(古記・跡記・穴記)。

33　〔駅田条〕駅田の設置規準についての規定。

駅田―駅(厩牧14)の財源としての田。大宝令は「駅起田」。→補33。**随近給**―駅の近くに給う。**大路四町**―大路にある駅には駅ごとに四町。**大路・中路・小路**→厩牧16。

34　〔在外諸司条〕在外諸司が交代したときの職分田の扱いについての規定。養老八年格で大幅に改正された。→補34a。

在外諸司職分田→田令31。**種**―古記に「已殖訖也。蒔レ種者入二未レ種例一」。→田令30注。**入前人**―大宝令は「分佃」か。→補34b。**其功直**―耕に要した労力の代償。**公力**―雑徭(賦役37)とする説(古記所引一云・義解等)と官物を以て作るとする説(古記)とがある。**苗子**―作物と実。**依数給付**―大宝令は「依法給之」。

35　〔外官新至条〕外官が新たに着任したときの給粮についての規定。

其牛令三一戸養二一頭一。謂。*中々以上戸。

凡そ畿内に官田置かむことは、大和、摂津に各卅町、河内、山背に各廿町。二町毎に牛一頭配てよ。其れ牛は、一戸をして一頭養はしめよ。謂はく、中中以上の戸をいふ。

37 凡*官田。応レ役レ丁之処。毎レ年*宮内省。預准二来年所レ種*色目。及町段多少一。*依レ式料レ*功。申レ*官*支配。其上役之日。国司仍准二*役月閑要一。量レ事*配遣。其*田司年別相替。年終*省校二量収獲多少一。*附レ考褒貶。

凡そ官田、丁役すべき処には、年毎に、宮内省、預め来年に種ゑむ所の色目、及び町段の多少に准へて、式に依りて功を料つて、官に申して支配せよ。其れ上役の日には、国司仍りて役月の閑要に准へて、事を量りて配遣せよ。其れ田司は、年別に相ひ替へよ。年の終に、省、収り獲る多少を校へ量りて、考に附けて褒げ貶せ。

依式給粮―大宝令は「量給公粮」。具体的な方式→補34a。

36 〔置官田条〕官田を畿内に置く規準についての規定。沿革→補36。

官田―大宝令は「屯田」。古記に「屯田、謂、御田。供御造食料田耳」。天皇に供する稲田。**大和**―養老令編纂時には「大倭」とあったのを施行直前に「大和」と書き変えたか(平野邦雄説)。**牛**―官田の耕作のための牛か。跡記等は牧牛とす。**中々以上戸**―大宝令は「中以上戸」。古記に「計二丁数一定之。今行事、三丁以上戸、家富堪レ養者充。雖二多丁一家貧者不レ充也。其戸内雑徭免」。戸の等級→補16b。雑徭→賦役37。

37 〔役丁条〕官田の経営についての規定。**官田**―大宝令は「屯田」(田令36)。**宮内省**→職員39。**色目**―種類。義解に「稲白黒為レ色也。稲名為レ目」。**功**―人功か。**官**―太政官。**支配**―義解に「支、支度也。配、当也」。**役月閑要**→賦役22 23。**配遣**―集解諸説は雑徭を充て駈使するとする。**田司**―大宝令は「屯司」。大宝令前の田領(→補36)の後身か。宮内省所管の諸司の伴部・使部等が充てられたらしい。**省**―宮内省。**附考**―田司の功過を評定。→考課1。

賦役令　第十

凡参拾玖条

1 凡調絹絁糸綿布。並随二郷土所出一。正丁一人。絹絁八尺五寸。六丁成レ疋。長五丈一尺。広二尺二寸。美濃絁。六尺五寸。八丁成レ匹。長五丈二尺。広同二絹絁一。糸八両。綿一斤。布二丈六尺。並二丁成二絇屯端一。端長五丈二尺。広二尺四寸。其望陁布。四丁成レ端。長五丈二尺。広二尺八寸。若輸二雑物一者。鉄十斤。鍬三口。毎レ口三斤。塩三斗。鰒十八斤。堅魚卅五斤。烏賊卅斤。螺卅二斤。熬海鼠廿六斤。雑魚楚割五十斤。雑腊一百斤。紫菜卅八斤。雑海菜一百六十斤。海藻一百卅斤。滑海藻二百六十斤。海松一百卅斤。凝海菜一百廿斤。雑腊六斗。海藻根八斗。未滑海藻一石。沢蒜一石二斗。嶋蒜一石二斗。鰒鮓二斗。貽貝鮓三斗。白貝葅三斗。辛螺頭打六斗。貽貝後折六斗。海細螺一石。棘甲蠃六斗。甲蠃六斗。雑鮨五斗。近江鮒五斗。煮塩年魚四斗。煮堅魚廿五斤。堅魚煎汁四升。次丁二人。中男四人。並准二正丁一人一。其調副物。正丁一人。紫三両。紅三両。茜二斤。黄連二斤。東木綿十二両。安藝木綿四両。麻二斤。熟麻十両十六銖。葈十二両。黄蘗七斤。黒葛六斤。木賊六両。胡麻油七夕。麻子油七夕。荏油一合。曼椒油一合。猪脂三合。脳一合五夕。漆三夕。金漆三夕。塩一升。雑腊二升。堅魚煎汁一合五夕。山薑一升。青土一合五夕。橡八升。紙六張。長二尺。広一尺。

☆**賦役令**―調・庸・義倉等の賦税、歳役・雇役・仕丁等の力役の賦課規準や徴発手続などについて規定した篇目。→補☆

1 〔調絹絁条〕調の賦課規準や品目についての規定。→補1a。

調―訓はツキ・ミツキ。もっとも基本的な賦役の一目。繊維製品を主体とするが海産物など雑多な品目を含む。→補1a。**絹**―和名抄「岐沼」。名義抄「カトリ、キヌ」。こまやかに織った絹織物。義解に「細為レ絹也、麁為レ絁也」。大化改新詔では絹一疋は絁二疋にあたるものとされているが、この条では絹と絁とは等価とされており、両者の別はしだいに失われてきたか。**絁**―和名抄「阿之岐沼」。アシキヌは悪し絹の意。キヌ、フトキヌともいう。あらく織った絹織物。**綿**―この条の綿はおそらくキヌワタを規準とするが、綿には植物繊維のワタ(いわゆるモメンではない)も含まれるか。**布**―麻・からむしなど植物繊維で織った織物。**正丁**→戸令6。**疋**―絹絁の丈量単位。→補1b。**美濃絁**―美濃国で織った特殊な絁。→補1c。**両**―重量の単位(雑令1 2)。小両か。→補1d。**斤**―重量の単位(雑令1 2)。一斤=十六両。→補1d。**絇**―糸の計量単位。令制では十六両=一絇。**屯**―綿の計量単位。和名抄「一屯読二飛度毛遅一」。令制では二斤=一屯。→補1e。**端**―調布の丈量単位。→補1f。**望陁布**―上総国望陀郡で織られた特殊な布。→補1g。**若輸雑物者**―調は絹絁糸綿布等の繊維製品で輸すのを基本とする観念があったらしい。→補1h。雑物としてあげられた三十四品目のうち、鉄・鍬と塩を除いた残りは全て魚貝海藻類やその

*四〇筐柳一把。*七丁席一張。*苫一張。鹿角一頭。*鳥羽一隻。*砥一顆。二丁*簀一張。三丁*薦一張。十四丁*四一樽一枚。受㆓三斗㆒。廿一丁樽一枚。受㆓四斗㆒。卅五丁樽一枚。受㆓五斗㆒。*京及畿内。皆正丁一人。調布一丈三尺。次丁二人。中男四人。各同㆓一正丁㆒。

凡そ調の絹、絁、糸、綿、布は、並に郷土の所出に随へよ。正丁一人に、絹、絁八尺五寸、六丁に疋成せ。長さ五丈一尺、広さ二尺二寸。美濃の絁は六尺五寸、八丁に匹成せ。長さ五丈二尺、広さ絹、絁に同じ。糸八両、綿一斤、布二丈六尺。並に二丁に絇、屯、端成せ。端の長さ五丈二尺、広さ二尺四寸。其れ望陁の布は四丁に端成せ。長さ五丈二尺、広さ二尺八寸。若し雑物輸さば、鉄十斤、鍬三口、口毎に三斤。塩三斗、鰒十八斤、堅魚卅五斤、烏賊卅斤、螺卅二斤、熬海鼠廿六斤、雑の魚の楚割五十斤、雑の鱐一百斤、紫菜卅八斤、雑の海菜一百六十斤、海藻一百卅斤、滑海藻二百六十斤、海松一百卅斤、凝海菜一百廿斤、雑の腊六斗、海藻根八斗、未滑海藻一石、沢蒜一石二斗、嶋蒜一石二斗、鰒の鮓二斗、貽貝の鮓三斗、白貝の葅三斗、辛螺の頭打六斗、貽貝の後折六斗、海細螺一石、棘甲嬴六斗、甲嬴六斗、雑の鮨五斗、近江の鮒五斗、煮塩の年魚四斗、煮堅魚廿五斤、堅魚煎汁四升。次丁二人、中男四人は、並に正丁一人に准へよ。其れ調の副物は、正丁一人に、紫三両、紅三両、茜二斤、黄連二斤、東の木綿十二両、安藝の木綿四両、麻二斤、熟麻十両十六銖、菓十二両、黄蘗七斤、黒葛六斤、木賊六両、胡麻の油七夕、麻子の油

加工品なので、調の雑物は主としてニへの系譜を引くと推定される(→補1a)。**鉄十斤**―和名抄「久路加禰」。鉄・鍬の斤量は大斤か(→補1d)。延喜式では「鉄二廷。〈三斤五両為レ廷〉」。**鍬**―和名抄「久波」。鍬は官人の季禄等としても支給される(禄令1 10 11)。**塩三斗**―斗は大斗か。以下この条の斗升は全て大量か。→補1i。**鰒十八斤**―和名抄「阿波比」。斤は小斤。以下この条の斤両は全て小斤・小両か(→補1d)。平城宮木簡にも調塩三斗の例が多い。平城宮木簡・延喜式は六斤を一籠とする(大六斤＝小十八斤)。**堅魚卅五斤**―和名抄「加豆乎」、平城宮木簡・延喜式では十一斤十両を一籠とする(大十一斤十両＝小三十五斤)。**烏賊〜堅魚煎汁**―調の雑物の魚貝海藻類やその加工品については→補1j。**次丁二人**―次丁(戸令8)の調は正丁の二分の一。**中男四人**―中男(戸令6)の調は正丁の四分の一。但し中男の調は養老元年格で廃止され、中男作物に変えられた。→補1k。

調副物―調に附随して正丁に課した副次的な賦課。賦課規準が記されているのは正丁だけなので、次丁・中男には賦課しない意と推定される。正丁一人あたりの賦課量は、調と同じ三品目(塩・雑腊・堅魚煎汁)で比較すると、調の三十分の一。その品目は染色・工芸関係の材料や製品を主とし、食料品も食品加工材料や工芸材料用のものが多いか。なお調副物は養老元年格で廃止され、中男作物に併合された。→補1k。**紫〜樽**―調副物の品目については→補1l。**京及畿内**―京・畿内には特例を設け、調の賦課量を半分とした。調副物は課さないのが令意か。→補1m。

2　〔調皆随近条〕調の合成法、貢納者名の注記の仕方などについての規定。

調→賦役1。**随近合成**—調の絹絁布等は複数の丁で疋端等を成すので(賦役1)、近くの丁の分をまとめて疋端等とする。→補2a。**具注**…—調の墨書銘の実例→補2b。**嚢**—義解に「以レ紙裹二両頭一為レ嚢也」。**戸主**→戸令5。**国印**→公式40。

3　〔調庸物条〕調庸物の納入期限、死者分の返却、運送方法等についての規定。

調庸→賦役1・4。**起輸**—百姓から輸し始める。**近国・中国・遠国**—京からの遠近。→補3a。**納訖**—中央に貢進し訖る意か。**調糸**→賦役1。**輸訖**—官(具体的には大蔵省)に納め訖る(令釈・義解等)。→補3b。**若調庸未発本国間**—集解諸説は規定上の出発期限を規準にする。→補3c。**運脚**—運搬する人夫。→関市5注「調庸脚」。**均出庸調之家**—義解に「庸調之家、毎レ人均出レ物、充二運脚之功食一也」(古記等も同説)。**国司領送**—一般に貢調使といわれた。**僦勾・糴輸**—義解に「依レ律(廐庫律23・26)。国司取レ賃代レ民客運、是為二僦勾一。応レ送二課物一者、皆須下従二所出一輸納上、而賣二他財貨一、詣二所レ輸処一市糴充者、是為二随レ便糴輸一」。→補3d。

4　〔歳役条〕歳役・留役の徴発や庸の徴収の規準、発遣・代役等の手続などについての規定。→補4a。

正丁→戸令6。**歳役**—歳ごとに一定日数、中央政府が徴発する基本的な力役。但し大宝令では実役でなく全て庸で収ることになっていたと推定される。→補4b。**若須収庸者布二丈六尺**—大宝令は「皆収庸布二丈六尺」か。

七夕、荏の油一合、曼椒の油一合、猪の脂三合、脳一合五夕、漆三夕、金漆三夕、塩一升、雑の腊二升、堅魚煎汁一合五夕、山薑一升、青土一合五夕、橡八升、紙六張、長さ二尺、広さ一尺。筐柳一把。七丁に席一張、苫一張、鹿角一頭、鳥羽一隻、砥一顆。二丁に簀一張。三丁に薦一張。十四丁に樽一枚、三斗受く。廿一丁に樽一枚、四斗受く。卅五丁に樽一枚、五斗受く。京及び畿内は、皆正丁一人に、調の布一丈三尺。次丁二人、中男四人は、各 一正丁に同じ。

2　凡調*。皆随*レ近合成。絹絁布両頭。及糸綿嚢*。具注*二国郡里戸*主姓名年月日一。各以*二国印一々之。

凡そ調は、皆近きに随ひて合せ成せ。絹、絁、布の両つの頭、及び糸、綿の嚢には、具に国、郡、里、戸主の姓名、年月日を注して、各国の印を以て印せ。

3　凡調*庸物。毎レ年八月中旬起輸*。近国*十月卅日。中国*十一月卅日。遠国*十二月卅日以前納訖*一。其調糸*七月卅日以前輸訖*二。若調庸未*レ発二本国一間。有二身死一者。其物却還。其運脚*均出*二庸調之家一。皆国司領送*。不レ得二僦勾*随レ便糴輸*三一。

凡そ調庸の物は、年毎に、八月の中旬より起りて輸せ。近き国は十月卅日より、中つめの国は十一月卅日、遠き国は十二月卅日より以前に、納れ訖へよ。其れ調の糸は七月卅日より以前に輸し訖れ。若し調庸本国より発たざる間に、身死ぬること有らば、其の物は却け還せ。其れ運ぶ脚は均しく庸調の家に出さしめよ。皆国司領し送れ。僦勾し便に随ひて糴ふて輸すこと得じ。

4 凡正丁歳役十日。若須レ収レ庸者。布二丈六尺。一日二尺六寸。須二留役一者。満二卅日一。租調倶免。役日少者。計二見役日一折免。通二正役一。並不レ得レ過二卌日一。次丁二人同二一正丁一。中男及京畿内。不レ在二収レ庸之例一。其丁赴レ役之日。長官親自点検。并閲二衣粮一周備。然後発遣。若欲下雇二当国郡人一。及遣二家人一代役上者聴之。劣弱者不レ合。即於二送簿名下一。具注二代人貫属姓名一。其匠欲下当色雇二巧人一代役上者。亦聴之。

凡そ正丁の歳役は十日。若し庸収るべくは、布二丈六尺。一日に二尺六寸。留役すべくは、卅日に満ちなば、租調倶に免せ。役日少くは、見役の日を計へて折ぎ免せ。正役に通はして、並に卌日に過ぐること得じ。次丁二人は一正丁に同じ。中男、及び京、畿内は、庸収る例に在らず。其れ丁の役に赴く日には、長官親ら自ら点検し、并せて衣粮閲びて、周く備へよ。然うして後に発て遣れ。若し当国郡の人を雇ひ、及び家人を遣りて、代りて役せしめむと欲せば、聴せ。劣しく弱くは、すべからず。即ち送らむ簿の名の下に、具に代りの人の貫属、姓名注せよ。其れ匠は、当色に巧みならむ人を雇ひて代り役せしめむと欲りせば、亦聴せ。

5 凡毎レ年八月卅日以前。計帳至付二民部一。主計々二庸多少一。充二衛士。仕丁。采女。女丁等食一。以外皆支二配役民雇直及食一。九月上旬以前申レ官。

凡そ年毎に、八月卅日より以前に、計帳至らば、民部に付けよ。主計、庸の多少を計へて、衛士、仕丁、采女、女丁等の食に充てよ。以外は皆役民の雇直及び食

↓補4b。**庸**―訓はチカラシロ。漢字「庸」は傭とも通じ、人や家畜や車をやとう意味から、やとった労働に対して支払う物・代価が原義と考えられ、それが転じ限定されて、歳役に実際就く代りに納める物を指すことになった。和訓チカラシロとは意味が異なるか。↓補4b。**布**↓賦役1。庸布の丈量規格↓補4c。**一日二尺六寸**―律の功庸の評価規準(名例34)と同じ。**留役**―十日の役(正役)をこえて留め役する。**租調倶免**↓補4d。**役日少者**―留役日数が三十日未満のとき。**見役日**―現に役した日数。**正役**―留役に対する語。**次丁**―老丁と残疾丁(戸令8)。但し残疾は免徭役(賦役19)なので庸は負担しない。**中男**↓戸令6。**不在収庸之例**―歳役の庸を徴収しないこと。京畿内にこの制が定められたのは大宝令から。↓補4e。**其丁**……↓補4a。**家人**↓戸令35。**貫属**↓戸令32。**匠**―技能のある者。**当色**―同じ種類の技能。「仮令、轆轤工代者、亦差下知二轆轤一之者上也」(令釈)。

5 〔計帳条〕計帳により庸の収入と支出の予算を立てる規定。庸の収支↓補5。**八月卅日・計帳**↓戸令18。**民部**―民部省(職員21)。**主計**―主計寮(職員22)。**庸**↓賦役4。**衛士**↓軍防12。衛士～女丁は地方から上番して朝廷に仕える者。庸をもって食に充てる理由↓補5。**仕丁**↓賦役38。**采女**↓後宮18。**女丁**↓賦役38。**支配**―区分して配当する。**役民**―ここでは雇役の民。「毎年国上番上雇民」(古記)。↓賦役22。**雇直**―雇役の対価。↓営繕1。**官**―太政官。

6 〔義倉条〕義倉の粟等の徴収規準などについての規定。↓補6a。

に支配せよ。九月上旬より以前に官に申せ。

6 凡一位以下。及百姓雑色人等。皆取二戸粟一。以為二義倉一。上々戸二石。上中戸一石六斗。上下戸一石二斗。中上戸一石。中々戸八斗。中下戸六斗。下上戸四斗。下中戸二斗。下々戸一斗。若稲二斗。大麦一斗五升。小麦二斗。大豆二斗。小豆一斗。各当二粟一斗一。皆与二田租一同時収畢。

凡そ一位以下、及び百姓、雑色の人等は、皆戸が粟を取り、以て義倉と為よ。上上の戸に二石、上中の戸に一石六斗、上下の戸に一石二斗、中上の戸に一石、中中の戸に八斗、中下の戸に六斗、下上の戸に四斗、下中の戸に二斗、下下の戸に一斗。若し稲は二斗、大麦一斗五升、小麦二斗、大豆二斗、小豆一斗を、各粟一斗に当てよ。皆田租と同時に収め畢へよ。

7 凡土毛臨時応レ用者。並准二当国時価一。々用二郡稲一。

凡そ土毛臨時に用ゐるべくは、並に当国の時の価に准へよ。価には郡稲を用ゐよ。

8 凡封戸者。皆以二課戸一充。調庸全給。其田租為二二分一。一分入レ官。一分給レ主。

凡そ封戸には、皆課戸を以て充てよ。調庸は全べて給へ。其れ田租は二分に為て、一分は官に入れよ。一分は主に給へ。

9 凡田。有二水旱虫霜一。不熟之処。国司検レ実。具録申レ官。十分損二五分以上一。免レ租。損二七分一。免二租調一。損二八分以上一。課役倶免。若桑麻損尽者。各免レ調。其已役已輸者。聴レ折二来年一。

一位以下及百姓雑色人等—親王以外の全ての良民の総称か。↓補6b。**戸**↓戸令15。**粟**—粟(あわ)が義倉穀の正色とされたのは、遠年の保存に適するから。**義倉**—「分レ富賑レ貧、其情合レ義。故曰二義倉一也」(義解)。なお古記は義倉に対する語として「大税、謂二之正倉一也」。**上々戸**…—義倉の粟は九等戸(↓田令補16b)の戸等に応じて賦課する。↓補6a。**石・斗・升**↓雑令12。**与田租同時収畢**↓田令2。なお義倉の穀は出挙しない(神祇20令釈等)。非常に備えてか。

7 〔土毛条〕土毛を臨時に用いるときの規定。↓補7。

土毛—古記に「当国所レ生、皆是土毛耳」。**郡稲**—雑用に充てるために郡ごとに別置された稲。↓補7。

8 〔封戸条〕封戸の点定の規準、封戸主への支給物についての規定。↓補8。

封戸—食封(禄令10)。**課戸**↓戸令5。**調庸**↓賦役1・4。**田租**↓田令1。↓補8。**入官**—官は広義の官。具体的には本国の正税に入れる。**主**—封戸を給せられた者。封戸主。

9 〔水旱条〕災害によって収穫量が減じたときの課役の免除についての規定。なお賑給については↓戸令45。

田—この条が適用される田について↓補9a。**水旱虫霜**—水害・旱魃・いなご等の虫害・冷害など自然災害の総称。**官**—太政官(職員2)。**損五分以上**—損四分以下の場合、天平十二年遠江国浜名郡輸租帳では、租を損分だけ免じている。**租**↓田令1。**調**↓賦役1。**課役**—この条では租・調・庸(役)。雑徭を含むか否かは未詳。↓補9b。**若桑麻損尽**…—桑と麻は繊維製品(絹絁・布)の主な原料なので、桑麻が全損をうけたときは繊維製品を主体とする調を免ずる。**已役已輸**―災害以前に歳役を徴発し、租調(実質的には調か)を輸納し終っている。↓補9c。**折来年**―次の年の課役の該当部分を免除する。

10 〔辺遠国条〕辺境の夷人の賦役についての規定。↓補10。

夷人雑類―未だ教化に従わない諸種族。夷狄と同じ。古記は隼人・毛人等を例にあげる。**調役**↓補10。**華夏**―中華。中国。支配者と同じ文化をもつ地域。夷に対する語。

11 〔蠲符条〕課役の免除・徴収の手続きについての規定。大宝令文↓補11。

課役↓補9b。**蠲符**―課役を蠲除する符(符↓公式13)。実例では民部省符(出雲国計会帳)。**位記**↓公式16~18。**雑任**―一般には長上官(選叙9)でない分番(選叙14)。舎人・兵衛・資人など。**解・附**―「除二本司名一、附二本国帳一」(賦役12穴記)。**依本司解時日月抛徴**―次の賦役12を適用。

12 〔春季条〕課役を徴収する事由の生じた季節やその内容に応じて徴収方法を定めた規定。↓補12a。

附―集解諸説は前条(賦役11)の「雑任被レ解応レ附」を指すとする。**課役・課・役**↓補9b。**詐冒隠避**―ここでは偽って課役を免れる手段の総称。↓補12b。**当発年**―不正な事が発見された年。**逃亡**↓戸令10。**亦同**―詐冒隠避の場合と同じ。

13 〔口及給侍条〕課役の徴収に関係する人が死亡したときの手続き規定。

課口―課役を負担する口(戸令5)。**給侍老疾**

凡そ田、水旱虫霜有らむ、不熟ならむ処は、国司実を検へて、具に録して官に申せ。十分にして五分以上損せらば、租免せ。七分損せらば、租調免せ。八分以上損せらば、課役倶に免せ。若し桑麻損尽せらば、各調免せ。其れ已に役し、已に輸せらば、来年を折ぐこと聴せ。

10 凡辺遠国。有二*夷人雑類一之所。応レ輸二*調役一者。随レ事斟量。不三必[1]同二*華夏一。

凡そ辺遠の国の、夷人の雑類有らむ所にして、調役輸すべくは、事に随ひて斟量せよ。必ずしも華夏に同じくせず。

11 凡応レ免二*課役一者。皆待二*蠲符至一。然後注レ免。符雖レ未レ至。験二*位記一。灼然実者。亦免。其*雑任被レ*解応レ*附者。皆*依二本司解時日月一。抛レ徴。

凡そ課役免すべくは、皆蠲符の至らむを待ちて、然うして後に免と注せよ。符至らずと雖も、位記を験ふるに、灼然に実あらば、亦免せ。其れ雑任の解かれて附くべからむは、皆本司の解いし時の日月に依りて、徴るに抛れ。

12 凡春季*附者。*課役並徴。夏季附者。免レ*課従レ*役。秋季以後附者。課役倶免。其*詐冒隠避。以免二課役一。不レ限二附之早晩一。皆徴二*当発年課役一。*逃亡者附*亦同。

凡そ春の季に附かば、課役並に徴れ。夏の季に附かば、課を免して役に従へよ。秋の季の以後に附かば、課役倶に免せ。其れ詐り冒し隠れ避りて、以て課役免されむは、附くるが早さ晩さ限らず、皆当発年の課役徴れ。逃亡の者の附けむも亦同じ。

13 凡*課口。及*給*侍老疾人死者。限二十日内一。*里長与二死家一。注二死時日月一。経二*国郡司一印記。*

凡そ課口、及び侍給へる老疾の人死なば、十日の内を限りて、里長、死家と、死にし時の日月を注して、国郡司に経れて印記せよ。

14 凡人*在二狭郷一。楽レ遷二就寛一。去二本居一路程。十日以上。復*三年。五日以上。復二年。二日以上。復一年。一遷之後。不レ得二更移一。

凡そ人狭き郷に在り、寛なるに遷り就かむと楽はば、本居を去れる路程、十日以上ならば、復三年。五日以上ならば、復二年。二日以上ならば、復一年。一たび遷りて後、更に移ること得ず。

15 凡没*二落外蕃一得レ還者。一年以上。復*三年。二年以上。復四年。三年以上。復五年。外蕃*之人投レ化者。復十年。其*家人奴。[1] 被*レ放附*二戸貫一者。復三年。

凡そ外蕃に没落して還ること得たらば、一年以上ならば、復三年。二年以上ならば、復四年。三年以上ならば、復五年。外蕃の人化に投せらば、復十年。其れ家人、奴、放されて戸貫に附かば、復三年。

16 凡以二公使*一外蕃*還者。免二一年課役*一。其唐*国者。免二三年課役一。

凡そ公使を以て外蕃より還らば、一年の課役免せ。其れ唐国は、三年の課役免せ。

17 凡孝子。順孫*一。義夫*。節婦*。志行聞二於国郡一者。申二太政官一奏聞*。表*二其門閭一。同籍*悉免二課役*一。有二精誠通感*三者一。別加二優賞一。

凡そ孝子、順孫、義夫、節婦の、志行国郡に聞えば、太政官に申して奏聞して、其

—年八十以上・篤疾(戸令11)。**侍**—侍丁(戸令11)。侍丁は免徭役(賦役19)。**里長**↓戸令1。**国郡司**↓職員70〜78。**印記**—国郡の印を捺すか。大宝令は「附除」。

14 〔人在狭郷条〕狭郷から寛郷に移住したときの復除の規定。戸令15に対応する。**人**—戸令15は「戸」。この条で人とするのは復除が個人単位のためか。**復**—賦役を全免すること。復と免課役との違い↓補14。

15 〔没落外蕃条〕外蕃に没落していた人が還ってきたとき、外蕃の人が帰化してきたとき、家人・奴が良人とされたときの復除についての規定。↓補15a。**没落外蕃**↓戸令16。**復**↓賦役14。**外蕃之人投化**—戸令16「化外人帰化」(↓戸令補16b)と同じ。↓補15b。**其家人奴**↓補15a。**被放**—解放して良人とされる。**附戸貫**—本貫を定め戸籍に附ける。

16 〔外蕃還条〕公使で外蕃や唐国から還ってきたときの復除の規定。**公使**—公事の使。**外蕃**↓戸令補16b。**課役**↓補9b。**唐国**—唐国は外蕃(新羅等)と区別する。↓戸令補16b。

17 〔孝子順孫条〕孝子・順孫・義夫・節婦の表彰や復除についての規定。↓補17。**順孫**—孝孫と同じ。**義夫**—義解は五代同爨、七世共居の故事を例にあげる。夫は夫婦の夫でなく匹夫の夫(令釈等)。↓補17。**節婦**—貞節な妻。故事では夫の死後舅姑に仕え、再婚しないで節を守る例が多い。**奏聞**—天皇に奏聞。**表其門閭**—義解に「仮如、於二其門及里門一築二堆立一レ牓、題云二孝子門、若里一也」。**同籍**—孝子等と戸籍上同じ戸に属する者。**課役**

↓補9b・補14。**精誠通感**―孝子等の精誠に神が通感して奇蹟を生ずる。

18 〔三位以上条〕三位以上(貴)と五位以上(通貴)の親族の課役を免除する規定。なお八位以上の有位者自身は基本的な身分として不課口(戸令5)。

課役↓補9b。

19 〔舎人史生条〕基本的な身分としては課口(戸令5)であるが、特定の状態にあるため復除の対象となる者を、免課役・免徭役・免雑徭の三つに分けて規定する。↓補19a。

舎人～徒人在役↓補19b。**免課役**↓補19a。**主政～残疾**↓補19c。**免徭役**↓補19a。**坊長・佃長**↓戸令4・職員67。京は庸を収らないので免雑徭とする。↓補19a。

20 〔除名未叙条〕除名されて未だ再叙されない人の力役の特例についての規定。↓補20。

除名未叙↓名例21・選叙37。**免役輸庸**―歳役は実役で徴収しないで庸をもって輸納させる。↓賦役4。**雑徭**↓賦役37。**点防**―狭義には防人(軍防12)に点ずる意らしいが、ここでは兵役一般をさすか。令釈等に「不レ得レ点二兵士及衛士一」。

21 〔免朞年徭役条〕父母の喪に遭ったときの徭役免除についての規定。↓補21a。

遭父母喪↓喪葬17。**朞年**―一年間。一周年。↓補21b。**徭役**―歳役と雑徭(賦役4 37。↓補19a)。

22 〔雇役丁条〕雇役の計画、その徴発の規準等についての規定。↓補22a。

雇役―強制的雇傭。和雇(営繕2)に対する語。↓補4b。**本司**―集解諸説は木工寮とする。

の門閭に表せよ。同籍は悉くに課役免せ。精誠の通感する者有らば、別に優賞加へよ。

18 凡三位以上父祖兄弟子孫。及五位以上父子。並免二課役一。

凡そ三位以上の父祖、兄弟、子孫、及び五位以上の父子は、並に課役免せ。

19 凡舎人。史生。伴部。使部。兵衛。衛士。仕丁。防人。帳内。資人。事力。駅長。烽長。及内外初位長上。勲位八等以上。雑戸。陵戸。品部。徒人在レ役。並免二課役一。其主政。主帳。大毅以下。兵士以上。牧長帳。駅子。烽子。牧子。国学博士。医師。諸学生。侍丁。里長。貢人得第未レ叙。勲位九等以下。初位。及残疾。並免二徭役一。其坊長。佃長。免二雑徭一。

凡そ舎人、史生、伴部、使部、兵衛、衛士、仕丁、防人、帳内、資人、事力、駅長、烽長、及び内外の初位の長上、勲位の八等以上、雑戸、陵戸、品部、徒人の役に在らむは、並に課役免せ。其れ主政、主帳、大毅以下兵士以上、牧の長帳、駅子、烽子、牧子、国学の博士、医師、諸の学生、侍丁、里長、貢人の得第して叙せざる、勲位の九等以下、初位、及び残疾は、並に徭役免せ。其れ坊長、佃長は、雑徭免せ。

20 凡除名未レ叙人。免レ役輸レ庸。願レ役レ身者。聴レ之。其応レ収レ庸者。亦不レ在二雑徭及点防之限一。

凡そ除名して叙せざる人は、役を免して庸に輸せ。身を役せむと願はば、之を聴せ。其れ庸に収るべくは、亦雑徭及び点防の限に在らず。

21 凡遭*二父母喪一。並免二朞*年徭*役一。
凡そ父母の喪に遭へらば、並に朞年の徭役免せ。

22 凡雇*1二役丁一者。本司預計二当年所レ作色*目多少一。申レ官*。録*付二主計一。覆*審支配。七月卅日以前奏*訖。自二十月一日一。至二二月卅日内一。均*分上役。一*番不レ得レ過二五十日一。若要*月者。不レ得レ過二卅日一。其人限*外上役。欲レ取レ直者聴。国司皆須下親知二貧富強弱一。因対二戸口一。即作*二九等一定上レ簿。預*為二次第一。依*レ次赴レ役。
凡そ丁雇ひ役はむこと、本司預め当年に作せらむ所の色目の多少を計へて、官に申せ。録して主計に付けよ。覆審して支配せよ。七月卅日より以前に奏し訖へよ。十月一日より二月卅日の内に至るまでに、均分して上役せよ。一番に五十日に過すこと得じ。若し要月ならば、卅日に過すこと得じ。其の人、限の外に上役して、直取らむとせば、聴せ。国司皆親ら貧富強弱を知りて、因りて戸口に対ふて、即ち九等作つて、簿定むべし。預め次第為りて、次に依りて役に赴けよ。

23 凡差*科。先富強。後貧弱。先多*丁。後少丁。其分*番上役者。家有二兼*丁一者要*月。家貧単身者閑*月。
凡そ差し科せむは、先づ富み強きに、後に貧しく弱きに。先づ多丁に、後に少丁に。其れ分番して上役せば、家に兼丁有らば要月に、家貧しくして単身ならむは閑月に。

24 凡丁*匠赴レ役者。皆具造レ簿*。丁匠未レ到前三日。預送二簿太*政官一分*配。其外*配者。便*送二配処一。皆以レ近*及レ遠。依*1レ名分配。作*具自備。

色目多少―種類と数量。**官**―太政官。**録付主計**―「官取二本司録状一、転二付主計一耳」(令釈・義解)。主計→職員22。**覆審支配**―再審して実施の手配をする。→補22b。**奏訖**―天皇に奏上して裁可を得る。**均分上役**―古記に「仮令、三千雇役三分、一番一千役也」。**一番**―一回の上番。**要月**―農繁期。→補22c。**限外**―上文の五十日・三十日の限度を越えて。**作九等定簿**―古記に「戸口多少、家財優劣、作二九等一定レ簿」。「計帳之時」(戸令18)に定める(穴記・義解)。**預為次第**―予め差発の順番を定めておく。**依次赴役**―大宝令は「依次差使」。なお大宝令文には「取三家有二多丁一」の句が存在した可能性がある(→補23)。

23 〔差科条〕差科の一般的な規準、とくに分番上役の徴発規準についての規定。→補23。

差科―賦役を差科すること。唐戸婚律24に「諸差二科賦役一、違レ法及不二均平一、杖六十」。**多丁**―戸内の丁(戸令6)の数が多い。**分番上役**―番に分けて交替に役に赴く。**兼丁**―丁が二人以上。**要月**―農繁期。→補22c。**閑月**―農閑期。→補22c。

24 〔丁匠赴役条〕丁匠の赴役の際の手続などについての規定。

丁匠―丁と匠丁(技能をもつ丁)。**簿**―名簿。**太政官**→職員2。**分配**―丁匠の配置先を定める。**外配**―丁匠を京外に配する意か。→補24。**便送配処**―籍を配処に送る意か。→補24。**以近及遠**→補24。**依名分配**―「名」はこの場合は丁匠の名前を指し、名簿によって分配する意か。但し集解諸説は技能職種名とする。**作具**―大宝令は「器械」か(本文でなく注文か)。

凡そ丁匠役に赴くは、皆具に簿造れ。丁匠到らざる前の三日に、預め簿を太政官に送りて分配せよ。其の外に配せば、便に配処に送れ。皆近きを以て遠きに及ぼせ。名に依りて分配せよ。作具は自ら備へよ。

25 凡丁匠赴レ役。有二事故一不レ到闕レ功者。与二後番人一。同送陪レ功。若故作二稽違一及逃走者。所司即追捕決罪。仍専使送二役処一陪レ功。即給二雇直一。

凡そ丁匠役に赴かむ、事の故有りて到らずして功闕けらば、後の番人と、同じく送りて、功陪てしめよ。若し故に稽り違ふことを作し、及び逃走せらば、所司即ち追捕して決罪せよ。仍りて専使して役処に送りて、功陪てしめ、即ち雇直給へ。

26 凡役二丁匠一。皆十人外。給二一人一充二火頭一。疾病及遇レ雨。不レ堪二執作一之日。減二半食一。闕功令レ陪。唯疾病者。給二役日直一。雖レ雨非二露役一者。不レ在二此限一。

凡そ丁匠役せば、皆十人の外に、一人を給ひて火頭に充てよ。疾病し、及び雨に遇つて、執作に堪へざらむ日は、半食減せよ。闕ける功陪てしめよ。唯し疾病せらば、役日の直給へ。雨ふると雖も、露に役するに非ずは、此の限に在らず。

27 凡在京有二大営造一。役二丁匠一之処。皆令二弾正巡行一。若有二非違一。随レ事弾糺。

凡そ在京に大営造せしむること有つて、丁匠役せむ処は、皆弾正をして巡行せしめよ。若し非違有らば、事に随ひて弾し糺せ。

28 凡丁匠在レ役。遭二父母喪一者。皆国司知レ実申二役所一。即給二役直一放還。

凡そ丁匠役に在りて、父母の喪に遭へらば、皆国司、実を知りて役所に申せ。即ち

古記に「小斧鏟鍬鎌之類」。

25 〔有事故条〕丁匠が事故・稽違・逃走等によって就役しないときの処置。
事故―古記に「病患遭喪之類也」。**功**―労働力。**後番人**―後の番で赴役する人。**陪**―補う。埋め合せる。**故**―故意に。**稽違**―稽(おこた)り違う。忌避する。**所司**―集解諸説は国司とする。**専使**↓公式80。**給雇直**―上文により決罪されるが、雇直は給せられる。

26 〔役丁匠条〕丁匠の食事や、疾病・雨天の際の処置等についての規定。
火頭―廝丁(カシハデ)。「燃レ火炊レ飯、故名二火頭一耳」(古記等)。**減半食**↓補26a。**闕功令陪**―疾病や雨天で闕(か)けた労働日数は補塡させる。**唯疾病者給役日直**↓補26b。**露役**―露天で行なう労役。

27 〔営造条〕京で大規模な工事を行なう際の警備についての特別規定。
大営造―集解諸説は五百人以上を役する場合とする。↓補27a。**弾正**↓職員58。**非違**―集解諸説は「役使不如法」とする。↓補27b。

28 〔丁匠在役遭父母喪条〕丁匠が在役中に父母の喪に遭ったときの規定。衛士の場合との比較↓軍防23。
遭父母喪↓賦役21。**国司**―丁匠の本貫地の国司。**役所**―丁匠が在役中の所。**役直**―雇直。

29 〔蘘藍条〕京に供給する蘘藍等の雑用品を畿内に賦課する規定。↓補29a。
雑用之属↓補29b。**民部**↓職員21。**科下**―古記に「臨時充二雑徭一令レ採」。義解に「其所レ輸者、准二折雑徭一也」(雑徭↓賦役37)。

30 〔斟酌功力条〕丁匠の労働量、徴発日限等の管理についての規定。令文に「斟量

「……功力」とあるのに底本が斟酌功力条と呼ぶ理由未詳。
功力—労働量。**均課軽重**—古記所引一云に「昨日充二重役一者、今日充二軽役一」。**日満**—徴発日限になったら。**主当**—主(つかさど)り当る。**節級推科**—節級連坐(名例40)とする説(令釈)と「従二所レ闕軽重一推科」とする説(穴記)とがある。なお丁匠を非法に使役した場合の罰則は擅興律に規定する。**考殿**→考課50 57。古記に「負亦附也」(負→考課57)。

31 〔丁匠往来条〕丁匠が往来の途次に重病になったときの処置。→補31。一般の在路病患は→戸令32。
勝致—「勝者任(うた)也。致者至(いた)也」(義解)。
差—病気が治る。

32 〔赴役身死条〕丁匠が死亡したときの処置。→補31。
路次—道辺(令釈等)。**殯**—葬るまでの間、屍を棺に斂めて仮に安置する。**牌**—標示のふだ。**本貫**—(死者の)本籍地。**家人**—(死者と)同じ家の人。唐令の用語をそのまま継受したか。戸令35の家人とは異なる。**焼之**—大宝令も同文。火葬の俗との関連→補32。**迎接**—「来取」(古記)。

33 〔昼作夜止条〕丁匠の労働時間、休息についての規定。
従午至未—正午から午後二時まで。**要須役者**—集解諸説は例として喪葬・宴饗をあげる。

34 〔車牛人力条〕公事のため車・牛・人力で伝送する際の手続き等についての規定。
為公事—集解諸説は例として蕃客来朝をあげる。**所司**—古記に「関レ事之司、謂二之所司一耳」。**在下**—「供レ事之下司也」(義解等)。**有**

役直給ひて放し還せ。

29 凡供レ京藁藍雑*用之属。毎レ年民*部。預於二畿内一斟量科*下。
凡そ京に供せむ藁藍の雑用の属は、年毎に、民部、預め畿内に斟量して科せ下せ。

30 凡役二丁匠一。皆斟二量功力一。*均課二軽重一。*日満即放。*其主当官司。不レ加二検校一。
致レ失二功程一者。*節級推科。仍附二考殿一。*

凡そ丁匠役せば、皆功力を斟量して、均しく軽重課せよ。日満ちなば即ち放せ。其れ主当の官司、検校を加へずして、功程失するに致らば、節級して推科せよ。仍りて考殿に附けよ。

31 凡丁匠往来。如有二重患一。不レ堪二勝*致一者。留付二随便郡里一。供給飲食。待レ差*発遣。若無二粮食一。即給二公粮一。
凡そ丁匠往来せむ、如し重患有りて、勝致に堪へずは、留めて随便の郡里に付け、供給飲食せしめよ。差えむを待ちて発て遣れ。若し粮食無くは、即ち公粮給へ。

32 凡丁匠赴レ役身死者。給レ棺。在レ道亡者。所在国司。以二官物一作給。並於二路*次一埋*殯。立レ牌*1并告二本*貫一。若無二家*人来取者一。焼*之。有二人迎*接一者。分明付領。
凡そ丁匠役に赴きて身死なば、棺給へ。道に在りて亡しなば、所在の国司、官物を以て作りて給へ。並に路の次にして埋み殯めよ。牌立て、并せて本貫に告せよ。若し家人の来りて取る者無くは、焼け。人の迎へ接ること有らば、分明に付け領けしめよ。

33　凡役二丁匠一者。皆昼作夜止。其六月七月。従レ午至レ未。放聴二休息一。要須レ役者。不レ在二此例一。

凡そ丁匠役せば、皆昼は作りて夜は止めよ。其れ六月七月は、午より未に至るまでに、放して休息すること聴せ。要に役すべくは、此の例に在らず。

34　凡為二公事一。須二車牛人力伝送一。而令条不レ載者。皆臨時聴レ勅。差科之日。皆令下所司量二定須数一行下上。不レ得レ令下在下有レ疑。使二百姓一労擾上。

凡そ公事の為に、車、牛、人力して伝へ送るべからむ、而るを令条に載せずは、皆臨時に勅聴け。差し科せむ日は、皆所司をして須ゐむ数を量り定めて行下せしめよ。在下をして疑有らしめ、百姓をして労擾せしむること得じ。

35　凡諸国貢献物者。皆尽二当土所出一。其金。銀。珠。玉。皮。革。羽。毛。錦。罽。羅。縠。紬。綾。香薬。彩色。服食。器用。及諸珍異之類。皆准レ布為レ価。以二官物一市充。不レ得レ過二五十端一。其所レ送之物。但令レ無二損壊穢悪一而已。不レ得三過レ事修理。以致二労費一。

凡そ諸国の貢献の物は、皆当土の所出尽せ。其れ金、銀、珠、玉、皮、革、羽、毛、錦、罽、羅、縠、紬、綾、香薬、彩色、服食、器用、及び諸の珍異の類は、皆布に准へて価と為よ。官の物を以て市ふて充てよ。五十端に過すこと得じ。其れ送らむ所の物は、但し損壊穢悪なること無からしむらくのみ。事を過して修理して、以て労費致すこと得じ。

疑—集解諸説は数量や日時を明示しないことを例にあげる。**労擾**—つかれみだす。

35　〔貢献物条〕諸国からの貢献物についての規定。↓補35a。

諸国貢献物—大宝令は「朝集使貢献物」。↓補35a。**珠・玉**—「自生曰レ珠、作成曰レ玉」(古記)。**皮・革**—「有レ毛曰レ皮、去レ毛曰レ革」(古記)。**羽・毛**—「鳥翼曰レ羽、獣毛曰レ毛」(古記)。**錦**—二色以上の彩糸を用いて模様を織り出した絹織物。**罽**—「氈之属、即毛布也」(義解)。**羅**—和名抄に「此間云レ良。一云二蟬翼一」。経糸を互にもじり合せた捩り織物。**縠**—和名抄「古女」。籠(こ)目のような織物の意か。令釈に「有文曰レ羅、無文曰レ縠」。古記に「謂二薄都牟伎一也」。**紬**—「厚都牟伎也」(古記)。**綾**—経糸と緯糸の浮沈を変えて文様をあらわした織物。**服食**—「如二吉備酺、耽羅脯一之類」(義解)。**器用**—「如二下野氈・胸形箭一之類」(義解)。**官物**—「謂二郡稲一也」(古記・穴記)。↓補7。**不得過五十端**↓補35b。**過事修理**—「仮令、褁(みつつ)宜レ用レ薦、而用レ布之類」(令釈等)。

36　〔調物条〕調物等の輸すべき品名と数量を掲示して衆庶に知らせる規定。

調物↓賦役1。**地租**—田租か。↓田令1。**雑税**—義解に「出挙稲及義倉等是也」(↓雑令20・賦役6)。**牌**—掲示の札。義解に「戸別可レ輸物数也」と注するが、令の本意は未詳。**坊里**↓戸令1 3。

37　〔雑徭条〕雑徭の徴発規準についての規定。条文の配列↓補☆

令条外—令条に規定された以外の。↓補37 a。**雑徭**—書紀の和訓はクサグサノミユキ。↓補

36 凡調物及地租雑税。皆明写㆓応㆑輸物数㆒。立㆓牌坊里㆒。使㆓衆庶同知㆒。
凡そ調物及び地租、雑税は、皆明らかに、輸すべき物の数を写して、牌を坊里に立てて、衆庶をして同じく知らしめよ。

37 凡令条外雑徭者。毎㆑人均使。惣不㆑得㆑過㆓六十日㆒。
凡そ令条の外の雑徭は、人毎に均しく使へ。惣べて六十日に過すこと得じ。

38 凡仕丁者。毎㆓五十戸㆒二人。以㆓一人㆒充㆓廝丁㆒。三年一替。若本司藉㆓其才用㆒。仍自不㆑願㆑替者聴。其女丁者。大国四人。上国三人。中国二人。下国一人。
凡そ仕丁は、五十戸毎に二人。一人を以て、廝丁に充てよ。三年に一たび替へよ。若し本司、其の才用に藉りて、仍りて自ら替らむこと願はずは、聴せ。其れ女丁は、大国に四人、上国に三人、中国に二人、下国に一人。

39 凡斐陁国。庸調倶免。毎㆑里点㆓匠丁十人㆒。毎㆓四丁㆒。給㆓廝丁一人㆒。一年一替。余丁輸㆑米。充㆓匠丁食㆒。正丁六斗。次丁三斗。中男一斗五升。
凡そ斐陁の国は、庸調倶に免せ。里毎に匠丁十人点せよ。四丁毎に、廝丁一人給へ。一年に一たび替へよ。余丁米を輸して、匠丁の食に充てよ。正丁に六斗、次丁に三斗、中男に一斗五升。

37b。**毎人均使**↓補37c。**惣不得過六十日**↓補37a。

38 〔仕丁条〕仕丁と女丁の差点や交替の規準等についての規定。沿革↓補38a。**仕丁**―訓はツカヘノヨホロ。**五十戸**―令制では五十戸で一里(↓戸令1)。**二人**―立丁と廝丁。↓補38b。**廝丁**―大宝令は「廝」。訓はカシハデ。汲炊の労をとるもの。↓補38b。**三年一替**―三年ごとに交替する。大宝令にはこの規定はなかったか。↓補38c。**本司**―仕丁の配属された官司。**女丁**―女子の仕丁。仕女丁・仕女などとも呼んだ。

39 〔斐陁国条〕斐陁国の匠丁の差点や資養等についての規定。↓補39a。**斐陁**―好字「飛驒」に改めたのは和銅六年以降か。**庸調**―大宝令は「課役」。↓補39b。**庸・調**↓賦役41。**里**↓戸令1。**匠丁**―この条では木工。**廝丁**↓賦役38。大宝令は「廝」(↓補38b)。古記等に「十人之内、以㆓二人㆒充㆑廝、以㆓八人㆒為㆓匠丁㆒」。**一年一替**―大宝令にはこの規定はなかったか。↓補38c。**余丁**―匠丁に点ぜられなかった丁。**輸米**↓補39c。**正丁・次丁・中男**↓戸令6 8。**斗**↓補1i。

学令 第十一

凡弐拾弐条

1 凡博士助教。皆取ニ明経堪レ為レ師者一。書算亦取ニ業術優長者一。

凡そ博士、助教には、皆明経に、師と為るに堪へたらむ者を取れ。書算も亦、業術優長ならむ者を取れ。

2 凡大学生。取ニ五位以上子孫。及東西史部子一為之。若八位以上子。情願者聴。国学生。取ニ郡司子弟一為之。大学生式部補。国学生国司補。並取ニ年十三以上。十六以下。聡令者一為之。

凡そ大学の生には、五位以上の子孫、及び東西の史部の子を取りて為よ。若し八位以上の子、情に願はば聴せ。国学の生には、郡司の子弟を取りて為よ。大学生は式部補てよ。国学生は国司補てよ。並に年十三以上、十六以下にして、聡令ならむ者を取りて為よ。

3 凡大学国学。毎レ年春秋二仲之月上丁。釈ニ奠於先聖孔宣父一。其饌酒明衣所レ須。並用ニ官物一。

凡そ大学国学は、年毎に春秋の二仲の月の上丁に、先聖孔宣父に釈奠せよ。其れ饌酒明衣に須ゐむ所は、並に官物を用ゐよ。

4 凡学生在レ学。各以ニ長幼一為レ序。初入レ学。皆行ニ束脩之礼一。於ニ其師一各布一端。

☆学令―大学・国学の入学・教科・休暇・試験など、学制全般に関する規定。唐制との比較→補☆a。大学の沿革→補☆b。

1〔博士助教条〕大学の教官任用についての規定。

博士―後には明経博士・大博士とも呼ばれる。定員一名。→職員14。

助教―傍訓に「スケハカセ」とあるように、大宝令では助博士と称した。定員二名。→職員14。

書算―書博士と算博士。他に音博士もある。以上いずれも定員二名。→職員14。

2〔大学生条〕大学生・国学生の入学資格に関する規定。

大学生―定員四百人。職員14ではこのほかに算生三十人という規定があるが、学令の大学は、経書専攻の、後のいわゆる明経道を主体としている。

五位以上子孫―令制で五位以上を格段に差別優遇する一例。実際にはこれらの者は蔭位（→選叙38・同補38）の特典により出身するほうが有利だったので、なかなか大学には入学しなかったらしい。

東西史部―五〜六世紀頃の帰化人の子孫で、代々文筆の業務を職とし、多くは史の姓を有した諸氏。大和と河内に多く居住し、大和の東漢直（やまとのあやのあたい）や河内の文首（ふみのおびと）がその中心的存在であった。

八位以上子―六位〜八位の者の子。位子（→軍防補46a）という。

国学生―諸国に置かれた国学の職員・学生数の規定は職員80に見える。

子弟―義解に「子孫弟姪之属」と注する。

皆有二酒食一。其分二束脩一。*三分入二博士一。二分入二助教一。

凡そ学生学に在らば、各長幼を以て序づること為よ。初め学に入るときに、皆束脩の礼行へ。其の師には各布一端。皆酒食有り。其れ束脩を分ちて、三分は博士に入れよ。二分は助教に入れよ。

5 凡経。周易。尚書。周礼。儀礼。礼記。*毛詩。*春秋左氏伝。各為二一経一。孝経。論語。*学者兼習之。

凡そ経は、周易、尚書、周礼、儀礼、礼記、毛詩、春秋左氏伝をば、各一経と為よ。孝経、論語は、学者兼ねて習へ。

6 凡教二授正業一。周易*鄭玄。王弼注。尚書孔安国。鄭玄注。*三礼。毛詩鄭玄注。左伝服虔。杜預注。孝経孔安国。鄭玄注。論語鄭玄。何晏注。

凡そ正業教へ授けむことは、周易には鄭玄、王弼が注。尚書には孔安国、鄭玄が注。三礼、毛詩には鄭玄が注。左伝には服虔、杜預が注。孝経には孔安国、鄭玄が注。論語には鄭玄、何晏が注。

7 凡礼記。左伝。各為二*大経一。毛詩。周礼。儀礼。各為二中経一。周易。尚書。各為二小経一。*通二二経一者。大経内通二一経一。小経内通二一経一。若中経。即併通二両経一。其通二三経一者。大経。中経。小経。各通二一経一。通二五経一者。*大経並通。孝経。論語。皆須二兼通一。

凡そ礼記、左伝をば、各大経と為よ。毛詩、周礼、儀礼をば、各中経と為よ。周易、

十三以上—令で十三歳を一つの区切りとした例は他に親王には十三以上ならば乳母を給わず(後宮17)、諸氏の貢女は十三以上であり(後宮18)、婚嫁は男十五、女十三以上を聴す(戸令24)などがある。

3 〔釈奠条〕 孔子を祭る釈奠についての規定。

春秋二仲之月上丁—仲春・仲秋はそれぞれ二月・八月。上丁は十干が丁(ひのと)の日で、月に二〜三回ある中の最初の丁の日。

釈奠→補3。

先聖孔宣父—孔宣父は孔子のこと。唐令では孔子を先聖とし、顔回を先師としてこれに配して祭ることになっているが、永徽令だけは周公を先聖とし、孔子を先師としている。

明衣—令釈に、唐では沐浴の衣をいうが、ここでは祭礼の服をさすとしている。

4 〔在学為序条〕 入学の礼式の規定。

束脩—脩は乾肉。束脩は束ねた乾肉の意で入学の時の贈物。唐令では束帛・酒・脩を以て束脩の礼と定めている。

三分入博士—「其分束脩」以下は唐令と同文。三分・二分は、古記及び義解に、博士一人三分、助教は一人二分で定員二名であるから四分、合計七分とし、博士は七分の三を取ると解している。

5 〔経周易尚書条〕 大学で教授すべき経書の規定。

毛詩—詩経のこと。

春秋左氏伝—春秋の注釈書。略して左伝。春秋にはこの他に公羊伝(くようでん)・穀梁伝(こくりょうでん)の二伝があり、唐令ではこの二伝も教授の小経に定められている。日本では延暦十七年の

官符により、二伝を小経として採用した。
学者兼習之―すなわち孝経・論語は必修である。唐令ではこれに老子も加えられている。大宝令ではこの条に「文選(もんぜん)・爾雅(じが)亦読」という注があったと思われるが、古記によればその修習は任意であるとする。

6 〔教授正業条〕教授に使用すべき諸経の注釈に関する規定。
鄭玄王弼注―以下の諸注の書目は唐令と一致する。鄭玄・服虔は後漢、王弼・何晏は魏、孔安国は前漢、杜預は晋の儒者。一経に二注が挙げてある場合は、義解によればその一注を学べばよい。
三礼―周礼・儀礼・礼記。

7 〔礼記左伝各為大経条〕諸経の大中小の類別と選択修習の組み合せの規定。
大経―以下の分類は諸経の量の多少によるものであろう。↓補7a。それぞれの講説修習の期限は唐令及び日本の弘仁式以下に規定がある。↓補7b。なおこの条は唐令と若干の表現の差はあるが、規定の内容は同じである。ただし唐令では公羊・穀梁の二伝が小経に加えられている。
通二経―二経以上に通じないと出仕の資格を生じない(学令11)。
大経並通―古記に、他の三経は中経小経の中の任意の三経であるとする。

8 〔先読経文条〕諸経の学習要領と平常試験とについての規定。
先読経文―まず素読(そどく)を習い、暗誦できる程度になってから文意の講義を受けるのである。
旬―十日。**千言**―千字。令釈によれば注の文

尚書をば、各小経と為よ。二経通せらむ者は、大経内に一経通し、小経内に一経通せよ。若し中経ならば、即ち併せて両経通せよ。其れ三経通せらむ者は、大経、中経、小経、各一経通せよ。五経通せらむ者は、大経並に通せよ。孝経、論語は、皆兼ねて通すべし。

8 凡学生。先*読二経文一。通熟。然後講レ義。毎レ旬*放二一日休假一。々前一日。博士考試。其試二読者一。毎二千*言内一。試二一*帖三言一。講者。毎二二千言内一。問二大*義一条一。惣*試二三条一。通レ二為レ第。通レ一。及全不レ通。斟量決罰。毎二年*終一。大学頭。助。国*司藝業優長者試之。試者。通二計一年所レ受之業一。問二大義八条一。得二六以上一為レ上。得二四以上一為レ中。得二三以下一為レ下。頻*三下。及在レ学九年。不レ堪二貢*挙一者。並解退。其従レ国向二大学一者。年数通計。服*闋重任者。不レ在二計限一。

凡そ学生は、先づ経の文読め。通熟して、然うして後に義講へよ。旬毎に一日休假放せ。假の前の一日に、博士考試せよ。其れ読者試みむことは、千言の内毎に、一帖三言試みよ。講者は、二千言の内毎に、大義一条問へ。惣べて三条試みよ。二通せば第と為よ。一通し、及び全く通せずは、斟量して決罰せよ。年の終毎に、大学の頭、助、国司の藝業優長ならむ者試みよ。試みむ者、一年に受けたらむ所の業を通計して、大義八条問へ。六以上得たらば上と為よ。四以上得たらば中と為よ。三以下得たらば下と為よ。頻に三下ならむ、及び学に在りて九年までに貢挙に堪へずは、並に解き退けよ。其れ国より大学に向はむ者は、年数通計せよ。服闋りて重ねて任せ

をも含めての千字である。

一帖三言―千字中で一箇所の三字をおおい隠し、その字をそらで答えさせる。

大義一条―すなわちある一箇所の文義を問うのであるが、具体的な問い方は不明。

惣試三条―古記に「読者講者各試二三条一也」。

年終―義解によれば毎年七月をいう。学生の成績は博士の考課に関係し、考課は八月に始まる(考課1)からである。

国司―以上の規定は国学でも同様であることを示す。

頻三下―連続三年成績が下であること。

貢挙―大学及び国学に在って二経以上に通じ、あるいは秀才・進士たる才があればその資格がある(学令11 12)。以上、この条の規定は唐令にほぼ同じ。

服関重任→学令19。

9 〔分経教授条〕経を教授し習学するにあたっては経を分って行い、また途中で止めて他の経に移ってはならないとの規定。

令終講―集解諸説ではこれが学生についてのことか講義する人についてのことかで意見が分れているものがあるが、もとより両者に共通する規定であろう。この条も唐令に同じ。

10 〔為考課等級条〕博士・助教の考課に関する規定。

講授多少―義解では、この多少については「可レ有二別式一」としているが、具体的な式条については所見がない。また考課令にもこれに関係があると見られるような条文はない。この条も唐令に同じ。

11 〔通二経条〕大学・国学生の挙送についての規定。

ば、計ふる限に在らず。

9 凡博士助教。皆分レ経教授。学者。毎レ受二一経一。必令*レ終レ講。所レ講未レ終。不レ得レ改レ業。

凡そ博士、助教は、皆経を分ちて教へ授けよ。学者は、一経受けむ毎に、必ず講くことを終へしめよ。講く所終へずは、業改むること得じ。

10 凡博士助教。皆計二当年講授*多少一。以為二考課等級一。

凡そ博士、助教は、皆当年に講き授くる多少を計へて、以て考課の等級と為よ。

11 凡学生。通二二経以上一。求二出仕一者。聴二挙送一。其応レ挙者。試二問大義*十条一。得二八以上一。送二太政官一。若国学生。雖レ通二二経一。猶情*願レ学者。申二送式部一。考練*得レ第者。進補二大学生一。

凡そ学生、二経以上通して、出で仕へむと求めたらば、挙送すること聴せ。其れ挙すべくは、大義十条試み問へ。八以上得ば、太政官に送れ。若し国学生、二経通せりと雖も、猶し情に学びむと願はば、式部に申し送れ。考練するに第得たらば、進りて大学生に補せよ。

12 凡学生。雖二講説不長*一。而閑*二於文藻一。才堪二秀才*進士一者。亦聴二挙送一。

凡そ学生、講説不長なりと雖も、文藻を閑ふて、才、秀才進士に堪へたらば、亦挙送すること聴せ。

13 凡算経。孫子。五曹。九章。海嶋。六章。綴術一。三開重差二。周髀三。九司。各為二一経一。*学生分レ経習レ業。

凡そ算経は、孫子、五曹、九章、海嶋、六章、綴術、三開重差、周髀、九司、各一経と為よ。学生は経を分ちて業習へ。

14 凡国郡司。有レ解二経義一者。即令三兼加二教授一。若*訓導有レ成。即*宜レ進レ考。

凡そ国郡司、経の義解れること有らば、即ち兼ねて教へ授くること加へしめよ。若し訓へ導きて成せること有らば、即ち考進むべし。

15 凡書*学生。以二写*一書一。上中以上者聴レ貢。其算学生。弁二明術理一。然後為レ通。試九章三条。海嶋。周髀*二。五曹。九司。孫子。三開重差*三各一条。試レ九。全通為レ甲。通レ六為レ乙。若*落二九章一者。雖レ通レ六。猶為二不第一。其試*四二綴術六章一者。准レ前。綴術六条。六章三条。試レ九。全通為レ甲。通レ六為レ乙。若*落レ経者。雖レ通レ六。猶為二不第一。其得レ第者叙法。*五一准二明法之例一。

凡そ書の学生、写書以て、上中以上ならば、貢すること聴せ。其れ算学生は、術理を弁明し、然うして後に通せりと為よ。試みむこと、九章三条、海嶋、周髀、五曹、九司、孫子、三開重差に各一条。九試みむに、全く通せらば甲と為よ。六通せらば乙と為よ。若し九章落せらば、六通せりと雖も、猶し不第と為よ。其れ綴術、六章に試みむことは、前に准へよ。綴術に六条、六章に三条。九試みむに、全く通せらば甲と為よ。六通せらば乙と為よ。若し経落せらば、六通せりと雖も、猶し不第と為よ。其れ第得たる者を叙せむ法は、一つ明法の例に准へよ。

大義十条—義解は、十条とは二経に通ずる者に対しての規定で、三経以上に通ずる者については考課令に准じ一経につき七条を問うのだとしている(考課71)。なお古記によれば、大宝令ではこの条のおそらく「聴挙送」の下あたりに、「年廿五以下」という注があったと思われるが、学生の入学年齢が十六以下であり(学令2)、在学年限は九年を限度とする(学令8)から、養老令ではこの注を不要として削ったのであろう。

情願学者—義解に在学九年未満の者と注している。

得第者—朱説は六以上に通ずる者と解している(考課71)。なおこの条の規定によって太政官に送られた者の取扱いについては→考課75。

12 〔講説不長条〕前条の例外として秀才進士に応募する者の規定。

不長—穴記に「長訓レ益也」とある。

閑於文藻—文章に習熟していること。

秀才進士→考課70 72、選叙29 30。

13 〔算経条〕算道の教科内容の規定。算経→補13。

学生—すなわち算生(職員14)をさす。

14 〔解経義条〕国郡司が教授する場合の規定。

訓導有成—考課令の博士之最条に「訓導有レ方」(考課40)。

宜進考—義解に博士の教授の多少の規定(→学令10注)に准ずるとあるが具体的には不明。

15 〔書学生条〕書・算生の成績判定に関する規定。

書学生—職員令に書博士二人という規定はあるが(職員14)、書学生については何も見えない。

写書上中以上者—義解に等級を定めるのは式の処分を待つとし、古記所引の神亀二年三月の太政官処分では、板茂連安麻呂らと同等以上の者は書生として貢することを許すという基準が示されている。なお穴記や義解には、日本の書生には単に筆跡の巧妙のみを要求し、字体の学問的理解を求めない点が唐令と異なると見えている。

若落九章者—落とは九章の試問に三条とも不通なのをいう。天平三年には周髀の試問に不通だった者は及第を保留することとなった。

試綴術六章者—古記によれば、大宝令ではここに「六章綴術並准ニ九章条数一」という注があり、「試レ九」に続いていたかと思われる。すなわち上記の九章三条の代りに六章もしくは綴術それぞれの三条を以てすることを認めていたことになり、養老令と異なる。

若落経者—義解によれば経とは六章をさす。

一准明法之例→選叙30。

16　〔請假条〕学生の休暇願の手続きの規定。

請假—義解は自分や親の病気など臨時の休暇の場合とし、旬假(学令8)・田假(学令20)などは含まないとしている。

所部国司—古記に「経ニ所部司一、謂国司也」とあり、大宝令では「所部司」であったらしい。

陳牒量給—学生が牒(→公式補14)を以て申請し、役所が判定して休暇を授ける。

17　〔行礼条〕学生の駆使制限の規定。

行礼之処—義解に釈奠や束脩などの礼法の場とする。

16　凡学生請*レ假者。大学生経レ頭。国学生経ニ所*部国司一。各陳*牒量給。

凡そ学生假(いとま)請けむには、大学生は頭(かみ)に経(ふ)れよ。国学生は所部(しよぶ)の国司(こくし)に経れよ。各(おのおの)陳牒(ちんでふ)して量(はか)りて給(たま)へ。

17　凡学生。自レ非ニ行*レ礼之処一。皆不レ得ニ輙使一。

凡そ学生は、礼(らい)行ふ処に非ずよりは、皆輙(たやす)く使ふこと得じ。

18　凡学生在レ学。不レ得ニ作レ楽及雑戯一。唯弾レ琴習レ射不レ禁。其不レ率ニ師教一。及一*年之内。違レ假満*ニ百日一者。並解退。

凡そ学生学に在りて、楽作(がくおこ)し、及び雑戯(ざふぎ)すること得じ。唯(ただ)し琴弾(きむただ)して射習(ゆみしふ)せむは禁(いさ)めず。其れ師(し)の教(をしへ)に率(したが)はず、及び一年の内に假(いとま)に違(たが)ひて百日に満(み)ちなば、並に解(と)き退(しりぞ)けよ。

19　凡学生。年廿五以下。遭*レ喪服闋。求ニ還入レ学者。聴之。

凡そ学生、年廿五以下にして、喪(も)に遭(あ)ひて服闋(ぶくをは)りて、還(かへ)りて学に入らむと求めば、聴(ゆる)せ。

20　凡大学国学生。毎レ年五月。放ニ田*假一。九月放ニ授*衣假一。其路遠者。仍斟量給ニ往還程一。

凡そ大学国学生は、年毎(としごと)に五月に田假(でんけ)放(ゆる)せ。九月に授衣(じゆえ)の假放(いとまゆる)せ。其れ路(みち)遠くは、仍りて斟量(しむりやう)して往還(わうぐわん)の程(ちやう)給へ。

21　凡学生。被ニ解*退一者。皆条ニ其合レ解之状一。申ニ式部一。下ニ本貫一。其五位以上子孫

者。皆限二年廿一*一。申二送太政官*一。准レ蔭配レ色*。

凡そ学生、解き退けらるるは、皆其の解くべき状を条にして、式部に申して、本貫に下せ。其の五位以上の子孫は、皆年廿一を限りて、太政官に申し送れ。蔭に准へて色に配せよ。

22　凡学生。公私有二礼事*一処。令レ観二儀式一。

凡そ学生、公私に礼の事有らむ処には、儀式観しめよ。

18　〔不得作楽条〕学生の日常生活の心得に関する規定。

一年之内―集解諸説は違假(不正休暇)の初日から数えて一年とする。

満百日―集解諸説は旬假なども含めて通算すると解している。

19　〔遭喪条〕学生の服喪後の復学に関する規定。

遭喪―父母の喪をいう(学令8)。その服は一年(喪葬17)。

20　〔放田假条〕学生の田假・授衣假に関する規定。

田假―播種・収穫などのための休暇。在京の官人には五月と八月に十五日ずつの田假がある(假寧1)。

授衣假―新しい冬衣を受ける為の休暇。学令にのみ見えている。日数は不明。

21　〔被解退条〕退学者の取扱いに関する規定。

解退―退学の条件は学令8 18。

限年廿一―蔭子孫の叙位や仕官は二十一歳からという令条があるによる(選叙34・軍防46)。

申送―集解諸説によれば、ここは大学寮が太政官に上申することをいう。内六位以下八位以上の嫡子も二十一歳で出仕するが(軍防47)、その場合は本貫の諸国から上申することになる。

准蔭配色→選叙34・軍防46。

22　〔公私条〕学生の儀式参観についての規定。

礼事―義解に元日及び公卿大夫の喪葬の類であるとする。

令 巻第五[1]

選叙令 第十二[2]

凡参拾捌条[3]

1 凡応*レ叙者。本司八月*卅日以前校定*1。式部[2]起二十月一日一。尽二十二月卅日[3]一。太政官起二正月一日一。尽二二月卅日一。皆於二限内一処分畢。其応レ叙人。本司量*レ程。申送集レ省。

凡そ叙すべき者をば、本司八月の卅日より以前に校へ定めよ。式部は十月の一日より起りて、十二月の卅日に尽せ。太政官は正月の一日より起りて、二月の卅日に尽せ。皆限の内に処分し畢へしめよ。其れ叙すべき人をば、本司程を量りて、申し送りて省に集めよ。

2 凡*1内外五位以上勅授*。内八位。外七位以上奏授*。外八位及内外初位。皆官判授*。

凡そ内外の五位以上は勅授。内八位、外七位以上は奏授。外八位及び内外の初位は、皆官の判授。

3 凡任レ官。大納言以上。左右大弁。八省卿。五衛府督。弾正尹。大宰帥勅任*。余官奏任*。主政。主帳。及家令等判任*。舎人*。史生。使部*。伴部。帳内*。資人*等。式部判補*。

☆選叙令—位階・官職の類別と、これを人に授ける場合の諸原則の規定。↓補☆a。唐の「科挙」との比較↓補☆b。選叙令の条数↓補☆c。

1 〔応叙条〕叙位の手続きに関する規定。 **応叙者**—六位以下の者(義解)。五位以上は勅授であるから位階の校定は出来ない。 **八月卅日以前**—この期日は毎年の考課と同じ(考課1)。 **校定**—年々の考を総合して進階の度を定める(結階)。考と同じく長官が校定し、二官以上を帯びる者は高官の方についてのみ校定の結果(選文という)を提出する(義解)。女官の考選は中務省が行う(職員38)。 **量程**—程は旅程。義解では十二月一日に式部・兵部省に集合することと解し、これは叙される位階の高下を内示し、校定の異議申立を受けるためとする。以後の叙位の手続きについては↓補1。

2 〔内外五位条〕位階の勅授・奏授・判授の区別の規定。勅授・奏授・判授の位記式↓公式16〜18。 **内外**—内位と外位(げ)。外位は大宝令以降の制では正五位上〜少初位下の二十階。外位については↓補2a。 **勅授・奏授・判授**↓補2b。勅授以下の別は女官についても同様。文位に対する勲位も、官位令に示された比当位(官位6〜17)により、勲六等(従五位比当)以上は勅授、勲十二等(従八位比当)以上は奏授となる(義解)。

3 〔任官条〕官職の勅任・奏任・判任・判補の区別の規定。 **勅任**—義解は以上諸官のほか、相当位の高さから言って皇太子傅も含まれるとする。**奏任**

—義解に内外諸司主典以上、また郡領・軍毅も奏任とし、古記や穴記では今行事としては内舎人・才伎長上・文学・兵衛も奏任としている。**判任**—義解に内舎人・文学・才伎長上も判任とする。**舎人・使部**→軍防47。**帳内・資人**→軍防48・同補48b。**判補**—国博士・医師も同じ(選叙27)。

4 〔応選条〕官の選任に当って徳行・才能を優先させる規定。

状迹—毎年の考の成績と行状。**銓擬**—選考。義解はこの条を奏任のための文とする。**労効**—具体的には勤務年数をいう。これが等しければ年長者をとる。この条文は唐令も同じ。ただし日本の律令制社会は氏姓の尊卑の別を大前提として成立していた。

5 〔任両官条〕正官・兼官の別の規定。

一為正—兼任する数官の中、官位相当するものが正、他は兼。すべて官位不相当ならばその中の一高官が正、他は兼(義解)。

6 〔任内外官条〕官の行守の別の規定。

内外文武官—郡司・軍毅など、相当位の定められていないものは勿論規定外。**職事卑**—官の相当位が本人の位より低ければ行、その反対は守。この行守の制は位署書の際に多く用いられる。

7 〔同司主典条〕三等以上の親族が同司の主典以上に並ぶのを禁止する規定。

三等以上親—儀制25に規定された三等親以内の近親。ただしすでに文武天皇二年三月に筑前国宗形・出雲国意宇の二郡司に、また養老七年十一月の太政官処分で、前者を含めて伊勢国渡相郡以下の八神郡の郡司に三等以上の親の連任を許した。

凡そ官任せむことは、大納言以上、左右大弁、八省の卿、五衛府の督、弾正の尹、大宰の帥は勅任。余官は奏任。主政、主帳、及び家令等は判任。舎人、史生、使部、伴部、帳内、資人等は、式部の判補。

4 凡応レ選者。皆審二*状迹一。*銓擬之日。先尽二徳行一。徳行同。取二才用高者一。才用同。取二*労効多者一。

凡そ選すべうは、皆くに状迹を審らかにせよ。銓擬の日には、先づ徳行を尽せ。徳行同じくは、才用高からむ者を取れ。才用同じくは、労効多からむ者を取れ。

5 凡任二両官以上一者。*一為レ正。余皆為レ兼。

凡そ両官以上に任せらば、一つをば正と為よ。余をば皆兼と為よ。

6 凡任二*内外文武官一。而本位有二高下一者。若*職事卑為レ行。高為レ守。

凡そ内外の文武官に任せらむ、而るを本位高下有らば、若し職事卑くは行と為よ。高くは守と為よ。

7 凡同司主典以上。不レ得レ用二*三等以上親一。

凡そ同司の主典以上には、三等以上の親を用ゐること得じ。

8 凡在レ官身死。及解免者。皆即言上。其国司。大上国介以上。中国掾[一]以上並[1]闕。及下国守闕者。皆*馳駅申二太政官一。若大宰帥。及三関[二]国。壱伎[三][2]。対馬守者。雖二独闕一。猶従二馳駅例一。其待レ報之間。大宰遣二判事以上官人一。*権摂[四]。任訖。*馳駅発遣。

凡そ官に在りて身死に、及び解免せば、皆即ち言上せよ。其れ国司は、大上国の介より以上、中国の掾より以上、並に闕せむ、及び下国の守闕せらば、皆馳駅して太政官に申せ。若し大宰の帥及び三関国、壱伎、対馬の守は、独り闕せりと雖も、猶し馳駅の例に従へよ。其れ報待たむ間は、大宰、判事以上の官人を遣つて、権摂せしめよ。任し訖りなば、馳駅して発て遣れ。

9 凡初位以上長上*官遷代*。皆以二六考*一為レ限。六考中*々。進二一階一叙。毎二三考中上*一。及二考上下。幷一考上中。各亦進二一階一叙。一考上々。進二二階一叙。其進二加四階一。及計レ考応ニ至*二五位以上一。奏聞別叙。其考未レ満。而以*レ理解。及考*在二中下以下一者。不レ在二進限一。若有二上考下考*一。准*折之外。仍有二上考一者。各聴二依レ法加一レ階。即考未レ満。従二見任一遷為二内外官一者。並聴レ通二計前労一。其六考之外。有二余考*一者。通充二後任考一。

凡そ初位以上の長上の官の遷り代らむことは、皆六考を以て限と為よ。六考中中ならば、一階進めて叙せよ。三考中上毎に、及び二考上下、并せて一考上中ならば、各亦一階進めて叙せよ。一考上上ならば、二階進めて叙せよ。其れ四階を進め加へむ、及び考を計ふるに五位以上に至るべうは、奏聞して別に叙せよ。其れ考満たずして、而して理を以てして解けむ、及び考中下以下に在らば、進むる限に在らず。若し上考下考有りて、准へ折いでの外、仍し上考有らば、各法に依りて階加ふること聴せ。即ち考満たずして、見任より遷つて、内外の官と為らむは、並に前労を通計すること聴せ。其れ六考の外に、余考有らば、通つて後任の考に充てよ。

8 〔在官身死条〕官司に欠員を生じた時の報告に関する規定。

馳駅→公式46・同補9。**権摂**―権は、かりに、の意。「其待報」以下の注は壱岐・対馬二島についての処置である。**馳駅発遣**―古記によれば、大宝令ではこの条に「還守」の二字或いは「還」の一字があったと思われる。→補8。

9 〔遷代条〕長上官の成選(じやうせん)年限とその進階に関する規定。

長上官―毎日出勤を原則とする官。職事(しき)とも言う。当番出勤を原則とする番上(分番)に対する。具体的には相当位の定まっている官職全部と別勅才伎長上とを含む。五位以上の散位も勤務形態は長上で、この条の適用を受ける(選叙11)。**遷代**→補9a。**六考**―一年ごとに考が定められるから(考課1)六考はふつう六年である。**中々**―長上官の考課は九等(考課50)。六考中中で位一階を進めるのが結階の基本となる(基考)。**三考中上**―六考のうち、三考が中中で三考が中上ならば、基考に一階を加え合計二階進む計算。四考中中・二考上下の場合及び五考中中・一考上中の時も同様。**至五位以上**―五位以上は勅授で(選叙2)、結階法はなく、勅旨により全く別に昇叙される。六位までの昇叙は結階法により殆んど機械的に行われる。**以理解**―失誤なくして官を去ること。義解は致仕・考満・廃官・省員・充侍・遭喪・患解の七を挙げる(選叙22)。**考在中下以下**―五考中中・一考中下でも進階せず、その六考は全部無効として破棄される(義解)。**上考下考**―上考は中上以上、下考は中下以下。**准折**―相殺すること。その方法は次条に見える。**余考**→補9b。

10 凡計レ考応レ進。而兼有二上考下考一者。止得二准折一[1]。毎二一中下一。*得下以二一中上一除上之。毎二二中下及一下上一。得下以二一上下一除上之。下上。謂。非二*私罪一者。上中以上。雖レ有二下考一。*即従二上第一。下考。謂。不レ至二*解官一者。公罪下中。私罪下上。雖レ有二上下一。仍従二下考一。

凡そ考を計へて進むべからむ、而るを兼ねて上考下考有らば、止し准へ折ぐこと得む。一の中下毎に、一の中上を以て除くこと得む。二の中下及び一の下上毎に、一の上下を以て除くこと得む。下上といふは、謂はく、私罪に非ざる者をいふ。上中以上は、下考有りと雖も、即ち上第に従へよ。下考といふは、謂はく、解官に至らざる者をいふ。公罪の下中、私罪の下上は、上下有りと雖も、仍し下考に従へよ。

11 凡*散位。若見官無レ闕。雖レ有レ闕。而才職不二相当一者[1]。*六位以下。分番上下。毎レ有レ闕。各依二本位一。量レ才任用[2]。其分番。経二二考以上一。入二長上一者。並*以二七考一為レ限。若経二一考一者。聴レ同二六考之例一。其経二八考一者。*八考中。進二一階一叙。四考上。四考中。進二二階一叙。八考上。進二三階一叙。雖二考不レ満レ八。而*使レ蕃満二四周一者。亦如レ之。即有二上考下考一者。*依二前例一。其以二別勅及伎術一。直二諸司長上一者。*考限叙法。並同二*職事一。

凡そ散位、若し見官闕無からむ、闕有りと雖も、而も才職相ひ当らずは、六位以下は、分番して上下せよ。闕有らむ毎に、各本位に依りて、才を量つて任用せよ。其れ分番、二考以上を経て、長上に入れらば、並に七考を以て限と為よ。若し一考経たらば、

10 〔計考応進条〕上考下考の相殺法についての規定。

得以一中上除—中上一考と中下一考と相殺して中中二考とする。以下同様に中下二考と上下一考を中中三考とし、下上一考と上下一考を中中二考とする。

私罪—私罪・公罪→名例17。私罪・公罪を犯した場合の考の判定→考課57。

即従上第—上中一考・中下五考でも中下考は無視して上中一考だけで一階を進める。この際は基考は成立しないから合計二階の進階にはならない。

解官—私罪の下中以下、公罪の下下を犯せば解任(考課58)。

11 〔散位条〕六位以下の散位、すなわち内分番の選限及び結階法の規定。

散位—位はあるが官についていない者。

六位以下—義解に「文称二六位以下一。即知、五位以上雖レ無二執掌一、仍合二長上一」。

以七考為限—分番の成選年限(選限)は八考であるが、分番二考以上を経て長上官に移った時は、分番・長上合計七考で成選とする。分番一考で長上に移れば合計六考で成選。以下義解には外散位→外長上、外長上→内分番、外散位→内分番など、各種の場合について選限を細かく説明している(→補9 a)。

八考中—内分番の考課は上中下の三等(考課51)。八考中で位一階進むのが基考。

使蕃満四周—番上官が外国に使した時は四年で成選。古記は一周(一年)を二考に数えるとしている。

依前例—前条の上下考准折の法をさす。

考限—選限。成選に必要な年限。

六考の例に同すること聴せ。其れ八考経たらば、八考中ならば、一階進めて叙せよ。四考上、四考中ならば、二階進めて叙せよ。八考上ならば、三階進めて叙せよ。考八に満たずと雖も、蕃に使して四周に満ちなば、亦之の如く。即ち上考下考有らば、前の例に依れ。其れ別勅及び伎術を以て、諸司の長上に直せむは、考限、叙法は、並に職事に同じ。

12　凡考満応レ叙之人。有二高行異才一。或尤達二治體一。皆聴三擢以二不次一。不レ須三限以二常条一。

凡そ考満ちて叙すべき人、高行異才有らむ、或いは尤も治體を達せらば、皆擢んづるに不次を以てすること聴せ。限るに常の条を以てすべからず。

13　凡郡司。取下性識清廉。堪二時務一者上。為二大領少領一。強幹聡敏。工二書計一者。為二主政主帳一。其大領外従八位上。少領外従八位下叙之。其大領少領。才用同者。先取二国造一。

凡そ郡司には、性識清廉にして、時の務に堪へたらむ者を取りて、大領、少領と為よ。強く幹く聡敏にして、書計に工ならむ者を、主政、主帳と為よ。其れ大領には外従八位上、少領には外従八位下に叙せよ。其れ大領、少領、才用同じくは、先づ国造を取れ。

14　凡叙二舎人。史生。兵衛。伴部。使部。及帳内。資人一。並以二八考一為レ限。八考中。進二一階一。四考中。四考上。進二二階一。八考上。進二三階一叙。

凡そ舎人、史生、兵衛、伴部、使部、及び帳内、資人叙せむことは、並に八考を以

職事―長上官。

12　〔考満応叙条〕 成選に当り徳行・才能・見識のすぐれた者を抜擢する規定。

治體―義解に「治国之大體」。

擢以不次―令釈に「不レ依二考第一而特高叙任耳」。

13　〔郡司条〕 郡司の任用規定。

強幹聡敏―強健明敏。**書計**―書算。

大領外従八位上―郡司は官位相当が定められていないが、この条はそれに准ずる規定として異例のもの。跡記では内位の者が郡司となれば即日外位に改叙するとしている。

先取国造―国造↓神祇補19b。郡司の任用に譜第を重視する伝統的な風潮のあらわれ。

14　〔叙舎人史生条〕 舎人以下、いわゆる内分番諸官人の選限及び結階法の規定。

舎人―大舎人・中宮舎人・東宮舎人。内舎人は別で内長上に准ずる。

史生―古記に「問、諸司史生無レ文若為。答、分番一種、略耳」とあり、大宝令には史生の二字が無かったと思われる。

帳内・資人↓軍防補48a。外考の職ながら、その考選は内分番の扱いで異例である(考課69)。なお分番・兵衛の考第↓考課51 52。

15　〔叙郡司軍団条〕 郡司・軍団等、いわゆる外長上と、外散位との選限・叙法の規定。

軍団―少毅以上。主帳以下は考の対象外。

以十考為限―即ち外長上の選限は十考。

有上考下考者―郡司・軍団の考第は上・中・下・下下の四等であるが、下下考の者はその年に解任される(考課67)から、選の対象となるのは上・中・下の三等である。

外散位―外考で分番という意味からすれば外

て限と為よ。八考中ならば、一階進めよ。四考中、四考上ならば、二階進めよ。八考上ならば、三階進めて叙せよ。

15　凡叙二郡司軍団*一。皆以二十考*一為レ限。十考中。進二一階一。五考上。五考中。進二二階一。十考上。進二三階一叙。兼有*二上考下考一者。准折並同二八考例一。其外散位者*。分番上下*[1]。皆以二十二考一為レ限。十二考中。進二一階一。六考上。六考中。進二二階一。十二考上。進二三階一叙之。相折同二郡司一。其分番二考*[2]。長上八考。亦同二十考例一。若経二三考以上一者。並以二十一考*一為レ限。

凡そ郡司軍団叙せむことは、皆十考を以て限と為よ。十考中ならば、一階進めよ。五考上、五考中ならば、二階進めよ。十考上ならば、三階進めて叙せよ。兼ねて上考下考有らば、准へ折がむこと並に八考の例に同じ。其れ外散位は、分番して上下せるは、皆十二考を以て限と為よ。十二考中ならば、一階進めよ。六考上、六考中ならば、二階進めよ。十二考上ならば、三階進めて叙せよ。相ひ折がむこと、郡司に同じ。其れ分番の二考、長上の八考は、亦十考の例に同じ。若し三考以上経たらば、並に十一考を以て限と為よ。

16　凡帳内資人等。才堪二文武貢人*一者[1]。亦聴二貢挙一。得レ第者。於二内位*一叙。不第者。各還二本主一。

凡そ帳内資人等、才、文武の貢人に堪へたらば、亦貢挙すること聴せ。第得たらば、内位に叙せよ。不第ならば、各本主に還せ。

分番と称してよさそうであるが(延喜式は外分番)、これに当る職と思われる帳内・資人の考選が内分番扱い(選叙14)なので、ここは外散位と称して、かつて外考の官職にあった地方在住者をさしたのであろう。選限十二考。**分番上下**―国府に分番出勤するのであろう。**其分番二考**―以下は外散位→外長上の場合の選限の規定。**十一考**―外散位三考を経て外長上に移れば、外散位三考・外長上八考の合計十一考で外長上成選となる。なお以上の内長上～外散位の四種の選限(六考～十二考)は慶雲三年格によりそれぞれ二考減(四考～十考)に改められた(→補9a)。

16　〔帳内資人条〕帳内・資人の貢挙に関する規定。

文武貢人―諸国や大学の貢挙については職員・学・考課令等に見え、秀才・明経・進士・明法等の科がある(考課70～73)。武人の貢挙については令条はなく、義解は式の処分に待つとしている。なおこの箇所の古記によると、大宝令では「文武貢人者」の次に「不レ限二年之多少一」の句があり、更に「貢人条」なる別の一条があったらしい。→補16。**於内位叙**―即ち帳内・資人は原則として外位であることが知られる。義解に、既により高い位を得ていたらばそれを内位に切替え、また及第しても叙位の第に至らず留省となったらば(選叙30)、成選した時に内位を授けるとする。

17　〔本主亡条〕帳内・資人の本主が死亡した後の処置に関する規定。

朞年之後―一年。喪葬令に本主の為の服紀は一年とする(喪葬17)。この一年間の考は主家が定める。ただし本主が罪を犯して免ぜられた時は直ちに式部省に戻す。**職事**―内長上。才伎長上も同じ。**改入内位**―古記によれば大宝令では「入内当位」となっていたらしい。**雑色任用**―古記は「其当色任用、謂分番也」とする。ここの雑色とは、具体的には伴部・使部などをさすと考えられるが、雑色にせよ当色にせよ、上の職事に対する語として用いられている。**未満六年**―義解は、六年と言って六考と言わないのは、考の得不を論ぜず、年数だけを問題にするのだとしている。六年を越した者は式部省に留まり、いわゆる留省となる。**若廻充**―ただし一旦本貫に還って後、再び仕えた者は前労の通計を認められない。

18 〔以理解条〕前任・後任の労の通計に関する規定。

長上官―分番もこれに准ずる(義解)。**以理解**→選叙9 22。**考解**―考の下等の者の任を解くこと(考課58)。一年後に出仕が聴される。**無故停私**―職制5に無故不上の罪がある。**過一年**―古記によれば大宝令では「過一年以上」となっていたらしい。

19 〔帳内労満条〕帳内を内位に叙する規定。

才堪理務―「閑二暁書算一及知二属文一、堪レ従レ政者」(義解)。**於内位叙**―古記はその後も本主に仕えるとする。

20 〔官人至任条〕交替着任の際の印文に関する規定。

官人―主典以上。雑任もこれに准ずる(義解)。**印文**―令釈に「任文」。任命の由を記し、公印を捺した文。古記には、畿内以外の諸国は史生や主政・主帳に至るまで印文があるとする。実際には専ら国司の任命に際し任命の官符(任符)が出され、これを証拠として交替が

17 凡帳内資人等。本主亡者。*朞年之後。皆送二式部省一[1]。若任二*職事一者。即*改入二内位一。其*雑色任用者。考満之日。聴下於二内位一叙上。若無位者。*未レ満二六年一。皆還二本貫一。*若廻充二帳内資人一者。亦聴レ通二計前労一。

凡そ帳内資人等、本主亡しなば、朞年の後に、皆式部省に送れ。若し職事に任せば、即ち改めて内位に入れよ。其れ雑色に任用せむは、考満の日に、内位に叙すること聴せ。若し無位の者、六年に満たずは、皆本貫に還せ。若し廻らして帳内資人に充てたらば、亦前労通計すること聴せ。

18 凡*長上官。*以レ理解者。後任日。聴レ通二計前労一。其*考解及犯レ罪解者。不レ用二此例一。雖二以レ理解一。而*無レ故停レ私。*過二一年一者。亦除二前労一。

凡そ長上の官、理を以て解けば、後任の日に、前労通計すること聴せ。其れ考に解け、及び罪を犯して解けば、此の例用ゐず。理を以て解くと雖も、故無くして私に停りて、一年過せらば、亦前労除け。

19 凡帳内。労満応レ叙。*才堪二理務一。本主欲下*於二内位一叙上者聴。

凡そ帳内、労満ちて叙すべからむ、才、理務に堪へたる、本主、内位に叙せむと欲はば、聴せ。

20 凡*官人至レ任。若無二*印文一者。不レ得二受代一。

凡そ官人任に至らむ、若し印文無くは、受け代ること得じ。

21 凡官人年七十以上。聴*二致仕一。五位以上々*表。*六位以下申二牒*官一奏聞。

凡そ官人年七十以上にして、致仕聴す。五位以上は上表せよ。六位以下は官に申牒して奏聞せよ。

22　凡職事官。患経㆓百*廿日*1㆒。及縁㆓親*患㆒。假満㆓二百日㆒。及父母合㆑侍*者。並解官。其応㆑侍人。才用灼然。要*2藉㆓駈使㆒者。令㆓帯㆑官侍㆒。皆具㆑状申㆓太政官㆒奏聞。其番官者。本司判解。並下*㆓本属㆒。応㆑解者。申後即不㆑得㆑理㆑事。其以㆓才伎㆒長㆓上諸司㆒者。若充㆑侍。遭*㆑喪。患解者。侍終。服満。及患損之日。還令㆑上㆓本司㆒。応㆑充㆑侍者。先尽㆓兼*丁㆒。々々。謂。中*男以上。

凡そ職事官、患して百廿日に経、及び親の患に縁りて、假二百日に満ち、及び父母侍すべくは、並に解官せよ。其れ侍すべき人、才用灼然にして、要にして駈使に藉れらば、官帯し侍せしめよ。皆状を具にして、太政官に申して奏聞せよ。其れ番官は、本司判りて解け。並に本属に下せ。解くべくは、申して後に即ち事理むること得じ。其れ才伎を以て諸司に長上せむは、若し侍に充り、喪に遭ひ、患に解けば、侍終り、服満ちて、及び患損えむ日、還りて本司に上へしめよ。侍に充つべくは、先づ兼丁を尽せ。兼丁といふは、謂はく、中男以上をいふ。

23　凡経*㆓癲狂酗酒*㆒。及父祖子孫被*㆑戮者。皆不㆑得㆑任㆓侍衛之*官㆒。

凡そ癲狂酗酒に経たらむ、及び父祖子孫戮せられたらば、皆侍衛の官に任すること得ず。

24　凡散位。身才劣弱。不㆑堪㆓理務㆒者。式部判補*㆓諸司使部㆒。

行われた。

21　〔官人致仕条〕 致仕に関する規定。

聴致仕—致仕とは、官職を辞すること。義解に、主典以上の為の文で、雑任もこれに准ずるとする。「聴」の字義について、古記は分番をも含めて必ず致仕する建前とし、令釈は令の「聴」は任意の場合と強制の場合があるが、ここは任意の場合とする。実際には任意であった。**上表**—君主に奉る文（↓公式補65）。**六位以下**—奏任の官。判任以下は太政官と式部省の処分となる（義解）。

22　〔職事官患解条〕 病気その他の理由による解任に関する規定。

官—大宝令では「省」。

百廿日—休暇の日も含めての百二十日で、考を得る資格を生ずる上日二百四十日（考課59）の半分。唐令では百日で、やはり考を得る為の上日二百日の半分。**親**—父母。養父母も同じ。また嫡孫（継嗣2 3）が継嗣にたてられたものは子に同じ（義解）。**侍**↓戸令11。

要藉駈使—要は、その働きを必要とする意、藉は、その力を借りる意。職原抄に六位蔵人を要藉駆使と言っている。有能繁忙で手が離せないこと。**下本属**—集解諸説は課役の関係があるので符を本貫に下すと解している。

遭喪—父母の喪による解官↓假寧3。

兼丁↓賦役23。**中男**—大宝令では少丁。

23　〔癲狂酗酒条〕 侍衛官の選任に関する制限の規定。

経—一度だけでもその事があった者をも含む（義解）。**酗酒**—酒乱。

父祖子孫—曾祖父・曾孫は含まれない（義解）。なお本条古記及び32条古記によれば、大宝令凡そ散位、身才劣く弱くして、理務に堪へずは、式部判つて諸司の使部に補てよ。

25 凡失二位記一者。於二所在一陳牒。本属本司長官。推二其失由一。具レ状申レ省*。勘二授*案一。申レ官更給。具注二失落重給之状一。
凡そ位記失せらば、所在に陳牒せよ。本属本司の長官、其の失由を推ひて、状を具にして省に申せ。授案を勘へて、官に申して更に給へ。具に失落して重ねて給ふ状注せよ。

26 凡位記錯誤。須二改授一者。五位以上奏聞。六位以下判改。並注二授案一。
凡そ位記錯ち誤てらむ、改めて授ふべくは、五位以上は奏聞せよ。六位以下は判りて改めよ。並に授案に注せよ。

27 凡国博士[1]。医師者。並於*二部内一取用。若無者。得二於傍国通取一。考限叙法及准折。
*並同二郡司一。補任之後。並無レ故不レ得二輒*解一。
凡そ国博士、医師は、並に部内に取り用ゐよ。若し無くは、傍の国に通ふて取ること得。考限、叙法、及び准へ折がむこと、並に郡司に同じ。補任の後、並に故無くして輒く解くこと得じ。

28 凡内外文武官有レ闕者。随レ闕即補。不レ得二惣替一。
凡そ内外の文武官、闕有らば、闕に随ひて即ち補せよ。惣べて替ふること得じ。

29 凡秀*才。取二博[1]学高才者一。明*経取下学通二二経以上一者上。進*士取下明閑二時務一。并読二文選爾雅一者上。明*法取下通二達律令一者上。皆須二方正清循[2]一。名行相副一。

では「子孫」の二字がなかった可能性が強い。

侍衛之官—侍従以上・内舎人・中務判官以上・内記・兵衛等(義解)。宮衛令にも「宿衛及近侍」の人の、二等以上の親が死罪を犯せばその参内を停める規定がある(宮衛28)。

24 〔散位身才条〕散位の劣等者を使部に補する規定。

判補諸司使部—ただし、さきに職事官であった者は使部・伴部に充てない(義解)。

25 〔失位記条〕位記の紛失再発給の手続きの規定。

省—中務・式部・兵部省。

授案—位記発給の際の記録であろう。再発給の旨を新しい位記にも授案にも注する(義解)。

26 〔位記錯誤条〕位記の記載に誤があった時の訂正の手続きの規定。

27 〔国博士条〕国博士・医師の任用に関する規定。国博士・医師の任用・考選の変遷→補27。

於部内取用—国司が選んで太政官に申し、式部省が判補する(義解)。

並同郡司—大宝令は「並同二主政等一」。郡司の叙法は十考(選叙15)。ただし国博士・医師は、叙法は外長上でも実際は分番の職であるから郡司と違って年百四十日の上日で考を得る(義解)。その考課は上中下の三等(考課68)。

不得輒解—解任を認めるのは充侍・遭喪・患解と官当以上の罪を犯した時のみ(義解)。

28 〔内外文武官有闕条〕欠員を生ずるに応じて補充すべき規定。

29 〔秀才進士条〕貢挙の四科の選考基準の原則的な規定。

秀才—学令12。具体的な考試法は→考課70。

明経↓学令11。具体的な考試法は↓考課71。
進士↓学令12。具体的な考試法は↓考課72。
明法―具体的な考試法は↓考課73。

30 〔秀才出身条〕四科の及第者の叙位に関する規定。

出身―官に挙げ用いられること。

上中従八位上―秀才・明経の上下・中上も及第であるが(考課70 71)、叙法がないので式部省の留省となり、考満叙位を待つ(考課75)。延暦二十一年六月に秀才上下は大初位上、秀才中上・明経上下は大初位下、明経中上は少初位上に叙することとなった。

蔭―蔭位(↓選叙補38)。四科の及第よりも有利である。**表顕**―孝子・順孫の表彰規定↓賦役17。**毎一経通**―まず二経を試みて上中以上であればそれから余経を試問する(義解)。余経は一経について七条を問い、五以上できれば通とする(考課71)。

31 〔両応出身条〕二種以上の出身資格があれば高い方の位を授ける規定。

両応出身―たとえば父の蔭位と祖父の蔭位との二種。また蔭位と貢挙四科及第の資格があるような場合。

32 〔為人後者条〕養子の出身に関する制限の規定。

為人後者―すなわち子であるが、ここは養子を問題にしている。

不得出身―ただし、兄弟の子を養子とした時は、これが嫡子として蔭にあずかるが、その後で父に実子が生れても、その子は庶子の扱いしか受けない(義解)。

33 〔贈官条〕贈位者の蔭位に関する規定。

贈官―すなわち贈位のこと。

凡そ秀才は、博学高才の者を取れ。明経には、学二経以上通せらむ者を取れ。進士には、明らかに時務を閑ひ、幷せて文選爾雅読めらむ者を取れ。明法には、律令通達せらむ者を取れ。皆方正清循にして、名行相ひ副ふべし。

30 凡秀才*出身。上々第正八位上。々中正八位下。明経上々第正八位下。*上中従八位上。進士甲第従八位下。乙第及明法甲第大初位上。乙第大初位下。其秀才明経。得㆓上中以上㆒。有㆑*蔭。及孝悌被㆓*表顕㆒者。加㆓本蔭本第一階㆒叙。其明経。通㆓二経㆒以外。*毎㆓一経通㆒加㆓一等㆒。

凡そ秀才の出身は、上上第に正八位上、上中に正八位下。明経の上上第に正八位下、上中に従八位上。進士の甲第に従八位下、乙第及び明法の甲第に大初位上、乙第に大初位下。其れ秀才、明経、上中以上得て、蔭有らむ、及び孝悌表顕せられたらば、本蔭、本第に一階加へて叙せよ。其れ明経は、二経に通しての以外に、一経通せらむ毎に一等加へむ。

31 凡*両応㆓出身㆒者。従㆑高叙。

凡そ両つに出身すべくは、高きに従へて叙せよ。

32 凡*為㆓人後㆒者。非㆓兄弟之子㆒。*不㆑得㆓出身㆒。

凡そ人の後為らむ者は、兄弟の子に非ずは、出身すること得じ。

33 凡*贈官。*死㆓王事㆒者。与㆓生官㆒同。余*降㆓一等㆒。

凡そ贈官は、王事に死なば、生官と同じ。余は一等降せ。

死王事—集解諸説は戦場で死ぬこととしている。↓田令補18 a。
降一等—子孫の蔭位を一階低くする(義解)。

34 〔授位条〕授位の最低年齢制限の規定。
限年廿五以上—義解は「謂入色年限、起レ自二十七一也」と注する。入色とは、蔭子孫・位子などの仕官有資格者が初めて官に仕えることを言い、彼等は諸舎人などから出発する(軍防46 47)のが普通であるから、その内分番の成選年限八年として、十七と計算したのであろう。また、一方、十七以上は中男として課役負担の年齢であることも考慮されたであろう。古記は今行事として、出身の人は必ず二十一以上であるとしている。
限年廿一以上—集解諸説は、蔭子孫は二十一歳になれば必ず叙位にあずかるべきものとしている。しかし実際にそうなったのは延暦十四年十月の官符が出てからのことで、それ以前は、出仕の後、成選年限が満ちてはじめて位を授けられたようである。

35 〔蔭皇親条〕皇親の蔭位の規定。
親王—有品無品を問わない(義解)。
五世王—五世王は皇親には含まれない(継嗣1)。

36 〔考満応叙条〕成選の結階と蔭位とのうち、高い方の位を授ける規定。
聴従高—古記によれば、大宝令ではこの前に「後叙日」の三字があったことが明らかであるが、その文意は不明確なので養老令では削ったのであろう。

37 〔除名応叙条〕除名・免官等の罪を犯し期限が満ちた者の叙法の規定。↓補37。
除名↓名例18。除名は六年の後叙位にあずか

34 凡授レ位者。皆限二年廿五以上一。唯以レ蔭出身。皆限二年廿一以上一。

凡そ位授けむは、皆年廿五以上を限れ。唯し蔭を以て出身せむは、皆年廿一以上を限れ。

35 凡蔭二皇親一者。親王子従四位下。諸王子従五位下。其五世王者。従五位下。子降二一階一。庶子又降二一階一。唯別勅処分。不レ拘二此令一。

凡そ皇親に蔭せむことは、親王の子に従四位下、諸王の子に従五位下。其れ五世王は、従五位下。子は一階降せ。庶子は又一階降せ。唯し別勅に処分せむは、此の令に拘れじ。

36 凡考満応レ叙。若有二蔭高一者。聴レ従レ高。

凡そ考満ちて叙すべからむ、若し蔭高きこと有らば、高きに従ふこと聴せ。

37 凡犯二除名一限満応レ叙者。三位以上。録レ状奏聞聴レ勅。其正四位。於二従七位下一叙。従四位。於二正八位上一叙。正五位。於二正八位下一叙。従五位。於二従八位上一叙。六位七位。並於二大初位上一叙。八位初位。並於二少初位下一叙。若有三出身位高二此法一者。仍従レ高。免官。免所居官亦准レ此。出身。謂。藉レ蔭及秀才明経之類。即才優擢授者。並不レ拘二常例一。

凡そ除名犯して、限満ちて叙すべくは、三位以上は、状を録して奏聞して勅聴け。其れ正四位は、従七位下に叙せよ。従四位は、正八位上に叙せよ。正五位は、正八位下に叙せよ。従五位は、従八位上に叙せよ。六位、七位は、並に大初位上に叙せ

よ。八位、初位は、並に少初位下に叙せよ。若し出身の位此の法より高きこと有らば、仍りて高きに従へよ。免官、免所居官も亦此に准へよ。出身といふは、謂はく、蔭に藉れる、及び秀才、明経の類をいふ。即ち才優にして擢んで授けたまはば、並に常例に拘れず。

38 凡五位以上子出身者。一位嫡子*従五位下。庶子*正六位上。二位嫡子正六位下。庶子及三位嫡子従六位上。庶子従六位下。正四位嫡子正七位下。庶子及従四位嫡子従七位上。庶子従七位下。正五位嫡子正八位下。庶子及従五位嫡子従八位上。庶子従八位下。三位以上蔭及レ孫。降*二子一等一。外位蔭*准二内位一。其五位以上帯二勲位高一者。即依二当勲階一。同二官位蔭一。四位降二一等一。五位降*二二等一。

凡そ五位以上の子の出身せむは、一位の嫡子に従五位下。庶子に正六位上。二位の嫡子に正六位下。庶子及び三位の嫡子に従六位上。庶子に従六位下。正四位の嫡子に正七位下。庶子及び従四位の嫡子に従七位上。庶子に従七位下。正五位の嫡子に正八位下。庶子及び従五位の嫡子に従八位上。庶子に従八位下。三位以上は、蔭、孫に及ぼせ。子に一等降せ。外位の蔭は内位に准へよ。其れ五位以上、勲位の高きを帯せらば、即ち当勲の階に依り、官位の蔭に同じ。四位は一等降せ。五位は二等降せ。

ることが聴される（名例21）。

免官・免所居官↓名例19 20。この両者は、名例21に、それぞれ三年・一年の後、先位に二等・一等を下して叙することが定めてあるから令文では省いてある。

38 〔五位以上子条〕蔭子孫の蔭位に関する規定。蔭位↓補38。

嫡子・庶子↓継嗣2。

降子一等―即ち嫡孫（嫡子の長子）は嫡子より、庶孫は庶子よりそれぞれ一等低くする。延暦十九年四月から四位の孫にも蔭位が適用された。**外位蔭**―神亀五年に外五位の蔭位は内五位の蔭位よりも低く改められた（↓補2）。

五位降二等―たとえば正五位勲三等の者の嫡子は、勲三等は正四位に当るから、その嫡子の蔭位は正七位下であるが、五位の子であるから更に二階下って従七位下となる。また、本条及び賦役18の古記によれば、大宝令では「帯勲位高者」の下は「於当勲一位降二一等一、八位以上帯二勲位二等以上一、降二四等一」となっていたらしく、養老令と甚だ異なる。その場合は、たとえば従五位勲三等の者の子は、勲三等から二等を下して勲五等相当の正五位の蔭位を得る計算になる。しかし実際にはこのような高い勲位がこの程度の者に授けられることは起り得ず、大宝・養老令ともにこの勲位の蔭の規定は実質的には全く意味がない。

継嗣令 第十三　凡肆条

1 凡*皇兄弟皇子。皆為二*親王一。女帝子亦同。以外並為二*諸王一。*自二親王一五世。*雖レ得二王名一。不レ在二皇親之限一。

凡そ皇の兄弟、皇子をば、皆親王と為よ。女帝の子も亦同じ。以外は並に諸王と為よ。親王より五世は、王の名得たりと雖も、皇親の限に在らず。

2 凡三位以上継レ嗣者。皆嫡相承。若無二*嫡子一。及有二*罪疾一者。立二*嫡孫一。無二嫡孫一。以レ次立二嫡子同母弟一。無二母弟一。立二*庶子一。無二庶子一。立二嫡孫同母弟一。無二母弟一。立二*庶孫一。四位以下。*唯立二嫡子一。謂。庶人以上。其*八位以上嫡子。未レ叙身亡。及有二罪疾一者。更聴二立替一。*其氏宗者。聴レ勅。

凡そ三位以上の嗣継がむことは、皆嫡相ひ承けよ。若し嫡子無からむ、及び罪疾有らば、嫡孫を立てよ。嫡孫無くは、次を以て嫡子の同母弟を立てよ。母弟無くは、庶子を立てよ。庶子無くは、嫡孫の同母弟を立てよ。母弟無くは、庶孫を立てよ。四位以下は、唯し嫡子を立つ。謂はく、庶人以上をいふ。其れ八位以上の嫡子、叙せずして身亡し、及び罪疾有らば、更に立て替ふること聴せ。其れ氏宗は、勅聴け。

3 凡定二五位以上嫡子一者。陳二*牒治部一。験レ実申レ官。其嫡子有二罪疾一。罪。謂。荒二耽於酒一。及*余罪戻。将来不レ任二器用一者。疾。謂。*癈疾。不レ任レ*承レ重者。申二牒所司一。

☆**継嗣令**—皇族身分、継嗣法及びその手続き、皇族の婚姻法の規定。→補☆

1 〔皇兄弟子条〕親王・諸王及び皇親の範囲の規定。→補1a。

皇兄弟皇子—天皇の兄弟及び皇子。姉妹及び皇女もこれに准ずる。ただし特に女子をいう場合は内親王という。**親王**—この称号は中国の皇帝の兄弟皇子に与えた爵号に基づくものであろう(→補1a)。わが国では大宝令において初めて使用。**諸王**—女子は女王。**自親王五世**—一般に、計世法には、本人より計える場合と、子の世代より計える場合とがある。令条の他の例(田令6・禄令13)は、明らかに後者。この場合は、いずれとも解しうるが、「皇親二世准二五位一、三世以下准二六位一」(続紀、霊亀元年九月己卯条)と「皇親服制者、以二王孫一(孫王か)准二五位一、疎親准二六位一」(同養老四年五月辛酉条)の対応や他の実例(続紀、天応元年二月丙午条)、或いは明法家の説(選叙35古記)等は、いずれも親王を一世として計えている。**雖得王名**→補1b。

2 〔継嗣条〕継嗣法の規定。→補2a。

嫡子—一般に、(a)嫡妻の子(嫡出子)、(b)嫡妻の長子、(c)承嫡者として選定された者、の三通りの用法がある。このうち嫡妻長子を継嗣者とするのを原則とする制度のもとにおいては、(b)と(c)の用法は識別しがたい。律令での用法は、原則として(c)の用法であるが(次条・戸令23・選叙38・軍防47等)、ここは(b)の意。**罪疾**→次条。**嫡孫**—嫡子の嫡妻長子。**庶子**—嫡出子以外の子。ただし、戸令23・選叙38での庶子は、嫡子同母弟を含む。庶子間での順序は年長の順。戸婚律9逸文に「立嫡験レ実聴ニ更立一。*

凡そ五位以上の嫡子定めむことは、治部に陳牒して、実を験へて官に申せ。其れ嫡子罪疾有りて、罪といふは、謂はく、酒に荒耽し、及び余の罪戻あつて、将来に器用に任へざる者をいふ。疾といふは、謂はく、癈疾をいふ。重承くるに任へずは、所司に申牒して、実を験へて更に立つること聴せ。

4　凡王娶ニ親王一。臣娶ニ五世王一者聴。唯五世王。不レ得レ娶ニ親王一。

凡そ王、親王を娶き、臣、五世の王を娶くこと聴せ。唯し五世の王は、親王を娶くこと得じ。

違レ法者、徒一年、即嫡妻年五十以上無レ子者、得ニ立嫡以レ長、不レ以レ長者亦如レ之」とある。**庶孫**―嫡子の嫡出子以外の子。**唯立嫡子**―三位以上の例・戸婚律9により、嫡妻長子なくば同母弟、嫡出子なくば庶子。**其八位以上…立替**→補2a。**氏宗**―大宝令では氏上、平安朝では氏長者。書紀・続紀に散見する氏上任命の記事には「氏上」とも「氏長」ともある。→補2b。

3　〔定嫡子条〕五位以上の選定された嫡子の届出の手続き、届出た嫡子に罪疾のある場合の立替の手続きの規定。**陳牒治部**―令釈所引の大宝三年令問に「嫡子之父自陳ニ牒於治部一定立、京職国司知ニ其状一而幷身申ニ送於式部一也」、治部式に「父申ニ牒省一、省移ニ本貫一知レ実、知レ実後申レ官」とある。**余罪戻**―義解に「謂、犯ニ徒以上罪一、若数有ニ愆犯一、量レ情不レ任ニ器用一者、雖レ不レ至レ徒亦是也」とある。**癈疾**→戸令7。**承重**―令釈・義解は「継レ父承レ祭、祭事尤重、故云レ承レ重」といい、古記は「祖父之蔭」をあげる。**聴更立**―法定嫡子の変更の条件を、令文ではただ罪疾の場合とするが、その解釈は、前条の理解いかんによって、いくつかの意見にわかれる。→補2a。

4　〔王娶親王条〕皇親の婚姻関係の規定。諸王は内親王以下、五世王は諸女王以下、諸臣は五世女王以下を、それぞれ娶ることができる。なお、天平元年格(続紀)によると、慶雲三年の皇親の範囲の拡大にともない、五世王の子(或いは嫡子のみか)は諸女王を娶ることをゆるされた。→補1a。

考課令　第十四

凡卅伍条

1 凡内外文武官初位以上。毎レ年当司長官。考ニ其属官一。応レ考者。皆具録ニ一年功過行能一。並集対読。議ニ其優劣一。定ニ九等第一。八月卅日以前校定。京官畿内。十月一日。考文申ニ送太政官一。外国。十一月一日。附ニ朝集使一申送。考後功過。並入ニ来年一。若本司考訖以後。省未レ校以前。犯レ罪断訖。准レ状合ニ解及貶降一者。仍即附校。有レ功応レ進者。亦准レ此。無ニ長官一次官考。

凡そ内外の文武官の初位以上は、年毎に当司の長官、其の属官考せよ。考すべくは、皆具に一年の功過行能を録して、並に集めて対ひて読め。其の優劣を議りて、九等第定めよ。八月の卅日より以前に校へ定めよ。京官畿内は、十月の一日に、考文太政官に申送せよ。外国は、十一月の一日に、朝集使に附けて申送せよ。考の後の功過は、並に来年に入れよ。若し本司考訖りての以後、省校へざる以前に、罪を犯して断し訖へたらむ、状に准ふるに、解け及び貶し降すべくは、仍りて即ち附けて校へよ。功有りて進むべうは、亦此に准へよ。長官無くは次官考せよ。

2 凡官人景迹功過。応レ附レ考者。皆須ニ実録一。其前任有レ犯ニ私罪一。断在ニ今任一者。亦同ニ見任法一。即改レ任。応下計ニ前任日一為上レ考者。功過並附。注考官人。唯得レ述ニ其実事一。不レ得三妄加ニ臧不一。若注状乖舛。褒貶不レ当。謂。遷迹功状高。而考

☆考課令—官人の勤務評定に関する規定、及び官人登庸試験に関する規定を含む。「考者考ニ校功過一也。課者課ニ試才芸一也」(義解)。→補☆a。考課令の条数→補☆b。

1〔内外官条〕初位以上の内外文武官の勤務評定書(考文)の作製手続・提出期限の規定。諸司考文の送付方法→補1a。**内外文武官**→公式52 53。**初位以上**—基本的には官位令に載す(内)初位以上の諸官の人々をいうが、その他、内舎人・別勅才伎長上・無位長上等をも含む。ただし家令については別に考課66に規定。なお内分番については考課51～53、外位については考課67～69の諸条に規定。**当司長官考其属官**—養老令の注釈書が、義解以下すべて、省・寮・司等の各官司の長官が所管にかかわらず次官以下を考ず、の意とするのに対し、古記及び大宝令施行期の代表的明法家大和長岡・山田白金等は、被管の官司はすべて所管の官司の長官が勤務評定を行う、の意とする。後者は「属官。謂所管局署等」とする唐令釈にもとづく大宝令文の法意か。**一年**—前年八月一日～当年七月三十日を一年度とする。**功過行能**→補1b。**集対読**—義解に「読訖即便定ニ其考第一也」とあるように、抄録した功過行能等を本人に対して読み示し、しかる後、九等の第を定める、の意。ただし古記・令釈に、今行事は定め訖った後に対読している、とある。なお、延喜式に、太政官の官人の考第の校定の日時・手続等の詳細な規定が見える。また、貞観儀式その他も、平安時代の八月十一日の太政官庁考定の儀式の模様を記している。**九等第**—考課50に規定する上上～下下の九段階の評定。なお考

課59により五位以上は本司では考第を定めず、上日・善最等を記す。**畿内**―畿内諸国。外国同様朝集使に附して申送る。この部分大宝令では「京官畿内十月一日、外国十一月一日、考文附朝集使送太政官」とあった。**朝集使**↓考課補61。**考後功過並入来年**―八月一日以降の功過は、たとえ考文作製の過程のものでも、原則として次年度に入れる。**省未校以前**↓補1c。**断**―判決を下すこと。**解及貶降**↓考課57 58。**無長官次官考**―上記「当司長官。考其属官」の解釈の相違に対応し、唐令私記・古記は、次官なくば判官・主典でも可とするのに対し、養老令の諸注釈書は、いずれも不可とする。評定資格者のいない場合及び評定者自身の考は、ただ上日と行事を記して、所管の官司に上申しそこで考第を定め、所管の官司のない場合はそのままそれぞれ太政官に申し送る。考第の最終決定↓考課59。

2 〔官人還迹条〕 考文作製についての具体的な補足規定。

官人…実録―勤務評定に関わる官人の行迹功過は、すべて日々記録しておく。その筆録者については、長官とする説(古記)と、諸司の書記官である主典が記録し、判官以上が校閲するとする説(跡記ほか)とがある。**其前任…見任法**―前任の官において私罪を犯し、その判決が改任後下った場合は、現任の官における犯罪と同じ扱いをする。なお、前任の官で公罪の流罪以下を犯した場合、改任の時点で、未だ判決の下っていないものは、その罪は一切問われない(名例16)。「其前任」は大宝令では「其未任官前」とあったか。**改任…並附**―前任と通計して一年分の成績評価をする場

第下。或考第優。而景迹劣之類。及隠二其功過一。以致二昇降一者。各准二所レ失軽重一。
*降二所由官人考一。即*朝集使褒貶。進退失レ実者。亦如レ之。

凡そ官人の景迹功過、考に附くべうは、皆実録すべし。其れ前の任に私罪犯すこと有り、断せむこと今の任に在らば、亦見任の法に同じ。即ち任を改めて、前の任の日を計へて考すること為べくは、功過並に附けよ。注考の官人は、唯し其の実事述ぶること得む。妄りに臧不加ふること得じ。若し注状乖き舛ふて、褒げ貶すこと当らず、謂はく、還迹功状高くして、考第下れらむ、或いは考第優にして、景迹劣き類をいふ。及び其の功過を隠して、以て昇降致せらば、各失する所の軽重に准へて、所由の官人の考降せよ。即ち朝集使の褒げ貶し、進め退くること実失せらむ者、亦之の如く。

3 *徳義有レ聞者。為二一善一。
徳義聞ゆること有らば、一善と為よ。

4 *清慎顕著者。為二一善一。
清く慎めること顕れ著れたらば、一善と為よ。

5 *公平可レ称者。為二一善一。
公平称すべくは、一善と為よ。

6 *恪勤匪レ懈者。為二一善一。
恪み勤むこと懈らざらば、一善と為よ。

7 最条。
最の条。

8 神祇祭祀。不レ違二常典一。為二神祇官之最一。謂。少副以上。
神祇の祭祀、常の典に違はずは、神祇官の最と為よ。謂はく、少副以上をいふ。

9 献替奏宣。議レ務合レ理。為二大納言之最一。
献ること替てむこと、奏したまひ宣ひ、務を議らむこと理に合へらば、大納言の最と為よ。

10 承レ旨無レ違。吐*納明敏。為二少納言之最一。
旨を承りて違ふこと無く、吐ひ納したまふこと明らかにして敏らば、少納言の最と為よ。

11 受二付庶務一。処分不レ滞。為二弁官之最一。謂。少弁以上。
庶の務を受け付け、処分すること滞らずは、弁官の最と為よ。謂はく、少弁以上をいふ。

12 侍従覆奏。施行不レ停。為二中務之最一。謂。少輔以上。
侍従し、覆奏し、施行すること停らずは、中務の最と為よ。謂はく、少輔以上をいふ。

13 銓二衡人物一。擢二尽才能一。為二式部之最一。謂。少輔以上。
人物を銓衡し、才能を擢んで尽せば、式部の最と為よ。謂はく、少輔以上をいふ。

14 僧*尼合レ道。譜第不レ擾。為二治部之最一。謂。少輔以上。

合、前任での上日(出勤日数→考課59)を合算するだけでなく、その間の功過もすべて考に付ける。**注考官人**―一年間の功過行能を総合して九等の考第を注記する官人。即ち前条の当司長官。**降所由官人考**→補2。**朝集使…如之**―朝集使は考文を提出するとともに、式部・兵部省で諸国司等の考文及びそれ以外の行跡についての勘問をうける(考課61)。その際の答弁に不正があった場合。

3-6 〔善条〕大宝・養老令において、勤務評定の際の最も重要な項目で、官人の考第は、基本的には最(考課8~49)の有無と善の数によって決定される(考課50)。→補3。
徳義―「謂、徳者、得也、性得二高行一。義者、宜也、裁制合レ宜」(義解)。
清慎―「謂、清者、潔也。慎者、謹也」(義解)。
公平―「謂、背レ私為レ公、用レ心平直」(義解)。
恪勤―「謂、恪、敬也、尽レ力曰レ勤」(義解)。

7 〔最条〕8~49の計四十二条の標題。→補7。

8 神祇1に「凡天神地祇者、神祇官皆依二常典一祭レ之」とある。

9 大納言の職掌に「敷奏宣旨」「献替」(職員2)とあり、唐令は「近侍之最」を「献可替否、拾遺補闕」とする。太政官内の長官である右大臣以上の最の規定はない。→考課1 59。慶雲二年に再置された令外の官中納言は、この大納言の最を准用(政事要略二五)。

10 少納言の職掌に「奏二宣小事一」(職員2)とあり、唐令の「宣納之最」に「承旨敷奏、吐納明敏」とある。**吐納**―上言を吐(だい)し、下言を納れる、の意。宣奏・宣納と同じ。

11　左大弁の職掌に「受二付庶事一…」(職員2)。大宝令では「申付庶務」とあったか。

12　中務卿の職掌に「侍従、献替、賛二相礼儀一、審二署詔勅文案一、受レ事覆奏」(職員3)。

13　式部省は「掌、…選叙…」(職員13)。唐令の「選司之最」に「銓衡人物、擢尽才良」とある。

14　治部省は、被管の玄蕃寮を介して僧尼を統轄。また「掌二本姓一」(職員16)、品官解部は「掌、鞫二問譜第争訟一」(職員16)とある。**僧尼合道**→考課25注「僧尼不擾」。

15　民部省は「掌、諸国戸口名籍…」(職員21)とあり、戸籍・計帳を管理する。被管の主税寮は「掌、倉廩、出納、諸国田租…事」(職員23)とある。**戸口不濫**—籍帳に脱漏・隠没・詐称等がないようにする。**倉庫有実**—正税帳等の監査により、正税の出納に虚偽・不正のないようにする。→考課27。

16　兵部省は「掌、内外武官名帳、考課、選叙、位記、兵士以上名帳、朝集、禄賜、假使、差二発兵士一、兵器、儀仗…」(職員24)とあり、唐令に「銓衡人物、擢尽才良、為二選司之最一」「兵士調習、戎装充備、為二督領之最一」とある。**調充戎事**—「充二備兵具一」の意とする説(古記)と「調二習軍容一、充二備火具一」の意とする説(令釈・義解等)とがある。兵部自らが直接兵士等を調習することはないが、国司・軍団等を介して間接的な責任を負う。

17　唐令の「判事之最」と同文。刑部省は「掌、鞫レ獄、定二刑名一、決二疑讞一…」(職員30)とあり、また刑部省内の品官である判事は「掌、案二覆鞫状一、断二定刑名一、判二諸争訟一」(職員30)とある。

僧尼道に合ひ、譜第擾れずは、治部の最と為よ。謂はく、少輔以上をいふ。

15　戸*口不レ濫。倉*1庫有レ実。為二民部之最一。謂。少輔以上。
戸口濫んがはしからず、倉庫実有らば、民部の最と為よ。謂はく、少輔以上をいふ。

16　銓二衡武官一。調*二充戎事一。為二兵部之最一。謂。少輔以上。
武官を銓衡し、戎事を調へ充てば、兵部の最と為よ。謂はく、少輔以上をいふ。

17　決断不レ滞。与奪合レ理。為二刑部之最一。謂。少輔以上及判事。
決断滞らず、与奪理に合へらば、刑部の最と為よ。謂はく、少輔以上及び判事をいふ。

18　謹二於修置一。明二於出納一。為二大蔵之最一。謂。少輔以上。
修め置くに謹み、出し納るるに明らかならば、大蔵の最と為よ。謂はく、少輔以上をいふ。

19　堪レ供二食産一。催二治諸*部一。為二宮内之最一。謂。少輔以上。
食産を供するに堪へ、諸部を催し治めたらば、宮内の最と為よ。謂はく、少輔以上をいふ。

20　訪察厳明。糺挙必当。為二弾正之最一。謂。*1忠以上及巡察。
訪ふ察ること厳しく明らかにして、糺し挙ぐること必ず当れらば、弾正の最と為よ。謂はく、忠以上及び巡察をいふ。

21　興*二崇礼教一。禁二断盗賊一。為二京職之最一。謂。亮以上。
礼教を興し崇び、盗賊を禁断せらば、京職の最と為よ。謂はく、亮以上をいふ。

18 大蔵省は「掌、出納、諸国調…諸方貢献雑物事」(職員33)とあり、唐令の「倉庫之最」(→考課27注)とほぼ同文。

19 宮内省は「掌、出納、諸国調、雑物、舂米、官田、及奏ニ宣御食産一、諸方口味事」(職員39)とあり、大膳職以下多くの「供奉之官司」といわれる官司が所属している。また、それらの官司には、大化前代の内廷の伴造・品部に由来すると思われる、多くの伴部(膳部・殿部等)や品部・雑戸(薬戸・乳戸・酒戸等)が置かれている。**諸部**―古記は「所レ管諸司伴部也、又贄戸之類」とするのに対し、令釈・義解等は所管諸司とする。

20 弾正尹は「掌、粛ニ清風俗一、弾ニ奏内外非違一」(職員58)、弾正忠及び巡察弾正は「掌下巡ニ察内外一、糺中弾非違上」(職員58)とあり、唐令の「糾正之最」に「訪察精審、弾挙必当」とある。**謂忠以上及巡察**―大宝令では単に「謂巡察以上」か。

21 左(右)京職は「掌、左京戸口名籍、字ニ養百姓一、糺ニ察所部一…」(職員66)とあり、唐令の「政教之最」に「礼義興行、粛清所部」とある。**興崇礼教**―大宝令では「礼儀興行」とあった。

22 大膳職は「掌、諸国調、雑物、及造ニ庶膳羞一、醢、葅、醬、豉、未醬、肴菓、雑餅、食料、率ニ膳部一以供ニ其事一」とあり、「造ニ雑醬豉、未醬等一」を掌る主醬、「菓子、造ニ雑餅等一」を掌る主菓餅、「造ニ庶食一」を掌る膳部等が置かれている(職員40)。また内膳司の奉膳は「掌、惣ニ知御膳一、進食先嘗事」とあり、同じく典膳は「掌、造ニ供御膳一、調ニ和庶味寒温之節一」とある(職員46)。

22 監ニ造御膳一。浄戒無レ誤。為ニ主膳之最一。謂。亮及典膳以上。

御膳を監造ること、浄く戒めて誤つこと無くは、主膳の最と為よ。謂はく、亮及び典膳以上をいふ。

23 部*統有レ方。警守無レ失。為ニ衛*府之最一。謂。尉以上。

部べ統ぶること方有り、警み守ること失無くは、衛府の最と為よ。謂はく、尉以上をいふ。

24 音楽克諧。不レ失ニ節奏一。為ニ雅楽之最一。謂。助以上。

音楽克く諧つて、節奏失はずは、雅楽の最と為よ。謂はく、助以上をいふ。

25 僧*尼不レ擾。蕃客得レ所。為ニ玄蕃之最一。謂。助以上。

僧尼擾れず、蕃客所を得たらば、玄蕃の最と為よ。謂はく、助以上をいふ。

26 支ニ度国用一。明ニ於勘勾一。為ニ主計之最一。謂。助以上。

国用を支度し、勘勾明らかならば、主計の最と為よ。謂はく、助以上をいふ。

27 謹ニ於蓋*蔵一。明ニ於出納一。為ニ主税之最一。謂。助以上。

蓋き蔵むるに謹み、出し納るるに明らかならば、主税の最と為よ。謂はく、助以上をいふ。

28 調ニ肥閑馬一。不レ脱ニ飼*丁一。為ニ馬寮之最一。謂。助以上。

閑の馬を調へ肥やし、飼丁を脱らさずは、馬寮の最と為よ。謂はく、助以上をいふ。

29 慎ニ於曝涼一。明ニ於出納一。為ニ兵庫之最一。謂。助以上。

曝し涼すに慎み、出し納るるに明らかならば、兵庫の最と為よ。謂はく、助以上をいふ。

30　朝夕常侍。拾レ遺補レ闕。為二侍従之最一。

朝夕に常に侍して、遺れたるを拾ひ、闕けたるを補へらば、侍従の最と為よ。

31　監察*不レ怠。出納明密。為二監物之最一。

監察ること怠らず、出し納るること明らかに密ならば、監物の最と為よ。

32　勤二於宿衛一。進退合レ礼。為二内舎人之最一。

宿衛に勤め、進退礼に合へらば、内舎人の最と為よ。

33　職事修理。*昇降必当。為二*次官以上之最一。

職事修まり理まり、昇降必ず当れらば、次官以上の最と為よ。

34　揚レ清激レ濁。褒貶必当。為二考問之最一。謂。式部兵部丞。

清きを揚げ濁れるを激し、褒げ貶すこと必ず当れらば、考問の最と為よ。謂はく、式部、兵部の丞をいふ。

35　訪察精審。庶事兼挙。為二判官之最一。

訪ひ察ること精しく審らかにして、庶の事兼ね挙げたらば、判官の最と為よ。

36　公勤不レ怠。職掌無レ闕。為二*諸官之最一。

公の勤怠らず、職掌闕無くは、諸官の最と為よ。

37　勤二於記レ事。稽失無レ隠。為二主典之最一。

23　唐令の「宿衛之最」と同文。
部統有方―「統二率隊杖一、威儀陳列如レ法、分二配所々一、苦楽均平有レ義、謂二之有レ方也」(令釈)。**衛府**―衛門府・左右衛士府・左右兵衛府をいう。

24　雅楽寮は「掌、文武雅曲正儛、雑楽、男女楽人、音声人名帳、試二練曲課一事」(職員17)とあり、唐令の「楽官之最」に「音律克諧、不失節奏」とある。

25　玄蕃寮は「掌、仏寺、僧尼名籍、供斎、蕃客辞見、讌饗送迎、及在京夷狄、監二当館舎一事」(職員18)とある。
僧尼不擾―考課14の「僧尼合道」との異同について、令釈は同意とし、古記は「合レ道重、弗レ擾軽」とする。

26　主計寮は「掌、計二納調及雑物一、支二度国用一、勘二勾用度一」(職員22)とある。

27　唐令の「倉庫之最」と同文。令釈は「謂二在京官倉蓋蔵出納一耳」とするのに対し、義解・跡記等は「其在京者、主税自検校、在外者、摂レ帳知也」とする。
蓋蔵―「蓋、謂修蓋也。蔵、謂修置也」(穴記)。

28　左(右)馬寮は「掌、左閑馬調習、養飼、供御乗具、配二給穀草一、及飼部、戸口名籍事」(職員63)とある。
飼丁→職員63。

29　左(右)兵庫は「掌、左兵庫儀仗、兵器、安置得レ所、出納、曝涼、及受レ事覆奏事」(職員64)とあり、「明於出納」は唐令の「倉庫之最」(→考課27注)に同文。

30　侍従は「掌、常侍、規諫、拾レ遺補レ闕」(職員3)とあり、「拾遺補闕」は唐令の「近侍之最」(→考課9注)に同文。

31 大監物は「掌、監察、出納、請二進管鎰一」(職員3)とある。**不怠**—大宝令は「不惑」。

32 内舎人は「掌、帯レ刀宿衛、供二奉雑使一、若駕行分二衛前後一」(職員3)とある。大宝令ではこの条の次に「恭慎無レ愆、容止合レ礼、為二舎人之最一」と、分番である舎人の最の規定があった。→補32。

33 唐令の「監掌之最」に「職事修理、供承強済」とある。

昇降必当—考第の評定。「無二長官一、次官考」(考課1)。なお分番の考第の評定は次官以上が行なったか。→考課51。**次官以上之最**—最の規定のない諸司一般の次官以上のための規定とする説と、具体的な最の規定のある諸司の次官以上もこの最を得ることができるとする説とがある。後者の根拠は、考課50に「一最以上」とある点か。

34 唐令の「考校之最」と同文。大丞は「掌、勘二問考課一」(職員13 24)とある。

35 神祇官の大祐の条に「掌、糺二判官内一、審二署文案一、勾二稽失一、知二宿直一、余判官准レ此」(職員1)とあり、「訪察精審」は唐令の「糾正之最」(→考課20注)に同文。平城宮木簡に「訪察精□」と記す例がある。

36 **諸官之最**—最規定のない四等官以外の品官や別勅才伎長上等に対する規定。この条が、判官と主典との間にあるのは、諸司の品官や別勅才伎長上の地位が、一般に判官と主典との中間に位するため。→官位令・禄令3。なお本条は養老令において新たに挿入された規定である可能性が強い。→補36。

37 神祇官の大史の条に「掌、受レ事上抄、勘二署文案一、検二出稽失一、読二申公文一、余

事を記すに勤め、稽失隠すこと無くは、主典の最と為よ。

38 詳録典正。詞理兼挙。為二文史之最一。
詳らかに録すこと典正にして、詞理兼ね挙げたらば、文史の最と為よ。

39 明二於記レ事。不レ失二勅旨一。為二内記之最一。
事を記すに明らかに、勅旨失はずは、内記の最と為よ。

40 訓導有レ方。生徒充レ業。為二博士之最一。
訓へ導くこと方有り、生徒業充てらば、博士の最と為よ。

41 占候医卜。効レ験多者。為二方術之最一。十得レ七為レ多。
占候医卜、験を効せること多くは、方術の最と為よ。十にして七得るを多しと為よ。

42 推二歩盈虚一。究レ理精密。為二暦師之最一。
盈虚を推歩し、理究むること精しく密にせらば、暦師の最と為よ。

43 市廛不レ擾。奸濫不レ行。為二市司之最一。謂。佑以上。
市廛擾れず、奸濫行はれずは、市司の最と為よ。謂はく、佑以上をいふ。

44 推鞫得レ情。申弁明了。為二解部之最一。
推ひ鞫ふこと情を得、申弁明了ならば、解部の最と為よ。

45 礼儀興行。戎具充備。為二大宰之最一。謂。少弐以上。
礼儀興り行はれ、戎具充て備はれらば、大宰の最と為よ。謂はく、少弐以上をいふ。

46 強二済諸事一。粛二清所部一。為二国司之最一。謂。介以上。

主典准レ此」(職員1)とあり、唐令の「句検之最」に「明ニ於勘覆一、稽失無レ隠」とある。平城宮木簡に「勤於記事稽失無□」と記す例がある。

38　唐令の「文史之最」と同文。
文史―諸説いずれも「修ニ撰国史一」を掌る図書寮の助以上のこととする。

39　大内記は「掌、造ニ詔勅一、凡御所記録事」(職員3)とある。

40　唐令の「学官之最」と同文。
博士之最―この最は、大学の諸博士(職員14)に限定されるのか、陰陽寮(職員9)や典薬寮(職員44)の諸博士にも適用されるのか不明。古記は「有レ生博士皆得ニ此最一」とするが、実例(大日本古文書二四「官人考試帳」)では、「有生」の陰陽博士・天文博士は「方術之最」を得ている。式部式には「凡雑師有レ生者、同ニ博士之最一。若無ニ生及才伎一長上、准ニ諸官之最一」とある。国博士→考課68。

41　唐令の「方術之最」に「占候医卜、効験居レ多」とある。**占候医卜**―「陰陽曰レ占、天文曰レ候、療病曰レ医、灼亀曰レ卜」(義解)。官人考試帳の陰陽師・陰陽博士・天文博士の最は、いずれも「占卜効験多者最」。

42　唐令の「暦官之最」と同文。
暦師―官名に暦師はなく、職員9陰陽寮に「掌、造レ暦及教ニ暦生等一」とある暦博士。

43　唐令の「市司之最」と同文。市司は「掌、財貨、交易、器物真偽、度量軽重、売買估価、禁ニ察非違一事」(職員67)とある。

44　解部→職員16 30。唐令は「法官之最」に「推鞫得レ情、処断平允」とある。

諸の事を強く済し、所部を粛め清めたらば、国司の最と為よ。謂はく、介以上をいふ。

47　無レ有ニ愛憎一。供承善成。為ニ国掾之最一。
愛憎有ること無く、供承善く成せらば、国掾の最と為よ。

48　防人調習。戎装充備。為ニ防司之最一。謂。佑以上。
防人調へ習はし、戎装充て備へたらば、防司の最と為よ。謂はく、佑以上をいふ。

49　譏察有レ方。行人無レ擁。為ニ関司之最一。
譏ひ察ること方有りて、行人擁ること無くは、関司の最と為よ。

50　一最以上有ニ四善一。為ニ上上一。一最以上有ニ三善一。或無レ最而有ニ四善一。為ニ上中一。一最以上有ニ二善一。或無レ最而有ニ三善一。為ニ上下一。一最以上有ニ一善一。或無レ最而有ニ二善一。為ニ中上一。一最以上。或無レ最而有ニ一善一。為ニ中々一。職事粗理。善最弗レ聞。為ニ中下一。愛憎任レ情。処断乖レ理。為ニ下上一。背レ公向レ私。職務廃闕。為ニ下中一。居レ官諂詐。及貪濁有レ状。為ニ下々一。若於ニ善最之外一。別有レ可ニ嘉尚一。及罪雖レ成レ殿。情状可レ矜。或雖レ不レ成レ殿。而情状可レ責者。省校日。皆聴ニ臨時量定一。
一最以上四善有らば、上上と為よ。一最以上三善有らむ、或いは最無くして四善有らば、上中と為よ。一最以上二善有らむ、或いは最無くして三善有らば、上下と為よ。一最以上一善有らむ、或いは最無くして二善有らば、中上と為よ。一最以上な

45 大宰府の職掌↓職員69。唐令の「政教之最」(↓考課21注)及び「督領之最」(↓考課16注)に同文。

46 国司の職掌↓職員70。国司の考課↓補46。唐令の「監掌之最」(↓考課33注)及び「政教之最」(↓考課21注)にほぼ同文。大宝令は「字育和恵、粛清所部」とあったか(続紀、霊亀二年四月)。

47 **無有愛憎**—「愛憎任レ情、処断乖レ理、為二下上一」(考課50)。**供承善成**—「庶事兼挙、与二職掌無レ闕、供承善成一、並同事」(考課35跡記)とある。唐令の「監掌之最」に「供承強済」(↓考課33注)。

48 防人正は「掌、防人名帳、戎具、教閲、及食料田事」(職員69)とある。唐令の「督領之最」(↓考課16注)とほぼ同文。

49 唐令の「関津之最」に「譏察有レ方、行旅無レ壅」とある。

関司之最—三関国の目以上に適用。↓軍防54。

50 〔二最以上条〕善最の有無を基本とする、九等の考第の決定基準についての規定。↓補50。この評定にもとづく位階の昇進は↓選叙9 10。

一最以上—「式兵部丞、有二考門之最、判官之最一、国司有二関司并国司之最一、少納言有二侍従并少納言之最一、故云二以上一也」(令釈)とある。古記・義解も同様の解釈。評定に際しては、一最も二最以上も同じ。**省校日**—諸司の考文を式部・兵部省で勘校校定する時。↓考課1 59。**罪雖成殿**↓考課57。

51 〔分番条〕兵衛(考課52)・門部(考課53)以外の内分番一般の勤務成績の評定方法についての規定。この評定にもとづく位階の

らむ、或いは最無くして一善有らば、中中と為よ。職事粗理まつて、善最聞えずは、中下と為よ。愛憎情に任せて、処断理に乖けらば、下上と為よ。公を背きて私に向ひ、職務廃れて闕けらば、下中と為よ。官に居て諂り詐り、及び貪濁状有らむは、下下と為よ。若し善最の外に、別に嘉尚すべきこと有らむ、及び罪殿に成れりと雖も、情状矜むべからむ、或いは殿に成らずと雖も、情状責むべくは、省校の日に、皆臨時に量り定むること聴せ。

51 凡*分番者。毎レ年本*司。量二其行*能功過一。立二三等考第一。*小レ心謹卓。執当幹了[1]者。為レ上。番上無レ違。供承得レ済者。為レ中。逋違不レ上。執当虧失者。為レ下。対*定。訖具記*送レ省。

凡そ分番の者は、年毎に本司、其の行能功過を量りて、三等の考第立てよ。心を小め、謹み卓しくし、執当幹了ならば、上と為よ。番上違ふこと無く、供承済すこと得たらば、中と為よ。逋れ違ひて上へず、執当虧き失へらば、下と為よ。対ふて定めよ。訖りなば具に記して省に送れ。

52 凡*兵衛。立二三等考第一。恭*勤謹慎。宿衛如レ法。便習二弓馬一者。為レ上。番上不レ違。職掌無レ失。雖レ解二弓馬一。非二是灼然一者。為レ中。違*レ番不レ上。数*有二犯失一。好請二私假一。不レ習二弓馬一者。為レ下。

凡そ兵衛は、三等の考第立てよ。恭む勤め謹み慎みて、宿衛法の如くにし、便に弓馬習へらば、上と為よ。番ひ上へむこと違はず、職掌失無し、弓馬を解れりと雖も、

昇進は↓選叙11 14。**分番**―舎人・史生・伴部・使部・六位以下散位等。ただし大宝令では、舎人は長上官に准じ善最による九等第の評定であった。↓考課32。**本司**―「昇降必当、為ニ次官以上之最ニ」(考課33)を根拠に、義解等は分番の評定者を当司の次官以上とする。**行能功過**↓考課1。**小心謹卓執当幹了**―造東大寺司官人等成選文に、天平勝宝元年史生としてこの「上等」の評定を受けている例、また職名は不明だが、天平十七・十八年分番の「上等」と「中等」の評定を受けている例が見える。なお、平城宮跡出土の考叙関係の木簡に「執当幹了」とある例があり、また分番の評定と考えられる文字が多く見えるが、それらは「上」が圧倒的に多く、「下」は殆んど見えない。**対定**―対読して、三等の考第を定める、の意。↓考課1。**送省**―「先申レ官、乃送レ省」とする説と「直送レ省」とする説とがある。義解には「送ニ式兵ニ省ニ」とある。↓考課67・同補1a。

52 〔兵衛条〕内分番の一つ兵衛の勤務成績の評定方法についての規定。兵衛は、通常の考による選叙(選叙14)以外に考満(八年)ごとに、他の文武官への登用のための能力試験がある。↓軍防37。**兵衛**―任用については↓軍防38 47。所属は兵衛府(職員62)。**恭勤謹慎**―以下は唐令の親・勲・翊衛の評定規準の規定と殆んど同文。**違番不上**―衛禁18に「凡宿衛人応ニ上番ニ不レ到、及因レ假而違者、一日笞廿。三日加ニ一等ー。過ニ杖一百ー、五日加ニ一等ー。罪止徒ニ一年ー」とある。**数有犯失**―諸説、杖罪以下を三度以上犯した場合とする。賊盗52三犯条の疏によるか。徒

是れ灼然に非ざるは、中と為よ。番に違ひて上せず、数犯し失つこと有り、好みて私の假を請け、弓馬習はずは、下と為よ。

53 凡衛門々*部。立ニ三等考第ー。*正ニ色*当門ー。明ニ於禁察ー。監当之処。能粛ニ奸非ー者。為レ上。居レ門不レ怠。検校無レ失。至ニ於禁察[1]ー。未ニ是灼然ー者。為レ中。不レ勤ニ其門ー。数有ニ愆違ー。検校之所。事多疎漏者。為レ下。

凡そ衛門の門部は、三等の考第立てよ。色を当門に正しくし、禁察に明らかにして、監当の処に、能く奸非を粛めたらば、上と為よ。門に居ること怠らず、検校失無からむ、禁察に至りて、是れ灼然ならざるは、中と為よ。其の門を勤めずして、数愆ち違へること有らむ、検校の所に、事多く疎にして漏らせらば、下と為よ。

54 凡国郡司。撫育有レ方[一]。*[二]戸口増益者。各*准ニ見戸ー。為ニ十分ー論。加ニ一分ー。国郡司。謂。掾及少領以上。各進ニ考一等ー。毎レ加ニ一分ー。進ニ一等ー。増戸。謂。増ニ課丁ー。率ニ一丁ー。同ニ一戸法ー。毎ニ*次丁二口。*中男四口。*不課口六口ー。*各同ニ一丁例ー。其有ニ*破除[三]ー者。*得ニ相折ー之。若撫養乖[四]レ方[五]。*戸口減損者。各准ニ増戸法ー。亦減ニ一分ー。降ニ一等ー。毎レ減ニ一分ー。降ニ一等ー。課及不課。並准ニ上文ー。其勧ニ課田農ー。能使ニ豊殖ー者。亦*准ニ見地ー。為ニ十分ー論。加ニ一分ー。各進ニ考一等ー。毎レ加ニ一分ー。進ニ一等ー。謂。[六]熟田之外。別能墾発[七]者。其有下不レ加ニ勧課ー。以致[八]中損減上者。謂[1]。熟田之内。*有ニ荒廃ー者。損ニ一分ー。降ニ考一等ー。毎レ損ニ一分ー。降ニ一等ー。若*数処有レ功。並応レ進レ考者。亦聴ニ累加ー。

以上はたとえ贖(名例11)により実刑をまぬがれる場合も考校の限にあらずとして解任か。→補58b。

53〔衛門条〕門部の評定方法についての規定。「正色当門」以下の文は唐令の監門校尉直長如師の評定基準の規定と殆んど同文。**門部**→職員59。**正色**—「不レ為二阿曲一者也」(義解)。**当門**—門部の守る門。→宮衛補1a。

54〔国郡司条〕国郡司に対して、部内の戸口・熟田の増減に応じて、通常の評定(国司は善最による、郡司は→考課67)の考第を、更に昇降する基準の規定。→補46。**戸口増益**—具体的内容は次条に規定。**准見戸為十分論加一分**—下文「准見地」と同様に、増益以前の戸数を基準にして、その十分の一の増加があれば、の意。下の本注によれば、課丁一口の増加を一戸増として計算する。従って例えば本戸百戸ならば、課丁十人の増益で「加一分」にあたる。戸口の増減等の計算は、計帳(戸令18)によって行うのであろう。→補54a。**次丁・中男**→戸令補6a。**不課口**→戸令5。**各同一丁例**—それぞれ課丁一口分として計算する。なお唐令では「不課口者、毎五口一丁例」とある。また主計式では「諸国所レ申戸口増益、不レ得下以二不課口一為上レ功」。**破除**—籍帳の記載からの削除。→補54a。**得相折**—減損戸口数は、増益分と相殺。**戸口減損**—具体的な内容は次条に規定。**准見地**→補54b。**有荒廃**—この規定とは別に戸婚律21逸文に「凡部内田疇荒蕪者、以二十分一論、一分笞三十、一分加二一等一」と、処罰規定がある。**数処有功**—この条以外の功がある場合。例えば→学令14。

凡そ国郡司、撫で育ふこと方有り、戸口増益せらば、各見戸に准りて、十分に為りて論せよ。一分加へたらば、国郡司に、謂はく、掾及び少領以上をいふ。各考一等進めよ。一分加へたらむ毎に、一等進めよ。増戸といふは、謂はく、課丁増せるをいふ。一丁に率つて、一戸の法に同じ。次丁二口、中男四口、不課口六口毎に、各一丁の例に同じ。其れ破除すること有らば、相ひ折ぐこと得む。若し撫で養ふこと方に乖ひて、戸口減損せらば、各増戸の法に准へて、亦一分減せらば、一等降せ。一分減せらむ毎に、一等降せ。課及び不課は、並に上の文に准へよ。其れ田農を勧め課せて、能く豊に殖ゑしめたらば、亦見地に准りて、十分に為りて論せよ。二分加へたらば、各考一等進めよ。二分加へたらむ毎に、一等進めよ。謂はく、熟田の外に、別に能く墾り発せる者をいふ。其れ勧め課すること加へずして、以て損減致すこと有らば、謂はく、熟田の内に、荒廃すること有るをいふ。一分損せらば、考一等降せ。一分損せらむ毎に、一等降せ。若し数の処に功有り、並に考進むべくは、亦累ね加ふること聴せ。

55 凡国郡。以二戸口増益一。応[1]レ進レ考者。若是*招慰。謂。*不レ従二戸貫一。而招慰得者。*括出。*隠首。*走還者。得レ入二功限一。*折生[3]者。不レ合。若戸口*入レ逆。*走失。犯レ罪*配二流以上一。*前帳虚注。及*没レ賊以致二減損一者。依二降レ考例一。没レ賊。非二人力所レ制者非。

凡そ国郡、戸口増益するを以て、考進むべくは、若し是れ招き慰めむこと、謂はく、戸貫に従さざるを、而も招き慰めて得たる者をいふ。括り出し、隠れたるが首れ、走げたるが還れらば、功の限に入ること得む。折ち生せらば、すべからず。若し戸口逆に入り、走失し、罪を犯して流以上に配せらむ、前の帳に虚しく注せらむ、及び賊に没して以て減損致せらば、考降する例に依る。賊に没すといふは、人の力の制する所に非ざるをば、いはず。

56 凡官人。因㆘加㆓戸口㆒。及勧㆗課田農㆖。并縁㆓余功㆒。進レ考者。於レ後事若不実。縦経㆓恩降㆒。其考皆従㆓追改㆒。

凡そ官人、戸口を加へ、及び田農を勧め課するに因り、并せて余の功に縁つて、考進めたらば、後に事若し不実ならば、縦ひ恩降に経たりとも、其の考皆追して改むるに従へよ。

57 凡官人。犯*レ罪附レ殿者。皆拠*㆓案成㆒乃附。私罪*。計㆓贖*銅一斤㆒。為㆓一負㆒。公罪*。二斤為㆓一負㆒。各十負為㆓一殿㆒。当㆓上々考㆒者。雖レ有レ殿不レ降。謂。非㆓私罪㆒。自㆓上中㆒以下。率㆓一殿㆒降㆓一等㆒。即公坐殿。失応レ降。若当年労劇。有レ異㆓於常㆒者。聴レ減㆓一殿㆒。[1] 其*犯㆔過失殺㆓傷人㆒。及疑罪徴レ贖者。並不レ入㆓殿限㆒。

凡そ官人、罪を犯して殿に附けたらば、皆案成らむに拠りて乃ち附けよ。私罪は、贖銅一斤を計へて、一負と為よ。公罪は、二斤を一負と為。各十負を一殿と為よ。上上の考に当れらば、殿有りと雖も降せず。謂はく、私罪に非ざるをいふ。上中より以下は、一殿に率つて一等降せよ。即ち公坐の殿、失ありて降すべからむ、若し当年の労劇、常よりも異なること有らば、一殿減すること聴せ。其れ過失に人を殺し

55 〔増益条〕前条の「戸口増益」「戸口減損」の内容規定。計帳に最も多く見える戸口の増減の例は「生益」(出生による増加)と死亡であるが、考課54義解は「其生益者不レ入㆓功限㆒」「其死損者不レ在㆓損限㆒」とする。**招慰**―「謂㆓蝦夷之類㆒」(義解)とある。**不従戸貫而招慰得**―いまだ貫籍に付されていない者(いわゆる化外の民)を招慰して、新たに郡内に本貫(本籍地)を定め籍帳に付した場合。即ち、単なる本貫の移動による戸口の増加は非。**括出・隠首**→補55。**走還**―「謂逃走之人、悔レ過還帰。其浮逃絶レ貫、於㆓所在㆒附レ貫者、亦入㆓功限㆒也」(義解)とある。出雲国計会帳に「走還帳一巻」の名が見える。浮逃絶貫→戸令17。**折生**―戸口の折出によって生ずるもの。一戸を分割して二戸としたり、戸口の一部が分かれて他戸に編入される場合。神亀三年山背国計帳に、戸主少初位上出雲臣広足戸の「帳後新附漆人」「右七人割来附余戸郷戸主宍人荒海戸口」とあるのは後者の例。**入逆**―「謂自入㆓逆党㆒者也」(義解)とあり、集解或説は「没㆓化外㆒」「入㆓於逆国㆒、入㆓毛人国㆒」等の例も含まれるとする。**走失**―「謂逃亡也」(義解)。→戸令10。**配流以上**―流罪は、本貫の籍帳から除き、配所において貫に附す。主計式の大帳の書式規定に「帳後除」の項目として、「死絶」「割附某国」「移郷」とともに、「配流」の項を載す。**前帳虚注**―義解に「前司之時、死者注レ生、逃者注レ在、而後任之官、因循不レ改者」とある。**没賊**―「謂被㆓逆賊抄略㆒」(義解)。

56 〔官人加戸口条〕戸口増益等の功により考第を進めた後、その事由が事実でない

傷ること犯せらむ、及び疑罪に贖徴らば、並に殿の限に入れず。

58　凡官人。有レ犯ニ私罪下中。公罪下々一。並解ニ見任一。即依レ法合ニ除免官当一者。不レ在ニ考校之限一。並奪ニ当年禄一。本犯不レ至ニ除解一。而特除解者。不レ徴。其考解者。朞年聴レ叙。

凡そ官人、私罪の下中、公罪の下下犯せること有らば、並に見任解けむ。即ち法に依りて除免官当すべくは、考校の限に在らず。並に当年の禄奪へ。本犯除解に至らざらむを、而るを特に除解せば、徴らず。其れ考に解けば、朞年に叙すること聴せ。

59　凡内外初位以上長上官。計ニ考前釐レ事。不レ満ニ二百冊日一。分番不レ満ニ一百冊日一。若帳内資人不レ満ニ二百日一。並不レ考。分番者。若日有ニ断絶一。欲ニ於考前倍上一者。皆聴ニ通計一。即先従ニ公使一。後改官者。起ニ補任日一。及任訖未レ上。便差ニ充使一者。起ニ差レ使日一。並同ニ在レ司釐レ事法一。若旧人被レ使。後得レ替者。替後使日。亦聴ニ通計一。其有ニ功過灼然。理合ニ黜陟一者。雖レ不レ満レ日。別記送レ省。其分番与ニ長上一。通計為レ考者。分番三日。当ニ長上二日一。毎レ年考文集日。省勘校。色別為レ記。具顕ニ功過一。三位以上奏裁。五位以上。太政官量定奏聞。六位以下。省校定。訖唱ニ示考第一。申ニ太政官一。若考当ニ下第一。状有レ不レ尽。量校難レ明者。附レ使勘覆。善悪待ニ後年一惣定。若過レ考之後。訴レ理不レ伏。応レ雪者。亦如レ之。

凡そ内外の初位以上の長上の官、考の前に事釐めたるを計ふるに、二百冊日に満たず、分番一百冊日に満たず、若し帳内資人二百日に満たずは、並に考せず。分番の

ことが判明した場合の処理の規定。一般の犯罪は、考課64の「会ニ恩降一者、並不レ入ニ殿限一」に基づき、恩赦により降考の免除を受けるが、虚偽の事柄によって進めた考第は、たとえ恩赦に会うとも過去に遡って訂正する。

57　〔犯罪附殿条〕犯した罪の軽重に応じて、官人の考第を降す。その方法及び基準の規定。

犯罪附殿—次条の「依レ法合ニ除免官当一者、不レ在ニ考校之限一」により、除免官当に至らない犯罪に対して適用される。**案**—獄案(公式62)。**私罪**—名例17の本注に「謂、私自犯、及対レ詔詐不レ以レ実、受レ請枉レ法之類」とある。**贖銅**→名例1～5・同11。**公罪**—名例17の本注に「謂、縁ニ公事一致レ罪、而無ニ私曲一者」とある。**犯過失殺傷人及疑罪徴贖**→補57。

58　〔犯私罪条〕殿により考第を降した結果、私罪により下中に、公罪により下下に至った場合の処置についての規定。

並解見任—ただし公罪と私罪の負殿を通計して降す場合は公罪に准じ、下中のものは解官しない。詐偽律8の疏に「主司若避ニ公罪一、有レ所ニ増減一、即本罪依ニ公坐一、加罪為ニ私罪一、若応ニ以レ官当一者、須下以ニ私併一公、通ニ所レ加私罪一、為ニ公坐一当上レ法」(考課57集解或説)とある。殿によらずに下中・下下の評定を受けた場合→補58a。**除免官当**→補58b。**奪当年禄**→補58c。**本犯不至除解**—その罪が除免官当及び私罪下中・公罪下下に至らない者を特に除名以下に処し、或いは解任する場合。なお私罪下上・公罪下中の場合は半年分の禄を奪われる。→禄令5。**考解**—私罪下中・公罪下下の考第による解任。除免官当の場合の叙法→名

者は、若し日断え絶えたること有りて、考の前に倍て上へむと欲はば、皆通計すること聴せ。即ち先に公使に従ふて、後に改官せらば、補任の日より起り、及び任し訖りて上へざるを、便に使に差し充てば、使に差さむ日より起りて、並に司に在りて事釐めたる法に同じ。若し旧の人、使を被りて、後に替ふること得ば、替の後、使の日も、亦通計すること聴せ。其れ功過灼然にして、理黜陟すべきこと有らば、日満たずと雖も、別に記して省に送れ。其れ分番長上と通計して考すること為ば、分番の三日を、長上の一日に当てよ。年毎に考文の集まらむ日に、省勘へ校へて、色別に記為れ。具に功過を顕はせ。三位以上は奏裁せよ。五位以上は、太政官量り定めて奏聞せよ。六位以下は、省校へ定めよ。訖りなば考第を唱し示し、太政官に申せ。若し考下第に当りて、状尽きざること有らむ、量り校ふるに明らかにし難くは、使に附けて勘覆せよ。善悪は後の年を待ちて、惣べて定めよ。若し考過ぎての後、理を訴して伏せらざらむ、雪ふべくは、亦之の如く。

60 凡任二官以上一。各依二官考一。省考校日。＊聴下以二功過一相折一。累従中一高官上考上。於見任官上一論上。
＊若一官上犯二私坐一。応レ解者。則並解。＊即一官去レ任者。聴下廻二所レ累考一。

凡そ二官以上に任せらば、各官考に依れ。省考校の日に、功過を以て相ひ折ぎ、累ねて一高官の上の考に従ふること聴せ。若し一官の上に私坐を犯して、解くべくは、並に解け。即ち一官任を去りなば、累ねたる所の考を、見任の官の上に廻らし

例21・選叙37。**朞年**—一年後。**聴叙**—義解に「考解之人、不レ可レ追レ位、而言レ聴レ叙者、猶レ云レ聴レ仕」とある。唐制では「私罪下中已下、公罪下下並解二見任一、奪二当年禄一、追二告身一、周年聴下依二本品一叙上」(唐令拾遺)とある。

59　〔内外初位条〕考課の対象となるための必要上日数(出勤日数)、及び式部・兵部省に集められた諸司考文のその後の処理の仕方についての規定。

計考前釐事—前年の八月一日以降、今年の七月三十日以前の出勤日数を総計して。**二百卌日**—半年分の季禄受給に必要な上日数の二倍。↓禄令1。**不考**—天暦五年太政官考文(政事要略)には、不考として上日の満たぬ者の官位姓名と上日数を列記し、「右人上日不二定考限一、仍居二不考一」と注してある。**若日有断絶…考前倍上**—長期欠勤がある場合も、七月三十日以前にその不足分を補えばの意。倍は「陪、謂所レ闕加足之名」(古記)。**先従公使…亦聴通計**↓補59 a。**其分番…長上二日**↓補59 b。**考文集日**↓補1 a。**色別為記**—内長上・外長上・内分番・帳内資人、内長上を更に三位以上・五位以上・六位以下に分類整理する。**奏裁**—「右大臣以上不レ在二考例一也」(義解)。即ち、大納言以下は、上日数・善最等を奏上し、勅裁により考第を定め、右大臣以上は、ただ上日数を奏上するのみ。**太政官量定奏聞**—式部・兵部省において校訂・抄録した上日・善最等をもとにして、太政官で考第を定め奏上する。**六位以下省校定**—式部・兵部二省が本司で定められた考第を再検討し、最終的決定を下す。**訖唱示考第**↓補59 c。**下第**—「謂二中下以下一也」(古記)。**使**—古記は専使

て、論すること聴せ。

61 凡大弐以下及国司。謂。目*以上。毎*レ年分番朝集。所*部之内。見任及解代。皆須レ知。其在レ任以来年別状迹。随*レ問弁答。

凡そ大弐以下及び国司は、謂はく、目以上をいふ。年毎に分番して、朝集せよ。所部の内の、見任及び解代、皆知るべし。其れ任に在りてより以来の、年別の状迹は、問はむに随ひて弁答せよ。

62 凡内外官人。准レ考応二解官一者。即不*レ合レ釐レ事。待二符報一即解。

凡そ内外の官人、考に准ふるに解官すべくは、即ち事釐むべからず。符報を待ちて即ち解け。

63 凡応レ考之官。犯レ罪案成者。考*日即附*二考状一。若他司人。有二功過一者。録牒二本司一附レ考。其在*京断罪之司。所断之罪。九月卅日以前。並録送レ省。

凡そ考すべき官、罪を犯して案成れらば、考日に即ち考状に附けよ。若し他司の人、功過有らば、録して本司に牒し考に附けしめよ。其れ在京の断罪の司は、所断の罪、九月卅日の以前に、並に録して省に送れ。

64 凡官人犯レ罪。勅*断有二軽重一者。皆*依二勅断一附レ殿。若本犯不レ成レ殿。勅*令レ附レ考者。依二本犯一附レ考。即別勅放免。及会二恩*降一者。並不*レ入二殿限一。本犯私*罪。断徒以上。蒙二恩*免一。当年考*応レ居レ上者。亦准レ殿降。唯不レ得三降至*二下第一。若本犯免官以上。及贓*賄入レ已。恩*前獄成者。仍*以二景迹一論。貶レ考奪レ禄。並依二常法一。即*

（公式80）。令釈・義解等は便使（公式80）に附して覆勘、とする。唐制では考校使という名の使を派遣（考課59令釈）。

60 〔任二官条〕 二官以上を兼任している場合の取扱いについての規定。

聴以…上考—兼任の諸官での功と過を相殺し、或いは累計して、官位相当の高い官の考とすることができる。↓補60 a。**若一官…並解**—二官以上のうち一官でも私罪を犯して解官すべきものがある場合は他官も全て解官する、の意。但し、一官で公罪の下下を犯した時はその官のみを解き、二官以上に公罪を犯して通計して解官すべき時は高い方の官を解く。**即一官…上論**—兼官のうちの一官を解任した場合、それ以前の兼官による考を、その後の考と通計することを聴す。↓補60 b。

61 〔大弐以下条〕 朝集使の任命及びその任務についての規定。朝集使↓補61。

目以上—古文書に見える奈良時代の実例では守の例が多く、目以上とする原則はほぼ守られていたもようだが、平安時代に入ると史生を任命する例も見える。**毎年分番**—毎年交替で、畿内は十月一日、外国は十一月一日に考文及びその他の文書を持って、太政官に出頭する（考課1）。**所部之内見任及解代**—守以下外散位以上、郡司、国造及び軍団大・少毅等。**随問弁答**—国司以下の考文の校定の際に朝集使を勘問する（考課2、弘仁・延喜式部式）。

62 〔内外官人条〕 考第の評定の結果、考課58 67等の規定により解官すべきものが生じた場合の処置の仕方についての規定。

不合釐事—考第の決定以降、太政官符によって正式に解任するまでの期間、その官人の執非二除免一者。不二解官一。

凡そ官人罪を犯して、勅断軽重有らば、皆勅断に依りて殿附けよ。若し本犯殿に成らざらむ、勅、考に附けしめむは、本犯に依りて考に附けよ。即ち別勅に放免せむ、及び恩降に会へらば、並に殿の限に入れず。本犯私罪にして、断、徒以上なるが、恩免を蒙りて、当年の考、上に居くべくは、亦殿に准へ降せよ。唯し降して下第に至ること得じ。若し本犯免官以上ならむ、及び贓賄己に入れて、恩の前に獄成りたらば、仍りて景迹を以て論せよ。考貶し禄奪はむこと、並に常の法に依れ。即ち除免に非ずは、解官せず。

65 凡毎レ年諸司*。得国郡司政一。有殊功異行。及祥瑞**災蝗*二。戸口調役増減。当界三豊倹。盗賊多少一。並録送レ省。

凡そ年毎に、諸司、国郡司の政の、殊功異行、及び祥瑞・災蝗、戸口・調役の増減、当界の豊倹、盗賊の多少有りしを得たらば、並に録して省に送れ。

66 凡家令。毎レ年本主。准二諸司考法一*。立レ考。嬪*以上及内親王家事。隷二宮内省一。考訖。申レ省案記*。准レ考応レ解者。同二諸司法一*。

凡そ家令、年毎に本主、諸司の考法に准へて、考立てよ。嬪以上及び内親王家事は、宮内省に隷けよ。考し訖りなば、省に申して案記せよ。考を准ふるに解くべくは、諸司の法に同じ。

考**二外位一。

務を止める。古記・令釈・跡記等は、執務停止のはじまる時点を「本司考訖、申レ官已訖」とする。なお獄令29に准じて、朝会することも禁止されるのであろう。解任の手続→公式84。

63　〔応考之官条〕本司所属の官人の犯罪や他司での功過の処理の仕方、及び在京諸司の断罪の結果の式部・兵部省への報告義務についての規定。

考日―八月一日～三十日。→考課1。大宝令では「毎年考日」(古記)。**附考状**―考第の評価に付加し、考文に附記するの意か。或いは、考状とは、出雲国計会帳に考文とは別に「考状一巻」とあるように、考文に添付する文書のことか。戸令33に「其政績能不、及景迹善悪、皆録入二考状一、以為二褒貶一」とあり、続紀、和銅五年五月条に「凡国司毎年実二録官人等功過行能并景迹一、皆附二考状一、申二送式部省一」とある。**在京断罪之司**―「在京諸司皆是」(義解)。→獄令1。なお、刑部省で判決を下す官当以上の罪は別扱い。→獄令28。

64　〔官人犯罪条〕犯した罪の重さが勅断により変更される場合、或いは恩赦等により罪が減免される場合の、負殿等の取扱い方についての規定。

勅断―勅裁による断罪。**皆依勅断附殿**―本犯が殿以上に当る場合勅断により殿に附す。**勅令附考者**―考に附けよと勅があった場合、の意か。令釈・穴記・義解等は、勅断が本犯より重い場合は本犯を附し、本犯より軽い場合は勅断によるとする。**恩降**―恩赦及び勅による罪の減降。**不入殿限**―刑罰はうけていても殿としては数えない。降の場合は減降された分の負殿を除く。例えば公罪徒一年で降一等に会えば、杖百(贖銅十斤)となり、従って五負とする。**私罪断徒以上**—免官以上及び官人の不当利得罪は下文。雑犯死罪で恩赦に会った場合→獄令10。**恩免**—「恩赦及別勅放免、其降亦同也」(義解)。**応居上者**—「謂中上以上也」(義解)。**下第**—「謂中下」(義解)。**贓賄入己**→補64。**恩前獄成**—恩赦以前に獄成った場合。獄成→名例18。**仍以景迹…常法**—本犯が免官以上及び官人の不当利得罪である場合、たとえ恩赦等により、本犯が免ぜられても、通常通りの考第評価を行い、本犯によって負殿を計り、考第を降す。その結果、私罪下上以下にいたれば、規定(禄令5・考課58)通り、それぞれ半年或いは一年分の禄を奪う。**即非除免者不解官**—本犯が免官以上でないならば、たとえ私罪下中以下であっても解官しない。

65 〔殊功異行条〕 地方行政を関知する諸官司に対して国郡司の勤務評定に関連する事柄を式部・兵部省に報告すべきことの規定。**諸司**—「殊功異行自二弁官一、祥瑞自二治部一、調役増減自二民部一、盗賊多少自二刑部一、並皆録送二式部兵部一也」(義解)とある。**祥瑞**→儀制8。**災蝗**→戸令45。**戸口…豊倹**→考課55。

66 〔家令条〕 家令(→家令職員令)の勤務成績の評定方法についての規定。**准諸司考法**—内長上官の善最による九等評価。**嬪以上…宮内省**—嬪以上及び内親王家の家令及び帳内資人(考課69)の考文は宮内省において作製。**申省**—直接式部省に送るとする説(古記・朱説)と、一般の長上官と同じく太政官に申し送り、官が省に下すとする説(穴記)とがある。弘仁・延喜式部式では十月三日に本主及び宮内省が直接式部に提出することに

外位考せむこと。

67 凡国司。毎レ年量二郡司行能功過一。立二四等考第一。清*謹勤レ公。勘当明審之類。為レ上。居レ官不レ怠。執事無レ私之類。為レ中。不レ勤二其職一。数有二愆犯一之類。為レ下。背レ公向レ私。貪濁有レ状之類。為二下々一。其軍団少*毅以上。統*領有レ方。部下粛整。為レ上。清平謹恪。武藝可レ称。為レ中。於レ事無レ勤。武藝不レ長。為レ下。数有二愆失一。武用無レ紀。為二下々一。毎レ年国司。皆考対*定。訖具記附*二朝集使一。送レ省。其下々考者。*当年校定即解。

凡そ国司は、年毎に、郡司の行能功過を量りて、四等の考第立てよ。清く謹みて公勤め、勘当明らか審らかならむ類をば、上と為よ。官に居るが怠らず、執事私無からむ類をば、中と為よ。其の職を勤めず、数愆ち犯すこと有らむ類をば、下と為よ。公を背きて私に向ひ、貪濁状有らむ類をば、下下と為よ。其れ軍団の少毅以上、統べ領ぶること方有りて、部下粛まり整ほれらば、上と為よ。清平に謹み恪めて、武藝称すべくは、中と為よ。事に於きて勤無く、武藝長らずは、下と為よ。数愆ち失つこと有り、武用紀とすべきこと無くは、下下と為よ。年毎に国司、皆考せば対へて定めよ。訖りなば具に記して、朝集使に附けて、省に送れ。其れ下下の考は、当年に校へ定めて、即ち解け。

68 凡国博士。立二三等考第一。居レ官不レ怠。教導有レ方。為レ上。教授不レ倦。生徒充レ業。為レ中。不レ勤二其職一。教訓有レ闕。為レ下。其医師。准二効験多少一。十得二七*

以上一。為レ上。得二五以上一。為レ中。得二四以下一。為レ下。

凡そ国博士は、三等の考第立てよ。官に居ること怠らず、教へ導くこと方有らむは、上と為よ。教へ授くること倦まず、生徒業充ちたらば、中と為よ。其の職を勤めず、教へ訓ふること闕有らば、下と為よ。其れ医師は、効せる験の多少に准へて、十にして七以上得ば、上と為よ。五以上得ば、中と為よ。四以下得ば、下と為よ。

69 凡帳内及資人。毎レ年*本主。量二其行能功過一。立二三等考第一。恪勤不レ懈。清廉称レ主。為レ上。祇承合レ意。産業不レ怠。為レ中。好請二私假一。数有二愆失一。為レ下。

凡そ帳内及び資人は、年毎に本主、其の行能功過を量りて、三等の考第立てよ。恪め勤めて懈らず、清廉にして主に称へらば、上と為よ。祇承意に合ひ、産業怠らずは、中と為よ。好みて私の假を請ひ、数愆ち失つこと有らば、下と為よ。

*考二貢人一。

貢人考せむこと。

70 凡*秀才。試*方略策二条一。文理倶高者。為二上々一。文高理平。理高文平。為二上中一。文理倶平。為二上下一。文理粗通。為二中上一。文劣理滞。皆為二不第一。

凡そ秀才は、試みむこと、方略の策二条。文理倶に高くは、上上と為よ。文高くして理平ならむ、理高くして文平ならば、上中と為よ。文理倶に平ならば、上下と為よ。文理粗通せらば、中上と為よ。文劣くして理滞れらば、皆不第と為よ。

71 凡*明経。試*周礼。左伝。礼記。毛詩。各四条。余経各三条。孝経。論語。共三

なっている。→補1a。大宝令では「毎年申省案記」(古記)。**案記**―「省勘校、色別為記」(考課59)に准ずる意か。**同諸司法**→考課58。**〔考外位〕**―以下67 68 69条の標題。**外位**→選叙補2a。

67 〔考郡司条〕郡司及び軍団少毅以上の勤務成績の評定方法についての規定。成選叙位の方法→選叙15。

清謹勤公勘当明審―以下の四等考第の基準を示す語句は、唐令流外官のそれと同文。ただし「…之類」の二字はない。この「之類」について義解には「郡司所レ行、合レ居二上第一者、非二唯此事一、触レ類繁多、故曰二之類一」とある。→戸令33。**少毅以上**―軍団の主帳は原則として得考の例に入らない。位階をもつものを任じた場合は、外散位扱い。ただし外散位(或いは外分番)の考第評価については、明文なし。→選叙15。**統領有方**…―唐令の諸衛主帥の考第基準に「統領有レ方、部伍整粛、清平謹恪、武芸可レ称者為レ上、居レ官無レ犯、統領得レ済、雖レ有二武芸一、不二是優長一者為レ中、在レ公不レ勤、数有二愆失一、至レ於用レ武、復無レ可レ紀者為レ下」とある。**対定**―対読して考第を定める。**附朝集使送省**―直接式部・兵部省に送るとする説と、長上官の考文とともに太政官に申送るとする説とがある。→補1a。**当年校定即解**→考課62。

68 〔国博士条〕国博士・医師(職員80・選叙27)の評定基準の規定。令釈は国博士・医師を外分番とする。しかしこれらの考限叙法及び准折は外長上の郡司と同じとある(選叙27)。**七以上**―大宝令は「八以上」とする。

69 〔考帳内条〕 帳内資人(軍防48 49)の評定方法の規定。成選叙位の方法↓選叙14。
本主—大宝令では、女王家の資人の考選文は正親司が校定して、式部に送ることになっていたが、養老令では削除(考課66古記・令釈)。↓職員45注。
〔考貢人〕—大学・国学生に対する官人任用試験に関する、以下70〜75六条の標題。「考貢人」三字、底本なし。塙本・集解により補う。

70 〔秀才条〕 秀才科試験の方法と評定基準の規定。↓補70。及第者に対する叙位規定↓選叙30。
秀才↓学令12・選叙29。**方略策二条**—義解に「方、大也。略、要也。大事之要略也」とあり、古記に「何故周代聖多、殷時賢少。如レ此事類二条試問」とある。即ち、論文形式の大きな問題が二問。唐制では五問。本朝文粋に平安時代の秀才科の試験問題と受験者の解答文の例が収録されている。また経国集の対策文の一部も秀才科のものか。

71 〔明経条〕 明経科試験の方法と評定基準の規定。叙位規定↓選叙30。
明経↓学令11・選叙29。**試周礼…**—孝経・論語は必須で、他は周礼以下の七経から二経を選択(学令7)。孝経・論語から三問、選択した二経から各々四問或いは三問の合計十ないし十一問。それぞれの経書の本文及び注釈の或る個所をあげてその意味を試問する。下文の「問大義七条」と同じ形式であろう。**通五及一経**—五問以下、及び一経が全問不通の場合。**若論語孝経全不通者**—必須の三問がすべて「不通」の場合、たとえ他の二経が全問できても不第。**通二経以外**—上記の試験に上中

条。皆挙ニ経文及注一為レ問。其答者。皆須下弁ニ明義理一。然後為上通。々レ十。為ニ上々一。通ニ八以上一。為ニ上中一。通レ七。為ニ上下一。通レ六。為ニ中上一。通*ニ五及一経一。若*論語孝経全不レ通者。皆為ニ不第一。通*ニ二経一以外。別更通レ経者。毎レ経問*ニ大義七条一。通ニ五以上一為レ通。

凡そ明経は、試みむこと、周礼、左伝、礼記、毛詩に、各四条、余経に各三条、孝経、論語に、共に三条。皆経の文及び注を挙げて問ふことと為よ。其れ答者、皆義理を弁へ明らかにし、然うして後に通せりと為べし。十通せらば、上上と為よ。八以上通せらば、上中と為よ。七通せらば、上下と為よ。六通せらば、中上と為よ。五及び一経通せらむ、若しくは論語孝経全く通せずは、皆不第と為よ。二経通しての以外に、別に更に経通せらば、経毎に、大義七条問へ。五以上通せば通せりと為よ。

72 凡進*士。試時*務策二条。帖*所レ読。文*選上袟七帖。爾[一]雅三帖。其策文詞順序。義理慥当[二]。并帖過者。為レ通。事義有レ滞[三]。詞句不レ倫[*四]。及帖不レ過者。為レ不。帖策全通。為レ甲。策通レ二。帖過ニ六以上一。為レ乙。以外皆為ニ不第一。

凡そ進士は、試みむこと、時務の策二条。帖して読まむ所は、文選の上袟に七帖、爾雅に三帖。其れ策の文詞順ひ序でて、義理慥に当れらむ、并せて帖過せらば、通せりと為よ。事の義滞れること有り、詞句倫あらず、及び帖過さずは、不と為よ。帖策全く通せらば、甲と為よ。策二通し、帖六以上過せらば、乙と為よ。以外は皆不第と為よ。

73 凡明法。*試律令十条。律七条。令三条。識二達義理一。問無二疑滞一者。為レ通。粗知二綱例一。未レ究二指帰一者。為レ不。全通為レ甲。通二八以上一。為レ乙。通二七以下一。為二不第一。

凡そ明法は、試みむこと、律令に十条。律に七条、令に三条。義理を識り達りて、問ふに疑ひ滞ること無くは、通せりと為よ。粗綱例を知りて、指帰することを究めずは、不と為よ。全く通せらば甲と為よ。八以上通せらば、乙と為よ。七以下通せらば、不第と為よ。

74 凡試二貢*挙人一。皆*卯時付レ策。当日対畢。*式部監試。*不レ訖者。不レ考。畢対二*本司長官一。定二等第一唱示。

凡そ貢挙人試みむことは、皆卯の時に策付けよ。当日に対へ畢れ。式部監試せよ。訖らずは、考せず。畢んなば本司の長官に対へて、等第定めて唱し示せ。

75 凡貢人。皆*本部長官。貢二送太政官一。若無二長官一。次官貢。其人随二朝集使一赴集。至日皆引二見弁官一。即付二式部一。已経二貢送一。而有二事故一。不レ及レ試者。後年聴レ試。其大学挙人。具レ状申二太政官一。与二諸国貢人一同試。々訖得レ第者。奏聞*留二式部一。不第者。*各還二本色一。

凡そ貢人は、皆本部の長官、太政官に貢送せよ。若し長官無くは、次官貢せよ。其の人は朝集使に随ひて赴き集まれ。至らむ日に皆弁官に引見して、即ち式部に付けよ。已に貢送に経て、事の故有りて、試するに及ばずは、後の年、試すること聴

以上の成績で及第した者が、他の経書にも通じている場合、更にそれらについて試験を行う。これに及第すれば一経ごとに一等ずつ加叙される(選叙30)。なお、大宝令では、この後半の規定は、唐制に准じて、三経に通じている場合は上記の試験の際に三経を選択させる規定になっていたか(選叙30古記)。**問大義七条**→学令8。

72 〔進士条〕進士科試験の方法と評定基準の規定。叙位規定→選叙30。

進士→学令12・選叙29。**時務策二条**—「時務者治国之要務也」(義解)とあるように、政治の要務についての論文形式の問題が二題。経国集に進士科のものと思われる試験問題と受験者の解答文の例が収録されている。**帖所読**—古記に「帖。謂、一行三字。以レ板覆隠令二読過一。此板名為レ帖也」とある。帖試→学令8。文選上袟から七問、爾雅から三問。**文選**—大宝令では学令5相当条の本注に「文選爾雅亦読」とあり、文選・爾雅の任意履習の規定があった(学令5古記)。**不倫**—古記に「仮令、不レ似二先儒典籍之文一也」とある。

73 〔明法条〕明法科試験の方法と評定基準の規定。叙位規定→選叙30。明法関係の教官・学生・授業等については令文に規定がない。神亀五年七月、律学博士二人が置かれ(三代格・集解所収官符)、天平二年三月、明法生一〇人、明法得業生二人の定員が定められている(集解所収官符)。**試律令十条**—明経科試験と同じように、条文の意味解釈を試問する。

74 〔貢挙人条〕諸科試験の代表的なものとして、秀才・進士科の論文試験の行い方

せ。其れ大学の挙人は、状を具にして太政官に申せ。諸国の貢人と同じく試みよ。試み訖りて第得たらば、奏聞して式部に留めよ。不第ならば、各本色に還せ。

と試験の結果の報告等の規定。時代が降り、試験制度にも令制とやや異なる面が現われてくる段階のものではあるが、弘仁式に、秀才・進士及び明経・明法・算生等に対する試験の行い方についての詳細な規定が見える。

貢挙人―一般に、国学からの推挙者を貢人、大学からの推挙者を挙人という(次条)。**卯時付策当日対畢**―午前六時頃に問題を出し、当日中に答案を提出させる。進士科の帖試について、弘仁式では、更に別の日を定めて行う、とある。**式部監試**―式部省の監督の下で試験を行う。試験官はそれぞれの専門の学者か。弘仁式では、式部卿または輔が試験官をつとめるのを原則とし、もし輔以上が行わない場合、専門の学者が当る、とある。**不訖者不考**―当日中に終了しない者は採点の対象にならない(即ち失格)。**本司長官**↓補74。

75〔貢人条〕諸科受験の事務手続き、及び合格者・不合格者の取扱いについての規定。↓補75。

本部長官―国守。推挙状に虚偽があったり、不合格がでた場合、それなりの責任が追求されることになっている。↓職制2。**留式部**―選叙30の叙位規定該当者は叙位を待つ。叙位規定のない及第者(例えば秀才科上下・中上)の扱いは明文がないが、義解に「唯留二式部一、待レ選乃叙也」とあるように、散位に准じ、式部省に出仕し、分番考をかさねて成選叙位されるのであろう。ただし後に叙位規定↓選叙30注「上中従八位上」。**各還本色**―在学九年(学令8)未満の者は本学に、九年たった者は本貫に帰す。

禄令　第十五

凡壱拾伍条

1 凡[*1]在京文武職事。及[*2]太宰。壱伎。[3]対馬。皆[*]依二官位一給レ禄。自[*]二八月一至二正月一。上日一百廿日以上者。給[*]二春夏禄一。正従一位。[*4]絁参拾疋。綿[*]参拾屯。布[*]壱佰端。鍬[*]壱佰肆拾口。正従二位。絁弐拾疋。綿弐拾屯。布陸拾端。鍬壱佰口。正三位。絁拾肆疋。綿拾肆屯。布肆拾弐端。鍬捌拾口。従三位。絁拾弐疋。綿拾弐屯。布参拾陸端。鍬陸拾口。正四位。絁捌疋。綿捌屯。布弐拾弐端。鍬肆[5]拾口。従四位。絁柒疋。綿柒屯。布拾捌端。鍬参拾口。正五位。絁伍[6]疋。綿伍屯。布拾弐端。鍬弐拾口。従五位。絁肆疋。綿肆屯。布拾[7]端。鍬弐拾口。正六位。絁参疋。綿参屯。布伍端。鍬拾伍口。従六位。絁参疋。綿参屯。布肆端。鍬拾伍口。正七位。絁弐疋。綿弐屯。布肆[8]端。鍬拾伍口。従七位。絁弐疋。綿弐屯。布参端。鍬拾伍口。正[*]八位。絁壱[9]疋。綿壱屯。布参端。鍬拾伍口。従八位。絁壱疋。綿壱屯。布参端。鍬拾口。大初位。絁壱疋。綿壱屯。布弐端。鍬拾口。少初位。絁壱疋。綿壱屯。布弐端。鍬伍口。家[*]令降二一級一。唯文[*]学不レ在二降限一。秋[*]冬亦如レ之。

凡そ在京の文武の職事、及び太宰、壱伎、対馬には、皆官位に依りて禄給へ。八月より正月に至るまでに、上へたる日一百廿日以上ならば、春夏の禄給へ。正従一位に、絁参拾疋、綿参拾屯、布壱佰端、鍬壱佰肆拾口。正従二位に、絁弐拾疋、綿弐

☆**禄令**―季禄・食封・位禄・時服料など、官人等に対する俸禄の規定。→補☆

1 〔給季禄条〕季禄の受給資格および品目・数量に関する規定。→補1。

在京文武職事→公式52 53。**太宰**―太宰府。管国の官人は含まない。**皆依官位給禄**―「官位」は大宝令では「品位」。本人の帯びている位によってではなく、本人が任じられている官の官位相当法による位によって、の意。職事親王の禄法については規定がないが、慶雲三年二月、知太政官事は右大臣に准ぜしめ、天平宝字五年二月、一品二品の議政官は御史大夫(大納言)、三品四品は中納言に准じることが定められ(続紀)、式部式にも規定された。**自八月至正月**―八月を初めの月としたのは考課との関係によるか。→考課1。**給春夏禄**―大宝令ではこの下に「雖レ満二限日一、若有二中下状一、不レ在二給例一」の注があった。すなわち、前年の政務に対する評価が中下(九等評価の第六)およびそれ以下の者には、春夏の禄は支給されない定めであった。評価の基準→考課50。**絁・綿・布・鍬**→賦役1。官人に農具を支給するのは、生産手段を農業経営者が掌握するという当時の体制のあらわれ。**正八位**―天平宝字三年、鍬十五口を十口に減じた(令釈)。式部式も同じ。**家令降一級**―書吏以上をさす。家令の考課→考課66。「一級」は大宝令では「一等」。少初位の場合は鍬五口を減じる(古記・義解)。**文学**→家令1。**秋冬亦如之**―春夏禄と秋冬禄とでは支給品目に若干の相違がある。→禄令2。

2 〔季禄条〕季禄の支給期日に関する規定。**二月上旬給**―延喜式等に見える実際の手

続きは、各官司から申送された官人の上日をもとに、式部(文官)・兵部(武官)・中務(女官等)の三省がそれぞれ禄を支給すべき人数と禄の品目ごとの数量とをまとめた禄文を作製、二月(秋冬の禄の場合は八月。以下同じ)の十日に弁官を通じて太政官に提出、十五日に少納言がその総目録を上奏、二十日に太政官が季禄支給を命じる符を大蔵省に下し、二十二日(女官は二十五日)、大蔵省で参集した官人に季禄が支給された。**鉄二廷**—穴記に「以二三十斤一為二一廷一」とある。

3 〔内舎人条〕内舎人・別勅才伎長上に対する季禄支給の規定。

内舎人→軍防46・同補46b。中務省に所属する長上の職で、五位以上の者の子孫から選ばれる。**以別勅才伎長上諸司者**→選叙11。特殊な職能によって諸司に常時勤務する者。内舎人とともに官位相当の職ではない。**皆准当司判官以下禄**—本人が勤務する官司の判官(第三等官)以下の位階に准じて季禄を支給する。本注によれば、本人の位階がその官司の主典(第四等官)より上であれば少判官相当位の禄を、主典と同位かまたはそれ以下であれば大主典相当位の禄を支給する。のち天平宝字元年八月八日の太政官奏で、官司によって禄法に差等が設けられた。→補3。

4 〔行守条〕官位相当の職に任じていない場合、および数官を兼任している場合の季禄支給の規定。

行守—官位にくらべて低い職に任じていることを行、高い職に任じていることを守という。→選叙6。**依行守処給**—たとえば六位を帯する人が七位相当の官に任じた場合には七位の

拾屯、布陸拾端、鍬壱佰口。正三位に、絁拾肆疋、綿拾肆屯、布肆拾弐端、鍬捌拾口。従三位に、絁拾弐疋、綿拾弐屯、布参拾陸端、鍬陸拾口。正四位に、絁捌疋、綿捌屯、布弐拾弐端、鍬肆拾口。従四位に、絁柒疋、綿柒屯、布拾捌端、鍬参拾口。正五位に、絁伍疋、綿伍屯、布拾弐端、鍬弐拾口。従五位に、絁肆疋、綿肆屯、布拾端、鍬弐拾口。正六位に、絁参疋、綿参屯、布伍端、鍬拾伍口。従六位に、絁参疋、綿参屯、布肆端、鍬拾伍口。正七位に、絁弐疋、綿弐屯、布肆端、鍬拾伍口。従七位に、絁弐疋、綿弐屯、布参端、鍬拾伍口。正八位に、絁壱疋、綿壱屯、布参端、鍬拾伍口。従八位に、絁壱疋、綿壱屯、布参端、鍬拾口。大初位に、絁壱疋、綿壱屯、布弐端、鍬拾口。少初位に、絁壱疋、綿壱屯、布弐端、鍬伍口。家令は一級降す。唯し文学は降する限に在らず。秋冬も亦之の如く。

2 凡禄。春夏二季。*二月上旬給。以二糸一絇一。代二綿一屯一。秋冬二季。八月上旬給。*以二鉄二廷一。代二鍬五口[1]一。

凡そ禄は、春夏二季のは、二月上旬に給へ。糸一絇を以て、綿一屯に代へよ。秋冬二季のは、八月上旬に給へ。鉄二廷を以て、鍬五口に代へよ。

3 凡*内舎人。及以二*別勅才伎一。長二上諸司一者。*皆准二当司判官以下禄一。其位主典以上者。准二少判官一。以外並准二大主典一。

凡そ内舎人、及び別勅に才伎を以て、諸司に長上せむは、皆当司の判官以下の禄に准へよ。其れ位主典以上ならば、少判官に准へよ。以外は、並に大主典に准へよ。

4 凡*行守者。並*依二行守処一給。若一人帯二数官一者。禄*従二多処一給。

凡そ行守は、並に行守の処に依り、給へ。若し一人数の官帯せらば、禄は多処に従へて給へ。

5 凡応レ給レ禄之官。若有二負*犯一。応二除*免官当一。被二推劾一。科断未レ畢。其禄停レ給。待二断訖一。校定然後給之。其私罪下上。公罪下中。奪二半年之禄一。

凡そ禄給ふべき官、若し負犯有りて、除免官当すべからむ、推劾せられて、科断畢へずは、其の禄は給ふこと停めよ。断し訖らむを待ちて、校へ定めて、然うして後に給へ。其れ私罪の下上、公罪の下中は、半年の禄奪へ。

6 凡初*任官者。雖*レ不レ満レ日。皆給二初任之禄一。

凡そ初任の官は、日満たずと雖も、皆初任の禄給へ。

7 凡奪レ禄者。徴*二半年一。限*二六十日内一輸畢。徴二一年一。限二百廿日内一輸畢。若限内遇*レ恩。及別*勅復任者。並免レ徴。即応レ給者。従*二復任日一為二始計一。

凡そ禄奪ふことは、半年のを徴らば、六十日の内を限りて、輸し畢へよ。一年のを徴らば、百廿日の内を限りて、輸し畢へよ。若し限の内に恩に遇へらむ、及び別勅に復任せむは、並に徴ること免せ。即ち給ふべくは、復任の日より、始めて計ふること為よ。

8 凡兵*衛。六月内。上*日夜各八十以上者。給レ禄。有*位准二大初位一。無位准二少初位一。授*刀舎人亦准レ此。

禄を、五位相当の官に任じた場合は五位の禄を支給する。**従多処給**—官位相当が最も高く、したがって禄の多い官について支給する。養老二年二月の制で、高い方の官についての上日(出勤日数)が規定に足りない場合でも、低い方の官についての上日が足りていれば、禄は多い処(高官)について支給されることが定められ(続紀)、式部省例や弘仁・延喜の式部式にも規定された。なお延喜式では、太政官の公卿・弁官、その他特殊な例に限り、諸司を兼ねる場合、本司の上日によるべきことが定められている。

5 〔応給禄条〕官人が罪を犯し、処分をうけた場合の禄の処置に関する規定。→補5。**負犯**—犯罪。→考課57。**除免官当**—官人が罪を犯した時にとられる処置。除名・免官・免所居官・官当の総称。→名例17〜20。

6 〔初任官条〕年度の中途で初めて官に任じられた場合の給禄の規定。

初任官→補6。**雖不満日皆給初任之禄**—規定以下の勤務日数でも、その初任の官の相当位の季禄を支給する。文意によれば、初任の場合は一日の上日しかなくても季禄が支給されることになるが、不合理なため大同三年十二月に改正された。→補6。

7 〔奪禄条〕いったん支給した禄を奪う場合の規定。

半年—半年の禄。**六十日内**—奪禄決定の日からであろう。**恩**—恩赦。**別勅復任**—別勅によって期限内に復任した場合であろう。**従復任日為始計**—恩赦・別勅による復任の場合は、前任時の上日を通計しない。

8 凡そ兵衛は、六月の内に、上へたる日夜各八十以上ならば、禄給へ。有位は大初位に准へよ。無位は少初位に准へよ。授刀の舎人も亦此に准ふ。

9 凡宮人給レ禄者。尚蔵准二正三位一。尚膳。尚縫准二正四位一。典蔵准二従四位一。尚侍。典膳。典縫准二従五位一。尚酒准二正六位一。尚書。尚薬。尚殿。典侍准二従六位一。尚兵。尚闈准二正七位一。尚掃。尚水。掌蔵。掌侍准二従七位一。掌膳。掌縫准二正八位一。典書。典薬。典兵。典闈。典殿。典掃。典水。典酒准二従八位一。自余散事。有位准二少初位一。無位減二布壱端一。給徴之法。並准レ男。

凡そ宮人に禄給はむこと、尚蔵は正三位に准へよ。尚膳、尚縫は正四位に准へよ。典蔵は従四位に准へよ。尚侍、典膳、典縫は従五位に准へよ。尚酒は正六位に准へよ。尚書、尚薬、尚殿、典侍は従六位に准へよ。尚兵、尚闈は正七位に准へよ。尚掃、尚水、掌蔵、掌侍は従七位に准へよ。掌膳、掌縫は正八位に准へよ。典書、典薬、典兵、典闈、典殿、典掃、典水、典酒は従八位に准へよ。自余の散事、有位は少初位に准へよ。無位は布壱端減せよ。給ひ徴らむ法は、並に男に准へよ。

10 凡食封者。一品八百戸。二品六百戸。三品四百戸。四品三百戸。内親王減半。太政大臣三千戸。左右大臣二千戸。大納言八百戸。若以レ理解官。及致仕者。減半。正一位三百戸。従一位二百六十戸。正二位二百戸。従二位一百七十戸。正三位一百卅戸。従三位一百戸。其五位以上。不レ在二食封之例一。正四位絁十疋。綿十

8 〔兵衛条〕兵衛に対する季禄支給の規定。**兵衛**→軍防38・同38補。左右兵衛府に所属する番上の武官。**上日夜各八十以上**—大宝令では各一百以上。条件があまりに酷なため、養老令では八十に減じたのであろう。**有位准大初位**—天平宝字三年、授刀舎人・兵衛等に支給する鍬を、有位は十口から八口、無位は五口から四口へと減じた(令釈所引格)。**授刀舎人**—慶雲四年創設の武官。のちの近衛舎人の前身。この注は養老令で附加されたものであろう。

9 〔宮人給禄条〕女官に対する季禄支給の規定。→補9。

宮人—女官の総称。令には宮人の官位相当が定められていないので、給禄のため、以下各職の相当位を定めている。**尚蔵**—蔵司の長官。以下の官職については→後宮4〜15。**尚侍**—内侍司の長官。内侍司の尚侍・典侍等の地位は後に大幅に上昇する。→補9。**散事**—諸司の掌以上は職事、それ以外の氏女・女孺など。→後宮15。**給徴之法**—上日、支給品目と数量、犯罪時・初任時の規定など。宮人は女性であるが、位田・位禄が減給される(田令4・禄令10)のとは異なり、季禄は全額支給された。

10 〔食封条〕位封・職封・中宮湯沐の戸数と、位禄・東宮一年雑用料の品目・数量に関する規定。

食封→補10。位階または官職に応じて一定数の課戸を賜い、その課戸から納められる調庸の全部と租の二分の一とを取得せしめる制度。→賦役8。**一品八百戸**—以下は親王・内親王に支給される品封。大同三年六月の式で無品親王にも男女とも二百戸が支給されるように

屯。布五十端。庸布三百六十常*。従四位絁八疋。綿八屯。布卅三端。庸布三百常。正五位絁六疋。綿六屯。布卅六端。庸布二百卅[2]常。従五位絁四疋。綿四屯。布廿九端。庸布一百八十常。女*減半。其*無レ故不レ上二二年一者。則停レ給。中*宮湯沐二千戸。東*宮一年雑用料。絁三百疋。綿五百屯。糸五百絇。布一千端。鍬一千口。鉄五百廷。

凡そ食封は、一品に八百戸。二品に六百戸。三品に四百戸。四品に三百戸。内親王は減半せよ。太政大臣に三千戸。左右大臣に二千戸。大納言に八百戸。若し理を以て解官せむ、及び致仕の者は、減半。正一位に三百戸。従一位に二百六十戸。正二位に二百戸。従二位に一百七十戸。正三位に一百卅戸。従三位に一百戸。其れ五位以上は、食封の例に在らず。正四位に、絁十疋、綿十屯、布五十端、庸の布三百六十常。従四位に、絁八疋、綿八屯、布卅三端、庸の布三百常。正五位に、絁六疋、綿六屯、布卅六端、庸の布二百卅常。従五位に、絁四疋、綿四屯、布廿九端、庸の布一百八十常。女は減半せよ。其れ故無くして二年までに上へずは、給ふこと停めよ。中宮の湯沐に二千戸。東宮の一年の雑用料に、絁三百疋、綿五百屯、糸五百絇、布一千端、鍬一千口、鉄五百廷。

11 凡皇親*。年十三以上。皆給二時服*料一。春。絁二疋。糸二絇。布四端。鍬十口。秋。絁二疋。綿二屯。布六端。鉄四廷。其給二乳*母一王者。絁四疋。糸八絇。布十二端。

なった(集解・三代格)。**太政大臣三千戸**—以下は職封。のち中納言・参議・観察使も支給の対象となる。一時支給額を減じたが、大同元年令制に復した。**以理解官**—本人の病気、親の喪、父母に侍する場合など。→選叙9 22。**致仕**→選叙21。**正一位三百戸**—以下は位封。位封・位禄の沿革→補10。**五位以上不在食封之例**—天武朝以来、食封は五位(小錦位)以上の者に支給されてきたが、大宝令施行後は、五位の食封をやめてかわりに位禄を支給することとした。→補10。**正四位絁十疋**—以下は位封のかわりに四位・五位に支給される位禄。**常**—庸布の単位。二常で正丁一人分に相当する。令制では一常は長さ一丈三尺、広さ二尺四寸。**女減半**—ただし、妃・夫人・嬪には全給。→禄令12。なお天平宝字四年十二月の乾政官符で、尚侍・尚蔵の封戸・位田を全給とした(集解・続紀)。**無故不上二年者則停給**—職封の場合は、理を以て解官し、無故不上一年ならば停める(集解諸説)。→選叙18。**中宮湯沐**—中宮に賜わる食封の一種。斎戒沐浴のための料というのが原義で、中国では諸侯の料地。令では中宮のみだが、書紀によると東宮大海人皇子に湯沐があり、延喜式(民部上・春宮)には東宮に湯沐二千戸と記す。大化前代の私部・壬生部(乳部)の系譜をひくものか。**東宮一年雑用料**—東宮の一年間の生活費として湯沐に代えて官から支給されるもの。延喜式の規定では十二月二日に翌年分を官から請受する。なお令と延喜式とでは品目・数量に相違がある。

11 〔皇親条〕皇親に支給される時服料についての規定。

凡そ皇親、年十三以上ならば、皆時服料給へ。春、絁二疋、糸二絇、布四端、鍬十口。秋、絁二疋、綿二屯、布六端、鉄四廷。其れ乳母を給へらむ王には、絁四疋、糸八絇、布十二端。

12 凡嬪以上。並依㆓品位㆒。給㆓封禄㆒。其春夏給㆓号禄㆒者。妃絁廿疋。糸卅絇。布六十端。夫人絁十八疋。糸卅六絇。布五十四端。嬪絁十二疋。糸廿四絇。布卅六端。若帯㆑官者。累給。秋冬亦如㆑之。以㆑綿代㆑糸。

凡そ嬪以上は、並に品位に依りて、封禄給へ。其れ春夏、号禄給はむこと、妃に絁廿疋、糸卅絇、布六十端。夫人に絁十八疋、糸卅六絇、布五十四端。嬪に絁十二疋、糸廿四絇、布卅六端。若し官帯せらば、累ねて給へ。秋冬も亦之の如く。綿を以て糸に代へよ。

13 凡五位以上。以㆑功食㆑封者。其身亡者。大功減半伝㆓三世㆒。上功減㆓三分之一㆒伝㆓二世㆒。中功減㆓四分之三㆒伝㆑子。下功不㆑得。

凡そ五位以上、功を以て封食まば、其の身亡しなば、大功は減半して三世に伝へよ。上功は三分が一減して二世に伝へよ。中功は四分が三減して子に伝へよ。下功は得ず。

14 凡寺。不㆑在㆓食封之例㆒。若以㆓別勅㆒権封者。不㆑拘㆓此令㆒。権。謂。五年以下。

凡そ寺は、食封の例に在らず。若し別勅を以て権に封せむは、此の令に拘れず。権といふは、謂はく、五年以下をいふ。

皇親—親王・内親王および四世以上の諸王。→継嗣1。**時服料**—衣服の費用として官から支給されるもの。任官した場合、および五位以上に叙せられた場合は支給が停止される(義解)。令では皇親のみが対象であるが、のち諸司にも支給されるようになり、大同三年からはあまねく衆司に支給されるようになった。→補11。**給乳母王**—乳母を賜わるのは親王およびその子(孫王＝二世王)だが(後宮17)、ここは親王を含まない(集解諸説)。

12 〔嬪以上条〕妃・夫人・嬪に対する封禄および号禄の支給に関する規定。

嬪以上→後宮1〜3。**依品位給封禄**—女子減半の規定(禄令10)を適用せず、その品位に相当する品封・位封・位禄を支給する。**号禄**—季禄の一種。令釈に「嬪夫人妃是号也。依㆑号給㆑禄」とある。**帯官者累給**—妃・夫人・嬪が任官している場合には、号禄・季禄の両者を支給する。**以綿代糸**—糸一絇の代りに綿一屯を支給する。→禄令2。

13 〔功封条〕功労によって賜わった食封の伝世に関する規定。

大功減半伝三世—以下の四段階の等級は大宝令で初めて設定されたらしく、大宝元年七月、壬申の乱の功臣ら、先朝以来の功封の等級づけが行われ、また子なき場合兄弟の子を養子として功封を伝えることを許す太政官処分が出されている(続紀)。三世は子・孫・曾孫の三代。慶雲四年四月、大納言藤原不比等に食封二千戸を賜い、一千戸を子孫に伝えさせたのは大功の例か(続紀)。

14 〔寺不在食封之例条〕寺院に対する施封に関する規定。

15　凡令条之外。若有二特封及増一者。並依二別勅一。

凡そ令条(りやうでう)の外(ほか)に、若し特(こと)に封し、及び増(ま)すこと有らば、並に別勅に依れ。

五年以下―五年を限った例として、養老六年施入の法隆寺封三百戸(法隆寺資財帳)、天平十年の観世音寺封一百戸(続紀)などの例がある。これより先、天武九年四月の勅で諸寺の食封は賜封以後三十年間だけその所有を認めることとし(書紀)、この制が大宝元年の大宝令施行まで継続、以後五年の制に改められた。この場合、すでに支給されている食封については、従前の制が適用された(続紀、大宝元年八月甲辰条)。なお奈良時代後半にはこの規定は励行されなかったが、光仁天皇の代にいたり、宝亀十一年六月、秋篠寺への施封にあたり、寺院への施封は今後天皇一代に限ることとした(続紀)。

15　〔令条之外条〕別勅による賜封・増封についての規定。

令 巻第六[1]

宮衛令 第十六

凡弐拾捌条

1 凡応レ入二宮閤門*一者。本司*具注二官位姓名一。送二中務省一。付二衛府*一。各従二便門*一着レ籍。但五位以上*。着二籍宮門一。皆非二着レ籍之門一者。並不レ得レ出。若改*レ任行レ使之類者。本司当日。牒レ省除レ籍。毎二月一日十六日一。各一換*レ籍。宿衛*人准レ此。

凡そ宮閤門に入るべき者をば、本司具に官位姓名を注して、中務省に送りて、衛府に付けよ。各便門に従ひて籍着け。但し五位以上は、籍宮門に着け。皆籍着ける門に非ずは、並に出づること得じ。若し任改まり使に行かむ類は、本司当日に、省に牒して籍除け。月の一日、十六日毎に、各一たび籍換へよ。宿衛の人も此に准へよ。

2 凡無レ籍応レ入二禁中*一。及請迎輸送*。丁匠*入レ役者。中務省臨時録レ名付レ府*。五十*人以上。当衛録奏。其有レ所二輸送一。未レ畢欲二宿*守一物者。斟量聴レ留。

凡そ籍無くして禁中に入るべからむ、及び請け迎へ、輸し送る、丁匠役に入らば、中務省臨時に名を録して府に付けよ。五十人以上ならば、当衛録して奏せよ。其れ

☆**宮衛令**—宮は王宮、衛は禁衛(令釈・義解)。諸門の出入・開閉、宮城内や天皇出行時の警固、京城内の行夜、宿衛人の勤務などに関する規定。→補☆

1 〔宮閤門条〕宮門・閤門に出入する官人の門籍に関する規定。

宮閤門—宮門と閤門。大宝令では中門・内門。宮門は衛門府・左右衛士府、閤門は左右兵衛府が警衛を担当。宮城諸門の制→補1a。**本司**—大宝令では「皆本司」。官人の属する官司。この場合は在京の諸司(古記・義解)。**衛府**—宮門は衛門府、閤門は左右兵衛府(古記)。**従便門着籍**—それぞれの官人の出入に便利な門(宮門・閤門)の門籍に登録する。門籍・門牓の制度→補1b。**五位以上**—高貴な身分ゆえ、便門のほかにすべての宮門に門籍をおき、出入可能とする(古記・義解)。**改任行使之類**—改任とは出でて外官に任ずる場合(義解)。請假・病患の場合もこれに准ずる(令釈)。→補1c。**換籍**—門籍を更新する。**宿衛人**—宿直して警衛の任にあたる内舎人および兵衛。この本注は条文全体にかかる。唐の制では宿衛長上人のために一般の門籍とは異なる長籍が設けられていた(唐衛禁律7)。

2 〔応入禁中条〕門籍なき者が臨時に禁中に出入する場合の規定。

禁中—門籍の存する宮門より以内(令釈・義解)。**請迎輸送**—義解に「就二禁中一請レ物、是為二請迎一、輸レ物送二禁中一、是為二輸送一也」。**丁匠**—宮殿等の造営工事にあたる役民。→賦役24。**府**—門籍のことにあずかる衛府。**五十人以上**—一日の通計が五十人に達した場合(集解諸説)というが疑問。**宿**—禁中に宿泊する。

輸し送る所有りて、畢へずして、宿ねて物守らむと欲はば、斟量して留むること聴せ。

3 凡兵衛々士上番。衛士上番。謂。自二本国一初上者。皆須下検二点正身一。然後奏聞上。

凡そ兵衛、衛士の上番せむは、衛士の上番といふは、謂はく、本国より初て上する者をいふ。皆正身を検点して、然うして後に奏聞すべし。

4 凡開二閉門一者。第一開門鼓撃訖。即開二諸門一。第二開門鼓撃訖。即開二大門一。退朝鼓撃訖。即閉二大門一。昼漏尽。閉門鼓撃訖。即閉二諸門一。理門不レ在二閉限一。京城門者。暁鼓声動則開。夜鼓声絶則閉。其出二入鎰一者。第一開門鼓以前三刻出。閉門鼓以後三刻進。即諸衛按二検所部及諸門一。持レ時行夜者。皆須二執レ仗巡行一。分明相識。毎レ旦色別一人。詣二在直官長一。通二平安一。

凡そ門開き閉てむことは、第一の開門鼓撃ち訖りなば、即ち諸門開け。第二の開門鼓撃ち訖りなば、即ち大門開け。退朝の鼓撃ち訖りなば、即ち大門閉てよ。昼の漏尽きて、閉門の鼓撃ち訖りなば、即ち諸門閉てよ。理門は閉つる限に在らず。京城門は、暁の鼓の声動かば開け。夜の鼓の声絶えば閉てよ。其れ鎰出し入れむことは、第一の開門鼓の以前の三刻に出せ。閉門鼓の以後の三刻に進れ。即ち諸衛、所部及び諸門を按検せよ。時を持りて行夜せむ者は、皆仗を執りて巡行すべし。分明に相ひ識れ。旦毎に色別に一人、在直の官長に詣つて、平安通せよ。

5 凡詔勅未二宣行一者。非レ司不レ得二輙看一。

---

3 〔兵衛上番条〕兵衛・衛士上番者の点検に関する規定。

兵衛→軍防38。左右兵衛府に各四百人が所属、番長に従って交替で勤務にあたる。**衛士**―諸国軍団の兵士で一年交替で上京する者。衛門府・左右衛士府に所属、全員を二分し、隔日交互に上番勤務する。→軍防8 11 12。**検点正身**―本人かどうかを実検し、名簿の名の上に筆で点をつける。古記に「兵衛者毎月二番上、毎レ番検点奏聞。但衛士者番代之事、一度奏聞、以後不レ奏故。…今行事、門部亦奏」。

4 〔開閉門条〕諸門開閉の時刻、鎰の出入、諸衛の按検・行夜に関する規定。

第一開門鼓→補4a。京官は第二開門鼓前に出勤、退朝鼓後に退出する。→公式60。**諸門**―大門以外の宮城内諸門。**大門**―朝堂の南門等か。**昼漏尽**―日没。**理門**―出入の便宜のため昼夜を通じ開けておく門。→宮衛7 20。**京城門**―京城外郭の羅城門。→補1a。**暁鼓**―上文の第一開門鼓(令釈・義解)。現実には宮城の鼓声は羅城門には直接達しにくいから、古記のいうように第一坊門の開門鼓か。→宮衛24。**夜鼓**―閉門鼓。**鎰**―宮衛16義解に「鎰者、所三以開二管鍵一也」。宮門・閤門の鎰の管理・出納は後宮の闈司の管掌。→後宮9。**第一開門鼓以前三刻出**―寅一刻開門の場合、丑二刻に出鎰する。なお鎰の出入が違遅した場合の罰則が衛禁律(唐律14奉勅夜開宮殿門条。日本律の逸文は職員令集解)にあった。**諸衛按検所部及諸門**→補4b。**行夜**―夜間の巡検。古記に「一夜二分、番上以上以レ番巡行也」。ここは宮城門以内。京内の警備の規定→宮衛24。**仗**―兵仗。武器。**色別一人**―兵衛・衛士・門部各一人(古記・令釈)。**在直官長**—宿直している衛府の官長。次官以上をいう(集解諸説)。古記には「今行事、官長謂ニ次官ニ」。**通平安**—異常のなかったことを通報する。

5 〔未宣行条〕禁中の警衛にあたる者が未宣行の詔勅を見るのを禁じた規定。

未宣行—詔勅の発布にあたり、中務省で卿・大少輔の覆奏を終ったあと、太政官に送る以前(義解)。→公式1 2。**司**—中務少輔以上(集解諸説)。古記に「於レ勅録以上是」とあるのは、大宝令の勅旨式の規定が異るため。

6 〔車駕出行条〕天皇行幸時の警備に関する規定。

車駕—行幸時の天子に対する尊称。→儀制1。**按行**—行列を整える意に解する説が多いが、視察のため先行する意にもとれる。**隠暎処**—日かげ・暗がり。**若有所幸**—天皇が行幸した場合、その滞在地。**防禁門巷**—家や街路を検察する。**所不当留者**—乗輿の周囲三百歩以内の者を外に逐うの意(令釈・義解)。→宮衛26。

7 〔理門条〕理門の警備に関する規定。

理門→宮衛4注。**燃火**—古記に「内門。中門。外門。並衛門府衛士燃レ火也。今行事。又燃ニ外門一也」、左右衛門府式には「其宮門皆令ニ衛士炬レ火〈閤門亦同〉」とある。

8 〔兵庫大蔵条〕宮城内の庫蔵の防火に関する規定。

兵庫—宮城内の兵器を収納する左右兵庫・内兵庫。→職員64 65。**大蔵**—大蔵省が管理し、調・庸として納められた布・綿、銭貨などを収納する。**不得将火入**—庫蔵・倉内で火を燃やした場合、杖一百に処する規定が雑律41にある。

凡そ詔勅宣行せずは、司に非ずして、輙く看ること得じ。

6 凡車駕出行。兵衛衛士先按行。及ニ道辺隠暎処一。検ニ察非常一。前後呵叱。観ニ人大言登レ高者一。使レ下。若有レ所レ幸。皆先防ニ禁門巷一。駈ニ斥所レ不レ当レ留者一。

凡そ車駕出行せむときは、兵衛衛士先づ按行せよ。道の辺の隠暎の処に及びては、非常を検察し、前後呵叱せよ。人の大きに言ひ、高きに登れるを観ば、下りしめよ。若し幸す所有らば、皆先づ門巷を防禁して、留まるべからざる所の者を駈ひ斥けよ。

7 凡理門。至レ夜燃レ火。并大器貯レ水。監ニ察諸出入者一。

凡そ理門は、夜に至らば火燃け。并せて大きなる器に水貯け、諸の出入せむ者を監察せよ。

8 凡兵庫大蔵院内。皆不レ得ニ将レ火入一。其守当人。須レ造レ食者。於レ外造。余庫蔵准レ此。

凡そ兵庫大蔵の院の内には、皆火を将て入ること得じ。其れ守当の人、食造るべくは、外にして造れ。余の庫蔵も此に准へよ。

9 凡庫蔵門。及院外四面。恒持レ仗防固。非レ司不レ得ニ輙入一。夜即分レ時検行。

凡そ庫蔵の門、及び院の外の四面には、恒に仗を持りて防固せよ。司に非ずして輙く入ること得じ。夜は即ち時を分ちて検行せよ。

10 凡諸門及守当処。非ニ正司一来監察者。先勘ニ合契一。同聴ニ検校一。不レ同執送ニ本府一。

ある(正倉院文書、勘過状解案等)。**守当人**—守衛にあたる者。**余庫蔵**—古記に「内蔵国郡兵庫也。倉廩亦同也」、令釈に「諸国兵庫及筑紫大蔵之類」とある。

9 〔庫蔵門条〕庫蔵の警備に関する規定。

庫蔵—兵庫・大蔵等。**持仗防固**—古記に「衛門与二衛士一也」。↓補4b。**司**—庫蔵を管掌する官司。左右兵庫・内兵庫・大蔵省等。

10 〔諸門条〕監察に遣わされる者の合契に関する規定。

守当処—守衛を担当している場所。**正司**—守衛を担当する衛府の官人(集解諸説)。**合契**↓補10。**執送本府**—身柄を守衛担当の衛府に送る。↓宮衛15。

11 〔宮墻条〕宮城周囲の整頓・清潔・静粛に関する規定。

宮墻—宮城周囲の垣。**道内**—宮城の垣と街路の溝との間(集解諸説)。

12 〔宿衛器仗条〕宿衛人の武器を徴する人に関する規定。

宿衛—兵衛・内舎人。↓補12a。**器仗**—武器。宮衛19に「軍器戎仗」の語がある。**主司**↓補12b。**覆奏然後付之**—勅命であることを確認する。古記には「今行事。不二覆奏一直即付レ之」とある。

13 〔鹵簿条〕天子出御の際の陣列に横入するのを禁じる規定。

鹵簿—鹵は楯、簿は行列の順序を記した帳簿。蔡邕の独断に「天子出車駕」、「天子出車駕次第」とある(古記・令釈)。**横入**—横から陣列に入る、または横ぎる。**監仗之官**—陣列の監督にあたる衛府の官人。**去来**—行列に沿って前後往来するの意か。

凡そ諸門及び守当の処に、正司に非ずして来りて監察せば、先づ合契勘へよ。同せば検校聴せ。同せずは執へて本府に送れ。

11 凡宮墻四面道内。不レ得レ積レ物。其近二宮闕一。不レ得下焼二臭悪物一。及通中哭声上。

凡そ宮墻の四面の道の内には、物積むこと得じ。其れ宮闕に近くして、臭く悪しき物焼き、及び哭声通すること得じ。

12 凡宿衛器仗。若有二人称レ勅索一者。主司覆奏。然後付之。

凡そ宿衛の器仗、若し人勅と称して索むること有らば、主司覆奏せよ。然うして後に付けよ。

13 凡鹵簿内。不レ得二横入一。其監仗之官検校者。得二去来一。

凡そ鹵簿の内には、横入すること得じ。其れ監仗の官の検校せむは、去来すること得む。

14 凡車駕。有レ所二臨幸一。若夜行。部隊主師。各相弁識。雖二是侍臣一。従レ外来者。非レ勅不レ得二輙入一。

凡そ車駕、臨幸する所有らむ、若し夜行さむとき、部隊の主帥、各相ひ弁しく識れ。是れ侍臣なりと雖も、外より来らむは、勅に非ずして、輙く入ること得じ。

15 凡奉レ勅夜開二諸門一者。受レ勅人。具録二須レ開之門。幷入出人名帳一。宣二送中務一。中務宣二送衛府一。々々覆奏。然後開之。若中務衛府。倶奉レ勅者。不レ合二覆奏一。其奉レ勅人名違錯。即執奏聞。

凡そ勅を奉りて、夜、諸門開かむには、勅受れる人、具に開くべき門、幷せて入出の人の名帳を録して、中務に宣ひ送れ。中務、衛府に宣ひ送れ。衛府覆奏せよ。然うして後に開け。若し中務衛府、倶に勅奉れらば、覆奏すべからず。其れ勅奉れる人の名違ひ錯らば、即ち執して奏聞せよ。

16 凡諸門関鍵管鑰。皆須二牢固一。

凡そ諸門の関鍵、管鑰は、皆牢く固くすべし。

17 凡五衛府官長。皆以レ時按二検所部一。糺二察不如法一。

凡そ五衛府の官長は、皆時を以て所部を按検し、不如法を糺し察よ。

18 凡儀仗軍器。十事以上。出二入諸門一者。皆責レ牓。門司奏聞。勘聴二出入一。其宿衛人常服用者。不レ拘二此限一。

凡そ儀仗軍器、十事以上、諸門を出入せば、皆牓責へ。門司奏聞して、勘へて出入聴せ。其れ宿衛の人の常に服用せむは、此の限に拘らじ。

19 凡有レ献二軍器戎仗等一。即令下内舎人随二献人一将入上。

凡そ軍器、戎仗等献ること有らば、即ち内舎人をして献らむ人に随へて、将て入らしめよ。

20 凡車駕行幸。即閉二諸門一。随レ便開二理門一。其留守人者。各自二理門一出入。並駕還仗至乃開。

凡そ車駕行幸せむには、即ち諸門閉てよ。便に随ひて理門開け。其れ留守の人は、

14 〔車駕臨幸条〕 行幸時の夜間の警備に関する規定。

車駕→宮衛6。**部隊主帥**→補14。**侍臣**―職制7「侍臣及執仗」の疏に「少納言侍従中務判官以上及内舎人」とある。侍臣は少納言・侍従・中務少輔以上(令釈・義解)。→宮衛28。**従外来者**―最初から行幸に従っている者以外の者。

15 〔奉勅夜門条〕 夜間勅により臨時に諸門を開く場合の規定。→補15。

諸門―穴記に「謂、依レ律、京城門以内是也」。ここでの律とは、唐衛禁律14に相当する日本律か。宮衛4の私案に「令及律請進門鎰、並兼二京城以上一」とある。**受勅人**―天皇の口勅を受ける侍従など。**宣送中務**―公式令によれば、一般の勅の場合にはこの段階で中務省が覆奏する。→公式2。**衛府覆奏**―衛府に関する勅は本司が覆奏する。→公式2。「衛府」は大宝令では「門司」。**奉勅人名違錯**―入出人名帳の名と、実際の出入者とが相違した場合。**執**―身柄を拘束する。

16 〔諸門関鍵条〕 諸門の鍵に関する規定。

関鍵管鑰―関は門の扉を抑える横木、鍵はかぎの抜きさしする部分、管は鍵を支える部分、鑰(鎰)は管鍵を開くためのあいかぎ(義解)。鑰の管理および所在→宮衛4。

17 〔五衛府条〕 衛府官長の巡視の規定。

五衛府―衛門府・左右衛士府・左右兵衛府。**官長**→宮衛4。**以時按検**―五衛府の督の「以レ時巡検」の職掌にあたる。→職員59 61 62。以時は時々の意。

18 〔儀仗軍器条〕 武器を諸門から出入させる場合の規定。

儀仗軍器―義解に「用二之礼容一為二儀仗一。用二

之征伐為ニ軍器一。即同レ実而殊レ号者也」。**十事以上**—弓箭の場合は弓一張・箭五十隻を各一事とする(古記・令釈・義解)。一日の出入を通計し、十事以上の場合奏聞する。ただし武器を出す場合は、宮衛25により一事でも牓を責める(令釈・義解)。**牓**—門牓。→補1b。**門司**—諸門を警固する衛府。**宿衛人**→補12a。

19　〔献軍器条〕武器献上の場合の規定。**軍器戎仗**—義解に「弓箭刀矟之類為ニ軍器一也。鼓吹幡鉦之類為ニ戎仗一也」。**内舎人**→軍防46。**献人**—兵庫(職員64 65)の庫司。私人の献上者の場合はその物主(古記・義解)。

20　〔車駕行幸条〕天子行幸中の諸門の閉鎖・出入に関する規定。**車駕**→宮衛6。**諸門**—この場合は宮城門以内か。**理門**→宮衛4注。**駕還仗至**—還幸の先駆の隊列が到着したら開門する。

21　〔上番条〕宿衛人の事故および他所に赴く場合の申牒の規定。**宿衛人**—内舎人・兵衛。→補12a。ただし内舎人は長上なのでこの規定の対象外か。**有故不得赴**—古記に「身患・父母病并喪假等是。今行事、妻子病患不レ聴也」。**下番**—当直日以外。**一日程以上**→補21。**若不満一日程者聴暫往還**—外国の兵衛の場合は、たとえ一日程以内でも帰宅は許されない(古記)。

22　〔元日条〕元日・朔日、外国使臣の宴会・辞見時などの儀仗に関する規定。**元日**—賀正の礼。**朔日**—延喜式の規定(→補22)では四孟月(正・四・七・十月)の告朔の時だけ。**若有聚集**—元日・朔日以外の場合をも含む。**蕃客宴会辞見**→職員18。**儀仗**→宮衛18。延喜式の規定→補22。

各理門より出入せよ。並に駕還り、仗至らむとき、乃ち開け。

21　凡*宿衛人。応ニ当上番一。而*有レ故不レ得レ赴。及*下番須ニ*一日程以上行一者。皆於ニ本府一申牒。具注ニ所レ行之処一。若*不レ満ニ一日程一者。聴ニ暫往還一。

凡そ宿衛の人、上番すべからむ、而るを故有りて赴くこと得ず、及び下番一日程以上行くべくは、皆本府に申牒せよ。具に行かむ所の処注せよ。若し一日程に満たずは、暫く往還すること聴せ。

22　凡*元日*朔日。若*有ニ聚集一。及*蕃客宴会辞見。皆立ニ*儀仗一。

凡そ元日、朔日に、若し聚集すること有らむ、及び蕃客の宴会、辞見には、皆儀仗立てよ。

23　凡*宮門内及*朝堂。不レ得下酣レ酒。作レ楽。申ニ*私敬一。行中決罰上。

凡そ宮門の内及び朝堂には、酒を酣にし、楽作し、私の敬申べ、決罰行ふこと得ず。

24　凡京路。分レ*街立レ*鋪。*衛府持レ*時行夜。*々鼓声絶禁レ行。*暁鼓声動聴レ行。若公使。及有ニ婚嫁喪病一。須三相告赴。求ニ訪医薬二者。勘問明知レ有レ実。放過。非ニ此色人一*犯レ夜者。*衛府当日決放。応レ*贖及余犯者。送ニ*所司一。

凡そ京の路は、街を分ちて鋪立てよ。衛府時を持りて行夜せよ。夜の鼓の声絶えなば行くこと禁めよ。暁の鼓の声動かば行くこと聴せ。若し公使及び婚嫁喪病有りて、相ひ告げ赴げ、医薬求め訪ふべからむは、勘問するに、明らかに実有りといふことを知りなば、放し過せ。此の色の人に非ずして夜犯せらば、衛府当日に決放せよ。贖すべからむ、及び余の犯は、所司に送れ。

25 凡諸門出ㇾ物。無ㇾ牓者。一事以上。並不ㇾ得ㇾ出。其牓。中務省付ニ衛府一。門司勘校。有ニ欠乗一者。随ㇾ事推駮。別勅賜物。不ㇾ在ニ此限一。

凡そ諸門物出さむ、牓無くは、一事以上、並に出すこと得じ。其の牓は、中務省、衛府に付けよ。門司勘校するに、欠乗有らば、事に随ひて推駮せよ。別勅に賜ふ物は、此の限に在らず。

26 凡車駕出入。諸従ㇾ駕人。当按次第。如ニ鹵簿図一。去ㇾ御三百歩内。不ㇾ得ㇾ持ニ兵器一。其宿衛人従ㇾ駕者聴之。

凡そ車駕出入せむとき、諸の駕に従へらむ人の、当按せむ次第は、鹵簿の図の如くに。御を去りて三百歩の内に、兵器持つこと得じ。其れ宿衛の人の駕に従ふは聴せ。

27 凡隊仗内有ニ非違一。弾正不ㇾ弁ニ姓名一。聴下至ニ仗頭一。就ニ主司一問上。

凡そ隊仗の内に非違有らむ、弾正、姓名を弁へずは、仗の頭に至りて、主司に就きて問ふこと聴せ。

28 凡宿衛及近侍之人二等以上親。犯ニ死罪一被ニ推劾一者。推断之司。速遣ニ専使一。賚ㇾ牒報ニ宿衛及近侍之人本司本府一。勿ㇾ聴ㇾ入ㇾ内。

凡そ宿衛及び近侍の人の二等以上の親、死罪を犯して、推劾せられたらば、推断の

---

23 〔宮門内条〕宮門内・朝堂における飲酒・音楽・私敬・決罰を禁じる規定。

宮門→補1a。ここは大宝令も宮門とある。**朝堂**—いわゆる八省院。百官が庶政を行なう場所。→補1a。**私敬**—個人的なあいさつ。

24 〔分街条〕京城の夜間の警衛の規定。唐宮衛令および監門式との関係→補24。

分街—街は四通の道。町角ごとにの意。**鋪**—古記に「守道屋也」、令釈に「如ニ今皇城助鋪一也」。助鋪は和名抄に「弁色立成云、助鋪、〈和名古夜、一云比多岐夜〉、如ニ衛士屋一也」とある。**衛府**—大宝令では「四衛府」。京中行夜の担当の変遷→補4b。**持時行夜**—時々巡回する。宮城内の行夜→宮衛4。**夜鼓**→宮衛4。ただし古記に「坊門皆鼓可ㇾ有。未ㇾ行耳」。**暁鼓**→宮衛4。**犯夜**—夜間通行の禁を犯すこと。雑律に「凡犯ㇾ夜者、笞二十」(令釈・唐雑律52官物亡失簿書条)。**当日決放**—夜が明けて後、刑を執行して釈放する。**贖**→名例11。**所司**—刑部省。ただし京に本貫を有する者は京職か。→獄令1。

25 〔諸門出物条〕諸門から物資を搬出する場合の規定。

諸門—宮城門以内(跡記)。**牓**—門牓。→補1b。**一事以上**—武器の場合(宮衛18)とは異なり、ここでは一物を一事とする(集解諸説)。搬入の場合は、武器以外は牓を責めない。**門司**→宮衛18。

26 〔車駕出入条〕行幸時の従駕者の列序等に関する規定。

車駕→宮衛6。**当按次第**—隊列の配置。奈良時代の大規模な行幸には前後次第司が任命された。**鹵簿図**—行幸の隊列を示した図。鹵簿

司、速に専使を遣りて、牒を賫ちて、宿衛及び近侍の人の本司、本府に報して、内に入ること聴すこと勿れ。

↓宮衛13。**御**―天子。**宿衛人**↓補12ａ。

27 〔有非違条〕行幸の隊列中に違反者があった場合の処置に関する規定。

隊仗―警固にあたる衛府の隊列。隊は衛士、仗は兵衛・内舎人の陣か(義解)。↓衛禁17。**弾正**―弾正台の官人。↓職員58。**就主司問**―指揮官に非違を犯した者の姓名をたずねる。「主司」は大宝令では「主師」。↓補12ｂ。

28 〔宿衛近侍条〕宿衛・近侍者の近親に犯罪人が出た場合についての規定。

宿衛及近侍之人―宿衛は兵衛・内舎人、近侍は少納言・侍従、中務判官以上(令釈・義解)。↓補12ａ・宮衛14。**二等以上親**―一等親および二等親。↓儀制25。ただし穴記は、曾祖父母(三等親)・高祖父母(四等親)にもこの規定は適用すべしとする。**推劾**―断罪・行刑以前の罪状審理の段階。↓禄令5。選叙23・雑令30の規定との関係↓補28。**牒**↓公式補14。**内**―宮城門以内か。

軍防令 第十七

凡柒拾陸条

1 凡*軍団大毅*1。領二一千人一。*少毅副領。*校尉二百人。*旅帥一百人。*隊正五十人。

凡そ軍団の大毅は、一千人領せよ。少毅は副うて領せよ。校尉は二百人。旅帥は一百人。隊正は五十人。

2 凡兵士。各為二*隊伍一。*便二弓馬一者。為二騎兵隊一。余為二歩兵隊一。*主帥以上。*当色統領。不レ得二参雑一。

凡そ兵士は、各隊伍為れ。弓馬に便ならむ者をば、騎兵隊と為よ。余をば歩兵隊と為よ。主帥以上は、当色統領せよ。参雑すること得じ。

3 凡兵士簡点之次。皆*令二比近団割一。不レ得二隔越一。其応二点入レ軍者。同戸之内。*毎二三丁一取二一丁一。

凡そ兵士簡び点さむ次は、皆比近をして団割せしめよ。隔越すること得じ。其れ点して軍に入るべくは、同戸の内に、三丁毎に一丁を取れ。

4 凡国司。毎レ年*孟冬。*簡二閲戎具一。

凡そ国司は、年毎に孟冬に、戎具簡閲せよ。

5 凡兵士。*十人為二一火一。々別充二*六駄馬一。養令二肥壮一。*差行日。聴二将充レ駄一。[1] *若有二死失一。仍即立替。

☆**軍防令**—軍団・兵士・衛士・防人・兵衛・舎人・征行・叙勲・城柵・関・烽など兵事に関する諸種の規定。→補☆

1 〔軍団大毅条〕軍団の兵士統率の体制に関する規定。軍防13も軍団大毅条。

軍団→補1。律令兵制の基本となる組織。全国に設置され、通常兵士一千人をもって構成される。→職員79。**大毅・少毅**→職員79。軍団の長官。部内の散位・勲位・庶人から採用。→軍防13。**校尉・旅帥・隊正**→職員79。それぞれ二百長・百長・五十長とも称する。→補1。

2 〔隊伍条〕兵士の隊伍への編成、騎兵・歩兵の別に関する規定。

隊伍—五十人を一隊とし、五人を伍とする（古記・義解）。**便弓馬者為騎兵隊**—結果的には在地の有力者が騎兵となった。→補2。**主帥以上**—校尉・旅帥・隊正。→宮衛14。**当色統領不得参雑**—歩兵・騎兵をそれぞれに統率し、一隊のなかに歩兵・騎兵を相交えてはいけない。

3 〔兵士簡点条〕兵士の徴発、軍団への配属に関する規定。

令比近団割—兵士の本貫の近くの軍団に配属させる。義解に「仮令、軍団在二添上高市両郡一者、以二葛城人一配二高市団一、以二山辺人一配二添上団一之類也」とある。**毎三丁取一丁**→補3。

4 〔簡閲戎具条〕国司の戎具検閲の規定。

孟冬—十月。**簡閲戎具**—百姓の所持する武器や武装の検閲。令釈に「閲、簡也。…此俗所謂気弥（ケミ）也」、古記に「簡閲、謂試也。農隙講二大事一也」、或説に「加二勘当一令レ備二弓箭刀一幷試中練馬弓歩弓上乎」とある。

5　〔兵士為火条〕兵士に駄馬を飼養させる規定。

十人為一火—火は兵士の生活・行動上の単位。一火を同じくする集団の意。万葉巻二〇の防人歌に火長が見え、のちの左右衛門府にも火長があった。**駄馬**—荷を負う馬。乗用馬は牧で飼養する官馬をあてる(廐牧13)。唐六典に「火十人有二六駄馬一」とあるから、唐の折衝府の制も同じであった。**差行**—軍兵の差発および征行(軍防9)。**若有死失仍即立替**—やむをえぬ理由で死亡・損失した場合は官馬、非理の場合は私馬をもって替える。↓廐牧19。

6　〔兵士備糒条〕兵士の具備すべき糒・塩の数量、および食糧・戎具の管理に関する規定。

糒—和名抄に「〈和名保之以比〉、乾飯也」とある。糒六斗は三十日分の携行食糧(続紀、延暦八年六月庚戌条)。**当火供行戎具等**↓軍防7。**当色庫**—糒・塩・戎具それぞれの倉庫。**壊悪不堪**—糒の貯蔵年数は二十年(倉庫7)。**即廻納好者**—あらためて良質のものを兵士に納入せしめる(義解)。**行軍**—軍団兵の動員。

7　〔備戎具条〕兵士の具備すべき戎具の種類・数量に関する規定。唐令との比較↓補7。

火↓軍防5。**幕…鞋**—これらの戎具について↓補7。**上番年**—衛士・防人に赴く時。↓軍防8。**人別戎具**—弓以下鞋以上。**自外不須**—火ごとの戎具、五十人ごとの戎具は携行しなくてもよい。

凡そ兵士は、十人を一火と為。火別に六の駄馬充てよ。養ひて肥え壮んならしめよ。差し行らむ日には、将て駄に充つること聴せ。若し死失有らば、仍りて即ち立て替へよ。

6　凡兵士。人別備二糒六斗。塩二升一。幷当火供レ行戎具等。並貯二当色庫一。若貯経レ年久。壊悪不レ堪。即廻納二好者一。起二十一月一日一。十二月卅日以前納畢。毎レ番於二上番人内一。取二一人一守掌。不レ得二雑使一。行軍之日。計レ火出給。

凡そ兵士は、人別に糒六斗、塩二升備へよ。幷せて当火の行に供せむ戎具等、並に当色の庫に貯め。若し貯めて年を経たること久しくして、壊れ悪しくして堪ふまじくは、即ち廻らして好き者を納れよ。十一月一日より起りて、十二月卅日以前に納れ畢へよ。番毎に上番の人の内に、一人を取りて守掌せしめよ。雑使すること得じ。行軍の日には、火を計へて出し給へ。

7　凡兵士。毎レ火。紺布幕一口。着レ裏。銅盆。小釜。随レ得二口。鍬一具。剉碓一具。斧一具。小斧一具。鑿一具。鎌二張。鉗一具。毎二五十人一。火鑽一具。熟艾一斤。手鋸一具。毎レ人。弓一張。弓弦袋一口。副弦二条。征箭五十隻。胡簶一具。大刀一口。刀子一枚。礪石一枚。藺帽一枚。飯袋一口。水甬一口。塩甬一口。脛巾一具。鞋一両。皆令二自備一。不レ可二闕少一。行軍之日。自尽将去。若上番年。唯将二人別戎具一。自外不レ須。

凡そ兵士は、火毎に、紺の布の幕一口、裏着けて。銅の盆、小しきなる釜、得むに随ひて二口。鍬一具、剉碓一具、斧一具、小斧一具、鑿一具、鎌二張、鉗一具。五十人毎に、火鑽一具、熟艾一斤、手鋸一具。人毎に、弓一張、弓弦袋一口、副弦二条、征箭五十隻、胡籙一具、大刀一口、刀子一枚、礪石一枚、藺帽一枚、飯袋一口、水甬一口、塩甬一口、脛巾一具、鞋一両。皆自ら備へしめよ。闕き少うすべからず。行軍の日には、自ら尽くに将ち去け。若し上番の年ならば、唯し人別の戎具将て。自外はすべからず。

8 凡兵士上番者。向レ京一年。向レ防三年。不レ計二行程一。

凡そ兵士の上番せむは、京に向はむは一年、防に向はむは三年。行程計へず。

9 凡弩手赴二教習一。及征行。不レ須レ科二其弓箭一。

凡そ弩手教習に赴かむ、及び征行せむ、其の弓箭科すべからず。

10 凡軍団。毎二一隊一。定二強壮者二人一。分充二弩手一。均分入レ番。

凡そ軍団は、一隊毎に、強く壮んならむ者二人を定めて、分ちて弩手に充てよ。均分して番に入れよ。

11 凡衛士者。中分。一日上一日下。謂。無二事故一日者。毎二下日一。即令下於二当府一教二習弓馬一。用レ刀弄レ槍。及発レ弩抛上石。至二午時一各放還。仍本府試練。知二其進不一。即非二別勅一者。不レ得二雑使一。

凡そ衛士は、中分して、一日は上へ、一日は下れ。謂はく、事の故無き日をいふ。下日毎に、即ち当府にして弓馬教へ習はし、刀用ゐ、槍弄り、及び弩発ち、石抛せし

8 〔兵士上番条〕 衛士・防人の上番の年限に関する規定。

向京一年―向京兵士は衛士(↓補12a)。養老六年二月に、三年一替の制が定められている(続紀・三代格)。**向防三年**―向防兵士は防人(↓補12b)。**不計行程**―現地までの往復日数は年限のうちに数えない。唐招提寺本古本令私記の乙云に「不レ計二往来之道程一」とある。行程↓公式88。

9 〔赴教習条〕 弩手の弓箭具備免除に関する規定。

弩手―弩は機械仕掛けの大弓。和名抄に「於保由美」と訓む。弩手はそれを扱かう兵士。↓補10。**征行**―天子の命を奉じて行なわれる征討。↓軍防14。**其弓箭**―本来兵士として具備すべき弓箭。↓軍防7。

10 〔軍団条〕 軍団における弩手の選抜・配置に関する規定。

一隊―五十人で編成。↓軍防2。**弩手**↓補10。

11 〔衛士上下条〕 衛士の勤務・教練に関する規定。

衛士↓補12a。**槍**―義解に「木両頭鋭者。即戈之属也」。名義抄に「弄槍ホコトリ」。**抛石**―抛石機を操作する。↓補11。**知其進不**―技術が向上しているかどうかを確かめる。**非別勅者不得雑使**―現実には衛士は宮廷の諸種の役務に使役されることが多かった。↓補12a。

12 〔兵士向京条〕 衛士・防人の名義についての規定。衛士防人条ともいう。

衛士↓補12a。**火**↓軍防5。**白丁**↓戸令4。**火頭**―炊事にあたる役夫。正倉院文書に実例が多い。丁匠にも火頭がつく。↓賦役26。**防人**―和訓はサキモリ。↓補12b。

めよ。午の時に至りなば、各放し還せ。仍りて本府試練して、其の進不を知れ。即ち別勅に非ずは、雑使すること得じ。

12 凡兵士向レ京者。名二*衛士一。*火別取二*白丁五人一。充二*火頭一。守レ辺者。名二*防人一。

凡そ兵士の京に向ふをば、衛士と名づく。火別に白丁五人取りて火頭に充てよ。辺守るをば、防人と名づく。

13 凡*軍団大毅小毅。通取二部内*散位。*勲位。及*庶人武藝可レ称者一充。其*校尉以下。取下庶人便二於弓馬一者上為レ之。*主帳者。取下工二於書算一者上為レ之。

凡そ軍団の大毅小毅には、通ひて部内の散位、勲位、及び庶人の武藝称すべき者を取りて充てよ。其れ校尉以下には、庶人の弓馬に便ならむ者を取りて為よ。主帳には、書算に工ならむ者を取りて為よ。

14 凡*兵士以上。皆造二歴名簿二通一。並顕二*征防*遠使処所一。仍注二*貧富上中下三等一。一通留レ国。一通毎レ年附二*朝集使一。送二兵部一。若有二*差行一。及*上番。国司拠レ簿。*以レ次差遣。其衛士防人還レ郷之日。並*免二国内上番一。衛士一年。防人三年。

凡そ兵士以上は、皆歴名の簿二通造れ。並に征防遠使の処所顕せ。仍りて貧富の上中下三等注せよ。一通は国に留めよ。一通は年毎に朝集使に附けて、兵部に送れ。若し差し行ること有らむ、及び上番せむとき、国司簿に拠り、次を以て差し遣れ。其れ衛士防人郷に還らむ日には、並に国内の上番免せ。衛士は一年、防人は三年。

15 凡*兵*衛使還者。*経二三番以上一。免二一番一。若欲レ上者聴。

13 〔軍団大毅条〕軍団職員の任用に関する規定。軍防1も軍団大毅条という。**軍団大毅小毅**→職員79・軍防1。軍団大少毅任用の実際→補13。**散位**→選叙11。義解に「内外六位以下也」とある。**勲位**→補33。**庶人**―官位勲位なき者。→継嗣2。**校尉以下**―校尉・旅帥・隊正。→職員79・軍防1。**主帳**―軍団の書記官。→職員79。職員令には一人とあるが、義解には「兵満二千人一者、主帳二人。以外者一人」とある。兵部式も同じ。

14 〔兵士以上条〕兵士の歴名簿の作製、および帰郷後の衛士・防人の国内上番免除に関する規定。**兵士以上**―校尉・旅帥・隊正・主帳を含む(義解)。**征防**―義解に「征者、奉レ辞伐レ罪也。防者、防人也」とある。**遠使**―義解に「使二外蕃一。其雖レ使二化内一、遠処者亦同也」、古記に「依二能射一遣二大唐渤海一之類」とある。**貧富上中下三等**―義解に「富為二上等一、次為二中等一、貧為二下等一也」とある。**附朝集使送兵部**―天平六年の出雲国計会帳に、朝集使が進上した文書として「兵士簿目録一巻、兵士歴名簿四巻、点替簿四巻」等が見える。朝集使→考課補61。**差行**→軍防5。**上番**―衛士・防人に赴くことか。→軍防8。**以次差遣**―富強・多丁の戸を先にし、貧弱・少丁の戸を後にするの意か。→賦役23。**免国内上番**―軍団への勤務を衛士・防人としての勤務年限だけ免除する。校尉以下も含む(義解)。また征行からの帰還者もこれに准じる(義解)。衛士・防人の課役免除の規定→賦役19。

15 〔兵衛使還条〕兵衛が使から還った場合の上番免除に関する規定。

凡そ兵衛、使より還れらば、三番以上経たらば、一番免せ。若し上へむこと欲はば聴せ。

16 凡差二兵士一。充二衛士防人一者。父子兄弟。不レ得二併遣一。若祖父母々々老疾合レ侍。家無二兼丁一。不レ在二衛士及防人限一。

凡そ兵士を差して、衛士防人に充てば、父子兄弟、併せて遣ること得じ。若し祖父母父母老疾にして侍すべからむ、家に兼丁無くは、衛士及び防人の限に在らず。

17 凡差二兵卅人以上一者。須二契勅一。始合二差発一。

凡そ兵卅人以上差さば、契勅を須つて、始て差し発すべし。

18 凡大将出レ征。皆授二節刀一。辞訖。不レ得三反宿二於家一。其家在レ京者。毎レ月一遣二内舎人一存問。若有二疾病一者。給二医薬一。凱旋之日。奏遣レ使郊労。

凡そ大将征に出でば、皆節刀授へ。辞訖りて、反りて家に宿すること得じ。其れ家京に在らば、月毎に一たび内舎人を遣りて存問せよ。若し疾病有らば、医薬給へ。凱旋の日には、奏して使を遣りて郊労せよ。

19 凡有レ所二征討一。計二行人一。満二三千以上一。兵馬発日。侍従充レ使。宣勅慰労発遣。其防人満二一千以上一。発日遣二内舎人一発遣。

凡そ征討する所有らむ、行人を計ふるに、三千以上に満ちなば、兵馬の発たむ日に、侍従を使に充てて、宣勅慰労して発て遣れ。其れ防人一千以上に満ちなば、発たむ日に内舎人を遣はして発て遣れ。

兵衛→軍防38。**使**—義解に「差二遣遠使及征討并防人部領等一之類也」とある。続紀、天平宝字七年十月乙亥条に渤海に派遣された兵衛のことが見える。**経三番以上**—宮衛3古記に「兵衛者毎月二番上」とあり、一番は十五日か。

16 〔充衛防条〕兵士を衛士・防人にあてる場合の基準についての規定。

老疾合侍—八十歳以上及び篤疾には子孫近親等を侍にあてる。→戸令11。**兼丁**—本人以外の正丁・中男。→賦役23。

17 〔差兵条〕兵士差発の手続きに関する規定。

兵卅人以上—唐令では十人以上。→補17。**契勅**—義解には「有レ関国須レ契、余国皆待二勅符一」とある。契→公式43。

18 〔節刀条〕大将の出征及び凱旋時に関する規定。唐令との比較→補18a。

大将—天子の命をうけて行なわれる征討の軍の総将。のちの中衛府・近衛府等の衛府の長官としての大将とは別。**征**—征行。→軍防9・14。**節刀**—天子から征討などの使に賜わる刀。→補18a。**辞訖不得反宿於家**—一般の勅使の場合にも同様の規定がある。→公式79。**其家在京者**—唐招提寺本古本令私記の甲云に「在外者亦斟酌存問」とある。**内舎人**→職員3・軍防46。**存問**—訪ねて安否を問う。**若有疾病者**—大将の父母妻子等が病にかかった場合(義解)。**凱旋**—凱は戦勝を祝う音楽。戦いに勝ち、凱歌を唱えて帰ること。**郊労**→補18b。

19 〔有所征討条〕征討軍および防人出発時の勅使差遣に関する規定。

行人—一般には関・駅を通過する旅行者をさすが、ここは征討使に従軍する者。→考課49。

20 凡衛士向レ京。防人至レ津之間。皆令二国司親自部領一。衛士至レ京之日。兵部先検二閲戎具一。分二配三府一。若有二闕少一者。随レ事推罪。自レ津発日。専使部領。付二大宰府一。其往還。在レ路不レ得丁前後零畳。使丙侵二犯百姓一。及損二害田苗一。斫乙伐桑漆[1]之類甲。若有レ違者。国郡録レ状申レ官。統領之人。依レ法科レ罪。軍行亦准レ此。

凡そ衛士の京に向ひ、防人の津に至らむ間には、皆国司をして親ら自ら部領せしめよ。衛士の京に至らむ日には、兵部先づ戎具を検閲して、三府に分配せよ。若し闕き少しきになせること有らば、事に随ひて推罪せよ。津より発たむ日には、専使部領して、大宰府に付けよ。其れ往還するときに、路に在りて、前後に零畳して、百姓を侵犯し、及び田苗を損害し、桑漆の類斫り伐らしむること得じ。若し違へること有らば、国郡状を録して官に申せ。統領の人は、法に依りて罪科せよ。軍行も亦此に准へよ。

21 凡将帥出レ征。有二宿嫌一者。不レ得二配隷一。

凡そ将帥征に出でむ、宿の嫌有らば、配隷すること得じ。

22 凡軍営門。恒須二厳整一。呵二叱出入一。若有二勅使一。皆先通二軍将一。整二備軍容一。然後受レ勅。

凡そ軍営の門は、恒に厳しく整へて、出入を呵叱すべし。若し勅使有らば、皆先づ軍将に通はして、軍容を整へ備へて、然うして後に勅受れ。

23 凡衛士。雖二下日一。皆不レ得二輙卅里外私行一。必有二事故一。須下経二本府一。判聴乃去上。其上番年。雖レ有二重服一。不レ在二下限一。下番日。令レ終レ服。

兵馬—一般には軍用馬をさすが、ここは兵員も含む。↓職員25。**発日**—大将が京を出発する日。唐招提寺本古本令私記に「将立往之日也」とある。**侍従**↓職員3。**防人**↓補12b。**発日**—難波を出発する日か。**内舎人**↓職員3・軍防46。

20 〔衛士向京条〕衛士・防人の行路における統率監督についての規定。

衛士↓補12a。**津**—船着場。↓補20a。**令国司親自部領**↓補20b。**兵部**—兵部省。**戎具**—衛士の携行すべき人別の戎具。↓軍防7。**三府**—衛門・左右衛士府。**随事推罪**—部領使の罪を問う。**専使部領**—義解には「兵部先検二閲戎具及其身一、而専使発遣。即前人者、便載二廻船一也」とある。↓補20b。**零畳**—落伍し滞留する。**官**—太政官。**統領之人依法科罪**—路次の国郡からの申請により、衛士・防人の統率者に律にてらして罪を科する。**軍行**—征討軍が戦地に達するまでの行路。

21 〔有宿嫌条〕征討にあたり宿嫌ある者を将帥の部下に任じるのを禁じる規定。

将帥↓軍防24。ここは副将軍以上(義解)。**征**—征行。↓軍防9 14。**有宿嫌者**—兼ねて怨恨を抱いている者。義解に「恐二其矯レ公而報レ怨。所以立二此条制一也」とある。

22 〔軍営門条〕軍営の門の警備に関する規定。

軍営—軍隊の駐屯している場所。穴記に「武将軍府及上道向レ賊道間是」とある。**呵叱**—大声で責めただす。唐招提寺本古本令私記には「譏呵」。**軍容**—軍隊の威儀。

23 〔衛士下日条〕衛士が勤務地を離れることについての規定。

凡そ衛士は、下日と雖も、皆輙く卅里の外に私に行くこと得じ。必し事の故有らば、本府に経れて、判つて聴さむとき、乃し去るべし。其れ上番の年は、重服有りと雖も、下る限に在らず。下番の日に、服終へしめよ。

24　凡将帥出レ征。兵満*二万人以上一。将軍一人。副将軍二人。軍監二人。軍曹四人。録*事四人。五千人以上。減二副将軍々監各一人。録事二人一。三千人[1]以上。減二軍曹二人一。各為二一軍一。毎レ惣二三*軍一。大将軍一人。

凡そ将帥征に出でむ、兵一万人以上に満ちなば、将軍一人、副将軍二人、軍監二人、軍曹四人、録事四人。五千人以上ならば、副将軍軍監各一人、録事二人減せよ。三千人以上ならば、軍曹二人減せよ。各一軍と為よ。三軍惣べむ毎に、大将軍一人。

25　凡大*将出レ征*。臨レ軍対レ寇。大*毅以下。不レ従二軍*令一。及有三稽*二違闕乏軍事一。死罪以下。並*聴二大将斟酌専決一。還日具レ状申二太政官一。若未レ臨二寇賊一。不レ用二此令一。

凡そ大将征に出でむ、軍に臨み寇に対ふて、大毅以下、軍令に従はず、及び軍事に稽り違ひ、闕き乏しくすること有らば、死罪以下は、並に大将斟酌して専決すること聴せ。還らむ日に、状を具にして太政官に申せ。若し寇賊に臨まずは、此の令用ゐず。

26　凡軍将征討。須二交代一者。旧将不レ得二出迎一。当二厳レ兵守備一。所レ代者到。発二詔

衛士→補12a。**下日**—非番の日。衛士は毎日交互に上番勤務する。→軍防11。**卅里外**—京の勤務地からの距離。**本府**—その衛士の所属する衛府。**上番年**—衛士として京に勤務している年。→軍防8。**重服**—父母の喪(義解)。→喪葬17。**不在下限**—帰郷を許さない。**下番日令終服**—勤務を終えて帰郷後喪に服さしめる。義解に「是欲レ免二朞年之徭役一、非レ言三更行二居レ喪之礼一」とあり、防人もこれに准じるとするが、日本霊異記、中ノ三には、母を殺し、その服喪に遭って役を免れ帰郷しようとした防人の話がみえる。

24 〔将帥出征条〕征討使の編成に関する規定。

満一万人以上—一万二千人以下(義解)。軍隊の戦時編成の実例→補24a。**録事**→補24b。**三軍**—義解に「一万人以上、及五千人以上、并三千人以上、各為二一軍一。故云二三軍一」とある。

25 〔大将出征条〕軍令に違反し軍務を怠った場合大将がとる措置についての規定。

大将→軍防18。**征**—征行。→軍防9 14。**大毅**→軍防1。軍団の長官。**軍令**—作戦についての指令。大将以外の諸将軍は出せない(義解)。和銅二年二月、陸奥鎮東将軍・征越後蝦夷将軍に節刀および軍令を授けたと続紀に見える。**稽違闕乏軍事**—擅興律7逸文に「凡乏二軍興一者斬、…不レ憂二軍事一者杖一百」、同8逸文に「凡征人稽留者、一日杖一百、二日加二一等一、二十日絞。即臨二軍征討一而稽レ期者、流三千里、三日斬。若用捨従レ権、不レ拘二此律一」とある。**聴大将斟酌専決**—大将が事情を勘案して一々勅裁をへずに決罰する。延暦七年十二月、征東大将軍紀古佐美の辞見にあたっての

書一。勘*ニ合符一。乃以従レ事。

凡そ軍将征討せむ、交代すべくは、旧の将出でて迎ふること得じ。当に兵を厳しくして守り備ふべし。代らむ所の者到らば、詔書を発いて、合符を勘へて、乃ち以て事に従へ。

27 凡征*行者。皆不レ得下将*ニ婦女一自随上。

凡そ征行せむときは、皆婦女を将て、自ら随ふること得じ。

28 凡征*行。大*将以下。有レ遭ニ父母喪一者。皆待*ニ征還一。然後告発。

凡そ征行せむ、大将以下、父母の喪に遭へること有らば、皆征き還らむを待ちて、然うして後に告発せよ。

29 凡士*卒病患。及在レ陣被レ傷。皆遣レ医療。軍*監以下。親*自臨視。

凡そ士卒病患せむ、及び陣に在りて傷られたらば、皆医を遣りて療せ。軍監以下は親自ら臨み視よ。

30 凡大*将出レ征。克*捷以後。諸軍未レ散之前。即須三対レ衆詳*定ニ勲功一。并録下軍*行以来。有レ所ニ克捷一。及諸費*用。軍人。兵*馬。甲*仗。見在損失上。大将以下連署。軍還之日。軍監以下録*事以上。各赴*ニ本司一勾勘。訖然後放還。

凡そ大将征に出でむ、克ち捷ちての以後、諸の軍散せざる前に、即ち衆に対ふて詳に勲功を定むべし。幷せて軍行より以来に、克ち捷てる所有らむ、及び諸の費用、軍人、兵馬、甲仗の見在、損失を録して、大将以下連署せよ。軍還らむ日に、

勅書に「宜下副将軍有レ犯ニ死罪一、禁レ身奏上、軍監以下依レ法斬決上」とある(続紀)。

26 〔軍将征条〕軍将交代の際の手続きに関する規定。

勘合符―交代する本人かどうかを確認するため、随身符を照合するの意か。→公式45。

27 〔征行者条〕征行に婦女を従わせるのを禁じた規定。

征行→軍防9。**将婦女自随**―家女・婢も不可(義解)。防人の場合、母が筑紫まで随行した話が日本霊異記、中ノ三に見える。

28 〔征行条〕征行時の喪についての規定。

征行→軍防9。**大将以下**―すべての士卒を含む(義解)。**待征還然後告発**―大将軍が節刀を奉還し、戦士以上が軍用の官物を本司に返納したのち、喪を告げ、哀を発させる(義解)。その他の公使の場合→仮寧12。告喪→仮寧10。発喪→喪葬8注。

29 〔士卒病患条〕傷病兵の医療に関する規定。

士卒―戦士の総称。**医**―医師。天平四年の節度使に道別医師一人が置かれ(続紀)、弘仁三年四月制定の鎮守府官員にも医師一人があった(三代格)。**軍監以下**→軍防24。**親自臨視**―治療に立ち合う。

30 〔定勲功条〕大将が将兵の戦功、兵員資材の損失等を記録することについての規定。

大将→軍防18。**征**→軍防9 14。**克捷**―勝利。**定勲功**―勲簿を作製する。→軍防31 32。**軍行**→軍防20。**費用**―軍用物資。**兵馬**―軍用馬。**甲仗**―甲冑と武器。**見在損失**―現存の数量と損失した数量。**録事**→軍防24。**赴本司勾勘**―

義解に「赴二兵庫馬寮等司一、以二初受物一対勘返納也」とある。

31 〔申勲簿条〕勲簿の作製に関する規定。↓軍防32。**申勲簿**—叙勲の資料とされる簿。**陣別勲状**—各方面軍ごとの戦果。義解は下文の「官軍賊衆多少…戦時日月、戦処」をみな記載するものとする。**勲人**—戦功を立て叙勲されようとする人。**左右廂**—軍陣内の左方・右方の別。古事記、崇神段に「其廂人」、同応神段に「彼廂此廂」の用例がある。**相捉**—義解に「捉持也。猶二率領一也」とある。指揮官。**器仗**—武器。弓箭・弩などの別。**当団**—勲人の所属する軍団。**主帥**—軍団の隊正。**本属**—勲人の本貫の国・郡。↓戸令12。**官軍賊衆多少**—義解に「唯顕二彼此衆寡状一、非レ謂三必挙二其定数一也」、古記に「以二声響一知二衆多少一也」とある。**軍資**—義解に「粮食牛馬之属」とある。**器械**—義解に「弓箭介冑之属」とある。**戦図**—戦闘のもようを示した地図。合戦の絵図とみる意見もある。**副将軍以上**↓軍防24。**簿**—勲簿。

32 〔叙勲条〕勲簿における勲功の順位についての規定。

行軍↓軍防6。義解に「行軍之所録事以上也」、同紅本の書入に「将軍謂二之行軍一。唐令摠管謂二之行軍一」とある。**簿**—勲簿。**隊**—五十人。↓軍防12。**以先鋒者為第一**—先鋒・次鋒同等の勲功である場合には、先鋒の者を第一、次鋒を第二とする。**不得第一等勲多於第二**—第一等ではないまでも第二等よりもすぐれた勲功のある場合。**勲色雖同而優劣少異者**—同等者のなかでさらに勲功に若干の優劣がある場合。**以次歴名**—勲功のある順に名を

軍監以下録事以上、各本司に赴いて勾勘せよ。訖りなば然うして後に放し還せ。

31 凡*申レ勲簿。皆具録二*陣別勲状。*勲人官位姓名。*左右廂*相捉姓名。人別所レ執*器仗。*当団。*主帥。*本属。*官軍賊衆多少。彼此傷殺之数。及獲賊。*軍資。*器械一。弁二戦時日月戦処一。幷畫二陣別*戦図一。仍於二図上一。具注二*副将軍以上姓名一。附レ*簿申二送太政官一。勲賞高下。臨時聴レ勅。

凡そ勲申さむ簿には、皆具に陣別の勲状、勲人の官位姓名、左右廂に相捉の姓名、人別に執れる所の器仗、当団、主帥、本属、官軍賊衆の多少、彼此が傷り殺せる数、及び獲たる賊、軍資、器械を録し、戦ひし時の日月、戦の処を弁しくして、幷せて陣別の戦の図畫け。仍りて図の上に、具に副将軍以上の姓名を注して、簿に附けて太政官に申し送れ。勲賞の高下は、臨時に勅聴け。

32 凡*行軍。叙レ勲定レ*簿。毎レ*隊*以二先鋒者一為二第一一。其次為二第二一。*不レ得二第一等一。勲多二於第二一。即*勲色雖レ同。而優劣少異者。皆*以レ次歴名。*若不レ合二全叙一。則従レ後減退。

凡そ行軍、勲叙せむ、簿定めむことは、隊毎に先鋒の者を以て第一と為よ。其の次をば第二と為よ。第一等得ざるが、勲第二より多からむ、即ち勲色同じと雖も、優劣少し異ならば、皆次を以て歴名せよ。若し全く叙すべからずは、後よりして減し退けよ。

33 凡叙レ*勲。応レ加レ*転者。皆*於二勲位上一加。若無二勲位一。*一転授二十二等一。毎二一転一

加二一等一。*六等以上。両転加二一等一。二等以上。三転加二一等一。其五位以上。*加二尽勲位一外。仍有二余勲一者。*聴レ授二父子一。如父子身亡。*毎二一転一賜二田両町一。其六位以下及*勲位。加二至一等一外。有二余勲一者。聴二*廻授一。不レ在二賜レ田之限一。

凡そ勲叙せむに、転加ふべくは、皆勲位の上に加へよ。若し勲位無くは、一転に十二等授へ。一転毎に一等加へよ。六等以上には、両転に一等加へよ。二等以上には、三転に一等加へよ。其れ五位以上、勲位加へ尽しての外に、仍し余の勲有らむは、父子に授ふこと聴せ。如し父子身亡しなば、一転毎に田両町賜へ。其れ六位以下及び勲位、一等加へ至しての外に、余の勲有らば、廻らして授ふこと聴せ。田賜ふ限に在らず。

34 凡*勲人得レ勲。後身亡者。其勲*依レ例加授。*若戸絶無二人承一レ貫者停。

凡そ勲人勲得む、後に身亡しなば、其の勲は例に依りて加へ授へ。若し戸絶えて、人の貫承くること無くは、停めよ。

35 凡勲位犯二*除名一。*限満応レ叙者。一等於二九等一叙。二等於二十等一叙。三等於二十一等一叙。四等以下於二十二等一叙。其*官当及免官免所居官。*計レ降卑二於此法一者。聴二従レ高叙一。

凡そ勲位、除名犯して、限満ちて叙すべくは、一等は九等に叙せよ。二等は十等に叙せよ。三等は十一等に叙せよ。四等以下は十二等に叙せよ。其れ官当及び免官、免所居官、降を計ふるに此の法に卑くは、高きに従へて叙すること聴せ。

記す。**若不合全叙則従後減退**—叙勲者の数が勅によって限定された場合、後位の人から順次数を減らす(義解)。

33 〔応加転条〕叙勲にあたっての加転の方法についての規定。

勲—勲位。一等から十二等に及ぶ。→官位6。日本令における勲位→補33。**転**—勲功を計り叙勲をする上での単位。→補33。**於勲位上加**—現に帯している勲位の上に加算する。**一転授十二等**—一転にあたる軍功があれば勲十二等に叙する。**六等以上両転加一等**—勲六等(官位では従五位に相当)以上の場合には、二転に相当する軍功で一等を加える。**加尽勲位外仍有余勲者**—勲一等まで昇ってもなお余りの転がある場合。**聴授父子**—義解に「若父子共在者、理合レ授レ父。其有二両転一者、須三分授二父子一也」とある。**毎一転賜田両町**—義解は「此名為二賜田一。不レ為二功田一也」とし、父子ともに勲六等、余りの勲がただ一転で五等を加授できないような場合にも田両町を賜うものとする。賜田→田令12。**勲位**—勲位のみで官位を帯しない者。**廻授**—父子に授ける(義解)。

34 〔得勲条〕勲人が叙勲以前に死亡した場合の規定。

勲人得勲—軍功あり叙勲の資格をえた者。**依例加授**—生存者の場合と同じく前条の規定により加授する。**戸絶無人承貫者**—義解に「不レ問二親疎一、絶而無レ人。其雖レ非二当戸一、別戸有二応レ蔭者一、即亦合レ授」とある。

35 〔犯除名条〕有勲位者が犯罪により降叙される場合の規定。選叙37と同じく、養老令で付加された条文。

除名→名例18。**限満応叙者**―六載の後叙するを聴す。→名例21。**官当及免官免所居官**→名例17 19 20。降叙の時期および等級→名例21。**計降卑於此法者聴従高叙**―勲十二等の者が免官の罪を犯すと二等降叙されることになるが、その場合にも除名の場合に准じ勲十二等に叙せられる(義解)。

36 〔簡点次条〕 人をみだりに兵士とし、軍役に従わせることを禁じた規定。

簡点次―兵士を点定するとき。→軍防3。義解に「計帳之時也」とある。**詐冒入軍**―替え玉。→補36。**被認入賤**―義解に「賤詐レ良入レ軍。乃被ニ認問一、還入ニ本色一。其雑戸陵戸品部之類亦同也」とあるが、没官等で良民が賤民に入る場合も含むか。**有蔭合出軍者**―五位以上の子孫及び内八位の嫡子(義解)。内舎人・大舎人・東宮舎人・兵衛・使部等にあてられる。→軍防46 47。蔭→選叙38。**皆申兵部聴出軍**―簡点の次を待たない(義解)。**年満六十免軍役**―以下は簡点の次を待って行なう(義解)。

37 〔兵衛考満条〕 考満ちた兵衛の処遇に関する規定。

兵衛→補38。**考満**―叙位の年に達すること。兵衛は八考。→考課52・選叙14。**兵部**―兵部省。**具為等級**―義解に「為ニ三等之品級一也」とある。**官**―太政官。**量才処分**―義解に「量ニ其才能一、任ニ文武官一」とある。**年六十以上皆免兵衛**―考校の日に放免する(義解)。**任郡司**―主帳以上(義解)。延喜式では毎年左右兵衛各一人を郡領または主政・主帳に任ずることを認めている(式部上)。**本府**―左右兵衛府。

36 凡非レ因ニ簡*点次一者。不レ得ニ輒取レ人入レ軍。及放レ人出レ軍。其詐*冒入レ軍。被*レ認入レ賤。及有*レ蔭合レ出レ軍者。勘当有レ実。皆申*ニ兵部一。聴レ出レ軍。在レ軍者。年*満ニ六十一。免ニ軍役一。雖レ未レ満ニ六十一。身弱長病。不レ堪ニ軍役一者。亦聴ニ簡出一。

凡そ簡(えら)び点(さ)す次(ついで)に因(よ)れるに非ずは、輒く人を取りて軍に入れ、及び人を放(ゆる)し軍より出(いだ)すこと得ず。其れ詐(いつは)り冒(なたがへ)して軍に入り、認(と)められて賤(せん)に入らむ、及び蔭(おむ)有りて軍より出(い)づべからむ者(ひと)、勘当(かむだう)するに実(じち)有らば、皆兵部に申して、軍より出すこと聴せ。軍に在る者(ひと)、年六十に満ちなば、軍役(ぐんやく)免(ゆる)せ。六十に満たずと雖(いふと)も、身弱く長き病(やまひ)して、軍役に堪へずは、亦簡び出すこと聴せ。

37 凡兵*衛。毎レ至ニ考*満一。兵*部校練。随ニ文武所能一。具*為ニ等級一申レ官*。堪レ理ニ時務一者。量*レ才処分。其年*六十以上。皆免ニ兵衛一。即雖レ未レ満ニ六十一。若有下尩弱長病。不レ堪ニ宿衛一。及任*中郡司上者。本*府録レ状。并身送ニ兵部一。検覆知レ実。奏聞放出。

凡そ兵衛は、考満(かうまん)に至らむ毎に、兵部校練(けうれん)せよ。文武(もんむ)所能(しよのう)に随ひて、具(つぶさ)に等級(とうきふつく)為りて官に申せ。時の務(まつりごと)を埋(をさ)むるに堪(た)へたらば、才(さい)を量(はか)りて処分せよ。其れ年六十以上ならば、皆兵衛免(ゆる)せ。即ち六十に満たずと雖(いふと)も、若し尩(あつ)しく弱く、長き病して、宿衛に堪へず、及び郡司に任すること有らば、本府状を録して、并せて身(み)さへに兵部に送れ。検覆(けむぶく)するに実(じち)を知りなば、奏聞して放(ゆる)し出せ。

38 凡兵*衛者。国司簡下郡司*子弟。強幹便ニ於弓馬一者上。郡別一人貢之。若貢ニ采*女一郡者。不レ在下貢二兵衛一之例上。三二分一国一。*二分兵衛。一分采女。

凡そ兵衛は、国司、郡司の子弟の、強く幹くして、弓馬に便ならむ者を簡びて、郡別に一人貢せよ。若し采女貢せむ郡は、兵衛貢する例に在らず。一国を三分にして、二分は兵衛、一分は采女。

39 凡*軍団。各置二鼓二面。*大角二口。*少角四口一。*通用二兵士一。分番教習。*倉庫損壊須二修理一者。*十月以後。聴レ役二兵士一。

凡そ軍団には、各鼓二面、大角二口、少角四口置け。通ひて兵士を用ゐよ。分番して教習せよ。倉庫損壊して修理すべくは、十月の以後、兵士を役すること聴せ。

40 凡*行軍兵士以上。若有二身病及死一者。行軍具録二随身資財一。*付二本郷人一将還。*其屍者。当処焼埋。但*副将軍以上。*将還二本土一。

凡そ行軍の兵士以上、若し身病し、及び死ぬること有らば、行軍具に随身の資財を録して、本郷の人に付けて将て還せ。其れ屍は、当処に焼き埋めよ。但し副将軍以上は、将て本土に還せ。

41 凡出二給*器仗等一。付領之日。明作二*文抄一。*行還事畢。拠レ簿勘納。如有二非理損失一。*申レ官推徴。

凡そ器仗等出し給はば、付け領けむ日に、明らかに文抄作れ。行還事畢りなば、簿に拠りて勘納せよ。如し非理にして損失すること有らば、官に申して推徴せよ。

42 凡従レ軍*甲仗。経レ戦失落者。免レ徴。其損壊者。官為二修理一。不レ経レ戦損失者。

38 〔兵衛条〕兵衛・采女の貢上に関する規定。

兵衛—その制度および沿革→補38。**郡司子弟**—少領以上の子孫弟姪(義解)。**采女**→後宮18。**二分兵衛一分采女**—等分できない時は兵衛のほうを多く貢させる(義解)。

39 〔軍団置鼓条〕軍団における鼓吹の配置・教習、倉庫の修理に関する規定。

軍団→補1。**大角・少角**—軍事用の吹奏楽器。和名抄に楊氏漢語抄をひき、波良乃布江・久太能布江とよむ。**通用兵士**—鼓・角の双方を取扱かわせる。**倉庫**—軍団の倉庫。義解に「貯二糒塩一者曰レ倉也。蔵二兵器一者曰レ庫也」。→軍防6・倉庫補1。**十月以後聴役兵士**—雇役丁の場合は二月三十日まで。→賦役22。

40 〔行軍兵士条〕行軍中将兵が発病・死亡した場合の規定。防人の場合→軍防61。

行軍→軍防6 32。**付本郷人将還**—重病で送還不能の場合は丁匠に准じて路次の国郡に付し療養させる(義解)。→賦役31。**其屍者当処焼埋**—家人の迎接をえられる場合は丁匠に准じ付領する(義解)。丁匠の場合の遺骸の処置→賦役32。**副将軍以上**→軍防24。**将還本土**—本郷の人に付さず、専使を派遣する(義解)。

41 〔出給器仗条〕器仗の出納手続に関する規定。

器仗—武器。義解に「器者、軍器也。仗者、儀仗也」とある。→宮衛19。**文抄**—文書。一般の官物の場合の記載事項→公式67。**行還事畢**—行事が終了したのち。蒐行・軍行、威儀に供する場合等すべて(義解)。**申官推徴**—推徴の法は下条(軍防42)に准じる(義解)。

三分徴レ二。不*レ因レ従レ軍而損失者。皆准ニ損失処当時估価及料造*式一徴備。官為ニ修理一。即被ニ水火焚漂一。非ニ人力所レ制者。勘レ実免レ徴。其国郡器仗。毎*レ年録レ帳。附ニ朝*集使一。申ニ兵部一。勘校訖。二月卅日以前録進*。

凡そ軍に従へる甲仗、戦に経て失落せらば、徴ること免せ。其れ損壊せらば、官、修理すること為よ。戦に経ずして損失せらば、三分にして二徴れ。軍に従ふに因らずして損失せらば、皆損失せる処の当時の估価及び料造式に准へて、徴り備へよ。官、修理すること為よ。即ち水火に焚き漂され、人力の制する所に非ずは、実を勘へて徴ること免せ。其の国郡の器仗は、年毎に帳を録して、朝集使に附けて、兵部に申せ。勘校し訖りなば、二月卅日以前に録して進れ。

43 凡軍器在レ庫。皆造ニ棚*閣一安置。色別異レ所。以レ時曝*涼。

凡そ軍器庫に在らば、皆棚閣造りて安置せよ。色別に所異にせよ。時を以て曝し涼せ。

44 凡私家。不レ得レ有ニ鼓*鉦。弩*。牟*。矟*。具*装。大*角。少*角。及軍*幡一。唯楽*鼓不レ在ニ禁限一。

凡そ私家には、鼓鉦、弩、牟、矟、具装、大角、少角、及び軍幡有ること得じ。唯し楽鼓は禁むる限に在らず。

45 凡在レ庫器仗。有レ不レ任者。当処長官。験レ実具レ状申レ官。随レ状処分除毀。其鑽*。刃*。袍*。幡。弦*麻之類。即充下当処修ニ理軍器一用上。在京庫者。送*ニ兵部一。任

42 〔従軍甲仗条〕損失した兵器の処置、および国郡の器仗の登録についての規定。
甲仗―甲は鎧、仗は甲以外の兵器(古記)。**不因従軍而損失者**―義解に「駕行及讌会、威儀等之時也」とある。**料造式**―兵庫式に見えるような、各種の武器についてその製作に要する人員、資材の種類・数量等を規定した法規か。**毎年録帳**―天平六年出雲国計会帳に、朝集使進上の公文として官器仗帳・伯姓器仗帳各一巻が見える。**朝集使**→考課補61。**録進**―兵部省が記録して進奏する。

43 〔軍器在庫条〕庫内の軍器の整頓・曝涼に関する規定。
棚閣―棚も閣もたな。古記に「二字各多奈也」とある。**曝涼**→考課29。寛平七年七月廿六日の太政官符で、庫内軍器の整頓、曝涼の励行があらためて命じられている。

44 〔私家鼓鉦条〕鼓鉦等を私家に置くことを禁じた規定。書紀、天武十四年十一月条に「詔ニ四方国一曰。大角小角鼓吹幡旗及弩抛之類、不レ応レ存ニ私家一。咸収ニ于郡家一」とあるのはこの規定の淵源をなす。
鼓鉦―義解に「鼓者、皮鼓也。鉦者、金鼓也。所ニ以静レ喧也」とある。**弩**→軍防9。**牟・矟**―牟は二丈、矟は一丈二尺の矛(義解)。矟は馬上で使用する。**具装**―馬の武装。義解に「馬甲也」とある。**大角・少角**→軍防39。**軍幡**―義解に「幡者、旌旗惣名也。将軍所レ載曰ニ纛幡一。隊長所レ載曰ニ隊幡一。兵士所レ載曰ニ軍幡一也」とある。**楽鼓**―楽器として用いる鼓。

45 〔在庫器仗条〕使用不能となった在庫器仗の処分に関する規定。器仗の修理につ

充二公用一。若弃掌不如法。致レ有二損壊一者。随*レ状推徴。

凡そ庫に在る器仗、任ふまじきこと有らば、当処の長官、実を験へて、状を具にして、官に申せ。状に随ひて処分、除毀せよ。其れ鑽、刃、袍、幡、弦麻の類は、即ち当処に軍器修理せむ用に充てよ。在京の庫は、兵部に送りて、任に公用に充てよ。若し弃め掌ること不如法にして、損壊有るに致せらば、状に随ひて推徴せよ。

46 凡*五位以上子孫。年廿一以上。見*無二役任一者。毎レ年京国官司。勘検知レ実。限二十二月一日一。幷身送二式部一。申二太政官一。検二簡性識聡敏。儀容可レ取。充二内*舎人一。三*位以上子。不レ在二簡限一。以外式部随レ状充二大*舎人及東*宮舎人一。

凡そ五位以上の子孫、年廿一以上にして、見に役任無くは、年毎に京国の官司、勘検して実を知れ。十二月一日を限りて、幷せて身さへに式部に送りて、太政官に申して、性識聡敏にして、儀容取りつべきを検へ簡びて、内舎人に充てよ。三位以上の子は、簡ぶ限に在らず。以外は、式部、状に随ひて大舎人及び東宮の舎人に充てよ。

47 凡内*六位以下。八位以上嫡子。年廿一以上。見無二役任一者。毎レ年京国官司。勘検知レ実。責レ状簡試。分為二三等一。儀*容端正。工二於書算一。為二上等一。身*材強幹。便二於弓馬一。為二中等一。身材劣弱。不レ識二文算一。為二下等一。十二月卅日以前。上等下等。送二式部一簡試。上*等為二大舎人一。下等為二使*部一。中等送二兵部一。試練為二兵*衛一。如*不レ足者。通取二庶子一。

凡そ内六位以下、八位以上の嫡子、年廿一以上にして、見に役任無くは、年毎に京

いては営繕8に規定がある。**鑽**―説文に「所二以穿一也」とある。矛先。令釈・義解に「戟稍之属」とある。**刃**―令釈・義解に「刀剣之属」とある。**袍**―甲の下に着用する一種の綿入れ。綿袍・布袍がある(古記)。**弦麻**―ゆづるに用いる麻、からむし。令釈・義解に「葉苧之属」とある。**送兵部任充公用**―義解に「亦充下修二理軍器一之用上。即申二兵部一、然後受用也」とある。**随状推徴**―軍防42の規定に准じるか。

46〔五位子孫条〕蔭子孫の内舎人・大舎人・東宮舎人への任用に関する規定。

五位以上子孫―いわゆる蔭子孫。↓選叙34 38。蔭子孫と位子↓補46 a。**見無役任者**―十七歳から官途にはつきうるので、そのような者は除く。↓選叙34。**内舎人**―中務省に九十人が所属(職員3)。以下の舎人・使部等の任用基準とその推移↓補46 b。**三位以上子不在簡限**―三位以上の子は選考なしで内舎人に任用する。**大舎人**―左右大舎人寮に各八百人が所属。↓職員5。位子からも任用される。↓軍防47。**東宮舎人**―春宮坊舎人監に六百人が所属。↓東宮4。中宮舎人(職員4)もこれに准じる(義解)。

47〔内六位条〕位子の大舎人・使部・兵衛への任用に関する規定。

内六位以下八位以上嫡子―いわゆる位子。↓補46 a。**儀容端正**―義解は以下の儀容端正・工於書算、身材強幹・便於弓馬、身材劣弱・不識文算は、それぞれ二事あいまたずとする。**身材強幹便於弓馬**―軍防38の兵衛の任用資格と同じ。**上等為大舎人**↓補46 b。**使部**―文武内官諸司に総数四百四人。↓補46 b。**兵衛**―

国の官司、勘検して実を知れ。状を責ふて簡び試みよ。分ちて三等に為れ。儀容端正にして、書算に工ならば、上等と為よ。身材強幹にして、弓馬に便ならば、中等と為よ。身材劣く弱くして、文算識らずは、下等と為よ。十二月卅日以前に、上等下等をば式部に送りて、簡び試みよ。上等をば大舎人と為よ。下等をば使部と為よ。中等をば兵部に送りて、試練して兵衛と為よ。如し足らずは、通ひて庶子を取れ。

48 凡帳内。取二六位以下子及庶人一為之。其資人不レ得レ取二内八位以上子一。唯充二職分一者聴。並不レ得レ取二三関及大宰部内。陸奥。石城。石背。越中。越後国人一。

凡そ帳内には、六位以下の子及び庶人を取りて為よ。其れ資人には、内八位以上の子を取ること得じ。唯し職分に充てむは聴せ。並に三関及び大宰の部内、陸奥、石城、石背、越中、越後の国の人を取ること得じ。

49 凡給二帳内一。一品一百六十人。二品一百卌人。三品一百廿人。四品一百人。資人。一位一百人。二位八十人。三位六十人。正四位卌人。従四位卅五人。正五位廿五人。従五位廿人。女減半。減数不等。従レ多給。其太政大臣三百人。左右大臣二百人。大納言一百人。

凡そ帳内給はむことは、一品に一百六十人。二品に一百卌人。三品に一百廿人。四品に一百人。資人は、一位に一百人。二位に八十人。三位に六十人。正四位に卌人。従四位に卅五人。正五位に廿五人。従五位に廿人。女は減半せよ。減する数不等ならば、多きに従へて給へ。其れ太政大臣に三百人。左右大臣に二百人。大納言に一

左右兵衛府に各四百人が所属。別に郡司子弟からも任用される。→職員62・軍防38。**如不足者通取庶子**―義解はこの規定は兵衛に限るとする。和銅元年四月、庶子を位子に貢用することを禁止した(続紀)。

48 〔帳内条〕帳内・資人の任用に関する規定。

帳内―親王・内親王に与えられる従者。帳内・資人の制とその推移→補48 a。**六位以下子**―内六位以下。嫡庶を論じない(義解)。**資人**―五位以上の有位者および大臣・大納言の職にある者に与えられる従者。前者を位分資人、後者を職分資人という。**不得取内八位以上子**→補48 a。**三関**―鈴鹿・不破・愛発の各関のある伊勢・美濃・越前の三国。以下の諸国から帳内・資人を取ることを禁じたのは軍事的に重要なため。諸国の内容には変動がある。→補48 b。**大宰部内**―大宰府管内の西海道諸国・諸島。→戸令14。**石城・石背**―陸奥国の南部を割いて養老二年五月設置、同五年頃再び陸奥国に併す。→戸令14。

49 〔給帳内条〕帳内・位分資人・職分資人の支給対象・員数に関する規定。

女減半―天平宝字四年十二月、尚侍・尚蔵には全給とした(続紀)。**減数不等従多給**―正五位の資人二十五人を減半した場合十三人とするような例。**太政大臣三百人**―以下は職分資人。慶雲二年四月、中納言三人を置き、資人を三十人と定めた(続紀)。致仕・薨卒の場合の帳内・資人の処置→補48 a。

百人。

50 凡帳内資人。*癃疾応レ免レ仕者。皆申二式部一。勘験知レ実。*聴レ替。

凡そ帳内資人、癃疾して仕ふること免すべくは、皆式部に申せ。勘験するに実知りなば、替ふること聴せ。

51 凡大宰及国司。並給二*事力一。*帥廿人。大弐十四人。少弐十人。大監。少監。大判事六人。大工。少判事。大典。防人正。主神。博士五人。少典。陰陽師。医師。少工。算師。主船。主厨。防人佑四人。諸令史三人。史生二人。*大国守八人。上国守。大国介七人。中国守。上国介六人。下国守。大上国掾五人。中国掾。大上国目四人。中下国目三人。史生如レ前。一年一替。皆取二*上等戸内丁[1]一。並*不レ得レ収レ庸。

凡そ大宰及び国司には、並に事力給へ。帥に廿人。大弐に十四人。少弐に十人。大監、少監、大判事に六人。大工、少判事、大典、防人の正、主神、博士に五人。少典、陰陽師、医師、少工、算師、主船、主厨、防人の佑に四人。諸の令史に三人。史生に二人。大国の守に八人。上国の守、大国の介に七人。中国の守、上国の介に六人。下国の守、大上国の掾に五人。中国の掾、大上国の目に四人。中下国の目に三人。史生は前の如く。一年に一たび替へよ。皆上等の戸の内の丁を取れ。並に庸収ること得じ。

52 凡辺*城門。*晩開早閉。若有二事故一。須二夜開一者。*設備乃開。*若城主有二公事一。

---

50 〔癃疾条〕癃疾の帳内・資人の出仕を免じ、替人を許すことについての規定。

癃疾—説文に「癃、罷病也」とある。癈疾以上の者(捕亡7義解)。ここはそれに限らず、執事にたえざる者をさす(義解)。**聴替**—六年未満の者は本貫に帰し、満ちた者は省に留める(義解)。→選叙17。

51 〔給事力条〕事力支給の対象・員数に関する規定。

事力—職分田(公廨田。→田令31)の耕作にあてるため外官に賜わる正丁。→補51。以下の事力の数は職分田の面積に対応している。**帥**—以下は大宰府の官人。→職員69。**大国守**—以下は諸国の官人。→職員70〜73。**上等戸**—義解に「中以上戸也」とあるのは九等戸中の上中戸以上の意か。→賦役6。**不得収庸**—賦役19には課役を免ずとある。

52 〔辺城門条〕辺城門の開閉、管鑰の取扱いに関する規定。

辺城門—辺境に設けられた城の門。**晩開早閉**—日が出てから開き、日没前に閉じる(義解)。**設備乃開**—警備の体制をしいた上で開ける。

須ニ出レ城検行一者。不レ得ニ倶出一。其*管鎰。城主自掌。執レ鑰*開閉者。簡ニ謹慎家*口重大者ニ充之。

凡そ辺城門は、晩う開きて早く閉てよ。若し事の故有りて、夜開くべくは、設け備へて乃し開け。若し城主公事有り、城を出でて検行すべくは、倶に出づること得じ。其れ管鎰は、城主自ら掌れ。鑰を執りて開き閉てむ者は、謹み慎みて家口重大ならむ者を簡むで充てよ。

53 凡城*隍崩頽者。役ニ兵士一修理。若*兵士少者。聴レ役ニ随近人夫一。逐ニ閑*月一修理。其崩頽過多。交闕ニ守固一者。随*即修理。役訖具録申ニ太政官一。所レ役人夫。皆不レ得レ過ニ十日一。

凡そ城隍崩れ頽ちたらば、兵士を役して修理せよ。若し兵士少なくは、随近の人夫を役すること聴せ。閑の月に逐へて修理せよ。其れ崩れ頽ちたること過ぎ多くして、交に守固闕けらば、随ひて即ち修理せよ。役し訖りなば、具に録して太政官に申せ。役せむ所の人夫は、皆十日に過すこと得じ。

54 凡置*レ関応ニ守固一者。並置配ニ兵士一。分番上下。其三*関者。設ニ*鼓吹軍器一。国司*分当守固。所レ配兵士之数。依ニ別式一。

凡そ関置きて守固すべくは、並に置きて兵士を配し、分番して上下せよ。其れ三関には、鼓吹、軍器設け、国司分当して守固せよ。配せむ所の兵士の数は、別式に依れ。

城主—三関国の城を掌る国司(義解)。鈴鹿関には西内城・西中城門の称が見える(続紀)。→軍防54。**管鎰・鑰**→宮衛16。**家口重大者**—義解に「眷属累多者也」とある。

53 〔城隍条〕城隍の修理に関する規定。

城隍—隍は堀。義解に「城下坑(あな)也」とある。**若兵士少者聴役随近人夫**—大宝令では「若兵士少及無者、聴レ役ニ人夫一」とあった(賦役37古記)。**閑月**→賦役23。**随即修理**—閑月をまたずに修理する。

54 〔置関条〕関の守固に関する規定。

置関応守固者—境界上に臨時に設置する関も含む(義解)。**三関**—大宝令では「三国関」(考課49古記)。伊勢の鈴鹿、美濃の不破、越前の愛発の各関をさす。延暦八年七月廃止。**設鼓吹軍器**—鈴鹿関に大鼓が設けられていたことが、続紀、宝亀十一年六月条、同天応元年三月条に見える。**国司分当守固**—国司は目以上。いわゆる関司。→考課49。天平三年越前国正税帳に、掾坂合部宿禰(葛木麻呂)に「監関」と注し、続紀、天平神護二年十一月条村国嶋主の伝に、嶋主が天平宝字八年美濃少掾で固関の任に当ったとある。なお天皇の崩御、反乱等の事変には中央から固関使が遣わされた。

55 〔防人向防条〕防人の向防に家人・奴婢・牛馬を伴うのを認める規定。以下63まで防人に関するもの。

防人→補12b。**家人奴婢及牛馬**—義解に「若欲レ将ニ妻妾一者亦須レ聴。為レ非ニ征人一故也」とある。→軍防27。家人・奴婢→戸令35 40。

56 〔齎私粮条〕向防時の粮食についての規定。

55　凡防*人向レ防。若有ニ家*人奴婢及牛馬。欲ニ将行一者。聴。[1]

凡そ防人防に向はむ、若し家人、奴婢及び牛馬、将て行かむと欲ふこと有らば、聴せ。

56　凡防人向レ防。各賷ニ私粮一。自レ津*発日。随給ニ公粮一。

凡そ防人防に向はむ、各私の粮賷て。津より発たむ日には、随ひて公粮給へ。

57　凡防人上*道以後。在レ路破*除者。不レ須ニ差替一。

凡そ防人上道して以後、路に在りて破除あらば、差し替ふべからず。

58　凡防人将レ発。犯レ*罪在レ禁。及対ニ*公私事一非レ*至レ徒者。随*即量決発遣。罪*至ニ徒以上一差替。

凡そ防人発たむとせむとき、罪を犯して禁に在らむ、及び公私の事に対ひて徒に至るに非ずは、随ひて即ち量りて決して発て遣れ。罪、徒以上に至らば、差し替へよ。

59　凡防人欲レ至。所*在官司。預*為ニ部分一。防人至後一日。即共ニ旧人一。分*付交替使レ訖。守当之処。毎*レ季更代使ニ苦楽均平一。

凡そ防人至らむとせば、所在の官司、預て部分為れ。防人至りて後の一日に、即ち旧の人と共に、分付交替して訖らしめよ。守当の処は、季毎に更る代る苦楽均平にあらしめよ。

60　凡旧防人替訖。即給ニ*程粮一発遣。新人雖下有ニ欠少一。不レ充ニ元数一。不*レ得下輙以ニ旧人一留帖上。

凡そ旧の防人替へ訖りなば、即ち程粮給ひて発て遣れ。新人欠少なること有りて、

津→軍防20。

57　〔上道条〕防人が行路にあって死亡・逃走した場合の規定。**上道**―本国を出発する。**破除**―義解に「身死及逃走者也」とある。→考課54。

58　〔将発条〕罪を犯している防人の出発時の処置についての規定。**犯罪在禁**―本国出発時に未決で身柄を拘束されている者。義解に「其在レ路犯ニ徒以上罪一者、付ニ当処一令ニ徒役一也」とある。**対公私事**―公私の訴訟にかかわっている者。義解に「或為ニ人証一、或訴ニ自事一之類也」とある。**非至徒者**―犯罪在禁と対公私事の双方にかかる。**随即量決**―義解に「不ニ必依レ律也」とある。**罪至徒以上差替**―贖罪(名例11)が認められる場合は差替えず、贖物には家人を徴する(義解)。

59　〔欲至条〕防人の部署への配置に関する規定。**所在官司**―防人司。→職員69。**預為部分**―前もって配置の計画を立てる。**分付**―武器等を配備する。→倉庫11。**毎季更代**―防人に耕作させる土地(軍防62)も季ごとに替えさせる(義解)。

60　〔旧防人条〕勤務を終えた防人を帰国させることについての規定。**給程粮発遣**―天平十年の駿河・周防・筑後各国の正税帳に、帰国する防人に粮食を給したことが見える。**不得輙以旧人留帖**―帖は欠少を補なう意。義解に「添助之義也」とある。現実には筑紫に留住する東国防人の多かったことが、続紀、天平神護二年四月条などから推測される。

元の数に充たずと雖も、輙く旧の人を以て留め帖ふること得じ。

61　凡防人。向レ防及番還。在レ道有二身患一。不レ堪レ渉レ路者。即付二側近国郡一。給二粮并医薬一救療。*待二差堪レ行。然後発遣。仍*移二本貫及前所一。其身死者。*随レ便給レ棺焼埋。若有二資財一者。*申二送兵部一。令三将還二本家一。

凡そ防人、防に向ひ、及び番より還るに、道に在りて身患して、路渉くに堪へざること有らば、即ち側近の国郡に付けて、粮并せて医薬給ひて救ひ療せ。差えて行くに堪へむを待ちて、然うして後に発て遣れ。仍りて本貫及び前所に移せよ。其れ身死なば、便に随ひて棺給ひて焼き埋めよ。若し資財有らば、兵部に申し送りて、将て本家に還さしめよ。

62　凡防人。在レ防守固之外。各量二防人多少一。於二当処側近一。給二*空閑地一。遂[1]二水陸[2]一所レ宜。斟酌*営種。并*雑菜。以供二防人食一。*所レ須牛力官給。*所レ収苗子。毎レ年録レ数。附二*朝集使一。申二太政官一。

凡そ防人、防に在りて守固するが外に、各防人の多少を量りて、当処の側近に、空閑の地給へ。水陸の宜しき所に遂ひて、斟酌して営種せよ。并せて雑の菜さへに、以て防人の食に供せよ。須ゐむ所の牛の力は官給へ。収らむ所の苗子は、年毎に数を録して、朝集使に附けて、太政官に申せ。

63　凡防人在レ防。十日放二一日休假一。病者皆給二医薬一。遣二*火内一人一。専令二*将養一。

凡そ防人防に在らば、十日に一日の休假放せ。病せらば皆医薬給へ。火内の一人を

61　〔防人番還条〕防人が行路・還路で発病・死亡した時の処置に関する規定。
待差堪行然後発遣—義解に「若病状沈篤、終不レ須レ向レ防者、随レ便退却也」とある。差は病気がなおること。丁匠の場合→賦役31。**移本貫及前所**—番還の場合は本貫、向防の場合は大宰に移する（義解）。移→公式12。**随便給棺焼埋**—義解に「摂津以西而死亡者、随レ便焼埋。其山城以東者、告二本属一令二来取一。若不レ来者、然後焼」とある。丁匠の場合→賦役32。征人の場合→軍防40。**申送兵部令将還本家**—義解に「此亦為二摂津以西死者一立レ制。其山城以東者、便附送二本属一。唯録二死状一申二送兵部一也」とある。

62　〔在防条〕防人に勤務地で農耕を行わせることについての規定。
空閑地・営種→田令29。**雑菜**—和名抄に菜蔬を「久佐非良」と訓む。諸種の蔬菜を栽培する意。**所須牛力官給**—牛を耕作に使用することは官田の場合にもみられる。→田令36。**所収苗子**—収穫。**朝集使**→考課補61。

63　〔休假条〕防人の休假と療病についての規定。
火内一人—十人を一火とする。→軍防5。**将養**—やしなう意。詩経、大雅、桑柔の箋に「将、養也」とある。

64　〔蕃使出入条〕外蕃の使の出入などの防援に兵士をあてることの規定。
防援—古記に「謂、守役人也。一云、防謂守也、援謂助也。看二囚徒之侶一、与レ食与レ飲。故加二援字一也」とある。在役中の徒流囚の防援→獄令20。大辟罪囚の行刑時の防援→獄令6。**逓送**→戸令16。囚徒逓送時に軍団大少毅

が部領すること↓獄令14。

65　〔東辺条〕縁辺諸郡人居条ともいう。辺境諸郡の人居・農作、城堡修理に関する規定。

東辺北辺西辺—東辺・北辺は東海・東山・北陸道の蝦夷と接する地域、西辺は西海道の隼人に接する地域。**城堡**—義解に「堡者、高レ土以為レ堡。墇ニ防賊ー也」とある。**庄舎**—耕作時の宿泊、農具の保管等のため営田の現地におかれる舎屋。**堪営作者**—義解に「強壮者出就ニ田舎ー、老少者留在ニ堡内ー也」とある。**庄田**—庄舎および田。**収斂訖勒還**—収穫が済んだら城堡に連れもどす。**役当処居戸**—義解に「此非ニ守固之城ー。故役ニ居戸ー修理。上条城隍崩頽者、此守固之城。故役ニ兵士ー修理。彼此不レ同。仍立ニ両条ー也」とある。義解紅本裏書の或云には「役ニ堡内人ー。不レ限ニ日数ー。故六十日以上無レ妨」とある。↓軍防53。

66　〔置烽条〕烽の配置に関する規定。以下終条まで烽に関する規定。

烽—和名抄に烽燧を「度布比」と訓む。烟火を放って敵襲を急報するための施設。↓補66。**相去卅里**—唐では三十里(唐六典)。

67　〔烽昼夜条〕烽の任務に関する規定。

一刻—三十分。**一炬**—一束の火炬。↓軍防72。**前烽不応者即差脚力**—烟火をあげても前方の烽が烟火を発しない場合、徒歩の連絡員を派遣する。唐兵部烽式には「後烽放訖、前烽不レ応、煙尽ニ一時ー、火尽ニ一炬ー、即差ニ脚力ー」とある。往告しなかった場合の罰則↓衛禁33。**問知失候所由**—唐兵部烽式には「人走問探、知ニ失レ候或被ニ賊掩捉ー、其脚力問者、即亦須ニ防慮ー。且至ニ烽側ー遙聴、如無ニ消

遣りて、専ら将養せしめよ。

64　凡蕃使出入。伝ニ送囚徒及軍物ー。須ニ人*1防援ー。皆量差ニ所在兵士ー*逓送。

凡そ蕃の使出入せむ、囚徒及び軍物を伝送せむに、人を防援に須ゐば、皆量りて所在の兵士を差して逓送せよ。

65　凡縁ニ*東辺北辺西辺ー諸郡人居。皆於ニ*城堡内ー安置。其営田之所。唯置ニ*庄舎ー。至ニ農時ー。*堪ニ営作ー者。出就ニ*庄田ー。*収斂訖勒還。其城堡崩頽者。*役ニ当処居戸ー。随レ閑修理。

凡そ東辺、北辺、西辺に縁れる諸の郡の人居は、皆城堡の内に安置せよ。其れ営田の所には、唯し庄舎置け。農の時に至りて、営作に堪へたらば、出でて庄田に就けよ。収斂し訖りなば、勒して還せ。其れ城堡崩れ頽ちたらば、当処の居戸を役せよ。閑に随ひて修理せよ。

66　凡置レ*烽。皆*相去卅里。若有ニ山岡隔絶ー。須ニ遂レ便安置ー者。但使レ得ニ相照見ー。不ニ必要限ニ卅里ー。

凡そ烽置くことは、皆相ひ去らむこと卅里。若し山岡隔り絶えて、便に遂ひて安置すべきこと有らば、但し相ひ照し見ること得しめよ。必ず要ずしも卅里を限らず。

67　凡烽。昼夜分レ時候望。若須レ放レ烽者。昼放レ烟。夜放レ火。其烟尽ニ*一刻ー。火尽ニ*一炬ー。*前烽不レ応者。即差ニ脚力ー。往告ニ前烽ー。*問ニ知失レ候所由ー。速申ニ*所在官司ー。

息一、喚二烽帥姓名一、若無二人応接一、先径過向二前烽一、依レ式放レ火。仍録下被二捉候一之状上、告二州県一勘当」とある。**所在官司**—義解に「前烽所レ隷之国司也」とある。烽候は大宰帥・国守の管掌。→職員69 70。

68 〔有賊入境条〕 賊の侵入により烽を放つ際の規定。

並依別式—唐兵部烽式では、蕃賊と他の寇賊、騎兵と歩兵との別、及びその人数等によって一〜四炬の烽を放つことを細かく規定する。日本では兵部式に「凡大宰所部国放レ烽者、明知二使船一、不レ問二客主一、挙二烽一炬一。若知レ賊者放二両炬一。二百艘已上放二三炬一」の規定がある。

69 〔烽長条〕 烽長の人数・職務・資格・交替等についての規定。

長二人—烽長。課役が免除される。→賦役19。唐制では帥一人・副一人。**検校三烽以下**—義解は一国二烽の場合烽長四人を置くとするが疑問。**不得越境**—二国以上にわたる烽を検校してはならない。**家口重大堪検校者**—唐兵部烽式には「謹信有二家口一者」とある。→軍防52。**散位勲位**—義解に「外六位、勲七等以下也」とある。散位→選叙11。勲位→補33。**三年一替**—唐制では二年一替。**令教新人通解然後相代**—唐兵部烽式には「代日須下教二新人一通解、始得中代去上」とある。**烽子**→軍防70。

70 〔配烽子条〕 烽子の人数・採用・配置等に関する規定。

烽子四人—徭役が免除される。→賦役19。唐制では六人。**次丁**→戸令8。やはり四人をとる（義解）。**均分配番**—義解に「以二二人一為二一番一也」とある。

凡そ烽は、昼夜時を分ちて候ひ望め。若し烽放つべくは、昼は烟を放ち、夜は火を放つ。其れ烟一刻尽し、火一炬尽すまでに、前烽応へずは、即ち脚力を差して、往りて前烽に告げよ。候失へる所由を問ひ知りて、速かに所在の官司に申せ。

68 凡有レ賊入レ境。応二須放レ烽者。其賊衆多少。烽数節級。*並依二別式一。

凡そ賊有りて境に入らむ、烽放つべくは、其れ賊衆の多少、烽の数の節級は、並に別式に依れ。

69 凡烽置二*長二人一。*検二校三烽以下一。*唯不レ得レ越レ境。国司簡下所部人*家口重大。堪二検校一者上充。若無者。通用二*散位勲位一。分番上下。*三年一替。交替之日。*令下教二新人一通解上。然後相代。其烽須二修理一。皆役二*烽子一。自レ非二公事一。不レ得二輙離レ所レ守。

凡そ烽には長二人置け。三烽以下を検校せよ。唯し境越ゆること得ざらむ。国司、所部の人の家口重大にして、検校に堪へたらむ者を簡びて充てよ。若し無くは、通ひて散位、勲位を用ゐよ。分番して上下せよ。三年に一たび替へよ。交替の日に、新人を教へて通ひて解らしめよ。然うして後に相ひ代れ。其の烽修理すべくは、皆烽子を役せよ。公事に非ずよりは、輙く守る所を離るること得じ。

70 凡烽。各配二*烽子四人一。若無レ丁処。通取二*次丁一。以レ近及レ遠。*均分配レ番。以レ次上下。

凡そ烽には、各烽子四人配てよ。若し丁無からむ処は、通ひて次丁を取れ。近きを以て遠きに及べ。均分して番に配てよ。次を以て上下せよ。

71 凡置レ烽之処火*炬。各*相去廿五歩。如*有ニ山嶮地狭一。不レ可レ得レ充ニ廿五歩一之処。
但得ニ応照分明一。不レ須三要限ニ相去遠近一。

凡そ烽置かむ処の火炬は、各相ひ去らむこと廿五歩。如し山嶮しく、地狭きこと有りて、廿五歩に充つること得べからざらむ処は、但し応へ照さむに分明なることを得しめよ。要ずしも相ひ去れる遠近限るべからず。

72 凡火炬。乾*葦作レ心。葦上用ニ乾草一節縛。々処周廻。挿ニ肥松*一明一。並*所レ須貯十具以上。於ニ舎下一作レ架積着。不レ得ニ雨湿一。

凡そ火炬は、乾たる葦を心に作れ。葦の上に乾たる草を用ゐて節縛へ。縛へらむ処の周廻には、肥えたる松明を挿め。並に須ゐむ所の貯十具以上、舎の下に架作りて積み着け。雨に湿すこと得じ。

73 凡放*レ烟貯備者。須下収ニ艾*一。*藁。*生柴等一。相和放上烟。其*三貯ニ藁柴等一処。勿レ令ニ浪人放レ火及野火延焼一。

凡そ烟放たむに貯け備へむ者は、艾、藁、生しき柴等を収り、相ひ和てて烟放つべし。其れ藁柴等貯けむ処には、浪りに人をして火を放ち、及び野の火延び焼かしむること勿れ。

74 凡応*レ火筒。若向レ東。応筒口西開。若向レ西。応筒口東開。南北准レ此。

凡そ火に応ふる筒、若し東に向へらば、応へし筒口西開け。若し西に向へらば、応

71 〔置烽処条〕烽の火炬の間隔についての規定。
火炬―烽を発する時の発火材。烽の火台の上に橛（ほく 鉄製の籠）を置き、その上に火炬を置いて点火する。火炬の長さは八尺、周囲は二尺、橛上にかかる部分は五尺（唐兵部烽式）。火炬の製法→軍防72。**各相去廿五歩**―一歩は大尺の五尺。→雑令24。廿五歩は約四五メートル。唐制でもこの間隔は同じ。**如有山嶮地狭**―以下は武経総要に引く唐兵部烽式の規定とほぼ同じ。

72 〔火炬条〕火炬の製法と保存に関する規定。
乾葦作心―以下の火炬の製法の規定も唐兵部烽式とほぼ一致。**松明**―たいまつ。義解に「是松之有レ脂者也」、和名抄に「今之続松乎」とある。**並所須貯十具以上**―以下は唐兵部式の規定とほぼ同文。

73 〔放烟貯備条〕放烟の材料とその保管に関する規定。
放烟貯備者―唐兵部烽式には「在レ烽貯備之物、要柴藁木材、毎歳秋前、別採ニ艾藁茎葉葦条草節一、皆要相雑為ニ放煙之薪一」とある。**艾**―よもぎ。**藁**―義解に「草惣名也」とある。**生柴**―なまき。**其貯藁柴等処**―以下は放烟の材料を焼失させないための措置。

74 〔応火筒条〕火筒の方向に関する規定。
応火筒若向東応筒口西開―東に向かって通報する場合、これに応ずる烽の筒口は西に開く。以下の規定は唐兵部烽式にほぼ同じ。

への筒口東開け。南北も此に准へよ。

75 凡*白日放レ烟。夜放レ火。先須レ看ニ筒裏一。至実不レ錯。然後相応。若白日天陰霧起。望レ烟不レ見。即馳ニ*脚力一。逓告ニ前烽一。霧開之処。*依レ式放レ烟。其置レ烽之所。*遶ニ烽二里一。不レ得ニ浪放ニ烟火一。

凡そ白日烟を放ち、夜火を放たば、先づ筒の裏を看るべし。至りて実に錯らずして、然うして後に相ひ応へよ。若し白日天陰り、霧起つて、烟を望むに見えずは、即ち脚力を馳せて、逓ひに前烽に告せよ。霧開けむ処は、式に依りて烟放て。其れ烽置けらむ所は、烽の二里に遶りて、浪りに烟火放つこと得じ。

76 凡*放レ烽。有ニ参差一者。元放之処。失レ候之状。速告ニ所在国司一。勘当知レ実。*発レ駅奏聞。

凡そ烽放たむに、参差なること有らば、元放たむ処、候失へる状を、速かに所在の国司に告せよ。勘当するに実知りなば、駅を発てて奏聞せよ。

75 〔白日放烟条〕烟火を放つにあたっての措置についての規定。
白日放烟―以下「霧開之処、依式放烟」までは唐兵部烽式とほぼ同文。**脚力**―徒歩の連絡員。→軍防67。**依式放烟**→軍防68。**遶烽二里不得浪放烟火**―違犯した場合の罰則を衛禁33に定める。

76 〔放烽条〕規定に違って烽を放った場合の事後の措置に関する規定。
放烽有参差者―義解に「応レ放ニ多烽一而放ニ少烽一、及誤因ニ人火野焼一遂乃放レ烽之類也」とある。この場合の罰則→衛禁33。**発駅奏聞**→公式50。

令 巻第七[1]

儀制令 第十八　　凡弐拾陸条

1 天子。祭祀所ㇾ称。天皇。詔書所ㇾ称。皇帝。華夷所ㇾ称。陛下。上表所ㇾ称。太上天皇。譲位帝所ㇾ称。乗輿。服御所ㇾ称。車駕。行幸所ㇾ称。

天子。祭祀に称する所。天皇。詔書に称する所。皇帝。華夷に称する所。陛下。上表に称する所。太上天皇。譲位の帝に称する所。乗輿。服御に称する所。車駕。行幸に称する所。

2 凡赴二車駕所一。曰ㇾ詣二行在所一。

凡そ車駕の所に赴かむをば、行在所に詣づと曰へ。

3 凡皇后皇太子以下。率土之内。於二天皇太上天皇一上表。同称二臣妾名一。対揚称ㇾ名。皇后皇太子。於二太皇太后皇太后一。率土之内。於二三后皇太子一上啓。称二

☆**儀制令**—儀戈・版位・蓋等朝儀に関する各種の規定および祥瑞・等親等各種の雑多な法制をふくむ一篇。↓補☆

1 〔天子条〕天子・天皇・皇帝・陛下・太上天皇・乗輿・車駕など天皇の尊称の各種に関する規定。

天子—以下車駕に至るまで文字に記す場合に用いる所。↓補1a。口頭で唱えるときは須売弥麻乃美己等（スメミマノミコト）とか須明楽美御徳（スメラミコト）という。**祭祀所称**—神祇に告ぐるとき称して天子という。**天皇**↓補1b。**詔書**↓公式1。**皇帝**↓補1c。**華夷**—華夏（諸夏）と夷狄。皇帝とは、華夷に称する御号である。**陛下**↓補1d。**太上天皇**↓補1e。**乗輿**—天子の乗物。天子の代名詞。キミと訓む。↓補1f。**服御**—天子の用いる物をさす。天子の代名詞。**車駕**—天子の乗物。天子の代名詞。キョガと発音する。↓補1g。

2 〔赴車駕所条〕天皇の行幸した所に赴くを「行在所に詣る」という規定。

車駕所—天皇の行幸した出先の所。**行在所**—俗にアンザイショというが、奈良時代に「行」をアンとよむことなし。漢音でカウといったか。↓補2。

3 〔皇后条〕上表・上啓の場合の称呼に関する規定。

皇太子以下—百官以上。皇太子は次代の天皇たるべき皇位継承者。**率土之内**—庶人（義解）。率土を古記に大八洲とする。詩経、小雅に「率土之浜、莫ㇾ非二王臣一」。**対揚**—対面して称揚すること。そのときは、臣や妾の語を省く。**皇后皇太子…**—皇后・皇太子が太皇太后・皇太后に対して、また庶人が三后・皇太子に

殿下一。自称皆臣妾。[六] 対揚称レ名。

凡そ皇后・皇太子以下、率土の内、天皇・太上天皇に上表せむときは、同じく臣妾と名称せよ。対揚には名称せよ。皇后・皇太子、太皇太后・皇太后に於きて、率土の内、三后・皇太子に於きて上啓せむときは、殿下と称せよ。自ら称せむときは、皆臣妾とせよ。対揚には名称せよ。

4 凡車駕*巡幸及還。百官五位以上*辞迎。*留守者。不レ在二辞迎之限一。若*不レ経レ宿者。不レ用二此令一。

凡そ車駕巡幸せむ、及び還らむとき、百官の五位以上辞迎せよ。留守の者は、辞迎の限に在らず。若し宿経ずは、此の令用ゐじ。

5 凡*文武官初位以上。*毎二朔日一朝。各注二当司*前月公文一。五位以上。送二着*朝庭案上一。即*大納言進奏。若逢レ雨失レ容。及泥潦。並停。*弁官取二公文一。惣納二*中務省一。

凡そ文武官の初位以上は、朔日毎に朝せよ。各当司の前の月の公文注せよ。五位以上、朝庭の案の上に送り着け。即ち大納言進奏せよ。若し雨に逢ひて容を失ひ、及び泥潦あらば、並に停めよ。弁官公文取れ。惣して中務省に納れよ。

6 凡文武官*三位以上。*假使者。去皆*奉辞。還皆*奉見。其五位以上。奉レ勅差使者。辞見亦如之。即*外官三位以上。*以レ理去レ任。至レ京者。亦奉見。

凡そ文武官の三位以上、假使せば、去らむとき皆奉辞せよ。還らむとき皆奉見せよ。其れ五位以上、勅を奉りて差使せむは、辞見せむこと亦之の如く。即ち外官の三

対して、それぞれ上啓せんとするときは殿下と称し、自称は臣妾とすること上表の場合に同じ。義解に、太皇太后・皇太后が天皇・太上天皇に(対して)、及び太皇太后・皇太后と皇后・皇太子と相称するの辞は令条に見えず、式の処分を待つとある。

4 〔車駕巡幸条〕天皇の出幸・還幸の際の送迎に関する規定。

巡幸—天皇が各地を巡行すること。**辞迎**—天皇の出発に当って奉見するのが辞、帰還にあたって奉見するのが迎。**留守者**—義解に、執掌の長官の留り守る者、たとえば監国の太子、もしくは契を執るの公卿の類なり、とある。↓補4。**不経宿**—いわゆる日帰り。

5 〔文武官条〕いわゆる告朔の朝礼に関する規定。

文武官↓公式52。**毎朔日朝**—いわゆる告朔。↓補5。**前月公文**—前月行うところの符・移・解・牒など、或は施行し、或は未だ施行せざるもの。**朝庭**—大極殿の庭。**大納言進奏**—大納言の職掌に敷奏がある(職員2)。また公式1によれば覆奏の職もあった。**弁官**—受付庶事に該当するか。↓職員2。**中務省**—受事覆奏・受納上表などに該当するか。↓職員3。

6 〔文武官条〕三位以上の官人の休假・出使。五位以上の官人の出使の際等の辞見の規定。

三位以上—三位以上の官人。散位(無官)を含まない(義解)。古記は「散位亦同」とする。**假使**—休假を与えられたときと使者となったとき。↓假寧11。**奉辞・奉見**—古記に、退るとき対面する、これを辞といい、還参のとき対面するを見という、とみえる。**外官三位以

位以上、理を以て任を去りて、京に至らば、亦奉見せよ。

7 凡大陽虧。有司預奏。皇帝不レ視レ事。百官各守二本司一。不レ理レ務。過レ時乃罷。皇帝二等以上親。及外祖父母。右大臣以上。若散一位喪。皇帝不レ視レ事三日。国忌日。謂。先皇崩日。依二別式一合二廃務一者。三等親。百官三位以上喪。皇帝皆不レ視レ事一日。

凡そ大陽虧けば、有司預め奏せよ。皇帝事視さず。百官各本司を守れ。務を理めず、時を過して乃し罷れ。皇帝の二等以上の親、及び外祖父母、右大臣以上、若しくは散一位の喪に、皇帝事視さざらむこと三日。国忌の日、謂はく、先皇の崩日、別式に依るに、廃務すべきをいふ。三等の親、百官三位以上の喪にも、皇帝皆事視さざらむこと一日。

8 凡祥瑞応見。若麟鳳亀竜之類。依二図書一合二大瑞一者。随即表奏。其表唯顕二瑞物色目及出処所一。不レ得下苟陳二虚飾一。徒事中浮詞上。上瑞以下。並申二所司一。元日以聞。其鳥獣之類。有二生獲一者。仍遂二其本性一。放二之山野一。余皆送二治部一。若有レ不レ可レ獲。及木連理之類。不レ須レ送者。所在官司。案験非レ虚。具畫レ図上。其須レ賞者。臨時聴レ勅。

凡そ祥瑞応見せむ、若し麟鳳亀竜の類、図書に依るに、大瑞に合へらば、随ひて即ち表奏せよ。其の表、唯し瑞物の色目及び出でたる処所顕らかにせらば、苟も虚しく飾れるを陳べ、徒らに浮べる詞を事とすること得じ。上瑞以下は、並に所司に申して、元日に

上—官位相当よりすれば大宰帥のみ。**以理去任**↓選叙9。

7 〔太陽虧条〕 廃朝と廃務すべき場合についての規定。

大陽虧—日蝕。**有司**—陰陽寮。**過時乃罷**—日蝕の時は百官が本司を守って事務をとらず、日蝕が終ってから退朝する。唐との相違↓補7a。**二等以上親**—義解に有服の親、その子の婦は二等と雖も有服の者にあらず、故にこの例にあらず、とある。令釈は、曾高祖も亦二等と同じ、外祖父母より重きが故、という。↓儀制25・喪葬17。**国忌日**—代々の天皇の崩日の中、別式により廃務すべき日。↓補7b。**廃務**—天皇のみならず、諸官司も事務を廃して執らぬこと。天皇のみ政務を廃するを廃朝といって区別する。

8 〔祥瑞条〕 祥瑞の出現した場合の規定。

祥瑞—祥とは吉凶の発現、瑞とは天が宝を以て人の徳に応ずること。**応見**—(天子の)徳・不徳に応じて出現すること。**図書**—祥瑞か否か、またその程度を判断すべき書物。↓補8a。**随即表奏**—大瑞があらわれたときは直ちに表奏する。↓補8b。**瑞物色目**—大瑞の物の種類・品目。**所司**—治部省。**元日以聞**—上瑞以下は前年一年分をまとめて翌年元日に奏聞する。**其鳥獣之類**…—祥瑞たるべき鳥獣を生捕った場合は、これをその本性にしたがって山野に放つ。**有不可獲**—慶雲・甘露の類。**木連理**—木の枝が他の木の枝とつながり、木目が続いているもの。**所在官司**—諸国ならば国・郡司、在京ならば京職や在京諸官司。

9 〔元日条〕 元日の拝賀の礼につき禁令と致敬の礼を規定したもの。

親王以下—朱説に五位以上という。三后・皇太子には拝賀すべきである。→補9。**親戚**—内親と外戚(義解)。内外諸親と同姓氏族をすべて含む(古記)。**家令**→家令1。**若非元日有応致敬者**—事やむを得ずして臨時に拝すべきもの。すなわち、公事に縁り送礼する場合、或は授位任官して相拝賀すべきの類をいう。**四位拝一位**—穴記に、諸王の四位も亦諸臣の一位を拝するという。**七位拝五位**—神亀五年の格によれば内八位、外七位は外五位を拝する。**以外任随私礼**—卑幼の五位以上が、尊長の六位以下を拝伏し、五位の弟姪が、七位の兄叔及び六位以下と互に致敬する場合などをいう。

10　〔在路相遇条〕　路上における下馬の礼に関する規定。

三位以下—諸王・諸臣を含む。**親王**—有品・無品、年の多少を限らない。また無品親王が有品親王に遇ったときは下馬しない。**以外准拝礼**—集解に八十一例を引き、諸王五位は一位に遇うも下馬せず、六位が五位の諸王に遇えば下馬するという。諸王は、諸臣を拝さない。**其不下者皆斂馬側立**—義解に、二位以上、親王に遇い、三位、一位に遇う場合は、馬を駐めて道側に按立するなり、とある。→補10。**陪従**—天皇の行幸に従うこと。三后・皇太子の陪従も同じ。それ以外の、大臣ならびに親王以下の陪従は、みな下馬すべし。

11　〔遇本国司条〕　郡司が本国司に遇ったときの下馬の礼を規定。

郡司→職員74。**本国司**—当国の国司。当国内であろうと、当国外であろうと、同じく下馬の礼をとる。国司とはこの場合史生以上。た

以聞せよ。其れ鳥獣の類、生けながら獲たること有らば、仍りて其の本性を遂げて、之を山野に放て。余は皆治部に送れ。若し獲べからざること有らむ、及び木連理の類、送りうべからずは、所在の官司、案験するに虚に非ずは、具に図を畫きて上れ。其れ賞すべくは、臨時に勅聴け。

9　凡元日。不レ得レ拝二*親*王以下一。唯*親戚及*家令以下。不レ在二禁限一。若*非二元日一。有レ応二致敬一者。四位拝二一位一。五位拝二三位一。六位拝二四位一。*七位拝二五位一。*以外任随二私礼一。

凡そ元日には、親王以下を拝すること得じ。唯し親戚及び家令以下は、禁むる限に在らず。若し元日に非ずして、致敬すべいこと有らば、四位は一位を拝せよ。五位は三位を拝せよ。六位は四位を拝せよ。七位は五位を拝せよ。以外は任に私の礼に随へ。

10　凡在レ路相遇者。*三位以下遇二*親王一。皆下レ馬。*以外准二拝礼一。*其不レ下者。皆斂レ馬側立。雖レ応レ下者。*陪従不レ下。

凡そ路に在りて相ひ遇へらば、三位以下親王に遇へらば、皆馬より下りよ。以外は拝礼に准へよ。其れ下るまじくは、皆馬を斂めて側に立て。下るべしと雖も、陪従せらば下りず。

11　凡*郡司遇二*本国司一者。皆下レ馬。唯五位。非二*同位以上一者。不レ下。若*官人就二本国一見者。同位即下。若応二致敬一者。並准二下馬礼一。

だし、博士・医師で当国よりとったものは、この例でない。→補11。**同位**—正従・上下を論ぜず(義解)。郡司の正五位上が国司の従五位下に遇えば下馬するが、郡司の外従五位下が国司の正六位上に対しては下馬しない(古記)。但し、初位の国司あるいは無位の史生でも、五位の郡司に対して下馬しない(義解)。**官人就本国見者**—京官主典以上、本国において当国の国司に遇えば、同位は即ち下馬する。

12 〔庁座上条〕朝堂における会見の礼に関する規定。

座上—五位以上には牀席を、六位以下には座席を給う(古記)。**親王**—有品・無品皆同じ。**太政大臣**→職員2。**下坐**—五位以上は牀より下り立ち、六位以下は座より避けて跪き、庁外の人は地に立つ。→補12。**当司長官**—諸注、主計における民部卿の例をあげる。**動坐**—諸注に、左右大臣が親王及び太政大臣に見える際は座を動くが、太政大臣が親王に見え、親王が太政大臣に見えるときは動かないとする。

13 〔儀戈条〕大臣および大納言の儀戈の数についての規定。

儀戈—平頭の戟で、これを威儀に用いるが、単独では用いず、蓋を用いる時、併用する(義解)。

14 〔版位条〕朝廷における座席の標札に関する規定。

版位—座席の標札、よみくせはヘンヰ。**皇太子以下**—広く庶人に至るまでをいう。**其品位**—皇太子はただ東宮と記す。**漆字**—令釈・義解では漆を墨に混じて書いた文字。ただし古記の当時は火で焼いて字をあらわしていた、という。

凡そ郡司、本国の司に遇はば、皆馬より下りよ。唯し五位、同位以上に非ずは、下りず。若し官人本国に就きて見えば、同位は即ち下りよ。若し致敬すべくは、並に下馬の礼に准へよ。

12 凡在二庁座上*一。見二親王*及太政大臣*一。下レ坐*1。左右大臣。当司長官*2。即動レ坐*3。以外不レ動。

凡そ庁の座の上に在りて、親王及び太政大臣を見ば、坐より下りよ。左右大臣、当司の長官には、即ち坐動け。以外は動かず。

13 凡儀戈者*一。太政大臣四竿。左右大臣各二竿。大納言一竿。

凡そ儀戈は、太政大臣に四竿、左右大臣に各二竿、大納言に一竿。

14 凡版位*。皇太子以下*。各方七寸*一。厚五寸。題云1。其品位*。並漆字*二。

凡そ版位は、皇太子以下は、各方七寸、厚さ五寸。題して云はまく、其の品位と。並に漆ぬりの字。

15 凡蓋。皇太子。紫表。蘇方裏*一。頂及四角*。覆レ錦垂レ総。親王。紫大纈*二。一位深緑。三位以上紺。四位縹*。四品以上及一位。頂角覆レ錦垂レ総。二位以下覆レ錦*。唯大納言以上垂レ総。並*朱裏。総*用二同色一。

凡そ蓋は、皇太子は、紫の表、蘇方の裏、頂及び四角に、錦を覆ひて総垂れよ。親王は紫の大き纈。一位は深き緑。三位以上は紺。四位は縹。四品以上及び一位は、頂・角に錦を覆ひて総垂れよ。二位以下は錦を覆へ。唯し大納言以上は総垂れよ。並に朱

15 〔蓋条〕高官の用いる蓋の色と様式についての規定。

蘇方―蘇芳、蘇枋とも。赤紫色。**頂及四角**…―古記は寺にある宝頂と同じという。**纈**―くくりぞめ。しぼりぞめ。**縹**―薄い藍色。**二位以下覆錦**―総をつけない。大納言以上は覆錦垂総。**並朱裏**―親王以下すべて朱の裏を用いる。**総用同色**―高松塚の壁画は深緑を共用している。この令と、色が合致しない。↓補15。

16 〔祖父母条〕祖父母等の重病または獄にあるとき、婚姻やその宴会を禁ずる規定。**囹圄**―繋囚の所。いわゆる牢屋、獄舎。**有命**―祖父母等が子女の婚嫁を許した場合。

17 〔五行条〕国郡に五行の器を備え必要に応じて用うべきことを規定。**五行器**―一切の器物。器物は用途に応じて五行に分つことができるから。↓補17。

18 〔元日国司条〕国司の元日における拝賀の儀式を定めたもの。**僚属**―僚とは同官、属とは統属。同僚の属官。**庁**―朝堂、大極殿。当日、天皇はそこで拝賀を受ける。或は国庁か。**長官受賀**↓補18。

19 〔春時祭田条〕毎年春の祭田の礼に関する規定。**官物**―郡稲。**正倉**―正税。

春時祭田―もともと中国の禘祭に倣ったものだが、これとわが国の祈年祭とが混合したものか。↓補19a。**集郷之老者**―適宜集めるのであって、遠近やその数について明確な規定があるわけではない。**郷飲酒礼**↓補19b。

公廨―官物・正税。正税帳にこの費目なし。

20 〔遭重服条〕父母の喪に遭っても、なお官にある者についての規定。

き裏。総には同色用ゐよ。

16 凡祖父母々々患重。及在二囹圄*一者。不レ得二婚嫁一。若祖父母々々。有レ命*令レ成レ礼。不レ得二宴会一。

凡そ祖父母父母患重からむ、及び囹圄に在らば、婚嫁すること得じ。若し祖父母父母、命有りて礼成さしめば、宴会すること得じ。

17 凡国郡。皆造二五行器*一。有レ事即用之。並用二官物一。

凡そ国郡は、皆五行の器造れ。事有らむとき即ち用ゐよ。並に官物を用ゐよ。

18 凡元日。国司皆率二僚属*郡司等一。向レ庁*朝拝。訖長官受レ賀*。設レ宴者聴。其食。以二当処官物*及正倉*一充。所レ須多少。従二別式一。

凡そ元日には、国司皆僚属郡司等を率ゐて、庁に向ひて朝拝せよ。訖りなば長官賀受けよ。宴設くることは聴せ。其れ食には、当処の官物及び正倉を以て充てよ。須ゐむ所の多少は、別式に従へよ。

19 凡春時祭田*之日。集二郷之老者*一。一行二郷飲酒礼*一。使三人知二尊レ長養レ老之道一。其酒肴等物。出二公廨*一供。

凡そ春の時の祭田の日には、郷の老者を集めて、一たび郷飲酒礼行へ。人をして長を尊び老を養ふ道を知らしめよ。其れ酒肴等の物は、公廨を出して供せよ。

20 凡遭二重服*一。有二奪レ情*従レ職。並終レ服。不レ弔*。不レ賀。不レ預レ宴*。

凡そ重服に遭へらむ、情を奪うて職に従ふること有らば、並に服終るまでに、弔せず、賀せず、宴に預らず。

21 凡*凶服不レ入二*公門一。其*遭レ喪被レ起者。*朝参処亦依二*位色一。*在レ家依二其服制一。

凡そ凶服して公門に入らず。其れ喪に遭ひて起せられむは、朝参の処亦位色に依れ。家に在らば其の服制に依れ。

22 凡*行路*巷術。*賤避レ貴。少避レ老。軽避レ重。

凡そ行路巷術は、賤しきは貴きに避れ。少きは老いたるに避れ。軽きは重きに避れ。

23 凡*内外官人。有下恃二其*位蔭一。*故違中憲法上者。六位以下及勲七等以下。宜レ聴レ*量二情決笞一。若*長官無。聴下次官応二致敬一者決上。其諸司判官以上。及判事。弾正巡察。内舎人。大学諸博士。文学等。*不レ在二決笞之限一。

凡そ内外の官人、其の位蔭を恃むで、故に憲法に違へること有らば、六位以下及び勲七等以下は、情を量りて決笞すること聴すべし。若し長官無くは、次官の致敬すべき者決すること聴せ。其れ諸司の判官以上、及び判事、弾正の巡察、内舎人、大学の諸の博士、文学等は、決笞の限に在らず。

24 凡*帳内資人。雖レ有二*蔭位一。不レ称二本主一者。*杖罪以下。本主任決。四位以下。唯得レ決レ笞。

凡そ帳内資人、蔭位有りと雖も、本主に称はずは、杖罪以下、本主任に決せよ。四位以下は、唯し笞決すること得む。

25 凡五等親者。父母。養父母。夫。*子。為二一等一。祖父母。*嫡母。継母。伯叔父

重服—父母の喪。**奪情従職**—古記に「高行異才、才用灼然、要籍駈使之類也」と、その人を欠けば国政に支障を来す故、父母の喪にあっても解任せざる場合があるということ。**不弔**—他人の喪を弔わない。有服の親については禁じない。**不預宴**—公事といえども預らず、唯別勅によるときは出席する。

21 〔凶服不入条〕喪服のまま内裏・官衙の門を出入してはならないとの規定。
凶服—義解に縗麻(さいま)とあり、すなわち喪服。**公門**—宮城門および内外諸司の門の総称。ただし駅家・厨院等は除く。**遭喪被起**—前条の奪情従職に同じ。**朝参**—参内。↓公式55。**位色**↓衣服2以下。**在家依其服制**—私事により郷里に往来するときは喪服を着す。

22 〔行路条〕道路通行の際の礼譲の規定。
行路—道路。↓補22a。**巷術**—里内の小道。**賤避貴**…↓補22b。

23 〔内外官人条〕位蔭をたのんで法に違えるものに対する決笞の規定。
内外官人—分番・長上みな含む。**位蔭**—位と蔭。身に帯びるところの位階および父祖の蔭。**故違憲法**—故に下馬せず、礼を失し、触れ忤(さか)らうの類で、本司において犯すものをいう。外にありて犯さば、自ら贖罪の法による。**量情決笞**↓補23。**長官**—本司五位以上の長官。下文に「聴次官応致敬者決」とあり、9条の義解に「五位以上、得二致敬一」とある。だから次官の上である長官は必ず五位以上のはず。ただし、長官は、罪人が致敬すべからざる者でも、決笞することができるが、次官は同様な場合決することができない。**不在決笞之限**—諸司の諸博士、監物も決笞の権限をも

姑*。兄弟。姉妹。夫之父母。妻。妾*。姪*。孫。子*婦。為㆓二等㆒。曾祖父母。伯*叔婦。夫姪*。従父兄弟姉妹。異父兄弟姉妹。夫之祖父母。夫之伯叔姑。姪*婦。継*父同居。夫前妻妾子。為㆓三等㆒。高祖父母。従*祖々父姑。従*祖伯叔父姑。夫兄弟姉妹。兄弟妻妾。再*従兄弟姉妹。外祖父母。舅*二*姨。兄弟孫。従父兄弟子。外*三甥。曾孫。々*一婦。妻妾前夫子。為㆓四等㆒。妻*妾父母。姑子。舅子。姨子。玄孫。外*孫。女*四聟。為㆓五等㆒。

凡そ五等の親は、父母、養父母、夫、子を、一等と為よ。祖父母、嫡母、継母、伯叔父姑、兄弟、姉妹、夫の父母、妻、妾、姪、孫、子の婦を、二等と為よ。曾祖父母、伯叔の婦、夫の姪、従父兄弟姉妹、異父兄弟姉妹、夫の祖父母、夫の伯叔姑、姪の婦、継父の同居、夫の前の妻妾の子を、三等と為よ。高祖父母、従祖祖父姑、従祖伯叔父姑、夫の兄弟姉妹、兄弟の妻妾、再従兄弟姉妹、外祖父母、舅姨、兄弟の孫、従父兄弟の子、外甥、曾孫、孫の婦、妻妾の前の夫の子を、四等と為よ。妻妾の父母、姑の子、舅の子、姨の子、玄孫、外孫、女の聟を、五等と為よ。

26　凡公*文応㆑記㆑年者。皆用㆓年号㆒*。

凡そ公文に年記すべくは、皆年号用ゐよ。

たない。

24　〔帳内資人条〕帳内資人に対する本主の懲罰権を規定したもの。

帳内資人→軍防補48a。**蔭位**→選叙補38。

杖罪以下本主任決—四位・五位の人に杖罪を決することができない。その場合は式部省に申送し、式部が決杖して本主に還すのである。

25　〔五等条〕親族の範囲と五等の別を規定したもの。→補25。

子—養子も含まれる。**嫡母**—妾の子からみた父の正妻。**姑**—父方のおば。**妾**—正妻に次ぐ地位の妻。次妻。本妻を「こなみ」というに対してこれは「うはなり」。中国社会における妾よりは社会的地位は高い。**姪**—兄弟の子。**子婦**—子の妻。よめ。子の妾もこれに準ずるとする説がある。**伯叔婦**—父方のおじの妻。**従父兄弟姉妹**—いとこ。**姪婦**—おいの妻。**継父同居**—同居している継父。**従祖々父姑**—祖父の兄弟姉妹。おおおじ・おおおば。**従祖伯叔父姑**—おおおじの子。父のいとこ。**再従兄弟姉妹**—従祖伯叔父の男女。父のいとこの子。またいとこ。**舅**—母の兄弟、母方のおじ。**姨**—母の姉妹、母方のおば。**外甥**—姉妹の子。**孫婦**—孫の妻。**妻妾父母**—俗に、舅(しゅうと)姑(しゅうとめ)というが、舅姑の用法は本条では異なる。**外孫**—むすめの子。そとまご。**女聟**—むすめの夫。むこ。

26　〔公文条〕公文書にはすべて年号を使用する規定。

公文—公文書。奈良朝の公文書はまた字面にすべて公印を捺す定めであった。**年号**—大宝と記して辛丑(干支)と記さない類のこと(古記)。

衣服令 第十九

凡壱拾肆条

1 皇太子礼服

礼服冠。黄丹衣。牙笏。白袴。白帯。深紫紗褶。錦襪。烏皮舃。

皇太子の礼服

礼服の冠。黄丹の衣。牙の笏。白き袴。白き帯。深き紫の紗の褶。錦の襪。烏皮の舃。

2 親王礼服

一品礼服冠。四品以上。毎レ品各有二別制一。深紫衣。牙笏。白袴。條帯。深緑紗褶。錦襪。烏皮舃。佩二綬玉珮一。

親王の礼服

一品の礼服の冠。四品以上は、品毎に各別制有り。深き紫の衣。牙の笏。白き袴。條の帯。深き緑の紗の褶。錦の襪。烏皮の舃。綬、玉珮佩べ。

3 諸王礼服

一位礼服冠。五位以上。毎二位及階一。各有二別制一。諸臣准レ此。深紫衣。牙笏。白袴。條帯。深緑紗褶。錦襪。烏皮舃。二位以下五位以上。並浅紫衣。以外皆同二一位服一。五位以上佩レ綬。三位以上加二玉佩一。諸臣准レ此。

☆**衣服令**—皇太子・親王・諸王・諸臣、内親王・女王・内命婦および武官等の礼服・朝服・制服の制を規定。→補☆

〔皇太子条〕皇太子が、大祀・大嘗・元日に着用する礼服に関する規定。

1 **皇太子**—次代の天皇たるべき皇位継承者。ひつぎのみこ。**礼服**→補1a。**礼服冠**—古記に礼冠のことという。義解に、その作成は別式によるという。→補1b。**黄丹**—オウダン・オウニ。紅色を帯びた梔子色。紅花と梔子の実とで染めたもので、皇太子の袍を染めるのに用いた。皇太子の朝服も同色。**牙笏**—笏は文武の官人以上が礼服着用の際、右手にもって威儀を整えた板片。象牙製のものが牙笏。→補1c。**白袴**—袴は和名抄に「八賀万」とあり「脛上衣也」とみえる。大口袴(一名表袴)のこと。**白帯**—和名抄に「紳〈音申〉大帯也。唐令私記云大帯〈今案、一云博帯、著二礼服一帯也〉。以レ縉為レ之」とあり、絹の帯である。また和名抄に「白布帯、本朝式云白布帯〈沼能於比〉」ともあるが、これは下級武官の帯で、ここには当らない。**深紫**—濃い紫。**紗褶**—紗は生糸を絡織(からみおり)にした、織目のあらい、薄い織物。うすぎぬ。うすもの。褶は古記に訓は枚帯(ひらおび)、令釈に「所三以加二袴上一也」とある。→補1d。**錦襪**—朝服のときは白襪。襪は、したぐつ(裏沓)で、くつを履くとき、足にまとう足袋のようなもの。和名抄に「〈之太久頭〉足衣也」とある。→補1e。**烏皮舃**—烏は皀で黒のこと。舃は底を幾重にも重ねて作ったくつ。鞨・鞜に通ず。ひとえのものを履という。和名抄に「舃、重皮底」「履、単皮底」。→補1f。

諸王の礼服

一位の礼服の冠。五位以上は、位及び階毎に、各別制有り。諸臣も此に准へよ。深き紫の衣。牙の笏。白き袴。條の帯。深き緑の紗の褶。錦の襪。烏皮の舃。二位以下五位以上は、並に浅き紫の衣。以外は皆一位の服に同じ。五位以上は綬佩べ。三位以上は玉佩加へよ。諸臣も此に准へよ。

4　諸臣礼服

一位礼服冠。深紫衣。牙笏。白袴。條帯。深縹*紗褶。錦襪。烏皮舃。三位以上。浅紫衣。四位。深緋*衣。五位。浅緋衣。以外並同二一位服一。大祀*大嘗元日。則服之。

諸臣の礼服

一位の礼服の冠。深き紫の衣。牙の笏。白き袴。條の帯。深き縹の紗の褶。錦の襪。烏皮の舃。三位以上は、浅き紫の衣。四位は、深き緋の衣。五位は、浅き緋の衣。以外は並に一位の服に同じ。大祀、大嘗、元日に、服せよ。

5　朝服*

一品以下。五位以上。並皀*一羅*頭*二巾。衣色同二礼服一。牙笏。白袴。金銀装腰帯*。白襪。烏皮履*。六位*。深緑衣。七位。浅緑衣。八位。深縹衣。初位。浅縹衣。並皀縵*頭巾。木笏。謂。職事*。烏油*三腰帯。白袴。白襪。烏皮履。袋*四従二服色一。親王。緑緋緒*。一品四結*。二品三結。三品二結。四品一結。諸王*三位以上。同二

2　〔親王条〕一品から四品までの親王の礼服に関する規定。

一品—天皇の皇子、兄弟である親王の位階、一品から四品まであり。品位のないものを無品(むほん)といった。↓官位1。**礼服冠**—後世のものではあるが延喜式にその規定が見える。↓補1b。**條帯**—條は義解に「弁レ糸也」。糸をくむこと。**佩綬玉珮**—佩は負、帯、おびること。綬は紱綬、すなわち瑞玉を連繋する組紐。玉珮は天子は白玉、公侯は玄玉が中国の例であるが、日本の制は不明。なお「佩二綬玉珮一」の本注は皇太子条にもかかるとみるべきであろう。

3　〔諸王条〕一位から五位までの諸王の礼服に関する規定。

一位—親王の子すなわち皇孫(二世王)から四世王までの諸王の位階。諸王の位階は五位以上で、六位以下はない。諸王については↓継嗣1。**礼服冠**—同じ位階でも諸王と諸臣には別制があったか。**位及階**—階は正従、上下を各一階とし、二階を一位とする。↓公式54。**浅紫**—薄い紫。

4　〔諸臣条〕一位から五位までの諸臣の礼服に関する規定。

深縹—縹は、はなだ色、又はその色の帛のこと。はなだ色は薄い藍色。**深緋**—緋はアケ・ヒ。赤い色。茜で染めた色。朱。**大祀大嘗元日則服之**—以上四箇条すべてにかかる。大祀とは天地を祭る類の臨時の大祀で、大宝令では「大祭祀」。大嘗↓神祇8。

5　〔朝服条〕朝庭の公事に着用する朝服に関する規定。

朝服↓補5a。**皀**↓補1f。**羅**—薄く織った

絹の布。うすもの。綺・縠の類。**頭巾**—かぶりもの。形制は不詳。**金銀装腰帯**—金や銀をもって装飾した腰帯(ベルト)。金装・銀装の別があったのか、金銀混用であったのかなど詳細は不明。集解は或説を引き、金銀は二つながら用いること、五位以上の意に任せるとあるが、全く任意であるとするのは如何。↓補5b。**履**↓衣服1注「烏皮舃」。**六位**—朱説に「凡六位以下、無二礼服一者也」とあるように六位以下の朝服は礼服を兼ねる。**縵**—あやのない絹。無文繒(義解)。**職事**—現に職掌のある官人。散位に対する語。この注は木笏にのみかかる(朱説)。**烏油腰帯**—油は黝に同じ。物の光沢あるをいう。烏油は銅を黒漆塗としたものか。↓補5c。**袋**—形制不詳。唐の魚袋に相当するのであろう。↓補5d。**緑緋緒**—緑と緋の二色をまじえて緒をつくる(義解)。**結**—緒につけた結び玉。**諸王三位以上同諸臣**—令釈に「正一位正二位正三位各紫緒、従一位従二位従三位各緑緒、正従一位三結、正従二位二結、正従三位一結」と説明する。**結同諸臣**—下文の「上階二結、下階一結」ということ。**朝庭公事即服之**—朝庭以外の場所で服することを禁じているわけではない。

6 〔制服条〕無位の官人、庶人等の服についての規定。

制服—無位の人の服は朝服とは呼ばず、制服といって区別する。無位の朝服のこと。**無位**—無位の官人のみならず、白丁(庶民)も含める。**黄袍**—集解諸説は袍と衣の区別不明とするが、一般的にいえば、裾つきを袍、なきを衣と区別する。**皮履**—烏皮以外のくつ(或説)。**尋常**—朝夕(古記)。**通得着草鞋**—朝夕(尋常)

諸臣一。正四位深緋。従四位深緑。正五位浅緋。従五位深縹。結*同二諸臣一。諸臣正位紫緒。従位緑緒。上階二結。下階一結。唯一位三結。二位二結。三位一結。以レ緒別二正従一。以レ結明二上下一。朝庭公事*。即服之[1]。

朝服

一品以下、五位以上は、並に皁の羅の頭巾。衣の色は礼服に同じ。牙の笏。白き袴。金銀をもて装れる腰帯。白き襪。烏皮の履。六位は、深き緑の衣。七位は、浅き緑の衣。八位は、深き縹の衣。初位は、浅き縹の衣。並に皁の縵の頭巾。木笏。謂はく、職事をいふ。烏油の腰帯。白き袴。白き襪。烏皮の履。袋は服色に従へよ。親王は、緑、緋の緒。一品は四つの結。二品は三つの結。三品は二つの結。四品は一つの結。諸王の三位以上は、諸臣に同じ。正四位は深き緋。従四位は深き緑。正五位は浅き緋。従五位は深き縹。結は諸臣に同じ。諸臣の正位は紫の緒。従位は緑の緒。上階は二つの結、下階は一つの結。唯し一位は三つの結。二位は二つの結。三位は一つの結。緒を以て正従を別きて、結を以て上下を明らかにす。朝庭公事に、即ち服せよ。

6 制服*

無位*。皆皁縵頭巾。黄袍*一。烏油腰帯。白襪。皮履*。朝庭公事。即服之[1]。尋常*通*得レ着二草鞋一。家人*奴婢*。橡墨衣*三。

制服

に皮履をはいても禁ずる限りではない。**草鞋**はワラグツと訓むが(和名抄「屩〈和良久豆〉」)、鞋→衣服14注。**家人**→戸令補40。**奴婢**→戸令補35a。**橡墨衣**―持統七年正月、詔して奴に皂衣を服せることとした。皂色は黒色で橡墨に当る。橡はクヌギ、山野に自生する、ぶな科の落葉喬木。その実(どんぐり)を煎じた汁で布を染めると紺黒色となる。橡墨衣とはすなわちこれである。万葉にも「橡の衣」が散見する。

7　〔服色条〕服色の各種とその序列に関する規定。古代服色表→補7。

白―精撰した生糸をもって織った布の白。地紋のあるものとないものがある。**黄丹**→衣服1注。**紫**―紫草の根を乾燥させてつくった染料で染めた色。紫草は自生のものと、栽培したものがあり、万葉一、二〇の「茜さす紫野行き標野行き」は後者をさす。**蘇方**―黒みを帯びた赤色。蘇方はインド・マレー原産のマメ科の小灌木。心材の削屑・莢を煎じて染料となる。**緋**―濃くあかるい赤。**紅**―紅花の汁で染めた鮮明な赤。**黄橡**―黄・赤・紅の雑色で、木蘭色ともいう。茶渋色で僧衣にも使われる。**纁**―薄黒い赤、鵄(そひ、かわせみ)という鳥の腹毛の色という。**蒲萄**―葡萄とも。赤の濃い色。エビカヅラの実の熟した色に似るからという。**縹**―薄い藍色。**桑**―桑の木の汁で染めた薄黄色。**黄**―顔料は鉱物・植物などか。**揩衣**―山藍・露草などを以て青または萌黄色に染めたもの。**秦**―榛(はん)の木(赤楊)の皮または果実をもって染めたもの。**柴**―枝葉染の意か。クロモジで染めれば黒味がかった桃色。**橡墨**→衣服

無位は、皆皂の縵の頭巾。黄の袍。烏油の腰帯。白き襪。皮の履。朝庭公事に、即ち服せよ。尋常には、通ひて草鞋着くこと得む。家人奴婢は、橡墨の衣。

7　凡服色。白。*黄丹。*紫。*蘇方。*緋。*紅。*黄橡。*一纁。*二蒲萄。*三緑。紺。縹。*桑。*四黄。*五揩衣。*六秦。*一七柴。*八橡墨。*九如レ此之属。当色以下。各兼得レ服之。

凡そ服色は、白、黄丹、紫、蘇方、緋、紅、黄橡、纁、蒲萄、緑、紺、縹、桑、黄、揩衣、秦、柴、橡墨、此の如き属は、当色以下、各兼ねて服すること得。

8　内*親王礼服

一品礼服宝*髻。[1]四品以上。毎レ品各有二別制一。深紫衣。蘇方深紫紕*一帯。浅緑褶。蘇方深浅紫緑纈**裙。錦襪。緑*舃。飾*二以二金銀一。

内親王の礼服

一品の礼服の宝髻。四品以上は、品毎に各別制有り。深き紫の衣。蘇方、深き紫の紕帯。浅き緑の褶。蘇方、深く浅き紫、緑の纈の裙。錦の襪。緑の舃。飾るに金銀を以てす。

9　女王礼服

一位礼服宝髻。[1]五*位以上。毎二位及階一。各有二別制一。内*命婦准レ此。深紫衣。五位以上。

皆浅紫衣。自余准二内命婦服制一。唯褶同二内親王一。

女王の礼服

一位の礼服の宝髻。五位以上は、位及び階毎に、各別制有り。内命婦(ないみやうぶ)も此に准へよ。深き紫の衣。五位以上は、皆浅き紫の衣。自余は内命婦の服制に准へよ。唯し褶は内親王に同じ。

10 内命婦礼服

一位礼服宝髻。[1] 深紫衣。蘇方深紫紕帯。浅縹褶。*蘇方深浅紫緑纈裙。錦襪。緑舄。飾以二金銀一。三位以上。浅紫衣。蘇方浅紫深浅緑纈裙。自余並准二一位一。四位。深緋衣。浅紫深緑紕帯。*烏舄。以レ銀飾之。五位。浅緋衣。浅紫浅緑紕帯。自余皆准レ上。大祀大嘗元日。則服之。*外命婦。*夫服色以下。任服。

内命婦(ないみやうぶ)の礼服

一位の礼服の宝髻。深き紫の衣。蘇方、深き紫の紕帯。浅き縹の褶。蘇方、深く浅き紫、緑の纈の裙。錦の襪。緑の舄。飾るに金銀を以てせよ。三位以上は、浅き紫の衣。蘇方、浅き紫、深く浅き緑の纈の裙。自余は並に一位に准へよ。四位は、深き緋の衣。浅き紫、深き緑の紕帯。烏舄(くろくつ)。銀を以て飾る。五位は、浅き緋の衣。浅き紫、浅き緑の紕帯。自余は皆上に准へよ。大祀(だいし)、大嘗(だいじやう)、元日(ぐわんにち)に、服(ぶく)せよ。外命婦(ぐゑみやうぶ)は、夫(をふと)の服色より以下(しもつかた)、任(ほしいまま)に服せよ。

11 朝服

一品以下。五位以上。*去二宝髻[1]及褶舄一。以外並同二礼服一。六位以下。初位以上。並着二*義髻[2]一。*衣色准二男夫一。深浅緑紕帯。緑[3]縹纈*紕裙。*初位去レ纈。白襪。烏皮履。

6注。

8 〔内親王条〕内親王が、大祀・大嘗・元日に着用する礼服に関する規定。

内親王→継嗣1。**宝髻**—形制不詳。男子の礼服冠に相当するもので、義解に「以二金玉一飾二髻緒一」。**紕帯**—紕は、ふちかざり、へりのかざり。紫紕帯とは他色をもって紫の帯にふちどりを施したもの。「蘇方深紫紕帯」は蘇方をもって深紫にふちどりをした帯ということか。**纈**—しぼりぞめ。ユハタはユヒハタ(結機)の約で、くくりぞめ、しぼりぞめのこと。**裙**—婦人の裳。釈名に「下裳」とある。**緑舄**—古記に「以二青皮緑衣一縫作也」。**飾以金銀**—舄にのみかかる。

9 〔女王条〕二世以下四世以上の女性皇族の礼服に関する規定。

五位以上—皇親はすべて五位以上で、六位以下なし。**内命婦**—五位以上の女官。五位以上の官人の妻を外命婦という。

10 〔内命婦条〕五位以上の女官の礼服に関する規定。

蘇方深浅紫緑纈裙—義解に「下条(11)云、緑縹纈紕裙、此条無二紕字一、即知、五色交レ綵以為二纈文一也」。これは内親王条についてもいえることである。**烏舄**—穴記に「烏舄此非レ皮也。言(内カ)親王用二緑舄一。命婦用二烏舄一」。**外命婦**—五位以上の官人の妻。**夫服色以下任服**—穴記に「三位妻服二紫衣一。四位命婦服レ緋耳。問。除二服色一之外、宝髻以下舄以上何。答。不レ見レ文、依二別式一耳」とある。

11 〔朝服条〕内親王・女王・内命婦等の朝服に関する規定。

去宝髻及褶舄—錦襪もとる(義解)。**義髻**—義四*孟則服之。

朝服

一品以下、五位以上は、宝髻及び褶、舃去てよ。以外は並に礼服に同じ。六位以下、初位以上は、並に義髻着せよ。衣の色は男夫のに准へよ。深く浅き緑の紕帯。緑、縹の纈の紕裙。初位は纈去てよ。白き襪。烏皮の履。四孟に服せよ。

12　制*服

宮*人、深緑以下。兼得レ服之。紫*色以下。少々用者聴。緑*。縹。紺纈。及紅*裙。四孟及尋常則服之。若五*位以上女。除二父朝服一以下色者。通得レ服之。其庶*女服。同二無位宮人一。

制服

宮人は、深き緑より以下、兼ねて服すること得む。紫の色より以下は、少少用ゐむことは、聴せ。緑、縹、紺の纈及び紅の裙は、四孟及び尋常に服せよ。若し五位以上の女は、父が朝服を除きてより以下の色は、通ひて服すること得む。其れ庶女の服は、無位の宮人に同じ。

13　武官礼服

衛府督佐。兵衛佐*。不レ在二此限一。以下*准レ此。並皂羅*冠。皂緌*二。牙笏。位襖*。加二繡*三裲襠一。兵衛督雲錦四。金銀装腰帯。金銀装横刀*。白袴。烏皮靴*五。兵衛督。赤皮靴六。錦行縢*。

解に「以二他髻一飾二自髪一、是為二義髻一」。今日のかつら(鬘)、ヘアピースの類。朝服の場合、「六位以下著二義髻一、五位以上無レ髻而参耳」(穴記)。**衣色准男夫**→衣服2〜4。**紕裙**—或説に「集二衆色一裁制縫レ裙也」。**初位去纈**—古記に「謂尋常得レ纈。但不レ得レ用二朝服裳同色一也」。**四孟則服之**—跡記に「四孟、謂四孟月之朔日」。すなわち一月・四月・七月・十月の朔日である。また穴記に「四孟之朔、是日服二朝服一由不レ知也。六位以下、大祀・大嘗亦合二朝服一也」。男子の朝服が朝庭公事に服るのと異なるは不審。

12　〔制服条〕無位宮人と庶女の制服に関する規定。

制服—令釈に「無位及庶女服制耳」。**宮人**—男子の制服と対照すれば無位宮人たること明らか。後宮十二司の宮人のみならず東宮宮人も含むか。**紫色以下少々用者聴**—義解に「聴レ用二細帯等一之類也」。**緑縹紺纈**—義解は「三色纈各得二特用一、不レ得三交レ色以為二レ纈、其不レ顕二深浅一者、即得二通服一耳」、古記は「全一色不二紕縫一也」とし、穴記は「此以二三色一為二一裙一」とし、解釈が異なるようである。**五位以上女**—穴記に「五位以上女、謂或宮人中、或広非二宮人一皆同」。**庶女**—天下婦女(穴記)、天下凡女(朱説)。

13　〔武官礼服条〕衛府の督・佐の礼服に関する規定。

兵衛佐不在此限—義解に「依二官位令一、兵衛佐是正六位下官、其雖レ任二五位一、不レ可レ同レ督。依二相当法一、制二礼服一故也。仍須下依二朝服法一、准二志以上一、加中錦裲襠上。若六位任二三衛佐一者、亦准二志以上法一也」とあり、五位

武官の礼服

衛府の督佐は、兵衛の佐は、此の限に在らず。以下も此に准へよ。並に皀の羅の冠。皀の緌。牙の笏。位襖。繍の裲襠加へよ。兵衛の督は雲の錦。金銀をもて装れる腰帯。金銀をもて装れる横刀。白き袴。烏皮の靴。兵衛の督は、赤き皮の靴。錦の行縢。

14 朝服

衛府督佐。並皀羅頭巾。位襖。金銀装腰帯。金銀装横刀。白襪。烏皮履。其志[*]以上。並皀縵頭巾。皀緌。位襖。烏油腰帯。烏[*]装横刀。白襪。烏皮履。会[*]集等日。加㆓錦裲襠赤脛[*]巾㆒。[一]帯㆓弓箭㆒。以㆑鞾[*二]代㆑履。兵衛。皀縵頭巾。皀緌。位襖。烏油腰帯。烏装横刀。帯[三]㆓弓箭㆒。白脛巾。白襪。烏皮履。会集等日。加㆓挂甲[*四]㆒帯[五]㆑槍。[*]以㆓位襖㆒代㆓紺襖㆒。以㆑鞾代㆑履。主[*]帥。皀縵頭巾。皀緌。位襖。烏油腰帯。烏装横刀。白脛巾。白襪。烏皮履。会集等日。加㆓挂甲㆒。帯[六]㆓弓箭㆒。以㆓縹襖㆒代㆓位襖㆒。以㆑鞾代㆑履。並朝庭公事即服[1]之。衛士。皀縵頭巾。桃[*]染[七]衫。白布帯。白脛巾。草鞋。[八]帯㆓横刀。弓箭。若槍㆒。会集等日。加㆓朱末[*九]額挂甲㆒。以㆓皀衫㆒代㆓桃染衫㆒。[*23]朔節日。即[4]服之。尋[*]常。去㆓桃染衫及槍㆒。其督以下。主帥以上袋[*]。准㆓文官㆒。

朝服

衛府の督佐は、並に皀の羅の頭巾。位襖。金銀をもて装れる腰帯。金銀をもて装れる横刀。白き襪。烏皮の履。其れ志以上は、並に皀の縵の頭巾。皀の緌。位襖。烏油の腰帯。烏装の横刀。白き襪。烏皮の履。会集等の日には、錦の裲襠、赤き脛巾加へ

以上相当官に五位以上の者が任じたとき、礼服の着用を認められるという。なお、ここの本注は大宝令にはなかったろう。**以下准此**―釈に「謂㆓朝服条㆒耳」とある。**羅冠**―跡記に「謂礼服冠是。但与㆓文官礼服㆒有㆓別制㆒耳」。うすぎぬに漆をかけて形を整えた冠。**緌**―義解に「冠紘也」、説文に「冠纓也」とあり、古記に「緌、謂此間俗意以可気(おいかけ)也」とある。かんむりのひも。**襖**―古記に「不㆑著㆑襴欠腋縫之也」とあり、襴はスソツキと訓み、衣服の下部に別のきれで付けるすそ。欠腋は袍の両腋の下を縫わず、襴をつけないもの。**裲襠**―義解に「謂、一片当㆑背、一片当㆑胸、故曰㆓裲襠㆒也」とあり、胸と背に当てて著ける衣服。心背ともいう。中国の両当鎧を布帛によって儀仗化したもので、一種の貫頭衣。うちかけ。**金銀装横刀**―東大寺献物帳に「金銀荘唐様大刀」とあるものと同類であろう。**烏皮靴**―靴は、かわぐつ。**行縢**―義解に「縢緘、所㆘以覆㆓股脛㆒令㆑衣不㆑飛揚㆖者也」。緘は、とじひも、とじなわ。行縢の訓ムカバキは「向脛」にはく意。多く動物の皮で作るが、ここは儀式用なので錦製。礼服着用は文官の場合同様大祀・大嘗・元日等に限られたのであろう。

14 〔武官朝服条〕武官の朝服に関する規定。**志以上**―衛府の主典以上、大尉・少尉・大志・少志をさす。各衛府とも大志・少志がある。**烏装横刀**―東大寺献物帳に「黒作大刀」とあるのと同様のものか。**会集等日**―義解に「元日及聚集并蕃客宴会等」とあり、穴記に「大祀・大嘗・元日、及宮衛令立㆓儀仗㆒日是。自余節日非也」とあるが、会集等日と

よ。弓箭帯せよ。鞋を以て履に代へよ。兵衛は、皀の緌の頭巾。皀の緌。位襖。烏油の腰帯。烏装の横刀。弓箭帯せよ。白き脛巾。白き襪。烏皮の履。会集等の日には、挂甲加へ、槍帯せよ。位襖を以て紺の襖に代へよ。鞋を以て履に代へよ。主帥は、皀の緌の頭巾。皀の緌。位襖。烏油の腰帯。烏装の横刀。白き脛巾。白き襪。烏皮の履。会集等の日には、挂甲加へよ。弓箭帯せよ。縹の襖を以て位襖に代へよ。鞋を以て履に代へよ。並に朝庭公事に即ち服せよ。衛士は、皀の緌の頭巾。桃染の衫。白き布帯。白き脛巾。草鞋。横刀、弓箭、若しくは槍帯せよ。会集等の日には、朱き末額、挂甲加へよ。皀の衫を以て桃染の衫に代へよ。朔節の日には、即ち服せよ。尋常には、桃染の衫及び槍去てよ。其れ督以下、主帥以上の袋は、文官に准へよ。

あるから朔節日も含むとみてよかろう。**脛巾**—行纏・脛衣とも。外出の折、脛に巻きつけるもの。後世の脚絆に当る。**鞋**—緒のある、単皮底の履(→衣服1注「烏皮舃」)より上等のくつ。**挂甲**—上代の甲で短甲と異なり、小札を縅して作った甲。古墳から実物も出土する。**以位襖代紺襖**—「以紺襖代位襖」となければ文意通ぜず。**主帥**—集解諸説は「門部・使部」とする。**桃染衫**—桃色に染めたひとえぎぬ。かたびら。**末額**—マッコウ(抹額)、マッカクの音便。細纓の冠の縁に鉢巻に結んだ朱の絹布。下級武官が着用。**朔節日即服之**—朔は四孟の朔日、節日は元日・聚集・蕃客宴会等の日(義解)、朝服を着するの日、督佐は牙笏、志以上木笏、令文に載せざるは文の略なり(同上)。**尋常去桃染衫及槍**—朱説は尋常に着るべきは桃染衫以外の皀衫幷びに他色等とする。**袋**→衣服5。

営繕令 第廿

凡壱拾柒条

1 凡計ニ*功程一者。四月。五月。六月。七月。為ニ長功一。布*一常得ニ四功一。二月。三月。八月。九月。為ニ中功一。一常得ニ五功一。十月。十一月。十二月。正月。為ニ短功一。一常得ニ六功一。

凡そ功程計らむことは、四月、五月、六月、七月をば、長功と為よ。布一常に四功得。二月、三月、八月、九月をば、中功と為よ。一常に五功得。十月、十一月、十二月、正月をば、短功と為よ。一常に六功得。

2 凡*有レ所ニ営造一。及*和雇造作之類。所司皆先録ニ所レ須摠数一。申ニ太政官一。

凡そ営造する所有らむ、及び和ひ雇うて造作せむ類は、所司皆先づ須ゐむ所の摠べての数を録して、太政官に申せ。

3 凡私*第宅。皆不レ得下起ニ楼閣一。臨中視人家上。*宮内有ニ営造及修理一。皆令ニ*陰陽寮択レ日。

凡そ私の第宅に、皆楼閣を起てて、人家を臨視すること得じ。宮内に営造し及び修理すること有らむは、皆陰陽寮をして日択らしめよ。

4 凡営ニ造軍器一。皆須レ依レ*様。令レ*鐫ニ題年月及工匠姓名一。若*有レ不レ可ニ鐫題一者。不レ用ニ此令一。

☆**営繕令**—建物・橋梁・堤防・船舶ないしその他の物品の造営・製作と修繕に関する規定。対応する唐令も営繕令と称す。→補☆

1 〔計功程条〕季節による労働時間の相異による仕事の標準に関する規定。官で丁匠を雇役する場合(→賦役22)に適用され、義解によれば営繕2の和雇の時は適用されない。**功程**—一日の仕事の標準。季節により長・中・短がある。本条では織布について長・中・短功の例を示すが、他の物品の造営・製作に要する功程は延喜式に具体的に規定されている。集解の注釈によれば、本条により雇役丁の雇直を支払う。**一常**—一丈三尺。丈量については→雑令1。→補1。

2 〔有所営造条〕別勅・臨時ないし和雇による造営・製作を行う時の手続に関する規定。

有所営造—唐令では「別勅有所営造」となっている。集解諸説では唐令に倣い別勅の場合とする。諸司による通常の営造・製作→営繕6。**和雇**—雇役(賦役22)と異り、当時当郷の傭賃で雇う。→補2。

3 〔私第宅条〕高殿を建てて人家を覗くことの禁と、宮中内の営繕に当り日をトすべきことに関する規定。→補3。

第宅—やしき。**宮内**—朱説・額記に宮門内。宮中諸門→宮衛補1a。**陰陽寮**→職員9。

4 〔営造軍器条〕兵器の製作に関する規定。→補4。

様—手本。義解に「様者、形制法式也」とある。**鐫題年月及工匠姓名**—兵部式に「其器仗鐫ニ題専当官人姓名一、若検閲有レ不レ如レ法、随レ事科貶」とある。**有不可鐫題**—弓箭の類。

凡そ軍器を営造せば、皆様に依るべし。年月及び工匠の姓名鐫り題さしめよ。若し鐫り題すべからざること有らば、此の令用ゐじ。

5 凡*錦。*羅。*紗。*一縠。*綾。*二紬。*三紵之類。皆*闊一尺八寸。長四丈為レ匹。

凡そ錦、羅、紗、縠、綾、紬、紵の類は、皆闊さ一尺八寸、長さ四丈を匹と為よ。

6 凡*在京営造。及*貯備雑物。毎レ年諸司摠ニ料来年所レ須。申ニ太政官一。付ニ*主計一。*預定ニ出所レ科備。*若依レ法。先有ニ定料一。不レ須ニ増減一者。不レ用ニ此令一。其年*常支料。供用不レ足。及*支料之外。更有ニ別須一。応ニ*一科折一者。亦申ニ太政官一。

凡そ在京に営造せむ、及び貯け備へむ雑物は、年毎に諸司、来年に須ゐむ所を摠べ料りて、太政官に申せ。主計に付けよ。預め出して科せむ所を定めて備へよ。若し法に依りて、先より定め料れること有りて、増減すべからずは、此の令用ゐず。其れ年に常に支料せるが、供用に足らず、及び支料せるが外に、更に別に須ゐること有りて、科せ折ぐべくは、亦太政官に申せ。

7 凡*白丁。有レ解ニ雑巧作一者。毎レ年計帳之次。国司簡試。*附レ帳申レ省。

凡そ白丁、雑巧作解れること有らば、年毎に計帳の次に、国司簡び試みて、帳に附けて省に申せ。

8 凡*貯レ庫器仗。有ニ生レ*渋綻断一者。三年一度修理。若経ニ出給一破壊者。並随レ事*料理。在京者。所レ須調度人力。申ニ太政官一処分。在外者。役ニ当処兵士及防

5 〔錦羅条〕織物の丈量単位に関する規定。「錦」以下については↓賦役35。**錦**―和名抄に「邇之岐」とある。**羅**―和名抄に「云レ良、一名蟬翼」とある。**紗**―和名抄に「俗云レ射」とある。**縠**―古記に「都牟伎乃宇須伎也」とある。**綾**―和名抄に「阿夜」。**紬**―古記に「厚都牟伎」。**紵**―古記に「俗言ニ手作之布一也」。**闊一尺八寸長四丈為匹**↓補5。

6 〔在京営造条〕在京諸司が毎年造営ないし行事のための必要物品について予算を立てるべきことと、実施過程における予算の追加ないし流用転換についての規定。**在京営造**―通常の造営の場合。臨時の時は↓営繕2。朱説では在京諸司のみならず外国の時も本条を適用すると注釈する。**貯備雑物**―営造とは別に各種の行事に必要とする物品で、義解では安居の時の必要物品を例示している。**付主計**―主計寮で予め必要物品の調達計画を立てる。主計↓職員22。**預定出所科備**―貢納する地域を定める。例えば長門国から銅を貢納させ、伊予国から鑞を出さしめるがごとくである。**若依法先有定料**―古記と令釈とで解釈が異っている。↓補6。**年常支料**―毎年経常的に必要とされる物品の推計で、義解は百官食料(職員40)を例としてあげる。**支料之外**―臨時に物品が必要になった場合。**科折**―品目の追加ないし流用転換。

7 〔解巧作条〕国司が特殊技能者を調査し民部省へ報告すべき規定。**白丁**↓戸令補4c。**附帳申省**―省は民部省。↓職員21。義解および古記・跡記・穴記では計帳と別に帳簿を作成すると説くが、古記一云では計帳の下に注記すると説く。↓補7。

人ー。調度用ニ当国官物ー。

凡そ庫に貯める器仗、渋生し綻び断えたること有らば、三年に一度修理せよ。若し出し給ふに経て破壊せらば、並に事に随ひて料理せよ。在京は、須ゐむ所の調度、人力、太政官に申して処分せよ。在外は、当処の兵士及び防人を役せよ。調度には、当国の官物を用ゐよ。

9 凡在京営造。雑作物。[1] 応レ須ニ女功ー者。皆令ニ本司造ー。若作多。及軍事所レ用。量謂不レ済者。申ニ太政官ー。役ニ京内婦女ー。
凡そ在京に営造せむ、雑の作の物、女功須ゐるべくは、皆本司をして造らしめよ。若し作多からむ、及び軍事に用ゐむ所、量り謂ふに済るまじくは、太政官に申して、京内の婦女を役せよ。

10 凡瓦器。経レ用損壊者。一年之内。十分聴レ除ニ二分ー。以外徴塡。
凡そ瓦の器、用経て損壊せらば、一年の内に、十分にして二分除くこと聴せ。以外は徴り塡てよ。

11 凡京内大橋。及宮城門前橋者。並木工寮修営。自余。役ニ京内人夫ー。
凡そ京内の大きなる橋、及び宮城門の前の橋は、並に木工寮修営せよ。自余は、京内の人夫を役せよ。

12 凡津橋道路。毎レ年起ニ九月半ー。当界修理。十月使レ訖。其要路陥壊。停レ水。交廃ニ行旅ー者。不レ拘ニ時月ー。量差ニ人夫ー修理。非ニ当司能弁ー者。申請。

8 〔貯庫器仗条〕兵器の修繕に関する規定。→軍防45。
貯庫器仗—中央では左右兵庫寮ないし内兵庫、地方では国衙に収蔵されていた。→軍防43。**生渋綻断**—義解に「謂、柔鉄生レ衣、是為レ生レ渋、即刀剣生レ衣、出内難渋之類也、衣服縫解為レ綻、仮令、鎧甲断レ貫之類是也」とある。渋の傍訓サヒ、名義抄に「渋、サヒ」。**料理**—はかり修理すること。

9 〔須女功条〕在京の営造ないし製作で婦人を使役する場合の規定。
女功—婦人労働。縫作ないし舂米の類が該当する。**本司**—縫部司。→職員37。**軍事所用**—幕・旗等の製作。**量謂不済**—製作物が多く、縫部司所属の婦人労務者のみで不足を来たす場合。**役京内婦女**—義解では功直を支給しないとする。ただし額記では戸雑徭を免除すると注釈する。

10 〔瓦器経用条〕陶器の損耗補塡に関する規定。→補10。
瓦器—義解に「謂、陶器、即盤坏之類也」とある。営造・製作に関係する現業官司では、労務者に給食するために多数の食器が必要となるが、損壊した部分について毎年補塡される。古記・令釈・穴記では土師器の場合も同様の扱いとする。**十分聴除二分**—二割の損耗は許す。以外は各官司の責任で補塡する。

11 〔京内大橋条〕京城内の橋梁の修理に関する規定。穴記は道路も含むとする。京城外については→営繕12。→補11。
宮城門前橋—宮城十二門(→宮衛補1a)前の溝橋。**役京内人夫**—集解諸説では雑徭をあてるとする。但し賦役37古記は雑徭でないとする(→賦役補37 a)。修理の時期について穴記の引く師説と朱説では閑月を待つことなく壊れたら直ちにとりかかると注釈。差発する人夫についてその条坊に住む者か否かについて明法家の議論がある。

12 〔津橋道路条〕 津橋道路の修理に関する規定。→補12。

津—船着場。**当界修理**—国司が担当するか。但し朱説では所管の郡が修理する。**量差人夫修理**—朱説では雑徭をあて、賦役37古記では雑徭でないとする。**当司**—義解は国司とする。

13 〔有官船条〕 諸国におかれた官船の管理と修理に関する規定。

有官船之処—摂津職(職員68)および大宰府(職員69)以外で官船の置かれている所。→補13。**兵士**→軍防2。**随壊修理**—義解および令釈・賦役37古記では雑徭をあてるとする。**主船司**→職員28。主船司の船は摂津に置かれ、品部である船戸が管理に当る。大宰府では主船が船の管理に当る。

14 〔官私船条〕 官私船の現況を毎年朝集使が兵部省へ報告すべき規定。

色目—船の種類。集解諸説では色を材料、目を形態と注釈。**勝受斛斗**—義解に「勝、堪也、受、載也」とある。積載量のこと。**見在任不**—現に所在する船に関し使用に堪え得るか否か。**附朝集使申省**—朝集使(→考課補61)が兵部省(職員24)へ申達する。その例が出雲国計会帳に見える。

15 〔官船行用条〕 官船が損壊した場合の規定。

官船—主船司その他所属を問わない。**随事修理**—朱説では太政官に申告することなく修理

凡そ津、橋、道、路は、年毎に九月の半より起りて、当界修理せよ。十月に訖らしめよ。其れ要路陥ち壊れて、水を停めて、交に行旅廃めたらば、時月に拘れず、量りて人夫を差して修理せよ。当司の能く弁するに非ずは、申請せよ。

13 凡有*二官船一之処。皆逐[1]レ便安置。並加二覆蓋一。量遣二兵士*一看守。随*レ壊修理。不レ堪二料理一者。附レ帳申上。其主船司*船者。令二船戸分番看守一。

凡そ官の船有らむ処は、皆便に逐うて安置せよ。並に覆き蓋くこと加へよ。量りて兵士を遣りて看守らしめよ。壊れむに随ひて修理せよ。料理するに堪へずは、帳に附けて申上せよ。其れ主船司の船は、船戸をして分番して看守らしめよ。

14 凡官私船。毎レ年具顕二色目*一。勝*受斛斗。破除。見在*。任不一。附*二朝集使一申レ省。

凡そ官私の船は、年毎に具に、色目、勝受斛斗、破除、見在、任不顕らかにし、朝集使に附けて省に申せ。

15 凡官*船行用。若有二壊損一者。随*レ事修理。若不レ堪二修理一。須二造替一者。預料二人功調度一。申二太政官一。

凡そ官船行用せむ、若し壊損すること有らば、事に随ひて修理せよ。若しくは修理するに堪ふまじうして、造り替ふべくは、預め人功、調度を料りて、太政官に申せ。

16 凡近二大水*一。有二堤防[1]一之処。国郡司。以レ時検行。若須二修理一。毎二秋収訖一。量二功多少一。自*レ近及レ遠。差二人夫一修理。若暴水汎溢。毀二壊堤防一。交為二人患一者。先即修営。不レ拘二時限一。応レ役*二五百人以上一者。且役且申。若要急者。軍団兵士*

する。集解或説では用船の官司で修理すると注釈。

16 〔近大水条〕堤防の管理と修理に関する規定。

大水—海ないし大河。唐令では河及大水と規定する。**自近及遠**—古記によれば、堤防の近くに居住する人にまず修理を行わせ、それのみで不足する時順次遠隔地の人を動員して修理に当らせる。↓補16。**役五百人以上**—令釈・跡記・穴記・義解では雑徭と解釈するが、賦役37古記は雑徭としない。五百人以上を延人数か一日の使役労務者の人数とするかで明法家の見解に相異がある。**軍団兵士**—義解は上番している兵士とする。**不得過五日**—集解諸説では要月の場合で、十月から三月までの閑月においてはかかる制限は適用されない。

17 〔堤内外条〕堤防の内外ないしその上に植樹して堤防を補強し、さらに伐採して堤防工事の資材にあてるべき規定。

楡—古記に「此間俗称ニ爾礼木一也」とある。和名抄「楡、和名夜仁礼」。**堰**—古記に「此間俗謂ニ川与奇一也」とある。治水施設で川水をせきとめるもの。

亦得ニ通役一。所レ役不*レ得レ過ニ五日一。

凡そ大水近うして、堤防有らむ処は、国郡司、時を以て検行せよ。若し修理すべくは、秋収り訖らむ毎に、功の多少を量りて、近きより遠きに及ぼせ。人夫を差して修理せよ。若し暴水汎溢して、堤防を毀り壊りて、交に人の患為せらば、先づ即ち修営せよ。時の限に拘れず。五百人以上役すべくは、且つ役し且つ申せ。若し要急ならば、軍団の兵士も亦通ひて役すること得む。役せむ所は、五日に過すこと得じ。

17 凡堤内外幷堤上。多殖ニ楡*1。柳。雑樹一。充ニ堤堰*用一。

凡そ堤の内外、幷せて堤の上には、多く楡、柳、雑の樹を殖ゑて、堤堰の用に充てよ。

令[1] 巻第八

凡捌拾玖条

公式令（くうじきりやう） 第廿一

1 詔書式

明[*]神御[*一]宇日[*二]本[*]天皇詔旨[*]云云。咸聞。

明[1]神御宇天皇詔旨云云。咸聞。

明神御[三][*]大八[2]州天皇詔旨云云。咸聞。

天皇詔旨云云。咸聞。

詔旨[3][*]云云。咸聞。

年 月 御[*]畫[四]日。

中[*]務卿位臣姓名宣[*]

中務[五]大輔位臣姓名奉[*]

中務[六]少輔位臣姓名行[*]

太[*]政大臣位臣姓

左大臣位臣姓

右大臣位臣姓

☆**公式令**—公文書の様式および作成・施行上の諸規定、駅鈴・伝符および駅の運用、官人の秩序・服務についての規定、訴訟手続など、いわゆる公事に関する広範な内容の条文を収める。↓補☆

1 〔詔書式条〕詔書は、次条の勅旨とともに、勅命下達の際に用いられる公文書の様式。本条はその書式・発布手続に関する規定。↓補1a。

明神—以下、詔書冒頭に記す天皇の表記五種を挙げる。↓補1b。**御宇**—古くは「治天下」。熊本県江田船山古墳出土太刀銘・法隆寺金銅薬師仏造像記・船首王後墓誌・小野朝臣毛人墓誌等に「治天下」。薬師寺東塔檫銘では「馭宇」。「御宇」の確実な史料上の初見は大宝令(古記に「御宇日本天皇詔旨」)。金石文では慶雲四年の威奈真人大村墓誌。**日本**—海外諸国に対して正式に日本の国号を用いたのは大宝以後(旧唐書)。**天皇**—儀制1に「天皇、詔書所ㇾ称」。底本傍訓スベラはスメラの子音交替。但し、スメラのメは甲類、スベラ(スベル)のベは乙類で、母音は異なる。儀制1の天子に、義解「須明楽美御徳」、喪葬17の君に、古記「須売良美己止」。**云云咸聞**—大宝令にはこの四字はなかった(古記)。以下「天皇詔旨云云咸聞」まで、大宝令ではいずれもこの四字なし。実際に下される詔書では、「云々」の部分に詔書の本文が記述される。**大八州**—日本の別称。この箇所の古記は、書紀、神代第四段(大八洲生成章)本文を引いて、この語の注釈を加えている。**云云咸聞**—大宝令では「云々聞宣」(…聞キタマヘトノル)。かつ、この部分にのみこの文言が記されていた。以上の五種の表記↓補1c。**御**―公式38に「御〈謂斥二至尊一〉」。天皇をいう。なお大宝令では、この行は「年月日」の三字だけで、「御畫」の二字はなかった。**中務卿**―以下三行、中務省の長官・次官の位署。この部分まで内記(職員3)が草案を造る。**宣・奉・行**―詔書を中務卿が宣し、大輔これを奉じ、少輔が行する。少輔の行なう「行」とは、詔書を太政官に送付することをいう。**太政大臣**―以下、大臣・大納言の位署。この行から「年月日」までの草案は、外記(職員2)が造る。「姓」(大納言は「姓名」)の箇所のみ大臣・大納言の自署(跡記)。**詔書如右**―以下、大臣・大納言が、中務省から送られてきた詔書の施行許可を、天皇に求める文言。これが後文の「覆奏」に当る。天皇に覆奏するのは大納言。**外**―諸官庁。**可**―覆奏を受けて、天皇が施行の許可を与えたことを示す文言。「御畫」とあるように、この文字は天皇みずから記入。この行まで、詔書の書式を示す。**右御畫日者**―以下、詔書の起草・発布に関する細則の規定。ここにいう「御畫日」は前頁「年月　御畫日」までの詔書の正文を指す。大宝令では「御畫日」を「詔書」とする。**案**―保管される文書。後世案文といえば正文の写しの意が普通となるが、令文では一般に、保管される正文あるいは草案の意に用いられる。**別写一通印署**―御畫日までの詔書を別に一通写し、これに内印(公式40)を捺し、中務卿・同大輔・同少輔が位署を加えること。この前後の文章、大宝令では「詔書者、写二通、一通留中務為案」。印署したものが太政官に送られる。**大納言覆奏**―天皇に施行の許可を求める

大納言位臣姓名等言。

詔[*4]書如レ右。請奉　レ詔[5]。付レ外[*]施行。謹[七]言。

　年　月　日

可[*]。御畫。

右[*八]御畫日者。留二中務省一為レ案[*]。別[*]写二一通一印署。送二太政官一。大[*]納言覆奏。畫[*]レ可訖。留[*]為レ案。更写二一通一誥[*九]。訖施行。中[*]務卿若不レ在。即於二大輔姓名下一注レ宣。少輔姓名下注二奉行一。大[*]輔又[6]不レ在。於二少輔姓名下一併注二宣奉行一。若[*]少輔不レ在。余[*]官見在者。並[*]准レ此。

詔書式

明神と御宇らす日本の天皇が詔旨らまと云　云。咸くに聞きたまへ。

明神と御宇らす天皇が詔旨らまと云　云。咸くに聞きたまへ。

明神と御大八州らす天皇が詔旨らまと云　云。咸くに聞きたまへ。

天皇が詔旨らまと云　云。咸くに聞きたまへ。

詔旨らまと云　云。咸くに聞きたまへ。

　年　月　御、日畫いたまふ。

中　務　卿　位　臣　姓　名が宣

中　務　大　輔　位　臣　姓　名が奉

中　務　少　輔　位　臣　姓　名が行

太政大臣位臣姓

左大臣位臣姓

右大臣位臣姓

大納言位臣姓名等言すこと、

詔書らま右の如し。請らくは詔を奉りて、外に付けて施行せむと。謹む言す。

年　月　日

可。御、畫いたまふ。

右は、御畫日をば、中務省に留めて案と為よ。別に一通写して印署して、太政官に送れ。大納言覆奏せよ。可畫きたまふこと訖りなば、留めて案と為よ。更に一通写して誥せよ。訖らば施行せよ。中務卿若し在らずは、即ち大輔の姓名の下に宣注せ。少輔の姓名の下に奉行注せ。大輔又在らずは、少輔の姓名の下に、併せて宣奉行注せ。若し少輔在らずは、余官の見に在らむ者、並に此に准へよ。

2

勅旨式

*勅旨云云。

*年　月　日

*中　務　卿　位　姓　名

大　輔　位　姓　名

こと。これまでの間に太政大臣の位署以下が記入される。→補1d。**畫可**—天皇による「可」の記入。**留為案**—「可」の記入の終ったものを保管し、全文の写しがもう一通造られて、それが実際に施行される詔書となる。**誥訖施行**—誥は告に同じ。大宝令ではこの部分「宣訖付省施行」となっており、古記は「付省」を「八省所由之省也」と注釈する。→補1e。**中務卿若不在**—中務卿にもし欠員あるいは支障ある場合には。以下、中務省官人の位署に関する臨時処置の規定。**大輔又不在**—中務卿・同大輔の両者ともに支障のある場合には。**若少輔不在**—卿・大輔・少輔のすべてに支障がある場合には。**余官見在者**—中務省四等官のうちの大丞・少丞・大録・少録を指す。大宝令ではこれを「丞見在者」として大丞・少丞のみに限る。**准此**—卿以下の不在の場合と同じように、丞以下が位署を加え、宣・奉・行と注すること。

2　〔勅旨式条〕詔書に次ぐ勅命下達の方法としての勅旨の書式・発布手続に関する規定。

勅旨云云—「云云」の部分に勅の本文が記述される。草案は内記が造る(職員3)。**年月日**—大宝令ではこの下に「録位姓名」の四字があった。→補2a。**中務卿**—以下三行、詔書式の場合と同じく、中務省の長官・次官の位署。ただし「臣」および「宣・奉・行」は書かない。またこの位署が加えられる前に、中務省は施行の許可を求めるための覆奏をする。位署が加わったのちは、太政官内の弁官に送られる。**奉勅旨**—この行以下は、弁官の史が起草する(跡記・義解)。ただし異説(古記)あり。→補2b。**符**―太政官符。つまり勅旨は原則として太政官符の形式をとって施行される。**史位姓名**―起草者の位署は日下にあるのが通則。**大弁位姓名**―以下三行、弁の位署。これで知られるように、勅旨の発布・施行には、太政官内の議政官である大臣・大納言は直接には関与しない。**受勅人**―天皇の意志を受けた人。穴記・跡記は「侍従等」とする。侍従→職員3。以下、手続上の細則。**中務覆奏**―中務卿の職掌に「審二署詔勅文案一、受レ事覆奏」(職員3)。施行の許可を求める。**式**―卿以下の位署の書式。**取署**―位署を書き入れること。ただし実際に自署するのは「名」のみ。他は内記が草する。この卿以下の自署の加わったものは中務省に保管され、同文一通が写されて太政官に送付される。**少弁以上**―以下太政官内の弁官における行事。弁官では、史が「奉勅旨」以下を書き加えて、大弁以下が連署する。これもまた太政官に保管され、写一通が施行される。なお大宝令では、「更写一通、送太政官」の文の下に、「若送諸司者、連署留為案、更取諸司返抄」という、注文とみられる文章があった。古記によれば、この注文は、勅旨を太政官(ここでは弁官)に送らずに中務省からただちに諸司に送達される場合についての規定とされる。勅旨の施行→補2b。**五衛**―衛門府・左右衛士府・左右兵衛府(職員59 61 62)。**兵庫**―左右兵庫・内兵庫(職員64 65)。**本司覆奏**―本司は五衛・兵庫等の諸司。勅旨がこれらの諸司に直接下達される際の規定。左右兵庫頭の職掌に「受レ事覆奏」。令釈・跡記・義解はこの規定について、中務省が覆奏したうえで、重ねて本司も

　　少輔位姓名

奉*二勅旨[1]一如レ右。符*到奉行。

　　年月日　　　史*位姓名

大*弁位姓名

中弁位姓名

少弁位姓名

右*受レ勅人。宣二送中務省一。中*務覆奏。訖依レ式*取*レ署。留為レ案。更写二一通一。送二太政官一。少*弁以上。依レ式連署。留為レ案。更写二一通一施行。其勅処二分五*衛及兵*庫事一者。本*司覆奏。皇*太子監国。亦准二此式一。以*レ令代レ勅。

勅旨式(ちょくしき)

勅旨(ちょくし)云云(そのことそのこと)。

　年月日

中務卿位姓名

大輔位姓名

少輔位姓名

勅旨(ちょくし)奉(うけたまは)れること右(みぎ)の如し。符(ふ)到(いた)らば、奉(うけたまは)り行(おこな)へ。

　年月日　　　史位姓名

大弁位姓名

中弁位姓名

少弁位姓名

右は、勅受る人、中務省に宣び送れ。中務覆奏せよ。訖りなば式に依りて署取れ。留めて案と為よ。更に一通写して、太政官に送れ。少弁以上、式に依りて連署せよ。留めて案と為よ。更に一通写して施行せよ。其れ勅に五衛及び兵庫の事処分せむは、本司覆奏せよ。皇太子の監国せむも、亦此の式に准へよ。令を以て勅に代へよ。

3 論奏式

*太政官謹奏其*事

*太政大臣位臣姓名

左大臣位臣姓名

右大臣位臣姓名

大納言位臣姓名等言云云。*一 謹以申聞謹奏。*二

年月日

聞。*三 御畫。

大*納言位姓

**右大祭祀。*支二度国用一。*増二減官員一。四 断二流罪以上及除*名一。*廃二置国郡一。*差二

直接天皇に覆奏すると説くが、古記は「不レ関二中務一而直勅耳、又雖レ経二中務一、亦可二覆奏一也」と述べて、勅旨が中務省を経ずに施行される場合もありうると説く。勅旨一般の発布方法とは別に、特に五衛・兵庫の覆奏をここに定めているのは、兵事が天皇大権に属するものであったからによる。**皇太子監国**—公式5に同文あり。その注釈に、「天子出行、太子留守、是謂二監国一、事見二左伝一也」(令釈)。以下その場合の勅旨の準用についての規定。この準則の適用例については→公式6注。**以令代勅**—勅旨式の勅字に代えて令字を用い、令旨として発布する。令旨→公式6。

3 〔論奏式条〕論奏の書式・作成手続に関する規定。→補3a。太政官が天皇に上奏して裁可を求める形式に、本条以下三条に定める論奏・奏事・便奏の三種があった。→補3b。

太政官謹奏—奏事も同じく謹奏。便奏のみ単に奏。**其事**—いわゆる事書き。たとえば「太政官謹奏　用正税事」(令釈・義解)。以下の草案は外記が草する(職員2)。**太政大臣位臣姓名**—以下合議に参加した、いわゆる議政官の位署。論奏では姓名を記すが、奏事では姓のみ。**云云**—論奏の主文はこの部分に記述される。**謹以申聞謹奏**—底本傍訓は訓読文の如くであるが、古記は「恐々毛申給止申」とする。**聞御畫**—天皇が承認した場合、みずから「聞」と書き入れる。→補3c。御→公式38。**大納言位姓**—奏上は大納言が行なう(職員2)。その者の位署。ただし大宝令にはこの一行はなかったらしい(後注参照)。**右**—以下、論奏を用うべき場合の具体的事例の挙示および作

成手続の細則。**大祭祀**―大宝令は「諸大祭祀」。神祇12「凡一月斎為二大祀一」(大宝令では「一月斎為二大祭祀一」)。毎世の大嘗祭および臨時の大祭をいう(古記・跡記・穴記)。**支度国用**―大宝令も同文。国用は国家の用度、つまり国家予算。支度はそれを立案すること。主計頭の職掌にも「支度国用」(職員22)。ただし諸注釈は、本条の「支度国用」は年々の豊凶によって国用を変更することとし、主計寮のそれとは異なると説く。**増減官員**―省・職・寮・司および主典以上の員数の増減(義解)。つまり八省以下の官司あるいは官職の統合・増減。**除名**→名例11。令釈・義解等は、獄令40のような場合に論奏が用いられると説く。「断流罪以上及除名」は大宝令も同文。**廃置国郡**―国および郡の停廃・建置。弘仁十四年の加賀国建置、天長元年の多褹島停廃等、いずれも論奏による(三代格)。**差発**―徴発、動員。職員24兵部卿職掌に「差発兵士」。**兵馬**→職員25・軍防19 30。ただし職員25の兵馬は軍団所属の馬(厩牧13)。義解はここでの兵馬を騎兵とする。**一百匹以上**―兵二十人以上を差発する場合は契勅による。→軍防17。**用**―以下牛五十頭以上まで、臨時予算の計上。元日・朔日の威儀兵仗や位禄・季禄などの尋常の経費は含まれない(令釈・義解)。たとえば官人への賜物、寺院への施入などをいう(穴記)。**蔵物**―内蔵・大蔵等の収納物。**銭**→職員33。**倉粮**―民部倉廩・諸国正倉等の米・糒。**奴婢**―令釈に「以二官奴婢一、為二寺奴婢一之類」。**勅授**―内外五位以上の授位→選叙2。**及律令外議応奏者**―大宝令は「若律令外応論者」。たとえば凶年における課役の免除(古記・令

*発兵馬*一百匹以上一。*用*蔵物五百端以上。*銭二百貫以上。*倉粮五百石以上。*奴婢廿人以上。馬五十匹以上。牛五十頭以上一。若*勅授外応レ授二五位以上一。*及律令外議応レ奏者。*並為二論奏一。*畫[五]レ聞訖。留レ為レ案。御畫後。*注二奏官位姓一。

論奏式

太政官謹む奏す其の事

太政大臣位臣姓名

左大臣位臣姓名

右大臣位臣姓名

大納言位臣姓名等言す云　云。謹以みも申したまふことを聞しめせと謹む奏す。

年　月　日

聞。御、畫きたまふ。

大　納　言　位　姓

右は、大祭祀せむ、国用を支度せむこと、官員を増減せむこと、流罪以上及び除名を断せむこと、国郡を廃て置かむこと、兵馬一百匹以上差し発さむこと、蔵の物五百端以上、銭二百貫以上、倉粮五百石以上、奴婢廿人以上、馬五十匹以上、牛五十頭以上用ゐむこと。若し勅授の外に五位以上授ふべからむ、及び律令の外に議して奏すべくは、並に論奏に為れ。聞畫いたまふこと

訖りなば、留めて案と為よ。御畫の後に、奏官の位姓注せ。

4 奏事式

太政官謹奏

*其司位姓名等解状云云。謹以申聞謹奏。[一]

年月日

*太政大臣位臣姓

左大臣位臣姓

右大臣位臣姓

大納言位臣姓名

奉*レ勅。依レ奏。若更有*ニ勅語一須レ附[二]者。各随レ状附。云云。

大*納言位姓

右論奏外。諸応レ奏レ事者。並[1]為ニ奏事一。皆*抛ニ案成一。乃[三]奏。奉　勅後。注ニ

奏官位姓一。若*少納言奏者。加*レ名。

奏事式

太政官謹む奏す

其の司位姓名等解状云云。謹以みも申したまふことを聞しめせと謹む奏す。

年月日

太政大臣位臣姓

釈・義解)。穴記は職制59による律令条文の改訂もこれに含まれるとする。**為論奏**→補3d。**晝聞**—以下、論奏作成上の手続規定。天皇が「聞」を記入した正文は案として留められる。論奏の施行→補3e。**注奏官位姓**—三六九頁17行の「大納言位姓」を指す。大宝令では「奏官名下注奏字」とし、古記は冒頭の位署部分の「大納言位姓名」の下、「等」の上に奏字を注するものと解し、今行事では養老令の規定と同じように年月日のあとに「其位姓名奏」と注するとする。

4〔奏事式条〕奏事の書式と作成手続に関する規定。

其司位姓名等解状—奏事式による奏聞は、原則として、諸司の解状を得た場合に行なわれる。解→公式11。**太政大臣位臣姓**—以下、いわゆる議政官の位署。大臣は姓のみ、大納言は名を加える。**奉勅依奏**—奏聞の結果、そのまま承認された場合に書き加える文言。**若更有勅語**—天皇が奏状に附言すべきことのある場合の処置。**大納言位姓**—奏官の位署。中納言設置以後はこれも奏官たり得た。ただし後文にあるように、奏事では少納言による奏聞も認められていた。なお大宝令では、論奏式の場合と同様、この奏官位署の一行は令文になかった(後注参照)。**皆抛案成乃奏**—論奏は勿論、奏事も文書によって奏聞する。次の便奏に口奏が許されることに対比して、その原則を特に注記したもの。**若少納言奏者**—大納言なき場合(跡記)。義解は「凡少納言、非ニ奉勅之官一」というが、しかし次条の便奏の奏聞は少納言が行い、またその職掌に「奏ニ宣小事一」(職員2)。**加名**—大宝令では「奏官

左大臣位臣姓
右大臣位臣姓
大納言位臣姓名
勅奉るに、奏に依りぬといへ。若し更に勅語有りて附くべくは、各状に随ひて附けて、云云といへ。
大納言位姓
右は、論奏の外に、諸の事奏すべきは、並に奏事に為れ。皆案成らむに拠りて、乃ち奏せよ。奉勅の後に、奏官の位姓注せ。若し少納言奏せば、名加へよ。

5 便奏式
太政官奏
其司所*レ申其事云云。謹奏。
年*月日
少納言位姓名
奉*レ勅。依レ奏。若*不レ依レ奏者。即云。勅処分云云。
右請*二進鈴印一。及賜*二衣*服。塩酒。菓*食一。并給*二医薬一。如レ此小事之類。並為二便奏一。其口*奏者。並*准二此例一。奉勅後。注二奏官位姓名一。其皇*太子監国。亦*准二此式一。以二奏勅一代二啓令一。

名下注奏字」。これに古記は「未レ知、少納言何処署名、(答)、内隔レ行(内ニ行ヲヘダテテ)署名注二奏字一、放二論事奏式一」と注し、「奉勅依奏」の行の前に署名し奏字を注するのは論奏式の場合と同じであると説く。これによって最末行の「大納言位姓」は大宝令にはなかったことが知られる。なお奏事式においても、裁可後のこれの施行についての規定はないが、三代格等に残されている実例は、すべて太政官符に書き直されて施行されている。

5〔便奏式条〕便奏の書式と作成手続に関する規定。

所申—解状も含まれる。特に「所申」としたのは口奏による場合を考慮したためか。**年月日**—この一行、大宝令では奉勅云々の行の次にあった。ただし古記一云は「今行事、先必注二年月日一也」とし、実際には養老令の様式にしたがって行なわれていたことが知られる。**奉勅依奏**—奏事の場合と同じ。**若**—以下、奏に依らない場合の処置。**請進鈴印**→職員2。鈴は駅鈴、印は内印。**賜**—臣下に対する臨時の賜与。式部卿(職員13)と兵部卿(職員24)の職掌に「禄賜」。職員13の令釈に「凡依二四季上日一所レ給、謂二之為レ禄、節日及別勅所レ給、謂二之為レ賜也」。**衣服**—縫殿頭の職掌に「裁二縫衣服一」(職員8)、その諸注釈に「此擬二御服一、并為二賞賜一」(義解)、「人賜之類、亦此司所レ知也」(穴記)、「縫二御服并人給服等一也」(跡記)。**菓**—くだもの。→職員40。**給医薬**—医疾24に「凡五位以上病患者、並奏聞、遣レ医為レ療、仍量レ病給レ薬」。**口奏**—「以レ口奏聞」(令釈)。口頭の奏上。職制26に「凡上書若奏事而誤、笞五十、口誤、減二二等一」、その

便奏式（びんぞうしき）

太政官奏す

其の司の申す所の其の事云云（うんぬん）。謹（かしこ）み奏す。

年　月　日

勅（ちょく）奉（うけたまは）るに、奏（そう）に依（よ）りぬといへ。若し奏に依らずは、即ち云（い）はまく、勅の処分云云（しょぶんうんぬん）といへ。

少　納　言　位　姓　名

右は、鈴印（すずいん）請け進（たてまつ）らむ、及び衣服（えぶく）、塩酒（えんしゅ）、菓食賜（くわじきたま）はむ、并（あは）せて医薬給（いやくたま）はむ、此（か）の如（ごと）き小事の類（たぐひ）をば、並に便奏（びんぞう）に為（つく）れ。其れ口（く）に奏（そう）せむは、並に此の例に准へよ。奉勅（ぶちょく）の後（おく）に、奏官（そうくわん）の位姓名注（しる）せ。其れ皇太子（わうだいし）の監国（けむごく）せむも、亦此の式に准へて、奏・勅を以て啓（けい）・令（りやう）に代へよ。

6　皇太子令旨式　三后亦准ニ此式一。*

令旨云云。*

年　月　皇太子畫レ日。*1

奉ニ令旨一如レ右。令到奉行。*2

大夫位姓名*

亮位姓名

右受レ令人。宣ニ送春宮坊一。春宮坊覆啓。*訖留ニ畫日一為レ案。*更写ニ一通一**

疏に「若口奏雖レ誤、事意無レ失者不レ坐」。**准此例**—令釈・跡記・義解は、口奏の場合も事後に本条による案を造ると説く。**皇太子監国**→公式2。以下その場合の準用規定。**亦准此式**—大宝令は「亦准此」。**以奏勅代啓令**—本条の奏・勅の文字を啓・令に置き代える。啓→公式7。令→公式6。なおここの古記は「問、皇太子監国亦准レ此、未レ知、注ニ不奏一、答、以レ啓代レ奏」の問答を記す。よって大宝令にこの六字は存しなかったことが知られる。

6〔令旨式条〕皇太子および三后が命令を下達する際に用いられる公文書の書式と作成手続に関する規定。

三后—皇后・皇太后・太皇太后。→儀制3。**令旨云云**—以下令旨の形式は、おおむね勅旨(公式2)に似る。**皇太子畫日**—詔書のように皇太子(三后)がみずから日を書き入れる。ただし「皇太子畫」の四字は、底本・令集解にはあるが、塙版本は削除している。**奉令旨**—以下、施行を命ずる文言。**大夫**—以下、春宮坊(東宮2)の長官・次官の位署。**右**—これ以下手続上の規定。**受令人**—勅旨式では「受勅人、宣ニ送中務省一、中務覆奏」。勅が令に、中務省が春宮坊に代えられているだけ。**覆啓**—皇太子に施行の許可を求める。啓は皇太子・三后の意志を問う場合に用いる語。→公式7。**畫日**—ここでは皇太子(三后)が日を記入した令旨の正文。これは春宮坊に留められ、写一通が施行のために用いられる。**施行**—令旨および次条啓式の施行方法に関する規定は令文にない。ただ集解諸説のなかで、令釈・義解が「或送ニ太政官一、或下ニ被管諸司一」と両様のあったことを述べ、跡記が「若令至ニ太政施行。*

皇太子の令旨式　三后も亦此の式に准へよ。

令旨云云。

年　月　皇太子、日畫いたまふ。

令旨奉ること右の如し。令到らば奉り行へ。

大夫　位　姓　名

亮　位　姓　名

右は、令受る人、春宮坊に宣ひ送れ。春宮坊覆啓せよ。訖りなば畫日を留めて案と為よ。更に一通写して施行せよ。

7　啓式　三后亦准ニ此式一。

春宮坊啓*

其事云云。謹啓。

年　月　日

大夫　位　姓　名

亮　位　姓　名

奉レ令。依レ啓。若*不レ依レ啓者。即云。令処分云云。

亮*　位　姓

右春宮坊啓式。奉令後。注ニ啓官位姓一。

官ニ者、留ニ畫日ニ為レ案、更造レ解令レ申、自余造ニ移牒等ニ耳」、穴記が「問、令旨可レ出ニ諸司ニ者、坊為ニ牒令解移ニ施行」等と述べることなどから推測すれば、舎人監(東宮3)以下の春宮坊被管諸司には坊から直接下達されたらしいこと、太政官には令(啓)を牒した牒令(啓)解、自余の諸司には牒令(啓)移または牒令(啓)牒の形式をとって伝達されたらしいことが推定できる。また今日知られるもののなかには、寛平八年三月二日太政官符(三代格)のように、中宮の令旨を奉じて中宮職が解を修して太政官に提出し、太政官では奏事によって天皇の裁可を求め、その結果を官符として施行している例もある。この場合は令旨→中宮職解→太政官→奏聞→太政官→官符施行の手順となる。なお続紀、宝亀元年八月庚戌条・同年九月壬戌条にみられる令旨、および三代格、延暦二十五年三月二十四日令旨(大同三年六月六日官符所引)は国政上の重要事項に関するものであるが、いずれも先帝崩後の時期に属することよりすれば、これらは令旨式に拠る令旨ではなく、勅旨式(公式2)の準則に基づくものと考えるべきである。

7　〔啓式条〕春宮坊(あるいは中宮職)の発議した案件について、皇太子(三后)の承認を得る場合に用いられる公文書の書式と作成手続に関する規定。

春宮坊啓―以下の形式はおおむね便奏(公式5)に似る。**若**―以下便奏式の奏を啓に、勅を令に置きかえた文。**亮位姓**―皇太子(三后)に啓する者の位署。東宮2によれば大夫の職掌に「吐ニ納啓令ニ」、また職員1に定める次官の職掌に関する通則にしたがえば、春宮亮

啓式 三后も亦此の式に准へよ。

春宮坊啓す

其の事云云。謹み啓す。

年 月 日

大 夫 位 姓 名

亮 位 姓 名

令奉るに、啓に依りぬといへ。若し啓に依らずは、即ち云はまく、令の処分云云といへ。

亮 位 姓

右は、春宮坊の啓式。奉令の後に、啓官の位姓注せ。

8 奏弾式

*弾正台謹奏*其司位姓名罪状事

*具官位姓名*貫属

*右一人犯状云云。

*劾ニ上件*甲乙一。事状如レ右。謹以上聞謹奏。

年 月 日 *弾正尹位臣姓名奏[1]

*聞。御畫。

*右親王及*五位以上。*太政大臣。不レ在ニ此限一。有レ犯応ニ須糺劾一。而未レ審レ実

(次官)の職掌は大夫(長官)と同じ。

8 〔奏弾式条〕弾正台(職員58)が内外の非違を摘発し、これを天皇に直接奏上する場合の公文書の書式およびその作成手続に関する規定。→補8a。

弾正台謹奏―弾正台が直接天皇に奏上するものであるため、この文言が用いられる。**其司位姓名**―摘発した犯罪者の本官・位・姓・名。**具**―「具、謂具注之具也」(令釈)、本官・兼官を含め、その者の帯びる官職のすべて。**貫属**―本貫(戸令32・賦役4・公式84・獄令1)。**右一人**―ここに罪状、摘発事項が記述される。**劾**―「劾、推ニ窮罪人一」(広韻)、「劾、今弾ニ治官吏一曰レ劾」(正字通)。**甲乙**―ここでは犯状の当否。**弾正尹**―奏官としての尹の位署。尹に支障あるときは、跡記・義解は少忠(判官)以上、穴記・朱説は弼(次官)が奏するとする。**聞御畫**―天皇による聞字の記入→公式3。**右**―以下、奏弾式の適用範囲と手続規定。**五位以上**―大宝令では「一位以下」とする。唐令は「流内九品以上官」。養老令はこれを「親王及五位以上」と「六位以下」の二つに分け、前者を奏弾の対象とした。古記によれば大宝令の「一位以下」には庶人も含まれる。**太政大臣**―太政大臣は「師範一人」(職員2)であるから奏弾の対象から除かれる。職員2古記にも「唯不レ得レ弾ニ太政大臣一也」。弾正式に「弾正不レ得レ弾ニ太政大臣一、太政大臣得レ弾ニ弾正一」。**拠状勘問**―勘問に関しては弾正式に「凡弾ニ親王及左右大臣一者、弼已上在ニ台座一、而遣ニ忠一人於堂上一弾之、諸王諸臣三位已上及参議者、就ニ其前座一弾之、四位已下不レ問ニ王臣一、皆喚ニ其身於台一弾之」。類似の

者。並*拠レ状勘問。不*レ須ニ推拷一。委[三]知ニ事*由一。事*大者。奏弾。訖留*レ台為レ案。非*レ応レ奏。及六位以下。並糺移ニ所*司一。推判。

奏弾式

弾正台謹む奏す其の司位姓名が罪状の事

具官位　姓名　貫属

　右は一人の犯状云云といへ。

上が件の甲乙劾ふこと、事状右の如し。謹以むも上聞したまふと謹む奏す。

　年　月　日　　　弾正尹位臣姓名が奏

聞。御、畫きたまふ。

右は、親王及び五位以上、太政大臣は、此の限に在らず。犯有りて糺し劾ふべからむ、而るを実審らかにせずは、並に状に拠りて勘問せよ。推拷すべからず。委に事の由を知れ。事大ならば、奏弾せよ。訖りなば台に留めて案と為よ。奏すべきに非ざらむ、及び六位以下は、並に糺して所司に移して、推判せよ。

9 飛駅式

下*式

勅*其国*司官位姓名等。其*事云云。勅*到奉行。

　年　月　日　辰*一

行事は職員58令釈にもみえる。**不須推拷**—推拷は拷問によって取調べること。↓補8b。**事由**—事情。**事大**—集解諸説によれば、職事は解官以上、散位は官当以上、無品親王は徒罪以上がこれに該当する。**留台為案**—聞を畫した正文は弾正台に留める。唐令ではこれに続けて、「更写ニ一通一、移ニ送大理寺一」。**非応奏**—親王及び五位以上についての容疑で事大ならざるもの。**所司**—担当の官司。ここでは、古記によれば刑部省、令釈・義解によれば刑部省及び左右京職。↓獄令1。

9〔飛駅式条〕飛駅式は、飛駅が発せられた場合に用いられる、下達・上達の公文書の書式の総称。飛駅↓補9。ただし公式令ではこれを下式・上式の二条に数える。第9条下式は、勅命を在外諸司に下達する場合の書式。

下式—飛駅による勅命下達の式。本条穴記は「直召ニ中務一、写ニ一通一、留為レ案耳」といい、朱説は「凡飛駅封固、可レ給ニ中務省一、中務省受取、直則可レ遣也、不ニ必経ニ太政官一也」として、太政官を経て施行される勅旨(公式2)とは手続上異なるものとする。ただし平安時代の行事については↓補9。**勅**—儀式では勅符。朝野群載に載せる元慶二年四月二十八日のものも勅符。「飛駅之外、更無ニ勅符一」(令釈・義解)。**国司官位**—令釈にたとえば「勅陸奥司守位姓名等之類、司、国司也、官、長次官也」。**其事云云**—ここに勅命が記述される。**勅到奉行**—施行を命ずる文言。**辰**—飛駅発遣の時刻。**鈴剋**—飛駅使に与えられる駅鈴の刻数。↓公式42。

鈴* 剋

飛駅式

下式

勅す、其の国の司官位姓名等に。其の事云云。勅到らば奉り行へ。

年 月 日 辰

鈴 剋

10 上式*

其国司謹奏*

其事云云*。謹以申聞謹奏*。

年* 月 日 守* 位 姓 名 上一

鈴 剋

右*飛駅上下式。若長官不レ在者。次官以下。依レ式署。其非ニ国司一。別従ニ軍所*一上者。副将軍*以上並署。大宰府准レ此*。

上式

其の国の司謹む奏す

其の事云云。謹以みも申聞したまふと謹み奏す。

年 月 日 守 位 姓 名 上る

鈴 剋

10 （飛駅上式条） 飛駅によって上申される公文書の書式、および上式・下式の作成手続の規定。

上式―在外諸司が飛駅を発して上奏する場合の令条内の規定については→補9。ただし令条内においても奏聞する場合（たとえば戸令16・軍防76・獄令33）と太政官に申送する場合（たとえば選叙8・公式50）がある。この両者の取扱いについて太政官式では「凡在外官附レ駅逓送文書到、官即監ニ封題一、注ニ奏字一者、先申ニ大臣一、然後奏進、注ニ解字一者、直進ニ大臣一」とし、前者の奏進すべき場合は中務式に「凡在外官上ニ飛駅函一者、少納言奏進、若不レ在者、見在丞已上奏進」とする。**国司謹奏**―天皇に上奏すべき場合の文言。**其事云云**―上奏・上申すべき事項の記述。**謹以申聞謹奏**―この文言、論奏（公式3）・奏事（公式4）と同じ。**年月日**―令釈・跡記・義解はいずれも上式の如く辰（時刻）を書すという。**守位姓名上**―上奏する官司の長官の位署。**右**―以下、下式・上式両条にわたる細則。ただし主として上式がこれに該当。**軍所**―将帥出征の地。**副将軍**→軍防24。**大宰府准此**―大宰府が上奏・上申する場合も国司・軍所の例に准ずる。

11 〔解式条〕 解は、下級官司がこれを管する上級官司に上申するとき用いる公文書の様式。本条はその書式と作成上の規定。**式部省**―八省以下内外諸司のなかから一つを挙げて例示したもの。この場合は太政官に上申する解を意味する。解に宛所（上申の対象となる上級官司）を書かないのは、官司相互の統属関係が職員令によって明確だからである。解と移との関係→補11a。解と移の送達右飛駅の上下する式は、若し長官在らずは、次官以下、式に依りて署せよ。其れ国司に非ずして、別に軍所より上らば、副将軍以上並に署せよ。大宰府も此に准へよ。

11 解式

*式部省解　申*其事
*其事云云。謹解。
　年　月　日　　*大録位姓名
卿*位姓名　　大丞位姓名
大輔位姓名　　少丞位姓名
少輔位姓名　　少録位姓名
*右八省以下内外諸司。上二太政官及所*レ管。並為レ解。其*非レ向二太政官一者。
*以レ以代レ謹。

解式
式部省解し　申す其の事
其の事云云。謹解。
　年　月　日　　大録位姓名
卿位姓名　　大丞位姓名
大輔位姓名　　少丞位姓名

↓補11b。**其事**―いわゆる事書き。たとえば「常陸国司解申古老相伝旧聞事」(常陸国風土記)。**其事云云**―上申内容の記述。**大録位姓名**―上申文書である解には当該官司の四等官すべてが加署するが、「勘署文案」(職員1)という通則的職掌を有する主典(二員ある場合はその上級者)のみ、日下に位署を加える。**卿位姓名**―長官・次官は上段に、判官及び主典に二員ある場合のいま一員の主典は下段に、それぞれ位署する。**右**―以下、解作成上の細則。八省以下内外の諸司が、太政官および管するところの上級官司に対して上申するときは、解を用いよ、の意。ただし解によって直属の上級官司を越えて、さらに上級の官司に上申することは許されない。職制27に「不レ由レ所レ管而越言上…笞五十」。たとえば郡が国を越えて、寮・司が省を越えて太政官に上申することはできない。**所管**↓補11a。**其**―本条の例示文は式部省が太政官に上申する場合の解の様式、したがって結文が「謹解」となる。以下の令文は、一般諸司が所管の上級官司に上申する解についての準用規定。**以以代謹**―例示文の結文の謹字を以字に代え、「以解」とすること。なお本条大宝令は「八省以下内外諸司上太政官為解」の文のみ復原できる。

12 〔移式条〕移は、直接の統属関係にない官司相互に伝達される公文書の様式。本条はその書式と作成上の規定。↓補11a。**刑部省**―以下、例示文。刑部省と式部省は同格の官司。よって移を用いる。**其事云云**―移による伝達事項の記述。**録位姓名**―移には、作成責任者たる主典と、長官のみが位署する。

少輔位姓名　　少録位姓名

右は、八省以下の内外の諸司、太政官及び管ぶる所に上らば、並に解に為れ。

其れ太政官に向ふに非ずは、以を以て謹に代へよ。

12 移式

*刑部省移式部省

*其事云云。故移。

年月日　　*録位姓名

卿位姓

*右八省相移式。*内外諸司。*非二相管隷一者。皆為レ移。*若因レ事管隷者。*以レ以代レ故。*其長官署*准レ卿。*長官無。則次官判官署。国司亦准レ此。*其僧綱与二諸司一相報答。亦准二此式一。*以レ移代レ牒。*署名准レ省。*三綱亦同。

移式

刑部省移す式部省に

其の事云云。故移。

年月日　　録位姓名

卿位姓

右は、八省の相ひ移する式。内外の諸司の相ひ管隷するに非ざらむは、皆移に為れ。若し事に因りて管隷せむは、以を以て故に代へよ。其れ長官の署せ

→補12ａ。**右八省相移式**—例示文は八省相互に授受される移の様式である、の意。以下、作成上および本条準用の規定。**内外諸司**—八省以外の諸司。**非相管隷**—所管の司をもたない官司。たとえば衛府・兵庫・馬寮・神祇官・京職(古記・令釈・義解)。→補11ａ。**因事管隷**—直接の統属関係にはないが、政務の種類によってその指揮下に入る官司。→補11ａ。**以以代故**—結文「故移」の故字を以字に代えて「以移」とする。**長官署**—八省以外の諸司の長官の位署。**准卿**—例示文の卿の位署と同様に署せ、の意。**長官無**—長官に支障ある場合の便宜処置。**僧綱**—僧正・僧都・律師→僧尼補3ｂ。以下、僧綱が諸司と相報答する場合の準用規定。ただしこの場合は移ではなく僧綱牒とする。なおこれ以下の規定は大宝令にはなかった可能性が大きい。→補12ｂ。**以移代牒**—初行と結文の移字を牒字に代える。**署名准省**—義解に「律師以上一人、署二卿処一、佐官署二日下一也」。佐官→僧尼17。**三綱**—上座・寺主・都維那。→僧尼3。

13 〔符式条〕符は所管の上級官司から被管官司に対して発せられる下達文書で、上申文書としての解に対するもの。本条はその様式と細則。大宝令符式と勅符→補13ａ。**太政官符**—以下五行は例示文。ここでは太政官が国司に対して下達する符の様式を挙げる。この行の下に大宝令では「勅直云勅符其国司位姓等」の注文があった(→補13ａ)。**其事云云**—下達事項の記述。**符到奉行**—符の実施を命ずる文言。**大弁位姓名**—太政官符は弁官に於て作成される→補13ｂ。そのためここでは弁と史のみが位署を加え、中納言以上の議政

官は加署しない。また上申文書としての解および同格官司の相互伝達ないし準上申文書の移の位署がいずれも年月日の下および次行であるのに対し、下達文書の符では年月日の前に加署される。**使人**―符を送達する使者。**鈴剋**↓公式42。**伝符**―伝馬を利用する使者に与えられる。↓公式42。**右**―以下細則ならびに準用規定。冒頭の文は、右の例示文は太政官が国に下す符の様式である、の意。**省台准此**―省(八省)・台(弾正台)が国に符を下す場合もこれに準ずる、の意。**若下在京諸司者**―たとえば太政官が省・台に、八省が所管の職・寮・司に符を下す場合。この場合は使者を注記しない。**凡**―以下、符式を用いる場合の通則を述べる。解によって上申する関係にある官司間にあって、上官(上級官司)が下(下級官司)に対し下達する場合には符式によれ、の意。これは「所管―被管」(↓補11a)の関係にある官司を指す。これとは別に、太政官が諸司に下達する場合もすべて符式による。なお凡字以下十五字は、大宝令にはなかった(↓補13a)。**署名准弁官**―省・台等の発する符に加える位署の準用規定。長官(支障あれば次官)および主典が署す。この文、大宝令では注文(↓補13a)。**出符**―実際に発布する符。以下の規定も省・台の発する符についての規定。**須案成**―草案のできるのを待って、の意。**并案**―出符と草案(本案)の両方とも、の意。令釈・義解によれば、太政官では本案に基づいて出符を検句し、出符には内印(公式40)を捺して施行させ、本案には外印(公式40)を捺して省・台に還すと説く。**当計会者**―太政官に於て計会すべき符については、の

むことは、卿に准へよ。長官無くは、次官、判官署せよ。国司も亦此に准へよ。移を以て牒に代へよ。其れ僧綱、諸司と相ひ報答せむも、亦此の式に准へよ。署名せむことは、省に准へよ。三綱も亦同じ。

13

符式

*太政官符其国司

*其事云云。*符到奉行。

*大弁位姓名　　史位姓名

年月日　*使人位姓名

*鈴剋　*伝符亦准レ此。

*右太政官下レ国符式。*省台准レ此。*一若下二在京諸司一者。不レ注二使人以下一。*凡応二為レ解向レ上者。其上官向レ下。皆為レ符。*署名准二弁官一。*其出符。皆*須二案成一。*二并レ案送二太政官一検句。若事*当二計会一者。仍録二*会目一。*与レ符倶*送二太政官一。

符式

太政官符其の国の司に

其の事云云。符到らば奉行せよ。

大弁位姓名　　史位姓名

年月日　使の人位姓名

鈴剋伝符も亦此に准へよ。

右は、太政官の国に下す符式。省台も此に准へよ。若し在京の諸司に下さむは、使の人より以下注さず。凡そ解に為りて上に向ふべくは、其れ上官の下に向へむは、皆符に為れ。署名せむことは、弁官に准へよ。其れ出符は、皆案成らむを須ちて、案に并せて太政官に送りて検句せよ。若し事計会すべくは、仍りて会目を録して、符と倶に太政官に送れ。

14　牒式

牒云云。謹牒。

年　月　日　　其　官　位　姓　名　牒

右内外官人主典以上。縁レ事申ニ牒諸司一式。三位以上。去レ名。若有ニ人物名数一者。件ニ人物於前一。

牒式

牒云云。謹牒。

年　月　日　　其　官　位　姓　名が牒

右は、内外の官人の主典以上の、事に縁りて諸司に申牒する式。三位以上は、名去てよ。若し人物の名数有らば、人物を前に件ねよ。

15　辞式

年月日位姓名辞。此謂。雑任初位以上。若庶人称ニ本属一。

意。**計会**→公式19 20 21。**会目**―計会すべき符を記した目録。**与符倶**―本案と会目とをともに、の意。**送太政官**―大宝令にはこの文に続けて「自余諸司応出公文者皆准此」の文があった(→補13 a)。

14 〔牒式条〕牒は内外の主典以上の官人個人が諸司に対して上申する場合の公文書。本条はその書式と細則。ただし名称は同じでも移式を準用する僧綱・三綱の牒とは書式を異にする。→補14。

右―以下、牒式の適用規定及びその細則。**主典以上**―四等官。義解は内舎人(職員3)・才伎長上(禄令3)もこれに準ずるとする。**申牒**―個人が官司に上申することを意味する熟語。次条辞式にもみえる。**去名**―位署の名を略す。なお延暦二十三年九月二十三日官符(三代格)により、親王四品以上及び職事三位以上は「立ニ嫡子一及遭レ喪請レ假之類」のみ自牒自署し、以外は家司の牒によることが許されることとなった。**人物**―人と物。**名数**―名と数量。**件**―箇条書きする意。**前**―令釈・義解ともに「牒云々之前」とする。

15 〔辞式条〕辞は内外の雑任以下の個人が諸司に上申する場合に用いられる公文書。本条はその書式と細則。→補14。

位姓名―集解諸説は本司を注すべしとする。**此**―「年月日位姓名辞」の書式は、の意。**雑任初位以上**―雑任のうちの有位者。但し、雑任と初位以上の二事と解する説もある。この場合の雑任には無位の雑任も含まれるから、したがって下文の庶人の解釈も異なってくる。雑任はいわゆる内分番の官(選叙14)。**庶人**―白丁(跡記)、あるいは本司なき白丁(穴記)。

其事云云。謹辞。

右内外雑任以下。申ニ牒諸司一式。若*有ニ人物名数一者。件ニ人物於云云前一。

辞式（じしき）

年月日位姓名が辞。此は、謂はく、雑任の初位以上をいふ。若し庶人は本属称せよ。

其の事云云。謹辞。

右は、内外の雑任以下、諸司に申牒する式。若し人物の名数有らば、人物を云云の前に件ねよ。

16 勅*授位*記式

中*務省

本*位姓名　年若干　今授其位*

年　月　日

中*務卿位姓名

太*1政大臣位姓　大納言加レ名。*

式*部卿位姓名

右*勅授ニ五*位以上位記一式。皆*見在長官一人署。若*長官無。則大納言及少*輔以上。依*レ式署。兵*部亦同。以*下准レ此。

勅授の位記式（ちょくじゅゐきしき）

中務省

本属―戸籍に登載されている地。本貫。↓戸令12。**若**―以下牒式と同じ。

16 〔勅授位記式条〕内外の五位以上を授与する場合の位記の書式と、それについての細則規定。

勅授→選叙補2b。授位にはその位階により勅授・奏授・官判授の三つの別がある(選叙2)。本条は勅授の対象となる内外五位以上に与えられる位記の書式。**位記**―授位の証書。唐での告身に当る。勅授の位記には内印が踏される(公式40)。日本における位記は、浄御原令によってはじめて施行。**中務省**―勅授の場合は天皇の意志が中務省に伝達され、同省で位記の案が草される。よってこの三字が初行に書かれる。執筆の官は内記(穴記)。なお以下の書式は文官に五位以上を与えるときに交付される位記の例示。**本位**―もとの位階。**其位**―新叙の位階。**中務卿**―天皇の意を体して位記案作成を担当した官司としての中務省の長官の位署。後文に「皆見在長官一人署」。以下二つの位記も太政官・式部省の長官各一人のみが位署を加える。ただし公式89古記は、八十一例文とみられる文を引き、「位記署名者、不ニ必自署一也」とする。なおこの中務卿の位署までが中務省で草せられ、太政官に送られる。**太政大臣**―太政官の長官(太政大臣・左右大臣のいずれも可)の位署。位署には名を省く。こののち文官の位記ならば式部省に、武官の位記ならば兵部省に送られる。**大納言**―大臣に支障ある場合の便宜処置。この場合は位姓名を署す。**式部卿**―本条は文官の位記の例示であるため、式部卿の位署が掲記されている。武官の位記ならば兵部卿が位署を加

本位姓名 年若干 今授けたまふ其の位

年 月 日

中 務 卿 位 姓 名

太 政 大 臣 位 姓 大納言は名加へよ。

式 部 卿 位 姓 名

右は、勅に五位以上の位記授けたまふ式。皆見在の長官一人署せよ。若し長官無くは、大納言及び少輔以上、式に依りて署せよ。兵部も亦同じ。以下も此に准へよ。

17 *奏授位記式

*太政官謹奏

本位姓名 年若干其国其郡人 今授其位

年 月 日

*太 政 大 臣 位 姓 大納言加レ名。

*式 部 卿 位 姓 名

右奏授二*六位以下位記一式。

奏授の位記式

太政官謹奏

本位姓名 年若干其の国其の郡の人 今授けたまふ其の位

える。授位された官人には式部・兵部のいずれかの省から位記が交付される。勅授位記式の変化→補16。**右**—以下、勅授位記式の適用と、書式についての準則。**五位以上**—選叙2に「内外五位以上勅授」。本条令釈に「女位記者准二此式一」。選叙2跡記・義解に「勲六等以上為二勅授一」。勲六等の相当位は従五位下(官位11)。**見在**—原則として現に在任している長官のみが位署を加える。**若**—見在の太政大臣・左大臣・右大臣・中務卿・式部卿(兵部卿)等なき場合の位署の準則。**少輔以上**—中務・式部・兵部三省の少輔以上。**依式**—本条の書様の如くに、の意。**兵部亦同**—武官の位記についての準則。**以下**—次条以下の奏授位記式と判授位記式を指す。この箇所の注文八字は大宝令では単に「兵部准此」。

17 〔奏授位記式条〕六位以下内八位・外七位以上を授与する場合の位記の書式。**奏授**→選叙補2b。**太政官謹奏**—奏授の場合、位記案作成の主体は太政官。太政官奏がそのまま位記となる。**太政大臣**—位記の作成ならびに交付主体としての太政官の長官の位署。ついで位記は式部省または兵部省に伝えられ、授位される官人に手渡される。**式部卿**—文官の場合の署。武官の場合は兵部卿。**六位以下**—選叙2に「内八位、外七位以上奏授」。

18 〔判授位記式条〕外八位及び内外初位を授与する場合の位記の書式。**判授**→選叙補2b。**外八位及内外初位**—選叙2に「外八位及内外初位、皆官判授」。

19 〔計会式条〕計会は、官司間に授受・交換された公文書及び人員物件を、相互に対照し確認すること。そのために作成される

年　月　日

太　政　大　臣　位　姓　大納言は名(な)加へよ。

式　部　卿　位　姓　名

右は、奏(そう)して六位以下の位記授(さづ)けたまふ式。

18 判*授位記式

太政官

本位姓名　年若干其国其郡人　今授其位

年　月　日

大　納　言　位　姓

式　部　卿　位　姓　少輔以上加レ名。

右判授二外*八位一。及内外初位々記一式。

判授(はんじゅ)の位記(いき)式(しき)

太政官

本位姓名　年若干其の国其の郡の人　今授(さづ)けたまふ其の位

年　月　日

大　納　言　位　姓

式　部　卿　位　姓　少輔以上は名(な)加へよ。

右は、判(ことわ)りて外八位及び内外の初位の位記授(さづ)けたまふ式。

帳簿を一般に計会帳といい、以下21条までその書式と細則。計会式の構成→補19。

太政官会諸国及諸司式―以下第19条の終りまで、太政官が一年間に諸国・諸司に下した詔勅・官符等を各国・各司別に集計し、計会に備えるために作成される帳簿の様式と細則規定。**下其国**―一年間にその国に下した(詔勅・官符)。**省台亦准此**―太政官が省(八省)・台(弾正台)等に下した詔勅等についての準則。

合詔勅若干―太政官がその国に対して一年間に下した詔勅の条数。**条別顕注**―箇条別に明記すること。穴記は「条別者、計二条数一不レ計二書数一」といい、一通ごとに顕注するのではなく、内容によってグループ分けすると説く。**為其事**―顕注すべき事項。詔勅の内容の要約を注すること。**人物名数**―人と物及びその名称と数量。**件人物於前**―古記・令釈・義解はいずれも、人物は顕注すべき「其事」の前に書すのであって、「合詔勅若干」の前に書すのではないと説く。つまりこの文は注文のみにかかる文。**合官符若干**―太政官がその国・司に下した一年間の太政官符の条数。**准前**―詔勅の場合と同じように。**右**―以下本帳簿記載上の事項別分類と記載の方法についての規定。**追**―「謂喚二在外人一也」(古記・令釈)。**徴**―「謂徴二国司欠負一之類」(古記・令釈)。→獄令52。**科造**―義解は「科者、科備也、造者、造作也」として科と造を区別し、古記は「科造、謂仮有、其国爾其物作止符遣乎云」として諸国に造作を命ずることと説く。**流徒移配**―古記によれば徒人を移し流人を配すること。→獄令13。ただし令釈・義解は流徒人の居所を変更すること、及び僧尼を外国の寺に配すること(僧尼25)等をいうとする。**捕獲逃亡**—犯罪者および囚人等の逃亡の捕獲→捕亡1。**除附**—通常は籍帳より除きまたはそれに登載する意。→戸令10 14。ただし本条古記は「除、謂ニ復除々貫之類一、附、謂ニ附徴附貫之類一」と、より拡大して解釈している。**蠲免**—蠲符による課役の免除→賦役11。**解黜官位**—官を解き位をくだすこと。ただしここでは解官(古記・義解)。**追徴位記**—位記の剝奪。**色別**—項目別に。追徴科造以下の事項を指す。**某年月日**—官符等の作成の日付。**下国某符**—大宝令では「下其国符」。**其月日**—官符等を使者に託した日付。大宝令では「其月日使人位姓名」。**返抄**—受領したことを証する返書。国司等が太政官に提出したもの。**若**—以下は本条のみに拘らず20 21条にも適用すべき準則。太政官が直接に関与しない諸司相互間の人物等の授受に関しても本条に準ずべきことを定めたもの。省台等の出符に際しては、計会すべき符の会目が太政官に提出される(公式13)。**国司**—国司が人・物を京官あるいは他国に送付した場合。**送処**—人・物等を送った国。**領処**—人・物等を受領した京官あるいは他国。

20　〔諸国会式条〕計会式の第二項で、諸国が太政官に対して提出する計会のための公文の様式及びその細則。→補20。**合詔勅若干**—その国が一年間に受領した詔勅の条数。次行はその官符。**准前注**—前条の注文の規定にしたがって注すの意。**被**—名義抄カウフル、受けること。以下「返抄」まで計会帳に記載すべき文章の例示。たとえば某年月日付の符による追徴科造等の事については、その符は某月日に到着し、符の命ずるところ

19

計会式

*太政官会ニ諸国及諸司一式

太政官

*下其国。*一省台亦准レ此。

*1合詔勅若干 二 *条別顕注云。*為ニ其事一。若有ニ人物名数一者。*即件ニ人物於前一。

*合官符若干 *准レ前顕注。

*右凡是追*徴*科*2造。送ニ納人物一。物。謂。官物。人。謂。流*徒移配。及*捕ニ獲逃亡一之類。*除附*蠲免。*及解ニ黜官位一。*追ニ徴位記一。*皆色別為レ会云。*3某年月日下レ国*三某符。4 *其月日付ニ四使人某官位姓名一。5 若得ニ*返抄一者。云。得ニ其官位姓名某6月日返抄一。*若非ニ官処分一。而*国司応下送ニ人物一向中京及他国上者。*送処*領処。亦准レ此為レ会。

計会式

太政官の諸国及び諸司に会する式

太政官

下す其の国に　省台にも亦此に准へよ。

合せて詔勅若干　条別にし、顕し注して云はまく、其の事の為といへ。若し人物の名数有らば、即ち人物を前に件ねよ。

合せて官符若干　前に准りて、顕し注せ。

右は、凡そ是れ追徴科造せむ、人物を送り納めむ、物といふは、謂はく、官物をいふ。人といふは、謂はく、流徒移配、及び逃亡捕へ獲たる類をいふ。除附蠲免せむ、及び官位を解き黜けむ、位記を追徴せば、皆色別に会を為りて云はまく、某の年月日に国に下す某の符、其の月日に使人某官位姓名に付けたりといへ。若し官の処分に非ずして、国司人物を送りて、京及び他国に向ふべくは、送らむ処も、領けむ処も、亦此に准へ、会為れ。

20 諸国応二官会一式

其国

合*詔勅若干　准*レ前注。

合官符若干　准レ前注。

右被*二官其年月日符下一。追徴科造等事。其符其月日到レ国。依レ符送二其処一訖。獲二其位姓名其月日返抄一。受納*之司。亦依二見*領数一為レ会。若*両国自相付領者。亦准レ此為レ会。送レ官対勘。

諸国の官に会すべき式

其の国

合せて詔勅若干　前に准へて注せ。

合せて官符若干　前に准へて注せ。

にしたがって命ずる場所に人あるいは物を送り、送り先の某人の某月日付の返抄(受領証)を得ている、と記載する。**受納之司**—人あるいは物等を受けた側の司。**見領数**—実際に受領した人あるいは物の数。**若**—以下、詔勅・官符等の命によらず国相互に人・物等を送納した場合についての準則。この場合も上例にならって計会帳に記載され、太政官に報告すべき義務がある。

21 〔諸司会式条〕計会式第三項の、在京諸司が太政官に対して提出する計会のための公文の様式、及び計会式第四項の、第19〜21条すべてに適用される通則的規定。→補19。**非有人物者則不会**—人・物を送納する場合以外は計会に応ずる必要はなく、したがって計会帳に記載しなくてもよい、の意。その理由を義解は「追徴科造之類、在京諸司、相去不レ遠、故不レ会也」と説く。令釈も同じ。**被**—以下、注記すべき例示文。太政官の某年月日付の符による人・物を受納せよという命令については、某月日付の其の命ぜられた国の解送を得てたしかに数量通り受納した、の意。**以前応会之事**—以下計会式第四項→補19。**以七月卅日以前為断**—計会すべき事項は七月卅日を以て区切りとする。即ち前年八月一日から当年七月末日までを計会の一年度とする。天平六年出雲国計会帳でも同じ。**十二月上旬勘了**—太政官における計会事務終了の期限。大宝令での勘了期限と朝集使→補21a。**被管諸司**—以下の注文は計会帳を太政官に進上するまでの、諸司内での勘査の手続き。→補21b。**押署**—位署を加え省印等を捺すこと。その手順について義解は「於二被レ管会帳之後一、右は、官の其の年月日の符下を被るに、追徴科造等の事、其れの符は、其れの月日に国に到れり。符に依りて其の処に送り訖りて、其の位姓名が其れの月日返抄獲たりといへ。受け納れむ司も、亦見に領けたらむ数に依りて、会為れ。若し両つの国自ら相ひ付け領けむは、亦此に准へて会為りて、官に送り対ひて勘へよ。

21

諸司応二官会一式

其省　台及余司。皆准レ此。

合詔勅若干　*非レ有二人物一者。則不レ会。

合官符若干　准レ前注。

　右*被二官其年月日符一令レ納。其月日得二其国解送一。依レ数納訖。

*以前応レ会之事。*以二七月卅日以前一為レ断。*十二月上旬勘了。*被レ管諸司。皆於レ所レ管勘校。自余諸司。各本司勘審。並無レ漏。然後長官押*署。封送二太政官一。*国司亦准レ此。*附二朝集使一。送二太政官一。*分二遣少弁及史等一。*惣二集諸司主典及朝集使一。*対勘。若有二*詐偽隠漏不同一者。随レ*状*推逐。*其脱漏応レ附レ考者。*以二五分一論。毎レ漏二一分一。降二考一等一。*所レ管通二計被レ管。為レ考。弁官条録。*送二式部一*附唱。*其応レ会之外。*公文須二*相報答一者。在京諸司。過二一月一不レ報。諸国計レ*程外。過二*一季一不レ報。毎レ年朝集使来日。並録送レ*省。対唱附レ考。

諸司の官に会すべき式

所レ管長官押而署也」という。**国司亦准此**—義解によれば、国司は所管の司をもたない「自余諸司」と同様に本司(国司)が勘審する。**朝集使**→考課1。大宝令での勘了期限との関係→補21a。**分遣**—分配派遣して対勘事務を担当させる。**諸司主典**—大宝令では「諸司録令史」。**対勘**—対面のうえ口頭で審問すること。**詐偽隠漏不同**—故意によるいつわりの記載。**状**—あるがままの状態。**推逐**—推問追及すること。**其**—以下「附唱」まで大宝令では注文であったらしい。単なる過失による脱漏によって考を貶する場合の細則。**附考**→考課2。**以五分論**—古記は「注云」として「以十分論、毎漏一分降考一等」の大宝令文を記す。大宝令の方が脱漏の科が重視されていた。**所管通計被管為考**—被管諸司の考を通計して上級の所管官司の考とする。**送式部**—武官ならば兵部。**附唱**—考に附けて本人に唱示(考課59)する。**応会之外**—第19条に挙げる追徴科造等以外。**公文**—公文書。**相報答**—公文書の授受。**程**—行程の期。**一季**—三か月。**省**—式部省または兵部省。

22　〔過所式条〕過所(関の通行許可書)の書式と発行手続に関する規定。→補22。**其事云云**—過所申請事由の記述。穴記によれば、これ以下「馬牛若干疋頭」まで、申請者みずからが書すとする。以下の書様は在京の官人または庶人が諸国に赴く場合の過所の例示。**某関**—こえるべき関の名称。関→関市補1。**其国**—目的地たる国の名。**某官位姓**—官人の場合の書例。**称卿**—たとえば「其官従三位藤原卿」(穴記)。**資人**—穴記によれば、資人(軍防49)が従者として赴く場合と、資人ひ

其れの省 台及び余司も、皆此に准へよ。
合せて詔勅若干 人物有るに非ずは、会せず。
合せて官符若干 前に准へて注せ。

右は、官の其の年月日の符を被りて納れしめむには、其の月日にして、其の国の解送を得て、数に依りて納れ訖んぬといへ。

以前の会すべき事、七月の卅日の以前を以て、断ること為よ。十二月の上旬に、勘へ了へよ。管べらるる諸司は、皆管ぶる所にして勘校せよ。自余の諸司は、各本司にして勘審せよ。並に漏らすこと無くして、然うして後に長官押署して、封して太政官に送れ。国司も亦此に准へよ。朝集使に附けて、太政官に送れ。少弁及び史等を分ち遣りて、諸司の主典及び朝集使を惣べ集め、対ひて勘へよ。若し詐り偽り隠し漏らして、不同有らば、状に随ひて推逐せよ。其れ脱漏して考に附くべくは、五分を以て論せよ。一分漏らさむ毎に、考一等降せ。管ぶる所、管べらるるを通計して考すること為よ。弁官条に録して、式部に送りて附けて唱せ。其れ会すべき外に、公文相ひ報答すべくは、在京の諸司は、一月過ぐるまでに報せず、諸国は程を計への外、一季に過ぐるまでに報せずは、年毎に朝集使の来らむ日に、並に録して省に送れ。対ひて唱して考に附けよ。

22 過所式

*其事云云。度二某*1関一往二其*国一。

とり赴く場合のいずれにも該当する。書様は「其官位姓之資人位姓名」(令釈・義解)。**庶人**―申請者が無位の庶人である場合。**本属**―本貫→戸令12。**従人**―従者。**其物**―携行物。**其毛**―携行する馬・牛の毛の色。たとえば平城宮跡出土木簡過所に「鹿毛」。**牡牝**―牡・牝の別。同出土木簡過所に「牡馬」。**疋頭**―馬・牛の数。集解にはこの下に「歳」字あり。前掲木簡過所にも「歳七」の記載あり。**年月日**―過所を発行する官庁が申請を許可した日付。**主典**―過所を発行する官庁の主典。左右京職・摂津職なら属、大宰府なら典、諸国なら目。次行の「次官」もこれに倣う。大宝令では「年月日」下に「其職」の二字あり。**右**―以下、過所発給の手続き。**依式**―例示した書式の如くに。**所司**―在京の官人・庶人なら左右京職、在外の者なら国など。**依式署**―例示の書様の如く次官・主典が加署すること。**留為案**―所司に留めて案とする。**判給**―申請者に発給する。

23 〔平出条〕以下37条までの十五条は、通常一括して平出条と呼ばれる。条文の冒頭に凡字を用いない。→補23a。平出とは「平頭抄出」すること、つまり文章中にこれらの文字を使用する場合は行を改め、行頭に書いて敬意を表すること。

皇祖―平出条の第一。天皇の先祖または始祖と、天皇の亡祖父に対する敬称との二義あり。→補23b。

24 平出条の第二。天皇の亡祖母。ただし大宝令に本条なし。→補23b。

25 平出条の第三。天皇の亡父。大宝令でも「皇考」。

26 平出条の第四。天皇の亡母。大宝令でも「皇妣」。

27 平出条の第五。穴記に「太上天皇崩之後、同可レ云二先帝一」、古記に「問、先帝、未レ知二其限一。答、無レ限」。

28 平出条の第六。→儀制1。以下32条まで天皇を指す語。天子は、儀制1古記に「須売弥麻乃美己等」、同条義解に「須明楽美御徳」。

29 平出条の第七。→儀制1。

30 平出条の第八。→儀制1。

31 平出条の第九。→儀制1。

32 平出条の第十。張衡、東京賦注「綜曰、至尊、天子也」。

33 平出条の第十一。譲位した前天皇に奉ぜられる尊号。→儀制1。

34 平出条の第十二。「諡者、累二生時之行迹一、為二死後之称号一」(令釈・義解)。おくりな。→補34。大宝令でも「天皇諡」。

35 平出条の第十三。天皇の祖母の身位を示す称号。→補35。

36 平出条の第十四。天皇の母の身位を示す称号。→補35。35 36条の大宝令文は、いずれも養老令と同じ(古記より推定)。

37 平出条の第十五。「天子之嫡妻也」(令釈・義解)、その身位を示す称号。→補35。
右—23条以下37条までのすべて。**平出**—「平頭抄出」(令釈・義解)。→公式23注。

38 〔闕字条〕闕字すべき語の規定。文章中に以下の文字を使用する時は、一字空闕にして敬意を表する。本条も冒頭に凡字がない(→補23 a)。
大社→名例6注。**陵号**—先皇の山陵(喪葬1・

某官位姓。三位以上。称レ卿。*資人。*位姓名。年若干。若庶人称二本属一。*従人。*某国某郡某里人姓名年。奴名年。婢名年。其物若干。*其毛牡牝馬牛若干疋頭。*

年月日*　主典位姓名*

次官位姓名

右過所式。*並令下依レ式具録二二通一。*申中送所司上。*々々勘同。即依レ式署。*

一通留為レ案。*一通判給。*

過所式

其の事云云。某の関を度え、其の国に往くといへ。

某の官位姓。三位以上は、卿称せよ。資人、位姓名。年若干。若し庶人は本属称せよ。

従人ならば、某れの国某れの郡某れの里の人姓名年　奴の名年、婢の名年。其の物若干。

其の毛の牡牝の馬牛若干の疋頭。

年月日　主典位姓名

次官位姓名

右の過所式は、並に式に依りて具に二通録し、所司に申し送らしむ。所司勘ふるに同せば、即ち式に依りて署せよ。一通は留めて案と為よ。一通は判り給へ。

23 皇祖*

皇祖

名例6）の名。ただし天平宝字四年以後「太皇太后、皇太后御墓者、自レ今以後、並称ニ山陵一」（続紀）。**乗輿**↓儀制1。**車駕**↓儀制1。**詔書**↓公式1。**勅旨**↓公式2。**明詔**―詔旨の美称。**聖化**―天皇の徳化。**天恩**―天皇の恩恵。**慈旨**―天皇の言葉。**中宮**↓職員4。**御**―天皇。**至尊**↓公式32。**闕庭**―天皇の居所。**朝庭**↓儀制5。**東宮**↓東宮1。**皇太子**↓儀制3。**殿下**↓儀制3。**闕字**―その文字の上を一字空闕にする。

39　〔汎説古事条〕平出と闕字の例外規定。大宝令も同文。

汎説古事―たとえば「凡人君者、父レ天母レ地、故曰ニ天子一」の如く一般論として天子の語を用いる場合（義解）、「異国之君名」を説いて「非下指ニ当国君上一説上」の場合（古記）。**平闕之名**―23条から38条までに掲げられた語。平闕は平出と闕字。**非指説**―本人を特に指して説くのではない場合。

40　〔天子神璽条〕公印の規格とその使用規則。↓補40。本条も冒頭に凡字がない（↓補23 a）。

神璽―神祇13に「神璽之鏡剣」。↓神祇補13 c。**践祚**↓神祇13。**内印**―「天皇御璽」の印。**五位以上位記**↓公式16。**下諸国公文**↓補40。**外印**―「太政官印」の印。**六位以下位記**↓公式17 18。**太政官文案**―大宝令では「太政官及諸司案文」。**諸司印**―大宝令にこの規定なし。ただし義解は「謂、省台寮司等、各皆有レ印也」とする。↓補40。**官**―太政官。解式（公式11）を用いる。**移**↓公式12。**牒**↓公式14。**上京公文**―諸国から太政官及び省・台等に提出する解。**調物**―調物に国印を印すること↓

24　皇祖妣　皇祖妣（わうそび）

25　皇考　皇考（わうかう）

26　皇妣　皇妣（わうび）

27　先帝　先帝（ぜんだい）

28　天子　天子（てんじ）

29　天皇　天皇（てんわう）

30　皇帝　皇帝（わうだい）

31　陛下　陛下（へいげ）

32　至尊　至尊（しそん）

33 太上天皇

太上天皇

34 天皇諡

天皇の諡

35 太皇太后 太皇太妃。太皇太夫人同。

太皇太后 太皇太妃、太皇太夫人同じ。

36 皇太后 皇太妃。皇太夫人同。

皇太后 皇太妃、皇太夫人同じ。

37 皇后 右*皆平*出。

皇后 右は皆平出せよ。

38 大*社 陵*号 乗*輿 車*駕 詔*書 勅*旨 明*詔 聖*化 天*恩 慈*旨 中*宮 御*謂。斥二至*尊一。闕*庭 朝*庭 東*宮 皇太*子 殿*下
右如レ此之類。並闕*字。

大社 陵号 乗輿 車駕 詔書 勅旨 明詔 聖化 天恩 慈旨 中宮 御 謂はく、至尊斥すをいふ。闕庭 朝庭 東宮 皇太子 殿下
右は、此の如き類は、並に闕字せよ。

賦役2。

41 〔行公文皆印条〕 公文書に踏印する際の、その場所・位置についての規定。→補41。**行公文**—施行するすべての公文書。**事状**—本文。**物数**—物件の員数を記した部分。**年月日**—発行年月日。**署**—位署の部分。**縫処**—二紙以上にわたる場合の紙つぎ目。→補41。**鈴伝符剋数**—駅鈴の剋数あるいは伝符の剋数を記した部分。飛駅下式(公式9)・同上式(公式10)・符式(公式13)参照。→補42。

42 〔給駅伝馬条〕 公用の使節発遣に当って給せられる駅馬・伝馬の規定。その数は鈴・伝符の剋数と同じ。多少は使節の帯びる位階の高下による。→補42。**駅伝馬**—駅馬と伝馬。→厩牧16。**鈴**—駅鈴。駅馬利用の資格を証明するもの。駅使が携行する。**伝符**—伝馬利用資格の証明。**剋数**→補42。**十駅以上**—駅間距離の標準は三十里(厩牧14)。したがって三百里以上。**六駅以下**—集解諸説によれば四駅以上。**数外**—位階に応じた剋数のほかに。**別給**→補42。**駅子**→賦役19。**二日之内**—遅延した場合は職制41に「其節刀駅鈴者、一日笞五十、二日加二一等一、十日徒一年、伝符減二三等一」、擅興律3に「其駅鈴違レ限不レ納者、笞四十、伝符減二一等一」。令釈によれば職制41は京に「還」った場合、擅興律3は国に「到」った場合に適用される。**送納**—京ならば太政官の少納言(職員2)を経て中務省の主鈴(職員3)に、諸国ならば長官に(公式43)。

43 〔諸国給鈴条〕 諸国に配備される駅鈴等の数とその管理に関する規定。→補43a。**鈴**—駅鈴。その剋数は別式により定められる

39 凡汎*説二古事一言。及二平*闕之名一。非*二指説一者。皆不二平闕一。

凡そ汎く古事を説くが言、平闕の名に及び、指して説くに非ずは、皆平闕せず。

40 天子神*璽。謂。践*祚之日寿璽。宝而不レ用。内*印。方三寸。五*位以上位記。及下*二諸国一公文。則印。外*印。方二寸半。六*位以下[1]位記。及太*政官文案。則印。諸*司印。方二寸二分。上レ官*公文。及案移**牒。則印。諸国印。方二寸。上*レ京公文。及案調*物。則印。

天子の神璽。謂はく、践祚の日の寿の璽をいふ。宝として用ゐられず。内印は、方三寸。五位以上の位記、及び諸国に下さむときの公文に、印せよ。外印は、方二寸半。六位以下の位記、及び太政官の文案に、印せよ。諸司の印は、方二寸二分。官に上らむ公文及び案、移、牒に、印せよ。諸国の印は、方二寸。京に上る公文及び案、調物に、印せよ。

41 凡行*公文。皆印二事*状。物*数。及年*月日。幷署*。縫*処。鈴*。伝符。剋数一。

凡そ行はむ公文には、皆事状、物数、及び年月日、幷せて署、縫の処、鈴、伝符、剋の数に印せよ。

42 凡給二駅*伝馬一。皆依二鈴**伝符剋*数一。事速者。一日十*駅以上。事緩者八駅。還日事緩者。六*駅以下。親王及一位。駅鈴十剋。伝符卅剋。三位以上。駅鈴八剋。伝符廿剋。四位。駅鈴六剋。伝符十二剋。五位。駅鈴五剋。伝符十剋。八位以上。駅鈴三剋。伝符四剋。初位以下。駅鈴二剋。伝符三剋。皆数*外。別*給二駅*子一人一。

(古記・令釈・義解)。↓補43b。**太宰府**―管内諸国に給せられる駅鈴は下文の規定による(跡記・義解)。**三関**―伊勢国鈴鹿関・美濃国不破関・越前国愛発関。**大上国三口中下国二口**―諸国に配備される駅鈴数。↓補43b。**関契**―木契(古記)。↓補43a。**長官**―その司の長官。大宰府なら帥、諸国なら守。

44 〔車駕巡幸条〕 行幸ある場合、主鈴・蔵司の管理する鈴・契の取扱に関する規定。**車駕**↓儀制1。**京師**―京。↓補44。**留守官**―たとえば「天子出行、太子留守」(公式5義解)↓儀制4。**鈴契**―主鈴の管する駅鈴(職員3)と蔵司の管する関契(後宮5)。

45 〔給随身符条〕 随身符の支給とその取扱に関する規定。↓補45a。**大納言**―以下五衛佐までいずれも議政官ならびに宿侍・宿衛の官。ただし古記今行事では「中務以下、随身符不レ給也」。**随身符**―後文によれば一種の割符。↓補45a。**左二右一**―大宝令では「左右二」。割符の左と右。宮衛10の「契」が随身符とすれば、「刻二其側一、合以為レ信」(同条義解)。**内**―内裏。ただし管掌の官司不明。恐らくは蔵司または闈司。**袋**―唐令では「三品以上飾以レ金、五品以上飾以レ銀」。**在家非時別勅追喚**―在家非時は宿侍・宿衛の任に非ざる時、殊に夜間をいう(古記・令釈・義解)。追喚は召し寄せること。↓補45b。**勘符同**―右符と左符が一致したならば。**承用**―出頭した使者の趣を認めて内に通じる。**有参差**―右符と左符が一致しないこと。**本司**―大納言以上・中務少輔・五衛佐以上のそれぞれ所属する官司。

46 〔国有急速条〕 諸国が相互に駅を発して緊急事態の発生を告知しあった場合の、事後の太政官への報告義務に関する規定。
急速大事―古記によれば急速にしてかつ大事。たとえば「盗賊劫略、転入二比界一之類」を急速とし、「指二斥乗輿一、情理切害、究二其徒党一、亦分入二傍界一之類」を大事とする(令釈・義解)。**馳駅**→補9。**諸処**―隣国その他。**朝集使**→考課1。**具録**―以下、毎年朝集使が太政官に報告すべき事項。駅を利用した使者の位姓名、発遣の日月、利用した馬疋の数、告知の内容等。**承告之処**―告知を受けた隣国等。**勘当**―審査。**随事推科**→職制35。

47 〔国司使人条〕 諸国が使者を発遣して在京諸司等に解文を上申する場合の申了期限に関する規定。
使人―国司四等官以外をも含む。義解に「郡司及雑任皆是也」。**十条以上**―上申事項数で計える説(令釈)と解文の通数で計える説(古記・義解)あり。**申畢**―単なる進了とする説(義解)と問審に応ずる時間も含むとする説(令釈・跡記)の二説あり。

48 〔在京諸司条〕 在京諸司の官人が駅馬を利用する場合の手続規定。
有事―穴記私案「臨時事尋常事也」。古記・令釈・義解は神祇官の奉幣使、宮内省の御贄使を例示する。**本司**―使者の所属する官司。**奏給**→公式5。

49 〔駅使在路条〕 駅使の旅行中、支障の生じた場合の便宜措置。
駅使―駅馬を利用する使者。**遇患**―病患をえた場合。父母の喪に遭った場合も同様に取扱われる(古記・令釈・義解)。→職制34。**所有**

其六位以下。随レ事増減。不二必限一レ数。其駅鈴伝符。還到二*日之内。送*納。

凡そ駅伝馬給はむことは、皆鈴、伝符、剋の数に依れ。事速ならば、一日十駅以上。事緩くは八駅。還らむ日に事緩くは、六駅以下。親王及び一位に、駅鈴十剋、伝符卅剋。三位以上に、駅鈴八剋、伝符廿剋。四位に、駅鈴六剋、伝符十二剋。五位に、駅鈴五剋、伝符十剋。八位以上に、駅鈴三剋、伝符四剋。初位以下に、駅鈴二剋、伝符三剋。皆数の外に、別に駅子一人給へ。其れ六位以下は、事に随ひて増減せよ。必ずしも数限らず。其れ駅鈴、伝符は、還り到りて二日の内に、送り納めよ。

43 凡諸国給レ*一鈴者。*太宰府廿口。*三関及陸奥国各四口。*大上国三口。中下国二口。其三関国。各給二関*契二枚一。並*長官執。無次官執。

凡そ諸国に鈴給はむことは、太宰府に廿口。三関及び陸奥国に各四口。大上国に三口。中下国に二口。其れ三関の国には、各関契二枚給へ。並に長官執れ。無くは次官執れ。

44 凡*一車駕巡幸。*二京師*留守官。給二鈴*契一。多少臨時量給。

凡そ車駕巡幸せむ、京師に留りて守らむ官には、鈴契給へ。多少は臨時に量りて給へ。

45 凡親王及大*納言以上。并中務少輔。五衛佐以上。並給二随身*符一。左二右一。右符随レ身。左符進レ*内。其随レ身者。仍以レ*一袋盛。若*在レ家非レ時。別勅追喚者。勘*レ符同。然後承*用。其左符勘訖。封印付レ使。若使至無レ符。及勘有二*参差一。不

レ得ニ承用一。其*本司自相追喚。不レ在ニ此例一。

凡そ親王及び大納言以上、并せて中務の少輔、五衛の佐以上には、並に随身符給へ。左二つ、右一つ。右符は身に随へよ。左符は内に進れ。其れ身に随へむは、仍りて袋を以て盛れよ。若し家に在りて時に非ずして、別勅に追喚せば、符を勘ふるに同せば、然うして後に承け用ゐよ。其れ左符勘へ訖りなば、封印して使に付けよ。若し使至りて符無からむ、及び勘ふるに参差すること有らば、承け用ゐること得じ。其れ本司の自ら相ひ追喚せむは、此の例に在らず。

46 凡国有ニ*急速大事一。遣レ使*馳駅。向ニ*諸処一。相報告者。毎レ年*朝集使。*具録ニ使人位姓名一。并注ニ発時日月一。給馬疋数。告三事由状一。送ニ太政官一。*承レ告之処亦准レ此。太政官*勘当。有レ不レ応レ発レ駅者。*随レ事推科。

凡そ国に急速の大事有り、使を遣りて、馳駅して、諸の処に向ふて、相ひ報告せば、年毎に朝集使、具に使の人の位姓名を録し、并せて発てし時の日月、給ひし馬疋の数、告する事の由状を注して、太政官に送れ。告承けむ処も亦此に准へよ。太政官勘当するに、駅発つべからざること有らば、事に随ひて推科せよ。

47 凡国司*使人。送レ解至レ京。*十条以上。限ニ一日一*[1]申畢。廿条以上。二日了。卌条以上。三日了。一百条以上。四日了。

凡そ国司の使の人、解送りて京に至らば、十条以上ならば、一日を限りて申し畢へよ。廿条以上ならば、二日に了へよ。卌条以上ならば、三日に了へよ。一百条以上

文書—使者の携行する文書。**同行人**—奴を除く従人(令釈・義解)。宛先。**前所**—「指詣之所」(古記・令釈・義解)。**駅長**↓厩牧15。**前所**—ここでは「前路之国、非ニ指詣之所一」(義解)、「前国司」(古記)。使者進行路上の最も近接する国府。**国司**—駅長から文書を受領した前所の国司。**逓送**—国から国への送付。

50 〔国有瑞条〕 諸国が飛駅を発して中央に報告すべき事項の規定。その令条内の具体例↓補9。**大瑞**↓儀制8。**軍機**—「軍機、謂軍政也」(古記・跡記)、「機、萌動也」(令釈・義解)。**災異**—「一処不熟五十戸者、馳駅言上」(賦役9令釈師説・同義解・慶雲三年九月二十日格)。**疫疾**—「勘ニ計国内疾人一、異ニ於常年一者、馳駅耳」(跡記)。**境外消息**—義解に「告レ飢請レ救之類」。ただし諸説↓補50。

51 〔朝集使条〕 諸国朝集使の駅馬を利用し得る範囲の規定。七道制↓補51a。**朝集使**↓考課1。**坂東**—「駿河与ニ相模一界坂也」(令釈・義解)。**山東**—「信濃与ニ上野一界山也」(令釈・義解)。**神済**—「越中与ニ越後一界河也」(令釈・義解)。**出雲以北**—山陰道も京を出て北上する。よって「以北」となる。↓補51b。**当国馬**—集解諸説は「民間」(義解)、「百姓」(古記・令釈)の馬とする。↓補51c。

52 〔内外諸司条〕 職事官と散官の別、武官と文官の別に関する規定。**執掌**—職掌の意。ただし職員令その他で職掌を定めるすべての官とは限らない。**職事官**—官位相当を有する官に任じている者。郡司(選叙13)等は含まれない。女官の職事↓後宮

ならば、四日に了へよ。

48 凡在京諸司。*有レ事須レ乗二駅馬一者。皆本司*申二太政官一。*奏給。

凡そ在京の諸司、事有りて駅馬に乗るべくは、皆本司、太政官に申して、奏して給へ。

49 凡*駅使。在レ*路遇レ患。不レ堪レ乗レ馬者。*所レ有文書。令三*同行人送二*前所一。若無二同行人一。令三*駅長送二*前所一。国司*差レ使*逓送。

凡そ駅使、路に在りて患に遇ひて、馬に乗るに堪へずは、有てらむ所の文書は、同行の人をして前所に送らしめよ。若し同行の人無くは、駅長をして前所に送らしめよ。国司使を差して逓送せよ。

50 凡国有二*大瑞一。及*軍機。*災異。*疫疾。*境外消息一者。各遣レ使馳駅申上。

凡そ国に大瑞及び軍機、災異、疫疾、境の外の消息有らば、各使を遣りて、馳駅して申上せよ。

51 凡*朝集使。東海道*坂東。東山道*山東。北陸道*神済以北。山陰道*出雲以北。山陽道安芸以西。南海道土左等国。及西海道。皆乗二駅馬一。自余各乗二*当国馬一。

凡そ朝集使は、東海道は坂の東、東山道は山の東、北陸道は神の済の以北、山陰道は出雲より以北、山陽道は安芸より以西、南海道は土左等の国、及び西海道は、皆駅馬に乗る。自余は各当国の馬に乗る。

52 凡内外諸司。有二*執掌一者。為二*職事官一。無二執掌一者。為二*散官一。五衛府。*軍団。

15。**散官**—散位↓選叙11。**軍団**↓軍防1。**帯仗**—馬寮・兵庫等。**武**—武官。兵部省の「因事管隷」下に入る。**太宰府**—以下この部分の本注、大宝令では「唯内舎人及竺志不在武之例」(考課1古記)。**文**—文官。

53 〔京官条〕京官と外官の別。
京官—内官とも。**自余**—本条の大宝令文↓補53。

54 〔品位応叙条〕品・位を授ける場合の原則、および位と階の意味についての規定。位階制の変遷↓官位補☆ab。
親王↓継嗣1。**四品**—四品以上を授けるの意(義解)。**諸王**↓継嗣1。**五位**—五位以上。**令条内**—令の条文の中で使われている位・階の語。**正従上下**—正と従と上と下のそれぞれ。ただしこれは四位以下八位以上の原則。三位以上は下文による。初位は大少上下。**率二階**—二階即ち上下を併せて一位とする。「仮令、令条内云二従四位正五位一之類」(義解)。**三位以上**—三位以上に上下なし。よって以下に別途の規定を設ける。**勲位**—その相当位(官位6〜17)は正従のみに対応し、上下に対応しない。**等**—たとえば「三位以上蔭及レ孫、降二子一等一」(選叙38)の類(義解)。

55 〔文武職事条〕朝儀に参列する際の座次あるいは列立の序次に関する規定。↓補55a。
職事散官↓公式52。**朝参行立**—朝儀に参加し列立すること。朝参↓補55b。**位次**—位階の序次。**歯**—「歯、齢也」(義解)、「齢年也」(令釈逸文)。**親王立前**—「夾二馳道一、而分二立東西一也」(義解)、「大臣以下、皆立二親王後一也」(令釈逸文)。**不雑分列**—義解によれば親王の行の後に、諸王は西に、諸臣は東に列する。延喜式の行列次第→補55c。

56〔諸王五位条〕致仕の官人に対する慰労存問の規定。

致仕→選叙21。**畿内**—「在京亦同也」(義解)。**季**—四季。**五位以上**—諸臣の四位・五位。**内舎人**→職員3。**奏聞安不**—職員3中務卿職掌に「労問」、その令釈に「問存問也、問二安不之状一、以慰二臣下之意一、是則人君之所三以重レ臣也」。

57〔弾正別勅条〕弾正台が臨時に余官を検校した場合の処置。

弾正→職員58。ここでは巡察以上(義解)。**権検校**→公式58。**弾正事**—弾正台の本務。

58〔内外官条〕ある官が臨時に他官の職務の検校を命ぜられた場合の規定。

摂—その職務をおさめること。→補58a。**他司事**—ここでは直接の所管・被管関係にない他司の職務。**権検校**→補58b。**比司**—同一管内の司。たとえば「主計助判二主税助一」(義解)。**摂判**—その署はたとえば「主計助位判主税助姓名」(義解)。

59〔百官宿直条〕官人の宿直の規定。

百官—すべての官。本来は主典以上。ただし集解或説は史生・使部・直丁も宿直するとする。**本司**—その属する官司。各司における宿直事務担当官は判官(職員1)。**分番**—たとえば「長官次官判官主典各有二人一者、為二四番一」(集解或説)。**宿直**—夜間が宿、昼間が直。→職制4。**謂尋常時**—大納言以下の文にかかる注文。

60〔京官上下条〕官人の出勤規定。→補60。**開門前**—第二開門鼓(宮衛4)の前(義解)。

及諸帯レ仗者。為レ武。太宰府。三関国。及内舎人。不レ在二武限一。自余並為レ文。

凡そ内外の諸司、執掌有らむをば、職事官と為よ。執掌無からむをば、散官と為よ。五衛府、軍団、及び諸の仗帯せらむをば、武と為よ。太宰府、三関の国及び内舎人は、武の限に在らず。自余をば並に文と為よ。

53 凡在京諸司。為二京官一。自余皆為二外官一。

凡そ在京の諸司をば、京官と為よ。自余をば皆外官と為よ。

54 凡応レ叙。親王四品。諸王五位。諸臣初位以上。其令条内称二階位一者。正従上下各為二一階一。率二二階一為二一位一。其三位以上。及勲位。正従各為二一位一。余条称レ等者。亦与レ階同。

凡そ叙すべくは、親王に四品、諸王に五位、諸臣に初位以上。其れ令条の内に階位と称するは、正従上下を各一階と為よ。二階に率つて一位と為よ。其れ三位以上及び勲位は、正従を各一位と為よ。余条の等と称するは、亦階と同じ。

55 凡文武職事散官。朝参行立。各依二位次一為レ序。位同者。五位以上。即用二授位先後一。六位以下以レ歯。親王立レ前。諸王諸臣。各依二位次一。不レ雑分列。

凡そ文武の職事、散官の、朝参に行立せむことは、各位の次に依りて、序づることと為よ。位同じくは、五位以上は、即ち授位の先後用ゐよ。六位以下は歯を以ゐよ。親王は前に立て。諸王、諸臣は、各位の次に依りて、雑らずして分れ列ねよ。

56 凡諸王五位以上。諸臣三位以上。致仕身在二畿内一。毎レ季。五位以上。毎レ年。

並令二*内舎人一巡問一。*奏二聞安不一。

凡そ諸王の五位以上、諸臣の三位以上、致仕して身畿内に在らば、季毎に、五位以上は年毎に、並に内舎人をして一たび巡問せしめ、安不を奏聞せよ。

57 凡*弾正。別勅令三*権検二校余官一者。不レ得三仍知二*弾正事一。
凡そ弾正を、別勅に、権に余官検校せしめば、仍りて弾正の事知ること得じ。

58 凡内外官。勅令レ*摂二*他司事一者。皆為二*権検校一。若*比司者。則為二*摂判一。
凡そ内外の官を、勅に他司の事摂せしめば、皆権検校と為よ。若し比司をば、摂判と為よ。

59 凡内外*百官。司別量二事閑繁一。各於二*本司一。*分番*宿直。大納言以上。及八省卿。不レ在二此例一。*謂。尋常時。
凡そ内外の百官は、司別に事の閑繁を量りて、各本司にして、分番して宿直せよ。大納言以上及び八省の卿は、此の例に在らず。謂はく、尋常の時をいふ。

60 凡京官。皆開門*前上。閉門*後下。外官。日出上。午後下。務繁者。量レ事而還。*宿衛官。不レ在二此例一。
凡そ京官は、皆開門の前に上で、閉門の後に下れ。外官は、日出でて上で、午の後に下れ。務繁くは、事を量りて還れ。宿衛の官は、此の例に在らず。

61 凡*詔勅。及事有二*促限一。幷請二*給過所一。若輸二*受官物一者。不レ在二仮限一。
凡そ詔勅、及び事促けき限有らむ、并せて過所請け給はむ、若しくは官物を輸し受

閉門後―退朝鼓(宮衛4)の後(義解)。**宿衛官**―兵衛・内舎人。→宮衛21 28。

61 〔詔勅条〕 給假(假寧1以下)の例外規定。**詔勅**―ここでは詔・勅の発布にかかわる事務。**促限**―「促、迫也」(義解)、限は期限。**請給過所**↓公式22。**輸受官物**―調庸等の官物を輸納し又は受納すること。

62 〔受事条〕 太政官以下諸司の政務処理の期限等に関する規定。五項よりなるが、内容としては受付(第一項〜第四項)と写程(第五項)の期限を定める。**受事**―本条第一項。弁官の庶事受付(職員2)の程期を定める(義解)。**二日付**―即ち受理した翌日に諸司に下達する。**事速**―「軍機及急速之類也」(義解)。**送囚**―徒以上の身柄の送致。**即付**―受理後即刻下達する。**少事**―本条第二項。弁官から送付された庶事の、諸司における決裁期限(義解)。事柄の大小により、五日、十日、二十日に分ける。**不須検覆**―関係文書を特に調査する必要のない案件、たとえば「治部検二符瑞図一之類也」(義解)。**検覆前案**―関係文書の調査を要する案件、たとえば「主税勘二青苗簿一之類也」(義解)。**有所勘問**―関係者を喚問する必要のある案件。**計算大簿帳**―大きな簿帳の計算を要する案件↓補62a。**須諮詢**―義解は上文「有所勘問」と同義とし、その事柄の大なるものをいうと説く。**獄案**―刑部省の断ずる判決案。↓獄令12。**徒以上弁定**↓獄令1。**其文書**―本条第三項で、第二項の程限に含ませない日数とその例外規定。**受付日**―受理および送付した日。これは五日・十日等の程限外とする。**訊囚徒**―囚徒の拷訊(獄令35)に要する日数。これも獄案四十

けば、假の限に在らず。

62 凡受レ事。一日受。二日付畢。其事速。及見送レ囚。随レ至即付。少事五日程。謂。不レ須ニ検覆一者。中事十日程。謂。検ニ覆前案一。及有レ所ニ勘問一者。大事廿日程。謂。計ニ算大簿帳一。及須ニ諮詢一者。獄案卅日程。謂。徒以上弁定。須レ断者。其文書受付日。及訊ニ囚徒一。並不レ在ニ程限一。若有ニ事速。及限内可レ了者。不レ在ニ此例一。其判召者。限ニ三日一。若不レ至判待。々後廿日不レ至。主典検発。量レ事判決。即事有ニ期限一者。不レ在ニ此例一。太政官施行詔勅。案成以後。頒下者。各給ニ写程一。五十紙以下一日程。過レ此以外。毎ニ五十紙以上一。加ニ一日程一。所レ加多者。惣不レ得レ過ニ三日一。其赦書。計レ紙雖レ多。不レ得レ過ニ二日一。即軍機急速。事有ニ促限一者。皆当日出了。若本司人少。量レ程不レ済者。並聴下差ニ比司人一怗助上。

凡そ事受けば、一日に受けば、二日に付け畢へよ。其れ事速かならむ、及び見に囚送らむは、至らむに随ひて即ち付けよ。少事は五日程。謂はく、検覆すべからざる者をいふ。中事は十日程。謂はく、前案を検覆し、及び勘問する所有る者をいふ。大事は廿日程。謂はく、大簿帳を計算し、及び諮詢すべき者をいふ。獄案は卅日程。謂はく、徒以上弁定して断すべき者をいふ。其れ文書受け付けむ日、及び囚徒訊はば、並に程の限に在らず。若し事速かならむ、及び限の内に了ふべきこと有らば、此の例に在らず。其れ判して召されむは、三日を限れ。若し至らずは判りて待て。待ちて後廿日までに至らずは、主典検発して、事を量りて判決せよ。即ち事期限有らば、此の例に在

日程内に含ませない。**若有**—以下、第三項の例外。**其判召**—本条第四項。訴訟上の案件で諸司が当事者の召喚を決定(判召、公式64に追摂対問)した場合の出頭を待つ期限。**判待**—三日以内に出頭しない場合の判決猶予。**主典検発**—主典が「検出事状」(集解或説)すること。→補62b。**即事**—以下第四項の適用されない場合。**太政官**—本条第五項。太政官における詔勅頒下の書写期限。**案**—詔勅頒下に際して造られる太政官符案。**写程**—書写に要する程期。一日五十枚を標準とするが、多量でも三日を限度とする。**赦書**—恩赦の詔勅。**軍機急速**—職制33「軍機要速」の疏に「是征討掩襲、報ニ告外境消息一、及告レ賊之類」。**当日**—案成の当日。**本司**—ここでは官符作成の任に当る左弁官又は右弁官。**比司**—左弁官が書写すべき詔勅であれば、右弁官と外記局(義解)。

63 〔訴訟条〕訴訟手続に関する規定。→補63a。本条はまた訴訟従下始条とも(職員3令釈)。

訴訟→補63a。**従下始**—下級官司から上級司へ。→補63b。**経**—申告する。**前人**—被告人。**本司本属**→補63c。**路遠**—古記は行程二日以上、令釈・義解等は宮衛21を引き行程一日以上とする。**礙**—支障。**断**—本司・本属・随近官司による判決。**訴人**—原告人。**上訴**—穴記は被告人の上訴をも含むとする。**不理状**—原告人(または被告人)が判決に承服しない旨を記した文書。判決を下した官司が発行する。**以次**—下級官司から上級官司への序次に従って、の意。**不給**—不理状を発行しないこと。**不給官司姓名**—不理状を発行しない官司

らず。太政官の施行詔勅、案成りて以後頒ち下さむは、各写す程給へ。五十紙以下は一日程。此れに過しての以外は、五十紙以上毎に、一日程加へよ。加ふる所多くは、惣べて三日に過すこと得じ。其れ赦書は、紙を計ふるに多しと雖も、二日に過すこと得ず。即ち軍機急速にして、事促けき限有らば、皆当日に出し了へよ。若し本司の人少くして、程を量るに済るまじくは、並に比司の人を差して佔へ助くること聴せ。

63 凡訴訟。皆従レ下始。各経二前人本司本属一。若路遠。及事礙者。経二随近官司一断之。断訖訴人不レ服。欲二上訴一者。請二不理状一。以レ次上陳。若経二三日内一不レ給。聴下訴人録二不レ給官司姓名一以訴上。官司准二其訴状一。即下二推不レ給所由一。然後断決。至二太政官一不レ理者。得二上表一。

凡そ訴訟は、皆下より始めよ。各前人の本司本属に経れよ。若し路遠からむ、及び事礙あらば、随近の官司に経れて断せよ。断訖りて、訴人服せずして、上訴せむと欲はば、不理状を請ふて、次を以て上陳せよ。若し三日の内経るまでに給はずは、訴人、給はざる官司姓名を録し、以て訴すること聴す。官司其の訴状に准へて、即ち給はざる所由を下推せよ。然うして後に断決す。太政官に至りて理せずは、上表すること得む。

64 凡訴訟。須レ有二追摂対問一者。若其人延引逃避。両限不二赴対一者。聴二越レ次上陳一。即為二推治一。

凡そ訴訟せむ、追摂して対問すること有るべくは、若し其の人延び引き逃れ避つて、

の訴訟担当官の姓名。**訴**—上級官司へ不理状なしで上訴すること。**官司**—上級官司。**下推**—「下二書於下司一而聞二其反報一」(跡記)。**不理**—跡記は、最上級官司である太政官が受理しない場合と、太政官が受理しても、その断決に承服しない場合との、両様をいうとする。**上表**→職員3。→補65。

64 〔訴訟追摂条〕 訴訟当事者が召喚に応じない場合の規定。

追摂対問—召喚して対面のうえ訊問すること。→補64。**両限**—公式62の判召三日・判待二十日。**越次上陳**—官司の序次を越えて上訴すること。**推治**—上陳を受理した官司が下推・審理・判決する。

65 〔陳意見条〕 いわゆる意見封事に関する規定。意見封事と上表→補65。

陳意見→補65。**封進**—密封して上陳すること。**開看**—開封。**若**—以下、意見の内容が官人の害政・抑屈に関するものである場合の処置。**害政**—「非法賦斂也」(令釈・古記)。**抑屈**—「被二枉断一也」(古記)。→衛禁25。**弾正受推**—義解によれば奏聞の後弾正台に下す。ただし古記「今行事、弁受推之」。**当理**—告言内容が事実であり正当ならば。**奏聞**—本条による弾正の奏聞は公式8奏弾式の範囲外。→補8a。**弾之**—告人を誣告罪(闘訟律)で弾ずる。

66 〔公文条〕 公文書の文字の書様。

真書—楷書。**簿帳**→職員68。ここでは「大税帳、計帳、田籍等之類」(古記・令釈)。**科罪**—獄案等に記された断罪の量。**計贓**—贓→職員31。計贓は贓をはかること。その数。**過所**→公式22。**抄膀**—抄は返抄(公式19)、膀は門膀(職員59)という(古記)。ただし倉庫2

両つの限までに赴き対はずは、次を越いて上陳すること聴せ。即ち推治すること為よ。

65 凡有レ事陳*二意見一。欲二封*一進一者。即任封上。少納言受得奏聞。不レ須二開看*一。若*告二言官人害*政。及有二抑*二屈一者。弾正*受推。当*レ理奏*聞。不レ当レ理者弾*之。

凡そ事有りて意見を陳べて、封進せむと欲はば、即ち任に封上せよ。少納言受け得て奏聞せよ。開き看るべからず。若し官人の害政、及び抑屈有るを告言せば、弾正受け推へ。理に当れらば奏聞せよ。理に当らずは弾せよ。

66 凡公文。悉作二真*書一。凡是簿*帳。科*罪。計*贓。過*所。抄*1牓之類有*レ数者。為*二大字一。

凡そ公文は、悉くに真書に作れ。凡そ是れ簿帳、科罪、計贓、過所、抄牓の類の、数有らむ者は、大字に為れ。

67 凡料*二給官物一。上*抄之日。具載*二疋丈斛斤両数。供*一給之処官司姓名一。

凡そ官物を料り給はば、上抄の日に、具に疋、丈、斛、斤、両数、供給の処の官司の姓名載せよ。

68 凡授*レ位任レ官之日。喚辞。三位以上。先*名後姓。四*位以下。先*姓後名。以*外。三位以上。直*称レ姓。若右大臣以上。称*二官名一。四位。先名後姓。五位。先姓後名。六位以下。去*レ姓称レ名。唯*於二太*政官一。三位以上称*二大夫一。四位称レ姓。五位先名後姓。其於二寮以上一。四位称二大夫一。五位称レ姓。六位以下。称二姓名一。司及中

の牓も含むか。**有数**—数字を書く場合。**大字**—たとえば一二三には壱弐参を用いる。

67 〔料給官物条〕官物を料給する際に当該官司のとるべき処置。
料給官物—官物を庫蔵から出給すること。ただし大宝令では「料給文牒」。→補67 a。**上抄**→職員1。**疋丈斛斤両数**—出納した官物の数量。**供給之処官司**—品物を出した官司。→補67 b。

68 〔授位任官条〕喚辞条(公式63穴記)とも。官人の名を口頭で喚ぶ場合の指称。
授位任官之日喚辞—「在二御所一而授任之辞」(義解)、つまり天皇の面前での授位・任官に際しての指称。**先名後姓**—たとえば大伴万呂宿禰(令釈)。**四位以下**—五位以上。六位以下は授位・任官の場合でも後文の「去レ姓称レ名」(令釈・義解)。**先姓後名**—たとえば大伴宿禰万呂(令釈)。**以外**—天皇の面前で、授位・任官以外の政務に際し呼ぶ場合。**直称姓**—たとえば大伴宿禰(令釈)。**称官名**—たとえば右大臣藤原朝臣(穴記)。**去姓称名**—たとえば大伴万呂。大宝令では「去氏(称名)」、古記「案、姓与レ氏無レ別」。**唯**—以下、御所以外の場所における政務の際の喚辞。**太政官**↓補68 a。**称大夫**—たとえば大伴大夫。本条の関連記事↓補68 b。

69 〔奏詔勅条〕詔勅あるいは裁可を経た太政官奏に、施行の段階で不都合が発見された場合の処置。
験理—事理の検討。**不便**—不都合。**所在官司**—施行を命ぜられた官司又は不便を発見した官司。**執奏**—「奏二意所レ執也」(令釈)、「奏也」(古記)。**軍機要速**↓職制33疏。**不可停廃者**—

国以下。五位称二大夫一。

凡そ位授ひ官任せむ日に、喚さむ辞は、三位以上は、先に名を、後に姓を。四位以下は、先に姓を、後に名を。以外は、三位以上は、直に姓称せよ。若し右大臣以上ならば、官名称せよ。四位は、先に名を、後に姓を。五位は、先に姓を、後に名を。六位以下は、姓を去てて、名称せよ。唯し太政官に於きて、三位以上は大夫と称せよ。四位は姓称せよ。五位は先に名を、後に姓を。其れ寮以上に於きて、四位は大夫と称せよ。五位は姓称せよ。六位以下は姓名称せよ。司及び中国以下には、五位は大夫と称せよ。

69 凡奉二詔勅一。及事経二奏聞一。雖二已施行一。験*レ理灼然*不便者。所在官司*。随レ事執*奏。若軍*機要速。不*レ可二停廃一者。且*行且奏。即執奏合レ理者。量レ事進*レ考。知*而不レ奏。及奏不レ合レ理者。亦量レ事貶降。
凡そ詔勅を奉らむ、及び事奏聞に経て、已に施行せりと雖も、理を験ふるに、灼然に不便ならば、所在の官司、事に随ひて執奏せよ。若し軍機要速にして、停め廃むべからずは、且つ行ひ且つ奏せよ。即ち執奏理に合へらば、事を量りて考進めよ。知りて奏せず、及び奏するが理に合はずは、亦事を量りて貶し降せ。

70 凡駅使至レ京。奏二機*密事一者。不レ得レ令二共レ人語一。其蕃*人帰化者。置*レ館*供給。亦不レ得二任来往一。
凡そ駅使京に至りて、機密の事奏せば、人と共に語らしむること得じ。其れ蕃人の

施行を中絶できない場合は。**且行且奏**—施行しつつ、かつ奏上する。**進考**—古記「進二一二等一耳」、義解「不レ限二等級一」。**知而不奏**—不都合を知りながら奏上しない。

70 〔駅使至京条〕駅使着京と蕃人帰化に当っての処置。

機密事—軍機及び密事。→獄令33。**蕃人帰化**—戸令16に「化外人帰化」。公式1古記に「蕃国者新羅也」。**館**→職員18。**供給**—粮食を与えること。→戸令34。

71 〔諸司受勅条〕中務省を経ない勅の文書による伝達と口頭による伝達の承用に関する規定。

宣口勅—古記によれば口勅は中務を経ると否とに拘らず受用してはならない。**不得承用**—従ってはならない。**若奉口勅**—令釈・義解「有レ物之司、面奉二口勅一」、穴記「御自宣」。**索物**—内蔵寮・大膳職等に官物を供進させること。**奏**—本司が直接奏聞する(令釈・義解)、中務を経て奏聞する(穴記)の二説あり。

72 〔事有急速条〕緊急の場合の勅旨の施行。→補2b。

不合出勅旨—公式2に則った勅旨を発令する遑のない場合。**若事縁太政官恐遅緩**—太政官を経て施行したのでは遅緩の恐れある場合。**移**→公式12。勅を受けた中務省が所司に通告する。**正勅**—公式2による正式の勅旨。大宝令の勅賜人馬条→補72。

73 〔官人判事条〕官人が政務処理の不備をみずから自覚した場合の処置。

判事—政務の処理。**案成**—公文書の草案作成。**自覚**→名例41。**不尽**—不備。**挙牒追改**—牒(公式14)を上申して改正する。

帰化せむは、館に置きて供給せよ。亦任に来往すること得ず。

71 凡諸司受レ勅。不レ経ニ中務一。径来及*宣ニ口勅一者。*不レ得ニ承用一。*若奉ニ口勅一*索レ物者。不レ須レ経ニ中務一。所司承レ勅即進。仍附レ状*奏。

凡そ諸司勅を受りて、中務に経れずして、径に来り、及び口勅宣はば、承け用ゐること得じ。若し口勅奉りて物索めたらば、中務に経るべからず。所司勅を承りて即ち進れ。仍りて状に附けて奏せよ。

72 凡事有下急速*不レ合レ出ニ勅旨一。*若事縁ニ太政官一恐中遅緩上者。中務先*移ニ所司一。其*正勅後行。

凡そ事急速にして勅旨出すべからざらむ、若し事太政官に縁つて遅り緩らむこと恐るること有らば、中務先づ所司に移せよ。其れ正勅は後に行へ。

73 凡官人*判レ事。*案*成自覚レ*不レ尽者。聴ニ*挙牒追改一。

凡そ官人事判らむこと、案成りて自ら尽きざること覚んなば、挙牒して追改すること聴せ。

74 凡詔勅宣行。文字脱誤。*於ニ事理一無ニ改動一者。勘ニ験*本案一。分明可レ知。即改従レ正。不レ須ニ覆奏一。其*官文書脱誤者。諮ニ長官一改正。

凡そ詔勅宣行せむ、文字脱ちたらむ、誤れらむ、事の理に於きて改動無くは、本案を勘験するに、分明に知りぬべくは、即ち改めて正に従へよ。覆奏すべからず。其れ官文書脱ち誤れらば、長官に諮して改正せよ。

74 〔詔勅宣行条〕 詔勅ほかの公文書に、施行の段階で誤脱が発見された場合の処置。**於事理無改動**―内容に拘らない字句の誤り。↓補74a。**本案**―中務省に保管する詔書・勅旨の案。↓公式12。**官文書**―ここでは詔勅以外の公文書一般。↓職制21。↓補74b。

75 〔詔勅頒行条〕 農村等末端における詔勅告示の方法。**関百姓事**―民政関係の政務。「仮如、免ニ調庸一之類」(朱説)。**里長**↓戸令1。**坊長**↓戸令3。**部内**―行政区内。↓戸令33。**暁悉**―「暁、知也、悉、尽也、審也」(令釈)。

76 〔下司申解条〕 上申文書及び下達文書に不備等のある場合の処置。**下司**―下級官司。**申解**↓公式11。**無理・不尽**↓補76a。**為受取**―上級官司はいったん受領する。つき返さない。**以状下推**―戸令19「随状下推」と同じ。↓補76b。**其事理**―以下、下級官司による上申に非がないのに、上級官司がこれを盤下したならば、の意。**盤下**↓補76c。**有理抑退**―同じく非がないのに上級官司が抑え退けたならば、の意。**越次申請**―官司の序列を越えてさらに上級の官司に上申すること。**上符**―上級官司から下される下達命令。これに理不尽あるときも、下級官司は執申が許される。

77 〔諸司奏事条〕 諸司の奏はその司の長官を経べき原則とその例外。**諸司奏事**―原則として太政官を経て奏上されるが(公式45)、公式71のように諸司が直接上奏する場合もある。

78 〔須責保条〕 保人を必要とする場合の人数規定。

75 凡詔勅頒行。関二百姓事一者。行下至レ郷。皆令三里長坊長。巡二歴部内一。宣二示百姓一。使二人暁悉一。

凡そ詔勅頒ち行はむ、百姓の事に関らむは、行下して郷に至らむとき、皆里長坊長をして、部内に巡歴せしめて、百姓に宣び示して、人をして暁り悉くにあらしめよ。

76 凡下司申解。雖二無レ理及事不一レ尽。皆為二受取一。以レ状下推。其事理実尽。妄有二盤下一。及有レ理抑退者。聴二越レ次申請一。即上符理有レ不レ尽。亦聴二執申一。

凡そ下司の申解は、理無く、及び事尽きずと雖も、皆受け取ること為よ。状を以て下推せよ。其れ事理実に尽きたるを、妄りに盤らし下すこと有らむ、及び理有るを抑退せらば、次を越きて申請すること聴せ。即ち上符理尽きざること有らば、亦執申すること聴せ。

77 凡諸司奏事。皆不レ経二長官一。不レ得二輙奏一。若有二機密一。及論二長官事一者。不レ在二此例一。

凡そ諸司の奏事は、皆長官に経れずして、輙く奏すること得じ。若し機密有らむ、及び長官の事を論せむは、此の例に在らず。

78 凡須レ責レ保者。皆以二五人一為レ限。

凡そ保責ふべくは、皆五人を以て限ること為よ。

79 凡受レ勅出レ使。辞訖無レ故不レ得レ宿二於家一。

責保—保人を必要とすること。→補78a。**以五人為限**—保人の人数→補78b。

79 〔受勅出使条〕勅使の義務。軍防18にも類似の規定あり。

受勅出使—勅使。中使とも。**辞訖**—「謂奉レ辞也」(古記)。→軍防18。**無故**—正当な理由なくして。

80 〔京官出使条〕京官の出使及び帰京に際しての庶務、あわせて諸国に対する公文書の送達方法。大宝令の本条→補80a。

出使—諸国への出使。**所経歴処符移**—その使者が目的地に至るまでに経由する諸国に宛てて発せられた省台の符及び他司の移。**便送**—便使(後注)に附託して送附すること。便附とも。→補80b。**還日**—帰京の日。**返抄**—符移の宛先の諸国が発行した受領書。**若使人**—以下の注文は、符移を便送した使者が直ちに帰還しない場合の返抄の送達方法。**所在司**—集解諸説は概ねその使者の逗留するところの国司とする。→補80c。**便使**—便宜の使、即ち別の目的で発遣される使。**専使**—便使に対する語で、ある使命のためだけに発遣される使。律令制下での公文書送達の方法→補80d。

81 〔責返抄条〕諸司への返抄。前条80の後段が返抄の送達方法の規定であるのに対し、本条は在京諸司を対象とする規定。

皆責返抄—在京諸司は皆帰京した使者から返抄を責え、の意。

82 〔案成条〕公文書の草案等の保管と収蔵目録の作成。

案成→補82。**条**—箇条書きにする。**納目**—「納、蔵也、目、目録也、猶レ云二庫蔵之文書目録一也」(義解)。また「其目録者、為二別巻一副凡そ勅を受りて使に出でば、辞訖つて故無くして家に宿すること得じ。

80 凡京官。以二公事一出*レ使。皆由二太政官一発遣。所*二経歴一処符移。弁官皆令二便*送一。還*日。以二返*抄一送二太政官一。若*使人更不レ向レ京者。其返抄付二所*在司一。附二便*使一送。即事速者。差二専*使一送。

凡そ京官、公事を以て使に出でば、皆太政官に由れて発て遣れ。経歴る所の処の符移は、弁官皆便に送らしめよ。還らむ日に、返抄を以て太政官に送れ。若し使の人更に京に向はずは、其の返抄、所在の司に付けよ。便使に附けて送れ。即ち事速かならば、専使を差して送れ。

81 凡諸使還日。皆責*二返抄一。

凡そ諸の使の還らむ日には、皆返抄責へ。

82 凡案*成者。具*条*二納*目一。目皆案[1]レ軸。書二其上端一云。某年[2]其月其司納案目。毎二十五日一納レ庫使レ訖。其詔*勅目。別所[3]案置。

凡そ案成りたらば、具に納目を条にせよ。目には皆軸案けよ。其の上の端に書して云はまく、某の年の其の月に其の司の納めたる案目といへ。十五日毎に庫に納れて訖へしめよ。其れ詔勅の目は、別所に案置せよ。

83 凡文*案。詔*勅奏案。及考*案。補官解官案。祥*瑞*財*物*婚*田*良賤*市估*案。如レ此之類。常*留。以外。年別検簡。三年一除之。具録二事*目一為レ記。其*須レ為二年限一者。量レ事留納。限満准除。

レ案蔵置耳」(令釈)、即ち案に目録を副えて収蔵する。**詔勅目**—跡記は詔勅の本案と目録とするが、古記は詔勅の目録とする。ただし大宝令では「抄目」。また条文末に「内外諸司皆准此」の字句あり。

83 〔文案条〕文案の保存期間に関する規定。**文案**—施行された公文書とその本案。職員1令釈「施行謂二之文一、留レ官謂二之案一也」。**詔勅奏案**—「其便奏小事、不二必常留一」(義解)。大宝令では「奏抄」、古記の注釈に「奏抄、謂奏案幷抄目也」。公式82古記に「抄目、謂詔勅之目録也」。**考案**—考文(考課1)とその案。穴記に「考案、謂正文亦為レ案、余文亦同」、即ち以下案というも正文を含む。**補官解官案**↓公式84。**祥瑞案**—祥瑞↓儀制8。ここではその表奏とその案。以下、祥瑞案・財物案・婚案・田案・良賤案・市估案の六種の案の意。**財物案**—「財物帳、謂依二相争一判断文也」(穴記)。**婚案**—五位以上の妻妾の名帳(古記・令釈・義解)。↓職員16。**田案**—田図(古記)、田籍田図(令釈・義解)。**良賤案**—良と賤との別を判定した書(古記・令釈)。↓補83。**市估案**—市司の作る貨物時価の簿。↓関市12。**常留**—永久保存。**事目**—除棄した公文書の目録。この部分、大宝令では「具録事目、入司為記」、ただし「入司」の意不明。**其**—以下保存期間の延長を要する場合。

84 〔任授官位条〕授位簿・任官簿(前条では補官簿)・免簿・解簿の作成規定。**任授官位**—官に任じ位を授けること。↓補84a。**所任授之司**—古記は式部・兵部、令釈・跡記は中務・式部・兵部とし、義解はさらに太政官を加える。**簿**—養老令規定では授位簿と任官簿。**官人連署**—「主典以上皆署也」(跡記)。**印記**—「謂当省印也」(穴記)。**転任**—ここでは異動一般。→補84ｂ。**以理去任**—「以理解官」と同じ。→選叙9。**考解**→選叙18。**除免**—除名と免官と免所居官(名例18〜20)。**解免之司**—解は官職についていい、免は位階についていう(田令8)。古記・令釈・跡記・穴記は、解司は太政官、免司は刑部省とするが、義解のみ解司は式部(兵部)、免司は刑部、考解の場合のみ解司は太政官とする。**准前造簿**—授位簿・任官簿に准じて解簿・免簿を造る。**元任授**—上文の「所任授之司」。**除注**—その司にある授位簿・任官簿の案に除注する。大宝令では「除附」。**若除解人**—以下考解・除免の人が再び叙位・任用される場合の処置。**除簿**—解簿・免簿から削除する。**未叙之間**—以下、当該者が再叙位される以前に死亡した場合の処置。→補84ｃ。**其余色**—以下、四等官以外で職掌ある色の簿を造る場合の準用規定。令釈・義解は伴部簿・資人簿を例示し、古記は「謂才伎長上雑任分番皆是」とする。

85〔授位校勲条〕授位・叙勲等の奏上の方法。→補85ａ。

校勲—授与すべき勲位の判定。→軍防31。大宝令文→補85ｂ。**応須惣奏**—まとめて、あるいは一括して奏上するのが原則であるが、の意。**勘当未尽**—以下、考第等の判定が完了しないもののある場合は、完了したものから順に奏せよ、の意。**不得停待**—以下、すべての勘当の終了するのを待って、そのために擁滞することがあってはならない、の意。擁滞は、とどこおること。

凡そ文案は、詔、勅、奏の案、及び考案、補官、解官の案、祥瑞、財物、婚、田、良賤、市估の案、此の如き類は、常に留めよ。以外は、年別に検へ簡むで、三年に一たび除け。具に事目を録して記為れ。其れ年限為るべくは、事を量りて留め納めよ。限満たば准へて除け。

84 凡任ニ授官位一者。所ニ任授一之司。皆具録ニ官位姓名。任授時年月。貫属年紀一。造レ簿。其任官簿。除ニ貫属年紀一。官人連署印記。若有ニ転任身死及事故一。以レ理去レ任者。即於ニ簿下一。朱書注之。其有ニ考解。及犯レ罪除免一者。解免之司。亦録ニ解免之状一。准レ前造レ簿。仍録報ニ元任授一。除ニ注簿案一。若除解人。得ニ叙用一者。叙用之司。録報ニ解処所司一。除簿。即未レ叙之間。在ニ本貫一身死者。申ニ刑部一注除。其余色。依ニ職掌一応レ造レ簿者。並准レ此。

凡そ官位を任授せば、任授せむ所の司、皆具に官位姓名、任授する時の年月、貫属、年紀を録して、簿造れ。其れ任官の簿は、貫属、年紀除く。官人連署して印記せよ。若し転任し、身死に、及び事の故有りて、理を以て任を去らば、即ち簿の下に朱書に注せ。其れ考によりて解けたる、及び罪犯して除免すること有らば、解免の司、亦解免の状を録して、前に准へて簿造れ。仍りて録して元の任授に報して、簿案に除き注せ。若し除解の人、叙用すること得たらば、叙用の司、録して解処の所司に報して、除簿せよ。即ち叙せざる間、本貫に在りて身死なば、刑部に申して注し除け。其れ余の色、職掌に依るに簿造るべからむは、並に此に准へよ。

85 凡授レ位*1校レ勲之類。*応ニ須惣奏一。而有ニ*勘当未レ尽者。随ニ見尽者一奏之。*不レ得下停待。致レ令ニ擁滞一。

凡そ位授ひ勲校ふる類は、惣べて奏すべからむ、而るを勘当するに尽きざること有らば、見に尽きたる者に随ひて奏せよ。停り待ちて、擁滞せしむること致すこと得じ。

86 凡官人父母。病患危篤者。不レ得レ差ニ充*遠使一。

凡そ官人の父母、病患して危み篤くは、遠使に差し充つること得じ。

87 凡外官*赴レ任。*子弟年廿一以上。不レ得ニ自随一。畿内任官。不レ在ニ此限一。其須ニ*観問一者聴。

凡そ外官任に赴かむ、子弟年廿一以上ならば、自らに随ふること得じ。畿内の任官は、此の限に在らず。其れ観問ふべくは聴せ。

88 凡行程。*馬日七十*里。歩五十里。車卅里。

凡そ行程、馬は日に七十里、歩は五十里、車は卅里。

89 凡*遠方殊俗人。来入レ*朝者。*所在官司。各造レ*図。畫ニ其容状衣服一。具*序ニ*名号*処所幷*風俗一。随レ訖奏聞。

凡そ遠方の殊俗の人、来りて朝に入らば、所在の官司、各図造れ。其の容状、衣服を畫いて、具に名号、処所、幷せて風俗を序でよ。訖らむに随ひて奏聞せよ。

86 〔官人父母条〕官人の差使免除。

遠使—令釈・義解は「化内遠使也」とし、古記は「謂絶域也、化内者臨時処分耳」、穴記は「不レ論ニ国内使蕃国使一皆是」とする。

87 〔外官赴任条〕外官への赴任に際しての血縁者の随行制限。

外官→公式53。**子弟**—令釈・義解は子孫弟姪を指すとし、本条で子弟を挙げたのは「挙レ軽明レ重之義」であるから、父祖伯叔の類の随行は当然許されないと解するのに対し、古記は祖父母父母妻妾家人奴婢等の「子弟年廿一以上」以外はいずれも随行し得ると説く。**観問**—「観、見」(令釈)。子弟が官人の任地を訪れて観礼すること。

88 〔行程条〕一日の標準行程。

馬→補88。**里**→雑令4。

89 〔遠方殊俗条〕化外人の到来に際しての国司の報告義務。この条に記された古記の文→補89a。

遠方殊俗人—「非常参蕃人也」(穴記)。**朝**—化内即ち天皇の統治地域内。**所在官司**—その化外人の「所ニ初到一之国司」(令釈・義解)。ただし大宝令ではこの部分「所司」。古記はこれを玄蕃寮とするが、「今行事、始所レ至之処国司具序申」とも附記する。**図**—朱説に「未レ知、畫レ絵歟、若注書歟、答、畫レ絵耳」。中国の、倭人の風俗をえがいた職貢図(中国故宮博物館所蔵)の如きものか。**序**—図につづけて注記すること。**名号**—国号と人名(令釈・義解)。**処所**—その国の所在と地理。**風俗**—気候と習俗。→補89b。

令[1] 巻第九

[2]倉庫令 第廿二

凡弐拾弐条[3]

(1) 凡㈠倉*。皆於二高燥*処一置之。側開二池渠一㈠㈡。去レ倉*五十丈*内。不レ得レ置二館舎一㈠㈡㈢㈣㈤。

㈠貴嶺問答。㈡政事要略巻五十四交替雑事(修理官舎)。㈢宮衛令8集解古記。㈣宮衛令8集解釈云。㈤宮衛令8集解穴云。

凡そ倉は、皆高く燥ける処に置け。側に池渠開け。倉を去ること五十丈の内に、館舎置くこと得ず。

(2) 凡㈠受二㈠㈡地租*一。皆令二乾浄一。以*レ次収レ㈠㈡㈢牓㈠㈡㈢㈣。同時者先レ遠。京国官司*。共二輸人一執レ籌**対受㈠㈡㈢。在京倉[1]者。共二主税*[2]一検校㈠㈡㈢㈤。国郡則長官監検㈠㈡㈢。

㈠職員令66集解私。㈡職員令23集解私。㈢政事要略巻五十三交替雑事(雑田)。㈣令抄。㈤職員令23集解穴云。

凡そ地租受けむことは、皆乾浄ならしめよ。次を以て牓収れ。同時ならば遠きを先とせよ。京国の官司、輸さむ人と共に籌執りて対ひて受けよ。在京の倉は、主税と共に検校せよ。国郡は長官監検へよ。

☆**倉庫令**—官の諸倉庫の設置、出納、管理、不正行為の処分等に関する諸規定を収める。↓補☆a。倉庫令条文の復原↓補☆b。

(1) (倉於高燥処置条) 倉を設置すべき場所と周囲の条件の規定。

倉—一般官物の倉庫。倉・庫・蔵の別↓補1。

高燥—燥は名義抄に「カハク、モユ、ウルホス」、貴嶺問答所引本条逸文の傍訓に「ミネ〳〵シカラン」とある。

去倉—以下十一字はまた大宝令の逸文。↓宮衛8古記。

五十丈—一丈は約三メートル。↓雑令1。

(2) (受地租条) 租稲収納の手続の規定。

地租—あるいは地子(↓倉庫15注)をも含むか。

以次収牓—到着順に納入書を出させる。牓は木札の文書。

京国官司—京職(職員66)あるいは国司(職員70)。

籌—古代の計算具。算木(さん)。もと竹製の角柱の棒で径一分、長さ六寸。これを並べて数を表示あるいは計算した。

対受—直接に相対して受納する。

主税—主税寮(職員23)の官人。

(3) (倉出給条) 倉の官物の出給方法の規定。

毎出一倉尽—一倉の物を全部出してから次の倉に移る。たとい二倉の一方が欠け、他方に余分があっても、互いに融通してはならない。

徴罰—責任者から不足分を徴収し、あるいは責任者を処罰する。↓倉庫12。

蔵—中央の財物を収める倉庫。大蔵・内蔵など。↓補1。

(3)　凡㈠倉㈡㈢出給者。*毎レ出ニ一倉一尽。乗者附レ帳。欠者随レ事徴*罰㈠㈡㈢。*蔵亦准レ此㈠㈢。

㈠延暦交替式。㈡政事要略巻五十四交替雑事(器仗戎具)所引交替式私記。㈢政事要略巻五十九交替雑事(官物)。

凡そ倉出し給はむことは、一倉出さむ毎に尽せ。乗れらば帳に附けよ。欠けらば事に随ひて徴り罰せよ。蔵も亦此に准へよ。

(4)　*大蔵。准ニ*一季応レ須物数一。量出別貯。随レ用出給。其*内蔵者。即納ニ一年須物一。毎レ月別貯出用。*並乗者附レ帳。欠者随レ事徴罰㈠㈡。

㈠政事要略巻五十九交替雑事(官物)。㈡職員令7集解朱云。

大蔵は、一季に須ゐるべき物の数に准へて、量りて出して別に貯けよ。用ゐむに随ひて出し給へ。其れ内蔵は、即ち一年に須ゐむ物を納れて、月毎に別に貯けて出し用ゐよ。並に乗れらば帳に附けよ。欠けらば事に随ひて徴り罰せよ。

(5)　倉蔵給用。皆承ニ㈠㈡*太政㈠官符一㈠㈡。其*供奉所レ須。及*要速須レ給。并諸国*依レ式合ニ給用一。先用後申。其*器物之属。以レ新易レ故者。若新物到。故物並送ニ還*所司一。年終[1]*両司。各以ニ新故物一*計会。非理欠損者。徴ニ*所由人一㈠。

㈠政事要略巻五十九交替雑事(官物)。㈡類聚国史巻八十四政理六出納官物、大同二年十月戊午条。

倉蔵給ひ用ゐむことは、皆太政官符承れ。其れ供奉に須ゐむ所、及び要速に給ふべからむ、并せて諸国、式に依りて給ひ用ゐるべくは、先づ用ゐて後に申せ。其れ

---

(4)　(大蔵出給条)　大蔵・内蔵の財物の出給方法の規定。

大蔵―中央政府の財物を収めておく大蔵省所管の倉庫。↓職員33。

一季応須物数―一季の間の必要予定数。季は春夏秋冬の各季節。

内蔵―皇室関係所要の財物を収めておく中務省内蔵寮所管の倉庫。↓職員7。一年間の所要予定の財物を大蔵から分受して収めておいた。

並乗者―以下の附帳と徴罰のことは、別に貯えた分について規定したもの。

(5)　(倉蔵給用条)　倉・蔵の財物の出給、および設備・備品類の更新の手続に関する規定。

太政官符↓公式補13b。

供奉所須―天皇のために必要な品物。

要速須給―緊急に出給の必要がある場合。一般に勅旨を出す余裕のないときは、中務がまず所司に移を出し、その正勅は後に出すべきことが、公式72に規定されている。

依式合給用―義解は、化外人が帰化したとき、所在の国郡が衣粮を給してから状を具にして申奏する戸令16の規定を例にあげている。

器物之属―倉・蔵が使用している設備・雑器の類。

所司―その倉・蔵が所属する官司。

両司―所司と倉蔵の両司。

計会―相互に対照して確認すること。↓公式19・同補19。

所由人―その欠損を生じた直接の関係者。

(6) (倉蔵貯積雑物条) 収納物の老朽・腐損を防止するための手段の規定。
遠年—収納年数の長いもの。
故弊—古くなって使用に堪えなくなること。

(7) (倉貯積条) 穀物類の貯蔵年数の許容範囲の規定。
支—貯蔵年数とするの意。支は保つ、維持する、堪える。
雑種—雑穀。ただし麦は恐らくこれに含まれていない。
糒—飯を干したもの。かれいい。保存・携行食糧とした。
耗—体積の目減り。一斛につき一升の目減りを認める。正倉院文書中に残る諸国正税帳には、みな正倉に貯備する稲穀の数量について振入の記載があり、収納の際の穀量(未振量)よりその十一分の一を減じて現量(振定量)としている。これは倉内における密積のための目減りを認めたものとされているが、この振入と本条の百分の一の耗との関係は明らかでない。

(8) (置公文庫鏁鑰条) 書類の倉庫の管理の規定。
公文—公文書・帳簿の類。
鏁鑰—鏁は鎖に同じ。扉のじょう。鑰はじょうを開けるかぎ。

(9) (在京倉蔵巡察条) 倉庫の巡察の規定。
弾正—巡察弾正。→職員58。
巡察使—太政官が時に応じて派遣する地方行政監察のための使者。→職員2。
按行—調べてある。→宮衛6。

器物の属、新なるを以て故きに易へば、若し新なる物到りなば、故き物は並に所司に送り還せ。年の終に両つの司、各新故の物を以て計会せよ。非理に欠損せば、所由の人に徴れ。

(6) 凡倉蔵貯積雑物。応二出給一者。先尽二*遠年一。其有下不レ任二久貯一。及*故弊上者。申二太政官一。斟量処分(一)(二)(三)。

(一)類聚三代格巻八調庸事、承和十三年十一月十六日太政官符。(二)延暦交替式。(三)貞観交替式。

凡そ倉蔵に貯み積める雑物、出し給ふべくは、先づ遠年を尽せ。其れ久しく貯むに任へざらむ、及び故弊有らば、太政官に申して、斟量して処分せよ。

(7) 凡(一)(二)(三)倉(一)(二)貯積者。稲穀粟*支二九年一(一)(二)(三)。*雑種(一)(四)支二二年一(一)。*糒一支二廿年一。貯経二三年以上一。一斛聴二*耗一升一(一)(二)。五年以上(一)(二)(五)二升(一)(二)。

(一)延暦交替式。(二)延暦交替式所引宝亀四年正月廿三日明法曹司解。(三)類聚三代格巻八不動々用事、大同三年八月三日太政官符。(四)令抄。(五)天平十年和泉監正税帳。

凡そ倉に貯み積まむことは、稲、穀、粟は九年支へよ。雑種は二年支へよ。糒は廿年支へよ。貯みて三年以上経たらば、一斛に耗一升を聴せ。五年以上ならば二升。

(8) 置二*公文一庫*1鏁鑰者。長官自掌。若無二長官一者。次官掌之(一)(二)(三)。

(一)政事要略巻六十一糺弾雑事(検非違使)。(二)職員令2集解讃云。(三)後宮職員令9集解穴云。

公文置かむ庫の鏁鑰は、長官自ら掌れ。若し長官無くは、次官掌れ。

(9) 在京倉蔵。並令二*弾正巡察一。在外倉庫。*巡察使出日。即令二*按行一(一)。

㈠職員令58集解釈云。

在京の倉蔵は、並に弾正をして巡察せしめよ。在外の倉庫は、巡察使出でむ日に、即ち按行せしめよ。

(10) 調庸等物。応レ送レ京者㈠㈡。皆依ニ見送物数色*目一㈠。各造ニ簿*一通一㈠㈡。国*明注ニ載進物色数一。附ニ綱*丁等一。各送ニ所司一[1]㈢。

㈠職員令3義解。㈡職員令3集解釈云。㈢類聚三代格巻八調庸事、寛平八年閏正月一日太政官符。

調庸等の物、京に送るべくは、皆見に送らむ物の数、色目に依りて、各簿一通造れ。国明らかに進らむ物の色数を注し載せて、綱丁等に附けて、各所司に送らしめよ。

(11) 凡㈠㈡倉蔵及㈠㈡㈢文*案孔目㈠㈡㈢㈣。専*当㈢官人㈠㈡㈢。交代之日[1]㈠㈡㈢㈣。並相㈠㈡㈢分*2付。然後放*還㈠㈡㈢㈣。若数多。不レ可ニ移動一者。抛*レ帳分付㈠。

㈠延暦交替式。㈡類聚三代格巻五交替并解由事、貞観十二年十二月廿五日太政官符。㈢続日本紀巻二十一、天平宝字二年九月丁丑条。㈣考課令55集解師説。

凡そ倉蔵及び文案の孔目は、専当の官人、交代の日に、並に相ひ分ち付けよ。然うして後に放し還せ。若し数多くして、移動すべからずは、帳に抛りて分ち付けよ。

(12) 凡㈠㈡倉蔵受納。於レ後出給。若有レ欠者。均*徴ニ給納之人一。已経ニ分*付一。徴ニ後*人一㈠㈡㈢。有レ乗。附レ帳申レ官㈠㈡。

㈠延暦交替式。㈡貞観交替式。㈢政事要略巻五十四交替雑事(器仗戎具)所引交替式私記。

凡そ倉蔵受け納めむことは、後にして出し給へらむ、若し欠くること有らば、均し

---

(10)(調庸物応送京条) 調・庸等の物を京に送る場合の手続の規定。

色目—色は種類。目は品目・名称。

簿一通—これを調帳あるいは調庸帳といい、毎年貢調使が調庸物とともに京に持参して民部省に納めた。

国明注載—以下は調帳とは別に、種目ごとに異る納入先の各官司に送る納品書のことで、これを門文といった。

綱丁—調庸物等を京に運送する際の宰領。国司・郡司がなった場合に綱領、正丁がなった場合に綱丁といったようである。運脚らを指揮して上京し、滞りなく納入して返抄(受領証)を受取る責任があった。

(11)(倉蔵文案孔目条) 倉庫の責任者の交代の際の事務引継に関する規定。

文案孔目—文案はその官司が発行した公文書の案(控え)と受領した公文書。孔目は条目の意。各官司は各文案を一定期間保存するほか、その文案の標題を事項別に列記した目録(孔目)を作成し、十五日(半月)分ごとにまとめて一巻として保存した。→公式82。

専当官人—国司は四等官がみな国務に連帯責任を負う建前であったが、特定の事項については国司の間で分担してこれに当ることが行われ、これを専当といった。

分付—事項ごとに後任者に引継ぐ。

放還—責任を解いて任地を去らせる。

抛帳分付—実物に当らずに、倉庫の寸法と収納物の数量から帳簿上だけで確かめて引継ぐ。のちに不足が判明した場合、前任者と後任者のどちらの責任とするかについては、延暦交替式によると両説があった。

く給ひ納めたらむ人に徴れ。已に分ち付くること経たらば、後の人に徴れ。乗れること有らば、帳に附けて官に申せ。

(13) 凡欠二負[1]官倉一応レ徴者。若分付*欠損之徒。未レ離レ任者。納二本倉一。已去レ任者。聴下於二後任及本貫*一便納上㈠㈡㈢㈣。其㈠㈡隠截*㈠㈡㈤及㈠㈡貸用。不レ限二在任去任一㈠㈡㈤。皆㈠㈡納二㈠㈡㈤於㈠㈡京一㈠㈡㈤。

㈠延暦交替式。㈡貞観交替式。㈢類聚三代格巻十四塡納事、弘仁十年四月十五日太政官奏。㈣類聚国史巻八十四政理六塡納官物、弘仁十年五月己卯条。㈤職員令31集解穴云。

凡そ官倉を欠負して徴るべくは、若し分ち付くるに欠損せむ徒、任離れずは、本倉に納れよ。已に任去れらば、後任及び本貫に便に納るること聴せ。其れ隠截及び貸用は、在任去任を限らず、皆京に納れよ。

(14) 凡㈠㈡㈢欠二㈠㈡㈢㈣失㈠㈡㈣官物一㈠㈡㈢㈣。并㈠㈡㈣勾獲*合レ徴者。並依二本物一徴塡。其物不レ可レ備。及郷土無者。聴下准*二価直一徴送上。即身死及配流者。並免レ徴㈠㈡㈢㈣。

㈠延暦交替式。㈡貞観交替式。㈢政事要略巻五十九交替雑事(禁断犯用官物)所収交替式云。㈣法曹至要抄雑事条欠負官物事(陽明文庫本)。

凡そ官物を欠失し、并せて勾獲して徴るべくは、並に本の物に依りて徴り塡てよ。其の物備ふべからざらむ、及び郷土に無くは、価直に准へて徴り送ること聴せ。即ち身死に、及び配流せば、並に徴ること免せ。

(12)(倉蔵受納条) 収納物の不足および剰余が判明したときの処置の規定。
均徴給納之人—受納官と出給官から均等に不足分を徴収する。 **分付**→前条注。
後人—引継を受けた後任者。

(13)(欠負官倉条) 収納物の欠損を徴収する際の納入場所の規定。
分付欠損之徒—正式引継の後に自己の管理の下で欠損を生じた官人。
本貫—本籍地。本貫で納入するのは、退官して帰家した場合のこと。
隠截—収納財物の一部を官人が私に出挙して、その利を着服すること。官稲の隠截に対する宝亀十年十一月二十九日の禁令が続紀・三代格にみえる。

(14)(欠失官物条) 収納物の欠損の徴収方法の規定。
勾獲—帳簿と照合して欠失を検出すること。陽明文庫本法曹至要抄所引本条逸文の傍訓に「コウクワク」とある。
准価直—その品物の価格に相当する財貨で。

(15)(割取交易物直条) 官物出納上の不法行為に対する刑法上の取扱いの規定。
交易物直—官司がその必要物資、中央への貢献物などを購入するために支出する官物の布・稲など。
隠截罪→倉庫13。 **田租**→田令1。
地子—公田・私田の小作料。一年期限で小作させ、春に地子をとることを賃、秋の収穫後にとることを租といい、地子は収穫量の五分の一を原則とした。→田令19。ここは公田の地子。民部例では無主位田・闕郡司職田・闕国造田・闕釆女田・射田・公乗田を地子田としている。

准非法—唐戸婚律24に「諸差科、賦役、違レ法及不ニ均平一、杖六十。若非法而擅賦斂、及以レ法賦斂而擅加益、贓重入レ官者、計レ所レ擅坐贓論。入レ私者、以ニ枉法一論。至レ死者、加役流」とある。

贓斂入官—その財物が官の所有に帰した場合には、の意。贓は不法に取得された財物。

坐贓—六贓(→名例32注)の一。監臨の主司としてではなく、事によって不法に財を受けたもの。雑律1に「凡坐レ贓致レ罪者、一尺笞十、一端加ニ一等一。十二端徒一年、十二端加ニ一等一。罪止ニ徒三年一。与者減ニ五等一」とある。

准犯法可論之—職制48に「凡監臨之官、受レ財而枉レ法者、一尺杖八十。二端加ニ一等一。卅端絞」とある。

(16)（有人従庫蔵出条）庫蔵から出る人に盗竊の疑いがあったときは、捜検すべきことの規定。本条の採用↓補☆b。

庫蔵—庫蔵の常時の警備↓宮衛9。

盗状—収納物品を盗んだ様子。

捜検—身体などを検査し捜索する。唐廐庫律15に「諸有下人従ニ庫蔵一出上、防衛主司、応ニ捜検一而不ニ捜検一、笞二十」とあり、その疏に「従ニ庫蔵一出、依レ式、五品已上、皆不レ合ニ捜検一」とある。

(15)　割ニ取*交易物直一者。同ニ*隠截罪一。剰ニ*徴田租一。過ニ収*地子一等罪。*准ニ非法一。*贓斂入レ官。*坐贓論。入レ私者。*准ニ犯法一可レ論之㈠。

㈠政事要略巻五十九交替雑事(禁断犯用官物)所収交替式私記。

交易の物の直を割き取らば、隠截の罪に同じ。田租を剰り徴らむ、地子を過し収らむ等の罪は、非法に准へよ。贓斂官に入れたらば、坐贓論せよ。私に入れたらば、犯法に准へて論すべし。

(16)　凡有レ人。従ニ*庫蔵一出。有レ疑ニ*盗状一者。即合ニ*捜検一㈠。

㈠明文抄一帝道部上。

凡そ人有りて、庫蔵より出でむ、盗状疑はしきこと有らば、即ち捜り検ふべし。

厩牧令 第廿三

凡弐拾捌条

1 凡厩。細馬一疋。中馬二疋。駑馬三疋。各給二丁一人一。穫丁毎レ馬一人。日給二細馬。粟一升。稲三升。豆二升。塩二夕一。中馬。稲若豆二升。塩一夕。駑馬。稲一升。乾草各五囲。木葉二囲。周三尺為レ囲。青草倍之。皆起二十一月上旬一飼レ乾。四月上旬給レ青。其乳牛。給二豆二升。稲二把一。取レ乳日給。

凡そ厩には、細馬一疋、中馬二疋、駑馬三疋に、各丁一人給へ。穫丁は馬毎に一人。日ごとに、細馬に、粟一升、稲三升、豆二升、塩二夕給へ。中馬に、稲若しくは豆二升、塩一夕。駑馬に、稲一升。乾たる草は各五囲。木の葉は二囲。周三尺を囲と為よ。青草は倍せよ。皆十一月上旬より起りて乾たるを飼へ。四月上旬よりは青きを給へ。其れ乳牛には、豆二升、稲二把給へ。乳取らむ日に給へ。

2 凡馬戸。分番上下。其調草。正丁二百囲。次丁一百囲。中男五十囲。

凡そ馬戸は、分番して上下せよ。其れ調の草は、正丁に二百囲、次丁に一百囲、中男に五十囲。

3 凡官畜。応下請二脂薬一療上病者。所司預料二須数一。毎レ季一給。

凡そ官畜、脂薬を請ひて病療すべくは、所司預め須ゐむ数を料りて、季毎に一たび給へ。

☆**厩牧令**—中央の厩舎と地方の牧場の運営、官馬牛の飼育、駅および駅馬・伝馬の設置と運営、軍団の官馬の調習、馬牛の拾得・死亡の際の処置などに関する諸規定を収める。→補☆

1 〔厩細馬条〕中央における馬牛の飼育方法の規定。

厩—主として左右馬寮（職員63）の馬舎。職員63には厩を閑と書く。

細馬・駑馬—細馬は上馬、駑馬は下馬。

丁—馬丁。馬戸から上番する飼丁を充てる。飼丁→職員63。

穫丁—飼料の草・木葉を採る要員。同じく飼丁を充てる。

稲三升—この稲は半糠米なので升の単位。

豆—大豆。

青草倍之—乾草の二倍、すなわち十囲。

乳牛—典薬寮（職員44）の所管。諸国に牛牧があり、寮では乳戸五十戸から毎年十丁が上番して飼育に当った。乳戸→職員44。

取乳日給—平常の日は草を与えるが、草については義解に「給レ草之法、待二式処分一」。

2 〔馬戸分番条〕馬戸の番役と調草輸進についての規定。

馬戸—大化前代の馬飼部の後身で、左馬寮に三〇二戸、右馬寮に二六〇戸が所属し、雑戸として調・雑徭が免除された。→職員63。

分番上下—次丁以上が上番して左右馬寮の飼丁となった。一番の日数は不明。

正丁・次丁・中男→戸令6。

3 〔官畜条〕官畜療病のための脂・薬の支給規定。

官畜—ここでは馬寮の馬。牧馬は含まない。

4　凡牧馬長帳者。取下庶人清幹。堪二検校一者上為之。其外六位及勲位。亦聴二通取一。

凡そ牧馬の長帳は、庶人の清く幹く、検校に堪へたらむ者を取りて為よ。其れ外六位及び勲位は、亦通ひて取ること聴せ。

5　凡牧。毎レ牧置二長一人。帳一人一。毎レ群牧子二人。其牧馬牛。皆以レ百為レ群。

凡そ牧には、牧毎に長一人、帳一人置け。群毎に牧子二人。其れ牧の馬牛は、皆百を以て群と為よ。

6　凡牧牝馬。四歳遊牝。五歳責レ課。牝牛三歳遊牝。四歳責レ課。各一百毎レ年課二駒犢各六十一。其馬三歳遊牝而生レ駒者。仍別簿申。

凡そ牧の牝馬は、四歳に遊牝せよ。五歳に課を責へ。牝牛は三歳に遊牝せよ。四歳に課を責へ。各一百に、年毎に駒犢各六十を課せよ。其れ馬三歳に遊牝して駒生めらば、仍りて別に簿にして申せ。

7　凡牧馬牛。毎レ乗二駒二疋。犢三頭一。各賞二牧子稲廿束一。其牧長帳。各通二計所レ管群一賞之。

凡そ牧の馬牛、駒二疋、犢三頭乗れらむ毎に、各牧子に稲廿束賞へ。其れ牧の長帳には、各管ぶる所の群を通計して賞へ。

8　凡牧馬牛死耗者。毎レ年率二百頭一論除レ十。其疫死者。与二牧側私畜一相准。死数同者。聴二以レ疫除一。

凡そ牧の馬牛死耗せらば、年毎に百頭に率りて論して、十除け。其れ疫死は、牧の

所司―左右馬寮。

4　〔牧馬帳条〕牧の職員の任用規定。

牧馬長帳―牧長と牧帳。牧長は牧の管理・運営に当り、牧帳は文書事務に当る。一任以後は長仕し、徭役免除(賦役19)。牧→補4。

外六位―外六位以下の外位の人。外位→選叙補2b。

勲位→軍防補33。ここでは勲七等以下。

5　〔牧毎牧条〕牧の構成の規定。

牧子―飼育係。任用規定はみえない。徭役免除(賦役19)。

以百為群―駒・犢は二歳になって校印するまでは本群に属し、数の中には入らない。

6　〔牧牝馬条〕牧の馬牛の責任増殖数の規定。

遊牝―交尾すること。

責課―増殖義務年齢に入れるの意。

各一百―一百はここでは一群の数ではなく、母畜の数。一百・六十は単に基準の率を示すための数字。

7　〔毎乗駒条〕責任数を超えて増殖した場合の褒賞規定。

駒二疋犢三頭―ここは一群についての数字。従って一群の母畜五十ならば、責任数三十を超えること二疋・三頭の意。

各賞牧子稲廿束―二十束を一群に二人の牧子に首従法によって分け与える。古記は三分して二分を首に、一分を従に与えるとし、義解は十九分して十分を首に、九分を従に与えるとする。首従不明ならば十束ずつ均分。なお責任数に達しなかったときの罰則は、廐庫律1逸文に「凡牧馬牛、准レ所レ除外死失、及課

不レ充者、二牧子笞廿、三加二一等一。過二杖一百一、廿加二一等一。罪止二徒二年一。…牧長帳及国郡官司、各随二所管牧群多少一、通計為レ罪」。
各通計所管群賞之—例えば二群を管する牧の長・帳には四疋を剰すごとに二十束を首従法によって分け与える。

8 〔死耗条〕牧馬牛の死亡による減少の許容数の規定。
死耗—通常の死亡による畜数の減少。
除十—毎年百頭につき十頭を減少許容数とする。これ以上減ったときの罰則は↓廐牧7注。
死数—ここは死亡率の意。

9 〔失馬牛条〕牧で馬牛を亡失および不当に死損させた場合の処置の規定。
估価—相場の価格。
七分徴牧子—古記・義解など牧子二人からの均徴とする説と額説など首従法によるとする説とがあった。長・帳についても同じ。
有闕—牧子・長帳に欠員がある場合。
廐—左右馬寮の馬舎。↓廐牧1。
主帥—当番の馬部。馬部↓職員63。官司の処分によって放失・死損を生じた場合は、主帥・飼丁は代価を徴収されない。
飼丁—馬戸から上番勤務する廐の飼育係。馬戸↓廐牧2。**追直**—徴収した代価。
非理死損—不当な扱いで死損させた場合。例えば病馬を放置して死なせるなど。
准本畜徴填—估価を徴するのでなく、馬牛そのもので填備させるの意。

10 〔駒犢条〕牧馬牛の校印と登録帳簿作成の規定。
対—現場に立合っての意。
印—焼印。烙印。賊盗25には畜産印とある。

側の私畜と相ひ准へて、死にたる数同せば、疫を以て除くこと聴せ。

9 凡在レ牧失二官馬牛一者。並給二百日一訪覓。限満不レ獲。各准二失処当時估価一。十分論。七分徴二牧子一。三分徴二長帳一。如有レ闕及身死。唯徴二見在人分一。其在レ廐失者。主帥准二牧長一。飼丁准二牧子一。失而復得。追直還之。其非理死損。准二本畜一徴填。

凡そ牧に在りて官の馬牛失せらば、並に百日を給ひて訪ひ覓めしめよ。限満つるまでに獲ずは、各失する処の当時の估価に准へて、十分にして論せよ。七分は牧子に徴れ。三分は長帳に徴れ。如し闕有らむ、及び身死なば、唯し見在の人の分を徴れ。其れ廐に在りて失せらば、主帥は牧長に准へよ。飼丁は牧子に准へよ。失して復得たらば、追したる直還せ。其れ非理の死損は、本の畜に准へて徴り填てしめよ。

10 凡在レ牧駒犢。至二二歳一者。毎レ年九月。国司共二牧長一対。以二官字印一。印二左髀上一。犢印二右髀上一。並印訖。具録二毛色歯歳一。為二簿両通一。一通留レ国為レ案。一通附二朝集使一。申二太政官一。

凡そ牧に在る駒犢、二歳に至らば、年毎の九月に、国司、牧長と共に対ひて、官の字の印を以て、左の髀の上に印せよ。犢は右の髀の上に印せよ。並に印し訖りなば、具に毛の色、歯歳を録して、簿両通為れ。一通は国に留めて案と為よ。一通は朝集使に附けて、太政官に申せ。

11 凡牧地。恒以二正月以後一。従二一面一以レ次漸焼。至二草生一使レ遍。其郷土異レ宜。

髀—股の外側。
歯歳—年齢。
朝集使—国司が毎年中央に赴く四度使の一で、一年間の国衙の執務および一般民政事務の報告をした。↓職員2。

11　〔牧地条〕牧地を焼くことの規定。
正月以後—穴記・義解は二月以前、すなわち正月・二月の間とする。
郷土異宜—風土的条件が普通と異る場所。例えば春の遅い北地や温暖な南国。
不須焼処—山林や竹町の類。

12　〔須校印条〕牧馬の校印の際の人手の調達方法の規定。
校印—前条にいう焼印を押す作業。
取随近者充—牧の周辺の住民を雑徭で使役する。↓賦役補37a。

13　〔牧馬応堪条〕牧馬による軍団の馬の補給とその飼育方法の規定。
応堪乗用—強壮で乗用に適するもの。
皆付軍団—軍団に付けたものを兵馬と称する。兵馬↓職員25。
上番—国内の上番、即ち軍団への交替勤務。

14　〔須置駅条〕駅の設置とその備品についての規定。
諸道—東海・東山以下の七つの官道。七道↓公式補51。
駅↓職員25。駅制↓補14。
卅里—約十六キロメートル。およその基準を示したもの。唐制に同じ。
乗具及蓑笠等—古記以下みな乗具は官費で備え、蓑・笠は駅子が私に備えるとする。
馬数↓廐牧16。

及不レ須レ焼処。不レ用二此令一。

凡そ牧の地は、恒に正月以後を以て、一面より次を以て漸くに焼け。草生ふるに至りて遍からしめよ。其れ郷土宜しきを異にせらむ、及び焼くべからざる処は、此の令用ゐじ。

12　凡須レ校二印牧馬一者。先尽二牧子一。不レ足。国司量二須多少一。取二随近者一充。

凡そ牧の馬を校印すべくは、先づ牧子を尽せ。足らずは、国司須ゐむ多少を量りて、随近の者を取りて充てよ。

13　凡牧馬。応レ堪二乗用一者。皆付二軍団一。於二当団兵士内一。簡二家富堪レ養者一充。免二其上番及雑駈使一。

凡そ牧の馬、乗用に堪ふべくは、皆軍団に付けよ。当団の兵士の内にして、家富みて養ふに堪へたる者を簡びて充てよ。其の上番、及び雑の駈使を免せ。

14　凡諸道須レ置レ駅者。毎二卅里一置二一駅一。若地勢阻険。及無二水草一処。随レ便安置。不レ限二里数一。其乗具及蓑笠等。各准二所レ置馬数一備之。

凡そ諸道に駅置くべくは、卅里毎に一駅を置け。若し地勢阻り険しからむ、及び水草無からむ処は、便に随ひて安置せよ。里の数を限らず。其れ乗具及び蓑、笠等は、各置かむ所の馬の数に准へて備へよ。

15　凡駅。各置二長一人一。取二駅戸内家口富幹レ事者一為之。一置以後。悉令二長仕一。若有二死老病。及家貧不レ堪レ任者。立替。其替代之日。馬及鞍具欠闕。並徴二前人一。若*縁レ辺之処。被二蕃賊*抄掠一。非二力制一者。不レ用二此令一。

凡そ駅には、各長一人置け。駅戸の内の家口富みて事に幹からむ者を取りて為よ。一たび置きて以後、悉くに長く仕へしめよ。若し死に、老い、病し、及び家貧しくして任に堪へざること有らば、立て替へよ。其れ替へ代へむ日に、馬及び鞍具欠き闕けらば、並に前の人に徴れ。若し辺に縁れる処、蕃賊に抄掠せられて、力の制するところに非ずは、此の令用ゐじ。

16 凡諸道置二*駅馬一。*大路廿疋。*中路十疋。*小路五疋。使稀之処。国司量置。不二必須一レ足。皆取二筋骨強壮者一充。毎レ馬各令二*中中戸養飼一。若馬有二闕失一者。即以二*駅稲一市替。其*伝馬毎レ郡各五。皆用二*官馬一。若無者。以二*当処官物一市充。通取二家富兼丁者一付之。令三養以供二*迎送一。

凡そ諸道に駅馬置かむことは、大路に廿疋、中路に十疋、小路に五疋。使稀らならむ処は、国司量りて置け。必ずしも足れるを須たず。皆筋骨強く壮りなる者を取りて充てよ。馬毎に各中中の戸をして養ひ飼はしめよ。若し馬闕失すること有らば、即ち駅稲を以て市ひ替へよ。其れ伝馬は郡毎に各五。皆官の馬を用ゐよ。若し無くは、当処の官物を以て市ひ充てよ。通ひて家富みて兼丁ある者を取りて付けよ。養ひて以て迎送に供せしめよ。

17 凡*水駅不レ配レ馬処。量二閑繁一。駅別置二船四隻以下[1]。二隻以上一。随レ船配レ丁。駅長准二陸路一置。

15 〔駅各置長条〕駅長の任用および交替に関する規定。

長—駅の管理・運営の責任者。課役免除(賦役19)。

駅戸—駅に所属する民戸。その数は別式によったというが、ほぼ里に準じたとみられる。

幹事者—実務的能力のあるもの。

欠闕—正当の理由なく不足している場合。

縁辺之処—辺境の地域。

抄掠—略奪する、かすめ取る。

16 〔置駅馬条〕駅馬と伝馬の配備・補充および飼育方法に関する規定。

駅馬→公式42。

大路・中路・小路—山陽道(太宰府まで)を大路、東海・東山道を中路、他を小路とする。

中中戸—駅戸のうちの中々戸。戸の等級→田令補16b。

駅稲—駅田からの収入の稲。これを出挙してその利稲を駅の諸経費に充てた。大宝令では駅起稲といい、天平十一年六月に正税に混合された。駅田→田令補33。

伝馬→公式42。

用官馬—軍団の馬を充てる。駅馬も同じ。

当処官物—その郡の官物。

迎送—例えば国司の赴任、罪人の移送など。

17 〔水駅条〕水駅の設備および駅長任命の規定。

水駅—河川交通路の駅。兵部式に最上川ぞいの野後・避翼・佐芸・白谷四駅の名がみえる。水陸兼送の処は船馬両方を置く。

18 〔乗駅条〕駅馬・伝馬は一区間ごとに乗り継ぐべきことの規定。本条を次条の古凡そ水駅の馬配てざる処は、閑繁を量りて、駅別に船四隻以下、二隻以上置け。船に随ひて丁配てよ。駅長は陸路に准へて置け。

18　凡乗二駅及伝馬一。応下至二前*所一替換上者。並不レ得二*騰過一。其*無レ馬之処。不レ用二此令一。

凡そ駅及び伝馬に乗りて、前所に至りて替へ換ふべくは、並に騰せ過すこと得じ。其れ馬無き処は、此の令用ゐじ。

19　凡*軍団官馬。*本主欲下於二郷里側近*十里内一調習上聴。在レ家非理死失者。六十日内備替。即身死。家貧不レ堪レ備者。不レ用二此令一。

凡そ軍団の官馬は、本主、郷里の側近十里の内に調習せむと欲はば、聴せ。家に在りて非理に死失せば、六十日の内に備へ替へよ。即ち身死に、家貧しくして備ふるに堪へずは、此の令用ゐじ。

20　凡駅伝馬。毎レ年国司検簡。其有二太老病一。不レ堪二乗用一者。随レ便*貨売。得直若少。駅馬添二駅稲一。伝馬以二*官物一市替。

凡そ駅伝馬は、年毎に国司検簡せよ。其れ太しく老い、病して、乗用に堪へざること有らば、便に随ひて貨売せよ。得む直若し少なくは、駅馬は駅稲を添へよ。伝馬は官物を以て市ひ替へよ。

21　凡公使須レ乗二駅及伝馬一。若不レ足者。即以二私馬一充。其私馬因二公使一致レ死者。*官為二酬替一。

記では騰過条と呼んでいる。
前所—次の駅または郡家。
騰過—乗換えないで通過する。
無馬之処—前人が全部使用して馬が残っていない場合のこと。義解は一駅だけ、穴記は五六駅まで通過してよいとする。職制38に「凡…経レ駅不レ換レ馬者笞卌。〈無レ馬者不レ坐〉」とある。

19　〔軍団官馬条〕軍団の官馬の調習と正当な理由なく死失した場合の処置の規定。
軍団官馬→廐牧13。
本主—その官馬の飼育に当っている兵士。
十里—五キロメートル余。

20　〔駅伝馬条〕駅馬・伝馬の毎年の点検と乗用に堪えない馬の処分・補充の規定。
貨売—貨財と交換に売却する。
官物—その郡の官物。

21　〔公使乗駅条〕公使の駅馬・伝馬が不足のときは私馬を充て、私馬がそのために死んだ場合には官が補償すべきことの規定。
官為酬替—理を以てする死にも非理の死にも官が官馬を以て補償する。

22　〔乗伝馬条〕伝使・駅使に対する供給の規定。
乗伝馬出使—国司の赴任など、急速を要しない公用旅行に伝馬を用いた。
所至之処—馬を替えるべき処、すなわち郡家ごと。
供給—必要な食料等の支給、宿泊の便宜の提供など。
闊遠—駅と駅の間隔の大きい処。

23　〔国郡条〕国郡が馬牛を拾得した場合の処置の規定。

闌畜—所有者の手から離れて拾得された馬牛。闌は妄。妄りに放逸すること。
仰当界内訪主—古記・跡記・穴記はまず当郡内で主を尋ねたのち国が他の諸郡に仰せて主を尋ねるとするが、額説・讃説は郡から国に送らないで伝馬に充て、あるいは売るとする。
二季—六カ月。
識認—自己の所有物であることを確認する。
先充伝馬—伝馬はふつうは当処の官物で購入する。→廐牧16 20。
入官—令釈・義解によれば、囚徒の衣粮に充てる。
贓贖司→職員31。
勘当—ここは取調べるという程の意味。

24〔闌遺物条〕拾得物の届出と贓畜の処置についての規定。
闌遺之物—拾得された遺失物。畜産と財物の両方を含む。遺の音は職員3令釈に「遺音以住反、又音胡癸・胡季二反」とある。
五日内申所司—五日を過ぎた場合は、違令罪と坐贓罪のどちらか重いほうを科する。雑律60に「得二闌遺物一満五日不送官者、各以亡失罪論。贓重者、坐贓論」。届出るべき所司と所司のとるべき処置については→捕亡15。
贓畜—六贓の馬牛、すなわち一般に不法に入手された馬牛等の畜類。六贓→名例33。
事未分決—贓畜を入れるべき人が未決定の場合にはの意。
没官—政府に没収すること。
出売—得た代価は贓贖司に納める。

25〔官私馬牛条〕官私の馬牛帳を毎年中央に提出すべきことの規定。
官私馬牛帳—天平六年出雲国計会帳にみえる駅馬帳・百姓馬牛帳・兵馬帳など一国内の官

凡そ公使、駅及び伝馬に乗るべからむ、若し足らずは、即ち私馬を以て充てよ。其れ私馬、公使に因りて死を致せらば、官、酬い替ふること為よ。

22 凡官人乗二伝馬一出レ使者。所レ至之処。皆用二官物一。准レ位供給。其駅使者。毎二三駅一給。若山険闊遠之処。毎レ駅供之。

凡そ官人、伝馬に乗りて使に出でたらば、至らむ所の処は、皆官物を用て、位に准へて供給せよ。其れ駅使は、三駅毎に給へ。若し山険しく闊く遠からむ処は、駅毎に供せよ。

23 凡国郡所レ得闌畜。皆仰二当界内一訪レ主。若経二二季一。無二主識認一者。先充二伝馬一。若有レ余者出売。得価入レ官。其在京。経二二季一無二主識認一者。出売。得価送二贓贖司一。後有二主識認一。勘当知レ実。還二其本価一。

凡そ国郡得たらむ所の闌畜は、皆当界の内に仰せて主を訪はしめよ。若し二季経るまでに、主識り認むること無くは、先づ伝馬に充てよ。若し余有らば出し売れ。得たらむ価は官に入れよ。其れ在京は、二季経るまでに主識り認むること無くは、出し売れ。得たらむ価は贓贖司に送れ。後に主識り認むること有らば、勘当するに実知れらば、其の本の価を還せ。

24 凡闌遺之物。五日内申二所司一。其贓畜。事未二分決一。在京者付二京職一。断定之日。若合二没官一出売。在外者准二前条一。

凡そ闌遺の物は、五日の内に所司に申せ。其れ贓畜は、事分決せずは、在京は京職に付けよ。断し定めむ日に、若し没官すべくは出し売れ。在外は前の条に准へよ。

25　凡*官私馬牛帳。毎レ年附二*朝集使一。*送二太政官一。

凡そ官私の馬牛の帳は、年毎に朝集使に附けて、太政官に送れ。

26　凡官馬牛死者。各収二*皮脳角胆一。若得二*牛黄一者。別進。

凡そ官の馬牛死なば、各皮、脳、角、胆を収れ。若し牛黄得ば、別に進れ。

27　凡因二公事一。乗二官私馬牛一。以レ理致レ死。*證見分明者。*並免レ徴。其*皮宍。所在官司出売。送レ価納二*本司一。若非理死失者。*徴陪。

凡そ公事に因りて、官私の馬牛に乗りて、理を以て死を致せらむ、證見分明ならば、並に徴ること免せ。其れ皮宍は、所在の官司出し売れ。価を送りて本司に納れよ。若し非理に死失せば、徴り陪てしめよ。

28　凡官畜。*在レ道羸病。不レ堪二前進一者。留付二随近国郡一。*養飼療救。草及薬官給。*差日遣二専使一。送二還所司一。其死者。充二当処公用一。

凡そ官の畜、道に在りて羸せ病して、前に進むに堪へずは、留めて随近の国郡に付けて、養ひ飼ひて療救せしめよ。草及び薬は、官、給へ。差えむ日に専使を遣りて、所司に送り還せ。其れ死なば、当処の公用に充てよ。

私の馬牛を種別ごとにすべて書き出した帳簿。

朝集使→考課補61。

送太政官—太政官から更に兵部省に送る。公私馬牛は兵部省兵馬司の所管(職員25)。

26〔官馬牛条〕官の馬牛の死体利用の規定。

皮脳角胆—これらは所在の官司で利用する。脳は馬の脳髄。賦役1義解に「馬頭中髄也」。胆は牛の胆嚢。胆汁に天南星の粉末を混ぜて乾燥したものを中風・驚風・黄疸・癰腫等の治療、除熱・駆虫に用いた。

牛黄—病牛の胆中に生ずる一種の結石。黄色で軽柔、驚癇および小児の百病に効ありとして珍重された。ウシノタマ。

27〔因公事条〕公用で官私の馬牛を使用して死なせた場合の処置の規定。

證見—目撃者の証言。**並免徴**—並は官・私ともにの意。私馬牛の場合に所有者に対して官が弁償することは21条にみえる。

皮宍—皮と肉。天平六年尾張国正税帳をはじめ諸国の正税帳に出売の記載がある。馬皮一疋の価十〜十五束。

本司—その牛馬が所属していた地の国郡司または駅。**徴陪**—皮宍の代価との差額を徴する。

28〔官畜条〕官畜が道中で病み疲れた場合の処置の規定。

在道—上京・向軍などの場合。

養飼療救—養療が不如法の場合およびそのために官畜を死なせた場合の罰則→廐庫律3。

差—治癒するの意。

医疾令[1] 第廿四

凡弐[2]拾柒条

(1) 医博士*。取ニ医人*内。法術*優長者一為之。按摩呪禁博士*。亦准*レ此㈠。

㈠政事要略巻九十五至要雑事(学校)。

医博士は、医人の内の、法術優長ならむ者を取りて為よ。按摩呪禁の博士も、亦此に准へよ。

(2) 凡㈠㈡医生*㈠㈡㈢。按摩生*。呪禁生。薬園生㈠㈢。先取ニ薬部*及世習*一。次取ニ庶人*年十三以上。十六以下。聡令者一為之㈠㈡㈢。

㈠職員令44集解私。㈡職員令80集解釈云。㈢政事要略巻九十五至要雑事(学校)。

凡そ医生、按摩生、呪禁生、薬園生は、先づ薬部及び世習を取れ。次に庶人の年十三以上、十六以下にして、聡令ならむ者を取りて為よ。

(3) 医針生。各分*レ経受レ業。医生。習ニ甲乙*。脈経。本草一。兼習ニ小品。集験等方一。針生。習ニ素問*。黄帝針経。明堂。脈決一。兼習ニ流注。偃側等図。赤鳥神針等経一㈠㈡。

㈠政事要略巻九十五至要雑事(学校)。㈡考課令冒頭集解讃云。

医針の生は、各経を分ちて業受けよ。医生は、甲乙、脈経、本草習へ。兼ねて小品、集験等の方習へ。針生は、素問、黄帝針経、明堂、脈決習へ。兼ねて流注、

☆**医疾令**—医療関係の職員の任用・考課、諸学生の教育・課試、薬園の運営、採薬・投薬など、医薬全般にわたる諸規定を収める。→補☆

(1) (医博士条) 医博士・按摩博士・呪禁博士の任用規定。

医博士—典薬寮所属の医術の教官。→職員44。

医人—典薬寮所属の医師(定員十名)をさす。

法術—法は学識、術は技能。

按摩呪禁博士—按摩術の教官と呪禁術の教官。ともに典薬寮所属。→職員44。

亦准此—按摩博士は按摩師(定員二名)、呪禁博士は呪禁師(定員二名)の中から取る。なお針博士もこれに准じて針師(定員五名)から取る。→職員44。

(2) (医生等取薬部及世習条) 医薬関係の諸学生の採用資格の規定。

医生・按摩生—以下みな典薬寮所属の学生。針生もこれに准ずる。→職員44。

薬部—大化前代からの医術の世襲職で、薬師(くすし)の姓(かばね)を持つ諸氏。難波薬師・奈良薬師・蜂田薬師・和薬使主・後部薬使主などの名が知られる。いわゆる部(べ)ではない。

世習—三世以上にわたり医業を承け継いできている家。

庶人—義解によれば八位以上の者の子も大学生の場合(学令2)に准じて採用する。

(3) (医針生受業条) 医生・針生の学習すべき諸経の規定。

分経受業—各経ごとに受業の単位とせよの意。

甲乙—以下の諸書→補3。

素問—以下の諸書→補3。

偃側等の図、赤烏神針等の経習へ。

(4) 医針生。初入レ学者。先読ニ*本草。*脈決。*明堂一。読ニ本草一者。即令レ識ニ薬形薬性一。読ニ明堂一者。即令三*験レ図識ニ其*孔穴一。読ニ脈決一者。令ニ逓相*診候一。使レ知ニ四*時浮沈渋滑之状一。次読ニ*素問。*黄帝針経。*甲乙。*脈経一。皆使ニ精熟一。其*兼習之業。各令ニ通利一㈠。

㈠政事要略巻九十五至要雑事(学校)。

医針の生、初めて学に入らば、先づ本草、脈決、明堂を読め。本草読まば、即ち薬形薬性を識らしめよ。明堂読まば、即ち図を験へて其の孔穴を識らしめよ。脈決読まば、逓に相ひ診候はしめて、四時の浮沈、渋滑の状を知らしめよ。次に素問、黄帝針経、甲乙、脈経を読め。皆精熟ならしめよ。其れ兼ねて習はむ業も、各通利せしめよ。

(5) 医生既読ニ諸経一。乃分レ業教習。*率レ廿。以ニ十二人一学ニ*体療一。三人学ニ創腫一。三人学ニ*少小一。二人学ニ耳目口歯一㈠㈡。各専ニ其業一㈠。

㈠政事要略巻九十五至要雑事(学校)。㈡職員令44集解朱云。

医生既に諸の経読まば、乃ち業を分ちて教習せしめよ。廿に率りて、十二人を以て体療学びしめよ。三人に創腫学びしめよ。三人に少小学びしめよ。二人に耳、目、口、歯学びしめよ。各其の業専らにせよ。

(6) 医針生。各従レ所レ習。*鈔ニ*古方一誦之。其上手医。有ニ療レ疾之処一。令下其随従。

---

(4) (医針生初入学条) 医生・針生はまず諸経を読むべきこと、およびその履修課程の規定。医学諸書→補3。

本草・脈決・明堂—医生は本草、針生は脈決と明堂。

図—明堂鍼灸図。孔穴を詳記した図。

孔穴—針・灸を施すべき部位。

診候—診察。針生が互いに相手の身体を診察する。診候は名義抄に「ミウカヽフ」とある。

浮沈渋滑—脈の状態と変化。渋は難渋、滑は平滑。

素問・黄帝針経・甲乙・脈経—医生は甲乙と脈経、針生は素問と黄帝針経。

兼習之業—医生は小品方・集験方その他、針生は流注経・偃側図・赤烏神針経その他の中からどれでも二経を選んで学ばせる。

(5) (医生教習条) 諸経の学習の後、医生は四専攻に分けて教習すべきことの規定。

率廿—職員令の定員どおり医生四〇人とすれば、体療二四人・創腫六人・少小六人・耳目口歯四人となる。

体療—創腫・耳目口歯を除く成人の諸病を扱う。

少小—義解によれば小は六歳以上、少は十八歳以上で二十歳以下。未成年者の諸病を扱う。

(6) (医針生誦古方条) 医生・針生は古来の薬方の必要なものを暗記し、名医の針灸の施療を実地に見学すべきことの規定。
鈔—各専攻にとくに必要な部分を拾っての意。
古方—上条の諸経以外に多数ある往古の薬方。

(7) (医針生考試条) 医生・針生の定期試験の実施、成績優秀の者の特別任用、成業の見込なき者の処置の規定。
惣試—一年間の受業全体について試験する。
一准大学生例—学令8に大学生の考試の法式がみえる。大学では旬(十日)ごとに博士が考試し、年終に大学頭・助が考試する。
即聴補替—義解によれば履修課程の途中でもすぐに補替する。
無成者—履修課程を終了できない場合はの意。
本色—医針生採用以前のもとの身分。

(8) (医針生成業条) 医針生の各専攻の修業年限と宮内省における最終試験実施と太政官への挙送の規定。
体療・少小→医疾5。
限七年—義解はこれを習業と講義の期間とし、これに入学当初に諸経を読む期間の二年を加えると、前条の規定の九年となるとする。従って少小・創腫は前後七年、耳目口歯は六年、針生は九年となる。
丞以上—義解は丞以上全員である必要はなく、輔以上一人と丞一人が出席すればよいとする。
校練—大学生の場合は大義十条を試問し、八以上を得れば太政官に送る(学令11)。
行業—品行と学業技能。

習㆗知合㆓針[1]灸㆒之法㆖㈠。

㈠政事要略巻九十五至要雑事(学校)。

医針の生は、各習はむ所に従ひて、古方(こはう)を鈔(せう)して誦(じゆう)せよ。其れ上手(じやうしゆ)の医、疾(やまひ)を療(いや)さむ処有らば、其の随従(ずいじゆう)をして、針灸(しむく)すべき法を習ひ知らしめよ。

(7) 凡㈠医針生。博士一月一試。典薬頭助。一季一試。宮内卿輔。年終*惣試。其考試法式。*一准㆓大学生例㆒。若業術灼然。過㆓於見任官㆒者。*即聴㆓補替㆒。其在㆑学九年。*無㆑成者。退従㆓*本色㆒㈠㈡。

㈠職員令44集解私。㈡政事要略巻九十五至要雑事(学校)。

凡そ医針の生、博士は一月(いちぐわち)に一(ひと)たび試(こころ)みよ。典薬の頭、助は、一季(き)に一たび試みよ。宮内の卿、輔は、年の終(をはり)に惣(す)べ試みよ。其れ考試(かうし)の法式(はふしき)は、一(ひと)つ大学生の例に准へよ。若し業術灼然(じやくねん)にして、見任(げんにむ)の官を過(す)ぐせらむ者(ひと)は、即ち補(ぶ)し替(か)ふること聴せ。其れ学に在りて九年までに、成ること無くは、退(しりぞ)けて本色(ほんじき)に従はしめよ。

(8) 学㆓*体療㆒者。*限㆓七年㆒成㆑学。*少小及創腫者。各五年成㆑学。耳目口歯者。四年成。針生七年成。業成之日。令㆘典薬寮業術優長者。就㆓宮内省㆒。対*丞以上。精加㆗*校練㆖。具述㆓*行業㆒。申㆓送太政官㆒㈠。

㈠政事要略巻九十五至要雑事(学校)。

体療を学びむことは、七年を限りて学成さしめよ。少小及び創腫は、各五年に学成さしめよ。耳目口歯は、四年に成さしめよ。針生は七年に成さしめよ。業成らむ日に、典薬寮の業術優長ならむ者をして、宮内省に就きて、対ひて丞以上、精しく校練を加へしめよ。具に行業を述べて、太政官に申送せよ。

(9) 有下私自学習。解二医療一者上。投*二名典薬一。試験堪者。聴下准二医針生例一考試*上㈠。

㈠政事要略巻九十五至要雑事(学校)。

私に自ら学び習ひて、医療を解れる者有らば、名を典薬に投せよ。試み験ふるに堪へたらば、医針の生の例に准へて考試すること聴せ。

(10) 医針生初入レ学。皆行二束脩*礼一。一*准二大学生一。其按摩呪禁生減レ半㈠。

㈠政事要略巻九十五至要雑事(学校)。

医針の生初めて学に入らば、皆束脩の礼行へ。一つ大学生に准へよ。其れ按摩、呪禁の生は半減せよ。

(11) 教二習本草。素問。黄帝針経。甲乙一。博士皆案*レ文講説。如下講*二五経一之法上㈠。

㈠政事要略巻九十五至要雑事(学校)。

本草、素問、黄帝針経、甲乙を教習せむことは、博士皆文を案へて講説せよ。五経講せむ法の如くせよ。

(12) 医針師*1。典薬量*二其所能一。有*2レ病之処。遣為二救療一㈠㈡㈢。毎レ年宮内省。試二験其識*解優劣。差レ病多少一。以定二考*第一㈠㈡。

㈠政事要略巻九十五至要雑事(学校)。㈡職員令44集解朱云。㈢職員令44集解穴云。

医針の師は、典薬其の所能を量りて、病有らむ処に、遣りて救療すること為よ。年

---

(9)（自学習解医療条）自家学習者の資格認定試験の規定。

投名典薬—自ら典薬寮に出願の書類を出す。

考試—前条にいう寮の最終試験。

(10)（医針生束脩条）入学者は束脩の礼を行なうべきことの規定。

束脩—入学者が教官に贈る礼物。→学令4注。

一准大学生—学令4には「初入レ学、皆行二束脩之礼一。於二其師一各布一端。皆有二酒食一。其分二束脩、三分入二博士、二分入二助教一」とある。

(11)（教習本草等条）諸経の講義方法の規定。

案文—諸経の文に依拠しての意。

講五経之法—学令9に「凡博士助教、皆分レ経教授。学者、毎レ受二一経、必令レ終レ講。所レ講未レ終、不レ得レ改レ業」とある。

(12)（定医針師考第条）医師・針師の救療のための派遣とその勤務評定の規定。

医針師—典薬寮所属の医療担当官。定員は医師十名、針師五名。→職員44。

所能—専門とする技能。

有病之処—五位以上の家。六位以下には派遣しない。→医疾24。

識解優劣—義解によれば、この場合は優劣を議するが、必ずしも諸経の試験はしない。

考第—勤務成績の等級。→考課1・3〜7・50。義解によれば、典薬寮が定めた考第を宮内省が更に押校するのであって、省が直接に定めるのではない。

(13)（医針生選叙条） 太政官に送られた医針生の任用試験とその合格者の叙位、不合格者の処置の規定。

業成送官者→医疾8。

覆試―宮内省で最終試験を行なったものを更に試するので覆試という。

問答法式―考課71に「皆挙二経文及注一為レ問。其答者、皆須下弁二明義理一然後為上レ通。…若論語・孝経全不レ通者、皆為二不第一」とある。但し医針生の場合は兼習の業が全く不通でも八条に通じれば合格。

諸方―療病・合薬の実技。

(14)（按摩呪禁生学習条） 按摩生・呪禁生の学習内容と修業年限の規定。

按摩―揉み療治。按摩生→職員44。

傷折―打身・捻挫・骨折等。→職員44。

刺縛―刺は折傷個所の悪血を針で瀉出すること。縛は捻挫・骨折等の個所を繋縛すること。

呪禁―杖刀を持ち呪文を唱えて一定の作法を行ない、病災を防ぎ除く道教系統の方術。呪禁生→職員44。

解忤持禁之法―解忤は呪禁術をもって他人の邪気を払うこと。忤は逆らう、乱れる。持禁は同じく自分の身を固め、病災を防ぐこと。政事要略九五所引本条義解に「謂、持禁者、持二杖刀一読二呪文一、作レ法禁レ気、為二猛獣虎狼毒虫精魅賊盗五兵一不レ被二侵害一。又以二呪禁一固二身体一、不レ傷二湯火刀刃一。故曰二持禁一也。解忤者、以二呪禁法一解二衆邪驚忤一。故曰二解忤一也」とある。

並申送太政官―義解によれば、考試の法式や等第の高下などは式の処分による。

毎に宮内省、其の識り解れらむ優劣、病差さむ多少を試み験へて、以て考第を定めよ。

(13) 医針生。業成送*レ官者。式部覆試*。各十二条。医生試二甲乙四条一。本草。脈経各三条一。針生試二素問四条一。黄帝針経。明堂。脈決各二条一。其兼習之業。医針各二条。問答*法式。並准二大学生例一。医生全通。従八位下叙。通二八以上一。大初位上叙。其針生。降[1]二医生一等一(一)(二)。不第者。退還二本学一。経雖二不第一。而明二於諸*方一。量堪レ療レ病者。仍聴レ補二医師一(一)。

(一)政事要略巻九十五至要雑事(学校)。(二)考課令冒頭集解讃云。

医針の生、業成りて官に送れらば、式部覆試せよ。各十二条。医生は甲乙四条、本草、脈経各三条を試みよ。針生は素問四条、黄帝針経、明堂、脈決各二条を試みよ。其れ兼ねて習はむ業は、医針各二条。問答の法式は、並に大学生の例に准へよ。医生全く通せらば、従八位下に叙せよ。八以上通せらば、大初位上に叙せよ。其れ針生は、医生の一等を降せよ。不第は、退けて本学に還せ。経不第なりと雖も、諸方に明らかにして、量るに病療すに堪へたらば、仍し医師に補すること聴せ。

(14) 按摩*生。学二按摩*傷折方及刺縛*[1]之法一。呪禁生*。学二呪禁解忤持禁*之法一。皆限二三年一成。其業成之日。並申*二送太政官一(一)。

(一)政事要略巻九十五至要雑事(学校)。

按摩生は、按摩、傷折の方、及び刺縛の法を学びよ。呪禁生は、呪禁して解忤し、持禁する法を学びよ。皆三年を限りて成さしめよ。其れ業成らむ日に、並に太政官に申送せよ。

(15)　医針生。按摩咒禁生。専令*レ習レ業。不レ得ニ雑使一(一)。

(一)政事要略巻九十五至要雑事(学校)。

医針の生、按摩咒禁の生は、専ら業習はしめよ。雑使すること得じ。

(16)　女医*。取*ニ官戸婢年十五以上。廿五以下。性識慧了者卅人一。別所*安置。教以ニ安胎産難。及創腫傷折針灸之法一。皆案*レ文口授。毎レ月医博士試。年終内薬司*試。限ニ七年一成(一)。

(一)政事要略巻九十五至要雑事(学校)。

女医は、官戸、婢の、年十五以上、廿五以下の、性識慧了ならむ者卅人を取りて、別所に安置して、教ふるに安胎産難、及び創腫、傷折、針灸の法を以てせよ。皆文を案へて口授せよ。月毎に医博士試みよ。年の終に内薬司試みよ。七年を限りて成さしめよ。

(17)　凡国医生*。業術優長。情願ニ入仕一者。本国具述ニ藝能一。申ニ送太政官一(一)。

(一)職員令68集解朱云。

凡そ国の医生、業術優長にして、情に入りて仕へむこと願はば、本国具に藝能を述べて、太政官に申送せよ。

(18)　凡国医師*。教ニ授医方一。及生徒課業年限。並准ニ典薬寮教習法一。其余雑治。行用

---

(15)　(医針生等不得雑使条)　医針以下の諸生を雑事に使役してはならないことの規定。

専令習業―義解によれば旬暇・田暇・授衣暇等の休暇は大学生に准じて与える。

(16)　(女医条)　女医の養成とその教育内容の規定。

女医―宮廷の婦人の治療に当る女性の医師。

官戸婢―官戸の女性と官婢、すなわち官有賤民の女性。官戸・官婢→戸令35。

別所―義解によれば内薬司の側に別院を造って安置する。

案文口授―諸博士が専攻別に教授し、諸経を読ませず、経文に依拠してただ技術だけを口授する。

内薬司→職員11。

(17)　(国医生条)　国医生の中央出仕志願者の取扱の規定。

国医生―職員80に「凡国博士・医師、国別各一人。其学生、大国五十人、上国卌人、中国卅人、下国廿人。医生各減ニ五分之四一」とある。

(18)　(国医師条)　国医師・医生の教習方法の規定。

国医師―国衙所属の医療担当官。→職員80(前条注)・選叙27・考課68。

有レ効者。亦兼習之㈠。

凡そ国の医師、医方を教へ授けむこと、及び生徒の課業の年限は、並に典薬寮の教習の法に准へよ。其れ余の雑治、行用するに効すこと有らば、亦兼ねて習はしめよ。

㈠職員令80集解私案。

(19) 凡国医生。毎レ月医師試。年終国司対試。並明定二優劣一。試有レ不レ通者。*随レ状科罰。若不レ率二師教一。数有二愆犯一。及課業不レ充。終無二長進一者。随レ事解黜。即立二替人一㈠。

㈠職員令80集解私案。

凡そ国の医生は、月毎に医師試みよ。年の終に国司対ひて試みよ。並に明らかに優劣を定めよ。試みるに通せざること有らば、状に随ひて科罰せよ。若し師の教に率はず、数愆ち犯すこと有らむ、及び課業充てず、終に長く進むこと無くは、事に随ひて解き黜けよ。即ち替りの人を立てよ。

(20) 凡*薬園。令二師*検校一。仍取二園*生一。教二読本*草一。弁二識諸薬幷採種之法一。随近山沢。有二薬草一之処。採握種之。所レ須人功。並役二薬*戸一㈠。

㈠職員令44集解私。

凡そ薬園は、師をして検校せしめよ。仍りて園生を取りて、本草を教へ読ましめ、諸薬幷せて採り種ゑむ法を弁へ識らしめよ。随近の山沢に、薬草有らむ処は、採り握りて種ゑよ。須ゐむ所の人功は、並に薬戸を役せよ。

(19)（国医生試条）国医生の定期試験の実施、態度・成績の不良な者の処置の規定。

随状科罰—大学生の場合は旬試のとき、学令8に「凡学生、…假前一日、博士考試。…惣試二三条一。通レ二為レ第。通レ一、及全不レ通、斟量決罰…」とある。

(20)（薬園条）薬園の運営と薬園生の教育内容についての規定。

薬園—典薬寮所属。→職員44。山城国葛野郡十三条水谷下里に供御の地黄を栽培する地二町があり(典薬式)、また承和六年八月に東鴻臚院の地二町を薬園とした(続後紀)ことが知られる。

師—薬園師、定員二名。→職員44。

園生—薬園生、定員六名。→職員44。

本草→補3。

薬戸—典薬寮所属の品部。七五戸あり、三七丁が一年交替で上番勤務した。→職員44。

(21)　薬品施。典薬年別支料*。依二薬所*レ出。申二太政官一散*下。令二随レ時収採一(一)。

(一)賦役令37集解古記。

薬品の施は、典薬年別に支料せよ。薬の出さむ所に依りて、太政官に申して散下せよ。時に随ひて収り採らしめよ。

(22)　国輸*レ薬之処。置二採薬師一。令二以レ時採取一。其人功*。取二当処随近一下配支*(一)。

(一)賦役令37集解古記。

国、薬を輸さむ処には、採薬師を置け。時を以て採り取らしめよ。其れ人功は、当処の随近に取りて、下して配支せよ。

(23)　合二和御薬*一。中務少輔以上一人。共二内薬正等一監視(一)。餌[1]薬之日。侍医先嘗*。次内薬正嘗。次中務卿嘗。然後進レ御*。[2]其中宮及東宮准レ此(二)。

(一)職制律12疏。(二)東宮職員令7集解穴云。

御薬合和せむことは、中務の少輔以上一人、内薬の正等と共に監視よ。餌薬の日には、侍医先づ嘗みよ。次に内薬の正嘗みよ。次に中務の卿嘗みよ。然うして後に御に進れ。其れ中宮及び東宮も此に准へよ。

(24)　凡(一)五位以上疾患[1](一)(二)(三)(四)者。並奏聞*(一)(二)(四)。遣*[2]レ医為レ療(一)(二)(三)(四)。仍量レ病給レ薬。*[3]致仕者亦准レ此(一)(四)。

(一)職員令44集解朱云。(二)職員令44義解。(三)職員令44集解穴云。(四)政事要略巻九十五至要雑事(学校)。

凡そ五位以上疾患せば、並に奏聞せよ。医を遣りて療すこと為よ。仍りて病を量り

(21)(依薬所出収採条)毎年中央で必要とする薬物を確保するための手配の規定。なお本条は大宝令の逸文であるが、営繕6令釈に「支料釈見二医疾令一」とあるのは、本条の「支料」の語をさすとみられるから、養老令にもほぼ同様の条文が存在したと推測される。**支料**—支は支度、料は量定。使用見込数を推計すること。**所出**—薬物の産地。**散下**—太政官から当該諸国に輸進の指示を出す。

(22)(採薬師条)薬を輸する諸国に採薬師を置いて薬物を採取させるべきことの規定。なおこの条文は大宝令の逸文であって、養老令にも該当条文が存在したかどうかは必ずしも明らかでない。

輸薬之処—賦役35に規定する諸国貢献物の中に薬という品目があり、典薬式に諸国進年料雑薬の詳しいリストがみえ、民部式の年料別貢雑物のリストにも若干の薬物が含まれている。

人功—労働力。賦役37古記によれば、雑徭をもって充てる。

配支—配は配当、支は支度。

(23)(合和御薬条)天皇・中宮・東宮の服薬を調進する際の監視と毒味の規定。本条の復原については→補☆

御薬—天皇の服する薬。職員11の侍医の職掌に「掌。供二奉診候一。医薬事」とあり、同じく薬生の職掌に「掌。搗二篩諸薬一」とある。

嘗—毒味をする。

御—天皇(公式38)。

(24)(五位以上病患条)五位以上の者の病気の救療の規定。

て薬給へ。致仕の者も亦此に准へよ。

(25) 典薬寮。毎レ歳量ニ合傷寒*。時気*。瘧*。利*。傷中*。金創*。諸雑薬一。以擬ニ療治一。
[1]諸国准レ此(一)。

(一)政事要略巻九十五至要雑事(学校)。

典薬寮、歳毎に、傷寒、時気、瘧、利、傷中、金創、諸の雑薬を量り合せて、以て療治に擬せよ。諸国も此に准へよ。

(26) 医針師等。巡ニ患之家*一所レ療。損与ニ不損*一。患家録ニ医人姓名一。申ニ宮内省一。拠為ニ黜陟*一。[1]諸国医師亦准レ此(一)。

(一)政事要略巻九十五至要雑事(学校)。

医針の師等、患の家を巡りて療さむ所は、損不損と、患の家、医人の姓名を録して、宮内省に申せ。拠りて黜陟すること為よ。諸国の医師も亦此に准へよ。

奏聞—病家から宮内省に申牒し、省が太政官に申して奏聞する。公式5に「右…幷給ニ医薬一、如レ此小事之類、並為ニ便奏一」とある。
遣医為療—医は典薬寮の医師・針師等。↓医疾12。
致仕—官を辞すること。年七十以上の人は聴される。↓選叙21。

(25) (典薬寮合雑薬条) 典薬寮および諸国は毎年諸病の治療に必要な薬を調製しておくべきことの規定。
傷寒—寒気により起る病。
時気—季節の変調により起る病。疫癘ともいう。
瘧—夏の日射により起る熱病でマラリヤの類。おこり。
利—下痢の病。**傷中**—内臓の諸病。
金創—刃物による創傷。

(26) (医針師巡患家条) 医針師等の治療を受けた家はその結果を宮内省に報告し、それを勤務評定の資料とすべきことの規定。
患之家↓医疾12 24。
損—病状の減損。
黜陟—黜はしりぞける、陟は進める。人材を進退すること。

假寧令　第廿五　　凡壱拾参条

1 凡*在京諸司。*毎二六日一。並給二休假一日一。中務。宮内。*供奉諸司。及五衛府。*別給二假五日一。不レ依二百官之例一。五月八月[1]給二*田假一。分為二両番一。各十五日。其風土異レ宜。種収不レ等。通随レ便給。*外官不レ在二此限一。

凡そ在京の諸司には、六日毎に、並に休假一日給へ。中務、宮内、供奉の諸司、及び五衛府には、別に假五日給へ。百官の例に依らず。五月、八月には田假給へ。分ちて両番為れ。各十五日。其れ風土宜しきを異にして、種収等しからずは、通ひて便に随ひて給へ。外官は此の限に在らず。

2 凡文武官*長上者。父母在二*畿外一。三年一給二*定省假卅日一。*除レ程。*若已経レ還レ家者。計二還後年一給。

凡そ文武官の長上の者、父母畿外に在らば、三年に一たび定省の假卅日給へ。程除け。若し已に家に還ること経たらば、還りて後の年を計へて給へ。

3 凡*職事官。遭二*父母喪一。並*解官。*自余皆給レ假。夫及*祖父母。養父母。外祖父母卅日。*三月服二十日。*一月服十日。*七日服三日。

凡そ職事官、父母の喪に遭はば、並に解官せよ。自余は皆假給へ。夫、及び祖父母、養父母、外祖父母には卅日。三月の服には二十日。一月の服には十日。七日の服に

☆**假寧令**―官人の休假に関する諸規定からなる。寧は帰寧すなわち定省假のことというが(義解)、異説もある。↓補☆

1 〔給休假条〕京官の各種の休假に関する規定。

在京諸司―京官。↓公式53。**毎六日並給休假一日**―これを六假という(職員13義解)。すなわち一月には五日の休假となる。↓補1a。大学・典薬の諸博士もこれに準ずる。**供奉諸司**―中務・宮内二省およびその被管の諸の職寮司。**別給假五日**―六日ごとに一日の假ではなく、まとめて五日の假を給うこと。**田假**―農繁期の休假。↓補1b。**外官**↓公式53。

2 〔定省假条〕長上官の定省假に関する規定。

長上―番上に対する語。分番勤務する者を番上とし、そうでない者を長上とする。**畿外**―畿内(大和・山城・摂津・河内・和泉)以外の七道諸国。**七道制**↓公式補51a。**定省假**―御機嫌伺いのための休假。礼記、曲礼に出典がある。↓補2a。**除程**―往復の旅程は定省假三十日以外とすること。**已経還家者計還後年給**↓補2b。

3 〔職事官条〕職事官が喪に遭った場合の解官および休假に関する規定。

職事官―散位・散官に対する語。現に職掌をもつ官人。↓公式52。**父母喪**―養子の実の父母における場合も同じく解官する。**解官**↓補3a。**自余**―重喪でないもの。**祖父母喪**↓補3b。**三月服・一月服・七日服**―服喪期間三月・一月・七日の親族。↓喪葬17。

4 〔無服殤条〕未だ成人せずして夭折した者の服喪についての規定。

は三日。

4 凡*無服之*殤。生三月至二七歳一。*本服三月。給二假三日一。*一月服二日。*七日服一日。

凡そ無服(むぶく)の殤(しやう)には、生(うま)れて三月(さんぐわち)より七歳(しちさい)に至(いた)るまでをいふ。本服(ほんぶく)三月ならば、假三日給へ。一月の服には二日。七日の服には一日。

5 凡*師。*経レ受レ業者喪。給二假三日一。

凡そ師(し)は、業(ごふ)受くるを経(へ)たる者(ひと)の喪(も)には、假三日給へ。

6 凡*改葬。*一年服給二假廿日一。*五月服十日。*三月服七日。*一月服三日。*七日服一日。

凡そ改葬(かいさう)せば、一年の服には假廿日給へ。五月の服には十日。三月の服には七日。一月の服には三日。七日の服には一日。

7 凡聞レ喪*挙哀。*其假減半。*有二乗日一者。入二假限一。

凡そ喪(も)を聞(き)きて挙哀(こあい)せば、其の假は減半(げむばん)せよ。乗(あま)れる日有らば、假の限に入れよ。

8 凡給二喪葬假一。*三月服以上。並給レ*程。

凡そ喪葬(さうさう)の假給はば、三月の服より以上(かみつかた)には、並に程(ちやう)給へ。

9 凡給二*喪假一。以二*喪日一為レ始。挙哀者。以レ*聞レ喪為レ始。

凡そ喪假(さうけ)給はむことは、喪(も)の日を以て始(はじめ)と為(せ)よ。挙哀(こあい)は、喪(も)聞(き)きたるを以て始と為よ。

10 凡官人。*遠任及*公使。*父母喪応二解官一。無二人告一者。聴下*家人経二*所在官司一。陳

無服—喪服を着けずに心喪すること。**殤**—未だ成人しないで死んだ者。この令では生後三月より七歳までとする。→補4a。三月未満で死んだ者の父には給假なし。**本服三月**—この場合は嫡子。**一月服**—衆子・嫡孫。**七日服**—衆孫・兄弟の子。→喪葬17。→補4b。

5 〔師経受業条〕師の喪に遭ったときの給假の規定。

師—大学・国学の諸博士。典薬寮の諸博士もこれに準じてよかろう。→職員44。**経受業**—かつて業を受け、すでに業成って官途に就いている者も、現に業を受けている者に同じ。→補5。

6 〔改葬条〕改葬のための給假の規定。

改葬→補6。**一年服**—君・父母・夫・本主(喪葬17)。**五月服**—祖父母・養父母(喪葬17)。**三月服・一月服・七日服**→喪葬17。

7 〔聞喪条〕服喪すべき官人が死者と遠く地を隔てている場合の給假規定。

挙哀—死者に哀悼の意を捧げること。訓、ミネタテマツルなど。→補7a。**其假減半**→補7b。**有乗日者入假限**→補7c。

8 〔給喪葬条〕喪葬の場所の遠近により往復の日程を給する規定。

三月服以上—本服一年、五月、三月の服親。→喪葬17。**給程**—喪所への往復の日程を喪葬假に加えて給与する。

9 〔給喪假条〕喪假給与のための規定。

喪假—職事官条(假寧3)に見える給假。**喪日**—死んだ日。**以聞喪為始**—聞喪假(假寧7)は喪を聞いた日を始とし、死んだ日から計えるのではない。→補9。

牒告追。若奉レ勅出レ使。及任居ニ辺要一者。申レ官処分。

凡そ官人、遠任及び公使して、父母の喪に解官すべからむ、人の告すること無くは、家人所在の官司に経れて、陳牒して告追すること聴せ。若し勅を奉りて使に出でむ、及び任辺要に居らば、官に申して処分せよ。

11　凡請レ假。五衛府五位以上。給ニ三日一。京官三位以上。給ニ五日一。五位以上。給ニ十日一。以外。及欲レ出ニ畿外一奏聞。其非レ応レ奏。及六位以下。皆本司判給。応ニ須奏一者。並官申聞。

凡そ假請はむことは、五衛府の五位以上には、三日給へ。京官の三位以上には、五日給へ。五位以上には十日給へ。以外、及び畿外に出でむと欲はば奏聞せよ。其れ奏すべきに非ざらむ、及び六位以下は、皆本司判りて給へ。奏すべくは、並に官申聞せよ。

12　凡外官及使人。聞レ喪者。聴ニ所在館舎安置一。不レ得ニ於国郡庁内挙哀一。

凡そ外官及び使の人、喪を聞かば、所在の館舎に安置すること聴せ。国郡の庁の内に挙哀すること得じ。

13　凡外官任訖。給ニ装束假一。近国廿日。中国卅日。遠国四十日。並除レ程。其假内欲レ赴レ任者聴之。若有レ事須ニ早遣一者。不レ用ニ此令一。旧人代至亦准レ此。若旧人見有ニ田苗一。応レ待ニ収獲一者。待ニ収獲訖一遣還。

凡そ外官、任し訖りなば、装束の假給へ。近国には廿日、中国には卅日、遠国には

10　〔官人遠任条〕遠隔地にある官人に父母の喪を告げる場合の規定。
遠任―遠隔地の国司等。**公使**―官使。**父母喪応解官**→假寧3。**家人**―家にある妻子、家族。**経所在官司陳牒告追**―喪家より所在の官司に提出した牒を便宜ある使者に付託して知らせるが、便宜の使者がなければ専使をつかわして報告する。挙哀・解官並に法の如くする（義解）。→補10。**辺要**―壱岐・対馬の類。陸奥・出羽も同じ（古記）。→職員70。**申官処分**―太政官から更に天皇に奏聞する。

11　〔請假条〕官人が休假を請求する場合の規定。→補11a。
五衛府五位以上―衛門・左右衛士府の長官・次官、左右兵衛府の長官がこれに該当する。**以外**―三日、五日、十日という限度を超えた休假請求は本司の直判によらず奏聞する。**欲出畿外**―五衛府と京官は本来在京。**本司**―各自の勤務する官司。**並官申聞**―奏聞すべき休假請求は、請願人が文官であれば式部省、武官であれば兵部省を経て太政官に申し、官より奏聞する。→補11b。

12　〔外官聞喪条〕外官および使人の挙哀についての規定。
外官―在京諸司を京官となす他はすべて外官。在外諸司。畿内国司と雖も外官。**使人**―勅使・官使の総称。**聞喪者聴所在館舎安置**―假日の内は館舎に居ることを許されるが、もし使の事が急速を要する場合は、再三挙哀し、訖ったなら假日の内と雖も出発すると義解に見える。**不得於国郡庁内挙哀**―これに準ずれば京官も、その曹司内で挙哀することは許されない。→補12。

四十日。並に程除け。其れ假の内に任に赴かむと欲はば聴せ。若し事有りて早く遣るべくは、此の令用ゐじ。旧の人、代至らむも亦此に准へよ。若し旧の人見に田苗有りて、収り獲ること待つべくは、収り獲り訖るを待ちて遣り還せ。

13〔外官任訖条〕外官の任命以後赴任までに仕度を整えるための休假の規定。**装束假**—身仕度を整えるための準備期間。**近国・中国・遠国**→賦役補3a。**假内**—装束假の規定を満たさなくとも赴任を欲する場合は認められる。**不用此令**—本条を適用しない。**旧人**—前任者。**代至**—交代の新任者が到着した場合も。**有田苗**—在任中営んだ田苗があって、その収穫を待って還ることを許されるのは他官に任じられないときで、他官に任じた場合は収穫を待たずに赴任しなければならない。

喪葬令　第廿六　　凡壱拾柒条

1　凡*先*皇陵。置二陵*戸一令レ守。非*二陵戸一令レ守者。十年一替。兆*域内。不レ得二葬埋及耕牧樵*採一。

凡そ先皇の陵は、陵戸を置きて守らしめよ。陵戸に非ずして守らしめば、十年に一たび替へよ。兆域の内に、葬り埋み、及び耕し牧ひ樵し採ること得じ。

2　凡天皇。為二本*服二*等以上親喪一。服二錫*紵一。為二三*等以下及諸*臣之喪[1]一。除二帛*衣一[2]外。通用二雑色一。

凡そ天皇、本服二等以上の親の喪の為には、錫紵を服したまふ。三等以下及び諸臣の喪の為には、帛衣を除きての外は、通ひて雑の色用ゐたまふ。

3　凡京官三位以上。遭二祖父母父母及妻[1]喪一。四位遭二父母喪一。五位以上身喪。並奏*聞。遣レ使弔。殯*斂之事。並従二別式一。

凡そ京官の三位以上、祖父母、父母、及び妻の喪に遭へらむ、四位父母の喪に遭へらむ、五位以上身喪しなば、並に奏聞せよ。使を遣りて弔はしめよ。殯斂の事は、並に別式に従へよ。

4　凡百官在レ職薨*卒。当司分番会レ喪。親王。及太政大臣。散一位。治部大輔監*二護喪事一。左右大臣。及散二位。治部少輔監護。三位。治部丞監護。三位以上及

☆**喪葬令**―天皇以下、主として官人身分以上の者の死の際の葬送・陵墓・服喪その他に関する規定を収める。→補☆

1　〔先皇陵条〕皇陵の保守についての規定。

凡―公式40義解によれば、平出・闕字の上には凡字を置かないのが唐令以来の慣例であるから、本条と次条に凡字があるのは撰修上の誤りという。→公式補23a。

先皇陵―皇后・皇太子の墓は別式による。なお陵の訓は和名抄に山陵を「美佐々岐」、名義抄に山陵を「ミサヾキ」とする。

陵戸―諸陵司の管轄の下に皇陵を守護する民戸で五色の賤民の一。古くは陵守といったらしい。→戸令補35ab。持統紀五年十月乙巳(八日)条に「詔曰、凡先皇陵戸者、置二五戸以上一。自余王等有レ功者置二三戸一。若陵戸不レ足、以二百姓一充、免二其徭役一、三年一替」とあり、諸陵式に陵戸・守戸の数の記載がある。

非陵戸…―古くは借陵守といったらしい。良民身分で課役を免除され、義倉は納めた。→職員19古記。**兆域**―墓域。

樵採―樵は木草の刈伐。採は果実の採取。

2　〔服錫紵条〕天皇の喪服着用の規定。

凡→前条注。

本服―本来ならば喪に服すべきの意。天皇は心喪だけで、一般人の如く服喪はしない。

二等以上親→儀制25。

錫紵―薄墨色の麻の細布の衣。着用期間三日。

三等以下―義解等によれば四等以上で、帛衣を除く期間は一日。

諸臣―諸説多く儀制7によって三位以上とするが、古記は五位以上とする。

帛衣―白の練絹の衣。

3 〔京官三位条〕京官の五位以上の死と四位以上の喪に対する弔使派遣の規定。
奏聞―治部省から太政官に報告し、太政官が奏聞する。
殯斂之事―死者に用いる棺槨・衣衾等の支給についてはの意。

4 〔百官在職条〕五位以上の在職の官人の葬儀の執行についての規定。
薨卒―薨は親王と三位以上、卒は五位以上と皇親の死(喪葬15)。ただし次条は薨卒とあって、初位までを含む。
監護―監は監督、護は護助。
皇親―無位をも含むが、七歳以下は無服の殤だから礼制を示し得ない。→假寧4。
土部―諸陵司の伴部。→職員19。
礼制―喪事の儀礼。凶礼。→職員19。
内親王―この注は本条全体にかかる。

5 〔職事官条〕官人・皇親に対する賻物支給の規定。
職事官―在職の官人。→公式52。
賻物―死者におくる物。
絁・疋・布・端→賦役1。
連―政事要略は連を廷に作るが、恐らく誤り。重さ十斤の錬鉄の延棒を廷(挺)といい、二廷で布一端に相当した。一連は十廷か。
皆依本位給―官職の高下を論ぜず、本位によって給う。無位長上や勲位のみの者は支給しない。
身死王事―戦場で死ぬこと。→田令補18a。
准従五位―散位の従五位に准じ、その三分の二を給う。
女亦准此―この注は上文全体にかかる。
減数不等―端数はすべて切り上げて支給せよ皇親。皆土部示二礼制一。内親王。女王。及内命婦亦准レ此。

凡そ百官職に在りて薨卒せば、当司分番して喪に会せよ。親王、及び太政大臣、散一位は、治部の大輔喪の事を監護せよ。左右の大臣及び散二位は、治部の少輔監護せよ。三位は治部の丞監護せよ。三位以上及び皇親は、皆土部礼制を示せ。内親王、女王、及び内命婦も亦此に准へよ。

5 凡職事官薨卒。賻物。正従一位。絁卅疋。布一百廿端。鉄十連。正従二位。絁廿五疋。布一百端。鉄八連。正従三位。絁廿二疋。布八十八端。鉄六連。正四位。絁十六疋。布六十四端。鉄三連。従四位。絁十四疋。布五十六端。鉄三連。正五位。絁十一疋。布四十四端。鉄二連。従五位。絁十疋。布四十端。鉄二連。六位。絁四疋。布十六端。七位。絁三疋。布十二端。八位。絁二疋。布八端。初位。絁一疋。布四端。皆依二本位一給。其散位三位以上。三分給レ二。五位以上給レ半。太政大臣。絁五十疋。布二百端。鉄十五連。親王及左右大臣。准二一位一。大納言准二二位一。若身死二王事一。皆依二職事例一。其別勅賜物者。不レ拘二此令一。其無位皇親。准二従五位一。三分給レ二。女亦准レ此。減数不等。従レ多給。

凡そ職事官薨卒せば、賻物は、正従一位に、絁卅疋、布一百廿端、鉄十連。正従二位に、絁廿五疋、布一百端、鉄八連。正従三位に、絁廿二疋、布八十八端、鉄六連。正四位に、絁十六疋、布六十四端、鉄三連。従四位に、絁十四疋、布五十六端、鉄三連。正五位に、絁十一疋、布四十四端、鉄二連。従五位に、絁十疋、布四十端、

鉄二連。六位に、絁四疋、布十六端。七位に、絁三疋、布十二端。八位に、絁二疋、布八端。初位に、絁一疋、布四端。皆本位に依りて給へ。其れ散位の三位以上には、三分にして二給へ。五位以上には半給へ。太政大臣に絁五十疋、布二百端、鉄十五連。親王及び左右の大臣は、一位に准へよ。大納言は二位に准へよ。若し身王事に死なば、皆職事の例に依れ。其れ別勅に賜へらむ物は、此の令に拘れず。其れ無位の皇親は、従五位に准へて、三分にして二給へ。女も亦此に准へよ。減する数不等ならば多きに従へて給へ。

6 凡賻物。両応二合給一者。*1従レ多給。

凡そ賻物は、両つに給ふべくは、多きに従へて給へ。

7 凡官人。*従レ征従レ行。及使人所在身喪。*皆給二殯斂調度一。

凡そ官人、征に従り、行に従り、及び使の人所在に身喪しなば、皆殯斂の調度給へ。

8 凡親王一品。*方相*轜車各一具。*二鼓一百面。*大角五十口。*小角一百口。*幡四百竿。*金鉦*二鐃鼓各二面。楯七枚。*発喪三日。二品。鼓八十面。大角四十口。小角八十口。幡三百五十竿。三品四品。鼓六十面。大角卅口。小角六十口。幡三百竿。其轜車鐃鼓楯鉦。及発喪日。並准二一品一。諸臣一位。及左右大臣。皆准二二品一。二位及大納言。准二三品一。*唯除二楯車一。三位*1轜一具。鼓四十面。大角廿口。小角四十口。幡二百竿。金鉦鐃鼓各一面。発喪一日。太政大臣。方相轜車各一具。鼓一百四十面。大角七十口。[2] 小角一百四十口。幡五百竿。金鉦鐃鼓各四面。楯

の意。

6 〔賻物条〕同一人に二つの基準が適用できるときは、数量の多いほうによって賻物を支給すべきことの規定。

従多給―例えば大納言以上の場合、本位が高ければ位により、低ければ職によって給う。

7 〔官人従征条〕征行・遣使の途上で死去した官人に殯斂の調度を支給すべきことの規定。

従征従行―征は征討、行は駕行。

給殯斂調度―賻物のほかに支給する。ただし数量は式の処分による。殯斂調度→喪葬3。

8 〔親王一品〕親王以下に支給すべき葬送具の規定。

方相―中国の古い神に扮して疫を逐う者。四個の黄金の目のある面を被り、戈と楯を持って轜車を先導する。周礼、夏官に「方相氏掌下蒙二熊皮黄金四目玄衣朱裳一、執レ戈揚レ盾、帥二百隷一而時難、以索レ室殴レ疫上」とある。ここでは方相氏の装具。二品以下には給しない。

轜車―葬車。喪屋を車に載せたもの。きくるま。孝徳紀、大化二年三月甲申条の葬制では王以上に用いよとある。

鼓―たいこ。つづみ。隊列を進めるに用いる。

大角―大きい角笛。はらのふえ。魏の楽器で簸羅廻または簸羅といい、行軍の吹奏楽器となった。→軍防39。

小角―管形の小さい笛。くだのふえ。軍防39には少角とある。**幡**―流れ旗。

金鉦―かね。形は鈴に似て舌なく、柄があって半ばは内にあり、その貫孔を緩くし、柄の内にある部分を本体に打ち当てて音を出す。行進を停める合図。

九枚。発喪五日。*以外葬具及遊部。*三並従㆓別式㆒。五位以上及親王。*並借㆓轜具及*帷帳㆒。若欲㆓私備㆒者聴。*女亦准㆑此。

凡そ親王一品には、方相轜車各一具、鼓一百面、大角五十口、小角一百口、幡四百竿、金鉦鐃鼓各二面、楯七枚、発喪三日。二品には、鼓八十面、大角四十口、小角八十口、幡三百五十竿。三品、四品には、鼓六十面、大角卅口、小角六十口、幡三百竿。其れ轜車、鐃鼓、楯、鉦、及び発喪の日は、並に一品に准へよ。諸臣の一位及び左右の大臣は、皆二品に准へよ。二位及び大納言は、三品に准へよ。唯し楯、車を除け。三位には、轜一具、鼓四十面、大角廿口、小角四十口、幡二百竿、金鉦鐃鼓各一面、発喪一日。太政大臣には、方相轜車各一具、鼓一百四十面、大角七十口、小角一百四十口、幡五百竿、金鉦鐃鼓各四面、楯九枚、発喪五日。以外の葬具及び遊部は、並に別式に従へよ。五位以上及び親王、並に轜具及び帷帳を借り、若しくは私に備へむと欲はば聴せ。女も亦此に准へよ。

9 凡皇*都及*道路側*近。並不㆑得㆓葬埋㆒。

凡そ皇都及び道路の側近は、並に葬り埋むること得じ。

10 凡三位以上。及*別祖*氏宗。*並得㆑営㆑墓。*以外不㆑合。雖㆑得㆑営㆑墓。若欲㆓*大蔵㆒者聴。

凡そ三位以上、及び別祖・氏宗は、並に墓を営すること得。以外はすべからず。墓を営すること得と雖も、若し大蔵せむと欲はば聴せ。

鐃鼓—鐃に同じとする説と応鼓に同じとする説がある。鐃は鉦に似て小さく、鼓を止めるに用いる。応鼓は小さい鼓。ふりつづみ。

発喪三日—埋葬の日を含めて三日間。発喪は挙哀に同じ。棺側で死者のため哭声を放つ礼。

唯除楯車—諸臣一位以下の文にかかる。

轜一具—葬車の車を除いた喪屋のみ。孝徳紀、大化二年三月甲申条の葬制では上臣以下は「担而行之」とある。

以外葬具—帷帳その他の具。

遊部—死者の凶癘の魂を鎮めることを専門職とする氏。氏人二人が禰義・余比となり、禰義は刀を負い戈を持ち、余比は酒食を持ち刀を負い、殯所に入って供奉するが、その申す辞は人に知らせない。古記は垂仁天皇の裔の円目王が遊部となった由来を詳述するが、終身課役を免除したので遊部と名づけたとの説明は必ずしも信じがたい。

親王—大宝令では皇親。令釈・義解もこれを無位の皇親で諸王を含むとする。

帷帳—棺を蔽い障る白布のとばり。

女亦准此—上の条文全体にかかる。

9 〔皇都条〕皇都の内と官道の側近には死者を埋葬すべからざることの規定。

皇都—京師。離宮所在地もこれに准ずる。

道路—公行の道路。大宝令には大路とあった。

側近—大宝令には近辺とあった。

10 〔三位以上条〕墓を営みうるものの範囲の規定。

別祖—分立した氏の始祖。

氏宗—氏族の長。大宝令には氏上とあった。↓継嗣補2。

並得営墓—墓の高下長広は別式による。

以外不合—古記によれば実情は濫りに造っていた。

大蔵—古記によれば火葬して散骨すること。

11 〔皇親及五位以上条〕送葬夫支給の規定。
送葬夫—送葬、とくに造墓のための労働力。公民の雑徭を充てる。雑徭→賦役37。唐令では営墓夫といった。

12 〔立碑条〕墓碑を立てるべきことの規定。
具官姓名—古記以下みな具官位姓名に同じとする。具官は帯びる官のすべて。→公式8。

13 〔身喪戸絶条〕戸が絶えて親族がない場合の財産の処置の規定。
戸絶—戸口が一人もなくなること。→儀制25。
親—五等以上の親族。→儀制25。
家人奴婢—私有の賤民。家人→戸令補40。奴婢→戸令補35a。
宅資—田宅と資財。→戸令23。
四隣五保—四隣と五保。→戸令補9a。
功徳—死者の供養。
證験—証人と証拠書類。どちらか一方があればよい。

14 〔親王条〕親王・三位以上が暑月に薨じた場合に氷を給うべきことの規定。
暑月—古記・義解は賦役33に准じて六月・七月とする。

15 〔薨奏条〕薨・卒・死の区分の規定。
百官—散官・女官・無位皇親等をすべて含む。

16 〔喪葬条〕資力がないために葬礼の程度を下げるのはよいが、身分を超えた葬礼をしてはならないことの規定。この条は儒教の厚資薄葬の思想による。

11 凡皇親及五位以上喪者。並臨時量給二送葬夫一。
凡そ皇親及び五位以上喪しなば、並に臨時に、量りて送葬の夫給へ。

12 凡墓。皆立レ碑。記二具官姓名之墓一。
凡そ墓には、皆碑立てよ。具官姓名の墓と記せ。

13 凡身喪。戸絶無レ親者。所レ有家人奴婢及宅資。四隣五保。共為二検校一。財物営二尽功徳一。其家人奴婢者。放為二良人一。若亡人存日処分。證験分明者。不レ用二此令一。
凡そ身喪して、戸絶えて親無くは、有てらむ所の家人奴婢及び宅資は、四隣五保、共に検校為よ。財物は功徳に営み尽せ。其れ家人奴婢は、放して良人と為よ。若し亡人の存日に処分して、證験分明ならば、此の令用ゐじ。

14 凡親王及三位以上。暑月薨者。給レ氷。
凡そ親王及び三位以上、暑月に薨しなば、氷給へ。

15 凡百官身亡者。親王及三位以上称レ薨。五位以上及皇親称レ卒。六位以下。達二於庶人一。称レ死。
凡そ百官身亡しなば、親王及び三位以上は薨と称せよ。五位以上及び皇親は卒と称せよ。六位以下、庶人に達るまでは、死と称せよ。

16 凡喪葬。不レ能レ備レ礼者。貴得レ同レ賤。々不レ得レ同レ貴。
凡そ喪葬に、礼備ふること能はずは、貴きは賤しきに同すること得。賤しきは貴きに同すること得じ。

17　凡*服紀者。為二*君。*父母。及夫。*本主一。*一年。祖父母。養父母。*五月。曾祖父母。外祖父母。伯叔姑[1]。妻。兄弟姉妹。夫之父母。嫡子。三月。高祖父母。舅姨。嫡母。継母。継父同居。異父兄弟姉妹。衆子。嫡孫。一月。衆孫。従父兄弟姉妹。兄弟子。七日。

17　凡そ服紀は、君、父母、及び夫、本主の為に、一年。祖父母、養父母に、五月。曾祖父母、外祖父母、伯叔姑、妻、兄弟姉妹、夫の父母、嫡子に、三月。高祖父母、舅姨、嫡母、継母、継父の同居、異父兄弟姉妹、衆子、嫡孫に一月。衆孫、従父兄弟姉妹、兄弟の子に、七日。

17〔服紀条〕喪に服すべき期間の規定。

服紀—服喪の期間。紀は歳・月・日・時。

君—天皇。太上天皇も含む。名義抄に「キミ」。古記に「天皇是也。俗云ニ須売良美己止一也」とある。

父母及夫—以下の親族関係については→儀制25。古記によれば父母は俗に「知々・於毛」、夫は「乎比止」、祖父母は「於保知・於保波」、曾祖父は「於保々知」、外祖父母は「母方於保遅・於保波」、伯叔は「兄乎遅・弟乎遅」、姑は「乎婆」、姉妹は「阿爾・於伊毛」、夫之父母は「志比止・志比止売」、嫡子は「男子(ヲノコ)」、舅姨は「母方乎遅・乎婆」、嫡母は「麻々母」、継父は「麻々父」、異父兄弟姉妹は「麻々波良加良」、衆子は「男女(ヲメ)」、嫡孫・衆孫は「宇麻古」、従父兄弟は「伊止古波良加良」、従父姉妹は「伊止伎毛」、兄弟子は「乎備・売比」といったという。

本主—帳内・資人が仕える主人。→選叙17。文学・家令等の本主は含まれない。穴記は家人・奴婢の主人も含まれるとする。

一年—閏月は計算に入れない。

五月—一五〇日。三〇日を一月として日数で計算する。以下同じ。

令[1] 巻第十

関市令[2] 第廿七　凡弐拾条[3]

1 凡[1]欲レ度レ関者。皆経二本部*本司*一。請二過所*一。官司検勘。然後判給。還者連二来文*一。申牒勘給。若於二来文外一。更須*レ附者。験レ実聴之。日別惣連為レ案*。若已得二過所一。有レ故卅日不レ去者。将二旧過所一。申牒改給。若在レ路有レ故者。申二随近国司一。具レ状送レ関。雖レ非二所部*一。有二来文一者亦給。若船筏経レ関*過者。亦請二過所一。

凡そ関度えむと欲はば、皆本部本司に経れて、過所請へ。官司検勘して、然うして後に判り給へ。還りなば来文に連して、申牒して勘へ給へ。若し来文の外に、更に附くべくは、実を験へて聴せ。日別に惣べ連ねて案と為よ。若し已に過所得て、故有りて卅日去かずは、旧の過所を将て、申牒して改めて給へ。若し路に在りて故有らば、随近の国司に申せ。状を具にして関に送れ。所部に非ずと雖も、来文有らば亦給へ。若し船、筏関を経て過ぎば、亦過所請へ。

2 凡行人*出二入関津*一者。皆以二人到一為二先後一。不レ得二停擁一。

凡そ行人関津を出入せば、皆人の到らむを以て先後と為よ。停め擁ること得じ。

3 凡行人度[1]レ関者。皆依二過所*々レ載関名一勘過。若不レ依レ所レ詣。別向二余関一者。

☆**関市令**—関の管理と通過、東西市の管理運営と交易、およびそれに関連して、外国人との交易、度量衡器等に関する規定を含む。↓補☆a。第一条の条文の復原↓補☆b。

1 〔欲度関条〕関の通過、とくにそのための過所の申請手続に関する規定。

本部—居住地の郡および国。

本司—所属官庁および京職。

過所—通行証明書、関所手形。公式22にその書式がみえ、実物としては平城宮跡から木札の過所が出土している。

連来文—往きのときの過所に申請書を添えて申し出る。

更須附者—新しい事項を附加する必要がある場合にはの意。

日別惣連為案—過所を発行した官司が日ごとにまとめてその控えを作れの意。

所部—上文の本部本司をさす。

関—ここは義解によれば長門と摂津をさす。↓補1。

2 〔行人出入条〕関・津における行人の通過順序に関する規定。

行人—公私の旅行者。

津—義解によれば摂津をさす。雑令13の津とは異る。

3 〔行人度関条〕関における勘過についての規定。

過所々載関名—公式22によると、過所には旅行目的・関名・行先地の国名などを記載することになっていた。

関司—軍防54によれば、関には兵士を配置し、三関(鈴鹿・不破・愛発)はとくに国司が分当して守固することになっていた。三関↓補1。

関司*不レ得三随レ便聴二其入出一。

凡そ行人関度えば、皆過所に載せたる所の関名に依りて勘過せよ。若し詣く所に依らずして、別に余関に向へらば、関司便に随ふて、其の入出聴すこと得じ。

4　凡行人賚*二過所一。及乗二駅伝馬*一。出二入関一者。関司勘過。録白案記*。其正過所及駅鈴伝符*。並付二行人一。自随。仍駅鈴伝符。年終録レ目。申二太政官一惣勘*。

凡そ行人、過所賚てらむ、及び駅伝馬に乗りて、関を出入せば、関司勘過して、録白案記せよ。其れ正過所、及び駅鈴、伝符は、並に行人に付けて、自ら随へしめよ。仍りて駅鈴、伝符は、年の終に目を録して、太政官に申して、惣べて勘へよ。

5　凡丁匠*上役。及庸調脚*度レ関者。皆拠二本国歴名*一。共所レ送使勘度*。其役納畢還者。勘二元来姓名年紀*一。同放還。

凡そ丁匠上役せむ、及び庸調の脚関度えば、皆本国の歴名に拠りて、共に送らむ所の使勘度せよ。其れ役納し畢りて還らむときは、元来し姓名、年紀を勘ふるに、同せば放し還せ。

6　凡弓箭兵器。並不レ得下与二諸蕃*一市易*上。其東辺北辺*。不レ得レ置二鉄冶*一。

凡そ弓箭兵器は、並に諸蕃と与に市易すること得じ。其れ東辺北辺は、鉄冶置くこと得じ。

7　凡蕃客*初入レ関日。所レ有一物*以上。関司共二当客官人*一。具録申二所司*一。入二一関一以後。更不レ須レ検。若無レ関処。初経二国司一。亦准レ此。

4　〔賚過所条〕行人の携える過所、駅鈴・伝符の扱い方に関する規定。

賚—賷に同じ。持参するの意。

駅伝馬—駅馬と伝馬。駅馬は公使に、伝馬は官人の旅に用いる。→公式42以下、および廐牧14以下。

録白案記—過所または官符を写して控えをつくる。ただ白紙に録して朱印を点しないので録白という。

駅鈴伝符—駅鈴は駅馬の、伝符は伝馬の使用許可証。→公式補42。

申太政官惣勘—朝集使に付して中央に申送り、太政官で惣勘する。

5　〔丁匠上役条〕上下する丁匠および運脚の勘度のしかたに関する規定。

丁匠—丁は中央での労役に徴発される一般民衆、匠は同じく木工・金工等の技術者。丁匠の上役については→賦役22以下。

庸調脚—脚は運脚、庸調の物を都に運ぶ人夫。庸調を出した家が負担することになっていた。→賦役3。**歴名**—名簿。

勘度—調べて通過させること。

年紀—年齢に同じ。→戸令18。

6　〔弓箭条〕外国人との武器の交易、および東辺・北辺における鉄の精錬施設を禁止する規定。

諸蕃—諸外国人の意。

市易—物品を交易すること。

東辺北辺—蝦夷と接する辺境の地域。古記に「謂、陸奥・出羽等国也」とある。

鉄冶—鉄の精錬施設。穴記に「禁レ置二鉄冶一者、不レ合(令カ)レ知レ作レ鉄之術一耳。金物推可レ知耳」とある。

凡そ蕃客初関に入らむ日に、有る所の一物以上、関司当客の官人と共に、具に録して所司に申せ。一つの関に入れて以後、更に検ふべからず。若し関無からむ処は、初国司に経れむも、亦此に准へよ。

8 凡官司未二交易一之前。不レ得下私共二諸蕃一交易上。為レ人*1糺獲者。二二分其物一。一分賞二糺人一。一*2分没官。*若官司於二其所部一捉獲者。皆没官。

凡そ官司交易せざる前に、私に諸蕃と共に交易すること得じ。人の為に糺し獲られたらば、其の物を二分にして、一分は糺さむ人に賞へ。一分は没官せよ。若し官司其の所部にして捉へ獲たらば、皆没官せよ。

9 凡禁物*。不レ得レ将*二出境一。若蕃客入朝。別勅賜者。聴レ将二出境一。

凡そ禁物は、境将て出すこと得じ。若し蕃客入朝せむ、別勅に賜へらむ者は、境将て出すこと聴せ。

10 凡関門。並日出開。日入閉。

凡そ関門は、並に日出でて開け。日入りて閉てよ。

11 凡市*。恒以二午時*一集。日入前。撃二鼓三度一散。毎レ度各九下*。

凡そ市は、恒に午の時を以て集れ。日入らむ前に、鼓三度撃ちて散れよ。度毎に各九下。

12 凡市。毎レ肆*立レ標題*二行名一。市司准*二貨物時価一。為二三等一。十日為二一簿一。在レ市案記。季別各申二本司*1一。

7 〔蕃客条〕外国使人入国の際の所持品の調査に関する規定。

蕃客—外国の使節。**一物以上**—全ての意。**当客官人**—使節の接待役、領客使・掌客などともいう。**所司**—ここでは治部省。

8 〔官司条〕官司よりさきに外国人と交易することの禁止、およびその交易品の処分に関する規定。

糺獲—糺告して品物を押えること。**没官**—没収して官物とすること。**若官司**—官司は交易が行われた当所の官司。関司・津司・里長・坊長をも含む。義解は、部内の人が他界で交易したものを捉獲した場合には、一分をその官人に賞うとする。

9 〔禁物条〕国外持出禁止の物品に関する規定。

禁物—私家に所有することが禁止されている物品。禁兵器として鼓・鉦・弩・牟・矟・具装・大角・少角・軍幡(軍防44)、その他の禁物として玄象器物・天文・図書・讖書・兵書・七曜暦・太一雷公式があった(職制20)。**将**—身に携えての意。

10 〔関門条〕関の門の開閉時刻の規定。

11 〔市恒条〕市の開閉に関する規定。

市—官市。律令国家は左京と右京にそれぞれ東市と西市を置き、東西市司にこれを監督させた(職員67)。→補11。**午時**—正午の前後の約二時間。**九下**—鼓を九回槌で打つこと。

12 〔毎肆立標条〕市における店舗の開設および市司による物価の記録に関する規定。

肆—市中で商品を陳列する場所。店舗。

行名—商品の名称。例えば絹肆・布肆等と書く。
准貨物時価為三等—義解は、品物の種類ごとに品質によって上中下三等に分け、それぞれにつき実際に交易された値段を上中下三等に分けて記録するとする。
本司—左右京職。義解に国司をもあげてあるのは、地方にも市が置かれるようになったためか。

13 〔官私交関条〕 官私間の交易の際の価格決定方法についての規定。
以物為価—稲・布など銭以外の物で交易するときは、その物の中估価による。
中估価—市司が案記した中等の価格。估価は相場の価格。
懸評—現物が存在しないものについて、その価格を評定すること。
贓物—盗品など、不法に所有する物品。

14 〔官私権衡条〕 官私使用の度量衡器の検査の規定。
権衡度量—権衡は、さお秤、度は物差、量はます。→職員33・雑令1〜3。
平校—計器の精度を検査すること。合格したものには省が題印した。

15 〔用称条〕 称と斛を用いる場合に関する規定。
称—天秤ばかり。
格—物を掛け下げておく横木のある具。
斛—一斛(一石=十斗)の容量のます。
概—とかき、ますかき。
粉麪—粉は米粉、麪は麦粉。

16 〔売奴婢条〕 奴婢・馬牛を売る場合の立券の手続についての規定。本条の大宝令

凡そ市は、肆毎に標立てて行名題せ。市の司貨物の時の価に准へて、三等に為れ。十日に一簿為れ。市に在りて案記せよ。季別に各本司に申せ。

13 凡官与レ私交関。以レ物為レ価者。准二中估価一。即懸評二贓物一者。亦如レ之。
凡そ官、私と交関せむ、物を以て価と為らば、中估の価に准へよ。即ち懸に贓物評らむも、亦之の如く。

14 凡官私権衡度量。毎レ年二月。詣[1]二大蔵省一平校。不レ在レ京者。詣[2]二所在国司一平校。然後聴レ用。
凡そ官私の権衡度量は、年毎の二月に、大蔵省に詣いて平校せよ。京に在らずは、所在の国司に詣いて平校せよ。然うして後に用ゐること聴せ。

15 凡用レ称者。皆懸二於格一。用レ斛者以レ概。粉麪則称之。
凡そ称用ゐむことは、皆格に懸けよ。斛用ゐむことは概以てせよ。粉麪は則ち称けよ。

16 凡売二奴婢一。皆経二本部官司一。取二保証一。立券付レ価。其馬牛。唯責二保証一。立二私券一。
凡そ奴婢売らば、皆本部の官司に経れて、保証取りて、立券して価付けよ。其れ馬牛は、唯し保証責ふて、私券立てよ。

17 凡出売者。勿レ為二行濫一。其横刀。槍。鞍。漆器之属者。各令レ題二鑿造者姓名一。
凡そ出し売れらむ者は、行濫為ること勿れ。其れ横刀、槍、鞍、漆器の属は、各造る者の姓名題し鑿らしめよ。

18 凡在レ市興販*。男女別レ坐。

凡そ市に在りて興販せば、男女は坐別にせよ。

19 凡以ニ行濫之物一交易者。没官。短*狭不如法者。還レ主。

凡そ行濫の物を以て交易せらば、没官。短狭にして不如法ならば、主に還せ。

20 凡除ニ官市買一者。皆就レ市交易。不レ得下坐*召ニ物主一。乖中違時価上。不レ論ニ官私一。交付ニ其価一。不レ得ニ懸*違一。

凡そ官の市ひ買はむを除いては、皆市に就いて交易せよ。坐ながらんじて物主を召び、時の価に乖き違ふこと得じ。官私論せず、交に其の価付けよ。懸に違ふこと得じ。

文は、天平感宝元年六月十日左京職移(正倉院文書)によって、「売買奴婢」「立券付価」の字句のみ復原できる。

取保證―奴婢の主人が売渡証文を書いて保証をとり、官司に提出して官司がこれに判署する。保証→公式補78 a。

立券―正式の証文をつくること。

私券―官司の判署を要しない。

17 〔出売条〕 粗悪品を売るべからざること、および横刀・槍・鞍・漆器の類に製作者の姓名を記すべきことの規定。

行濫―欠陥のあるものを行、品質が名目と異る偽物を濫という。→関市19。

題鑿―木竹には題書し、金石には刻記する。

18 〔在市条〕 市における交易に男女が坐を別にすべきことの規定。

興販―物を安く買って高く売ること。商売。

19 〔行濫条〕 交易された粗悪品の処理方法の規定。

短狭不如法―寸法が公定の規格に足りないもの。

20 〔除官市買条〕 官の物品購入以外はすべて市において交易し、時価を基準にして値をつけるべきことの規定。

坐召物主―義解は、たとい市の中でも他肆にいて物主を召してはならないとする。

懸違―ソラニタガフは時価とかけ離れた値で売買する。ソラニは、はるかにの意。ただし古記・穴記等によれば、懸違は懸賖に同じく掛けで売買することで、懸は価の一部を、遶は全額を後払いにすることという。賖は掛けで買うことで、訓はオキノリ。

捕亡令　第廿八

凡壱拾伍条

1　凡囚*及征人*。防人*。衛士*。仕丁*。流*移*人逃亡。及欲レ入ニ寇賊*一者。経*ニ随近官司一申牒。即告ニ亡*者之家居所属。及亡*処比国比郡一追捕。承レ告之処。下ニ其郷*里隣*保一。令レ加ニ訪*捉一。捉得之日。送ニ本*司一。依*レ法科断。其失処得処。並申ニ太政官一。

凡そ囚及び征人、防人、衛士、仕丁、流移の人逃亡せむ、及び寇賊に入れらむとせば、随近の官司に経れて申牒せよ。即ち亡者の家居、所属、及び亡処の比国比郡に告して追捕せよ。告承けむ処、其の郷里隣保に下して、訪ひ捉ふること加へしめよ。捉へ得む日に、本司に送つて、法に依り科断せよ。其れ失せらむ処も得たらむ処も、並に太政官に申せ。

2　凡有ニ盗賊*一。及被ニ傷殺一者。即告ニ随近官司坊里*一。聞レ告之処。率ニ随近兵*及夫*一。従ニ発処一尋レ蹤。登*共追捕。若転入ニ比界*一。須下共ニ比界一追捕上。若更入ニ他界*一。与ニ所部官司*一対量ニ蹤跡一。付訖。然後聴ニ比界者還一。其本発之所*レ使人。須レ待ニ蹤窮一。其蹤緒尽処官司。精加ニ推討一。若賊在ニ甲界一。而傷ニ盗乙界一。及屍在ニ両界之上一者。両界官司。対共追捕。如不レ獲ニ状験*一者。不レ得ニ即加ニ徴拷*一。

凡そ盗賊有らむ、及び傷り殺されたらば、即ち随近の官司、坊里に告せよ。告聞か

☆**捕亡令**—犯罪人の追捕および、役務に徴発されている者ないし囚人・奴婢等が逃亡した場合の捕捉と、拾得物に関する規定からなる。↓補☆

1　〔囚及征人条〕官司で拘禁ないし役務に徴発されている者が逃亡した場合の捕捉に関する規定。↓補1a。

囚—和名抄に「止良倍比止」とある。犯罪の有無を問わず収監されている者のことで被疑者や告発者を含み、刑具を付ける場合と然らざる場合とがあった。**征人**—征行の軍に従う人。↓軍防9。**防人**↓軍防補12b。**衛士**↓軍防補12a。**仕丁**↓賦役補38a。**流**↓名例4・同補4。**移**—移郷。↓賊盗18。**寇賊**—謀叛に当る。↓賊盗4。本条の寇賊は実行に移り犯状が露顕した場合で、然らざる時は獄令33が適用される。**経随近官司申牒**—移動中の路間で逃亡した場合は随近の官司に届出るが、囚獄司に収監されている者ないし既に配所に到達している流移人が逃亡した時は、囚獄司ないし配所を管轄する国司へ届出る。**亡者之家居所属**—逃亡者の現住所ないし本属(↓戸令12注)。**亡処比国比郡**—逃亡地点に隣接する国郡。**郷里**↓僧尼6注。**隣保**—四隣五保。↓戸令補9a。**訪捉**—このために差発される役務については↓賦役37。**本司**—征人の場合は行軍所(軍防32)。防人は防人司(職員69)。流移人は配所を管轄する国司。ただし防人が罪徒以上を犯して逃亡した時は差替えるが故に防人司に送ることはしない(軍防58)。**依法科断**↓補1b。

2　〔有盗賊条〕盗賊ないし殺人傷害事件が発生した時の追捕と、その場合の地域管

轄に関する規定。↓補2。
盗賊及被傷殺者―強窃二盗および殺人傷害罪。これらは捜査に急を要するので三審(獄令32)を経ることなく直ちに犯人の捜索を開始することができる。**坊里**↓戸令1 3。それぞれの長である坊長・里長ともに警察的機能を有す。**兵**―大宝令では「兵士」となっていた。軍団の兵士。**夫**―人夫。公民が差発される役務で、その性格については↓賦役37。**登**―訓スナハチ。直ちにの意で、唐代の俗語的用法である。登時とも用いる。**比界**―最初に捜査を開始した官司坊里の管轄地域に隣接する地域。**他界**―比界に隣接する地域。**所部官司**―他界を管轄する官司。**本発**―犯罪が発生した地点。**蹤緒尽処官司**―犯人の逃亡経路が不明になった地点を管轄する官司。**推討**―犯人を捜索する。**状験**―犯人であることが明白な証拠。**徴拷**―拷問。律令制下では、証拠があって自白しない場合、拷問によって自白させる。↓獄令補35 a。

3 〔追捕罪人条〕犯人の逮捕に出動する警察力についての規定。
人兵―人夫と兵士。↓補3 a。**討撲**―犯人を打ち倒すこと。↓補3 b。**若力不能制者**↓補3 c。**除翦**―古記に「除―、謂討撲一種也」とある。**馳駅申奏**↓補3 d。馳駅については↓公式補9。**遅緩逗留**―助力を求められた比国比郡が迅速な助力活動を怠り犯人逮捕の機会を逸すること。↓補3 e。**軍団**↓軍防1。
附考―功過行能(考課1)の功に附ける。

む処、随近の兵及び夫を率て、発らむ処より蹤を尋ねて、登ち共に追捕せよ。若し転比界に入らば、比界と共に追捕すべし。若し更に他界に入らば、所部の官司と対つて蹤跡を量れ。付け訖んなば、然うして後に比界の者は還ること聴せ。其れ本発の使ふ所の人は、蹤の窮められむを待つべし。其れ蹤緒尽きむ処の官司、精しく推討すること加へよ。若し賊、甲が界に在りて、乙が界を傷り盗めらむ、及び屍両界の上に在らば、両界の官司対ふて共に追捕せよ。如し状験獲ずは、即ち徴拷加ふること得じ。

3 凡追二捕罪人一。所レ発人兵*。皆随レ事斟酌。使二多少堪レ済。其当界有二軍団一。即与相知。随即討撲*。若力不レ能レ制者*。即告二比国比郡一。得レ告之処。審知二事実一。先須二発レ兵。相知除翦*一。仍馳駅申奏*。若其遅緩逗留*。不レ赴二機急一。致レ使三賊得二逃亡一。及追討不レ獲者。当処録レ状奏聞。其得レ賊不レ得レ賊。国郡軍団*。皆附*レ考。

凡そ罪人を追捕せば、発せらむ所の人兵は、皆事に随ひて斟酌せよ。多少をして済すに堪へしめよ。其れ当界に軍団有らば、即ち与に相ひ知りて、随ひて即ち討撲せよ。若し力制するに能はずは、即ち比国比郡に告せよ。告得む処、審らかに事の実を知りて、先づ兵を発して相ひ知りて除翦すべし。仍りて馳駅して申奏せよ。若し其れ遅緩逗留して、機急に赴かずして、賊をして逃亡得しむるに致せらむ、及び追討するに獲ずは、当処状を録して奏聞せよ。其れ賊得たる、賊得ざる、国郡軍団、皆考に附けよ。

4 凡亡ニ失家人。奴婢。雑畜。貨物一。皆申ニ官司一案記。若獲レ物之日。券證分明。皆還ニ本主一。

凡そ家人、奴婢、雑畜、貨物を亡失せらば、皆官司に申して案記せよ。若し物獲む日に、券證分明ならば、皆本主に還せ。

5 凡糺ニ捉盗賊一者。所レ徴倍贓。皆賞ニ糺捉之人一。家貧無レ財可レ徴。及依レ法不レ合レ徴ニ倍贓一者。並計ニ所レ得正贓一。准為ニ五分一。以ニ二分一。賞ニ糺捉人一。即官人非レ因ニ検校一。而別糺捉。并共盗。及知レ情主人首告者。亦依ニ賞例一。

凡そ盗賊を糺し捉へたらば、徴らむ所の倍贓は、皆糺し捉へたる人に賞へ。家貧しくして徴るべきに財無からむ、及び法に依りて倍贓徴るべからずは、並に得たらむ所の正贓を計へて、准へて五分に為れ。二分を以て、糺し捉へたる人に賞へ。即ち官人検校に因れるに非ずして、別に糺し捉へたらむ、并せて共に盗みし、及び情を知らむ主人の首告せらば、亦賞ふ例に依れ。

6 凡有ニ死人一。不レ知ニ姓名家属一者。経ニ随近官司一推究。当界蔵埋。立ニ牓於上一。畫ニ其形状一。以訪ニ家属一。

凡そ死人有りて、姓名家属を知らずは、随近の官司に経れて推究せよ。当界に蔵め埋んで、牓を上に立てて、其の形状を畫いて、以て家属を訪はしめよ。

7 凡官私奴婢逃亡。経ニ一月以上一捉獲者。廿分賞レ一。一年以上。十分賞レ一。其

---

4 〔亡失家人条〕所有する動産を亡失した時の届出に関する規定。

亡失―雑律50逸文に「亡失、謂、不覚遺落、及被レ盗是也」とある。**家人**→戸令補40。分財の対象(戸令23)で、動産としての取扱いを受けた。**奴婢**―売買の対象となる。→戸令補35d。**雑畜**―牛馬犬鶏の類。牛馬の売買に当っては私券を立てることになっている(関市16)。**貨物**―家人・奴婢・雑畜以外の動産。**案記**―亡失した地点・品目・状態および数量等を記して官司へ届出る。これにより拾得者が現われた時本主を確認する。**券證分明**→補4。

5 〔糺捉盗賊条〕盗賊を告発ないし逮捕した者に対する報賞規定。

糺捉―犯人を告発ないし逮捕すること。但し、親属その他の、告発を禁止されている者を告発することは犯罪になるので、本条の報賞の対象とならない。告発が禁止されている範囲→獄令補32b。**倍贓**―盗賊からは正贓の他に盗んだ財物と同じだけの財物を徴収する(名例33)。**依法不合徴倍贓**―赦ないし降にあい倍贓の徴収を免除された時。→名例33。**正贓**―盗品。但し糺告の段階で現在するものに限られる。正贓が全然ない場合は報賞に与かれない。**非因検校**―官人が職務外で犯人を糺捉した場合。令釈によれば、職務内で糺捉した時は一般人の場合に減半して報賞する。**共盗**→賊盗50。**知情主人**―事情を知りながら罪人を隠匿する人。→補5a。**首告**―己の罪を自首しかつ仲間の罪を告発した場合。→補5b。

6 〔有死人条〕姓名家属の不明な死体が発見された時の処置の規定。役丁が死亡した場合は→賦役32。防人の場合は→軍防61。

年七十以上。及癃疾不レ合レ役者。并奴婢走捉ニ前主一。及関津捉獲者。賞各減半。若奴婢不レ識レ主。牓召。周年無ニ識認一者。判入レ官。其賞直官酬。若有ニ主認一。徴ニ賞直一還之。

凡そ官私の奴婢逃亡して、一月以上経て捉へ獲たらば、廿分にして一賞へ。一年以上ならば、十分にして一賞へ。其れ年七十以上、及び癃疾にして役すべからざらむ者も、并せて奴婢走げて、前主に捉へられたらむ、及び関津捉へ獲たらば、賞も各減半せよ。若し奴婢主を識らずは、牓して召せ。周年までに識り認むること無くは、判りて官に入れよ。其れ賞の直は官酬いよ。若し主認むること有らば、賞の直を徴りて還せ。

8　凡捉ニ獲逃亡奴婢一。限ニ五日内一。送ニ随近官司一。案検知レ実。平レ価。依レ令徴賞。其捉人欲三径送ニ本主一者。任之。若送ニ官司一。見無ニ本主一。其合レ賞者。十日内。且令ニ捉人送レ食。若捉人不レ合ニ酬賞一。及十日外主不レ至。並官給レ粮。随レ能固役。

凡そ逃亡の奴婢を捉へ獲たらば、五日の内を限りて、随近の官司に送れ。案検するに実知れらば、価を平りて、令に依りて徴り賞へ。其れ捉へたる人径に本主に送らむと欲へらば、任にせよ。若し官司に送りて、見に本主無からむ、其れ賞すべくは、十日の内は、且く捉へたる人をして食送らしめよ。若し捉へたる人酬い賞ふべからず、及び十日の外までに主至らずは、並に官、粮給へ。能に随ふて固役せよ。

牓―木標。→補6。**畫其形状**―義解に「記ニ状歯老幼及其物色一」とある。性別・人相・年齢および所持品等について記す。

7　〔官私奴婢条〕逃亡の奴婢を捕捉した者への報賞と、主人の不明な奴婢の帰属に関する規定。

奴婢逃亡―義解は家人を含まないとする。→補7ab。**経一月以上**―一箇月以内の場合では奴婢に逃亡の意思があったか否か確認できないので、報賞を受ける権利が発生しない。**廿分賞一**―逃亡奴婢の価値の二十分の一を本主が捕捉者へ報酬として払う。子供を連れて逃亡した場合は子の価値も含む。**癃疾**―癈疾以上。→戸令7。**前主**―逃亡の奴婢は前主の許へ帰る可能性が強いので前主による捕捉は他人による捕捉と異なる。→補7c。**関津**―関と津の官人。→関市12・雑令13。交通の取締りに当り、逃亡奴婢の捕捉に便宜を有している。**減半**―減半の要因が二つ重なる時は減半した上でさらに減半する。**奴婢不識主**―義解に「奴婢幼稚、被ニ人略誘一、及流行失レ路、終不レ識レ主之類也」。**牓召**―木標を立てて公示する。**周年**―一年。**入官**―公奴婢とする。

8　〔捉逃亡条〕逃亡の奴婢を捕捉した時の処置に関する規定。

限五日内→補8。**平価**―奴婢の価値を決める。**依令徴賞**―捕亡7の規定により本主から賞物を徴収し捕捉者に与える。**捉人不合酬賞**―捕亡10 12の場合。**給粮**―奴婢に支給される公粮については→雑令33注。**随能固役**―禁固して才能に応じて使役する。禁固については→獄令14注。

9　凡捉二逃亡奴婢一。未レ及レ送レ官。限内*致二死失*一者。免*レ罪不レ賞。其已入*二官司一。未レ付二本主一。而更逃亡重被*二執送一者。三分*。以二一分一賞二前捉人一。二分賞二後捉人一。若走帰*二主家一。猶徴*レ半賞。

凡そ逃亡の奴婢を捉へて、官に送るに及ばずして、限の内に死失致せらば、罪を免し賞せず。其れ已に官司に入れて、本主に付けずして、更に逃亡して重ねて執へ送られたらば、三分にして、一分を以ては前に捉へたる人に賞へ。二分は後に捉へたる人に賞へ。若し走げて主家に帰らば、猶し半を徴り賞へ。

10　凡逃亡奴婢。身犯二死罪一。為レ人捉送。会レ恩免レ死。還二官主一者。依レ令徴賞。若遂従*一レ戮。及得*三二免レ賤従一レ良者。不レ徴二賞物一。

凡そ逃亡の奴婢、身死罪犯して、人の為に捉へ送られむ、恩に会ひて死を免して、官主に還せらば、令に依りて徴り賞へ。若し遂に戮に従ひなむ、及び賤を免して良に従ふること得ば、賞物徴らず。

11　凡平*二逃亡奴婢価一者。皆将二奴婢一。対*一二官司一平之。若経二六十日一。無レ賞レ可レ酬者。令下本主与二捉人一対*二売分賞上。

凡そ逃亡の奴婢の価平らむこと、皆奴婢を将ちて、官司に対ふて平れ。若し六十日経るまでに、酬ゆべき賞無くは、本主をして捉へたる人と対ふて売りて分ち賞はしめよ。

12　凡奴婢訴*レ良。未レ至二官司一。為レ人執送。検二究事由一。知二訴レ良有一レ実者。雖レ無*二

9　〔逃亡奴婢条〕捕捉した逃亡奴婢が死失した場合と、再逃亡した奴婢を捕捉した場合に関する報賞規定。
限内―五日。→捕亡8。**死失**―死亡ないし亡失。**免罪**→補9a。**入官司**―捕捉者が奴婢の身柄を官司へ引渡す。**重被執送者**―最初の捕捉者と異なる人が捕捉した場合。義解では身柄の引渡しを受けている官司が再捕捉した場合は報賞の対象とならないとする。**三分以一分賞前捉人二分賞後捉人**―三度以上に渉り逃亡した奴婢を捕捉した場合の報賞については→補9b。**走帰主家**―奴婢が身柄を移された官司から逃走して本主の許へ帰る。**徴半賞**―奴婢が官司から逃走しなかった場合に得べき賞物の半額を本主から徴収し捕捉者に与える。

10　〔逃亡奴婢条〕逃亡奴婢を捕捉した場合の報賞に関する例外規定。
従戮―死刑に処せられること。**得免賤従良者**―逃亡中に訴訟により良身分を回復したり、本主に放免されて良身分を獲得した場合。→戸令17。義解によれば、逃亡中に放免されても家人身分への上昇に止まる時は報賞の対象となる。

11　〔平奴婢価条〕逃亡の奴婢の価値の決定と、本主が賞物を出さない場合に関する規定。
平逃亡奴婢価―義解によれば、平贓(名例34)と異なり時価で定める。**対官司平之**―捕亡事件に関与した官司で評価する。**対売分賞**―奴婢を売却して得た価値をもって報賞する。

12　〔訴良人条〕良身分回復訴訟のため出奔した奴婢を捕捉した場合に関する規定。
訴良―良身分回復のための訴訟。→戸令17。

良状一。皆勿二酬賞一。

凡そ奴婢良と訴して、官司に至らずして、人の為に執へ送られたらむ、事の由を検究するに、良を訴すること実有りと知んなば、良状無しと雖も、皆酬い賞ふこと勿れ。

13 凡*一博戯*賭財。*二在レ席所レ有之物。及*句合*出九得レ物。為レ人*糺告。其物悉賞二糺人一。即輸レ物人。及*出九句合容止主人。能自首者。亦依二賞例一。*官司捉獲者。減半賞之。余没官。唯賭得レ財者。*自首不レ在二賞限一。其物悉没官。

凡そ博戯に賭れらむ財、席に在りて有らむ所の物、及び句合、出九して物を得て、人の為に糺し告されたらば、其の物は悉くに糺さむ人に賞へ。即ち物輸けたる人、及び出九、句合容止せる主人の、能く自首せらば、亦賞ふ例に依れ。官司捉へ獲たらば、減半して賞へ。余は没官せよ。唯し賭して財得たらむ者は、自首せば、賞ふ限に在らず。其の物は悉くに没官せよ。

14 凡*両家奴婢。倶逃亡合生二男女一。並*従レ母。其*略盗奴婢。知而故買。配二奴婢一者。所レ生男女。*皆入二本主一。*不レ知レ情者。従レ母。

凡そ両家の奴婢、倶に逃亡して合ふて男女生めらば、並に母に従へよ。其れ略盗の奴婢を、知りて故に買ひ、奴婢に配てたらば、生めらむ所の男女は、皆本主に入れよ。情を知らずは、母に従へよ。

15 凡得二*一闌遺物一者。皆*送二随近官司一。在レ*市得者。送二*市司一。其*衛府巡行得者。各

無良状―裁判の結果奴婢が敗訴して良身分の回復に失敗した場合。

13 〔博戯条〕博戯で財物を賭けている者が自首ないし告発された時の財物の処分に関する規定。↓補13a。

博戯―義解に「双六樗蒲之属」とある。↓補13b。**賭財**―義解によれば、勝負が決まる以前でも財物が賭けられていれば本条が適用される。**在席所有之物**―官の所有物は除く。現に在席していなくとも牛馬の如き在席するにふさわしくない財物が賭けられている時は在席扱いとする。**句合**―義解に「和合両人、令二相敵対一、是為二句合一也」とある。博戯をする者の世話をすること。**出九**―賭銭を貸すこと。九は貸付金の額の一例で、その多少を問わない。**糺告**―告発すること。**出九句合容止主人**―出九句合や賭場を開いている人。**官司捉獲者減半賞之**―義解では、検校に因らず捉獲した場合とする。**自首不在賞限其物悉没官**―義解によれば、博戯の犯罪者が、自己の罪はいわず共犯者のみを訴えた時は、刑は科せられるが得たところの寺銭は没収されない。

14 〔両家奴婢条〕逃亡ないし略盗の奴婢の間に生まれた子の帰属に関する規定。

両家奴婢―以下の規定は、義解によれば、公奴婢・官戸・家人にも適用する。↓補14a。**従母**―生まれた子供を母親の本主に帰属させる。↓補14b。**略盗奴婢**―盗まれた奴婢。奴婢を略盗することについては↓賊盗45。**皆入本主**―略盗された奴婢の本主に帰属させる。↓補14c。**不知情**―略盗の奴婢であることを知らずに奴婢を購入し自分の奴婢に配して子が生まれた場合。

送二本衛一。所レ得之物。皆懸二於門外一。有二主識認一者。*験レ記*責レ保還之。雖レ*未レ有二記案一。但*證拠灼然可レ験者。亦准レ此。其経二卅日一。無二主認一者。*収掌。仍録二*物色一*牓レ門。経二*一周一無二人認一者。*没官。録レ帳申レ官聴二処分一。没入之後。*物猶見在。主来識認。證拠分明者。還之。

凡そ闌遺の物を得たらば、皆随近の官司に送れ。市に在りて得たらば、市の司に送れ。其れ衛府の巡行して得たらむは、各本衛に送れ。得たらむ所の物は、皆門の外に懸けよ。主識り認むること有らば、記を験へて保を責うて還せ。記案有らずと雖も、但し證拠灼然にして験かるべくは、亦此に准へよ。其れ卅日経るまでに、主認むること無くは、収め掌れ。仍りて物の色を録して門に牓せよ。一周経るまでに人認むること無くは、没官せよ。帳に録して官に申して処分聴け。没入の後に、物猶し見に在りて、主来りて識り認めむ、證拠分明ならば、還せ。

15　〔得闌遺物条〕闌遺物に関する規定。

闌遺物—遺失物。**皆送随近官司**—五日以内に送る。送らなかった場合については↓補15。**市**—東西二市。**市司**↓職員67。**衛府巡行**—衛府については↓職員59 61 62。衛府は宮廷諸門の守衛に当るのみならず京中を巡邏した。↓宮衛24・獄令1注。**験記**—記とは案記のこと。↓捕亡4注。**責保**—保証人を立てること。↓公式78。本主の確認に当って、義解では、験記と責保の両者を兼ね行う必要はなくいずれか一方でよいとする。**未有記案**—亡失の状を記した案記が官司へ届出されていない段階。**證拠灼然可験者**—遺失者であることが明白な場合。↓捕亡補4。**収掌**—門外に懸けておいた遺失物を収納すること。**物色**—遺失物の種類・形状。**牓**—木標を立てて公告する。**一周**—一年。**没官**—贓贖司(職員31)へ納める。**物猶見在**—見は現に同じ。売買による帰属の変動があっても実物の現在する場合も含む。律の正贓(名例33)に准じる。

獄令 第廿九

凡陸拾参条

1 凡犯レ罪。皆於二*事発処*官司一*推断。*在京諸司人。京及諸国人。在京諸司事発者。犯二*徒以上一。*送二刑部省一。*杖罪以下*当司決。其*衛府糺二捉罪人一。*非レ貫二属京一者。皆送二刑部省一。

凡そ罪犯せらば、皆事発らむ処の官司にして推断せよ。在京の諸司の人、京及び諸国の人、在京諸司にして事発れらば、徒以上犯せらば、刑部省に送れ。杖罪以下は当司決せよ。其れ衛府の、罪人糺し捉へたらむ、京に貫属せるに非ずは、皆刑部省に送れ。

2 凡犯レ罪。*笞罪*郡決之。杖罪以上。*郡断定送レ国。*覆審訖。徒杖罪。及*流応二決杖一。若応レ贖者。即*決配徴贖。其刑部断二徒以上一。亦准レ此。刑部省及諸国。断二流以上若*除免官当一者。皆*連二写案一。申二太政官一。*按覆*理尽申奏。即按覆事有レ不レ尽。*在外者。*遣レ使就覆。在京者。更就レ省*覆。

凡そ罪犯せらば、笞罪は郡決せよ。杖罪以上は、郡断定して国に送れ。覆審し訖りて、徒杖の罪、及び流の決杖すべき、若し贖すべくは、即ち決配徴贖せよ。其れ刑部の、徒以上断せむも、亦此に准へよ。刑部省及び諸国、流以上、若しくは除免官当を断せば、皆案を連写して、太政官に申せ。按覆するに理尽きなば申奏せよ。即ち按

☆**獄令**—犯罪が発生した時の裁判ならびに科刑に関する規定からなる。唐令では獄官令。獄令の沿革と内容→補☆a。獄令の断獄手続→補☆b。

1 〔犯罪条〕犯罪が発覚した時に初審を行うべき官司に関する規定。

事発—犯罪が発覚すること。三審(獄令32)の場合は初告の段階で事発となる。→補1a。**官司**—告言を受理する官司で、在京諸司および国郡司が当る。→補1b。**推断**—事件を審理し判決を与えること。**在京諸司**→公式53。**徒以上**→名例3〜5。**送刑部省**—刑部省については→職員30。左右京職を除く在京諸司は徒以上の犯罪について推断できないので弁官を経由して刑部省へ移送する。→補1c。**杖罪**→名例2。**当司決**—最初に推断した官司で判決を下し、かつ刑を執行する。収贖の場合は太政官へ上申した上で贓贖司(職員31)へ送る。**衛府糺捉罪人**—五衛府は京中を巡回する定めであった(宮衛24)。**非貫属京者**—京に貫属している者はすべて京職へ移送した。ただし犯夜に限って衛府が逮捕した日のうちに笞刑の執行を済ませ釈放した(宮衛24)。→補1d。

2 〔郡決条〕罪の軽重による裁判および刑執行の管轄に関する規定。

笞罪→名例1。**郡決之**—郡司が判決を下しかつ刑を執行する。収贖の時は郡で徴収し、かつ郡に留め徴収額のみを国司に報告する。義解では兵士の笞刑は軍団の大小毅が執行し杖罪以上は郡へ送る。杖罪以上→名例2〜5。**郡断定送国**—郡で判決を下すが刑を執行せず、判決文と身柄を国へ移す。**覆審訖**—国衙での再審が完了すること。**流応決杖**→名例27 28。

覆するに事尽きざること有らば、在外は、使を遣り就いて覆せよ。在京は、更に省に就きて覆せよ。

3　凡*国断罪応ニ申覆一者。太政官量差ニ*使人一。取下強明解ニ法律一者上。*分レ道巡ニ覆見囚一。*事尽未レ断者。*催断即覆。々訖録申。若国司枉断。使人推覆無レ罪。国司*欵伏。灼然合レ免者。任使判放。仍録レ状申。其使人与ニ国執見一有レ別者。各以レ状申。若理状已尽。可ニ断決一。而*使人不レ断。妄生ニ節目一。盤退者。国司以レ状録申レ官。附ニ使人考一。其徒罪。*国断得ニ伏弁一。及贓状露験者。即*役。*不レ須レ待レ使。以外待レ使。其使人仍摠按覆。々訖同ニ国見一者[1]。仍附レ国配役。

凡そ国の断罪申覆すべくは、太政官量りて使の人を差せ。強く明らかに、法律解れらむ者を取りて、道を分ちて見囚を巡覆せよ。事尽きて断せずは、催し断して即ち覆せよ。覆し訖りなば録して申せ。若し国司枉げて断せむ、使の人推覆するに罪無からむ、国司欵伏して灼然に免すべくは、任に使判つて放せ。仍りて状を録して申せ。其れ使の人、国の執見と別なること有らば、各状を以て申せ。若し理状已に尽きて、断決すべからむ、而るを使の人断せずして、妄りに節目を生し、盤らし退けたらば、国司状を以て録して官に申して、使の人の考に附けよ。其れ徒罪、国断して伏弁得たらむ、及び贓状露験ならば、即ち役せよ。使を待つべからず。以外は使を待て。其れ使の人仍りて摠べて按覆せよ。覆し訖りて国見に同せば、仍ち国に附けて配役せしめよ。

4　凡*覆囚使人至日。先検ニ行*獄囚。*枷杻。*鋪席。及*疾病。*粮餉之事一。有ニ不如法一

応贖者―名例11～16を適用される特定の身分関係にある人、また名例30により年七十以上あるいは十六歳以下及び癈疾者が流罪以下を犯した時は収贖となる。**決配**―義解に「決杖及配徒也」とある。杖ないし徒刑を執行すること。**除免官当**―除名・免官・免所居官および官当。↓名例17～20。**皆連写案**―鞫状(訊問の時作成される訊問調書↓獄令38)と伏弁(被告が判決に服することを認めた時に作成される文書↓補6)とをもって一案とし、それに断文(判決文↓獄令41)を連写する。**按覆**―太政官で再審する。**理尽申奏**↓補2。**在外**―諸国。**遣使就覆**―太政官から専使を派遣して再度審理する。この時の専使は獄令34に規定された巡回裁判所の判事たる覆囚使とは異なる。**省**―刑部省。

3　〔国断条〕覆囚使の再審と国司による裁判の進行を促すことに関する規定。覆囚使↓補3。

国断罪応申覆者―諸国の下した判決で太政官へ申覆する必要のある場合。義解によれば、盗発および徒以上が該当し、朝集使により上申する(獄令47)。**使人**―覆囚使。**分道巡覆見囚**―七道別に覆囚使を派遣して再審ないし裁判の進行状況を調べる。**事尽未断**―審理は終了したが判決の下されていない場合。**催断即覆**―国司の行う裁判の進行を促し、判決が出るとともに覆囚使が再審する。**欵伏**―義解に「欵誠也、服レ罪輸ニ誠之書一、是為ニ欵伏一」とある。国司が枉げて判決を下したことを認め冤罪であることがはっきりした場合。**使人不断妄生節目盤退者**―覆囚使が判決を下すべきなのに種々口実を設けて遅延すること。**国断得**

伏弁—国の判決が下され被告の伏弁(→補6)が得られた場合。**役**→獄令18。**不須待使**—覆囚使の再審を待たず国司が独自に行決し得る。

4　〔覆囚使条〕覆囚使が国へ至った日に獄囚および獄の施設等について調べることに関する規定。

覆囚使→補3。**獄囚**—犯罪の有無を問わず収監されている人。**枷杻**—くびかせとあしかせ。→補4。**鋪席**—獄囚に支給される敷物。→獄令53。**疾病**—病気。→獄令54。**粮餉**—食事。→獄令55。**附考**→捕亡3注。

5　〔大辟罪条〕死刑の執行に関する規定。

大辟罪—義解に「辟者、罪也、死刑為二大辟一也」とある。死刑のこと。→補5a。**行決之司**—死刑を執行する官司。**三覆奏**→補5b。**符下日**—死刑の執行を命令する太政官符の出される日。**三覆奏**—唐令に「在外者、刑部三覆奏」とあるによったとすれば、刑部省が覆奏したと考えられる。**悪逆以上**→名例6。**家人奴婢殺主**—奴婢が主人の謀殺を犯すと、賊盗7により斬刑。過失の場合は闘訟律22により絞刑となる。**雅楽寮**→職員17。

6　〔断罪条〕徒以上の罪の宣告と死刑の執行に関する規定。

断罪行刑之日—断罪は徒以上の刑を宣告することで、杖罪以下は該当しない。裁判が終了した段階で被告とその親属を呼んで宣告し、被告の承伏書をとる。杖以下の場合はかかる手続をとらず直ちに執行する。**宣告犯状**→補6。**決大辟罪囚**—死刑囚に刑を執行する。**防援**—警備。物部(職員59 67)ないし衛士・兵士が当る。**着枷至刑所**—本条は庶人の場合。議請減(名例8〜10)の人ないし初位以上もしく

者。亦以レ状申二附考*一。

凡そ覆囚の使の人至らむ日には、先づ獄囚、枷杻、鋪席、及び疾病、粮餉の事を検行せよ。不如法有らば、亦状を以て考に申し附けよ。

5　凡決二大辟罪*一。在京者。行決之司*。三覆奏*。決前一日。一覆奏。決日。再覆奏。在外者。符下日*。三覆奏*。初日一覆奏。後日再覆奏。若犯二悪逆以上*一。唯一覆奏。家人奴婢殺レ主*。不レ須二覆奏一。其京内決レ囚日。雅楽寮*停二音楽一。

凡そ大辟罪決せば、在京は、行決の司、三たび覆奏せよ。決の前の一日に、一たび覆奏せよ。決せむ日に、再たび覆奏せよ。在外は、符下の日に、三たび覆奏せよ。初の日に一たび覆奏せよ。後の日に再たび覆奏せよ。若し悪逆以上犯せらば、唯し一たび覆奏せよ。家人奴婢主を殺せらば、覆奏すべからず。其れ京内に囚決せむ日には、雅楽寮音楽を停めよ。

6　凡断*レ罪行レ刑之日。並宣*二告犯状一。決*二大辟罪囚一。皆防援*着*レ枷至二刑所一。囚一人防援廿人。毎二一囚一加二五人一。五位以上及皇親*。聴レ乗レ馬。聴二親故*辞訣*一。仍日未*後行レ刑。即囚身在レ外者。奏報*之日。不*レ得二馳駅行下一。

凡そ罪を断し、刑行はむ日には、並に犯状を宣告せよ。大辟罪の囚決せらば、皆防援して枷着けて、刑所に至せ。囚一人に防援廿人。一囚毎に五人加へよ。五位以上及び皇親は、馬に乗ること聴せ。親故の辞訣すること聴せ。仍つて日の未の後に刑行へ。即ち囚の身外に在らば、奏報の日に、馳駅して行下すること得じ。

7 凡決㆓大辟罪㆒。皆於㆑*市。*五位以上及皇親。犯非㆓悪逆以上㆒。*聴㆑自㆓尽於家㆒。七位以上及婦人。犯非㆑斬者。*絞㆓於隠処㆒。

凡そ大辟罪決せば、皆市にしてせよ。五位以上及び皇親、犯せること悪逆以上に非ずは、家に自尽すること聴せ。七位以上及び婦人は、犯せること斬に非ずは、隠処に絞せよ。

8 凡決㆓大辟罪㆒。五位以上。在京者。*刑部少輔以上*監㆑決。在外者。次官以上監㆑決。余並少輔及次官以下監㆑決。*従㆓立春㆒至㆓秋分㆒。不㆑得㆑奏㆓決死刑㆒。若犯㆓*悪逆以上㆒。及*家人奴婢殺㆑主者。不㆑拘㆓此令㆒。其*大祀及*斎日。*朔。*望。*晦。*上下弦。*廿四気。*假日。並不㆑得㆑奏㆓決死刑㆒。在㆑京決㆓死囚㆒。皆*令㆓弾正衛士府監㆑決。若囚有㆓冤枉灼然㆒者。停㆑決奏聞。

凡そ大辟罪決せば、五位以上は、在京は、刑部の少輔以上決監よ。在外は、次官以上決監よ。余は並に少輔及び次官以下決監よ。立春より秋分に至るまでは、死刑奏決すること得じ。若し悪逆以上犯せらむ、及び家人奴婢主を殺せらば、此の令に拘れじ。其れ大祀、及び斎日、朔、望、晦、上下弦、廿四気、假日には、並に死刑奏決すること得じ。京に在りて死囚決せば、皆弾正衛士府をして決監せしめよ。若し囚冤げ枉げたらむこと灼然なること有らば、決を停めて奏聞せよ。

9 凡囚死無㆓*親戚㆒者。皆於㆓*閑地㆒。権埋立㆓牓於上㆒。記㆓其姓名㆒。仍下㆓*本属㆒。即*流移人在㆑路。及*流徒在㆑役死者。准㆑此。

は婦人に関しては別規定による。→獄令39 42。**皇親**→継嗣1。**親故**—親属と友人。**辞訣**—訣別の挨拶を交わす。**未**—午後二時頃。大津皇子の死刑は夕刻執行されている(懐風藻)。**奏報之日**→獄令5。**不得馳駅行下**—馳駅については→公式補9。速殺を嫌うが故に馳駅に依らない。

7 〔決大辟条〕死刑を執行する場所に関する規定。

市—東西二市(職員67)及び諸国の市。→補7a。物部二十人が置かれ刑の執行に関与する。**五位以上**→補7b。**聴自尽於家**—義解に「令㆘罪人㆓在㆑家自死㆖也」とある。謀反に問われた長屋王が特に許されて自宅で自経したのはその一例。**絞於隠処**—義解に「不㆑於㆓市鄽人衆之中㆒、而別死㆓於隠辟之処㆒」とある。→補7c。

8 〔五位以上条〕死刑を執行する時の立会および執行を避けるべき日の規定。

刑部少輔→職員30。**監決**—死刑の執行に立会うこと。自尽の場合はその家に臨んで立会う。**従立春至秋分不得奏決死刑**—死刑の奏上と執行を停止する。→補8a。**悪逆以上**→名例6。**家人奴婢殺主**→獄令5注。**大祀**→神祇12。古記により大宝令では大祭祀とあったと考えられる。**斎日**—六斎日。→雑令5。**朔**—ついたち。**望**—陰暦十五日。**晦**—みそか。**上下弦**—月が上下弦の時で、陰暦八・九日頃ないし二十二・二十三日頃にあたる。**廿四気**—一年を二十四気節に分かつ節日。→補8b。**假日**→假寧1。**令弾正衛士府監決**→補8c。

9 〔囚死条〕囚人が死亡した場合の処置に関する規定。課丁・役丁・兵士ないし行路者の死亡した場合は→賦役13 32・軍防40 61・捕亡6。
囚→捕亡1注。**親戚**―義解は有服の親とする。有服の親の服紀→喪葬17。**閑地**―あき地。空閑地(田令29)に同じ。**本属**→戸令12注。**流移人**―流罪ないし移郷に処せられた人。移郷については→賊盗18。**流徒在役**―流罪と徒罪に処せられた人は強制労働に従う。→獄令18。

10 〔犯流以下条〕流罪以下を犯し除免官当となるべき官人が死亡した場合と、死罪を犯した官人の現職に関する規定。
除免官当―官位を有する者への閏刑で除名・免官・免所居官・官当からなる。→名例17〜20。**未奏**―除免官当すべき人の場合の奏上については→獄令2。**位記**―叙位の旨を記して与えられる文書。→公式16〜18。**不追**―没収しない。**依奏定**―奏上の内容を変更せず除免官当を適用する。**常赦所不免**―断獄律20逸文に「謂、雖レ会ニ大赦一、猶処ニ死及流、若除名、免所居官、及移郷一」とある。唐断獄律20参照。**依常例**―未奏段階で死亡した場合でも位記を没収する。**雑犯死罪**―八虐・故殺人以外の罪を犯したことによる死罪。→名例18。**獄成会赦**―死罪の時は刑が太政官で内定した上で天皇に奏上する。→名例18注。かかる手続のとられる以前の段階で恩赦に会うこと。**全原**―刑の執行を完全に免除されること。**解見任職事**―見は現に同じ。現に就いている官職を解任する。ただし別勅放免の時は官職を解任しない。会降→名例18注。

11 〔流人科断条〕流移の人が配所へ赴くに当り妻妾を同伴すべきことと、妄りに逗留・帰還ないし逃亡をした場合に関する規定。

凡そ囚死んで親戚無くは、皆閑の地にして、権に埋むで牓を上に立てよ。其の姓名を記して、仍りて本属に下せ。即ち流移の人路に在り、及び流徒役に在りて死なば、此に准へよ。

10 凡犯ニ流以下一。応ニ*除免官当一。*未レ奏身死者。*位記*不レ追。即奏時不レ知ニ身死一。奏後云ニ先死一者。*依レ奏定。其*常赦所レ不レ免者。*依ニ常例一。若*雑犯死罪。*獄成会レ赦*全原者。*解ニ見任職事一。
凡そ流以下犯して、除免官当すべからむ、奏せずして身死なば、位記は追せず。即ち奏する時に身死にたりと知らずして、奏して後に先に死にたりと云はば、奏に依りて定めよ。其れ常赦の免さざる所は、常の例に依れ。若し雑犯の死罪、獄成つて赦に会ひて全く原されたらば、見任の職事解け。

11 凡流人*科断已定。及移郷人。皆不レ得下*棄ニ放妻妾一至中配所上。如有下妄作ニ*逗留一*私還。及逃亡上者。随即申ニ太政官一。
凡そ流人科断すること已に定まらむ、及び移郷の人は、皆妻妾棄放して配所に至ること得じ。如し妄りに逗留を作して私に還り、及び逃亡すること有らば、随ひて即ち太政官に申せ。

12 凡流人応レ配者。依ニ罪軽重一。各配ニ*三流一。謂。近中遠処。
凡そ流人配すべくは、罪の軽重に依りて、各三流に配せよ。謂はく、近中遠処をいふ。

13 凡流移人。太政官量配。符至季別一遣。若符在二季末一至者。聴下与二後季人一同遣上。具録二応レ随家口。及発遣日月一。便下二配処一。逓差二防援一。専使部領。送二達配所一。付領訖。速報二元送処一。并申二太政官一知。若妻子在レ遠。又非二路便一。預為二追喚一。使レ得二同発一。其妻子未レ至間。囚身合レ役者。且於二随近一公役。仍録二已役日月一。下二配所一聴レ折。

凡そ流移の人は、太政官量つて配せよ。符至らば季別に一たび遣れ。若し符、季の末に在つて至らば、後の季の人と同じく遣ること聴せ。具に随ふべき家口、及び発て遣る日月を録して、便に配処に下せ。逓に防援を差して、専使部領して、配所に送達せよ。付け領し訖りなば、速に元送つし処に報し、并せて太政官に申して知らしめよ。若し妻子遠きに在り、又路の便に非ずは、預め追喚すること為て、同じく発つこと得しめよ。其れ妻子至らざる間に、囚の身役すべくは、且随近に公役せよ。仍りて已に役せる日月を録して、配所に下して折ぐこと聴せ。

14 凡逓二送死囚一者。皆令二道次軍団大毅一。親自部領。及余逓二送囚徒一。応二禁固一者。皆少毅部領。并差二防援一。明相付領。

凡そ死囚を逓送せらば、皆道の次の軍団の大毅をして、親自ら部領せしめよ。及び余の、囚徒を逓送せむ、禁固すべくは、皆少毅部領せよ。并せて防援を差して、明らかに相ひ付け領けしめよ。

15 凡流移人在レ路。皆逓給二程粮一。毎レ請レ粮停留。不レ得レ過二一日一。其伝馬給不。

科断已定―判決が確定すること。**棄放妻妾**―妻妾を同伴しないこと。ただし義絶(戸令31)の場合は適用されない。→補11。**逗留**―配所に赴かないこと。**私還及逃亡**―私還は許可なく帰還すること。その追捕については→捕亡1。私還および逃亡は同伴する妻妾の場合にも適用される。

12 〔配三流条〕三等の流罪に関する規定。**三流**―京城からの遠近により三等に分かつ。唐令では流配の里数により三等に分つ。→名例補4。

13 〔流移人条〕流移人の発遣に関する規定。→補13。**符至**―流移を決定した太政官符が流移人を裁判した刑部省ないし諸国へ下される。罪人の身柄は刑部省ないし諸国に収監されている。**季別一遣**―四季別に一度にまとめて罪人を送り出す。**季末**―四季の末月。**下配処**―義解によれば、罪人を刑部省から送り出す時は太政官から専使を派遣して領送する。**元送処**―罪人を送り出した刑部省ないし諸国。**已役日月**―妻子の到着を待つ間、出発地で使役させられた日数。**聴折**―出発地で使役させられた日数と配所でのそれとを相殺することを認める。

14 〔逓送条〕罪人を移動する時に関する規定。→補14。**軍団大毅**―死囚の移動には専使が置かれるが、それとは別に軍団大毅(職員79)も護送に当る。**余**―死刑囚以外の罪人。**禁固**―散禁(獄令39)の対で、刑具をつける。**少毅**→職員79。**明相付領**―罪人の授受にまちがいのないようにする。

臨時処分。

凡そ流移の人、路に在らば、皆逓に程粮給へ。粮請けむ毎に停まり留まること、二日に過すこと得ず。其れ伝馬給不は、臨時に処分せよ。

16　凡流移人。至二配所一付領訖。仍勘二*本所発遣日月及到日一。准二計*行程一。若*領送使人。*在レ路稽留。不レ依二程限一。*領処官司。随レ事*推断。仍以レ状申二太政官一。

凡そ流移の人、配所に至りて付け領け訖りなば、仍りて本所の発て遣る日月及び到らむ日を勘へて、行程を准へ計へよ。若し領送の使の人、路に在りて稽留して、程の限に依らずは、領けむ処の官司、事に随ひて推断せよ。仍りて状を以て太政官に申せ。

17　凡流移人。*移人。謂。本犯除名者。至二配所一。六載以後聴レ*仕。其犯二*反逆縁坐流一。及因二*反逆一免レ死配流。*不レ在二此例一。即本犯不レ応レ流。而特配流者。三載以後聴レ仕。*有レ蔭者。各依二本犯収叙法一。其解二見任一。及非二除名移郷一者。年限准二*考解例一。

凡そ流移の人は、移人といふは、謂はく、本犯除名する者をいふ。配所に至りて、六載の以後、仕ふること聴せ。其れ反逆の縁坐流犯せらむ、及び反逆に因りて死を免して配流せむは、此の例に在らず。即ち本犯流すべからざらむ、而るを特に配流せむは、三載の以後、仕ふること聴せ。蔭有らば、各本犯の収叙の法に依れ。其れ見任解けむ、及び除名の移郷に非ずは、年限は考解の例に准へよ。

18　凡犯レ徒応レ配二*居役一者。畿内送二京師一。在外供二*当処官役一。其*犯レ流応レ住二居作一

15 〔在路条〕流移の人に路次で支給する食料と伝馬に関する規定。

逓給程粮—路次の国が食料を支給する。実例が正倉院文書にある。**伝馬**→厩牧16。

16 〔至配所条〕流移人を護送する人が稽留した場合の規定。

本所発遣日月—刑部省ないし諸国から罪人が配所へ送り出される時、出発の月日を記載した書類が一緒に配所を管轄する国へ送られる(獄令13)。**行程**—一日の旅程は公定されている。→公式88。諸国への行程は延喜主計式に見える。**領送使人**—罪人を送り届ける官人。諸国から罪人を送り出す時は国衙官人、刑部省から送り出す時は太政官から専使が派遣される(獄令13)。**在路稽留**—義解に「無レ故稽留也」とある。→補16。**領処官司**—流移人を受領する官司。**推断**—罪に問い裁判を行う。律令の原則では、職制40により、使人が出先の官司で罪に問われて裁判を受けることはないが、本条はその例外規定。

17 〔六載条〕流移に処せられた人の任官ないし叙位に関する規定。

移人謂本犯除名者—本犯除名で赦に会い移郷に処せられた人。除名については→名例18。移郷については→賊盗18。**仕**—仕官すること。本貫地と京師とを問わない。ただし義解では、賊盗15に規定された造畜蠱毒を犯した人は許さないとする。**反逆縁坐流**→賊盗1。**反逆**—謀反・謀大逆。→名例6。**不在此例**—応天門の変で大逆を犯し、死刑を免され配流となった伴中庸は六年後に至っても出仕を許されていない(三代実録、元慶五年七月十三日条)。**有蔭者各依本犯収叙法**—父祖の蔭と除名収叙

者。亦准レ此。婦人配ニ*縫作及*舂一。

凡そ徒を犯して居役に配すべくは、畿内は京師に送れ。在外は当処の官役に供せよ。其れ流犯して居作に住すべくは、亦此に准へよ。婦人は縫ひ作り、及び舂くに配てよ。

19　凡流徒罪*居作者。皆*着ニ鈦若盤枷一。有レ病聴レ脱。不レ得レ着レ*巾。毎レ旬給ニ假一日一。不レ得レ出ニ*所レ役之院一。*患假者陪レ日。*役満逓ニ送*本属一。

凡そ流徒の罪居作せば、皆鈦若しくは盤枷着けよ。病有らば脱ぐこと聴せ。巾着せしむること得じ。旬毎に假一日給へ。役する所の院より出すこと得じ。患の假は日陪てよ。役満ちなば本属に逓送せよ。

20　凡徒流囚*在レ役者。囚一人両人*防援。在京者。取ニ*物部及*衛士一充。一分物部。三分衛士。在外者。取ニ当処兵士一。*分番防守。

凡そ徒流の囚役に在らば、囚一人に両人防援せよ。在京は、物部及び衛士を取りて充てよ。一分は物部、三分は衛士。在外は、当処の兵士を取りて、分番して防き守らしめよ。

21　凡流移囚。*在レ路有ニ*婦人産一者。并家口*給ニ假廿日一。*家女及婢給ニ假七日一。*若身及家口遇レ患。或津済水長。不レ得レ行者。並経ニ随近国司一。毎レ日検行。堪レ進即遣。*若患者。伴多不レ可ニ*停待一者。所レ送使人。分明付ニ属随近国郡一。*依レ法将養。待レ損即*遣ニ逓送一。*若祖父母々々喪者。給ニ假十日一。家口有レ死者。三日。家人奴婢者。一日。

の蔭。→名例21。選叙37を適用。選叙30による出身の場合も含み、いずれかの高位による。**准考解例**—一年後には仕官を許す。→考課58。

18　〔犯徒応配居役者条〕徒流囚の就役に関する規定。

居役—役使すること。囚獄式に「凡徒役人者、令下作ニ路橋一及役中雑事上、又司毎ニ六日一将ニ囚人等一、使下掃ニ除宮城四面一、其雨後且亦掃中清宮内穢汚幷厠溝等上」とある。**当処官役**—それぞれの国で雑務に服役させる。**犯流応住居作者**—流刑囚は配所で一年の役務に服さねばならない。加役流の場合は三年の役務に服す。→名例24。**縫作**—裁縫。**舂**—脱穀精米作業。→田令2注。

19　〔流徒罪条〕就役している流徒囚の管理に関する規定。

居作→獄令18。**着鈦若盤枷**—鈦は鉄製のくびかせ、盤枷は木製のくびかせ。→補19。**巾**—頭巾。**所役之院**—役務に従事している区域。**患假者陪日**—病気で休暇をとった時はその分だけあとで服役する。義解によれば、患假以外の喪假・旬假の場合はその必要はない。**役満**—徒の場合、服役すべき日数を満たすこと。→名例24。**本属**→戸令12注。

20　〔徒流囚条〕就役している徒流囚の警備に関する規定。

在役—服役していること。**防援**→補20。**物部**→職員32 59 67。**衛士**—衛門府と左右衛士府に置かれている。→軍防補12a。**分番防守**—番をなして交互に服役囚の警備に当る。

21　〔婦人産条〕流移囚ないしその同伴者が配所へ赴く途中で出産・病気・増水による渡河の不能および祖父母父母の喪に遭遇した

凡そ流移の囚、路に在りて婦人産せること有らば、并せて家口に假廿日給へ。家女及び婢には假七日給ふ。若し身及び家口患に遇へらむ、或いは津済水長つて、行くこと得ずは、並に随近の国司に経れて、日毎に検行せしめよ。進むに堪へたらば即ち遣れ。若し患せる者、伴多くして停め待つべからずは、送らむ所の使の人、分明に随近の国郡に付け属けよ。法に依りて将養せしめよ。損えむを待ちて即ち逓送せしめよ。若し祖父母父母喪しなば、假十日給へ。家口死にたること有らば、三日。家人奴婢は、一日。

22 凡流移人。未レ達二前所一*。而祖父母々々在レ郷喪者*。当処*給二假三日一発哀*。其徒流在レ役[1]*而父母喪者。給二假五十日一*挙哀。祖父母喪承レ重者亦同*。二等親七日*。並不レ給レ程*。

凡そ流移の人、前所に達せずして、祖父母父母郷に在つて喪しなば、当処にして假三日給ひて発哀せしめよ。其れ徒流役に在りて父母喪しなば、假五十日給ひて挙哀せしめよ。祖父母喪して重承けたらむ者も亦同じ。二等の親は七日。並に程給はず。

23 凡婦人在レ禁*。臨二産月一者。責レ保聴レ出*。死罪産後満二廿日一。流罪以下*。産後満二卅日一。並即追禁*。不レ給レ程*。

凡そ婦人禁に在り、産月に臨みなば、保を責ふて出すこと聴せ。死罪は産の後廿日に満ち、流罪以下、産の後卅日に満ちなば、並に即ち追ひて禁せよ。程給はず。

24 凡婦人。犯二死罪一産レ子。無二家口一者*。付二近親一収養。無二近親一付二四隣一*。有下欲*二養為レ子者上。雖二異姓一皆聴之。

場合に関する規定。獄囚への喪假→獄令48。

在路―配所へ赴く途中。**婦人産**―婦人の流移囚が出産した場合。流移人が同伴する妻妾ないし従者が出産した場合も同一の措置をとる(義解)。ただし良人に限る。**給假廿日**―同行者すべてに休暇が与えられる。**家女及婢**―女の家人ないし婢が出産した場合。**身及家口**―流移囚自身と同伴者。良賤を問わない。**若患者伴多不可停待者**―病患者が多数の場合は全流移囚とその同伴者が留滞するが、少数の場合は病患者のみを残して他は出発する(義解)。**依法将養**―獄令54により医薬を給す。**遣逓送**―この場合は専使を付けることなく路次の軍団の軍毅が交互に逓送する。専使については→獄令13。**若祖父母父母喪者**―流移囚に同伴して配所へ赴く路次で死亡した場合。同伴していない場合は→獄令22。義解では婦人囚の夫も祖父母父母に準ずるとする。

22 〔流移人条〕配流の途上ないし服役している流移囚ないし徒囚の祖父母父母ないし二等の親属が死亡した場合の給暇に関する規定。→補22。課丁ないし役丁が父母の喪にあった場合は→賦役21 28。

前所―配所。**在郷**―流移囚が同伴していない場合。同伴している場合は→獄令21。**当処**―流移囚の現在地。**発哀**―挙哀(假寧7)に同じ。**父母喪者**―在郷と同伴とを問わない。**給假五十日挙哀**―ただし侍すべき老疾の祖父母父母をもつ場合は→名例26。侍については→戸令11。**承重者**→継嗣3。**二等親**→儀制25。**不給程**―義解によれば、禁所を出ることを許さない。従って父母の喪葬に立会うことも許されない。ただし法意は、假五十日を給うのみで、特別に往還所要日数を与えないの意か。

23　〔婦人在禁条〕女囚の出産時における仮釈放に関する規定。

婦人在禁―収監されている女囚。ただし良身分の場合。義解では獄令21から類推して女の家人ないし婢の場合には暇七日を支給すると注釈。→補23a。**責保**→公式78。**流罪以下**→補23b。**追禁**―再び禁所に収監する。**不給程**→獄令22注。

24　〔犯死罪条〕死刑囚が出産した子の養育に関する規定。

家口―同籍の人で、義解によれば家人・奴婢も含む。**四隣**→戸令補9a。**欲養為子者雖異姓皆聴之**―養子とし得るのは、原則として、戸令12の規定により四等以上の親属にして昭穆に合う者だが、本条はその例外規定。義解によれば、この場合、近親間の養子関係と異なり養親の蔭にあずかることはできず、また同一身分内においてのみ養子縁組をすることができる。

25　〔公坐相連条〕官人が公罪で連坐して名例40を適用する時の長官・次官・判官および主典の定義に関する規定。→補25。

公坐相連―官人による公罪が発生した場合、直接の帰責者を首として同一官司内の四等官はそれぞれ連坐する。→名例40。**右大臣以上**→職員2。**卿**―省の長官。**諸司長**―台・府・職・寮・司などの長官。**大納言**→職員2。**少輔**―省の次官。律令官司の次官で職掌は長に同じく惣判。→職員1。**弐**―助ける意。次官。**少納言**→職員2。**左右弁**―左右の大中少弁。→職員2。**糺判**―判官の掌。→職員1注。**勘署**―主典の掌。→職員1注。

凡そ婦人、死罪を犯して子産めらむ、家口無くは、近親に付けて収養せしめよ。近親無くは四隣に付けよ。養つて子と為むと欲ふ者有らば、異姓なりと雖も、皆聴せ。

25　凡*公坐相連。*右大臣以上。及八省*卿。*諸司長。並為㆓長官㆒。*大納言。及*少輔以上。諸司*弐。皆為㆓次官㆒。*少納言。*左右弁。及諸司*糺判。皆為㆓判官㆒。諸司*勘署。皆為㆓主典㆒。

凡そ公坐相連せむは、右大臣以上、及び八省の卿、諸司の長をば、並に長官と為よ。大納言、及び少輔以上、諸司の弐をば、皆次官と為よ。少納言、左右弁、及び諸司の糺判をば、皆判官と為よ。諸司の勘署をば、皆主典と為よ。

26　凡因㆓*父祖官蔭㆒。出身得レ位。父祖犯㆓*除名罪㆒者。子孫不レ在㆓追限㆒。若子孫復除名者。*後叙之日。即従㆓無蔭法㆒。其父祖因レ犯降叙者。亦従㆓後蔭㆒叙。

凡そ父祖の官蔭に因つて、出身して位得たらむ、父祖除名の罪犯せらば、子孫は追する限に在らず。若し子孫復除名せば、後叙の日に、即ち無蔭の法に従へよ。其れ父祖犯に因りて降して叙せば、亦後蔭に従へて叙せよ。

27　凡官人。因レ犯*移配。及別勅解㆓見任㆒。若本罪*不レ合㆓除免及官当㆒者。*位記各*不レ在㆓追例㆒。

凡そ官人、犯に因りて移配せむ、及び別勅に見任解かむ、若しくは本罪除免及び官当すべからずは、位記は各追する例に在らず。

28　凡犯レ罪応㆓除免及官当㆒者。*奏報之日。除名者。位記悉毀。官当。及免官。免

所居官者。唯毀ニ*見当免。及*降至者位記一。降所不至者。不レ在ニ追限一。応レ毀者。並*送ニ太政官一毀。*式部案*注ニ毀字一。以ニ太政官印一。々ニ毀字上一。

凡そ罪を犯して除免及び官当すべくは、奏報の日に、除名は、位記悉くに毀れ。官当、及び免官、免所居官は、唯し見に当免及び降至する者の位記を毀れ。降所不至は、追する限に在らず。毀るべくは、並に太政官に送りて毀れ。式部の案に毀の字注せ。太政官の印を以て、毀の字の上に印せよ。

29 凡犯レ罪応ニ除免官当一者。不レ得ニ*釐レ事及*朝会一。其被ニ*勅推一。雖レ*非ニ官当除免一。及入レ内供奉一。徒以上不レ得レ入レ内。其三位以上。非ニ*解官以上一者。仍聴ニ釐レ事朝会。

凡そ罪を犯して除免官当すべくは、事釐め、及び朝会すること得じ。其れ勅に推はれなば、官当除免に非ずと雖も、徒以上は内に入ること得じ。其れ三位以上、解官以上に非ずは、仍ち事釐め、朝会し、及び内に入りて供奉すること聴せ。

30 凡*犯レ罪事発。有ニ贓状露験一者。雖ニ*徒伴未レ尽。見獲者。先*依レ状断之。自外従レ後追究。

凡そ罪を犯して事発れらむ、贓状露験なること有らば、徒伴尽きずと雖も、見に獲たる者、先づ状に依りて断せよ。自外は、後より追究せよ。

31 凡*犯レ罪未レ発。及*已発*未ニ断決一。逢レ※格改者。若格重。聴レ依ニ犯時一。若格軽。聴レ従ニ軽法一。

26 〔父祖官蔭条〕 父祖の蔭によって出身した者に対する父祖の犯罪の及ぼす影響に関する規定。**父祖官蔭出身得位**→選叙38。**除名罪**→名例18。**後叙之日**→名例21。

27 〔因犯移配条〕 官人が罪を犯した場合で位階を剝奪されない場合の規定。**移配**―義解に「避レ讐移郷也」。→賊盗18。**除免及官当**→名例17〜20。**位記**→公式16〜18。**不在追例**―位記を剝奪しない。現任を解かれた者が再出仕を許される年限は→獄令17。

28 〔応除免条〕 除免官当の処分を受けた官人の位記の棄毀に関する規定。**奏報之日**―天皇に奏上するとともに、はじめに任授した官司へ解免した官司から連絡する。→公式84。**見当免**―見当と見免。官当で返上する官位が見当。免官ないし免所居官を犯して剝奪される官位が見免。→名例17。**降至者位記**→補28a。→名例21。**送太政官毀**→補28b。**式部案**―式部省(職員13)に保存されている位記の写し。**注毀字**―義解に「令下ニ元授司一乃注中毀字上」とある。→公式84。元授司には中務・式部・兵部三省が該当する。

29 〔除免官当条〕 犯罪を犯した官人が執務ないし朝会に出席できるか否かに関する規定。**釐事**―執務すること。**朝会**→後宮15。**勅推**―勅命による特別裁判を受けること。**非官当除免徒以上**―官当除免→名例17〜20。義解は無官の時犯罪を犯し官に就いた後に発覚した流罪以下(名例16)をあげる。この場合官当除免とならず贖を適用される。また義解によれば、正刑を科さない過失・疑罪もまた本条の制限外。**解官以上**―雑犯による解官については↓考課58。

30 〔犯罪事発条〕共犯者の一部が逮捕された場合の処置に関する規定。
犯罪事発↓獄令1。**徒伴未尽**―共犯者の逮捕が完了していない段階。**依状断之**―犯状により裁判を行う。名例44を適用。

31 〔犯罪未発条〕犯罪の発生した時点と裁判の段階において現行法に異同がある場合に関する規定。
犯罪未発―犯罪は発生したが発覚していない段階。**已発**―発覚すること。**未断決**―判決が下されていない段階。**逢格改者**―格により現行法を改正する。

32 〔告言人罪条〕謀叛以上にあらざる犯罪の告言に関する規定。↓補32ab。
告言―告訴と告発の総称。**謀叛以上**↓名例6。**三審**―告言について三度にわたり真実か否かを告言者について調べる。**応受辞牒官司**―告言を受けた官司の判官以上。**暁示虚得反坐之状**―虚偽の告言をした場合は反坐に処せられることを告言人にはっきりと告げる。**毎審皆別日**―初審は文書により告言をなし、次回以降は口頭をもって行い終了後初審の時の文書の末尾に記録する。**有急速之類**―義解では「盗決二堤坊一、及欲下放二水火一以焼中漂人家上之類、事情急速、応二追捕一者、皆是」とする。**前人**―被告。**告人亦禁**―告言者も被告と同様に身柄を拘束する。ただし義解によれば、四隣五保の人を告言する場合は誣告の可能性が少ないので告言者を拘禁しない。**弁定放之**―取調べを終えた上で釈放する。弁定については↓補38。

凡そ罪を犯して発らず、及び已に発つて断決せずして、格に逢つて改めたらば、若し格重くは、犯いし時に依ること聴せ。若し格軽からば、軽き法に従ふこと聴せ。

32 凡*告二言人罪一。非二*謀叛以上一者。皆令二*三審一。*応レ受二辞牒一官司。並具*暁下示虚得二反坐一之状上。*毎レ審皆別レ日。受レ辞官人。於二審後一署記。審訖。然後推断。若事有二切害一者。不レ在二此例一。切害。謂。殺人。賊盗。逃亡。若強二姧良人一。及*有二急速一之類。其*前人合レ禁。*告人亦禁。*弁定放之。

凡そ人の罪を告言せむ、謀叛以上に非ずは、皆三審せしめよ。辞牒受くべき官司、並に具に、虚ならば反坐得むといふ状暁し示せ。審毎に皆日別にせよ。辞受けむ官人、審の後に署記せよ。審訖りなば、然うして後に推断せよ。若し事切害有らば、此の例に在らず。切害といふは、謂はく、殺人し、賊盗し、逃亡し、若しくは良人を強姧し、及び急速有る類をいふ。其れ前人禁すべくは、告人も亦禁せよ。弁定して放せ。

33 凡*告レ密人。皆経二当処長官一告。*長官有レ事。*経二次官一告。若長官次官倶有レ密者。任経二比界一論告。受レ告官司。*准レ法示語。確言レ有レ実。即禁レ身拠レ状検校。若須二掩捕一者。即掩捕。*応下与二余国一相知上者。所在国司。准レ状収掩。事当二謀叛以上一。*雖二検校一。仍馳駅奏聞。*指二斥乗輿一。及*妖言惑レ衆者。検校訖摠奏。*承レ告掩捕者。若無二別状一。不レ須二別奏一。其有丁雖レ称二告密一。示語*確不レ肯レ道[1]。仍云丙事須乙*面奏甲者。受レ告官司。更分明示三語虚得二*無密反坐之罪一。又不レ肯レ道[2]二事状一者。禁レ身馳駅奏聞。若直称二是謀叛以上一。*不レ吐二事状一者。*給レ駅差レ使。

33 〔告密条〕謀叛以上を告言する場合に関する規定。↓補33。

告密―密とは謀叛以上の犯罪。ただし例外として本条下文および闘訟39により指斥乗輿と妖言惑衆も告密の対象となる。**長官有事**―長官が密を犯した場合。本条のこの部分は国司の密の場合について条文が立てられている。**経次官告**―次官の置かれていない場合は隣国の国司へ告言する。**准法示語**―獄令32の場合に准じて受告の官人が告言人に誣告の時は反坐に処せられることを示す。ただし事意切急で日時を延滞すべきではないので、獄令32の場合と異なり、日を異にせず直ちに三審を行う。**応与余国相知者**―自国のみでは逮捕が不能な時。↓捕亡3。**雖検校仍馳駅奏聞**―告言人の取調べが完了しない段階で密の発生および犯人追捕のための兵士動員について馳駅で奏聞する。↓公式50。助力を求められて兵士を動員した隣国は発兵の状のみを奏聞する。↓捕亡3。**指斥乗輿**↓職制32。**妖言惑衆**↓賊盗21。これら二罪は情理切害(職制32)の場合にのみ密となる。いずれも緊急を要しないことから告言人の取調べが終了後奏聞する。**承告掩捕者若無別状不須別奏**―告密を受け捜査を開始して告言の内容と犯罪が一致している場合は、捜査開始とともに行なった馳駅奏聞のみで十分であるが、然らざる時は別奏する。**確不肯導**―密事とのみ告げて具体的な内容をいわない。**面奏**―天皇に直接奏上する。**無密反坐之罪**↓補33。**不吐事状者**―犯人の姓名および犯罪の内容について告げない。**給駅**↓公式42。**知而不告**―謀叛以上の発生を知った場合は密告の義務がある。**犯死罪囚及配流人告**

部領送レ京。若勘問不レ導ニ事状一。因失ニ事機一者。与ニ知*而不レ告同。其犯*ニ死罪一囚。及配流人。告レ蜜者。並不レ在ニ送限一。応ニ須検校及奏聞一者。准ニ前例一。

凡そ密告さむ人は、皆当処の長官に経れて告せよ。長官事有らば、次官に経れて告せよ。若し長官次官倶に密なること有らば、任に比界に経れて論告せよ。告受けむ官司、法に准へて示し語るに、確く実有りと言はば、即ち身を禁して、状に拠りて検校せよ。若し掩捕すべくは、即ち掩捕せよ。余の国と相ひ知るべくは、所在の国司、状に准へて収掩せよ。事謀叛以上に当れらば、検校すと雖も、仍し馳駅して奏聞せよ。乗輿を指斥せむ、及び妖言して衆惑はせらば、検校し訖つて摠べて奏せよ。告を承けて掩捕せらば、若し別状無くは、別奏すべからず。其れ告密称すと雖も、示し語るに確く導ひ肯へずして、仍りて事面り奏すべからむと云ふこと有らば、告受けむ官司、更に分明に、虚ならば無密反坐の罪得むと示し語れ。又事状導ひ肯へんぜば、身を禁して馳駅して奏聞せよ。若し直に是れ謀叛以上と称して、事状吐かずは、駅給ふて使を差し、部領して京に送れ。若し勘問するに事状導はずして、因つて事機失へらば、知りて告せざると同じ。其れ死罪犯せる囚、及び配流の人、蜜告せらば、並に送る限に在らず。検校し、及び奏聞すべくは、前の例に准へよ。

34 凡囚逮*ニ引人一。為ニ徒侶一者。皆審鞫ニ由状一。然後追摂。若追而雪*放。又更妄引。及囚在レ獄死者。年別具レ状。附ニ朝集使*一。申ニ太政官一按覆*。

凡そ囚、人を逮し引きて、徒侶と為らば、皆審らかに由状を鞫ひて、然うして後に追摂せよ。若し追して雪して放して、又更に妄りに引けらむ、及び囚、獄に在りて死なば、年別に状を具にして、朝集使に附けて、太政官に申して按覆せよ。

35 凡察獄之官*。先備二五聴*一。又験*二諸證信一。事状疑似。猶不レ首レ実者。然後拷掠*。毎レ訊相去廿日。若訊未レ畢。移二他司一。仍須二拷鞫一者。囚移二他司一者。連二写本案*一。倶移。則通二計前訊一。以充二三度一。即罪非二重害*一。及疑似*処少。不二必皆須レ満レ三。若囚因レ訊致レ死者。皆具申二当処長官一。在京者。与二弾正*一対験。

凡そ察獄の官は、先づ五聴備へよ。又諸の證信験へよ。事状疑はしく似りて、猶し実首さずは、然うして後に拷掠せよ。訊毎に相ひ去らむこと廿日。若し訊畢へずして、他司に移して、仍ち拷鞫すべくは、囚他司に移せらば、本案を連写して、倶に移せ。前の訊を通計して、以て三度に充てよ。即ち罪重害に非ざらむ、及び疑はしく似れらむ処少くは、必ずしも皆三に満つべからず。若し囚、訊に因りて死致せらば、皆具に当処の長官に申せ。在京は、弾正と与に対ふて験へよ。

36 凡訊レ囚。非二親訊司*一。不レ得下至二囚所一。聴中聞消息上。

凡そ囚訊はむ、親ら訊ふ司に非ずして、囚の所に至りて、消息聴き聞くこと得ず。

37 凡死罪雖二已奏報*一。猶訴二冤枉*一。事有レ可レ疑。須二推覆*一者。以レ状奏聞。遣レ使馳駅検校。

凡そ死罪已に奏報せりと雖も、猶し冤枉を訴して、事疑ふべきこと有らむ、推覆すべくは、状を以て奏聞せよ。使を遣りて馳駅して検校せよ。

蜜者—禁囚は自己に対する官人の虐待以外の告言はできないが、謀叛以上に関しては例外として告言できる。

34 〔囚逮引人条〕犯人が第三者を共犯であると主張した場合と、囚人が獄死した場合とに関する規定。

逮引人為徒侶者—第三者を共犯者であると主張すること。誣告罪となる。↓補34。**追而雪放**—無罪であることが判明したら釈放する。**朝集使**↓考課補61。**按覆**—太政官から使人を派遣して調べる。義解に「或令下二覆囚使一按覆上」とある。**覆囚使**↓補3。

35 〔察獄之官条〕刑事事件の審理に関する規定。↓補35a。

察獄之官—犯罪を審理する官人。検察と裁判とが未分離で、両者の機能を併有する。**五聴**—辞聴・色聴・気聴・耳聴・目聴からなる。↓補35b。**験諸證信**—証拠調べを行う。**拷掠**—拷問。訊も拷鞫も同じ。尋問には拷問を伴う。**本案**—被告の訊問調書。↓獄令38。**重害**—義解によれば、殺人・盗・水火損の類。**疑似処少**—重害の場合であっても嫌疑が少ない場合は含む。**弾正**↓職員58。官人の非違の取締りに当る。

36 〔非親訊司条〕被告への接見に関する規定。

親訊司—訊問を担当する官人。義解では例外として解部が判事の許可を得て接見し得るとする。解部・判事↓職員30。

37 〔冤枉条〕刑が確定した死刑囚の再審に関する規定。

已奏報—死刑に処すべきことを天皇に奏上し、刑が確定した段階。↓獄令2。**訴冤枉**—無実

38 凡問レ囚。辞定。訊司依レ口写。訖対レ囚読示。

凡そ囚問はむ、辞定まりなば、訊はむ司、口に依りて写せ。訖りなば囚に対うて読み示せ。

39 凡禁レ囚。死罪枷杻。婦女及流罪以下。去レ杻。其杖罪散禁。年八十。十歳。及癈疾。懐孕。侏儒之類。雖レ犯ニ死罪一。亦散禁。

凡そ囚禁せむこと、死罪は枷杻。婦女及び流罪以下は、杻去てよ。其れ杖罪は散禁。年八十、十歳、及び癈疾、懐孕、侏儒の類は、死罪犯せりと雖も、亦散禁。

40 凡犯レ罪応レ入ニ議請一者。皆申ニ太政官一。応レ議者。大納言以上。及刑部卿。大輔。少輔。判事。於レ官議定。雖レ非ニ六議一。但本罪応レ奏。処断有レ疑。及経レ断不レ伏者。亦衆議量定。雖レ非ニ此官司一。令ニ別勅参議一者。亦在ニ集限一。若意見有レ異者。人別因申ニ其議一。官断簡以レ状奏聞。

凡そ罪を犯し議請に入るべくは、皆太政官に申せ。議すべくは、大納言以上、及び刑部卿、大輔、少輔、判事、官に於きて議定せよ。六議に非ずと雖も、但し本罪奏すべからむ、処断疑はしきこと有り、及び断に経て伏さずは、亦衆議し量り定めよ。此の官司に非ずと雖も、別勅に参議せしめむは、亦集まる限に在り。若し意見異なること有らば、人別に因りて其の議申せ。官断簡して状を以て奏聞せよ。

41 凡諸司断レ事。悉依ニ律令正文一。主典検レ事。唯得レ検ニ出事状一。不レ得ニ輙言ニ与奪一。

であることを主張する。**推覆**—再審を行う。朱説に「問、凡諸罪皆取ニ罪人伏弁一所レ断、而何既奏報畢後、有ニ誰冤枉一乎何。答、依ニ官司屈勘一雖レ奉ニ伏弁一、尚其情不レ知レ之等類、凡如レ此枉断為耳」とある。

38 〔問囚条〕被告の訊問調書の作成に関する規定。↓補38。

辞定—訊問が終了すること。**依口写**—被告が口述する通りの供述書を作成する。

39 〔禁囚条〕獄囚を収監する時の刑具の有無に関する規定。↓補39。

枷杻—刑具。↓獄令19 63。**散禁**—義解に「不レ開ニ木索一、唯禁ニ其出入一也」とある。特別の刑具を付けることなく禁所に収容して出入の自由を奪う。万葉九四九に散禁の例が見える。**癈疾**↓戸令7。**侏儒**↓戸令7。

40 〔犯罪応入条〕議請の審議ないし特別な場合に開廷される太政官の特別裁判所に関する規定。

応入議請者↓名例8 9。**大納言以上**—大納言、左右大臣および太政大臣。中納言ないし参議制の成立以降はそれらも加わる。↓職員2。**刑部卿・大輔・少輔・判事**↓職員30。**本罪応奏**—刑部省および諸国で流以上ないし除免官当について裁判した場合。↓獄令2。**経断不伏者**—被告が刑部省ないし諸国の下した判断に伏さないとき。**衆議量定**—太政官での按覆(獄令2)に当る。**此官司**—本条に列挙されている太政官と刑部省の官人。**令別勅参議者亦在集限**↓補40。

41 〔諸司断事条〕判決文の作成手続に関する規定。

悉依律令正文↓補41。**主典検事**↓職員1注

凡そ諸司の事断せむことは、悉くに律令の正文に依れ。主典の事検へむことは、唯し事状検出すること得む。輙く与奪言ふこと得ず。

42 凡応二*議請減一者。犯二流以上一。若除免官当者。並*一肱禁。*二公坐流。私罪徒。並謂。非二官当一者。*三責レ保参対。其初位以上及*無位応レ贖。犯二徒以上及除免官当一者。*梏禁。公罪徒並*散禁。不レ脱レ巾。

凡そ議請減すべき者、流以上犯せらば、若しくは除免官当は、並に肱禁せよ。公坐の流、私罪の徒は、並に謂はく、官当に非ざる者をいふ。保責ふて参対せしめよ。其れ初位以上及び無位の贖すべき、徒以上及び除免官当犯せらば、梏禁。公罪の徒は、並に散禁。巾脱がず。

43 凡五位以上犯レ罪合レ禁。在京者。皆*先奏。若犯二死罪一。及在外者。先禁後奏。並*聴二別所坐一。*婦女有レ位[一]者亦同。若*五衛府志以上及*兵衛。犯レ罪須レ追者。並聴下*鞫レ獄官司。*経二本府一追掩上。*本府即奏執遣。其*主帥及*衛士者。本府即依二執送一。

凡そ五位以上罪を犯し禁すべくは、在京は、皆先づ奏せよ。若し死罪犯せらむ、及び在外は、先づ禁して後奏せよ。並に別所に坐ること聴せ。婦女の位有らむ者も亦同じ。若し五衛府の志以上及び兵衛、罪を犯して追すべくは、並に獄鞫はむ官司、本府に経れて追掩すること聴せ。本府即ち奏して執へて遣れ。其れ主帥及び衛士は、本府即ち執へて送るに依れ。

44 凡*奉レ使有レ所二掩摂[1]一。皆告二本部本司一。不レ得二侄即収捕一。若*急速*密者。*且捕獲。

「検出」。**不得輙言与奪**―事実調べはできるが判決の内容について論ずることはできない。

42 〔応議請減条〕 議請減ないし有官者の収監に関する規定。

議請減↓名例8～10。**肱禁**―両肱を縄縛した上で収監する。**公坐流私罪徒**―いずれも本犯が流、徒の者。**責保参対**―保証をとり身柄を拘束せず、在宅のままで訊問の時にのみ出頭させる。**無位応贖**―議請減の特権に与かる人の縁者ないし七十歳以上十六歳以下。↓名例11 14 30。**梏禁**―足かせを付けての拘禁。**散禁**↓獄令39。

43 〔五位以上条〕 五位以上の有位者と五衛府の志以上および兵衛・主帥・衛士の収監と追捕に関する規定。

先奏―身柄を拘禁する前に天皇へ奏上する。義解によれば現行犯の場合も同様とする。**聴別所坐**―他の罪囚と区別して監禁する。**婦女有位者**―婦人で五位以上の位階を帯びている人。**五衛府志**―志は衛府の主典。↓職員59 61 62。**兵衛**↓職員62。**鞫獄官司**―取調べに当る官司。**経本府**―犯罪を犯した五衛府官人ないし兵衛の所属する衛府に手配する。**本府即奏執遣**―本府で天皇に上奏した上で逮捕し、身柄を鞫獄の官司へ送る。ただし義解では唐令に准じて解釈を施し、上番して宿衛に入っている場合とし、下番の場合は主帥に准じて奏上を経ることなく直ちに本府で身柄を拘束して鞫獄の官司へ送るとする。**主帥**↓宮衛補14。**衛士**↓軍防補12a。

44 〔奉使条〕 犯人追捕に当る官人が必要とする手続に関する規定。↓捕亡3。

奉使有所掩摂―命を承けて犯人の追捕に向か

う時。→捕亡3・同補3a。**急速**—追捕に緊急を要する場合。→獄令32。**密**—謀叛以上の犯罪。→獄令33。**且捕獲**—被逮捕者の所属する本司に通報し公文を取る一方で直ちに逮捕にうつる。

45〔婦人在禁条〕女囚を収監する時は男夫と離すべきことに関する規定。

46〔当処長官条〕裁判の渋滞を防ぐための規定。

囚—本条では未決段階で収監されている人。原告と被告の双方からなる。→獄令32。**当処長官**—未決囚を収監している官司の長官。**其囚延引久禁不被推問**—裁判が遅れて長期に渉り禁獄されること。→補46。**支證未尽**—義解に「支證者、支挙也。猶レ云ニ挙證一也」とある。証拠が揃っていない時。**告一人数事**—原告が複数の犯罪について被告を告言した時。**被告人有数事者**—被告が複数の犯罪で告言された時。**重事得実軽事未畢**—重罪については結審し、軽罪について未了の時。**断決**—判決を下し刑を執行する。

47〔盗発条〕強窃盗事件および徒以上の囚について毎年太政官へ報告すべきことに関する規定。本条は諸国の場合について立法されている。

盗発—強窃盗事件が発生すること。犯人の逮捕の有無は問わない。未遂の場合でも強盗は賊盗34により徒以上に当るので本条の対象となる。**本犯**—閏刑・恩赦その他の刑の減免処分を受けない以前の罪。**朝集使**→考課補61。**申太政官**—獄令3「国断罪応申覆者」に対応。

48〔犯死罪条〕禁獄されている囚人に対する喪による給暇に関する規定。

取ニ本司公文一発遣。

凡そ使を奉りて掩摂する所有らば、皆本部本司に告せ。佂に即ち収捕すること得じ。若し急速密ならば、且捕へ獲たらば、本司の公文を取りて発て遣れ。

45 凡婦人在レ禁。皆与ニ男夫一別レ所。

凡そ婦人禁に在らば、皆男夫と所別にせよ。

46 凡*囚。*当処長官。十五日一検行。無ニ長官一次官検行。*其囚延引。久禁。不レ被ニ推問一。若事[1]状可レ知。雖ニ*支證未レ尽。或*告ニ一人数事一。及[2]*被レ告人有ニ数事一者。*重事得レ実。軽事未レ畢。如レ此之徒。検行官司。並即*断決。

凡そ囚は、当処の長官、十五日に一たび検行せよ。長官無くは次官検行せよ。其れ囚延び引き、久しく禁して、推問せられざらむ、若し事状知りぬべくは、支證尽きずと雖も、或いは一人を数の事に告せむ、及び告せられたる人数の事有らば、重事実得む、軽事未だ畢へざらむ、此の如き徒は、検行の官司、並に即ち断決せよ。

47 凡盗*発。及徒以上囚。各依ニ本*犯一。具録ニ発及断日月一。年別摠レ帳。附ニ朝集*使一。*申ニ太政官一。

凡そ盗発れらむ、及び徒以上の囚をば、各本犯に依りて、具に発り及び断せし日月を録して、年別に帳を摠べて、朝集使に附けて、太政官に申せ。

48 凡犯ニ死罪一在レ禁。非ニ悪逆*以上一。遭ニ父母*喪一。婦人夫喪。及祖父母喪承*レ重者。皆給ニ假七日一*発哀。流*徒罪廿日。悉*不レ給レ程。

凡そ死罪を犯して禁に在らむ、悪逆以上に非ずして、父母の喪に遭ひ、婦人夫の喪し、及び祖父母の喪して重承けむ者は、皆假七日給ひて発哀せしめよ。流徒の罪に廿日。悉くに程給はず。

49 凡鞫レ獄官司。与二被レ鞫人一。有二五等*内親一。及三等以上婚姻之家。并受*レ業師。及有二讐嫌一者。皆聴二換*推一。経レ為二帳*内資人一。於二本主一亦同。

凡そ獄鞫はむ官司、鞫はるる人と、五等の内親なること有らむ、及び三等以上の婚姻の家、并せて業受くる師、及び讐嫌むこと有らば、皆換へて推ふこと聴せ。帳内資人と為るに経たらば、本主に於きて亦同じ。

50 凡犯レ罪。須レ験二位記*一。若位記失落。或在レ遠者。皆験レ案*。

凡そ罪犯して、位記験ふべからむ、若し位記失落し、或いは遠きに在らば、皆案を験へよ。

51 凡国有二疑*獄一。不レ決者。讞*二刑部省一。若刑部仍疑。申二太政官一。

凡そ国に疑はしき獄有りて、決せずは、刑部省に讞せよ。若し刑部仍し疑はしくは、太政官に申せ。

52 凡贖*二死刑一。限*二八十日一。流六十日。徒五十日。杖卌日。笞卅日。若無レ故過レ限不レ輸者。会*レ赦不レ免。雖レ有二被訴*一。抝*レ理不レ移二前断一者。亦不レ在二免限一。若応*レ徴二官物一者。准レ直。五十端以上一百日。卅端以上五十日。廿端以上卌日。不レ満二廿端一以下廿日。若欠二負官物一。応レ徴二正*贓及贖物一。無レ財二以備一者。官*

悪逆以上→名例6。**父母喪**—養父母の時は祖父母に准じる(假寧3)。**承重者**→継嗣3。**発哀**—挙哀(假寧7)に同じ。**流徒罪廿日**—役務に服している時は五十日(獄令22)。本条は未だ服役していない場合で、未決囚または流配を待つ流人が該当する。義解では収監されている未決の笞杖罪囚ないし僧尼も同様の扱いとする。**不給程**→獄令22。

49 〔鞫獄官司条〕鞫獄の官人と被告とが特別な関係にある時の忌避に関する規定。
五等内親及三等以上婚姻之家→補49。親等の数え方については→儀制25。**受業師**—義解に「文不レ称二見受レ業師一、即不レ問二官学私学一、先経レ受レ業、顧有二宿恩一皆是」とある。**聴換推**—鞫獄に当る官人を忌避することができる。**帳内資人**→軍防48。

50 〔検位記条〕犯人の位記を調べる時に、位記が紛失ないし遠隔地にある場合に関する規定。
位記→公式16〜18。**案**—写し。式部省に保存。

51 〔有疑獄条〕疑獄の場合に関する規定。
疑獄—義解に「獄有レ所レ疑、処断難レ明者也」とある。判決の下し難い場合。**讞刑部省**—刑部省へ移送し罪を議す。

52 〔贖死刑条〕贖銅の納入と、官物を損失した場合の賠償の期限および未納の場合に関する規定。↓補52。
贖死刑→名例5。**限八十日**—義解では「入レ公入レ私、並同二此法一、其一人更犯二数罪一者、亦各立レ限、仮如、二犯二流罪一者、惣限二百廿日一之類也」とする。**会赦不免**—義解では別勅処分にあらざる時は非常赦の場合でも免除しないとする。**被訴**—控訴。**抝理不移前断者亦不**

在免限—控訴審の判決が下級審の判決を変更しない場合は、控訴過程で日限を過ぎると恩赦に会っても免除しない。**応徴官物**—官有物に損害を被った官司が賠償を徴収するとき。**正贓**↓名例33。**官役折庸**—義解に「役レ力受レ直曰レ庸」とある。官で債務者を役使してその労働と相殺する。**限止五年**—官に入れる場合。私人に入れる場合は、雑令19により相殺が完了するまで折庸する。**二尺六寸**↓賦役4。

53 〔給席薦条〕獄囚に敷物を支給すべきことと紙墨兵刃杵棒の類の差入れ禁止規定。**席薦**—敷物。**兵刃杵棒**—武器刃物の類。囚獄式に「凡縁下看二侍獄囚一及餉中衣食上家人入二禁所一者、捜下監錐刀及他物以堪二自害一、幷文書筆墨等類上」とある。↓補53。

54 〔有疾病条〕獄囚が病気ないし死亡した場合に関する規定。↓補54。**主守**—獄囚を看守している官人。囚獄司の場合でいえば物部が当る。物部↓職員32。**給医薬**↓獄令55。**枷杻**—刑具。くびかせとあしかせ。↓獄令19 63。**有他故者**—義解に「非レ法窮死、及令二自死一之類」とある。

55 〔応給衣粮条〕獄囚への給与物と獄舎の修理に必要な財源に関する規定。**衣粮**—衣食。**薦席**—敷物。**医薬**—義解に「以二贓贖物一、雇二里中医一令レ療也、官不レ給レ医」とあり、官の医師が診察するのではなく外部の医師を雇って療治する。**以贓贖等物充**—贓贖物は罪人が官へ納入した贓物ないし贖物。↓名例33。中央では贓贖司(職員31)が収納する。義解によれば、闌遺物も財源にあてられる。闌遺物については↓捕亡15。刑部式に「凡獄囚応レ給衣粮、薦席、医薬、及修二理獄舎一之類、

役折レ庸。其物雖レ多。限止*二五年一。一人一日。折*二布二尺六寸一。

凡そ死刑贖せむことは、八十日を限れ。流は六十日、徒は五十日、杖は卅日、笞は卅日。若し故無くして限過ぐるまでに輸さずは、赦に会へりとも免さず。被訴すること有りと雖も、理に拠るに前の断に移らずは、亦免す限に在らず。若し官物徴るべくは、直に准へよ。五十端以上ならむに一百日、卅端以上に五十日、廿端以上に卅日、廿端に満たざるより以下に廿日。若し官物を欠負して、正贓及び贖物徴るべからむ、以て備ふるに財無くは、官、役し庸折げ。其の物多しと雖も、限五年に止めむ。一人の一日に、布二尺六寸折げ。

53 凡獄。皆給二*席薦一。其紙筆及兵刃*。杵棒之類。並不レ得レ入。

凡そ獄には、皆席、薦給へ。其れ紙、筆、及び兵刃、杵棒の類、並に入るること得じ。

54 凡獄囚有二疾病一者。主守*申牒。判官以下。親験二知実一。給*二医薬一救療。病重者。脱二去*枷杻一。仍聴二家内一人。入レ禁看侍一。其有レ死者。亦即同検。若有二*他故一者。随レ状推科。

凡そ獄囚疾病有らば、主守申牒せよ。判官以下、親ら実を験知して、医薬給ひて救ひ療せ。病重くは、枷杻脱ぎ去てよ。仍りて家内の一人、禁に入りて看侍ふこと聴せ。其れ死ぬること有らば、亦即ち同じく検へよ。若し他の故有らば、状に随ひて推科せよ。

55 凡獄囚応レ給二*衣粮一。*薦席。*医薬一。及修二理獄舎一之類。皆*以二贓贖等物一充。無則用二官物一。

凡そ獄囚に、衣粮、薦、席、医薬給ふべからむ、及び獄舎修理せむ類は、皆贓贖等の物を以て充てよ。無くは官物を用ゐよ。

56 凡*流人。至二配所一居作者。並給二官粮一。加役流准レ此。若*留住居作。及徒役者。並食二私粮一。即家貧不レ能二全備一者。*二等以上親。代備二五十日粮一。随レ尽公給。若去レ家懸遠。絶レ餉。及家人未レ知者。官給二衣粮一。家人至日。*依レ数徴納。其*見囚絶レ餉者。亦准レ此。

凡そ流人、配所に至りて居作せば、並に官粮給へ。加役流も此に准へよ。若し留住して居作せむ、及び徒役せば、並に私の粮食め。即ち家貧しくして、全く備ふるに能はずは、二等以上の親、代る五十日の粮備へよ。尽きしに随ひて公給へ。若し家を去ること懸に遠くして、餉るに絶えたらむ、及び家人の知らずは、官、衣粮給へ。家人の至らむ日に、数に依りて徴り納めよ。其れ見囚餉るに絶えたらむは、亦此に准へよ。

57 凡*在京繫囚。及*徒役之処。恒令二*弾正*月別巡行一。有二安置役使不如法一者。随レ事糺弾。

凡そ在京の繫囚、及び徒役の処には、恒に弾正をして月別に巡行せしめよ。安置し役使すること不如法なること有らば、事に随ひて糺し弾せ。

用二贓贖物一者、申レ官聴レ裁、然後給之、在レ外者先用後申」とあり、また「凡諸国申送流移人及家口未レ発遣一間、固禁二獄中一、其粮以二贓贖物一給之〈人別日米一升、塩一勺〉」とある。

56 〔至配所条〕流囚への衣食支給に関する規定。↓補56。

流人至配所居作者—遠中近三流ともに配所で一年間服役する。加役流の場合は三年。↓名例24。**留住居作及徒役者**—雑戸・陵戸が流を犯した場合ないし流囚が再度流罪を犯した場合。↓名例27 28。**二等以上親**—親等の数え方↓儀制25。**依数徴納**—官から支給した分を家人から徴収する。ただし義解によれば貧家にして徴収不能の時は免除。**見囚絶餉者**—義解に「在レ禁未レ断、及断訖未レ配之類」。

57 〔在京繫囚条〕在京の囚徒に対する弾正の巡行に関する規定。

在京繫囚—京城内で禁獄されている獄囚。囚獄司がつかさどる。後に検非違使。**徒役之処**—徒囚が就役している所。↓獄令18。**弾正**↓職員58。**月別巡行**—弾正式に「凡台官等、検二校獄中非違一〈謂下杖笞大小、安二置罪人一、及給二薦席薬一、合レ法以不之類也上〉」とある。

58 〔犯罪条〕赦降を経たのち別勅で犯罪の審理ないし弁償物の徴収を指示された場合に関する規定。

欠損官物↓倉庫12。**別勅遣推徴者**—別勅で犯罪の審理ないし損失分の徴収を指示されたとき。**依赦降例執聞**—義解に「録二会レ赦状一奏聞也」とある。

59 〔放賤為家人条〕放賤により官戸・家人となった奴婢が逃亡した場合に関する規定。

放賤—奴婢身分から解放する。↓戸令39。**家**

人→戸令23。**官戸**→戸令38。**追充賤**—奴婢身分にもどす。ただし義解によれば放賤後生まれた子を奴婢身分にすることはしない。

60 〔資財入官条〕賊盗1謀反条により没収された資財の返還に関する規定。

犯罪資財入官者—謀反大逆を犯すと資財を没収される。→賊盗1。**縁坐得免**—賊盗1により年八十歳以上ないし篤疾者は免除される。別勅により縁坐を許された人も含む。**依律不坐**—賊盗2では「雖二同居一非二縁坐一及縁坐人子応レ免レ流者」とする。縁坐人の子とは犯人の兄弟の子。**各計分法還之**—謀反ないし真大逆の犯人ないしその縁坐の人と縁坐を免れた人とが分財せず同財の場合は、一旦すべての資財が没官され、ついで縁坐しなかった者にその一部が返還される。返還する時の準則が分法で、戸令23を適用。→賊盗2。**物見在者亦還之**—没官した財物が現在している時。分法に従って分配が完了している時は返還の限りでない。**本罪不合縁坐**—縁坐規定のない犯罪。謀反ないし大逆以外で、従って資財を没官されることもない。**別勅破家**—別勅処分により資財田宅を没収する。**罪止及一房**—犯人の所属する房(房戸)にのみ没官規定が適用され、他の房には適用されない。犯人の房とそれ以外の房とが同居共財の場合は、分法に准じて犯人の房以外の資財は返還される。房戸→補60。**人寄借**—寄託・使用貸借ないし賃貸借。**質物**—出挙の抵当。→雑令19。**当時即有言請**—没官段階で寄借主ないし質主からの申立てがあった場合。**券證分明**→捕亡補4。**不在録限**—没官しない。**競財**—財物の帰属について複数の主張があった場合。**依法検校**—帰

58 凡犯レ罪。及欠二損官物一。経二赦降一合レ免。別勅遣二推徴一者。依二赦降例一執聞。

凡そ罪犯し、及び官物を欠損して、赦降に経て免すべきを、別勅に推徴せしめば、赦降の例に依りて執聞せよ。

59 凡放レ賤為二家人及官戸一。逃亡経二卅日一。並追充レ賤。

凡そ賤を放して家人及び官戸と為む、逃亡して卅日経たらば、並に追して賤に充てよ。

60 凡犯レ罪。資財入レ官者。若縁坐得レ免。或依レ律不レ坐。各計二分法一還之。即別勅降レ罪従レ軽。物見在者。亦還之。其本罪不レ合二縁坐一。而別勅破レ家者。罪止及二一房一。若受二人寄借一。及質物之属。当時即有二言請一。券證分明者。皆不レ在二録限一。其有二競財一。官司未レ決者。依レ法検校。

凡そ罪を犯して、資財官に入れば、若し縁坐免さるることを得たらむ、或いは律に依るに坐することすまじくは、各分法を計へて還せ。即ち別勅に罪を降して軽きに従へむ、物見に在らば、亦還せ。其れ本罪縁坐すべからざらむ、而るを別勅に家破れらば、罪止し一房に及ぼせ。若し人の寄せ借すことを受けたらむ、及び質物の属は、当時即ち言請すること有らむことを、券證分明ならば、皆録す限に在らず。其れ競ひ財有りて、官司決せずは、法に依りて検校せよ。

61 凡弁證已定。逢レ赦更翻者。悉以二赦前弁證一為レ定。

凡そ弁證已に定まつて、赦に逢ひて更に翻せらば、悉くに赦前の弁證を以て、定む

ること為よ。

62　凡傷*二損於人一。及誣*告得レ罪。其人応二合贖一者。銅入下被二告及傷損一之家上。即両*人相犯倶得レ罪。及同*居相犯者。銅入レ官。

凡そ人を傷り損せしめむ、及び誣告して罪得む、其の人贖すべくは、銅は、告し、及び傷損せられたる家に入れよ。即ち両人相ひ犯して倶に罪得む、及び同居の相ひ犯せらむは、銅は官に入れよ。

63　凡杖*。皆削二去節目一。長*三尺五寸。訊*レ囚。及常*行杖大頭径[1]四分。小頭三分。笞*杖大頭三分。小頭[2]二分。枷*長四尺以下。三尺以上。椐*長一尺八寸以下。一尺二寸以上。其*決二杖笞一者。臀受。拷訊者。背*臀分受。須二数等一。

凡そ杖は、皆節目削り去てよ。長さは三尺五寸。囚訊はむ、及び常に行はむ杖の大きなる頭径四分、小しきなる頭三分。笞杖のも、大きなる頭三分、小しきなる頭二分。枷の長さ四尺以下、三尺以上。椐の長さ一尺八寸以下、一尺二寸以上。其れ杖笞決せば、臀受けよ。拷訊せむは、背臀分つて受けよ。数等しうすべし。

属について裁判し、罪人の所有物であることが判明した場合は没官し、然らざる時は帰属者に返す。

61　〔弁證已定条〕已定の弁證と赦との関係に関する規定。

弁證已定—弁證が確定した段階。弁證→補61a。**逢赦更翻者**—赦を有利に利用するために既になした供述を翻す。→補61b。

62　〔傷損於人条〕傷害ないし誣告の場合の贖銅の納入に関する規定。

傷損—傷害。**誣告得罪**→獄令32。**両人相犯倶得罪**—義解では疑罪の場合もこれに准ずるとする。また賊盗12の殺一家非死罪三人の場合の縁坐で贖銅を納める場合も官へ入れるとする。**同居相犯者**—義解では「同居共財者、不レ限二親疎一」とする。

63　〔杖笞条〕刑具の規格と笞杖の使用方法に関する規定。

杖皆削去節目→補63a。**長三尺五寸**—律書残篇に「古条云、長三尺六寸」とある。大宝令では三尺六寸となっていた可能性がある。**訊囚**→獄令35。被告の訊問に当り自白を得られない時は訊杖で拷問する。**常行**—杖刑を執行すること。義解では、笞罪囚を拷訊する時も訊囚用ないし常行用である四分杖を使用するとする。**笞杖**—笞刑執行に使用する杖。**枷**—くびかせ。→獄令419。**椐**—字義はてかせ。ただし杻と同意に用い、あしかせ。**其決杖笞**→補63b。**背臀分受須数等**—義解に「仮犯二杖九十一、応レ拷二三度一者、毎レ拷臀背分決二十五一之類」とある。

雑令 第卅

凡肆拾壱条

1 凡度*。十分為レ寸。十寸為レ尺。一尺二寸。為二大尺一尺一。十尺為レ丈。量*。十合為レ升。三升為二大升一升一。十升為レ斗。十斗為レ斛。権衡*二。廿四銖為レ両。三両為二大両一両一。十六両為レ斤。

凡そ度は、十分を寸と為よ。十寸を尺と為よ。一尺二寸を、大尺の一尺と為よ。十尺を丈と為よ。量は、十合を升と為よ。三升を、大升の一升と為よ。十升を斗と為よ。十斗を斛と為よ。権衡は、廿四銖を両と為よ。三両を大両の一両と為よ。十六両を斤と為よ。

2 凡度*レ地。量二銀銅穀一者。皆用レ大*。此外。官私悉用二小者一。

凡そ地度り、銀、銅、穀量らむは、皆大を用ゐよ。此の外は、官私悉くに小なる者を用ゐよ。

3 凡用*二度量権一官司。皆給レ様*二。其様*三皆銅為之。

凡そ度量権用ゐむ官司には、皆様給へ。其の様には皆銅をもつて為れ。

4 凡度レ地。五尺*為レ歩。三百歩為レ里。

凡そ地度らむことは、五尺を歩と為よ。三百歩を里と為よ。

5 凡月六斎日*。公私皆断二殺生一。

☆雑令—義解に「獄令以上、各有二条例一、此篇班雑不レ同、故云二雑令一」とある。獄令までの篇目に収めきれなかった条文を一括する。↓補☆

1 〔度十分条〕度量衡の単位についての規定。↓補1a。

度—長さの測定。唐尺一尺は約二九・七センチメートル(↓補2)。**量**—かさの測定。大一升の今量は約四合。**権衡**—重さの測定。大一斤の今量は約百八十匁。↓補1b。

2 〔度地条〕度量衡の単位の大小に関する規定。

度地—土地の測量。**皆用大**—雑式に「凡度量権衡者、官私悉用レ大、但測二晷景一合二湯薬一則用二小者一」とある。↓補2。

3 〔用度量条〕度量衡の測定原器に関する規定。↓関市14。

用度量権官司—度量権衡に関係する官司。大蔵省・左右京職・東西市司・摂津職の管掌事項に度量権衡が見える。↓職員33 66 67 68。義解ではさらに諸国司をあげる。唐雑令には諸司および諸州に様を給うとある。**様**—営繕4義解に「様者、形制法式也」。度量衡測定の標準原器。

4 〔度地五尺為歩条〕土地の測量に関する規定。面積に関しては↓田令1。

五尺為歩—和銅六年二月十九日格で五尺から六尺へ改めている。↓補4。

5 〔月六斎条〕毎月の六斎日に殺生を禁止する規定。

月六斎日—毎月八日・十四日・十五日・二十三日・二十九日・三十日をさす。↓補5。

凡そ月の六斎の日には、公私皆殺生断めよ。

6 凡陰陽寮。毎レ年預造ニ来年暦一。十一月一日。申ニ送中務一。中務奏聞。内外諸司。各給ニ一本一。並令三年前至ニ所在一。

凡そ陰陽寮は、年毎に預め来年の暦造れ。十一月一日に、中務に申し送れ。中務奏聞せよ。内外の諸司に、各一本給へ。並に年の前に所在に至らしめよ。

7 凡取ニ陰陽寮諸生一者。並准ニ医生一。其業成年限。及束脩礼。一同ニ大学生一。

凡そ陰陽寮の諸の生取らむことは、並に医生に准へよ。其れ業成さむ年限及び束脩の礼は、一つ大学生に同じ。

8 凡秘書。玄象器物。天文図書。不レ得ニ輙出一。観生。不レ得レ読ニ占書一。其仰観所レ見。不レ得ニ漏泄一。若有ニ徴祥災異一。陰陽寮奏。訖者。季別封送ニ中務省一。入ニ国史一。所レ送者。不レ得レ載ニ占言一。

凡そ秘書、玄象の器物、天文の図書は、輙く出すこと得ず。観生は、占書読むこと得じ。其れ仰ぎ観て見えむ所は、漏泄すること得じ。若し徴祥、災異有らば、陰陽寮奏せよ。訖らば、季別に封して中務省に送りて、国史に入れよ。送らむ所は、占言載すること得じ。

9 凡国内有下出ニ銅鉄一処上。官未レ採者。聴ニ百姓私採一。若納ニ銅鉄一。折ニ充庸調一者聴。自余非ニ禁処一者。山川藪沢之利。公私共之。

凡そ国内に銅鉄出す処有らむ、官採らずは、百姓私に採ること聴せ。若し銅鉄を

6 〔造暦条〕造暦とその頒布に関する規定。↓職員9。
陰陽寮―暦博士が置かれ造暦に当る。↓職員9。造来年暦―弘仁陰陽式逸文には具注御暦二巻・七曜暦一巻・頒暦一六六巻とある。中務奏聞―太政官を経ずに直接天皇に奏聞する。貞観儀式に詳細な次第が記されている。↓補6a。中務↓職員3。内外諸司各給一本―被管の寮司ないし郡司に対しては省ないし国で別写して頒給する。↓補6b。

7 〔取諸生条〕陰陽寮の諸生の採用・修業年限および束脩の礼に関する規定。
陰陽寮諸生―職員9に陰陽生十人、暦生十人、天文生十人とある。↓補7a。准医生―義解に「先取ニ占氏、及世習者一、後取ニ庶人十三已上、十六已下聡令者一為之也」。↓医疾2。↓補7b。其業成年限及束脩礼一同大学生―義解に「其習業経書、及考課条数、并叙法等第、並皆依ニ式処分一也」。修業年限については↓学令8。束脩礼については↓学令4。

8 〔秘書玄象条〕陰陽の機密と祥瑞ないし災異の場合に関する規定。
秘書玄象器物天文図書↓補8a。観生―天文生。陰陽式には観天文生とある。↓職員9。占書―義解に「諸凡以ニ天文一占ニ吉凶一之書、凡観生唯得三仰観ニ天文一、不レ得下以ニ図書一占中其妖祥上也」。徴祥災異―義解に「吉気為ニ徴祥一、妖気為ニ災異一也」。陰陽寮奏―義解に「先経ニ中務一、後寮奏聞也」。天文奏と称する。↓補8b。国史↓職員補6a。

9 〔国内条〕金属の採取および山川藪沢の利用に関する規定。
官未採者聴百姓私採―百姓の私採を許すが官の採取を優先させる。私採例は続紀、天平十

納めて、庸調に折ぎ充てば、聴せ。自余の禁処に非ざらむは、山川藪沢の利は、公私共にせよ。

10 凡知㆘山沢有㆓異宝*。異木。及金*。玉。銀。彩色。雑物㆒処㆖。堪ㇾ供㆓国用㆒者。皆申㆓太政官㆒奏聞。

凡そ山沢に、異宝、異木、及び金、玉、銀、彩色、雑物有りといふ処知らば、国用に供するに堪へば、皆太政官に申して奏聞せよ。

11 凡公私材木*。為㆓暴水㆒漂失。有㆓採得㆒者。並積㆓於岸上㆒。明立㆓標牓㆒。申㆓随近官司㆒。有㆓主識認㆒者。五分賞ㇾ一。限㆓卅日*㆒外。無㆓主認㆒者。入㆓所ㇾ得人㆒。

凡そ公私の材木、暴水の為に漂失して、採り得たること有らば、並に岸の上に積んで、明らかに標牓立てて、随近の官司に申せ。主識り認むること有らば、五分にして一賞へ。卅日を限りての外に、主認むること無くは、得たらむ所の人に入れよ。

12 凡取ㇾ水漑ㇾ田。皆従ㇾ下始*。依ㇾ次而用。其欲㆔縁ㇾ渠造㆓碾磑*㆒。経㆓国郡司㆒。公私無ㇾ妨者。聴之。即須ㇾ修㆓治渠堰㆒者。先役㆓用水之家*㆒。

凡そ水を取つて田に漑せば、皆下より始めよ。次に依りて用ゐよ。其れ渠に縁つて碾磑造らむと欲はば、国郡司に経れよ。公私妨無くは、聴せ。即ち渠堰修治すべくは、先づ用水の家を役せよ。

13 凡要路津済*。不ㇾ堪㆓渉渡㆒之処*。皆置ㇾ船運渡。依㆓至ㇾ津先後㆒為ㇾ次*。国郡官司検校。及差㆓人夫*㆒。充㆓其度子㆒。二人以上。十人以下。毎㆓二人㆒。船各一艘。

四年十二月十七日条。官採の優先を示す例は貞観十八年三月二十七日格。**折充庸調**―換算に関しては↓賦役1。延暦二十四年十二月七日官符で備後国八郡の絹糸を出すを停め土宜に従い鉄鍬に相換している。唐令では雑徭に宛てるも可。**禁処**―禁野(しめ)。天皇の遊猟のための原野で一般の出入を禁じた所。**山川藪沢之利**―未開発地の利用。山野への入会利用に相当。灌漑用水源の用益権を含む。↓補9。

10 〔知山沢条〕山野への入会利用を制限する特別規定。

異宝異木―義解に「異宝者、馬脳虎魄之類也、異木者、沈香白檀蘇芳之類也」。**金玉銀彩色雑物**―義解に「異宝異木之外、諸応ㇾ充㆓国用㆒者皆是」。↓職員7 33・賦役35。

11 〔公私材木条〕漂木の措置に関する規定。↓補11。

材木―ここは義解に「朴而未ㇾ成㆓器物㆒者、若椽榱梁柱之類」とあるように、原木段階の場合に関する規定で、加工して器物となっている場合は捕亡15が適用される。**限卅日外**―古記では日限を過ぎた場合本主の認めることがあっても返還する必要はないとするが、朱説には漂木が現在する時は日限内の場合と同様にすると解釈する。

12 〔取水漑田条〕灌漑・治水その他の用水に関する規定。

従下始―↓補12。**碾磑**―水流を利用して動力とする石うす。日本で普及したか否かは疑問だが、書紀、推古十八年三月の記事に見える。↓職員23注。**役用水之家**―水路を利用している人を使役する。古記に「先役㆓用水之家㆒、謂、不ㇾ堪㆓修理㆒者、差㆓発人夫㆒修治、以ㇾ近及ㇾ遠、仮令、葛野川堰之類、是以二用水之家一不レ合レ堪二修治一也」とある。大規模な治水工事の時は用水の家に限らず広く人夫を差発して行なった。→賦役37。

13 〔要路津済条〕渡船に関する規定。

要路津済—義解に「不二必大路一、当二人往来一、有二要便一者皆是也」。要路の津には船が置かれて交通の便を図る。**不堪渉渡之処**—古記に「造レ橋不レ便之処、難波堀江之類也」。**依至津先後**→関市2。**国郡官司検校**—古記に「随レ便以レ時検行、常者不レ合也」。**差人夫充其度子**—度子は和名抄に渡子とあり「和太之毛利」また「和太利毛利」と訓む。古記では雑徭でないとするが、令釈・朱説・義解は雑徭をあてるとする。→賦役37。

14 〔庁上及曹司座者条〕五位以上の官人に牀席を支給する規定。

庁上及曹司座→補14。**牀席**→職員35注。

15 〔在京諸司条〕諸司主典以上に座席を支給することに関する規定。→補15。

主典以上—義解では才伎長上(選叙22)も含む。**以下**—史生・掌の類。掌については→職員2。義解によれば、兵衛・衛士は所属する本府から支給される。古記・令釈も同一の解釈。

16 〔因使得賜条〕官人が使人となることにより得た賜物に関する規定。

使—義解によれば遣唐使の場合の水手等にも適用する。**所賜**→補16。

17 〔訴訟条〕訴訟の場合の提訴期間に関する規定。

訴訟—義解に「財物良賤譜第之類、事非二侵害一、応二待レ時申訴一者也」とある。→公式63・64。**若交相侵奪者**—提訴に急を要する場合。

凡そ要路の津済、渉り渡るに堪へざらむ処は、皆船置きて運び渡せ。津に至らむ先後に依りて、次と為よ。国郡の官司検校せよ。及び人夫を差して、其の度子に充てよ。二人以上、十人以下。二人毎に、船各一艘。

14 凡庁上及曹司座者。五位以上。並給二牀席一。其制従二別式一。

凡そ庁の上及び曹司の座は、五位以上には、並に牀、席給へ。其の制は別式に従へよ。

15 凡在京諸司主典以上。毎レ年正月。並給二座席一。以下随レ壊即給。

凡そ在京の諸司の主典以上は、年毎に正月に、並に座席給へ。以下は壊れむに随ひて即ち給へ。

16 凡官人等。因レ使得レ賜。使事停者。所レ賜之物。並不レ在二追限一。其有二犯レ罪追還一者。所レ賜物。並徴納。

凡そ官人等、使に因りて賜得む、使の事停まば、賜へらむ所の物は、並に追する限に在らず。其れ罪を犯して追還すること有らば、賜へらむ所の物は、並に徴り納めよ。

17 凡訴訟。起二十月一日一。至二三月卅日一検校。以外不レ合。若交相侵奪者。不レ在二此例一。

凡そ訴訟は、十月の一日に起り、三月卅日に至るまでに検校せよ。以外はすべからず。若し交に相ひ侵し奪へば、此の例に在らず。

18〔家長在条〕家長の許可なく家人が財産を処分することを禁止する規定。**家長**↓戸令5。**奴婢**↓戸令補35d。**雑畜**↓捕亡4。**質挙**—質に入れること。質↓補19d。**依律科罪**—雑律61を適用する。↓補18。

19〔公私以財物条〕出挙による財物の貸借・質物の売却および利息制限等に関する規定。稲粟を除く。↓雑令20。**公…出挙**—官司で所有する財物を民間と同様に出挙する。↓雑令37。**任依私契**—官の統制を受けることなく相互の自由な契約による。↓補19a。**毎六十日取利**—義解によれば六十日未満は無利息とする。↓補19b。**家資尽者**—出挙の債務不履行の時債権者は質物を売却して債務の弁済にあて得るが、質契約のない場合ないし質物が不足する時は家宅と資財の差押えができる。**役身折酬**—官物の場合は↓獄令52。労賃の評価はそれぞれの土地の時価に従う。官物を返済する時の役身折酬の期間は最長五年だが、私出挙の時は期間制限なく返済が完了するまで続く。**不得廻利為本**—複利計算をしない。**契外掣奪**—掣奪とは私的差押えで、債務額の範囲内で許される。それを越えた場合は違法になり、義解に「凡質物色目、及年月期限、並須レ依二契状一、而廻二易物色一、盈二縮程期一、皆於二契状外一、牽攙強奪之類也」とある。**非出息之債者**—義解に「交関懸違、受レ寄輙用之類也」とある。↓補19c。**質**↓補19d。**計利過本不贖**—四百八十日からさらに六十日を過ぎた後(義解)、利子を合計しても質物の価格には達しないとき。**保人代償**↓補19e。

18 凡家長在。而子孫弟姪等。不レ得下輒以二奴婢*。雑畜*。田宅。及余財物一。私自質*挙。及売上。若不二相本問一。違而輒与及買者。依*レ律科レ罪。

凡そ家長在つて、子孫弟姪等、輒く奴婢、雑畜、田宅、及び余の財物を以て、私に自ら質にし、挙ひ、及び売ること得ず。若し相ひ本づけ問はずして、違ひて輒く与へ、及び買へらむ者は、律に依りて罪科せよ。

19 凡公*私以二財物一出挙者。任*依二私契一。官不レ為レ理。毎*二六十日一取レ利。不レ得レ過二八分之一一。雖レ過二四百八十日一。不レ得レ過二一倍一。家*資尽者。役*レ身折酬。不*レ得二廻レ利為レ本。若違レ法責レ利。契*外掣奪。及非*二出息之債一者。官為レ理。其質*者。非レ対二物主一。不レ得二輙売一。若計*レ利過レ本不レ贖。聴下告二所司一対売上。即有レ乗還之。如負レ債者逃避。保*人代償。

凡そ公私、財物を以て出挙せらば、任に私の契に依れ。官、理すること為ず。六十日毎に利取れ。八分が一に過すこと得じ。四百八十日に過せりと雖も、一倍に過すこと得じ。家資尽きなば、身を役して折ぎ酬いよ。利を廻らして本と為ること得ず。若し法に違ひて利を責ひ、契の外に掣き奪へらむ、及び出息の債に非ずは、官、理すること為よ。其れ質は、物主に対ふに非ずは、輙く売ること得ず。若し利を計ふるに本過ぐるまでに贖はずは、所司に告して対むで売ること聴せ。即ち乗れること有らば還せ。如し債を負へる者逃れ避れらば、保人代つて償へ。

20 凡以二稲*粟一出挙者。任依二私契一。官不レ為レ理。仍以二一年一為レ断。不レ得レ過二一

倍。其官半倍。[三]並不レ得下因二旧本一。[四]更令レ生レ利。及廻レ利為上レ本。若家資尽。亦
*准二上条一。

凡そ稲粟を以て出挙せらば、任に私の契に依れ。官、理すること為ず。仍つて一年を以て断むること為よ。一倍に過すこと得じ。其れ官は半倍せよ。並に旧本に因りて、更に利生さしめ、及び利を廻らして本と為ること得ず。若し家資尽きなば、亦上の条に准へよ。

21 凡出挙。両情[一]和同。私契。*取レ利過二正条一者。任人糺告。利物並賞[1]二糺人一。

凡そ出挙は、両んの情和同して、私に契せしめよ。利取ること正条に過せらば、任に人糺し告せよ。利物は並に糺さむ人に賞へ。

22 凡於二*官地一得二*宿蔵物一者。皆入二得人一。於二他人*私地一得。*与二地主一中分之。得二*古器形製異一者。悉送レ官酬レ直。

凡そ官の地に宿蔵の物得たらば、皆得たらむ人に入れよ。他人の私の地にして得たらば、地主と中分せよ。古器の形製異なること得たらば、悉くに官に送りて直酬いよ。

23 凡畜[一]産[二]觝[三]レ人者。截二両角一。踏レ人者。絆之。齧レ人者。截二両耳一。[四]其有二狂犬一。所在聴レ殺之。

凡そ畜産人觝かば、両つの角截れ。人を踏まば、絆せ。人を齧はば、両つの耳截れ。其れ狂犬有らば、所在殺すこと聴せ。

---

20 〔以稲粟条〕稲粟出挙に関する特別規定。→補20a。

稲粟出挙―官私両者を含む。官の稲粟出挙は個々の官司で独自に行うこともあるが、重要なのは雑税(賦役36)としての出挙。私稲出挙は天平九年に禁止されて以来しばしば禁令が出されている。→補20b。**准上条**―役身折酬する。→雑令19。

21 〔出挙条〕出挙は当事者間の契約によるべきことと、違法な出挙に関する規定。

取利過正条者―利息制限について→雑令19 20。

22 〔宿蔵物条〕埋蔵物を発見した場合の帰属に関する規定。→補22。

官地―私地以外の土地。**宿蔵物**―義解に「昔人以二鏡鈒金銀等器一、於レ地蔵埋、及喪乱遺落、為レ埿埋没、時代久遠、不レ知二財主一」とある。埋蔵者の子孫が明らかな場合でも官地で発見された時は発見者に帰属する。**私地**―口分田・墾田等私財と見なされる土地。→田令29注。**与地主中分之**―父祖が自蔵した場所に子孫が現に居住ないし営佃している時は中分の限りでなく子孫に帰属する。私財と意識されない官田を借佃ないし借住する者がいる場合は、その者をもって地主とする。**古器形製異者**―義解に「古時鐘鼎之類、形製異二於常一者也」とある。和銅六年に大倭国宇太郡の人村君東人が銅鐸を長岡野地に発掘したが、官へ納められている。

23 〔畜産觝人条〕人に害をなした家畜および狂犬に関する規定。→補23。

24 〔皇親条〕皇親および五位以上の有位者の商行為禁止に関する規定。

皇親―有位無位を問わない。**五位以上**―外五

24 凡皇親及五位以上。不レ得下遣二帳内資人。及家人奴婢等一。定二市肆一興販上。其於レ市沽売。出挙。及遣レ人於二外処一貿易。往来者。不レ在二此例一。

凡そ皇親及び五位以上は、帳内資人、及び家人奴婢等を遣りて、市、肆を定めて、興販すること得ず。其れ市にして沽り売り、出挙し、及び人を遣つて外処にして貿易し、往来せしめば、此の例に在らず。

25 凡私行人。五位以上。欲二投レ駅止宿一者聴之。若辺遠。及無二村里一之処。初位以上及勲位亦聴之。並不レ得三輙受二供給一。

凡そ私の行人、五位以上、駅に投りて止宿せむと欲へらば、聴せ。若し辺遠く、及び村里無からむ処は、初位以上及び勲位も亦聴せ。並に輙く供給受くること得じ。

26 凡文武官人。毎レ年正月十五日。並進レ薪。長七尺。以二廿株一為二一担一。一位十担。三位以上八担。四位六担。五位四担。初位以上二担。無位一担。諸王准レ此。無位皇親。不レ在二此例一。其帳内資人。各納二本主一。

凡そ文武官の人は、年毎に、正月十五日に、並に薪進れ。長さ七尺。廿株を以て一担と為よ。一位に十担、三位以上に八担、四位に六担、五位に四担、初位以上に二担、無位に一担。諸王も此に准へよ。無位の皇親は、此の例に在らず。其れ帳内、資人は、各本主に納れよ。

27 凡進レ薪之日。弁官及式部兵部宮内省。共検校。貯二納主殿寮一。

凡そ薪進らむ日は、弁官、及び式部、兵部、宮内省、共に検校して、主殿寮に貯

位に関しては神亀五年格で興販を許している。**帳内資人**→軍防48 49。**家人**→戸令40。**奴婢**→戸令補35d。**市肆**→関市12。

25 〔私行人条〕有位者ないし帯勲者が私用で旅行する時の駅利用に関する規定。

私行人—私用の旅行者。公用で旅行する場合については→厩牧22。**駅**→厩牧補14。**勲位**→官位6。

26 〔文武官人条〕文武官人が正月十五日に一定数量の薪を進納すべき規定。→補26a。

文武官人—義解では在京官人で親王および婦人は含まないとする。**進薪**—式部式に「正月十五日質明、輔以下就二宮内省一、検二収諸司畿内進レ薪〈事見二儀式一〉」とある。在京文武官人のみならず式文では畿内国司も進納すると規定している。→補26b。**一位十担**—勲位の場合も位階に準じて納入する。勲位と位階の関係→官位6。**其帳内資人各納本主**—中宮舎人ないし東宮舎人の場合は中宮職ないし東宮職へ納入する。

27 〔進薪条〕進薪を監督する官人とその納入先に関する規定。

進薪之日→雑令26。**弁官**→職員2。**式部**→職員13。**兵部**→職員24。**宮内省**→職員39。**共検校**—太政官式に「凡大臣以下応レ進薪数、正月十五日下二式部省一、即弁史及左右史生官掌各一人、就二宮内省一与二式部兵部及本司一共検校、諸司応レ進薪数〈事見二儀式一〉、事畢諸司帰去、其後式部兵部勘二造惣目一、申二送弁官一」とある。**主殿寮**→職員43。宮内式に「訖省丞録各一人率二史生二人一、就二主殿寮一検二校御薪数并好悪一」とある。

み納めよ。

28　凡給二*後宮及*親王炭一。起二十月一日一。尽二二月卅日一。其薪知二用多少一量給。*供進炭者。不レ在二此例一。

凡そ後宮及び親王に炭給はむことは、十月一日より起りて、二月卅日までに尽せ。其れ薪は用の多少を知りて量つて給へ。供進の炭は、此の例に在らず。

29　凡*蕃使往還。当二*大路近側一。不レ得下置二*当方蕃人一。及畜中*同色奴婢上。亦不レ得レ充二*伝馬子及援夫等一。

凡そ蕃の使往還せむ、大路の近側に当りて、当方の蕃人を置き、及び同色の奴婢畜ふること得じ。亦伝馬子及び援夫等に充つること得じ。

30　凡*犯レ罪被レ戮。其父子応二配没一。不レ得レ配二*禁内供奉。及東宮所駈使一。

凡そ罪を犯して戮せられたらむが、其の父子配没すべくは、禁内の供奉、及び東宮の所の駈使に配つること得じ。

31　凡*官戸奴婢死。*所司検校。年終惣申。

凡そ官戸奴婢死なば、所司検校して、年の終に惣べて申せ。

32　凡官戸奴婢者。毎レ旬放二*休假一日一。*父母喪者。給二假卅日一。産後十五日。其懐妊及有二三歳以下男女一者。並従二軽役一。

凡そ官戸奴婢は、旬毎に休假一日放せ。父母喪しなば、假卅日給へ。産の後十五日。其れ懐妊し、及び三歳以下の男女有らば、並に軽き役に従へよ。

28　〔給炭条〕後宮および親王へ薪炭を供給することに関する規定。
後宮—義解では嬪以上(後宮1〜3)とする。**親王**→継嗣1。主殿寮から支給する。**供進**—供進された炭は後宮ないし親王の用途にあてる。

29　〔蕃使往還条〕外国の使節が往来する通路に関する特別規定。
蕃使—外国からの使節。→軍防64。**大路**→廐牧16。**当方蕃人**—蕃使と同国の人。**同色奴婢**—蕃使と出身地を同じくする奴婢。**伝馬子**—伝馬に奉仕する馬子。伝馬については→廐牧16。蕃使が入朝すると領客使・領帰郷客使等が置かれ送迎に当ることが太政官式・治部式に規定されている。

30　〔犯罪被戮条〕配没された人を宮中ないし東宮坊で使役することを禁止する規定。
犯罪被戮其父子応配没—賊盗1・4により謀反ないし謀大逆で死刑に処せられた人の父子は縁坐規定で没官され公奴婢とされる。藤原広嗣の乱で坐した者に没官五人とある。**禁内供奉**—義解に「供奉者、内膳等之属」とある。→選叙23。

31　〔官戸奴婢条〕官戸奴婢が死亡した場合に関する規定。
官戸奴婢→戸令38。**所司**—義解に「所司者、宮内省」とある。元来は官奴司(職員49)で管理していたのであるが、大同三年に廃止されて以降宮内省へ移ったのである。

32　〔放休假条〕官戸奴婢への給暇と妊婦ないし幼児をもつ者を軽役に就かせる規定。
休假→假寧1。**父母喪者給假卅日**—喪假の開始については→假寧9。

33 凡官*戸奴婢充レ役者。本司明立ニ功課一案記。不レ得ニ虚費ニ公粮*一。
凡そ官戸奴婢役に充てば、本司明らかに功課を立てて案記せよ。虚しく公粮費すこと得じ。

34 凡官戸奴婢。三歳以上。毎レ年給ニ衣服一。春布衫*二。袴。衫*三。裙各一具。冬布襖*四。袴。襦五。裙各一具。皆随ニ長短一量給。
凡そ官戸奴婢、三歳以上には、年毎に衣服給へ。春は布の衫、袴、衫、裙各一具。冬は布の襖、袴、襦、裙各一具。皆長短に随ひて量へて給へ。

35 凡外官*。有ニ親属賓客一経過。不レ得下以ニ官物一供給上。
凡そ外官、親属賓客有りて経過せば、官物を以て供給すること得じ。

36 凡外任官*人。不レ得*下将ニ親属賓客一往ニ任所一。及請*ニ占田宅一。与*ニ百姓一争上利。
凡そ外任の官人は、親属賓客を将て任所に往き、及び田宅を請け占めて、百姓と利争ふこと得じ。

37 凡公*廨雑物。皆令ニ本司自勾録一。其費用見在帳。年終一申ニ太政官一。随レ至勾勘。
凡そ公廨の雑物は、皆本司をして自ら勾録せしめよ。其れ費用見在の帳は、年の終に一たび太政官に申せ。至らむに随ひて勾勘せよ。

38 凡僧尼。京国官*司。毎ニ六年一造ニ籍三通一。各顕ニ出家年月。夏臈*及徳*業一。依レ式印之。一通留ニ職国一。以外申ニ送太政官一。一通送ニ中務*一。一通送ニ治部*一。所レ須調度。並令下寺准ニ人数一出上物。

33 〔充役条〕官戸公奴婢を使役する時に案記をたてるべき規定。
官戸奴婢充役者—職員57内染司条義解に「此司無ニ駈使丁一者、以ニ官奴婢一充」とある。内染司に限らず諸司に配属されて雑務に従った。
公粮—八世紀正税帳に奴婢食料の記載が見える。官奴婢への食料支給は倉庫令に規定されていたらしい。

34 〔給衣服条〕官戸奴婢に支給する衣服に関する規定。
布→賦役1。**衫**→衣服14。**裙**→衣服8。**襖**→衣服13。官戸奴婢の衣服が橡墨色に染色されていたことについては→衣服6。

35 〔外官条〕外官が賓客親属を遇するに官物を用いることを禁止する規定。
外官→公式53。

36 〔外任人条〕外任官が同伴できる人の制限と、任地での経済活動の制限に関する規定。
外任官人—外官。→公式53。**不得将親属賓客往任所**—公式87で子弟の年二十一歳以上の同伴を禁止しているが、本条ではさらに制限範囲を拡大している。**請占田宅**—田畠ないし家宅を所有し経営する。空閑地の開墾については田令29により本条の適用外。**与百姓争利**—雑式に「凡国司一任之内、不レ得ニ所部交関一、但聴レ買ニ衣食一」とあり、経済活動は厳しく禁止されていた。

37 〔公廨条〕官司の所有する財物の申告に関する規定。
公廨雑物—内外諸司の所有する財物。出挙して収益を官衙費や給与にあてることがある。→補37。

凡そ僧尼は、京国の官司、六年毎に籍三通造れ。各出家せし年月、夏臈及び徳業を顕し、式に依りて印せよ。一通は職国に留めよ。以外は太政官に申し送れ。一通は中務に送れ。一通は治部に送れ。須ゐむ所の調度は、並に寺をして人数に准へて、物出さしめよ。

39 凡作二檻穽一。及施二機槍一者。不レ得二妨レ径及害レ人。
凡そ檻穽作り、及び機槍施かば、径を妨き及び人を害すること得ず。

40 凡正月一日。七日。十六日。三月三日。五月五日。七月七日。十一月大嘗日。皆為二節日一。其普賜。臨時聴レ勅。
凡そ正月一日、七日、十六日、三月三日、五月五日、七月七日、十一月大嘗の日を、皆節日と為よ。其れ普くし賜はむは、臨時に勅聴け。

41 凡大射者。正月中旬。親王以下。初位以上。皆射之。其儀式及禄。従二別式一。
凡そ大射は、正月中旬に、親王以下、初位以上、皆射よ。其の儀式及び禄は、別式に従へよ。

---

38 〔造僧尼籍条〕僧尼の造籍に関する規定。公民の場合は→戸令19。
京国官司—諸国の人が京で僧尼になった場合は京職で作成する。**夏臈**—仏教修業の年数のこと。夏臘とも書く。義解に「臈猶レ年也、年終有レ臈、故称レ年為レ臈、言僧尼夏月安居、乃得二一臈一、故云二夏臈一也」とある。出家後一夏九十日の間に安居を終えることにより一臈を加える。**徳業**—義解に「徳者、得也、猶レ云二得業一、仮如、華厳三論之類」とある。修得した経論をさす。**中務**→職員3。**治部**→職員16。

39 〔作檻穽条〕檻穽ないし機槍により人に損害を与えることを禁止する規定。→補39。
檻穽—義解に「檻者、圏、穽者、埳、並所二以捕レ獣者也」とある。狩猟用のわなと落し穴。**機槍**—機械じかけのやり。いずれも天武紀四年四月の記事に見える。

40 〔諸節日条〕節日に関する規定。節日→補40a。
其普賜—節会に参集した群臣に節禄が支給される。→補40b。

41 〔大射者条〕大射に関する規定。
大射—群臣が建礼門で射芸を行うのを天皇が観覧する。→補41。**正月中旬**—正月十七日に固定している。

補注

見出し項目の下の( )内の数字は、本文の頁を示す。補注番号は条文番号による。数項目にわたる場合はさらにａｂｃ…で示した。☆印は当該篇目の全体を論ずる補注である。

律

1 名例律

☆ａ 名例律(一五頁)　刑法典における通則的諸規定は、すでに先秦の法経六篇の第六に具法、漢の九章律に具律として現われ、魏はこれを刑名として十八篇の第一に置き、晋は刑名から法例を分立し、宋・斉・梁および後魏は晋に倣ったが、北斉に至って刑名・法例の両者を併せて名例とした。後周はこれを刑名に戻したものの、隋は北斉に拠って名例と称し、唐もこれに倣った(唐律疏議)。日本は大宝律令の制定にさいし、律については唐律をほぼ全面的に継受したので、名例律も律十二篇の第一として初めて全条文が成文化されたと考えられる。ただ名例律冒頭の五罪・八虐などの内容は、すでに推古朝以来、隋律や唐律の学習を通じて五刑・十悪などとして知られ、これが天武・持統朝で成文化されたか否かはなお問題であるにしても、少なくとも法実務の上では、その頃からしばしば援用され始めていたようである。↓名例補☆ｂ・2・3・6ａ・7ａ。

名例律全体は、刑罰の名称(1〜5条)、特に重い諸罪(6条)、身分または事情による刑の減軽・換刑・付加刑(名誉刑)などの特別措置(7〜31条)、裁判ないし量刑の規準(32〜50条)、術語の定義(51〜57条)の各部分から成っているが、その後半(32条以後)がもっぱら技術的諸規定であるのに対し、前半は本来「礼不ㇾ下二庶人一、刑不ㇾ上二大夫一」(礼記、曲礼)とされてきた刑罰を、いかにして士大夫階級すなわち旧来の支配者層にまで及ぼすかという、統一国家に課せられた問題を中心として、古くから練られてきた諸規定である。日本の律令国家も、従来の朝廷豪族を新たな官僚機構に組みこみ、かれらの間の外部的刑罰を国家の内部的刑罰に吸収するための刑法典を編纂するにあたっては、支配者層を被支配者層に押し下げて内外両刑罰を統一する機能を持つ名例律が、まず必要だったのである。

なお唐律についてであるけれども、近年、名例律の詳細な注釈あるいは解説として滋賀秀三「訳註唐律疏議(一)〜(五)」(国家学会雑誌、72―10・73―3・74―3 4・75―11 12・78―1 2。名例36まで)、戴炎輝『唐律通論』があり、本書の頭注および補注は殊に前者に拠るところが多かった。

☆ｂ 律目録(一五頁)　「律目録」のような標題は、令にも「親王」(官位1前行)「諸王諸臣」(官位2前行)「宮人職員」(後宮4前行)「考外位」(考課67前行)「考貢人」(同70前行)の例があるが、律の場合は穴記(神祇4)に「律目録篇」とあるから、平安初期にはすでに標題が使われていたことが知られる。もっともこの標題が本文で四行にわたる各篇目の目次のほかに、さらに五罪・八虐・六議の合計七条をも包括するか否かとなると、名例律裏書の物記は「目録者如ㇾ言二名録一。何者、断獄律以上十二篇是。便次明二五刑八虐六議等数一耳」と述べてやや曖昧であり、古記は「名例謀反条」(僧尼1)「名例律議親条」(喪葬2)と呼んで八虐・六議の諸条が所詮は名例律に属するとしているし、また中国における沿革(↓補☆ａ)からしても、六議以前の諸条を名例律から切離すことは適切でないので、本書では五罪以下五十七条を一括して通し番号を打った。

ただこのような内容にもとづく判断とは別個に、現存する写本が五罪・八虐・六議合計七条の次に「名例律第一」と題して、第8条から第32条までを「凡弐拾伍条」と別立てに数えていることは、やはり不審とせねばならぬ。この不審に加えて、現存する唐律疏議の諸本が、日本律の五罪にあたる唐律の五刑について、例えば「笞刑五」ならば「笞一十」から「笞五十」までを本文とし、笞一十の換刑たる「贖銅一斤」や笞五十のそれである「贖銅五斤」を、それぞれの注としているのに対し(このように書きわけると笞刑を正刑とし贖銅を換刑とする趣旨が明確になる)、日本律は「笞罪五」だけが本文で、「笞十贖銅一斤」や「笞五十贖銅五斤」は細字双行の注としている(これでは正刑と換刑との関係が曖昧になる)ことや、同じ日本律でも大宝律では八虐・六議の両条に疏が無く、注のみだったらしいことを勘案して、五罪・八虐・六議あるいは五刑・十悪・八議の合計七条分は、大宝律編纂以前にすでに成文化されていた可能性があると推測する説(吉田孝)がある。この説によれば、大宝律はこれに「名例律第一」以下すなわち第8条以下を永徽律疏を手本として作成付加し、さらに養老律では八虐・六議両条も永徽律疏と同じ書式に統一したが、五罪の諸条には手を加えなかったということになる。

1 **罪と刑**(一五頁)　唐律・日本律を通じて、犯罪と刑罰との区別は明確でなく、犯した罪の軽重を、加えるべき刑の軽重によって表現することがしばしばであるが、日本律が唐律の五刑を五罪に改めたのは、その混同の著しい例である。だが平安初期からは、唐律にならって五罪を五刑と呼ぶのが一般化する。

2 **笞と杖**(一五頁)　刑具と刑の執行方法→獄令63。笞と杖は刑名としては五十以下と六十以上で区別するが、刑具は太さに差があるだけなので、笞をホソキズハエ、杖をフトキズハエと訓むことがある(孝徳紀大化二年三月辛巳条古訓)。刑の実体は「楚撻」と書かれている例(敏達紀十四年三月丙戌条)をはじめ、古くからあったらしいが、唐律に倣って杖を百以下とした初見は天武朝である(天武紀十一年十一月乙巳条)。

3 **徒**(一五頁)　刑の執行方法→獄令18〜20。「徒罪」の初見は天武朝(天武紀五年八月壬子条・同七年九月条・同十三年四月丙辰条)。人民を恣意的に使役しうる社会では刑罰としての労役刑は起りにくく、賦役と軍役の分離や賦役制の整備が行われた天武朝で労役刑としての徒がはじめて確認される(井上光貞説)。身体的自由が拘束される点で徒刑囚は奴婢と似ているから、良・賤を区別する戸籍の全国的な作製も法的な前提として必要だったであろうし、地方における徒刑囚の使役と管理には、国家権力を担った国司の地方常駐も必要だったと思われる。

4 **流**(一五頁)　刑の執行方法→獄令11〜23・56。名例24 25両条の流刑に対する赦の規定に明らかなように、唐および日本の律における流刑とは、配流すなわち本籍の強制的移転と一年または三年の服役との二つの刑を組合せたもので、配流と服役とによって流刑は完了するから、その後は赦に会っても故郷に戻ることは許されないのが本来であった(滋賀秀三説)。しかし流人は移郷人と同様に、除名を付加されても六載の後、免官ならば三載の後には出仕しうるという規定(名例21・獄令17)もあるし、唐でも日本でも流人の服役を管理する配所の地方官(獄令18 56)としては、いつまで彼らを流人として監視すべきか、当初から疑問を持ったと思われる。従って大赦に会えば、服役の完了した流人は故郷に還すこともあったらしく、唐代の後半からはこれを配流後満六年で放還と規定するようになったが、日本でもすでに天武朝で赦にさいして「唯既配流、不レ在二赦例一」(天武紀五年八月壬子条)とわざわざ断わっており、平安初期には「配流人者、上道以後六載以前而負二流名一者也」(獄令33義解)と、流人の解釈を公定するに至った。

また配所については、日本律は唐律と異なって近・中・遠という相対的な規定にしたため、それぞれがどの程度の遠隔地を指すのか当初から問題となるはずだったが、実際には従来からの慣行に従っていたらしく、配所の遠近の程を決めた文献上の初見(続紀、神亀元年三月庚申条)に挙げられた諸国には、伊豆・伊予・土佐など七世紀以前からの流刑地が含まれ、後の刑部式も(→獄令補13)諏方を信濃としたほかは神亀の式と同じである。

なお近・中・遠(あるいは唐律ふうの里程による等級だったかも知れない)の「三流」という語の初見はやはり天武朝だが(天武紀五年八月壬子条)、社会的生命を奪うために共同体から追放するという意味での流刑は、肉体的生命を奪う死刑に次ぐ重刑として古くから行われ、配流を意味する日本語のハブル(允恭記・允恭紀二十四年六月条)は、放る、屠る、葬るなどの語と同根である。

5 死(一五頁) 刑の執行方法→獄令5〜8。絞と斬の別は七世紀後半から現われる(孝徳紀大化五年三月甲戌条・斉明紀四年十一月庚寅条)。八世紀末には放火による盗を格殺すなわち打殺とした(三代格、宝亀四年八月二十九日官符・同十年十月十六日官符)。九世紀初の薬子の乱以後、保元の乱まで三百四十七年間、死刑は行われなかったという。→獄令補5a。なお斬は絞と異なって、殺すのに刀物を用い、死体は損壊されるが、一般の殺人罪でも「以レ刃」(闘訟5)や「支解」(賊盗12)は重く罰せられる。

6a 八虐の沿革と構成(一六頁) 八虐・六議を五罪と共に律の冒頭に挙示した排列は、唐律における十悪・八議の場合と同様であり、律の各則を順次に理解してゆく便宜のためであろうが、同時に、時代と共に繁瑣な諸条文を規定せざるを得なくなった実情に対して、律令の本旨が道徳に基づくことを明示する意図もあったと解される。

〔沿革〕 漢律にもすでに不道・不敬などの名目があったことは知られているが、北斉では反逆・大逆・叛・降・悪逆・不道・不敬・不孝・不義・内乱の十者を重罪十条と称し、「不レ在二八議論贖之限一」とした(隋書、刑法志)。北周では十悪という名目は立てなかったが、悪逆・不道・大不敬・不孝・不義・内乱の六者を重罪とし(隋書、刑法志)、南朝の梁・陳にも類似の措置があったという(唐律疏議)。隋の開皇律に至って北斉の重罪十条を改定し、①謀反②謀大逆③謀叛④悪逆⑤不道⑥大不敬⑦不孝⑧不睦⑨不義⑩内乱の十者を十悪と称した(隋書、刑法志)。次の大業律は「十条之内唯存二其八一」(唐律疏議)とも、「除二十悪之条一」(隋書、刑法志・唐六典、刑部郎中員外郎掌)ともいうが、唐は武徳律以来、開皇律の十悪を復活した。

日本律は大宝・養老とも、十悪から⑧不睦⑩内乱の両者を整理した八虐であったが、両者を整理した理由は後述するように、主として日唐間の家族法の相違に基づくと思われ、従って十を八に減じたことを大業律に倣ったものと推定するのは困難である。また虐は悪と同義とされていた(政事要略、糺弾雑事、罪名幷贖銅八虐六議条の古答に引く広雅に「虐、悪也、逆也」)が、これは大業律に倣ったか否か明らかでない。

また日本では大宝律施行以前の持統六年七月乙未(書紀)、文武三年十月甲午、同四年八月丁卯、養老律施行時代の天平神護元年十月庚辰、同閏十月辛卯(以上、続紀)の五回の赦に、「十悪」は「不レ在二赦限(例)一」とあるが、大宝律施行以前の三例は当時の裁判が唐律に準拠していたため(石尾芳久説)、養老律施行時代の二例は唐の赦文を不用意に模倣したため(利光三津夫説)と解されている。

なお律令国家崩壊後も八虐が重罪だという通念は残ったが、その内容は忘れられて八逆とも書かれ(保元物語、白河殿攻落)、また謀反・謀叛の別も失われて(伊呂波字類抄)いずれも内乱罪と見られ、さらに八逆は謀叛と同義とされた(平家物語、南都牒状)。近世の文学作品にも同様な意味でしばしば使われている。

〔構成〕 十悪を八虐に改訂するにあたっては、㈠実体が日本に存在しない場合、㈡存在しても慣習の相違から重視されない場合、この両者に注意したようである。㈠としては、①謀反の社稷(中国歴代王朝が社稷壇を設けて祀った土地の神で国家ないし君主の象徴)を国家と変え、②謀大逆から宗廟(王朝の祖先や歴代皇帝を祀った廟)を削り、⑥大不敬では御宝(皇帝の印璽。永徽律では「御璽」)を神璽・内印に変えたことなどが挙げられ、㈡としては、④悪逆以下、唐律に伯叔父母(伯叔母は伯叔父の配偶者で日本では伯叔婦と書く)とあるところを一般に伯叔父と改めたのは、伯叔母が唐では伯叔父と同格の期親(日本の二等親にほぼ相当)であるのに対し、日本では伯叔父より一等遠い三等親としている(儀制25)のと同じ理由によること、④悪逆⑤不道から三等親である夫之祖父母を削ったこと、⑦不孝から祖父母・父母に対する供養有闕を削ったこと、⑨不義から県令を削りながら日本で県令に相当していた郡司を加えなかったことなどが挙げられよう。

以上のような視点で唐の十悪から⑧不睦⑩内乱の両者を整理した理由を考えると、まず⑧不睦の禁ずる近親売買は、日本では大宝律施行前まで罪と見なさない慣行があったため(持統紀五年三月癸巳条・弘仁刑部式)、一挙に八虐の中に加えなかったのであろうし、⑩内乱の禁ずる近親相姦も、同姓不婚の原則を持たぬ日本では、父祖妾の姦以外は八虐の中に加ええなかったのであろう。かくて、⑧不睦の大半は⑤不道に追加、⑩内乱の一部は⑦不孝に追加して、名目としての⑧不睦⑩内乱両者を削除して八虐としたものと見られる。

しかし以上のような作業の結果は、十悪に内在した論理構成をゆがめた。すなわち十悪は、罪の重い方から軽い方へという順序に従って、(A)君主や国家に対する諸罪を①謀反②謀大逆③謀叛⑥大不敬、(B)父母や親族に対する諸罪を④悪逆⑦不孝⑧不睦⑩内乱、(C)非人道的な諸罪を⑤不道⑨不義と並べていたのであるが、八虐では(B)の⑧の大半を(C)の⑤に混入し、そのために「告…伯叔父…兄弟」の罪が「告言…祖父母父母」の罪よりも前に来てしまった。唐律疏議には十悪の各名目に対する疏があるが、日本律がこれを省かざるをえなかったのは、改訂した部分である不道・不孝・不義三者の疏に困惑したためであろう。けれども、法の継受にさいしても機能のみを重んじ、内在する論理は問わぬという日本古来の思想的特質の一端が、この改定作業にも明らかである。

6b　八虐の効果(一六頁)　十悪の効果についての滋賀秀三説を参考にすると、律の規定の主要なものには、(一)八虐を犯すと皇族や高官でもその親族でも議・請・減の特権を受けられず(名例8～10)、恩赦に会っても位階・勲等はすべて剝奪(同18)、ただ贖の特権については一般的な規定がなく、場合によっては可能(同13疏)、(二)八虐の死罪を犯すと親の扶養という義務も顧慮せずに処刑(同26)などがあり、支配者層には特に打撃が大きかった。なお贖について、政事要略、糺弾雑事、議請減贖の古答は、悪虐や不道に含まれている諸罪中の直系傍系尊長に対する傷害殺人等を除いては、ほとんど贖しうるとしている。

6c　八虐の条数と呼称(一六頁)　名例律裏書の八虐事に「従笞罪至死罪合五条、従謀反至不義一条、六議一条、惣七条」とあるによって八虐全体を一条と数える。しかし奈良時代には、「名例謀反条」(僧尼1古記)と、八虐各条を名例某々条と呼んだ例がある。なお大不敬条の疏に「八虐之条」とあるのは、「之」の字を加えていることからも、八虐の諸条とか各条とかの意と解される。

6d　八虐該当律条一覧表(一六頁)

〈　〉内は推定。相当刑は典型的な場合のみ。
＊は大宝律では徒一年。

名称	内容	該当律条	相当刑
(1)謀反	謀危国家	賊1	斬
(2)謀大逆	謀毀山陵・宮闕	賊1	絞
(3)謀叛	謀背国従偽	賊4	絞
(4)悪逆	①殴祖父母・父母	闘28	斬
	②謀殺祖父母・父母	賊6	斬
	③殺伯叔父・姑・外祖父母	闘27	斬
	④殺兄姉	闘27	斬
	⑤殺夫	〈闘25〉	〈斬〉
	⑥殺夫之父母	〈闘29〉	〈斬〉
(5)不道	①殺一家非死罪三人・支解人	賊12	斬
	②造畜蠱毒	賊15	絞
	③厭魅	賊17	徒一年
	④殴伯叔父・姑・外祖父母	闘27	徒二年
	⑤殴兄姉	闘27	徒一年半
	⑥殴夫	闘25	＊杖一百
	⑦殴夫之父母	闘29	徒三年
	⑧告伯叔父・姑・兄姉・外祖父母・夫・夫之父母	闘45	徒一年

	⑨謀殺伯叔父・姑・兄姉	賊6	遠流
	⑩謀殺外祖父母・夫・夫之父母	賊6	斬
	⑪殺四等以上尊長	〈闘26〉	〈斬〉
	⑫殺妻	闘24	絞
(6)大不敬	①毀大社	賊1	遠流
	②盗大祀神御之物	賊23	中流
	③盗乗輿服御物	賊24	中流
	④盗神璽	賊24	絞
	⑤盗内印	賊24	遠流
	⑥偽造神璽	詐1	斬
	⑦偽造内印	詐1	絞
	⑧合和御薬、誤不如本方・封題誤	職12	徒三年
	⑨造御膳、誤犯食禁	職13	徒三年
	⑩御幸舟船、誤不牢固	職14	徒三年
	⑪指斥乗輿、情理切害	職32	斬
	⑫対捍詔使、而無人臣之礼	職32	絞
(7)不　孝	①告祖父母・父母	闘44	絞
	②詛祖父母・父母	賊17	徒二年
	③詈祖父母・父母	闘28	徒三年
	④祖父母・父母在、別籍異財	戸6	徒二年
	⑤居父母喪、身自嫁娶	戸30	徒二年
	⑥居父母喪、作楽・釈服従吉	職30	徒一年半
	⑦聞祖父母喪、匿不挙哀	職30	徒一年
	⑧聞父母喪、匿不挙哀	職30	徒二年
	⑨詐称祖父母・父母死	詐22	徒一年半
	⑩姧父祖妾	雑25	徒二年半
(8)不　義	①殺本主・本国守	賊5	斬
	②殺見受業師	闘32	斬
	③吏卒殺本部五位以上官長	闘11	〈斬〉
	④聞夫喪、匿不挙哀	職30	徒二年
	⑤居夫喪、作楽・釈服従吉	職30	徒一年半
	⑥居夫喪、改嫁	戸30	徒二年

6e　謀反の実例（一六頁）　律令時代盛期に成立した書紀・続紀に謀反または反と書かれた実例を調べると、天皇個人の殺害や急死を目的としたと確認しうる場合は少ない。むしろ寵臣の殺害を通じての政権掌握、あるいは蝦夷・隼人らの騒擾など、いわゆる内乱に関する被疑・予備・実行の場合が大半である。また実例の記述には、謀反や反のほかに、逆・逆謀・逆臣・反逆・叛逆など、謀大逆や謀叛とまぎらわしい表記が多く、宣命には「謀反大逆」と続けた例（続紀、宝亀三年四月丁未条）さえある。

6f　謀反と謀叛（一六頁）　反は手を裏返す意、叛は反と半を合せた字で、半は分ける意。従って反は積極的で君主や朝廷への攻撃、叛は消極的で君主や朝廷からの離脱を意味する。首謀者に対する刑も、謀反は極刑の斬だが、謀叛は一等軽い絞である。しかし反と叛とのこのような区別に対応する日本語はなく、両者は漢字の音で区別するほかはなかった。一般に君主に対する反逆を意味する日本語のソムクは背を向ける意で、反より叛に近い。従って律令制が崩壊した平安後期以後は謀反も謀叛と書かれ、すべてムホンと読まれた。謀反と謀叛との混同といい、律令時代における謀反の実例といい、日本人の君主ないし支配に対する観念には注意する必要がある。なお謀反に対する書紀の古訓「ミカドヲカタブケムトハカル」「ミカドヲカタブケムトス」等は、続紀の宣命にも「朝廷乎動之傾無止謀天」（天平神護元年三月丙申）、「朝廷乎傾動武止之天」（天平宝字八年九月甲寅）等とあって、「ヘンヲハカル」よりも古い訓と推測される。

6g　則天文字（一六頁）　則天武后（在位六九〇～七〇五）が載初元年（六九〇）に制定した十七（常盤大定説）の文字。慶雲四年（七〇七）と記した正倉院蔵の王勃詩序にすでに使われているので、大宝の遣唐使（七〇四帰国）によって知られた可能性が大。唐ではまもなく廃れたのに日本では、圀（くに）・埊（と）などが永く使われた。唐で高祖の父の諱昞と通ずるとして甲乙丙の丙を景と改めたのを（→名例32疏）、日本でそのまま写し伝えたのと同じである。

6h　蠱毒と厭魅(一六頁)　蠱毒について唐賊盗律15の疏は、毒虫に共食いさせて生残った一匹から毒を製造するなど、いろいろの製造方法があるというだけで、何故にそれが特に怖れられるかは説明していない。しかし蠱毒についての条文(賊盗15)と毒薬条(賊盗16)・厭魅条(賊盗17)などとを比較すると、蠱毒は伝染性のある病毒と考えられる。これに対して厭魅は「刻作人身、刺心釘眼」(唐賊盗律17疏。日本律疏には後半の四字欠脱)して鬼神に祈る類だが、平城宮跡からは長さ十五センチほどの板人形の胸と両眼に木釘を打ち、呪文を記したものが出土している。

このように律では区別されている蠱と厭魅も、日本では実際には区別できなかったらしい。すなわち奈良後期、称徳朝に県犬養姉女らが「巫蠱」の罪で配流されたときの宣命によれば、その行為は天皇の髪を盗んで佐保川から拾ってきた髑髏に入れ宮中に持込み、「厭魅」すること三度、というのであり(続紀、神護景雲三年五月丙申条)、また光仁天皇が「巫蠱」(続紀、宝亀三年三月癸未条・同四年十月辛酉条)の罪で井上皇后を廃したときの罪状も「厭魅大逆」(宝亀三年五月丁未条)であった。

6i　大不敬(一七頁)　大不敬と呼ぶ理由を唐律の疏は説明して、犯情が重大であり全く粛敬の心がないから大不敬という、としているが、敬は本来身をつつしむ意であり、尊属や長上などの親族に対する不敬もありうるわけであるから、特に君主に対するそれを公的な不敬という意味で大不敬と呼んだのであろう。

6j　姧父祖妾(一八頁)　唐律は親族間の姧に厳しく、父祖の妾との間での姧でさえ絞だが、日本律は唐律が罰則を設けようともしなかった父祖の妻との姧ですら徒三年とする(雑律23)。

7a　六議(一九頁)　唐律の八議は周礼の八辟に由来する(辟は特例法の意で、八辟は議親之辟から議賓之辟まで八議に同じ)。礼記の「刑不レ上二大夫一」に対する鄭玄の注に「軽重不レ在二刑書一」とあり、この八項の該当者には律をそのままでは適用しない(以上、唐律疏議)。日本律の六議は、唐律の「七曰議勤」を「五曰議功」に併合し、「八曰議賓」を削除したもの。確かに議勤は議功とあまり違わないし、前王朝の一族を国賓として待遇する制度は日本に無いので議賓も不要であった。

なお奈良時代には「名例律議親条」(喪葬2古記)と呼んだ例があるが、平安初期には「六議条」(三代実録、貞観十三年十月五日条)、また名例律裏書に「六議一条」(→補6c)とあるのに拠り、全体を一条と数える。

7b　皇親及皇帝五等以上親(一九頁)　皇親は親王を一世、その子を二世王とし、以下四世王まで(継嗣1)。五等親は直系卑属の場合、玄孫まで(儀制25)。四世王は皇帝の玄孫だから直系卑属では皇親と皇帝五等親とは重復するが、後者は姻族も含めて傍系親族に及ぶ。大宝律は「皇親」だけであったのに、養老律で「及」以下八字を付加したのは、或いは姻族である藤原氏を含ませるためであろうか。また本注の「四等以上親」「三等以上親」も、大宝律ではそれぞれ「本服七日以上親」「本服一月以上親」であった(三代実録、貞観十三年十月五日条)が、養老律では「本服」は天皇のみとしてこれを除いたもの(喪葬2義解)。

8　減一等(二〇頁)　減は減軽で、加すなわち加重の対語。一等・二等などの等は、加重の場合は、五罪を合計二十等に分けて(名例1~5)数えるが、減軽の場合は、死罪の二等、流罪の三等を、各々一括して一等とし、徒罪以下の合計十五等についてのみ、各等を一等とする(名例56)。従って「流罪以下、減一等」というと、近・中・遠の三流とも、ただちに徒三年に減軽される。なお位階・勲等についての等(例えば名例21)は→公式54。

9a　反逆縁坐の四字脱か(二〇頁)　日本律は本文も疏も此の四字を脱するが、㈠唐律にはあるし、㈡日本律の名例18では反逆縁坐が故殺人と併記されているから、故殺より軽い闘殺(闘訟5)すら「不レ用二此律一」とすることの適用除外例に当然含めるべきであるし、㈢名例11により反逆縁坐流は減軽されないから、「流罪以下減二一等一」とする本条では当然この適用除外例に含めるべきである。なお反逆縁坐流は五流の一(→補11c)。

9b　監守(二一頁)　定義規定→名例54。唐律では、監臨・主守すべき対象に対する監臨・主守の官人の犯罪は、姧は一等(雑律28)、盗は二等(賊盗律36)加重し、略人については見えないが、受財枉法は坐贓(非監臨の因事受財)非監臨の受財よりも六等(職制律46 48と雑律1を照合)加重するのに対し、日本律は姧・盗の加重規定を除き、受財枉法の加重を五等に止めている。

9 c 姧と姧他妻妾(二一頁)　姧は礼によらない婚姻(→戸令補27 a)いわば事実上の結婚関係で、相手が未婚女性でも徒一年(雑律22)。これに対し姧他妻妾はいわゆる姦通であり徒二年(同条)。日本律は本条で、唐律の姧を姧他妻妾のみに限定したが、名例11でも唐律の婦人(未婚女性を含む)を妻妾に限定し、名例19でも姧に「謂、姧二他妻妾一、及与和者」と本注を付加している。

11 a 贖銅(二一頁)　律では一般に布(唐は絹何尺何疋、日本は麻や紵麻の布何尺何端)を貨幣単位としているのに、贖のみ銅の地金で表示するのは、唐律特有の尚古主義と沿革的理由による(滋賀秀三説)。日本律も唐律に倣って贖を銅で納めさせることとし、五罪との換算は徒までが唐律と同じで、流・死の両者は重くしている(名例1～5)。しかし実際には「凡贖レ罪無レ銅、准レ価徴レ銭」との規定(刑部式)もあり、他にも布など「贖銅代物」(政事要略、天暦四年十月十三日官符)でも納めさせたらしい。ところで銅一斤は十六両(雑令1)だが、銭で代納するときは「随二時沽一」らしく天慶三年には一両につき十文(政事要略、糺弾雑事、議請減贖)であり、これは唐と同じだった(唐では日本ほど貨幣価値が変動しなかった)。なお、贖銅の納期限と用途→獄令52 55、納入状況→獄令補52。

11 b 聴(二一頁)　律の中の「聴」の字は、一部で①聞く②待つ③放任するの意味に使われているほかは、大半が④ユルスと訓まれているが、このユルスは当事者に対する許容というよりも、むしろ事案を扱う者に対する命令であり、聴をユルスと訓んでいる諸条文は、みな事案を当事者の利益となるように処置すべく強制している(梅村恵子説)。すなわち律の制定者たる君主が「聴」といえば、臣僚たる者はその通りに処置しなければならないのである。

11 c 五流(二一頁)　㈠加役流―服役三年の遠流(名例24)。隋律の死罪の一部(旧唐書、刑法志に五十条とある)を、唐の武徳年間に断趾(あしきり)、貞観六年に加役流と改正(本条唐律疏)。㈡反逆縁坐流―謀反大逆犯の祖孫兄弟が処せられる遠流(賊盗1)。謀叛でも実行に移って叛となれば縁坐流がありうる(賊盗4)のに、反逆縁坐流は謀反と大逆のみ(名例18疏)。なお縁坐は親族に対する処罰で、職務上の連帯責任を問うのは連坐(名例40 41)。㈢子孫犯過失流―全くの過失で直系尊属を死に致したとき、唐律(闘訟律28)では流三千里。日本律は該当条散逸のため、本条その他から流と知れるだけである。㈣不孝流―八虐の不孝(名例6⑺)に該当する流。唐律では不孝の罪は重く、直系尊属について、死を匿して挙哀しなかったとき(職制30)、愛媚を求めて厭魅または呪詛したとき(賊盗17)、いずれも流二千里で不孝流となるが、日本律はこれらを徒二年としたので不孝流にはならず、告言したときの従犯が遠流の不孝流(闘訟律44、唐律も流三千里)となる。㈤会赦猶流―律の各条文に「赦に会ってもなお流の実刑に処する」と規定されている流。即ち、造畜蠱毒犯が、或いはその同居家族と教令者が赦に会ったときの遠流(賊盗15)、四等以内の尊属等の殺害犯や謀反大逆犯が赦に会ったときの近流(断獄律21)、婦人は流の実刑には処さないが造畜蠱毒犯は例外的に遠流(名例28本注)など。

五流には前三条の減も本条の贖も適用されず、官人ならば除名を付加し、すべて流の実刑に処する(本条)。ただし降つまり一般減刑に会って徒以下に減軽された場合、加役流・反逆縁坐流・不孝流は贖しうるが、子孫犯過失流は本条下文に「犯二過失殺傷一応レ徒…不レ得二減贖一」とあるので贖しえないし、会赦猶流はもともと徒以下に減軽されない(疏)。

11 d 過失(二二頁)　定義に類する例示としては、「謂、耳目所レ不レ及、思慮所レ不レ到、共挙二重物一力之所レ不レ制、若乗レ高足跌、及因レ撃二禽獣一、以致二殺傷一之属、皆是」という本注(闘訟律38)がある。過失は律で殺傷の場合だけに用いられ、近親の尊長に対して犯したときに闘殺傷よりも一等減(闘訟律28)または二等減(闘訟律25 27)の実刑に処するほか、一般には闘殺傷の罪に相当する贖を徴して済ませる。

11 e 妻妾犯姧(二二頁)　唐律は「婦人犯姧」、即ち未婚婦人の姧を含む(↓

補9c)。日本では僧尼の場合(僧尼1)を除いて、未婚婦人の姧を規制することは慣習に合わない(→戸令補27a)。しかし後宮の釆女・女孺らの姧は、男女共に徒一年とする罰則(雑律22・唐雑律22疏)に拘らず、「本罪不レ応ニ流配一、而特配」(本条本注)とされたらしく、続紀、天平十一年三月庚申条・同十四年十月癸未条はその例か。

11f　除免官当と除免当贖(一二二頁)　本条本注の「除免官当」は、大宝律(政事要略、糾弾雑事、議請減贖に引く古答)および唐律では「除免当贖」であった。「当贖」とは官当と贖であるから、養老律は唐律そのままの大宝律から「贖」を削除したわけである。これは、同じ本注で唐律の「官爵」を大宝律で「官位」、養老律で「官」と改めて、「爵」を削除したことと関係がある。即ち唐の爵は「除名を犯せば爵もまた除かれるが、免官・免所居官または官当ならば爵を留めて贖を収める」(本条唐律疏)ところの世襲的な栄典であるけれども、日本では姓の制度があったためか爵の制度を継受しなかったので、唐律の本条本注における「有官者は官当、有爵者は贖」という対応関係のうちの後者は不要になった。これが養老律で「贖」を削除した理由であり、養老律編纂時代の唐律に対する理解が、大宝律編纂時代よりも深まった一例とすることができる。

12　婦人の有位者(一二三頁)　日本律は唐律該当条から邑号という日本に無い制度に関する部分と、「不得蔭親属」の五字を削除。従って婦人でも有位者はその蔭を親族に及ぼし得ると解される。女帝の存在と共に、女性の地位を示す例である。

14a　疏の不注意(一二三頁)　律の本文は注・疏によって解釈が確定されるが、日本律の編纂者は唐の律疏の翻案にさいして時折り注意を欠いたようである。

まず本条疏に「父有ニ三位一、合ニ請減一、又身有ニ七位一、合ニ例減一」とある三位・七位は、それぞれ唐律の疏の三品・七品の書換えだが、唐では正・従三品の子に従七品上・下が授けられるのに対し、日本では三位の子は従六位上(嫡子)または従六位下(庶子)となるので(選叙38)、この疏で七品を位と書換えるよりも六位と書換える方が適切と思われる。

同様な例は、次条の「所親」(→名例15注)の疏にも認められる。すなわち「藉ニ所親蔭一犯」の疏として「仮如、藉ニ伯叔蔭一而犯ニ伯叔之祖父母・父母一」とある伯叔すなわち伯叔父は、唐律疏の伯叔母の書換えだが、伯叔母は伯叔父の配偶者であるから、その祖父母・父母と共に、自己との間に血縁関係が無いのに対し、伯叔と書換えると、伯叔の祖父母・父母は自己の曾祖父母・祖父母にも当ることになる。従ってこれは直系親に対する犯罪となり、本条の「所親」を「謂、傍親。非ニ祖父母、父母及子孫一」と注釈する本条疏に矛盾する。

14b　故失減(一二三頁)　律令制度では行政機関と司法機関とが未分離であり(→獄令補1b)、行政官が裁判を担当したが、故意または過失によって不当な刑を言渡したときは、正当な刑或いは無罪の場合との差を、そのまま或いは情状酌量して、裁判担当官に負わせることになっている(断獄律19以下)。この故意ではあっても刑の執行に至らなかったときや過失などの情状による酌量減軽を故失減という。

17a　官当(一二六頁)　官当とは官を奪って刑に代当するという意味であり、唐では任官のさいに与えた告身(書式→公式補16b)を毀棄したが、日本ではその代りに叙位のさいに与えた位記を毀棄することとした(手続→獄令28)。従って官当も位当と改めればよさそうであるが、官位相当制(→官位補☆b)によって官と位とは連動し、位を奪えば官もおのずから罷免されるので、敢えて改めなかったのであろう。しかしその結果、前条や本条をはじめ諸条文で、しばしば官を位と訓みかえなければならない事態を生じた。免官・免所居官についても同様である。

なお官当にさいしては、まず文官としての位を、次いで武功に授けられる勲を奪われるが、位記のほかに特に勲記なるものが存在した形跡は無いので、叙勲も位記として発給されたと考えられる。

17b　相須・不相須(一二六頁)　本条の「私曲」の疏に「私・曲、相須」、八虐不孝(名例6(7))の本注「別籍・異財」の疏に「二事既不ニ相須一」とあるように、律疏にしばしば現われる相須・不相須の須は、マツとかモチキルとか訓むが、その前の二字または二事項が熟語のように合わさって一つの犯罪構成要件となるときは相須といい、それぞれ独立の要件となっているときは不相須という。「私曲相須」については、続後紀、承和十三年十一月壬子条に、明法家らの論議が見える。

20 免所居官の効果(二九頁) 免所居官は一年後に一等降して再叙される点では官当と同じ(名例21)であるが、本条列挙の罪は徒一年以下の軽い罪なので、もし官当法を適用すると官を削らず贖で済むことになる(名例22)。それにも拘らず必ず一官を削らせるところに本条の規定された意義がある(滋賀秀三説)。なお本条列挙の罪は、唐律該当条から父祖の忌諱を厳守せず、また父祖の喪中に出仕するなど、日本に無い慣行に関わる罪を除いたほか、監臨の官が管内の雑戸・官戸・部曲妻(家女)・婢を姧する罪も除いている。

21 載の実例(三〇頁) 年が三百六十日即ち満一年で、載が暦年で区切る数え年ならば、年号に係ける紀年も何載と表記した方がよいという考え方がありうるわけであり、唐では玄宗が天宝三年(七四四)正月から年を改めて載とし、粛宗が至徳三載(七五八)二月に乾元元年と改元するまで、載の字が使われたが、日本では聖武朝の天平勝宝六年(七五四)に遣唐使が帰朝して唐の現況を報告すると、翌年正月から天平勝宝九歳八月に天平宝字元年と改元するまで、歳の字が使われた。

24a 家人不在従例(三三頁) 日本の律令における家人には、良賤を問わず家内の人を指す場合と、唐の部曲に相当する賤民を指す場合との両者がある(→戸令補40)。この本注は唐律(開元二十五年律)には無いけれども、唐律にしても日本律にしても妻妾や父祖子孫のような近親ならば下文に家口と言換えているから、この家人とは恐らく隷属的な地位にある遠縁の者ないし寄食者を指すのであろう。流罪となった有力者がこのような家人を率いてゆけば、それは反乱のさいに直ちに武力に転化する。

24b 六年内の放還(三四頁) 六年内を流移人本人の死亡後六年内と解する理由は次の通りである。即ち六年ごとの造籍(戸令19)にあたって本人及び家族の氏名年齢などを申告する義務は、本人死亡後は家族が果すことになるが、引続き配所に住むか故郷への帰還を願うかについての妻妾ら同行家族の希望は、本人死亡後最初の造籍のさいに確認されるはずである。従って帰還を希望するならば、それまでに願い出よというのが立法趣旨であろう。唐律該当条が三年内としているのを本条が六年内と改めたのは、三年・六年が唐・日それぞれの造籍間隔だからである。

25 流人の行程の過限(三四頁) 近・中・遠の三流は、唐では二千里・二千五百里・三千里と距離で示されていたので、「過限」(本文)すなわち「有違」(本注)か否かを判定するためには、「仮有、配流二千里、準二歩程一、合二四十日一」(唐律疏議)というように、いちいち距離を標準行程で割って所要日数を算出しなければならなかった。しかし日本では配所の国々が古くからほぼ決まっており(→補4)、しかもそれらの国々へ京から下るときの所要日数にも基準があった(主計式)ので、「過限」「有違」は直ちに判定しえたはずであり、唐律の疏をそのまま翻案する必要はなかったと思われる。いまそれらの国々の京からの距離(刑部式)と所要日数(主計式)を示すと次の如くである。

(近)	越前	三一五里	四日	・	安芸	四九〇里	七日
(中)	信濃	五六〇里	一〇日	・	伊予	五六〇里	八日
(遠)	伊豆	七七〇里	一一日	・	安房	一一九〇里	一七日
	常陸	一五七五里	一五日	・	佐渡	一三二五里	一七日
	隠岐	九一〇里	一八日	・	土佐	一二二五里	一八日

右の里数を日数で割ると、一日当り行程の最長は常陸へ下るときの百五里、最短は隠岐の五十里強、次いで信濃の五十六里であり、他は安芸・伊予・伊豆・安房がいずれも七十里、そして残りの三カ国も六十八里から七十九里の間である。公式88の馬七十里・歩五十里が一応の標準に過ぎず、これらの一日当り行程にも行路の難易や船を使う場合などで長短に幅があるのは当然であるにしても、馬七十里というその七十里前後が大半であるのは注目される。

27 疏の改訂(三七頁) 「盗及傷人」についての唐律疏議は「徒以上並合レ配レ徒、不レ入二加杖之例一。諸条称二以盗論、及以故殺傷論・以闘殺傷論一者、各同二真盗及真殺傷人之法一」と説明している。これを日本律疏と比較すると、さまざまな盗・傷人に対する加杖法の適用規準について、名例53にいう以盗論ないし以故殺傷論などによるか、それとも同条の准盗論などによるかという、規準の取りかたのいわば表裏の差にすぎないのであるが、どちらかといえば唐律疏議の方が明快と思われる。しかし闘殺傷(闘訟5)に関しては、唐律疏議だと加杖法から除外され、日本律疏だと(「減故殺傷一等二等減」の「故」を「闘」の誤としない限り)加杖法に入る。このように疏を改訂することによって、本条の適用範囲を動かすほどの立法技術を、名例25の疏(→補25)を書くような日本律編纂者が持っていたとは考えられないから、この部分の日本律疏は唐律疏議に収められた開元二十五年律疏よりも以前の律疏を写しているとすべきであろうか。

2 衛禁律

☆ **衛禁律の欠佚部分および唐律との差異**(五三頁)　中国では晋律・梁律・北周律に衛宮律(唐律疏議では宮衛律)の篇目があり、北斉律では関禁に関する条文を付加して禁衛律の篇目を立てた。隋の開皇律で衛禁律の篇目が立てられ、唐律・日本律に継承された。

養老衛禁律は、その前半が欠佚している。収拾された逸文について唐律と比較すると、唐衛禁律のうちのかなりの条文が日本律にも存在していたことが推定されるが、一部には逸文の見出しえない条文がある。現存する後半部分についても、唐律に存在して日本律には見えない条文がある。

ここで唐律と日本律との比較を個々の条文について行うことはできないが、注目されるのは、唐律第一条(闌入太廟門条)である。唐律には、

諸闌㆓入太廟門及山陵兆域門㆒者、徒二年。(注略) 越㆑垣者、徒三年。太社、各減㆓一等㆒。守衛不㆑覚、減㆓二等㆒。(注略) 主帥、又減㆓一等㆒。(注略) 故縦者、各与同罪。(注略)。

とあるが、政事要略(巻二九)・師守記(貞治三年五月十三日条)・法曹至要抄(巻上、闌入神社事)等によると、日本律ではこの条文は、

凡闌㆓入大社門㆒者、徒一年。(注略) 越㆑垣者、徒二年。中社小社、各逓減㆓一等㆒。神部不㆑覚、減㆓一等㆒。監神、又減㆓一等㆒。故縦者、各与同罪(闌入大社門条)。

凡闌㆓入山陵兆域門㆒者、笞五十。越㆑垣者、杖一百。陵戸不㆑覚、減㆓二等㆒。(注略) 公卿(ママ)、又減㆓一等㆒。(注略) 故縦者、各与同罪(闌入山陵兆域門条)。

の二条に分たれていたと考えられる。すなわち日本律では、山陵への闌入の罪を、神社への闌入の罪から区分し、より軽微な罪としており、そこに彼我の宗教観念・儀礼の相違が反映しているものと認められる。

なお『訳註日本律令』を参照して、唐律の全条文と養老律写本及び今日までに収拾された逸文を対比すると左表の如くである(欠佚した部分の条

文名は唐律疏議による)。

	唐律	日本律
1	闌入太廟門条	逸文あり(闌入大社門条・闌入山陵兆域門条の二条とする)
2	闌入宮門条	逸文あり
3	闌入踰閾為限条	〃
4	宮殿門無籍条	〃
5	非隠宿衛自代条	〃
6	因事入宮輒宿条	
7	無著籍入宮殿条	
8	宮殿作罷不出条	逸文あり
9	登高臨宮中条	〃
10	宿衛人被奏劾条	
11	応出宮殿輒留条	逸文あり
12	闌入非御在所条	
13	已配仗衛廻改条	
14	奉勅夜開宮殿門条	逸文あり
15	夜禁宮殿出入条	
16	向宮殿射条	逸文あり
17	車駕行衛隊条	養老律写本に条文あり
18	宿衛人上番条	〃
19	宿衛兵仗条	〃
20	行宮諸門条	〃
21	宮城内外行夜条	〃
22	犯廟社禁苑罪名条	養老律写本に条文なし
23	宮門外守衛条	養老律写本に条文あり
24	城垣及城条	〃
25	私度関条	〃
26	不応度関条	〃
27	関津無故留難条	〃
28	私度者有他罪条	〃
29	領人兵度関条	〃
30	齎禁物私度関条	養老律写本に条文なし
31	越度縁辺関塞条	〃
32	縁辺城戍条	養老律写本に条文あり
33	烽候不警条	〃

3 職制律

☆ **職制律**(六一頁)　職制律は晋の泰始律に始まり、当初は違制律といった。北斉の河清律に至っても違制律という呼称は改めなかったが、隋の開皇律で職制律と改めた。職制律が衛禁律の次に置かれたのは、まず朝廷の警備の問題がすんでから、その次に官司の規律が問題となるからであった(唐律疏議)。職制律に規定された犯罪は一般に公務の執行と関連するものであるが、30条と32条は公務の執行と関係なく、またその行為主体も官人に限らない(戴炎輝説)。この篇の犯罪は公罪(名例17)に属するものが多く、また過誤によるものが多い。

永徽職制律・同律疏　日本の大宝律・養老律の制定者が直接の手本としたのは、唐の永徽律疏であったが、残存する故唐律疏議に収録されているのは開元二十五年の律・律疏である。ただ職制律については、敦煌発見唐職制戸婚厩庫律断簡(ペリオ文書三六〇八・三二五二号)の中に職制律9条の後半以降が含まれており、同文書は—垂拱の改正が若干含まれているかも知れないが—永徽律の写本と推定される(内藤乾吉説)。なおペリオ文書三六九〇号は、職制律12(後半)・13・14・15(前半)の部分の律疏断簡である。この断簡が永徽律疏であるという確証はないが、その書式は養老職制律の写本(広橋家本)と酷似しているので、日本律の手本となった永徽律疏がこのペリオ文書とほぼ同じ形式であったことは間違いないと思われる。

5 **官人**(六三頁)　唐開元律には「雖無官品、但分番上下亦同。下条准此」という本注があったが(永徽律は未詳だが同じか)、養老律にはない。唐律令の「官人」は一般に流内官をさしたのに対して、日本律令の、「官人」には四等官・品官をさす狭義の用法と、雑任クラスを含めた広義の用法が混在していたので(野村忠夫説)、唐律のこの本注は、かえって混乱をまねくとして日本律で意識的に削除された可能性が強い。

9 **在散斎弔喪条と唐律**(六五頁)　養老律には永徽律(ペリオ文書三六〇八号の永徽律写本はこの条の「殺文書、及決罰…」以降が残存。→補☆)には無い「食宍」の二字がある。天武四年四月には「莫レ食二牛馬犬猨鶏之宍一」という禁制も出されているので(書紀)、おそらく日本律編纂者が独自の考えから「食宍」の二字を加えたのであろう。また日本律は一般に唐律より刑量を一〜二等減じているが(例、職制12〜14。なお→名例56)、この条の「奏聞者、杖七十。致斎者、各加二等」は、永徽律の「奏聞者杖六十。致斎者各加一等」よりも重くなっている(前田家本養老律写本が「各加一等」とするのは唐律による意改か)。これらの日本律の書き変えは、日本古代の斎戒の思想の具体的なあらわれとみられ、特に天皇に奏聞した場合の刑量が唐律より加重されていることが注目される。→神祇補11a。

17 **不応得為罪**(六七頁)　雑律62逸文に「不レ応レ得レ為而為之者、笞四十。事理重者、杖八十」とあり、唐律該当条の本注には「謂、律令無レ条、理不レ可レ為者」とある。即ち律令に本条がなくても、理において為すべからざる行為に対しては、不応得為罪(軽・重)を科する。

20a **玄象器物条の禁書**(六八頁)　禁書のうちの「天文図書」は雑令8の義解に「天文図書者、星官簿讃之類也」とあるので、雑令8の天文図書はあるいは「天文の図書」と解すべきかも知れない(『日本国見在書目録』に「簿讃二巻〈陳卓撰〉」「石氏星経簿讃二巻」が見える)。しかしこの条の天文図書は、疏に「天文者、謂、日月五星廿八宿等、図書者、河出レ図、洛出レ書是」とあるので、本来は天文と図書の二つを指し、天文は『日本国見在書目録』天文家の項に見える「日月五星占図一巻」「五星廿八宿占一巻」「二十八宿五巻」「二十八宿図三巻」などにあたり、図書は同目録の異説家の項に見える「河図一巻」「河図竜文一巻」などにあたると考えられる。また讖と緯・候との区別は必ずしも明確でないが、緯が経書の解釈という性格が強いのに対して、讖は主として未来徴祥の書であったために、後者は禁書とされたのであろう。

20b **玄象器物条の私習**(六八頁)　開元律該当条には「私習天文亦同」とあり、養老名例律37逸文にも本条と関連して「私習天文」の語が見えるので、本条の「私習亦同」は伝写の間に「天文」の二字が誤脱したのではないかとの疑いも生ずるが、『菅家文草』元慶七年六月の「請三秀才課試新立二法例一状」の「律文所レ禁、可二試問一事」に引用する本条にも「注曰、私習亦同」とあるので、養老律には「私習亦同」とあって、私習を禁じたのは天文だけではなかったと推定される（なお敦煌文書の永徽律写本（↓補☆）には「私習……」の本注が見えないが、本来なかったのか写本の誤脱かは未詳）。本条の私習の禁の実態については、『菅家文草』の前掲箇所に「…然則律条所レ制、不レ得レ貯二其書一。亦無レ習二其術一。已云レ不レ習、何備二試問一、唯年来之例、被レ勅策問者、題下問中、時触二禁忌一。…」とあるのが注目される。

32　**指斥乗輿条の沿革**（七四頁）　天武四年四月「小錦下久努臣摩呂、坐レ対二捍詔使一、官位尽追」（書紀）、天武六年四月「杙田史名倉、坐レ指二斥乗輿一、以流二于伊豆嶋一」（書紀）の二例は、天武十年二月の律令編纂事業の開始より前である。なお前者の官位尽追は唐律及び大宝律・養老律において対捍詔使を（大不敬として）除名にするのと同じであることが注目される。

43　**坐贓論**（七八頁）　犯罪の構成要件となった財物の価格を布に換算して、雑律1逸文「坐贓致レ罪者、一尺笞十、一端加二一等一。十二端徒一年、十二端加二一等一、罪止徒三年。与者、減二五等一」を適用する。なお坐贓は一般に彼此倶罪之贓として没官される（名例32）。

54　**監臨之官と供饋**（八四頁）　唐律該当条は監臨の官が猪羊などの供饋を受けること自体を処罰の対象としているが、日本律は強制さえしなければ、供饋を受けること自体は罰しない。なお大宝律には末尾に「贄亦准此」という語句があった可能性が強いが、あるいは唐律の「猪羊」を大宝律が「猪鹿」と書き変えたために、猪鹿などの獦贄（山幸）に対して、本来の贄（海幸）も供饋に含める意で「贄亦准此」の句を加えたか。なお国郡司と受供給との関係については↓戸令補34。

7　賊盗律

☆　**唐賊盗律との差異**（八七頁）　中国では古く戦国時代の魏の李悝の法経六篇の中に盗法・賊法の二篇があったという伝えがあり、漢以降の律にみな盗律・賊律の二篇目があったが、北斉律ではこれを合せて賊盗律とし、後周律ではこれを劫盗律として、別にまた賊叛律を立てた。隋の開皇律でこの両律を合せて賊盗律の篇目を立て、それが唐律および日本律に継承された。

養老賊盗律を唐賊盗律と比較すると、大体において日本律は唐律の内容・形式をほぼそのまま継承し、改訂を止むをえざる範囲にとどめていること、全般的に量刑を唐律よりも一、二等程度軽減している場合が多いこと、その中でとくに尊属・死者に対する侵犯の罪は唐律のほうが格段に重いことなど、律全体について一般的にいえることがここでも指摘できる。ただ唐律36監臨主守自盗条は、

「諸監臨主守自盗、及盗下所二監臨一財物上者、〈若親王財物、而監守自盗、亦同。〉加二凡盗二等一。三十疋絞。〈本条已有レ加者、亦累加之〉」

とあって、いわゆる監守盗についての規定になっているが、この一条だけ日本律にその該当条文が見えず、そのために唐律がおよそ五十四条であるのに対して、日本律がおよそ五十三条となっていることが注目される。

この点は利光三津夫によれば、この条文が日本律では伝写の間に脱漏したとする先説があるけれども、養老名例律22の疏に「仮有、五位以上、及帯二勲位一、於二監臨内一、盗二布三端一、本坐合二杖八十一、仍須二准レ例除名一」とあり、また同律23の疏に「仮有、人告三五位以上、監主内盗二布三端一、若事実盗者、合二杖八十一、仍合二除名一」とあって、監守盗の刑が日本律では凡盗の場合（賊盗35の規定）と同じであったことが知られるから、本条はもともと日本律には存在しなかったとしなければならない。また監守盗に対してとくに厳刑を以て臨む方針は、漢代以来中国の歴朝に承け継がれ、唐初においてもこれが弛められた形跡も証拠もないから、日本律の母法である永徽

の賊盗律にこの条が存在しなかったというようなことも、到底考えられない。従って本条は、わが律の編纂者が意識的に削除したものと推断せざるをえないが、その理由は、わが国においては君主権に対して貴族の地位が強固であり、官僚勢力が強大であって、監守盗に対して重刑を課しえない事情にあったためであろうという(利光三津夫『律令及び令制の研究』第一部第三章「わが律に削除せられた唐律」)。

8 闘訟律

☆ **闘訟律の欠佚部分および唐律との差異**(一一九頁) 中国では後魏律にはじめて闘律の篇目が立てられ、北斉律でこれに訴訟に関する条文を付加して闘訟律と名づけた。その後、後周律では闘競律としたが、隋の開皇律は北斉律に従って再び闘訟律と名づけ、その篇目が唐律および日本律に継承された。

養老闘訟律は、わずかに3条の後半部分と4条・5条が現存するだけで、その他の部分はすべて欠佚している。収拾された逸文について唐律と比較すると、唐闘訟律六十条のうちの大半の条文が日本律にも存在していたことが知られるが、逸文の見出しえない条文が十一条ほどあり(別表参照)、その中にはもともと日本律では削除されていたのではないかと思われるものもないではない。

なお、日本律の残存条文がきわめて少ないので、唐律との比較を詳しく行うことはできないが、とくに大きな相違点として指摘できるのは、川北靖之が論証したように、唐闘訟律20主殺有罪奴婢条と同21殴部曲死決罰条を日本律では合せて一条としていることである(川北靖之「律逸文考―闘訟律三条の復原について―」皇学館論叢四ノ六)。すなわち唐闘訟律20は、

諸奴婢有レ罪、其主不レ請二官司一而殺者、杖一百。無レ罪而殺者、徒一年(注略)。

とあり、また同21は、

諸主、殴二部曲一至レ死者、徒一年。故殺者、加二一等一。其有二愆犯一、決罰致レ死、及過失殺者、各勿論。

とあるが、法曹至要抄(巻上、殺子孫幷家人奴婢事)・政事要略(巻八二・八四)・小野宮年中行事(雑穢事)・金玉掌中抄(殺奴婢罪事)等によると、日本律ではこの両条を一条にまとめて、

凡奴婢有レ罪、其主不レ請二官司一而殺者、杖八十。無レ罪而殺者、杖一百。家人者、各加二一等一。(注略)過失殺者、各勿論。

としていたことが知られる。これは両条の表現が不統一のために、徒らに混乱を生ずる恐れがあるので、両条を統合整理することによって、その混乱を避けようとしたものと見られる。

なお『訳註日本律令』を参照して、唐律の全条文と養老律写本及び今日までに収拾された逸文を対比すると、左表の如くである(条文名は唐律疏議による)。

	唐律	日本律
1	闘殴手足他物傷条	逸文あり
2	闘殴折歯毀耳鼻条	〃
3	兵刃斫射人条	養老律写本に条文(後半)あり
4	殴人折跌支体瞎目条	養老律写本に条文あり
5	闘故殺用兵刃条	養老律写本に条文(末尾欠)あり
6	保辜条	逸文あり
7	同謀不同謀殴傷人条	〃
8	威力制縛人条	〃
9	両相殴傷論如律条	
10	内忿争条	逸文あり
11	殴制使府主県令条	〃
12	佐職統属殴長官条	〃
13	殴府主県令父母条	
14	皇家袒免以上親条	
15	流外官殴議貴条	
16	九品以上殴議貴条	
17	監臨官司殴統属条	逸文あり
18	拒殴州県使条	〃
19	部曲奴婢良人相殴条	〃
20	主殺有罪奴婢条	〃 ｝二条を合して奴婢有罪主不請官司殺条とする
21	殴部曲死決罰条	〃 ｝
22	部曲奴婢過失殺主条	逸文あり
23	殴緦麻親部曲奴婢条	〃
24	殴傷妻妾条	〃
25	媵妾殴詈夫条	〃
26	殴緦麻兄姉条	
27	殴兄姉条	逸文あり
28	殴詈祖父母父母条	〃
29	妻妾殴詈夫父母条	〃
30	妻妾殴詈故夫父母条	
31	殴兄妻夫弟妹条	逸文あり
32	殴妻前夫子条	〃
33	殴詈夫期親尊長条	
34	祖父母為人殴撃条	逸文あり
35	闘殴誤殺傷人条	
36	部曲奴婢詈旧主条	逸文あり
37	戯殺傷人条	〃
38	過失殺傷人条	〃
39	密告謀反大逆条	〃
40	誣告謀反大逆条	〃
41	誣告反坐条	〃
42	告小事虚条	〃
43	誣告人流罪引虚条	〃
44	告祖父母父母絞条	〃
45	告期親尊長条	〃
46	告緦麻卑幼条	〃
47	子孫違犯教令条	〃
48	部曲奴婢告主条	〃
49	誣告府主刺史県令条	
50	投匿名書告人罪条	逸文あり
51	囚不得告挙他事条	〃
52	犯罪経所在官首条	〃

53	以赦前事相告言条	〃
54	告人罪須明注年月条	〃
55	為人作辞牒加状条	〃
56	教令人告事虚条	〃
57	邀車駕撾鼓訴事条	
58	越訴条	逸文あり
59	強盗殺人条	〃
60	監臨知犯法条	〃

1 官位令

☆a 官位官品表

＊他に諸王一位〜五位がある。

＊＊大宝令では他に品・本の全階に散品・散位、正五位上以下の各階に外位がある。

推古十一年		大徳 小徳 大仁 小仁
大化三年		大織 小織 大繡 小繡 大紫 小紫 大錦 小錦
大化五年		大織 小織 大繡 小繡 大紫 小紫 大花上 大花下 小花上 小花下
天智三年＊		大織 小織 大縫 小縫 大紫 小紫 大錦上 大錦中 大錦下 小錦上 小錦中 小錦下
天武十四年（浄御原令）	親王・諸王	明大壱 広明壱 明大弐 明広弐 浄大壱 浄広壱 浄大弐 浄広弐 浄大参 浄広参 浄大肆 浄広肆
	諸臣	正大壱 正広壱 正大弐 正広弐 正大参 正広参 正大肆 正広肆 直大壱 直広壱 直大弐 直広弐 直大参 直広参 直大肆 直広肆 勤大広壱
大宝元年＊＊（大宝令・養老令）	親王	一品 二品 三品 四品
	諸王・諸臣	正一位 従一位 正二位 従二位 正三位 従三位 正四位上 正四位下 従四位上 従四位下 正五位上 正五位下 従五位上 従五位下 上正六位
	勲位	勲一等 勲二等 勲三等 勲四等 勲五等 勲六等

開元二十五年（貞観・永徽の両令も略同）

品階	文散官	武散官	勲官	爵
正一品				王
従一品	開府儀同三司	驃騎大将軍		嗣王・郡王・国公
正二品	特進	輔国大将軍	上柱国	開国郡公
従二品	光禄大夫	鎮軍大将軍	柱国	開国県公
正三品	金紫光禄大夫	冠軍大将軍 懐化大将軍	上護軍	
従三品	銀青光禄大夫	雲麾将軍 帰徳将軍	護軍	開国侯（県侯）
正四品上	正議大夫	忠武将軍	上軽車都尉	開国伯（県伯）
正四品下	通議大夫	壮武将軍		
従四品上	太中大夫	宣威将軍	軽車都尉	
従四品下	中大夫	明威将軍		
正五品上	中散大夫	定遠将軍	上騎都尉	開国子（県子）
正五品下	朝議大夫	寧遠将軍		
従五品上	朝請大夫	游騎将軍	騎都尉	開国男（県男）
従五品下	朝散大夫	游撃将軍 騎馬都尉		

大礼	大青	大山上	大山上		勤大弐・勤広弐		正六位下	勲七等
小礼		大山下	大山中		勤大参・勤広参		従六位上	
			大山下		勤大肆・勤広肆		従六位下	勲八等
大信		小山上	小山上		務大壱・務広壱		正七位上	
	小青		小山中		務大弐・務広弐		正七位下	勲九等
小信		小山下	小山下		務大参・務広参		従七位上	
			大乙上		務大肆・務広肆		従七位下	勲十等
大義	大黒	大乙上	大乙中		追大壱・追広壱		正八位上	
小義		大乙下	大乙下		追大弐・追広弐		正八位下	勲十一等
大智	小黒	小乙上	少乙上		追大参・追広参		従八位上	
小智		小乙下	少乙中		追大肆・追広肆		従八位下	勲十二等
			少乙下		進大壱・進広壱		大初位上	
	建武（初位）（立身）	立身	大建		進大弐・進広弐		大初位下	
					進大参・進広参		少初位上	
			少建		進大肆・進広肆		少初位下	

正六品上	朝議郎	昭武校尉	驍騎尉	
正六品下	承議郎	昭武副尉		
従六品上	奉議郎	振威校尉	飛騎尉	
従六品下	通直郎	振威副尉		
正七品上	朝請郎	致果校尉	雲騎尉	
正七品下	宣徳郎	致果副尉		
従七品上	朝散郎	翊麾校尉	武騎尉	
従七品下	宣義郎	翊麾副尉		
正八品上	給事郎	宣節校尉		
正八品下	徴事郎	宣節副尉		
従八品上	承奉郎	禦侮校尉		
従八品下	承務郎	禦侮副尉		
正九品上	儒林郎	仁勇校尉		
正九品下	登仕郎	仁勇副尉		
従九品上	文林郎	陪戎校尉		
従九品下	将仕郎	陪戎副尉		

☆**b　官位令と官位相当制**（一二五頁）　唐令は全篇の冒頭に官品令を置き、職掌のある官（職事官）と地位のみの官（散官）とを問わず、あらゆる文武官を正一品から従九品下までの三十階に分けて位置づけ、よって各官の尊卑を表示した。これは官階相当の制度といわれ、各官庁における官職の組織や、官人の昇任や給与を決定するときに有効であった。この官品令や次の職員令のような官僚組織に関する篇目を令の最初に置く構成は隋の開皇令に始まるようであって、いわゆる「隋の天下一統と君権の強化」（浜口重国）が、統治手段としての官僚組織の整備を最も優先させたのであろうと考えられる。日本では隋唐の影響のもとに、推古朝から大化改新を経て官僚組織が整備されてくるが、官品令を模した官位令を定め、これを官人の定期的な昇任や昇給に連動させるに至ったのは浄御原令においてであると推定され、また位階を唐の品階そのままに正一位から少初位下までの三十階に分けたのは大宝令においてであった（→補☆a）。しかし唐の官階相当制は結局各官職そのものの尊卑を示すにすぎないのに反し、日本の官位相当制は品階（親王の場合）や位階（諸王・諸臣の場合）で示される官人個人の身分を各官職と対応させるのが主旨である点で、身分制支配の思想を色濃く温存している制度であった（宮崎市定説）。

☆**c　官位令の音訓と官名**（一二五頁）　広橋本義解の書込みには「貞観講書

記云、尚復請ㇾ読ㇾ文。博士答云、諸書籍者、始ㇾ自㆓第一巻㆒読ㇾ之。此官位令者、官位相当次令也。読㆓職員令㆒曰、自然知㆓官位次第㆒。由ㇾ是本自此巻不ㇾ読。雖ㇾ不ㇾ読ㇾ文、何不ㇾ陳㆓其趣㆒。云々」とある。貞観のころの令の講読の席では職員令を読めば官位の序列がわかるとして、官位令は「本自（もとより）」読まないのが例だったようである。だが紅本義解の紙背には「有㆓音訓両説㆒。若依㆓職員令意㆒読者、可ㇾ用㆓訓説㆒。但此巻不㆔必読㆓訓説㆒。只依㆓俗説㆒可ㇾ用㆓音説㆒歟」、つまり、読むとすれば音読か、ともある。本書の官位令は紅本を底本としたので、おおむね音を主とし訓を従とし、これを紅本のない職員令に及ぼした。

しかし古くは位階にせよ官職にせよ、叙位・任官をはじめとする儀式の場では訓すなわち日本語で唱えあげられていたはずである。まず位階について和名抄は「正四位上、於保伊与豆乃久良比乃加美豆之奈。従八位下、比呂伊夜豆及久良比乃之毛豆之奈」とし、これは玉勝間が「位階の正従の訓、正を於保伊といひ従を比呂伊といふ。こは天武十四年に、更改㆓爵位之号㆒云々、毎ㇾ階有㆓大広㆒云々とある、此大と広との訓をうつし用ひられたる也。これらももとは於保伎・比呂伎とぞ唱へけむを、ともに伎を伊といふは、後の音便なり」と説明しているように、天武十四年制、従って浄御原令の大・広の別を、大宝令で唐令にならって正・従の別に改正したにも拘らず、訓だけは変らず、本来は広いという意味のない「従」をヒロキと唱えて、和名抄の時代に至ったことを示している。官名でも、天武朝の法官（のりのつかさ）・理官（おさむるつかさ）が「大宝令に至つて式部・治部となつたことは、その名称に国訓上の関係を見出し得べく、式部・治部といふ如き唐制に無き官名の用ゐられた理由の一半がここに基してゐる」（坂本太郎）と説明することができるし、さらに大宝令の監物が、大宝令施行前（続紀、大宝元年二月丁未）には「下物職（おろしもののつかさ）」といういかにも日本語的な表記であったことも、訓の一貫性とその優越をよく示していると思われる。

以上のような事情は、大宝令で各官庁の四等官の官名を選定するときにも働いた。中田薫は神祇官から国郡に至る四等官名を表示した後、「表示せる諸官名中唐官制に見えたるものは、卿（諸寺）大夫（御史台）尹（三府）丞（寺、監、署等）令史（省）史（寺、署、監）掾（親王府）属（同上）の数者に過ぎない。さればその他の大多数の官名は、我国に於て特別に選定したるものであると考へられるが、それに就ては何か一定の標準があつたのであらうか、又各官名の出典は何であつたらうかと云ふ様なことを、今日より推究するのは誠に難事である」としながらも、この「一定の標準」としては長官をカミ、次官をスケ、判官をマツリゴトヒト、主典をサクヮン（「韓音史の転訛」と説明している）と読む和訓を考え、「我立法者は此和訓を標準として、これに相当する漢語を和漢の古典中より選出したのであらう」とし、伯以下の官名の出典を漢籍から「試に」指摘した。いま、これに大宰府以下の四等官名を補い、多少の出典を追加し、唐の官名については六典（ほぼ開元七年令）に拠れば、左の如くである。

〔四等官名表〕

司名	長官	次官	判官	主典
神祇官	伯	副	祐	史°
省	卿°	輔	丞°	録
台	尹°	弼	忠	疏
職	大°夫	亮	進	属°
寮	頭	助	允	属°
司・監	正	〔佑〕	佑	令°史
国	守	介	掾°	目
郡	大領	少領	主政	主帳
大宰府	帥	弐	監°	典°
五衛府	督°	佐	尉°	志
（兵衛府）	（率°）	（翼）	（直）	（志）
署	首	―	―	令°史
家令	令°	扶	従	書°吏
軍団	大毅	少毅	―	主帳

中田薫『法制史論集3』所掲表に追加。（　）内は大宝令。〔　〕内は判官の項に併せて説明。◦印は唐の官名にあるもの。

〔長官〕

伯―正と共に長官の意。職員1の令釈に「爾雅云、正伯長也。郭璞注云、正伯皆官長也」。殊に周の伯は祭官の長。「宗伯掌二邦礼一治二神人一和二上下一」(尚書、周官)。

卿―職員3の令釈に「卿明也。白虎通曰、以二其章一明二臣道一故、謂二之卿一也」とあるが、古くから公・大夫と連称され、例えば「王之三公八命、其卿六命、其大夫四命」(周礼、春官)という。唐では九寺の長官で、太常寺は正三品、他の八寺は従三品。

尹―治める意(説文)、正す意(爾雅)。唐では京兆・河南・太原三府の実質上の長官で従三品。三府の長官は牧といい従二品だが親王の任。

大夫→卿。唐では御史台の長官で従三品。

頭―「邦語カミの直訳」(中田説)。しかし長の意味もある。「行頭皆官帥」(国語、呉語)。

正→伯。

守―「唐に於ても曾て州刺史を、郡太守と称した先例に従つたもの」(中田説)というが、秦の郡県制以来、地方長官の意。「郡守、秦官。掌レ治二其郡一」(漢書、百官公卿表)。

領―本来は項(くび)の意(説文)、転じて理(おさめる)、治(礼記、鄭玄注)、また、ウシハク(万葉一七五九)。郡や軍団で、大・少により長官・次官を区別したのは、両者の職掌が同じであるのみならず、他の長官・次官の官位相当の差と異なって、大領・少領の初叙の位階の差は一階に過ぎないためか(選叙13)。

帥―率いる意。「長子帥レ師」(周易、師)。周では十国を統率。「十国為レ連、連有レ帥」(礼記、王制)。九国の統率と関らせたものか。なお令前には筑紫率(書紀、天智七年七月)、筑紫大宰率(同、持統六年閏五月他)の例があるが、当時の称か未詳。

督・率―「督、率也」(広韻)。「督、謂二大将一」(後漢書、郭躬伝、賢注)。「率、将也」(左伝、宣公十二年、服虔杜預注)。唐では都督府の長官に都督、従二品～従三品。太子十率府の長官に率、正四品上。

首―頭、領と同じ意だが、拝する、向かう意があるので、東宮坊の署、いわば家令の長官として適切か。「弁二九拝一。一曰稽首、二曰頓首、三曰空首」(周礼、春官)、「首、嚮也」(漢書、司馬遷伝、師古注)。

令―漢では県の長官。唐では尚書省・中書省の各長官だが、尚書令は不置。

毅―「殺レ敵為レ果、致レ果為レ毅」(左伝、宣公二年)。

〔次官〕

副～介―「次官の職名はスケの意を示す漢語を採るものであることは、副輔弼亮助介等の文字が最もよくこれを証明している」(中田説)。

弐・佐・翼・扶―右に同じくタスケルの意。次官のこのような官名の付け方は唐に無いことに注意。

〔判官〕

祐・佑―職員1の令釈に「率レ下扶レ上、謂二之祐一。祐之言佑也。佑亦助也。詩云、受二天之祐一。箋曰、祐福也。方言、祐乱也。郭璞曰、此乱宜レ訓レ治之也。然則祐者蓋以レ福助レ人之義。故以二此字一為二神祇之判官一」と説き、職員10の穴記に礼記の鄭玄注を引いて「祐佑猶二扶持一」とするが、「祐佑を判官の名としたのは、恐らく丞の同義語である為め」(中田説)。しかし次官は一般に「掌同二長官一」(職員1)であり、最(考課12以下)も同じであるから、防人佑が「掌同レ正」(職員69)とされ、また最でも「謂二佑以上一」(考課48)とされているのは、東西市佑(職員67・考課43)と共に、佑が次官である例と見うる。

丞―職員3の令釈は「此字在二火部一。今検雖レ有二多訓一不レ合二職掌一」というが、「元来丞は玉篇に〝翊也、佐也〟広韻に〝佐也、翊也〟とあるが如く、補佐をその本義とする語で、正に祐佑と同義語である」(中田説)。唐では判官を丞とよぶのが極めて一般的。

忠・進・允―いずれも尚書に見える語で、忠・允は信(まこと)と同義とする(中田説)が、忠は「称二良吏一曰レ忠」(論衡、答佞)、進は「君子進則能益二上之誉一」(荀子、大略)と仕える意でもあり、允は以と人との合字で「任レ賢勿レ弐。是曰レ允」(説文)と賢人に任じて疑わぬ意でもある。

掾―本来は「掾、縁也」(説文)で、へり、そで。転じて古くから下役人の意。「掾、公府掾吏也」(玉篇)。属と共に漢では地方官、唐では親王府の判官、正六品上。

主政―「マツリゴトヒト(政人)の義」の「最も標本的のもの」(中田説)。

監―監察の意で糾判に当る判官の称としたが、唐では監督の意で秘書省・殿中省の各長官(従三品)以下、長官の称としている。

尉―本来は熨で、火を手にして布を伸ばす意(説文)。転じて軍官、獄官。唐では親王国や県の下級武官。

直―敵に向い進む意か。「直、亦当也」(漢書、刑法志、師古注)。或いは判官の職掌に宿直のあることからきたものか。「直、侍也」(玉篇)。

従―素直につきしたがう意。或いは前注の直も同じ意で、属官の称としたのかも知れない。

〔主典〕

史〜主帳―「主典の和訓サ官は韓音史官の転訛である。従てその名称に記録文史に因める語を用ゐたのは当然であらう」(中田説)。

録―説文に「古剝レ木為レ書。故曰レ彔」とあり、記録の意。唐の官制でも主典を録事とよぶことが一般。

疏―説文に「通也」。分けて注釈する、個条書きにする意。また玉篇に「疏、検レ書也」とある。

典―説文に「从二冊在二丌上一」。経典や法典の意から転じて主(つかさど)る意。

志―志は誌す意。

☆**d　官位令の構造**(一二五頁)　通典の職官に開元二十五年制定と注して掲げられている官品表は、唐令にもとづくものとされるが、養老の官位令と比較すると、それぞれ品と位との三十階に相当する諸官を、おおむね文官・武官・地方官・家令などの順に列記し勲官や勲位とも相当させ(但し唐の勲官は各品の上階に、日本の勲位は各位の下階に位置づけられている)、また正四品ないし正四位以下の上階・下階の別をその中間に「以前上階」と記入することで表示する点など、極めてよく似ている。原則的な相異点は、官位令が親王のために特に一条を設け、また官品令のように流内・視流内・流外・視流外の別を設けず、さらに王公などの爵や文武散官の官名を欠くなど、彼我の身分制一般の相異にもとづくもののみであるが、これも大宝官位令の場合は、「前令有二散品・散位一」(官位1集解或説)といわれ、「散五位」(選叙38古記)の例から推測しうるように、各々の相当官の次ぎに散官の代わりとして散品・散位が列記されていたとすれば、養老令の場合よりまた一歩、唐令に近くなる。ただ唐令の構造は、通典のほかに唐六典や旧唐書、職官志によっても、そのまま隋令まで遡りうることが知られるのに、大宝令を遡って浄御原令に至ると、位階の分け方の規準そのものが異なってくるので、浄御原官位令はかなり大宝令と様相を異にしていたと思われる。

ところで官位令の構造は、次ぎの職員令の規定する各官庁の構成人員のうち、長官・次官・判官・主典の四等官や諸博士・諸師のような品官、つまり雑任(史生・伴部ら)以下に対する管理職的な諸官のみを、三十階に分けて配当したものであるが、このうちの四等官の位階配当は、その官庁の構成人員の多少には関わりなく、官庁の格つまり等級を規準としたもののごとくである。すなわち官庁の等級として令に見られるものは、国の場合の大・上・中・下の四等級、郡の場合の大・上・中・下・小の五等級であるが、大宝令施行当時の「造宮官准レ職、造大安・薬師二寺官准レ寮、造塔・丈六二官准レ司焉」という太政官処分(続紀、大宝元年七月戊戌条)は浄御原令までひとしくツカサ(官)と呼称されていた諸官庁を、大宝令で職・寮・司という格付けの表記ができたのに対応して分類したように解釈されるし、このうちの寮については後のことだが「縫殿寮准二大寮一事」という官符(延暦十八年七月二十一日職員8集解)も出ていて、さらに大小の別のあったことが推測される。

そこでいま官位令における四等官の官位相当に注目して職・寮・司の各々をさらに分類すると、職・寮には各二等級、司には四等級が伏在していることが明らかになる。(なお司はみな次官を欠き、また司(a)には例えば正親司・兵馬司のように大少主典あるものと内膳司・造酒司のように主典一人のものとがあるが、官位令で諸官を列記するさいには常に正親・内膳・造酒・兵馬の順序を守っており、両者を区別した様子はない。)

職(a) 長官(従四下)・次官(従五下)・大判官(従六上)・少判官(従六下)・大主典(正八下)・少主典(従八上)

(b) 長官(正五上)・次官(従五下)・大判官(従六下)・少判官(正七上)・大主典(正八下)・少主典(従八上)

寮(a) 長官(従五上)・次官(正六下)・大判官(正七下)・少判官(従七上)・大主典(従八上)・少主典(従八下)

(b) 長官(従五下)・次官(従六上)・判官(従七上)・大主典(従八下)・少主典(大初上)

司(a) 長官(正六上)・判官(従七下)・大主典(大初上)・少主典(大初下)または主典(大初上)

(b) 長官(正六下)・判官(正八上)・主典(大初下)

(c) 長官(従六上)・判官(正八下)・主典(少初上)

(d) 長官(従六下)・主典(少初下)

右の分類の各々に対応する諸官庁を官位令における諸官列記の順に従って挙げれば以下のごとくである。

職(a) 中宮職・春宮坊。なお神祇官は次官に大(従五下)少(正六上)の別があるが他は同じなので、職(a)に準ずることができる。

(b) 左右京職・大膳職・摂津職・衛門府・左右衛士府。

寮(a) 左右大舎人寮・大学寮・木工寮・雅楽寮・玄蕃寮・主計寮・主税寮・図書寮・左右兵衛府・左右馬寮・左右兵庫。大国の国司も同じ。

(b) 内蔵・縫殿・大炊・散位・陰陽・主殿・典薬の諸寮。上国司も同じ。一品・職事一位の家令は判官に大少あり、一品家令には文学もあるが、他は寮(b)に同じ。

司(a) 正親・内膳・造酒・兵馬・鍛冶・造兵・画工・典鋳・掃部・内薬・東西市・官奴・鼓吹・園池・諸陵・贓贖・囚獄の諸司。二品家令には次官があるが他は司(a)に同じ。

(b) 内兵庫・土工・葬儀・釆女・主船・漆部・縫部・織部・隼人・内礼の諸司。中国司も同じ。

(c) 主水・主油・内掃部・筥陶・内染の諸司。春宮坊の舎人・主膳・主蔵の三監。三品家令には次官と文学とがあるが他は二位家令と共に司(c)に同じ。

(d) 主鷹司。春宮坊の主殿・主書・主漿・主工・主兵・主馬の六署。下国司も同じだが主典は一階上。

以上の分類に入らない司には、大宰府の防人司と三品・正従三位の家令とがあるが、これらの四等官の官位相当は相互に出入があって一括できない。しかしいずれも司(d)よりもさらに位階が低いので、仮りに司(e)としておこう。そして官位令や職員令の注では、便宜上、寮(a)が大寮とよばれるのにならって、職(a)から司(d)までを大職・小職・大寮・小寮・大司・中司・小司・下司とよぶことにする。

また職・寮・司の管轄官庁である八省や弾正台・大宰府の四等官を検討すると、八省と大宰府の大少判官・大少主典が同一階という程度の整一性が見られるに止まり、職以下の場合と異なる。太政官は四等官さえ明確でない(→職員補2a)。

ところで官位令では、同一位階に諸官を列挙する場合、職(a)から司(d)にいたる各グループごとに、また各グループの内では各官を右に列記した諸官庁の順に列挙する。この各グループ内の諸官庁の順序は、例えば職(b)においては左右京職が大膳職や衛府より先きなのに職員令では衛府より後になっているというふうに、職員令での順序とはしばしば一致していない。これはおそらく、官位令における諸官の序列が、任官や朝参をはじめとする朝廷でのさまざまな儀式に関連して、従来からの序列に関する伝統ないし慣習を容易には変更しがたいのに対して、職員令(大宝令では官員令)における諸官庁列挙の順序は、例えば天武朝における法官(令の式部)・理官(令の治部)・大蔵・兵政官・刑官・民官の順序(書紀、朱鳥元年九月乙丑・丙寅条)を、大宝官員令では式部・治部・民部・兵部・刑部・大蔵の順序に変更したように、書類にはどう書くかというだけの問題として看過されたためと考えられるが、唐の諸官を日本の諸官とどう対比し、官位令をどのように改定したかという問題と同様に、詳細は明らかでない。

☆e **官位令の条数**(一二五頁)　本書で官位令を十九条としたのは、広橋本令義解の引く延喜講書記に「諸臣以二正従一各為二一条一、親王以二相当一同為二一条一」とあるのに従った。新釈令義解はこれに対して親王の一品から四品までを四条、諸王・諸臣の三位までを三条とし、合計はやはり十九条と数えたが、その論拠は流布本令義解の平出つまり改行の仕方である。しかし令義解諸本の中で最も古い広橋本の平出に従えば、1条は一品、2条は二品、3条は三品・四品、4条は正一位・従一位、5条は正二位・従二位、6条からが他の諸本と同じになるのであり、新釈令義解の数え方に従うことはできない。広橋本の平出はそれなりに筋が通っているが、書写年代が鎌倉期と推定されているので、いましばらく延喜講書記に拠る。

1 **親王の授位任官**(一二五頁)　親王に授けられる位を特に品とよび、任ぜられる官についても諸王・諸臣のそれらから抜きだして一条を設けることは、隋や唐には先例がなく、やはり日本の律令官僚制の一特色とみることができるが、これには歴史的な沿革があった。すなわち聖徳太子が推古十一年に冠位十二階を制定した当時、皇族は天皇や蘇我氏と共に冠位を授ける側にあって、みずから冠位を帯びるなどとは考えつかなかったようであるが、これは大化三年、同五年の改正でも同様であった。しかし天智三年の改正の後、同十年には天皇の長子大友皇子が冠位は帯びないものの太政大臣という臣の字のある官職に任ぜられたし、天武朝になると皇族の中でも諸王には一位から五位までの位が授けられるようになり、同十四年の改正に至って皇太子草壁皇子以下の諸皇子も諸王と共に浄冠を授けられ、正冠以下の諸臣とは区別されたものの天皇のみが冠位授与の権限を持つという、いわば一君万民の理念が貫徹した。大宝令では諸王を諸臣の側にまわしたが、皇子ら親王には、まだ諸王・諸臣との区別を温存したのである。→補☆a。

なお親王という称号は、隋唐にならって大宝令で初めて採用したようであり、その養育(後宮17・家令1〜4)、給与(田令4・禄令10・軍防49・雑令28)、服装(衣服2・儀制15・公式15)、礼遇(儀制10 12・喪葬4 5 8 14)等における特別な措置の中にも、あるいは唐令を継受した部分もあろうが、基本的には諸王と一線を画し、しばしば現職の大臣に匹敵する。これはやはり大化前代の朝廷で、皇子が大臣と並ぶ政治的位置を占めていたことの遺制であり、大化から大宝にかけて官僚組織の整備が進んだ後も、儀礼的にはなお厚遇せざるを得なかった結果とみられる。

ところで令制では親王を、諸王・諸臣の正四位までの官のうちで皇太子傅を除くすべての官に任じうることとしたが、実例によると平安以後ようやく大宰帥と八省卿に任ぜられる慣例が生じたのであり、奈良時代にはこの一条は空文であった。ただ舎人親王薨後、太政大臣を贈った例(続紀、天平七年十一月乙丑条)がある。

2a **諸王不下六位**(一二六頁)　集解、前条末尾の或云に「除下前令下文諸王不レ下二六位一字上」とあり、大宝令には「諸王不下六位」という規定のあったことが知られる。ただその記載位置は「下文」とあるのみで未詳だが、或いは「諸王・諸臣」という見出の下に注として書かれていたものか。養老令でこれを削ったのは、公式54に「凡応叙…諸王五位…以上」とあるので充分と考えられたためであろう。

2b **授正一位**(一二六頁)　奈良時代の例を続紀に拾うと、藤原夫人宮子(神亀元年二月条、但授位時未詳)、藤原武智麻呂(天平九年七月)、橘諸兄(天平勝宝元年四月)、藤原恵美押勝(天平宝字六年二月)、藤原永手(宝亀元年十月)。

9 **従四位の相当官**(一二七頁)　上階には、令外に左右近衛中将(大同二年以後)。また一時、授刀督、近衛・中衛・外衛の各大将など。下階には、左右衛門督(延暦十八年以後)・大宰大弐(延暦二十五年以後)・左右兵衛督(弘仁二年以後)・左右京大夫(弘仁十三年以後)・弾正大弼(弘仁十四年以後)、令外に陸奥出羽按察使(弘仁三年以後)・勘解由長官(天安元年以後)・修理大夫(寛平三年以後)など。

2 職員令

☆職員令(一五七頁)〔官司の内部構造〕 職員令は各官司ごとに官職の名称・定員・職掌を規定した篇目だが、それら諸官職は各官司を通じて、㈠四等官・品官、㈡雑任、㈢仕丁・衛士・防人・品部・雑戸らの三階層で構成されている。

㈠四等官・品官は毎日勤務を原則とするので長上官(選叙9)ともいい、それぞれ職掌のあるこれらの官に任ぜられれば職事官(公式52)とよぶ。雑任以下は長上官・職事官とよばないので、四等官・品官こそ官人らしい官人といえようが、それも中央と地方との別によって内長上と外長上(郡司以下)とに分れ、定期昇進の年限も異なる→選叙補9a。官位令に載っているのは内長上のみである→官位補☆c。

㈡雑任(賦役11)は雑多な職種に任ぜられている職員という意味。官掌(官掌・省掌→職員2 3注)・史生(→補2h)・舎人(→軍防補46b。帳内・資人→同補48a)・兵衛(→同補38)・使部(→同補46b)・伴部などがその主要なもの。いずれも定員が複数であり、当番と非番とに分れて勤務するいわゆる番上、即ち分番の職であることを特徴とする。式部省が判補し(選叙3)勤務評定を受け(考課56~58)位階も授けられる(選叙14 15)。だが官位相当はないので官位令には載らず、厳密な意味では官人といい難く、律では吏(名例6(8)注)としている。大宝令の官員令を養老令で職員令と改めたのは、唐に倣ったのでもあろうが、このような「官」と「職」との差に注意したためとも考えられる。

なお伴部は「友造」(職員34跡記・同51穴記)「友御造」(賦役19朱説)即ちトモノミヤツコと訓み、品部・雑戸の中から採る(職員26義解)。従って「負レ名氏(なおいのうじ)」(式部式)として特定の職務を世襲する諸氏から出た下級技術者であり、品部・雑戸を率い、某々部と部の字を付けるのが一般である。但し某々手のように品部・雑戸を率いていないものもある(→補6b)。

㈢仕丁(→賦役補38a)・衛士(→軍防補12a)・防人(→軍防補12b)・品部・雑戸らは、いずれも課役を免除される(賦役19)代りに各官司の必要とする労務に従事し物資を調達する徭役労働者である。律では衛士・防人らを卒(名例6(8)注)という。仕丁・衛士・防人が全国から徴用されてきた良民であり、仕丁は三年(賦役38)衛士は一年(軍防8)防人は三年(同上)という交代規定があるのに対し、品部・雑戸は京やその周辺に住み、良民でありながら代々各官司に隷属し職務を世襲するため、「汝等今負姓、人之所レ恥也」(続紀、天平十六年二月丙午条)といわれた。

なお伴部や品部・雑戸など現業部門の中には、令では定員規定を欠くものや、令での名称が通称と異なるものがあり、令集解の古記や令釈に引用されている官員令別記のように、施行の当初から付随した細則もあった。

〔大化前代との関係〕 以上のような各官司に共通する内部構造は、伴部と品部・雑戸との関係に典型的なように、律令制の官司が大化前代の伴造(とものみやつこ)と品部(しなじなのとも)の上に四等官・品官を載せた形で成立したことを明らかにしている。即ち大化前代の品部には、(A)古くから編成され、地方にあって、在地の伴造(下級伴造)の指揮の下に物資を調達し、中央の伴造(上級伴造)を通じて朝廷に貢納した型、(B)新たに編成され、京の周辺に住み、在地の伴造と共に朝廷に勤めて労務に従事し物資を調達した型、(C)地方から人間そのものが貢納され、朝廷の労務乃至警備に従事した型、の三者があったが、改新後はA型の品部の大半は解放されて一部が律令制の品部(しなべ)として残され、B型は概ね律令制の雑戸となり、C型は律令制の衛士・仕丁・隼人らに解体再編成された。そして中央の伴造からは四等官らの官人が出、京の周辺に住む在地の伴造の一部は才伎長上(上級技術者)として品官に加わったが、大半は伴部となったのである(井上光貞説)。このような律令官制の創出は、大化改新で目標の一つとされ、天智朝でも構想されたのであろうが、天智十年正月の新官制の実施(書紀)にあたって、どの程度まで伴造制の解体再編成が進行していたかは不明である。職員令に見られる官制の原型は、浄御原令で官位相当制が規定されたさいに併せて完成したと考えられる。

〔唐制との比較〕 ところで養老職員令は本篇以下四篇に分れ、天皇に直属する男官一般について規定した本篇は単に職員令といい、女官のそれは後宮職員令、天皇の臣とされている皇太子(儀制3)にさらに隷属する諸官については東宮職員令、同じく皇族高官に隷属する諸官については家令職員令としたが、これを唐の職員諸令に比較すると、彼我の官僚機構の成熟度の差が明らかになる。即ち唐の職員令は、篇目と排列の明らかな開元七年令(唐六典)を例にとると、(a)三師三公台省職員、(b)寺監職員、(c)衛府職員、(d)東宮王府職員、(e)州県鎮戍嶽瀆関津職員、(f)内外命婦職員という順序だから、まず男官(a〜e)と女官(f)、次いで中央(a〜d)と地方(e)、さらに直臣(a〜c)と陪臣(d)、そして文官(ab)と武官(c)という規準で排列されていることが分る。これに対して日本の職員令は、唐の職員令よりも遙かに小型の官制を規定しているにせよ、(イ)後宮職員を東宮職員よりも先にして、妃・夫人・嬪ら天皇の「妾」(後宮1古記)の優位、乃至朝廷における女官の地位を反映し、(ロ)高官らの家令職員を東宮職員から独立させて貴族の勢力を暗示する。また(ハ)武官を文官から独立した篇目としなかったのは、唐の勲官にあたる日本の勲位の位置づけの低さや武散官の制度を取入れなかったこと(→軍防補33)と同じ事情であり、露わな武力集団によって政権を脅やかされた経験に乏しく、文武の別とか文官優位の原則とかにあまり関心がなかった故と思われる。さらに(ニ)地方官制を独立した篇目としなかったのは、日本の律令国家が隋・唐のように地方権力まで徹底的に解体再編成することができず、いわゆる「郡司の非律令的性質」(坂本太郎)を温存し、国司・郡司の配下として国庁・郡家に勤務していた多種多様の職員を、令に規定しえなかったためと思われる。律令国家解体後の日本が中国と異なって武士を生み、封建国家に転化した理由の一つには、彼我の官僚機構の成熟度の差異があるといってよい。

〔官制の改廃〕 大宝官員令は、施行にさいして「改制二官名・位号一」(続紀、大宝元年三月甲午条)といわれていることからも、官位令が浄御原令の冠位の用字を全面的に改めたのと同様に、官員令もこれまでの官名をかなり大幅に(各省の補注参照)改めたことが知られ、また四等官は官位相当の低い下級官人まで実際に任命されたことが、正倉院文書の他に近年発掘されている木簡で確かめられ、これまでになかった内舎人(職員3)は施行後三か月目に任命されている(続紀)けれども、中には特別行政区の監(養老令では廃止)のように、施行後十六年目にようやく設置された場合(和泉監)もあった。

大宝令官制の改正は、施行後まもなく始まり、殊に大納言の減員、中納言・知太政官事・参議の補任など、太政官における政務審議機関の改組は重要であったが、これら令外の官職の設置はその時々の格に委ねられ、令そのものの改正には至らなかった。そのため養老職員令は大宝官員令と殆んど同じなのである。

また官制の下部でも、最初から定員規定を欠いていた品部・雑戸は、奈良時代に入って社会に技術が普及するにつれて、次第に解放され、平安初期には概ね消滅したが、官司そのものも、平安初期、平城朝には大幅な統廃合が行なわれた。理由としては官司相互の職務分掌の重複が挙げられることが多かったが、実は国家財政が窮迫しはじめたからであった。統廃合はその後も宇多朝にかけて進行し、特に職・寮・司のうちの司は、当初三十余あったのに、十世紀初頭の延喜式では殆んど姿を消した。また太政官や弾正台・衛府の権限の一部も、蔵人所や検非違使ら令外の職に吸収されていった。

1 a 神祇官(一五七頁) 訓は「加美豆加佐」(和名抄)。神祇官・神祇伯は書紀などに古くから散見するが、いずれも大宝令以後の官司名・官名を遡らせて使ったまでであり、むしろ同じ書紀でも神官(天武二年十二月丙戌条など)、或いは古語拾遺の神官頭という表記の方が、カミヅカサという訓とも一致して、より古い形と思われる。浄御原令も神官・神官頭らしいが未詳である。

神祇官の実体の成立は、天智朝末期からの太政官の成立と表裏し、天武・持統朝における神祇令の整備(→神祇補☆)と併行するのであろうが、浄御原令施行後は「神祇官長上以下至二神部等一」(書紀、持統五年十一月丁酉条)、「神祇官頭至二祝部等一一百六十四人」(同、八年三月丙午条)と、構成がほぼ大宝・養老の令制に近づき、定員は養老令の倍に達していたらしい。

なお大宝令でも卜部には定員規定がなく、官員令別記には御巫以下多数の雑任が記載されている。

神祇官の四等官は、律令制の原則によれば中臣・忌部ら負名氏に限らないわけであり、神祇伯の任例にも奈良時代から平安初期にかけてはしばしば他の諸氏がみえるが、平安中期以後は花山天皇の後裔の白川家が世襲し、神祇官の庁舎も応仁の乱以後は復興しえず、吉田神社が神祇官代となった。

1-b **祝部**(一五七頁)　祝の字は中国で「祭主二賛詞一者」(説文)、「接レ神者」(礼記、鄭玄注)を「祝」とするので用いたもの。部の字は神戸の伴部とみなして添えたものか。祝の訓は「破布里」(本条集解書入れの引く物記)。ハブリは罪や穢れを放る意で、下級の神職。「取二神戸之内一。又無二神戸一所者、在二祝部一人一耳」(古記)。各地の大きな社には神主や禰宜の下に多くの祝がいるが、村々の小さな社には祝一人だけのこともある。常陸風土記、行方郡条の箭括麻多智などはその例。また祝、祝部は、姓氏として記紀・姓氏録にみえ、郷名として和名抄にみえる。

1-c **義解の問答**(一五七頁)　義解の注釈の仕方は、注釈すべき令文の次に「謂」の字を置き、終りを「也」と結ぶのが一般であるが、中にはそれに続けて「問」と「答」という形で注釈を敷衍している場合がある。この問答体の注釈は、広橋本・猪熊本・紅葉山文庫本など、義解そのものの写本が残っている部分にもあり、法曹至要抄(例えば下巻の処分条)にも「義解云」として直ちに問答が引用されているところがあるから、義解撰上当初からのものとみてよいはずである。だが、義解の写本が無くて、江戸時代に集解の写本から義解と思われる部分を抽出して版行した職員令の義解などでは注意する必要がある。即ち職員令集解の中で問答を伴っている義解は九カ所にあるのに、版行された義解ではその中の六カ所の問答が採択されていない。中には中務卿掌(職員3)の「租調帳」義解に続く問答のように「如二義解一」という一句があって、その一句の前後を傍書攙入とでもしない限り、そのままでは義解と見做しえない場合もあるけれども、他の五カ所については採択しないでよいか否か疑問である。本条の「鎮魂」義解に続く問答も、もともと義解の一部分であったのか、それとも後に義解写本に書込まれてそのまま集解に採録されたのか、いま暫く断定し難いので、曖昧に「義解の問答」とよんでおく。なお義解の版本には採択されなかったものにも、玄蕃頭掌(職員18)の「供斎」に対する「謂、七大寺及宮内並知也。不レ云二内外一之故也」もしくは「謂、供二宮内并在京仏事一也」という注釈のような、義解の文体及び内容にまぎらわしいものもある。

1-d **御巫卜兆**(一五七頁)　巫の字は「女能事二無形一以レ舞降レ神者也」(説文)というように象形であり、本来は女性であって男ならば覡(漢書、郊祀志)とし、また「巫、巫祝也」(説文)として祝とも通じた。巫の訓は「神奈伎」(跡記)、「加牟奈岐」(和名抄)。カンナギは神を和らげ神に願うこと、又はその人。このナギはネギ(願ぎ・禰宜)に通ずるが、巫は祝と共に、禰宜よりも下級の神職(続紀、神護景雲元年八月癸巳条もその証)。本条の御は、朝廷の巫である故に加えたもので、神祇官のそれは大宝令施行のころ、「御巫五人。倭国巫二口・左京生嶋(いくしま)一口・右京座摩(いかすり)一口・御門一口」(官員令別記。また祝詞・臨時祭式にもみえる)であり、みな女子(臨時祭式)である。また位階を授かっている例(続紀、天平九年八月甲寅条)もあり、伴部の一種としてよいであろう。なお民間の巫覡に対してはしばしば弾圧が加えられたが(書紀、皇極三年七月条・続紀、天平勝宝四年八月庚寅条・宝亀十一年十二月甲辰条など)、子孫に詐巫を用いることを禁じた吉備真備も、「詐巫之徒、里人所レ用耳也。真之巫覡、官之所レ知、神験分明、不二敢所一レ謂者也」(政事要略七〇所引、私教類聚)と述べて、神祇官の御巫については口を噤んでいる。

また卜兆は陰陽師の掌の卜筮(職員9)とは別で、神祇官のそれは「卜者焼二亀甲一也、兆者焼灸験」(古記)即ち亀卜であり、「是、卜部之執業」(義解)、従って本条も「御巫と卜兆」と解するのが通説である。だが長官の掌に、神部・卜部の中の卜部の掌だけを取上げたと解するのはやや落ちつかず、また卜兆を御巫と切離すと御巫の何を長官が特に監督するのか不明となるから、「巫術亦名為二卜兆一也」(古記)という説を採り、御巫らが天皇・中宮・東宮(臨時祭式)の息災を祈り、時には神憑りして神託を告げるのもト兆の一種とし、また上文で「神祇ノ祭祀」と訓んでいるのに倣い、ここも「御巫ノ卜兆」と訓むことが可能かと思われる。

1e 掌同長官(一五七頁)　令には「無㆓長官㆒次官云々」というふうに、次官が長官の掌を代行しうることを注意している条文が少なくない(考課1 75・儀制23・公式43・倉庫8・獄令46)。このように「掌同㆓長官㆒」の「同」は、伯・大祐・大史の掌に「余云々准㆑之」という「准」が各官司の担当業務によって多少相違する意味であるのにくらべて、より一層同一性が強く、右大弁の掌の古記(職員2)が「准与㆑同、若為㆑別。答、同准義少異」と述べている通りである。しかし右大弁の掌の「余同㆓左大弁㆒」については、やはり古記が「但此条同字、如㆑准訓耳」と注意しているように、左右大弁は「管」即ち因事管隷する省が異なるのであるから、「同」より「准」を使うべきであった。令よりも唐制に近い律の方が、この点については厳密である。律における「同」と「准」→名例53。

1f 神部・卜部(一五七頁)　神部も卜部も神祇官の伴部、即ち四等官ら長上官の指揮監督を受ける番上(内分番→選叙補9a)であり、神祇官を一般の神社に対比すれば、長官・次官らが神主にあたり、神部・卜部らは禰宜・祝にあたる下級神職ということになろう。

まず神部は、平安初期の斎部広成によると、古くは中臣・斎部・猿女・鏡作・玉作・盾作・神服・倭文・麻續ら諸氏が勤めていたのに、今では中臣・斎部ら二、三氏に限られたというが(古語拾遺)、これは神祇令の規定とも関係があると思われる。即ち神祇令は唐の祠令を参照して作られた(→神祇補☆)にも拘らず、令の他の篇目よりも早くから諸条文の実体があったためか、祭祀という事柄の性質上、特に担当者の世襲性が強いためか、理由は明らかでないにしても、一般的抽象的に規定さるべき令文の中に「中臣」「忌部」「卜部」などと具体的に担当諸氏を指定し(神祇9 13 18)、その結果これら担当諸氏が神祇官の職員であるか否か、法家の説が分れてしまう個所(→神祇9注)が生じた。しかしいずれにしても、神祇官の実務は、古来の名負(なおい)の諸氏の間で引継がれるのが一般であり、神部はそれら諸氏の総称としてかつては海外遠征軍に参加したこともあったが(書紀、推古十年二月条)、大化以後は官司制の形成に伴って四等官と伴部以下とに分かれ、もっぱら伴部が神部とよばれるにいたり、それも四等官と同様に中臣・忌部ら数氏の占めるところとなったのであろう。

神部の職務内容が多端であるのにくらべ、卜部には大祓のさいに祓の物を川に流すような職務もあったが(神祇18)、主たる職務は亀卜(卜兆→補1d)であった。日本古来の卜は、記紀神話や魏志倭人伝にみえ、考古学でも確められているように、鹿の肩胛骨を焼く太卜(ふとまに)であったが、やがて大陸から伝わった亀卜が主流となり、その担い手として卜部集団が形成されたらしい。大宝令施行のころ、神祇官の卜部は「津嶋上県国造一口・京卜部八口・厮三口、下県国造一口・京卜部九口・京厮三口、伊岐国造一口・京卜部七口・厮三口、伊豆国嶋直一口・卜部二口・厮三口」(官員令別記)というふうに、四人の国造(実際は代理の国造丁)ごとに京の卜部と厮(かしわで)を組合せる形で多数仕えており、大宝官員令では卜部の定員が規定されていなかった(古記)が、この「四国卜部」(祝詞)は後に「伊豆五人・壱岐五人・対馬(上県・下県)十人」(臨時祭式)と、養老職員令の定員通りに限定された。さらに奈良後期からは卜部の中で技術の優れた者二人を選んで卜長上とし(三代格、宝亀六年五月十九日勅)、後にこれを宮主とよんで卜部を指揮する長上官とした。朝廷では天災地異或いは戦乱に際してはもちろん、年中行事でも、宮主・卜部らに卜わせたが、その結果が陰陽寮の占筮(職員9)と矛盾したとき、神祇官の亀卜に従った例が知られている(中右記、天永三年十一月一日条など)。

1g 直丁と駈使丁(一五七頁)　全国から貢上されてきた仕丁(→賦役補38a)は、直丁と駈使丁とに分けて諸司に配属される。直丁は諸司に常時宿直して雑用に従い、駈使丁は大蔵省・宮内省・春宮坊の現業部門を担当する諸司に配属されて労務に従う。諸司の直丁・駈使丁にはいずれも定員があるが、ひとり宮内省木工寮の駈使丁には定員がなく、大宝令時代から「駈使丁。分㆓配諸司㆒以外、余仕丁皆配㆓此寮㆒」(職員41古記)と説明されている。なお正倉院文書によると、臨時に労務者が必要になった工事現場を担当する官司は、「仕丁為㆓雇夫㆒功」という経費を予算の中に組み、他の官司から仕丁を借りて駈使したようである。

2a　太政官(一五八頁)　唐では尚書省の都省(本省)が六部即ち吏部・戸部(唐初は民部)・礼部・兵部・刑部・工部の分担する一般行政を統括し、中書省が皇帝に侍従して制(日本の詔)勅を立案し、門下省が所見を具申して皇帝を賛相することとしており、此等三省はそれぞれ皇帝に直属していたが、日本では天皇のもとに太政官がこの三省の権限を兼ね合せ、神祇官・中務省以下、中央・地方のすべての官司を左右の弁官を通じて因事管隷(管隷つまり常時監督するのではなく事に因って指揮する→公式補11a)した。

　この太政官の内部構造は複雑であり、令制の他の諸官司の場合には一貫している四等官制に当てはめて、太政官における職務分掌ないし指揮系統を理解しようとすると、後述するようにさまざまな問題が起るが、いま仮りに、本条の列記する各官の順序にもとづき、連坐(名例40)適用に関連して四等官を区分している公坐相連条(獄令25)を参考として、指揮系統図を作ると左のようになる。

〔指揮系統図〕　〈傍線については後述〉

(長官)　(次官)　(判官)　(主典)

左右大臣――大納言――少納言――大少外記――史生
　　　　　　　　　└左右大中少弁――左右大少史――左右史生――＊
＊――左右官掌――左右使部――左右直丁

　右の図では太政大臣は除外してあるが、これは太政大臣が他の諸官のように職掌を「掌」として注されず、その任が「右」云々と規定されているだけで、狭い意味での官とは認められないからである(同様な例に後宮の妃・夫人・嬪がある)。この点、太政大臣の任の先蹤である唐の三師・三公(→補2b)は、尚書省以下とは切離して、しかも日本のように神祇官の後でなく職員令の劈頭に規定されていたようであるから、尚書省での位置づけなどは問題にならなかった。

　また右の図に対して、左大臣を長官、右大臣を次官(弁は判官、史は主典)とする説(中田薫・石尾芳久)もある。確かに四等官制では長官と次官の職掌は同じであり、本条でも右大臣は「掌同二左大臣一」とあるから、左大臣・右大臣を長官・次官とみなすことは可能である。しかし長官と次官の官位相当が同じということは、四等官制ではありえない。そして左右大臣とも長官と見做すと、長官が二人ということになるが、例は令内にも(内膳奉膳→職員46、尚侍→後宮4)令外にも(造平城京司長官→続紀、和銅元年九月条)ある。

　ところが本条に規定された各官の職掌を四等官の通掌(職員1)と比較すると、本文の注に記しておいたように、左右大臣は長官、弁は判官、外記・史は主典に当てはまるが、大少納言の職掌に当てることのできる四等官通掌はない。そこでこの両者を外記と共に品官と見做す説(中田薫)も生じた。外記は品官でなく主典だとしても、大納言・少納言を次官・判官とするのはやはり連坐の場合に限定すべきだということになる。この説や太政官を政務審議機関と行政統轄機関との歴史的な統合体と見る諸説(異同はあるにせよ八木充・井上光貞・早川庄八)に従って考えなおすと、太政官は、(a)左右大臣と大納言とが政務審議部門、(b)少納言・外記・史生がその事務部局、(c)左右大中少弁以下弁官の弁・史・史生が(a)の指揮を受ける行政指揮部門とその事務部局、という複合的な構造になる。

　このような太政官の複合的構造がいつから形成されてきたかということについても、やはり諸説がある。太政官の中の前記(a)の部門が大化前代以来の朝廷における大夫合議制の伝統を継ぐとする説(竹内理三・関晃)は疑われていないが、天智朝末期に初めて太政大臣・左大臣・右大臣が任命されたとき、すでに令制に近い太政官が発足していたか否かは明らかでない。太政官と大弁官との文献上確実な初見は天武朝以後浄御原令施行以前(小野毛人墓誌・釆女竹良墓誌、不確実なものでは書紀に四例)にあり、天武朝では太政官と大弁官とがまだ分れていたとする説(八木充)は有力だが、近時は天武朝の太政官すら納言(大夫の後身)の合議体に過ぎず、大弁官を指揮すべき大臣は置かれていなかったとする説(早川庄八)が提出されている。

従って太政官と大弁官とは、女官をも含めて宮内の事務を総括する宮内官と共に、恰も唐の三省の如く、相互に独立して天皇に直属していたということになる。

ともあれ浄御原令の施行によって納言と弁はそれぞれ大・中・小(少)に分れ、太政大臣以下が任命されて両者を統轄し、かつこれまでの六官即ち法官(唐の尚書省の吏部に相当)・理官(礼部)・大蔵(唐では太府寺)・兵政官(兵部)・刑官(刑部)・民官(戸部)に新設の中官(或いは中務、後の中務省)と従来の宮内官(尚書省の工部に近い)を加え、八官として太政官の指揮下に置くことになったのである。大宝令は中納言を廃止、少納言に侍従を兼務させるなど、一部の手直しをしたが、大夫合議制の伝統を継ぐ前記(a)の部分が弱体化されたという反撥が朝廷貴族の間に起ったためか、施行後まもなく八省の長官級数人に参議という職を兼ねさせて(a)に参加させ、慶雲二年四月には大納言を二人に減員する代りに中納言三人を置いたことは後述(→補2e)の如くである。

2b　太政大臣(一五八頁)　初見は書紀の天智十年正月条であるが、この時に任じられた大友皇子は天智天皇の庶長子であり、懐風藻の伝にも「総二百揆一」「親二万機一」とあるように、天智朝の太政大臣は、大和朝廷時代の皇太子摂政の伝統を継ぎ、天皇に代って国政を総理し親裁した官と見られている。次は同じく持統四年七月条であり、やはり天武天皇の庶長子高市皇子が任じられているので、前の天智朝と同じく、後の大宝・養老令制の太政大臣とは異ると見られてきた。しかし近時、高市皇子の任じた太政大臣は後の令制に近い性格の官と解する説(早川庄八)が提出されている。事実、高市皇子は無冠の大友皇子とは異って浄広弐という冠位を授けられていたし、持統紀を通覧しても天皇に代る職権を持っていたとは認められない。

太政大臣という天智朝で創出された官名やその職権は、中国や朝鮮に適切な先例を見出し難いが、令制の太政大臣は、その「師二範一人一、儀二形四海一」即ち〃天子の道徳の師、四海の民の規範〃が唐の三師(太師・太傅・太保)と、また「経レ邦論レ道、燮二理陰陽一」即ち〃政治の姿勢を正し、天地自然の運行を穏かにする〃が同じく三公(太尉・司徒・司空)と同文の規定であるから、三師・三公を合せた地位といえる。そしてその職権も三師・三公が「無レ所レ統レ職」と同時に「無レ所レ不レ統」(唐六典)でもあるように、左大臣以下とは異なる「非分掌之職」(職員2義解)と解された。太政大臣がかように、いわば地位のみの官ということになれば、「無二其人一則闕」という規定によって空けて置くことができ、大宝令施行時代は死後の贈官という形式で二例(藤原不比等・舎人親王)が知られているに過ぎない。

しかし令制におけるすべての官を代表する地位ということではなく、太政官における行政の総括者、乃至政務審議のさいの議長という役職ならば、あった方が好都合であり、また大和朝廷時代から皇族が国政に参与する伝統があったためであろうが、大宝律令の制定公布が完了し、持統太政天皇が崩じた翌大宝三年正月、それまで律令編纂の代表であった三品刑部親王は、知太政官事という新設の職についた。この知太政官事には、その後二品穂積親王、一品舎人親王、従三位鈴鹿王と、天武天皇の皇子や皇孫が断続的に歴任し、天平十七年鈴鹿王の薨と共に廃絶する。正規の官ではなかったために、中納言のように官位相当・定員・職掌・給与が正式に決められることはなく、季禄について「准二右大臣一」とされたのも(続紀、慶雲三年二月条・式部式)、たまたま当時の穂積親王が二品であり、二品に相当する左右大臣の中では左大臣が欠員であって、右大臣しかいなかったためと思われるが、その地位は公文書における署名の位置(多胡郡弁官符碑・公卿補任、養老四年舎人親王尻付)から考えて、当初は左右大臣より上位であったと見て誤りないと思われる。ただ官位相当などが正式に決められなかっただけに、鈴鹿王のような従来よりも品位の低い者が任ぜられれば、知太政官事の地位もおのずから下落するわけであって、これが後世、知太政官事を右大臣以下と見た理由である。

奈良後期に藤原仲麻呂は養老令を施行した翌天平宝字二年八月、令制の官名を一斉に改称して、太政大臣は大師、左大臣は大傅、右大臣は大保とし、同四年正月には彼自身、従二位大保から従一位大師へと昇任した。また仲麻呂が叛乱を起して敗死した翌年の天平神護元年閏十月には、道鏡が太政大臣禅師に任じた。この二例は、後世藤原氏が政権をとると変則的な例として無視され、人臣太政大臣の最初は天安元年二月に任ぜられた正二位藤原良房とされるに至った。なお良房は翌年十一月、清和天皇が九歳で即位すると摂政(公卿補任)となって実務を執ったが、その養嗣子従一位太政大臣基経は、元慶八年二月、五十五歳の光孝天皇が即位すると、太政大臣という正式な肩書だけでは引続き政務を執る法的根拠に乏しくなったためか、その五月、太政大臣についてその職掌と唐の何官に相当するかとの二項を諸道の博士に諮問した。文章博士菅原道真以下八人の博士らの答申には相互に多少の精疎異同はあったものの、「非分掌之職」すなわち格別職掌と称すべきもののないことと、唐の三師三公に相当するというのが多数意見であった(三代実録)。従って摂政・関白或いは内覧などの宣旨を別に賜わらない限り、太政大臣に任ぜられるだけでは実権はないのであって、これが後の武家政権時代に公家側が平清盛・足利義満・豊臣秀吉らの就任を許容する理由の一つになったものと思われる。

2c　左右大臣(一五八頁)　初見は書紀の孝徳即位前紀、いわゆる大化改新の発足に当っての左大臣阿倍内麻呂、右大臣蘇我倉山田石川麻呂。唐の尚書省に左・右の僕射(丞相)があるのに倣って、これまでの大臣(おほおみ)を左・右に分けたものとされているが、同時に大臣の権力の分割も意図されたのであろう。後の令制でも左・右大臣の職掌は同じである。とはいえ、左を上位とすることは六朝以来(陔余叢考)の慣行であり、この場合は隋・唐の制度にも拠っている。

阿倍・蘇我の両大臣にはこれまでの大臣と同じという意識があり、大化三年の冠位改正の後もなお「古冠」を着用していたが、両大臣の死後大化五年四月に新任された巨勢徳陀古・大伴長徳の左・右大臣は、任官と同時に大紫の冠を授与された。大伴氏のような連姓豪族から大臣が出たことはこれまでになかったことと共に、冠位との関係が注目される。天智三年五月に薨じたという大紫蘇我連子について、書紀はただ大臣とのみ記し、左・右は明らかでない。

同じく十年正月には、左大臣に蘇我赤兄、右大臣に中臣金が新任された。両者は任官当時共に大錦上(後の四位相当)であって、これまでの大紫(後の三位相当)より低い(中臣氏系図の延喜本系によると金は後に小紫)が、これは次の天武朝における大臣不置の後、持統四年七月に浄御原令官制により正広参(後の三位相当)丹比嶋が右大臣に新任された時と同様、後の令制のような官位相当制度がまだ十分には整っていなかったためと見てよいと思う。だが丹比嶋は次の文武朝に左大臣に昇格、大宝令の施行に際して正二位を授けられ、官と位とは相当した。

大宝令施行後、左・右大臣は必ずしも揃って常置されることがなく、また皇族で任ぜられた者も元正・聖武朝の長屋王と桓武朝の神王との二人を数えるに過ぎなかったが、左大臣や左大臣の欠員の時の右大臣は、太政官の長官として「統二理衆務一、挙二持綱目一」(職員2)し、平安時代には右大臣藤原基経が左大臣源融をさしおいて陽成天皇の摂政に任ぜられるなど、職掌について問題のある太政大臣と異なって、行政上の責任者たる地位をほぼ名実共に維持していた。

なお官位1集解或説の引く八十一例には、「凡諸王・諸臣任二太政大臣一、親王不レ任二左右大臣一、但任二八省卿一。諸臣任二太政大臣一、亦諸王不レ任二左右大臣一。親王任二左大臣一者、諸王得レ任二右大臣一。諸王任二左大臣一、諸臣亦得レ為二右大臣一。但親王与二諸臣一不レ得レ為二左右一也」とあり、後に式部式にも一部分表現を変えて同趣旨の規定が収められたが、これは親王・諸王・諸臣それぞれの身分と、太政大臣・左大臣・右大臣それぞれの地位・職権との調和を計るための規定と見られる。ただこの規定が実際の人事にどのように機能したかは明らかでない。

2d　朝聘(一五八頁)　朝聘は義解が治部卿掌(職員16)の中で「国君自来曰レ朝、使二卿大夫一曰レ聘」と説明しているが、古記は朝聘を左大臣掌の中で説明しているので、養老令編纂のさいに太政官から治部省に外交事務を移管しようとしたことが知られる。しかし外交は国家の大事であるから太政官が関与するのは当然であり、「諸蕃朝聘」(職員16)の諸蕃の一つ新羅の使人に対しても、持統朝では「太政官卿等」が勅を奉じて宣したことが知られ(書紀、持統三年五月甲戌条)、大宝令制下では「右大臣」藤原不比等が使人を「弁官庁内」に招いて、「新羅国使、自レ古入朝。然未下曾与二執政大臣一談話上」云々と談話している例がある(続紀、和銅二年五月壬午条)。

2e 大納言(一五八頁) 初見は書紀の天智十年正月条の御史大夫に対する注「御史蓋今之大納言乎」であり、このとき御史大夫に任じられた蘇我果安・巨勢人・紀大人はその後も書紀(天武即位前紀・同元年八月条)・続紀(天平宝字六年七月丙申条)・万葉(一〇二題詞注)に大納言と書かれているので、大納言は御史大夫がその後まもなく改名されたものとみられてきた。しかし続紀は紀大人を御史大夫(慶雲二年七月丙申条)、巨勢比登(人)を中納言(天平勝宝五年三月辛未条)とも記しているし、初見の記事そのものも、天智朝の御史大夫は「今」すなわち書紀が編纂された大宝令時代の大納言に相当するのであろうかという、書紀編者の考えを述べたものにすぎないから、三人の御史大夫について大納言或いは中納言と記した史料はすべて後の時代からの追改とみるべきである。

もともと御史大夫の御史は周礼の春官にみえる官名で、天子の家宰として法令を司るとされ、漢では御史大夫と称して丞相に次ぐ官とされたが、後に中絶、唐で復活されたときには御史台すなわち令制の弾正台に相当する官人糺察の官庁の長官となった。天智朝の御史大夫は、太政大臣や左右大臣に次いで三人も任ぜられている点でも、大夫という名称が大和朝廷時代の議政官と共通する点でも、唐ではなく漢の官名を参考にして創置し、大臣を輔佐させたものとみられている。

しかし御史大夫は創置の翌年、壬申の乱による政権交代のために消滅し、天武朝では大臣すら任命されず、天皇の側近としては書紀に納言(天武九年七月条・持統元年正月条)という官名がみえるにすぎなくなった(続紀の神亀元年六月癸巳条の中納言、天平元年八月丁卯条の少納言は、いずれも追改とみられている)。この納言は尚書の舜典に初見する官名で、北周から隋・唐にかけての納言は、時に侍中とも侍内とも改称されたが、それらの名称からも明らかなように、納言は天子の「喉舌之官」(尚書、孔安国伝)であり、日本では後の侍従に相当するものの、大化前代の大夫の系譜を引いて、政務の審議にも関与したようであった。

天武朝の納言は、持統朝における浄御原令の施行によって、大・中・小の三者に区分されたが、早川庄八説によれば、後の大・中・少三納言のように前二者は政務審議、後者は侍従という職務の分担が、浄御原令ではまだ明確でなかったらしいという。だが浄御原令制下の大納言、阿倍御主人・大伴御行両人の位階はいずれも正広肆(書紀、持統十年十月条)、次いで正広参(続紀、大宝元年正月条・同三月条)と、大宝令制の正従三位或いは従二位に相当し、定員はともかく、官位相当は大宝令に近いものであったと推定される。

さて大宝令官制で大納言の定員を四人とした(続紀、慶雲二年四月丙寅条)のは、唐でも左右丞相(日本では左右大臣の唐名)に次ぐ高官の門下侍中と中書令(いずれも大納言の唐名)とが各二人、合計四人であったことを参考にし、また現実にも新たに大納言に昇任さるべき浄御原令制下の中納言が石上麻呂・大伴安麻呂・藤原不比等・紀麻呂と四人いたことが作用したと思われるが、大宝元年三月、新官制施行にさいしては、何故か大伴安麻呂を除いて残る三人が大納言に任命され、中納言の官は廃止された。しかし翌二年五月には、安麻呂のほかに粟田真人・高向麻呂・下毛野古麻呂・小野毛野ら五人が「参議朝政」という名目で、左右大臣および大納言とともに太政官での政務審議に加わることになり、また三年後の慶雲二年四月には、大納言が「任重事密、充員難レ満」という理由で二人分の定員が削減され、代りに正四位上相当の中納言三人が「敷二奏宣旨一、待二問参議一」との職掌のもとに設置されて、粟田真人・高向麻呂・阿倍宿奈麻呂の三者がこれに任ぜられた。このような中納言・参議など政務審議の官職(参議には別に本官があり、参議は兼職)の拡充は、竹内理三・関晃らによれば、大和朝廷時代に有力豪族の代表が大夫(まへつきみ)として政務審議に関与していた慣例の復活ということになる。

この後、大・中納言の実員には変動があり、奈良後期、藤原仲麻呂が政権をとっていた時代には大納言の官名が御史大夫と改められたこともあり、平安初期に参議は八座とよばれて定員八人とされたが、中期以降、納言・

参議の実員は増加する一方であって、正官のほかに権官も置かれ、その合計は二、三十人に及ぶのが常であった。これは摂関政治の発達に伴なって太政官における政務審議が形式化したことと対応する。

2f 少納言(一五八頁) 浄御原令で納言を分割して設置か→補2e。当時は「小納言」と書かれ、「高門・貴冑、各望レ備レ員」の要職だったというが、侍従は兼ねなかったらしい(威奈大村墓誌)。大宝令では太政官に属しながら中務省侍従と同じく侍従を兼ね、「小事」を奏宣し(「便奏」→公式5)、太政官印の押捺や天皇御璽・駅鈴などの授受に関与するので、実務上は重要な役職だった。定員は大同三年八月に一人増(後紀)。平安初期以後、実権は蔵人に移るが、それでも少納言に欠勤されると太政官の実務が渋滞するため、「申政」の日に一日欠勤すれば五日分の欠勤と見做すなど、たびたびその精勤が督励された(類聚符宣抄)。

2g 外記(一五八頁) 大外記の訓は跡記に「外大記司(とのおおいしるすつかさ)」、和名抄に「於保伊之流須豆加佐」。中務省の内記に対する外記であるが、内記が四等官の系列外の品官であるのに対し、外記は主典の通掌(職員1神祇大史掌)中の「受レ事上抄」を「勘二詔奏一」と変えた他は、掌が同文であるから主典の一種としてよい。だが同じ太政官の左右弁の下にも、外記より官位相当の高い大少史がいて、これは全くの主典であるから掌は記してない。従って外記は、太政官の大臣と大納言が関与する詔書・論奏・奏事について「詔・奏」を校「勘」即ち検討する主典ということになる。そうすると詔書については内記の作成した草案(→公式補1e)も検討するわけであり、やがて「職務繁多」を理由として大外記・少外記はそれぞれ大内記・中内記と同じ官位相当に昇格し(続紀、延暦二年五月条)、また御所での記録に関与するに至った(類聚符宣抄、弘仁六年正月二十三日官符)。中世では弁官の左大史を官務というのに対し、外記局の外記の上首を局務といい、清原・中原両家が世襲した。

2h 史生(一五八頁) 律令行政は公文書によって命令・報告が行なわれ、かつ記録されたから、中央・地方を問わず、諸官司では常に大量の公文書が作製されたわけであり、主典の下にあって浄書・複写・装丁し、四等官の署名を集める史生の事務は繁忙であった。大宝令編纂当時は文書行政の繁忙さがまだ十分予測しえなかったらしく、令の史生定員は主として官・省のみにつけられたが、その施行後は各官司から増員・新置の要求がしきりに出て、延喜式の段階では、統廃合された官司を除いても左記の様な定員となった(式部式)。

神祇官四人、太政官十一人〈権一人〉、左右弁官各十八人〈各権二人〉、中務省廿人、内記二人、監物・中宮職各八人、大舎人寮四人、図書寮五人〈権一人〉、内蔵寮十人〈権二人〉、縫殿寮・陰陽寮各四人、内匠寮(令外官)七人〈権一人〉、式部省廿人、大学寮八人〈権四人、其二人以二省扶省掌一兼任〉・治部省十人、雅楽寮・玄蕃寮・諸陵寮各四人、民部省廿人、主計寮十一人〈権一人〉・主税寮七人〈権一人〉、兵部省廿人、隼人司五人〈権三人、其二人以二兵部扶省掌一兼任〉、刑部省十人、判事四人、囚獄司二人、大蔵省廿人、織部司四人〈権二人〉、宮内省十八人、大膳職八人、木工寮十一人〈権一人〉、大炊寮・主殿寮各五人〈各権一人〉、典薬寮四人、掃部寮五人〈権一人〉、正親司・内膳司各二人、造酒司四人、采女司・主水司各二人、弾正台六人、左右京職各十一人〈各権一人〉、東西市司各二人、春宮坊四人、舎人監・主膳監・主蔵監・主殿署・主馬署各二人(以下、令外官略)

これを令の定員と比較すると、当初は職・寮・司の文書を、その所管の省で浄書・複写・装丁させる予定だったと推測され、大宝令に諸司印の規定を欠いていたこと(→公式補40)と共に、大宝令編纂当時の文書行政のまだ十分展開していない状況が窺われるし、その後増置された官司と然らざるものとの差は、そのまま当該官司の事務の閑繁の相違を語る如くである。

なお諸国の史生を令で一率に定員三人としているのは、国の大小によって戸籍などの巻数に大差のあることを思うと不可解であるが、式部式では、「大国五人、上国四人、中国三人、下国二人」としている。これを民部式における、小は下国の二郡(志摩・淡路等)から大は大国の二一郡(武蔵)・三五郡(陸奥)までの差にくらべると、閑繁の問題がほとんど改善されていないといってよいが、諸国史生の場合にはすでに奈良時代から公廨稲の配分を受け、平安初期には中央貴族の利権の対象となっていたので、増員によって却って一人あたりの公廨稲配分額を減らすわけにはゆかなかったのであろう。

また史生は、和名抄では「俗、二音、如レ賞」と音読されているが、訓では主典もカバネの史も同じフムヒトであり、さらに文部(神祇18)・史部(学令2)にも通ずる。恐らく大化前代の文部・史部は朝廷の書記であり、律令官司制の形成に伴って、多くの史姓諸氏とともに主典または史生として官人化したのであろう。大宰府の典として二十九年も勤めた筑紫史益などはその末期の例である(書紀、持統五年正月条)。しかしやがて文字の普及により負名氏から選ぶ必要はなくなり、式部式では「凡雑色輩、頗有下耐二書算一者上、省課試補二任諸司史生一」とされている。

3a 中務省(一六〇頁)　中務省を和名抄のようにナカノマツリゴトノツカサと訓むのは、その職掌に依る訓と判断されるが、跡記のようにナカノツカサと訓むのは、中務という文字に即していないから何故かと思われるし、また浄御原令では省の代りに官という文字が使われていたと考えられる(例「民官」続紀、大宝元年二月条)。従って、もし浄御原令で中官と書かれていたとすれば、ナカノツカサという訓にも即することになる。但し大宝令前のものという可能性のある藤原宮跡出土木簡に「中務」という二字がみえるので、浄御原令における中務省の前身官司の呼称ないし表記については、今日なお未詳とせざるをえない。またその当時は、大宝以後の中務省のように内舎人・内記・監物など多くの品官を包括していたかどうかも疑問である(早川庄八説)。ただ中務省の原型が天武朝までは存在せず、浄御原令で創設されたことはほぼ確実とみられている。

中務省に類似した官司名として唐には中書省があり、やはり皇帝に侍従して制(詔)勅を扱うので、中務省の長官中務卿は、平安初期以後、唐風に中書令などとよばれたが、卿の掌の「侍従、献替」は、中書令にも門下省の長官門下侍中にも共通し、「賛相礼儀、審署詔勅文案」に至っては門下侍中の「賛相礼儀、審署奏抄」に倣ったものである。一般に日本の職員令の諸官名を唐のそれに置換えて説明すること、即ちいわゆる唐名を参考にすることは危険である。

なお中務省は天皇に近侍する職務を持ち、長官・次官の官位相当も他省より一階上であって、格の高い省とされたが、式部省や民部省・兵部省のような実務上の重要性はなかったためか、平安以後中務卿は親王の任となった。

3b 女王・内外命婦・宮人(一六〇頁)　中務卿の掌として此等の名帳が挙げられているのは、被管の縫殿寮の作製した考課を本省の大少丞が検討し、それを長官が決裁するからであろうと一応は解釈され、義解は女王のみならず有品の内親王もその考課のために此省に登録するが、無品で女官でない内親王ならばその必要はないとし、義解の問答(→補1c)は女王も女官でなければ登録しないとしている。しかし、名帳は考課のためばかりでなく、朝参(後宮16)などの際にも必要である。また女王・内外命婦ないし内親王の考課といえば、後宮十二司での宮人としての勤務評定以外にはないのであるから、次にまた宮人を列記するのは重複になる、以上二つの理由で、女王以下の名帳は単に考課のためのものではない、と解釈され、本条の讃記、跡記に「不レ限二有位・無位一」とする説を採るべきである。下文の大丞の掌には宮人しか記していないのも、そのためである。

なお女王は諸王(継嗣1)に准じて二世女王から四世女王までが皇親としての待遇を受ける。内命婦は五位以上を授けられた婦人。有夫・無夫を問わない。命婦の訓、ヒメマウチキミ(枕草子)。外命婦は五位以上の官人の嫡妻。宮人は後宮職員令に列記された職員。いわゆる女官。但し狭い意味では、その中の女孺・釆女のように、一般に無位の女官を指すこともある(例→衣服12)。

3c 侍従(一六〇頁)　侍従の定員八人の中には少納言三人が含まれる(官職秘抄・光台一覧)。儀式・宴会の際に天皇の側近に供奉するには、この定員ではとても足りないので、臨時に次侍従を任じた。定員は正侍従八人を含めて百人を限度とする(中務式)。初見は光仁朝(続紀、宝亀元年正月条)。なお元日の宴に大臣が侍従を喚ぶときは「末不知君」、また次侍従に任ずるときには「於毛東末不千君」とよぶ(以上、北山抄)。和名抄の訓よりもこれを採るべきか。

3d 内記(一六〇頁)　訓「宇知乃之流須豆加佐」(和名抄)。太政官の外記に対する内記。詔書・勅旨における内記の起草部分→公式補1e・2b。但し大宝の勅旨式では内記の代りに中務省主典が起草することになっていて、内記は大宝令で初めて置かれた可能性がある→公式補2a。なお大同元年七月に少内記の官位相当を中内記と同じ正七位下に定めて(三代格)中内記二人を廃し、内記史生四人を置く(後紀)。

3e 監物・典鑰(一六〇頁)　監物の掌「監二察出納一」は、監物式によると、大蔵省の正倉の出納の場合に次のような手続きを踏む。まず、弁官から少弁以上が一人、中務・民部・大蔵の各省から次官以上が各一人、主計寮から次官以上が一人、これに監物から(典鑰に鑰を持たせた監物が)一人の合計六人が集合すると、大蔵省の(主鑰や蔵部らを従えた)主典が「何々(布なり銭なりの物品・数量を挙げて)出納せむと申す」と申告する。弁は承知し出納を命ずる。主典が称唯(ヰショウと読み、謹しんで「をを」と応答することで、細く高い声がよいとされる)し、主鑰が「鑰(かぎ)給へと申す」と申告する。監物が「給へ」と(典鑰に)命じ、主鑰は称唯して鑰を受ける。各省からの一同は揃って正倉の前に行って立つ。主鑰は蔵部らを率いて、「蔵、開かむと申す」と申告する。監物が「開け」と命ずると、主鑰は称唯し、蔵部らに開かせる。一同は出納品を点検する。終ると監物は直ちに鑰をかけさせる。主鑰が「事、畢る」と申告し、一同は帰る。

また「請二進管鎰(鑰)一」の管鑰は、典鑰式によると、図書寮・民部省・大蔵省・掃部寮・大膳職・主殿寮・大炊寮のそれらであるが、その請進の手続きは、やはり監物式によると、次のようである。毎朝早く、監物と典鑰らが延政門(内裏の東南門)外に伺候する。近衛が門を開く。(宿直の)大舎人が闈司(後宮9)の所に行き、叫門(みかどごい)を二声、「闈司(みかどのつかさ)」と呼ばわる。闈司の女官は「誰ぞ」と問う。大舎人は自ら名乗った上で「鑰、給はらむと、監物何某、典鑰何某ら、門に候ふと申す」と伝える。すると女官は所定の位置まで参上して、「鑰、給はらむと、監物何某、典鑰何某ら、叫門ふが故に申す」と奏上する。「奏さしめよ」との勅答がある。女官は称唯して闈司の所に戻り、「何某らをして奏さしめよ」と宣り、大舎人は称唯する。直ちに監物は典鑰・大舎人らを率いて入り、揃って所定の位置に参上する(但し大舎人は左掖門(紫宸殿前庭の東南端の門)で留まる)。監物らは「司々の賜物下さむ鑰給へと申す」と奏上する。「取れ」との勅答があると、揃って称唯して退出する。今度は典鑰が大舎人を率いて、進んで鑰櫃の前に行き、管・鑰を取出して大舎人に授け、大舎人はそれを監物に授ける。夕方に鑰を返納する時の儀も同じであるが、監物らが奏上する詞は「給はれる司々の鑰、進(たてまつ)らむと申す」といい、勅答は「収れ」とある。

なお斎日や降雨の日は手続きや所定の位置が少し異なり、また兵庫の管鑰は臨時にしか請進しない。

3f 主鈴(一六〇頁)　主鈴が出納にあたる「鈴印伝符・飛駅函鈴」は、いずれも少納言の掌にみえるように、主鈴は少納言の指揮の下で公務に従う。例えば主鈴式によると、諸国に下す公文に内印を押すには、少納言が天皇に許可を求めるが(請印→公式補40)、実際に押印するのは主鈴である。ただ勅符と位記とは少納言自らが押印する。また行幸の際には、内印・駅鈴・伝符は皆、漆の簾子に納め、少納言と主鈴が馬寮の馬に乗って供奉する。

4 中宮職(一六一頁)　「中宮」の確実な初見は野中寺の弥勒菩薩像の丙寅(六六六年)の銘文。但しその「中宮天皇」は斉明天皇を指すか、孝徳天皇の間人皇后を指すか未詳。「中宮」を「天皇」と切離して場所を指すとの説もある。薬師寺東塔擦銘(六八〇年)の「中宮」は持統皇后。中宮官ないし中宮職は浄御原令からか。大宝令施行後の中宮職は文武天皇の藤原宮子夫人のためであったが、聖武天皇の藤原光明子立后後は令外官として皇后宮職が併置され、平安初期以後は皇太后宮職・太皇太后宮職も時に応じて置かれるに至った。

6a 国史の編纂(一六二頁)　一般に中国では、史官が皇帝の言行を常時記録したのが起居注、これを中心に皇帝一代の事蹟を編年体にまとめたのが実録、後の王朝が前の王朝の歴代皇帝の実録類を紀・伝・志・表に分類編纂したのが正史となる。日本では官制上はこれに倣って、内記の掌に「凡御所記録事」、図書頭の掌に「修撰国史」、そして中務卿の掌に「監二修国史一」と規定したが、天皇一代の実録ができたのは仁明天皇の続日本後紀、文徳天皇の日本文徳天皇実録の両者のみである。また、これらをも含めて正史たる六国史は、臨時にその都度、撰日本紀所、撰国史所などとよばれる事務局が置かれ、最短七年(文徳実録)、長きは三、四十年(書紀・続紀)、編纂にかかっている。なお新儀式によれば、その構成は代表として大臣が一人、次席に参議一人、実務の担当者として外記または他の学者官人の中から一人、以下に有能な者四、五人となっていた。

6b 師・博士・生・手(一六二頁)　写書手について、令釈は「前令称レ生。故師説云、凡令内称レ生、無レ師者是得レ考之色、有レ師者只免二徭役一耳。此令之通例也」という。大宝令では写書生のように師の無い生と、大学寮の学生や典薬寮の薬園生のように博士や師のある生とがあったのを、養老令では前者を手と改めたわけである。しかし史生が、雑任として「得レ考之色」なのに、手と改められなかったのはともかくとしても、内薬司の薬生は、義解に「得レ考之人。以二自親供一レ事故也」とあり、博士も師もないのに改められていない。

7a 主鎰(一六三頁)　内蔵寮主鎰の職掌については、穴記に「案二職掌一、云レ主二当出納一、不レ云レ鎰。然則審不レ掌レ鎰也。凡管鎰、皆中務所レ知故也」とあり、内蔵の出納についても結局、中務本省の監物・典鎰と職務が重なるらしく、延暦十八年四月に大少主鎰四人を廃したときの論奏に「主鎰四人、曾無二一用一」(三代格)とある。

7b 価長(一六三頁)　伴記の引く古記(職員33)に「得レ考為二分番一也」。掌の「平二物価一市易」は京の東市・西市などで必要とする物品を購入することであるが、流通経済が展開していなかった日本古代では、適正価格による商行為自体が一つの技術であったらしく、商(あき)じこる、即ち買い損するという動詞もあり(万葉三六四)、大化前代から商長(あきおさ)、商長首という負名氏がいた。この氏は姓氏録では在京皇別に載っているが、その系譜は造作されたもので、本来は帰化系である。

7c 百済手部・百済戸(一六三頁)　内蔵寮と大蔵省とに配属されている百済手部は、それぞれの百済戸の伴部であり、古記や令釈の引く官員令別記によると、内蔵寮の方は「百済手部十口。左京。一番役二五人一。為二雑戸一、免二調徭一也」、大蔵省の方は「百済手部十戸。左京八戸・右京二戸。一番役二五人一。月料履、一人十六両令レ縫。為二雑戸一、免二調役一也」と、口と戸や徭と役に相違があるようにみえるが、それは伝写の誤によるもので、いずれも一戸から一人ずつ出て、五人ずつが一組となって寮と省とに番上し、内蔵寮の方も月料は履が一人十六両宛てであり、両者とも調の他に雑徭を始め徭役一般が免除され、かつ雑任として考課を得る。

また百済戸は、内蔵寮「百済戸十戸。左京六戸・紀伊国四戸。臨時召役。為二雑戸一、免二調徭一」、大蔵省「百済戸十一戸。臨時免役。為二雑戸一、免二調役一」と、これも多少の異同があるが、大蔵省の十一戸の「一戸」は「戸」の誤、「免」役は「召」役の誤かと思われ、いずれも常時は自分の家で働き、製品を徴収されているのであろう。

8 縫殿寮(一六三頁)　本寮の職掌のうちの「裁二縫衣服一、纂組」は、義解のように「此擬二御服一并為二賞賜一」と恰も実際に裁縫を担当するかの如く解すると、直ちに「裁二縫衣服一人、文不レ見也」(朱説)という疑問が出る。掌の「裁縫衣服纂組」は後宮の縫司の掌と同文であり、穴記も「勘二掌女之縫司所レ縫也。非二当司別縫作一也」としている。宮人の考課を作成するためにも、後宮諸司の仕事振りを知る必要があろう。義解の解釈は大蔵省縫部司を大同三年正月に併合して以後のものだが、縫部司はもともと御服や賞賜用の衣服を裁縫しているわけではない。

なお官司名と職掌との関係を考えると、本寮は宮内省の主殿寮、後宮の殿司、東宮坊の主殿司のような殿舎関係の職掌が無い。或いはかつて中務省の前身が存在しなかった当時は本寮も無く、後宮の縫司の前身、もしくはその製品を納めて置く建物が、「縫殿」とでもよばれていたのであろうか。

10 司の長官(一六五頁)　畫工正の掌に付加された「判二司事一。余正判レ事准レ此」を、義解は「於二神祇官一既立二条例一。自余諸司所レ貫レ之。而更有二此文ニ者、贅詞重畳、非レ有ニ殊意ニ」と評しているが、神祇伯の掌の「惣判」「余長官」はここでは「判」「余正」となっていて、少し違う。官位令に明らかなように、寮以上の長官は五位以上だが、司の長官は六位以下であり、五位以上と六位以下とでは朝廷での待遇にも大きな差があるばかりでなく、律は五位以上の官長(長官・次官)に対する罪を特に規定している(賊盗5)。八省被管の職・寮・司のうちで職と寮とには、浄御原令前にその前身が認められるものが少なくないが、司にはそれがない。平安初期に統廃合されたのも大半は司である。職・寮の長官は省の長官に対し、伝統的、相対的に独立性があったのに対して、司の長官は全く省の長官に隷属し、長官とも認められないような通念があったために、特にこの注が加えられたと思われる。

13 **式部省**(一六六頁)　式部省の前身にあたる官司は法官と表記されていた↓官位補☆c。初見は百済亡命貴族たる沙宅紹明が任じられた「法官大輔」(書紀、天智十年正月是月条)。官司制の形成には公平な考課・選叙による官人の適正配置が必要だが、この考課・選叙の方法が朝廷にとって一つの新たな「法」と観念され、法官という官名がつけられたものと思われる。中国の法官は司法行刑の官であり、日本でも平安時代からは刑部省を指すようになった(坂本太郎説)が、当初は「法」という文字に対する観念が中国とは異っていたのであろう。式部省の職務には、この人事関係事務の他に、朝廷の礼儀を掌ることもあるが、天武朝の法官は考課1の原型とみられる法規に関与している(書紀、天武七年十月条)と同時に、四孟の朝参即ち儀制5・衣服11 12に関係する法規にも関与していた(同、十二年十二月条)。

令制の式部省は、文官の人事を担当するために八省中で最も実力ある官司とみられ、その任は有力諸氏の競望するところであったが、平安初期以後、長官は親王の任となった。

14a **博士**(一六七頁)　日本の大学は天智朝に創設されたようであり(↓学令補☆b)、大学寮の前身と思われる「学職」の「頭」(長官)は百済復興を企てた鬼室福信の子集斯であった(書紀、天智十年正月是月条)。後世の例では大学寮の長官にしばしば大学博士よりも著名な学者が任じられているが、鬼室集斯の場合は明らかでない。大学博士の初見は「大博士百済人率母」(天武六年五月条)。この許率母も鬼室集斯と同じく亡命貴族であり、五経に明らかだった(前出天智紀)という。大学寮の訓はフムノツカサ、フムヤノツカサだが、オホツカサとの訓もあり、この「大博士」の訓オホキハカセと共通する。また持統朝でも大学博士は上村主百済(うえのすぐりくだら)という帰化人出身であり(持統五年四月条・同七年三月条)、大宝律令の制定や国号を日本と称したこと(続紀、慶雲元年七月条・旧唐書、東夷伝)などをも含め、天武・持統朝から文武朝にかけて認められる唐への強い国家意識と、大学における亡命貴族の教育とは関係があったのかも知れない。なお日本在来の諸氏から博士がしきりに出るようになるのは、吉備真備以後つまり奈良中期以後である。

14b **音博士**(一六七頁)　訓コヱノハカセ↓官位15注。初見は続守言と薩弘恪(書紀、持統五年九月条)。いずれも唐人。続守言は鬼室福信らが百済で獲た俘虜。薩弘恪は後に大宝律令制定に加わる。唐人を音博士としたことは、これまで日本に広まっていた華中、揚子江下流地方の音(いわゆる呉音)に対し、華北における隋・唐の標準音(いわゆる漢音)を教育するためと思われ、その後奈良時代にかけてしばしば僧尼にまで漢音で経典を読むように強制したが、ついに徹底しなかった。

14c **書博士**(一六七頁)　訓テカキノハカセ↓官位15注。初見は百済人の末子善信(書紀、持統五年九月条)。法隆寺釈迦尊像光背銘や法華義疏にみられる飛鳥時代の書風が、天武朝の金剛場陀羅尼経跋語以後いちじるしく変ってくる点は、仏像彫刻における様式の変化とも対応する。美術史では一般に六朝風から初唐風への変化といわれているが、書風の場合にはむしろ律令国家の発足に伴う文書主義行政の徹底、識字人口の急速な増加に、書風変化の基本的な原因を求めるべきであろう。正倉院文書中の公文書や、近時全国的に出土している木簡、特にその習書の字体は、みな読み易い硬い楷書である。万葉集では王羲之の「羲之」二字を「テシ」(手師、書師)の仮名にあてているが、奈良時代では欧陽詢の縦長の書体の影響が強いという。いずれにしても大学における書博士の教育は、一般の書風の変化にはさほど影響しなかったと思われる。

16a 治部省（一六七頁） 前身の官司は理官（書紀、朱鳥元年九月条他）。訓も同じくヲサムルツカサ。天武紀の初見記事（天武十年九月条）では、諸氏から氏上の申告を受理している。従って当時すでに令制の治部卿の掌「本姓・継嗣」と同様な職掌を持っていたと思われる。もともと日本語のヲサメルは、強力に支配するというよりも長(おさ)として事態を安定させる意といわれ、支配者層の中に支配の正統性をめぐる争いが血統の問題に関連して起きた場合、その上に立つ天皇がこれをヲサメルことは、同時に天皇自身の地位を強化する所以でもあった。しかし官僚組織が発達して官職の世襲が排除され、氏上の地位が氏の祭祀の主宰者或いは儀礼上の代表者という程度に落ちてくると、血統にもとづく正統性も力を失なう。理官から治部省に代ったのは、そのような大勢が進行している時代であった。

治部卿の掌は、以上の他にも・喪葬・陵墓関係や外国使人の接待などがあるが、いずれも儀礼的な事務である。ただ掌には無いけれども、管隷する玄蕃寮を通じて行なう僧尼に対する統制は、仏教が盛になった時代であるだけに重要であった。

16b 諱（一六七頁） 父祖の諱を避ける風習は中国では礼として徹底しており、唐律には宗廟の諱を犯した官人に対する罰則もあったが日本律では削除した（→職制25注）。しかし本条では国忌と共に諱も規定し、国忌がすでに持統朝から日を指定されはじめている（→儀制補7b）のに対し、避諱を初めて実施したのは奈良後期、藤原仲麻呂政権成立の頃であり（続紀、天平宝字元年三月乙亥条・同三年十月辛丑条）、光仁朝以後は、例えば天皇の諱と同じ白壁（白髪部）を氏名・地名とする場合はすべてこれを真壁（真髪部）と改めさせるなど、天皇の諱と同じ氏名・地名の変更が数代にわたって行なわれた。

16c 解部（一六八頁） 治部省解部にしても刑部省解部にしても、扱う訴訟が「本姓・継嗣・婚姻」関係か、それ以外の一般かとの相違があるだけで、事実審理を担当するという掌や、「推鞫得レ情、申弁明了」（考課44）という最では同じである。解部には部の字がついているが官位相当のある品官であり、事実審理のための拷問などは古くから行われていたにしても、これに携わる負名氏がいた様子はなく、押坂部という部が刑部とも表記されていることとの関係も不明である。ただ刑部省の解部が持統朝に初めて任命された（書紀、持統四年正月条）とすると、律（唐律か）や令（特に獄令）にもとづく裁判や裁判手続は、浄御原令の施行と共に開始されたのかも知れない。筑後国風土記逸文に筑紫国造磐井の墓と伝える古墳（福岡県八女市の岩戸山古墳）には、解部といわれる石像が偸人(ぬすびと)という石像や贓物(ぬすみもの)の石猪を前に立っていたというが、それがいつから解部とよばれるようになったかは明らかでない。

17a 雅楽寮（一六八頁） 中国では伝統的に礼と楽が一体のものとされ、社稷・宗廟を祀るには何よりも礼・楽に依らなければならないので、唐でも社稷・宗廟を掌る太常寺に太楽署を置いた。日本では神祇官が太常寺に類するが、楽舞を担当する雅楽寮は尚書省の礼部にあたり、朝廷の葬礼も掌る治部省に属させたのである。雅楽寮の雅楽とは、頭の掌の「雅曲」「雑楽」を約したもので、礼に合った音楽という意味だろうが、訓「宇多末比乃豆加佐」（和名抄）にはそのような意味が欠けている。

本寮の職員構成をみると、四等官の次に従八位上相当の品官として、才伎長上（選叙22）の諸師が歌人・歌女以下の諸生を従えて列記されている。この諸師・諸生は、歌師から笛工までと、唐楽師から腰鼓師までとの二種類に分けられるが、前者は在来の歌舞、後者は外来の楽舞の演者である。前者は埴輪の葬列にも楽人が加わっているように、古くから朝廷に属していたのであろうが、天武朝では、大倭・河内・摂津・山背・播磨・淡路・丹波・但馬・近江・若狭・伊勢・美濃・尾張の諸国から歌を能くする男女と侏儒・伎人(わざひと)を貢上させており（書紀、天武四年二月条）、その後裔が雅楽寮に隷属する楽戸の歌人・歌女・木登らとなったようである。催馬楽の歌詞に出てくる国々の名も前記諸国とほぼ一致する。また外来の楽舞の中でも伎楽師や腰鼓師の演ずる伎楽は推古朝に渡来した（同、推古二十年是歳条）といわれ、やはり楽戸に伎楽四十九戸として登録されている。唐や三国の楽舞の渡来は新らしいとみえて、楽生も楽戸からではなく、それぞれの国からの渡来人または一般日本人から採用する(続紀、天平三年七月条)。

なお頭の掌の中の「雅曲・正儛」は、雅正な曲と舞の意だが、平安初期にはこれが外来の楽舞を指し、「雑楽」の方は穴記に「笛工以上諸儛等、雑楽耳」と解するように、在来の歌舞を指すこととなった。唐では宮廷の伝統的な楽舞が「雅正」、民間のそれが「雑」であったのに、日本では外国のが「雅正」、日本のが「雑」とされたのである。そしてそのころから後者は大歌所として雅楽寮から分離し、また奈良後期から唐にならって、後宮にも女官が音楽や踏歌を練習する内教坊が置かれるに至った。

17b **舞曲の曲目と演者**(一六八頁)　古記の引く雅楽大属尾張浄足の説に「今有ㇾ寮儛曲等如ㇾ左」として列記するのを、便宜上、(A)在来系と、(B)外来系とに分け、符号を付して引用する。

A㈠久米儛―大伴弾ㇾ琴、佐伯持ㇾ刀儛、即斬₂蜘蛛₁。唯今、琴取二人・儛人八人。大伴・佐伯不ㇾ別也。㈡五節儛―十六人。㈢田儛―師・儛人四人。倭儛師儛也。㈣楯臥儛―十人。五人土師宿禰等・五人文忌寸等。右着ㇾ甲幷持₂刀楯₁。㈤筑紫儛―廿人。㈥諸県―師一人・儛人十人。儛人八人著ㇾ甲持ㇾ刀・禁止二人。

歌師四人。立歌二人・大歌。

笛師二人。兼₂知横竹・尺八₁。

B㈠度羅儛―師一人・歌師一人。(1)婆理儛。六人。二人持₂刀楯₁儛・四人持ㇾ桙立。(2)久太儛。廿人。(3)那禁女儛。五人。三人儛人・二人花取。(4)韓与ㇾ楚奪ㇾ女舞。女廿人之中、五人著ㇾ甲帯ㇾ刀。右四儛、度羅之楽。

㈡唐―合笙師一人・搊箏師一人・横笛師一人・鼓師一人・歌師一人・方磬師一人・篳篥師一人・尺八師一人・箜篌師一人・儛師一人。

㈢百済―箜篌師一人・横笛師一人〈兼ㇾ歌〉・韓琴師一人〈大理須古〉・儛師一人。

㈣高麗―儛師一人・散楽師一人・箜篌師一人。

㈤新羅―儛師一人・琴師一人。

㈥伎楽―師一人。

右は恐らく古記の成った天平中期の雅楽寮の実情であろうが、その頃には林邑楽が渡来し、やがて雅楽寮に採用されたらしいし、また(A)の㈠の久米儛などは、東大寺大仏の開眼会に上演されたことが東大寺要録にみえる。なお雅楽寮諸司の定員を改正した大同四年三月廿一日・弘仁十年十月廿一日両日の官符(三代格)も参考になる。

19 **諸陵司**(一七〇頁)　天平元年八月癸亥に「改₂諸陵司₁為ㇾ寮、増ㇾ員加ㇾ秩」(続紀)。この寮は天平十七年十月廿日の諸陵寮解に大允がみえる(大日本古文書二)ので大寮と分る。また諸陵司の維持管理すべき陵墓及び陵戸・守戸は諸陵式に延喜時代のが列挙されているが、大宝令施行当初の陵戸は、陵に置かれたものを常陵守、墓即ち先皇の陵ではなく「自余王等有ㇾ功者」(書紀、持統五年十月条)の墓に置かれたものを常墓守、また陵戸では足りないために良民を三年交代で使った場合を、それぞれ借陵守・借墓守といったようで、官員令別記には陵墓所在の国別に次のような数を挙げている。

常陵守及墓守、幷八十四戸。倭国卅七戸・川内国卅七戸・津国五戸・山代国五戸。免₂調・徭₁也。公計帳文莫ㇾ納、別為₂計帳₁也。借陵守及墓守幷百五十戸。京二十五戸・倭国五十八戸・川内国五十七戸・山代国三戸・伊勢国三戸・紀伊国三戸。右件戸納₂公計帳文₁而記₂借陵守₁也。

21 **民部省**(一七〇頁)　民部省の前身の官司は民官と表記されていたらしい(書紀、朱鳥元年九月条・続紀、大宝元年二月条)。書紀では民や民部にカキ・カキベの訓を付し、部曲にも同じ訓を付しているので、部曲を豪族の占有民とすれば、その他の一般の民は民官の占有民ということになり、結局、大化から大宝に至るいわゆる公民化の過程とは、皇室の子代・名代や豪族の部曲を民間の管理下に繰込む過程であったということになる。

令制における民部省は、全国の国司を通じて民政を指揮し、その報告にもとづいて予算を編成する、国政上極めて重要な官司であり、その長官・次官は奈良時代まで、実務に優れた有力貴族から任命されていた。しかし平安初期以後、私的土地所有の発展に伴って、次第に力を失なっていった。

24 兵部省（一七二頁）　兵部省は軍政を担当するので、その前身の官司も兵政官と表記されたらしい（書紀、天武四年三月条・朱鳥元年九月条）。令制の兵部省は、式部省が文官人事の事務を扱ったのに対し、武官人事の事務を扱ったが、兵部省の官人自身は文官であったから、式部省にその考課を処理されたわけである。しかしその掌を通じて全国の軍団の大毅以下兵士までを把握したし、「城隍」「烽火」、さらに兵馬司を通じて「郵駅」にも関与した（大宝令では兵部卿の掌に「郵駅」とあったらしい）から、いわば全国の交通通信網を一手に握っていたことになり、兵部省の長官・次官の地位は、古来の武門大伴・佐伯両氏のみならず、藤原氏をはじめ有力貴族の競望するところであった。平安初期以後、中務と式部の卿は親王の任となったので、公卿の任としては兵部・民部の両卿がこれに次ぐ官とみられていた。

26 雑工戸（一七三頁）　雑工戸はその伴部の雑工部と共に兵部省造兵司と大蔵省典鋳司とに配置されているが、典鋳司のそれらは「抽二取鍛冶・造兵司部人、及高麗・百済・新羅雑工人一配レ之」（職員34古記・令釈）とあるように、渡来人技術者の他には造兵司の雑工戸の中の鍛戸と、宮内省鍛冶司の鍛戸とから抽出していて、本来の配置は無いのである。ところで造兵司に雑工戸として一括されている職種・戸数・労働形態・課役免除は官員令別記によると次の如くである。

鍛戸二百十七戸・甲作六十二戸・靫作五十八戸・弓削三十二戸・矢作廿二戸・鞆張廿四戸・羽結廿戸・桙刊卅戸。右八色人等、自二十月一至二三月一、毎戸役二一丁一。為二雑戸一、免二調役一也。爪工十八戸・楯縫卅六戸・幄作十六戸。右三色人等、臨時召役。為二品部一、取レ調免二徭役一。

29 主鷹司（一七三頁）　養老五年七月に放鷹司の鷹や狗を放ち、品部を公戸として一時廃止（続紀）。まもなく復活したらしく、天平十七年四月二十一日の兵部省移（大日本古文書二）にみえる。道鏡時代にも中止（続紀、天平宝字八年十月条）。弘仁十一年から鷹飼三十人・犬三十牙、貞観二年からは司の官人が任命されず、元慶七年から蔵人所に鷹飼十人・犬十牙（三代実録、元慶七年七月五日条）。

30 刑部省（一七四頁）　刑部省の前身については、大化の当時すでに刑部尚書（続紀、和銅元年閏八月条）という唐そのままの官名が知られているが、天武紀では刑官（朱鳥元年九月条）、持統紀では刑部省（持統四年正月条・六年二月条）と表記されている。だが持統紀は天武紀よりも令制による修飾が著しいので、この場合も大宝令前には刑官と表記されていたとみるべきである。ともかく刑官の官制が、浄御原令によって、従来よりも大宝令制の刑部省に近づいたことは、浄御原令施行と前後して九人の判事（持統三年二月条）、百人の解部（持統四年正月条）を任命したことから推知される。令制の刑部省は、諸国と同じく徒以下の罪については独自に刑を判決、執行し得るし（獄令2）、判決の難しい事案が諸国から送付されてくれば、それも審理する（獄令51）など、太政官のもとで全国の裁判や行刑を指揮し、かつ自判しなければならないので、もしも判事や解部が配属されていなかったら、その存在は形ばかりのものとなる筈である。天武朝の刑官は、他の五官と同様に、内容が不明だが、浄御原令で職員を充実したのは、本格的に唐律を裁判に援用しはじめるためではなかろうか。

さて大宝令では判事が一人ふえて十人、解部は大部減って六十人となり、大同三年正月には解部を全廃した（三代格）。そのころはすでに検非違使が置かれ、実権が移っていたためであろう。

なお刑部省の訓に、貞観七年三月七日官符（三代実録）によると、もと訴訟之司（ウタヘウタフルツカサか）といったのを、定訟之司（ウタヘサダムルツカサか）と改めたという。いずれにせよ和名抄の訓はそれらと相違するようである。

33 a 大蔵省（一七五頁）　大蔵省の大とは公共、国家、朝廷などの意であり、朝廷の倉庫そのものの起源は極めて古いし、これを管理、出納、記録する官職も古くから専門化していたと考えられる。古語拾遺は神武天皇の時に斎蔵、履中天皇の時に内蔵、雄略天皇の時に大蔵と、いわゆる三蔵分立を伝えているが、そのような伝承はともかくとしても、令制の諸省の前身が唐制を参考にしながら何部、或いは某官と形作られてきたとき、すでに大蔵省の前身は単に大蔵とよばれるまとまった官司として存在していたようであり、天武天皇の殯宮で六官があいついで誄したときも、大蔵とのみその官司名を述べている。令制の大蔵省は掃部司の他に工房に類する四司を管隷しているが、これも恐らくは古くからの形であり、朝廷の倉庫を管理するものが単に物資を出納するだけでなく、収納した物資を使って必要な品々を造っておくことは当然であろう。ただ社会一般に技術が広まり、技術水準が向上すれば、朝廷工房も不要になるわけで、織部司を除く他の諸司が平安初期に統廃合されたのも無理はない。そして、恐らくかつては掌握していたと思われる財政権も、令制では民部省に移ったために、奈良時代からすでに大蔵省は魅力ある官司ではなくなっていたらしい。

33b **狛戸**(一七六頁) 「忍海部狛人五戸・竹志戸狛人七戸、合十二戸。役日無レ限。但年料牛皮廿張以下令レ作。村々狛人三十戸・宮郡狛人十四戸・大狛染六戸。右五色人等、為二品部一、免二調役一也」「衣染廿一戸・飛鳥沓縫十二戸・呉床作二戸・蓋縫十一戸・大笠縫卅三戸・桉作七十二戸。右六色人等、臨時召役。為二品部一、取二調庸一、免二雑徭一」。以上は官員令別記。但し後半の衣染以下については「一云、凡縫笠・縫蓋・飛鳥縫履・染部、如レ此之類、皆在二蔵部之中一」ともいう。

36 **漆部司・漆部**(一七七頁) 漆部司は漆室に漆を保管。続紀の養老四年六月条に、令史と直丁が司の漆を盗んだ事件がみえる。漆部は定員廿人の中、品部から出た七人は伴部として考を得、十三人は品部として徭役免なので(官員令別記)、本条も漆部と漆戸とを分けるべきか。「漆部廿人之中、伴造七人、倭国、経レ年役。伴造為二伴部一、漆部為二品部一。漆部十戸、経レ年毎戸役。免二調役一也。泥障二戸・革張一戸。右二色人等、臨時召役。為二品部一、取レ調免二徭役一。限外漆部五人(戸ヵ)・泥障八戸・革張三戸。右三色人等、為二品部一、取レ調免二徭役一。但漆部伴部並得レ考」(官員令別記)。

38 **挑文師・挑文生・染戸**(一七七頁) 古記は挑文師四人を「挑文四人」とし、穴記の引く令釈は挑文生を「無レ師生」とし、官員令別記は品部として、いわゆる染戸以外に錦綾織以下の織手を挙げ、その一人二人は司に番上する、とする。大宝令にいう「挑文」とは、これら番上する織手であり伴部だったと思われる。唐から色糸を緯糸に使う織り方が伝わるに及んで「挑文師」に技術を指導させ(続紀、和銅四年閏六月条)、また日本でも新しい織り方が開発されたので(同、和銅六年十一月条)、養老令では才伎長上として「挑文師」を置き「挑文生」を付けたのであろう。

染戸「錦綾織百十戸。年料一人錦一疋・綾一疋令レ織。但貴錦一疋令レ織。錦機卅四枝。為二品部一、取レ調免二徭役一。呉服部七戸。年料毎戸小綾二疋令レ織。為二品部一、取レ調免二徭役一。川内国広絹織人等三百五十戸。機五十枝。一機七疋令レ織。取レ調免二徭役一。緋染七十戸。役日無レ限、染絁無レ定。為二品部一、取レ調免二徭役一。藍染卅三戸。倭国廿九戸・近江国四戸。三戸出二女三人一役。余戸毎丁令レ採レ薪。為二品部一、免二調役一。織手等一二人在レ司上。多在二国織進一耳」(官員令別記)。

39 **宮内省**(一七八頁) 宮内省は一職・四寮・十三司を管隷し、中務省が一職・六寮・三司を管隷しているのと共に、他の六省の合計六寮一四司を両省で上廻っているし、官人数もまた同様である。これは天武朝まで、朝廷の六官とは独立に、内廷で天皇に仕えていた数多の官司を浄御原令から大宝令にかけてこの両省にまとめたためと推定されている。もっともそのまとめ方には、大膳職(朝廷の膳部)と内膳司(天皇の膳部)を同じ宮内省に隷する一方、典薬寮(朝廷での医療)と内薬司(天皇の医療)の中の後者のみを中務省に隷するなど、規準に解し兼ねるところもあるが、何か歴史的な事情でもあるのかも知れない。

こうして宮内省は寄合世帯であり、しかも中務省のように天皇の国事行為に関わるのでなく、衣食住を主とする身辺の庶務を担当したから、規模の割には最初から重視されなかったようである。

40a **大膳職と内膳司**(一七八頁) 大膳職の訓は「於保加之波天乃豆加佐」、内膳司の訓は「宇知乃加之波天乃官」(以上、和名抄)。前者は朝廷の、後者は天皇の食膳を調理するが、浄御原令前では分離していなかったようであり、天武天皇の殯宮で「膳職」の事を誄した紀直人は、すぐその後に「奉膳」と書かれている(書紀、朱鳥元年九月条・持統元年正月条)。また内膳司は長官(奉膳)が二人、次官(典膳)が六人、しかも両者は掌を異にするという珍しい官司であり、それらの官位相当は大膳職の長官・次官よりも下であるから、恐らく奉膳・典膳らの前身は、かつて膳職の一部局を形作っていたのであろう。

40 b　雑供戸（一七八頁）　「鵜飼卌七戸・江人八十七戸・網引百五十戸。右三色人等、経レ年毎丁役。為二品部一、免二調・雑徭一。未醤廿戸。一番役二十丁一。為二品部一、免二雑徭一」（官員令別記）。

44　薬戸・乳戸（一八〇頁）　「薬戸七十五戸。経レ年一番役二卅七丁一。乳戸五十戸。経レ年一番役二十丁一。右二色人等、為二品部一免二調・雑徭一」（官員令別記）。続紀には「始令二山背国一、点二乳牛戸五十戸一」（和銅六年五月条）とあるが、別記の五十戸との関係は未詳。乳長上（三代格、天長二年四月四日官符）もいて、発酵乳・乳酪などを作っていたらしい。

70　国の等級（一九二頁）　令における大・上・中・下の国の四等級が、個々の国に対してどのような規準で適用されたか、当初の考え方は不明であるが、降って仁寿三年六月八日の官奏（三代格）には、田疇・編戸の計校によるとみえている。いま民部式によって四等級に分けられた国々に郡数を添えて示すと左の如くである。なお大宝以後延喜までの二百年間に分置・併合のあった国々には＊印を付ける。

〔大国〕	大和15	＊河内14	伊勢13	武蔵21	＊上総11	下総11
	＊常陸21	近江12	上野14	＊陸奥35	＊越前6	播磨12
	肥後14					
〔上国〕	山城8	摂津13	尾張8	参河8	遠江13	駿河7
	甲斐4	相模8	美濃18	＊信濃10	下野9	出羽11
	＊加賀4	＊越中4	＊越後7	＊丹波6	但馬8	因幡7
	伯耆6	出雲10	＊美作7	＊備前8	備中9	備後14
	安芸8	周防6	紀伊7	阿波9	讃岐11	伊予14
	筑前15	筑後10	豊前8	豊後8	肥前11	
〔中国〕	＊安房4	若狭3	＊能登4	＊佐渡3	＊丹後5	石見6
	長門5	土佐7	＊日向5	＊大隅8	薩摩13	
〔下国〕	＊和泉3	伊賀4	志摩2	伊豆3	飛驒3	隠岐4
	淡路2	壱岐2	対馬2			

〔大宝・延喜間の分置・併合〕

＊出羽—七一二年＊陸奥から分置。＊丹後—七一三年＊丹波から分置。＊美作—七一三年＊備前から分置。＊大隅—七一三年＊日向から分置。＊和泉国（監）—七一六〜七四〇年河内から独立、七五七年＊河内から再分置。＊安房—七一八〜七四一年上総から独立、七五七年＊上総から再分置。＊能登—七一八年＊越前から分置、七四一年＊越中に併合、七五七年＊越中から再分置。石城・石背—七一八年＊陸奥・常陸から分置、七二四年（？）＊陸奥に併合。諏訪—七二一〜七三一年＊信濃から独立。＊佐渡—七四三年＊越後に併合、七五二年再置。＊加賀—八二三年＊越前から分置。多禰島—八二四年＊大隅に併合。

3 後宮職員令

☆**後宮職員令**(一九七頁)　「後宮」の「三員」(古記)たる妃・夫人・嬪には職掌がないから「職員」ではない(義解)。本篇目の主内容は後宮に仕える「宮人」即ち女官ら「職員」の構成規定である。従って本篇目は「宮人職員令」(職員8古記・禄令9古記)と呼ばれることもあったが、冒頭に後宮三員関係規定を置くために、大宝令でも「後宮官員令」(本条古記)としていた。

〔後宮〕　後宮職員令に相当する篇目を唐令では「内外命婦職員令」といい、内命婦としては、皇帝に夫人四人(貴妃・淑妃・徳妃・賢妃)・嬪九人・婕妤九人・美人九人・才人九人—開元二十五年令では以上を妃三人(恵妃・麗妃・華妃)・六儀六人・美人四人・才人七人に減定—以下多数、皇太子に良娣二人・良媛六人・承徽十人以下多数の官制を定め、外命婦としては、公主・王妃以下の官制を定めていた。これを日本令と比較すると、後宮の規模は別として、また両者共に皇后について規定していないのも律令の性質上当然として、日本令では皇太子の後宮及び宮人に関する構成規定を欠くことが注目される(後宮15古記にも「臨時定。依₂別式₁耳」とある)。令の篇目を排列するに当って、後宮職員を東宮職員よりも前に置くこと(→職員補☆)が可能であったのは、このためである。

　また日本令における妃と夫人・嬪との別が唐令の継受でないことも注目される。もともと妃という文字は、后・夫人・嬪・世婦・女御ら天子の配偶者の汎称に過ぎず、唐令でも夫人と嬪は区別したが、妃は夫人の称号に過ぎなかった。それが日本では、推古朝前後から複数のキサキ(后=妃)の中から一人のオホキサキ(大后、後に皇后)を立てるようになり、令ではこのキサキに妃の字を当てて一品から四品までの品を授けることとし、夫人や嬪が一位以下の位を授けられるのと区別したのである。そうすると、品は皇子・皇女にしか授けられないから、妃は先代までの天皇の皇女に限定され、諸王・諸臣から出る夫人や嬪とは出自を異にすることになる。これは推古朝以来、皇位継承が紛糾したとき、皇后が即位して女帝となる慣行が生じたので、皇后となりうるのは皇族と限定しておかないと、事態が更に収拾しえなくなるためと解される。事実、聖武朝で藤原夫人光明子を強引に皇后に立てたときには、まず反対する左大臣長屋王を自殺させ、先例についてはくだくだしい弁明の勅を出さなければならなかった(岸俊男説)。

　夫人が三位以上、嬪が五位以上という規定も、唐令で夫人を正一品、嬪を正二位としているのに倣ったというより、在来の慣行にもとづく差別と考えられる。即ち律には三位以上が「貴」(名例7(6))、四位・五位が「通貴」(名例13疏)という区別があり、令も三位以上と以下とでは数多くの差別を設定しているが、当時の通念としても三位以上の公卿級に昇りうるのは大和朝廷以来の名族の後裔であり、地方豪族はいかに昇進しても外五位止りであった。しかし天皇の多数の配偶者の中には、七世紀の実例によっても、皇族及び朝廷豪族出身の他に采女、即ち地方豪族(国造)の姉妹や娘が少なからずいるわけであって、彼女らが皇子・皇女を生んだために、その母としての地位を認めなければならなくなった場合には、朝廷豪族出身者と差別するために、夫人とは別に嬪の称号を用意して、授与すべき位階も一段階下げたものと思われる。

〔後宮十二司〕　以上の妃・夫人・嬪という称号、及びこれに授与すべき品・位の別は、天武十四年の冠位制以後、恐らくは浄御原令でその前身の条文が規定されたときに立てられたと推定されているが、本篇目の主内容である「宮人職員」即ち後宮十二司の原型の成立はあまり明らかでない。ただ天武朝では律令編纂に着手後まもなく、「凡百寮諸人恭₂敬宮人₁、過之甚也。或詣₂其門₁謁₂己之訟₁、或捧₂幣以媚₂於其家₁」(書紀、天武十年五月条)と詔しているので、すでに宮人の勢力が隠然たるものであったことが知られ、そうなればこれを押えるために職制を強化する必要が感じられたであろう。その後五年、天武天皇の殯にさいしては、内廷の諸官が次々と誄してゆく中に、采女朝臣筑羅が「内命婦」の事を誄しているのがみえる。采女氏のような古来の伴造の家柄に依然として管理されていたとしても、後宮が既にまとまった組織下にあったことは確かである。

ところで後宮各司内部の職員構成を唐の宮官と比較すると、唐の六局（尚宮・尚儀・尚服・尚食・尚寝・尚功）の各長官から「尚」、六局に分属する二十四司の各次官から「典」、各判官から「掌」の字をそれぞれ借りており、規模の関係であろうが、二十四司の各長官の「司」や、主典または史生に当る「女史」は省いている。もっとも平安初期になると、「無ニ女史一者、皆取ニ女孺堪レ任者一為レ之也」（後宮4義解）と説明し、実際に女史を任ずるようになる。また、後宮十二司の十二という数にしても、唐の六局乃至二十四司の影響を受けているとみてよいであろう。由来、中国の官制では周礼の六官の六という数が伝統的に尊重されてきたようであり、日本もその影響下にあって、天武朝までは男官も六官であったと推定されている。しかし天武朝からは姓も八色、冠位も明冠以下進冠まで八種というように、八を基準数に取りはじめ、六官も浄御原令で八官、大宝令で八省と改めた。しかし後宮十二司と東宮坊三監・六署の原型は、天武朝までの姿を残し、浄御原令で改めることなく大宝令に及んだのではなかろうか。なお→東宮補☆a。

4 内侍司（二九七頁）　内侍司は後宮十二司の筆頭に規定されているに拘らず、禄令における待遇は何故かあまり高くない。しかし天皇に常侍して勅や奏を取次ぎ、後宮の若い女官たちの勤務状態を記録して中務省に送付するというその職権は、男官の大納言・少納言ないし式部卿にも似ていて、有力貴族の注目するところとなり、女帝の絶えた奈良末期から待遇は急速に上昇した→禄令補9。平安初期には内侍らの取次ぐ「内侍宣」が、しばしば詔勅や太政官符で宣せらるべき重要な政務にまで関与し、式部式はこれを「凡依ニ内侍宣一叙レ位者、更経ニ大臣一乃応レ授」とか、或いは「凡内侍仰事、若非レ縁ニ詔勅一、勿ニ輙承行一」と制限しなければならなかった（土田直鎮説）。かくて平安中期以後、他の後宮諸司が次第に廃絶してゆく中にあって、ひとり内侍司が後宮を代表するに至り、また一方では尚侍・典侍・掌侍らが、令制の妃・夫人・嬪ら天皇の「妾」に代る存在となっていった。

4　東宮職員令

☆a 東宮職員令（二〇三頁）　東宮は「太子之所レ居也」（義解）、転じて「太子謂ニ之東宮一也」（令釈）。春宮ともいう（「伴云、四時気自レ東発、即春准レ此故、為ニ東宮春宮一、其義無レ別也」）。和訓は「美子宮」（跡記）「御子宮」（穴記）、すなわちミコノミヤ。因に皇太子に相当する和訓はヒツギノミコ。中国でのこの篇目に相当する令は、隋開皇令で東宮職員令、唐開元七年令では東宮王府職員令。ただし唐での東宮王府職員令には、皇太子のみでなく、親王等の家政機関の職員も含まれる。養老令では皇太子の家政機関の職員を本令に、親王等のそれは次の家令職員令に規定した。大宝令では本令を東宮官員令と称したか。

天皇の存命中に皇位継承者一人を定め、これを皇太子ないし太子と称することは、文献上では神武紀からみられるが、それらは後世の知識によって潤色されたもので、皇太子・東宮等の中国的な称号が用いられるようになったのは、推古朝からと考えられている（家永三郎説）。しかしその時期、皇太子の地位に附随する機関として、どのような組織が設けられたかは明らかでない。ついで壬申紀に、多くの舎人が東宮太皇弟大海人皇子に随従し、また同皇子の経済的基盤として美濃国に湯沐（食封の一種→禄令10）の存したことが伝えられているが、東宮附属の機関等の詳細はなお不明。東宮職員の確実な初見は、持統紀十一年二月条の東宮大傅・春宮大夫・同亮の任命で、これは軽皇子（文武）の立太子に際して行われたものだが、浄御原令に東宮職員令の篇目が存した可能性を示すものでもある。

☆b 東宮職員令の条数（二〇三頁）　東宮職員令の条数について、本書の底本である無窮会所蔵令集解をはじめ、令集解諸本および京本令義解・塙本令義解は、いずれも「凡壱拾条」とするが、令集解目録は「凡十一条」とする。傅・学士を一条とし、春宮坊以下を各一条とすれば十一条となるので、本書では令集解目録にしたがい「凡壱拾壱条」とした。因に標注令義解校本は、傅一条、学士一条、春宮坊以下各一条として、あわせて「凡壱拾弐条」としている。

2　**三監・六署の変遷**（二〇三頁）　春宮坊被管の三監・六署のうち、大同二年に、主漿署が主膳監に、主書署・主兵署が主蔵監にそれぞれ併合されて三監・三署となったが、その後舎人・主蔵の二監および主工署も廃されたらしく、延喜春宮式には、春宮坊被管として主膳監・主殿署の一監・一署が挙げられているにすぎない。主馬署は、延喜式に春宮坊被管の署として独立に掲げられていないが、式文中に「主馬署」の語がみえ、また古記録等にもその任官記事がみられるので、延喜以降も存続したことが知られる。

3　**東宮舎人と帯刀舎人**（二〇三頁）　定員六百人の東宮舎人は、養老令制では蔭子孫を以て任ずることとされていたが（軍防46）、現実には位子および白丁をもこれに任じた→軍防補46b。この定員内に、宝亀七年（皇太子山部親王（のち桓武）のとき）にはじめて（東宮）帯刀舎人十人が置かれ、以後累加して三十人となった（春宮式）。帯刀舎人は射騎に長じた者を以て任じ（これを選考することを「帯刀試」という）、行啓に供奉するのほか、皇太子の警衛に当った。長二人あり、これを先生（センジヤウ）という。舎人監が廃された後も、帯刀舎人は残された。

5　家令職員令

☆**a**　**家令職員令**（二〇七頁）　本令に定める職員は、有品親王家および職事三位以上家の家政に従事するものであるが、これらは国家がその家に与える公的職員であって、したがって本令に載せる官職はすべて官位令にも載せられている職事官である。唐での親王・臣下の公的家政機関とその職員は、東宮王府職員令に規定されていたが、唐制と養老令制では次の諸点で著しく異なっていた。

㈠唐では親王の家政を掌る機関として親王府を置き、さらに親王の護衛・儀仗に備えるための親事府・帳内府と、親王の封国を治めるための親王国令以下の官職を置いたが、養老令制は親王府のみを模して親王家の家政職員とし、かつその職員構成を簡略にした。

㈡唐では親王府以外の府に、三師三公府・開府儀同三司府・嗣王府・郡王府・上柱国以下帯文武職事府の五種があったが、養老令制では、親王家の家政職員以外は職事一位以下三位以上の家政職員のみとした。

㈢唐で上柱国以下帯文武職事にして府を開きうる官は五品以上官であったが、養老令制ではこれを職事三位以上に限った。

㈣唐の府官を構成する官職は多数かつ複雑であったが（たとえば親王府は傅一人・諮議参軍一人・友一人・文学二人・東閤祭酒西閤祭酒各一人・長史一人・司馬一人・掾一人・属一人・主簿一人・記室参軍二人・録事参軍一人・録事一人・功曹参軍一人・倉曹参軍一人・戸曹参軍一人・兵曹参軍一人・騎曹参軍一人・法曹参軍一人・士曹参軍一人・参軍二人・行参軍四人・典籤二人によって構成される（唐令拾遺））、養老令制ではこれをきわめて簡略なものとした（以上滝川政次郎説）。

なお本令の令集解には古記が全く引載されていないが、大宝令制も養老令制とほとんど変らないものであったであろうこと、家令職員制がこうした形で行われたのは大宝令以後であったであろうこと等が推定されている（藤木邦彦・渡辺直彦説）。ただし大宝令では家令官員令と称したか。

☆b　令外の家政職員（二〇七頁）　八世紀以降、令外の家政職員があらわれるので、その主なものを挙げる。

(1)別当　無品の親王家・内親王家に別当の存したことが、後紀、延暦廿三年九月甲午勅によって知られる。八世紀の臣下の家の別当の例は天平宝字八年八月廿九日京職宅写経所牒（正倉院文書、京職宅は藤原訓儒麻呂宅）にみえ、別当猪名部造常人は訓儒麻呂の父恵美押勝家の大従であった。

(2)宅司　養老三年十二月に五位以上家に事業・防閤・仗身が給され（続紀）、これによって、令に規定のなかった散三位以上家および四位・五位家にも公的な家政職員が置かれることとなった。これを一般に宅司と呼ぶ。

(3)知家事・知宅事　八世紀の文献にはまた、知家事・知宅事の職名が散見する。家令の職掌が「知二家事一」であるので、知家事は家令の別称のようにみられなくもないが、宝亀元年十一月廿日故大鎮家解（正倉院文書、大鎮家は故従二位大納言文室浄三か）では家令・書吏・知家事が並んで加署しているので、令の定める家政職員とは別系統のものと知られる。八世紀の知家事は他に三例あり、天平勝宝四年六月十五日某家解（正倉院文書）では資人が知家事を兼ね、天平宝字七年四月十六日大師（恵美押勝）家牒（同上）では播磨介の本官を有する者、延暦六年三月廿日五百井女王家寄進文および同七年三月四日同家符（いずれも東南院文書）では中宮史生と兵部大録を本官とする者とが、それぞれの家の知家事となっている。知宅事では、天平廿年十月廿一日藤原乙麿宅牒（正倉院文書）では本官を記さないが、天平宝字七年十二月卅日大宰帥宅牒（同上）での帥藤原真先宅の知宅事は父恵美押勝家の職分資人である。

(4)家司　八世紀に家令以下の職員を総称して家司と称する場合があったが（例、続紀、天平勝宝元年正月条）、平安時代の家司は必ずしも令制の職員を意味しない。例えば藤原実資は、(イ)家令以下の令制職員のほかに、(ロ)家司と(ハ)知家事とを独自に任命していた（渡辺直彦の調査による）。(ハ)知家事は上記(3)の系譜を引くものであろうが、(ロ)家司もまた概ね本官を有しながら実資家の家政に従事する者であった。また平安中期には下（しも）家司という語も現われ、これは家令以下の令制職員を主として指すものと思われる。

6　神祇令

☆神祇令（二一一頁）　神祇令は神祇信仰にもとづく公的祭祀の大綱を定めた令の篇目で、(一)恒例の公的祭祀の各々の時節と名称、それら祭祀の行事の大綱（1～9条）、(二)即位儀礼（践祚大嘗祭及び践祚（＝即位）の礼）の行事の大綱、斎の禁忌及び期間（10～14条）、(三)祭祀の管理・運営（15～17条）、(四)大祓の行事の大綱（18 19条）、及び(五)官社の経理（20条）からなる。

中国の令の篇目で神祇令に相当するものは祠令である。祠令は晋令・梁令にすでに存し、隋開皇令を経て唐開元令にその篇名がみえる。また隋・唐令で、広義の職員令のあと戸令の前に祠令をおくのは、養老令が神祇・僧尼の二令を広義の職員令と戸令の間におくのと照応している。唐令拾遺は祠令の四六カ条を復原しているが、それは(一)公的祭祀の各々の時節、祭祀の対象及び祭場等（1～33条）、(二)祭祀に具する犠牲・祭器等と斎の禁忌及び期間（34～39条）、(三)祭祀の管理・運営（40～41条）、(四)祈雨その他（42～46条）等々からなる。わが神祇令が祠令を参照して作られたものであることは彼此の項目・文章を対照して疑いをいれないところである。しかし内容にたちいってみると、神祇令の(二)のうちの斎の禁忌及び期間の規定、(三)の祭祀の管理・運営の規定を除いては、著しくちがっており、それは彼此の祭祀の伝統の相違にもとづくものであろう。両者を比べて特に著しい一般的性質のちがいとして、(イ)祠令が祭祀を天神の祀・地祇の祭・人鬼の享、及び先聖先師の釈奠にわけて考えるに対して、神祇令は前二者をのみかかげて、釈奠は学令におき、しかも祀と祭の別をほとんど意識していないこと、(ロ)祠令が各祭祀について祭の時節・対象・場所を一々規定するに対して、神祇令は祭の時節・名称のみを規定して、対象の規定が不明確なこと、(ハ)祠令では犠牲（動物供御）を広くもちいるのに対して、神祇令は故意にそれをけずっていること、(ニ)神祇令は祠令にはなかったと考えられる即位儀礼を詳しく規定していること、(ホ)神祇令は、祠令には対応するもののなかったと考えられる大祓を詳しく規定していること、などをあげることができる。

以上を以てしても、神祇令が、中国とは全く伝統を異にする神祇信仰を、唐の祠令にもとづいて整理したものであることがわかる。この、神祇信仰を、律令一般の規定にそい、かつ祠令を参照して体系づける作業は、やはり天智朝にはじまり、天武・持統朝に大きく展開し、大宝令でほぼ完成した。これを各法典ごとに明確にすることはむずかしいが、一々の条文ごとに、右の経過がうかがわれることが多いのである。また神祇令の定める祭祀制度は、古来の伝統にもとづくのではあるが、右のごとき令制祭祀の成立とともにあらたに定まったとおもわれるものは意外と多い。特にわが神祇・神社の制度の上に大きな影響を及ぼした班幣制度はその著しい例の一つである。

神祇令の定める神事の違反に対する罰則は職制律にみえている。即ち、同律8条には神祇15(祭祀の申期・頒告についての規定)の違反(大祀の場合笞五十)、同16(幣帛等の監督についての規定)の違反(大祀の場合、杖百乃至六十)、同律9条には神祇11(斎の禁忌の規定)の違反(大祀・散斎の場合、杖七十乃至笞五十)に対する刑罰を規定しており、また同律8条には祭祀の理由なき不履行(大祀の場合、徒一年)、同律10条には祭祀の行事失錯等(笞五十乃至四十)についての刑罰を定めている。これらは刑量等を改めた以外は全く唐律に準拠したものである。他方、延暦廿年五月十四日官符は神事の違反に対する科祓の規定を改めている。それは次のように表化することができる。

違反／科祓	祭事の闕怠	神官に対す不法	御膳物の穢	斎の禁忌の違犯
大祓料物28種(馬一疋・大刀二口ほか。但し、「官人有レ犯、兼解二見任一」)	大嘗祭事の闕怠			大嘗祭の日に五禁忌(六禁忌中不作音楽を除く)を犯す
上祓料物26種(大刀一口・弓一張ほか)	新嘗祭・鎮魂祭・神嘗祭・祈年祭・月次祭・神衣祭事の闕怠	殴二伊勢大神宮禰宜内人一	穢二御膳物一	新嘗等諸祭の斎日に六禁忌を犯す
中祓料物22種(刀子一枚・木綿一斤ほか)	大忌祭・風神祭・鎮花祭・三枝祭・鎮火祭・相嘗祭・道饗祭・平野祭・園韓神・春日等祭事の闕怠	殴二物忌戸座御火炬一、奸二物忌御女一、忌火等祭斎日殴下祝禰宜及預二祭事一神戸人上	触二穢悪事一預二御膳所一	忌火等祭の斎日に六禁忌を犯す
下祓料物22種(刀子一枚・木綿六両ほか)	諸祭祀事の闕怠	斎日殴二祝禰宜一幷預レ祭神戸人一		斎日、諸禁忌を犯す

なお本令の頭補注については、成稿ののち、西田長男、宮地治邦両氏の校閲を得、貴重な指示をいただいた。記して感謝の意を表する。

2 **祈年祭**(二一一頁)　年は穀物のみのり。祈年祭は神祇官でその年の稲の豊穣をあまねく天神地祇に祈請する祭。令は二月におこなうとし、のちその四日が祭日となり、四時祭式も同じ。

〔祭の次第〕　神祇9に祭の次第を「其祈年・月次祭者、百官集二神祇官一、中臣宣二祝詞一、忌部班二幣帛一」と規定する。貞観儀式にも、当日、大臣以下が神祇官斎院に集い、中臣(→神祇9注)が祝詞を読み、忌部(→神祇9注)が諸社より参向の祝部に幣帛(→補9)を頒ち、伊勢神宮に使者を遣して奉幣せしむるとする。延喜式もほぼ同じく、別に祝詞をかかげる。

〔起源〕　祈年祭ではあまねく天神地祇を祭るとともに、古記・令釈によると、白色の猪・鶏を以て、祝詞によると白馬を加えた三つを以て、御年神を祭るとし、また古記・令釈はその神を葛木鴨(神名帳、大和国葛上郡葛木御歳社か)とする。古語拾遺にも、大地主神が御歳神の祟りによって田の苗の枯損したのを知りこれら三種の動物を献じた話をのせて「是今神祇官、以二白猪・白馬・白鶏一祭二御歳神一之縁也」とする。祈年祭では附随的なこの御歳神の祭りは、令の定める祈年祭に先行する可能性の強い予祝祭である。ただ、祈年祭には、大嘗祭に対応する天孫降臨神話のような神話が記紀神話にはみられない。この祭は最近早川庄八が明快に指摘したごとく、むしろ律令制的祭祀制度の形成とともに重要な意味を以て登場したあたらしい公的祭祀とみるべきであろう。令の定むる祈年祭の起源としては、天智紀九年三月条の「於二山御井傍一、敷二諸神座一、而班二幣帛一、中臣金連宣二祝詞一」、天武紀十年正月条の「頒二幣帛於諸神祇一」が注目される。

〔祈年祭と班幣制度〕 祈年祭では9条の令文にもみる如く班幣が重要な意味をもつ。班幣とは、祭の当日、神祇官が参向した諸社の祝部らに幣帛を班つことをいい、それによって、また国司をして国内諸社に国幣を奉らせることによって、あまねく天神地祇への祈年を全からしめるものである。かかる祈年班幣の制は、すでに、続紀、慶雲三年二月条の「甲斐・信濃・越中・但馬・土佐等国一十九社、始入二祈年幣帛例一」(其神名具二神祇官記一)」にうかがわれるが、降って延喜式では、祈年祭に、(一)神祇官の(1)案上官幣に預る三〇四座と(2)案下官幣に預る四三三座と、(二)国司の国幣に預る(1)大社一八八座と(2)小社二二〇七座を定め、祈年幣帛制度の全国的規程を示している(→補9)。しかも同式の出雲国の一八七座に対して、天平五年勘造の出雲国風土記の「在神祇官」の神社一八四所とはほとんど一致するので、式にみられるような規模の設定はすでに八世紀なかば以前に遡る可能性が濃い。

3 鎮花祭(二一一頁) 大神神社(神名帳、大和国城上郡大神大物主神社。現、奈良県磯城郡大三輪町三輪)と「大神之麁御霊」(令釈)をまつる狭井神社(帳、同国同郡狭井坐大神荒魂神社、現、大神神社境内)の祭。春に花の飛散するとき、疫神の四方に分散し、疾病をおこすのを鎮遏するためという(古記・令釈・義解)。集解諸説に、神社の祝部が神祇官の幣帛をうけて祭るとし、延喜式は両社の「付二祝等一令レ供レ祭」むべき幣物を列挙する。関連説話として崇神記及び同記七年条に意富多多泥古命(大田田根子)を神主として三輪山の大物主神を祭り疫病が屛息したという。鎮花祭と類似の祭に、疫神、ないし御霊神をまつる京都の今宮神社の夜須良比花祭(百練抄、久寿元年四月条ほか)があり、近畿地方の宮座の「けちん」は花鎮に由来するという(肥後和男・西田長男ほか)。

4 a 孟夏以下諸祭の読順(二一一頁) 孟夏以下諸祭は、次にかかげる風神祭条集解諸説から推して、少なくとも養老令では以下のように書かれていたはずである。

孟夏	神衣祭	大忌祭
	三枝祭	風神祭
季夏	月次祭	鎮火祭
	道饗祭	
孟秋	大忌祭	風神祭
季秋	神衣祭	神嘗祭
仲冬	上卯相嘗祭	下卯大嘗祭
	寅日鎮魂祭	
季冬	月次祭	鎮火祭
	道饗祭	

右令条の読順には諸説のあったことが、風神祭条集解から知られる。(一)令釈は「凡諸祭次第、具列如レ左、孟夏、神衣祭・三枝祭・大忌祭・風神祭。以下放レ此」という。これは上段の二つをさきに読み、次に下段の二つを読む説で、義解も同じ。(二)穴記一云は「神衣・次大忌・次三枝。仲冬注、相嘗・次大嘗・次鎮魂也」という。これは、上右・下右・上左・下左の順に読む説である。しかし、両説とも、その原則で全部を読もうとすると祭日の順と矛盾を生ずる。なぜなら(一)によると、季夏条と季冬条において、晦日にあるべき道饗祭が最後の位置をしめなくなる。そこで(三)穴記は、孟夏・仲冬条は(一)の順でよいが、季夏・季冬条は(二)の順によむべしとの説をたてている。また(二)によると、仲冬条が上卯相嘗・下卯大嘗・寅日鎮魂となって、下卯大嘗と寅日鎮魂が逆になる。もっとも、仲冬条の下卯大嘗

を先とし、寅日鎮魂をあとに読むのは、祭の順としては逆でも、職員1の神祇伯の職掌にまず大嘗、次に鎮魂をあげる文との関係上、これでよいのだ、ということもできる。風神祭条の穴記、もしくは一云の説に「但先読二寅日祭一、乃可レ読二下卯祭一、而先読二大嘗一者、依二職員令所レ次先後一耳」、大嘗祭条の朱説に「鎮魂祭之後、可レ為二大嘗祭一、但職員令為二文義一連二大嘗祭下一云耳」というのがそれである。しかし、この矛盾をなくすために㈣跡記のように「文読次第、神衣祭・大忌祭・三枝祭。但仲冬処、搆レ上対レ下耳、寅日在二一分之中一耳」として一般には㈡により仲冬条は㈠によるべしとする説もある。

養老令の元来の書き方と読み順についての諸説は以上の如くだが、本書の底本の藤波本や猪熊本では、同季に三つ以上の祭のあるときは二列でなく三列に横に連ねており、順序は先の四種中㈣をとり、ただ傍注に別説をあげている。これに反して令集解本文の順序は㈡をとっている。

4b　神衣祭(二一一頁)　伊勢神宮において、神の御衣を奉る祭。季秋(九月)条にもみえ、四月・九月の二度におこなう。在地の神服部らが斎戒して三河赤引の神調の糸を以て御衣を織成し、麻績連らが麻を績んで敷和(宇都波多)御衣を織り、祭日に奉ると、令釈(古記無レ別)にみえ、また令釈は季秋の神衣祭条に朝廷より五位以上の幣帛使を神宮に差遣するとする。儀式帳・延喜式は祭日を十四日とし、祭の次第、神衣織成の料物等を定め、大神宮司の宣る祝詞をかかげる。関連説話として神代紀には天照大神が斎服殿で神衣を織る段があり、古語拾遺には大神の岩戸隠れのとき天羽槌雄神が文布を、天棚機姫神が神衣を織る話がある。令の神衣祭の起源に関しては、持統紀六年閏五月条に伊勢国二神郡の赤引糸についての伊勢大神の奏をのせ、続紀、文武二年九月条に麻績連・服部連の氏上・氏助のことがみえる。

4c　大忌祭(二一一頁)　広瀬神社(神名帳、大和国広瀬郡広瀬坐和加宇加之売神社。現、奈良県北葛城郡河合村河合)の祭。孟秋(七月)条にもみえ、四月・七月の二度におこなう。令釈に「広瀬幷竜田祭」(古記無レ別)とあり、義解も同説で、両社で大忌祭・風神祭(→補4e)をおこなうとする。但し神祇令和解等では、大忌祭は広瀬神社の、風神祭は竜田神社の祭で別であるとする。広瀬神社の社地は、大和平野をうるおす佐保・初瀬・飛鳥等の諸川の合流して大和川となるあたり。令釈に「自二山谷一下水、変甘水成、而為レ令二五穀成熟一祭也」(古記無レ別)といい義解もほぼ同じ。古記・令釈はまた、祭の日、朝廷より五位以上を差遣するとする。延喜式は祭日を四月・七月の四日とし、祭の幣物を定め、王臣五位以上各一人らを使にあて、国司も次官以上一人が専当して事をおこなうものとする。又祝詞をのせる。この祭は次の竜田風神祭とともに、天武紀四年四月条の官人を遣わして風神を竜田の立野に大忌神を広瀬の河曲に祭らしむとの記事以後、持統紀十一年の書紀巻末にまで連年の四・七月条にみえる。

4d　三枝祭(二一一頁)　祭日の順では神衣祭の次にあるべきか。率川社(神名帳、大和国添上郡率川坐大神御子神社。現、奈良市子守町)の祭。大神神社と密接な祭で、令釈に「大神氏宗(氏宗→継嗣2)定而祭、不レ定者不レ祭、即大神族類之神」とある。祭日は延喜式では四月とし、社の「付二祝等一令レ供レ祭」むべき幣物を列挙する。三枝花を以て酒罇を飾るので、三枝祭という(古記・令釈・義解)。三枝(さいぐさ)花には山百合説ほか諸説があるが、宮地治邦は、旧暦四月ごろ大和地方に開花する一茎三枝のイカリサウ(碇草)、コセウノキ(胡椒の木)の類かという。なお大神神と酒の関係は崇神紀八年条の歌謡に、「大物主の醸みし神酒」、「味酒、三輪の殿の」等がある。

4e　風神祭(二一一頁)　竜田神社(神名帳、大和国平群郡竜田坐天御柱国御柱神社。現、奈良県生駒郡三郷村立野竜田。別に帳に竜田比古竜田比女神社もみえる)の祭。孟秋(七月)条にもみえ、四月・七月の二度におこなう。令釈に「広瀬、竜田祭也」(古記無レ別)とし義解も同説であるが、異説は→補4c。令釈(古記無レ別)は祭の日、朝廷より五位以上を差遣するとし、延喜式は祭日を四月・七月の四日とし、幣物を定め、王臣五位已上各一人ほかを使にあて、国司も次官以上一人が専当して事をおこなうとする。風神祭の起源について、令釈には「□世、草木五穀等、風吹而枯壊之、此時不レ知二彼神心一、即天皇斎戒願レ覚、夢中即覚云、竜田小野祭云々」(古記無レ別）といい、祝詞にも「皇御孫命」の夢の教により「天乃御柱乃命・国乃御柱乃命」を「竜田乃小野」にまつったことを述べ、「比古神」「比売神」に幣帛を貢ることによって「天下公民」のつくる稲の「悪風・荒水」にあわぬよう祈請している。この祭は記録上は、天武紀以後にみえる→補4c。

5a　月次祭（二一二頁）　月次（ツキナミ）は月並、即ち毎月の意という。ただし月次祭は六月と十二月におこなうものとし、ここと季冬（十二月）条にかかげる。祭の次第は9条に「其祈年・月次祭者、百官集二神祇官一、中臣宣二祝詞一、忌部班二幣帛一」とみえる。延喜式では、六月と十二月の十一日におこなうものとし、祭の次第は祈年祭（→補2）と異ならないが、祝詞には祈年祭祝詞における年穀祈願のことがみえず、ただ神々をたたえ幣帛を奉る旨を記すのみ。月次祭班幣のことは続紀、大宝二年七月条に、山城国乙訓郡の火雷神を「宜レ入二大幣及月次幣例一」とするのが初見。神名帳では天神地祇三千一百卅二座中、祈年祭に案上官幣を奠る三〇四座（宮中及び、京・畿内諸国の大社の神々）のみ月次祭の官幣にあずかるとする→補9。貞観儀式・延喜式では月次祭の夜から翌朝にかけて神今食（カムイマケ・ジンゴジキ）をおこなうとする。但し神今食は、本朝月令所引の高橋氏文にみえる霊亀二年の例が最も古い。神今食の次第は貞観儀式等によれば、天皇が内裏の中和院で神饌を奉り、みずからも食する行事であり、新穀を用いるのではないが新嘗祭（→補8c）と類似する。月次祭の意義について義解に「即如二庶人宅神祭一」という。宅神は貴嶺問答にヤカツカミと訓み、字義からみて、後世の屋敷神の如く、邸宅内に斎いまつる神か。宅神祭は平安朝の記録（例、権記、長保六年四月条、小右記、長元元年十一月条）にもみえる。

5b　鎮火祭（二一二頁）　季冬（十二月）条にもみえ、六月と十二月におこなう。義解に「宮城四方外角」において火災を防ぐために卜部（→職員補1f）等が「鑽レ火」りて祭るといい、集解に古記・令釈も別なしとする。延喜式に幣帛を列挙し、祝詞をおさめる。祝詞に、「火結神」の「御心一速比給」うことなきようこの祭をおこなうという。

5c　道饗祭（二一二頁）　季冬（十二月）条にもみえ、六月と十二月におこなう。穴記（風神祭条）には日を晦日とする。道饗祭は令釈（古記無レ別）に「京四方大路最極」において「鬼魅」の外より来り入るを防ぐために卜部（→職員補1f）等が祭るのであり、牛皮・鹿猪皮を用い、左右京職も祭に預るとし、義解もほぼ同じ。延喜式には幣帛を列挙し、牛皮等を用いる点で右記と合致するが、祝詞では「鬼魅」そのものでなく、それを防遏する八衢比古・八衢比売・久那斗神をまつるとしている。類似の祭として延喜式は宮城四隅疫神祭・畿内堺十処疫神祭をかかげ、後者は続紀、宝亀六年六月条にみえる。また朝野群載の天暦六年六月官宣旨や西宮記には陰陽寮による四角四境祭がある。

7　神嘗祭（二一二頁）　嘗は、古代中国で、新穀を祖先に供える秋の祭をいう。訓、カムニヘ（名義抄ほか）は、カムニヒノアヘ（神新嘗）の略か。ニヒノアヘはニヒ（新穀）ノ（助詞）アヘ（饗）であろう。神嘗祭は伊勢神宮において新穀を神に奉り豊穣を感謝する祭で、朝廷より幣帛を奉る（例幣）。続紀、養老五年九月乙卯（十一日）条に「天皇御二内安殿一、遣レ使供二幣帛於伊勢太神宮一云々」、天平十二年九月乙未（十一日）条に「遣二治部卿従四位上三原王等一、奉二幣帛於伊勢大神宮一」とあるは神嘗祭の幣帛使の発遣の記事。祭の日時・次第につき令釈（古記無レ別）に「神衣祭日、饌食等具祭」」、義解にも「神衣祭日、便即祭レ之」とする。神嘗祭は季秋の神衣祭（→補4b）と一つづきの祭儀であるのでかくいう。儀式帳・貞観儀式・延喜式等に祭の次第を定め、祝詞をおさめる。それによれば九月十一日、天皇大極殿において幣帛使（王氏五位以上、別に中臣・忌部等）を召して幣帛をたまい神宮に発遣する。神宮の祭儀は十四日に神衣祭のおこなわれたのち、外宮では十五日より、内宮では十六日より、それぞれ二カ日おこなわれる。ともに第一日には神官が新穀・御贄・神酒を調理供進し（朝夕御饌）、第二日には幣帛使の奉幣の儀をおこない、そのとき祝詞をよむ。

8a　相嘗祭（二一二頁）　訓、アヒニヘ（伊呂波字類抄ほか）は、アヒニヒアヘ（相新嘗）の略か（嘗・ニヒアヘ→補7）。アヒンベ（名義抄）はアヒニヘの音便。アヒは相伴の意。相嘗祭は特定の諸社が、十一月上卯の日に朝廷から幣帛をうけておこなうニヒアヘの祭。天武紀五年十月条の「祭二幣帛於相新嘗諸神祇二」はその初見とみられる。天平二年大和国正税帳断簡では、大神・穴師・太・池・村屋・大倭・菟足の諸社のみ、その神戸(→補20a)の税(→補20b神税)を割き「神嘗酒料」に充てているが、この「神嘗」は神嘗祭ではなく、相嘗祭をさす。令釈(古記無レ別)には大倭社大倭忌寸祭・宇奈太利・村屋・住吉津守・大神社大神氏上祭・穴師神主・巻向神主・池社池首・恩智神主・意富太朝臣・葛木鴨鴨朝臣・紀伊国坐日前国懸須・伊太祁曾・鳴神の諸神をかかげ、「已上神主等、請ニ受官幣帛一祭」とみえるが、右中＊印は上記の正税帳所載に同じい。延喜式には相嘗祭のときに官幣をうくる神を京中二座(一社)、山城十一座(八社)、大和三一座(十七社)、河内八座(三社)、摂津一五座(八社)及び紀伊四座(四社)の七十一座(四十一社)とし、各々につき幣帛等の色目をかかげ、「其所レ須雑物預申レ官請受、付ニ祝等一奉レ班、酒料稲者用ニ神税及正税二」とみえている。薗田香融は、右の四十一社が畿内及び紀伊に偏在し、また大和の諸社が南大和を主にすることなどから、相嘗祭にあずかるこれら諸社の特定化は政治中心が南大和にあった時期であったと推測している。

8b　**鎮魂祭**(二一二頁)　〔鎮魂の意義〕　鎮魂は職員1の令釈に「鎮殿也、(中略)、然則召ニ復離遊之運白一、令レ鎮ニ身体之中府一、故曰ニ鎮魂二」とあり、義解も同じ。これらによれば鎮魂祭は天皇の霊魂が身体から遊離しないようにする祭。和訓の「みたましづめ」もその意味。「みたまふり」(釈紀、釈訓)ともいい、ここの訓も「おほむたまふり」とする。これは衰える霊魂をふるいおこすの意。

〔大嘗祭と鎮魂祭〕　職員1は神祇伯の職掌として、祭では大嘗と鎮魂の二つをあげる。これにつき令釈は「祭祀之中、此祭尤重」ためとし(讃説も同じ)、義解では「唯是二祭者、是殊為ニ人主(天皇をさす)一、不レ及ニ群庶一、既為ニ有司之慇慎一、故別起之」としている。祭日は本条に仲冬寅日とあり、大嘗の卯日の前日におこなう。10条の穴記にも、践祚大嘗祭の致斎は丑日より卯日に至る三日なので「鎮魂祭在ニ其中一耳」としている。祭儀としても鎮魂祭は天皇の霊魂の強化をはかり、大嘗祭は天皇が神と新穀を共食して再生するもので、両者は密接不可分である。

〔鎮魂祭の行事〕　貞観儀式によれば祭場は宮内省正庁。庁内に神座を設け、大臣以下参入し、天皇の御衣の匣が内侍によって運び入れられ、御巫が宇気槽を覆せて其上に立ち、桙で槽をつくこと十度、その度ごとに神祇伯が木棉を結び葛箱におさめ、終って御巫・諸巫・猿女が舞う。北山抄等ではその際に女蔵人が御衣の箱を開いて振動せしめるとする。延喜式ではこの日正庁にむかえる神は、神魂・高御魂・生魂・足魂・魂留魂・大宮女・御膳・辞代主の八座と、大直神とする。八座は神名式の、神祇官御巫祭神八座と同じで古語拾遺にもこの八座を「今御巫所ニ斎奉一也」としている(御巫→職員補1d)。また年中行事秘抄に鎮魂歌がのせてあり、「十度続レ之、毎度中臣玉ヲ結ブ也」とする。

〔神話と起源〕　大嘗祭が記紀神話の天孫降臨と密接な関係をもつ(→補8c)のに対して、鎮魂祭は天岩戸神話と深い関係をもつ。そこでは天照大神の岩戸隠れのとき猿女君の遠祖天鈿女命が神懸りして矟を持ち、賢木を鬘にし、小竹葉を手草にして槽を伏せて踊る。そのありさまは鎮魂祭における御巫の所作に類似し、また鎮魂祭には猿女氏が列しているので古語拾遺に「凡鎮魂之儀者、天鈿女命之遺跡」とするのはすこぶるしぜんである。別に旧事本紀には、神武即位の年、十一月寅の日に物部氏遠祖、饒速日命が天からうけた十種の天璽瑞宝を、その子、宇摩志麻治命が斎い祭って鎮魂祭をはじめた、とする起源説話をのせている。令制鎮魂祭の起源に関しては天武紀十四年十一月丙寅条の「是日、為ニ天皇一、招魂之」をあげることができる。

8c　**大嘗祭㊀(後の新嘗祭)**(二一二頁)　大嘗は大新嘗(続紀、天平神護元年十一月庚辰条詔)即ち、オホニヒノアへの略か(嘗・ニヒノアへ→補7)。オホニヒノアへ→オホニへ→オホムべ。令では大嘗祭に㊀毎年のそれ、即ち後の新嘗祭と、㊁毎世のそれ、即ち後の践祚大嘗祭(→補10a)の二義があり(神祇14)、ここは㊀をさす。祭日は、十一月に卯日が二度のときは下卯、三度のときは中卯におこなう(令釈・義解等)。天皇が宮中において新穀による神饌を諸神に供し、天皇みずからも食する祭儀で、義解(職員1神祇官条、大嘗)に「嘗ニ新穀一、以祭ニ神祇一也、朝諸神之相嘗祭、夕者供ニ新穀於至尊一也」という。

〔祭の次第〕　新嘗祭の次第は貞観儀式によると、卯日、天皇は内裏の中和院正殿（神嘉殿）に御して新穀（延喜宮内式によれば官田の初穂）による神饌を神に供するとともにみずから食する祭儀をおこない、翌辰日には豊楽院で豊明節会をおこなう。なお卯日の祭儀では、神今食（→補5a）と同じく、天皇が天羽衣を着して浴みし、神座に設けた御衾（寝具）に臥するなどの儀をおこなう。また延喜式によると同日、神祇官斎院において中臣が祝詞をよみ、忌部が集侍れる諸社の神主・祝部等に幣帛を頒つ。班幣に預るのは、祈年祭に案上官幣にあずかる三〇四座（→補9）。

〔起源と神話〕　書紀には新嘗祭にあたるとみられる記事が仁徳紀四十年是歳条以後いくつかみえる。この中、天武紀五年十一月乙丑朔条、六年十一月己卯条の「新嘗」はその確かな記録のはじめとみることができる。ただし大宝令以後では、新嘗祭には神祇官他在京諸司のみが事に当って践祚大嘗祭のように悠紀・主基両国を設けないのであるが（神祇14）、この天武紀の新嘗では、悠紀・主基両国が設けられた（但し毎年の新嘗祭でも畿内官田のなかから稲国郡・粟国郡の二つを卜定することが、宮内式にみえ、符宣抄、天暦六年十月六日官符にもみえるが、これをユキ・スキと称したかどうかは不明）。次に記紀神話天孫降臨の段は、火瓊々杵（ホノニニギ。ホは穂、ニニギはニギニギ、稲穂の賑やかにみのるさま）尊、真床追衾（床をおおう衾。大嘗祭の御衾と共通）、高千穂（稲を高くつみあげたところ）峯など、大嘗祭(一)(二)を通じて、特に(二)の祭儀と深く通ずるものがある（→補10a）。新嘗祭は宮中の祭儀であるが、民間でも同種の祭がおこなわれた。常陸国風土記、筑波郡条の、筑波神が「今夜、雖二新粟嘗一、不三敢不レ奉二尊旨一」と答えたという話や、万葉集巻十四、東歌の、「誰ぞ此の、屋の戸おそぶるにふなみに、わが背をやりて、いはふこの戸を」（三四六〇、別に三八六）など、いずれにも新嘗の日のきびしい禁忌（→補11）がうかがわれる。

9　幣帛（二一三頁）　神意をなぐさめるため神に供える物品。神に供物をささげる風習は、沖の島等の祭祀遺跡に広くみられる各種の奉献品によって知られる。和訓でみてぐら（延喜式祝詞ほか）、ぬさ（万葉集ほか）。神祇令では9条に祈年・月次祭の「班幣帛」、10条に即位（＝践祚）のときの「大幣」、16条に「幣帛」等の管理責任、17条に諸社に「幣帛」を供する使者の身分資格を規定する。また職制8は、令条の違反につき「幣帛之属不如法、杖六十云々」とする。傍線部分は唐職制律の牲（疏議に「謂牛羊豕」）・牢（疏議に「牲之体」）・玉（疏議に「謂蒼璧祀レ天、璜琮祭レ地、五方上帝、各依二方色一」）・帛（疏議に「謂幣帛」）に比し、後者の牲・牢・玉を捨てて、帛のみを残しているのは彼我の比較上、注意せられる。次に、律令では右にみる如く朝廷より諸社にたまう幣帛制度を重んじているが、これには奉幣と班幣を区別することができる。神嘗祭のとき幣帛使をして伊勢神宮に遣わして奉幣せしむる例幣の如きは（→補7）恒例の奉幣、祈雨等のため諸社に奉幣せしむる如きは臨時の奉幣であり、祈年・月次祭に各社より参向の神主・祝等に幣帛をわかつのは（→補2）恒例の班幣である。これら律令の定める幣帛制度は、在来の神々への供物供進の風習をうけつぎつつ律令制度の一環としてあらたに作ったものである。延喜式はこの制度にもとづいて、恒例・臨時の諸祭に神に供すべき幣帛の種類、分量を細かく規定するとともに、祈年・月次・新嘗及び相嘗の四祭の幣帛に預るべき神々を次のように規定している。

	神々		祭			
	座数	所在	祈年	月次	新嘗	相嘗
大	三〇四	宮中・京・畿内諸国及び畿外四〇座	案上官幣	官幣	官幣	内七一座官幣
大	一八八	畿外諸国	国幣			
小	四三三	宮中・畿内諸国	案下官幣			
小	二二〇七	畿外諸国	国幣			

かかる幣帛、ないし官社の制度の規模は、しかもかなりの程度まで、八世紀中葉以前に遡りうると考えられる（→補2）。

10 a　**大嘗祭(二)（後の践祚大嘗祭）**（二一三頁）　令の大嘗祭には(一)毎年のそれ、後の新嘗祭（→補8c）と、(二)毎世のそれ、後の践祚大嘗祭の二義がある。後者に関する令条の一つは10条で、(1)天神地祇を祭ること、(2)散斎は一月、致斎は三日なること、(3)幣帛のことを規定する。もう一つは14条で、(4)(一)とは異なり国司がことを行なうことを規定している。

〔祭の次第〕　践祚大嘗祭の次第は、貞観儀式に詳しい。いま儀式によると、(A)大嘗祭の準備として、(イ)八月、大祓使、ついで伊勢大神宮及び五畿七道に奉天神地祇幣帛使を発遣する。次に、(ロ)同月、卜定された悠紀・主基両国の斎郡に抜穂使が発遣され、同使によって卜定された造酒童女（サカツコ。郡大少領の未婚の女）、稲実公らが御田の御稲を抜取り、国郡司らと上京して下旬には京の斎場に入り、(ハ)京の斎場では十月上旬、悠紀・主基それぞれに御稲が御倉におさめられ、造酒童女らが御稲を舂き、十一月上旬、御酒を醸す。この間、(ニ)天皇は十月上旬、行幸して御禊をなし、(ホ)大極殿前庭に大嘗宮の悠紀院・主基院が造られ、(ヘ)人々は十一月一日より散斎、丑日より三日の致斎に入る。(B)かくて万端の準備がととのって、当日卯の日には、(イ)平明に神祇官が幣帛を諸神（祈年祭案上神）に班ち、(ロ)石上・榎井、伴、佐伯氏らが大嘗宮の門を衛るうちを神祇官神部・国郡司ら、造酒童女・御稲輿・稲実公らが悠紀・主基おのおの行列して大嘗宮にいたり、(ハ)夕刻、天皇は大嘗宮に入って浴湯ののち、悠紀正殿に入って神饌を供し、みずからも御饌を食し（御衾の秘儀もこの間おこなわれる）、同じことが深夜、主基正殿でもおこなわれる。ついで、(C)(イ)翌辰日には、天皇豊楽院の悠紀帳に出御し、中臣が天神之寿詞を奏し、忌部が神璽之鏡剣を奉るの儀がおこなわれ、(ロ)巳日には同じことが主基帳でおこなわれる。かくて(D)(イ)午日、両国の帳を撤して高御座が造られ、天皇これに御して豊明節会がおこなわれ、(ロ)未日神祇官・諸司六位以下官人、両国郡司役夫以上にいたるまで禄を賜わってすべての儀がおわる。以上の祭儀の仔細がそのまま令制定当時に遡ることのできないことは続紀等の践祚大嘗祭の断片的記載からも察しられる。しかし右記の祭儀次第の(A)の(イ)と(ヘ)、(B)の(イ)は、本条のさきに記した規定(1)(2)(3)にあたる。また祭儀の全過程を通じて(A)の(ロ)(ハ)、(B)の(ロ)など、悠紀・主基両国の国郡司、現地人の造酒童女・稲実公などが重要な役割を果す点は、践祚大嘗祭が新嘗祭と異なるとする(4)の特色をよくあらわしている。ただ(C)の天神之寿詞の奏上・神璽之鏡剣の奉上が、令では践祚大嘗祭を規定する令条にはなく、即位践祚の儀を規定する13条にみえることは、顕著な相異点である→補13ab。

〔令制大嘗祭の形成と起源〕　践祚大嘗祭がいつからはじまったか明らかでない。しかし、清寧紀二年十一月条の「大嘗供奉之料」（古事記・播磨国風土記にはみえない）、用明紀二年四月条の「御新嘗於磐余河上」（右記の(A)の(ニ)か）、皇極紀元年十一月丁卯条の「天皇御新嘗」は帝室制度史もいうごとく、践祚大嘗祭にあたるものか。また天武紀二年十二月丙戌条の「侍奉大嘗中臣・忌部及神官人等、并播磨・丹波二国郡司、亦以下人夫等悉賜禄」は天武の践祚大嘗（詳しくはその(D)の(ロ)）、持統紀五年十一月の諸条は持統の、続紀の文武紀二年十一月己卯条は文武のそれにあたり、令制大嘗祭の形成過程がうかがわれる。なお記紀神話の天孫降臨と践祚大嘗祭の関係は→補8c。

10 b　**大幣**（二一三頁）　即位について諸神に奉る幣帛（→補9）。古記は「謂、即位之時、惣祭天神地祇、為祭幣帛、別地卜定、三箇月内令修理訖、此修理而散祭物名大幣」といい、修理とは「得新造名用耳」、三月之内とは「問（中略）、若起即位日、限有不。答、無限法」と。会釈は大幣を「供神幣物」、修理を「新作」とし、例として「伊勢大社、奉金麻笥・金多々利。住吉、奉楯戈之類也」と。義解もほぼ同じであるが、「三月之内」を「始自九月、終十一月也」とする。践祚大嘗祭にかかわる幣帛の記事として、持統については持統紀四年正・七月条の班幣、文武については大宝元年十一月条の造大幣司ほかがあげられるが、不詳の点もあり、淳仁の天平宝字二年八月条の伊勢及び天下諸国神社等への奉幣がたしかな初見。貞観儀式では、践祚大嘗祭に先だち八月に伊勢大神宮及び五畿七道に奉天神地祇幣帛使を発遣し（大奉幣）、当日の十一月卯日平明に「神祇官班幣帛於諸神」（→補10a）。

11　**斎**（二一三頁）　斎は説文に「戒潔也」とあり、国語の「いみ」、「ものいみ」(禁忌＝タブーにふれないようにする謹慎)にあたる。致斎と散斎の別あり、礼記に「致斎於内、散斎於外」といい、致斎は其の心に思うことを専らにするために行なうものいみ、散斎は致斎の略式で其の行動等をつつしむもの。和訓で致斎は「まいみ」、散斎は「あらいみ」。唐の祠令も散斎・致斎を区別し(唐令拾遺、三七～三九)、三八条には、(一)散斎につき「散斎之日、斎官昼理事如レ故、夜宿二於家正寝一、(イ)惟不レ得レ弔レ喪問レ疾、(ロ)不レ判二署刑殺文書一、(ハ)不レ決二罰罪人一、(ニ)不レ作レ楽、(ホ)不レ預二穢悪之事一」とし、(二)致斎につき「致斎惟祀事得レ行、其余悉断二非応一」とし、さらに(三)「散斎・致斎者、惟清斎一宿二於本司及祠所一」とある。右中傍線部分はわが神祇11条と同じであるが、日本令は(一)の散斎の禁忌五項について(イ)(ロ)の間に「食宍」を加えて六としている点は注目に値いし、また日本令は(三)の代りに「其致斎前後、兼為二散斎一」としている。また唐令は祭祀を対象の種類に即して大祀・中祀・小祀の三にわかち(唐令拾遺、二)、大祀は散斎四日・致斎三日、中祀は散斎三日・致斎二日、小祀は散斎二日・致斎一日とするが(同三八)、神祇令は12条に、散斎一月を大祀、三日を中祀、一日を小祀として若干の相違がある。なお神祇令は10条に、践祚大嘗祭の散斎一月、致斎を三日とするほか、他の祭の斎の期間を規定しないが、延喜式では、

大祀―践祚大嘗祭
中祀―祈年・月次・神嘗・新嘗及び賀茂等*
小祀―大忌・風神・鎮花・三枝・相嘗・鎮魂・鎮火・道饗・園韓神*・松*尾*・平野*・春日*・大原野等

とする。*は令にはなく、その後に加わった四時祭、即ち恒例の公的な祭。

13 a　践祚(＝即位)の儀(二一四頁)　令には二種の即位儀礼がある。一つは13条に定める践祚(＝即位)の儀、他は10 14条の践祚大嘗祭(→補10 a)である。践祚(＝即位)の儀では、古記に「践祚之日、答、即位之日云々」、令釈・義解に「天皇即位、謂二之践祚一」というごとく、践祚と即位を同義に用いているが、儀式の中心は、中臣の天神之寿詞奏上(→補13 b)と忌部の神璽之鏡剣の奉上(→補13 c)にある。

〔儀式の沿革〕　書紀・続紀によって天皇歴代の即位儀礼を通観すると、桓武天皇までは、称制の後に即位した二例(天智・持統)を除き、先帝の崩御の場合は一定期間の喪礼を経て大葬を終った後、孝徳よりはじまった先帝譲位の場合は即日、(一)践祚(＝即位)の儀をおこない、そのあと秋に(二)大嘗祭をおこなうのを通例とした。令が上記、二種の儀礼をおこなうのは、この慣習にもとづく。次に、践祚＝即位の儀を具体的内容のある記載例についてうかがうと、先帝崩御の場合は群臣が璽符・天子鏡剣等を、先帝譲位の場合は先帝がそれを新帝にさずけ、その日または少し日をおいて新帝が即位するものとされた。令が13条に践祚(＝即位)の日、神璽之鏡剣を上るとするのは、これと一致する。次に持統は天武崩御の後しばらく称制して四年正月に「物部麻呂朝臣樹二大盾一、神祇伯中臣大嶋朝臣読二天神寿詞一、畢忌部宿禰色夫知、奉二上神璽剣鏡於皇后一、皇后即二天皇位一」という。これはおそくも浄御原令に、13条と同じく、践祚＝即位の日に中臣の天神之寿詞奏上と忌部の神璽之鏡剣奉上が規定されていたことを示す。

〔貞観儀式の践祚及び即位の儀〕　古代の即位儀礼は、平城天皇が桓武崩御の即日に践祚し、のちしばらくして即位の儀をおこなって以後、践祚と即位の観念が明確に区別され、先帝の崩御又は譲位の即日に新帝が(一)践祚し、別日に(二)即位の礼をおこない、そのあと十一月に(三)大嘗祭をおこなうこととなった。貞観儀式はこれに対応して、(一)について譲国儀、(二)について天皇即位儀、(三)について践祚大嘗祭を設けている。(一)譲国儀では先帝は譲位の日、皇太子と共に南殿に御して譲位の宣命を下し、おわって今帝(＝皇太子)は節剣を持する内侍を伴ない御輿に乗じて御所に入り、少納言より伝国璽櫃・鈴印鎰等をうけ還御して儀を終る。ちなみに先帝崩御による践祚の儀を三代実録の文徳・清和の場合によって示すと、先帝崩御の日、皇太子は直曹で「天子神璽宝剣・節符鈴印等」をうけ、今帝として行幸の儀を以て還御して儀を終る。次に儀式の(二)天皇即位儀では、皇帝が大極殿の高座について後、百官の前で即位の宣命が下され、王公百官再拝舞踏し、武官は旆を振り万歳を称してその儀をおわる。また儀式の(三)践祚大嘗祭は

↓補10 a。以上により、令では一体となっている践祚=即位の儀が貞観儀式では二分されている。また、㈠の践祚で天子神璽等の授与がおこなわれ、令の践祚=即位の儀にみえる天神之寿詞の奏上と神璽之鏡剣奉上はもっぱら㈢の践祚大嘗祭でおこなわれることになったことが知られる↓補10 a・補13 b c。

13 b　**天神之寿詞**(二一四頁)　持統紀には四年正月の践祚(=即位)の儀に天神寿詞を奏するとみえるので、浄御原令も同じか(↓補13 a)。但し同紀五年十一月条の大嘗(後の新嘗)祭の記事にも「神祇伯中臣朝臣大嶋読二天神寿詞一」とあるので、新嘗祭でも奏されたか。令では本文にみる如く、天神寿詞の奏は践祚(=即位)の儀におこなわれるとするが、いつのころから、践祚大嘗祭の儀にうつされたのか、光仁のそれ(宝亀二年十一月)の記述に「右大臣清麻呂、奏二神寿詞一」とあり、集解諸説でも、穴記は「時行事、大嘗祭之日、奏二寿詞一」という。そうして貞観儀式では践祚大嘗祭の辰日巳日の行事にこれが記されている(↓補10 a)。寿詞の文につき、義解は「以二神代之古事一、為二万寿之宝詞一也、釈言、寿詞神代古事也」というが、台記別記には康治元年十一月の、近衛の践祚大嘗祭に大中臣清親の読んだ天神寿詞の全文をかかげる。別にそれより早い日付の天仁元年十一月の西田長男蔵本がある(日本古典文学大系『古事記祝詞』参照)。

13 c　**神璽之鏡剣**(二一四頁)　神璽とは何か。令釈に、唐令にいう「璽」は白玉で作った印であり、帝王世暦には秦が「伝国璽」を制したというが、令文の「神璽」は「風俗各別、号同実殊耳」、即ち中国の璽とはちがうのだとし、義解はさらに「璽信也、猶レ云二神明之徴信一、此即以二鏡剣一称レ璽」といい、「神璽之鏡剣」は神聖なる鏡剣の意だとする。この五字に関する限り、神璽は印や玉(曲玉)ではなくて形容語であり、神器は鏡と剣の二種とみられる。しかし公式40天子神璽条には「天子神璽、謂践祚之日寿璽、宝而不レ用」とあり、ここの神璽は践祚=即位のとき授受される印ととるのがしぜんである。即ち、令には践祚(=即位)のとき授受されるものに、鏡・剣及び神璽(印カ)の三つを規定するのである。次に令文から離れて書紀の践祚=即位の儀の記載にみえる神器授受の文を検するに、天皇之璽(允恭・顕宗)・天皇(之)璽符(允恭)・璽(清寧)・(天子鏡剣)璽符(継体)・鏡剣(宣化)・璽印(推古)・天皇之璽印(舒明)・璽綬(孝徳)・神璽鏡剣(持統)とある。これによって令前のある時期から、鏡と剣を神器としていたことは疑う余地がないが、かく明記したものは少なく、他方、「璽」が神器一般をさしたか、印・玉等の器物をさしたか詳らかにしがたい。又、平安以後には鏡を宮中別殿に奉安するようになる一方、天皇の践祚・受禅のときは剣璽渡御をおこなうこととなって、桓武崩御の日には平城が「璽幷剣櫃」を受くといい(後紀)、貞観儀式、譲国儀には「内侍持二節剣一追従(中略)少納言一人(中略)持二伝国璽櫃一追従云々」とある。しかし伏見宮本花園院宸記、応長二年二月条の裏書には、璽筥の図をかかげるとともに「璽筥」の中に何を入れたるかにつき、「関白(鷹司冬平)璽筥事所レ注物一巻持レ之、是ヲ被見、是文云、璽・(筥脱カ)中ニハ入レ印云々、是高家口伝云々」「抑璽筥者、自二神代一未レ変、若納レ印歟、是関白説也」「通二勘日本紀・古事記等一、為レ玉歟」とあり、璽筥中の器物は印か玉(曲玉)か二説あるとしてある。令は践祚(=即位)の日、忌部が神璽之鏡剣を奉上するとするが、この儀は中臣の天神之寿詞の奏上とともに践祚大嘗祭にうつされている↓補10 a。また忌部は仁明の践祚大嘗祭のとき以後、この儀に関与しなくなったことが、北山抄、大嘗会事にひく寛平式等にみえる。

17　**伊勢神宮奉幣**(二一五頁)　「唯伊勢神宮、常祀亦同」の九字は塙校本では本文とするが、底本及び猪熊本に本注の記号があるので本注の形にした。伊勢神宮への幣帛使の場合は、常祀の時も、五位以上卜食者をあてよ、の意。但し続紀、天平二年閏六月条に「制、奉二幣伊勢大神宮一者、卜食五位已上宛レ使、不レ須二六位已下一」とあり、この注文と重複するので、大宝令にはこの注文のなかった可能性がある。

18 a　**大祓**(二一五頁)　祓はハラへ(名義抄)。大祓は、朝廷や国衙で、恒例又は臨時に、人々の犯した罪や災気をはらう公的な行事。このうち18条は朝廷で、毎年六月・十二月の晦日におこなうもの。

〔行事の次第〕　令文の行事の次第は、㈠中臣が御祓麻を天皇に上り、東西文部が祓刀を天皇に上り、かつ祓詞を読むこと、㈡百官男女が祓所に集合して、中臣が祓詞を読み、卜部が解除をなすこと、よりなる。貞観儀式・延喜式では、大祓の同日に、内裏で、二季晦日御贖儀をおこなうが、その儀は、(1)中臣が御麻を、東西文部が横刀を天皇に上り、中臣、宮主、卜部が荒世・和世の御服を天皇に上り、そのあとこれらを河上に解除するもので、令文の(一)の発展したものであろう。次に貞観儀式・延喜式の大祓儀では、(2)大臣以下百官が朱雀門に集り、神祇官が麻を百官にわかち、中臣が祝詞を読み、祓をするもので、令文の(二)にあたる。

〔起源と神話〕　書紀は大祓を大解除と書く。天武紀には五年八月条の詔の「四方為二大解除一云々」(→補19 a)をはじめ、関係記事が少なくない。しかしそれらは、朝廷でおこなうと同時に国郡でもする大々的な天下大祓であり、期日も六・十二月ではない点で臨時のものであるから、この条の大祓とは厳密には区別される。この条と合致するのは、続紀、大宝二年十二月三十日条の「廃二大祓一、但東西文部解除如レ常」からで、これは大宝令に定むる18条の施行を示している。記紀神話の天岩戸の段で、御田の耕作を妨げ、大嘗の殿の神聖をけがしたスサノヲに千位置戸を科して高天原から神夜良比する話は、大祓の儀の祝詞の内容とも密接な関係をもつ。

18 b　**東西文部の祓刀**(二一五頁)　古記に「東西文部二人、各以二刀一口一、参二入御所一、捧レ刀各読二申祓詞一、即刀所レ給也、東文部刀者作二造兵司一、少善之、西文部刀者作二鍛冶司一、少悪之、又問、誰先誰後、答、随レ文、東前参、西後参、一時共参入也」。儀式・延喜式の御贖物及び延喜式の大祓に「金装横刀二口」があり、延喜式には「東文忌寸部献二横刀一時呪(西文部准レ此)」がある→補18 c。刀を上り、天皇これをうける所作について清涼御記(江家次第所引)に「次東西文人一々以レ剣進、就二同階下一、付二中臣女一、令レ供レ之(木工造レ之)、天皇又著二給御気一返給」と。

18 c　**東西文部の祓詞**(二一五頁)　令釈に「祓詞者両文部所レ読、漢語耳」。穴記・義解も同じ。**延喜式に**「東文忌寸部献二横刀一時呪(西文部准レ此)」があり、文は、

謹請、皇天上帝、三極大君、日月星辰、八方諸神、司命司籍(人間の寿命・名籍を司る神)、左東王父、右西王母(神仙の男女の領袖)、五方五帝、四時四気、捧以二禄人一、請レ除二禍災一、捧以二金刀一、請レ延二帝祚一、呪曰、東至二扶桑一、西至二虞淵一、南至二炎光一、北至二弱水一、千城百国、精治万歳、万歳万歳、

東西文部はこれを漢語で読みつつ、禄人を捧げて天皇の身の禍災を除かんことを、金刀(→補18 b)を捧げて天皇のよわいの長久ならんことをこう。禄人は、貞観儀式の御贖の料物の鉄偶人卅六枚(金銀粧各十六枚、無レ飾四枚)、延喜式の大祓の料物の金銀塗人像各二枚、同じく贖物の料物の鉄人像二枚にあたるか。なお貞観儀式等の行事の次第(→補18 a)によって推すと、この人形は、天皇の身のけがれをうつし、荒世・和世の御服をそれに着せて河に流すためのものか。

18 d　**中臣宣祓詞、卜部為解除**(二一五頁)　この次第を貞観儀式には「神祇官頒二切麻一(参議已上史、五位以上史生、女官幷諸司神部)、訖中臣趨就レ座読二祝詞一、称二聞食一、刀禰皆称唯、祓畢行二大麻一、次禳二五位已上切麻一」とあり、傍線部分を大系本延喜式には「卜部読二祝詞一(事見二儀式一)」とするが卜部氏の改竄か。祓詞は延喜式にみえる。文に、百官人らの犯した天津罪・国津罪を、天津神・国津神が祓い浄め、川や海に流すことをいのる。

19 a　**諸国大祓**(二一五頁)　諸国の国衙でおこなわれる大祓(公的な祓の行事)。これは践祚大嘗祭に先立つ八月上旬に諸国に大祓使を遣わしたときや(→補10 a)、天下の疾病・死穢・災害などに際して臨時におこなう天下大祓のときなどにおこなわれた。古記に「天皇即位惣祭二天神地祇一(第10条の大宝令文)、必須二天下大祓一、以外臨時在耳」という。天武紀五年八月条の詔の「四方為二大解除一、用物則国別国造輸二祓柱一、馬一匹、布一常一。以外郡司各刀一口、鹿皮一張、钁一口、刀子一口、鎌一口、矢一具、稲一束、且毎戸麻一条」は、臨時の天下大祓で、また19条の法源とみることができる。仲哀記には仲哀が筑紫で崩じたあと「国之大奴佐(ヌサ)」をとって「生剝・逆剝・阿離・溝埋・屎戸・上通下通婚・馬婚・牛婚・鶏婚・犬婚之罪」を解除し、「国之大祓」をおこなうとあるが、これは19条の規定する諸国大祓の起源説話とみることができる。

19 b　**諸国大祓と国造**(二一五頁)　天武紀五年条の詔(→補19 a)には「国造

輪ニ祓柱、馬一匹、布一常ニ一、同紀十年条には「令ニ天下悉大解除一、当ニ此時一、国造等各出ニ祓柱奴婢一口ニ而解除焉」とある。これら及び19条の国造は、令前の国造ではなくて令制による一国ごとの国造であり、選叙13の国造と同じ。故に穴記に「国造、国別有耳」、朱説に「国造謂ニ官之名ニ耳、毎レ国一人可レ有者、未レ知、選叙令云国造与レ此同不、答案一同耳一」と。国造とその負担すべき馬との関係については、国造のいない場合には馬をださないとする説（跡記・穴記・朱説）と、その場合も「以ニ官物一買出」とする説（穴記のひく古説）がある。延喜民部式では「凡諸国大祓馬、若無ニ国造一国者、以ニ正税一買用、其価不レ得レ過ニ五十束一、但太宰府及肥前・肥後・日向三国、並以ニ牧馬一充之」と。

20 a　神戸（二一五頁）　神戸とは、官社に世襲的に所属し、ふつうは社の近傍に生活する人民の戸である。社の祝部も、神戸中よりえらばれるものとされた（職員1集解諸説）。神戸人も一般の人民と同じく調庸・田租・雑徭等を負担する。しかし神戸の場合は、神戸の戸籍・計帳が作られて神祇官がこれを掌った（職員1）。また調庸及び田租は、一たん国におさめて以後、20条前半規定によれば、官社の「造神宮及供神調度」にあてられた。さらに諸国がそれらの経理を毎年神祇官に申告すべきことは、20条後半の規定（→補20 b）や、臨時祭式の「凡諸国神税調庸帳及神戸計帳、祝部等名帳、毎年勘造送ニ此（神祇）官一、計会知レ実、即付ニ返抄ニ」によって知られる。神戸の数は、大同元年の、新抄勅格符抄、神封部においては一七二社、四千八百七十六戸である。なお崇神紀七年条の「（前略）便別祭ニ八十万群神一、仍定ニ天社・国社及神地・神戸ニ云々」は神戸の起源説話。

20 b　神税（二一五頁）　20条に税とあるは一般に神税とよばれるもの。税は「新出日レ租、経年日レ税」（令釈。義解もほぼ同じ）。神税は神戸の租の蓄積されたもの。神税の管理責任は条文にみるごとく国司にあり、また国司は所司、即ち神祇官に申上する義務を有した。但し古記に「但今状者、自ニ大弁ニ至ニ民部一、民部至ニ神祇官ニ」、貞に「但時行事、先申レ官」とある如く、じっさいには国司の報告は太政官・民部を経て神祇官におくられた。天平の諸国正税帳は神税の管理・運営も国衙がなすこと、神税は国衙財政上、正税とは別会計とされること、正税とは異なって出挙されないこと、又国ごとの正倉等に蓄えられて、官社の経費のために支出せられることなどの状況をよく示している。

〔本条の起源〕　天武紀六年五月条には、「天社地社神税者、三分之一為レ擬ニ供神一、二分給ニ神主ニ」なる勅がある。他方20条の古記には「問、神戸調庸及租、并充下造ニ神宮ニ及供レ神調度上也、若有レ乗者何、答(イ)昔治ニ置神祇官一(ロ)中間給ニ神主等一、(ハ)今治ニ置神祇官一、臨時准ニ量所レ用多少一、給ニ充荷（行カ）ニ已訖」とある。古記の(イ)は史実なりや否や断じがたいが、(ロ)は天武紀六年の右記の法令をさすものととれる。ここでは神税の三分の二は、神社の神主に給せられた。これに反し(ハ)は、20条の規定（大宝令も同じか。浄御原令に遡るか否かは不詳）にあたり、神税は神主に給せられることのなきものとなり、かつ神祇官の管理にゆだねられた。

7 僧尼令

☆ **僧尼令**(二一六頁)　僧尼令は、僧尼統制上の種々の規制からなる篇目であるが、僧尼の語は、仏教教団に則していえばやや舌たらずで、令の注釈者もいうように、僧尼のみでなく沙弥・沙弥尼をも含むものである。僧尼令に該当するような令の篇目は唐令にはなく、この一篇が唐の道僧格に基づいてつくられたことは、既に令聞書が「唐ノ道僧格ト云書ヲ以テ、僧尼令ニツクリナス也」と指摘した通りである。唐の道僧格の条文は、僧尼令集解の諸説がしばしば引用するところで、別に中国側でも唐律疏議や唐六典に引いているので、三浦周行以後多くの研究者によって僧尼令各条に該当する道僧格文がかなり広く蒐集されている。道僧格の逸文はみな、頭注・補注に載せておいたが、全体として、道教の道士・道士女をも対象とする道僧格の規制を仏教の僧尼だけに限定し、また部分的な修正を施すほかは、少くとも対応できる範囲内では、ほぼ同内容であることが知られる。

僧尼令が大宝令に存したことは、古記の引用文から知られ、また続紀には、大宝令の制定・施行にあたり、大宝元年六月に朝廷が道君首名をして大安寺に僧尼令を説かしめたことも記録している。しからばそれ以前は如何。これよりさき天武朝には、既に半世紀の前史をもつ僧侶統制機関としての僧綱・三綱が整い、天武紀八年条などには、僧尼の「威儀・法服之色」などについても規制しているので、浄御原令には既に僧尼令なる篇目もあったとする説もあるが、論拠は充分とはいえない。むしろ、僧尼令は、大宝令にいたって、おそらく唐の道僧格(大慈恩寺三蔵法師伝の『旧格』はこれか)に基づいて編纂されたものであろう。

大宝令と養老令との相違については、特に2条の、道教の呪術を認めたか否かに関してやかましく論じられたことがあったが、全体としては大きな改訂はなかったといってよい。また、僧尼令の最終条、即ち27条の古記に引用する「凡寺物在二畿外一者、遣二僧一二人一検校者聴之」「凡官司遣二僧綱一、若僧綱申二官司一公文、並為レ牒」の二条は、大宝令にありながら養老令では削ったものではないかという疑いが、三浦周行や滝川政次郎によって、かけられているが、公式89の古記の場合に準拠して八十一例の文である可能性がある。

僧尼令は、国家が、律令の立場から僧尼の行為を規制したものであるから、禁止的条項が多く、この点でも令の他の篇目とは性質が異なっており、むしろ律に類似する面がある。しかし、僧尼令の総則的規定ともみるべき、1条・21条は、律の定める刑罰体系に対して、僧尼の刑法上の特権や僧尼固有の刑罰の種類を定めて、僧尼身分を法的に重んじている。僧尼令は一般には仏教に対する律令の規制的側面においてのみ評価されているが、僧尼令における右の側面も重視する必要がある。また僧尼令は、僧尼の生活を種々に規制するにあたって、インド以来の僧伽の自己規制、即ち戒律をも顧慮している。この意味における、僧尼令各条と戒律との比較についても、井上薫・石田瑞麿・二葉憲香などの研究蓄積があるが、本書ではこれらの指摘に検討を加えた上で、各条ごとの頭注ないし補注で、必要最少限、参考とすべき戒本や梵網戒の条文をかかげた。なお念のために、平川彰氏の校閲をあおいだが、氏はさらに進んであらたにいくつかの点を付け加えてくださった。

僧尼令の規定は、唐道僧格に基づくところが多く、いわば直訳的な性質が濃厚であるが、にもかかわらず僧尼令の諸規定は、それを貫く基本的なもの、僧綱制・度縁制、民間布教の統制をはじめ、かなり厳格に施行された。そのことは、国史等によって明らかであり、主要な実施例は、各条ごとにかかげておいた。十世紀以後、律令制の弛緩するにともなって、これら統制的規定も形骸化し、行われなくなっていくが、僧尼の刑法上の特権や、僧尼固有の刑罰などを定める21条の規定などが、法曹至要抄などにもうけつがれていることは(→補21 a)見逃しがたいものがある。

1 a　**観玄象条**(二一六頁)　本条集解引用によれば、本条に該当する道僧格に「犯」「姧盗」「詐称レ得二聖道一」、及び「獄成者(又は後)、雖レ会レ赦還俗」の字句があった。本条前段には、(一)(a)上観二玄象一、仮説二災祥一、語及二国家一、妖二惑百姓一、(b)習二読兵書一、(二)(a)殺人、(b)姧、(c)盗、(d)詐称レ得二聖道一の二類六種の犯罪をあげるが、(一)は国家に対する重大な犯罪行為、(二)は仏教の戒本に僧尼の最大の破戒行為とする四波羅夷、即ち非梵行(梵行は禁欲)・盗五銭・断人命・大妄語(聖道を得ざるに得たりと説くこと)、梵網経の十重禁戒の最初の四戒、即ち快意殺生戒・劫盗人物戒・無慈行欲戒・故心妄語戒にあたる。

1b 並依法律付官司科罪(二一六頁) 本条前段にいう諸犯罪に対する処置で、まず還俗(→補2b)させ、俗人と同じく官司に付し、律令の定める刑を科する、の意。仏教では四波羅夷を犯すと僧伽から追放されるが、ここでも強制的還俗、即ち僧尼の身分剝奪が行われるのであり、名例57の本注に「犯二姧盗一者、同二凡人一」、疏に「僧尼犯二姧盗一、於レ法最重一」とあり、大同元年十月甲子の勅にも「但殺人姧盗、此是不レ軽、随レ犯還俗、一如二外法一」(類聚国史一八六、仏道十三僧尼雑制)とある。集解諸家はみな、本条と僧尼21との関係をとりあげ、(一)本条の場合も右条によって、律の定むる刑から告牒分の徒一年をひいた余罪を科すべしとする説と、(二)右条に関係なく、律に定むるままの刑罰を科するとする説に分れるが、令の本意は(二)にあろう。次に道僧格には「雖レ会レ赦還俗」とあるが(→補1a)、本条は「雖会赦」を削除して刑を軽くしてあり、和銅元年正月二十二日太政官処分にも「会レ赦免者、聴レ為二僧尼一」(本条集解所引)とみえる。

2a 卜相吉凶条(二一六頁) 戒本でも、たとえば四分比丘尼戒本に世俗呪術を自ら誦習し、または人に教えた比丘尼は波逸提とする。また梵網経第十五軽戒に法化違宗戒がある。大宝令文の復原には諸説があるが、本文の持呪救疾のあとに「依二道術一符禁湯薬」(穴記が古令として引用の文)をおく説(三浦周行)が無難。即ち大宝令は、道僧格にひかれて道教による符禁・湯薬も許したのである。続紀、養老元年四月条に「僧尼依二仏道一持二神呪一以救二溺徒一、施二湯薬一而療二痼病一、於レ令聴レ之」とあるのもそのため。養老令はその部分を削除したので、「湯薬」の二字は本文からなくなった。令釈に「前令制二湯薬一、今令不レ在二制限一」というのは、それをさすか。なお、古記は大宝令文を釈して「道術・符禁、謂二道士法一也、今辛国連行是」という。辛国連は、役小角に師事し、天平四年典薬頭となり(続紀)、家伝下に呪禁師としてあげる韓国連広足であろう。

2b 還俗(二一六頁) 僧が俗人にもどること。(一)自発的のものと、本条の如く(二)犯罪による処罰の場合とがある。犯罪による還俗は、僧尼身分の剝奪なので、1条義解に「其僧尼還俗猶二俗人除名一」とある如く官人の除名(名例18)に類する。(一)の場合の手続については次条参照。(二)のそれについては刑部式に「凡僧尼犯レ罪応レ訊者、皆拠二衆証一定レ刑、不レ須二捶拷一、其応二還俗一者、具注二本貫姓名年紀臈数一、移二送治部民部等省一、除二附帳籍一」という。右文のうちの前半、即ち訊問については、大宝三年三月九日の太政官処分に「訴訟人等、引二証僧尼一者、解部(職員30)就二於当寺一、定二問虚実一」(前条集解所引刑部省例)という。犯罪による還俗の例に、続紀、天平宝字三年五月条、同四年十二月条がある。後例の華達の場合は殺人のため還俗の上、陸奥に配したもので、おそらく1条による処置。

3a 三綱(二一六頁) 上座・寺主・都維那は、個々には律蔵にもみえるが、三つにまとめたのは中国であろう。魏書、釈老志の永平二年の制に「維那・上坐・寺主」がみえ、降って唐六典、祠部にも「毎寺上座一人・寺主一人・都維那一人、共綱二統衆事一」とある。わが国では孝徳紀大化元年八月条に寺主の名がみえるが、他は大宝令以前にはみえず、天武紀朱鳥元年条の「三綱」も僧綱(→補3b)のことであろう。玄蕃式に三綱の任命・交替等を規定し、諸寺別当三綱解由式をかかげる。なお上座は一寺の長老、寺主は寺院の運営を、都維那は寺の一切の事務を司る役。

3b 僧綱(二一六頁) 僧綱は僧尼統制の最高機関。僧正・僧都・律師よりなる。ただし管轄範囲は京内(3 13 20条)。この種の機関は中国で発達したが、僧正・僧都なる職名は南朝の梁・陳で行われた。隋は北朝の制を採用したのでこの職名は隋唐の制度には存在しなかった。朝鮮の百済は南朝に則り、僧正・僧都制を布いたと推定されるが、日本は百済僧観勒の上表によって推古三十二年に僧正・僧都を設置したという(書紀)。大化改新のとき、この制を廃し、唐の十大徳制を採用したが、天武朝にはまた復活し、天武紀十二年三月条に「任二僧正・僧都・律師一。因以勅曰、統二領僧尼一、如レ法云々」とある。右文中、律師は北朝の断事沙門に由来するものとみられている。ただしこの三つは天武朝には「三綱」といわれたらしく、朱鳥元年正月条・同六月条の三綱は僧綱のこと(→補3a)。僧正・僧都・律師よりなり、かつ僧綱と称せられるこの機関は唐の模倣ではなくて、日本独自の制。従って21条讃説に「於二道僧格一、無レ有二僧綱一」とあるのは当然。

3c 苦使(二一六頁) 僧尼にのみ科せられる刑罰で、本条の如く僧尼令の諸条に苦使何日と定めてある場合と、俗法上、杖罪以下を犯したとき、杖十=苦使十日の基準で杖笞の代りに科せられる場合(21条)に科する。刑の執行には本人の所属する寺院の三綱(→補3a)が当り、刑の内容は経典の書写など仏への功徳となる労役である(15条)。なお、苦使百日に当る罪を三たび累ねたときは外配とする(25条)。

4 三宝物条(二一六頁) 唐、貞観九年十一月の太宗の詔に「或造二詣官曹一、嘱致二贓賄一」(全唐文)を戒めており、本条に該当すべき道僧格文に「以二三宝物一、餉二餽官寮一、勾二合朋党一者、皆還俗」「毀二罵三綱一、凌二突長宿一者、皆苦役也」(唐六典、祠部郎中員外郎条)がある。本条の刑罰が道僧格における「還俗」を「苦使」としていることがわかる。次に仏教との関係では、本条中の「合構朋党、擾乱徒衆」には、戒本僧残法中の破僧違諫戒、助破僧違諫戒、「罵辱三綱、凌突長宿」には、同波逸提法中の嫌罵僧知事戒、及び梵網経第一軽戒の不敬師長戒をあげることができる。

5a 道場(二一七頁) 律令は僧尼統制のためにその寺院定住を原則とし、このことはすでに、天武紀八年条の勅に「凡諸僧尼者、常住二寺内一、以護二三宝二云々」とみえる。道場とは、寺院以外の修道の場。㈠別立二道場一、㈡聚レ衆教化の二事をそなえて一つの犯罪。例として古記に「行基大徳行事之類是」。㈠のみの場合も穴記及び義解は18条によって制するという。従って道場を立てることはすべて禁じられた。延暦二年六月の官符にも「私立二道場一、及将二田宅園地一捨施、并売易与レ寺」を厳禁し、そのときは「主典以上解二却見任一」(続紀・三代格)とした。因みに右の官符の「及」以下は田令26に制するところ。

5b 妄説罪福(二一七頁) 古記に「梵天経辞、妄説之類是」、穴記に「不レ合二仏法一妄説是也」。養老元年四月の行基らを誡めた詔(続紀)にこの句があり、天平二年九月条(同)にも安芸・周防国人等の「妄説二禍福一」「妖二祠死魂一」を制す。

5c 其有乞食者(二一七頁) 以下は、僧尼の乞食(大乗義章一五に「専行二乞食一、所為有レ二、一者為レ自、省レ事修レ道、二者為レ人、福二利世人一」)の手続及び規制。㈠手続としては、三綱が連署し、穴記・朱説は、(a)外国では国郡司の判許、(b)京内では玄蕃寮への申告を要する。穴記・朱説は、(b)につき、寮を経て治部省の判許を要するという。㈡規制としては、乞食は(イ)午刻以前とし、(ロ)余物をもらうことは禁ぜられ、反すれば違令罪(雑律61)。㈡に対応する道僧格には「乞二余物一、准二僧教化一論」(令釈所引)の文があった(僧教化→補23a)。㈡の違反の実例として養老元年四月の行基を誡むる詔に「歴門仮説、強乞二余物一」(続紀)。僧尼は本来、乞食を主たる生活形態とするが、ただ律蔵でも、乞食の仕方については種々の規制がある。たとえば(イ)について戒本の波逸提法に非時食戒があって「若比丘、非時受食、食者波逸提」(四分比丘戒本)とし、広律に「時者、明相出乃至日中、按二此時一為レ法、四天下食亦爾、非時者、従二日中一、乃至明相未レ出」。また(ロ)については捨堕法に乞鉢戒があり、それに対応する比丘尼戒本に「若比丘尼先乞レ是、既得不レ用、更乞二余物一尼薩耆波逸提」(五分比丘尼戒本)という(圏点は本条と同文)。

6 取童子条(二一七頁) 童子は梵語に究摩羅、鳩摩羅迦。南海寄帰伝三に「凡諸白衣、詣二苾芻所一、若専誦二仏典一、情希二落髪一、畢願二緇衣一、号為二童子一」。ただし右における童子が沙弥に至る修行過程者たるに反し、ここは単なる従者か(→僧尼23注「俗人」)。天平八年、学問僧玄昉・律師道慈に、扶翼童子八ないし六人を(続紀)、宝亀三年、禅師十人に各童子二人を、延暦十七年、僧綱・十大寺三綱等に、従僧・沙弥・童子をたまい(三代格)、玄蕃式に僧綱以下の従僧・沙弥・童子の数、及び食料を定める。

7a 飲酒条(二一八頁) 道僧格の文は、「飲酒・食肉、設食五辛…苦役」「酒酔与レ人闘打…還俗」(唐六典、祠部郎中員外郎条)。飲酒等は戒律も禁ずるところで、特に飲酒の禁は五戒の一つにも数えられ、戒本の波逸提法、及び梵網経第二軽戒に飲酒戒がある。他方、食肉の禁は戒本になく、五辛については比丘尼戒本の波逸提法に食蒜戒があるのみであるが、梵網経の四十八軽戒には二つとも、第三軽戒食肉戒・第四軽戒食五辛戒としてみえており、また涅槃経の説く息世譏嫌戒の中にも、肉を食せず、酒を飲まず、五辛を食さずとする。

7b　**五辛**（二一八頁）　五つの辛味ある蔬菜。種類については諸説があるが、梵網経第四軽戒の食五辛戒では、大蒜・革葱・慈葱・蘭葱・興蕖をあげる。令釈一説・義解、革葱を角葱に作る。

8a　**有事可論条**（二一八頁）　道僧格に「寺観有事須レ論」（令釈所引）の句があった。「僧尼」以下「表啓」までの文は一種の越訴をさしていう。律には越訴につき、職制27・闘訟律58に規定あり、それらとの関係につき集解諸家に説がある。本条適用の実例として、弘仁十年、最澄が四条式を造って大戒独立の勅許を請うたとき、護命ら僧綱が最澄の行為は僧尼令（本条の前半）に違反するから「須下召二対僧身一、依レ教論定上」と難じ、これに対して最澄は顕戒論に、本条後半にもとづき、「所司省寮、雖レ無二屈滞一、而所司有綱（僧綱をさす）、年年寮屈、今依二令条一、直上レ表奏、豈違二法令一哉」（同書下巻）と反駁した。

8b　**再犯**（二一八頁）　律は、㈠ふつうの意味の累犯については、賊盗52三犯条に、㈡犯罪の発覚ののち刑罰の執行おわるまでの間に再び罪を犯した場合については、名例29更犯条に、㈢同時に二つ以上の罪を犯した場合については、同45二罪以上倶発条に規定している。本条及び25条の「再犯」「経二三度一」は、集解諸説によれば㈡の意味で、その条に准ずべしとされる。故にたとえば「再犯」のときの刑は百日を追加するのではなくて初犯と合せて百日の意。なお再犯とは、越訴ののち妄嘱請を犯した場合も含む。

9　**作音楽条**（二一八頁）　道僧格は「作二音楽及博戯一者、百日苦使、其相二取財物一者還俗、道士女官、碁琴不レ在二制限一」（令抄・唐六典、祠部郎中員外郎条）。なお、沙弥十戒の中に離歌舞観聴があり、涅槃経の息世譏嫌戒の中に、吹貝・殻角、歌・伎楽の声を聴くべからずとし、梵網経第三十三軽戒の虚作無義戒では「仏子不レ得レ聴二吹貝鼓角琴瑟乃至伎楽之声一、不レ得二樗蒲囲碁一、一々不レ得レ作、若故作者犯二軽垢罪一」といい、碁琴も不可としている。

10a　**聴着木蘭条**（二一八頁）　本条のもととなった道僧格は、唐六典、祠部郎中員外郎条の「凡道士女道士衣服、皆以二木蘭、青碧、皂、荆黄、緇環（壊カ）之色一、若服二俗衣及綾羅一…皆還俗」、及び唐名例律23の疏の「輒著二俗服一者還俗」から復元しうる。なお僧尼衣服の制は、早く天武紀八年条に「勅制二僧尼等威儀及法服之色一…」とみえ、後にも検非違使式逸文に「尋常平懐之時、著二木蘭・皂・黄・青碧及壊色一、尼亦准レ之、如用二綾羅錦繍兎褐及美麁色一、重加二禁遏一…」（令抄所引）とある。比丘戒本、波逸提法に不壊色戒があり、四分では「若比丘得二新衣一、応二作三種壊色一、一一色中随意壊、若青若黒若木蘭、若比丘不レ以二三種壊色若青若黒若木蘭一、著二余新衣一者波逸提」。梵網経にも「応教身所レ著袈裟、皆使二壊色一、与レ道相応、皆染使二青黄赤黒紫色一…比丘皆応下与二其俗服一有上レ異」。

10b　**木蘭・青碧・皂・壊色**（二一八頁）　木蘭は樹木の名、転じて染色の名。集解諸説に黄橡や蒲萄（衣服7）の色とある。青碧は青と碧、又はその混色。集解諸説に、青は紺色（儀制15）、碧は縹色（同上）。皂は黒色。壊色は「仮令、蘇方（儀制15）、紫色洗壊之類」（古記・令釈）。義解に「失二錯常色一、漫壊非レ全者也」とある。

11　**停婦女条**（二一九頁）　令釈に「案レ格可レ知也」とあり、本条該当の道僧格のあった可能性がある。唐六典、祠部郎中員外郎条の「和合婚姻…苦役也」はこれと関係あるか。比丘戒本には波逸提法、与女人共宿戒、即ち「若比丘、与二女人一同室宿者、波逸提」（四分律）ほか、類似の戒が少くない。比丘尼戒も同じ。しかし梵網戒にはない。

12　**不得輙入尼寺条**（二一九頁）　本条には刑の規定がないが、集解諸説の如く、違反すれば雑律61の違令罪。比丘尼戒本、波逸提法に、「知レ有二比丘僧伽藍一、不レ白而入者波逸提」（四分）。

13　**禅行条**（二一九頁）　「山居服餌」まで、道僧格に該当条文のあったことは、令釈及び同書所引或説でわかる。ただし文面は、「僧尼」の代りに「道士」等の字句ありとも（或説）、「僧尼」と並んで「道士」等の字句ありとも（令釈）いうのみで、定かでない。服餌は神仙の術、従って道士の法であるが、養老令でもこの字句を削らなかったことに注意(↓補2a)。本条関係の著名な史実として、道鏡による山林仏教の禁があり、続紀、宝亀元年十月丙辰条に「僧綱言、奉二去天平宝字八年勅一、逆党之徒、於二山林寺院一、私聚二一僧已上一、読経悔過者、僧綱固加二禁制一、由レ是、山林樹下、長絶二禅迹一…伏乞、長往之徒、聴二其修行一、詔許レ之」とある。

14 **任僧綱条**(二一九頁)　僧綱の任命は、本条によれば、徒衆の連署による推挙にもとづき太政官が行う。大宝二年正月二十三日太政官処分は、その㈠手続を細説して「任二僧綱一者、在京諸寺僧、請二集薬師寺一、仍大弁一人、史二人、式部輔一人、丞録各一人、治部玄蕃主典以上官人並集之、少弁以上大夫宣命、弁官式部左列、治部右列」(令釈所引)と定め、養老四年五月十四日には、㈡任僧綱告牒式(同。文は略す)を定めた。㈠は、(1)貞観儀式、(2)延喜太政官式、(3)同式部式、(4)同玄蕃式の任僧綱条にみえ、㈡も(1)(2)にみえるが、少異のほか、基本は同じである。

15a **修営条**(二二〇頁)　道僧格に「有レ犯二苦使一者、三綱立レ案鏁閉、放二一空院内一、令二其写経一、日課二五紙一、日満検二紙数一、足放出。若不レ解レ書者、遣二執土木作、修営功徳等使一」(令釈所引)の文あり。

15b **料理仏殿**(二二〇頁)　料理は壁を塗るなどのこと。令釈に「其釿斧之役、舂耘之役、元非二出家所レ事、如レ此之類、不レ須二役使一」、義解もほぼ同じ。仏殿につき古記は「塔・金堂・法堂之類是也。食堂・歩廊等類者非也」。

15c **有意故無状輒許者**(二二〇頁)　僧が、妄りに三綱に請求し、また偽って「事故」ありと申請するなどしたために、三綱が苦使を執行しないとき、の意。請求の場合ならば、㈠本条に定める本罪と、㈡職制45の「凡有レ所二請求一者…已施行者、各杖一百」との二罪が問題となる。ただし、請求・申請した僧の場合は二罪を重ねて科し、三綱の場合は二罪のうち、名例45によって重い方を科すとする説が多い。

16a **方便条**(二二〇頁)　本条該当の道僧格には「移名」(令釈所引)、大宝令には「僧尼」の下に「不レ得レ移レ名」(古記)、「還俗」の前に「並」(同上)の句があった。本条は、戸婚律5及び僧尼22とともに、官度制に関する重要な規定。官度制とは、俗人の入道して僧尼(厳密には沙弥・沙弥尼以上)となるには官の許可(官度)を要するとし、それによらぬもの、即ち私度を禁ずるもの。官度制が天武朝にあったことは天武紀六年八月条に「詔二親王諸王及群卿一、毎レ人賜二出家一人一、其出家者不レ問二男女長幼一、皆随レ願度之云々」によって知られ、官度のとき授ける公験、即ち度縁(↓補21b)制の整備とともにととのった。なお戸婚律5は「凡私入道及度レ之者、杖一百、已除レ貫者、徒一年、寺三綱知レ情者与同罪云々」(22条令釈・穴記)、ただし大宝律は「寺三綱」の代りに「本国主司及僧綱」(本条古記)とあった。

16b **与同罪**(二二〇頁)　古記は甲(僧尼)と同じ罪とするが、跡記・義解は徒一年とする。甲の刑と異なるのは、乙(俗人)が本来、俗人であるためであろう。即ち、㈠「還俗」の代りに21条の「以二告牒一当二徒一年一」にもとづいて徒一年を科することとし、㈡「依レ律科レ罪」は戸婚律5の刑の杖一百ないし徒一年であるが、一般に同時に二事以上を犯したものに対しては、より重い刑一つを科する原則(名例45)なので、けっきょく、徒一年となる、と解せられる。

17a **有私事条**(二二一頁)　律蔵では、比丘尼についてのみ、官に訴訟することを禁じ、僧残法に「若比丘尼詣レ官言レ人、是比丘尼初犯二僧伽婆尸沙一可二悔過一」(五分)。

17b **佐官**(二二一頁)　僧綱の録事。天武紀二年十二月条に「是日更加二佐官二僧一、其有二四佐官一、始起二于此時一也」。大宝三年正月廿二日太政官処分に「任二僧綱之佐官僧一者、申レ官而後補任、解任亦同」(14条令釈所引)。

18a **不得私蓄条**(二二一頁)　26条・田令26とともに、僧尼の財産所有に関する規制。本条に違反した僧尼の不正財に対して道僧格には「物賞二糺告人一」(令釈)の文、大宝令には「成二三宝物一」(両記)の文のあった可能性が大きい。養老令はその規定を欠くが、注釈では違反行為に対しては違令罪(雑律61)、不正財については、寺家に入れて衆僧物とする説(令釈・跡記)、三宝物とする説(穴記)などあり、義解は「没官」という。仏教では捨堕法の三十箇条に比丘の財産や営利行為を種々に規制し、これを犯したものは物を捨て、かつ懺悔すべきものとする。たとえば比丘戒本、貿宝戒に「若比丘種種売買宝物者、尼薩耆波逸提」(四分)、販売戒に「若比丘種種販売者、尼薩耆波逸提」(同)。ただ根本説一切有部毘奈耶では、右記の貿宝戒を出納求利学処と名づけ、利息を取ることを禁止する教えとする。梵網経にも第十二軽戒悩他販売戒がある。

18b 園宅財物(二二一頁)　園宅は園地(田令15)・宅地(田令17)などをさし、財物は動産的なもの(喪葬13)。僧尼はかかる財産を所有できない。ただし古記に「僧聴下駈二使奴一二一、并乗上レ馬、尼聴二婢一二一也」、令釈に「其学問燈油之直、修道覆骸之資、并縁レ身所レ須少々資物、如レ此之類、不レ在二禁限一」とし、義解も令釈にほぼ同じ。

19 遇三位已上条(二二一頁)　唐六典、祠部郎中員外郎条の「乗二大馬一…還俗」は本条該当の道僧格の文か。道端良秀は中国仏教史の立場から、本条の如き内容は日本の創作かとする。この種規定の起源として、天武紀八年十月条に「勅制下僧尼等威儀及法服之色、并馬従者往二来巷閭一之状上」とある。令制定後、神亀五年三月二十八日格(三代格)は外五位につき、「若有二歩行僧尼一忽逢二道路一者下レ馬過去」とした。本条の実例として、法華験記、中七一に、沙門が乗馬のまま国守と相遇し下馬しなかったので、国守がその「無礼」をとがめ凌辱した話がみえる。俗人間の同種規定→儀制10 11。

20 身死条(二二一頁)　施行細則として養老七年七月二十日太政官処分に「僧尼死去、并犯レ罪還俗者、収二其公験一、進二於弁官一、随即毀レ之、寮案注二犯罪還俗字一、以二官印一々文云々」(本条令釈所引)、玄蕃式に「凡僧尼并沙弥等身死、及犯レ罪因レ才還俗者、収二其度縁一、年終申レ官毀レ之、寮案具注二事状一」とある。

21a 准格律条(二二一頁)　律の刑罰を僧尼に適用する場合の原則を規定した重要な令条。㈠僧尼が俗法上、(a)徒一年以上を犯したときは、還俗の上、告牒分の徒一年を減じた残りの刑を科すること、(b)杖罪以下を犯したときは、杖十＝十日の比率で苦使を科すること、(c)苦使に処せられるものは、判決後執行までの期間、還俗に処せられるものは、判決までの期間散禁すること、(d)罪が律にふれざるも内律に違反のときは、三綱が内律によって科罰することなどを規定し、また㈡刑をうけたものは、(a)本寺の三綱らを告訴できないこと、(b)その例外を規定する。右のうち、㈠(a)は1条の讃説に「八位官当、与三僧尼用二告牒一、事情相類」とある如く、官人の官当に類する。本条該当の道僧格文のあったことは「案二道僧格一、此条除三一篇之内、称二依レ律科レ罪、或還俗、或苦使一之外、為二雑犯一立レ例」(令釈)とあるによって知られる。ただし、「案二道僧格及此条一、公験為二告牒一」(讃説)の文により㈠(a)の「告牒」の二字、「道僧格云二徒衆事一」(穴記・讃説)とあるにより㈡(a)に「徒衆」の二字のあったこと、及び唐名例律23により、㈠(a)の還俗を徒一年、笞十を苦使十日に比すること、唐名例律57称道士女冠条により同じく告牒を徒一年にあてることが規定されていたと推せられることのほかは格文は不明である。次に、㈠(b)以下と同一ないし類似の文が大宝令にもあったことが、本条及び他条の古記から知られるが、本条及び5条「及殴撃長宿」の古記によれば、㈠(a)のはじめに「僧尼犯二徒以上一、送二官司一、依二常律一推断」(→獄令1注)と同じ、ないし類似の文があったと推され、そのほか「貫属」「罪至レ徒」の字句もあり、養老令とかなり違っていた。従って㈠(a)中の「許下以二告牒一当中徒一年上」の文が大宝令になかったとする仮説(中井真孝)も一考に値いするが、古記そのもの、ないし古記と同じく大宝令の注釈と推定される古答の文(本条集解)に「任二僧綱一之書謂二之告牒一」とあって大宝令文に「告牒」があったとみられるから、かく断言することもできない。因みに本条古記が「獄令云」として引用する「凡犯罪、徒以上及姧盗、依レ律科断、余犯依二僧尼法一」は大宝令文とみなされ、養老令はこれを削っている(滝川政次郎)。本条のその後の沿革として、判事式に「凡僧尼犯二徒以上一還俗応レ徒云々」があり、法曹至要抄上に「案レ之、…又徒年其外或可二還俗一之類、宜禁二獄政所一、可二苦使一色、令レ候二便所一、誠為二庁例一、曾非二法意一」とある。後者は検非違使庁例の一条に、僧尼の刑を還俗と苦使に分ち、本条㈠(a)と同じく徒一年を還俗とし、かつ㈠(c)に類似の禁法の観念のあったことを示している。

21b 告牒(二二一頁)　令釈に「告牒、謂二公験一也」、讃説に「公験為二告牒一」。また義解に「告牒、謂僧尼得度公験也」。公験については養老四年二月四日格(本条の讃説、及び14条の令釈引用)に「凡僧尼給二公験一、其数有レ三、初度給一、受戒給二、師位給三云々」とみえる。これによれば養老当時

(一)得度のときのもの(度縁)、(二)受戒のときのもの(戒牒)、(三)授位のときのものの三種とも公験と称したことが知られる。西琳寺縁起所引天平十五年帳に僧弁教について「大宝三年潤四月十五日大官大寺受戒受二公験一」は(二)を、続紀、養老四年正月条の「始授二僧尼公験一」は(一)をさす。ここの告牒は文脈上、(一)をさすとする義解説が正確。ただし、令釈が「告牒有レ数者以二一告牒一当二徒一年一」というのは公験に諸種あるとの観念にもとづく解釈。また告牒の語は、右格文にも続いて「但律師以上者、毎二遷任一有二告牒一」とみえる如く僧綱任命の公文にも用いたから(↓補14)、集解諸説の中には「任二僧綱一之書、謂二之告牒一」(本条集解讃説引用の古答)の説も例外的ながら示されている。

21 c　如苦使条制外復犯罪不至還俗(二二一頁)　古記に「及二坐杖一以下是」、穴記に「苦使及還俗条制外軽罪是也」。具体的には「仮令、為二殺生一之類」(令釈)、「仮僧尼不レ著二白袴一、若犯者伏レ地之類」(令釈後の或説)、「不レ行二食斎六時一、或造レ網売二与人一之類」(跡記)の如く、俗律にふれざるも内律に違反する諸種の行為で、義解に「是内法之制、非二俗律之科一」という。なお、跡記にある食斎六時は、いわゆる六斎日(在家信者が一箇月中に六回の特定日に八斎戒を守ること)で諸律にも梵網経にもみえるもの。造網売与人を特にあげる理由は詳らかでないが、律蔵でもたとえば十誦律に網で殺生するを禁じ、涅槃経の十六悪律儀の第十三に網捕飛鳥を挙げ、梵網経の蓄殺生具戒に網羅殺生之器をあげている。なお四分律巻十一によると、網魚は卑業の一つ。

22 a　冒名相代(二二二頁)　私度が官許なくして入道するものであるのに対し、これは他人の名をかたって官度を得るものをさす。ただし、集解或説や義解は死せる僧の公験をかたって僧尼となるものも含める。続紀、宝亀十年九月条に「勅、僧尼之名、多冒二死者一云々」。

22 b　還俗(二二二頁)　令文によれば、甲、即ち或る僧が本条の刑罰をうけるとき、乙、即ち師主・三綱・同房人の「知レ情者」を還俗とするが、しかし、集解諸説は、戸婚律5の「寺三綱知レ情者与同罪云々」(大宝令では「寺三綱」の代りに「本国主司及僧綱」。↓補16 a)との関係上、甲が除貫以前(その刑は右条に杖一百)であるか、以後(同じく徒一年)であるかによって乙の刑罰はちがうとして諸説をたてる。

23 a　教化条(二二三頁)　本条は、文面上僧尼らが俗人をして教化せしめる場合の刑を規定するが、古記に「自率亦同也」とし、跡記も同じ。唐名例律23の疏に「依レ格道士等有二歴門教化一者、百日苦使云々」とあり、5条の令釈にも「道僧格、乞二余物一、准二僧教化一論」とあるので、本条類似の規定が道僧格にあったと知られる。因みに唐六典、祠部郎中員外郎条にも「若巡門教化…苦役也」と。本条の実施例として、続紀、養老元年四月条の行基らを誡める詔に「方今小僧行基、幷弟子等…歴門仮説、強乞二余物一云々」。

23 b　其俗人者依律論(二二三頁)　俗人とは、前段によれば、僧尼の従者であるので、「依律論」の律は名例42共犯罪条であり、それにより「造意」にあたる僧尼より一等を減ずる。即ち僧尼の刑の苦使百日を21条により杖百と換算し、一等減じて杖九十。なお歴門教化にあたり、多くの財物を布施として得たときについて、集解諸説は詐偽律12詐欺取財物条によれとする。

24　出家条(二二三頁)　本条類似の規定に祠部格の「私家部曲奴婢等、不レ得二入道一、如別勅二許出家一後、犯二還俗一者、追二帰旧主一、各依二本色一」(白氏六帖二六)がある。本条でも右とおなじく、家人・奴婢等の賤民はその身分のままでは出家できないとみており、本文の「出家」も本主が賤を免じて出家させたもののことで、古記に「本主放与二出家一也」、穴記に「主自願令二得度一也」、義解に「其依二内教一、奴婢者不レ許二出家一。而此称二出家一者、縁二其入道一、免レ賤与レ度故」という。また出家以前に既に賤を免じ良とされたものは、既に良であるからこれも本条の対象にならず、古記に「先放レ賤従レ良者非也」といい、穴記・朱説も同じ。仏教史を通覧すると、奴婢に出家を許さないことは四分律、受戒犍度にみえ、主人が許し、かつ本人に遮難(一定の不可条件)がなきときのみ出家できるとした。日本古代でもここにみるごとく、奴婢の出家を許さず、また況んや、奴婢が受戒して僧となるを得ないことは、貞観七年三月二十五日太政官符にも「黄門(性器不具のもの)奴婢之類、非二是戒器一、故仏不レ聴二受戒一」(三代格)とみえている。ただし梵網経は黄門でも奴婢でも、さらに法師の語を解するものは、畜生でも受戒を許すとする。日本でも最澄は仏性論上、一切皆成説を唱える立場から、「奴婢已上、能受レ戒者、若依二菩薩戒一、出家修道、皆名為レ僧」(顕戒論巻中四)と異を唱えた。

25 三度(二二三頁) 集解諸説は、三度とは名例29更犯条の意味(↓補8b)とする。また赦のあった場合には賊盗52三犯条の本注に準じて赦前の罪は数えないものとする。また第三度目の苦使百日はこれを科することなく外国の寺に配するものとする。

26 布施条(二二三頁) 18条、田令26とともに僧尼の財産所有についての規制。本条に違反したものは違令罪(雑律61)。不正財については没官とする説(令釈ほか)、本拠に還し充つるとする説(穴記)などがあり、義解は18条に準じて「没官」という。

27a 焚身捨身条(二二三頁) 唐の太宗の貞観九年十一月の詔に「鑚レ膚焚レ指驚レ俗」ことを禁じているが、道僧格には本条該当の文がなかったと令釈はいう。大宝令は僧尼の代りに「道俗」(古記)。本条適用の実例として、養老元年四月の行基らを制する詔に「焚二剝指臂一」(続紀)、同六年七月のやはり行基らを戒める法令と推せられる太政官奏にも「或於二坊邑一、害レ身焼レ指」(三代格)。しかし焚身焼身は平安中期以後、盛んとなり、長徳元年九月「上人於二阿弥陀峰一焼レ身、上下雲集見レ之、近年諸国焼レ身者十一人云々」(百練抄)とあるほか、法華験記や往生伝類にもその例が多い。貴嶺問答に、船岡聖人の焼身につき、「非二真実之法一、是外道之教也…、随二令条所レ載、僧尼不レ得二焚レ身捨レ身、若違及所由人、並依レ律科断云々一」。

27b 焚身捨身(二二三頁) 古記に「焚レ身、謂燈レ指焼二尽身一也、捨レ身、謂剝二身皮一写経、幷称二畜生布施一、而自尽二山野一也」。かかる所業は法華経薬王菩薩本事品や金光明経捨身品にもみえ、インド以来の仏教的行為。梵網経も第十六食財惜法軽戒には大乗思想の顕現として奨励する。

27c 依律科断(二二三頁) 律とは集解諸説に詐偽律20の「凡詐二疾病一有レ所レ避、杖一百、若故自身傷残者、在安反、徒一年、受二雇倩一為レ人傷残者与同罪一」(本条令釈・跡記所引。、は唐律疏議により補う)をさすとし、跡記は右のほかに闘訟律もさすという。

8 戸令

☆ 戸令(二二五頁) 戸令はたんなる行政組織の形成ではなく、民を教化して礼の秩序を樹立することを目的としていた(戸令33)。私法的な規定のようにみえる家の秩序に関する法も、家族道徳が礼の始めとされ、天子の統治の手段と考えられている儒教の思想においては、むしろ公的秩序の欠くことのできない一部として理解されていた(石母田正説)。なお大宝令の戸令には唐令にならって士農工商の規定があったが、養老令はその条文を削除している(営繕7古記・唐令拾遺、戸令二六)。

〔沿革〕 中国の晋令・梁令では、戸令は令の冒頭に位置する基本的な篇目であった。隋の開皇令、唐の開元前令になると、戸令は官品・職員・祠の後に位置し、養老戸令の位置もこれに近い。浄御原令には既に「戸令」が存在していたが(書紀、持統四年九月条)、近江令に戸令(ないしは戸令に相当する篇目)が存在したかどうかは、近江令の存否をめぐる論争の、一つの焦点になっている。

1a 里と村(二二五頁) 唐の戸令では、村(自然聚落)と里(行政区画)とが重複して規定されているが、日本令では里だけを規定し、村には公法的な地位を与えていない(↓補3b)。石母田正はこの差異に着目し、日本の律令時代には、地縁的な村落共同体が、まだ成立していなかったと推論した(坊と里との関係↓補3b)。奈良時代の史料にみえる「村」には、辺境や開拓地の未編戸集落をさす場合があり、また郷里が戸を単位とする行政区画であるのに対して、村は行政区画とはかかわりなく、ひとつのまとまった地域をさすことが多かった。村の訓には、サトとムラの二つがあったが、日本語としてはサトが古く、ムラは朝鮮語に由来するらしい。なお村を里ないし郷と同義に用いる場合もあった。

1b 為里条の沿革(二二五頁) 大化改新詔には「凡五十戸為レ里。毎レ里置二長一人一。掌下按二検戸口一、課二殖農桑一、禁二察非違一、催中駈賦役上。若山谷阻険、地遠人稀之処、随レ便量置」(書紀、大化二年正月条)とある。しかし改新詔の規定は、この為里条と殆んど同文であり、大宝令文が転載された可能性もある(→補5 a)。また改新詔には「凡仕丁者、改下旧毎二卅戸一一人上〈以二一人一充レ廝也〉、而毎二五十戸一一人、〈以二一人一充レ廝〉、以充二諸司一」とあるので、大化改新詔によって五十戸一里制に改正されたとの説もある。この条の義解が「若満二六十戸一者、割二十戸一立二一里一、置二長一人一。其不レ満二十家一者、隷二入大村一、不レ須二別置一也」(令釈・跡記もほぼ同じ)とするのに対して、古記は「若有二六十戸一者、為二二分一、各以二卅戸一為レ里也」としており、また播磨国風土記、揖保郡条に「後至下上野大夫結二卅戸一之時上、改号二越部里一」(庚寅年籍作成の際か)とあるので、三十戸一里の例も存在したらしい。しかし改新詔の規定は、仕丁(→補38 a)を差点する計算基準とも解することができる。飛鳥古京出土木簡「白髪部五十戸」(年紀は記されていないが、同時出土の木簡から大化五年〜天智三年ごろまで遡る可能性も想定されている)、伊場遺跡出土木簡「辛巳年正月生十日柴江五十戸人」(辛巳年＝天武十年)は、ともに五十戸一里の編戸が行なわれた事例と推測されるが、一定戸数(五十戸)による編戸が全国的にほぼ完成したのは、庚寅年籍(→補22 b)作成の際(持統四年)であった可能性が強い。

1c 戸の訓と沿革(二二五頁)　イヘ(家)のへは甲類であるから、乙類のへ(戸)と直接には関係ない。かまどを意味するへ(竈)(乙類)から出たとの説もあるが未詳。戸は中国における伝統的な人民支配の基礎的な単位であった。岸俊男は、「一戸」という氏姓が、河内の帰化系氏族に集中していることを手懸りとして、「部」とは異なる新しい支配方式「戸」および編戸の制が、多分六世紀ごろ、朝鮮からの帰化人の集団に対してまず実施されたであろうと推測した。

1d 家と戸(二二五頁)　中国令では、伝統的な社会組織である「家」をそのまま「戸」として把握する原則であった。日本令もその原則を継承しているが、「家」の構造が中国とは基本的に異なっていたために、その機能の仕方も異なっていたと推測される。↓戸令5。

1e 五十戸一里制(二二五頁)　沿革↓補1 b。残存する実例の殆んどは、丁度五十戸で一里とする。一郡のなかを五十戸ごとに一里として編戸していった結果、どうしても余りが生じた場合には、余戸(あまりべ)とした。ただし古記・義解ともに、五十九戸までは一里としており、五十八戸の例(美濃国戸籍)もある。余戸の制は唐にはなく、日本の編戸制の特質と推定されている(曾我部静雄説)。なお岸俊男・平田耿二は、五十戸一里の編戸の枠を固定化したために、戸籍の擬制化が年とともに進行したと推測した。

1f 郷里制(二二五頁)　岸俊男は郷・里の実例を精査して、郷里制廃止の時点を、天平十一年十一月〜十二年六月の間と推定した。なお郷里制施行期には、戸についても、五十戸一郷の戸(郷戸)の下に、二〜三の房戸が設定された(例、養老五年下総国戸籍)。

1g 検校戸口(二二五頁)　大宝令は「按検戸口」と推定され(→補3 c)、大化改新詔(→補1 b)と同じ。なお戸令19によれば、戸籍は「里別為レ巻」とあるが、計帳手実徴収手続では異なり、唐戸令の「里正」の職掌を、日本令は「京国官司」に変更している。↓戸令18。

1h 課殖農桑(二二五頁)　日本令は授田手続において、唐田令の「里正」の職掌を、「京国官司」に変更している。↓田令23。

1i 催駈賦役(二二五頁)　賦役↓賦役令。貧窮問答歌「楚(しもと)取る 五十戸良(さとおさ)が声は 寝屋戸まで 来立ち呼ばひぬ」(万葉八九二)、「檀越や 然もな言ひそ 五十戸長(さとおさ)が 課役(えつき)徴(はた)らば 汝も泣かむ」(同三八四七)。

1j 随便量置(二二五頁)　義解「若満二十戸一者、依二上法一立二別里一。若不レ満者、令二伍相保一、寄二附於大村一也」(令釈・師説等も同主旨)。この注釈は、唐令の「其村居如不レ満二十家一者、隷二入大村一、不レ得レ別二置村正一」(唐令拾遺、戸令一)に依拠する。これに対して古記は「廿五戸以上、但不レ足二廿五戸以上一者、不レ置レ長、以二保長一催駈耳」とする(保・保長↓戸令9)。

2a 定郡条の沿革(二二五頁)　大化改新詔には「凡郡以二四十里一為二大郡一、三十里以下四里以上為二中郡一、三里為二小郡一」(書紀、大化二年正月条)とある。養老令が大上中下小の五等級であるのに対して大中小の三等級であり、里数も養老令より多い。しかしこの改新詔の規定が、大化の原詔に存在したかどうかは、諸説が対立していて明確でない。なお黛弘道は、大宝令施行の際に郡が分割された実例(山背国葛野郡)を検証した。

2b　国の等級(二二五頁)　唐の戸令では、州(日本令の国に相当)の等級も戸数によって定めたが(唐令拾遺、戸令二)、日本の戸令では、国の等級の規準についての規定を設けず、義解は「其定二国大小一、可レ有二別式一」とする(令釈・穴記も同じ)。→職員補70。このことは、令制の「国」の成立過程とも関連するか。

3a　置坊長条の沿革(二二五頁)　大化改新詔に「凡京毎レ坊置二長一人一、四坊置二令一人一。掌下按二検戸口一、督中察姦非上」とあるが、職掌のなかに催駈賦徭がないことを除けば、他は大宝令文(→補3c)と同じなので、大宝令文を転載した可能性もある。

3b　坊と里(二二五頁)　唐の戸令においては、自然集落である坊・村と、人為的な行政区画である郷・里が重層しており、左図のような二重構造をなしていた(宮崎市定説)。

自然区分 ｛邑居………坊─隣
　　　　 ｛田野………村─隣
人為区分　邑居・田野……郷─里─保

例えばある家は、都市の場合には「某坊」に属すると同時に「某郷某里」に属し、農村の場合には「某村」に属すると同時に「某郷某里」に属していた。したがって唐令では里正と坊正・村正の職掌も、

里正──按比戸口・課植農桑・検察非違・催駆賦役
坊正──坊門管鑰・督察姦非

と区別されていた(唐令拾遺、戸令一)。

ところが日本の戸令は、自然集落としての「村」の制度は公法的には採用せず(→補1a)、「隣」の制度も戸令では採用していない(→補9a)。また里長と坊長・坊令の職掌も、

里長──検校戸口・課殖農桑・禁察非違・催駈賦役
坊長・坊令──検校戸口・督察姦非・催駈賦徭

というように重複している。このことから、「坊」も唐令のように郷─里と重層した自然集落としての坊ではなく、里と並列する行政区画であったことが知られる。

先の唐制の図式にならって日本の戸令の制を図式化すれば、

自然区分　(ナ　シ)
人為区分 ｛京………坊─保
　　　　 ｛地方……里─保

となる。このように日本の戸令は、唐令における自然集落と人為的な行政区画との二重構造を、人為的な行政区画だけに一元化している。

3c　検校戸口(二二五頁)　検校は大宝令では按検とあり、大化改新詔と同じ。→補3a。なお実例としては、天平五年右京計帳手実に坊令の署名がみえる。

3d　催駈賦徭(二二五頁)　里長の職掌「催駈賦役」(戸令1)に対して催駈賦徭とあるのは、京畿には庸(歳役)が課せられなかったため→賦役4。

4a　取坊令条の沿革(二二五頁)　大化改新詔には「其坊令、取下坊内明廉強直、堪二時務一者上充。里坊長、並取二里坊百姓清正強幹者一充。若当里坊無レ人、聴二於比里坊簡用一」との規定があり、本条に酷似している。大化の原詔のなかに類似の規定が存在していたのか、それとも大宝令を一部修正して転載したものかは未詳。→補4bc。

4b　正八位以下(二二五頁)　大化改新詔には、この条に酷似する規定があるが(→補4a)、「正八位以下」に相当する部分はない。

4c　白丁(二二五頁)　課役を輸している無位の丁男。老丁は含むが、庸を負担しない中男・残疾は含まない(虎尾俊哉説)。なお大化改新詔の該当部分(→補4a)には、白丁ではなく「百姓」とある。

5a　戸主条の沿革(二二六頁)　書紀、白雉三年四月条に「是月、造二戸籍一。凡五十戸為レ里。毎レ里長一人。凡戸主皆以二家長一為之。凡戸皆五家相保。一人為レ長、以相検察」とある。しかし凡ではじまる三つの規定は、令文(戸令1 5 9)を転載した可能性もある。→補1b・9a。

5b　家長(二二六頁)　唐律令における家長は、同居共財の家における尊長(尊属の年長者)であった。尊長とは元来相対的な概念であるが、同居共財の家という限られた範囲内において、誰から見ても尊長に当るものといえ

ば、おのずから一人に限られることになる。家長とは誰かが就任すべき職位を意味する言葉ではなく、「諸戸主皆以二家長一為レ之」という唐令の規定も、このような家長を以ってそのまま戸主にするという主旨であった(滋賀秀三説)。日本令もこの唐令の条文をそのまま継受するが、令集解の諸注釈は、他に伯叔等の尊長がいても嫡子を戸主にするとし(義解)、また嫡子が定まっていない場合の処置を問題にし(古記)、嫡子が仕(戸政)に堪えられない場合の処置にまで言及している(穴記)。これらの注釈は、すべて戸主には嫡子を充てるかどうかという点だけをめぐって議論を展開しており、家長そのものについては、他の条文の家長(例、雑令18の家長は尊長の意とする)はこの条に適用しないという消極的な形でしか言及していない。ここで集解諸説が「嫡子」というのは、養老五年の造籍式によって戸主の地位の継承責任者として定められた嫡子を指し(戸令23古記に「養老五年籍式、庶人聴レ立二嫡子一」)、養老五年の下総国戸籍に注記されている嫡子がその具体例である。天平四年の山背国愛宕郡計帳歴名にみえる「承継戸主」は、造籍と造籍の間に戸主が死亡したので、戸籍に「嫡子」と注記されていた者が、次の造籍までの間、戸主の地位を継いだ実例と推定される(早川庄八説)。養老五年籍式がこのような形で戸主の地位の継承責任者を定めたのは、「家長」の地位が流動的であり、「家長」が庶民レベルでは未だはっきりした社会的存在となっていなかったからとも推測される。

5 c 不課(二二六頁) 課役の全てを負担しないこと。ここでは不課口の意。賦役19の免課役・免徭役・免雑徭の適用者は、基本的な身分においては課口であるが、特定の状態の下において課役の全部もしくは一部を免除されるもの(賦役19)。それに対してこの条の不課は、基本的な身分において課役を免除されているもので、律令における基礎的な身分規定。なおこの条は、直接には唐令の該当条(唐令拾遺、戸令七)を手本としているが、唐令の背後には、周礼の施舎にみられるような伝統的な思想の影響が想定される(曾我部静雄説)。周礼、地官司徒、郷大夫「其舎者、国中貴者、賢者、能者、服二公事一者、老者、疾者、皆舎」。

5 d 蔭子(二二六頁) 一般には、五位以上の子。三位以上の孫を合せて蔭子孫ともいう。↓選叙補38。義解に「五位以上之子。其三位以上父祖兄弟、亦是不課。而特以レ子為レ文者、拠二其多者一也」とある。↓賦役18。

6 a 三歳以下条の沿革(二二六頁) 中国では古くから、兵役・賦役の負担者を定めることを主たる目的として、年齢を区分する制度が発達した。これを丁中制ともいう。日本でもこの制度を継受したが、大宝令では隋唐令の中男を少丁、老男(の一部)を老丁とし、隋唐令にない耆を設けた。老丁・少丁の「丁」は、課役負担者であることを示す。課口の範囲を、正丁だけでなく、正丁・老丁(次丁)・少丁の三者としたのは、隋唐の丁中制(唐令拾遺、戸令八)よりも、むしろ晋の戸調式「男女、年十六已上至二六十一為二正丁一。十五已下至二十三一、六十一已上至二六十五一為二次丁一。十二已下・六十六已上為二老小一、不レ事」(晋書二六)に近い。晋の制度は南朝に継承されたので、あるいは朝鮮を媒介とした南朝の制の影響があるかも知れない。正倉院蔵の新羅国民政文書断簡にみえる丁中制が晋制に近似している点も注目される(虎尾俊哉説)。なお天平勝宝九歳四月には、中男・正丁の年齢をそれぞれ一歳引き上げ、翌天平宝字二年七月には、老丁・耆老の年齢をそれぞれ一歳引き下げ、課口の範囲を縮少した(三代格)。この改正は、藤原仲麻呂による唐の施策の模倣と推測されている。

6 b 黄(二二六頁) 唐令も黄。大宝令で緑としたのは、ミドリコ(緑児)という日本語に由るらしい。

6 c 中(二二六頁) 唐令も中。男性は中男。大宝令では、男性は少丁。丁の字を用いた理由↓補6 a。大宝令施行期の養老元年から「中男」が用いられ始め、それ以後養老令施行(天平宝字元年)までの間は、少丁・中男が併存する。養老元年に中男の調が免除され、中男は調庸ともに負担しなくなったことが(唐制と同じ)、少丁の代りに中男を用いたことと関係があるかも知れない。

6 d 其男(二二六頁) 丁・老・耆の別は、兵役・課役の負担に関する区分なので、本来は男性だけに適用される。義解に「凡服レ役之道、老壮異レ科。故随二其年秩一、制二三等法一。其女者非二力役之例一、故唯挙レ男。若可レ注二帳籍一者、自依二丁老耆法一也」とあり、残存する籍帳にも、丁女(正女)、老女

(次女)、耆女という表記がみえる。しかし令文本来の主旨では、女性は未婚・既婚・寡によって区分し、唐代の敦煌戸籍のように、二十一以上でも未婚の場合には一般に「中女」だったと推定される。ところが日本の古代の家族制度は、婚姻によって女性の身分に根本的な変化をもたらさなかったので、唐令から継受したこの規定も、そのままの形では機能しなかった(→補6e)。

6e 寡妻妾(二二六頁) 大宝令では寡婦とし、寡妻と寡妾との区別をしていない(妻と妾→戸令23)。中国の家族制度では寡妻妾に特別な地位を認めており、均田制においても寡妻妾はとくに班田の対象となっているので、戸籍にも明確に記載されているが、日本の籍帳には寡の記載がない。これは日本の家族制度や班田制と関連があるらしい。古記・令釈は、この条の寡婦(寡妻妾)を五十以上とするが、義解は「不㆑限㆓年之長幼㆒」とする。前者は戸令32と関連させているが、この条の令文の主旨としては後者が可か。

7a 有疾者の保護(二二六頁) 残疾(二十一〜六十歳の男子の残疾者)は、調が正丁の半分、徭役は全免→戸令8・賦役19。癈疾・篤疾は不課→戸令5。また篤疾には侍丁一人を給し(戸令11)、侍丁は徭役を免ずる(賦役19)。また癈疾は流罪以下を犯したときは原則として贖を収り、篤疾は反逆と殺人を犯して死刑にすべきときは上請し、盗と傷人は贖を収り、それ以外は原則として一切不問に付した(名例30)。裁判においても、癈疾・篤疾は拷訊(拷問)を受けず(断獄律6)、収監の際も散禁(刑具を免ずる)とされた(獄令39)。ところで古代の籍帳には、残疾五十三例、癈疾三十例、篤疾十二例がみえるが、残疾・癈疾は一例を除いてすべて男子であり、しかも二十歳以下のものはわずかに一例にすぎない。これは残疾・癈疾の記載が課役負担者を対象として記されていたからと推定され、篤疾十二例中、女が五例あるのも、篤疾に給せられる侍丁が徭役免除だったからと推定される。このように籍帳の有疾者の記載は、もっぱら課役徴収との関連で記されている(岸俊男説)。

7b 如此之類(二二六頁) 残疾・癈疾・篤疾としてあげられた疾病は、いずれも例示的なもの。籍帳にも残疾の例に「閹人」(去勢された人)「右足踝筋絶」(アキレス腱切断か)、癈疾の例に「遭風」など令条にみえない病名があげられている。なお古記は「残疾有㆓二種以上㆒者、随㆑状斟酌入㆓癈疾㆒。癈疾有㆓二種以上㆒者、亦准㆑此入㆓篤疾㆒。但雖㆑有㆓二種以上㆒、其身当㆑為㆓残疾・癈疾㆒者、猶為㆓残疾㆒為㆓癈疾㆒耳」とし、集解諸説もほぼ同じ。

8 次丁の負担(二二七頁) 調と役(庸)の負担が次丁は正丁の半分(賦役14)。ただし残疾は徭役を免ぜられるので(賦役19)、役(庸)は負担せず、調を正丁の半分だけ納める。なお少丁や老丁で残疾の場合については、大宝二年美濃国戸籍に年十九で久漏(残疾)の男子を、少丁として集計している例があるが(調は正丁の四分の一)、主計式では老丁残と中男残を全免とする。政事要略にのせる大帳枝文にも「中男残帳」「残疾帳」「老残帳」の三種があった。

9a 四隣と五保(二二七頁) 唐の戸令では、四家を隣とし、五家を保としたが、保が五軒ずつを固定した人為的な区分であるのに対して、隣は自然的な相互のトナリアイの関係であった(宮崎市定説)。日本の戸令では隣についての規定を設けず、保の制度だけを継受した(→補3b)。もっとも日本の律令にも「隣」とか「四隣」の語がみえるが、それらは唐律令の用語をそのまま踏襲したにすぎず、実質的な意味はなかったと推測される。後述するように、日本の「保」が、五戸を保とする戸の組織から、地縁的な区分に変化していくのも、隣と保との二重構造を継受しなかったことと関連があるらしい。

五保の制度は、すでに書紀、白雉三年四月条にこの条と同じ規定がみえるが、大宝令文を転載した可能性もある(→補5a)。五保の確実な実例は、大宝二年美濃国戸籍にみえるが、それ以後の籍帳にはほとんど保の組織はみえない。天平年間の古記がこの条の注釈に「一戸之内、縦有㆓十家㆒、以㆑戸為㆑限。不㆑計㆓家多少㆒也。但一戸之内人、至㆓於他保㆒有㆑家者、量㆑便而割入㆓他保㆒耳」と記しているように、保は地縁的に家を基準にして組織された可能性があるので、戸を基準とする籍帳には、保の組織は表記し難かったのであろうか(岸俊男説)。保の地域化の傾向は、保を戸数とは関係のない平安京内の地割の単位として用いた（一坊を四保に分ち、一保を四町とする）ことによっても大きな影響を受けたらしい。平安初中期の史料にみえる隣保の多くは、この京の保をさすらしい。そして京の保を手本として平安後期に在地の保が成立した可能性がある（義江彰夫説）。

なお奈良〜平安初の土地売券の署名部分にみえる「保長」「保」は、保証の保であって（公式78）、この条の五保とは別のものか（岸俊男説）。

9 b　以相検察（二二七頁）　闘訟律60「即同伍保内、在㆑家有㆑犯、知而不㆑糺者、死罪徒一年、流罪杖一百、徒罪杖七十」、疏に「犯㆓百杖以下㆒、保人不㆑糺無㆑罪」。

9 c　保の徴税機能（二二七頁）　一戸全体が逃亡したとき、五保が追訪や租調代輸にあたり（戸令10）、また古記によれば、僻遠の地で二十五戸以下の場合には里長を置かず、保長が賦役を催駈した（戸令1）。この五家条についても穴記は「此条大指、為㆑防㆓浮隠㆒也」とする。

10 a　戸逃走条の沿革（二二七頁）　庚午年籍（六七〇年）と庚寅年籍（六九〇年）の作成を命じた書紀、天智九年二月条・持統三年閏八月条は、いずれも造籍の主たる目的として浮浪を断つことをあげているほか、同、天武六年九月詔にも「凡浮浪人、其送㆓本土㆒者、猶復還到、彼此並科㆓課役㆒」とある。残存する奈良時代の計帳によると、霊亀元年（七一五）からこの条による三周六年の除帳が停止されている。天平八年（七三六）二月には本貫に還らない浮浪人を当処の公民の籍帳に編附するのを停め、直ちに名簿（おそらく「浮浪人帳」）に録すこととした（三代格）。登録された浮浪人は課役は負担するが、班田からは除外されたらしい。

なお「浮」と「逃」とを令集解の注釈でははっきり区別しているが、当時の史料には混用している例も多い（→戸令補17 a）。

10 b　周・年・朞・載の別（二二七頁）　律令においては、周・年・朞（→賦役補21 b）がほぼ満一年の意で用いられるのに対して、載は暦年を単位とする（→名例21 55・田令補3 d）。この条の穴記や朱説が周と載を同意とするのは、法意と異なるか。

10 c　三周不獲除帳（二二七頁）　計帳を造る時期に逃走していることが三回続けば、四回目の計帳から除く意か。除帳後の最初の造籍の際には（戸令19）、当然戸籍からも除く主旨であろう。

11　給侍条（二二八頁）　古く礼記の王制篇に「凡三王養㆑老皆引年。八十者、一子不㆑従㆑政。九十者、其家不㆑従㆑政。廃疾非㆑人不㆑養者、一人不㆑従㆑政」とあるように、この条は儒教の伝統的な理念に基づいている。侍丁には徭役が免除されたが（賦役19）、とくに祖父母父母が老疾で家に兼丁がないときには、侍に専念できるように配慮されていた（刑罰の執行方法の変更→名例26 27。衛士・防人への差点の免除→軍防16。解官→選叙22）。それと同時に祖父母父母への侍に違反した官人は特別な刑に処せられた（名例20・職制31）。

12 a　養子と相続の観念（二二八頁）　この条は唐令「諸無㆑子者、聴㆑養㆘同宗於㆓昭穆㆒相当者㆖」（唐令拾遺、戸令一四）を手本としているが、唐令の背後には、相続とは人格の継承に外ならず、それは同時に祖先祭祀の継承であるとする中国人の基本的な観念がある。中国の養子は、男子のためにその祭祀者を確保する手段であり、養子は同宗であって子の世代に属するものに限られたが（→補12 c d）、それは、祭祀は同じ祖先の血をひいた同宗の間においてのみ行なわれうるものであったからである（滋賀秀三説）。なお中国では、女性は結婚して始めて、夫と一体として祭られたが、日本令のこの条も、男子についてのみ養子をとることを建前としていたらしい。御成敗式目第23条にも、「一、女人養子事。右如㆓法意㆒者、雖㆑不㆑許㆑之、大将家御時以来至㆓于当世㆒、無㆓其子㆒之女人等、譲㆓与所領於養子㆒事、不易之法、不㆑可㆓勝計㆒。加之都鄙之例、先蹤惟多。評議之処、尤足㆓信用㆒歟」とあり、法意すなわち律令の建前では女子には養子を許さなかったとする。なお集解諸説は、養子をもっぱら蔭位（→選叙補38）の継承と関連させて問題にし、また後の法曹至要抄は「養子之法、無㆑子之人、為㆑継㆓家業㆒所㆓収養㆒也」と説明する。

12 b　子の定義（二二八頁）　名例52には「称㆑子者、男女同」という一般的な定義規定があるが、条文によっては男子に限定する場合もあった。この聴養条の「子」は、唐令（→補12 a）では当然男子であり、日本令制定者もおそらく男子と考えていたであろう。

12c　四等以上親と同宗（二二八頁）　同宗とは同姓よりも狭い概念で、単に姓が同じであるばかりでなく、系譜についての何らかの実質的な記憶（系図・口伝等）によって、同祖たることが確認される範囲をいう。養子が同宗に限定されたのは、養子の本質的機能が祖先の祭祀の維持にあったため（→補12a）。なお日本令が唐令の同宗を四等以上親と書き変えたのは、中国的な同宗の父系集団が社会の単位となっていなかったためと推測される。四等以上親で於昭穆合者といえば、姪（兄弟の子）や従父兄弟の子のほか、形式的には外甥（姉妹の子）や妻妾の前夫の子なども含まれるが、集解諸説は前二者を例としてあげる。

12d　昭穆（二二八頁）　昭穆とは元来、中国古代の廟制に由来する言葉で、始祖を起点として二世は昭、三世は穆、四世はまた昭というように歴代の祖先を世代によって交互に位置づけたが、後には一般に父を昭とすれば子は穆であるという相対的な世代を意味した。したがって昭穆相当とは、養子が養父に対して子の世代に属することをいう。養子の資格として昭穆相当が要求されたのは、中国では尊卑長幼による上下の秩序が自然的所与として重視され、社会生活の基礎として大きな機能を果していたことと関連する（滋賀秀三説）。日本令も、この昭穆相当の制をそのまま継受し、集解諸説も一応、子の世代の者に限るとするが、集解諸説は戸令24と関連させ、養父と養子の年齢差（十五以上）の問題にすりかえている。また弟を養子とすることは昭穆相当の制に当然違反したが、「然今時人、多以二己親弟・従父弟等一為二養子一」（古記）のが実際であった。このことは皇位や戸主の地位の兄弟相続や、後世の順養子（弟を養子とすること）との関連でも注目される。

13　為戸条（二二八頁）　この条の手本とした唐令（唐令拾遺、戸令一六）に「非成丁」とある部分を日本令が「非成中男」（大宝令は「非成少丁」）と書き変えたのは、唐令の中男は不課口であったが、日本令の中男（少丁）は課口であった（戸令5）ためと推定されるので、日本令の制定者が不課戸の新設を制限する主旨でこの条を継受したことが知られる。

14a　其先有両貫者従本国為定（二二九頁）　「其先有両貫」は、何らかの理由により本貫が二カ所にある場合と想定されるが、集解諸説はいずれも「父母各別レ国也」と割り切って注釈する。また「本国」は一般に本貫の国の意で用いられているが（例、儀制11・関市5）、ここでは本貫の国が二つある場合の処置なので、単に本貫の国では意味をなさない。集解諸説はここでもためらうことなく「父国為二本国一也」と注する。このようにこの条の集解諸説は、つねに本貫が父国・母国に別れる場合を想定し、また子が母に随っている場合を予想しているので、そこから別居婚の広範な存在を推定する学説が有力であるが、別居婚でなくても妻方居住によって同様な現象が戸籍上にあらわれる可能性もある。なお古記は「従二本国一為レ定。謂、父国是。但女不レ在二此例一、随レ便耳」と注するので、男子は父に、女子は母に附ける慣行も存在したかと思われるが、法意は異なるか（滝川政次郎説）。また古記に「問、若倶三国、未レ知、若為三国所レ貫。答、父国一貫、母国一貫、又母改嫁適レ他、将二幼子一従レ夫、便至処附レ貫。是一貫、合三国所レ貫耳」とあるので、大宝令文には「若倶三国」の句があった可能性もあるが未詳。

14b　三越、石城・石背（二二九頁）　養老二年五月に越前から能登が、陸奥から石城・石背がそれぞれ分置される。したがって石城・石背の二国名は、大宝令文にはなかったらしい。なお養老令文に能登を記さなかったのは三越に含ませる意かどうか未詳。

15a　居狭条（二二九頁）　穴記に「問、古令云、京戸不レ在二此例一。今除二此文一何。答、京戸出レ外者、是軽役之入二重役一、不レ合二禁制一。但外国入二京戸一者、不レ合レ聴耳」とあるので、大宝令文には「京戸不レ在二此例一」の句が存在した。唐令該当条（唐令拾遺、戸一八）には「京兆河南府、不レ得レ楽二住余州一。其京城県、不レ得レ住二余県一」という制限がみえるので、おそらく大宝令も唐令に倣ったのであろう。従って穴記の注釈は大宝令の本意とは逆であった可能性も強い。おそらく養老令はこの規定と実態との乖離に着目して、この部分を削除したのであろう。

15b　狭郷（二二九頁）　大宝令文は狭里。田令・賦役令では大宝令文も唐令の狭郷・寛郷の語をそのまま用いているが、戸令では狭里と書き変えた可能性がある(戸令では他の条でも養老令の郷を大宝令では里としている例がある。→戸令18)。なお→田令補13。

16 a　没落外蕃条の大宝令文(二二九頁)　大宝令文にはこの条のおそらく末尾に「若有二才伎一者、奏聞聴レ勅」という句があった(古記)。この条はほぼ唐令(唐令拾遺、戸令一九)と同文だが、この大宝令の部分は唐令になかった可能性が強く、日本令が独自に附加したものと想定される。大陸からの帰朝者やいわゆる「帰化人」が古代の日本の文化や技術の発達に果たした役割はきわめて大きく、この大宝令の一句も実質的に機能した可能性が強い。養老令がこの部分を削除した理由は明確でないが、あるいは中国的な中華思想によって条文を整理したか。

16 b　中華思想と帰化(二二九頁)　中国では古くから外国人ないし異民族を、蕃人とか夷狄・夷人等と呼んで蔑視し、王化(王の徳化)に浴さない化外人とみなした。これに対して王化に浴する自民族を化内人とし、自らの国を中華と呼んでいた。ところが化外人であっても、王化を慕ってとくに帰投(欽化内帰)してくるものは帰化人として保護を加えている。帰化した結果、彼らは化内人となるが、たとえ国内にいても帰化しないものはあくまで夷狄・夷人であった。なお律令では諸蕃・外蕃が主として蕃国を指したのに対して、夷狄は主として夷人を指した。日本の律令もこのような中華思想を継受したが、ただ日本では、本来一様に「外蕃」とみなされるはずの唐国と朝鮮諸国とを区別し、前者は外蕃ではなく隣国とする場合があった(賦役16。公式1の古記に「隣国者大唐、蕃国者新羅也」)。朝鮮諸国(八世紀には新羅)を朝貢国として従えながら、自らも大唐帝国に朝貢する東海の小帝国日本の複雑な地位が、このような点にもあらわれている。なおこの条の「外蕃」「化外人」が、唐・唐人を除外したとする積極的な根拠はなく、唐・唐人を含むのがこの条では令の本意か。

17 a　浮浪と逃亡(二三〇頁)　捕亡律12逸文に「非レ亡而浮二浪他所一、…闕二賦役一者、依二亡法一」とあるように、律では浮浪と逃亡とを明確に区別し、その刑罰もはっきりと差があった(捕亡律11 12)。浮浪と逃亡はいずれも本貫の地を離れたものだが、賦役を納めるか否かで両者を区別したらしい。しかし実際には両者を混用している例も多い。なお浮浪で賦役を納める場合について古記は「問、浮者何有二絶貫一。答、依二捕亡律一、浮浪闕二課役一者、即同二逃亡一科レ罪。然則起下闕二賦役一年上、合レ令二追訪一。不レ獲者、依二三周六年之法一(戸令10)除レ帳、各為二浮浪絶レ貫耳」とする。律令では一般に移住を禁止し、狭郷から寛郷へ移る場合にだけ許可付で認めた(戸令15)。しかし古代の日本では移住が頻繁に行なわれていたらしく、これらの移住も浮浪という形式で行なわれた可能性が強い(直木孝次郎説)。

17 b　良賤と姓の有無(二三〇頁)　中国では秦漢帝国の形成以後、姓の有無が良賤区分の指標とされ、奴婢は姓をもちえないものとされていた。この姓の有無は礼の秩序と密接な関連があった。律令も奴婢が姓をもたないことを当然の前提とし、社会通念として当然のことは律令にはあらためて規定しなかった。日本の律令も中国律令のこのような枠組みをほぼそのまま継承し、奴婢が姓をもたないことを前提としていたと思われる。ただ大化前代の日本ではまだ、姓の有無が良賤の区別を表示する機能をもっていなかったらしく、大化以後の造籍(とくに庚午年籍作成)の過程で良人には一律に姓が定められ、それにともなって良賤の区分も明確になったと思われる。その際、一般庶民の多くは部姓を附されたと想定される。姓をもたない奴婢等が放良されて附貫する際の姓について、古記等は「旧主の姓に部を注し附するのみ」と説明し、また父・母が本来良人であったときにはその本姓を附けることもできるとする。なお集解諸説ともに姓については家人と奴婢を同様に扱っており、家人も姓をもたなかったと想定され、中国の部曲が姓をもっていたことと著しい対照を示している(→補40)。

17 c　本属(二三〇頁)　本属とは一般に本貫のある国郡を指すが、この条では浮逃絶貫以前、または家人奴婢とされる以前の本貫の地を指すか。

18 a　戸籍・計帳(二三〇頁)　中国では古くから版とか名籍を作成して人民支配の重要な手段とする伝統があり、やがて南北朝頃に隋唐の戸籍・計帳制度の原型が形成されたと推定される。唐制では、各戸から毎年戸口等の内訳を申告する「手実」を提出させたが、同時にそれを整理して浄書した文書をも手実と呼んだらしい(例、沙州燉煌県の大暦四年手実)。そして手実をもとにその年の州県郷里の課口数など課役徴収に関係する事項を集計した文書を「計帳」と呼び、毎年中央の度支に申送した。一方三年毎に、手実・計帳をもとに戸籍を三通勘造し、州県に一部ずつ留め、一通を尚書省に送った。さて日本でも、大化前代から屯倉などの直轄領では、田部などの丁籍が作られた可能性があり(欽明紀)、大化二年正月詔(書紀)の「初造二戸籍・計帳・班田収授之法一」が原詔にあったかどうかははっきりしないが、大化改新の際に東国や倭の六県などでは簡単な戸籍が作られたらしい。全国にわたって戸籍が統一的に作られたのは天智九年(六七〇)の庚午年籍と推定され(→補22b)、持統四年(六九〇)の庚寅年籍から定期的に戸籍が作られるようになったらしい(→補19a)。戸令に定める戸籍・計帳の諸規定は、ほぼ唐令を継承しているが、「計帳」の語は唐令と異なった内容のものとして用いた可能性が強い。即ち唐令の計帳は―附随する歴名を含めて計帳とよぶ場合も実際にはあったかも知れないが、律令用語としては―課口数等を集計した文書をさしたと推定され、唐令を手本とした日本令の戸令18・賦役5も、本来は唐令と同じように集計文書をさした可能性が強い(井上光貞説)。ところが日本令の編纂者は、各戸から徴収した手実を継ぎ合せた文書や、手実を整理して浄書した歴名をも計帳とみなしたらしい。例えば養老賊盗26の疏では、唐律疏に「戸籍手実之属」とある部分を「戸籍計帳之類」と書き変えており、戸令19の「国亦注二帳籍一」(大宝令も「国郡亦注二帳籍一」)の「帳籍」も、唐令では「手実及籍」とあったらしい。また戸令20の「以附二帳籍一」(大宝令も同文)も唐令では「以附二手実一」とあった。戸令18の「依レ式造レ帳」を大宝令がわざわざ「依レ式造二国帳一」と書いたのは、この帳(=計帳)が歴名でないことをとくに示したかったのではなかろうか。即ち、大宝令においては、毎年京進されるのは国帳(のちの大帳目録にあたる)のみであり、六年毎の造籍年に、戸籍とともにその勘会のための戸口損益帳(例、和銅元年陸奥国戸口損益帳)が京進されたのであろう。戸令18に規定された手実の徴収期限(六月三十日以前)と帳(国帳)の京進期限(八月三十日以前)の間隔が僅か二カ月しかないことも、戸令が計帳歴名の京進を前提としていなかったことを推測させる。計帳歴名(延喜式の計帳)が京進されるようになるのは、養老元年五月(続紀)に「大計帳」の式を七道諸国に頒下したときに始まった可能性があり、この大計帳式は、大帳目録(延喜式の大帳)と計帳歴名(延喜式の計帳)との両方の書式を含んでいた可能性がある(鎌田元一説)。ただ養老以後も一般の計帳歴名が毎年京上されたかどうかは疑問であり、造籍年など特定の年度にだけ京上された可能性が強い(弥永貞三説)。奈良時代に計帳使よりも大帳使という呼称の方が一般的であるのも、毎年定期的に京上するのが大帳目録をもった大帳使であったからか。先の戸令18で大宝令の「依レ式造二国帳一」を養老令が「依レ式造レ帳」と書き変えたのも、養老令編纂の頃には国帳(大帳目録)だけでなく計帳歴名の京進も始っていたことと関連するかも知れない(鎌田元一説)。

18 b　手実の実例(二三〇頁)　天平五年の右京計帳手実は、各戸から提出した手実を継ぎ合せたものである。その提出日付は、六月九日〜七月十二日の間にわたっているが、なかには本文と同筆で六月と書いたのを、坊令署名と同筆で七月八日と訂正しているものがあるので(岸俊男調査)、やはり六月三十日以前に提出すべきものと意識されていたことが知られる。近江国志何郡古市郷計帳手実の中にも「天平二年六月帳」とか「天平三年六月手実」と明記するものがあるので、大宝令にも「六月卅日以前」とあったことは間違いない。右京計帳手実の各断簡の筆蹟はそれぞれ異なり、その筆者は、戸主以外に、戸主の母・嫡子・男などの例がみえるほか、中務史生である同族が書いた例もある。なお依網意味麻呂・大伴池主・大伴家持は、天平五年・同十八年・天平勝宝三年のいずれも八月中に大帳使として出雲国や越中国を出発しているので、大宝令文にも「八月卅日以前申送太政官」と規定されていたか(鎌田元一説)。

18 c　郷(二三〇頁)　大宝令文は「里」。養老令では一般に「里」は行政区画を示す語として用いられ(例外、雑令4)、「郷」は一般的な郷土の意味に用いられている(例、公式75)。この条の大宝令が里と書くのが、特に行政区画を示す意かどうかは未詳。→補15b・田令補13。

18d 旧籍(二三〇頁)　旧帳とないのは、令の本意では正式の歴名を毎年作成することを前提にしていなかったからか(→補18a)。穴記に「依二旧籍一者、一端耳。依二旧計帳一亦転写耳」とあるは、令の本意と異なる行事にもとづくか。

19a 六年一造(二三〇頁)　唐制では三年一造であったのを六年一造とした。班田の六年一班(田令21)も戸籍の六年一造から派生した制度。なお書紀、白雉三年四月条に「是月、造二戸籍一」とあるのは、大化二年正月詔(→補18a)から丁度六年目にあたるが、後の令文の知識で書かれた可能性もあり、六年毎の定期的な造籍は持統四年の庚寅年籍(→補22b)から始った可能性が強い。

19b 注其国其郡其里其年籍(二三〇頁)　職員21集解所引のこの条に「注某国某郡某里某年籍」とあること、唐会要、開元十八年十一月勅に「其縫皆注某州某県某年籍」とあること、及び某と其の字義などを併せ考えると、底本の「其」は「某」の誤写であり、養老令にも本来は「注某国某郡某里某年籍」とあった可能性が強い。なお縫目裏書の実例としては、「筑前国嶋郡川辺里大宝二年籍」(川辺里の字面に「筑前国印」一あり)。

19c 戸籍の二通京進(二三〇頁)　庚午年籍(→補22b)は一通だけが京進され、中務省(の前身官司)には送られなかった可能性が強い(義江明子説)。

19d 品部・雑戸・陵戸の戸籍(二三一頁)　大化前代には種々の職能をもって朝廷に仕える品部が組織されていたが、律令国家の形成の過程で、そのなかの必要な部分を品部として残し、さらに軍事的に重要なものを雑戸として設定した(→職員補☆)。雑戸が設定されたのは、おそらく持統朝のことと推定されている(狩野久説)。品部・雑戸はともに良とされ、婚姻法上、良と異なっていなかったが(戸令35)、品部が一般民戸と殆んど異ならず(品部は常品部と仮品部とからなり、仮品部は一般公民を臨時に充てたもの)、その戸籍も、一般公民籍に載せられ、ただ特定の職種に組織されていただけであったのに対して、雑戸は特別の姓を与えられ、特別の戸籍に編入されて身分を固定され、特定の職種を世襲するように強制されていた。なお雑戸籍の作成手続きについて、(一)太政官に送る二通、国に留める一通、雑戸の属する官司に送る一通の計四通をともに一般公民籍とは別箇に作成するのか、あるいは(二)雑戸も一般公民籍に登載され、そのなかから該当する雑戸だけを抄出して本司に送る一通を作成するのかは、明確でない。美濃国戸籍にみえる「鍜」を雑戸とみなして(二)とする説(青木和夫説)もあるが、美濃国戸籍の「鍜」は丁を単位として戸を単位としていないので白丁の解雑巧作者(営繕7)の可能性が強く、雑戸の例とならないと批判し、さらに庚午年籍に飼丁と誤認されたために「自レ厥以来、未レ附二籍貫一」という史料(続紀、和銅六年五月条)を根拠に(一)を主張する説(狩野久・新井喜久夫説)もある。戸令の体系からみると、造官戸籍条(36)から雑戸籍(及び陵戸籍)が除外されているのは、雑戸(及び陵戸)は国郡に附貫することを前提としていたからと考えられ、(二)の方が令の本意に近いように思われる。しかし歴史的には個々の雑戸(及び陵戸)の籍を本司が一般公民籍とは別に作成した段階が先行した可能性が強く、大宝以後も(一)の方式が行われていたのかも知れない。雑戸籍・陵戸籍の作成には、本司から国郡に派遣された専当の官人が、国司と共に勘造した(諸陵式・和銅六年五月紀・宝亀元年八月紀)。なお陵戸は大宝令では雑戸の一種とみられていたと推定され(→補35b)、この条の大宝令文にも「陵戸」の二字がなかった可能性が強い。雑戸は天平十六年二月(続紀)に放免されて良民と同じとされるので、以後、雑戸籍は作られなくなるが、陵戸籍は延喜式まで残存している。なお集解諸説は、神戸籍も雑戸籍・陵戸籍と同じように、更に一通を写して本司に送るとする。

19e 造籍帳と紙(二三一頁)　天平五年の右京計帳手実には、各戸の手実の末尾に別筆で「紙二」等の書入れがあるが、手実が一紙におさまる戸は「紙二」、二紙にわたる戸には「紙四」とあるので、この場合には各戸の手実に要した数量の二倍の紙を徴収したらしい(岸俊男説)。

19f 先納(二三一頁)　義解等に「先納二中務民部一」とあるのは、民部省が戸籍を勘校している行事にひきずられた解釈で、法意は先ず国司から受納する意か。

19g 省籍(二三一頁)　古記に「民部勘校。若有レ誤者、即具注二事由一。又注二誤状一送二中務一也」。

19 h　**国亦注帳籍**(二三一頁)　大宝令は「国郡亦注二帳籍一」(古記)。おそらく手本とした唐令に「州県…」とあったのにひきずられたのであろう。唐制では戸籍は三通造り、一通は尚書省に送り、州と県とに一通ずつ留めた。ところが日本では三通のうち二通を太政官に送り、一通を国に留めたので、古記のように「問、…未レ知、於レ郡在レ籍文不レ見、若為。答、必有二籍帳之案一、雖レ不レ載レ文、必有二献案一、更不レ合レ疑」という苦しい解釈がなされたが、養老令は「郡」字を削ってこの条の前半の規定と整合的にした。なお唐令では「帳籍」の部分が「手実及籍」とあったので(穴記)、日本令で手実を(計)帳と書き変えたことが知られる(→補18 a)。

20 a　**将入丁老疾**(二三一頁)　この条の主旨は、課役の徴収に関連する年齢・疾患に新たに該当するとき、その年齢・疾患を確認して課役の徴収を確実にすることにある。唐令では課役負担者は正丁だけであったので、この「将入丁老疾」は文字通り、中男→正丁、正丁→老、健康人→残疾以上、に入ることを指したが、日本令では少丁(中男)・正丁・老丁が課役負担者だったので(戸令5)、養老令では「将入中耆疾」とした方が令の本意に適うか。なお残疾は免徭役(賦役19)、癈疾・篤疾は不課口(戸令5)で、篤疾と年八十以上には侍丁(免徭役。→賦役19)が給せられた(戸令11)。

20 b　**簿**(二三一頁)　「以為定簿」は唐令該当条(唐令拾遺、戸令二四)と同文であり、唐令の簿は具体的には皃定の際作成される「皃案」をさしたと考えられる(例、戸令20集解所引の唐代の法例に「倖孩児籍年十五、皃案年十六。拠レ籍便当二贖条一、従レ皃乃合二徒役一…」)。日本では皃案という特定の公文書はなかったか。なお唐令該当条の「以附手実」を日本令は「以附帳籍」と書き変えている。→補18 a。

22 a　**戸籍の廃棄と紙背利用**(二三二頁)　正倉院文書のなかには、大宝二年の美濃・筑前・豊前・豊後、養老五年の下総の戸籍が残存するが、これらの戸籍は、他の計帳や正税帳等の公文とともに、一括して天平十五年から天平勝宝初年ごろまでの間に、金光明寺写経所において紙背を利用されている。これらの公文類の年次の下限は天平十二年なので、天平十二年末から翌年初めにかけて断行された恭仁遷都との関連が想定され、遷都後の平城京の官衙に残された往年の公文類の一部が、天平十五年ごろ新たに活動を開始した金光明寺造物所に反古として一括払い下げられたものと推測される(岸俊男説)。大宝以後の造籍年は、大宝二年・和銅元年・和銅七年・養老五年・神亀四年・天平五年・天平十二年・天平十八年・天平勝宝四年なので、戸令22の五比保存の規定によれば、大宝二年籍は天平五年籍完成後、養老五年籍は天平勝宝四年籍完成後に、それぞれ廃棄されることになる。大宝元年の美濃国等の戸籍はこの規定が守られているが、養老五年下総国戸籍(中務省保管の戸籍か。東野治之説)では規定が守られていない。

22 b　**庚午年籍と庚寅年籍**(二三二頁)　天智九年(六七〇、庚午)二月条(書紀)に「造二戸籍一、断二盗賊与二浮浪一」とあり、このとき造られた戸籍が戸令22の近江大津宮庚午年籍にあたる。庚午年籍は、(一)殆んど全国にわたって作成された最初の戸籍であり、(二)賤民身分を含むすべての階層の人が登載され、(三)ほぼ一里一巻の割合で造られ、(四)氏姓の確定に重点が置かれていたと推定される(井上光貞説)。ただ(二)の良賤身分は浄御原令に基づく庚寅年籍(後文で説明)によって確定した可能性が強く(弘仁刑部式)、(三)については、庚午年籍の段階ではまだ五十戸一里の編戸が全国一律には行われておらず、五十戸一里の編戸に基づく全国的な造籍は庚寅年籍からと推測される。→補1 b。また(四)の氏姓の確定については、いわゆるウヂとカバネの結合したものを「姓」とする令制の姓は、庚午年籍においてはじめて採用され、庚寅年籍で完成したらしい(加藤晃説)。なお戸籍の定姓機能は、その後の戸籍にも引き継がれている。

持統三年閏八月条(書紀)に「詔二諸国司一曰、今冬戸籍可レ造。宜下限二九月一糺中捉浮浪上」とあり、この翌年(六九〇、庚寅)に作成されたのが庚寅年籍で、前年頒布された浄御原令に基づいて造られた。戸籍の六年一造制(→補19 a)も庚寅年籍から始まった可能性が強い。戸令22で庚午年籍のみが永久保存とされたのは、庚寅年籍がほぼ後の令制の戸籍と形式・内容を等しくするのに対して、庚午年籍は、令制の戸籍とは異なり、民部・家部が認められていた時代に造られたため族制的要素を強く含んでいたので、氏姓をはじめ身分の帰属等について参考となるところが多かったからであろう(例、和銅六年五月紀・延暦元年十二月紀)。集解諸説も庚午年籍を保存する理由として、允恭天皇が氏姓を定めるために探湯を行った故事をあげている。庚午年籍永久保存の規定は、おそらく大宝令に始まった(大宝三年七月紀)。承和十年正月には庚午年籍の書写を命じており、また同年十二月紀には庚午年籍によって本姓に復した例がみえるので、少くともこの頃までは実効をもっていたらしい。

23 a 家産分割法と遺産相続法(二三二頁) 中田薫や滋賀秀三の研究によれば、唐代を中心とする旧中国の社会では、同居共財が家族生活の基本原理をなしており、家長たる父の死によっても、家産は残った家族員の共財としてそのまま承継されてゆく。そこには相続という関係はあっても、いわゆる遺産相続という出来事は存在しない。ただむすこが複数ある場合、ある時期になると(一般には兄弟が妻子をもつと)、父から承継した家産を妻子の数には関係なく兄弟の間で分割することになる。唐の戸令応分条は、この家産分割の慣習法を、国家権力が追認したものであった。このような中国人の相続観念の根底には、父子は分形同気であるという思想が存しており、兄弟は同じ父の気を受けたものとして相互に平等な資格で父の人格を承継し、同時に祖先の祭祀を承継する。なお父を承継するのは男子だけで、女子は父の承継者となりえないので、応分条も女子の得分を(若干の結婚資金を除き)、認めていない。また家産分割をする兄弟の一人が死亡しているとき、むすこのない寡妻は夫の分を承けるが、それは亡夫の承継者(養子)を定めるまでの中継的なものであった(唐令拾遺、戸令二七「諸応レ分二田宅及財物一者、兄弟均分。〈其父祖亡後、各自異居、又不レ同レ爨、経二三載以上一、逃亡、経二六載以上一、若無下父祖旧田宅邸店碾磑部曲奴婢、見在可レ分者上、不レ得二輙更論一レ分。〉妻家所レ得之財、不レ在二分限一。〈妻雖二亡没一、所レ有資財、及奴婢、妻家並不レ得二追理一。〉兄弟亡者、子承二父分一。〈継絶亦同。〉兄弟倶亡、則諸子均分。〈其父祖永業田及賜田亦均分。口分田即准二丁中老小法一。若田少者、亦依二此法一為レ分。〉其未レ娶レ妻者、別与二娉財一。姑姉妹在レ室者、減二男娉財之半一。寡妻(妾?)無レ男者、承二夫分一。若夫兄弟皆亡、同二一子之分一。〈有レ男者。不二別得一レ分。謂下在二夫家一守レ志者上。若改適、其見在部曲奴婢田宅、不レ得二費用一、皆応レ分人均分〉」)。

古代の日本の家の実態は明確でないが、中国的な同居共財の家と原理的に異なっていたことは間違いない。したがって日本令制定者も、唐令の兄弟均分を嫡庶子異分に変えるなど大幅な改定を加えたが、唐の応分条が家産分割法であったのを、遺産相続法に書き変えたため、一貫性を欠いた不整合な条文となっている。養老令が大宝令の規定を大幅に書き変えているのも(→補23 b)、大宝令の規定には不十分な点が多く、また現実とうまく適合しなかったためと推定される。

23 b 応分条の大宝令文とその特質(二三二頁) 中田薫は大宝令の応分条を戸令23と喪葬13の古記によって次のように復原した。「応レ分者、宅及家人奴婢並入二嫡子一。〈其奴婢等、嫡子随レ状分者聴。〉財物半分、一分庶子均分。妻家所レ得奴婢不レ在二分限一。〈還二於本宗一。〉兄弟亡者、子承二父分一。*兄弟倶亡、則諸子均分。寡妻無レ男承二夫分一。〈若夫兄弟皆亡、各同二一子之分一。〉有レ子無レ子等。謂在二夫家一守レ志者」(〜線部分は養老令文によって意補した部分。なお「子承父分」の次に(*印の位置に)、養老令と同じように「養子亦同」という本注があったかも知れない)。

大宝令の応分条の特色は、宅・家人奴婢の全部と財物の半分を嫡子の得分とするという徹底した嫡庶異分主義にある。これを中田薫は日本古来の慣習法の反映とみるが、皇位の嫡子相続と同じように政治的な意図から規定された可能性も強い(井上辰雄・関口裕子説)。たしかに古代日本には兄弟均分という社会通念は存在しなかったと想定され、首長や家長の地位(広義)を継承した特定の個人に、遺産の大部分が相続された可能性がある。しかしその個人が嫡妻長子としての嫡子であったかどうかは問題がある。なお大宝令では、嫡子の制は八位以上の有位者だけに適用されたので、この条は庶民には適用されなかったとする説(中田薫説)がある。即ち古記に「問、定二嫡子一有レ限以不。答、内八位以上得レ定二嫡子一。以外不レ合。財物均分耳。但累世相継富家財物者、准二八位以上一処分也」とある(→継嗣補2 a)。なお古記所引一云は「養老五年籍式、庶人聴レ立二嫡子一。即依二式文一、分レ財之法、亦同二八位以上嫡子一耳」と注するが、養老五年籍式によって定められた庶人の嫡子は、課役納入責任者としての戸主の地位を承継すべき責任者であったので(早川庄八説。↓補5b)、応分条の適用とは直接には結びつかない。大宝令制定者の意図は未詳だが、現実に遺産相続が問題となるのは官人層や累世相継富家においてであろう(宮本救説)。なお古記(前掲)に庶人は財物均分とあるのに着目し、養老令は、有位者の嫡庶異分主義と庶人の均分主義を折衷して統一的規定を設定したものとする説(石井良助説)もあるが、養老令編者の本意かどうかは未詳。なお中田薫は養老令での主要な改正点を、㈠分配すべき遺産に関しては、一方に田地を加えたが(↓補23e)、他方には氏賤及功田功封を、別途の相続法に拠らしめたこと(↓頭注)、㈡相続人の範囲を拡張して、嫡母継母女子及妾にまで及ぼしたこと(↓補23gh)、㈢相続分を改正して、嫡継母嫡子各二分、庶子一分、女子妾各半分としたこと、㈣遺産より分離すべき妻家所得の財産を、唐令の如く、一切の将来財産に引戻したこと(↓補23i)、の四点にまとめている。

23c　大宝令応分条と家人奴婢(二三二頁)　大宝令では原則として家人奴婢は全て嫡子に入ることになっていたが(↓補23b)、「其奴婢等、嫡子随レ状分者聴」(古記)という本注が附されていた。この注文の「状」を養老令下文の亡人存日処分の場合(大宝令文には規定がないが慣行はあったらしい)の遺言状をさすとする説もあるが未詳。なおこの本注について古記は「必令レ分、任レ意不レ聴」と説明するが、古記所引一云は「嫡子任レ意耳。抑不レ合レ令レ分也」とする。なお大宝令文には養老令の「氏賤不レ在二此限一」という本注はなかったか。

23d　氏賤(二三二頁)　氏賤は氏に属する賤民で、氏上(氏宗)の管理下にあったと推定される(令釈に「氏家人奴婢者、転入二氏宗之家一耳」)。ところが氏上(氏宗)の地位は息子(とくに嫡子)に伝えられるとは限らなかったので(継嗣2)、氏賤はこの条の相続財産から除外されたのであろう。氏賤は書紀、天智三年二月条の家部の後身とみる説もある。なお大宝二年の筑前国嶋郡川辺里戸籍の大領肥君猪手の戸には、戸主奴婢が戸主私奴婢と区別して記されているので、この戸主奴婢を氏賤とみる説もあるが、「従二祖父時一承継宅家人奴婢」(↓補23p)即ち「祖父伝来産」で処分を制限されたものかも知れない(宮本救説)。氏賤の確実な例としては、三代格、寛平五年十月廿九日官符に高階氏の氏賤がみえる。

23e　応分条と田(二三二頁)　大宝令文(↓補23b)が相続財産から「田」を除いたのは、日本令の田制の特質(↓田令補3a)とも照応する。なお古記は大宝令文に田がないのと関連して、「問、未レ知、位田・賜田・功田・新墾田・園圃・桑漆等、若為処分。答、法二主命一(一本作王命)、随レ宜処分、不レ同二財物一」と注するが、口分田は全く問題にしていないのが注目される。養老令編者が「田」字を加えたのが、新墾田等が相続されている実態を考慮したものか、それとも唐令(↓補23a)の影響かは未詳。また穴記は田に口分田も含まれるとするが、養老令の本意かどうか未詳。

23f　功田・功封の相続法(二三二頁)　義解等は「不レ依二財物之法一、男女嫡庶、並皆均分也」とするが、もし令の本意も同じとすれば、唐制が一般の家産は諸子均分(↓補23a)、食封の相続は嫡庶異分(唐六典三)であるのに対して、養老令は一般の家産は嫡庶異分、功田功封は嫡庶均分となるので、唐制とはほぼ反対になる。あるいは義解等の注釈は、唐令応分条の「永業田及賜田亦均分」の影響があるか(中田薫説)。

23g　嫡母・継母(二三二頁)　嫡母は喪葬17の古記が「麻々母」と訓んでいるように、継母と同じく実母ではない。中田薫はこの条の嫡母・継母は嫡子の実母でない寡妻(被相続人の)をさすと推定し、被相続人の寡妻が嫡子の実母である場合には、相続分を規定しなかった、即ち嫡子の母である寡妻は実子たる嫡子が扶養することを前提としていたと推定した。中田が嫡母・継母を嫡子からみた嫡母・継母に限定したのは、嫡子の単独相続に近い大宝令応分条を前提にして養老令応分条が制定された事実を重視したからであろうが、嫡母・継母を嫡子の嫡母・継母に限定する積極的な根拠を中田は示していないので、㈠嫡母・継母は(被相続人の寡妻の実子でない)庶子からみた嫡母・継母と解する余地もあり(森田悌説)、また㈡嫡母・継母は(嫡子・庶子を問わず)どの子からみても嫡母・継母にあたるもの、即ち被相続人の寡妻に実子(男子)がない場合と解する可能性も残されているように思われる。㈠説は戸婚律6別籍異財条によって実母の生存中は子に分財請求権がないことを論拠としており、この説によれば、養老令応分条は被相続人の寡妻を(嫡子の実母も含めて)嫡母・継母と表記したのであり、実質的には寡妻に対してつねに相続分二分を認めたことになる。また㈡大宝令には嫡母・継母についての規定がない(→補23b)ので、古記は実子のない嫡母の相続分についての便宜の処置を論じているが、このような実子のない嫡母(及び継母)に二分の相続分を保証するのが、養老令の主旨であったかも知れない。

23h 応分条の妾(二三二頁)　養老令応分条を中田薫説によって適用すると、被相続人の妻の実子が嫡子である場合には妻には相続分がないのに対して、妾の実子が嫡子である場合には妾にも相続分があることになるので、妾は場合によっては妻よりも優遇されることになる。しかしこれは立法技術の杜撰によるもので、令の本意とは異なるか(中田薫説)。なお大宝令文には妾の相続分についての規定はなかったらしい(→補23b)。

23i 妻家所得不在分限(二三二頁)　妻家所得は唐令の用語(→補23a)をそのまま継承しており、唐令における妻は、家産分割をする兄弟の妻を意味した。しかし日本令では遺産相続法に変えられているので、妻は被相続人(亡人)の妻をさすと解さざるをえない(中田薫説)。なおこの部分の大宝令文は「妻家所得奴婢、不㆑在㆓分限㆒。還㆓於本宗㆒」とあり、唐令の「妻家所得之財」を「妻家所得奴婢」と書き変えている(古記が「財物亦同」とするのは、大宝令の本意と異なるか)。また大宝令は唐令の本注「妻雖㆓亡没㆒、所㆑有資財及奴婢、妻家並不㆑得㆓追理㆒」(→補23a)とは全く逆に「還㆓於本宗㆒」即ち妻の生家へ還すとし、中世の一期分の制と類似していることが注目される。古記は「若有㆓妻子㆒者、子得。無㆑子者、還㆓本宗㆒耳」、即ち妻の実子がない場合のみ本宗に還すとするが、令の本意は未詳。ただし妻の財産は実子に継承されるのが、古代では一般的であったらしい(伊東すみ子説)。なお大宝二年の戸籍にみえる戸主母奴婢や戸主妻奴婢は、妻家所得奴婢であった可能性が強い。養老令は大宝令の「還於本宗」の注文を削除した。

23j 兄弟亡者、子承父分(二三二頁)　義解に「嫡子之子、承㆓嫡子分㆒。庶子之子、承㆓庶子分㆒」。なお養老令は女子の相続分を認めたので、集解諸説は、姉妹亡者の場合や、子の男女について議論している。唐令では明らかに兄弟は姉妹を含まず、子は男子だけであったが、女子得分を認めた養老令では、唐令のままのこの規定では不整合か。

23k 兄弟倶亡、則諸子均分(二三二頁)　この部分は唐令と同文。唐令応分条のなかでも、この規定は「兄弟均分」「子承㆓父分㆒」などの規定とは異なり、人々の心のうちに自然の掟として確立していた規範ではなく、実際の慣行もこの通りではなかった。中国家族法は、父子一体の原則を経とし、兄弟平等の原則を緯として成立っているが、前者の父子一体の原則を組合せて推して行けば、株分分割(自分の父の分を承ける)に導かれ、後者の兄弟平等の原則を同一世代者一般にまで拡張すれば、頭分分割(父の分にかかわらず均分)に帰着する。したがって「兄弟倶亡」の場合、「諸子均分」という頭分分割でなければならない必然性はなかった(滋賀秀三説)。日本令がこのような唐令応分条の規定をそのまま継受したのは、日本令の建前とは整合的でなく、とくに嫡庶異分主義を明確に打ち出した大宝令においては、兄弟倶亡の場合に突如均分分割に移るのは、明らかに一貫性を欠いている。

23l 其姑姉妹在室者、各減男子之半(二三二頁)　唐令では、未婚の女子に対して未婚の男子の結婚資金の半分を与えたが(→補23a)、養老令は唐令のこの規定を女子の相続分についての一般的な規定に書き変えた。ただ家産分割法としての唐令では意味をもっていた「姑」が、遺産分割法としての養老令では余分な字句になってしまっている。というのは、嫡庶子(兄弟)の姑は、亡人(被相続人)の姉妹であるから、亡人がその父の遺産を相続したときに、已に一度分財に預ったはずなのに、再び亡人の子(兄弟)と並んでその分配に預るという矛盾を生ずる(中田薫説)。したがって義解等がこの規定を兄弟倶亡の場合と解したのも一理あるが、おそらく養老令の編者は、女子の分法の一般原則としてこの規定を置いたのであろう。後に法曹至要抄(巻下、第一条)はこの条を引いて「嫡母継母及嫡子各二分、庶子一分。女子減男子之半」と書き変えている。なお大宝令では女子の相続分についての規定がなかった(→補23b)。古記に「問、女子無二分法一若為。答、大例、女子既従レ夫去。出嫁之日、装束不レ軽。又棄妻条(戸令29)、皆還二所レ賷見在財一之時、即是与二父母財一也。所以更不二分論一。然則未二出嫁一在レ室女、不レ合レ無レ分。宜下依二新選一(養老令)、与二男子之半一、以充中嫁装上。出嫁還来、更不レ合レ分也。一云、女子無二分法一故、嫡子養耳。夫在被レ出還来、亦同」。なお「物云、依二元格一(先格の誤りか)与二半分一」(集解)とあるので、養老令施行以前に、女子に男子の半分を与える格が出されていたかも知れない。

23m　寡妻妾無男者、承夫分(二三二頁)　大宝令文には寡妻妾の「妾」字がなかった可能性が強い(古記)。なお古記に「謂、若嫡子無レ男死者、嫡子之妻、承二庶子之分一。即与二庶子妻一同也」とあるのは、令文の形式的解釈としてはおそらく間違いであろうが、大宝令編纂者の意図に近いか。

23n　有男無男等(二三二頁)　唐令に「有レ男者、不二別得一レ分」とあるのは、寡妻(妾)の得分は家の承継者(養子)を定めるまでの中継ぎ的なものであったことと関連する。日本令が「有レ男無レ男等」と変えたのは、寡妻個人の財産権を保証したもので、女性の個人財産が一般的であった古代日本の実情に照応するか。

23o　若欲同財共居(二三二頁)　唐令応分条にはこの部分と次の亡人存日処分についての規定はなかった。唐令の応分条は、同財共居の関係を積極的に終了する、即ち家産分割するときの規定なので、同財共居せんと欲している間は当然この条は適用されない。ところが日本令の応分条は遺産相続法であったので、被相続人の死亡によってなかば自働的にこの条が適用されることになる。そこで同財共居を続けたい場合の特例規定が必要となったのであろう。なお大宝令文にはこの部分はなかったらしいが、遺産相続法としての基本的性格は養老令と同じか。

23p　亡人存日処分(二三二頁)　唐令応分条には亡人存日処分の規定はなかった。中国の家族法において、父子一体、兄弟平等は伝統的な社会通念となっていたので、親といえども恣意的な家産分割は許されない建前であった。したがって絶戸のような特別な場合(唐令拾遺、喪葬令二一)を除き、一般には遺言による処分を制度化していなかった。大宝令も唐令と同じように亡人存日処分の規定を置かなかったが(喪葬13古記)、古記は喪葬13の亡人存日処分の規定が応分条にも適用されるとするので、実質的には養老令と同じか。ただ古記所引一云は、亡人存日処分が許される家産の範囲について「若為二嫡承継物一者、不レ合レ聴。唯当身之時物者、随二処分一耳」(喪葬13集解)とか「已身之時物者得レ分也。従二祖父時一承継宅家人奴婢者不レ合、依レ令耳。唯身存日費用不レ障。臨レ死者不レ合」というように、「従祖父時承継物」(Ancestral property, Propres)と「已身之時物」(Self-acquired Property, Acquêts)とを区別し、後者についてのみ臨死処分を認めている点が注目される(中田薫説)。なおこの条の亡人存日処分は、遺言だけでなく、生前譲与を含み、むしろ後者に重点があったと推定される(例、古記に「問、夫存日処分已訖、服中改嫁、若為処分。答、依レ律科レ罪、物不レ可レ奪。又云、夫存日、妻妾之家別処分営造、分二異奴婢一、雖二嫡子一不レ得二恐(認カ)覓一」)。

25a　嫁女条の法意(二三三頁)　この条に対応する唐令の全文は未詳だが、集解に引く唐代の判例集『法例』の一節に、「依レ令、婚先由二伯叔一、伯叔若無、始及二兄弟一」とあるので、この条も唐令を手本としていることが推定され、先の法例によれば、唐令該当条は主婚となるべき者の順位を定めたものと推定される。日本令においても、この条の末尾に「…並任二女所一レ欲、為二婚主一」とあるので、この条は婚主(主婚)の順位を定めた可能性が強い(中田薫説)。集解に引く戸婚律46逸文に「嫁娶違レ律、祖父母・父母外祖父母主婚者、独坐二主婚一。若二等尊長主婚者、主婚為レ首、男女為レ従。余親主婚者、事由二主婚一、主婚為レ首、男女為レ従。事由二男女一、男女為レ首、主婚為レ従」(~線以外は唐律も同文)とある「事由二主婚一」「事由二男女一」の由の用法が、この条の「凡嫁女、皆先由祖父母…」の由の用法と同じと思われることも、先の推定を傍証している。ところがこの条の集解諸説は、「仮令、媒人直諧二女許一者、先申二祖父母父母一」(令釈)とか、「由者、以レ言由及歟、若作㆑書由歟」(朱説)というように女の祖父母父母等(令釈・義解等は主婚の祖父母父母等とする)に承諾を求める行為を指すと解している。底本の訓点に「ふれよ」とあるのも告知する意で、集解諸説と同じであるが、日本令の制定者が、主婚の順位を定める規定としてこの条を置いたのか、それとも承諾を求める女の親属の範囲についての規定として置いたのかは確定できない。なおこの条の集解諸説が、女の親属の同意を求める規定と解したのは、婚姻が男女の合意に始まり、女の親の承認によって成立するという当時の日本の婚姻慣行と関連があるらしい。中国では男女両家それぞれに「主婚」が立って婚姻の契約を行うのが建前であり、先引の養老戸婚律においても「嫁娶」の両者を対象としているのに対して、この条が「嫁女」についてだけ規定し、男家についての規定がないのは、男家にとっては婚姻がそれほど重要事でなかった日本の実情を参考にして、日本令制定者が意識的に修正したものかも知れない(伊東すみ子説)。しかし唐令の全文が不明なため断定はできない。

25 b　嫁女条の外祖父母(二三三頁)　補25 a に引く戸婚律46逸文は、唐律と殆んど同文であるが、唐律にはない「外祖父母」の四字を書き加えている。このことは、子が母の実家で養育されることが多いという古代の日本の家族制度と、おそらく関連があるだろう。とすると、この戸令25の「外祖父母」も、手本とした唐令にはなかった可能性が強い。なお戸婚律46との関連では、祖父母父母の次に外祖父母を書き加えた方が適切と思われるが、兄弟の次に書き加えたのは、手本とした唐令に「由㆓祖父母…兄弟㆒」とあったためか。

26 a　結婚条(二三三頁)　この条は、女家が相手の男の行為を理由にして合法的に定婚(婚約)・成婚(婚姻)を解消できる事由を規定している(定婚・成婚→補26 b)。女家が定婚を勝手に破棄した場合には律によって処罰される(戸婚律26逸文「許㆑嫁㆑女已受㆓娉財㆒、而輙悔者、笞五十。〈娉財、謂一端以上。酒食非〉」)。これに対して男家は娉財を放棄さえすれば、勝手に定婚を破棄しても処罰されなかった(唐戸婚律26。この部分の日本律は不明だが、唐律と同主旨か)。この戸令26条が女家の解消事由のみを規定するのは、以上のような唐律令の枠組みによる。なお成婚後、妻はこの条に定める他は勝手に離婚できなかったが、夫は妻に七出の状があれば棄妻することができ(戸令28)、それに違反した場合にのみ律で処罰された(→補28 a)。

26 b　定婚と成婚(二三三頁)　旧中国における婚姻は、一般に定婚(婚約)と成婚(女を迎える儀式)の二段階を経て完結する。一般に定婚は男女両家にそれぞれ「主婚」(→補25 a)が立ち、「媒人」が両者の間をとりもち、証人ともなる。定婚によって夫妻の名分が定まるとみなされていた。婚姻は通常主婚の意志によって結ばれ、男女両人の自主性は稀薄であった。唐の律令はこのような婚姻慣行を前提として条文が作られており、日本律令もほぼ唐律令の規定を継承している。ただ「婚書」についての唐律令の規定は削除したらしく(戸婚律26逸文)、またこの条の定婚解消事由は、唐制(唐令は不明。判語や宋の制から推定)より相当大幅に緩和した可能性が強い。しかし古代の日本の婚姻の実態からみて、定婚が現実に社会的な行為として行われたかどうかは疑わしい。

26 c　成婚の実態(二三三頁)　唐令の成婚が、儀礼のいう「親迎」すなわち女を迎える儀式をさすことは疑いないが、日本令の注釈者はこの条の「不成」について、「男夫無㆓障故㆒不㆑来也」(古記)と説明したり、「已成」の場合に、「若夫婦在㆓同里㆒、而不㆓相往来㆒者、即比㆓無㆑故三月不㆑成離也㆒」(義解)とか、「在㆓同里㆒不㆓相通㆒者、比㆓已成逃亡之法㆒、合㆑離」(跡記)とか注する。これは成婚後も夫婦が同居していない場合が一般的に存在していたことを推察させる。

27 a　姦と婚姻(二三四頁)　中国には「不㆓以㆑礼交㆒」を姦とする伝統的な礼の観念があり、婚姻の礼によらない男女の情交は、一切認めなかった。唐律でも婚姻外の男女の情交は、和姦・強姦を問わず、また配偶者の有無を問わず、すべて姦罪として処罰の対象とした。ところで、婚姻や男女の情交についての観念を全く異にする古代の日本においても、このような唐律の規定をほぼそのまま継承し(例、雑律22逸文「凡姧者徒一年。有㆑夫者徒二年。強者各加㆓一等㆒」)、またこの戸令先姧条も―唐令の詳細は不明だが

—唐令をほぼそのまま継承したものと推測される。古代の日本では、未婚男女の情交は比較的自由であり、婚姻のほとんどは先ず男女の情交から始まったと推測されるので、これらの条文は、現実には殆んど機能しなかったと思われる。日本律令は唐律令に多くの修正や削除を加えているが、これらの条文に限って唐律令をほぼそのまま継承しているのは、日本律令の制定者が民を教化して中国的な家族道徳や礼の秩序を樹立しようと意図したのであろうか。

27b **妻と妾**(二三四頁)　中国の家族法では、妻と妾は明確に区別されており、「妾とは、閨房の伴侶として娶られ、日常生活の上では家族の一員たる地位を認められながら、宗という理念的な秩序のうちには地位を与えられていない女性をいう」(滋賀秀三説)。妻が婚礼をもって聘せられるのに対して、妾は売買に通ずるものとして観念されていた。ただ妾もそれなりに制度的に認められた一種の家族身分である点では、秘密の情交関係、即ち姦とは区別されていた。日本の律令も、唐律令の妻妾の区別をそのまま継受しているが、現実には妻と妾の区別は明確でなかった(→儀制25注)。

28a **七出・三不去**(二三四頁)　唐代の家族法は離婚を三つの種類に分けていた。(一)協議離婚。夫婦ないしは男女家の協議による離婚は自由とし、法は干渉しない。(二)棄妻。夫の一方的な意志による離婚(戸令28)。(三)義絶。法による強制的な離婚(戸令31)。(二)棄妻についての七出・三不去の制は、中国の古来の礼制に由来するもので、それを受けた唐令の規定を、日本令もそのまま継受している。ただ中国でも淫泆と不事舅姑の二条を除いた他は、実際上ほとんど問題とされていなかったらしいので、離婚が比較的自由に行われていた古代の日本で、この条がどのように機能したかは問題である。古記が七出の四の口舌について「悪言交二通彼此之中一、被二推問一幷至レ罪之類」と注したのは、おそらく法意とは異なるが、この条を現実にそのまま適用することを考えての注釈として興味深い。なお戸婚律40逸文は、この条に違反した場合の処罰を定める(「妻無二七出及義絶之状一、而出レ之者、徒一年。雖レ犯二七出一、有二三不去一、而出レ之者、杖八十。追還令レ復。若犯二悪疾及姦一者、不レ用二此律一」)。

28b **七出と六出**(二三四頁)　古記によれば、大宝令には「六出之状」とあり、「七悪疾」がなかったと推定される。悪疾は中国でも七出のなかでは特別視されていたので(例、宋淳祐戸令に「妻犯二七出内悪疾一、而夫不レ忍二離棄一者、明聴レ娶レ妾、昏如二妻礼一」)、あるいは大宝律令が手本とした永徽律令では六出かとも疑われるが、該当条は不明であり、礼制との関係を考えると、永徽律令も七出であった可能性が強い。六出としたのは大宝律令の積極的な改定か。なお万葉集巻一八には大伴家持の「教二喩史生尾張小咋一歌」の題詞に「七出例云、但犯二一条一、即合レ出之。無二七出一輙棄者、徒一年半」とある。この歌は大宝律令施行期の天平感宝元年につくられているが、七出とあって六出となく、また量刑の徒一年半は養老戸婚律40逸文の徒一年とも異なる。坂本太郎は、大宝令ではあえて唐制と異なる六出としたが、唐風化の政策から唐制の七出に戻した「例」が施行され、家持はそれを引用したものとみる。

28c **畫指**(二三四頁)　畫指は中国に起って東アジア一帯に広くおこなわれた自署の代用法であり、日本にも継受された。奈良時代には請負文書・借銭文書・土地売券などに実例がみえるが、この戸令28による棄妻文書は残存しない。畫指が指節を記したものであることは中国と変りないが、古記に「但食指為レ記法、用二此間一(日本をさす)、与二本令一(唐令をさす)異耳」とあり、実例でも日本では食指だけを用いていたらしい。なお男子は左食指を用い、女子は右食指を用いるのが通例であった。

30 **満三月不理**(二三四頁)　なお令釈・義解等は三月内に理しても、嫁女・棄妻の既成事実は変えないとするが、この解釈はおそらく古代の日本の婚姻慣行にひきずられたもので、令の法意とは異なるか。

31a **義絶**(二三五頁)　中国人の伝統的な観念では、父子は「天合」すなわち先天的な結合であるのに対して、夫妻は「義合」すなわち人為的な結合であるとされた。唐戸婚律41疏にも「夫妻義合、義絶則離」とあり、日本律疏(逸文)もそのまま継承している。義絶を犯せば、たとい赦に会っても強制的に離婚させられ、離婚しないときは戸婚律41(「犯二義絶一者離之。違者杖一百」)によって処罰された。このように義絶を強制的に離婚させたのは、婚姻においては夫婦個人の関係よりも男女両家の関係を重視したからであった。なお唐令該当条(唐令拾遺、戸令三六)の義絶事由のなかの「与二夫之緦麻以上親、若妻母一姦」を日本令は削除している。

31 b　欲害夫(二三五頁)　古記は妻が夫を殴った場合には義絶とするが(「依二闘律一妻殴レ夫者徒一年。今欲レ害レ夫此軽、尚猶義絶。況已殴此重、何更生レ疑…」)、穴記は養老律では徒罪にならないので義絶としないという(「殴レ夫杖一百、不レ為レ害。但先律殴レ夫徒一年、故古記亦為二義絶一、与レ今異也。若傷徒以上者、准亦為二義絶一也」)。穴記が義絶の規準を徒罪以上にあたる傷害とした根拠は未詳。

32 a　鰥寡条の施行状況(二三五頁)　三代格、弘仁十一年五月四日官符「応下収二養在レ路飢病無レ由レ達レ郷幷不レ能二自存一百姓等上事」によれば、「存恤之事、載在二令条一。国郡官司理須二遵行一。而収養医療、未レ聞二其事一」という状態を改めるために、在路飢病者を存済する費用として正税を一年に大国五百束以下支出することを認めた。しかし「但不レ能二自存一之輩、一依二令条一行之。不レ得三違レ法輙用二正税一」とあるので、この条の安賉・安養には正税を支出しないのが法意と解される。古記が令文の「安養」について「給二公粮一、又充二供侍人一、免二雑徭一」と注するのは、天平期の実態かどうか未詳。令釈・義解は「不レ給二官物一」とする。

32 b　鰥寡孤独貧窮老疾不能自存者(二三五頁)　天平十一年の出雲国大税賑給歴名帳は、高年(年八十以上)・鰥・寡・惸(→補32 c)・独・不能自存の六つに分けて、賑給を受ける者の歴名を記している。

32 c　孤と惸(二三五頁)　古記は礼記、王制の「少而無レ父謂二之孤一」を引用するが、大宝令施行期である天平年間の文書は全て例外なく孤の代りに惸を用いているので、大宝令文は「惸独」か。日本令が手本とした永徽令の該当条は不明だが、惸を用いたのは唐の影響らしく、あるいは唐の太祖の諱「虎」(虎は火五切で孤の攻乎切とは若干異なるが)を避けたものか、それとも、高祖の母、独孤氏に孤独の語が近似することを忌んだものか(坂本太郎説)。

33 a　国守巡行条の基本的性格(二三六頁)　律令は単なる法律ではなく、礼の秩序と不可分な関連をもっており、儒教的な徳治主義によって礼の秩序を上から形成する使命を担っていた。このような教令法としての律令の性格を、この条はもっとも明瞭に示している。それと同時に、この条の後半には、郡司の政績を信賞必罰する法家的思想もみられ、儒家的思想と法家的思想の両面からなる律令法の基本的性格が、この条には典型的にあらわれている。

33 b　国守巡行の実態(二三六頁)　天平期の正税帳にみえる実例も、守が「巡行部内教導伯姓」「為観風俗幷問伯姓消息」に巡行している。しかしこの巡行を記載していない国もある。

33 c　郡領の政績能不と郡司の邊迹善悪(二三六頁)　「其郡境内…」以下の部分の前半は、郡領(大領・少領)の政績の能不について、後半は、郡司全体(大領〜主帳)の邊迹の善悪についての規定。前半の政績の能不が郡領に限定されるのは、政績に総括的な責任をもつのは大領・少領の職務であったから(職員74・考課54)。なおこの条は唐令該当条をほぼそのまま継承しているが、郡領の政績能不に関する部分は、日本令編纂者が独自に附加したものと推定され、郡司層の在地支配の強さを反映したものとみられる(亀田隆之説)。

34　受供給(二三七頁)　古記は職制54に「受二供饋一者勿論」(供饋＝備食)とあるので、日時を経て宴楽し、百姓を煩擾せしめなければよいとするが、令釈・義解等は、律は一般的な規定であるのに対して、この条は検校のために所部に入るときの特別な禁制なので「縦不レ至二煩擾一、不レ得三輙受二供給一」とする。

35 a　当色為婚条(二三七頁)　養老戸令によれば、賤民は、陵戸・官戸・官奴婢(公奴婢)・家人・私奴婢の五種に分けられ、五色の賤とも呼ばれていた。このうち、陵戸・官戸・官奴婢は朝廷に属し、家人・私奴婢は私家に属したが、官戸と家人、官奴婢と私奴婢は、それぞれほぼ同じ身分で、官戸・家人は、官奴婢・私奴婢より上位の賤民であった。このような賤民内部の身分上の区分は、厳密に維持すべきものとされ、そのためにいわゆる当色婚、すなわち同種の賤民の間の通婚だけを認めるこの条がおかれた。

したがってこの条は、賤民身分を固定する機能をもっている。しかしこれらの区分は法制上の区分であって、絶対に越えられないものではなかった（戸令38 39）。なお結婚が許される「当色」の範囲について、集解諸説は、官奴婢と私奴婢の間は当色として通婚を許すとするが、官戸と家人については、当色とする説（令釈等）と当色としない説（古記）とがある。

五色の賤のうち、陵戸は大宝令では賤民でなく雑戸に準ずる扱いをされており（職員19）、この戸令35でも「陵戸」の二字は大宝令文にはなかった可能性が強い（→補35 b）。また家人（及び官戸）は、唐の部曲・客女（及び官戸）の規定にならって、律令の制定者が机上で設けた賤民身分であった可能性が強く（→補40）、少くとも大化のときには賤民身分は奴婢だけであって、家人という身分は存在しなかったらしい。すなわち書紀、大化元年八月条には、「男女之法者、良男良女共所㆑生子、配㆓其父㆒。若良男、娶㆑婢所㆑生子、配㆓其母㆒。若良女、嫁㆑奴所㆑生子、配㆓其父㆒。若両家奴婢所㆑生子、配㆓其母㆒。…」というように通婚によって生まれた男女の所属を定めているが、この法は良民と奴婢の二区分だけを問題にしている。なおこの男女の法は、良賤間の通婚を前提にしているように思われるので、当色婚を規定する厳密な賤民制は、まだ大化のころには成立していなかったらしい。なおこの条の当色婚の制は、良と賤との通婚によって生じた子をすべて良とする延暦八年五月格（三代格）によって、実質的には廃止される（戸令42）。

35 b　陵戸と大宝令（二三七頁）　職員19・戸令19 35の古記によれば、大宝令文には「陵戸」の語がなかった可能性が強い。なお平城宮跡出土木簡に「家官戸(ママ)家人公私奴婢皆当□」とあるのは戸令35の習書と推定されるが、裏面に「凡官奴婢年六十六以上乃(ママ)□」（戸令38）とあるのを参照すると（凡は凡の異体字）、木簡の頭部には欠損なく、「家官戸…」の「家」は「凡」の誤字と推定される。とするとこの木簡の条文には陵戸の二字はなく、「凡官戸家人公私奴婢皆当□」とあったと推定されるが、この字句は古記から復原される大宝令文と一致する。この木簡と同時に出土した木簡の年紀（天平九〜十九年）も、この木簡が大宝令文であることを傍証する。

35 c　官戸（二三七頁）　官戸と家人は、公私の違いはあるが、ほぼ同じ身分とされており（→補35 a）、家人の身分法上の特質（→補40）は、ほぼ官戸についてもあてはまる。ただし官奴婢・官戸は年齢・疾病によって自働的に解放される規定があるので（戸令38）、「公賤為㆑軽、私賤為㆑重」（義解）とみなされていた。なお官戸は家人と同じように律令制定者が机上で設けた賤民身分であった可能性が強い。平安初期の官符に一般公民の戸を「官戸」と呼称した例（三代格、貞観二年十一月九日官符等）があるので、平安時代には官戸の身分は実質的には消滅していた可能性が強い。

35 d　奴婢の基本的性格（二三七頁）　奴婢は、「奴婢各同(ママ)㆓資財㆒」（賊盗1疏）とあるように、その法的性格は基本的には「物」と同じであり、主人が官に申請しないで奴婢を殺す場合を除き（闘訟律20）、殆んど牛馬なみに規定されている。主人を異にする奴と婢の間の子が婢の主人に帰属するのも、畜産と同じ扱いであった。主人は意のままに奴婢を売買し（関市16）、財産として分割する（戸令23）ことができた。奴婢は主人の二等親を殴っただけで死刑にされたのに対して（闘訟律22）、主人は奴婢に罪があれば、官司に届け出て殺すことができた（闘訟律20）。また奴婢の結婚は主人の意のままで、夫婦や親子を離して別々に売ることもできた。しかし奴婢は、主人以外のものとの間の関係においては、「人」としての性格をもち、とくに国家との関係においては、本来主人の非違を告官することを許されない奴婢も、国家君主の安危にかかわる謀反・謀大逆・謀叛の三事については、主人たりとも告官すべきだとされた（闘訟律48）。このような日本律令の奴婢についての諸規定は、基本的には唐律令の規定をそのまま継承しているが、日本で奴婢とされた賤民の実態は、律令の奴婢よりも、むしろ律令の家人に近かったと想定される。↓補40。なお奴婢・家人は、口分田を良人の三分の一班給されるが（田令27）、ともに不課口とされ、課役を負担しなかった（戸令5）。

36　官戸奴婢籍（二三七頁）　官戸・官奴婢は国郡に本貫をもたなかったので、国郡に附貫された戸の籍の作成基準（戸令19）とは別にこの条が置かれた。なおこの条に陵戸の規定がみえないのは、大宝令では陵戸も雑戸の一種として国郡に附貫される建前であったことと関連するので、養老令では官戸奴婢に陵戸を加えた方が整合的であったか。↓補19d。

37 良人と賤人(二三七頁)　中国の漢代においては、「良民」は「罪人・盗賊」の類と対比した概念であって、「奴婢」身分に対する「良民」という語句は存在していなかった。漢代には奴婢に対する語は「庶民」(庶人)であり、罪人・刑徒も罪罰を免ぜられると庶人となった。奴婢に対する身分としての「良民」の用語は、三国期に出現し、南北朝期、とくに北魏から正式に用いられるようになる(尾形勇説)。また南北朝期には奴婢の他に部曲・雑戸等の上級賤民が制定され、良人と賤人(部曲等を含む)の二大区分が成立した。唐律令もこのような南北朝期に成立した良人・賤人制を基本とし、日本律令も唐律令の枠組みをほぼそのまま継承している。なお良人・賤人は良民・賤民ともいうが、唐の律令(残存するのは主として開元二十五年律令)は太宗李世民の諱を避けて良民・賤民の語は用いない。

38a 官奴婢・官戸の放免の年齢と篤疾(二三七頁)　唐制(永徽令文は未詳だが開元令と同じか)では「其年六十及廃疾、雖二赦令不一レ該、並免為二番戸一。七十則免為二良人一」(唐六典六)とあったが、年六十を日本令が年六十六と変えたのは、六十六を耆として課役を全免した日本令の丁中制(戸令6)との関連が想定される。また唐制の年七十(唐制の官戸の為老の年齢)を年七十六と変えたのも、それと関連して六歳引き上げた可能性が強い。なお反逆縁坐(賊盗1)で没官されたものは、とくに年八十までまって放良されるので、没官された反逆の家の家人・奴婢が七十六で放良されるよりも重い処罰となることが注目される。またこの条には篤疾についての規定はないが、穴記は「官戸奴婢、篤疾即放為二良人一、案二律意一読也」とする(律意とは賊盗1「八十及篤疾者並免」をさすか)。

38b 配没されたものの処置(二三七頁)　この条文自体は、「配没されたもののうち、とくに戸を為すことを許されたものは、官戸とする」の意と解され、配没者は原則として官奴婢とすることを前提としていたと推定される。そもそも唐制では「凡反逆相坐、没二其家一、為二官奴婢一」(唐六典六)というように、没官者は官奴婢とする原則であり、賤人制の沿革からみても当然の処置であったと思われる。しかし令釈・義解は、戸令43・賊盗1をこの条の例としてあげるので、没官されたものは全て官戸とされると解していた可能性が強い。また古記も賊盗1や「私鋳銭者、従者没官」(和銅四年十月二十三日格)を引き、官戸也と明言する。これら集解諸説によれば、没官者は全て官戸とすることになるが、それが令の本意かどうかは疑わしい。

39 家人奴婢の解放手続きと放書(二三八頁)　唐令該当条には、「仍経二本属一申牒除附」の前に「皆由二家長一給二手書一、長子以下連署」という手続き規定(唐令拾遺、戸令四二)があり、唐律にもこの手続きを構成要件とする条文(戸婚律11)がある。この手書は「放書」とも呼ばれているが、日本律令はこの放書の手続きを削除し、戸婚律11逸文では唐律の「給放書」を「経本属」と書き変えている。他の箇所でも唐律の「婚書」を日本律では「娉財」に変えた例(戸婚律26逸文)があり、日本律令の制定者が、私文書(とくに身分法関係の私文書)を重視しなかったことが注目される。

40 家人(二三八頁)　中国の秦漢時代には私賤人は奴婢だけであったが、南北朝の末期に奴婢よりも上級の私賤人を部曲、客女として制度化し、ここに私賤人には上下の二種類が生ずることになった。部曲の名称は家兵の奴の身分が上昇したもの、客女の名称は貧窮して大家に養われた衣食客に由来すると推定されるが、南北朝の末には、個々の賤人の来由や現在の主家での任務のいかんにかかわりなしに、奴婢より上級の賤人を部曲・客女の語で呼ぶようになり、それが国家の法制上の用語にまでなったものである(浜口重国説)。唐法上の部曲・客女(部曲で両者を代表する場合も多い)は、このような歴史的経過で成立したものであり、(一)奴婢とは異なって家族を構成し、(二)奴婢の基本的属性が「物」であるのに対して、「人」として認められ、したがって、(三)奴婢のように売買されることなく、また、(四)奴婢が無制限に使役されたのに対して、家族全員が同時に使役されることはなかった。また、(五)律の規定でも、奴婢より一等だけ上のものとして扱う条文が多い。(六)奴婢が奴婢同志としか結婚できなかったのに対して、部曲は良人の女と結婚することが許され、また、(七)奴婢が姓をもたなかったのに対して、部曲は姓をもっていた。

日本の律令制定者は、以上のような唐法上の部曲を「家人」と書き変え、部曲についての諸規定をほぼそのまま継承している。ただ日本令では、家人は良人の女と結婚することを認められず(戸令35)、また家人は姓をもたなかったらしいので(→補17b)、唐令の部曲に比べ、日本令の家人は奴婢に近くなっている。日本律令の編纂者が唐律令の部曲の語を避けた理由は明確でないが、律令編纂以前に、おそらく朝鮮を経由して「部曲」の語が伝来しており、唐律令の部曲とは異なった意味で用いられていたので(例、書紀、大化二年正月条・天武四年二月条)、それとの混同を避けたとする説がある。また部曲の代りに家人の語を用いた理由も明確でないが、韓奴の後身とされる「家人部」(書紀、雄略九年五月条)や、天智三年二月(書紀)に民部と共に定めた「家部」との関連を想定する説もある。中国で家人の語が賤人を指す場合があったこととも関連があるかも知れない。ただ唐律令の「家人」は全て「家内の人」の意で用いられており、特定の賤人を指す用法はない。日本の律令は、このような唐律令の家人をもほぼそのまま継承しており(例、賦役32・假寧10・獄令56)、衛禁26の疏は明確に「家人不ㇾ限二良賤一」と注している(唐律疏議も同文)。したがって日本律令のなかには、唐律令からそのまま継承した家人の語と、唐律令の部曲を書き変えた家人の語とが混在しており、前者の家人が「王臣家之人」を媒介にして中世の御家人に継承されてゆくのに対して(坂本太郎説)、後者の賤人としての家人は、平安初期に実質的な意味を消失してしまう。唐律令の部曲(客女)が南北朝時代に歴史的に形成されてきた賤民身分であるのに対して、律令制定以前の日本では、賤民的な身分が存在していたとしてもそれほど明確な制度ではなく、家人と奴婢に相当する二つの賤民身分が実体として存在していたことはとても考えられない。大化のときの賤民身分も奴婢だけであった(→補35a)。おそらく日本律令の制定者は、唐律令の部曲にならって、家人の制度を新しく設定したのであろう。家人の語の実例も、法隆寺資財帳など寺院関係の史料以外には、全く姿をみせない。もっとも、籍帳に記載された奴婢のうち家族関係が記載されているものは家人である、という説もあるが、律令で明確に異なる身分とする家人と奴婢との区別を、身分の基本台帳である戸籍(戸令19)に記さなかったとは考え難い。おそらく家人の身分は寺院などにおいてだけ特に定められたのであろうが、法隆寺資財帳が家人百二十三口の内訳を奴六十八口・婢五十五口と記しているように、家人は奴婢のなかの一種として観念されていたらしい。あるいは寺院の家人は、功徳として寺奴婢を寺家人に上昇させることによって生じたものかも知れない(類例、続紀、養老四年八月条)。当時の実態としてはむしろ一般の奴婢の方が、律令の家人に近い存在であったと想定されている。なお後の法曹至要抄(巻中)は家人を「累代賤隷之類」と説明している。

42　良賤の間に生れた子の身分(二三八頁)　良賤の間の通婚は、律令の禁ずるところであり、戸婚律42 43逸文にその違反の処罰規定をおく。この戸令42は、良人と賤人とが夫妻となって生れた子の身分についての規定である。律令は良賤間の子を賤とすることを当然の前提とし、その例外規定として本条を置いたものと推定される。この原則は既に大化元年八月詔(→補35a)にもみえる。なお「其逃亡…」の主体について、集解諸説は良人とするものと賤人とするものとに分れるが、唐令(唐令拾遺、戸令四六)を参照すると、賤人が逃亡した場合とするのが令の制定者の意か。もしそうとすれば、逃亡の場合は「皆従賤」としたのは唐令よりも厳しい処置として注目される。

43a　奴姧主条(二三九頁)　この条は、家人・奴が主(及び主の五等以上親)の女性と和姦したときに生れた子を没官する規定で、良女と賤男の間の姦を厳禁しようとする意図が伺われる。雑律26逸文によれば、主と和姦した家人・奴は絞に処せられ、唐律同条によれば、女主人も遠流に処せられた。なお集解諸説は、家人・奴が強姦したときは、生れた子は良人に従うとする。強姦の場合には婦女は無罪とする(雑律27逸文)ことから導かれた解釈であろう。なおこの条とは逆に、男性の主人が自家の家女・婢と情交をもった場合には、姦の範疇に入らず(唐律疏議は「幸」(寵愛の意)と表現している)、もちろん没官されなかった。なお家人・奴と女主人との和姦を厳密に処する律令の規定は、古代の日本人の法意識とは適合しなかった可能性が強い(→補27a)。

43b 家人・奴婢の主(二三九頁)　中国の家の財産は、家を構成する良人の共財であったので、唐律令の家人・奴婢の「主」は、単に家長だけでなく、家産分割にあずかる良人が全て「主」であった。日本律令もこのような唐律令の「主」をそのまま継承し、賊盗7疏にも「同籍良口、合レ有二財分一者、並皆為レ主」(唐律疏議に同じ)と規定している。ただ唐律同条の疏に「其媵及妾、在レ令不レ合レ分レ財。並非二奴婢之主一」とある部分を養老律疏が削除しているのは、養老戸令23応分条で妾にも家産の得分を認めたことと関連する(戸令23)。なお日本の八世紀の戸籍には「戸主私奴婢」など個人所有の奴婢の記載があるので、律疏の定義が実際にはどのように機能していたかが問題となる。

44 蕃夷と賤民(二三九頁)　前近代社会、とくに古代社会においては、一般に外国人ないし異民族には法的な権利を認めない傾向が強かった。古代の日本は、そのような世界史的傾向に較べれば、はるかに開放的であったと想定されるが、それでも「蕃賊虜掠為二奴婢一者、法令所レ聴」(古記)とする思想が存在した。蕃夷と賤民は類似した身分だったのである。しかし蕃夷の賤民(化外奴婢)であっても、主人とは別に、自ら王化を慕って帰化してきた場合には良人とするというこの条の規定は、律令法のもう一つの重要な側面として注目される(勿論この条は唐令とほとんど同文と推測される)。良人に解放する必須の条件が「帰化」にあることは、「来投、謂慕二皇化一故従レ良。若遇二暴風一落来者、尋二本意一、全別不レ従レ良、合レ為二官奴一也」(穴記)にも明白であり、またこの条の後半で、国内において賤民とされた化外人の解放には、二等以上の親族の「来投」即ち帰化が前提とされていることからもうかがわれる。

9 田令

☆ 田令(二四〇頁)　隋の開皇令、唐の開元前令においては、ともに公式令の次に田令・賦役令が配列されているが、養老令では戸令の次に田令・賦役令が配列され、その位置が中国令と大きく異なっているのが注目される。田令の「田」について義解は「田所三以殖二五穀一之地也」とするが、田の訓「タ」は、日本では一般に水田を指し、雑穀を植える「ハタ」「ハタケ」とは区別されている。日本書紀私記乙本は、陸田も「ハタ」とよんでいる。日本令制定者の意図では、田令の条文中の田も主として水田を指すか。

1a 田長条の沿革(二四〇頁)　田積の単位として古くは「シロ(代)」が用いられていた。代は束代・把代、すなわち一定量の稲が収穫できる面積を意味する。朝鮮の制度(結負制)も同様である。一般には一束代を一代とした。やがて田の肥瘠に関係なく一定面積の単位となり、令制下では百代=二段、五百代=一町に換算される。一町方格のなかを十等分した条里制的土地割の起源は明確でないが、飛鳥地方に残存する方格地割は後の町と同じ大きさに区画され、その区画ごとに条と呼称されていた(岸俊男説)。この区画は推古朝前後の頃まで遡ると推測されている。「町」の呼称の起源も明確でないが、後の平城京の条坊制の一町と条里制の一町との面積が異なるように、町は本来は正方格の一区画を意味した語らしい。また段も本来は土地の一区画(一筆)を意味する語で(田令22)、形や面積とは関係がなかった。段が田積単位に用いられるのは、おそらく条里制的地割と関係があり(この条の「長卅歩、広十二歩」は、条里制的地割のいわゆる半折型にあたる)、段が一定面積の単位として用いられる以前に、条里制的地割が施行されていた可能性が強い。大化改新詔に「凡田長卅歩、広十二歩為レ段。十段為レ町。段租稲二束二把、町租稲廿二束」とあるのは、この条と全く同文であり、令文を転載(または令文によって修飾)した可能性が強い。また孝徳紀、白雉三年には「凡田長卅歩為レ段、十段為レ町。〈段租稲一束半、町租稲十五束〉」とあるが、前半の田積法は令制と同じ、後半の田租法は慶雲三年格制と同じで、いずれも書紀編纂当時の制と一致するので、編纂時の知識で述作(または加筆)された可能性が強い。慶雲三年格にいう「令前租法、熟田百代、租稲三束。〈以方六尺為歩。歩之内得米一升。〉一町租稲一十五束」を浄御原令以前の制とみなし、浄御原令から町段歩制、段租稲二束二把制が始ったとする説、令前租法を大宝令以前の制とみなし、浄御原令では町代制、百代三束制であったとする説、大宝令以前は代制で、百代三束制であったとする説など、諸説が対立している。なおこの条の大宝令文も養老令と同文と推定され、慶雲三年格によって段租稲二束二把(不成斤)が、成斤の一束五把に改められた(→補1c)。

1b **田租の沿革と性格**(二四〇頁)　田租の原初形態は、土地からの収穫物の一部を初穂として首長に貢納する慣行から発生したと推測されている。大化前代の国造領にも、田租に相当する税制が存在した可能性が強いが、日本ではイネの収取形態として、租とともに出挙(雑令19～21)が大きな比重を占めたので、租と出挙との関連が問題となる。令前租法の百代三束制の起源は明確でないが(→補1a)、律令時代を通じてこの租法が実質的には一貫して行なわれた(→補1c)。唐令では租は課役に含まれ、丁租として丁男に課せられ、その賦課規準や徴収手続も賦役令に規定されていたが、日本令では、租は課役に含まれず(→賦役補9b)、田積に応じて徴収された。その規定も田令のなかに田積規定の注記として簡単に記されているだけである。田租の率は概して低率であり(上田で収穫高の約三%)、積極的な財政機能も果さなかった。また田租の負担者は—苗簿式や実例によれば—田主ではなく佃人であった。このような律令田租の性格が、中国の南朝や朝鮮諸国の制の影響を受けているかどうかは未詳だが、前述した日本の原初的な田租の性格を濃厚に保持していたと推測される。

1c **二束二把**(二四〇頁)　束把の制は、稲を束(たば)ねることに起源すると推測されるが、古くは量が一定しなかったらしい。やがて一定面積から取れる標準穫稲(一代→一束)の単位や、一定量の穀や米を含む穎稲(稲一束→穀一斗→米五升)の単位となり、実際には重量で計られたらしい(大一斤=一把、大十斤=一束)。令前の租法では、高麗尺六尺四方=一歩、五歩=一代(一束代)で、一代から一束の稲が穫れる基準だったので、一歩からは米一升が穫れることになる。ところが大宝令(または浄御原令)で高麗尺五尺四方=一歩と改めたので、一歩の面積が36分の25となり、升の体積、束の重量も36分の25に減じた(令前の束を成斤、令制の束を不成斤と呼んだらしい)。そこで百代につき三束(一段につき一束五把となる)だった租の量を、実質的に同量とするため、逆に25分の36倍して段租稲二束二把が算出されたのである。しかし現実には令前からの斗升のマスや束把のハカリを簡単に改めることができず、種々の混乱が生じたため、慶雲三年格で成斤一束五把に戻され、以後この制が律令時代を通じて田租の規準となった。なおこの令条で、租が穀米(斗升単位)でなく、穎稲(束把単位)で規定されているのは、穂首刈との関連が想定されるほか、種籾としては穀よりも穎稲の方が適していたためかも知れない。ただ実際には大宝令施行直後に、田租は穎稲から穀へ納入方法が変更された可能性が強い。尺・斗・斤→雑令1。

2 **田租の輸納と舂米運京**(二四〇頁)　唐令では租も中央に納入するのを原則とし、特定の場合にだけ本州に納めたが、日本令では逆に本国に納入するのを原則とし、特定の一部分を米に舂いて京に運ぶことになっていた。天平時代の正税帳によれば、毎年徴収される田租は、もっぱらその国で遠年貯備され、使用例としては恩勅による賑給などがわずかに見出されるにすぎない。国衙の運営に要する諸経費をはじめ、中央への貢進物を調達するために要する諸経費は、すべて公出挙の利稲に依存しており、この条の舂米も、田租ではなく公出挙の利稲を舂いて運京されている(賦役39古記に引く請辞にも「運調庸舂税」とある)。なお舂米運京は田主の負担とされ(古記・穴記・義解)、田租が佃人の負担であった(→補1b)のと異なる。運京された舂米は大炊寮(職員42)に納められ、諸司の常食に充てられた。

3a **口分条の沿革と特質**(二四〇頁)　北魏の均田制においては、男夫には桑田二十畝(戸に附属し、還受の対象とならない世襲田。隋唐では世業田・永業田と呼ばれる)と露田八十畝(口を対象に班給され、還受の対象となる田。隋唐では口分田と呼ばれる)が班給されたが、露田は正田四十畝と倍田四十畝からなっていた。この倍田は、一面では休耕のための易田の機能も果したが、同時に還受の盈縮をはかる機能をもっていた。北魏の均田法においてこのように重要な機能を附された「倍田」は、北斉になると正田に吸収され、男夫の露田八十畝に含まれることになった。ところがこの一見機械的な換算にすぎないようにみえる改正によって、応受田額の機能に質的な変化が起った。すなわち北魏における露田の正田の応受田額(男夫四十畝)は、実際に班給しようとした目標額であったと推測されるのに対して、北斉の露田の応受田額(男夫八十畝)は、倍田の機能を吸収することによって、占田限度額に転化したのである。そして隋唐の口分田(八十畝)も、この北斉の露田をそのまま継承している。唐代の実際の已受田額は、田令の応受田額よりはるかに少なかったので、百姓の小規模な開墾田はそのまま自動的に受田額に吸収される仕組みになっていたと想定される。

ところで日本の班田法においては、中国の均田法における桑田(世業田・永業田)の制を継受せず、またその口分田の応受田額(男二段)は、実際に班給しようとした目標額と推定されるので、北魏の露田の正田に相当する。このように日本の班田法は、中国の均田法のもっていた限田制的側面を切り棄て、一定規準で田を収授するという側面だけを継受している。日本で班田制施行後間もなく、三世一身法や墾田永年私財法が展開してくるのは、このような日本の班田法の構造的特質とも関連しているように思われる。中国の均田法が、井田法以来の伝統的な統治理念を受け継ぎ、一つのフィクションとして機能する側面をもっていたのに対して、日本の班田法は、現実にそのまま適用しようとする傾向が強い。

3b　百代(二四〇頁)　中国の井田法では一里四方を一井とし、その一辺を三等分した全体の九分の一(百畝)を一夫の耕地とした。一夫の耕地を百畝=一頃とするのは、井田法を源流とする伝統的な思想で、その影響は唐代の均田法にまで及んでいる。日本の班田法の男の応受田額百代(=二段)は、令前に百代の区画が一般化していたことと関連があるらしいが(岸俊男説)、そのような中国思想の影響も想定される。代→補1a。

3c　口分田の受田資格(二四〇頁)　中国の均田制では、受田資格と租調負担とが密接な関係にあった。受田年齢も一般に租調を負担する年齢と関連があり、北魏・北斉で婦人に給田されたのも既婚婦人を対象とし、夫婦を一牀として受田と租調負担の単位にしたものであった。これに対して日本の班田法は、不課口(戸令5)である子供や老人、女子にも授田している。女子の口分田を男子の三分の二としたのは、生活実態を考慮したものかも知れないが、女冠・尼の口分田を道士・僧の三分の二とした唐制の影響も想定される。なお日本令では不課口である奴婢にも授田した(→補27)。

3d　五年以下不給(二四〇頁)　律令における年齢の表示は、原則として数え年で示し、戸籍に記載された数え年が、年齢に関係する律令の諸規定の基礎となっている(名例55)。年齢の表記は一般に「年若干歳」「年若干」「若干歳」「若干」という形式が多く、この条の「五年」という書き方は特異な例に属するので、この場合は満年齢を示すのではないかという有力な仮説がある。律令の用語法では一般に、「載」が暦年を単位とするのに対して、「若干年」の「年」は満一年を指すこと(→戸令補10b)もその傍証となる。もしその仮説が正しいとすれば、「五年以下不給」は、満六歳にならない幼児には班給しないという意味になる。ところで班田は戸籍を基礎にして行われるので、班田に関する年齢は、その直前(八世紀前半には二年前)に行われた造籍によって戸籍に記載された年齢を指すと推定されるが、戸籍は六年毎に造られるので(戸令19)、生れて始めて戸籍に登録された幼児は全て満六歳未満であり、戸籍に二度載せられた小児は全て満六歳以上ということになる。したがって「五年以下不給」が満六歳未満の幼児には班給しない意味だとすると、生れて始めて戸籍に登録された幼児は受田資格がなく、戸籍に二度載せられた小児は全て満六歳以上で受田資格があることになる。なおこの仮説は、浄御原令では受田年齢に制限がなかったが、大宝令で受田年齢の制限が設けられたとする仮説とも密接に関連している(虎尾俊哉説)。ただし民部式下には「凡京職諸国大帳者、毎レ至二班田之年一、五歳已下男女顕注二年紀一」とあるので、班年に数え年六歳以上である者に対して班給するという法が実際に行われていた可能性が強く、令制定者の本意も「班年に数え年六歳以上」であったと解することもできる(河内祥輔説)。

3e　従郷土法(二四〇頁)　大宝二年西海道戸籍に記載されている受田予定額は、田令の規定より少ない国毎の規準授田額によって算出されている(虎尾俊哉説)。ただし日本では寛狭が郡を単位として定められることが多かったらしい(田令13)。なお当時の明法家は、二段以上班給できる場合も、田令の規定以上には班給しないとする(穴記・義解等)。

4　位田(二四〇頁)　位階は原則として終身のものなので、位田も一般には終身用益田。私田・有主田と観念され、輸租田であった(民部例・古記)。なお位田は唐令の官人永業田に類似する点が多いが、官人永業田が世襲田であったのに対して、位田は終身用益田であり、また官人永業田が原則として未墾地を班給したのに対して、位田は熟田を班給する主旨と想定される。

5　職分田(二四一頁)　大宝令は、この条の職分田と郡司に対する職分田(田令32)とを「職田」、在外諸司に対する職分田(田令31)を「公廨田」と称して区別する(→田令31注)。

6a　功田(二四一頁)　唐令では功臣に酬いるのに封爵と叙勲の二つの方法があり、それぞれ永業田を給していたが、日本令では、封爵の制は継受せず、また叙勲の制は継受したが給田を伴なわなかった。その代りに日本令では功臣に対して功田・功封(禄令13)を給する制度を設けた。また日本令では永業田の制を一般的な形では継受せず、僅かに功田のみが世襲田として認められたが、永久的な世襲田は大功のみで、上功・中功・下功は世代数に限定を附した。この功田条は、唐令には対応条文が見出されず、日本で独自に作られた可能性が強いが、高麗朝の功蔭田柴法と類似する点も指摘されており(武田幸男説)、朝鮮の制との関連については―位田の問題も含め―なお検討すべき余地が残されている。なお日本令の位田・功田の手続き的な規定は、唐令の官人永業田についての規定を利用している場合が多い。→田令9 10。

6b　功田の相続法(二四一頁)　戸令23応分条には「其功田・功封、唯入二男女一」との本注があり、義解にも「男女嫡庶、皆均分也」とあるが、大宝令にはこの本注は存在しなかった可能性が強い。→戸令23。この功田条の「下功伝レ子」についても、令釈・穴記・義解等が「称レ子者男女同」とするのに対して、古記は「謂、女子不レ入二子之例一也。今行事、女子亦伝」と注する。→補18d。なお集解諸説は、女子に伝えられた功田はその死後、夫や子に伝えられず兄弟姉妹に返すとするので、妻家所得の奴婢は本宗に還すとする戸令23の大宝令の規定と類似し、中世の一期分と同じ考え方がみられる。また相伝できる世代数が限られている場合、古記は「一世尽竟伝二一世一。嫡孫・庶孫各承二父分一」とするが、穴記は「太郎腹四世、侍郎腹二世者、取二世尽之人分一、給二未レ尽侍郎腹一耳」とする。

6c　以外(二四一頁)　古記は「以外、謂、中功・下功、謂二之以外一也」と注し、上功をあげないので、大宝令では「大功非謀叛以上」と「以外非八虐之除名」の間に、「上功非□□以上」(□□は未詳)の句があったと推定する説もある(仁井田陞説)。

7　其土人(二四一頁)　狭郷は実際には郡を単位に定められる場合が多かったらしいので(→補13)、其土人も具体的には其郡人を意味したか(朱説)。

8a　応(二四一頁)　義解は「謂、案職田位田者、拠二先既給訖一、不レ可二更称レ応。或是衍文乎」と注する。義解はおそらく「応」を「べき」と訓読し、日本語の「べし」の意味にひきずられたためにこのような注釈を附したと思われる。しかし唐の法令用語としての「応」は当然の状態を示すにすぎない。

8b　若官位之内有解免者(二四一頁)　義解は解免を「謂、解、解官也。免、免官也」(免官を免位とする写本もあり)と注するので、この条の職田位田、官位、解免の語を、職田―官―解、位田―位―免、と対応させているように思われる。しかし古記の注釈は、「官位、謂、位也」とある写本と、「官位、謂、官与位也」とある写本の両様があり、また古記は解免について「解免、謂、犯レ罪追二位記一也」と注しているので、官位＝位と考えていた可能性が強い。また古記はあとの方で、「問、若有二賜田一者並追。未レ知、並字意。答、対二於位田一文耳」と注し、位田のみあげて職田に言及していないので、大宝令では唐田令の「諸応レ給二永業一人…」(唐令拾遺、田令九)

を「凡応㆑給㆓位田㆒人…」と書き変え、職田を記さなかった可能性もある。

8c 従所解免追(二四一頁)　この条の手本となった唐田令には、「諸応給永業㈠人、若官爵㈡之内、有解免者、従所解者㈢追。〈即解免不尽者、随所降品追㈣…〉」(唐令拾遺、田令九)とあり、養老令は傍線部分の㈠を職田位田に、㈡を官位に、㈢を免に、それぞれ書き変え、㈣の注文を削除している。ところが大宝令では㈢㈣の部分は唐令と同じであったことが古記によって確められる(ただ㈣の品は位に書き変えた)。古記は「有㆓解免㆒者、従㆓所㆑解者㆒追。謂、位尽也。注、即解免不㆑尽者、随㆓所㆑降位㆒追。謂、位不㆑尽也」と注するので、「位不㆑尽也」とは歴任の位記が残っている場合を指すと想定される。養老令で㈣の注文の部分を削除した理由は明確でないが、中国の官品制と日本の官位制が構造を異にし(→官位補☆b)、職田の場合には意味をもたない規定となることも関係があるか。なお養老令の注釈では、例えば正三位の官人が免官(名例19)を犯した場合、三載の後に先位から三等を降して正四位上に叙することになるが、五位の歴任の位記があれば、免官のときは五位の位田分は残し、三載後に正四位上に叙した際に差額を支給するとする(令釈・跡記・穴記)。なお解免は、解官と免官・免所居官・官当の総称(跡記・穴記)。

8d 依口分例(二四一頁)　大宝令は唐令と同じく「依口分例給」とあったが、養老令では「給」字を削っている。古記は「其除名者、依㆓口分例㆒給。謂、口分不㆑追、但不㆑在㆓更加給之例㆒」と注する。即ち、大宝令文(唐令と同じ)のように「依㆓口分例㆒給」とあると、更に口分田を加給するという誤解を生じかねない。そこで古記は「謂、口分不㆑追」と注したのであり、おそらく養老令編者も同じように考えて、誤解を避けるために「給」字を削除したのであろう。令釈も「止給㆓口分㆒、不㆓更重給㆒也」とする。唐令における「依㆓口分例㆒給」の意味は、口分田の収授規定だけを適用する意と解され、除名された者が口分田を班給されている場合には、古記の「口分不㆑追」と結果的には同じになったはずである。全ての土地を天子のものとみる中国的な王土思想の下にあっては、当然「不追」も「給」であった。しかし日本の明法家の注釈をみると、「不追」と「給」との違いにこだわっており、律令の規定を具体的な行為と密着させて理解していたことが想像される。

8e 当家之内…(二四一頁)　同じ家の内で、官位による給田や口分田が応受田額に達していない場合には、取り上げる田をその分にあてることができる。ただし超過分は取り上げる。この規定は唐令(若当家之内、有㆓官爵㆒及少㆓口分㆒応㆑受者、並聴㆓廻給㆒。有㆑賸追収)とほとんど同文である。唐の田令における官人永業田の応受田額は、開墾予定地の占定許容額という性格をもち、また口分田の応受田額も占田限度額であって(→補3a)実際の已受田額は応受田額よりはるかに少なかったので、この規定も現実的な意味をもったと推測される。しかし田制の構造を異にする日本令では、この規定はそれほど意味をもたなかったと推測される。古記も「少口分」の例として「崩埋之類」をあげるにすぎない。

9 応給位田条(二四二頁)　この条は唐田令の「諸因㆓官爵㆒応㆑得㆓永業㆒、未㆑請及未㆑足而身亡者、子孫不㆑合㆓追請㆒」(唐令拾遺、田令一〇)を継受したものだが、日本令の位田は唐の官人永業田と異なり、世襲田ではなくて一身田なので、この条は殆んど意味をもたない。

11a 公田(二四二頁)　この条の公田は、諸国に存在した公田のうち、使途が特定されていないものと考えられる。実質的には乗田を指したと思われるが(令釈・義解も公田=乗田とする)、闕官職田や無主位田等も含まれたかも知れない。なお乗田は本来、口分田に班給した剰余の田を意味するが、実際には初めから公田として口分田とは別に置かれた可能性もある(赤松俊秀説)。

11b 随郷土估価(二四二頁)　この部分が大宝令に存在したかどうかは明確でない。古記は「公田不輸租、以㆓十分之二地子㆒為㆑価也」とする。後に弘仁・延喜両主税式も「地子各依㆓田品㆒、令㆑輸㆓五分之一㆒」とする。なお元慶五年二月八日官符(三代格)によれば、畿内官田の経営について、営佃した遺りの田は「或地子或価直、任㆓民所㆑欲随㆑宜弁行。其地子之法、自有㆓式文㆒、価直之数、宜㆑依㆓国例㆒」とする。前者(地子)は古記・主税式の方式に、後者(価直)は郷土估価の方式にあたるか。

11c　賃租(二四二頁)　古代の日本では、田地の賃租(賃貸借)と永売との間には密接な関連があり、土地永売は不動産質的な機能をもっていた(菊地康明説)。文書等においても賃租と永売は共に「売買」の語で示され、とくに永売であることを示すために、売買される田地を「常土」「常地」等と記し、また期間を「永」「限永年」等と記して区別した例もある。しかし賃租か永売か、いずれとも確定できない場合もある。律令の制定者が、当時一般には用いられていない「賃租」の語を用いたのは、両者を明確に区別するためだったかも知れない。賃租の語は、そのままの形では中国律令に見出されないが、「応レ有二逃戸田宅一、並須下官為二租賃一、取二其価直一、以充中課税上」(唐会要八五)とか、「終税二京師一田租畝五升。借二賃公田一者、畝一斗」(魏書、食貨志)という類例があり、また唐令の「貼賃」(唐令拾遺、田令二〇)との関連も注目される。なお大宝令では「賃租」の代りに「販売」の語が用いられていたとする仮説もあるが(亀田隆之説)、有力な反論もあり(岸俊男説)、いずれとも確定できない。賃租の語義について、義解は「春時取レ直者為レ賃也、与レ人令レ佃、至レ秋輸レ稲者為レ租。即今所謂地子者是」と注する(令釈も同じ)。賃方式と租方式のうち、発生的には前者の方が本来的な方式であったと推測されている(吉村武彦説)。なお→田令19。

11d　送太政官(二四二頁)　賃租の価を太政官(職員2)に送る規定が、大宝令に存したかどうかは確定できない。続紀、天平八年三月庚子条に「太政官奏、諸国公田、国司随二郷土沽価一賃租。以二其価一送二太政官一、以供二公廨一。奏可之」とあるのは、養老令文と殆んど同文なので、大宝令文には「送太政官」の句がなかったかも知れない。たしかに天平八年以前にも、既に大部分の国で地子の大多数が太政官に送られていた可能性が強いが(早川庄八説)、天平六年の官稲混合によって地子も正税に混合された可能性があり、それによって何らかの混乱が生じたため天平八年官奏が出されたとも推測される(泉谷康夫説)。なお虎尾俊哉はこの条の大宝令文を次のように復原している。「凡諸国公田、皆国司随二郷土估価一賃租。其価販売、供二公廨料一、以充二雑用一」(傍点は古記によって大宝令に存したことが確認できる語句)。

12　賜田(二四二頁)　律令に規定された給田のほか、天皇は個別の勅で任意に特定個人に田を給することができた。この条に対応する唐令は残存しないが、賜田が唐田令に規定されていたことはほぼ間違いない(例、唐令拾遺、田令九参照)。ところで日本令は唐令にない「功田」の規定を設けたが(田令6)、功田を支給する規準については何ら規定がなく、賜田と同じように「別勅」によったと推測されるので、功田は賜田の一種ともいえる。六国史等に賜田と記されたものが、内容は功田であった場合もある(例、続紀、霊亀二年四月癸丑条・天平宝字元年十二月壬子条)。なお古記は賜田は輸租とする。

13　寛郷・狭郷(二四二頁)　この条は大宝令も同文であり、唐令とも―州県を国郡と書き変えた以外は―全く同文である(唐令拾遺、田令一二)。唐令の寛郷・狭郷の「郷」は、「諸戸以二百戸一為レ里、五里為レ郷」(唐令拾遺、戸令一)という行政単位としての「郷」そのものであったと推測される。ところが日本令では「郷」という行政単位を設けなかったので、この条の郷は一般的な郷土の意味となり、どの範囲を基準とするかは明確でない(ただし大宝令の戸令には「狭里」という語があった。→戸令補15b)。大宝二年西海道戸籍の口分田班給予定額のように国ごとの規準による例(→補3e)もあったが、田令14の「寛郷遙受」と田令20の「隔郡受」が実質的に同じとすれば(→補20)、田令制定者は寛狭を郡を単位に考えていた可能性がある。穴記も「定二寛狭一、為レ郡生レ文。仍狭郡聴レ遙二授寛郡一也」と断定している。

14　遙受(二四二頁)　遙受の範囲を一国内に限定する説(古記・令釈・義解)と、比国(隣国)でもよいとする説(古記所引一云・令釈所引一云)とがある。後者の場合は必ず太政官に申すとする。なお比郡に遙受した例としては、天平神護二年越前国司解に、越前国敦賀郡の人の口分田を坂井郡に班給した例がみえ、比国に遙受した例としては、伊勢・尾張二国の田を志摩国百姓の口分田に班給した例(続紀、神亀二年七月条)がある。

15a　園地(二四三頁)　中国の均田制における園宅地の班給規準は、北魏以来若干の変化はあるが、唐開元令の「応レ給二園宅地一者、良口三口以下給二一畝㆒、毎㆓三口㆒加㆓一畝㆒」（唐令拾遺、田令一四）とほぼ同様の規定が歴朝存在していた。これに対して日本令では、園地についてはこの条のような漠然とした規定しかなく、宅地については班給規定すらなかった。日本令の園地は、田や宅に対する語であったが（例、田令26「田宅園地」）、穴記や義解は、桑漆（田令16）を園地に植えるとするので、中国の均田法の桑田・永業田に似たものともいえる。田令16桑漆条については、令集解に古記が全く引用されていないので大宝令には存在しなかった可能性があるとする説もあるが、天平二年五月格（三代格）によって、大宝令にも存在したことが確認されるので、大宝令制定者は園地条と宅地条を関連させて規定した可能性が強い。唐令の園地は宅地と一体化していたが、日本令の園地は宅地とは別種のものとして捉えられている（吉村武彦説）。なお中国の均田法が、口分田・永業田・園宅地を同じように全体として規制していたのに対して、日本の班田法は、田とその他の園地等とを切り離し、収授の対象としたのは一般には田（水田、のちに陸田も一部含む）だけであったらしい。少くとも園地が収授された実例は知られていない。なお霊亀〜養老年間に麦・粟・豆などの雑穀を植える地は「陸田」として制度化され、園地は穀物以外の蔬菜等を植える地を指したらしいが、園地・陸田・畠等の関係は、まだ十分に解明されていない。

15 b　**均給**（二四三頁）　毎戸均給（古記）、戸等による（穴記）、毎人均給（令釈・義解）など諸説があるが、園地が実際に班給されたかどうかは疑問であり（→補15 a）、これらの注釈は法家の机上の空論であった可能性もある。

16 a　**桑漆**（二四三頁）　桑・漆は、調の絹絁糸や、調副物の漆など（賦役1）、中央への貢上品との関連が想定される。天平五年の出雲国計会帳には「桑漆帳一巻」がみえ、主計式にも「凡桑漆帳、率㆓戸数㆒有㆑闕者、其帳令㆓殖塡㆒」とある。この田令16は、唐令の戸内永業田に桑・楡・棗を課種させる規定（唐令拾遺、田令六）を継承しているが、中国の桑や楡や棗が民間の生活とも深くつながっていたらしいのに比べて（例、『斉民要術』参照）、日本令の桑や漆は、もっぱら貢上に重点があったとみられる。

16 b　**戸の等級**（二四三頁）　書紀、天武四年四月条には、貧富によって戸を三等に分けたことがみえる。大宝令には三等戸（例、田令36古記・厩牧16古記）と九等戸（例、賦役6古記）の二種類の分け方があった（三等戸は大上中下の四等戸ともなったらしい）。そして格や法家の注釈によれば、一般に三等戸制が丁数（成年男子数。丁→戸令6）を規準としたのに対して（例、田令36集解所引慶雲三年格「一戸之内、八丁以上為㆓大戸㆒、六丁為㆓上戸㆒。四丁為㆑中。二丁為㆓下戸㆒。一丁不㆑在㆓計例㆒」）、九等戸制は資財の量（すなわち貧富）を規準としたらしい（例、賦役6集解所引和銅六年格「其資財百貫以上為㆓上々戸㆒、六十貫以上為㆓上中㆒、…四貫以上為㆓下中㆒、二貫以上為㆓下々戸㆒」）。大宝二年美濃国戸籍の上中下政戸と九等戸も、おそらくこのような規準によったと推定される。なお養老令は、大宝令で三等戸制であったものを九等戸制に改正した例が多いが（田令36・厩牧16）、この条を三等戸制のままとしたのは、課役の徴収と関連させていたからか。

17　**宅地条**（二四三頁）　坂本太郎は、集解のこの条には古記が全く引用されていないので、大宝令にはこの条が存在しなかった可能性もあると推測する。なおこの条の手続きを一般に「立券」という。

18 a　**王事**（二四三頁）　「王事」の語を集解諸説はまず戦事として説明し、蕃使の場合が該当するかどうかを議論している（田令18・選叙33・喪葬5）。この条の「因王事」「身死王事」の語句は唐田令（唐令拾遺、田令一九）をそのまま継承しているが、唐令では王事が特定の意味で使われていた可能性があり、日本令の注釈にもその影響があるか。

18 b　**親属同居**（二四三頁）　親属の範囲については、職制53に定義規定があるが、この条の親属同居について古記は「同姓共籍也。不㆑限㆓等親㆒」、令釈は「有服親之同居者也」（服→喪葬17）、義解は「五等以上親而同居者也」とする。

18 c　**三班乃追**（二四三頁）　古記は「三班乃追。謂、二班之後、三班之年、即収授也」とするが、さらに三班の数え方について、「問、計㆑班之法、未㆑知若為。答、以㆓身死㆒応㆑収㆑田条一種。仮令、初班之年、知㆑不㆑還収（収衍カ）、三班収授。又初班之内、五年之間亦初班耳」と説明している。すなわち「班」の数え方は、以身死応収田条（田令21）と同じとするが、「初班之内、五年之間亦初班耳」と注するので、不還を知った時点は初班の内に含められているようで、その次(二班)の次の班年が三班にあたるか(→補21d)。なお唐令の「六年乃追」を大宝令で「三班乃追」と変えたのは、唐令の毎年班田制と日本令の六年一班制との違いによるか。

18d 其地伝子(二四三頁) 「其地」は前の「身分之地」を指すと思われるが、令釈等はこの場合は口分田のみで位田等を含まないとする。なお古記は「女子不レ伝也。今行事、女子亦伝」と注する(→補6b)。

19a 限一年(二四三頁) 賃租を一年に限ったのは、賃租関係が固定的に継続した場合には、永売と実質的に同じになったためと推測される。→補11c。従ってこの条は実質的には田の永売の禁止規定ともいえる。なお戸婚律14にはこの条と関連して「凡過二年限一、賃二租田一者、一段笞十、二段加二一等一。罪止杖一百。《謂、職田・位田・賜田及口分田者也。》地還二本主一、財没不レ追。〈功田不レ在二此限一。〉」とあるが、この律条は唐戸婚律14の「諸売口分田者…」を「凡過年限賃租田者…」と書き変えたものである。日本律が功田にのみ年限を過ぎた賃租を許しているのは、功田だけが世襲田であった(田令6)ためと推定される。

19b 皆須経…然後聴(二四三頁) 古記に「依二霊亀三年十月三日格一、経レ職売買、即立二券文一。国亦放レ此耳」(職は左右京職)とある。大宝令文には「皆須経…然後聴」の部分がなく、霊亀三年格によって初めて永売・賃租ともに立券すべきことが定められ、養老令に取り入れられたと推測する説もあるが未詳。

20 本郡無田者聴隔郡受(二四四頁) この条の手本となった唐令には、「其居城之人、本県無レ田者、聴二隔県受一」(唐令拾遺、田令二一)とあり、口分田は本県のうちで班給するのを原則とするが、特に居城之人は例外として隔県に受田することを認めた。ところが日本令の制定者は、おそらく中国的な居城之人が日本には殆んどいないことを考慮して、「其居城之人」の五字を削除した。しかしこの部分を削ったことによって、この条の「本郡無レ田者、聴二隔郡受一」と、先の田令14の「凡狭郷田不レ足者、聴二於寛郷遙受一」との異同が当然問題となる。そこで古記は「一種無レ別」と注し、令釈等は無田と少田の違いとする。

21a 六年一班条(二四四頁) この条の大宝令文を復原することは難しいが、大宝令では、(a)「凡田六年一班」、(b)「凡神田寺田不レ在二収授之限一」、(c)「凡以二身死一応レ収レ田者、初班従二三班収授一、後年毎レ至二班年一即収授」の三ヵ条からなっていたらしい(虎尾俊哉説)。なお(b)は田令25交錯条の次に位置していたらしい(田令21集解)。また(c)の復原については諸説がある(→補21d)。

21b 六年一班(二四四頁) 唐令では戸籍が三年一造であったのに対して、田の収授は毎年行なわれており、班田は造籍と直接には連結していない。ところが日本令では、班田は造籍と密接に連結しており、六年一班制は戸籍の六年一造制に基づいて定められたと推定される。実例においても、造籍年が郷里制の施行や廃止によって一年ずつずれると、班年もそれに伴なって一年ずつずれており、班年が籍年に連結していたことが確められる。なお戸籍が定期的に六年毎に造られるのは、浄御原令にもとづく持統四年の庚寅年籍かららしいが、定期的な班田も、それに伴なう持統六年の班田から始った可能性が強い。

21c 神田・寺田(二四四頁) 神田と寺田について古記は、「一云、神田、余者不レ収、欠加。寺田、雖二欠乗一、不レ在二収加之例一」とする。

21d 三班収授(二四四頁) 死亡者の口分田の収公規定が大宝令でどのように定められていたかは、非常に難しい問題で、古記の注釈についても種々の学説が並立しているが、大宝令文に「初班」「後年」「班」「三班収授」という語が含まれていたことはほぼ確かであり、大宝令が、生後初めて口分田を班給されてから次の班年までに死亡した場合(「初班」死亡)と、その後に死亡した一般的な場合(「後年」死亡)とを区別し、また初班の場合は「三班収授」という特例を設けていたとする説が有力である(虎尾俊哉説)。田中卓は試案として「凡以二身死一応レ収レ田者、初班従二三班収授一、後年毎レ至二班年一、即収授」という大宝令文を復原した。即ち、初班から六年以内に死亡した場合に限り、次の班年には収公せず、その次の班年(三班)に収公する。またそれ以後死亡した場合には、班年に至る毎に収公する規定であった。養老令はこの初班死の特例を削除し、「毎レ至二班年一、即従二収授一」に統一したと解するのである。なお虎尾俊哉は、この初班死の特例は、「五年以下不給」制(→補3d)と関連して大宝令で定められた可能性が強いとする。

22 段(二四四頁) 唐代の戸籍では、各戸の受田は一般に数筆に分れているが、各筆を「一段肆畝永業…」というように表記している。この一段は一筆の意味で、日本令のこの条の用法と同じである。日本令では段が田積単位として用いられているのに(→田令1・補1a)、この条の段がそれとは異なる意味で用いられているのは、この条が唐令の該当条(未発見)をほぼそのまま継承したためと推測される。

23a 班田の日程と手続き(二四四頁) 日本の班田制は造籍と密接に連結していたが(→補21b)、その日程を集解の諸説はいずれも次のように説明している。即ち、元年十一月〜二年五月に戸籍が造られると(戸令19)、それに続いて二年十月に校勘造簿、二年十一月〜三年二月に班田が行なわれる、と。しかし実例をみると、籍年と班年の間には必ず校田の年があり(その年数はしだいに増加するが、天平十四年の班田までは一年)、籍年と班年は連続していない。例えば奈良時代の前半には、元年〜二年に造籍、二年〜三年に校田、三年〜四年に班田、—いずれも農閑期を中心に行なう—というスケジュールであったと推測される。このように校田のために農閑期を一回(後には二回以上)あてたのは、班田が六年に一度であったために手間がかかったからと推測されるが、もしこの条の「預校勘造簿」が校田の作業を前提にするとすれば、この条文は現実性をもたない規定となる。おそらく毎年班田制にもとづく唐令の規定(唐令拾遺、田令二二)に引きずられてこの条が書かれたために、このような不整合を生じたのであろう。なお「籍年」「班年」は、一般に造籍・班田の開始された年とされる(戸令19集解・田令23集解)。

23b 班田条の大宝令文(二四四頁) 古記は「二月卅日内使レ訖」の部分の注釈に続けて、「其収レ田戸内、有レ合二進受一者、謂、以二死人分一、取二生益分一聴之」と注しているので、傍線部分を含む句が、末尾に存在したと推定される。この大宝令文は田令24穴記の引く唐令「其退レ田戸内、有レ合二進受一者、雖二不課役一、先聴二自取一、有レ余収授」と対応しているので(唐令の「退」を大宝令が「収」と書き変えるのは通例)、おそらく大宝令文には、古記所引部分に続いて唐令の「雖二不課役一、先聴二自取一、有レ余収授」に相当する部分も存在したと推測される。なお先の穴記が田令24授田条についての注釈なので、該大宝令文も田令24に存在したとする説もあるが、古記の注釈の配列によれば、田令23に存したか。

23c 応受之人(二四四頁) この条の手本となった唐令には「総二集応レ退応レ受之人一、対共給授」とあり、日本令は「応退」を削っている。日本の班田制では応退之人はすでに死亡していることを考慮した書き変えであろう。とすると、日本令制定者の意図では、応受之人も受田資格を生じた本人を指す可能性が強い。ただし実際の行事は異なるか。

24 授田と課役(二四四頁) 中国の均田制は課役(とくに租調)と密接な関係があったが、日本の班田制は課役との関係が薄れている(→補3c)。ところがこの条は唐令と全く同文なので、日本令の制定者の意図がどこまで反映しているかは検討の余地がある。しかし日本でも、実際には「全輸正丁口分」を優先したともみられる例(天平神護二年越前国司解)があり、とくに田が不足してくると、まず課役を負担する良人の男子を優先するようになる(→補27)。

26 捨施・売易の禁止物(二四五頁) 標注令義解校本の「久敬云」は、僧尼26との関連から奴婢牛馬も禁ずるのが令意だが、この条は田令なので田宅園地だけをあげたとする。しかし中国の金の田令の推定遺文「諸官人百姓、不レ得下将二奴婢田宅一、舎中施典売寺観上。違者価銭没官、田宅奴婢還レ主」と類似の条文が唐田令にも存在した可能性が強い(仁井田陞説)。とすると日本令は唐田令の「奴婢田宅」を「田宅園地」と書き変えた可能性もあり、頭注に引用した義解等の注釈が日本令制定者の意であったかも知れない。

27 奴婢の口分田(二四五頁) 唐の均田制では奴婢に授田しなかったが、北魏や北斉では奴婢にも授田しているので、日本の田制との関連が問題となる。しかし北魏の奴婢は租調を負担し、北斉でも租調を負担する一定数の奴婢に限って授田しているので、ここでも均田制は租調制と対応している。これに対して日本令の奴婢は不課口なので(戸令5)、女子給田制や受田年齢にみられたのと同じ特色がここにもみられる(→補3c)。奴婢の受田額を良人の三分の一としたのは、豪族の保有田を制限する政策とみる説もある。なお奴婢の受田年齢は、養老七年に十二年已上に引きあげられ、延暦十一年には良男に規定額を班給した残りを良女に班給することとし、奴婢への班給は廃止される。→補24。

28 **先給被侵之家**(二四五頁) 古記・義解等は班年(田令21)を待たないで新出の地を先ず侵食を受けた家に給するとする。なお新出地だけでは不足する場合について、八十一例(八世紀前半に制定された令の施行細則)は、「川崩埋レ田、不レ待二班年一、以二乗田一加給」とするが、穴記は「八十一例文非二令志一也」という。

29a **公私田**(二四五頁) 律令における公―私の概念は、中国律令における概念をほぼ継承しており、公は官と、私は民と近似した概念であった。この条の公田・私田も、ほぼ中国律令的な意味で用いられており、中田薫は集解諸説が口分田を私田としていることを重視した(→補29d)。ただ中国律令から継受したこのような公―私の概念が、そのまま日本で現実に機能していたとはいえない。例えば口分田は、墾田永年私財法施行後しだいに―唐制とは異なり―公田と観念されるようになったが、そのような「公」の概念は、既に公民の「公」として、大宝令施行以前から存在していたのである。なおこの条の大宝令文には「公私田」「公田」「私田」の語は用いられていなかったとする説があるが(泉谷康夫説)、大宝令にも存在した可能性が強い。

29b **主欲自佃先尽其主**(二四五頁) 私田の田主権を保護する規定。養老令は削除。古記に「主欲二自佃一先尽二其主一。謂、他人先請二願佃一、経二官司一訖。後主聞二他人佃一、而未レ申二自佃一者、縦雖二後申一、猶令二主佃一」。

29c **荒地の開墾**(二四五頁) 古記は補29b所引の注釈のあとに、関連する唐の開元令を引き、さらに「荒地、謂、未熟荒野之地、先熟荒廃者非。唯荒廃地、有二能借佃者一判借耳」と注する。このなかの「荒地」が大宝令文の一部であることはほぼ間違いないが、「荒地」を含む大宝令文の内容は明確でない。ただ古記は荒地を荒廃之地(=公私田荒廃)と区別し、荒地には借佃に関する規定が適用されないとするので、おそらく大宝令では、荒地の開墾には荒廃田の借佃の規定を適用しないという唐令の規定(推定)を、そのまま継承していたのではなかろうか。しかし日本の班田法は、開墾田を自動的に受田に吸収できるような構造にはなっていなかったので(→補3a)、大宝令の荒地に関する規定は、現実には殆んど機能していなかった可能性が強い。

29d **主・官**(二四五頁) 中田薫は私有権の外的目標として、対象物件の「公(官)」―「私」の別と、享有主体の「官」―「主」の別とをあげ、口分田の場合も「私田」であることと同時に(→補29a)、その享有者が「主」であることを重視した。ただし唐の雑律59得宿蔵物条の疏議では、官田宅を借りた「見住見佃人」を地主としているので、主という語がつねに私有権の主体を指すとは限らなかった(菊地康明説)。

29e **空閑地**(二四五頁) 「空閑地」という語句が大宝令に存在した証拠はないが、弥永貞三は、養老六年の百万町開墾計画の詔のなかに「荒野・閑地」と並記していることから、この条の大宝令文にも荒地と空閑地が並存していたと推定し、荒地が灌漑施設の新設を要する未墾地であったのに対して、空閑地は新たに治水・用排水設備を建設する必要のない、開田化の比較的容易な土地であったと推論する。また弥永は、空閑地の営種を国司にのみ許された特権とするが、この条の主旨は、むしろ国司の空閑地営種の規制か(虎尾俊哉説)。

29f **百姓の墾田**(二四五頁) 百姓の開墾田について、養老令には全く規定がなく、大宝令にも荒地の開墾には荒廃田の借佃についての規定を適用しないという消極的な規定しか存在しなかったと推測される(→補29c)。唐の律令では、開墾田は受田に組み入れることを当然の前提としていたと推測されるのでおそらく特別な規定は設けておらず、悪質な大土地所有を規制する処置だけを定めていた(唐戸婚律15占田過限条疏)。日本令が開墾田についての積極的な規定を設けなかったのは、唐令に該当条文が存在しなかったためかも知れないが、日本の班田制は開墾田を自動的に受田に吸収できるような構造にはなっていなかったので（→補3a）、開墾田の処置が当然問題となる。そこで古記は官人の空閑地営種に関連して、「謂、百姓墾者、待㆓正身亡㆒即収授。唯初墾六年内亡者、三班収授也。公給㆓熟田㆒、尚須㆓六年之後㆒収授。況加㆓私功㆒未㆑得㆑実哉。挙㆑軽明㆑重義」と注する。「唯初墾六年内亡者…」以下は、大宝令の田令21の口分田初班死亡の場合の規定（→補21d）を墾田に準用したものと推測される（虎尾俊哉説）。準用する根拠を古記は、「公給㆓熟田㆒…挙㆑軽明㆑重」と説明しているが、ここには「口分田は熟田を班給されるのに対して、墾田は私功を加えるのであるから、当然口分田の田主権を保護する規定は、墾田に準用さるべきである」という論理がみられる。とすれば、その前の「百姓墾者、待㆓正身亡㆒即収授」という口分田と同じ収公方式も—三世一身法に準拠するという説もあるが—やはり同じ論理から導き出されたと考えられる。ただこの古記の注釈が、大宝令制定者の意図とどのような関係にあったかは未詳。

31　**在外諸司職分田**（二四六頁）　大宝令は「職分田」ではなく「公廨田」であったが、大宝令文も養老令と同じく公廨（官衙）ではなくて職（官職）に対する給田の規定と推定されるので、実質的には職分田と同じ（高橋崇説）。次の田令32の古記も「問、公廨田・職田其別如何。答、一種也」と注する。しかし在外諸司には公廨田を耕作する事力が支給されていること（軍防51）、闕官田となった場合に公力を用いて営種することがわざわざ規定されていること（田令34）などから、大宝令制定者は公廨田と職田とを区別していたと考えられる（榎英一説）。ところが在外諸司公廨田は実質的には職田と区別がなかったので、養老令は職分田に統一したのであろう。

32　**郡司職分田**（二四七頁）　郡司職分田は、㈠国司公廨田と比べて多量である。㈡郡司には任期の定めがないので、原則として終身用益田である。㈢国司公廨田が不輸租であるのに対して、輸租である。㈣「狭郷不㆑須㆓要満㆓此数㆒」という制限が附せられている、という特色があり、いずれも郡司の特殊性（選叙13）と関連していると推測される。

33　**駅起田**（二四七頁）　駅の財源としては、駅起田と駅起稲（厩牧16）とがあった。大宝二年二月に初めて駅起稲帳を中央に送り、以後駅の新設がさかんで、養老令にいたって「起」の字をはぶき、名称を駅田・駅稲と改めた情勢から考えると、駅の特別会計としてこれら両財源が新設されたのは案外新しく、あるいは大宝令においてではなかったかと思われる（青木和夫説）。なお駅起田の実例としては、天平十二年遠江国浜名郡輸租帳に不輸租として「参町、駅起田」がみえる（厩牧16の古記等によれば東海道は中路）。

34a　**養老八年格**（二四七頁）　田令34は大宝令と養老令とで内容が異なっていたらしいが（→補34b）、いずれも「交代以前種」とか「未種」という不安定な規準によっていた。おそらくこの点を明確にするために、唐令（唐令拾遺、田令三四参照）を参考にして養老八年正月廿二日格（令釈所引）「凡新任外官、五月一日以後至㆑任者、職分田入㆓前人㆒。其新人給㆑粮、限㆓来年八月卅日㆒。若四月卅日已前者、田入㆓後人㆒、功酬㆓前人㆒。即粮料限㆓当年八月卅日㆒」という改正が行なわれた（この制は延暦交替式等にそのまま継承されている）。なおこの格は、次の田令35とも関連しているが、天平期の正税帳はいずれも（薩摩国の例を除き）この格に基づく給粮（但しその期限は七月末日となっている）が行なわれたことを示している（田令35）。

34b　**分佃**（二四七頁）　古記は「交代以前種者」についての注文（→本条注「種」）につづけて「分佃、謂、売㆓与他人㆒也」と注する。仁井田陞はこの「分佃」は大宝令文の一部であり、「売㆓与他人㆒」は賃租を示すとして、「凡在外諸司公廨田、交代以前種者、入㆓前人㆒、分佃□□□。若前人自耕未㆑種、後人酬㆓其功直㆒。…」という大宝令文を推定した。しかし早川庄八は、分佃についての古記の注釈は時の行事を反映したもので、令意に基づかない可能性があること、分佃の語そのものは賃租の意になり難いことを考え、分佃の令意は前任者と後任者が「分ケテタヅクル」という意味で、大宝令文は「凡在外諸司公廨田、交代以前種者、分佃。若前人自耕未㆑種、後人酬㆓其功直㆒。…」と推定した。

36　**官田（屯田）の沿革**（二四七頁）　畿内に置かれた官田（大宝令は屯田）は、大化前代からの御宅・屯倉・屯田等の系譜を引くものらしい。続紀、大宝元年四月戊午条には「罷㆓田領㆒、委㆓国司巡検㆒」とあるが、田領(たつかい)は屯倉の管理者として朝廷より任命・巡遣されたものと推定されるので、大宝令施行にともない、屯倉・屯田を国司に移管したものと推測される。ただ畿内の屯田(のおそらく一部)を宮内省の管轄下に残したのは(田令37)、天皇に供する食稲は精撰して他と混雑してはいけないという思想によるものと考えられる(黛弘道説)。内裏式には「十一月奏㆓御宅田稲数㆒式」が載せられ、「内国乃供奉礼留御宅田」とよんでいる。なお高槻市上田部遺跡は、安閑三年紀の竹村屯倉の系譜を引く、摂津国の屯田(官田)跡と推定されている(狩野久説)。

10　賦　役　令

☆　**賦役令**(二四九頁)　賦役の語義を義解は「賦者斂也。調庸及義倉、諸国貢献物等、為㆑賦也。役者使也。歳役雑徭等、為㆑役也」と説明する。租は日本令では賦役令でなく、田令に規定されている(→田令補1b)。賦役令の構成は、調庸・歳役・義倉等の基本税目についての規定、復除についての規定、丁匠の使役についての規定、その他からなるが、中央力役の中心を占めた仕丁が斐陁匠丁とともに末尾に規定されているのは(38 39条)、仕丁(斐陁匠丁はその変形)の規定が唐賦役令にはなく、日本で独自につくられた規定であったためと推測される(→補38a)。したがって唐賦役令の最終条は、日本令の雑徭条(37)に相当する条文であった可能性が強い。なお藁藍条(29)が丁匠使役に関する諸規定(22～33条)の中間に位置する理由は未詳だが、この条は賦役令のなかでも特異な規定である。

1a　**調絹絁条の沿革と特色**(二四九頁)　大化改新詔(書紀)には「其四曰、罷㆓旧賦役㆒、而行㆓田之調㆒。凡絹絁糸綿、並随㆓郷土所㆑出。田一町絹一丈、四町成㆑匹。長四丈、広二尺半。絁二丈。二町成㆑匹。長広同㆑絹。布四丈、長広同㆓絹絁㆒。一町成㆑端。〈糸綿絇屯、諸処不㆑見〉。別収㆓戸別之調㆒。一戸貲布一丈二尺。凡調副物塩贄、亦随㆓郷土所㆑出」とあり、田調・戸調・調副物が規定されている。この規定がはたして大化改新の原詔に存在したかどうかは確認できないが、長四丈・広二尺五寸を一匹とする絹絁の規格は、天平元年に廃止された広絁の規格と同じらしい(→補1b)。調が令制のように一律に丁男単位に賦課されるようになるのは浄御原令からと推測されるが、大宝令施行後間もない慶雲三年には、京及び畿内に限り、人身の調を罷めて戸別之調を輸することにした(但しこの制は短期間で廃止されたらしい)。

ところで調の訓は「ツキ」(美称「ミ」を附して「ミツキ」とも)であったが、ツキは本来、服属集団が服属儀礼の一環として朝廷に貢上するものであったと推測される。また大化前代からツキと共にニヘ(贄)が貢上されていたが、ツキが繊維製品を中心とするのに対して、ニヘは海や山の収獲物(食物)を主とした。そしてこのニヘも、大化改新詔に調副物塩贄とあるように調に吸収されてゆき、令条(賦役1)では、ニヘの系譜を引くと思われる海産物が調の雑物として多数列挙されている。ただニヘは調に全てが吸収されず、調とは別箇に貢上されていたことが藤原宮や平城宮から出土した木簡によって知られる。日本の調の条文が、物品貨幣的な性格の強い絹絁糸綿布だけでなく、種々の品目を多数列挙するのは、令制の調がツキやニヘの性格を多分に継承していたためと推測される(直木孝次郎・石上英一説)。なお唐令の調の条文が徴収すべき調の計算規準だけを規定しているのに倣って日本令でも具体的な品目は別式にゆずることもできたと思われるが、令条に一々品目を列挙したのは、日本令の基本的な性格とも関連する。

1b 疋(二四九頁) 養老令の長五丈一尺、広二尺二寸を一疋とする規定が大宝令も同じであったかどうかは不明だが、少くともこの疋の規格が一般的に行なわれたかどうかは疑問である。続紀、養老元年十一月条「太政官議二奏精麁絹絁長短広闊之法一、語在二格中一」の内容は不明だが、同書、養老三年五月条「制、定二諸国貢調短絹、狭絁、麁狭絹、美濃狭絁之法一。各長六丈、闊一尺九寸」、同書、天平元年三月条「太政官奏曰、令下諸国停二四丈広絁一、皆成中六丈狭絁上」という改正から、㈠養老三年度の改正の前後には絹・絁の規格には狭広二種のものが並存していたこと。㈡養老三年制の長六丈、広一尺九寸という狭絹・狭絁の規格は、正倉院に残存する天平〜天平勝宝年間の調絁の規格と一致し、延喜式の絹・絁の規格とも一致する。天平元年官奏の「六丈狭絁」もこの規格を指すと考えられる。㈢天平元年の改正によって廃止された「広絁」の長さ四丈の規格は、大化改新詔にのみ見出される(→補1a)。改新詔では広さを二尺五寸とし、延喜式の広絹(広絁)の広さと一致するので、天平元年に廃止された四丈広絁の広さも二尺五寸か。なお広絁は美濃広絁(広絹)だけが例外として残された(→補1c)。ちなみに絹絁や布の丈量の尺度は、令小尺(=唐大尺=天平尺)で、一尺=約二九・七センチメートルと推定されている(雑令1)。

1c 美濃絁(二四九頁) 美濃国には特殊な織成技術を有する長幡部(帰化人系か)が移住して、高度な絁の織成を行なっていた。美濃絁もおそらくそのような背景のもとに生れた高級品と推定され、しばしば外交上の贈賜品として用いられ(例、続紀、和銅二年五月条・大蔵式)、また天皇の御服料として用いられた(本朝世紀、仁平元年正月条・山槐記、保元元年四月条)。天皇の御服料とされたのは、美濃広絹(広絁)で、延喜式では長四丈五尺六寸、広二尺五寸を一疋とする。賦役令第1条で一般の絹絁と共に美濃絁について特に規定したのも、上記のような美濃絁の特殊性による(早川庄八説)。

1d 両・斤の大小(二四九頁) 雑令2によれば、この条の斤両は、鉄・鍬を除き、すべて小両・小斤であったと推定される。延喜式では一般に大を用い、主計式の調の数量にも「斤両並大」との注記がある。主計式の海産物には賦役令の丁度三分の一(大小の比率)の斤数とするものが多いことも(例、鰒は賦役令では十八斤、延喜式では六斤)、この条の斤両が小であることを傍証している。ただ糸・綿については主計式に「糸一丁成レ絇〈上糸四両、中糸五両、麁糸七両、各為レ絇〉」、「綿二屯〈四両為レ屯〉」とあり、一丁あたり中糸五両・綿八両となるので、賦役令の糸八両・綿一斤(=十六両)の三分の一より多いが、やはり賦役令は小両、延喜式は大両か。

1e 屯(二四九頁) 平城宮木簡の調綿の荷札は四両=一屯とし、延喜式の制と一致する(→補1d)。その規格による実例の上限は養老二年の木簡なので、続紀、養老元年四月条「定二調庸斤両及長短之法一」による制か。

1f 端(二四九頁) 調布は養老元年十二月格(集解)によって、長四丈二尺、闊二尺四寸を一端と改正し、一丁の輸量も変更して一丁の調布二丈八尺、庸布一丈四尺を合せて一端とした。正倉院に残存する天平〜天応年間の調布(調并庸布とも記す)もこの規格と同じ(庸布については→補4c)。なお調布・庸布の広さ(幅)は二尺四寸と変らなかったが、当時の庶民が日常用いていた織機でこのような広い幅の布が織れたかどうか疑問視する説もあり、絹絁とともに調庸布の生産も国郡衙や首長層の主導の下に行なわれた可能性が強い(角山幸洋・狩野久説)。

1g 望陁布(二四九頁)　調布では望陁布だけが特別に規定され、実際の価格例でも他の布よりはるかに高価であった(大日本古文書二五、三一七頁)。令の規格では一般の調布よりも幅が広い。養老元年十二月格(集解)により、一丁につき長一丈四尺、三丁分の四丈二尺を端とした。この格で普通の調布は一丁につき二丈八尺であったので、一丁分の長さは賦役令と同じように普通の調布の半分。延喜式では望陁布のほか、紺望陁布・縹望陁布・望陁貲布が上総国の調とされ、望陁布は長四丈二尺、広二尺八寸、望陁貲布は長八丈、広一尺九寸(または八寸)を一端とした(三丁分で一端)。

1h 調の雑物の観念(二四九頁)　繊維製品を調の基本とする観念が、ミツキの伝統によるものか、唐令(唐令拾遺、賦役一)の影響によるものかは未詳(おそらく両方か)。なお平城宮木簡三二八号「周防国大嶋郡美敢郷凡海直薩山御調尻塩」の尻は代の意で(例、上田部遺跡出土木簡)、調塩はミツキシロと観念されている。

1i 石・斗・升(二四九頁)　延喜式の数量は一般に大量を用いるが、主計式の調塩も賦役令と同じく三斗で、海産物にも両者同じ斗量のものが多い(例、貽貝鮓、賦役令・延喜式ともに三斗)。雑令2によれば穀の計量には大量を用いるが、この条の塩をはじめとする雑物の斗量も全て穀に準ずるか。なお奈良時代の一斗は現在量の約四割(約七・二リットル)。

1j 調雑物の品目(二四九頁)

烏賊―和名抄「伊加」。

螺―名義抄「ツヒ」、巻貝の類か。栄螺子(さざえ)の類とする説もある。令釈・義解は蜯(はま)の類とす。

熬海鼠―和名抄「伊里古」。ナマコのはらわたを取り、煮て乾したもの。

雑魚楚割―楚割、和名抄「須波夜利」。魚肉を細長く割いて塩干にしたもの。平城宮木簡には贄として雑魚楚割のほか佐米楚割、麻須楚割、須須岐楚割などがみえる。

雑腊―腊、和名抄「保之以乎」。古記・令釈に「乾魚也」。義解に「割乾魚也」。

紫菜―和名抄「無良佐木乃里」。名義抄「ムラサキノリ、アマノリ」。

雑海菜―海菜、延喜式傍訓「モハ」。和名抄「藻」の項に「毛、一云毛波」。

海藻―延喜式傍訓「メ」「ニキメ」。和名抄「邇木米、俗用和布」。いわゆるワカメの類か。

滑海藻―和名抄「阿良女、俗用荒布」。ニキメに対するアラメ。

海松―和名抄「美流」。

凝海菜―和名抄「古留毛波」。テングサの類か。

雑腊―腊、和名抄「木多比。乾肉也。」。令釈「腊、小物乾也」。義解「全干物也」。平城宮木簡の御贄に「伊和志腊」、中男作物に「鹿腊」がみえる。

海藻根―底本傍訓「マテカヒノ根」。底本別訓「メカヒ」。滝川政次郎は「メカブ」とよむべしとする。ワカメの岩に着生した根の附近のひだ状の部分か。

未滑海藻―和名抄「加知女、俗用搗布」。乾燥させて臼で搗(つ)いて粉にしたアラメか。

沢蒜―和名抄「禰比流」「水蒜也。生水中、葉形気味不異家蒜」。湿地生の蒜か。

嶋蒜―和名抄「阿佐豆木」。穴記「島蒜・沢蒜等如蒜。取其加夫良而子細折労進耳也」。沢蒜・嶋蒜は五辛(僧尼7)の一種か。

鰒鮓―鮓、新撰字鏡「酒志」。鰒を塩につけて醱酵させたものか。

貽貝鮓―貽貝、和名抄「伊加比」。貽貝の鮓。

白貝葅―白貝、和名抄「於富」。ウバ貝・バカ貝の類か。葅、和名抄「邇良木」。白貝の実を塩と楡の皮の粉とで漬けたものか。

辛螺頭打―和名抄、大辛螺を「阿木」、小辛螺を「仁之」とよむ。今日のニシ類の貝か。頭打、底本傍訓「カフチ」は、カブ(頭)ウチ(打)の約か。辛螺の頭を穿って貝のまま漬けたものか。

貽貝後折―後折、穴記に「穿其貝尻、而附貝奈加良作之也」。奈加良は助詞ナガラか。

海細螺―細螺、和名抄「之太々美」。小さい巻貝の類か。

棘甲蠃―和名抄「宇仁」。

甲贏―和名抄「加世」。ウニの類で棘のないものか。

雑鮨―鮨、和名抄「須之」。義解に「鮨亦鮓也」。魚を塩につけて醗酵させたものか。

煮堅魚廿五斤―今のナマリ節の類か。平城宮木簡に「調煮堅魚捌斤伍両」(大八斤五両＝約小廿五斤)。

堅魚煎汁―和名抄「加豆乎以呂利」。義解に「熟煮汁曰レ煎也」。

1k 中男作物(二四九頁)　養老元年十一月廿二日格(三代格)によって、正丁の調副物と中男の調を廃止し、その代りに中央官庁が必要とする物品は、主計寮(職員22)が毎年必要量を概算して諸国に貢納を命じ、諸国では中男を役してこれを調達し、中男の功が不足の場合には人夫の雑徭(賦役37)によって補うことになった(→補37c)。これを「中男作物」という。賦役令の調副物の品目と、主計式の中男作物の品目とを比較すると、かつての調副物と同種のものが中男作物として輸せられていると同時に、贄の系譜をひく調雑物をも引き継いでいることが知られる。中男作物は、調副物および調雑物という名目で定められた朝廷諸官司の必要品を、手落ちなく収納するために設けられた税目と推定される。中男作物の実例としては、正倉院御物の芥子布袋や平城宮木簡が残存するが、その墨書に共通する特徴は、調の場合には原則として貢納者の個人名を記すのに対して、中男作物の場合には一般に国郡名しか記さず、某郡ないし某郡の中男が貢納する形になっていることである。これは先の養老元年格にもみられるように、中男作物は個々の中男から直接徴収するのではなく、諸国が中男を役して貢進する建前であったからと推測されるが、郡が貢進単位になっていることは、その労役の徴発が郡を単位に行なわれたことを推測させる。

1l 調副物の品目(二四九頁)

紫―和名抄「無良佐岐」。

紅―和名抄「久礼乃阿井」。名義抄「クレナヰ」。

茜―和名抄「阿加禰」。

黄連―和名抄「加久末久佐」。穴記に「染草料也」。以上紅〜黄連は染料か。

東木綿―木綿、和名抄「由布」。植物(一般にはコウゾか)の皮の繊維を蒸してさらし、細かく裂いて糸状にしたもの。和名抄は木棉を祭祀具の項に載せる。東木綿は東国産の木綿か。

安芸木綿―安芸国の特産の木綿か。

麻―和名抄「乎、一云阿佐」。

熟麻―底本・延喜式傍訓「ニヲ」。麻を精製したものか。

銖―重量の単位。二十四銖＝一両。→雑令1。

葈―和名抄「介無之」。からむし(苧麻)の類か。大麻の雄株とする説もある。

黄蘗―和名抄「岐波太」。染料・薬用か。

黒葛―名義抄「ツヾラ」。

木賊―和名抄「度久散」。研磨用か。

荏―和名抄「衣」。エゴマ。

曼椒―和名抄「以多知波之加美、一云保曾木」。

脳―和名抄「奈豆岐」。義解に「馬頭中髄也」。

漆―和名抄「宇流之」。

金漆―和名抄「古之阿布良」。兵庫式「金漆…塗箭料」。

山薑―和名抄、山葵の項に「和佐比、漢語抄用二山薑二字一」。

青土―底本傍訓「ソニ」は、青にかかる枕詞「ソニドリノ」のソニと同語か。染料か。

橡―和名抄「都流波美」。染料用か。

筐柳―筐を編む材料か。

七丁席一張―席、和名抄「無之路」。正丁七人で席一張を輸す。

苫―和名抄「度万」。

鳥羽一隻―令釈に「説文、隻一枚也。音之石反。但此令云二一隻一者、一鳥調度也」。なお穴記は「鳥羽一隻、七丁所レ出」と注する。七丁は席だけでなく、苫・鹿角・鳥羽・砥にもかかるか(但し令の本意は未詳)。

砥―義解は「磨石也」。

簀―和名抄「須乃古」。名義抄「ス」。穴記に「鋪設調度也」。

薦―和名抄「古毛」。なお古記に「問、席以下、無二長広之法一如何。答、

依二別式一耳。此条依二時々格一、改張頻繁。但放二当時行用一耳」。樽―新撰字鏡「己弥可」。木(こ)甕(か)の意か。和名抄「酒樽、有レ脚酒器也」。

1m 京・畿内の調(二五〇頁)　京と畿内は調の制でも特別な扱いをされた。㈠調の品目を物品貨幣的な布だけに限定し、㈡その数量も畿外の半分とし、㈢調副物は課さなかった。主計式の京・畿内の調の品目が銭を主とするのは㈠と関連する(なお同式の畿内の調に鋪設の具や雑器の類がみえるのは、賦役29との関連も想定され、これらを調として徴収するのは令の本意とは異なるか)。また延喜式によれば京・畿内には調副物の後身である中男作物がないのも㈢と関連する。なお㈠は、賦役4の京畿内免庸制とともに、大宝令で成立した可能性がある(青木和夫説)。

2a 調の合成法(二五一頁)　唐令は「若当戸不レ成二疋端屯綟一者、皆随レ近合成」という条件を附したが(唐令拾遺、賦役一)、日本令は当戸合成の原則を削除した(石上英一説)。跡記・穴記・義解は一郡の内で合成するとし、調庸の生産が郡を単位に行なわれたことを推測させる。

2b 調の墨書銘の実例(二五一頁)　正倉院に遺る調庸関係の繊維製品の墨書銘をみると、調の黄絁の両頭(首端と尾端)に「遠江国敷智郡竹田郷戸主刑部真須弥調黄絁六丈　天平十五年十月」と銘記して国印を捺した例があり、この条の規定がそのまま(この場合は年月日の日を除き)実施されている。調庸墨書銘のなかには、戸主名だけでなく戸口名まで記した例も多い。なお穴記は「国郡司不レ注二姓名一。但今行事別也」とするが、実際にも主当(専当)の国郡司名を銘記した例が沢山ある。糸綿の嚢の実例としては、―嚢ではないが―やはり正倉院御物に「越中国射水郡川口郷戸主中臣部照麻呂戸調白牒綿一屯　天平勝宝六年十月廿一日」と銘記して国印を捺した紙箋が残存する。なおこの条が繊維製品についてのみ規定しているのは、おそらく手本とした唐令には繊維製品についての規定しかなかったためであろう。日本令では調の雑物(賦役1)が大きな比重を占めたが、それらは主として木簡に貢納者名が記されたらしく、平城宮木簡にも実例が沢山残っている(例、「上総国安房郡白浜郷戸主日下部床万呂戸白髪部嶋輪鰒陸斤〈参拾条。天平十七年十月〉」)。

3a 近国・中国・遠国(二五一頁)　古記所引の民部式(和銅五年以前に成立)によれば、近国は伊我・伊勢・(志麻脱カ)・尾張・参河、近江・三野、若狭、丹波・但馬・因幡、播磨・備前、紀伊・淡路・阿波*・讃岐*。中国は遠江・駿河・伊豆・甲斐・相模**。斐太・信野、越前・越中、伯耆・出雲、備中・備後、伊予**。遠国は上総・下総・常陸、上野・武蔵・下野・陸奥、越後・佐渡、石見・隠岐、安芸・周房・長門、土左、竺紫(西海道諸国)であった。なお延喜民部式では、*印は中国、**印は遠国。

3b 調糸の納期(二五一頁)　跡記は「糸調、七月内始輸、并合二納訖一。進二国司一訖也、非二進レ官訖一」と注するが、出雲国計会帳によれば、天平五年八月に出雲国を出発した貢夏調使に「夏調過期限遅進事」という解文を附(または遙附)しているので、天平年間の官人はこの条の「七月卅日以前」(大宝令も同文)を、中央に輸納し訖る期限と解していたことが推察される。令意も同じか。

3c 若調庸未発本国間(二五一頁)　古記に「仮令、遠国十二月三十日以前納訖。路程合二卅日一。此程内死者、不レ合レ免」(令釈・義解等も同意)。なお令釈の引く起請(公定の施行細則)に「調文已造訖後死者、申二別紙一、従二大蔵省一却還也」。

3d 僦勾・糴輸(二五一頁)　古記は「或将二価直一付二往人一、至二京都一令二買納一也。或売二却本土之所レ出、便於二京都一買輸也。凡是僦勾者、唯依二事勢一、不レ可二一例一」とし、令釈も「仮有、出レ鉄国、以二余財貨一債二寄他人一、令レ買二京鉄一便輸、是謂二僦勾一」と注するので、古記・令釈はともに僦勾と糴輸とをほぼ同じ意味にとっている。しかし令釈所引の一説には「廐庫律云、凡監臨之官、皆不レ得下於二所部一僦中運課物上。注云、僦勾客運是也。糴輸者、廐庫律云、凡応レ輸二課物一、而輒賷二財貨一、詣二所レ輸処一、市糴充者是」とあり、廐庫律に依拠する令釈所引一説や義解の方が令の本意に近いか。

4a 歳役条の構成(二五二頁)　この条は、歳役の徴発規準を示した前半部(…不在収庸之例)と、その発遣手続などについての後半部(其丁赴役…)とからなるが、大宝令では後半部が存在しなかったか(青木和夫説)。↓補4

b。なお唐令ではこの前後の部分は二条に分れていたらしい。

4b 歳役の沿革（二五二頁） 古代の日本では中央に徴発して造宮・造寺等の朝廷の土木工事に従事させる臨時の力役をエダチと呼んでいた。このエダチは、浄御原令では「役」として制度化されていたが、実役で徴発しない場合に代納物（庸）を納めさせる制度は未だ伴なっていなかったらしい。一方おそらく大化前代から、仕丁（ツカヘノヨホロ）を朝廷に上番させる制度があったが（賦役38）、仕丁を差し出した郷土の村落が、仕丁の資養物としてチカラシロを負担した。チカラシロのシロは「〜のためのもの」という意味で、チカラシロとは「チカラのために用いるもの」の意であったらしい。このチカラシロに、本来は労働力の対価を意味する「庸」の字をあてたのは、㈠唐代には歳役を庸で納めるのが一般化していたこと、㈡歳役の実役に徴発されないものが納める唐制の「庸」が、仕丁に差点されないで郷土に残っているものの出すチカラシロと形態が類似していたこと、㈢エダチ制は全て実役徴発であり、代納制が存在しなかったことなどによると推定される（石上英一説）。したがって浄御原令施行期の庸は―歳役の庸とみる説もあるが―おそらく仕丁の庸であり、役は実役のみで代納制を伴なわなかった可能性が強い。ところが大宝令では、歳役は全て庸で収めることにし、必要な労働力は雇役として徴発することにしたと推定される（青木和夫説）。その主な根拠は、㈠大宝令施行を境として、復除の際の負担の名称が「役」から「庸」に截然と分れること、㈡大宝令では養老令の「若須㆑収㆑庸者、布二丈六尺」の部分が、「皆収㆓庸布二丈六尺㆒」とあったと推定されること、㈢大宝令で始めて京畿内不在収庸の制度が定められたこと（→補4e）、㈣大宝令には歳役実施規定であるこの条の後半部（→補4a）と賦役23差科条（→補23）とが存在しなかった可能性があること、㈤慶雲三年二月格（令集解）でも、庸半減についてのみ規定し、歳役日数半減には全く触れていないこと、㈥賦役5計帳条で、庸はまず衛士・仕丁・采女等の食に充て、その残余を役民の雇直に充てていることなどである。なお慶雲三年二月格（三代格）は歳役とは異なる身役の制「凡百姓身役㆓十日以上㆒免㆑庸、廿日以上庸調倶免。役日雖㆑多、不㆑得㆑過㆓卅日㆒。其役㆓廿日㆒、乃給㆓公粮㆒。…」を定めたが、これはかつてのエダチの制が、庸調免除を伴なう身役制として部分的に復活したものとみられる。養老令はこの賦役4条を唐令の歳役条に近い形に書き変えたが、実態には変化をもたらさなかったらしい。

4c 庸布の丈量規格（二五二頁） 庸布は正丁一人につき二丈六尺（広さの規定はないが調布と同じ二尺四寸か）であったが、慶雲三年二月格（集解）によって半減され一丈三尺となった。和銅六年二月格（同上）によれば二丁の庸布二丈六尺を一段とし、養老元年十二月格（同上）によれば二丁の庸布二丈八尺を一段とした。正倉院御物の天平感宝〜天長年間の庸布も、長二丈八尺、広二尺四寸で養老元年格の規格と同じ。なお同格によれば、庸布は調布と合せて一端とされ、実例も多く残存する。↓補1f。

4d 租調倶免（二五二頁） 租は田積単位に賦課されるので（田令1）、丁男対象の歳役の留役にともなう復除には適合しない。租を丁男に賦課していた唐令の歳役条の単なる模倣か。実効性をもっていた慶雲三年格の身役法（→補4b）では、留役に相当する場合には庸調を免除し、租は含まない。

4e 京畿内不在収庸之例（二五二頁） 「不在収庸之例」は、養老令では明瞭に歳役（の庸）を収めない意味であり（職員66 68・戸令補3d・賦役19）、大宝令文（直接に復原はできないが）も同じ主旨と推定される。浄御原令施行期には畿内で「役」が免ぜられた例があるが（持統六年四月紀・文武三年三月紀）、大宝令施行後は京畿内で歳役も庸も免除された例はなく、諸国で庸が免除されるとき京畿内では調（慶雲三年以後、畿外の庸と京畿内の調が等量となる）が免除されているので、京畿内不在収庸の制は大宝令で成立したと推定される。そしてこの改制は、大宝令が歳役を全て庸で収め、雇役制を採用したことと密接に関連する（青木和夫説）。養老令文では歳役を正とし庸を閏とする建前に立ちながら、「不在収庸之例」として庸を役に書き変えていないのも、前述の推定を裏付ける。

5 庸の収支（二五二頁） 庸の使途に衛士・仕丁・采女・女丁等の食がまずあげられているのは、庸が仕丁・采女の資養物であった旧制を継承していることを（→補4b）。庸を役民の雇直にも充てるのは、庸が歳役の代償であることからすれば当然の処置であるが、このように二つの使途を継ぎ合せた結果、たとえ歳役を実役徴発の方式でとろうとしても、毎年相当数の衛士以下を資養してゆくために相当量の庸の徴収が不可欠となり、庸で収取することを当然の前提としていたと考えられる(→補4b)。なおこの条の手本となった唐令は課役全体の予算を対象としていたが(唐令拾遺、賦役八)、日本令は庸の収支に限定していることが注目される。

6a　義倉条(二五三頁)　義倉の制は中国から継受したものと推測されるが、日本では田租も本国に蓄積して賑給に用いられているので(→田令補2)、日本の田租と義倉とは類似する面が多い。唐の貞観二年の制では耕田数に応じて畝ごとに二升(収穫高の約一〜二%)の義倉粟を徴収し、後には地税とも呼ばれているので、徴収方法でも日本の田租は唐の義倉にきわめて近似している。ただ中国でも隋では義倉が戸等に応じて課せられ、唐でも永徽二年格によって一時戸等によったらしいので、日本令の戸等による規定も唐の永徽の制の影響を受けた可能性が強い。おそらく中国の義倉が果たした機能を日本では田租に負わせることも可能であったが、たまたま戸等(貧富の差)によって課する永徽の制にひかれて、このような令条を作成したのであろうか。なお奈良時代には、一般的な饑饉の賑給には主として義倉穀を用い、恩勅による高年者等の賑給には田租を用いることが多かったらしい。また慶雲三年二月格(三代格)で義倉穀は中中以上の戸から取ることにしたが、天平二年の安房国・越前国義倉帳では、令制と同じく下下戸まで負担させている。

6b　一位以下百姓雑色人等(二五三頁)　「一位以下」とあるので親王(一品〜四品)は含まないとする説(令釈・義解等)と、親王だけでなく諸王も含まないとする説(古記等)とがあるが、令文の形式的な解釈としては前者が可か。「百姓」は一般庶民の意。官人・有位者、及び雑色人・奴婢等と対立する概念。「雑色人」はある基準に対してそれから外れた雑多な人をいう。ここでは百姓に対する語で、集解諸説は品部・雑戸(→職員補☆・戸令19・賦役19)を指し、賤民である陵戸(戸令35)は含まないとする。

7　土毛と郡稲(二五三頁)　郡稲の起源は明確でないが、旧国造領で徴収されていた稲が国衙に移管された際、旧国造貢献物の制や中央から赴任してきた国司への奉仕を継続するために、その財源として別置された可能性が強い。集解諸説も、雑用に充てるために田租を分置したものとする。続紀、和銅五年八月条では、郡稲を補強するために大税から割取して増量している。郡稲は出挙し、その息利を雑用に充てたが、その使途は、天平四年度の越前国郡稲帳によれば、朝廷への貢上品の生産費・交易費と、国衙の運営費が主体を占めている。郡稲の機能は、国造時代からの土毛貢献の慣行を継続・発展させ、同時に中央政府の出先機関として設置された国衙の運営を財政的に支えることにあったと推測される。同じく交易進上物でありながら、この条の土毛交易物が賦役35の諸国貢献物(大宝令では朝集使貢献物)と別条をなしているのは、「臨時」と「尋常」の違い(穴記)というよりは、国造貢献物と朝集使貢献物の系譜的な違いを反映するものか。ただ賦役35の集解諸説は、朝集使貢献物も郡稲で交易するとするので、両者の財源上の区別は実質的にはなかったらしく、やがて両者は合体して「交易雑物」の制となり急速に拡大していく(郡稲も天平六年には正税に混合される)。なおこの条が賦役令の初めの方に配置されたのは、唐賦役令の租の雑折に関する規定「諸租、…其雑折皆随二土毛一、準二当郷時価一」(通典六、唐令拾遺がこの条を田令に収めたのは誤り)を手本としたためか。唐賦役令の該当条は、通典によれば、対応する養老賦役令の3条から10条の間にあったと推定される。

8　封戸条(二五三頁)　この条は封戸主の収入を保証し、同時にその規準を定めることを目的としている。ただし課戸といっても戸によって課口数には差があったので、慶雲二年格(集解)は「以二四丁一准二一戸一」こととし、さらに天平十九年格(同上)は一戸につき正丁五・六人、中男一人、田租三十束を規準とし、実質的にはこの規準額を国司が封戸主に対して請負うことにした。なおこの条で封戸主に入る田租を二分の一としたのは、一般の田租が本国に蓄積されたこととも関連するか(→田令補2・賦役補6a)。ただし天平十一年格(集解所引)によって、田租も全額を封戸主に給することとした。またこの条は仕丁(賦役38)に言及しないが、集解諸説・実例とも仕丁は封主に給するとする。おそらく唐令該当条(唐令拾遺、賦役一〇)に租調役(庸)についての規定しかなかったために、仕丁のことが書き洩らされたのであろう。

9a 水旱条の田(二五三頁) この条によって損率に応じた課役免除の適用をうける田は、苗簿式や集解諸説によれば、口分田のうち自ら耕作した田に限られており、売買田(賃租田↓田令11 19)や雑色田(功田・位田・職田・賜田・墾田等)は、この条の適用を受けず、別途に損率に応じて租が免除されるだけであった(例、苗簿式「…其売田主、不レ問二得損一、即附二全得一。但輸レ租者、徴二見営人一、或買田在レ損、雖レ免レ輸レ租、不レ及二調庸一。…」、明法博士答「雑色田依二苗簿一、而別為二十分一、損二五分以上一免レ租。且雖レ損二七八分以上一、不レ及レ免二調庸一」、いずれも古記所引)。このような運用はおそらく、㈠田租と調庸の賦課方式が異なっていたこと(田令1・賦役1 4)、㈡田租の負担者が田主ではなく佃人であったこと(↓田令補1b)とも関連するらしい。しかも口分田の賃租の場合、田主は売田については得損にかかわらず全得(収穫率十割)として計算され、自ら耕作した田の損分を売田・自佃を合計した額で割って損率を計算する(例、十町の口分田のうち、五町売、五町佃で、自佃の五町が全損しても損率は五割で租だけが免除される)ことになっていたのは、苗簿式等が、賃(春に賃価を先払いする)方式を賃租の通常の方式とみなしていたことと関連するか(賃方式であれば、既に春に賃価を得ているので、不作でも田主に損害はない)。↓田令補11c。ただ以上のような苗簿式等の考え方が令の本意であったかどうかは問題があり、集解諸説も「此以二苗簿一破二令条文一也」(明法博士答、先の引用文につづく部分)とか、「抑沽田租、令文不レ明。故別有二苗簿式一。其依二別式一習耳」(穴記)とか注する。そもそも青苗簿が作られ始めたのは、霊亀三年五月勅によると推定され、同月に青苗簿の式も頒布されている。おそらく先引の苗簿式もこのときのもので、令(大宝令も養老令と同文か)の制定者がこの条の具体的運用をどのように想定していたかは未詳。

9b 課役(二五三頁) 唐の律令における課役は、租と調と役(庸)をさし、雑徭は含まなかった。ただ律令は重きを挙げて軽きに及ぶという表現形式をとったので、一般には「免課役」と記して雑徭まで免除することが多かった(例、侍丁は免役であったが、その性質上、当然雑徭も免除されたのであろう)。この条(唐令拾遺、賦役一一)においても、免課役の場合は雑徭まで免除された可能性があるが確認できない。日本令においては、田租は田積に応じて賦課され課役には原則として含まれなかった(↓田令補1b)。したがってこの条の課役が田租を含むのは例外で、義解も「問、課謂二田租之類一。未レ知、他条田租亦得レ為レ課以不。答、唯為二当条一生レ文。不レ渉二令内通例一」と注する。おそらく唐令にひきずられて、このような例外的な規定が生じたのであろう。ところで先述したように唐令では課役に雑徭が含まれなかったが、日本令のこの条の義解は「課者調及副物、田租之類也。役者庸及雑徭之類」(令釈もほぼ同じ)というように雑徭も課役に含まれると明言する。しかし日本令でも大宝令では免課役で雑徭が免ぜられる場合と免ぜられない場合とがあったらしい(↓補14)。もちろん免課役で雑徭まで免ぜられる場合にも、そのことから直ちにその場合の課役に雑徭が含まれるとは言えず、大宝令制定者が、課役には原則として雑徭を含まないと考えていた可能性もある。ところが養老令の制定者は、賦役39の大宝令文「斐陁国課役倶免」をわざわざ「斐陁国庸調倶免」と書き変えているので(↓補39b)、養老令の課役には雑徭を含むことを前提としていた可能性が強い。唐名例律26疏に「侍丁依レ令免レ役、唯輸二調及租一」とあるのを、養老律疏が「侍丁依レ令免二徭役一、唯輸レ調」と書き変えたのも(↓補19a)、唐律令は課役を主として雑徭を従としたのに対し、養老律令は雑徭も調庸と並列的に扱おうとしたことを示している(↓補37b)。ちなみに唐令では、免課役とか免役とかあった場合に雑徭まで免除されるかどうかは、律令の背後にある社会通念によって明確であったと思われる(例えば、有位者やその家族が免課役とされた場合に当然雑徭まで免除されることは、士族身分と徭役労働との関係についての中国社会の伝統的な通念によって明白であった。↓補20)。

9c 已役已輸(二五三頁) 「已役」が唐令で歳役の徴発を意味したことは疑いないが、大宝令では歳役を全て庸で収ることにしていたので(↓補4b)、この条の「已役」(大宝令も同文)の意味が不明確となる。古記は「其已役、謂臨時差役也」と注し、青木和夫は慶雲三年二月勅(三代格)の百姓身役が古記のいう臨時差役にあたると推定する。なお「已輸」について古記等は「已輸、謂糸調七月卅日以前輸訖(賦役3)、及臨時逓輸等是」。

10 **辺遠国条と羈縻思想**(二五四頁) 中国では異民族を夷狄として低くみ、なるべく争わないでこれを制御操縦し手なずけようとする思想があった。この制御は一般に「羈縻(きび)」(羈はたづな、縻は牛馬の体に着けて車を挽く革)と呼ばれ、中華思想から派生した政策であった。この条も、単に生業の違いを配慮しただけでなく、本来はこのような羈縻政策の一環であったと想定される。日本令も唐令(唐令拾遺、賦役一二)を殆んどそのまま継承しているが、唐令に「課役」(開元二十五年令。永徽令は未詳)とある部分を「調役」と記している。「調役」という語は浄御原令時代にはしばしば用いられており、調と役(賦役14)を意味したが、大宝令施行以後にはあまり用いられていない。この条の調役の語に夷人雑類は稲作を生業としないので租は取らないという積極的な意味があったかどうかは未詳。

11 **蠲符条の大宝令文**(二五四頁) この条の大宝令文には「凡任レ官応レ免二課役一…」とあったが、養老令は「任官」の二字を削っている。大宝令はおそらく唐令(唐令拾遺、賦役一三)「諸任官応免課役…」をそのまま継承したが、日本の官位制は中国の官品制と構造を異にしているので(→官位補☆a)、「任官」の二字を削った養老令の方が日本令としては一貫している。

12a **春季条**(二五四頁) この条の古記に「問、春季附者、免レ課従レ役。秋季以後附者、課役俱免。未レ知。…」とあるので、大宝令では春季が免課従役で、夏季の規定がなかったとも考えられる。しかし古記の文の春季附者の次に「課役並徴。夏季附者」の八字が脱落している可能性も強い。なおこの条は「附」の場合だけを規定するが、課役免除の事由が年度の途中に生じた場合について古記は「主計寮常例行事、雑色春季解下如レ令。但春季入色、課役俱免。此是合レ理、夏季入色、徴レ課免レ役。秋季入色、俱課役不レ免也」とする。この主計寮常例行事の内容は、古記の引く唐の開元式と一致する。

12b **詐冒隠避**(二五四頁) 義解に「詐二復除一、謂二之詐一也。相二冒有蔭之人一、謂二之冒一也。不レ附二戸貫一、謂二之隠一也。詐二疾病一、謂二之避一也。皆言下所二詐以免二課役一者上也」。

14 **復と免課役**(二五五頁) 古記は「問、復与二免課役一、若為其別。答、復者不レ限二課役一、雑徭悉免也。免課役者、或免二雑徭一、或不レ免二雑徭一、無二定例一」と注し、さらに免課役の例を「仮令、三位以上父祖兄弟子孫…並免二課役一(賦役18)、如レ此之類無二雑徭一。又孝子等同籍悉免二課役一(賦役17)、斐陁国課役俱免(賦役39)、如レ此之類、並合二雑徭一也」と説明する。課役と雑徭との関係→補9b。

15a **没落外蕃条の構成**(二五五頁) この条は、(イ)没二落外蕃一得レ還者、(ロ)外蕃之人投化者、(ハ)家人奴被レ放附二戸貫一者、の三つの場合の復除について規定しているが、唐の開元令では、(ハ)は(イ)(ロ)とは別条をなしていたことが通典(巻六食貨六)から推測される。即ち通典は開元二十五年の賦役令の主な条文を列挙したところで、人居狭郷条(養老令の賦役14に相当。以下同じ)、没落外蕃条(賦役15の前半)、部曲奴婢条(賦役15の後半)を続けて引用しており、この配列は養老賦役令の該当部分と一致するだけでなく、養老戸令の配列とも対応する。

〔戸令(養老)〕	〔賦役令(開元)〕	〔賦役令(養老)〕
15居狭条	人居狭郷条	14人在狭郷条
16没落外蕃条	没落外蕃条	15没落外蕃条
17絶貫条	部曲奴婢条	

おそらく日本令の制定者は、唐賦役令(永徽令は不明だが開元令とほぼ同じか)の没落外蕃条(養老令と同文)と部曲奴婢条(「諸部曲奴婢放附二戸貫一復三年」)とを一条にまとめたのであろう。しかしそのために家人・奴(戸令35)も外蕃から還ってきた場合とする穴記のような注釈も生ずることになった。なお唐令(通典)には「部曲奴婢放附戸貫」、大宝令(古記及び令義解紅イ本)には「家人奴婢被放附戸貫」、養老令には「家人奴被放附戸貫」と異同があるが、女性は日唐令ともに不課口なので、通典の婢は被の誤り、古記等の婢は衍か。また古記は「令レ欲レ還二本属一者聴」という令文の一節

を引くが、この部分が大宝令のこの条の末尾に存したか、それとも戸令17の一部(大宝令も養老令と同文)をこの条の問答で引用したものかは未詳。

15b 外蕃人・夷人の投化の特例(二五五頁) 外蕃からの投化者のなかでも、とくに高句麗と百済の滅亡の際に投化してきた者は、霊亀三年十一月官符(集解)によって、終身課役を全免し、それ以外はこの条の規定によることとした。また古記は、外蕃之人でない隼人・毛人が「赴化」してきたときの処分について、「隼人等其名帳已在二朝庭一、故帰命而不レ復。但毛人合レ復也」と注し、その根拠として唐の開元令の「夷狄新招慰附二戸貫一者、復三年」を引用する(唐令拾遺、賦役一六・一七)。

17 孝子順孫条(二五五頁) 孝を柱とする家族道徳は儒教の基礎をなしており、中国律令もその教化政策の中心においている。日本律令もそのような中国律令の基本的な性格を受けつぎ、この条も唐令(唐令拾遺、賦役一七)と殆んど同文である。また孝義は国守の職掌の一つにあげられており(職員70)、国守は毎年一度、属郡を巡行して孝悌の者を探すことになっていた(戸令33)。もちろん古代の日本にも親子や夫婦の間の自然な愛情は存在していたが(例、万葉集の防人歌)、倫理としての孝義は外来思想として摂取され、律令国家を支える理念として政策的に普及が計られた(例、天平宝字元年に孝経を天下の家に蔵せしめた)。しかし中国とは家族の構造を異にするので、中国の家族を基盤にして形成された中国律令的な孝子・順孫・義夫・節婦の思想が、古代の日本人にどのように理解されたかは大きな問題である。この条の集解が、中国の古典にみえる孝子等の故事を詳しく紹介し、またこの条の施行についての唐の格後勅や開元格を引用し、さらに唐の判集(判例集)まで引用しているのも、中国的な孝義の思想が当時の日本人には馴みが薄く、この条の具体的な施行の規準を示す必要を感じたためであろう。とくに孝子等のなかでも義夫の思想は古代の日本人の倫理とは異質なものであったらしい。スタイン文書三四四号、開元戸部格断簡にみえる証聖元年四月九日勅(集解に引く開元格はこの一部分)には孝義の表彰の規準を「其孝、必須二生前純至、色養過レ人、歿後孝恩、哀毀踰レ礼、神明通感、賢愚共傷一。其義、必須二累代同居、一門邕穆、尊卑有レ序、財食無レ私、遠近欽永一(集解は「承」)、州閭推伏一」(傍線は集解引用部分)と定めているが、孝はともかく、累世同居に高い倫理的価値をおく義の理念が、古代の日本人に受け入れられたかどうかは疑わしい。大宝二年十月詔(続紀)には「上自二曾祖一下至二玄孫一、奕世孝順者、挙レ戸給レ復、表二旌門閭一、以為二義家一焉」とみえるが、この場合の義は奕世孝順の意で、中国律令的な義夫の観念とは異なっていた。また大伴家持も「義夫節婦」の義夫を妻に対する夫の意に解していた(万葉四一〇六)。

19a 舎人史生条の構成(二五六頁) この条は復除の対象となるものを、免課役・免徭役・免雑徭の三つの段階に分けて規定する。ただし坊長・価長(ともに京内)をとくに免雑徭としたのは、京畿内には庸(役)を課さないという規定(賦役4)によるもので、本来は里長等と同じく免徭役とする主旨であったと推定される。したがって京畿内の課役徴収について日本令のような特例規定をもたない唐令にあっては、免雑徭に相当する部分はなかった可能性が強い。またこの条の構成から免徭役は歳役(賦役4)と雑徭(賦役37)との免除と推定されるが、養老令で免徭役とする侍丁について、唐名例律26疏は「侍丁依レ令免レ役」(養老律疏は「侍丁依レ令免二徭役一」)とするので、唐令の該当条は「免課役」と「免役」の二段階の規定であった可能性が強い。ただ唐令の該当条に免課役・免役とのみあって雑徭の免除に言及していないとしても、賦役令は中央財政に直結する課役を中心に規定したために地方財政に属する雑徭について詳しく言及しないだけで、この条では当然、課役・役とともに雑徭も免除されたと推定される(→補9b)。養老令が免課役・免徭役・免雑徭の三段階としたのは、日本の雑徭の性格とも関連するか(→補9b・37b)。

19b 免課役とされるもの(舎人〜徒人在役)(二五六頁) 舎人→軍防46。史生→職員2。伴部→職員☆。使部→選叙3・軍防47。大宝令のこの条には使部なし(古記に「問、…使部無レ文、如何処分。答、文誤、必可レ在也」)。兵衛→軍防38。衛士→軍防12。仕丁→賦役38。防人→軍防12。帳内・資人→軍防48。事力→軍防51。駅長→厩牧15。烽長→軍防69。内外初位長上→内外初位(選叙2)で長上(選叙9)のもの。集解諸説は無位でも伴部(内番上)の場合は免課役なので、無位の内長上も当然免課役とする。勲位↓軍防補33。雑戸・陵戸・品部↓職員補☆・戸令補19d。なお陵戸は大宝令文にはなかったか(↓戸令補35b)。徒人在役↓獄令18。

19c **免徭役とされるもの**(主政〜残疾)(二五六頁)　主政・主帳↓職員74。大毅以下↓職員79。兵士以上↓軍防12。大毅以下兵士以上で軍団の構成員全体を指すか。牧長帳↓厩牧4。駅子↓公式42。烽子↓軍防70。牧子↓厩牧5。国学博士・医師↓職員80。諸学生↓学令2 15等。侍丁↓戸令11・賦役補19a。里長↓戸令1。貢人得第未叙―貢人の得第するも(考課75)未だ叙位されていないもの。初位―古記に「問、内外初位分番上下、若為処分。答、輸レ課免レ役。若無レ故不レ仕者、課役倶徴」とあるので、この部分の大宝令文には初位はなかったかも知れない(長山泰孝説)。残疾↓戸令7。

20 **除名未叙条と力役義務**(二五六頁)　中国には古来、力役義務の有無をもって士と庶の何よりも大きな相違とする観念が存在し、周礼の施舎から唐律令の課役免除に至るまで、士の身分等に対する復除の中心になったのは力役義務の免除であった(曾我部静雄説)。唐名例律21疏には、この条の手本となった唐賦役令「除名未レ叙人、免レ役輸レ庸、並不レ在二雑徭及点防之限一」を引くが、元の有官有爵者で現在は除名未叙である上、蔭がないために庶民と同じく課役を荷う羽目になっているものでも、実際に徭役労働に駆り出すことだけは免除するというこの条には、力役義務の無いことをもって士の身分の基本的標識とする観念が、もっとも明瞭に表れている(浜口重国説)。

21a **免朞年徭役条**(二五七頁)　この条の手本となった唐令は未発見だが、この条の背後には父母の喪を重視する中国の伝統的な思想があったと思われるので、類似の規定が唐令に存在したことは疑いない。事実唐代のいわゆる差科簿(ペリオ文書三五九号他)にも「終服」(喪服の意)の注記が沢山みえる。日本の天平五年右京計帳手実にも「遭服母」の注記がみえ、その戸には徭銭の記載がない。なおこの条の「朞年」は喪葬17の父母の服紀一年と一致する。唐令の該当条は不明だが、礼記、喪服に「為レ父斬衰三年」(唐制と同じ)、礼記、王制に「父母之喪、三年不レ従レ政」とあるので、唐令該当条も服紀の期間の徭役を免除する主旨であったと推定される。

21b **朞と期**(二五七頁)　敦煌発見の唐職制・戸婚・廐庫律断簡(ペリオ文書三六〇八・三二五二号)は、期年をあらわす期には「朞」の字を用い、その他の場合の期、即ち期会・乖期・違期・期要にはみな「期」の字を用いて区別している(内藤乾吉説)。この断簡は大体は永徽律とみてよく、垂拱の改定が含まれているかも知れないといわれるが、おそらく日本律令の手本となった永徽律令も朞と期を区別しており、日本律令もその区別をそのまま継承したのであろう。

22a **雇役丁条**(二五七頁)　この条の呼称を底本は「應役丁条」とするが、雇と應との誤写の可能性を考慮して(本文冒頭では、底本「凡雇役…」、傍書「應雇役仕丁イ本」)、「雇役丁条」に改めた。なおこの賦役22条から33条までは(29条を除き。↓補☆)すべて丁匠の使役に関係する規定なので、養老令の建前としては、当然この条に歳役を含めた丁匠の徴発計画を規定するのが自然だと思われるが、雇役に限定していることが注目される(↓補4b)。

22b **覆審支配と太政官**(二五七頁)　集解諸説は「覆審、謂主計覆審也。支配、謂官支配耳。言、主計覆審申レ官、官奏聞支配耳」(令釈)とするが、このような令文自体からは導き出せない複雑な解釈を生じたのは、唐令では本司から直接度支に録送することになっていたのに対して(「本司量校、録二送度支一」)、日本令では本司と主計との間に太政官を介在させたためか。

22c **要月・閑月**(二五七頁)　中国には古くから「使レ民以レ時務在レ勧二農桑一」(漢書、五行志)という思想があり、推古十二年の憲法十七条にも継受されている。要月は農の要月、閑月は農の閑月の意で、本来は地域によって若干異なっていたと思われるが、賦役22では十月〜二月を閑月、それ以外(三月〜九月)を要月とみなしていたらしい。なお古記には「要月、謂、依二雑令一、四五六七八九月。以外為二閑月一也」とあるが、閑月・要月について直接規定した条文は養老令の雑令にはみあたらない。大宝令にあった条文を養老令で削除したともみられるが、古記が雑令17訴訟条によってこの注を書いた可能性も強い。

23　**差科条**(二五七頁)　賦役22雇役丁条が雇役丁の差点であるのに対して、この差科条は歳役をも含む一般の差科の規定と考えられるが、貧富強弱を判断の規準とすることはどちらにも共通しており、相違するところは賦役22の雇役の場合には多丁・少丁を区別しないことだけとなる。しかるに雇役丁条にも大宝令文には「取二家有二多丁一」(古記)との規定があったらしいので、両者の区別は消滅してしまう。同一の規定をそのまま繰り返すことは考え難いし、またこの差科条の集解には古記がみえないので、この条は大宝令には存在しなかった可能性が強い(青木和夫説)。

24　**丁匠赴役条と古記**(二五七頁)　この条には令文の意味が明瞭でない部分が多いが、古記は他の明法家の説と異なる独得の注釈をしている。例えば「其外配者便送二配所一」について古記は「謂、西方之民、便配二造難波宮司一也」とし、また「以レ近及レ遠」について「謂、先番役二近国一、次中国、次遠国」と注する。これらの古記の注釈が令の本意と合致するかどうかは問題があるが、天平時代の実情には適合しているらしい(青木和夫説)。

26a　**減半食**(二五八頁)　奈良時代の実例では、病気の仕丁には日別米八合を支給した。一般に共同炊事の仕丁には日別米二升を支給する例であったが、食事のときに給したのは日別米一升二合で、残りの八合は米のまま「半食残」或は「半食加米」等の名称で支給した。先の病気の仕丁に対する日別米八合はこの「半食」の量と一致する(弥永貞三説)。令文の「半食」が正確に二分の一の意であったかどうかは未詳。

26b　**唯疾病者給役日直**(二五八頁)　令釈は「計二見役日一、給二其直一」と注するが、令文の本意が、疾病者には現役の日の雇直を直ちに支払う意か、あるいは実際には就役しなくても役日と同じ直を支給する意かは未詳。

27a　**大営造**(二五八頁)　集解諸説が大営造を五百人以上を役する場合とするのは、唐制の影響かも知れない。日本令でも営繕16に「応レ役二五百人以上一者、且役且申」とあるが、同条令釈に「唐医疾令云、行軍及作役之処、五百人以上、太常給二医師一人一」とあるように、唐令では五百人以上を一処で使役する場合に特別な規定を置いていた。

27b　**非違**(二五八頁)　弾正式にこの条の施行細則を「仰二所司一令レ移二役夫散帳幷人数一、遣レ忠紀二訪郡司部領等一、勘二糺私駆役之類一」(移↓公式12、忠↓職員58)とする。

29a　**藁藍条**(二五九頁)　畿内には賦役の制で種々の特例が設けられているが(例、賦役1 4)、この条では畿内諸国が雑用品を京に供給することを特に定めている。また賦役令におけるこの条の配列も注目される(↓補☆)。なお主計式の畿内諸国の調の品目はこの条の主旨と共通する点があり(↓補1m)、また民部式の交易雑器の制(畿内諸国に槽・臼・簀・瓠等を交易して進上させる制度)はこの条の変形か。

29b　**雑用之属**(二五九頁)　古記・令釈・義解は、染草(古記は黄草)、針(古記のみ)、縄、瓠(ひさご)、槽(ふね)、机、籠(こ)、簀(す)、柏(かしわ)等を例にあげる。瓠以下は主として厨具か。

31　**丁匠の重患と死亡の実態**(二五九頁)　書紀、大化二年三月条には、役民が還郷の路頭で死亡すると、周辺の家が死者の同僚に祓除を要求するので、死者はそのまま放置されたという。また続紀、和銅五年正月詔には、「諸国役民、還レ郷之日、食粮絶乏、多饉二道路一、転二塡溝壑一、其類不レ少。国司等宜下勤加二撫養一量賑恤上。如有二死者一、且加二埋葬一、録二其姓名一、報二本属一也」とある。

32　**焼之**(二五九頁)　日本における火葬の起源は、続紀、文武四年三月条に道昭を遺言によって火葬にしたとあるのが文献上の初見で、続紀にも「天下火葬従レ此而始也」と記す。考古学的にはそれより遡る可能性も指摘されているが、大宝令制定時にはまだ火葬の俗が一般化していなかったことは確かであろう。この条は唐令を殆んどそのまま継受した可能性が強く(家人については↓頭注)、屍体の焼却の部分も唐令から継受した可能性が強いが、本条の規定は当時の為政者の火葬に対する意識を示す史料として注目される。

35a　**諸国貢献物**(二六〇頁)　大宝令は「朝集使貢献物」。唐六典三にも朝集使の項に「元日陳二其貢篚於殿庭一」とあるので中国の制の影響も考えられるが、日本で朝集使の貢献が独自に発生した可能性もある。養老令は「諸国貢献物」と改めたが、この改正が単に唐令(唐令拾遺、賦役二七)の文章に倣ったものか、それとも諸国からの交易進上物が日常化したこと(↓補7)と関係があるのかは未詳。この条に金銀以下の物品を列挙するのは、賦役1と同じように、日本令の特色か。なおこの条に列挙された品目のうち錦・羅・綾等の高級織物は、和銅年間から国衙の工房で生産し、「調」として進上することになった。唐では「貢」と「賦」とがはっきり区別されていたが(唐六典三)、日本では両者の区別はあまり意識されていなかったらしい(曾我部静雄説)。

35 b　不得過五十端(二六〇頁)　義解等に「毎国一年所レ貢雑物価直、各不レ得レ過二五十端一也」。端は布の丈量単位(↓補1f)。なお唐律令が絹を価直の基準とするのに対して、日本律令は布を基準とする(↓名例補11a)。

37 a　令条外(二六一頁)　「令条外」の解釈について、集解諸家の説は対立しているが、古記所引一云・令釈・跡記・義解は、「令条外」を歳役条(賦役4)以外と解する点でほぼ共通している。これに対して古記は、田令2・賦役3・軍防39 53 64 65・営繕8 9 11 12 16・捕亡1 2・雑令12の計14条をあげ、「以上諸条、皆此令条之内、不レ在二雑徭之限一」と注し、さらに「但臨時将レ有レ事。仮令、作二新池隄及倉庫、他界路橋一、御贄獦贄送、公使上下逓送従馬等類、皆是充二雑徭一也」とし、さらに「又有下令条内充二雑徭一役処上」として田令37・賦役29 34・医疾21 22・営繕15・廐牧12・喪葬11、和銅五年五月十六日格の令八条と格一条をあげ、「以上諸条、並是充二雑徭一耳」と注する。ところでこの特異な古記の注釈は、力役負担の主体が令条に明確に規定されているかどうかを規準にして机上で区分したものにすぎず、雑徭の実態とは関係ないとする説がある(岸俊男説)。たしかに条文を素直に読むかぎり、「令条外」という条件はなによりもまず次の「毎人均使」にかかると解するのが自然であり、岸説もそのような正当な令文の読み方に立脚していると思われる。しかし古記が果して力役負担の主体に着目して前述のような分類をしたかどうかは疑問が残り、古記は力役の内容(仕事の種類)によって分類した可能性も強い(長山泰孝説)。また大宝令の具体的な施行細則として定められた「請辞」の内容(賦役39集解所引)と古記の注釈との関連も注目される(東野治之説)。古記が令条内であるから雑徭の限でないとした力役のなかには共同体的な労役が沢山含まれているのに対して、令条内ではあるが雑徭を充てて役するとした力役には中央政府の必要に応じて徴発されたものが多いとする説もある(長山泰孝説)。ただ古記の分類が天平時代の実際の行事とどのような関係にあったかは明確でない。「令条外」という表現は、禄令15「凡令条之外…」のように令条に規定がない場合と解するのが自然であり、賦役34の「令条不レ載者」もほぼ同じ意味と解される。したがってこの条の「令条外雑徭者、毎人均使」も、令条に徴発の仕方について規定のない一般的な雑徭は特定の人に偏らないようにせよというほどの意味で、「惣不得過六十日」もそのような一般的な雑徭の日数を制限するのが令文の本来の主旨と推定される。ただ古記のような解釈が生じてきたのは、日本の雑徭の由来や実態とも関連するらしい。↓補37b。

37 b　クサグサノミユキ(二六一頁)　クサグサノミユキのクサグサは、唐令から継受した法制用語「雑徭」の「雑」という漢字の意味から附された訓だが、「ミユキ」と「徭」との関係は明確でない。ミユキは身(み)行(ゆき)とする説もあるが、ミが乙類の身(み)である証拠はなく、甲類の御(み)であった可能性も強い。すなわちミユキは天皇またはそのミコトモチ(国司)の御(み)行(ゆき)にともなって徴発された労役であったとも推測できる(薗田香融説)。なおミユキは本来屯倉の民に課された労役であったとする説もある(直木孝次郎説)。法制的な「雑徭」の制は、浄御原令で唐令から継受された可能性が強いが、その際、唐の雑徭が地方的な労役であったことと、日本のミユキが地方で使役されることとが共通していたため、従来のミユキを雑徭にあてたのであろう。しかし唐の雑徭が中央財政に入る課役とは区別され、律令でも課役を主にして雑徭は詳しく規定されなかったのに対して、日本の雑徭は、朝廷(広義)のための労役というミユキの本来的な性格を継承したためか、律令においても調庸と並列的に扱われる傾向が強かった(↓補9b・19a)。このように雑徭の主体がミユキであったとすると、初期の雑徭は地方豪族が朝廷とは関係なく地域社会で徴発していた労役とは別の系列のものと推測され、奈良時代の雑徭もミユキの性格を継承していた可能性が強い(↓補37 a)。ただ令釈や義解は「徭訓役也」とし、天平宝字六年の木簡(平城宮木簡一、一九号)も雑徭にあたるものを「雑役」と表記しているので、後には雑徭は正役(歳役)に対する雑役と意識されたらしい。↓補37 a。

37 c 毎人均使(二六一頁) 「毎人」とあるので老若男女を問わないとする説もあるが、令の本意は特定の人に偏らないように使役せよとの意か。集解諸説は、正丁・次丁・少丁(中男)を1・$1/2$・$1/4$の割合で役するとする(正丁等↓戸令6)。なお養老元年十一月格(三代格)の中男作物制にともない(↓補1 k)、中男(少丁)の雑徭は中男作物に吸収された。(左右京の徭銭は少丁にも課せられたが、左右京は中男作物なし)。

38 a 仕丁条(二六一頁) 仕丁の起源は明確でないが、朝廷に出仕する「トモ」をその郷土の「べ」が資養するという、いわゆる部民制の一形態として、大化前代にはすでに存在していたと推定される。書紀、大化二年正月の改新詔には、「凡仕丁者、改㆘旧毎㆓卅戸㆒一人㆖〈以㆓一人㆒充㆑廝也〉。而毎㆓五十戸㆒二人〈以㆓一人㆒充㆑廝〉。以充㆓諸司㆒。以㆓五十戸㆒、充㆓仕丁一人之粮㆒。一戸庸布一丈二尺、庸米五斗」とあり、改新詔のなかでは唯一の力役規定として注目される。この規定がそのまま大化二年正月のものかどうかは断定できないが、三十戸を基準に仕丁一人(及び廝一人)を出した旧制を記していること、令制に比べて、(一)廝(カシハデ)の表記の仕方が異なっていること(↓補38 b)、(二)仕丁の資養の方式が異なっていることなどが注目される。即ち先の改新詔によれば、仕丁を出した五十戸が一戸あたり庸布一丈二尺または庸米五斗を出して仕丁一人(及び廝一人)の粮に充てることになっていたが、令制では歳役の庸から仕丁の食糧を支出することになった(↓補4 b・5)。なお奈良時代には庸から支出される粮米や月養物の他に、仕丁を出した郷土(養老二年格によれば房戸。その房戸の雑徭は免ずる)からも国養物が送られている。

仕丁は先述したように部民制の一形態とみられ、仕丁条も直接唐令には祖形を見出せない。仕丁条のなかには「仍自不㆑願㆑替者聴」のように、唐の執衣の規定(通典三五)を参考にしたかと思われる部分もあるが(弥永貞三説)、おそらく日本令制定者が独自に作成した条文と推測される。また仕丁の一変形とみられる斐陁匠丁の条(賦役39)も日本で作られたことはほぼ間違いない。日本令の制定者は、おそらく唐賦役令の最終条にあった雑徭条のあとに、仕丁と斐陁匠丁の規定を附加したのであろう。↓補☆

38 b 立丁と廝丁(二六一頁) 仕丁二人のうち、朝廷に直接仕えて労役に従うものを立丁、立丁のために汲炊の労をとるものを廝丁(カシハデ)と呼んだ。廝丁は古来からの慣習による特殊な制度であって、元来は立丁が私に点じたものと推測される(弥永貞三説)。大化改新詔に「毎㆓五十戸㆒一人〈以㆓一人㆒充㆑廝〉」(↓補38 a)と規定しているのも、このような廝の性格と関連があろう。大宝令では「毎㆓五十戸㆒二人」と表記したが(実質は同じ)、まだ「廝丁」でなく改新詔のように「廝」としたのは、廝の本来の性格を残している。天平十七年の大粮申文によると、立丁に対しては日別に米塩を給し、廝丁に対しては月別に布綿を給して両者を文書の上では明確に区別している。しかし実際には両者が同じように働かされており、やがて両者の区別は消滅した。

38 c 三年一替(二六一頁) 続紀、養老六年二月詔に「自今以後、諸衛士仕丁、便減㆓役年之数㆒、以慰㆓人子之懐㆒、其限㆓三載㆒、以為㆓一番㆒、依㆑式与替、莫㆑令㆓留滞㆒」とあり、令条には全く言及していないので、これ以前には衛士・仕丁の上番期間について明確な規定はなかったらしい。なお賦役39斐陁国条の「一年一替」の規定も、大宝令にはなかった可能性が強い(弥永貞三説)。

39 a 斐陁国条(二六一頁) 書紀、持統八年十月条に飛騨国の特定戸の課役を免じていることから、この条は浄御原令には存在せず、大宝令で成立したと推測する説もある(弥永貞三説)。斐陁国から匠丁を徴発する制度自体の淵源は明確でないが、都に徴発される丁が、里を単位として点ぜられ、廝丁をともない、郷土に資養を仰ぐという点で、仕丁制(賦役38)の一変形であることは間違いない。おそらく斐陁国が都から比較的に近い山国であるところから、木工の供給源として着目されたのであろう。ただこの条のように一国のみを対象とした規定は律令のなかでも特異なものである。

39 b 庸調と課役(二六一頁) 大宝令文には「課役倶免」とあった。古記によれば大宝令の免課役には、雑徭を免ずる場合と雑徭を免じない場合があったが(→補14)、この条の課役倶免は雑徭の免除を含まないとする。しかし養老令の通例では課役に雑徭を含んだので、雑徭は免除しないことを明確にするために、課役を庸調と書き変えたと推定される(→補9b)。

39 c 輸米(二六一頁) 余丁が負担する輸米、正丁六斗・次丁三斗・中男一斗五升は、(一)令制の調または庸に相当する量と推定されるが、(二)中男が負担する点で庸の制(賦役4)とは異なり、調の制(賦役1)に一致する。この輸米の制が庸分は匠丁の労役で相殺されるので、調分を米で納めるという性格のものか、それとも匠丁十人の年間食糧を勘案して概算されたものかは未詳。

		令制	慶雲三年以後の実例	延喜式
調	米	(6斗)	(6斗)	6斗
	塩	3斗	3斗	3斗
庸	米	(6斗)	(3斗)	3斗
	塩	(3斗)	1斗5升	1斗5升

( )内は推定値，塩は推定の根拠として併載.

11 学令

☆a 唐制との比較(二六二頁) 日本の学制は概ね唐制に準拠しているが、唐令では開元七年令のみは学令という篇目を欠いていたらしい。唐の学制で日本の大学寮に当るものは国子監であって、祭酒一人以下、司業・丞・主簿・録事などの職員が置かれた。この国子監の管する学校としては、国子・太学・四門・律・書・算の六学があり、国子・太学・四門の三学はいずれも経学を教授する学校であるが、学生の身分によって分れている。すなわち国子学は主に三品以上の子孫を、太学は五品以上の子孫を、四門学は七品以上の子及び庶人の子を入学せしめるものであった。これら三学の教官・学生の定員は、国子学は国子博士二人・助教二人・学生三百人、太学は太学博士三人・助教三人・学生五百人、四門学は四門博士三人・助教三人・学生(七品以上の子)五百人・俊士(庶人の子)八百人と定められている。律学以下の諸学の定員は、律学博士一人・助教一人・学生五十人、書学博士二人・学生三十人、算学博士二人・学生三十人であって、これらの諸学生はいずれも八品以下及び庶人の子であった。日本の学制は以上の六学を縮小統合して一つの大学にまとめた形になっているが、律学を置かず、代りに音博士を置いている。ただし、諸教科の内容は唐制と大差はない。また唐制では地方の府・州・県にそれぞれ府学・州学・県学を設けて経学を授けたが、これは日本の国学に相当する。

なお唐制では以上のほか、秘書省太子局で天文暦法、太常寺太医署で医薬の教授が行われたが、これはそれぞれ日本の中務省陰陽寮・宮内省典薬寮における教育に当る。

☆b 大学の沿革(二六二頁) わが国の大学については、懐風藻序に天智天皇の時「建二庠序一、徴二茂才一」とあり、天智紀十年正月条に学職頭(後の大学頭)、天武紀四年正月条に大学寮の名を見るが、その具体的な姿は明らかでない。

大学の制が整った形で定められたのはおそらく大宝令を最初とし、それは式部省大学寮に属して経学教授を基幹とする官吏養成機関であった。奈良時代を通じてその整備充実がはかられたが、その際に吉備真備の功績は多大であったと思われる。そして天平初年には律学(明法)博士・文章博士や明法生・文章生が置かれ、令制の経学(明経)・算の二学科に加えて文章(紀伝)・明法の二学科が独立学科として認められて、後世のいわゆる四道が出揃った。同時に専門学生として各科の得業生も置かれている。この四道の中、中国の史学・文学を専攻する紀伝道は、貴族社会の好尚を得て次第に優勢となって来た。

平安時代に入ると、その初期には就学の奨励・学校財政の補強・学科内容の充実などの大学振興策がとられて大学は盛時を迎えたが、中でも紀伝道は他を圧して勢力を得、文章博士・文章生の地位は他の諸博士・諸学生よりも高く、良家の子弟も多数で、紀伝道出身者だけからは、公卿に列する者も現われた。

このような学問の貴族化の風潮に伴い、平安初期には弘文院(和気氏)・勧学院(藤原氏)・学館院(橘氏)・奨学院(王氏)などが有力氏族の子弟の寄宿・勉学の便宜をはかる施設として設立され、次々に大学寮付属施設として公認されて大学別曹と称せられた。しかしその一方、平安中期から末期にかけて教官世襲化の傾向が強まり、紀伝では菅原・大江・藤原、明経は中原・清原、明法は惟宗、後に坂上・中原、算は小槻・三善などの諸氏が世襲的に教官の地位を独占するに至り、家学が発生し、家塾が開かれると、学校としての大学は次第にその実を失って、釈奠(学令3)などの儀式や形式的な課試の場としての意義しか持たなくなって衰微した。

地方の国学については史料が極めて乏しいが、大体奈良時代には数箇国に一つしか置かれず、平安初期にようやく令規の如く一国に一校を置くことが定められたらしい。しかしその実態については殆んど知り得ず、平安中期にはその大半は既に廃絶したようである。

なお唐では大学出身者と共に各地から貢進された者に国家試験を課し、その合格者を官吏として採用するいわゆる科挙の制が盛んに行われたが、日本では社会事情が全く異なり、官吏は実際には良家や官人の子弟がその門地に応じて採用されることを原則とした。形の上で科挙に相当するものはわずかに文章得業生が対策及第して任官するルートだけであるが、これも極めて少数で、その上家系が問題とされるようになった(→選叙補☆b)。

3　釈奠の沿革(二六二頁)　日本での釈奠の礼は、続紀、大宝元年二月条に初見があり、天平八年の薩摩国正税帳に、春秋の釈奠に国司以下学生以上延七十二人が参列し、その際の酒食・供物料を官から支給したことが見え、国学でも釈奠が行われたことを示している。釈奠は奈良・平安時代を通じて朝廷で行われ、大学式に祭儀についての詳細が見えているが、先聖文宣王(孔子)・先師顔子(顔回)の二座を主とし、閔子騫(びんしけん)以下の九座を従祀として大学寮内の廟で祭り、次いで講論・作詩が行われる。秋の釈奠ではさらに翌日博士以下が内裏に参入して内論義がある。大学寮の釈奠は戦国時代以来中絶したらしいが、地方では行われたこともあり、近世には幕府や諸藩の学校で再興された。

7a　大中小経の分類(二六三頁)　隋書、経籍志によって各経の注の巻数を挙げれば、礼記鄭玄注二十巻、左伝服虔注三十一巻・同杜預注三十巻、毛詩鄭玄注二十巻、周礼鄭玄注十二巻、儀礼鄭玄注十七巻、周易鄭玄注九巻・同王弼注七巻、尚書孔安国注十三巻・同鄭玄注九巻である。なお孝経孔安国注・同鄭玄注は共に一巻、論語鄭玄注・同何晏注は共に十巻。

7b　諸経講授の期限(二六三頁)　唐令では「孝経・論語共限二一年一業成」以下「礼記・左伝各三年」に至るまで、各経修習の年限についての規定を一条として立てていたようである。日本令にはこれに当る条文はなく、式に規定が見えている。すなわち紅葉山文庫本令義解紙背に「大学弘仁式云、凡応二講説一者、春秋・礼記各限二七百七十日一、周礼・儀礼・毛詩・律各四百六十日、周易三百一十日、尚書・論語・令二百日、孝経六十日、三史・文選各准二中経一。貞観式云、凡応二講説一云々、律四百六十日云々、今案(四脱カ)百八十日」とあって、弘仁式に大中小経講説の日限の規定があり、その中、中経の日限が貞観式で四百八十日に改定されたことがわかる。延喜式はこの弘仁式及び貞観式の改訂とほぼ同じであるが、ただ、公羊・穀梁の二伝を小経に准じ、また、弘仁式では中経に准ずるとされた三史・文選を大経に准ずるものと規定しており、紀伝道の進出を物語っている。

13 **算経**(二六五頁)　以下の諸書について、古記・令釈が著者や巻数を注している。これを列挙すると、孫子―「一巻。即人名也。今選三巻」、五曹―「一巻。即人名也。今選五巻」、九章―「九巻。徐氏祖仲。種々計算也」、海島―「一巻。徐氏祖仲。海嶋計算也」、六章―「六巻。高氏也」、綴術―「五巻。相氏也」、三開重差―「三巻。高氏也」、周髀―「一巻。今選二巻。天地高計也」、九司―「一巻。九司事雑計也」であるが、これらの人名については全く知り得ず、また著者というよりも注釈者の名も含まれているであろう。唐制では、以上九書の中、六章・三開重差・九司の三書がなく、代りに張邱建算経・夏侯陽算経・五経算術・緝古算経の四書があって、算経十書と称した。この十書は綴術を除く他は皆何等かの形でその内容が伝えられているが、中でも周髀と九章が有名である。この二書は共に漢以前の知識を漢代のある時期にまとめたものと思われ、周髀は天文算法を説いたもので、数学書というよりもむしろ天文書である。九章(九章算術)は二百四十六問の各種問題を方田・粟米などの九章に分類して解法を示した体系的な数学書であり、その内容は高く評価されている。日本の算経の中、唐の算経十書に含まれていない六章・三開重差・九司の三書についてはその内容は全く不明であるが、三国史記三八、職官上に、新羅の学制について、「或差二算学博士若助教一人一、以二綴経・三開・九章・六章一教二授之一」と見えており、六章・三開重差の二書が新羅でも教科書とされていたことを知る。

12 選叙令

☆a **選叙令**(二六九頁)　令集解の賦役18三位以上条・喪葬17服紀条所引の古記に選任令の名が見える。しかし一方、田令18王事条・宮衛28宿衛近侍条所引の古記や、神亀五年三月二十八日の格(三代格)には選叙令とあり、諸本の校訂には不完全な点もあるので確言は出来ないが、大宝令では「選任令」と称していた可能性が大きい。唐令では「選挙令」である。なお選叙の意味は、義解に、才を選んで官を授けるのが選、考を計えて位を叙するのが叙であるとしている。

☆b **官人登庸試験制度と官人制**(二六九頁)　中国において「科挙は天子の中央集権と相伴って発達し来りし制度であり、同時にそれはまた天子の独裁権力を輔翼するに役立つ制度でもあった」、従って、「科挙の隆盛と天子独裁権の発達との間には密接な関連がある」(宮崎市定『科挙』)といわれる。

日本令の官人登庸試験制度は、唐制を模したもので、唐制と同じく、秀才(考課70)・明経(同71)・進士(同72)・明法(同73)及び書・算(学令15)の六種よりなる。それぞれの試験方法も唐制に準拠したものであるが、例えば、秀才・進士科の論文試験の問題数を五から二に減じ、あるいは、明経・明法・書・算にも課せられていた帖試を省略するというように、やや簡略化した形で継受している。合格者に対する叙位規定も、ほぼ唐制によるが、行政実務に直結するような進士・明法・算の諸科の叙位位階が、二、三階、唐制より高い。これは、書博士・算博士の官位相当が唐制に比べて数階高い(従七位上↔従九品下)こととも対応し、わが国において、かかる実学的な教科が唐以上に重んぜられていたことを示すものであろうか。受験者は、日唐いずれも中央及び地方に置かれた学校の卒業生がその中核をなすものであろう。日本令では、中央に大学(定員―職員14、入学資格―学令2)、地方に国学(職員80)を置くが、これは、中央に国子学(三百人、三品以上及び国公の子孫・二品以上の曾孫)・太学(五百人、五品以上及び郡県公の子孫・三品の曾孫)・四門学(学生―五百人、七品以上及び侯伯子男の子。俊士―八百人、庶人の子）・律学（五十人、八品以下及び庶人の子）・書学（三十人、同上）・算学（三十人、同上）及び弘文館（三十人、皇族及び功臣の子）・崇文館（二十人、同上）を置き、州県にもそれぞれ数十名程度の学校を置く唐の制度を、その規模を縮小して導入したものである。

両者を比較して注目されるのは、唐の中央の六学及び二館それぞれへの入学資格にはきわめて厳しい身分制限が付されてはいるが一般庶民層にも門戸を開いているのに対して、わが国の制においては、五位以上の子孫及び東西史部を主体に、他は八位以上の子・郡司の子弟のみに入学資格を限定している点である。これはわが国の官人登庸試験制度が原則として一般庶民層を除外するものであるということである。更に、学令21の後半の規定によると、学生のうち五位以上の子孫は、年廿一に達すると、学業の成否にかかわらず軍防46の適用を受け、内舎人以下として出仕することになっている。この規定を、叙位最低年齢が二十一歳である（選叙34）ことと考えあわせると、五位以上の子孫に対しては、秀才以下に及第して任官していくというケースを、原則として期待していなかったということになる。この点は、特に大宝令においては、考仕令貢人条に「六位以下云々」の限定があり（→考課補75）、より明確な形で規定されていた。唐令の学令21相当条文は不明である（穴記に「此条為レ省二改唐令九品以上之文一故也」とある）が、新唐書に「既能、条二其状一下二之属所一、五品以上子孫送二兵部一、準レ蔭配レ色」とあり、唐では、あくまでも、学業が成らずに退学させられるものが「準レ蔭配レ色」されることとなっている。

これは、唐の秀才以下の試験制度が、はば広く諸階層より有能な人材を登庸するための制度であったのに対して、日本令のそれが、きわめて限定された階層のみを対象とするものとして導入されているということである。しかも、(イ)その階層が、大化前代より朝廷の文筆の事を代々掌ってきた帰化人の後裔である東西の史部を主体に、六位以下の下級官人の子弟である、(ロ)行政実務に直結する教科が重視されている、(ハ)秀才以下の及第者に対する叙位位階と五位以上の子孫に対する蔭の位階（選叙38）との差が唐制に比べてはるかに大きい、等の点を考慮するなら、わが国の試験制度は、中堅の実務官人を登庸するための制度という色彩が強い。このような、両者の制度上の相異は、唐において進士に及第し宰相にまで昇進するものが多く現われ、進士科が出世の登竜門のごとき観を呈するような状況が出現するのに対して、わが国では奈良時代を通じて試験に及第して高位高官に達した例が皆無に近いという現実のあり方とも対応している。わが国における上級官人層は、天武朝の出身法の原則（→考課補32）を継承する内舎人以下を経由するコースをとって昇進する、五位以上の子孫によって再生産されるべく構想されていたのであろう。

このような、試験による官人の登庸が、原則として、中堅クラスまでであるとする、わが国の官人制のあり方は、選叙令に規定する善最等の勤務評定に基づく昇進法（原理的に個人の能力と関わる）の適用されるのが、原則として、六位以下の官人である（選叙129）こととも対応している。五位以上の官人の昇進については令文に具体的な規定がなく（但し毎年の考文は作成する）、勅によるとのみあるが、例えば、太政官機構の最上位を占める議政官が各有力氏の代表者により構成され、或る氏出身の者が死んだ場合他氏に優先してその氏から後継者を議政官に送る、というような特徴的な人事方式の存在が指摘されている（阿部武彦説）。また、神亀五年の外階制（→補2a）は氏の格差を五位到達段階で明確な形で類別することを制度化したものである。かかる例を見るならば、官人上層部の構成・昇進の原理は、浄御原考仕令に明記されていた「氏姓大小」（→考課補☆a）をあくまでも前提にするものであったと考えるべきであろう。

以上のような官人制の構造は、およそ桓武朝頃を転換期として変質していく。その方向は多分に唐制に接近していくような形で行われ、学業の重視・奨励、人材の登庸がはかられ、その結果、「大学尚レ才之処、養レ賢之地也。天下俊咸来、海内之英並萃。游夏之徒元非二卿相之子一、楊馬之輩出レ自二寒素之門一。高才未二必貴種一、貴種未二必高才一。且夫王者之用レ人、唯才是貴。朝為二厮養一、夕登二公卿一。而況区区生徒、何拘二門資一」（本朝文粋、天長四年六月十三日官符）というような門地主義に対する批判が現われるが、実際には中・下級貴族の大学出身者が公卿の下位に列する程度の例が大部分で、庶民からの抜擢はむりであった。これは当時の学問の中核であった儒教的教養が、日本では限られた階層にしか普及していなかったことの当然の結果であろう。そして諸学科の中、特に重視されるようになった紀伝道も、結局は貴族層に首位を占められ、秀才・進士の称もそれぞれ文章得業生・文章生を指す語として用いられるようになった。

☆c **選叙令の条数**(二六九頁)　選叙令の条数については、本書の底本である紅葉山文庫本は「凡参拾捌条」とするが、令集解目録は「凡三十九条」とし、萩本集解・印本集解も同じく「凡参拾玖条」とする。しかし実際の条文数は令義解・令集解のいずれも三十八条であるので、底本に従っておく。なおこの点につき令抄は「三十九条三十八条有二両本相違一、一本除二舎人条一為二三十八一」というが、ここにいう「舎人条」は大宝考仕令に存し、現行の令集解考課令に残されている舎人之最条(考課32)を指すものと思われるから、令抄は選叙令と考課令とを誤解した可能性が大きい。

1 **叙位の手続き**(二六九頁)　弘仁式部式・延喜太政官式・同式部式・貞観儀式等によると、諸司と畿内の長上官の考・選文は十月一日に、諸国の考・選文は十一月一日に弁官に送られ、それぞれ式部・兵部省に廻されて審査される。その結果叙位にあずかるべき主典以上を、二月十一日に大臣が引見する列見(れけん)の儀があり、決定案である成選短冊(じょうせんたんざく)を四月七日に奏上する擬階奏(ぎかいのそう)を経て、四月十五日に叙人を召して位記を給う位記召給(めしたまい)で完了する。以上は八位以上六位以下の奏授の叙位であるが、五位以上の勅授の叙位は全く別で、随時行われるが、平安時代以降は正月五日に叙位儀があり、同七日の節会に位記を授ける恒例の儀が、最も代表的である。

2a **外位**(二六九頁)　外位の初見は書紀、天武二年閏六月六日条の沙宅昭明に外小紫位を贈った記事であり、以後天武紀に数例を見るが、これらはすべて死後の贈位であって、壬申の乱に功績のあった地方豪族の優遇策と見られ、中央氏族に対する地方氏族と密着している。この外位は天武十四年の新冠位制以降見えていないが、大宝令制に至って復活し、養老令制・延喜式制にもそのまま引継がれた。大宝令制の外位は外正五位上から外少初位下に至る二十階で、外考の官職(郡司、軍毅、国博士・国医師、帳内・資人等)につく者に授けられる位階であり、唐の視品官の制を継受した面もあると考えられる。これら外考の官職は相当位が官位令に定められておらず、地方出身者から採用し、帳内・資人以外はその地方で勤務するのが原則であり、地方の豪族や有力者を対象とする地方的色彩の濃厚なものである。外位の待遇は概ね内位に准ずるが、内八位が奏授であるのに外八位は判授であり(選叙2)、考課の基準も違い(考課67〜69)、成選年限も長い(十考・十二考)(選叙15)、外六〜八位は位子の貢進資格がない(軍防47)、など一格低い形であった。その間にあって帳内・資人が外位の職ながらも成選年限は内分番八考に含まれるのは、帳内には内六位以下の子も補せられる(軍防48)こと、中央に出て貴人に仕えるべき職であることが考慮されたのであろう。外位は、平安時代に入ると実際には地方在住者にも内位の者が多くなり、やがて六位以下の位階が全体としてその意義を失って行くにつれて、平安中期以降、実質的には消滅してしまうと言ってよい。

外位の最上階である外五位については、別に特殊な問題がある。それは神亀五年三月二十八日の格により、それまで同等であった内外五位の待遇に大きな格差が設けられ、外五位の位禄・位田は半減、位分資人も五分の一に減、子の蔭位も一〜二等下げられるなど、外五位の諸特権は大幅に後退した。そしてこれと同時に、従来地方豪族のみに授けられていた外位を、外五位に限っては中央氏族の一部にも授けることとした。即ち、六位以下から五位に進む場合に、藤原・橘などの有力氏族の出身者は従来通り正六位上→従五位下と昇進するが、土師・葛城など中央氏族でも勢力の劣る家の者は、正六位上→外従五位下→従五位下と、間に外五位の段階を一つはさむか、あるいは正六位上→外従五位下→外従五位上とそのまま外五位で終ってしまうかの形を取った。これは令制でいわば貴族の仲間入りをする五位への昇進に際して、中央氏族間に明瞭な門地の格差を認めたものであり、天平末年には、真人・朝臣諸氏と宿禰の一部は外五位を経ず、宿禰の一部と忌寸・連などの諸氏は原則として外五位を経るか、あるいは外五位で終るという差別が、慣例としてほぼ固定した。外位から内位に移ることを入内(ないじゅ)と称するが、この外五位に限っての中央氏族間の差別の制度は、令本来の内位、外位の別とは全く性質の異なるものである。この内外五位の別は、形式的には後世まで僅かに存続するが、平安時代以降は、年を追うて五位以上の者の殆んどが藤原を始めとする貴姓諸氏で占められることになるので、実質上は平安中期以降は自然に消滅したと言ってよかろう。

2b 勅授・奏授・判授(二六九頁)

勅授―すべての官人の成績は毎年考文によって太政官に報告されるが(考課1)、その考文は式部・兵部二省に送られて勘校されたのち、五位以上については「三位以上、奏裁、五位以上、太政官量定奏聞」(考課59)という手続きがとられ、これに基づいて成選の年に天皇が授与すべき位階を決定する。よってこれを勅授という。考課59跡記は「五位以上、太政官定二等第一奏、至二成選之年一、亦注二中上中々之状一、不レ定二階数一直奏也」という。
奏授―式部・兵部両省は、毎年本司から提出される考文を勘校し、六位以下の官人については両省が考第を校定したのちに太政官に報告する(考課59)。太政官では成選の年に当ると、これらの報告に基づいて結階するが、手続上これを内八位・外七位以上と外八位及び内外初位に分け、前者については結階の案を天皇に奏上して裁可を経たのち授位が確定する。そのためこれを奏授と称する。ただし結階の案作成の実務は毎年の考文審査と同じく式部・兵部両省が担当し、その結果が太政官に報告された。考課59の跡記に「六位省定二等第一、唱示訖申レ官、至二成選之年一、亦定レ階訖申レ官」とする。
判授―外八位及び内外初位の授与は、式部・兵部二省の結階案を太政官が審査した結果がただちに授位の確定案となる。決定の主体が太政官であるため(官の)判授という。

8 馳駅発遣(二七〇頁) この条の古記は「問、還守若為訓」とするが、「守」は「字」の誤りであろう。従って「還字若為訓」であり、大宝令では「還馳駅発遣」とあったと思われる。

9a 遷代(二七一頁) 遷代とは後には遷替とも書き、義解に「謂自二卑官一遷二高官一」とあるように、主として官職の異動をいう語である。大宝令が選任令と称していたとすれば、それもこの意味であろう。しかし、わが律令官人制の構造としては、官人身分の基本は官職よりも位階であり、官人の成績を散位をも含めて毎年判定して考を定め、この考を何回か重ねた上で総合判定して(選という)まず位階を進め、官職も位階に応じて遷るというのが順序と考えられる。従って本条でも専ら叙位のことが規定してあるのであって、この点、養老令が選叙令と称しているのは、より実体に即している。考を一定数重ねて選の対象となる資格を得ることを成選(じょうせん)といい、それに要する考の数を選限(奈良時代には考限とも)と称するが、この選限は官職地位により次の四種(四科)に分れていた。

(1)内長上　六考
職事(官位令所載の諸官)、別勅・才伎長上、散位五位以上、内舎人。
(2)内分番　八考
官(省)掌、史生、大舎人以下諸舎人、兵衛、伴部、使部、内散位六位以下、帳内・資人。
(3)外長上　十考
郡司、軍団大・少毅、国博士・医師。
(4)外散位(後には外分番とも)　十二考
外位(あるいは曾て外考の諸職にあった者)で、現在非職の地方在住者をさすのであろう。

内とは内考の諸官職で内位を授けられるものであり、外とは外考の諸職で外位(→補2a)を授けられるものである。また長上は日勤、分番(番上とも)は交替出勤を原則とする諸官職である。ただし、右の四科の区分は厳密にはこれと一致しておらず、分番の職である内舎人が内長上に、国博士・医師が外長上に含まれ、また外考・分番の職たる帳内・資人が内分番に含まれるなど、待遇を考慮しての例外が設けられている。
官人は右の区分に従って成選し、その六〜十二の考を総合して位の進階数を算定するのが結階であり、その法は四科それぞれ令条がある。ただしこの結階法が適用されるのは六位以下のみであって、五位以上は勅授であるから考を得て成選はしても、その進階には全く定則はなく、一に勅断によるのである。これに対して六位以下の進階は多分に機械的であって、選限が長ければ昇進が遅れて不利であり、さりとて選限が短かすぎると比較的高位の官人が増大して全体のバランスを崩すおそれを生ずる。従って令規の選限はこの両者のそれぞれを理由として、何回か変遷を重ねた。その最初は慶雲三年二月十六日の格により、四科の選限を二考ずつ短縮したもの(内長上四考〜外散位十考)であった。その後、天平勝宝九歳五月二十一日、養老令施行とともに令制に復し、藤原仲麻呂の失脚直後の天平宝字八年十一月二十八日に慶雲格制に戻り、大同二年十月十九日また令制に復し、弘仁六年七月十七日再び慶雲格制に戻って以後は固定した。なお、大同二年・弘仁六年の改訂は、国司の任期についての変遷という見解がある。

この選限短縮の際の結階法は慶雲格に示されており、内長上四考中中で一階を進め、これに二考の中上があるか、または一考の上下もしくは上中があるごとに更に一階を加え、一考上上ならば二階を加える。選限が令制であるにせよ慶雲格制によるにせよ、算定がむずかしいのは選限内に分番から長上に移るといったような変化が起った場合の結階法(これを選内出入法という)であるが、これについては選叙11義解及び式部式選内出入法条・結階法条に具体的な説明があり、野村忠夫の詳細な研究がある。おそらく式部・兵部両省には、結階の各種の場合について、その進階数を示した表の類があり、それに従って定めたものであろう。

この長上官選代の規定は、前述の通り官の任期にも関係する性質のものであり、殊に国司においてはその特殊な立場の為に、専ら選限即任期と考えられ、秩限という語も生れて秩満交替が励行された。従って国司の四等官については、その任期は概ね上述の選限の変化に従うが、天長元年八月〜承和二年七月の間は守・介のみ任期六年とされたような特例もあり、また宝亀十一年八月以降、大宰管内諸国(西海道諸国)司の任期は五年であり、弘仁年間から陸奥・出羽国司も五年となったらしい。また四等官の下の諸国史生や国博士・医師の任期の変遷は複雑であるが、大体において天平宝字二年十月以降、諸国史生の任期は四年であり、国博士・医師は、宝亀十年閏五月以降、任期六年に固定したようである。そして交替式は国司の任期を四年とし、ただし陸奥・出羽・大宰管内は五年、博士・医師は六年としている。

9b　余考(二七一頁)　余考が生ずる各種の場合は義解に見えているが、例えば長上官が五考を経た後に外国に使して二年以上を経て帰国した時は、在外中の考を帰国後に定めて六考で切ると、少なくとも一考が余ることになる。また分番は八考であるが、分番七考を経て長上に移った時は、長上として七考で切る規定であるから(選叙11)、分番六考・長上一考で成選し、分番一考が余る結果となる。

16　貢人条(二七四頁)　選叙16の「才堪文武貢人者」の古記に、「才堪二文武貢人一者、…不レ限二年之多少一、謂依二貢人条一、凡貢人並限二年廿五以下一、但帳内資人縦年廿五以上聴二貢挙一、故云レ不レ限二年之多少一之也」とあって、大宝令には貢人の年齢を制限した貢人条があり、帳内資人には例外を認めたので、選叙16帳内資人条にも「才堪二文武貢人一者」の次に「不レ限二年之多少一」とことわってあったことが知られる。この貢人条は選叙30秀才出身条の次あたりに置かれていたものであろう。貢挙の年齢を二十五以下に制限したのは、大学・国学の入学年齢を十六以下とし(学令2)、在学期限を九年とした(学令8)のに対応させたのであろうが、実際上は意義がない規定であろうから、養老令では貢人条を削除して年齢制限を撤廃し、併せて帳内資人条の「不レ限二年之多少一」の一句をも削ったものと考えられる。

27　国博士・医師の任用・考選の変遷(二七七頁)　国博士・医師はその国内から、適任者がなければ傍国(集解諸説は当国に非ざる国は皆傍国であると解している)から採用するのが令条であったが、容易に適任者は求められなかったらしく、すでに大宝三年三月に、国博士に適任者がない時は式部省に申し、省が選擬することを令している(続紀)。この中央から任命派遣される博士等はおそらく大学生から選ばれたのであろうが、この中央派遣の国博士・医師は、和銅元年四月、その考選を史生に准ぜられた(続紀)。すなわち内分番の扱いで六考(慶雲三年に八考を二考減)で成選するもので、部内採用の国博士等の待遇はもとのまま(外長上十考から二考減)であったから、格差を生じた。さらに養老七年十月には、畿外では按察使が置かれている十三箇国のみに国博士・医師を置き、他を廃することとしたが(続紀)、宝亀十年閏五月、ようやく各国に置く制に復し、六考で遷替することになった(続紀)。この後も国博士・医師の殆んどは中央から派遣されたと思われ、その待遇は諸国史生に准ずるもので、史生同様の行政事務に従事している例も多い。

37　**除名応叙条**(二七九頁)　この条は、続紀、慶雲三年二月庚寅条に「又制二七条事一、…准二律令一、於レ律雖レ有二除名之人六載之後聴レ叙之文一、令内未レ載二除名之罪限満以後応レ叙之式一、宜三議作二応レ叙之条一」と見え、また集解のこの条には古記が全く引かれていないから、大宝令に欠けていて養老令で補われたことが明らかである。従って同様のことを勲位について定めてある軍防35犯除名条も養老令ではじめて加えられた条文であろう。

38　**蔭位**(二八〇頁)　蔭位とは父祖の位階に応じて子孫が一定の位を授けられる特権を持つ制度で、大宝令制で定められた。その具体的な叙法は選叙35 38に見え、親王・諸王の子と、諸臣三位以上の子と孫、四位・五位の子がその適用を受ける。従って以上の範囲内の者が蔭子孫であることは確かであるが、その一方、蔭は蔭位だけではなく、また学令2の大学生の資格や、軍防46の二十一歳出身の規定に「五位以上子孫」と見えているものは、四位・五位の孫をも含むと解し得る余地があり、蔭孫と言って四位や五位の孫をさしていると見られる格文もあるので、五位以上の子及び孫全部を蔭子孫と称し得ると考えられる。ただしもとよりその中核は蔭位の特権を持つ意味での蔭子孫である。蔭位の制によって授けられる位は従五位の庶子でも従八位下であり、大学に学んで無比の学才を持つ者というべき秀才上中第の及第者でも、正五位の嫡子と同じ正八位下を授けられるに止まるから、蔭位がいかに有利な特典であったかが察せられよう。

蔭子孫は必ず官に仕えることを原則とするが、そのルートとしては、大学に入り、秀才・明経等の四科に及第して官途につく道と、内舎人・大舎人などの諸舎人に補せられて昇進して行く道とがあった。その間、どの時期で蔭位が授けられるかについては、選叙34に「限二年廿一以上一」という規定があり、集解諸説はすべてこれを二十一歳に達すれば必ず蔭位を授けられると解している。しかし延暦十四年十月八日太政官符によれば、その時までは慶雲三年二月十六日の格にもとづいて、諸舎人等として出身の後(十七歳から自進出仕が認められる)、内分番の選限六考を経て成選した時、初めて叙位にあずかる例であったらしく、この官符によって二十一歳になれば皆蔭位を授けられることになった。さらに延暦十九年四月十日の太政官奏により、四位の孫にも子に四等を下して蔭位を授けることとなり、正四位の孫は正五位の子と、従四位の孫は従五位の子と同位の蔭位を受ける制となった。さらに延喜式部式では大臣の曾孫も従八位下に叙せられる規定である。一方、令条では外位の蔭位は内位に同じこととなっているが、神亀五年三月二十八日の格により、外位の子の蔭位は、外正五位の嫡子従八位上、庶子大初位上、外従五位の嫡子従八位下、庶子大初位下に引下げられた。

以上が蔭位制の内容であるが、令制では次代の官人として蔭子孫や位子(内六位〜八位の嫡子)を完全採用することとしており、中でも蔭位の制によって高位者の子弟は格段に有利な条件で仕官し昇進し得たのであって、中央諸氏族を主体とし、有力氏族を指導者とする律令官人社会が、その体制を後代にも維持して行く上に、蔭位の制は最も大きく作用したということが出来る。

13 継嗣令

☆ **継嗣令**(二八一頁)　継嗣令という篇目は、唐令にはなく、類似の篇目は封爵令。封爵令は、日本の令制にない王公侯伯子男の爵号の継承法を規定している篇目であるが、それを参照しながら皇族の称号及びその範囲の規定(1条)と継嗣法一般の規定(2 3条)に改変している。なお、開元七年令には封爵令の篇目はなかったと推定されるが(唐令拾遺)、継嗣2古記に「案二封爵令一、公侯伯子男身存之日、不レ為レ立レ嫡、亡之後嫡襲レ爵、庶子聴レ任二宿衛一也」とあり、古記は封爵令のある唐令を参照している。浄御原令での継嗣令に相当する規定の存否は不明。大宝二年の美濃国戸籍を浄御原令に基づく造籍とし、そこに見える嫡子の記載を根拠に浄御原令に継嗣条相当の令文の存在を想定する説もある(今江広道・関口裕子説)。なお、天武朝以降皇位継承法においては、明らかに令制の継嗣法の原則である嫡系主義がとられ、平安時代に入り再び兄弟相続が現われてくる。

1a **皇兄弟子条**(二八一頁)　唐の皇帝の兄弟子孫に対する封爵法の規定、「皇兄弟皇子、皆封レ国、謂二之親王一、親王之子、承レ嫡者、為二嗣王一、皇太子諸子、並為二郡王一、親王之子、承二恩沢一者、亦封二郡王一、諸子封郡公、其嗣王郡王、及特封王、子孫承レ襲者、降授二国公一」(唐六典)を参照したものであろう。浄御原令での類似の条文の存否は不明であるが、同令施行期、皇族に対して、皇子―諸王の称号が使われている。大宝令は、養老令とほぼ同文と推定される。慶雲三年二月十六日格で「准レ令、五世之王、雖レ得二王名一、不レ在二皇親之限一、今五世之王、雖レ有二王名一、已絶二皇親之籍一、遂入二諸臣之例一、顧二念親レ々之恩一、不レ勝二絶レ籍之痛一、自レ今以後、五世之王、在二皇親之限一、其承レ嫡者相承為レ王、自余如レ令」(続紀・集解)と令制の改正があり、天平元年八月五日格には「五世王嫡子已上、娶二孫王一生二男女一者、入二皇親之限一」(続紀・三代格・集解)とある。後、延暦十七年に到って、令制に復している(三代格・集解)。ただし、六世以降の承嫡者が王号を称しうる点に関しては、慶雲三年の制が存続したものと思われる(↓補1b)。

1b **雖得王名**(二八一頁)　令条に「五世王」という表現がある(選叙35・継嗣4)ように「親王より五世」は王号を称しうるが、皇親の範囲外とする。六世以降は原則として王号を称しえず、姓を賜わり諸臣の例に入るのであろう。天長九年十二月十五日の詔に「夫王氏者、王号乃止二於五世一、資蔭不レ過二於六世一」(三代格)とある。ただし、実際には、「制、延暦十一年七月三日格、六世已下王、情願レ改レ姓者、注二所レ願之姓一、先申レ官待レ報、然後改レ之、不レ得二輙行一者、頃年之間、未レ有二申請一、既違二格旨一、自今以後、除二承嫡一之外、猶不レ改者、宜下抑二止計帳一、不上レ得二疎漏一」(後紀、延暦二十三年正月条)とあるように、改姓の申請を怠って、六世以降で王号を称し続ける例もあった。なお、慶雲三年格(↓補1a)で、承嫡者は六世以降も王号を称しうるようになっている。国史に散見する六世以降の諸王は、いずれかの事例であろう。

2a **継嗣条**(二八一頁)　本条の大宝令文は、中田薫により「凡八位以上継嗣者、皆嫡相承、若無二嫡子一及有二罪疾一者、立二嫡孫一、無二嫡孫一、以レ次立二嫡子同母弟一、無二母弟一、立二庶子一、無二庶子一、立二嫡孫同母弟一、無二母弟一、立二庶孫一、其氏上者聴レ勅」と復元されたが、最初の「八位以上」の限定の有無については、大宝二年の戸籍の一般庶民の嫡子の記載や、「養老五年籍式、庶人聴レ立二嫡子一」(戸令23古記)の理解とも関連して、諸説がある(石井良助・今江広道・宮本救等)。また、対応する唐令は、「諸王公侯伯子男、皆子孫承嫡者伝襲、若無嫡子及有罪疾、立嫡孫、無嫡孫以次立嫡子同母弟、無母弟立庶子、無庶子立嫡孫同母弟、無母弟立庶孫、曾玄以下准此、無後者国除」(唐令拾遺)と復元されている。大宝令の継嗣条は、唐令の爵位の相続法を、一般的な「あとつぎ」の規定に改訂したものといえよう。しかるに、この規定内容の改訂は、当時嫡子制が新しい制度であったためか、令の体系の中でいくつかの矛盾を引起す結果となっている。例えば、四位・五位の蔭位は孫には及ばない(選叙38)ので、「無嫡子」の場合、蔭位の特権にあずかれない嫡孫を継嗣にしなければならなくなる(続紀、大宝元年七月条に「五位以上子、依レ蔭出身、以二兄弟子一為二養子一、聴レ叙レ位、其以二嫡孫一為レ継不レ得也」とある)。また、六位以下八位以上の嫡子には舎人等として出身できる特権が与えられている(軍防47)が、五位以上が次条(大宝令もほぼ同文)により嫡子に特別の事情がある場合改めて立替えることができるのに対し、六位以下の嫡子の立替の可否について明文がない。そのため、大宝令文の解釈についても、「問、立二嫡孫一有レ限以不。答、此亦内八位以上。一云、三位以上蔭及レ孫、即是嫡孫合レ立。四位以下不レ合レ立也」(戸令23古記)という異説が生じうる。養老令で、三位以上と四位以下を区別し、さらに「謂庶人以上。其八位以上嫡子、未レ叙身亡、及有二罪疾一者、更聴二立替一」の本注を入れることになったのは、そのような問題点を考慮した結果であろう。

しかし、この改訂により、さらに別の問題が生ずる。即ち、大宝令の規定は、明らかに、継嗣の選定法・選定の順序を定めたものであるのに対し、養老令文では、継嗣者の選定順位のほかに「立替」の規定をも含むような条文になり、その結果、この「立替」をめぐって、次条との関係をどのように理解するかによって、本条及び次条について異なる解釈が生じうることとなる。

(1)「其八位以上」の限定の上限について。

(イ)六位以下(讃説)、(ロ)四位以下(穴記・義解)、(ハ)一位以下(穴記所引今師説)の三通りの解釈がある。(イ)は、五位以上の立替については次条に規定がある故、本条での立替は六位以下を対象とする、という理解であるのに対し、(ロ)(ハ)は、次条は立嫡及び立替の手続を規定したもので、本条での立替の規定とは重複するものではない、と解する。そのうち、(ロ)はこの本注は文脈上から「四位以下唯立嫡子」にのみかかるものであるとする解釈であり、(ハ)は四位以下に限定すると三位以上の立替の規定がなくなることになるので「其八位以上云々」は全体にかかるものとする解釈である。

(2)「未叙身亡及有罪疾者更聴立替」の解釈と次条の「其嫡子有罪疾不任承重者…聴更立」との関係。

(イ)この点についての讃説は不明であるが、(1)について讃説と同様の解釈をとる穴記紙背の一説は、次条の「罪疾」に未叙の限定がないことを根拠に、罪疾の場合は未叙位・已叙位にかかわらず立替を聴し、死亡の場合は未叙位のときのみ聴すものとする。(ロ)義解は、「未叙」の語が「身亡」にも「罪疾」にもかかるものとし、立替の条件を未叙位の場合に限定する(ただし三位以上の嫡子に叙位後の死亡・罪疾のあった時は嫡孫を立てることができる)。(ハ)今師説は義解と同じ。(ニ)令釈・跡記((1)についての解釈は不明、四位以下説であろう)は、罪疾の場合は未叙位・已叙位にかかわらず立替を聴し、死亡の場合は未叙位でも不可とする。その理由を跡記は「有二罪疾一是替二前人一立二後人一、然則前人非二嫡子一故、又立訖身死、若此又立レ嫡者、可レ云レ立二両嫡子一故也」とするが、この説はこの本注を届出以前の継嗣者の変更の規定とし(即ち三位以上の「無嫡子及有罪疾」に相当するのがこの注であるとする理解)、届出後の嫡子の立替は次条によるものとする解釈か。以上のような明法家の解釈の相異は養老令文自体の矛盾によるものであり、令文本来の法意がいずれにあるか決しがたい。

2b **氏宗**(二八一頁)　氏上の初見は書紀、天智三年二月条で、「氏上・民部・家部等事」を定め、「其大氏之氏上賜二大刀一、小氏之氏上賜二小刀一、其伴造等之氏上賜二干楯・弓矢一」とある。その後、天武紀に「詔曰、凡諸氏有二氏上未レ定者、各定二氏上一、而申二送于理官一(後の治部省)」(十年九月条)、「詔曰、諸氏人等、各定下可二氏上一者上而申送、亦其眷族多在者、則分各定二氏上一、並申二送於官司一、然後斟二酌其状一、而処分之、因承二官判一、唯因二少故一、而非二己族一者、輙莫レ附」(十一年十二月条)とあり、続紀、大宝二年九月条に「詔、甲子年(天智三年)定二氏上一時、所レ不レ載氏、今被レ賜レ姓者、自二伊美吉一以上、並悉令レ申」とある。これらの一連の措置が令文に定着したのが本条の規定である。氏上を定める範囲は令条に規定がないが、大宝二年の記事によると、忌寸以上のカバネの諸氏であったことがわかる。氏上の職能・権限については不明な点が多いが、氏女の貢上(後宮18・三代格、大同元年十月十三日官符)・氏賤(戸令23)その他の氏の財産の管理・氏神の祭祀・氏の社寺の管理運営等を行うのであろう。平安時代に入ると、律令の諸制度全般が変質していく過程で、旧来の諸氏の没落等もあって、氏上制にも、その呼称の変化に対応するような変化があったことが推測される。平安中期以降には、氏長者の制が行われるのは特殊な氏(職原抄に「凡称二氏長者、王氏・源氏・藤氏・橘氏、有二此号一」とある。この四氏以外に中臣・忌部・卜部・菅原・和気等の諸氏においても氏長者と称するものの存在は確認できるが、前記四氏の氏長者と制度的に同じものか否か不明)のみとなり、また、それらの氏長者は氏爵の推挙・大学別曹の管理等の職能・権限を持つようになる。なお、書紀・続紀に散見する氏上任命記事のうち、文武二年九月条に「以二無冠麻続連豊足一為二氏上一、無冠大贄為レ助、進広肆服部連佐射為二氏上一、無冠功子為レ助」と、氏助の任命がある。これは、浄御原令の段階においては、氏上と並んでそれを輔佐する氏助も定めることになっていたことを示す史料とも解しうるが、他に例がなく、カバネも氏上を定めるべき氏の範囲外である。この二氏は、いずれも繊維関係の職掌に因む氏の名をもっており(類似の姓に神麻続連・神服部連がある)、同年十一月には大嘗会があるところから、これは大嘗会で使う特別な繊維製品を調達するための特例の措置である可能性が強い。

14　考　課　令

☆**a　考課令**(二八三頁)　考課令の篇名は唐令による。大宝令では浄御原令の篇名を継承して考仕令。古記に「考仕令。考者校也、仕者労也。年終考二校所レ仕功過一也、又兼余功過附レ校也。但挙二大例一題二巻目一耳」とある。大宝考仕令の内容は、基本的には唐の考課令を継承するもので、養老令とも全体的に大きな差異はないと推定される。これに対して、浄御原考仕令は、その詳細は不明であるが、書紀、持統四年条に「詔曰、百官人及畿内人、有レ位者限二六年一。無レ位者限二七年一、以二其上日一、選二定九等一。四等以上者、依二考仕令一、以二其善最功能、氏姓大小一、量授二冠位一」とある。浄御原令の規定内容が、この後半の「以二其善最功能、氏姓大小一、量授二冠位一」の部分であるとすれば、それは、大宝・養老の考仕(課)・選任(叙)の二篇をあわせた内容のものであったと考えられる。これは、浄御原考仕令が、「凡内外文武官、毎年、史以上、其属官人等、公平而恪勤者、議二其優劣一、則定二応レ進階一。正月上旬以前、具記送二法官一。則法官校定、申二送大弁官一」(天武紀七年条)とある方式―即ち、毎年「考」(評定)と「選」(授位)とを一体として行う―を継承するものであったからであろうか。

　なお、浄御原考仕令において、冠位授与の際の要件の一つにあげられている「氏姓大小」は、「凡諸応二考選一者、能検二其族姓及景迹一、方後考之。若雖二景迹行能灼然一、其族姓不レ定者、不レ在二考選之色一」(天武紀十一年条)を継承するものであるが、大宝・養老の考選関係の規定の表面からは消えている。これは、大宝令において、一つには、氏姓的要素が唐制の資蔭制の導入により部分的にはその中に組み込まれたため(選叙34 36 38・軍防46 47)、いま一つには、氏姓的要素がより大きく作用すると思われる官人上層部への昇進に関して、五位以上の授位は勅旨によるとだけで(選叙2 9)、その具体的基準・方式を一切令文に規定しないこととしたためであろうか。大宝・養老の官人法は、氏姓的要素を否定した上に成り立っているのではなく、天武八姓を頂点とする一連の族姓改革によって確立した秩序体制を前提とする官人法であったと考えるべきであろう。→選叙補☆b。

☆b　**考課令の条数**（二八三頁）　令集解も同じく「凡柒拾伍条」（同目録でも「凡七十五条」）とするが、令抄は「凡柒拾肆条」とする。ところで現行令義解と現行令集解を比較すると、いわゆる最条のなかに、令集解では、現行令義解には無い「恭慎無愆、容止合㆑礼、為㆓舎人之最㆒」という条文があって、その条下の古記によれば、この条文は、大宝令に存したもので、養老令では削除されたのだという。現行令集解は、養老令で削除されたこの舎人之最条を加えて七十五条になるので、あるいは令抄の言うように、令義解においては「凡柒拾肆条」とするのが妥当であるのかも知れない。ただ、いまかりに、現行令義解の形態と「凡柒拾伍条」の条数表記を尊重する立場に立つとすれば、ややその的確性に問題があり、令抄の「最一条分為四十二条」の主張と抵触する結果とはなるが、いわゆる最条の冒頭の「最条」の二字を一条として数えれば、条文数は都合七十五となる。以下、この立場から条数番号をふることとする。

⌉a　**諸司考文の送付方法**（二八三頁）　内長上官については本条に「申送太政官」とあり、分番以下については下条(51 67)に「送省」とある。このうち後者については、㋑長上官と同じく太政官を経由して省に送るの意とする説(66穴記等)と、㋺文字通り直接省に提出するとする説(66古記等)がある。弘仁式及び延喜式では、長上官の考文は十月一日弁官(太政官)に、番上の考文は十月二日式部・兵部省に(外国はそれぞれ十一月一日及び二日。但し分番について弘仁・延喜式部式は十一月一日とあり、延喜太政官式は二日とある)、諸家の家令以下の考文は十月三日式部省に、それぞれ提出することになっている。大宝令施行前後では、書紀、天武七年条に「詔曰、凡内外文武官、毎㆑年、史以上属官人等、公平而恪懃者、議㆓其優劣㆒、則定㆓応㆑進階㆒、正月上旬以前、具記送㆓法官㆒(後の式部省)、則法官校定、申㆓送大弁官㆒」とあり、和銅年間に「制、凡内外諸司考選文、先進㆓弁官㆒、処分之訖、還㆓附本司㆒、便令㆑申㆓送式部兵部㆒」(続紀、和銅二年十月)、更に「太政官処分、凡諸司功過者、皆申㆓送弁官㆒、乃官下㆓式部㆒」(同六年十一月)と、その方式を改正している。和銅二年の制が、一度弁官に提出し、しかる後に式部・兵部に申し送らせるという、天武七年の制と和銅六年の制との中間形態をとっていることから考えて、和銅二年以前は、大宝令の施行にもかかわらず、天武朝の方式を踏襲して、直接式部・兵部に提出していた可能性が強い。天平六年出雲国計会帳の「弁官解文肆拾壱条」のうちに、

十月

一　廿一日進上公文壱拾玖巻弐紙（考文三巻
　　考状一巻　選文一巻　僧尼帳一巻　以下略）
一　同日進上公文弐拾陸巻肆紙（考文一巻
　　考状一巻　兵士簿目録一巻　以下略）

とある(大日本古文書一)。後者の考文一巻は、右弁官に提出する武官(軍毅—外長上)のもので、前者の考文三巻は、左弁官に提出する内長上(国司)・内分番(史生等)・外長上(郡司)などの文官のものであろう。これによれば、内分番以下も、内長上の考文とともに弁官に送付されている。また、天平勝宝元年の造東大寺司の長上官と内分番の二通の選文(大日本古文書二五)の日付はともに十月一日である。弘仁式以降の制とは異なり、それらは同日に弁官に提出されたのであろう。このような例によれば、和銅六年以降、少なくとも奈良時代中頃までは、内分番以下の考文も、長上官の考文とともに太政官(弁官)に提出し、官から式部・兵部に送付する方式がとられていたと考えられる。

⌉b　**功過行能**（二八三頁）　義解に「職事修理為㆑功、公務廃闕為㆑過、善悪為㆑行、才芸為㆑能、其縁㆑才進㆑考、令条無㆑文、猶亦兼録者、為㆘銓㆓衡人物㆒必拠㆗考簿㆖故」とある。「能」については、ほぼ慶雲・和銅年間の陰陽寮の考文の断簡と推定される「官人考試帳」(大日本古文書二四)に、善最・上日と並んで「能太一　天文　六壬式　遁甲　算術　相地」「能匠」等の記載の例がある。

⌉c　**省未校以前**（二八三頁）　太政官に集められた諸司の考文は、太政官内の考文とともに式部・兵部省に送られ、そこで勘校される。その期日は、選文(選叙1)に準じて十月一日〜十二月三十日。弘仁式部式では「其在京諸司及畿内国司十月卅日以前校定了。大宰及七道諸国司十一月卅日以前校定訖。十二月卅日以前勘㆓定考選目録㆒。已訖以㆓正月三日㆒申㆓送太政官㆒」

とある。「省未校以前」とは、集解諸説は、省での全作業の終了時点、即ち十二月三十日以前の意とする。この部分、大宝令では、唐令の「尚書省未校以前」を受けて、「太政官未校以前」とあった。その意味を古記は、「式部省内外考文校訖。而十二月一日以後申二太政官一、官処分。謂レ訖二之校定一。仮令、雖レ申二太政官一、未二処分一、猶申送而合レ附レ校也」とし、また禄令5の大宝令文と思われる「校考之後、若有二下状一」に注して、「省校考訖、未レ申レ官間事発者、即附レ校、徴二已給訖前禄一也。考文申レ官訖発者、更追申附校、停二後応レ給之禄一也」とする。

2 **降所由官人考**(二八四頁)　長官の考第評価に不正があった場合は長官、主典の一年間の功過行能の集録に不正があった場合は主典というように、不正を行なった当人の考第を降す。「所レ失軽重」に准じて降す具体的方式は不明であるが、集解諸説、不正による一等の昇降があれば、当人の考第を一等降し、二等の昇降があれば二等降し、また、二人以上に対して不正があった場合は、そのうちの最も昇降の大きいものによって考第を降す、とする。なお、これは、不正行為によって評定に昇降のあった場合で、考第の決定の過程における不正行為一般についての処罰規定は→職制2。

3〜6 **善条**(二八四頁)　この善条四条は唐令と同文(但し「清慎顕著」は「清慎明著」)で、古記や実例により大宝令も同一であったと思われる。また、持統紀四年条によると、その具体的形式内容は不明であるが、浄御原考仕令にも、冠位昇進のための一つの規準として、「善最」の規定があったらしい。古記・義解等は、これら四善のうち、徳義・清慎・公平の三善は「一得以後無レ所レ犯者、永得二善名一」(古記)に対し、「恪勤一善、当年宜レ得。不二必積年一」(古記)とする。考文・選文の実例を見ると、すべて恪勤の善のみで、造東大寺司次官として才腕を振い、天平十七〜勝宝元年の間に七階も特別昇進した佐伯今毛人の場合も、その間五年の評定はすべて「恪勤匪懈善」の一善である。他の三善は、「其清慎之善、当朝得人、守部大夫(守部連大隅か)獨也」(古記)とあるように、きわめて特殊な場合以外は与えられなかったものと思われる。なお、この善と8条以下の最による評定は内長上官(例外的に大宝令では舎人も善最による九等評価→補32)に対するもので、内分番以下の評定方法は別に規定する。

7 **最条**(二八五頁)　養老令最条の個々の規定を、唐令(開元七年令)と比較すると、(1)唐令の字句とまったく同文のもの(17 23 27 34 38 40 42 43)、(2)殆んど同文のもの(10 13 18 20 24 41 48 49)、(3)字句が部分的に同一のもの(9 16 21 29 30 33 35 37 44 45 46 47)、(4)相当する規定のないもの十四条、がある。養老令の最条は明らかに唐令の規定を継受している。しかし、最条全体の構成には、両者の間に若干の相異が認められる。唐令の最条は、近侍・選司・考校・礼官・楽官・判事・宿衛・督領・法官・校正・宣納・学官・将帥・政教・文史・糾正・句検・監掌・役使・屯官・倉庫・暦官・方術・関津・市司・牧官・鎮防之最の二十七最で、それらは、職掌内容別の規定である。これに対して、養老令は、「神祇官之最(次官以上)」「大納言之最」等のように、基本的には個別具体的な官司・官職についてそれぞれの最を規定している。そのため、唐令に比して、四十二最と、その条数が多くなっている。大宝令と比較すると、若干の字句の相異(20 21 31)、大宝令にあった「舎人之最」の削除、「諸官之最」の追加程度の異同である。

32 **舎人之最**(二八八頁)　集解は「内舎人之最」と「次官以上之最」の間に「舎人之最」をのせ、古記に「此条新令除而不取」とある。大宝令施行期の天平勝宝元年の「造東大寺司官人等成選文」(大日本古文書二五)に見える舎人の考も、分番ではあるが「恪勤匪懈善。恭慎無愆、容止合礼最」で、九等評価の中上の評定を受けている。長上官—善最による九等評価—六年成選、分番—上中下の三等評価—八年成選、という基本原則の中で、大宝令において、舎人だけにこのような特殊例外的な評定方法が適用されている。舎人は、史生・兵衛・使部・伴部等と同じく、正規の官人(官位令に官位相当規定のあるもの)に准ずる、いわゆる雑任と呼ばれるものの一つではあるが、令制における舎人は、天武朝に成立した出身法(天武紀二年五月条に「夫初出身者、先令レ仕二大舎人一、然後選二簡其才能一、以充二当職一」とある)を継承し、正規の官人の供給源という性格が強く、一般に舎人を経由して官人として昇進していく。これは、他の雑任が一般に低い身分の者から採用されるのに対し、舎人は上級官人の子孫から採用される(軍防46)

ことども対応する。即ち、他の雑任が身分的に官人より一段低いものであるのに対して、舎人は官人の予備軍である。このような他の雑任との異質性が、大宝令において、同じ分番ながら、その評定方法は官人(長上官)に准ずる方式を採用させたのであろう(→選叙補☆b)。しかし、法体系からいえば、当然、「舎人、此分番、若為得レ最」(古記)という疑問は生ずることになる。養老令では、この最条は削除し、分番一般と同列に扱うように改正した。

36 **諸官之最**(二八八頁) 本条が大宝令になかった可能性が強いと考えられる根拠は、集解相当条に古記の引用が見られないだけではなく、当然本条の適用を受けると思われる大宝令施行期の二つの事例が、いずれも変則的な最の記載法をとっている点である。一つは造東大寺司官人等成選文の中の長上正八位上路虫麻呂の天平勝宝元年の評定で、

恪勤匪懈善、職修事理最

右一年才長上考

とある。この最は次官以上の最の上半句をとったものであろう。また、ほぼ慶雲・和銅年間の陰陽寮の考文と推定される官人考試帳において、正七位上行漏刻博士池辺史大嶋の最は「訪察精審、庶事兼挙最」とある。これは、漏刻博士が、博士の最(40)、方術の最(41)、暦師の最(42)のいずれも不適当であったため、判官の最が准用されたのであろう。若し諸官の最の規定があったなら、前者は才伎長上、後者は最規定のない品官であり、いずれもその適用を受けるべきものであろう。

46 **国司の考課**(二八九頁) 中央から派遣される国司は広範な権限をもって直接民政にあたるものであり、その行政の如何が直接中央政府の財政に影響する。そのような国司に対する勤務評定の方法には、他の官人とやや異なる面があり、令条においても、この最規定のほかに特別の補足規定がある(考課54)。また、大宝令施行後、比較的早い時期から、現実に即応して令制の方式を補足・強化、或いは修正する方向での方式が導入されている。和銅五年五月、従来臨時に派遣されていた巡察使(職員2)を、以後毎年諸国に派遣し、「国内豊倹得失」を検校させ、国司の考状は式部省において巡察使の所見と勘会することとし(続紀)、霊亀二年四月、「詔曰、凡貢調脚夫、入レ京之日、所司親臨、察二其備儲一若有下国司勤加二勧課一、能合中上制上、則与下字育和恵、粛二清所部一之最上、不レ存二教喩一、事有二闕乏一、則居二撫養乖レ方、境内荒蕪之科一、依二其功過一、必従二黜陟一」(続紀)とある。養老三年七月には、数箇国を管する按察使を置き、「巡二歴管国一訪察」すべき事項十条を制し(三代格)、「按察使親自巡省、量レ状黜陟、其徒罪以下断決、流罪以上録レ状奏上、若有二声教条々一、修二部内一粛清、具記二善最一言上」(続紀)させることとした。次いで、延暦五年四月、「諸国調庸支度等物、毎レ有二未納一交二闕国用一、又群官政績多乖二朝委一、雖レ加二戒諭一曾無二改革一」(三代格)という状況に対する打開策として、

一 撫育有レ方戸口増益　一 勧二課農桑一積二実倉庫一
一 貢二進雑物一依レ限送納　一 粛二清所部一盗賊不レ起
一 剖断合レ理獄訟無レ冤　一 在レ職公平立レ身清慎
一 且守且耕軍粮有レ儲　一 辺境清粛城隍修理

右国宰郡司鎮将辺要等官、到レ任三年之内、政治灼然、当二前件二条已上一者、伏望、五位已上者量レ事進レ階、六位已下者擢二之不次一授以二五位一。

一 在レ官貪濁処レ事不平　一 肆行二姦猾一以求二名誉一
一 畋遊無レ度擾二乱百姓一　一 嗜レ酒沈湎廃二闕公務一
一 公節無レ聞私門日益　一 放二縦子弟一請託公行
一 逃失数多克獲数少　一 統摂失レ方戍卒違レ命

右同前群官不レ務二職掌一、仍当二前件一条已上一者、伏望、不レ限二年之遠近一解二却見任一、其違二乖撫育勧課等条一者、亦望准レ此。

という方式が奏上され、裁可されている(三代格・続紀)。大同元年には、この十六条の制の施行を強化するために、六道観察使が置かれ(後紀)、同四年九月には、山陰道観察使菅野真道の奏状により、律令の関連規定と調和させながら、十六条の具体的な適用上の詳細な基準を制定している(三代格)。

50 **評定の実例**(二九〇頁) 官人考試帳(大日本古文書二四)に「上日参百玖」で「恪勤匪懈善　占卜効験多者最」の一善一最により中上の評定を受けて

いる正七位下陰陽師高金蔵以下七例（陰陽師二、陰陽博士・天文博士・漏刻博士・大属・少属各一）、天平勝宝元年の造東大寺司官人等成選文（大日本古文書二五）に延べ二十三例（造東大寺司次官・判官各一、同才長上二、大倭少掾二、舎人十七）、天暦五年の太政官考文（政事要略）に十三例（うち中納言以下四例は一最一善であるが五位以上のため不第、大外記・左大史・右少史各一、少外記・右大史・左少史各二）の実例があるが、その評定はいずれも中上である。そのほかに、平城宮跡出土木簡に若干の中上の例が見える。

54a **計帳の戸口増減記載**（二九二頁）　例えば、天平五年右京計帳手実の記載様式を見ると、各戸の首部に、

　去年計帳定良賤口若干人
　　帳後破除若干人
　　新附若干人
　今年計帳見定良賤大小口若干人

と、前年度との異同を記し、末尾に、

　戸主某戸別項
　姓名年　某年某月某日死
　　右若干人帳後破除
　姓名年
　　右若干人帳後生益

と、その理由を記している。主計式大帳書式参照。

54b **准見地**（二九二頁）　下注にあるように、開墾等による田の増加以前の熟田数を基準にして、の意。この規定の適用をめぐって、大同年間、観察使から「或前時荒廃、後人開発、或去年有レ荒、今年開営、如レ此之類論レ功有レ疑、又或百姓各事二墾発一、或王臣家自多二開墾一、如レ此之色取捨未レ詳」と奏上してきたのに対し、「其前荒後開、及王臣開墾、亦須二為レ功同入二分法一」と裁下している（大同四年九月二十七日官符）。なお、熟田内の荒廃は、前半の規定に準じて、増益分と相殺するのであろう。

55 **括出・隠首**（二九三頁）　括出は、義解に「謂、籍帳無レ名、而官司勘出者」とある。隠首は、義解に「謂、無レ名之民、自来而首」とある。籍帳の記載に漏れていたものを、官司が摘発するのを「括出」といい、本人が自首するのを「隠首」という。神亀三年山背国計帳に見える「括首」は前者の例。また出雲国計会帳に「括出帳一巻」の名が見える。なお、国郡司が籍帳に脱漏を生ぜしめた場合については戸婚律3逸文に「国郡不レ覚二脱漏増減一者、郡内十口笞卅。々口加二一等一。過二杖一百一。五十口加二一等一。国随二所管郡多少一、通計為レ罪。各罪止二徒三年一、知レ情者各同二里長法一」とある。

57 **犯過失殺傷人及疑罪徴贖**（二九四頁）　過失殺傷罪の一般原則は闘訟律36逸文に「凡過失殺二傷人一者、各依二其状一、以レ贖論」とある。親族間、あるいは家人・奴婢と本主及びその親族との間において生じた過失殺傷人の場合については、闘訟律に個別に規定があり、一般に、尊属に対する過失殺傷罪は流あるいは徒罪、卑属に対するものは無罪である。疑罪は断獄律34逸文に「凡疑罪各依レ所レ犯以レ贖論」とある。この部分は、「徴贖」の語に疑罪だけが係るのか、あるいは、過失殺傷罪も係るのか、二通りの読み方が可能である。集解或説が「問、依二名例律一、於二一等以上尊長等一犯二過失殺傷一合レ徒、不レ聴レ贖、是若依二過失一、猶不レ計レ殿哉、或云、可レ附レ殿」と議論しているのはこの点と関連する。過失殺傷罪で贖法によらないものは、原則として徒以上の実刑あるいは除免官当であり（名例11）、いずれの場合も殿を附さずに解官となる（考課58）ため、どちらの読み方でも結果は殆んど同じではあるが、後者の方が適切か。

58a **殿によらずに下中以下の評定を受けた場合**（二九五頁）　想定しうる解釈としては、(1)解官しない、(2)公罪に準じて下下の場合は解官、(3)私罪に準じて下中以下は解官、の三通りがある。古記は、考課67の「其下々考者、当年校定即解」の注に「謂、殿降至二下々一者即解、不レ然者不レ解、上（本条か）已具説訖也」とあり、(1)説。集解或説は「下条云、郡司背レ公向レ私、貪濁有レ状之類為二下々一、当年即解者故、上条背レ公向レ私、職務廃闕為二下中一之色、亦解二見任一」と、(3)説。義解は、本条の本注に注して「其以二景迹一論、降至二此考一者亦同」とあるのみで、(2)(3)のいずれか不明であるが、選叙10の本注「下考、謂下不レ至二解官一者上」の注に「中下、下上、及公罪

下中是也」とあるのを参照すれば、(3)説か。

58b　除免官当(二九五頁)　除名(名例18)・免官(名例19)・免所居官(名例20)・官当(名例17)のこと。官当以上は、原則として、八位以上の位階を有する者及び初位の職事官に対して適用される(名例23)もので、それぞれの罪に応じて位記を破棄して(獄令28)現任を解く。本条は、官人に対する規定であり、官当以上の適用を受けない(1)無位の官人及び(2)分番に対する処置については明文がないが、(1)について義解には「若無位官人、有二蔭贖徒以上一者、亦須二解官一、不レ可レ軽二於八位以上一也」とあり、(2)分番の八位以上は官当法が適用されるため、当然、考校の限にあらず解任であろう。分番の初位以下は、官人としての特別規定が適用されず、蔭による減贖(名例10 11)の特権をもたぬ者は実刑に処せられるため、徒以上は当然解任、減贖の特権で徒以上の実刑をまぬがれる場合は不明であるが、考課52の義解に「杖罪以下、即降二其考一、若至二徒以上一者、仍可二解任一」とあり、本条の集解或説に「(番上)犯二徒罪以上一者、八位以上除免官当之故、初位無位亦雖レ取レ贖了一、猶合二解官一」とある。

58c　奪当年禄(二九五頁)　「当年」を、(1)「その年度(前年八月〜翌年七月)」の意とするか、(2)「その年(一月〜十二月)」と解するかによって、実際の適用に若干の相異が生ずる。私罪下中以下・公罪下下による解官の場合は、その評定の年度分の禄は、すでに二月及び八月に支給されている(禄令2)ため、(1)(2)いずれに解しても、支給済みの一年分の禄を返還させることになる(禄の返還方法→禄令7)。また、二月の禄の支給以降に除免官当により解官する場合は、いずれに解しても、すでに支給された二月の禄を返還させることになる。しかし、八月の禄の支給後に除免官当により解官する場合は、(1)によれば、その年度の禄は未支給であり、支給済みの前年度分の禄を奪われることもない。(2)によれば、十二月三十日以前ならばその年の二月・八月に支給された一年分の禄を奪われることになる。義解は「当年者自レ春至レ冬。即奪二事発年禄一、不レ可レ追二前年禄一。仮如、正月事発者、不レ徴二去年禄一。即停二将来禄一。若秋禄既給後事発者、春秋之禄、重皆徴還之類也」と、(2)説をとる。考課1により、八月以降、除免官当にいたらない罪を犯した場合、「省未校以前」(十二月三十日以前→補1c)の負殿は前年度の考に付加される。従って、八月以降の負殿によって解官にいたれば、前年度分の禄を奪われることになる。このような場合とのバランスを考慮すれば、義解のように、十二月以前の除免官当も前年度の禄を奪うとすべきであろう。ただし、結果的には(2)説と同じになるが、季禄がある期間の勤務に対する給付であるという性格から考えて、ここは当年度の意とし、八月以降年内の除免官当の場合は、前年度の考に付加され、「不レ在二考校之限一」として勘校途中の考文が破棄され、その結果、その分の禄も奪われるとすべきではなかろうか。

59a　先従公使…亦聴通計(二九五頁)　この本注部分、やや意味がとりにくいが、この前半部分は、大宝令では「新任身従二公使一未二起上一者、起二補授日一、同二在レ司釐レ事法一」とあり、養老令での改訂について令釈に「唐令云、即新任身従二公使一者、就二彼文一案、先従二公使一後任官、為当、任レ官之後従二公使一、其別不レ見、故此令具顕耳」とある。これらを参照するなら、この部分は、「すでに公使として派遣されている者に新たな「補任」があった場合は「補任」の日を起点にし、また「補任」があり、未だ新任の官司に出仕しないうちに公使に派遣された場合は遣使の日を起点にして、それぞれ、以降の公使として派遣されている期間を新任の官司での勤務日数として取扱う。逆に、ある官にいた者が、公使として派遣されている途中で、本官の解任等の異動があった場合は、異動後の公使としての日数も前官での勤務日数に繰入れることができる」の意となろう。

「公使」は私の使に対する語で、国の内外への公の遣使。なお、分番が外国への遣使に随行した場合の特別規定については→選叙11。「改官」は後文の「補任」や大宝令の「補授」と同義の語と解すべきであろう。即ち、本来の意味の改官(初位以上の長上官の異動)の他に、分番から長上官への任官、雑任への新たな補任、無位の者が授位により散位となる等を含むのであろう。ただ、そのような意味の語としては「改官」の語はやや不適切であるため、義解は「散位先従二公使一、後任レ官者亦同也」とし、穴記は「先従二公使一後改官者、本主典已上而差レ使、後改二本官一任二他司一。是其番官雖レ得レ称レ官、不レ被レ云ニ改官一故」に、分番や散位が任官した場合は含まないとするなど説に異同がある。「旧人」は大宝令の「新任」に対応する語。「得替」は義解に「謂、官人充レ使、後得レ替解任者也」とあり、本官を解かれ散位となる場合である。

59b **其分番与長上…当長上二日**(二九五頁)　分番→長上でなく長上→分番の換算をする場合、集解諸説は、いずれも、長上一日を分番一日に当てるとする。例えば、長上官で百日の上日があり解任して散位(分番)となって四十日の上日があれば、分番百四十日の上日として考を得る。但し、改任後の上日数を改任前の上日に換算する通計の仕方については、それを認める説(跡記)と認めない説(古記・朱説所引貞説)とが対立している。例えば、分番百日で長上官に遷り上日四十日の場合、跡記は、改任後の長上四十日を分番四十日に換算して分番上日百四十日として分番の考を得るとするのに対し、古記等の説によれば、分番百日を長上に換算しても、分番百日だけの上日数でも、それぞれの必要日数に不足するため不考となる。なお、分番考と長上考とを通計して成選する場合→選叙11。

59c **訖唱示考第**(二九五頁)　最終決定した上日数・善最及び考第を本人に唱示する。五位以上の考第の唱示について明文はないが、令釈・跡記は、六位以下の例に准じ、考第の決定後、太政官で行うとする。養老五年官宣に「在レ省唱レ考之日、三位称レ卿、四位称レ姓、五位先レ名後レ姓、以為ニ永例一」(集解。続紀は「在省」なし)とあり、古記に「今行事、(五位以上)式部省定ニ善最一唱示、申ニ太政官一、々更為レ唱ニ示考第一也」とある。少くとも八世紀前半には、五位以上の場合、式部・兵部二省で校訂して善最を唱示し、更に勅裁及び太政官での考第の決定後、太政官で考第を唱示していたのであろう。しかし義解はただ「此為ニ六位以下一立レ文也」とする。弘仁式・延喜式部式では、六位以下に対する省の「考問幷引唱」の仕方を詳細に規定するが、五位以上についての規定は見えない。

60a **聴以功過相折累従一高官上考**(二九六頁)　具体的方法については必ずしも明快ではなく、集解諸説の間でも見解が異なる。相折ぐ「功過」の内容について、令釈・跡記・義解は、兼任の諸官の評定が善最のみによる場合は相折せず、評定の一番高いものをとって官位相当の高い方の官の考第とし、善最のほかに考第を昇降すべき功過(戸口増益あるいは負殿等)がある場合、それらを相折・通計して考第を定める、とする。これに対し、穴記は「以ニ功過一相折、謂、善最負殿増益戸等是也」とし、善最のみの場合についての通計の仕方について、いくつかの例をあげて説明している。また、考を得る前提となる上日についても、令釈・跡記は、兼任諸官の上日数を合計して二百四十日以上ならば考を得るとするのに対し、古記は「一官上日卌、一官上日二百、通計二百四十日」の場合は不考とする。

60b **一官去任者聴廻所累考於見任官上論**(二九六頁)　「一官去任」を古記・義解は「以レ理去レ任」の場合とするが、選叙18に「長上官以レ理解者、後任日聴レ通ニ計前労一」とあり、「以レ理去レ任」の場合はここで改めて規定しなくとも、前考と通計しうる。従って、ここは、令釈等のいうように、公罪により一官を解任した場合の規定と解すべきであろう。ただし、令釈・跡記は、一官の公罪によって解任の場合は通計しうるが、二官の公罪を通計して解任の場合は前労を除くとし、穴記は、後者の場合も通計しうるとしている。

61 **朝集使**(二九七頁)　朝集使の名は隋唐の制に由来する。唐六典に「凡天下朝集使皆令ニ都督刺史及上佐更為レ之、若辺要州都督刺史、及諸州水旱成分、則佗官代焉、皆以ニ十二月二十五日一至ニ于京都一、十一月一日戸部引見訖、於ニ尚書省一与ニ群官一礼見、然後集ニ于考堂一、応ニ考績之事一、元日陳ニ其貢篚於殿庭一」とある。書紀、大化二年三月条に「詔ニ東国朝集使等一曰、(中略)今問ニ朝集使及諸国造等一、国司至レ任、奉レ所レ誨不。於レ是、朝集使等具陳ニ其状一。云々」とあるのは、わが国の朝集使の初見である。ただし、この場合の「朝集使」は、この段階で朝集使の制が行われていたことを示すものではなく、中央への報告のために呼戻された国司のことを後の令制の用語を使って表記したものか。令条の規定に見える朝集使の任務は、(1)考選文以下の雑公文の進上(考課1 67、僧尼20、軍防14 42 62、営繕14、公式21 46、廐牧10 25、獄令34 47)、(2)考選文の校定に際し、必要に応じて口頭で答弁あるいは説明を加える(本条及び考課2)、(3)京官諸司の主典とともに、計会帳の対勘に出頭する(公式21)、(4)貢人の貢上(考課75)、等である。考選文・計会帳以外の雑公文の内容に関して朝集使がいかなる責任を負うのか令条に明文がないが、続紀、和銅五年五月条に「詔ニ諸司主典以上幷諸国朝集使等一曰、(中略)国司因ニ公事一入レ京者、宜乙差下堪レ知ニ其事一者上充甲レ使、々人亦宜問ニ知事状一、並惣ニ知在任以来年別状迹一、随レ問弁答、不レ得ニ凝滞一、若有ニ不レ尽者一、所由官人及使人、並准レ上科断」とある。この他に、大宝令では「朝集使貢献物」の規定(賦役35)があり、諸国の珍異な物産を貢献することになっていた。このような多岐にわたる朝集使の任務のうちで、その中心となるものについて、朱説は「朝集使以ニ考文一来使也」(公式21集解)といい、古記は「問、考文附ニ朝集使一、此使所レ掌何、(中略)答、為レ供ニ奉冬至一会集使、故云レ附耳」(考課1)とするが、本条の規定に見るごとく、国郡司等の異動及びその政務状況を、必要に応じて口頭で報告・説明することがその本務なのであろう。後世、朝集使が、いわゆる四度の使(大帳使・税帳使・貢調使)のうちで、朝集帳(朝集使の進上する雑公文の総称か)の進上及び国政一般の奏上をその本務とするものとされるのは、令制本来の朝集使のあり方と必ずしも矛盾しないが、時代が降るに従って、朝集使の進上する雑公文の種類がますます増加し(天平六年の出雲国計会帳では公文四十五巻六紙とある)、他方、国郡司等の考選文の処理が次第に形式化して行く過程で、その性格にやや変化が見られる事を示しているのであろう。在京中の朝集使の管轄官庁は、職員令の規定によると弁官、式部省・兵部省、散位寮で、弁官は雑公文の提出先であり、式部省・兵部省は国郡司等の考選に関連して朝集使を管するのであり、散位寮は朝集使の上日を判する。なお、式部式には「凡朝集使事了還レ国者、皆待ニ神祇、治部、民部、兵部等移一、而後録ニ上日一、申レ官請印」とある。朝集使は毎年交代である(本条)が、在京期間については明文がない。穴記に「朝集使一年内在京」とあるが、用務が終り次第帰国すべきものか。弘仁九年六月の官符に、正税・計帳の二使の公文を朝集使に付すことにした結果、「今以ニ九年計帳一便レ付ニ八年朝集使一、即彼八年朝集・税帳之政、九年四月以前並是勘畢、起レ自ニ五月一至ニ于八月一、為レ待ニ計帳一、徒居ニ京下一、因レ玆在国之吏乏レ人レ行レ事、奉使之輩猶苦レ無レ粮者」という現象が生ずるとある(三代格)によれば、当時は四月頃までが一般的な在京期間であったと思われる。

64 **贓賄入己**(二九七頁) 官人の不当利得罪。贓は雑律1の疏文に「贓罪正名、其数有レ六。謂、受レ財枉レ法、不レ枉レ法、受レ所ニ監臨一、強盗、竊盗、幷坐贓」(職員令集解・唐律疏議)とある。受財枉法、及び不枉法は職制48、受所監臨は職制50、強盗・竊盗は賊盗34 35、坐贓は雑律1逸文に「坐レ贓致レ罪者、一尺笞十。一端加ニ一等一。十二端徒一年、十二端加ニ一等一。罪止ニ徒三年一。与者減五等。(謂、非ニ監臨主司一、因レ事受財者)」とある。ここの「贓賄入己」を右の六贓のこととする説(朱説)もあるが、義解は単に「謂、官人受下所ニ監臨一物一尺以上上之類也」とする。

70 **秀才科**(三〇〇頁) この科の試験は非常に難関で、唐においては「此条(秀才科)取レ人稍峻、自ニ貞観一後遂絶」(唐六典)といわれ、わが国においては「我朝献策者、始レ自ニ慶雲之年一、至ニ于承平之日一、都盧六十五人」(類聚符宣抄)といわれている。また、合格者もあまり優秀な成績ではなく、菅原是善・菅原道真・三善清行のような有数な学者でさえ、わずかに中上の成績で合格しているにすぎない。なお都氏文集に、菅原道真ほか三名の受験者の答案に対する、都良香の手厳しい評定文が集録されている。

74 **本司長官**(三〇二頁) 次条の本部長官とする異説もあるが、令釈・義解等は式部卿のこととする。唐令に「本司監レ試、不レ訖者不レ考、畢本司判官、将対ニ尚書(式部卿にあたる)一定レ第」(令釈所引)とある。弘仁式部式では「当日対了、卿与ニ輔以下一、共定ニ等第一、唱示」とあり、延喜式部式では「当日対了、後更定レ日、卿以下与ニ文章博士及儒士二三人等一共評定之」とある。

75 **大宝令貢人条**(三〇二頁) 本条の古記に「問、文限ニ六位以下一、若五位以上子若為。答、為レ限レ年別生レ文。其五位以上子孫、依ニ学令一皆限ニ年廿一一申ニ送太政官一。若有ニ貢挙一者、限ニ年廿一一表貢耳」とあり、大宝令文では「六位以下(子)」の限定が付されていたこと、また「問、本部表貢、仍申ニ太政官一。答、記ニ表辞一申レ官耳。非ニ上表一也。一云、表貢、謂上表也」とあり、「本部長官、貢送太政官」の部分が「本部表貢、仍申太政官」となっていたことがわかる。滝川政次郎は、大宝令文の前半を「凡貢人六位以下、皆本部表貢、仍申太政官」と復原している(『律令の研究』)。大宝令文の「六位以下(子)」の限定は、選叙16の古記に「不レ限二年之多少一、謂、依二貢人条一、凡貢人並限二年廿五以下一。但帳内資人、縦年廿五以上聴二貢挙一。故云レ不レ限二年之多少一」とあって、大宝令には「凡貢人並限二年廿五以下一」とする貢人条があり(→選叙補16)、一方、「五位以上子孫、皆限二年廿一一申二送太政官一」の規定(学令21)があるため、年二十五以下の貢人は原則的には六位以下の子であり、この点を令文に明記したものであろう。但し、この限定は、年二十五以下の限定の規定と同様に、他の令文との関係で自明であり、あえて明記する必要のないことである。また、逆に、古記のように五位以上の子孫の場合も二十一歳で貢挙される可能性を認めるなら、この限定がない方がよい。このため養老令で削除されたのであろう。

15 禄令

☆ **禄令**(三〇四頁) 禄とは、跡記に「給二官人一食料曰レ禄也」、穴記に「受レ食謂二之禄一也。唐以レ粟充、此間以レ絁替耳」とある。季禄・食封・位禄・時服料など官人に物資のかたちで給与するものについての規定であり、位田・職分田など土地のかたちで給与されるものについては田令、帳内・資人・事力など人を賜わるものについては軍防令にそれぞれ規定がある。

禄令という篇目は、中国では唐の永徽令・開元二十五年令に見え、それ以前の晋令(二六八年)・隋開皇令(五八三年)では「俸廩令」がこれに相当する。日本では大宝令以前には篇目としての存在を確認できないが、食封の制は天武朝以前から存在しており、季禄・位禄などの制も官人制と密接に関連するものであるから、天武・持統朝には個々の制度としては成立していたものと思われ、飛鳥浄御原令にそれらをまとめた禄令の篇目が存在していた可能性は十分考えられる。

1 **季禄の制度および沿革**(三〇四頁) 季禄は、在京職事官の上日百二十日以上の者に対し、官位に応じて春夏・秋冬の禄を二月・八月に支給するもので、外官では大宰府官人および壱岐・対馬の嶋司のみに支給された(続紀、天平四年五月条によると、薩摩国司にも支給されていた)。兵衛の禄(禄令8)、宮人の禄(同9)、皇親の時服料(同11)、嬪以上の号禄(同12)もこれに准じるものである。唐では武徳元年、京官に対する禄の制度がつくられ、官品により、正一品七百石以下の粟が支給された。貞観二年の制で、考課に基づき、上考者に春夏・秋冬の禄を支給することとした(唐会要・通典)。日本の季禄の制は、この唐制にならったもので、大宝令以前にさかのぼることは、続紀、文武二年二月条、同三年八月条に官人に禄を賜わった記事があることから推測される。この後和銅四年十月、銭貨の鋳造にともなって銭をもってする禄法が定められ(続紀)、宝亀六年八月には、諸国の公廨の四分の一をさいて在京の俸禄に加えることが定められた(同上、宝亀十年十一月旧に復す)。季禄に用いられる絁・綿・布等は、農民から調・庸として納められるものであったから、調・庸の違期・未進が著しくなった八世紀末以後、その支給はしだいに困難となった。延喜十四年の三善清行の意見封事には、比年官庫の物乏しきによりあまねく季禄を支給しえず、公卿や出納諸司には毎年支給されるが、他の庶官は五、六年内に一季の料をも給わり難き状態だとある。

3　内舎人・別勅才伎長上への給禄(三〇五頁)　別勅才伎長上者への給禄を、当司の判官以下の禄に准じると定めた禄令の規定は、各人所帯の官位と各官司の判官・主典の官位との対応関係によって定めねばならぬ煩雑さがあり、ことに令外官が出現し、諸司長上の種類が増加するのにともなって、統一的基準の制定が望まれるにいたった。天平宝字元年八月の太政官奏で、内舎人以下諸司長上の禄法を、内舎人等令の規定によるべきもの(八種)、雅楽寮諸師に准じ従八位官とすべきもの(諸県舞師・墮羅舞師)、画師に准じ大初位官とすべきもの(木画長上など六種)、染師に准じ少初位官とすべきもの(造墨長上など六種)、に区分した(三代格)。式部式では、「…以二別勅才伎一長二上諸司一者、…与二主典一見階相当以下准二大主典一、以上准二少判官一。其木工算師准二寮算師一、鉦鼓師准二雅楽師一、諸司雑色長上並准二少初位官一」と規定している。

5　応給禄条の構成(三〇六頁)　本条では、官人が罪を犯し、処分をうけた場合の禄に関する処置として、

(1)(私罪下中・公罪下下を犯し)除免官当すべき場合

(a)推劾され科断未畢の場合――支給を停止。

(b)断じ訖った場合――校定の後支給。

(2)私罪下上・公罪下中を犯した場合――半年の禄を奪う。

と規定する。(1)の者は、考課58の規定により、考課の対象からはずされ、当年の禄を奪われる。(2)の者は、考課58の規定による私罪下中・公罪下下を犯した者より一段階罪の軽微な者で、それ故半年の禄を奪うにとどめられる。なお大宝令では、「然後給之」のあとの文は、「校考之後、若有二下状一、〔其私罪下上〕、公罪下中、奪二秋冬之禄一」となっていたらしい(古記)。

6　初任官への給禄の規定(三〇六頁)　本条の規定については解釈がしにくく、その運用をめぐって種々の問題があった。まず令の文意では、初任の場合、一日の上日しかなくても季禄が支給されることになるが、この点は不合理なため、大同三年十二月の太政官奏(三代格・集解所引)で、任日からの上日が三分の二以上の者に支給することとした。次に、どのような場合を初任と見るかについても問題があり、(1)和銅三年二月の太政官処分(令釈所引)では、無禄の人が有禄に遷任することを初任とし、有禄の人が他司に転任する場合は初任としないこととした。ついで、(2)養老元年十二月の太政官処分(続紀・令釈)では、初めて五位を授けられた者、および外任(国司など)から京官に遷った場合は、禄を賜う日に会えば賜う例に入れることとした。また、(3)養老三年八月の有司処分(続紀)で、別勅才伎長上が職事に任じられた場合も、初任と同じ扱いをうけることとした。これら(1)(2)(3)の処置は、そのまま式部式にも規定されている。

なお式部式には、喪にあって解官した者が奪情復任した場合は、上日が満ちていても、禄文を奏する日より後に復任した場合には禄を支給しないむねの規定がある。

9　宮人給禄の推移(三〇七頁)　禄令の規定では後宮十二司のうち蔵司が最高位におかれ、常侍・奏請・宣伝のことにあたる内侍司は、膳司・縫司よりも下位におかれた。しかし内侍司の長官の尚侍には高位の者が任じられることが多く、その待遇はしだいに引き上げられた。霊亀元年二月には、尚侍で従四位の者の禄を典蔵に准じることとした(続紀)。時の尚侍は右大臣藤原不比等の室県犬養三千代と推定される。宝亀四年三月には、宮人職事の季禄を、高官卑位は官により、高位卑官は位によって給うべきものとし(続紀・令釈)、同十年十二月には、内侍司を蔵司に准ぜしめ、尚侍は尚蔵に、典侍は典蔵に准じて禄を給うべきものとした(同上)。さらに大同二年十二月十五日の太政官奏で、内侍司の尚侍は従三位、典侍は従四位、掌侍は従五位の官に准ぜしめた(三代格・令釈)。奈良時代を通じ、有力貴族が尚侍の任務の重要性に着目し、後宮掌握の手段として自己の関係者をその地位につけようとしたことが、尚侍の地位の上昇の背景になっていると考えられる。奈良時代後半には、尚侍と尚蔵との後宮の二つの要職を兼ね

た例が、藤原宇比良古(藤原仲麻呂の室)・大野仲仟(藤原永手の室)・阿倍古美奈(藤原良継の室)の場合に見られる。

なお散事への給禄は、令では有位は少初位に准じ、無位は布一端を減じるとなっているが、高位を帯する女官が出現した事情を反映して、和銅七年八月、散事の五位の給禄を職事の正六位に准じることとし(続紀)、神亀三年二月の制では、五位を帯する内命婦が六位以下の官に任じた場合、正六位の官の禄を給うこととした(同上)。また先述の宝亀四年三月の勅では、高官卑位は官により、高位卑官は位によることとし、散事五位以上には正六位の官禄を給うこととし、女官の序列を正した(同上)。

10　**食封制の起源および沿革**(三〇七頁)　食封は、特定数の公民の戸を賜い、その戸に属する課口が負担する調・庸、およびその戸に班給される口分田の租の一部もしくは全部を収得せしめる制度(賦役8)で、品封・位封・職封・功封・寺封および別勅による賜封等があり、中宮の湯沐(本条)もこれに准じる。令釈に「起レ土為レ界、謂二之封一」とあるように、封とは元来諸公の所領を意味し、食封とは諸公が主君から封邑を賜わることを意味するが、実際には支給される封戸そのものと通用する。日本では食封・封戸ともにヘヒトとよぶが、これは戸(ヘ)ロ(ヒト)の意で、天皇から賜わる人民を意味する。

中国の食封制は、南北朝時代から形成され、隋代には食封・実封の称がみられる。日本では、大化二年(六四六)の大化改新詔の第一条において、臣・連・伴造等の部曲・田庄を廃し、食封を大夫以上に賜わったとするのが初見である(書紀)。この改新詔の文が当時のままであるにしても、改新当初は豪族の旧来の領有民がそのまま食封に指定され、現実には旧来の私地私民の関係が存続したのであろう。壬申の乱後の天武朝にいたり、天武五年(六七六)、諸王・諸臣の封戸の税を、以西の国から以東の国へその支給を改め、天武一一年(六八二)には親王以下の食封をみな収公するなどの改革が加えられた。利光三津夫は、この時期にそれまでの封主による直接徴収の制が改められ、地方官を通じての間接徴収になったものと推測している。課丁数を考慮に入れた、戸を単位とする律令の食封制が本格的に整備されたのは、全国的な編戸・造籍が進行した飛鳥浄御原令の施行(六八九年)前後のことであろう。

大宝令による食封制が実施されたのは、大宝元年(七〇一)七月のことである(続紀)。天武朝以来、食封(位封)の支給対象は小錦位(五位相当)以上の大夫であり、文武朝にもその制が存続していたが(続紀、文武元年八月条)、大宝令ではそれを三位以上とし、四・五位には位禄を支給することとした。しかし官人層の不満からか、ほどなく慶雲二年(七〇五)十一月には五位の位禄を増し(続紀)、翌年二月には四位を食封の支給対象に含め、全体として封戸の数を増した(続紀・本条集解所引格。上表参照)。この慶雲の制は、大同三年まで継続する。

	大宝令 養老令	慶雲3・ 2・16格
正1位	300 戸	600 戸
従1位	260 戸	500 戸
正2位	200 戸	350 戸
従2位	170 戸	300 戸
正3位	130 戸	250 戸
従3位	100 戸	200 戸
正4位	(位禄)	100 戸
従4位	(位禄)	80 戸

食封制に関する主たる変改としては、そのほか、(1)慶雲二年十一月の格で、封戸の正丁の数を考慮し、四丁をもって一戸に准じることとし、さらに天平一九年(七四七)六月の格で、一戸につき正丁五、六人、中男一人、田租三十束を基準とし、実質的にはこの基準額を国司が封戸主に対して請負うこととしたこと(→賦役補8)、(2)神亀五年(七二八)、外位の位禄を内位の半を減じて給うこととしたこと(三代格・禄令10集解)、(3)天平一一年(七三九)、封租を封主に全給することとしたこと(続紀・賦役8集解)などがあげられる。大同三年(八〇八)十月にいたり、一品以下の食封、四位の位禄を令条によることとし(三代格・本条集解)、内外五位の位禄については、同年十一月に新しい禄法が定められた(同上)。九世紀以降は、公民支配の衰退、徴税体系の変化とともに食封制も変質し、食封にあてられた郷が荘園化し、封戸からの納物の不足を他郷から便補するなどのことが行われた。

11　**時服料制の沿革**(三〇八頁)　時服料は王禄ともいい、本来は無位無官の皇親に対して支給されるものであった。天平十七年正月、無位皇親のうち上日百四十日に達しない者を給例から除き(続紀)、延暦六年の格では六位の諸王が六位の官に任じた場合は官禄(季禄)、七位の官に任じた場合は王禄(時服料)によるべきことが定められ(令釈所引)、また延暦二十年十二月十三日の官符で、職事の諸王で、上日に満たず、季禄を支給されない場合に王禄を支給すべきことが定められた。貞観十二年二月二十日、王禄にあずかる諸王の数を四百二十九人に制限(三代実録)、この制は正親式にも継承されている。同式では二世王には絹六疋・糸十二絇・調布十八端・鍬三十口、三・四世王は令制どおり、また中務式では無品親王・内親王に絹五十疋・細布四十七端二丈一尺、冬は綿二百屯を加えるとある。

16 宮衛令

☆ **宮衛令**(三一一頁)　宮衛令という篇目名はすでに晋令・梁令に見え、隋開皇令・唐令に継承されている。日本では大宝令以前には篇目としての存在を確認することはできない。養老宮衛令のなかには、唐律疏議を参看すると、唐の監門式ときわめて密接な関係をもつと思われる条文がある(宮衛15 24など)。また古記に引く「今行事」を参照すると、八世紀前半にすでに現実に行なわれていなかった規定も多かったらしい(宮衛10の合契、12の主司覆奏、24の坊門鼓など)。

1a **宮城諸門の制**(三一一頁)　日本の都城制では、隋・唐の制にならい、京城の中央北端に宮城(いわゆる大内裏)をおく。京城外郭の門(羅城門)を京城門、宮城外郭の門を宮城門、その一つ内側の門を宮門、そのさらに内側、天子の居所にもっとも近い門を閤門と称する。大宝令では一般に宮城門・宮門・閤門をそれぞれ外門・中門・内門と称していたと思われる。

唐令では、京城門・皇城門・宮城門・宮門・殿門・上閤門の別があり、門名を具体的にあげている(唐令拾遺、宮衛令一乙、開元七年令)。唐の都城制では、宮城の南に諸官衙の並ぶ区域としての皇城があり、日本で宮城門にあたる朱雀門は、唐では皇城門とされている。日本では、唐の皇城にあたる官衙地域を宮城内に含め、門の等級を三段階とし、簡略化したのであろう。また殿門の称は日本令には見えないが、律には見え、宮門の内の扱いとされている(衛禁20)。

日本における中国風の都城のうち、延暦十三年(七九四)遷都の平安京の大内裏については、諸種の記録や古図から殿舎や諸門の配置をかなり確実に知ることができるが、それ以前の持統八年(六九四)の藤原宮、和銅三年(七一〇)の平城宮については、近年宮域の発掘調査が進行しつつあるものの、いまだその全貌を把握しうるまでにはいたっていない。ただし宮城門(外門)については、宮衛1の古記に「最外四面十二大門也」とあり、また書紀、皇極四年六月戊申条に「十二通門」とあるように、古来東西南北の四面に各三門、計十二の門を設けるのが伝統であった如くである(中国でも後漢書、百官志に雒陽城門十二所、文選、西都賦に十二之通門とある)。これらの門は、海犬養門(藤原宮)・猪使門(同)・建部門(平城宮)・壬生門(平城宮・平安宮)・的門(平城宮)・若犬養門(平安宮)などと氏族の名を冠して呼ばれたが、弘仁九年(八一八)にいたり、壬生門は美福門、的門は郁芳門、建部門は待賢門などと、唐風の二字の称呼に改められた。これらの門号に氏族名を冠するのは、これらの氏族が古来天皇近侍の武力としての伝統をもち、衛門府の門部として門の警衛を担当したことに由来するものとの説が有力である。

1b 門籍・門牓の制度(三一一頁)　門籍は宮城諸門の出入を許可される者の名簿、門牓は同じく宮城諸門から搬出すべき武器その他の物品名とその数量とを記した文書。職員59 62によれば、門籍は衛門府・左右兵衛府、門牓は衛門府の掌るところであり、門籍は、宮門(中門)において衛門府が、閤門(内門)においては左右兵衛府が管掌し、左右衛士府はこれにあずからない(宮衛1古記)。

門籍交付の手続きは、宮衛1によると、官人の属する官司から、出入を許可されるべき者の官位姓名を記して中務省に送り、中務省から衛府(衛門府・左右兵衛府)に付する。或説は、各寮司が省に解文を送り、省が中務省に移し、中務省が押署せずに衛府に移するのであるとする。入門を許可された者は、便門(各自の勤務する部署に近い、出入に便利な門)に門籍を付されるが、退出も籍を付した門からのみ許される。夜間の出入については、宮衛15の規定が適用され、門籍があるというだけでは出入は許可されない(唐衛禁律では、「諸於二宮殿門一無レ籍、及冒二承人名一而入者、以二闌入一論」(4条)の規定のほかに、「諸於二宮殿門一雖レ有レ籍皆不レ得二夜出入一。若夜入者、以二闌入一論」(15条)の規定がある)。一方門牓も、中務省から衛府に付される(宮衛25)。

門籍・門牓の制は九世紀に入ると弛緩したようで、三代格にひく仁寿二年四月二十八日の太政官符によれば、遷任した官人の名が改っていなかったり、他番の門籍を通用させたり、門籍を進めず任意に出入したりする者が多かったとあり、門籍を進めない諸司を刑部省に移し、断罪せしめている。また、元慶六年八月五日にも、門籍を進めない諸司の位階・貫属を、式部・兵部二省から太政官に勘送させている(三代実録・三代格)。

1c 改任行使之類(三一一頁)　唐衛禁律11に相当する日本律には、「〔凡〕応レ出二宮内一而門籍已除、輙留不レ出…者、各以二闌入一論」とあり、疏に「応レ出二宮〔内〕、謂改任行〕使之類、依レ令除者」とある(政事要略八四)。

4a 開門鼓・退朝鼓・閉門鼓(三一二頁)　開門鼓等を打つ時刻については、義解に別式に定めるとあり、陰陽式には、開諸門鼓(第一開門鼓)・開大門鼓(第二開門鼓)・退朝鼓・閉門鼓のそれぞれの打つ時刻を、四十の時節にわけて細かく規定する。その打ち方は、古記に、寅一点に第一、卯四点に第二開門鼓を、それぞれ十二槌二回ずつ撃つとあり、陰陽式にも、十二ずつ二回、「従二細声一至二大声一」と規定している。

4b 諸衛の警衛担当区域とその変遷(三一二頁)　宮衛1および4の古記によれば、宮城内諸門のうち、外門(宮城門)は衛門府の門部、中門(宮門)は衛門府と左右衛士府、内門(閤門)は左右兵衛府がそれぞれ防守する(職員61 62も参照)。夜間の開門にあたり覆奏する場合も、宮衛15の古記にひく八十一例によれば、「内門兵衛府奏。中門衛門府専奏、衛士府相随従耳。大極殿門者、兵衛開閉」とある。一方宮城内の警衛に関しては、宮衛4の古記のひく別式に、左右衛士府が「中門幷御垣廻及大蔵内蔵民部外司喪儀馬寮等」に衛士を配置して防守・検行するとある。

このような諸衛の配置は、その後農民出身の衛士の弱体化にともなって変化した。職員61および宮衛1の古記によれば、門籍・門牓の検校は本来諸衛が衛門府とともに行なうものであるが、古記成立当時(天平十年前後)の「今行事」では、左右衛士府はそれに関与しなくなっていたという。また京中の夜間の警衛は、大宝令では「四衛府」(左右衛士・左右兵衛の四府)がこれを行なう定めであったが、養老令ではたんに「衛府持レ時行夜」という規定になり(宮衛24)、同条の古記によれば、「今行事、中衛左右兵衛共行夜。一夜巡行、一夜停止。衛士不レ預也」とあって、神亀五年新設の中衛府と左右兵衛府とがそれを担当することとなっており、衛士が警衛の任から外されていく傾向が看取される。

九世紀の六衛府制成立後は、延喜式によれば、閤門以内は左右近衛府の管するところとなり、宮内の宿直、閤門の開閉も近衛が担当した。門籍の検校は、閤門は左右兵衛府、宮門は左右衛門府が行ない、宮門の開閉は左右衛門府の門部、宮城門の開閉は同衛士がこれを行なった。夜間の巡回は、近衛・兵衛が内裏・大蔵・内蔵、左右衛門府の門部が八省院・豊楽院を担当した。京中の夜警は近衛・兵衛の担当であった。天皇側近の武力としての近衛の擡頭と、左右衛門府衛士の衰退がそこに看取されよう。

10 合契(三一三頁) 字を書いた木札を分割し、一方を監察者に携行させ、守衛の部署にあるもう一方の木片と対照勘合させる制度。公式45に規定する随身符とは別か。古記には「今行事。不レ依レ文。合契随身符並不レ見」とある。

12a 宿衛(三一四頁) 宮衛21の令釈に、「宿衛人。謂兵衛内舎人也。衛士者非也。案レ律可レ知也」、宮衛28の令釈に、「宿衛。謂兵衛及内舎人也。見ニ衛禁律一也」とある。唐衛禁律5にあたる日本律の疏によったものか。

12b 主司(三一四頁) 大宝令では「主師」。宮衛27も同じ(古記)。唐衛禁律5条の注に、「主司。謂応ニ判遣一、及親監当之官」とある。古記・令釈・義解が、ここでの主司(主師)を左右兵衛府および中務省の判官以上としているのは、やはり5条にあたる日本律の疏文によったものであろう。大宝令の主師を主司に改めたのは、唐律令の用語にならうため、また「主帥」(宮衛14)との混同を防ぐためか。

14 部隊主帥(三一四頁) 隊は五十人編成の軍隊。主帥は軍団では隊正、衛府では左右衛士府の衛士の統率者か。ここの部隊主帥については、古記に「左右兵衛府番長、左右衛士府主帥、衛門府門部以上也」とある。なお唐衛禁律では19の疏に、「称ニ主帥以上一、謂隊副以上、至ニ大将軍以下一」とある。→軍防2・衣服14・獄令43。

15 夜間勅により諸門を開く場合の手続(三一四頁) 唐衛禁律14の疏議に引く監門式には、「受レ勅人具録ニ須レ開之門、並入出人帳一、宣勅送ニ中書一、中書宣ニ送門下一。其宮内諸門城門即与ニ見直諸衛及監門大将軍、将軍、中郎将、郎将、折衝果毅内各一人一倶詣レ閤覆奏、御ニ注聴一、即請ニ合符門鑰一。監門官司先厳ニ門仗一、所レ開之門内外、並立レ隊燃ニ炬火一、対勘符合、然後開レ之」とあって、唐の場合の夜間開門の手続が知られる(仁井田陞は、唐六典巻八城門郎条の注によって、本条に対応する唐令を「諸殿門及城門、若有レ勅夜開、受レ勅人具録ニ須レ開之門一、宣ニ送中書門下一。其牙内諸門、城門郎与ニ監直監門将軍郎将各一人一、倶詣レ閤覆奏、御ニ注聴一、即請ニ合符門鑰一、対ニ勘符一、然後開レ之」と復原している)。

養老令の場合、夜間開門の手続は、

天皇—(口勅)→受勅人—(宣送)→中務省—(宣送)→衛府—(覆奏)→開門

または、

天皇—(口勅)→受勅人＜(宣送)→中務省
　　　　　　　　　　　(宣送)→衛　府→開門

ということになろうが、令釈・跡記・穴記・義解等は、宣送をうけた段階で中務省も覆奏すべきものとしている。しかし公式2の「右受レ勅人、宣ニ送中務省一、中務覆奏。…其勅処ニ分五衛及兵庫事一者、本司覆奏」の規定からすれば、夜間の開門の場合、中務省の覆奏はとくに必要なかったとみるべきではなかろうか。

本条の「衛府覆奏」の部分は、大宝令には「門司覆奏」とあり、古記に引く八十一例に「内門兵衛府奏。中門衛門府専奏、衛士府相随従耳。大極殿門者兵衛開閉」とあることによってその具体的様相が知られる。「例」は令文の不備を補い、令文の解釈を明確化する性格をもつ制定法で、「八十一例」は、虎尾俊哉によれば、養老三年十月～天平十二年五月の間、おそらく養老令の制定直後に成立したものとされている。

なお本条に関連する律の規定には、唐衛禁律14の、「諸奉レ勅以ニ合符一夜開ニ宮殿門一、符雖レ合不レ勘而開者、徒三年。若勘レ符不レ合而為レ開者、流二千里。其不レ承レ勅而擅開閉者、絞」以下の規定がある。

21 一日程以上(三一六頁) 公式88に「凡行程、馬日七十里、歩五十里、車卅里」とある。衛士の場合は、下日に三十里外の地に行くことを禁じられていた(軍防23)。畿内の兵衛の場合、非番で家に帰るには申牒を要しないが、自宅から他所へ一日程以上行く場合には申牒する(古記・令釈)。

22 元日・朔日等の儀仗(三一六頁)　延喜式(左右近衛府・左右衛門府・左右兵衛府)によると、朝堂の儀には大儀・中儀・小儀の別があり、それぞれ次のごとく定められている。

大儀―元日。即位。受二蕃国使表一。
中儀―元日宴会。正月七日。十七日。大射。十一月新嘗会。饗二賜蕃客一。
小儀―告朔。正月上卯日。臨軒授位。任官。十六日踏歌。十八日賭射。五月五日。七月廿五日。九月九日。出雲国造奏二神寿詞一。冊二命皇后一。冊二命皇太子一。百官賀表。遣唐使賜二節刀一。将軍賜二節刀一。

これらの儀式にあたっては、衛府の官人以下が武装して整列する。ことに大儀の場合には、諸衛によって纛幡(おおかしらのはた)・隊幡・小幡が立てられ、鉦鼓がもうけられる。それらの種類および数、諸衛の配置は、貞観儀式および延喜式によれば、左記のごとくである。

左右近衛府
　青竜・白虎両楼北辺(蕃客朝拝時は竜尾道下)
　　竜像纛幡　一旒
　　鷹像幡　四旒
　　小　幡　四十二旒(緋・黄各二十一旒)
　　鉦　鼓　各一面
　　(以上、蕃客朝拝時には倍増)
左右兵衛府
　竜尾道東西階下
　　虎像纛幡　一旒
　　熊像幡　四旒
　　小　幡　九十六旒
　　鉦　鼓　各一面
左右衛門府
　昭慶門(北殿門)内左右
　　小　幡　各十八旒
　会昌門外左右
　　鷲像纛幡　一旒
　　鷹像幡　二旒
　　小　幡　三十九旒(延喜式は四十九旒)
　　鉦　鼓　各一面
　応天門外左右
　　隊　幡　四旒(延喜式は二旒)
　　小　幡　四十五旒
　朱雀門外
　　隊　幡　二旒
　　小　幡　四十八旒
　宣政門・章善門(竜尾道以南諸門)
　　小　幡　四旒

中儀・小儀の場合、衛府の官人以下が武装して整列することに変りはないが、服装が略式になり、また大射(中儀)の場合に隊幡・小幡を立てるほかは幡・鉦鼓をもうけない。その他、践祚大嘗祭の祓禊にあたっては、左右兵衛府によって虎像纛幡一旒・鷹像隊幡四旒・小幡二十旒・鉦鼓各一面がもうけられる。

これらの儀仗の制が大宝令施行当時からのものであることは、古記の「元日夫装二五纛一有二鉦鼓一也。朔日、五位以上授、聚集時無レ幡。直帯仗威儀耳」「蕃客宴会辞見、左大臣以上任授、聚集立レ幡。無二纛鉦鼓一也」の文から推測される。ただし鉦鼓の使用は、続紀、霊亀元年正月甲申朔条に「天皇御二大極殿一受レ朝。皇太子始加二礼服一拝レ朝。陸奥出羽蝦夷幷南嶋奄美、夜久、度感、信覚、球美等来朝、各貢二方物一。其儀、朱雀門外左右、陣二列鼓吹騎兵一。元会之日、用二鉦鼓一自レ是始矣」とあることよりすれば、これ以後のことであろう。

これら儀仗の制は中国の直接の模倣と思われるが、一九七一年発掘の中国陝西省乾県の唐懿徳太子墓(七〇六年埋葬)墓道東壁画の儀仗図は、唐代儀仗の具体例を示すものとして貴重であり、図中には旄牛の尾を冠した纛幡も見られる。

24　分街条に関する唐監門式および宮衛令の規定(三一六頁)　唐衛禁律24の疏議には「又依二監門式一、京城毎夕分レ街立レ舗。持レ更行夜。鼓声絶則禁二人行一、暁鼓声動即聴レ行。若公使賫二文牒一者聴。其有二婚嫁一亦聴(注略)。喪病須二相告赴一、求二訪医薬一、賫二本坊文牒一者亦聴。其応レ聴レ行者、並得レ為レ開二坊市門一。若有二警急及収掩一、雖二州県一亦聴二非時而開一」とある(傍線は養老宮衛令と一致する部分)。また唐雑律18の疏議にひく宮衛令には「五更三籌、順天門撃レ鼓、聴二人行一。昼漏尽、順天門撃二鼓四百槌一訖、閉レ門。後更撃二六百槌一、坊門皆閉、禁二人行一」とある。

28　宿衛近侍条の関連規定(三一七頁)　宮衛28は、宿衛・近侍者の近親に犯罪人が出た場合についての規定であるが、これに関連する規定としては、選叙23の、「凡経二癲狂酗酒一、及父祖子孫被レ戮者、皆不レ得レ任二侍衛之官一」。および雑令30「凡犯レ罪被レ戮、其父子応二配没一、不レ得レ配二禁内供奉、及東宮所駈使一」がある。

このうち選叙23との関係については、本条は犯罪人が推断されている間の禁制であり、選叙23は断終り刑が執行された後の禁制であると解しうる(古記・令釈)。しかし本条の対象は二等以上の親、選叙23の対象は祖父母父母であるため、祖父母父母以外の伯叔兄弟等は、推断の間は内に入ることを許されないが、殺戮(処刑)後は許されるという不合理が生じる。令釈や義解は、そこで、選叙23の場合、当条により伯叔兄弟も殺戮後侍衛の官に任じるをえないものとした。このような不合理が生じた理由を令釈は、日本令が唐選挙令にない条文を新載したためとするが、選叙23の穴記によれば、選叙23は唐令では永徽令にはあったものが、開元令で削除されたのであるという。

なお唐衛禁律10(日本律の欠佚部分)には、「諸宿衛人被二奏劾一者、本司先収二其仗一。違者徒一年〈謂在二宮殿中一直者〉」の規定がある。

17　軍防令

☆　軍防令(三一九頁)　中国では晋令に軍戦・軍水戦・軍法、梁令に軍吏・軍賞等の篇目があったが、隋の開皇令で初めて軍防令の篇目が現われ、以後唐令に継承された。日本では兵士・防人・兵衛等個々の制度については大宝以前にまでその存在を認めうるが、令の篇目としての軍防令については、大宝令以前にはその存在を確認できない。

日本軍防令には、唐軍防令と対応する条文が多いが、烽に関する第66～76の末尾十一ヵ条については、唐軍防令によらず、唐兵部烽式によったとみる見解もある(→補66)。

なお、近年唐招提寺から、平安初頭を下らないとみられる軍防・営繕・関市三令の注釈書の断簡が発見された(古本令私記断簡)。軍防令については、1～7条に関する三つの断簡で、軍防7の「剉碓」が「莝草」、「脛巾」が「行纏」となるなど、現行の養老令本文と相違する字句のあることが注目される。

令集解には本令の部分が欠けており、ここで集解として引くのは、すべて諸書に見える逸文である。

1　軍団と兵士(三一九頁)　軍団は律令兵制の基本をなす組織であり、ふつう兵士一千人をもって構成される。その編成は、職員79・軍防1によれば、左記の如くである。

大毅　一人 } (兵士千人を統領)
―少毅　二人 }
―校尉　五人　(各二百人を統領)
―旅帥　十人　(各百人を統領)
―隊正　二十人　(各五十人を統領)

職員79によれば、このほかに事務を扱う職員として主帳一人がおかれた。また同条集解所引八十一例によれば、「兵士満二千人一者、大毅一人・少毅二人。六百人以上、大毅一人・少毅一人。五百人以下、毅一人」とあり、小規模の団の場合は軍毅が減員される。同様の規定は兵部式にもみえ、さらに同式では、「其主帳者、大団二人、以外一人」とある。

校尉・旅帥・隊正は、それぞれ二百人・百人・五十人の兵士を統領することから、二百長(天平六年出雲国計会帳、出雲国意宇団)(宮城県遠田郡田尻町出土瓦銘)・百長(天平宝字二年八月十一日越前国司牒、越前国丹生団)(天平六年出雲国計会帳、出雲国熊谷団)・五十長(同、出雲国神門団)(天平十年周防国正税帳、長門国豊浦団)とも称した。

軍団については、個々の軍団名が史料に散見するほか、軍団印も発見されている(筑前国の遠賀団印・御笠団印)。出雲国の場合、天平五年勘造の風土記によって、意宇・熊谷・神門の三軍団が存在したことが知られるけれども、諸国軍団の総数や、全国的な配置の状況をうかがうに足る史料は存在しない。しかしとくに地域によって分布に偏差があるということはなく、ほぼ全国に均置されていたのであろう。直木孝次郎は、ふつう一郷から兵士五十人がとられて隊正のひきいる一隊を構成し、二十郷ごとに一つの軍団が置かれたものと推定している。

日本の軍団制は、唐の折衝府の制を模範としたものであるが、唐では中央の天子のための左右十二衛、東宮のための六率府がそれぞれに各地の折衝府を直接統轄し、そこから衛士を上番せしめているのに対し、日本の軍団は中央の衛府とは直接の統属関係はなく、地方行政官としての国司の統率下にある(軍防4 14 20)。また軍団の大少毅に地方首長層が任用されたことは、軍団制の実施にあたって、かれらの民衆支配力に依拠する必要がつよかったことを示している(→補13)。

軍団制は、朝鮮半島をめぐる政治情勢の緊張に対応して、七世紀後半の時期に形成された。その端緒は、編戸・造籍が全国的に進行した、持統朝の飛鳥浄御原令施行前後のことと思われる。持統三年(六八九)閏八月、諸国司に造籍を命じるとともに、「其兵士者、毎二於一国一四分而点二其一一、令レ習二武事一」(書紀)と詔していることはそれを示している。大宝・慶雲年間(七〇一—七〇七)には、大宝令の施行により、その制度が整備されたことがうかがわれる。しかし八世紀の後半以降、農民の階層分化が進むにつれて、兵士の弱体化、国司や軍毅による私的な駆使などによって軍団・兵士制は有名無実化し、唐の衰亡にともなう東アジアの政治的緊張の弛緩とも関連して解体していった。延暦十一年(七九二)、陸奥・出羽・佐渡および大宰管内諸国を除いて軍団・兵士は廃止され、かわりに郡司の子弟から選抜された、小規模な国衙守備軍としての健児(こんでい)が諸国に配置された。西海道の兵士も天長三年(八二六)には廃止され、健児類似の選士がそのあとをついだ。

2 **騎兵隊**(三一九頁)　軍防令では、兵士をその才能に応じて騎兵隊と歩兵隊とに区分することを定めているのみであるが、実際には騎兵は独自の武力として、特殊な分野に活躍することが多い。

騎兵が実戦に徴発された例は、天平九年の藤原麻呂の征夷(常陸・上総・下総・武蔵・上野・下野六国の騎兵一千人)、天平宝字二年の桃生城・小勝柵の築造(坂東の騎兵・鎮兵・役夫・夷俘)、宝亀七年の出羽蝦夷反乱の鎮圧(下総・下野・常陸等の国の騎兵)などにみられるが、そのほか、天皇の行幸にあたっては沿路の諸国の騎兵が供奉のため徴発され(持統六年の伊勢行幸には近江・美濃・尾張・参河・遠江の諸国の騎士、慶雲三年文武天皇の難波行幸には諸国騎兵六百六十人、天平十二年聖武天皇の伊勢行幸には騎兵・東西史部・秦忌寸等惣四百人、天平神護元年称徳天皇の紀伊行幸には供奉して叙位された者三百八人など)、また唐・新羅等の蕃客や蝦夷・隼人の入朝のおりにも、儀衛に備えるために騎兵が徴発された(慶雲二年の新羅使の入朝、和銅二年の隼人の入朝(諸国騎兵五百人)、同七年の新羅使の入朝(畿内七道騎兵合九百九十)、宝亀九年の唐客の入朝(左右京の六位以下の子孫八百人)の例など)。これらの行幸・朝儀の場合、徴発される騎兵の数が多いときには、騎兵将軍が臨時に任命されている。

行幸・朝儀に奉仕する騎兵については、持統朝から慶雲年間ごろまでは、調役、戸内の田租等を免じている例が多く、一般農民から徴発されていたことが推測されるが、時期がくだると、在地の郡司や有位者、およびその子弟が騎兵となる傾向が著しくなる。天平十二年の聖武天皇の伊勢行幸にあたり、供奉した騎兵とその子弟に爵一級、騎兵の父は陪従しなかった者にも爵二級を賜わっていることは、これらの騎兵が主として在地の名望家の子弟であったことを物語っている。天平神護元年の称徳天皇の紀伊行幸にあたっては、出雲大目正六位上坂上忌寸子老が騎兵として叙位されており、官人層も含まれている。この時の騎兵には一・二・三等の別があり、一等には二級、二・三等には一級の昇叙が行われている。また宝亀九年の唐客入朝のおりには、左右京の六位以下の子孫を騎兵にあてている。

軍防令の規定では、騎兵・歩兵の別は兵士の才能によることとしているが、律令制下の社会では、馬や馬具を保有し、弓馬に巧みな者は土豪や有力農民に限られており、一般農民からなる軍団兵士のなかで、騎兵隊は、在地有力者の子弟からなる特殊な性格の軍隊として存在することとなった。ことに八世紀後半に入って農民出身の兵士の弱体化の傾向が著しくなると、行幸・朝儀などの名誉的な任務ばかりでなく、実戦の武力としても名望家軍としての騎兵に依存する傾向が著しくなった。宝亀元年八月、称徳天皇の崩御にあたり「近江国兵二百騎」が差発されて朝廷の守衛にあてられていることは、そのひとつの例であろう。

3 **点兵率の法規と実際**(三二九頁)　養老令の規定では、兵士は一戸の正丁のうち、三丁ごとに一丁をとる規定であった。これに対し、書紀、持統三年閏八月条の記事(→補1)や、また続紀、天平四年八月条に「勅、(中略)又四道兵士者、依レ令差点、満二四分之一一」とあることから、浄御原令や大宝令では四分の一の点兵率であったとする意見がある。中国では西魏の制で中等以上の戸から三丁に一人の割で兵士をとっており、唐の府兵制度でも三分の一の点兵率であった。

ところで、現存する戸籍について点兵率の実際を調べると、大宝二年の美濃国戸籍では正丁四・四人から一人、同年の西海道戸籍では五・四人から一人、養老五年の下総国戸籍では九・〇人から一人の割で兵士がとられている。これを一戸ごとについてみると、ほぼ三丁～五丁から一丁の割である。この点について、石尾芳久・直木孝次郎は、一戸について一人の兵士を出すのが点兵率の基準であったとし、浦田(義江)明子は、むしろ持統四年の造籍・編戸のさい、一戸から一兵士を出しうるような均等的な戸を人為的に編成したものとみ、大宝二年美濃国戸籍のいわゆる三等政戸の記載についても、これをその戸が出す兵士の数(上政戸＝二人、中政戸＝一人、下政戸＝なし)を示すものと考えている。

なお、兵士は正丁(二十一歳以上六十歳以下の男子)からとるのを原則とするが、大宝二年の美濃国戸籍では、まれに十九歳・二十歳などの少丁(中男)の兵士が存在している(山方郡三井田里では、正丁百五十三人中兵士三十二、少丁四十一人中兵士三)。また、現存戸籍中の兵士の最高年齢は、四十八歳である。

7 **兵士携行の戎具**(三三〇頁)　唐令の場合、兵士の具備すべき戎具の種類および数量は、左記のとおりであった(開元二十五年令。唐令拾遺による)。

火具(十人ごとに備えるべきもの)―烏布幕・鉄馬盂・布槽・鍤・钁・鑿・碓・筐・斧・鉗・鋸皆一、甲牀二、鎌二。

隊具(五十人ごとに備えるべきもの)―火鑽一、胸馬縄一、首羈・足絆皆三。

人具(人ごとに備えるべきもの)―弓一、矢三十、胡籙・横刀・礪石・大觿・氈帽・氈装・行縢皆一。

以下、日本令記載の各戎具について解説する。

幕―天幕。大蔵式の造幄幕幔用度条に、布幕の用度、裁断法、日功などについての規定がある。

盆―炊器、または水を盛るのに用いる。和名抄に「弁色立成云。比良加。俗云二保止岐一」とある。

釜―令釈に「温器也」、和名抄に「和名賀奈倍、一云二末路賀奈倍一」とある。銅盆・小釜どちらか入手できるものを二口とり揃える。

鍬→賦役1。

剉碓―まぐさを切る道具。中国では刑罰にも用いた。兵部式・左右馬寮式では「剉」、唐招提寺本古本令私記では「莝草〈草切〉」の字を用いる。和名抄に「剉碓。唐式云、剉碓一具〈漢語抄云、久佐岐利〉」とある。

鉗―和名抄にひく楊氏漢語抄に鉄鉗を「加奈波之」と訓む。かなばさみ、やっとこ。令釈に「俗呼二鍛工代レ手者一曰レ鉗」とある。

火鑽―和名抄に「比岐利」。火打ち金。

熟艾―点火用によく乾かしたよもぎ。

弓弦袋―和名抄に「弦袋。唐式云、諸府衛士弦袋〈由美都流布久路〉」とある。弦巻ともいい、武家の服装では環状で緒を介して腰におび、のちには太刀につけた。

副弦―予備の弦。儲弦・設弦・替弦ともいう。

征箭五十隻―和名抄に「征箭。唐式、諸府衛士人別弓一張、征箭三十隻〈征箭、和名曾夜〉」とある。その製造工程については、兵庫式に規定がある。日本では箭五十隻を一具として胡籙に盛るが(正倉院宝物の漆葛胡籙に実例がある)、貞観十六年九月、検非違使の起請により、人力微弱との理由で平時は三十隻に減定された(三代実録)。

胡籙―矢を盛って背負う道具。箙(えびら)。一般には葛を材料とし、緒には鹿・牛の皮革を用いる(主税式他)。和名抄に「箙〈…和名夜奈久比〉。盛レ矢器也。唐令用二胡籙二字一」とある。

刀子―長さ一尺以下の小刀。

脛巾―脛にまきつける脚絆。和名抄に「唐式云、諸府衛士人別行纏一具。本朝式云、脛巾〈俗云波々岐〉」とある。唐招提寺本古本令私記は、唐式と同じく行纏の字を用いる。↓衣服14。

鞋―唐招提寺本古本令私記に「履也。乙云唐麻履也」とある。一般には草鞋を用いたか。↓衣服6 14。

10 **弩および弩手**(三二一頁) 軍防令の規定では各軍団に弩が配置され、一隊(五十人)から二人が選ばれて弩手となり、その操作を行なう。また衛府にも弩が配置され、衛士がその操作にあたる。弩は書紀、推古二十六年八月条に高句麗からもたらされたとあり、元来は大陸系の武器。天平十二年の藤原広嗣の乱には、広嗣軍・征討軍の双方が弩を使用したらしく(続紀、九月戊申条・十月壬戌条)、また天平五年の出雲国計会帳では、弩の製造の教習が工匠を集めて行なわれたことが知られる。平安時代に入ると、承和二年九月、嶋木史真が新弩を開発するなど弩の改良が行なわれ、同五年美濃国では古様の弩二十脚が新様の弩四脚に置きかえられている。弩の操作の教授にあたる弩師は、天平宝字六年四月大宰府に置かれたのをはじめ、陸奥・対馬などにおかれたが、新羅との関係が緊張した貞観年間以降は、山陰・北陸道をはじめとする諸国に次々と設置された。承和五年、壱岐嶋には弩百脚があったといい(三代格)、また元慶二年の出羽俘囚の乱では、弩二十九具・手弩百具が失われたという(三代実録、元慶五年四月二十五日条)。

11 **抛石**(三二一頁) 唐招提寺本古本令私記に「石弾也」とあり、義解には「作二機械一擲レ石撃レ敵者也」とある。機械仕掛けの石弓。和名抄では旝を「以之波之岐」と訓み、「建二大木一置二石其上一、発レ機以投レ敵也」と説明する。書紀、推古二十六年八月条に、高句麗から「鼓吹弩抛石之類」が貢献されたとある。恐らく高句麗が隋煬帝の軍から奪った戦利品であり、本来大陸で開発された兵器であろう。天武十四年十一月には、弩とともに私家におくのを禁じられている。律令時代に実戦に使用された例は見られないが、中世の軍記物語に見える石弓はこの系譜をひくものかも知れない。

12a **衛士**(三二二頁) 衛士は諸国の軍団から宮城・京師の警衛に上番してくる兵士を意味し、中央の五衛府のうち、衛門・左右衛士の三府に配属される。唐の府兵制でも、地方の折衝府から中央の諸衛府に上番勤務する者を総称して衛士といっており、わが国の衛士の名称もここに由来する。その制度は、全国的な編戸と軍団の形成をまって、浄御原令の施行(持統三=六八九年)から大宝律令の制定(大宝元=七〇一年)にかけての間に成立したものと推測される。

衛士の定員については職員令に規定がない。養老二年五月、国別に徴発すべき衛士の数を定め、天平十三年五月には、諸国をして常額の他に左右衛士各四百人、衛門衛士二百人を貢さしめた(続紀)。その他正倉院文書にも当時の衛士の数を推測させる資料があり(天平十七年四月二十一日右衛士府移、同年十月二十一日造宮省移など)、恭仁宮・紫香楽宮等が存在した天平十年代には、一時かなりの数の衛士が存在したものと推測される。その後、延暦二十四年には、衛門府衛士が四百人から三百人、左右衛士府の衛士が六百人から五百人へとそれぞれ減員された。さらに大同三年に衛門府の廃止、弘仁二年に左右衛士府の左右衛門府への改称等のことがあり、延喜式では左右衛門府に衛士各六百人が所属すると定めている(中務、時服条)。

衛士の任務は、宮門(中門)の警衛、門籍・門牓の検校、宮城内諸所の警衛、京中の行夜、行幸時の前駆後殿等のことであり、上京時には課役が免除され(賦役19)、また役から帰れば一年間国内上番が免除された(軍防14)。しかし他面、その任務の重要さゆえに監督もきびしく、京にあっては下番の日も三十里以外の地に私に行くことを禁じられていた(軍防23)。なお唐令では、「諸衛士上番者、五百里内五番、五百里外七番、一千里外八番、各一月上。二千里外九番、倍二其月一上。若征行之鎮守者、免レ番而遣レ之」とあって(唐六典)、折衝府からの距離によって衛士の上番の月数が異っていたが、日本の養老令では、上番期間を一律に一年としている(軍防8)。

衛士は令制五衛府の武力の主体をなすものであったが、和銅三年の平城遷都前後から、農民に対する労役負担が強化されるにともなってその逃亡が激化し、養老年間には重大な政治問題化するに至った。衛士の勤務年限についての大宝令の規定は不明であるが、養老六年二月にいたり、「壮年役に赴き、白首郷に帰る」惨状を改め、年数を減じて三年と定めた(→賦役補38c)。しかしその後も、衛士の逃亡、弱体化の傾向はやまず、ために政府は衛府の武力の主体をしだいに地方豪族出身者に移した。それに伴って衛士の任務は他の兵衛や新設の中衛府・授刀衛(近衛府)・外衛府等の舎人に奪われ、武力としての地位は相対的に低下していった。延暦十一年、辺要を除いて全国の兵士・軍団が廃止されたのちも、衛士は仕丁と同じく正丁の徭役労働の一つとして継続したが、平安時代には現実には宮廷内の諸物の運搬、土木工事などの下級の雑役に駆使される傾向が強まり、武力としての役割はほとんど失なわれた。

12b 防人(三三二頁)　防人は諸国軍団の兵士で辺を守る者をいい、実際には九州北部を中心とする西海の辺防に当る者をさす。サキモリは、日本霊異記、中ノ三には「前守」とあり、「崎守」「岬守」の意で、それに中国唐代の制にならって「防人」の字をあてたものである。

防人のことは、書紀、大化二年正月条の大化改新詔に見えるが、実際には天智二年の白村江の敗戦後の西海の辺防強化の時期にあたって本格的に整備されたものであろう。天智三年、対馬・壱岐・筑紫に烽とともに防(防人)が設置されている。持統三年二月、筑紫の防人の年限に満ちた者の交替を命じていることは、防人の交替制がすでに行なわれていたことを示すものである。

令制の防人は、三年間の勤務とされ、筑紫では防人司の定めた配置に従って任務につき、部署を守備するほか、附近に空閑地を賜わって稲や雑菜を栽培し、その食糧をえた。防人は在役中は課役を免除され(賦役19)、帰郷後は三年間、国内上番を免除された(軍防14)。しかし、三年の勤務で交替するとの令の規定は、奈良時代にはそのとおりには行われず、筑紫に留まって帰郷しない防人も多かった。

軍防令にとくに規定はないが、八世紀を通じて防人の多くは東国の兵であったことが察知される。東国の兵が防人にとられた理由としては、東国が令制以前から舎人などの武力を多く出した大和政権の武力の基盤であったこと、また斉明・天智朝の外征で西国の地方首長・農民が著しく疲弊したのを補う意味をもっていたことなどが指摘されている。またそれと関連して、万葉集巻二〇の東国防人歌の左注の分析を通じて、防人軍の編成に令制以前の国造軍の遺制のみられることが、岸俊男によって指摘されている。

その後、天平二年(七三〇)、諸国の防人を停め、同九年には筑紫にある防人を停めて本国に帰し、筑紫の人をして壱岐・対馬を守らしめた。この時東国の防人二千余人が本国に帰還している(天平十年の駿河・周防・筑後の正税帳)。この前後、全国的な飢饉・疫病や藤原広嗣の反乱などで兵制が動揺するが、万葉集巻二〇には、天平勝宝七歳(七五五)、相替って筑紫に遣わされる東国十国の防人歌八十四首が収められており、このころには東国防人が復活していたことが判明する。しかし東国防人は、路次の諸国が供給に苦しみ、防人の生業もなり立たないとの理由で、ほどなく天平宝字元年(七五七)に廃止され、西海道七国の兵士一千人がかわりに辺防の任に当ることになった。その後東国防人は、大宰府の数度の要請にもかかわらず復置されず、天平神護二年(七六六)には、筑紫に残留している東国防人を検括して戍に配し、その数だけ西海道出身防人を減ぜしめ、合計三千人とするという対策を命じたにとどまった。

延暦十一年(七九二)、辺要を除いて兵士が停廃され、同十四年には壱岐・対馬を除いて防人を廃止、同二十三年には壱岐の防人も廃止された。大同元年(八〇六)には近江国の夷俘六百四十人を大宰府に移して防人とした。天長三年(八二六)、大宰管内の兵士を全廃、代りに統領・選士が置かれることにより、軍団・兵士制を基盤とする防人制は崩壊し、西海辺防の主力は、在地首長層や移配の蝦夷の手に移ることになった。

13 **軍団大少毅任用の実際**(三二二頁)　霊亀二年五月、軍団大少毅に郡領の三等以上の親を任用するのを停める制が出されているが(続紀)、律令時代を通じて、軍団の大少毅には、郡司などの地方首長層が任用されていたことが実例から推測される。神護景雲元年四月、銭・稲の献上により長門国豊浦団毅額田部直塞守が豊浦郡大領に任じられたのはその一例であり(続紀)、また天平五年の出雲国計会帳には、「軍毅譜第帳」なる帳簿も見える。これらは、軍団の編成、兵士の統率において、律令制成立以前からの地方首長層の伝統的な民衆支配力に依存する面がつよかったことを物語るものであり、長官である都尉に地方豪族を採用することを排斥した唐の折衝府の場合とは対立する性格を示している。

17 **兵士差発の手続きに関する日唐律令の規定**(三二三頁)　日本令軍防17差兵条に対応する唐令(開元二十五年令)は「諸差レ兵十人以上、並須二銅魚勅書勘同一。始合二差発一。若急須レ兵処、准レ程不レ得二奏聞一者、聴二便差発一」とあったと推定され(唐擅興律疏議)、これに対応する擅興律1擅発兵条の条文も「諸擅発レ兵、十人以上、徒一年。百人徒一年半。百人加二一等一。千人絞」となっていた。ところが日本の擅興律(政事要略・法曹至要抄所引逸文)には、「凡擅発レ兵、二十人以上、杖一百。五十人徒一年。五十人加二一等一」とあって、軍防17と同じく、勅書を必要とする差兵数は、唐律令の十人以上よりも多く、二十人以上となっている。唐律令にくらべて日本の方が制約がゆるく、違反した場合の刑罰も軽いが、唐令にある緊急時の便宜差発を認める規定を削除したのは、国土の広狭を考慮してのことであろう。

18 a **大将出征時の行事と節刀**(三二三頁)　日本令軍防18節刀条に対応する唐令(開元七年令)は、唐六典および旧唐書、職官志により、左記のように復原される。

「諸大将出レ征、皆告レ廟、授二斧鉞一、辞二斉太公廟一。辞訖、不三反宿二於家一。元帥凱旋之日、天子遣レ使郊労、有司先献二捷於太廟一、又告二斉太公廟一」。

すなわち唐令では、大将が出征にあたって太廟に告げ、また斉太公(殷の紂王を滅ぼし、天下を定めたとされる呂尚)の廟に辞することとなっているが、日本令ではそれに対応する行事がない。また天子から大将に授けられるものが、唐令の斧鉞に対し、日本令では節刀となっている。

節は元来羽や旄牛(からうし)の尾などを編んで作ったはたじるしで、後漢書、光武帝紀の章懐太子注には「節、所二以為レ信也。以レ竹為レ之。柄長八尺。以二旄牛尾一為二其毦一三重」とある。義解に「節者、以二髦牛尾一為レ之。使者所レ権也。今以二刀剣一代レ之。故曰二節刀一。雖二名実相異一、其所レ用者一也」とあるように、日本ではそれを刀にかえ、天子から使人に賜わって刑罰の権を委ねることのしるしとした。大宝元年五月、入唐使粟田真人に賜わった例(続紀)を初めとして、遣唐使・征夷使に賜わった例が多い。

18 b **郊労**(三二三頁)　都城の外まで迎えて労をねぎらう。古記に「邑外京外、唯遠近臨レ時定耳」とある。神亀元年十一月、内舎人を近江国に遣わして持節(征夷)大使藤原宇合を郊労したことがあり(続紀)、承和九年三月には渤海客を迎える郊労使が任命されている(続後紀)。

20 a **津**(三二四頁)　奈良時代の東国防人は難波から乗船して筑紫に赴くのが一般であった。この津を難波津とみ、令の規定自体防人を東国から採ることを前提としていたとみる意見もある。

20 b **防人の部領**(三二四頁)　軍防令の規定では、津にいたるまでが国司の部領、津出発後は専使の部領となっていたが、和銅六年十月の詔で、専使の部領をとどめ、逓送によることとした。難波までの国司の部領については、万葉集巻二〇、天平勝宝七歳二月の防人歌にその実例が見え、守・掾・大目・少目等の国司が、遠江・相模・駿河・上総・常陸・下野・下総・信濃・上野・武蔵の諸国からそれぞれ防人を部領して難波に至り、同年三月、難波において、勅使紫微大弼安倍朝臣沙弥麻呂、兵部使少輔大伴宿禰家持の検校を受けている。防人の帰還にあたっては、天平十年の場合、難波までは海路大宰府官人の部領により、難波からは路次の諸国の逓送により行なわれたことが、同年の筑後・周防・駿河の各正税帳によって推測される。

24 a　軍隊の戦時編成の実例（三二五頁）　続紀その他に見える征討軍の官人の実例は、軍防令の規定ほど整然としたものではなく、軍隊の動員数とも対応しない。おそらく軍隊の行路や、戦線の展開を考慮して定めたものであろう。この他、延暦八年の蝦夷征討には、別将・進士などの称も見える。軍防令に規定されるこれらの官員は、征討が行なわれるごとに臨時に設けられるものであるが、養老年間に陸奥国に鎮所が置かれて以後は、鎮守将軍以下軍監・軍曹等の官員が常置されることになった。

	大将軍	将軍	副将軍	軍監	軍曹	
養老4・9		1	1	3	2	持節征夷将軍（続紀）
		1		2	2	持節鎮狄将軍（続紀）
神亀元・5		1		2	2	鎮狄将軍（続紀）
天平12・9	1		1	4	4	藤原広嗣の乱 動員一万七千人（続紀）
天平神護元・10		2	2	6	6	紀伊行幸 前・後軍あり（続紀）
神護景雲2・11		1	1	4	4	検校兵庫将軍（続紀）
宝亀11・3		1		2	2	出羽鎮狄将軍（続紀）
延暦13	（1）		（?）	16	58	征軍十万（後紀弘仁2・5）
〃 20	（1）		（?）	5	32	〃 四万（〃　）
〃 22・正	1		3	8	24	征夷大将軍（後紀）
弘仁2・5		1		10	20	征軍一万九千五百余人（後紀）
〃 3・4		1		1	2	陸奥鎮守府の官員（三代格）

24 b　録事（三二五頁）　征討使の主典。遣唐使や天武十三年の畿内への遣使、大宝三年の巡察使の官名としても見える。義解に「軍曹者、大主典也。録事者、少主典也」とある。

33　日本令における勲位（三二七頁）　日本の勲位制、およびその唐制との関連については、曾我部静雄・野村忠夫・渡辺直彦らの研究がある。

日本の勲位制は、唐の勲品および武散官の制度を継承したもので、大宝令の施行にともなって実施された（続紀、大宝元年三月条）。その等級が十二等であるのは、唐の武徳七年令・貞観十一年令の勲級十二等の制を継承したものであるが、唐の勲品の場合はそれぞれ固有の名称をもつ武散官に任ずるというかたちで授与され、勲品はその武散官の等級を示すにすぎない点が、日本の勲位とは異っている。日本の場合は、勲位があたかも位階（文位）と同じように授与され、かつ武散官の制度を欠いており、位階への比当も唐の品階への比当にくらべて低い（唐官品令では最上等の上柱国が、正二品、最下等の武騎尉が従七品上の官とされるのに対し、養老官位令では最上等の勲一等が正三位、最下等の勲十二等が従八位下に比当される。→官位補☆a）。なお官位令の規定は、朝参行立などの際の勲位と文位（官位）との対応関係を示したもので、勲位を帯する者がそれに対応する文位をも帯びるべきことを規定したものではない。軍功によって非定期的に昇叙される勲位と、官人としての勤務成績によって定期的に昇叙される文位とでは、元来その性質が異っていたのである。

次に日本の勲位制では、加転の方式が唐制と相違する。転は勲功計算の単位で、唐制では一転ごとに一階昇任せしめる方式で一貫しているが、日本の場合、勲十二等から勲七等までは一転一等、勲六等から勲三等までは二転一等、勲二等・勲一等は三転一等と三段階に区分され、上位に進むほどより多くの転数を必要とし、勲一等に昇るまでに二十転を必要とする。この三段階は、文位における貴（三位以上）・通貴（四・五位）・非通貴（六位以下）の区分と対応しており、勲位の制度の上では、軍功によって高貴な身分に昇ることは困難であったとみられる。これに対し、官位の制度の上では、反乱の鎮圧や征討などの軍功で高位に昇った例が少からず見うけられる。

帯勲位者は、軍団の大毅・少毅(軍防13)、烽長(同69)、牧長・牧帳(厩牧5)に任用される道が開かれ、養老三年十二月には、勲七等の子歳二十以上の者を位分資人となすこととした(続紀)。五位以上でより高位の官位に比当される勲位を帯する者は、蔭位の上で有利であった(選叙38)。元来令制では帯勲位者の考叙は規定されていないが、大宝三年八月、大宰府管内の帯勲位者を軍団に勤務させて選叙にあずからせたのをはじめ、慶雲元年六月には、諸国の勲七等以下の者を軍団に勤務させ、上番三年で二考とし、考限に満ちた者を選叙にあずからせた(続紀)。しかし概して、同等の文官に比して帯勲位者の待遇は低く、勲位が身分として大きな意味をもつことは少なかったと考えられる。

36 **詐冒入軍**(三二九頁)　義解に「依レ律、良人相冒入レ軍者也」とある。唐擅興律5に「諸征人冒レ名相代者、徒二年。同居親属代者、減二等。若部内有二冒レ名相代者一、里正笞五十。…」とある。

38 **兵衛**(三二九頁)　兵衛は、その古訓をツハモノノトネリという。令制以前のトネリ(舎人)は、主として国造の子弟などによって編成され、天皇に近侍し、朝廷守衛の任にあたるものであった。令制下の舎人は、一般には蔭子孫・位子など官人の子弟からなり、内舎人・大舎人・東宮舎人・中宮舎人など、官人機構の末端を形成し、官人の供給源としての性格をもつものとなったが、武官としての兵衛(ツハモノノトネリ)にだけは、官人子弟のほか、地方首長層である郡司子弟からの採用が規定されている。このことは、兵衛に令制以前のトネリの遺制が継承されたことを意味し、また律令政府が、朝廷守衛のために地方首長層の武力になお依存していたことを物語っている。書紀、天武八年三月条に兵衛大分君稚見の名がみえ、また朱鳥元年九月、天武天皇崩後の殯宮に当摩真人国見が左右兵衛の事を誄しているから、令制の兵衛の制は、大舎人の制とほぼ時を同じくして、天武朝に始まったものとみることができよう。

令制の兵衛は、内六位以下八位以上の嫡子(場合によっては庶子)の中等の者、および諸国の郡司の子弟から採用される規定であり(軍防38 47)、その定員は左右各四百人である。兵衛は一般の舎人と同じく、官人機構の末端を構成するものであり、公民の徭役労働としての性格をもつ衛門府・左右衛士府の衛士とはその階級的性格を異にしていた。その任務も、宮内の宿直、天皇の身辺の護衛、閤門(内門)と殿門(朝堂門)の守衛など、天皇周辺のもっとも重要な職務を担当しており、被支配層である農民出身の衛士を牽制する親衛軍の役割を果すものであった。

律令の条文の上では、日本の兵衛は唐の三衛(親衛・勲衛・翊衛)に比定される(考課52・衛禁17)。唐の三衛は、高位高官者の子弟を蔭によって任命するものであるが、日本の兵衛府と違って独立の府ではなく、左右衛・左右驍衛・左右武衛・左右威衛・左右領軍衛・左右金吾衛の各衛および左右羽林軍のそれぞれ内部にあり(親衛・勲衛は左右衛のみ)、衛大将軍の指揮をうけつつ、衛士とは別の一隊をなし、天子の儀仗、城内の宿衛などの特殊な任務に従事していた。日本で左右兵衛府を独立の衛府としたのは、衛府全体の規模が唐制に比してきわめて小さい上に、兵衛が令制以前からの伝統を負った独自の武力として、大きな存在だったことによると思われる。

兵衛は八世紀を通じて存続し、平安初頭の衛府制度の改革でも、左右兵衛府は左右近衛府・左右衛門府と並んで六衛府の一郭を形成した。兵衛には元来大化改新以来の譜第郡司との関係が密接であったが、十世紀以降、新たな地方勢力の擡頭によって、兵衛の基盤をなす伝統的な地方首長層はしだいに分解し、また左右兵衛府の権限も、天皇近侍の任をになう左右近衛府と、左右衛門府を中核に検断追捕の権を握って擡頭してきた検非違使とによってしだいに蚕食され、兵衛は独自の存在意義を失っていくことになった。

46a **蔭子孫と位子**(三三二頁)　軍防46は、蔭位の制(→選叙補38)の適用をうける五位以上の子孫(蔭子孫)、軍防47は、内六位以下八位以上の嫡子(位子)の、それぞれ役任なき二十一歳以上の者を、その才に応じて舎人・使部・兵衛に補することに関しての条文である。

蔭子孫の任用に関する令条の大きな変改としては、神亀五年三月の外五位制の制定(→選叙補2 a)にあたり、外五位の嫡子は大舎人・大学生に補し、内舎人に充つるを得ざることとし、庶子は二宮舎人(東宮舎人・中宮舎人)・諸司史生・帳内・職分資人等に補すこととし、内位との間に別をもうけたことがあげられる(三代格)。

位子は、内六位以下八位以上の嫡子で、兵衛の場合を除き、庶子からは採用しないのが令の規定の本意であると考えられるが、現実には嫡庶の別なく位子とされる傾向があり、和銅元年四月には、令条の励行が命じられている(続紀)。平安時代に入ると、戸籍を偽り、蔭子孫・位子として出身をはかる者が多くなり、承和五年六月には、蔭子孫・位子について、戸籍上の審査(勘籍)が行われる際、式部省・民部省の丞が加署することが定められ(続後紀)、また貞観五年八月には、諸国貢挙の位子について、三比の籍を勘することが定められている(三代実録)。ただし蔭子孫については、大同元年七月、それまで行われていた勘籍を停止し(後紀)、民部式でも、勘籍をしないこととされている。

46 b **舎人・使部等の任用基準とその推移**(三三二頁)　令制の舎人には、内舎人(九十人)・大舎人(左右各八百人)・東宮舎人(六百人)・中宮舎人(四百人)がある。内舎人は蔭子孫のうちから選ばれる規定で(三位以上の子は選考なしで任用)、大宝元年六月、大宝令の施行により初めて補された(続紀)。このとき当時大納言正三位であった藤原不比等の嫡子武智麻呂が、二十二歳で内舎人となっている(家伝下)。神亀五年三月には、外五位の嫡子を内舎人とすることが停められた(三代格)→補46 a。大舎人は蔭子孫および位子の上等者から採用する規定であったが、延暦十四年六月の勅では、令制の励行をはかり、雑色および畿外人を位子として大舎人に補することを禁じ(類聚国史)、大同元年十二月には、蔭子孫以外を補することを停めた(類聚国史・三代格)。

東宮舎人(義解によれば中宮舎人も)は、蔭子孫からのみ採用される規定であるが、現実には大舎人に準じ、位子からも採用されたとみられる。しかし平安時代に入ると、それら元来の有資格者(入色人)のみでは定員を満たしえなくなり、大同元年六月からは百人を白丁から採用し(後紀)、弘仁三年十二月には、さらに百人を外位(外考)の者から欠に従って補すこととした(同)。式部式・春宮式では、坊舎人六百人の内訳は、入色(蔭子孫・位子)四百人、外位(外散位・帳内・職分位分資人からの採用者)百人、白丁百人である。中宮舎人についても同様の傾向が見られ、式部式では、入色百五十人・外位百人・白丁百五十人、計四百人である。

使部は諸司の雑使にあてられる者で、位子の下等者および散位の身材劣弱、不勘理務の者から補されるが(選叙24)、延暦十四年七月、衛府・馬寮・兵庫等の使部が減定されたおり、左右衛士府のみは、職掌他府と別なりとの理由で、中等の位子からあてることとした(三代格)。

48 a **帳内・資人の制とその推移**(三三三頁)　帳内・資人は、内六位以下(位分資人は内初位)の子、および庶人から採用される(本条)。しかし、霊亀二年六月には、人別六人以下を限り、散位六位以下を資家(位分資人か)にあてることを許し、養老三年十二月には、外六位・内外初位・勲七等の子、年二十以上の者を位分資人とすることを認めた(続紀)。神亀五年三月には、位分資人は散位・勲位・位子・庶人からとることとし(続紀)、式部式では、外散位六位、勲七等以下の情願者を帳内および職分資人に、七位以下の者を位分資人にあてることを認めており、帳内・資人の採用範囲が、下層および外位の有位者、および帯勲者に拡大していく傾向が看取される。

帳内・資人は、本主により三等の考第を立てられ(考課69)、八考を限りとして叙位され(選叙14)、式部省の判補により官途につくことができる(選叙3)。また、その才に応じて文武の貢人として貢挙され、得第すると内位に叙せられる(選叙16)。帳内で労満ちた者の場合は、本主の情願だけで内位に叙せられる(選叙19)。帳内・資人の制は、無位の白丁が官途につくためのほとんど唯一の道であったから、養老元年五月の詔に、「率土百姓、浮二浪四方一、規二避課役一。遂仕二王臣一、或望二資人一、或求二得度一。王臣不レ経二本属一、私自駈使、嘱二請国郡一、遂成二其志一」(続紀)とあるように、地方の有力農民が中央有力者の庇護のもとに課役を忌避する手段として利用するようになり、これを抑えるために和銅年間を中心に制度の整備が進められた。和銅四年五月には、帳内・資人が選にあずかるのを、帳内については三分の一、位分資人については四分の一のみに許すこととし(続紀)、神亀五年三月には、内五位を本主とする資人の考選は八考、外五位を本主とする資人の考選は十考と定めた(続紀)。この制は承和六年九月まで継続し、同年にいたり、慶雲三年の格制に復して、帳内・職分資人は六考、位分資人は八考で成選することとなった(選叙14令釈所引格・続後紀)。

帳内・資人の本主が死亡した場合は、朞年(満一年)後に式部省に送られ、職事・雑色に任用され、あるいは他主の帳内・資人にあてられ、また無位で六年に満たない者は本貫に返される(選叙17)。しかし和銅四年五月の制では、選にあずからしめず、みな本貫に返すこととし(続紀)、同七年六月の太政官処分では、職分資人に限り、式部省に留めることとした(同)。致仕の場合については令に規定がないが、軍防49の義解は、「准禄令減半。大納言亦准此也」としている。また高位高官者の場合、死後も資人を収めることなく、その家にあてた例が、贈従一位県犬養橘三千代、贈太政大臣藤原不比等などについてみられる(続紀)。

なお、授刀資人・帯刀資人・帯仗資人と称して、身辺護衛のため武装した資人をとくに賜わることがある(養老四年三月右大臣藤原不比等、同五年三月右大臣長屋王等四人、天平宝字三年十一月大保藤原恵美押勝、同六年五月大師同)。帯刀(帯仗)資人の制は平安時代にも存続し、貞観元年七月太政大臣藤原良房、長和五年六月摂政左大臣藤原道長、保延六年六月前関白太政大臣藤原忠実等に賜わっている。

48b　帳内・資人を取るのを禁じられた国(三三三頁)　軍防令で帳内・資人を取るのを禁じられたのは、三関・大宰部内・陸奥・石城・石背・越中・越後の諸国であるが、続紀について、この規定と関係のある記事を拾うと、左記の如くである。

(1)三関―和銅五年九月、三関の人を取って帳内・資人となすを禁ず。神亀五年三月、位分資人の補充を禁止。

(2)大宰部内―神亀五年三月、位分資人の補充を禁止。

(3)陸奥―養老六年閏四月、陸奥按察使管内の帳内・資人を本国に放還(これ以前は陸奥からも貢上されていたことになる)。神亀五年三月、位分資人の補充を禁止。

(4)石城・石背―養老二年五月設置、同五年ごろ再び陸奥国に併す。

(5)越中・越後―所見なし。

なお神亀五年三月には、この他飛騨・出羽国人の補充が禁じられており、式部式では、飛騨・陸奥・出羽・大宰府所管諸国人を帳内・資人に補するのを禁止している。

これらの続紀に見える禁令は、令の規定の履行を命じたものともみられるが、むしろ大宝令には軍防48の後半の禁止規定が存在せず、和銅年間以後、王臣家の私的武力の強化、農民の課役忌避の動きへの対策としてこれらの禁令が出され、それに応じて養老令で禁止規定が付加されたとみるのが妥当かと思われる。なお、和銅三年三月から同四年五月にかけては、畿外の人を帳内・資人にあてることが一時全面的に禁止された。

51　事力(三三四頁)　事力は、中国では北斉で一品以下流外勲官にいたるまでに支給された使役丁の名である(通典三五)。日本では公廨田の耕作のため外官に支給される正丁をさす。支給の対象は、令施行後、大宰帥・大弐や諸国守の傔仗、諸国の博士・医師、陸奥鎮守府の官人等に拡大され、また貞観八年三月には新置の介・掾の公廨田・事力の分法を定め、中国の介の事力を五人と定めた。民部式の規定では、遙授国司には公廨田・事力は支給されない。

事力に関する特殊な事例として、大宰府管内では、和銅二年六月から霊亀二年八月まで、薩摩・多褹の両国司、および国師僧等を除き、事力を半減し、かわりに綿を給したことがある。また畿内では、延暦十六年から二十年まで、俸料を給するにより事力を停止し、大同三年から天長二年にかけても、国司の作田を許可するかわりに事力を停止した。その他、養老五年六月には、京・畿内で事力にかえて銭を納めさせる場合、その額を一月三十銭と定め、天長十年因幡、仁和元年陸奥では雑徭を事力の役にあてることを許されている。なお弘仁十一年二月から、事力に副丁四人があてられることになり、貞観十年には、同六年に雑徭日数が三十日から二十日に減定されたのにともない、副丁が四人から六人に加増され、民部式の制にも踏襲されている。

66 烽の制度(三三八頁)　烽の制度は、北方・西方からの異族の侵入に悩まされた中国で発達したもので、すでに漢代には十里ごとに烽燧が置かれ、都尉等の職員、戍卒が置かれていた。その後魏・晋から隋の間に変遷をとげ、唐代には、開元二十五年までは関内・京畿・河東・河北にみな烽燧が置かれ、京邑に連絡していたが、のち内地については停廃された。

日本では、天智二年(六六三)の白村江の敗戦後、西海の辺防を強化する目的で設置された。書紀によると、天智三年、対馬・壱岐・筑紫に防人とともに烽を置いたとある。諸国の風土記によれば、出雲に五所、豊後に五所、肥前には二十所の烽があった。また天平六年(七三四)の出雲国計会帳によると、同年、対新羅関係の緊張のためか、出雲・隠岐両国に烽を置くべきことが命じられている。烽は都の周辺にも置かれ、和銅五年(七一二)には、平城遷都にともない、高安烽を廃して高見烽(生駒山)・春日烽(奈良市)を置き(続紀)、さらに延暦十五年(七九六)には、平安遷都にともない、牡山(おとこやま)に烽を置くべきことが命じられている(後紀)。ただし日本の烽燧はもっぱら海外からの敵襲に備えてのもので、東北地方の蝦夷に対して烽燧を設けるということはなかった。

烽を戦時の通報に使用した例は、天平十二年(七四〇)の藤原広嗣の反乱のさい、広嗣が軍兵の動員に利用したことのほかにはみられない。延暦十八年(七九九)にいたり、対外的な緊張関係の弛緩にともなって、烽は大宰管内を除いて停廃された(三代格)。その後、貞観～寛平年間に、新羅との関係の緊張から一時烽燧制は強化され、寛平六年(八九四)には出雲・隠岐両国の烽燧が復活したが、十世紀に入ると大宰管内をふくめて烽燧制度は廃絶したものと思われる。

唐の烽燧制度は、唐六典のほか、武経総要に引く開元のものと思われる兵部烽式によって知られる。この兵部烽式と、日本軍防令の烽燧に関する条文とがきわめて類似することから、滝川政次郎は、唐六典・旧唐書にひかれる烽燧に関する規定は唐令の逸文ではなく、唐式の逸文であり、日本の軍防令は、唐の永徽の兵部烽式によって烽燧の条項をつくったものとした。これに対しては、仁井田陞の反論がある。

日本の烽燧制度は、唐の制度にならったものであるが、細部においては相違がある。滝川政次郎によれば、日本の場合、唐では存在する、烽候を賊に占領された場合の処置(→軍防67注)や、烽の暗号を敵に知られた場合の処断等についての規定がないのは、日本の制がもっぱら海上よりの敵襲に備えたものであったことによるという。また、烽の配置が、唐の三十里ごとに比し日本は四十里ごとであること(軍防66)、烽の職員が、唐では烽ごとに烽帥一人・副一人・烽子六人等であるのに比し、日本は少ないこと(軍防69 70)、烽長が、唐では二年一替であるのに比し日本は三年一替で負担が重いこと(軍防69)、などの点で、唐に比して日本の制は粗漏で規模が小さく、有事の際に役に立ったのかは疑問で、日本の国防は唐に比し著しく緊張を欠いていたと結論している。

18 儀制令

☆ **儀制令**(三四三頁)　儀は朝儀、令条の儀式、制は法制、非違を制約する意などというが、義解は本令の前半(1〜15条)が儀、後半(16〜26条)が制であるという。前半は天皇に関する諸の規定、告朔、辞迎・廃務、祥瑞、致敬、儀戈、版位、蓋などの諸規定を含み、後半は五行器、春時祭田、五等親等の雑多な規定から成る。

1a **天子**(三四三頁)　天命を受けて国君となった人。国を治めるべき天に代って天下を治めるので天帝の子、すなわち天子と称した。白虎通に「天子者、爵称也。王者父㆑天母㆑地、為㆓天之子㆒也。聖人受㆑命、皆天所㆑生、故謂㆓之天子㆒」とある。わが古典では履中紀五年十月十一日条が初見。また隋書、倭国伝に「日出処天子」と見える。

1b **天皇**(三四三頁)　日本の国王の尊称。古くは大王(おおきみ)と称したが、推古朝の頃より天皇の称号を用いるようになった。天皇とは中国では三皇のうちの天皇でもあるが、いっぽう道教では天帝、またはその象徴たる北極星の異名として、特殊な宗教的性格を濃厚にもっていた。おそらくそこに眼をつけて、日本の国王の称号として採用し、中国の「皇帝」に対抗しようとしたものであろう。↓公式1。

1c **皇帝**(三四三頁)　皇帝とは中国で三皇五帝をあわせた名称。秦の始皇帝にはじまる天子の別称。

1d **陛下**(三四三頁)　蔡邕の独断によれば陛は高い所に昇るきざはし。陛下はきざはしの下。天子には武器を持する警衛の臣が陛側に侍するから、臣下が事を奏するには、陛下にある持兵の臣に告げて奏上し、直奏はしないのが原則。故に陛下を天子の代名詞とする。

1e **太上天皇**(三四三頁)　退位した天皇をいう。太上皇とも。退位した天皇のはじめは皇極天皇であるが、そのときは太上天皇とよばずに皇祖母尊(スメミオヤノミコト)といった。太上天皇の尊号は持統女帝がはじめのようである。太上は至貴の尊称。唐令になし。唐儀制令の相当条は「皇帝天子〈夷夏通称之〉、陛下〈対敭咫尺上表通称之〉、至尊〈臣下内外通称之〉、乗輿〈服御所称〉、車駕〈行幸所称〉」とあり、日本令と相違するところがあるが、とくに、わが「太上天皇」に当るものが唐令に見えないのは注目に値する。彼にあっては退位した皇帝は現皇帝の臣下であって同列ではないが、我にあっては退位した天皇は、現天皇の尊属として天皇に準じて尊ばれた。後世、院政が行なわれた理由も一つはここにある。

なお公式令平出条によれば、本条の天子・天皇・皇帝・陛下・太上天皇はみな平出すべきであるが、底本で太上天皇のみ平出しないのはおかしいことになる。↓公式28〜31 33。なお、第3条の「太上天皇」に「上表」というのも唐令と異なる。

1f **乗輿**(三四三頁)　続紀、養老六年正月条に穂積老が「指㆓斥乗輿㆒」したため罰せられたことが見える。この場合、元正女帝を、それと名指しで批判したのであろう。名例6の八虐の第六大不敬に「指㆓斥乗輿㆒、情理切害」とあり、また職制15 16に「乗輿」の語が見える。

1g **車駕**(三四三頁)　キョガのよみは漢和辞典にないが、わが古典の傍訓には多い。車にキョの音があることは集韻に「斤於切」とあるので知られる。

2 **行在所**(三四三頁)　行在所はカウザイショといったか、またはカリノオマシドコロなどと訓んだのであろう。なお、呉音では、ギャウザイショ。行宮も古くはアングウでなく、カウグウまたはカリミヤ。

4 **留守者**(三四四頁)　公式44に「凡車駕巡幸、京師留守官、給㆓鈴契㆒」とある。また公式5義解に「天子巡行、太子留守、是為㆓監国㆒」とみえる。斉明紀・持統紀に「留守官」、元明紀以下に「留守(官)」の実例が多く見える。

5 **毎朔日朝**(三四四頁)　天武紀五年九月丙寅朔条に「雨ふりて告朔せず」とあるから、これ以前よりあったが、いつ始まったか定かでない。告朔は中国の制度を継受したもので、毎月朔日、天皇が朝堂(大極殿)で諸司進奏するところの前月の公文を視る儀式。故に視告朔と記してコウサクと訓む例である。正倉院文書に「奉写一切経所告朔解」(六173 291 317 368 374 391 398 407 417 446

469 476 498)の実例が見られ、延喜式には告朔に関する詳しい規定がある。

7a 過時乃罷(三四五頁) これが廃務の一例である。日蝕による廃務の例は奈良時代の文献にはなく、遙かに降って延喜時代で、日本紀略、延喜二十一年六月乙卯条に「日蝕。但大雨也。廃務」とある。唐令は「諸太陽虧、有司預奏。其日置二五鼓五兵於大社一。皇帝不レ見レ事。百官各守二本司一、不レ理レ務。過レ時乃罷。月蝕奏撃二鼓於所司一救レ之。五嶽四瀆崩竭、皇帝本服大功以上親、乃外祖父母、皇后父母、百官一品喪、皇帝皆不レ視レ事三日。国忌日、皇帝本服小功緦麻親、百官五品以上喪、皇帝皆不レ視レ事一日」とあって、かなりの違いが見られる。

7b 国忌日(三四五頁) 持統紀元年九月九日条に「国忌斎」を京師諸寺に設けたと見えるのが初見。大宝二年十二月には、毎年九月九日(天武の忌日)は廃務することと定めた。国忌に入る七代は時代とともに変るが、治部式に見えるところは、天智・光仁・桓武・同皇后・仁明・文徳・仁明皇后・光孝・宇多皇后。

8a 図書(三四五頁) 続紀、養老七年十月条に見える「孝経援神契」や「熊氏瑞応図」、続紀、神護景雲二年九月辛巳条の「顧野王符瑞図」「瑞式」(治部式の祥瑞条の前身か)などの類であろう。

8b 随即表奏(三四五頁) 瑞はこれを大瑞・上瑞・中瑞・下瑞に分ける。治部式に見える具体例は、ほとんど唐のそれと同じである。瑞のあらわれた例は、書紀以下の国史に頻見するし、出瑞を機に改元した例も少なくない。

9 親王以下(三四六頁) 天武紀八年正月戊子条に「詔曰、凡当二正月之節一、諸王諸臣及百寮者、除二兄姉以上親及己氏長一、以外莫レ拝焉。其諸王者、雖レ母、非二王姓一者莫レ拝。凡諸臣亦莫レ拝二卑母一。雖レ非二正月節一、復准レ此。若有二犯者一、随レ事罪之」とあり、続紀、文武元年閏十二月条にも「禁三正月往来行二拝賀之礼一。如有二違犯者一、依二浄御原朝庭制一、決二罰之一。但聴レ拝二祖父兄及氏上者一」とあり、早くから拝賀の礼にはきびしい制限があった。

10 其不下者皆斂側立(三四六頁) 義解にはさらに「凡六位公使、於二所レ使之国一、遇二四位以上国司一者、不レ合レ下レ馬。若国司遇二詔使一者、同位以下合レ下。何者、下条(11)云、官人就二本国一見者、同位郎下。何況詔使豈得レ軽二於国司一、其百姓在レ路、遇二六位詔使一不レ下。若於二所レ使国一遇之者皆下也」とある。

11 本国司(三四六頁) 神亀五年三月廿八日の勅に「諸国郡司五位以上、相二逢当国主典以上一者、不レ問二貴賤一皆悉下レ馬、如有下官人於二本部一逢中国司上者、同位以下必須レ下レ馬。不レ然者揖而為レ過。其有二故犯者一、内外五位以上録レ名奏聞。六位以下決杖六十。不レ得二蔭贖一」(三代格)とある。

12 下坐(三四七頁) 「下座」について令釈は「謂。五位以上、自レ牀下立。六位以下、自レ座下跪之。庁外之人立レ地。事具二弾例一也」とある。「動座」については古記に「謂。八十一例云。左右大臣見二親王及太政大臣一、並動レ座。唯親王及太政大臣不二相動一。左右大臣亦不二相動一也。一云、案レ文、左右大臣亦下耳」とあり、下座と動座の別については必ずしも分明でないところがある。持統紀四年七月甲申条に「詔曰、凡朝堂座上、見二親王一者如レ常。大臣与レ王、起立二堂前一。二王以上、下レ座而跪」とあるのは、令と違うところもあるが、その淵源をなすもので、あるいは浄御原令の制か。続紀、天平元年四月癸亥条には「舎人親王参二入朝庁一之時、諸司莫三為レ之下レ座一」、政事要略に引く弾例に「三位於二宮中一遇二親王一者跪坐。但大臣不レ得二跪坐一」、弾正式に「凡親王・太政大臣・左右大臣入二朝堂一者、諸司皆起レ座。坐定乃以レ次復レ座。退出亦同」などと見える。

15 総用同色(三四七頁) 蓋の使用は四位以上に認められたが、それにつき、続紀、慶雲三年二月庚寅条に「四位有二飛蓋之貴一、五位無二冠蓋之重一、不レ応三有蓋無蓋同在二位禄之列一、故四位宜レ入二食封之限一」とある。蓋については近時発見された高松塚壁画に実例があるが、それは深緑(大宝・養老の制では一位)であり、一位の官人が大宝以後数十年見当らぬ故、溯って浄御原令の制(正冠＝一位〜三位を深緑と推定)によるものと推測する説がある。

17 五行器(三四八頁) 令釈には「五行器、謂諸器物也。仮如、鋺是金器、几是木器、盆是水器、釜是火器、瓫是土器、所謂五行之類。又鋤鍬鎌斧鋸等之類悉兼也」とあり、他の諸注釈も大同小異。大蔵式には「五行器、大鈎卅一枚、樽卅二口、木杓七十口」を掲げる。

18 長官受賀(三四八頁)　義解に「受二致敬之礼一、若無二長官一者、次官受レ賀。其六位長官者、止受二郡司賀一。上条云、若応二致敬一者、准二下馬礼一故也」とある。古記に「唯在京者、不レ得レ拝二長官一也」とある。天平八年薩麻国正税帳に「元日拝朝刀禰国司以下少毅以上惣陸拾八人」、天平十年駿河国正税帳に「元日拝朝刀禰拾壱人(国司史生已上三口、郡司主帳已上六口、軍毅少毅已上二口)」などとある。

19 a 春時祭田(三四八頁)　本条令釈所引唐令に「県禮祭月集二郷之老者一、一行二郷飲酒礼一。六十以上坐レ堂、五十以上立二侍堂下一、使三人知二尊長養老之礼一。皆用二酒脯物一、出二公廨一」とある。これを本条と比べると、唐は県の禮祭の日にこれを行なう。禮は年の終に万神に報いる祭の名で、臘祭・蜡祭ともいった。これに対してわが国では春の祭田の日におこなうものと規定している故に古記に「若放二祈年祭一歟也」とある如く、本条は村々の祈年の田祭である農耕儀礼と、養老・尊長を目的とする中国の禮祭の郷飲酒礼とを立法上結びつけたものといえる。本条の規定が現実におこなわれたかどうか不明であるが、少なくとも集解諸説の田祭の説明には、八世紀前後の地方農耕祭祀の実情が窺われるのではないか。たとえば村ごとに社官を置くとか(古記)、郷村ごとに社を立て、人々が衆集して祭るとか(跡記)、郷の老者を集めるのは往々一郡五、六カ処であるとか(穴記)、家ごとに稲をおさめ、それを出挙して利稲で酒を準備するとか(古記)、当日は男女を悉く集めて国家の法を告知し、ついで年齢順にすわらせ、子弟を膳部として給仕せしめる(古記)等は、当時の実情を語るものであろう。

19 b 郷飲酒礼(三四八頁)　通典七三、礼三三、郷飲酒礼に「六十者坐、五十者立侍。以聴二政役一。六十者三豆、七十者四豆。八十者五豆。九十者六豆。所下以明二養老一正中歯位上。此乃党正飲酒亦謂二之郷飲酒一」とある。これによると村ごとに老者を集め、六十以上は堂上に坐し、五十以下は立侍し、酒を飲みかわす儀式で、それによって養老・正歯の道を明らかにするとともに、政・役、即ち国家の軍政と力役なども一座に示された。豆は籩豆、すなわち食肉を盛る高坏で、年齢によってその数が異なった。この儀は党正飲酒ともいわれたが、党正は周代の五百家の長のことである。なお義解に「郷飲酒之礼、六十者坐、五十者立侍、所二以明レ尊レ長也。六十者三豆、七十者四豆、八十者五豆、九十者六豆、所二以明レ養レ老。即令二郷党之人親自執レ礼、於二国郡司一者、唯知二其監検一」とある。

22 a 行路(三四九頁)　天智紀九年正月戊子条に「宣二朝庭之礼儀、与二行路之相避一」とあるのは、10 11条および本条の淵叢であろう。すでに、古く魏志、倭人伝には「下戸与二大人一相二逢道路一、逡巡入レ草」とある。

22 b 賤避貴、少避老、軽避重(三四九頁)　賤は貴に避くとは、たとえば一人しか通れない小径で両人相遇わば、初位は八位に避け、八位は七位に避け(義解)、諸臣は諸王に避け、白丁は官人に避け、賤民は良民に避ける(古記)。「少避老」「軽避重」につき義解は、老にして軽なるもの、少にして重なるものの場合、なお少が老に避けるという。古記は賤老、貴少の場合なお賤老は貴少を避けるとする。すなわち、ここにならべた三つの条件は、その順序で優先されるのである。

23 量情決笞(三四九頁)　義解に「杖罪以下、量二其情状一、多少決笞、若徒以上者、依レ律科断。既云二量レ情決笞一、即知、或全決二其罪一、或量減二其科一、若其減決者、亦不レ須レ依二従減例減之法一。唯止量減二其一二等一。若依二減法一者、即為レ渉レ用二位蔭一故也」とある。

25 養老令における五等親(三四九頁)　次頁の図は五等親を図式化したものである。右肩の数字は養老令における等親を示す。左肩の( )内の数字は、大宝令と異同がある場合の、大宝令の等親。子・孫・姪・甥などは、女性も男性に準ずる。

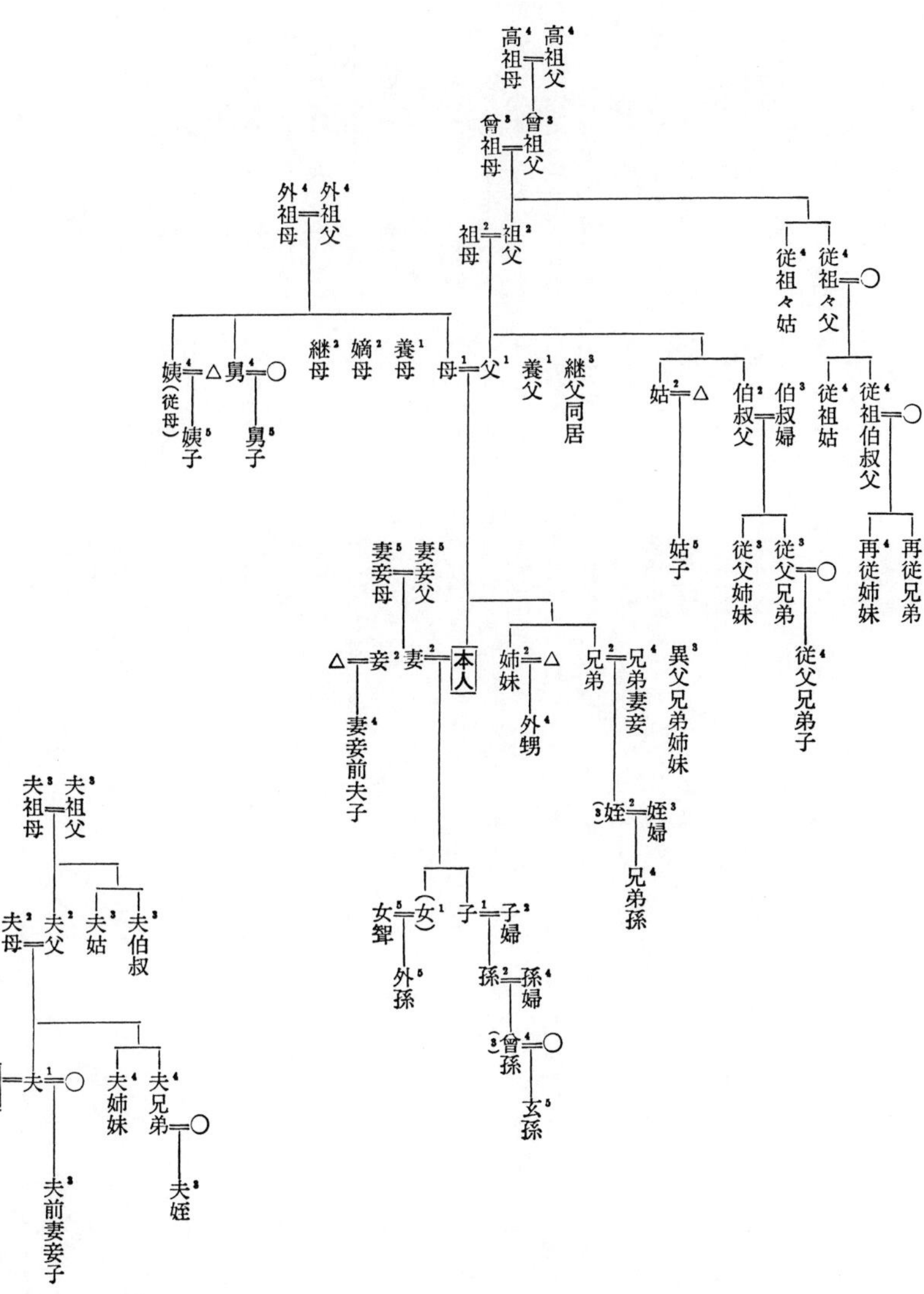
高祖父 4
高祖母 4
曾祖父 3
曾祖母 3
祖父 2
祖母 2
外祖父 4
外祖母 4
従祖々父 4
従祖々姑 4
父 1
母 1
養父 1
継父同居 3
養母 1
嫡母 2
継母 2
姨 4 （従母）
舅 4
姨子 5
舅子 5
姑 2
伯叔父 2
伯叔婦 3
従祖伯叔父 4
従祖姑 4
姑子 5
従父兄弟 3
従父姉妹 3
再従兄弟 4
再従姉妹 4
従父兄弟子 4
妻妾父 5
妻妾母 5
本人
妻 2
妾 2
妻妾前夫子 4
姉妹 2
外甥 4
兄弟 2
兄弟妻妾 4
異父兄弟姉妹 3
姪 2 (3)
姪婦 3
兄弟孫 4
子 1
子婦 2
女 1
女聟 5
外孫 5
孫 2
孫婦 4
曾孫 4 (3)
玄孫 5
夫祖父 3
夫祖母 3
夫父 2
夫母 3
夫姑 3
夫伯叔 3
本人
夫 1
夫姉妹 4
夫兄弟 4
夫姪 3
夫前妻妾子 3

19 衣服令

☆ **衣服令**(三五一頁) 皇太子・親王・諸王・諸臣の礼服、親王以下有位の官人の朝服、無位の制服、内親王・女王・内命婦の礼服、内親王以下有位の女官の朝服、宮人の制服、衛府の長官・次官の礼服、長官・次官以下衛士以上の朝服、およびそれらに付属する服飾品に関する詳細な規定からなる。

1a 礼服(三五一頁) 唐令には乗輿(天子)服について詳細な規定があるが、日本令には天皇の礼服の規定はない。わが律令は原則として天皇に関する規定を載せない。西宮記によれば大袖といって竜の刺繡の御衣、下に小袖、白袴。その上に褶を着用する。女帝の礼服も不明であるが、後世は宝冠を着用、奈良の薬師寺吉祥天画像の服装は女子の礼服とみられる。令にはない背子(からぎぬ)の着用はいつからか不明であるが、正倉院には吐羅楽妓女の背子が現存するから、早くから行なわれたものか。天皇即位の礼服は孝明天皇まで用いられたが、臣下のそれと異なり、かなり古制を残していると思われる。中国の礼服は帝王図巻・永泰公主墓壁画・敦煌壁画等から大体推測されるが、わが令制もそれをおよそ継承しているのであろう。続紀、大宝二年正月己巳朔条に「親王及大納言已上始著二礼服一、諸王臣已下着二朝服一」とあるのは、大宝令制による礼服・朝服をさす。なお、五位以上官人が礼服をつけなかったのは、製作・支給が間に合わなかったためであろう。続紀、霊亀元年正月甲申朔条には「天皇御二大極殿一受レ朝。皇太子(聖武)始加二礼服一拝レ朝」とあり、天平四年正月乙巳朔条には「御二大極殿一受レ朝。天皇始服二冕服一」とある。また天平十三年十月辛卯条には「勅、五位已上礼服冠者、元来官作賜之。自レ今以後、令二私作備一、内命婦亦同」とある。

1b 礼服冠(三五一頁) 古記に「玉冠也」とも見え、種々の玉類をもって飾った冠のことと推測される。式部式下、朝賀条に親王・諸王・諸臣の礼冠の制が見えるが、皇太子のそれは規定がない。東宮式にも礼冠・礼服の語は見えるが、その制は見えない。親王礼冠は一品から四品までを通じて、各々水晶三、琥珀三、青玉五、白玉八、紺玉二十の計三十九顆を用いたとある。親王礼冠は一品は青竜、二品は朱雀、三品は白虎、四品は玄武の徽(しるし)を額上に立てて区別する。また大宝衣服令では親王礼服冠には有品と無品の別はあったが、有品(一～四品)の間で別があったかどうか疑わしい。また内蔵式には「元日御礼服、玉冠」とあり、天子の礼服冠も玉冠であったことが知られる。正倉院に聖武天皇即位のときに用いた礼冠が伝存する。

1c 牙笏(三五一頁) 笏の音コツは骨に通ずるので、これを忌み、シャクと呼びならわした。弾正式に「五位以上、通二用牙笏・白木笏一、前詘後直、六位以下官人、用レ木、前挫後方」とあり、牙のほかに木も用いられたが、後世、その用材は「いちい」に限られ、その名産地に位山(飛驒)の名が与えられた。「いちい」以外では柞・柊・桜・榊・杉など。なお笏は本来、君命を受けたとき、又は君に奏上するとき、それを記して忽忘に備えるもの(釈名)で、後には威儀を整える方に重点がおかれるようになった。和名抄に「手板、長一尺五寸、闊三寸、厚五分」とあり、また天皇のは上を一文字にし、臣下のは角をとって円くするのが例であると伝える。唐令拾遺に笏の規定が見えないが、唐会要には「武徳四年(六二一)八月十六日詔、五品以上執二象笏一、以下執二竹木笏一、云々」(輿服下、笏)とあり、笏の制度はすでにあったことが知られる。わが国では続紀、養老三年二月壬戌条に「初令二天下百姓右レ襟、職事主典已上把レ笏。其五位以上牙笏。散位亦聴レ把レ笏。六位已下木笏」とあるように、このときから笏の使用が始まったらしい。これは養老元年入唐し、翌年帰朝した遣唐使多治比県守らが唐の笏制に関する知識をもたらした結果であろう。したがって大宝衣服令には笏の規定はなかったものと思われる。正倉院には牙笏・木笏の現物が伝わる。

1d 紗褶(三五一頁) 褶は播磨風土記に「比良美」とあり、和名抄に「宇波美」とあり、名義抄には両様の訓を併記する。一説に「ひらも」の訛という。集解諸説だけでは理解し難いが、袴の上に用いたもので、あまり襞のない裳の一種で、下を広げるため、二段につくられるという。文献での初見は推古十三年紀であるが、天武十一年三月に至り、位冠・褌・脛裳とともに、その着用を禁じたことが同じく書紀に見える。これが大宝令で復活した。

1e　襪（三五一頁）　沓（くつ）または靴（くつのくつ）の下にはく一種の足袋。親指の間を割らずに仕立て、紐で結ぶ。古事記・万葉集にも見える。正倉院に現存するものは、麻を芯として綾や錦などでつくられ、足首から下をおおうものと、かなり深いものとがある。

1f　烏皮舃（三五一頁）　続紀、大宝元年三月甲午条に「黒皮舃」とあるのは同じものであろう。烏色を古代には皂色といった（新撰字鏡に「黗〈久利烏色也〉」とある）。皂色はすなわち「くり」色で、和名抄に「涅〈久利、水中黒土也〉」とあるように黒色のこと。烏＝皂＝黒ということになる。書紀、持統七年正月壬辰条に奴の衣色を皂色としたことがみえるが、皂は衣服令で橡墨とあるものに相当するから黒色であることは明らか。

5a　朝服（三五二頁）　令の朝服は唐代のイラン系の胡服の系統を引くといわれる。朝服の初見は書紀、天武十四年七月庚午条であるが、その起源ははるかに古いであろう。しかし、令の服制は天武・持統朝に整備されたものであろう。続紀以下にも朝服のこと散見。

5b　金銀装腰帯（三五二頁）　金銀装腰帯に関連した史料を二、三挙げると、続紀、和銅五年五月癸酉条に「禁下六位已下、以二白銅及銀一、飾中革帯上」、大安寺資財帳に「合帯壱十壱条、仏物十条之中、五金作、…一銀作、…合大唐楽調度…金作帯参条」、弾正式に「刻鏤金銀帯…五位已上並聴二着用一」とある。東西市式によると、東市に帯匱、西市に帯幡匱があったという。腰帯の類を売る店舗があったか。

5c　烏油（三五二頁）　賦役令の金漆はコシアブラ・コンアブラと訓まれている（賦役1）。和名抄によれば「楊氏漢語抄云、金漆樹、許師阿夫良乃岐」とある。うるしの一種で、黄色の光沢あり、黄金に似る。器具に塗るのに用いる。按ずるに、漆の光沢をアブラと呼んだものであろう。したがって烏油はすなわち黒漆であろう。

5d　袋（三五二頁）　公式45に「凡親王（以下）…並給二随身符一、左二右一、右符随レ身、左符進レ内、〈其随レ身者、仍以レ袋盛〉」とある袋とは別であろう。大宝元年十二月、諸王卿等に帒の様（サンプル）を賜わったが、霊亀二年十月には朝服之袋は儲けて着くる勿れと令せられ、ついで養老六年二月、位袋は一切停止された。このように早く停廃されたために、その形制が伝わらなかったのであろう。

7　古代服色表（三五四頁）

天武十四年七月		持統四年四月	
冠名	服色	冠名	服色
明	朱華（ハネズ）		
浄	朱華	浄大広一、二	黒紫
		浄大広三、四	赤紫
正	深紫（コキ）	正	赤紫
直	浅紫（ウスキ）	直	緋
勤	深緑	勤	深緑
務	浅緑	務	浅緑
追	深蒲萄（エビゾメ）	追	深縹（ハナダ）
進	浅蒲萄	進	浅縹

	大宝令	養老令
親王一～四品	黒紫	深紫
諸王一位	黒紫	深紫
諸臣一位		
諸王二～五位	赤紫	浅紫
諸臣二・三位		
四位	深緋	深緋
五位	浅緋	浅緋
六位	深緑	深緑
七位	浅緑	浅緑
八位	深縹	深縹
初位	浅縹	浅縹

20 営繕令

☆ **営繕令**(三五九頁)　中国では隋以前における令の篇目に営繕令はみえず、唐令に至り現われ、それを日本令で継承した。大宝令でも営繕令を称している。但し唐営繕令は令全体の中で末尾に近く獄官令の次に置かれているが、日本令では衣服令と公式令の間に置かれているという相異がある。部分的に復元された唐令とほぼ対応する内容・構成となっている。

1 **常布**(三五九頁)　和銅七年二月二日制に「以㆓商布二丈六尺㆒為㆑段、不㆑得㆑用㆑常」とあり(続紀)、常を単位とする方式を廃止し段に統一している。但し天平元年九月十四日には鎮守府で常布を賜っている例があり、和銅七年制が直ちに徹底したわけではない。

2 **和雇**(三五九頁)　雑徭および雇役(賦役4 22 37)と並んで官営事業を行う上での代表的な労務者調達方式で、法的強制を伴わず官が雇傭する。造都のごとき大事業では強制的な差発では不足し、和雇に頼ることが多く、続紀、延暦四年七月二十日勅で「造宮之務、事弗㆑獲㆑已、所㆑役之夫、宜㆑給㆓其功㆒、於㆑是和㆓雇諸国百姓卅一万四千人㆒」とあるのはその実例であり、正倉院文書で造寺司が労務者を雇傭している例から具体的な雇傭条件を知ることができる。

3 **本条に違犯して臨視した場合**(三五九頁)　宮中を臨視した場合、衛禁律9逸文により、杖一百に処することになっている。恵美押勝が、楼を構え内裏に臨み、不臣の譏を得た例がある(続紀)。楼閣について日本令では臨視することを禁止するのみだが、唐営繕令では官品により建物の規模を詳細に規定している。

4 **兵器の製作**(三五九頁)　官による兵器の製作は中央と諸国で行われ、前者は造兵司が行い、後者は年料器仗として諸国に製作が割当てられており、出雲国計会帳から窺知されるところによれば、造兵器別当国司の支配下で器仗長が置かれ作業に当っていた。出雲計会帳には新造兵器帳一巻なる帳簿もみえる。弘仁十三年閏九月二十日官符には「造年料器仗長〈国別一人〉、同丁〈大国百廿人、上国九十人、中国六十人、下国卅人〉」とある。雑徭を充てるのが建前であった。年料として国衙で作られる武器の種類と数量および原料については八世紀の正税帳から知ることができ、兵部式にも各国別に示されている。

5 **闊一尺八寸長四丈為匹**(三六〇頁)　養老三年五月制で長六丈・広一尺九寸に改めている(続紀)。賦役35に規定する貢献物の規格に関係する。

6 **定料**(三六〇頁)　令釈は定料を各官司へ供与される物品とし、「仮如、東宮一年雑用布一千端之類也」と例を挙げ、古記では定料を諸国の輸納する物品について考え、「仮令、河内国一年内輸㆓調席薦百枚㆒、此是為㆑有㆓定料㆒也」としている。両者の例示の相違は、収納する官司側からみるか納入する諸国の側からみるかの相違であるが、その実例は延喜式に示されている。

7 **特殊技能者の調査**(三六〇頁)　令釈に「戸令亦有㆓此事㆒、彼明注㆓著籍帳㆒」とあり、美濃国戸籍に「下々戸主安麻呂〈年卌四正丁、鍛〉」ないし「下々戸主三田〈年五十正丁、工〉」「戸主兄広〈年卌六、正丁、工〉」のごとき注記が見られる。戸籍を作る過程でも解巧者の書上がなされていたらしい。

10 **瓦器の損耗**(三六一頁)　明法家の注釈から本条は陶器とともに土師器にも適用されたと考えられる。平城宮跡から出土する、官衙で使用されたと思われる瓦器の約八割が土師器で、一割余が陶器に過ぎず、前者が圧倒的に多い。用途で分類すると、八割以上が食物を盛り喰べるための食事用であり、一割余が煮焚き用、その他の少数が灯火用ないし呪術用である。下級官人ないし労務者への給食用であるが故に、土師器が大半を占めていたと考えられるが、そのために瓦器の損耗は法定許容率である年二割を越すことが多かったらしく、田中琢によれば、奉写一切経所の場合で、月当り一割五分から二割となっていたという。正倉院文書に土器の個体数ないし破損を詳細に記している例もあり、各官司における瓦器の管理は厳格になされていたと考えられる。

11 **京内橋の修営**(三六一頁)　天平五年右京計帳にみえる身役ないし徭銭が

あてられていたと考えられるが、その後、三代実録、貞観十八年二月十日条に「右京職言、返ニ上出挙修理官舎道橋料、貞観銭六十貫文一、職司以ニ乗物一、買ニ収米二百斛一、納ニ其息利一、充ニ彼料一、太政官処分、依レ請焉」とあり、左右京職式にも「凡毎年出ニ挙造橋料銭二百貫一、取ニ其利一随レ事充用」と規定されており、京職による出挙で得た収益を財源に充てていた。

12 津橋道路の修理(三六一頁) 摂津国大和田船瀬を造船瀬使をして竣工せしめたあと、使を廃止し、管理を国司に委任している(三代格、弘仁七年十月二十一日格)が、本条の規定が実施されている一例である。山城国山崎橋修理の為の用材を阿波・讃岐・伊予三国に出させたことが続紀、延暦三年七月四日条に見え、雑式に山城国宇治橋・山崎橋と泉河仮橋修造のことが規定されている。

13 諸国の官船(三六二頁) 続紀、宝亀七年七月十四日条に「令レ造ニ安房、上総、下総、常陸四国船五十隻一、置ニ陸奥国一、以備ニ不虞一」とあるのは諸国に置かれた官船の一例である。渡河地点に船を置いた例は承和二年六月二十九日官符(続後紀・三代格)に見える。

16 自近及遠(三六二頁) 雑令12の「須レ修ニ治渠堰一者、先役ニ用水之家一」と同趣旨である。朱説では一国内で処理されるか否か問題とし、「未レ明」としているが、亀田隆之によれば一国内で処理されたという。また同氏によれば、労働の性質について大規模な工事の場合は雑徭として差発された可能性が強いが、小規模な補強ないし防止工事にあっては、雑徭としてでなく、受益農民自身の手で行われていたと考えられるという。

21 公式令

☆ 公式令と条数(三六五頁) 公式は「公文の様式」(令釈・義解)、「公文を録する式」(跡記)の意。隋令・唐令でも公式令と称する。日本ではじめてこの令の編せられた時期はさだかでないが、恐らく浄御原令にはこの篇目が存したであろう。同令の施行に先だつ書紀、持統三年五月条の新羅使に対する詔の宣布に「太政官卿等、奉レ勅奉レ宣」とあって、これが令文での宣布手続に類似すること、また同令施行期に勅符という様式の公文書が存在したと考えられることなどが、推定の根拠である。なお公式令に収載する条文の数は、養老令三十篇のなかで最も多い。飛駅式を上式・下式の二条、計会式を太政官会諸国及諸司式・諸国応官会式・諸司応官会式の三条、平出条を十五条として数えれば、「捌拾玖条」となる。

1a 詔書と勅旨(三六五頁) 隋・唐では、「凡王言之制有レ七」(唐六典九、中書令条)として、皇帝の勅命下達のための公文書に冊書・制書・慰労制書・発日勅・勅旨・論事勅書・勅牒の七種があったが、大宝・養老令では詔書・勅旨の二種のみとした。ただし大宝令には別に勅符なるものが規定されていたが、養老令ではこれを削除した(→補13a)。詔書と勅旨をどのような場合に使い分けるかについては集解に諸説があり、これを大別すると、㈠臨時の場合に詔書を用い、尋常には勅旨を用いる(古記・朱説所引貞説)、㈡大事に詔書を、小事に勅旨を用いる(跡記)、㈢臨時の大事に詔書を、尋常の小事に勅旨を用いる(義解)、㈣宣命すべきときに詔書を、然らざるときに勅旨を用いる(穴記私案・朱説)等となる。これとは別に古記は、詔書を用うべき臨時の場合にも、大事は宣命すべきだが小事はその必要はないと述べている。しかしいずれの説を是とすべきかは不明。なお六国史等の文献にみえる「詔」「勅」の語はしばしばあい通じて用いられており、ある文献で「詔」とする法令が他の文献では「勅」と表記されたり、またその逆の表記の行われる場合もある。したがって文献上の「詔」が詔書式の詔書を、同じく「勅」が勅旨式条の勅旨を意味するとはかぎらない。

また詔書は、漢文体で書かれる場合といわゆる宣命体で書かれる場合とがある。漢文体の詔書の書式→補1c。

1b　明神御宇日本天皇詔旨（三六五頁）　この文言は、はやく書紀、大化元年七月条に二回使われている。いずれも外国使節に下された詔文において用いられ、一つは高句麗の使節、一つは百済の使節に対してのものである。また別に、書紀、大化二年二月条に「明神御宇日本倭根子天皇」、同年三月条に「現為明神御八嶋国天皇」もある。しかしどの場合も、令の知識によって修飾された文言と看做すべきで、この種の表現で確実とみられる例は、続紀、文武元年八月の文武天皇即位の宣命にみえる「現御神止大八嶋国所知天皇大命」である。この和訓は本条三番目の「明神御大八州天皇詔旨」と類似するが、表記の違いが、宣命体と漢文体との相違によるにすぎないのか（つまり浄御原令でもこの種の文言が確定していたのか）、令文の文言が大宝令から始まったためであるのか、明らかでない。

1c　詔書冒頭の五形式の表記（三六五頁）　五種の表記に、便宜A～Eの符号を付す。

まず、大宝令の字句として、それぞれ以下のものが復原できる。A「御宇日本天皇詔旨」、B「御宇」、C「御大八洲」、D「天皇詔旨」、E（「詔書か）。したがって、不確実なEを除き、他は養老令とほぼ同一の字句であったと推定される。

次に、六国史等にみられる実例によれば、これらの表記は宣命体の詔においてのみ用いられており、この五種が、詔文が口頭で宣せられる場合に使用される用語であったことが知られる。これに対し、漢文体の詔の冒頭には、単に「詔」または「勅」の字が記されるにすぎない。たとえば「天平宝字二年詔書草」（正倉院文書）において、漢文体の詔書の冒頭が「勅」で、宣命体の詔書の冒頭が「現神御宇天皇詔旨」であるのは、その一例である。なお中務式には、詔書が漢文体で発せられる場合の書式として、次のものが定められている。但しこれは太政官に送付される以前の、中務省段階での書式である。

詔書式

詔云々、主者施行、

　年　月御畫日

中務卿位臣姓名宣

中務大輔位臣姓名奉

中務少輔位臣姓名行

また、同じく六国史等の実例によれば、この種の表記はかならずしも本条の字句と同一とはかぎらない。たとえば続紀、慶雲四年七月の元明即位詔での「現神八洲御宇倭根子天皇詔旨」（類例に神亀元年聖武即位と神亀改元の宣命、天平勝宝九歳橘奈良麻呂の乱に際しての宣命、宝亀二年他戸親王立太子の宣命など）はAとCを加味した表現であり、和銅改元詔の「現神御宇倭根子天皇詔旨」（類例に天平元年改元の宣命、天平勝宝元年陸奥国産金の宣命、同年孝謙即位の宣命など）はAの変形ともみられる表現である。同様にDは「天皇詔旨」とする場合もあれば、「天皇大命」「天皇御命」「天皇勅命」などとする場合もある。Eの例は見出せないが、続紀、宝亀二年二月藤原永手に贈太政大臣を賜与した宣命での「大命」および三代実録、貞観元年四月成選位記を賜う儀に際しての宣命の「勅旨」等がこれに当るとすれば、これも字句を異にしている例の一つとなる。しかしここに挙げたD・Eのいくつかの表記は、和語を漢字で表記する際に生じた差違にすぎないものとみるべきであろう。

ところで集解の各説は、A～Eの表記の使い分けについて、次頁の表のような意見を提示している。

これによれば、古記説と令釈・穴記・義解等の説との間に、若干の相違のあることが知られる。すなわち古記は、Aのみ隣国（唐）及び蕃国（新羅）に対する詔に用い、他のB～Eは国内に大事・小事を宣する場合のものとするのに対し、令釈以下三説はA・Bの二つを、蕃国を対象とした文言としている。しかし実例では、これらの表記の使い分けは、諸説の述べるようには明確ではない。

まず大宝令の施行期間では(イ)「現神御宇倭根子天皇詔旨」四例、(ロ)「現神八洲御宇（所知）倭根子天皇詔旨」三例、(ハ)「天皇詔旨（大命）」六例がみ

（諸説一覧）

	古記	令釈	穴記	朱説	義解
A 明神御宇日本天皇詔旨	隣国・蕃国への詔	宣蕃国大事	蕃国遣使・来使への大事	蕃国の来使	蕃国使への大事
B 明神御宇天皇詔旨	大事	宣蕃国次事	蕃国遣使・来使への次事		蕃国使への次事
C 明神御大八州天皇詔旨		宣大事(元日)	朝廷用辞、事の大小による	国内大事(元日宣命)	朝廷大事(立皇后皇太子、元日受朝)
D 天皇詔旨	小事	宣次事(任右大臣以上)			中事(任右大臣以上)
E 詔旨		宣小事(授五位以上)			小事(授五位以上)

られるが、上述の如くAの変形と思われる(イ)は即位・改元・陸奥産金等の国内の大事に、AとCを加味した如き(ロ)も即位・改元・乱鎮圧等の国内の大事に際しての宣命に用いられている。但しこの期間には外国使節に対して宣せられた宣命の例はないので、そうした際に(イ)(ロ)のいずれが用いられたかは明らかではない。なお(ハ)＝Dは、藤原不比等への食封賜与、光明立后、光明立后に伴う臣下への賜禄、天皇から太上天皇への奏、叙位、八幡大神への詔などに用いられている。

養老令施行以後は、天平宝字二年の孝謙譲位の詔にB「現神御宇天皇詔旨」が用いられたほかは、即位・譲位・立太子・廃太子・立后・改元の詔および疑獄事件等に際して宣せられる詔には、おおむねC「明神御大八洲天皇詔旨」(「明神大八洲所知天皇詔旨」とも)またはAとCを加味した(ロ)「現神大八洲所知倭根子天皇詔旨」が用いられ、中事と思われる事柄の宣布は「天皇詔旨」となる。しかしたとえば続後紀、天長十年二月の淳和譲位の詔に(ロ)、同月恒貞親王立太子の詔にD、翌三月仁明即位の詔にCが用いられているような場合もあって、表記の使い分けは厳密さを欠いている。なお養老令施行期において海外使節に対して宣せられた宣命は、渤海国使への宣布の例があるにすぎないが、宝亀八年詔にCが用いられたほかはおおむねDが用いられ、この場合の実例も集解諸説の述べるところと異なっている。

1d **大納言覆奏**(三六六頁)　わが詔書式は、隋・唐の制書式を継受したものであるが、唐開元二十五年令のそれは、仁井田陞の復原によると、次のようなものであった(唐令拾遺)。

制書式
門下、云々、主者施行、
年月日
中書令具官封臣姓名宣
中書侍郎具官封臣姓名奉
中書舎人具官封臣姓名行
侍中具官封臣名
黄門侍郎具官封臣名
給事中具官封臣名等言
制書如レ右、請奉
レ制付レ外施行、謹言

初行の「門下」の二字は「門下省に下す」の意であって、これに中書令以下の位署の加えられたものが門下省に下され、門下省では長官侍中以下がこれに加署したうえで、その施行を奏請するという形式をとっている。したがってこれを日本の詔書式と比較すれば、中書省がわが中務省に、門下省がわが太政官に対応することが知られるが、唐の門下省は、中書省からもたらされた制書を審議して、異議があればこれを修正上還することができ、異議なければ侍中以下がこれに連署して施行を奏請したとされている(内藤乾吉説)。つまり門下省の行なう上奏には、制書に対する審査権・

修正権の行使という意味あいが含まれていたのであった。だが、日本の太政官の行う覆奏にも、同様の意味が含まれていたかどうかは、にわかに判定しがたい。しかし、天皇の個別的意志がそれのみでは正式の詔書とならず、大臣以下の議政官が加署し、これに同意することによって、はじめてその意志が法としての効力をもちえたという、法定立上の手続のもつ意味はおそらく重要であって、石母田正は、この、詔書の起草からその定立と執行にいたる過程のなかに、天皇ならびに支配層の意志が「国家意志」に転化し高められることの典型がみられるとしている。

1e 詔書の起草・発布・施行(三六六頁)　詔書の起草から施行にいたるまでの手続は、いささか複雑である。養老令におけるこの手続を、その書式にしたがって示すと、つぎのようになる。

詔旨云々(詔書本文)、咸聞
年月御画日　} A
中務卿位臣姓名宣
中務大輔位臣姓名奉
中務少輔位臣姓名行　} A′
（A・A′）内記起草部分
太政大臣位臣姓
左大臣位臣姓
右大臣位臣姓
大納言位臣姓名等言
詔書如右、請奉詔、付外施行、謹言、
年月日　} B外記起草部分
可、御画、　C天皇記入部分

(一)天皇の意を受けてAを内記が草する。(二)天皇画日。これは中務省に留めて案とする。(三)別に一通を写し、これに中務卿以下がA′に位署を加え、内印を捺し、太政官に送る。(四)太政官では、中務省から送付されたものに、外記がBの草案を書き加える。(五)大臣以下自署を加える。(六)大納言が天皇に覆奏する。(七)天皇C「可」を書く。(八)以上の正文は太政官に留め、更に同文一通を写してこれを施行する。

起草から発布にいたる手続は概略以上の如くであるが、ここには実際の施行にさいしての細則は記されていない。この点について義解をはじめとする養老令の諸注釈は、詔書が在京諸司に伝達される場合には、弁官にこれを頒下する旨の太政官符を造らせ、この官符を詔書に副えて施行し、在外諸司に伝達する場合は、詔書を謄した太政官符すなわち謄詔官符を新たに作成(これも弁官が造る)して施行すると説く。事実その両者の実例は、やや時代が降るが、類聚符宣抄第四に天慶九年五月一日付の同一の詔書について発せられた官符二通として残されている。その一通は在京諸司に対するもので、詔書一通を頒下し、かつその施行を命ずるとのみ述べ、これが詔書に添えて発布されたものであることがわかる。別の一通は五畿内七道諸国司に対して発せられた官符で、これには詔の全文が転写され、最後にその施行を命ずる文言が附記されている。これを要するに、養老令における詔書施行の担当官庁は、太政官内の弁官であった。

これに対して大宝令ではやや事情が異なっていた。頭注に記したように、養老令の「誥訖施行」に該当する部分の大宝令の条文は「宣訖付レ省施行」となっていて、詔書は作成後かならずしも弁官を経由せずに八省に下達された。ただしこの字句に付せられた古記の注釈では、詔書の施行には、(1)「聚レ衆宣」(官人をあつめて宣する)、(2)「直付レ省施行」(関係の省に直ちに施行を命ずる)、(3)「太政官造レ符施行」(太政官—ここでは弁官を指す—が官符を造って施行を命ずる)、(4)「直写二詔書一施行」、の四種があったと述べる。このうちの(3)が、養老令の諸注釈がいう、詔書に官符を副えて施行する方法に当り、(4)が謄詔官符による施行に当る。これに対して(1)は百官人を聚めて口頭で宣する方法であって、養老令の「誥」の文字を大宝令では「宣」としていたことと関係があろう。また(2)は、太政官内の議政機関たる大納言以上が、行政執行機関としての弁官を経ずに一般諸司に詔書を施行した場合の存したことを示すものであって、これを養老令における詔書施行の方法と比較すると、大宝・養老両令間における弁官の位置づけに相違のあったことが知られる。なお、(1)「聚レ衆宣」は宣命体で書かれた詔の宣布にあたってとられた方法であるが、宣せられる場所は事柄の性質によって異なり、即位・改元など国家的な事柄の宣布は大極殿のほか宮城内のいずれかの場所で行われたが、皇親・臣下等の薨去に際して発せられた宣命などは、その第に使者を派遣して宣せられた。宣布の場にあつめられる官人も、百官人の場合のほか、たとえば孝謙譲位の詔の宣布のときのように「内ニ五位已上ヲ召」した場合もある(正倉院文書)。宣命の朗読者は宣命使または宣命大夫といわれ、おおむね参議以上の公卿ないし中務卿がこの任にあたった。

2a　大宝令の「録位姓名」(三六七頁)　本条の古記・令釈および儀制5古記によれば、大宝令勅旨式条では、この「年月日」の下に「録位姓名」の四字があった。これはいささか奇妙である。なぜならば、この位署がこの部分に存在するということは、勅旨本文の草案作成責任者が中務録であったことを示すことになるからである。しかるに職員3によれば、養老令での詔勅の草案作成は内記の職掌に属し、その点は大宝令でも同じであった(公式1古記「問、詔勅誰造、答、内記造」)。つまり大宝令では、詔勅の草案作成者を、官員令で内記としながら、公式令では中務録とするという矛盾を犯している。養老令でのこの四字の削除は、その矛盾に気付いたための修正と考えられるが、大宝令でなぜかかる矛盾が生じたかという事情の背後には、内記という官職が大宝令官制においてはじめて成立したという事情とともに、大宝令制では、勅旨が弁官を経ずに中務省符の形式で諸司に対して施行される場合があった(→補2b)ことが関係していると思われる。

2b　勅旨の起草と施行(三六八頁)　養老令における勅旨の起草から施行にいたるまでの手順を、その書式にしたがって示せば、次のようになる。

勅旨云々(勅旨本文)
　　年月日　｝A
中務卿位姓名
大輔位姓名　｝A′　｝内記起草部分
少輔位姓名
奉勅旨如右、符到奉行、
　　年月日
大弁位姓名
中弁位姓名
少弁位姓名
　　　　　史位姓名　｝B史起草部分

(一)「受勅人」が勅旨を中務省に伝える。(二)Aを内記が草する。(三)中務が直接これを天皇に覆奏。(四)天皇の施行許可をえて中務卿以下A′に加署。正文は中務省に留め、一通を写す。(五)写一通を弁官に送る。(六)史がBを草して加署。(七)大弁以下加署。これを弁官に留めて案とする。(八)弁官はさらに一通を写して施行する。

起草から施行までの手続は以上の通りであるが、このうち「奉勅旨如右、符到奉行」の一行については、跡記・義解が史の起草とするのに対して、古記は「中務筆也」とする独自の解釈を施している。そしてこの古記の解釈は、おそらく、大宝令における勅旨の施行方法が養老令のそれと多少異なっていたことと関係があろう。

養老令における勅旨施行は、その写が中務省から弁官に送付され、弁官が諸司に下達するのが原則とされた。もっとも公式72には、正規の勅旨を作成する遑のない場合に、中務省が直接諸司に勅命を下達する特例を定めているが、それはあくまでも正規の勅旨を作成しえない場合の例外規定であって、後日改めて正勅旨が作成されることになっている。

これに対して大宝令の本条には、頭注に記したように、「更写二一通一、送二太政官一」に続けて「若送二諸司一者、連署留為レ案、更取二諸司返抄一」という注文があって、勅旨が弁官を経由せずに施行される方式を、本条に盛り込んでいた。一方、同じく大宝令には、養老令の公式72に相当する勅旨施行の例外規定も定められていた。すなわち大宝令における勅旨施行の規定には、(1)勅旨(案)を作成したうえで中務省から弁官を経て正勅旨となり、これが施行される場合、(2)中務省で作成した勅旨(案)が、弁官を経ずに同省から直接諸司に施行される場合、(3)緊急の勅旨施行に際し、勅旨を作成せずに中務省から勅命が諸司に伝達され、後日正勅旨が作成される場合の、三種の方法があったのであって、養老令はこれを修正して、(2)の方法を廃止し、(1)を原則として(3)を特例としたのであった。而して大宝令制において(2)の方法による勅旨施行が現実に行なわれた場合、勅旨(案)は弁官には送付されないのであるから、「奉勅旨如右、符到奉行」の一行は中務省で起草せざるをえない。古記のこの一行についての解釈は、このような事情を反映したものであろう。そしてこの場合には、「符到奉行」の「符」は、当然中務省符を意味するものとなる。但し大宝令本文は養老令のそれと同じく「更写一通、送太政官」となっていたのであるから、(1)の場合のこの一行は、当然史が起草すべきものであった。

なお養老令制下での(1)の方法による勅旨の施行に際しては、詔書頒下の場合と同じく、内官に対しては勅旨に太政官符を副え、外官に対しては謄勅官符を作成して頒下された。

3a　論奏式の名称(三六九頁)　養老令の本条は「論奏式」だが、古記は本条について論及する際に、三ヵ所にわたって、これを「論事」(本条)「論事式」「論事奏式」(以上公式4)と称している。したがって大宝令では、本条は「論事奏式」と表記されていた可能性が大きい。

3b　論奏・奏事・便奏の別(三六九頁)　太政官から天皇に奏上すべき事項が生じた場合、この三種のいずれを用いるかは、奏の内容の重要度によって決められるが(古記・令釈一云)、その具体例は以下三条の条文に挙示されているので、ここでは形式上・手続上の相違点を挙げておく。

養老令規定での論奏は、太政官内のいわゆる議政官が、独自に発議した事項について用いられる。議政官の範囲は、令制では太政大臣以下大納言以上、つまり本条の冒頭に位署を加える官職にある者たちであるが、慶雲二年に令外の中納言が設置されて以後は、中納言もこれに加わった。これら太政官首脳の合議の結果について天皇の裁可を乞うものが論奏である。これに対しては、天皇は「聞」を畫すのみであって、承認するか否認するかの、いずれかである。但し実例との関係→補3c。

奏事は、諸司の解状を奏上するものであって、議政官の合議意見が附記されることはあっても、案件の発議の主体は諸司である。天皇がこれを承認すれば「奉レ勅依レ奏」となり、なお異議があれば勅語が附記される。以上、論奏・奏事とも、原則として大納言が奏する。

これに対して便奏は、日常的な政務について、少納言が奏上する場合に用いられる。したがっていわゆる議政官による合議を経ない。天皇がこれを承認すれば、奏事と同じく「奉レ勅依レ奏」となるが、異議ある場合はこれを拒否して勅処分つまり天皇独自の処置を命ずることができる。

3c　「聞」と論奏の実例(三六九頁)　古記の「問、奏官名下注二奏字一、未レ知、注方、答、畫可訖、年月日奥其位姓名奏注耳」という問答によれば、「聞」は、大宝令では「可」となっていた可能性が大きい。しかし三代格等に残されている大宝令施行期の論奏の実例には「可」とするものはなく、(イ)「聞」(例、三代格、養老三年七月十九日按察使訪察事条事)または(ロ)「奉勅依奏」(例、三代格、霊亀二年五月十七日官奏ほか)とするもののほか、(ハ)勅語が附記されているもの(例、三代格、養老五年六月十日官奏)もある。一方養老令施行後の例では、その多くは令文の如く(イ)「聞」であるが、しかし(ロ)「奉勅依奏」とする例も若干見出される(例、三代格、天平宝字三年七月廿三日官奏・延暦二年五月十一日官奏・同五年四月十九日官奏ほか)。ところで本条以下三条の規定によれば、論奏においては(a)「聞」とし、奏事・便奏では(b)「奉勅依奏」を用い、また(c)勅語の附記は奏事において行われるものとされている。したがってこれに基づけば、上掲の(ロ)(ハ)の諸例は、論奏ではなく奏事であると考えられなくはない。しかし論奏と奏事とを区別する重要な基準には、補3bで述べたように、文書様式上の相違に基づくものがあった。すなわち、太政官の議政官組織が発議した案件を奏上する際に用いられるのが論奏であったのに対し、奏事は、諸司の発議した案件の奏上に用いられたという相違である。而して上掲の(イ)(ロ)(ハ)すべての諸例における案件発議の主体は議政官組織であって(それゆえ奏文中に「朝議商量」「官議商量」「臣等商量」等の文言を含む例が多い)、したがってこの基準に依拠するかぎり、これらはいずれも論奏と看做すべきものである。

但し論奏の実例には、右の基準に適合しないかの如きものも若干存する。一つは、天皇が詔または勅によって諮問した案件について、議政官の合議の結果を奏上する場合である(例、三代格、慶雲二年四月十七日「勅旨」・神亀五年三月廿八日官奏・延暦五年四月十九日官奏ほか)。しかしこのような場合のものは、例外とすべき性質のものではなく、論奏本来の機能に基づくものと考えるべきであろう。その二は、右の基準によるならば当然奏事によって奏上さるべき諸司発議の案件について論奏が用いられる場合のあったことである。たとえば三代格、弘仁十四年二月三日官奏がそれであって、これは越前国の発議した案件を奏上したものであるが、天長二年正月十日太政官符の引く弘仁十四年三月一日太政官符がこれを「太政官去二月三日論奏」としていることにより、この官奏が論奏であったことが知られる。同様の例としては三代格、天平九年三月十日官奏・大同元年八月二日官奏・同三年五月十六日官奏ほかの数例がある。だがこれらの諸例には共通した特徴が見出される。すなわち、案件はたしかに諸司から提示されたものではあるが、奏文に例外なく「朝議商量」「臣等商量」等の文言が含まれていて、実質的には議政官組織の発議案件であるとの形式を整えたうえで奏上されていることである。したがってこうした場合のものも、先の基準からはずれた例外とすべき性質のものではないと考えられる。

3d 論奏と太政官合議(三七〇頁)　養老令の規定によれば、論奏は太政官みずからが発議した案件について、議政官の合議の結果を天皇に奏上し、裁可を仰ぐ場合に用いられる様式である。したがって、「大祭祀」以下の論奏を用うべき事項の規定は、反面では最高の国政機関としての太政官がもつ発議権のわく組みとしての性格をもっており、その意味で、本条を通じて、太政官の権限と天皇固有の大権事項との接点を知ることができる。

石母田正は、律令制下における天皇の大権事項として、㈠官制大権、㈡官吏任命権、㈢軍事大権、㈣臣下に対する刑罰権、㈤外交および王位継承に関する大権の五項を挙げているが、㈠㈢㈣は本条と密接な関係を有し、㈡に準ずる授位の権限も本条に規定するものと拘りあう。まず本条の「増減官員」には、義解等の解釈に拠る限り、太政官組織の変更はこれに含まれないことになっている。つまり太政官はその構成の変更をみずからの意志で行う権限を有さなかったわけであって、事実慶雲二年四月に、新置の議政官たる中納言が設けられた際、定員と職掌は勅によって決定され、相当位と料禄のみが太政官に諮問されたのであった。

次に、刑部省及び諸国が流罪以上あるいは除免官当を断じた場合には、太政官がこれを審理し、その妥当性が認められた場合にのみ奏上して裁可を求める(獄令2)が、犯罪者が議(名例7 8)・請(名例9)のときは、太政官において大納言以上及び刑部卿等が議定し、その結果が奏聞される。このとき用いられるのが本条の論奏である。したがって太政官はこれについての発議権は有したわけだが、これに対する最終の決定権は勿論天皇にあり、加えて天皇にはかかる官制機構を経た裁断に超越する勅断権が保有されていた(考課64)。

以上二項は、天皇の権能が太政官のそれに優越していた事例と看做し得るが、これに対して「勅授外応レ授ニ五位以上一」は、むしろ逆に、太政官の権能が天皇大権に介入する側面をもっている。

五位以上の授位は勅授である(選叙2)。毎年の功過は、三位以上は奏裁、五位以上は太政官が量定して奏聞するが(考課59)、成選の年に当り、それによって如何なる階数を昇叙させるかは、かならずしも選叙9の規定に拘らない。ただ六位以下から五位に昇叙する場合のあるときのみ「奏聞別叙」となり、義解によればこれは奏事式に拠って奏上される。したがって本条に、天皇裁定の勅授とは別に、功能(跡記)あるいは後功(古記)にもとづく「官議合叙」(義解)の発議が規定されていることは、この面で太政官が天皇大権に介入し得たことを示すものといえる。

ところで本条に規定する「大祭祀」以下九事項を唐制と比較すると、養老令のこの部分の規定は、唐の発日勅と奏抄式の規定を統合して作られたものであることが知られる(次頁表参照)。だが母法である唐制においては、奏抄式はたしかに臣下が皇帝に奏上する際に用いられるものであったが、発日勅は「王言之制有レ七」(冊書・制書・慰労制書・発日勅・勅旨・論事勅書・勅牒)の第四位のものであり、したがってそこに挙げられている諸事項は、皇帝の大権事項に属するものであった。その発日勅に定める諸事項をも、養老令では太政官の論奏事項に含めたのであるから、その意味では、

論奏事項の対照(唐発日勅・奏抄式は唐六典による)

養老令規定の論奏事項	復原しうる大宝令の字句	唐、発日勅	唐、奏抄式
(一)大祭祀	「大祭祀」		祭祀
(二)支度国用	「支度国用」		支度国用
(三)増減官員	(古記なし)	増減官員	
(四)断流罪以上及除名	「断流罪以上及除名」	処流已上罪、除免官爵	断流已下罪及除免官当
(五)廃置国郡	(古記なし)	廃置州県	
(六)差発兵馬一百匹以上	(古記なし)	徴発兵馬	
(七)用蔵物五百端以上…	(古記なし)	用庫物五百段…	
(八)勅授外応授五位以上	「授五位以上」	授六品以下官	授六品以下官
(九)律令外議応奏	「律令外応論」		

日本の議政官の発議しうる事項の範囲は唐にくらべてより拡大されており、逆に天皇の権能は唐の皇帝にくらべてより縮小されていたことになる(石母田正説)。

これに対して、復原しうる大宝令の字句は、表に記した如くである。すなわち確実に大宝令に存在したことの知られる事項は五項目にすぎないが、(九)を除く四項目はいずれも、唐の奏抄式そのままか(一)と(二)、それを修正したものか(四)と(八)に限られている。而して後者の(四)と(八)は、事項の性質としては、唐では発日勅と奏抄式とにまたがる事項であった。これに対し、唐で発日勅のみに挙げられた事項(三)(五)(六)(七)に該当する箇所には、例外なく古記が引用されていない。

もちろん一般論としては、集解の令文の或る箇所に古記が引用されていないからといって、大宝令にその令文ないし字句が存在しなかったとは断定できない。しかし右のような古記の引用のありかたと発日勅・奏抄式の諸事項との整然とした対応は、単なる偶然とも思われない。したがってこの点に依拠して、大宝令での唐制の継受のしかたは、養老令の場合と異なっていたのではないかと想定することも不可能ではない。つまり、養老令の論奏事項は唐の発日勅と奏抄式を統合して定められたが、大宝令のそれは主として奏抄式を継受し、一部分発日勅を勘案して定められたと考えられるのである。事実、(三)「増減官員」に該当する現存の法令を調べると、太政官以外の官職・官司の廃置を含めて、大宝令施行期間中のそれはすべて勅ないし勅旨で行われ、論奏によったと確認できるものが一例も存しないのに対し、養老令施行後のそうしたものには論奏によるものが含まれている。つまりこの事項は、養老令の施行を境として、天皇の大権事項から太政官の論奏事項に変更された可能性が大きく、先の想定を支持する事例とすることができる。

3e　論奏の施行(三七〇頁)　論奏によって天皇に奏上され、裁可を経て成立した単行法令が、どのような手続を経て、いかなる形式ないし様式の公文書によって施行されるかについては、令文に規定されていない。しかし三代格等に残されている実例によれば、その施行には少くとも二つの方法が採られたことが知られる。(一)論奏本文に、これが奏可を経たものであるとの文言を附記して、太政官符に謄して施行する方法。大宝令施行期のこの実例としては、延暦交替式・貞観交替式所載天平勝宝七歳七月五日太政官宣の引く天平十八年正月一日太政官符がある。この太政官符は、天平十七年十一月廿七日の太政官奏(論奏)を諸国に施行したものである。養老令施行後の同様の例としては、三代格所載延暦十六年四月廿三日の太政官符がある。(二)冒頭の位署部分を削除した論奏本文の年月日の次行に、「聞」ないし「奉勅依奏」または勅語を附記し(→補3c)、「太政官謹奏」という形式のままで施行する方法。三代格等に載せる論奏の実例の多くは、この形式で施行されている。このうち(一)の方法の場合は、裁可を経た論奏は弁官に送られ、施行文書としての太政官符はこの弁官で作成されたと考えるべきであるが(公式13)、(二)による施行の具体的な手続は明らかでない。

8a　奏弾式(三七五頁)　弾正台の尹の職掌に「弾㆓奏内外非違㆒」があり(職

員58)、この職掌に基づいて天皇に奏上する際に作成される公文書の様式が本条の奏弾式である。その奏上は、本条の書式から知られるように、奏宣の官たる太政官の納言や中務官人を介さず、弾正台によって直接行なわれる。ただしこれが行なわれるについては、いくつかの限定条件があった。

まず、弾正台は「是糺劾之職、非二科断之官一」(義解)であって、裁判権を持っていない。検察権・裁判権は各行政官司が有していたのであって(獄令1 2)、在京諸司に発生した犯罪ならば、杖罪以下は当司が決し、徒罪以上が刑部省に報告され、刑部省は徒罪を決することができた。また諸国に発生した犯罪については、笞罪は郡決、杖罪・徒罪および流罪の一部は国が決した。そして刑部省および諸国が流罪以上および除免官当が相当であると断じた犯罪についてのみ太政官に上申され、さらに天皇に奏聞される。この奏聞には奏事式(公式4)が用いられたといわれる(令釈・義解)。したがって弾正台が弾し奏すべき内外の非違とは、これら行政諸官司が看過した犯罪、あるいは行政諸官司の断決に疑義ある場合に限られることになる。本条の「有レ犯応二須糺劾一、而未レ審レ実者」の文は、この間の事情を述べたものである。

次に、行政諸官司が看過した犯罪あるいは断決に疑義ある犯罪のすべてのものが、本条奏弾式によって奏上されるわけではない。まずこれの行なわれるのは太政大臣を除く「親王及五位以上」の犯した犯罪に限られている(ただし大宝令では規定が異なる)。六位以下の犯罪を摘発した場合には奏上は行われず、刑部省等の「所司」に移して審決させるのである。加えて、「親王及五位以上」の犯罪でも、本条が用いられるのは「事大」なる場合に限られる。これについての集解諸説は、後注のように概ね職事では解官以上、散官では官当以上、無品親王では徒罪以上と解しているが、いずれにせよ事小なる犯罪は六位以下の場合と同じく「所司」に移して審決させる。ただしこれらは通常の犯罪事件に関する限定事項であって、例外があった。公式65に規定するものがそれで、官人の害政および抑屈(法を枉げて処断すること)についての告言(告発)があった場合には、本条の規定にかかわらず、対象が六位以下であっても弾正台が受推し奏聞することになっている。

8b 不須推拷(三七六頁) これは拷問の禁止を述べたものだが、義解によれば、そもそも弾正台は「科断之官」ではないのだから「不レ限二有位無位一、皆不レ須レ得二推拷一也」であるのだという。一方、令釈は「推拷文徒然耳」、つまりこの四字は不必要な冗文と断定する。そこでの令釈の主張は次の如くである。(一)断獄律6に「応二議請減一…者、並不レ合二拷訊一、皆拠二衆証一定レ罪」とあって、議(皇親及び三位以上→名例7 8)・請(議の親族及び五位以上→名例9)・減(七位以上及び請の親族→名例10)は本来推拷されることがない。だから本条で「親王及五位以上」にことさら「不須推拷」とするのはおかしい。(二)しかし本条でこのことを規定するのは本令(唐令)の文を取ったためであるらしい。というのは唐令ではこの部分が「流内九品以上官…」となっていて、この場合には唐制での拷訊を受けない議・請・減の対象は七品以上官だから、本条に「不須推拷」とあっても意味があったのだ。(三)だが日本令でこれを「五位以上」と改めた以上、この文は冗文でしかない。

頭注に記したように、大宝令では、養老令の「五位以上」に相当する部分が「一位以下」(古記の解釈では庶人にいたるまで)になっていた。したがって右の令釈の論法にしたがえば、大宝令においてはこの「不須推拷」には実質的な意味があり、生きた条文であったことになる。養老令は奏弾の対象を「五位以上」に限定したために、この一文は死文となったのである。

9 飛駅と馳駅(三七六頁) 飛駅とは、緊急事態の発生に際して、中央と在外諸司あるいは軍所との連絡のために駅を発する場合の称呼で、これによって発遣される使節の携行すべき公文書が、本条および次条に定める上式・下式の文書である。なお諸国において「急速大事」が発生した場合には、関係諸国が「馳駅」して相互に報告する義務があったが(公式46)、それには本条・次条は適用されない。つまりこれを飛駅とは呼ばない。

飛駅によって発遣される使節の一日の行程は、公式42に定めるところでは「事速者、一日十駅以上」となっている。ところで令条には、中央から地方に対して、如何なる場合に飛駅を発すべきかについて、全く規定がない。それは、本条下式の書式が示すように、中央からの飛駅の発遣はすべて勅命によるものであったためである。中央からの飛駅は必要とあれば随時勅命により発せられ、使節は本条に則った勅符を携行する。

これに対して、在外諸司あるいは軍所が中央に対して飛駅を発すべき場合については、当然のことながら令条にいくつかの規定がある。ただし「発㆓飛駅㆒中送」として飛駅の語を用いているのは戸令16のみであって、他はいずれも馳駅(選叙8・公式50・捕亡3・獄令33 37)または発駅(軍防76)の語を用いている。

この飛駅と馳駅について、戸令16穴記は「馳駅、令条有㆓行程㆒、飛駅、不㆑合㆑有㆓其限㆒、以㆑是為㆑別也」、穴記所引の博士は「飛駅者、駅伝上下非㆓専使㆒、但馳駅、専使上下也」、また本条穴記も「問、飛駅者一人永行歟、為当逓送歟、答、師云、可㆑言㆓逓送㆒、何者、不㆑可㆓一人永行㆒之故」と述べて、いずれもその別を説いている。しかしこの両者には、飛駅が名詞、馳駅・発駅がその動詞であるという以上の違いがあるわけではない(坂本太郎説)。

なお、平安時代に行なわれた飛駅の勅符作成と飛駅使発遣の際の行事を貞観儀式「飛駅儀」に基づいて略述すれば、次の通りである。

当日、大臣以下参集し、内記に勅符を、弁官の史に「制勅の官符」を作成すべきことを命ずる。史の作る制勅の官符とは、勅符に副えて送られるもの(「副エノ官符」)である。内記の勅符作成が終ると、勅符は大臣らの座前にもたらされる。大臣は少納言を呼び、内印の踏印を準備させるとともに、内豎に時刻を尋ね、内記に命じて年月日の下に時刻を記入させる。これが終ると、少納言が勅符と官符の両方に踏印する。踏印ののち天皇に覆奏して、発行許可を求める。覆奏の終った勅符は、主鈴の手によって木箱(飛駅の函という)に納められ、糸で緘し、松脂で封される。その箱に、内記が「賜某国」「封」「飛駅」「月日時刻」等の文字を書く。書き終るとやはり内記によって、函をつつむ革の嚢の一端にある短籍に「賜某国飛駅函」「年月日時刻」、また函の左側に「副官符若干通」の文字が書かれる。終って主鈴が函を革の嚢でつつみ、少納言が大臣に発送許可を求める。大臣が諾すると、あらかじめ閤門外に控えていた馬部を呼び、これに函嚢を与えて出発させる。

11a　所管・非相管隷・因事管隷と解・移(三七八頁)　律令制における官司相互の統属関係には、二種のものがある。第一は㈠「所管―被管」の語であらわされる関係で、公式12の「相管隷」の語も、これとほぼ同一の意味内容をもつ言葉である(したがって「非相管隷」といえば、「所管―被管」の関係に非ざることを意味する)。そして第二は、やはり公式12に㈡「因事管隷」の語で示されている統属関係である。

この両者について、職員2義解は、名例54と闘訟律12の疏を引き、「弁官管㆑省者、因㆑事管隷、不㆓常監臨㆒、故律云、〔太政官雖㆑管㆓国郡㆒、文案若無㆓関渉㆒、不㆑得㆔常為㆓監臨㆒、内外百司准㆑此〕、其省者、於㆓寮司㆒常為㆓監臨㆒、故律云、〔所㆑統属官、謂省管㆑寮、国管㆑郡之類〕也」(〔　〕内はそれぞれ律疏の引用)と説明している。つまり義解は、官司相互の統属関係に、省とその直属の寮、国と郡とのように「常ニ監臨スル」関係と、太政官と八省、太政官と国とのように「事ニ因リテ管隷シ、常ニシモ監臨セザル」関係の二種があると説いたのであって、前者が㈠「所管―被管」に当り、後者が㈡「因事管隷」に相当する。

これに対し、公式11 12両条での解式・移式適用の通則は、次のようになっている。

(1)「所管―被管」の関係にある官司相互において、被管諸司が所管所司に対して行う上申文書には、結文を「以解」とする解を用いる。寮・司からこれを管する省への解、郡から国への解などがこれに当る。(2)「所管―被管」の関係にない官司相互に交される伝達文書には、太政官に対する場合を除いて、移が用いられるが、これには二つの様式のものがある。その第一は、(イ)12条の例示文の如く結文を「故移」とするもので、この様式の移は「因事管隷」でない場合に用いられる。たとえば八省相互に交される通常の移、および所管の司をもたない衛府・兵庫・馬寮・神祇官・京職等の諸司相互に交される移がこれに当る。第二は、(ロ)結文を「以移」とするもので、この様式の移は、「因事管隷」関係のある事項について移す場合に用いられる。たとえば義解が「仮如、文官於二式部一、武官於二兵部一之類也、是為二因レ事管隷一」とし、跡記が「諸省依二考禄等事一、移二式部一者、合レ為二以移一」と述べているように、考選等のことは式部・兵部両省の所管事項であるが故に、他省がこうした事項について式・兵二省に移すときは、この「以移」を結文とする移が用いられる(但し穴記はこうした場合でも「故移」を結文とする移を用いるとする)。また所管の司をもたない衛府・兵庫・馬寮等が兵部省に対して移す場合も原則としてこの様式の移が用いられるが(古記・令釈・跡記)、しかしこうした場合でも、伝達事項が兵部省の所管事項でないときには、「故移」を結文とする移が用いられる(令釈「案雖二諸衛及兵庫一、非二管隷一事者、為二故移一耳」)。(3)太政官と神祇官・八省・衛府・兵庫・馬寮・諸国等の関係は「因事管隷」だが、しかしこれらの諸司が太政官に対して提出する文書は、すべて上申文書としての解であって、その結文は「謹解」とする。以上の区別を表示すれば、次のようになる。

(1)「所管—被管」関係の場合	解式による	結文「以解」
(2)「所管—被管」関係でない場合		
(イ)「因事管隷」でない場合	移式による	結文「故移」
(ロ)「因事管隷」の場合	移式による	結文「以移」
(3)太政官に対する場合	解式による	結文「謹解」

なお「管隷」の語は、令文においては単に「統属スル」という一般的な意味のものとして使用されているが、のちこの語はもっぱら「所管」に対する「因事管隷」を指す語として使用されるようになった。たとえば「応下復二旧兵庫寮官員一為中兵部省管隷上事」(この事書きは国史大系本三代格編者の意補で、狩野文庫本三代格によれば「応下以二兵庫寮一復レ旧為中管隷上事」)なる昌泰元年十月五日の太政官符(三代格)によれば、この前年(寛平九年)に左右兵庫ならびに兵部省被管の造兵・鼓吹二司を統合して兵庫寮の一寮とし、これを兵部省の「被管」としたのであったが、この年にいたり兵部省の「被管」を改めて、その「管隷」とすると述べている。この場合の「管隷」の語は明らかに「所管—被管」に対する㈡の「因事管隷」を指すものである。そしてこれを兵庫寮発行文書についていえば、昌泰元年の官符発令以前の同寮の上申文書は解式による兵部省宛の解(結文「以解」)のみが行なわれ、太政官に直接上申する途はとざされていたのに対し、この官符発令以後の同寮は、兵部省に対して「以移」(伝達事項の性質によっては「故移」)で結ぶ移を提出するとともに、太政官に対しても「謹解」を以て結ぶ解を提出することが可能となったことを意味している。

なお、以上の移式・解式をめぐる(1)(2)(3)の別は、令制諸官司一般に適用される通則であったが、若干の特例が存するので附言しておく。特例の一は神祇官の他官司に対する関係であり、二は国の八省に対する関係である。

神祇官について、嘗て中村直勝は、それの太政官に対する伝達文書には解が用いられ、国に対する伝達文書に移が用いられていることを以て、同官の地位は国と同等であると断じた。しかしたとえば天平十七年十月の民部省宛の伝達文書(正倉院文書)等においては、これも「神祇官移民部省」とする移式により、かつ結文を「故移」としている。つまり神祇官は太政官に対しては解を、八省に対しては「因事管隷」に非ざる移を、そして国に対しても移を発行したのである。而して神祇官から国に対して発せられた移は、実例によればその結文を「以移」としている。即ち、この移は「因事管隷」による移なのであって、これは神祇官が国に対して上級の官司であったことを示している。それゆえ神祇官の地位をあえて他官司と比較するならば、それは八省に準ずるものであった(但し八省は国に対して下達文書としての符を発するから、八省と神祇官はもちろん同格ではない)とするのが、むしろ妥当である。

次に国は、太政官に対してのみでなく、八省・台等に対しても解を発する(このことに関連して、公式89古記は、八十一例文とみられる文を引き、「其国司京職摂津等公文、以レ事隷者、皆為レ解、但諸国於二竹志大宰府一、並為レ解也」という)。逆に太政官・八省等から国に対して発する文書は、すべて符式による下達文書である。したがって国は太政官の「因事管隷」下にあったと同時に、八省等の「因事管隷」下にもあったのであって、かつこれら官司の国に対する管隷関係は、「所管―被管」の関係に類するものであったということができる。

11b　解と移の送達(三七八頁)　公式89古記は、解・移の送達について「凡解移送㆓諸司㆒者、主典以下史生以上、随㆓事軽重㆒相送」とする。これは八十一例の文であった可能性の大きいものであるが(→89補b)、在京諸司相互の解・移の送達にあたって適用された規定であろう。

12a　大宝令での移式の位署(三七九頁)　養老令では、移には長官と主典が位署を加えることになっているが、公式89古記は「過所式条、大夫以下少進以上署名、准㆓移式条㆒」という。これによれば、大宝令では、移には長官以下判官以上が加署することになっていたらしい。またこれとは別に、移の起草責任者としての主典も当然年月日下に位署を加えたであろうから、結局大宝令での移式の位署は、養老令解式のそれと同じように、四等官全員が列挙されたものであったらしい。

12b　大宝令での移式準用規定の有無(三七九頁)　養老令移式では、僧綱と諸司間、三綱と諸司間の伝達文書には移式を準用し、牒を用いると定めるが、大宝令にはこの規定が存しなかったであろうことが、次のような事柄によって推測できる。

僧尼令の最末条である同令27古記は、「凡…」で始まる二つの文を引いているが、その一つに「凡官司遣㆓僧綱㆒、若僧綱申㆓官司㆒公文、並為㆑牒」とし、これに続けて古記は「検㆓養老三年十二月七日格㆒、太政官牒㆓僧綱㆒、治部省牒㆓僧綱所㆒」と注している。この二つの「凡…」で始まる文は、内容上はいずれも僧尼27とは無関係のもので、かつ施行細則的性格の濃い点において、公式89古記の引く同形式の諸文と共通している。而してその公式89古記の文は八十一例文であった可能性の大きいものであるから(→89補b)、僧尼27古記の引く二つの文も同様に八十一例文であった可能性がある。したがって諸司と僧綱等との間の授受文書に牒を用いるのは八十一例文に拠るものであり、そのことの始行は養老三年十二月七日格以降であったと推定され、延いては大宝令には移式の牒への準用規定は存しなかったであろうと推測できる。

13a　大宝令符式(三八〇頁)　大宝令の符式は養老令のそれと異なり、次のようなものであったと推定される(カッコ内は養老令による補、他は古記等により確認または推定し得る字句)。

(符式)

太政官符其国司　勅直云勅符其国司位姓等

(其事云々)、符到奉行

大弁位姓名　史位姓名

年月日　使人位姓名

鈴剋(伝符亦准此)

右太政官下国符式、省台准此、署名准弁官、(其)出符、皆須案成、并案送太政官検句、若事当計会者、仍録会目、与符倶送太政官、自余諸司応出公文者、皆准此、

右の復原の根拠は、公式13古記・同12穴記・紅葉山御文庫本令義解(本書底本)公式令書入令釈師説等である。そこでこれに基づいて大宝令符式と養老令符式との主な相違点を挙げると、次の三点を指摘することができる。

㈠　大宝令符式には、この式を以て勅符に換え得る旨の注文があったが、養老令ではこれを削除した。

㈡　大宝令条文が「右太政官下国符式、省台准此、署名准弁官」としていた箇所を、養老令では「右太政官下国符式、省台准此、若下在京諸司者、不注使人以下、凡応為解向上者、其上官向下、皆為符、署名准弁官」に改めた。

㈢　大宝令条文の最後にあった「自余諸司応出公文者、皆准此」の文を、養老令では削除した。

以下、これら三点について、若干の説明を加えておく。

まず㈠勅符について。勅符は大宝令、そして恐らくは浄御原令に存した勅命下達の一つの様式である。この勅符は詔書(公式1)・勅旨(公式2)とも、あるいはまた飛駅の勅符(公式9)とも異なり、勅命が行政執行機関である弁官に直接伝わり、詔書のように大(中)納言以上の議政官の議を経る

ことなく、また勅旨のように中務省を経ることもなく、大弁のみが加署することによって作成され、主として国司ら在外諸司に対して伝達される場合に用いられた様式であった。つまりこれによって、勅命はじかに国司らに下達されたのである。これは大宝令と養老令におけるいわゆる太政官合議制の位置づけの相違および両令における弁官の機能の相違を端的に示す事例であるといえる。即ち養老令制にあっては行政執行機関としての弁官は大(中)納言以上の官職で構成する議政官の組織に従属する存在であったのに対し、大宝令制下の弁官、さらには浄御原令制下の弁官および天武朝の大弁官は、より天皇に直属する存在であったのであって、同時にこれに対応して、養老令制下の議政官組織は大宝令制下のそれよりもより強化されたものであったということができる。そしてこれは、天皇権力の直接的行使の範囲が、大宝令制に比して養老令制の方がより狭められたものであったことを物語っている。

次に㈡の改訂と㈢の改訂は、相互に密接な関係を持っている。すなわち、大宝令条文によれば、符式とは、原則として、太政官および省・台が国に対して命令を下達する際に用いられる公文の様式であった。それだからこそ大宝令の文末には一般の「所管―被管」関係にある官司間の下達命令にも本式を用いるとの準用規定㈢が附記されていたのであった。これに対して養老令では㈡の改訂を行うことによって、本式を太政官・省・台が国に対して命令を下達する場合のみでなく、一般の「所管―被管」関係にある官司間の命令下達にも本式を用いることを原則的規定としたのであった。それゆえに大宝令㈢の準用規定は最早不要となり、これを削除したのである。

13b　太政官符(三八〇頁)　太政官符は符式に示されているように、その作成自体は弁官がこれを専当する。しかしこれの作成される事例は、大宝令制下に於てはやや不明な点があるが、養老令制下に於てはいくつかの場合が確認できる。第一に太政官符は詔書(公式1)が在外諸司に対して施行される場合に作成される(→補1e)。詔書を謄した謄詔官符がこれである。第二に勅旨(公式2)が在外諸司に対して施行される場合にも作成される(→補2b)。勅旨を謄した官符であるから、これを謄勅官符という。第三に論奏(公式3)・奏事(公式4)により天皇の裁可を経た案件の施行に当っても太政官符が用いられる(論奏の施行→補3e)。第四に天皇の裁可を得る必要のない太政官合議事項ないし決定事項の施行に当ってもこれが用いられる。第五に行政執行機関としての弁官の、純然たる行政命令の発令に際しても太政官符が作成される。ただし第五の場合について附言すれば、太政官符の作成専当官は弁官であるとはいえ、行政執行機関としての弁官が国政上の事項に関して独自の意志による太政官符を作成することはない。なお三代格・類聚符宣抄等に載せられている太政官符によって、上記の五つの場合の典型を示せば次の如くである(いずれも養老令の施行された天平勝宝九歳五月以後の例による)。

㈠ 詔書施行の官符(謄詔官符)

太政官符五畿内七道諸国司
　頒下詔書事
右某月某日詔偁、…(詔書本文)…者、諸国承知、符到奉行、

㈡ 勅旨施行の官符(謄勅官符)

太政官符某司
　其事云々事
右被某(=上卿)宣偁、奉勅…
　(ただし宣者なき場合もある)

㈢ 論奏・奏事の施行の官符

(1)論奏施行の官符
太政官符某司
　其事云々事
右太政官某月某日論奏偁…(論奏本文)…者、奉聞既訖…(施行を命ずる文言)

(2)奏事施行の官符
太政官符某司
　其事云々事

右得某司解偁、…伏請天裁者(又は謹請官裁者)、某(＝上卿)宣、奉勅依請、

㈣ 官議の施行

(1)太政官の発議による場合

太政官符某司
　其事云々事
右某(＝上卿)宣、…

(2)諸司が官裁を請うた場合

太政官符某司
　其事云々事
右得某司解偁、…謹請官裁者、某(＝上卿)宣、依請

㈤ 弁官による行政事務執行(在京諸司への詔書頒下に副えられる官符を例示する)

太政官符某司等
　詔書壱通 其事云々事(詔書の事書き)
右詔書頒下如件、諸司承知、符到奉行、

14 **牒と辞**(三八一頁) 養老令では、官人個人が官司に対して上申する文書の様式として、第14条牒式と第15条辞式とを定めているが、この牒と辞については、なお不明な点が多い。

まず、この両条とも、その集解には古記が全く引用されていない。このことは、大宝令には養老令の牒式・辞式に相当する条文が存しなかったか、あるいは存したとしても養老令とは異なる規定のものではなかったかとの疑念を抱かせる。第二に、唐制での牒には、わが養老令の牒と異なって、種々の機能が付与されていた。すなわち、敦煌発見開元公式令残巻にみえる、

牒式　(唐令拾遺による、以下同じ)
尚書都省　為某事
某司云云、案主姓名、故牒、
　年月日
　主事姓名
左右司郎中一人具官封名　令史姓名
　書令史姓名

の書式によって示されているものは、「右尚書都省、牒㆓省内諸司㆒式、其応㆑受㆑判之司、於㆓管内㆒行牒、皆准㆑此」と定めていることから知られるように、下達文書としての牒である。公式11令釈が「検㆓唐令㆒、…尚書省下㆓省内諸司㆒、為㆓故牒㆒也」とする牒も、この下達文書としての牒を指している。これに対し司馬氏書儀が、

牒式
某司牒　某司(或某官)
　其事云云
牒云云(若前列数事、則云、牒件如前云云)謹牒、
　年月日　牒
　列位(三司首判之官一人押、枢密院則都承旨押)

の書式を以て挙示する牒は、(イ)「門下中書尚書省以㆓本省㆒、枢密院以㆓本院事㆒、相移、及内外官司、非㆓相管隷㆒者、相移」の場合に用いられるのみでなく、(ロ)「諸司補牒亦同、惟於㆓年月日下㆒、書㆓書令史㆒、名辞末云㆓故牒㆒」として、また(ハ)「官雖㆓統摂㆒、而無㆓状例㆒、及県於㆓比州㆒之類、皆曰㆓牒上㆒」としても用いられた。(イ)はいわば養老令の公式第12条移式に類するものであり(因に唐令での移式は「尚書省与㆓諸台省㆒移式」とする)、(ハ)は上申文書の一種である。また(ロ)は、同書儀の後文に「其門下中書省枢密院、於㆓省内諸司㆒、辞末云㆓故牒㆒、尚書省於㆓省内諸司㆒、准㆑此」とすることよりみれば、上掲の開元令牒式と同じく、下達文書と看做すべきものである。

第三に、日本での牒の実例をみると、それはかならずしも養老令に規定する二種の牒、すなわち第14条牒式に基づく官人個人の上申文書としての牒と、第12条移式準用の僧綱牒・三綱牒のみに限られているわけではなく、「牒は、官司から官司に準ずべき所、若くは官司にあらざる所に出す場合等、諸所から出す文書である」(相田二郎)といわれるように、その用途は

きわめて広かった。而してそうした牒は、官制上、上下の統属関係が明確でない機関相互—たとえば令制官司ないし令外官司と寺家等の官司類似の機関の相互—に交される文書の様式であったといわれる（佐藤進一）。だがたとえばそうした実例において、太政官→寺家、治部省→僧侶、大宰府→社家、蔵人所→国、僧綱→寺家三綱等のいわば下達文書としての牒の結文が「故牒」であり、国→東大寺、寺家三綱→僧綱等のいわば上申文書としての牒の結文が「謹牒」または「謹牒上」であることなどは、むしろ唐の牒制に類似した側面をもっている。したがって以上三点を勘案すれば、日本で行われた牒については、(イ)大宝令の牒式が唐の牒制に近い規定であったために、養老令の施行後もこれが否定されずに行われたか、(ロ)令の規定如何にかかわらず唐の牒制が準用されたか、あるいはまた(ハ)移式準用の牒が拡大解釈されて用いられたかの、三つの可能性を想定しておく必要があろう。ただし大宝令移式に牒への準用規定がなかったと推定されることについては→補12b。

なお養老令に規定するような官人個人の上申文書としての牒の実例には、宝亀三年八月十一日出雲国員外掾大宅朝臣船人牒（薬師院文書）などがある。これに対し同様の上申文書としての辞の実例はほとんど残されておらず、康平元年十二月十一日大学允某辞（東南院文書）はその稀な残存例である。そして辞については、牒の場合以上に不明な点が多いとせざるをえないのが実情である。

16 **勅授位記式の変化**（三八二頁）　養老公式令（おそらくは大宝公式令も同じ）に定める勅授位記式では、天皇の意を受けて作成される位記の原案には中務卿一人が署し、これを受けた太政官でも長官一人が署し、そしてまた実際に位記を交付する式部（兵部）省でも同じく長官一人のみが署すことになっているが、これを唐の告身式と比較すれば、如何に簡略な様式であったかが知られる。即ち、日本の勅授に相当する唐のそれは制授であるが、唐公式令における制授告身式を敦煌発見の唐公式令残巻によってみると、それは次のような形式のものであった。

門下具官封姓名、徳行庸勲云々、可某官、主者施行
年月日
中書令具官封臣姓名宣
中書侍郎具官封臣姓名奉
中書舎人具官封臣姓名行
侍中具官封臣名
黄門侍郎具官封臣名
給事中具官封臣名　等言
制書如レ右、請奉
レ制付レ外施行、謹言
年月日
制可
月日都事姓名受
左司郎中付某司
左丞相具官封名
右丞相具官封名
吏部尚書具官封名
吏部侍郎具官封名
吏部侍郎具官封名
左丞具官封名
告具官封名、奉二被
制書一如レ右、符到奉行
主事姓名
吏部郎中具官姓名　令史姓名
書令史姓名
年月日下

即ち唐の制授告身式においては、その前半の書様は制書（日本ではこれを継受して詔書とする）と全く同一であった（→補1d）。而してこれを内容の面からみれば、以下の手続きで作成されたことがわかる。まず中書省が皇帝の意を体して「門下」以下の授官の制書本文を作成する。発端を

「門下」と書くことは東晋より始まり、もと「門下ニ勅ス」の意であったという(内藤乾吉、以下内藤および大庭脩の所説に拠る)。本文に中書令以下舎人の位署が加えられ、門下省に送られる。門下省ではこれを審査し、異議あれば中書省に返付し、異議なければ侍中以下同意の位署を加えて皇帝の畫可を得たのち、制書の施行を命ずる文言を加えて尚書省に送付する。尚書省では都省の長官(左右丞相)、六部のうちで告身を掌る吏部(武官ならば兵部)の長官・次官が加署し、さらに都省における吏部の統轄官としての左丞(武官ならば右丞)が位署を加え、授官される本人に対して制書の奉行を命ずる文言を加えたのち、告身を取扱う官である吏部郎中等が加署して本人に交付される。なお唐での告身は、授官のみでなく官爵を奪う場合にも用いられた。

このような唐の制授告身式の書式は、弘仁九年に菅原清公の建言によって日本でも採用されるところとなり(日本紀略、弘仁九年三月丙午条、および続後紀、承和九年十月丁丑条清公薨伝)、これによって公式令の簡略な書式は廃止され、以後複雑な様式の勅授位記が行なわれることとなった。内記式に載せる五位以上位記式によれば、それは左の如くである。

某位姓名
　右可某位
中務云々、可レ依二前件一、主者施行
　年月甲日
　　中務卿位臣姓名宣
　　中務大輔位臣姓名奉
　　中務少輔位臣姓名行
大納言位臣名
大納言位臣名
中納言位臣名
中納言位臣名
中納言位臣名等言
制書如レ右、請奉
レ制付レ外施行、謹言
　年月乙日
制可　月丙日辰時　大外記姓名
　　左中弁名
左大臣位朝臣
右大臣位朝臣
式部卿位名
式部大輔位名
左大弁位名
告二某位姓名一、奉二
制書一如レ右、符到奉行
　　大録名
式部少輔位名　少録名
　　少録名
　年月丁日下
　右文官位記式如レ件、命婦位記亦同、但武官位記、以二兵部一代二
　式部一、以二右弁一代二左弁一。

これを唐の制授告身式と対照すれば、唐の中書令以下の署を日本では中務卿以下に代え、門下侍中以下の署を大・中納言に代え、左右丞相を左右大臣に、吏部尚書以下を式部卿・同大輔に、左丞を左大弁に、吏部郎中以下の署を式部少輔以下の署に代えたものが、新たに採用された日本の勅授位記式であったことがわかる。この位記の書例は朝野群載所収の寛治三年正月十一日付藤原公実の正二位授与の位記として残されており、また内印を踏した実例としては、ずっと時代の降るものではあるが、桂宮家仁親王に対する一品宣下の位記(明和四年十二月三日付)等が宮内庁書陵部に残されている。

19 **計会式の構成**(三八四頁)　全官司の相互に授受伝達されるあらゆる公文書等の実態は太政官に掌握されていなければならないというのが、律令公文書制度の原則であったから、後文のように、最終的な計会は太政官内の

弁官の担当のもとに行なわれた。したがって本計会式に定める計会のための帳簿の書式も、太政官とその他の諸司との間でとり交される場合のものに限定されている。

さて養老令の(大宝令も)計会式は、これを内容の面からみれば、四項に分けることができる。第一項は「太政官会諸国及諸司式」とする部分で、これは太政官が一年間に諸国及び諸司に下付した公文書等を国別司別に集計して確認するために作成される帳簿の様式とこれについての細則を定めたものである。第二項は「諸国応官会式」とする部分で、諸国が一年間に授受した公文書等を集計し、太政官での計会に応ずるために提出する帳簿の様式と細則が定められ、同様に「諸司応官会式」とする第三項には、内官諸司が太政官での計会に応ずるため提出する帳簿の様式と細則が規定されている。而して第四項は三八七頁11行の「以前応会之事」以下の部分であって、ここには計会・対勘の期限、対勘の行事、脱漏ある場合の考課との関係等が規定されているが、この第四項の規定は実は第一項から第三項までのすべてに適用さるべき性質のものである。

計会式の内容上の構成は以上の如くであるが、養老令において公式令の全条数を「凡捌拾玖条」とした場合の条数の数え方は、これと一致していない。初行の「計会式」以下を第19条とし、第二項・第三項をそれぞれ第20条・第21条として、第四項を形のうえで第21条に含ませることによって、右の条数と整合する。

20 **現存の計会帳**(三八六頁) 20条に該当する計会帳の実例として、今日、天平六年出雲国計会帳と延暦二年伊勢国計会帳の二つが残されている。しかし両者いずれも残簡であるうえに、相互にやや様式を異にしている。

まず天平六年出雲国計会帳は天平五年八月一日より同六年七月末日までの一年間に同国が受領しまたは発送した公文について報告したものであるが、現存部分ではこれを次の三つに類別し記載している。第一は上級官庁(これには太政官以下八省等の京官以外に節度使・大宰府も含まれる)から出雲国に宛てて発せられた全ての符について、発令官庁ごとに、また同一官庁の符については発令年月日順に、発令年月日・内容・出雲国到着年月日を記した部分である。一部を例示すれば次のような書式をとっている。

(兵部省符)

三月(天平六年)

一、廿三日符壱道 衛門府衛士勝部臣弟麻呂逃亡状 以四月十日到国

六月

一、廿五日符壱道 右衛士私部大嶋死亡状 以七月十三日到国

第二は、この一年間に出雲国が上級官庁に提出した全ての上申文書即ち解について、やはり提出先の官庁別に、また同一官庁宛の解にあっては上申年月日順に、その一つ一つについて上申年月日・内容・使者を記した部分である。一部を例示すれば、これは次のような書式をとっている。

解、弁官解文肆拾壱条(弁官に提出した解文の年間の総数)

天平五年

八月

一、二日進上公文柒巻肆紙(内訳略)

右、附運調使史生少初位上子々法次進上、

一、九日夏調過期限遅進事

一、同月十九日進上水精玉壱伯伍拾顆事

(以下、十九日進上の七項略)

右捌条、附大帳使史生大初位上依網連意美麻呂進上、

第三は、出雲国衙を経過したすべての公文(出雲国に対して下命された上級官庁の符のみでなく、逓送によって同国を経過しただけで出雲国と直接の関係を有さない符、及び同様に隣接国から送られ同国を経過したにすぎない移等も含まれる)について、隣接の発送国別に、また同一発送国のものについては発送の年月日順に、その一つ一つについて隣接国発送年月日と内容とを記した部分である。一部を例示すれば次のような形式をとる。

(伯耆国送到移)

天平六年

正月

七日移壱道　浮浪人状

廿四日移太政官下符壱道　進紫草停状

以上が出雲国計会帳の残存部分にみられる記載内容とその書式であるが、これには公式令本条にみられる「合詔勅若干」に相当する部分、あるいは第三の記載に対応する出雲国から隣接諸国に発した移に関する記載等が闕脱している。それらは当然亡失部分に記されていたと考えなければならない性質のものである。ただこの計会帳の記載を公式20と比較すると、現実に作成された計会帳の記述が如何に詳細をきわめたものであったかが知られるであろう。

次に伊勢国計会帳は僅か一断簡を残すのみでその全容は知り難いが、その内容と様式は出雲国計会帳ともやや異なっている。残された一断簡には、授受した公文書はすべて日にかけて記載されており、記載された公文書をみると、それらは、伊勢国と同格の隣接諸国との間、及び伊勢国と直接的所管―被管関係にない神郡司所と同国との間に授受された移、ならびに伊勢国の管する諸郡司との間に授受された国符・郡解、そして百姓に与えた過所等となっている。このうち国符・郡解の授受に関する記載は出雲国計会帳の残存部分になく、また公式令の規定にも明記されていないものである。

なお古記・令釈によれば、諸国の進上する「計会文」は解の形式によるとし、古記はすべて一巻として進上すると説く。参考のため令釈の例示する書式を示せば、次の通りである。

其国司解申計会事

合解移若干

解一道上官　其事

解二道送其省　其事

移一道送其国　其事

21 a　大宝令での勘了期限と朝集使（三八七頁）　養老令文の「十二月上旬勘了」は、大宝令では「十月卅日以前勘了」となっていた。一方、諸国朝集使の入京期限は、大宝令・養老令ともに十一月一日である（考課1）。したがって大宝令の施行期においては、朝集使が計会帳を持参したのでは勘了期限に間にあわない。それゆえ古記は「又計帳使者、皆待二集了一乃為レ会、故十月勘会也」として、八月卅日以前に計帳（ないし大帳）を持参して入京する（戸令18）計帳使（ないし大帳使）が勘会すると説く。事実、大宝令施行期における諸国計会帳の唯一の実例である天平六年出雲国計会帳でも、前年度の「計会帳一巻」は大帳使によって進上されている。そのため養老令文の「附朝集使」は、大宝令では「附計帳使」となっていた可能性が大きい。なお古記がさらに「然今行事者、朝集使勘会、計会（帳カ）使不レ為」と述べていることよりすれば、古記の成立した天平十年頃には、勘会は朝集使が行ったらしい。因に唐での諸州進上の計会帳は、計帳使に附して進上された（以上、坂本太郎・滝川政次郎説による）。

21 b　諸司内での勘査（三八七頁）　(イ)所管―被管関係のある司（→補11 a）においては、被管の司の作成した計会帳を所管の司が勘校し、(ロ)所管―被管関係にない「自余諸司」においては、その司（＝「本司」）内部で勘審し、それぞれ脱漏なきことをたしかめたうえで、(イ)の場合は所管の司の長官が、(ロ)の場合はその司の長官が押署して、封したのち太政官に申送する。

22　過所式条（三八八頁）　関の通行許可証としての過所を発行する権限を有する官庁は、職員令の規定によれば、左右京職（職員66）・摂津職（職員68）・大宰府（職員69）・大国以下の諸国（職員70〜73）である。養老令における本条の例示文は、このうちの、在京の官人及び庶人等が諸国に赴くに際して、左右京職が発行する過所の様式である。

ところで集解本条には古記が全く残されていないため、大宝令の本条規定の全容を知ることはできないが、僅かに残された材料からその片鱗をうかがうことができる。

(一)本条穴記に「但古令、年月日下称二其職一」

(二)公式89古記に「古記云、過所式条、大夫以下少進以上署名、准移式条」

これから知り得る事項は次の諸点である。大宝令では(1)三八九頁3行の「年月日」の下に「其職」の二字があったこと、(2)養老令で「次官位姓名」とする位署は「大夫位姓名　亮位姓名　大進位姓名　少進位姓名」と長官・次官・判官が並記するものであったこと、したがって(3)養老令の年月日下の「主典位姓名」は「大属位姓名」となっていた可能性が大であること。これを要するに、養老令の例示文の位署は次官・主典という四等官の一般的通称を用い、かつ長官・判官の位署を加える必要がなかったのに対し、大宝令の位署部分には左右京職の官職名がそのまま用いられ、同時に大夫(長官)以下判官以上も加署すべく定められていたことが推測できる。

次に㈢公式40古記に、「古記云、注、過所符者、随レ便用二竹木一、謂和銅八年五月一日格云、自今以後、諸国過所、宜レ用二国印一也」という。後半の和銅八年格は続紀、霊亀元年(和銅八年)五月辛巳朔条の「始レ今、諸国百姓、往来過所、用二当国印一焉」と同一のもので、これ以後過所には国印を捺すべきこと、つまり過所は紙に書かれたものでなければならなくなったことを示すものであるが、前半の文章は古記の書例に徴せば令の注文であったと看做さざるを得ないものである。即ち大宝令には「過所符者、随便用竹木」の文章が注文として存したわけである。ただしこの注文がはたして公式22(過所式)に存したものであるか、古記の残されている公式40(天子神璽条)に存したものであるかは、確定できない。

なお大宝令で許されていた竹木の過所の実例が平城宮跡及び静岡県伊場遺跡より出土しているので、次に掲げておく。

(平城宮跡出土木簡過所)

(オ)「関々司□(前カ)解近江国蒲生郡阿伎里人大初上阿□(伎カ)勝足石許田作人」

(ウ)「同伊刀古麻呂〈大宅女右二人左京小治町大初上笠阿曾弥安戸人右二送行乎我都鹿毛牡馬歳七里長尾治都留伎〉」

(伊場遺跡出土木簡過所)

(オ)「…美濃関向京　於佐々□□□□□浜津郷□□人」

(ウ)「…駅家　宮地駅家　山豆奈駅家　鳥取駅家」

23 a　平出条(三八九頁)　平出条と呼ばれている条は23条から37条までの十五条よりなり、37条の次行に「右皆平出」と結ぶ。しかし公式令を「凡捌拾玖条」とした場合には十五条をそれぞれ一条と数えることになるので、条番号は本書のようになる。底本書入れに「此中有二十二条一、而義解相合只称二平出条一」とあるが、これは34条以下を改行せずに一条として数えたものである。

唐六典、礼部に引く「平闕之式」による唐の平出は、次のようなものであった(9)皇祖は敦煌出土唐職官表による補)。

(1)昊天　(2)后土　(3)天神　(4)地祇　(5)上帝　(6)天帝　(7)廟号　(8)祧　(9)皇祖　(10)皇祖妣　(11)皇考　(12)皇妣　(13)先帝　(14)先后　(15)皇帝　(16)天子　(17)陛下　(18)至尊　(19)太皇太后　(20)皇太后　(21)皇后　(22)皇太子

これを養老令の本条と比較すれば、養老令では、唐制の(1)〜(8)及び(14)を削り、(15)〜(17)の序列を組みかえたうえで天皇を入れ、ついで太上天皇・天皇諡を新たに設け、(22)皇太子を削除していることが知られる。なお唐令の(10)皇祖妣に「曾高同」という注文のあったことが令集解の令釈によって知られるが、養老令はこれを採用しなかった(「釈云、唐令云、皇祖皇祖妣者、曾高同者、此令除而不レ取、即知、曾高不レ可二平出一」)。

なお、公式40義解が「此条不レ称二凡字一者、依二唐令一、平闕之上、皆無二諸字一、故此令亦不下以二凡字一加中平闕之上上」というように、唐令では、冒頭に平出および闕字とすべき語のある条文には「諸」字がなかった。日本令もこれに倣ったので、23条・38条・40条の冒頭には「凡」字を用いていない。

23 b　皇祖・皇祖妣(三八九頁)　皇祖には、皇帝の先祖または始祖の意と、皇帝の亡祖父の意との二義があるが、令釈・穴記・義解はいずれも後者の義を採って「不レ及二曾高一」とし、その理由を令釈は「唐令云、皇祖皇祖妣者、曾高同者、此令除而不レ取、即知、曾高不レ可二平出一」、つまり唐令にはこの部分に「曾高同」の文があったが、日本令でこれを削除した以上、曾祖・高祖は本条には含まれない、と説いている。この立場からすれば、24条皇祖妣はもちろん天皇の亡祖母を指すものとなる。一方、25条古記は「問、皇祖考、皇考、皇妣、未知…」、また「問、皇祖妣若為処分、答、皇祖一種也」と述べている。すなわち大宝令には「皇祖妣」がなく、代りに「皇祖考」(天皇の亡祖父)が挙げられていて、この前後の序次は皇祖・皇祖考・皇考・皇妣となっていたのである。それゆえに古記は皇祖妣は皇祖に含まれると解釈したのであって、したがって大宝令における23条皇祖は、天皇の先祖一般を意味するものであった。

34　**天皇諡**(三九一頁)　日本の天皇諡には、いわゆる漢風諡号と国風諡号との二種のものがある。たとえば聖武天皇の聖武は漢風諡号といわれ、天璽国押開豊桜彦尊(アメシルシクニオシハラキトヨサクラヒコノミコト)は国風諡号といわれる。

中国で、先帝の崩後これに諡号を奉ることは、周代にはじまるとされるが、日本での漢風諡号の採用は大宝令の施行以後であったらしい。その最も早い例は文武で、天平勝宝三年撰の懐風藻に「文武天皇」と記されている。しかしこの漢風諡号は、かならずしも先帝崩後時期をへだてずに奉上されるのが例であったわけではなく、大宝令施行以前の神武から持統まで(ただし持統崩は大宝令施行後)のみでなく、元明・元正の諡号も、天平宝字六年ないし同八年ころに、淡海御船が勅を奉じて一括撰進したのであったし、光仁の諡号がかたまったのは平安時代初期であったとされる。また聖武・孝謙・称徳の三諡号は、天平宝字二年に奉られた尊号に基づいている(以上坂本太郎説)。その後の漢風諡号の例はそれほど多くはない。その理由は、平安時代以後先帝の諡号に院号を以てすることが一般化したことにあるが、以後の漢風諡号としては、桓武・仁明・文徳・崇徳・安徳・顕徳(後鳥羽院の前号)・順徳、以後ながく中絶し、江戸時代末期に復活した後の光格・仁孝・孝明をかぞえるにすぎない。これとは別に、明治三年に弘文・淳仁・仲恭の三諡号が追上された。

これに対し国風諡号は、先帝崩後あまり時期をへだてずに奉られるのが例であった。もっとも崩後ただちに奉られた確実な例としては、大倭根子天之広野日女尊(持統)・倭根子豊祖父天皇(文武)・天璽国押開豊桜彦尊(聖武)・天宗高紹天皇(光仁)・日本根子皇統弥照尊(桓武)・日本根子天推国高彦尊(平城)・日本根子天高譲弥遠尊(淳和)の七例があるにすぎないが、もともと先帝の崩後に国風諡号を奉上することは、皇統譜の奏上とともに、古くから行われた殯宮儀礼の重要な要素であって、六世紀半ばの安閑ころにまでその起源はさかのぼるとみられている(和田萃説)。

35　**太皇太后〈太皇太妃・太皇太夫人〉・皇太后〈皇太妃・皇太夫人〉・皇后**(三九一頁)　35条義解に「天子祖母登二后位一者、為二太皇太后一、居二妃位一者、為二太皇太妃一、居二夫人位一者、為二太皇太夫人一也」、36条義解に「天子母登二后位一者、為二皇太后一、居二妃位一者、為二皇太妃一、居二夫人位一者、為二皇太夫人一也」、37条義解に「(皇后)謂、天子之嫡妻也」。橋本義彦によれば、ここにいう后位とは太皇太后・皇太后・皇后を意味する語であり、妃位は太皇太妃・皇太妃・妃(後宮1)を、夫人位は太皇太夫人・皇太夫人・夫人(後宮2)を意味する。したがって義解は、太皇太后は天皇の祖母で后位(具体的には太皇太后、以下同じ)に登ったもの、太皇太妃は天皇の祖母で妃位(太皇太妃)にあるもの、太皇太夫人は天皇の祖母で夫人位(太皇太夫人)にあるものの身位を示す称号、同様に皇太后は天皇の母で后位(皇太后)に登ったもの、皇太妃は天皇の母で妃位(皇太妃)にあるもの、皇太夫人は天皇の母で夫人位(皇太夫人)にあるものの身位を示す称号としているのである。一例を挙げれば、文武在位中その夫人であった藤原宮子は、子の聖武の即位にあたり皇太夫人となり、孫の孝謙即位とともに太皇太后に登った。また聖武皇后の藤原光明子も、子の孝謙即位とともに皇太后となった。この宮子の例が示すように、太皇太后(皇太后も同じ)となるか否かは、その者が以前皇后であったかどうかにかかわらない。これに対し皇后については、令釈も義解と同じく「皇后、天子嫡也」とするが、同時に「昔今通称」(昔の天皇の嫡妻と今の天皇の嫡妻とに通じて称する)ともし、朱説も「皇后者、不レ在二天子之母一、只称二皇后一耳、先帝今帝之后並同也」と述べて、先帝の皇后であっても今帝の母でなければ、皇太后とせずに、皇后と称すると説いている。同様のことは36条古記でも、「上件六員(=35条・36条の六称号)太字、若子孫不二即位一者、太字不レ加」(太皇太后等および皇太后等の六称号については、その者の子または孫が即位しないときは太の字を加えない。たとえば皇后を皇太后に、妃を皇太妃に、皇太后を太皇太后にはしない)と述べられている。つまりこれら三説に基づけば、皇后とは先帝・今帝を問わず天皇の嫡妻をいうものであり、子・孫が即位しない限り皇太后(皇太妃・皇太夫人も同じ)・太皇太后(太皇太妃・太皇太夫人も同じ)とは称されないのである。

しかしこれを実例についてみると、こうした配偶関係および血縁関係を基軸とした三后(妃位・夫人位についても同じ)概念とは異なるものが、漸次行われるようになったことが知られる。まず皇后については、奈良〜平安中期を通じてすべて天皇(当代・前代・前々代を含む)の嫡妻であったから、右の概念の最も適合していたものといえるが、平安時代末の堀河のとき、姉の媞子内親王を准母とし、これを尊んで皇后として以後、天皇と配偶関係をもたない皇后の例がひらかれ、こうした例は鎌倉時代の末までで十一例に及んでいる。次に皇太后・太皇太后についてみると、先に挙げた藤原宮子の太皇太后と藤原光明子の皇太后は、天皇(孝謙)の祖母および母として当然のことであったが、血縁関係を軸とする観念は、平安時代に入ると早くも崩れはじめる。すなわち、嵯峨皇后の橘嘉智子は淳和即位後、淳和皇后の正子内親王は仁明の即位ののち、それぞれ皇太后となったが、両者とも新天皇の母ではないから、先の集解諸説の解釈にしたがえば、いずれもひきつづき皇后にとどまるべきものであった。加えて、皇太后の嘉智子は所生の仁明の即位後太皇太后となり(現天皇の母だから皇太后であるべきところ)、皇太后正子内親王も甥の文徳の即位後、太皇太后となっている。そしてこれ以後、現天皇との血縁関係とは別に、天皇の代がわりにともなって后位の称号を変えることが慣習化された(以上橋本義彦説)。

40 **公印**(三九二頁) 神璽の材質は不明。諸司印・諸国印については、続紀、天平四年十月辛巳条に「節度使白銅印」、三代実録、天安二年十月七日条はかに「銅印」とあり、内匠式に内印・外印・諸司印・諸国印のそれぞれの材料と工程に関する規定がある。

各印の規格を、弥永貞三が現存文書に残されている印影によって調査したもので示せば、次の通りである。

	公式令規定(方)	印影実測(方)
内印(天皇御璽)	三寸	八・五センチ
外印(太政官印)	二・五寸	七・〇センチ
諸司印	二・二寸	六・六センチ
諸国印	二寸	五・八〜五・六センチ

この実測結果よりすれば、内印と外印の一寸は約二・八センチであるのに対し、諸司印と諸国印の一寸は二・九〜三・〇センチとなるが、弥永は、公印の幅員の基準となる寸尺に二種のものがあったことによると推測している。

次に、同じく弥永の指摘によれば、大宝令条文は左のようなものであったとされる。

内印方三寸、下二諸国一公文、則印二事状物数及年月日一、亦印二鈴剋伝符署処一、外印方二寸半、太政官及諸司案文、則印之、太政官判用、諸国印方二寸、上レ京公文及案、調物、則印之、自外勿レ用、過所符者、随レ便用二竹木一、

この復原のための資料は、職員1古記所引或説と本条古記であるが、その養老令と異なるところは、以下の諸点である。(1)大宝令のこの条文は、養老令の40条と41条とを併せて一条としていた。(2)大宝令には諸司印に関する規定がなかった。(3)養老令41条の「鈴伝符剋数」に相当する「鈴剋伝符署処」についての押印には、大宝令では内印を用いるとされていた。(4)同じく養老令41条の「縫処」に押印する規定は、大宝令にはなかった。(5)養老令40条にある位記の押印の規定は、大宝令にはなかったと推定される。(6)大宝令には過所符に竹木を用いてもよいとする注文があった。

以上の諸点のうち、(6)は補注22で触れたように、22条相当条文の注文か40条相当条文の注文か、にわかには確定できない。また(5)も、本条古記が「問、上条五位以上位記、以二内印一々之」と述べているので、大宝令には位記押印の規定がなかったと断定することにはなお一考を要する。しかし(2)大宝令には諸司印についての規定がなく、代って外印の規定として「太政官及諸司案文、則印之」(養老令では「太政官文案則印」)の文があったとの指摘は重要である。なぜならば、大宝令の規定においては、八省以下の在京諸司はその司の印をもたず、しかもこれら諸司の相互に授受する公文はいったん太政官に送られ、外印すなわち太政官印を押印するのが原則であったことが知られるからである。もし、律令公文書制度における公印の押印という行為が、行政命令発令の最終権限の所在と一致するものであったとすると、この両令の規定上の相違は看過できないものとなるであろう。

すなわち大宝令の規定のもとでは、八省以下の在京諸司にはその司独自の行政命令を発する権限が保証されておらず、外印の押印という行為を介して、太政官の認可を必要とした、ということになるのである。

しかし大宝令にその規定のなかった諸司印も、大宝令の施行期間中に、おそらくは編纂事業進行中の養老令の規定をとり入れて、部分的に施行された。すなわち、八省のうちその筆頭の中務省が最も早くその省の印を使用しはじめたらしく、養老三年十二月(続紀)に、残る式部・治部・民部・兵部・刑部・大蔵・宮内の七省と春宮坊の印が頒下されて、ここに八省の印がそろった。しかし自余の諸司に対する公印頒下は遅く、義解の説くように寮・司にいたるまで公印を有するようになったのは令義解編述のころであったろうと、弥永は推定している。

このようにして大宝令施行期間中に八省ほか若干の在京官司(確認できるものとして上記春宮坊、僧綱、斎宮寮、内侍司及び東大寺関係諸司)に公印が頒下されて、これら官司は、少くとも所管官司への下達文書、あるいは同格官司相互の授受文書に、みずからの司の印を用いることが許されることとなったわけであるが、しかしこれら在京諸司の公印行使は、あくまでも在京諸司相互に授受される公文書についてのみ行われたことであって、諸国に下す行政命令については、これとは別の原則の存したことに注意しなければならない。

養老令本条によれば、「下諸国公文」には内印すなわち「天皇御璽」を用いると定められている。そしてこの規定は、大宝令でも同じであった。すなわち大宝令・養老令を通じて、太政官・省・台等の在京諸司が諸国に下す行政命令書には、内印を押印するという原則が貫ぬかれていたのである。つまり太政官符であろうと省符であろうと、それが諸国宛に発せられるものである限り、内印が押印されてはじめて正当な行政命令書となる。それゆえこうした場合には、内印を監する少納言が天皇に奏上して内印の押印許可を求める「請印」と呼ばれる行事が必ず附随して行われる。これを反面からいえば、天皇は請印に許可を与えるという行為を介して、諸国に対するあらゆる行政命令を掌握していたということができる。

勿論これは令のたてまえであって、現実にすべてこうした令の原則通り行われていたわけではない。またその後修正も加えられた。たとえば養老四年五月に「諸司下レ国小事之類、以二白紙一行下、於レ理不レ穏、更請二内印一、恐煩二聖聴一、望請、自今以後、文武百官下二諸国一符、自レ非二大事一、(1)差二逃走衛士仕丁替一、(2)及催二年料一廻二残物一、(3)幷兵衛采女養物等類事、便以二太政官印一印之」(続紀)という太政官奏が奏可されている。これによれば、この時以前、令の原則に反して、在京諸司は諸国に対し独自の行政命令書を発行することがあり、それは「白紙」つまり無印であったと指摘されている。この官奏はそうした事態を禁止し、あわせて内印と外印との関係を調整しようとしたわけであるが、それは、大事の施行に当っては内印を押印するという令の原則を堅持する一方、小事の施行は外印でよしとし、後者の具体的事例を(1)(2)(3)として示したものであった。

この官奏を契機として、在京諸司が諸国宛に符を下す場合、内印を押印すべきか外印を押印すべきかに関し、符の内容に基づく区別が生じ、両者の具体的事例はやがて固定化しまた慣習化したが、ここではその一つの到達点としての、太政官式に定める内印と外印の使用規定を挙げておく。

凡太政官下二諸司諸国一符、随レ事請二内外印一。

(一) 其(1)下二頒詔書一、(2)及預二官社一神、(3)得度、(4)還俗、(5)増二減官員一、(6)遣二駅伝使一幷下二駅鈴一、(7)新任国司幷諸司在二外国一者赴レ任、(8)五位以上出二畿外一、(9)出二納兵庫器仗一、(10)用二正税一、(11)徴二免課役一、(12)輸二調庸物色一、(13)及賜二人官物公地封戸雑田一、(14)遷二収穀一、(15)百姓附レ籍移レ貫改レ姓、(16)蕃人還レ国、(17)御馬、(18)廃二置郡駅一、(19)断レ罪、(20)禁制、(21)放レ賤従レ良等類、並請二内印一。

(二) 余皆外印。

(三) 諸省請印、下二諸国一符、亦各准レ此、〈民部省符、治部国分僧文、宮内采女符、皆請二内印一類也〉。

41 **公文書等の踏印**(三九二頁)　大宝令では本条と40条とを併せて一条としていた(→補40)。本条にかかわる新古二令の相違点は、(一)「鈴剋伝符署処」についての押印には、大宝令では内印を用うべきこととされていたこと、

㈠大宝令には「縫処」押印の規定がなかったことの二点である。しかし㈡についていては、大宝二年西海道諸国戸籍以下の公文書にも縫ぎ目の裏に押印されており、大宝令施行期でもこれが行われていたことが知られる。

42 駅鈴・伝符の剋数(三九二頁)　一般に剋をきざみとよみ、駅鈴にはきざみが彫られていたと解されているが、隠岐国造家に伝わる「駅鈴」にはそうしたものがない。そのためこの「駅鈴」については真偽二説がある。一方伝符が如何なるものであったかは、今日のところ明らかにされていない。本条に相当する唐令では「諸給二駅馬一、給二銅竜伝符一、無二伝符一処、為二紙券一」とあって、唐で駅馬利用を証明するものは銅製の伝符であったから、日本での伝符もそれを模した金属製品であったかも知れない。ただし日本は唐と異なり、駅馬利用を証明するものは駅鈴、伝馬利用を証明するものは伝符と、両者を区別した。

伝符が本来金属製であり、駅鈴とともにきざみがつけられていたとしても、公文書制度の整備に伴い、これらには駅馬・伝馬利用資格を示す象徴としての意味のみが残され、次第にきざみがつけられなくなった可能性も否定できない。剋数は別添の文書に記載すればよいからである。公式9飛駅下式・公式10飛駅上式・公式13符式をみれば、これらには駅鈴あるいは伝符の剋数が記載されることになっている。

次に本条によれば、剋数一につき駅馬ないし伝馬一疋が給せられる。だがこの剋内の馬疋に人夫(駅馬の場合は駅子)がつくか否かについて令に明文がなく、ただ後文に「皆数外、別給駅子一人」とするにすぎないため、令集解の諸説においてすでに解釈が分れ、坂本太郎・田名網宏も剋内の馬疋一につき人夫一がつくと解したが、青木和夫は剋内の馬疋には人夫はつかないのが原則であるとした。

青木によれば、令集解の諸説のうち、古記や令釈は剋内の駅馬に駅子がつくか否かを全く問題にしていないのに、時代の降る跡記と義解は駅子がつくと解釈しうる注釈を残している。しかし唐令をみればそこでの数内駅馬に駅子のつかないことは明らかであるから、これが令の本義であったと考えるべきだという。そして駅使が甲駅から乙駅まで乗用した複数の駅馬を一括して乙駅より牽引して帰る役目の者が、後文の「皆数外、別給駅子一人」であるとした。なおこの別給駅子一人についても、これが徒歩か騎乗か令に明文はないが、令集解の諸注釈は概ね騎乗と解している。

なお青木は、本条を唐令と比較して、次の諸点を指摘している。第一に、唐令の相当条文は駅馬利用に関する条文で、これの利用に関しては伝符が用いられたが、日本令では伝馬利用をも本条に含め、駅馬には駅鈴を、伝馬には伝符を対応させた。第二に、唐令での支給される駅馬は、職事三品以上もしくは王でも四疋、以下逓減して最低一疋であったが、日本令では最高は駅馬なら十疋、伝馬なら三十疋、最低駅馬なら二疋、伝馬なら三疋と、その数を増加した。第三に、このように日本令では給すべき駅馬・伝馬の数を増加したにもかかわらず、牽引して帰るべき別給の駅子は唐令と同じく一人にとどめた。

次に、使者に給せられる駅鈴・伝符の剋数すなわち駅馬・伝馬の数は、使者の帯する位階の高下によるが、この規定は、少なくとも八世紀中期ころは、ほぼ忠実に行われていたらしい。天平九年(七三七)度の但馬国正税帳および同十年度の周防国正税帳に記す駅使・伝使の位階と、使者と従者とを合せた一行の人数(すなわち駅馬または伝馬を一人一疋宛利用したとみられる人数)との関係をみると、次のようになっている。

(駅使の場合)

駅使の位階	従七下	正八上	従八上	大初上
一行の人数	三	三	三	二

(伝使の場合)

伝使の位階	一行の人数	位階	人数	位階	人数
従五下	一〇	従七上	四	外従八上	二
外従五下	一〇	従七下	四	大初上	四又は三
正六上	四	正八上	四	大初下	三
正六下	四	正八下	三	外大初下	二

従六下	四又は三	従八上	四	外少初上	二
正七下	四	従八下	四	無位	二

駅使については従七位以下の例が知られるのみだが、それら一行の人数は「八位以上、駅鈴三剋」「初位以下、駅鈴二剋」と一致している。同様に伝使の場合も、その人数は「五位、伝符十剋」「八位以上、伝符四剋」にほぼ対応している。対応しないいくつかの場合も、注文にいう「其六位以下、随ㇾ事増減、不二必限ㇾ数」の適用と考えれば、概ね令条の通りであったと看做すことができる。

43 a　駅鈴と関契（三九三頁）　本条は、在外諸司および三関国に配備する駅鈴と関契の数を定めたものだが、唐令での伝符と魚符に関する規定数条を併せて一条としたものらしい。唐で駅馬利用の際に用いられたものは伝符であったが、これは日本の駅鈴と異なり、一種の割符であった。これとは別に唐には魚符と称する同じく割符の制があり、王畿内外の諸司に配備されて、勅符と併せ用いて差科・徴発の、勅書と併せ用いて「替二代留守軍将一、及軍発後更添二兵馬一、新授二都督刺史一及改替、追二喚別使一、若禁二推請假勅許一、及別勅解任」（唐六典、符宝郎条）等の命令の施行を証明するものとして用いられた。この割符としての伝符・魚符は、いずれも、左片は御所に留め置かれ、右片のみが諸司に配備される。また諸司でのその出給は「諸応ㇾ給二魚符及伝符一、皆長官執、長官無、次官執」（唐令拾遺、養老令文の後段はこれに倣ったもの）とされていた。ところで本条にみえる関契について、本条古記は「木契也」とし、後宮5でも古記は「関契、官員令大国注云、三関国、又掌二関剗木契事一、知、以ㇾ木作ㇾ之、但如二随身符一、左右在耳」と述べる（ただし令抄所引讃説では「竹契」）。左の一片は蔵司が保管し、右の一片が三関国に配備されたものであるらしい。したがって駅馬利用との関係をもたない日本の関契は、どちらかといえば唐の魚符に類するものとして設けられたものといえようか。だがこの関契について、大宝令施行期の明法家である令釈師説が「作ㇾ契制者、非二凡所ㇾ知」とし、後宮5古記もまた「不ㇾ合ㇾ欲ㇾ知二子細一也」としているところをみると、当時の明法家にとっても未知のもの、ないしは知ってはならないものであったらしい。なお補45 aに引く村上御記参照。

43 b　諸国に配備される駅鈴数（三九三頁）　集解諸説は、駅鈴の剋数は別式により定められるとするが、大上国に三口、中下国に二口という駅鈴数は、42条との関連のもとに定められたものらしい。いま諸国の職員とその相当位、および相当位に対応する42条での駅鈴の剋数を示すと、次のようになる（史生は相当位をもたないが、「初位以下、駅鈴二剋」に当るものとする）。

大国	官職	守	介	大掾	少掾	大目	少目	史生
	相当位	従五上	正六下	正七下	従七上	従八上	従八下	
	剋数	五	三	三	三	三	三	二
上国	官職	守	介	掾		目		史生
	相当位	従五下	従六上	従七上		従八下		
	剋数	五	三	三		三		二
中国	官職	守		掾		目		史生
	相当位	正六下		正八上		大初下		
	剋数	三		三		二		二
下国	官職	守				目		史生
	相当位	従六下				少初上		
	剋数	三				二		二

いまかりに史生以上の国司が駅馬を利用する駅使に充てられる事態を想定すると、この表によれば、大上国では最少限五剋の駅鈴一、三剋の駅鈴一、二剋の駅鈴一、計三口、中下国では三剋の駅鈴一、二剋の駅鈴一、計二口を備えておく必要があったことになる。そしてこの数は令文の「大上国三口、中下国二口」と一致する。

44　京師（三九三頁）　「京師者何、天子之居也、京者何、大也、師者何、衆也、天子之居、必以二衆大一言ㇾ之」（春秋公羊伝）。ただしここでは行政区画としての京を指す。たとえば平城京・平安京ならば左京（平城京では外京も含む）と右京（職員66）。ところでこのような条坊制を伴う行政区画としての京師が、日本でいつごろ形成されたかについては、いまだ不明の点が残されているが、岸俊男によればほぼ次のように考えられるとされる。

書紀には早くから京・京師・京都などの語がみえるが、それらはいずれも「天子之居」を意味するにすぎないもので、行政区画としての京あるいは京師を指すものではなかったと考えられる。その意味で京師の語が問題になるのは大化改新詔で、その第二条に「初修二京師一」といい、凡条では京に坊令・坊長を置くとしている。しかしこの記事が信憑しうるか否かには問題があり、またこのとき都のあった難波にかかる行政区画としての京が設定されていたかどうかも確証がない。しかし天武朝に入ると、その初期に、畿内の語とともに京師の語が頻出し、しかもそれらは行政区画を指す語と解しえられる。したがってそのころ、飛鳥浄御原宮を含む一定の地域を一つの行政単位とし、これを京師と称することが行われたと考えられる。一方これとは別に、七世紀はじめ以来集中して宮室の置かれた飛鳥の地(香具山以南橘寺以北の、主として飛鳥川右岸の一帯)を含む一定の地域を、倭京あるいは倭都と呼ぶことが行われていた。しかもこの倭京には、近江に遷都している期間に、「留守司」が置かれたことも知られる。この倭京の範囲と、先の天武初年に設けられた京師の範囲とが一致するかどうかは、いまだ明らかではないが、この両者の関係については、次のように推定することが可能である。すなわち、壬申の乱の平定後倭京に還都した天武は、この倭京の地における、かなり具体的な、条坊をもつ都城の建設すなわち京師制の実施を計画したのであろう、と。而してこの条坊をもつ京師の制は藤原京において完成され、大宝令の施行とともにこれが左京と右京とに分たれて、以後平城京等に継承されたのであった(以上岸俊男説)。

45 a　随身符(三九三頁)　随身符は、唐の随身魚符を模した一種の割符だが、本条によれば、宿侍・宿衛の官の非時の参内等に際し、身許確認のために用いられるものとされている(なお令抄では「賊盗律神璽条釈云、問、関契者在二御所一、随身符有レ別以不、答、無レ別、並同罪」)。唐での随身魚符は、皇太子のは玉製、親王のは金製、以外のは銅製。日本での詳細は明らかでないが(「古記云、間、随身符何作、答、不レ知」「釈云、師説云、作レ符制者、亦非二凡所一レ知」、宮衛10の古記・令釈は同条の「合契」に用いるものを随身符とするが、同条古記はまた「今行事、不レ依レ文、合契随身符並不レ見」ともいう)、大師藤原恵美押勝に「随身契」の賜与された例があり(続紀、天平宝字四年正月丙寅条)、また小右記、寛弘二年十一月十七日条に引く天徳四年九月廿四日村上御記に、内裏焼亡の跡を探索した大江重光の言として「罷二到温明殿一、所二求見一、瓦上在二鏡一面一、(中略)、又以(次カ)所二求得一、大銅魚形二隻〈女官等或称、是亦神也、然而未レ知二真偽一〉(中略)、金銀銅魚符契合冊九隻〈或銘発兵、解兵符、其国、或銘其官、契皆作二魚形一、相合如二木契之趣一、又有二片々不レ合者一、又有二鍾占合不レ離者一、此焼損之所レ致〉」とみえるもののなかの「其官」の銘のある魚符は随身符、「発兵(符)」「解兵符」「其国」等の銘のある魚符は43条の関契であろうか。この村上御記の記事によれば、魚符は金・銀・銅を以て造られ、魚をかたどった割符であったことが知られるが、また天徳当時、その魚符がいかなる用に供せられるかを知る者のなかったらしいことも知られて、興味深い。なお正倉院には、玉製の数種の魚形が現存している。

45 b　在家非時別勅追喚(三九三頁)　大宝令ではこの部分「在家非時出使、別勅召検校」、唐令でも「在レ家非レ時及出使、別勅負検校」。大宝令の「召検校」は「於二其人身一、問二安不一」(古記)こと。

50　境外消息(三九五頁)　古記は「問、境外消息、答、知下境外有中欲レ襲二中国一之志上者、馳駅也、境外、謂毛人消息亦同」として、海外および毛人(蝦夷)の動向をいうものとし、令釈も「仮如、境外部落、自捕戦伐之類」とする。

51 a　七道制(三九五頁)　東海・東山・北陸・山陰・山陽・南海・西海の七道は、京から諸方に通ずる幹線道路の称(廐牧16)であるとともに、畿内と併せて畿内七道制といわれるように、令制では広域行政区をも意味した。令制の広域行政区としての畿内は大和・河内・摂津・山背四国のいわゆる四畿内(のち河内国から和泉国が分立して五畿内となり、また平安遷都後の弘仁式制では山城・大和・河内・和泉・摂津の序次となる)をいい、同じく広域行政区としての七道には、それぞれの幹線道路に沿った国々が所属した。而して七道の序次は、本条にみられるように、東海道からはじめて時計とは逆まわりに東山道・北陸道といって南海道に及び、最後に西海道を置く。また各道に所属する国々の序次は、京に近い国から遠きに及ぶのが原則であった。

京から諸方に通ずる七つの幹線道路がいつごろ整えられたかは、今日のところ明らかではないが、この幹線道路の存在を前提とした広域行政区としての畿内七道制の成立時期については、ある程度の推測が可能である。まず畿内については、大化改新詔第二条とその凡条において、「畿内国」を置くとされている。だがこの「畿内国」は「東自二名墾横河一以来、南自二紀伊兄山一以来、西自二赤石櫛淵一以来、北自二近江狭々波合坂山一以来、為二畿内国一」(書紀)というように、宮室の所在地から四方にのびる幹線道路上の一定地点を指示し、その地点以内を全体として「畿内国」とするもので、大和・河内等の国(令制国)の存在を前提とする令制の四畿内(五畿内)の制とは異なっている。それゆえ改新詔の諸条項のなかで、この項は最も信憑性が高いとされているのであるが(関晃説)、かつこの制は、七世紀後半の早い時期に現実に施行された可能性が大きい。しかし天智朝ころから令制国の分割がすすむと、この「畿内国」は解消され、遅くも天武朝初期には令制国としての大和・河内・摂津・山背の四国を畿内とする制が行われるにいたったと推定される。一方七道制の方はこれよりややおくれて成立したものらしく、その史料上の確実な初見は天武十四年である。

なお本条跡記は、東山道に「奈加津道」(ナカツミチ)、北陸道に「北道」(キタミチあるいはキタツミチ)、山陰道に「影友」(カゲトモ)、山陽道に「疏止毛」(ソトモ)の和訓を記している。

51 b　出雲以北(三九五頁)　この部分の古記は「問、山陰道従二誰国一乗レ駅、答、従二出雲一在二乗限一」とする。大宝令条文に「出雲以北」と明記されていたならば、このような問答の行われる筈はないから、大宝令には山陰道についての規定はなかったものと考えられる。なお本条では山陰道について「出雲以北」とするが、これは大化改新詔において、後の北陸・山陰二道に通ずる幹線道路上の「畿内国」の範囲を示すにあたり、「北自二近江狭々波合坂山一以来」(→補51 a)としているのに通ずる。

51 c　当国馬と雑徭(三九五頁)　古記・令釈・義解はいずれも、民間ないし百姓の馬を用いた場合には、馬一日につき百姓一人の雑徭一日分を免ずるとする。なお本条における駅馬乗用の規定は、養老六年八月廿九日格によってその許容範囲が拡大され、乗用を認めない国は畿内と伊賀・近江・丹波・紀伊のみとなるとともに、乗用資格を有する者も、公事によって上京する国司のすべてとなった。

53　京官条の大宝令文(三九六頁)　本条の大宝令文は「(凡)在京諸司、為京官、是此内官、其監司在外、及国郡軍団皆為外官」となっていた(考課1古記)。ところでこの監司について本条古記は「監司、謂二芳野監和泉監之類二之」とする。霊亀・養老ころから天平のころにかけて設置されていた芳野(吉野)・和泉の二監は、唐の京県と畿県を参酌して、吉野宮と茅努宮の二つの離宮を管轄するために置かれたと考えられているが(滝川政次郎説)、この二監を現実に設置する以前に、大宝令は在外の監司のことを条文に盛り込んでいたわけである。

55 a　文武官朝参行立の序次(三九六頁)　律令官人の政治的身分は、位階によって表示され、かつ序列づけられている。その位階は「凡臣事レ君、尽レ忠積レ功、然後得二爵位一」(官位令冒頭集解或説)といわれるように、本質的には君と臣との間の距離つまり君臣関係の近遠・厚薄の表示であるが、官人個々人に対するこの関係は、日本の律令制では、その官人に位記を授与することで保持されている。しかしこれに加えて、この関係を視覚的に他者に対して表示する方法も採用されている。たとえば衣服令における服制はその端的な事例であって、官人はその帯する位階相当の服色を身につけることによって、その位階を他者に対して視覚的に示し、同時にその官人みずからの官人社会内部における身分的地位を表示するのである。

ところで位階が君臣間の距離の表示であり、官人社会内部におけるその者の地位の表示である以上、それが最も具体的にかつ尖鋭な形であらわれる場は、天皇の面前で多数の官人が列立する時である。そうした場においては位階の序次に基づき版位(儀制14)が配置され、官人はその版位の配列にしたがって列立するから、その時天皇とその臣との関係は文字通り距離としてあらわされる。本条はそうした場における序次、つまり官人の序列の次第を規定したものである。だからこそ本条をめぐる座次・列立の序次の問題は、律令官人のみでなく、律令制が崩れた後の貴族・公家社会に身を置く者たちにとっても重大な関心事となったのであった。平安時代のみでなく鎌倉時代にいたるまで、公家の記録に本条の引用がしばしばみられるのは、そのためである。

さて本条にみられるような官人の序列に関する視覚的な問題が切実なものとして提起されたはじめは、浄御原令の施行においてであった。同令施行一年後の持統四年六月に「尽召㆓有㆑位者㆒、唱㆔知位次与㆓年歯㆒」(書紀)という。黛弘道によれば、この記事は位記授与の準備を示すものとされるが、ここには朝参行立の際の序次の確定という意図も含まれていたと看做して差支えなかろうから、この記事は本条の先駆をなすものであったと認められる。而してこの序次の確定を要請したものは勿論、天武十四年爵位の制定および浄御原令施行に伴う族制的身分秩序から官人制的身分秩序への転換であった。

大宝令での本条の規定は残念ながら知ることができない。本条を含む令集解巻三十五はある明法家個人の令私記と推定されるものであるため、そこに古記その他の大宝令の注釈が残されていないからである。ただし同令施行期間中の和銅六年四月の続紀に「始制、五位以上同㆓位階㆒者、因㆓年長幼㆒、以為㆓列次㆒」の記事がある。もし大宝令の本条相当条文が養老令のそれと同じであったとすると、これは五位以上についての条文のかなり大きな修正であったといえる。つまりこの時、令条の同位の場合の序次「授位先後」を「年長幼」として、五位以上も六位以下と同じ扱いとしたことになるからである。しかし法曹類林巻第二百に載せる讃岐広直・穴太内人・中原敏久・讃岐永直ら平安初期の明法家の勘文や政事要略六九に載せる惟宗允亮の問答等にはこの和銅六年制は全く言及されておらず、すべて令条に基づく解釈のみを記述しているから、この新制はいつの時点においてか廃止され、令条の制に復したものと推定される。その時点は、養老令の施行の時であったのかも知れない。

その後本条に関連しては、日本紀略、大同二年十一月辛丑条に「制、正権官依㆑階為㆑次」の記事がみられる。これも位階とその授位の先後ないし年歯で序列を定めている本条とは原則を異にするもので、同位の場合は、その者の帯びる官職の高下によることを前提としてはじめて実施し得る制であった。この制に関しては式部式の「六位已下次、以㆓位階㆒、不㆑依㆓官秩㆒」の文が参考となる。この式文は弘仁式にも存したことが確認されるものだが、これによれば、弘仁式以前に五位以上の同位者の序次は、官秩つまり官職によるという方法が採用されたことが知られる。然らばこの点での令条の修正は恐らく大同二年制の施行以前に行われ、大同二年制の「正権官」は五位以上についてのものであったことなどが推定できる。

なお本条をめぐっての明法家の勘文等は前記政事要略・法曹類林にみられるほか、兵範記、仁平二年四月四日条、葉黄記、宝治元年四月廿七日条等にもみられ、これらにより散逸した令集解の本条の注釈を若干復原することができる。頭注に引く令釈逸文は、その復原結果を利用したものである。

55 b　朝参(三九六頁)　朝参とは、日本では古く、毎日の政務に先だち、全官人が朝庭において、天皇の面前で列立する朝礼を意味したと推定されるが(→補60)、本条集解或説は「朝参、元日之類也」とし、儀制5古記は「毎㆓朔日㆒朝、謂朝参也」としている。また同義解は「朝者、朝会也、言尋常之日、唯就㆓庁座㆒、至㆓於朔日㆒、特於㆑庭会也」と、朝庭で朝礼を行うのは朔日で、尋常の日はただちに庁座に就いて執務するという。だがその朔日朝参も、次第に四孟(一月・四月・七月・十月)の朔日に限られるようになり、弘仁式・延喜式の朝参は、元日等の節会と四孟朔日(いわゆる朔参)のそれがあるにすぎない。毎日朝参が次第に限定されるにいたった理由としては、朝儀の形式化のみでなく、初期においては、朝堂・朝庭の規模と、律令制の形成に伴う官人数の増大とが関係していると考えられる(岸俊男説)。

55 c　延喜式の行列次第(三九六頁)　式部式では元正の行列次第と諸節の行列次第とを区別し、それぞれ次のように定める。「凡元正行列次第、参議

以上在ㇾ左、〈太政大臣就ㇾ列之時、右大臣在ㇾ西〉、親王諸王及余官三位已上在ㇾ右、自外五位以上、随ㇾ便左右、其四位参議雖二是下階一、列二同色上一、孫王諸王同色、先列二孫王一、六位已下次以二位階一、不ㇾ依二官秩一、外位不ㇾ得ㇾ列二内位上一」「凡諸節会行列次第、親王及参議已上、并諸官三位已上在ㇾ左、諸王左右行列、在二諸臣上一」。

58a **摂**（三九七頁）　摂は名義抄にヲサム・カヌ。権摂（選叙8）ともいう。たとえば養老三年九月設置の畿内摂官および平安時代にはじまる摂政の摂も同じ用例。

58b **権検校**（三九七頁）　義解は、たとえば式部丞が兵部丞を摂した場合には、式部丞位権検校兵部丞姓名と署すとする。なお権検校に類するものに、「知事」ないし「知○○事」がある。その例としては知太政官事・知五衛及授刀舎人事・摂知近衛外衛左右兵衛事・知中衛左右衛士事・知河内和泉等国事・知安芸守事・知造難波宮事（以上続紀）・知（東大寺）事・知興法寺事・知家事・知宅事（以上大日本古文書、編年、また俗官のみ。造東大寺司関係文書には僧侶の「知事」多数みゆ）が知られるが、知太政官事と知五衛及授刀舎人事を除いては、本官を有しながら他官・他司ないし官司類似のものを「知事」している点で、本条の「権検校」と共通した性格をもっている（ただし知家事・知宅事には一部不明のものを含む）。またこのうちの知河内和泉等国事は、養老三年九月設置の畿内摂官をいうものであったらしい。

60 **執務時間の変遷**（三九七頁）　天皇および臣下の執務時間について、そのことの史にはじめてみえるのは、隋書、倭国伝の「使者言、倭王以ㇾ天為ㇾ兄、以ㇾ日為ㇾ弟、天未ㇾ明時、出聴政跏趺坐、日出便停二理務一、云ㇾ委二我弟一」とある記事である。隋、開皇二十年（六〇〇）に派遣された遣隋使が高祖に対して答えた言だが、これによると倭王は未明から政を聴き、日の出とともに政務を停めたという。ついで書紀、推古十二年（六〇四）の憲法十七条の第八条に「群卿百寮、早朝晏退、公事靡ㇾ盬、終日難ㇾ尽、是以遅朝不ㇾ逮二于急一、早退必事不ㇾ尽」とあり、この「早朝晏退」を具体的に述べたのが、書紀、舒明八年七月条の「大派王謂二豊浦大臣一曰、群卿及百寮朝参已懈、自ㇾ今以後、卯始朝之、巳後退之、因以ㇾ鐘為ㇾ節、然大臣不ㇾ従」の記事である。大派王が大臣蘇我蝦夷に対して、群卿百寮が「朝参」を怠っているので、今後は鐘を合図として、卯のときのはじめ（午前六時ころ）に朝し、巳のときのあと（巳は午前十時、したがって巳のときのあとは午前十一時以後）に退出するよう進言したが、蝦夷は従がわなかったという。ここでの「朝参」は毎日のミカドマイリであるとともに毎日の執務すなわち「朝政」を意味している。その後書紀、大化三年是歳条では「天皇処二小郡宮一、而定二礼法一、其制曰、凡有ㇾ位者、要於二寅時一、南門之外、左右羅列、候二日初出一、就ㇾ庭再拝、乃侍二于庁一、若晩参者、不ㇾ得二入侍一、臨ㇾ到二午時一、聴ㇾ鍾而罷」とする。有位者は毎朝寅時（午前四時ころ）に南門外に整列し、日の出とともに朝庭に入って天皇に再拝したのち庁に入り、午時（正午）まで執務するのだという。この毎朝の「就ㇾ庭再拝」がいわゆる「朝参」にあたる（→補55b）。

ところで宮衛4古記は「第二開門鼓撃訖、謂卯四点又二行下ㇾ槌」とし、このとき大極殿・朝堂等の「大門」が開かれるとしている。したがって本条の「皆開門前上」に附せられた義解「謂、第二開門鼓前也」が、かりに大宝令施行期にも適用されたとすると、古記の成立した天平十年ころの出勤時間は「卯四点」すなわち午前六時半ころであったことになる。もっとも養老令の本条（本条の大宝令文は復原できない）は「外官、日出上」としているから、在外諸司の出勤時間はやはり日の出時刻が基準となっている。一方退朝鼓がいつ撃たれたかについては、古記等の集解諸説は何も述べていないが、やはり養老令本条が外官について「午後下」としているのによれば、いちおう正午ころが基準となっていたのであろう。

なお陰陽式では、季節による日の出時刻の早晩に応じて、開諸門鼓・開大門鼓・退朝鼓・閉門鼓の時刻を詳細に定めているが、出勤時間の基準となる開大門鼓は日の出後だいたい四十五分経て撃たれ、退朝鼓はその三時間半ないし四時間後に撃たれることになっている。すなわち執務時間は三時間半ないし四時間であった（以上岸俊男説）。

62a **計算大簿帳**（三九八頁）　義解は「勘二大帳税帳等一也」とする。なお賦盗26の疏に「倉粮、財物、行軍大簿帳、及戸籍、計帳之類」とある。

62b 主典検発（三九八頁）　職員1の主典の通則的職掌に「受レ事上抄、勘ニ署文案一、検ニ出稽失ニ」、獄令41に「凡諸司断レ事、悉依ニ律令正文一、主典検レ事、唯得レ検ニ出事状一、不レ得ニ輙言ニ与奪ニ」。また義解は「仮令、有ニ甲注三乙奪ニ己財物一、官司判召レ乙、三日不レ至、更判待廿日、遂亦不レ至者、主典検発、而判官不レ待ニ前人一、量レ事判決之類」という。

63a 訴訟条の訴訟手続（三九九頁）　本条の規定する訴訟手続（以下(イ)とする）は、獄令12に定める訴訟手続（以下(ロ)とする）とも、また捕亡2に定める訴訟手続（以下(ハ)とする）とも異なっている。律令の定める訴訟事件を、今日のように刑事と民事とに区別するのは困難であるが、(ロ)は生命身体財産の侵損にかかわる事件および緊急を要する事件に適用され、(ハ)は強盗・竊盗・殺人・傷害等の現行犯事件に適用されるから、この二者はどちらかといえば刑事上の事件に関する訴訟手続であるといえる。これに対して本条の定める(イ)は、「訴訟」の語が「告レ冤曰レ訴、争レ財曰レ訟」（本条義解）、「争レ財曰レ訟也、訴、謂申也」（公式64古記）、「財物良賤譜第之類、事非ニ侵害一者、応ニ待レ時申訴一者也」（雑令17義解）と解釈されているように、どちらかといえば民事上の事件および急を要さない事件について適用される訴訟手続である。而して(ロ)(ハ)と(イ)との主要な相違点は、第一に、(ロ)(ハ)においては犯罪の告言を受けた官司（(ロ)では「事発処官司」、(ハ)では「随近官司」）がまず犯人を追捕拘禁して、然るのちに審理を開始するのに対し、(イ)においては、原告の訴状を受けた官司は審理を行うまえにまず被告人を召喚するという点にあり、第二は、(ロ)(ハ)の訴訟受理が年間を通じて行われたのに対して、(イ)には雑令17の「凡訴訟、起ニ十月一日一、至ニ三月卅日一検校、以外不レ合」の規定が適用され、この限られた期間においてのみ訴訟が受理され、審理が行われたという点にある（滝川政次郎説）。

63b 従下始（三九九頁）　在京の官人なら本司から刑部省・太政官へ、左右京の白丁なら左右京職から刑部省・太政官へ、諸国では郡司から国司・太政官へ。

63c 本司本属（三九九頁）　「本司為ニ官人一也、本属為ニ白丁一也」（令釈）、「官人経ニ本司一、白丁経ニ本属ニ」（義解）。すべて訴訟は、被告人の本司・本属（ここでは被告人の本貫の郡司）が受理し、審理・判決するのを原則とする。

64 追摂対問（三九九頁）　追摂の訓について、古記は「召和奈我須」とし、令釈も「俗曰ニ召和那賀須ニ」とする。ただしワナガスの訓は名義抄にみえない。

65 意見封事と上表（四〇〇頁）　本条はいわゆる意見封事について規定したものだが、その「陳ニ意見ニ」について、古記は「以下己所ニ思見ニ之事上、量ニ時政之宜一申奏耳」とし、令釈・跡記・義解も、こころに忠正あって、国家の利害、君上の政の利害を披陳することとするから、おおむね臣下が政治の得失について上陳するものが「意見」とされたらしい。その例としては、天平宝字三年五月九日の勅に応えて臣下・僧侶の上陳した封事の一部が続紀・三代格に残されているほか、三代格、天長元年八月廿日太政官符に載せる公卿意見（本朝文粋はこれを意見封事の項に収める）、本朝文粋に載せる延喜十四年四月廿八日三善清行意見十二箇条・天暦十一年十二月廿七日菅原文時封事三箇条などがある。

ところでこの意見の上陳に類似した制として、律令にはいま一つ上表の制が定められていた。両者はいちおう、意見は国政の得失にかかわる事項の上陳、上表はそれ以外の上陳（令条内での上表の例は選叙21・公式63、なお儀制13参照）というように、上陳の内容によって区別されていたようであるが、しかし意見が上表の形式をとって提出されることもありえたらしく、令釈は「意見之書、若作ニ上表一者、中務須レ受、若云ニ意見之書一者、少納言須レ奏ニ其事ニ」といい、跡記も「封上、謂、直封上人申ニ太政官一、而少納言奏聞、若造ニ上表一者、申ニ中務一合レ奏也」と述べている。そしてこれから知られるように、意見と上表とは、その奏聞の手続が異なっていた。すなわち意見は、本条に定めるように、臣下の上陳を太政官の少納言が受けて、同じく少納言が奏聞するものであるのに対し（このことを義解は、「直上ニ太政官一、不レ由ニ中務省ニ」と説いている）、上表は職員3中務卿職掌に「受ニ納上表ニ」とある如く、中務省を経由するのが原則とされていた。だがその職員3の集解諸説によると、上表もまた太政官を経由するか否かについて二説あったことが知られ、上表は臣下が直接中務省に提出し、太政官を経ずに中務卿がこれを至尊に奏進するとする穴記・義解の説と、上表もやはり太政官に提出され、太政官が中務(卿)を召して奏聞させるとする跡記の説とが対立している。しかも同条の令釈は、恐らくは大宝令の施行期に出されたと思われる「官判」(太政官の裁定)を引き、後者の説に近い意見を提示していて、興味深い。

この令釈の引く「官判」は、その全文ではないらしく、したがっていささか難解だが、文意はおおむね以下のようなものと解される。すなわち、あるとき上表の取扱いについての二つの異なる解釈が太政官にもちこまれた。一つは、選叙21の官人致仕の上表、公式63の訴訟を太政官が受理しない場合の上表、および職制59の「即詣レ闕上表者不レ坐」等の類の上表は、臣下まず中務省に提出するが、中務省はこれを太政官に経れ、然る後に中務卿が天皇に奏聞するとする「先説」、いま一つは、本条(公式65)の「少納言受得奏聞」とか、その他の条文で「申レ官奏聞」とするものは上表ではないから、したがって太政官を経由するが、公式63にいうような上表は太政官を経由しないとする説がそれである。この二つの異なる見解に対して下された「官判」は、「官判、先説ニ依レ」であった。かつ穴記によれば、この「官判」は「旧令ノ情(ココロ)ノミ」つまり大宝令の令意によるものだとされている。これによってこの「官判」の下されたのが大宝令の施行期であったと推測できるが、「官判」の述べる太政官経由という事柄と、本条古記が「弾正受推」について「今行事、弁受推之」とすることとは、恐らく無関係ではないと思われる。

なお本条の大宝令文は、本条および職員58・考課75の古記によって、「有事陳意見、欲封進者、即任封、少納言受得奏聞、不須開、若告言官人害政、及有抑屈者、弾正受推」の字句が復原できる。

67a **料給官物**(四〇〇頁)　穴記によれば、本条は軍防41出給器仗条に相い倣うべき条文であるという。然りとすれば「料給官物」は、官物を出給するの意となる。しかし大宝令でのこの部分は「料給文牒」となっており、これについて古記は「問、料給文牒、未レ知、誰人文牒、答、自レ上給文牒也」との問答を注している。これによると大宝令の文意は、官物の出給を命じた上級官司よりの文牒(文書)を給うの意となり、養老令とやや異なる。なおまた古記は、本条の「上抄」について、「凡上抄者記二於札一」との注釈を施している。従って平城宮跡出土木簡の中に存する官物の出納関係のもののなかには、本条の規定に基づいて造られたものの存する可能性がある(東野治之説)。

67b **供給之処官司姓名**(四〇〇頁)　古記は「仮令、大炊寮承二文牒一而記置之日、皆記二大炊寮官司姓名一而置耳」として、大炊寮の場合を例示する。

68a **授位任官条の太政官**(四〇〇頁)　養老令の本条においては、「御所」(令釈・義解)つまり天皇の面前以外の場における喚辞を、㈠太政官、㈡寮以上、㈢司及中国以下の三つに分けて規定している。したがってこれを令文に則して読むならば、㈠太政官は太政官機構の全てを、㈡寮以上は神祇官及び省・台・府・坊・職・寮ならびに大国・上国を、㈢司及中国以下は司と中国・下国を指すと看做すのが妥当な解釈と思われる。しかるに本条の集解諸説をみると、義解は㈡寮以上に注して「弁官以下也」とし、令釈・跡記も義解と同様な解釈をしていたことが知られる。即ち令釈・跡記・義解は、太政官内の一機構である弁官を㈠太政官から除外し、これを㈡寮以上に含めているのである。さらに穴記によると、「於二太政官一、謂大納言以上所也、時行事亦如レ之」とあって、㈠太政官は太政官内の大納言以上をいい、平安初期の行事もその解釈の如くであったとされている。

一方大宝令の相当条文は、関晃によって次のように復原されている。

唯於二太政官一、三位以上称二大夫一、四位称レ姓、五位先レ名後レ姓、其於二弁官八省一者、五位以上惣称二大夫一、

つまり養老令が上記のように㈠太政官、㈡寮以上、㈢司及中国以下の三つに分けたのに対し、大宝令は、⑴太政官、⑵弁官八省の二つに分けただけであったのである。したがって職・寮・司等に於ては如何にするかという疑問が当然生まれ、だからこそ古記は「未レ知、台職以下官、若為処分、答、与二弁官八省一無レ別」という問答を注記しなければならなかったのである。

ところで大宝令条文において注目すべきことは、同令の⑴太政官には、

その官内機構の一部である弁官が除外されていることである。そしてこれは養老令に対する先の令釈・跡記・義解の解釈にも通ずる。恐らく令釈等の解釈は、大宝令の規定に引かれたか、あるいはその規定に由来した㈠太政官には弁官を含まないとする行事が存在したため、その行事に引かれて施されたものと推定される。

なお令条内に用いられている「太政官」の語が、官内機構のどれを指すかについては、注意を要する場合が多い。たとえば本条の「太政官」が、上記穴記によれば大納言以上、大宝令意では恐らく弁官以外の官内機構(具体的には大納言以上と少納言・外記)と推測されるのに対し、公式2の「送太政官」が弁官のみを指すものであることなどは、その一例である。

68 b　授位任官条の関連記事(四〇〇頁)　本条の関連記事として、六国史に次のようなものがある。続紀、養老五年十月癸未条「太政官処分、唱レ考之日、三位称レ卿、四位称レ姓、五位先レ名後レ姓、自レ今以去、永為二恒例一」、三代実録、元慶四年三月十六日条「勅、諸王喚辞、准二諸臣一之状、宣二告文武百官一、先レ是、式部省奏言、依レ令、三位四位五位六位、於二太政官寮已上司及中国已下一、各有二喚辞一、或称二大夫一、或称レ姓、今観二流例一、只為二諸臣一施二此制一也、於二諸王一則不レ論二四位五位一、惣称二其王一、商二量事理一、尊卑失レ序、望請、称二大夫一称レ姓、一准二諸臣一、以允二貴名之礼一、従レ之」。なお後者に関しては、式部式にも「凡於二太政官已下下国已上一、喚二諸王五位以上一辞、称二大夫一称レ姓、一准二諸臣一」。

72　大宝令の勅賜人馬条(四〇二頁)　公式72の集解に、次のような古記の文が収録されている。

古記云、勅賜人馬条、問、勅賜二人馬一、皆本司覆奏、未レ知、借給不、答、非二借給一、又問、借賜若為処分、答、借給亦合二覆奏一、唯不レ宣二送中務一耳、凡勅賜二人馬一者、受レ勅人宣二中務一覆奏、宣二馬寮一、々々覆奏訖、馬寮具録二文草毛色歯歳一、宣二送中務一、々々然後給之、歯歳、謂歳也、以レ歯定レ歳、故云二歯歳一也。(傍点箇所は大宝令条文かあるいはそれを敷衍して施したと考えられる古記の解釈文)。

これによって大宝公式令には「勅賜人馬条」なる条文が存したことが知られる。養老令で削除されてしまったこの条文の内容を、右の古記の文に拠って推測すると、およそ次のようなものであったと考えられる。

勅によって(官人に)人・馬を賜う場合には、(受勅人は中務省に宣し、中務省は覆奏するとともに直接馬寮に宣せよ)、本司(＝馬寮)は承けてこれを直接天皇に覆奏し、且つ文草・毛色・歯歳を録して中務に送れ。中務ではこの(本司からの)宣送を受けた後に(本人に)給せよ。

74 a　於事理無改動(四〇二頁)　たとえば中務省を中省と書き、甲申と書くべきものを甲由と書く類。内容に拘る修正は覆奏するが、奏聞せずにこれを訂正した場合は職制24が適用される。

74 b　詔勅宣行条の官文書脱誤(四〇二頁)　義解「謂、当曹之文書、其他司文書者、自依二下条一下推也」、跡記「謂、当司内人書、但従二他司一来書者、合レ案二下条一」というように、本条の官文書の修正は、その文書を発行する当司内で脱誤が発見された場合のもの。他司から来た文書に脱誤が発見された場合は、76条による。

76 a　無理・不尽(四〇三頁)　理なきことと、言葉たらず。古記に「雖レ無レ理、謂不用之事也、及事不レ尽、謂事不二周尽一、簡略之類」、義解に「謂、無レ理者、雖二書詞周悉一、而事情無レ理也、不レ尽者、雖二事情有レ理、而書詞不二周悉一也」。

76 b　以状下推(四〇三頁)　下級官司を推問し、その結果不当が明らかになれば、職制26に基づいて科罪する。なお古記は、公文に戸令にいう増減・不同のようなことが発見されたならばつき返すのか(「問、公文有レ及二増減不同一、退還以不」、「増減不同」は戸令19の字句)との問いに対して、「答、不レ合二駮正一、従レ実依レ法科附、戸令戸籍条明文」(「不レ合二駮正一」は令釈の「駮正不レ可二却還一」と同じで退還しないことをいったものであろう。「戸令戸籍条明文」とは戸令19の「先納後勘」を指す)とするが、また「今行事退還耳」ともいうから、古記成立の天平十年ころには、提出された公文そのものをつき返して、改めて提出させることが行われていたものと思われる。

76 c　盤下(四〇三頁)　盤は「盤桓不レ進之意」(令釈・義解)。名義抄にメグル・ツラナル・ワダカマル。穴記に「妄盤下、謂故煩退怠此也」(コトサラニワズラヒシリゾケオコタル)。

78a **責保**(四〇三頁)　捕亡15義解は、その条の「責ㇾ保」について「保者、保証也」とするが、しかし詐偽律25逸文、保任不如所任条および同26、証不言情条によって明らかなように、律においては、保人と証人とは、区別されていた。証人が単に事実の有無を証明するためのものであるのに対して、保人は事実の有無・真偽もしくは事実の発生・不発生を担保する「保任之人」、いわば連帯責任を負う者であった。たとえば、獄令23の保人は、臨月の女囚が出産前後に、逃亡することはないということの責任を負い、これによって該女囚は禁を解かれるのであり、同42の保人も、犯罪人が逃亡しないとの責任を負い、それによって該犯罪人は不拘禁のまま「参対」することが許されるのである。捕亡15の遺失物の物主を証明するための保人も、関市16における奴婢売買に際しての「保証」の保人も、単に事実・真実であることを証明するのみでなく、事実・真実であることに責任を負うのである。また雑令19では、公私の財物出挙において、債務者が「逃避」すなわち逃亡した場合は「保人代償」とするが、この保人は、債務者が返済しないという債務不履行に対して責任を負っているのではなく(逃亡しない債務者の債務不履行に対しては「役ㇾ身折酬」が適用される)、債務者が逃亡したという事実に対して責任を負い、「代償」するのである。その意味でこの出挙における保人は、いわば債務者の留住保証人であって、その条の義解が保人の責任を債務者の死亡の場合にまで拡大して解釈しているのは、令意に基づくものではないとされている(中田薫説)。本条はこのような意味での保人を必要とする場合の人数を規定したものである。しかし現実には保人を指して「保証」または「証」とする例も多く、保人と証人との上述のような区別は失われていったらしい。なお令条内で保人ないし「保証」を要すると明記した条文は、以上に挙げたもののほか、戸令14がある。

78b **以五人為限**(四〇三頁)　令釈は「必責㆓五人㆒耳」とし、穴記も「謂五家内不ㇾ足、取㆓比保㆒耳」として、五人という数字を強調するが、現実には、天平宝字五年八月廿九日の月借銭解(正倉院文書)の保人はわずか一人であり、延暦七年十一月十四日の六条令解(平安遺文四号)の「保証人」は二人であって、かならずしも右の諸説の言う如くではない。なお五人の保人について、令釈・穴記・跡記・義解等が原則として五家・五保(戸令9)からとるとしているのに対し、古記は「謂不㆘以㆓五家㆒為㆖限、唯一家之人以㆓五人㆒為ㇾ保耳」とし、令釈一云も「謂非㆓必五家㆒、従㆓一家㆒五人亦同」としている。

80a **大宝令の京官出使条**(四〇四頁)　公式80に相当する大宝令条文は、前半の本文部分は殆ど復原できず、僅かに後半の注文部分の「若使人更不向京者」「返抄付(所在司)」の字句の存在が知られるにすぎない。しかし本条古記には養老令条文に対するのとは異なる「古記云、其使不関官者、謂別勅遣使也」という注釈が施されている。傍点部分は大宝令の字句と看做さざるをえないものであるから、これにより同令では、京官出使につき、太政官を経由すべき場合とその必要のない場合との二つについて、それぞれを区別していたことが推測できる。しかしその内容上の詳細は不明である。

80b **便送**(四〇四頁)　省・台が諸国に下す符および府・庫・寮・司が諸国に送る移には、原則として内印が踏されなければならないから(公式40)、これらはいったんすべて太政官に届けられる。弁官はこれらを一括して使者に便送させる。この場合、その使者はこれらの符・移の送達を本来の目的として発遣されるものではないから、この使者を便使といい、これに附託することを便附、この方法による送達を便送といった。

80c **所在官司による返抄の送付**(四〇四頁)　たとえば陸奥国に赴任する国司が路次の諸国宛の文書を便送する場合、その国司は路次の国々から返抄をうけとりつつ陸奥国にいたり、これを同国の国司に付す。陸奥国では、同国の発遣する便使にそれらの返抄をさずけて、京に持参させる(義解)。またたとえば、筑紫から返抄をとってきた使人があって、いったん長門国に留まり、ついで他道へ向うような場合は、持参した返抄は長門国司に付し、同国国司は自国の発遣する便使にさずけて、京に届けさせる(古記)。

80d **公文書送達の方法**(四〇四頁)　律令制のもとで、内官から外官へ、外官から外官へ、外官から内官へそれぞれ公文書を送達する方法には、本条にみられる(イ)専使による送付、および(ロ)便使に附託(=便附)して送る方法すなわち便送のほかに、(ハ)逓送と(ニ)遙附とよばれる方法があった。(ハ)逓送というのは、公文書送付の責任を路次の国衙が負う方法で、(イ)(ロ)がいずれにせよ一人の使者が永行するものであるのに対し、(ハ)はA国からB国へ、さらにC国へと、バトンタッチして送られる方法である。これに対して(ニ)遙附は、主として諸国が中央官庁に上申する公文書の送附にあたって用いられた方法で、しかも国衙上申文書は国司の任ずる四度使(朝集使・大帳使・貢調使・正税帳使)が上申し、かつ中央諸官庁での勘会にはこれらの使者が立会わなければならないという原則が確立されるに伴って行われたものであるが、その使者の在京中に、実際には別の人物が持参した公文書を、あたかもその使者がもたらしたかの如き形式をとって勘会に応ずる方法で、これを国衙の立場から表現して「その使者に遙附する」といった。たとえば天平勝宝元年十二月十九日付で上申された丹後国司解(東大寺文書)によると、同国から東大寺へ奴二人・婢二人を貢上するにあたり、これらの奴婢とその貢上を報告したこの解文は朝集使に「遙附」された。しかしその時朝集使はすでに在京中であって、解文には位署を加えていない。すなわち実際に奴婢および解文を京にもたらした者は朝集使以外の何者かであったが、勘会に応ずる任を負う朝集使が持参したかの如き形式をとっているのである。なお京官相互の公文書の送達については→補11b。

82 **案成**(四〇四頁)　本条以外の令条内にみられる案成の語は、すべて本案ないし草案の作成の意、または作成された本案ないし草案の意と解せられる。即ち考課57 63では獄案の作成、公式4では奏事案の作成、同13では符案の作成、同62では詔勅施行の官符案の作成、そして同73では諸官文書案の作成の意として案成の語を使用している。したがって本条も、諸司がそれぞれの司で作成した本案の保存に際し目録を造るべきことを命じたものと解しても支障は生じない。

しかるに本条集解の諸説をみると、古記は「案成、謂他司来公文、并本司本案、皆名二案成一也」とし、令釈も古記とほぼ同文の注釈を施したのちさらに、「案成、謂文案成レ巻始擬レ蔵レ庫耳」と述べ、義解もまた、「案成者、文案始成レ巻…即本司文書幷従二他司一来者皆是也」としている。これらの注釈によれば、本条にいう案成にはその司の作成する本案ないし草案のほかに他司から来た公文書も含まれ、また令釈・義解によればこれらを成巻したものが本条の案成の意ということになる。

なお本条古記は、「問、内外諸司皆准レ此、未レ知、此条為二誰司一立レ文也、答、為二太政官一立レ例」という問答を残している。これによれば大宝令の本条末尾には「内外諸司准レ此」の文があったことが知られ、それゆえに古記は、本条は太政官を対象として作られた条文であると解したのであった。

83 **良賤**(四〇四頁)　良と賤の別をめぐる紛議を争といい、天平六年出雲国計会帳に「争戸帳」がみえる(野村忠夫説)。古記「良賤、謂レ争レ私也」、令釈「争、判断之書」。

84a **任授官位**(四〇五頁)　令釈によれば、本条の「任授」とは「任、任二主典以上一也、授、授二初位以上一也」とされ、任官と授位の二つを意味する。したがって本条のこの部分の規定によって造られる簿は、「造簿、謂任官授位之人名帳、唯授位之人、更復造二位記案一、而副レ簿置也」と跡記が述べるように、任官の名帳と授位の名帳、つまり任官簿と授位簿の二つである。しかし古記は本条の「任授官位」について「任授官位者、謂任官也、授位者非也」として任官のみに限定して解している(因に、古記は次条85の大宝令文「任授官位」も任官の意とする)。黛弘道はこの古記の記述に基づき、大宝令の施行期には任官簿は造られたが授位簿は造られなかったであろうと推定した。

この黛の推定に基づけば、本条の大宝令条文について、さらに次の点を附加することができる。まず、公式16～18の位記式によれば、勅授位記には年紀が、奏授位記と判授位記には貫属年紀が注記されることになっている。一方任官に際しては、日本では唐の官記に相当する正式の任官命令書が行われなかったうえに、本条養老令の「其任官簿、除貫属年紀」の注文より推せば、特に貫属年紀を問うことはなかったらしい。然りとすれば、もし大宝令の「皆具録官位姓名」以下の文中に「貫属年紀」の四字が存したとすれば、古記が「任授官位」を任官のみに限定することはなかったであろう。つまり古記の解釈より推せば、大宝令には「貫属年紀」の四字は存しなかったであろうと推測できるのである。

次に同様にして、大宝令には、養老令の「其任官簿、除貫属年紀」の八字の注文も存しなかったであろう。恐らく養老令は、本文中に「貫属年紀」の四字を加えてこれが授位簿の記載様式であることを明確にしたうえで、新たに注文を設けて任官簿の記載様式を示したものと考えられる。

84 b　転任（四〇五頁）　後世では、他司の官に転ずることを転任といい、同司内の他官に遷することを遷任といって両者を区別するようになるが、本条の転任はその両者を含めた意。

84 c　未叙之間（四〇五頁）　穴記によれば、死亡者の刑部省への申告は「謂国行事也」すなわち国司が行うべきこととする。なお義解は、再任用以前に死亡した場合は「若未ㇾ用之間、在₌本貫₋身死者、亦申₌太政官及式部₋注除也」とする。除名等に対する再叙法→名例21。

85 a　授位校勲条（四〇六頁）　令釈・義解は、校考の期限は考課1に定めてあるということを理由として、本条は臨時の制とする。しかし令意にかなった解釈か否か疑問。

85 b　授位校勲の大宝令文（四〇六頁）　養老令の「授位校勲」は、大宝令では「任授官位、考授勲功」となっていた。古記はこの「任授官位」も前条84と同じく「謂任官也」とし、「考授勲功」については「考授、謂考選、勲功、謂勲人也」とする。

88　馬（四〇六頁）　公式42朱説に「下条為₌長行馬₋立ㇾ程」とする「下条」は本条を指す。したがって本条の「馬日七十里」とする行程は、長行馬すなわち長距離を継続して旅行する馬の行程であって、駅から駅へ使者を逓送する駅馬の行程はこれに含まれない。なお跡記は、伝馬は本条に倣って一日の行程を七十里とするという。

89 a　89条に記された古記の文（四〇六頁）　公式令集解の巻末にあたる本条には、本条の内容とは無関係な、次のような古記の文が載せられている。

(1) 過所式条、大夫以下少進以上署名、准₌移式条₋、
(2) 凡解移送₌諸司₋者、主典以下史生以上、随₌事軽重₋相送、
(3) 其国司京職摂津等公文、以ㇾ事隷者、皆為ㇾ解、但諸国於₌竹志大宰府₋、並為ㇾ解也、
(4) 位記署名者、不₌必自署₋也、
(5) 凡出ㇾ使有ㇾ所₌申報₋者、皆為ㇾ解、
(6) 凡親王入₌府庁寺₋、前後任ㇾ意、

このうち(1)は「過所式条」と明記しているから、この文が、養老公式令22条に相当する大宝令条文にかかわる古記の文であったことは明らかである。因に、現行の令集解の公式22には、古記は全く引用されていない。その反面、過所について述べた古記の文は、公式40と本条にみられる。したがってこの(1)の文をめぐっては、次の二つの可能性が考えられる。その一つは、古記は本来過所式条において注釈を施さず、過所に関する解釈は関連する条文に分散注記したため、令集解の編者惟宗直本もそれに従ったとみることであり、いま一つの可能性は、過所についての古記の解釈の分散注記は直本の行ったことであったと考えることである。しかしいずれにせよ、(1)の文は、古記みずからの施した解釈であったとみて、誤りないであろう。

これに対して(2)〜(6)の五つの文は、古記の地の文ではなく、八十一例文の引用である可能性が大きい。八十一例とは、養老令の編纂に並行して、あるいは養老令の編纂後まもなく編せられた法令集で、それは令文の不備を補い、また令文の解釈を明確化することを目的とする施行細則集であったとされているが（虎尾俊哉説）、(2)〜(6)を八十一例文と看做しうる理由としては、以下のようなものが挙げられる。

第一に、このうちの(6)は明らかに八十一例文である。儀制12古記は、これとほぼ同文の文を次のように引いている。

古記云、…一云、…八十一例云、親王入ㇾ庁者、前後任ㇾ意、但五位以上者、初必自ㇾ前入、

この文の中の「庁」字は萩本および印本によるものであるが、金沢文庫本の転写本である田中本・無窮会本等は、いずれも「庤」字を用いている。このように字句に若干の異同はあるが、内容のうえからみれば、(6)はこれと同一であると看做してよい。

第二に、(2)〜(6)の五文中、三例までが「凡…」の形式をとっていることが挙げられる。従来八十一例文と考えられてきたものの条文数は全部で十五条であったが、そのうちの三例がやはり「凡…」の形式をとっている(官位1集解或説所引・喪葬5令釈所引・要略六七所引)。

第三に、(2)〜(5)の各文は、内容的に、公式令のいくつかの条文にまたがり、かつ令文の不備を補うという性格をもっている。まず(2)は11条と12条にまたがるものであるが、また同時に、内官から外官への公文書送達については80条に規定されているが、内官相互の伝達方法の規定は令条内に存しないという意味で、80条の規定を補うものである。同様に(3)は11条と12条の規定を補い、(4)は16条・17条・18条の規定を補い、(5)は80条と81条および11条の規定を補っている。而してこうした性格は、八十一例のもつ一般的性格と共通している。

以上の三点よりみて、(2)以下の古記の文は、八十一例文の引用である可能性の、きわめて大きいものである。なお附言すれば、現行の令集解三五巻のうちで、この公式89古記の引く文のように、各篇目の最末条に、古記がその条文とは無関係な「凡…」で始まる文を引く例は僧尼27にもみられ、そこでの二つの「凡…」云々の文も、八十一例文であった可能性の大きいものである。→補12b。

89 b　風俗(四〇六頁)　たとえば「禾稼再熟之類、謂二之風一、夫死妻殉之類、謂二之俗一也」(義解)、「以レ船為レ業、好二弓馬幷歌儛一等」(古記)。なお、名号・処所・風俗に関する記述の具体例は、たとえば中国正史における倭あるいは日本に関する記述をみよ。

22 倉庫令

☆a　倉庫令(四〇七頁)　倉庫令は官の諸倉庫に関する諸般の規定を収めており、それらは広くいえばすべて倉庫とその収納財物の管理に関するものである。中国では隋の開皇令において初めて倉庫廐牧の篇目が立てられ、唐令がそれを倉庫と廐牧の二篇目に分け、その形が日本令に継承された。日本では内蔵・大蔵等の倉庫が古くから存在したことが知られ、また内蔵の関係官人が不正行為のかどで処分された事例が、浄御原令制下の持統紀七年四月辛巳(二十二日)の条にみえるが、令の篇目としての倉庫令については、大宝令以前にその存在を確認することができない。大宝令に倉庫令の篇目が存在したことは、宮衛8兵庫大蔵条古記によって確認できる。

養老倉庫令は、令義解・令集解ともにその欠佚部分にあたっているため、今日その全貌を知ることはできないが、その条数は令集解目録によって、凡そ二十二条であったことが知られ、そのうちの十六条について逸文が存在している。ただし、それらの各条の条名や本来の配列順序については拠るべきものがない。唐倉庫令の逸文はわずか七条にすぎないので、日唐両令を詳しく比較することはできないが、両者の間に互いに対応する条文と思われるものが三条あり、その範囲でいえば、彼我の経済の発達程度の相違に応じて、両令の規定にはかなりの繁閑の差があったのではないかと思われる。

☆b　倉庫令条文の復原(四〇七頁)　養老令三十篇のうち、第二十二倉庫令と第二十四医疾令は早く散逸し、令義解としても令集解としても、今日に残されていない。その散逸した時期は、応仁・文明のころであったろうと推測されている(植木直一郎説)。

この二篇のうち、倉庫令の条文数は、令集解目録により、「凡二十二条」であったことが知られている。その二十二条の逸文を、令義解・令集解・政事要略・六国史・類聚国史等から拾い、条文を復原しようとする試みは、江戸時代に河村秀頴・同秀根・同益根・稲葉通邦等によって行われたが、塙保己一はこれらの研究成果を集大成し、かれの校定する板本『令義解』を再刊するにあたり、倉庫令復原条文十六をこれに収載した。ただしこのうちの二条は、後に交替式が発見されるにおよび、一条の前半と後半を誤ってそれぞれ別条としたものであることが判明したから、復原条文の実質は十五条であった。

ついで明治にいたり植木直一郎は、塙本『令義解』印行後その存在が明らかとなった延暦交替式・貞観交替式(上巻)に拠って、塙本『令義解』の不備を補ったが、その後滝川政次郎は、諸文献を博捜して各条文に厳密な校訂をほどこしたのみでなく、令文としては復原できないが、倉庫令の条文として存在したことの確認できるもの、および倉庫令の条文として存在した可能性のあるもの数条を指摘し、さらに利光三津夫は明文抄に載せる逸文一条を発見し、また存在した可能性のある一条を指摘した。

本書に倉庫令逸文として収録したものは、これらの諸研究で明らかとなった逸文のうちで、多少とも令文としての体裁を残している十六条である。それは滝川の研究まで明らかにされていた十五条に利光の発見にかかる一条を加えたものであるが、その配列は、前者十五条については塙本『令義解』に拠り、利光発見の一条はそのあとに置くことにした。また出典のうち(1)の㈢と(7)の㈤は大宝令施行期のものであるから、養老令条文の復原資料としては必ずしも適当ではないが、便宜これらをも掲記した。

なお本書に収録した条文以外の条についての滝川・利光の見解を、概略記しておく。

㈠養老令の条文の字句の一部が知られるもの、またはその条の存在が知られるもの。

(1)雑令34義解に「謂、其四歳以上、依㆓倉庫令㆒給㆑粮也」とあり、滝川はこれにより、養老倉庫令に、官戸奴婢に対する給粮についての条文が存したことを推定し、さらに唐六典に載せる唐令の文および弘仁主税式等を勘案して「凡官戸奴婢皆給公粮」(唐六典)、「四歳以上」(義解)、「奴三把五分」(弘仁主税式)の字句が復原しうるとした。

(2)紅葉山文庫本令義解の田令34書入れに「穴云、問、於㆓京官㆒、以㆓何日㆒為㆓重(交カ)代日㆒、答、以㆓任官日㆒耳、人(交カ)代之心、新人未㆑到之前、(前脱カ)司種者、亦(前脱カ)司全得㆓其獲㆒、見㆓倉庫令㆒」とあり、利光はこれによって、養老倉庫令に、前司・後司による諸司職分田の穫稲の配分に関する条文があったことを推定した。

㈡唐倉庫令の条文が推定でき、そのことから推して、養老令にも該当する事項にかかわる条文が存在した可能性を残すもの。これらはすべて滝川の考定。ただし(3)(4)は唐禄令によって文を成した可能性もある。

(1)唐六典、巻三、倉部郎中員外郎条

凡在京諸司官人及諸色人、応給倉食者、皆給貯米、本司拠見在供養、九品以上給白米、流外長上者、外別給両口糧、諸牧尉給五口糧、牧長四口糧、〈両口準丁、余準中男給〉、

旧唐書、巻四十三、志二十三、職官二

凡中外文武官品秩有差、歳再給之、乃置木契一百枚、以与出給之司合、諸司官人及諸色人、応給食者皆給米、

(2)唐六典、巻三、倉部郎中員外郎条

諸牧監獣医上番日給、衛士防人以上征行若在鎮及番還、并在外諸監関津番官、〈上番日給〉、士人任者、若尉史並給身糧、

(3)唐六典、巻三、金部郎中員外郎条

凡賜物十段、則約率而給之、絹三匹布三端綿三屯、〈貲布紵布罽布各端、春夏以糸代綿〉、若雑綵十段、則糸布二匹紬二匹綾二匹縵四匹、若賜蕃客錦綵率下段、則錦一張綾二匹縵三匹綿四屯、

(4)唐六典、巻三、金部郎中員外郎条

凡遣使覆囚則給時服、若諸使経二年不還亦如之、

唐六典、巻三、金部郎中員外郎条

凡時服称一具者、全給之、一副者減給之、正冬之会称束帛有差者、皆賜絹、五品已上五匹、六品已下三匹、命婦視其夫子、

1 **クラの用字**(四〇七頁) クラを表わす文字は、令では倉・蔵・庫などが用いられており、大蔵・内蔵など、調庸物や諸国貢献物を収めるクラには蔵、正税その他の米穀類を収めるクラには倉あるいは倉廩、兵器および文

書を収めるクラには庫の字を用いるのが普通であって、これらを互いに混用することはあまりない。宮衛令で庫蔵といい、倉庫令で倉蔵という場合も、それぞれ右の用法による庫と蔵、倉と蔵を意味している。ただし二種以上のクラを総称する場合には、倉・倉庫などの語が用いられることが多く、倉庫令という場合の倉庫の語も、各種のクラの概称である。

23 廐牧令

☆ **廐牧令**(四一三頁)　廐牧令は主として官畜に関する諸規定を収めるが、中国では隋の開皇令に初めて倉庫廐牧の篇目が立てられ、それを唐令で倉庫と廐牧の二篇に分けた形が日本令に継承された。日本では大宝以前にすでに官牧が置かれていたことが知られ、また孝徳紀大化二年正月朔条の改新の詔に駅馬・伝馬を置くべきことが述べられているが、令の篇目としての廐牧令については、大宝令以前にその存在を確認することができない。

　養老廐牧令の規定は大たいにおいて唐廐牧令に倣っており、対応する条文が多いが、唐令では馬・牛以外に象・駝・騾・驢・羖羊・白羊などをも対象としており、また日本の伝馬に当るものの規定はない。

4 **牧**(四一四頁)　大化前代の牧については、書紀、安閑二年九月丙辰条に大連大伴金村に勅して牛を難波の大隅嶋と媛嶋松原に放ったという記事があるだけで、実情が殆ど不明であるが、恐らく馬牛の産地では在地の豪族が牧地を持ち、中央では畿内の各地で馬飼部らが馬を飼育するほか、東国などの国造からかなりの馬が貢進されていたと思われる。大化以後は孝徳紀大化二年正月条の改新の詔の第四条に官馬賦課の規定があり、書紀、天智七年七月条に近江国に多くの牧を置いたとの記事、続紀、文武天皇四年三月丙寅条に諸国をして牧地を定めて牛馬を放たしめたとの記事がある。恐らくこの続紀の記事が令制的な牧の制度の確立を示すものと思われる。

　令制の牧は諸国に置かれて国司がこれを直接に監督し、中央の兵部省兵馬司がこれらをすべて管掌し、飼育された馬牛は左右馬寮の馬、典薬寮の牛、天皇・貴族・諸官衙の馬、軍団の兵馬、駅馬・伝馬などの供給源となった。牧の制度は奈良朝後期以降やや変遷があったが、延喜式によれば、平安時代の牧には御牧(勅旨牧)・諸国牧(官牧)・近都牧の三種があった。御牧は皇室の料馬を貢進する牧で、はじめ内廐寮(令外)、のち左右馬寮の所管の下に甲斐・武蔵・信濃・上野の四ヵ国に計三二の牧があり、毎年の貢進馬数は甲斐六〇疋・武蔵五〇疋・信濃八〇疋・上野五〇疋であった。

諸国牧は兵部省の所管で、駿河・相模・武蔵・安房・上総・下総・常陸・下野・伯耆・備前・周防・長門・伊予・土佐・筑前・肥前・肥後・日向の十八ヵ国に馬牧二四・牛牧一二・馬牛牧三、計三九の牧があり、毎年馬は五、六歳、牛は四、五歳に達したものを左右馬寮に貢進し、西海道諸国のものは大宰府に送った。また近都牧は諸国から貢進した繋飼の馬牛を飼育するために左右馬寮が置いた牧で、摂津に三牧、近江・丹波・播磨に各一牧、計六牧あり、その経費に充てるために大和・摂津・信濃・越前・播磨の諸国に合計約四九五町の牧田が置かれていた。恐らくこの中で諸国牧が最もよく本来の令制の牧の形態を承け継いでいたものである。

14 **駅制**(四一六頁)　駅制は中央集権国家としての律令国家に必須の全国的な交通連絡の制度であって、政治上・軍事上の意義が極めて大きかった。駅制全般について坂本太郎『上代駅制の研究』の綿密周到な制度史的研究があるが、制度の概略をいうと、交通機関は駅馬と伝馬の二種があり、いずれも官人のみに使用が認められた。駅馬は東海道以下の七道に沿って設けられた駅家に配置されて、政府諸官庁の急使の利用に充てられ、伝馬は同じく七道沿いの郡家(一部は駅家)に配置されて、地方官の赴任、囚人の輸送などの不急の旅行に利用された。兵部式のリストによれば、駅家は畿内九、東海道五五、東山道八六、北陸道四〇、山陰道三七、山陽道五五、南海道二二、西海道九七で計四〇一ヵ所あり、伝馬は東海道三三、東山道四四、北陸道一五、山陰道一五、西海道三一(山陽・南海は不急の旅には船を用いた)で計一三八ヵ所に置かれていた。官人が駅馬・伝馬を利用する場合に与えられた使用許可証が駅鈴・伝符で、駅鈴・伝符の支給と駅馬の使用に関する規定は公式令に、駅家の設置・運営、駅馬・伝馬の配置等に関する規定は廐牧令に収められており、駅使を派遣すべき場合についての規定は令の各篇にみえる。

24　医疾令

☆ **医疾令**(四二一頁)　医疾令は官の医事全般にわたる諸規定を収める。中国では晋令・梁令に医薬疾病の篇目があり、隋の開皇令でその篇目は一たん消えたが、唐令で医疾令という篇目が立てられて、それが日本令に継承された。日本では天武紀四年正月朔条に外薬寮、続紀、文武天皇三年正月癸未(二十七日)条に内薬官の名称がみえるなど、大宝以前すでにかなり医薬制度が整ってきていたと推測されるが、令の篇目としての医疾令については、大宝令以前にその存在を確認することができない。大宝令に医疾令の篇目が存在したことは、賦役37雑徭条古記によって確認できる。

養老医疾令は、令義解・令集解ともにその欠佚部分にあたっているため、今日その全貌を知ることはできないが、散逸した条文を復原する試みは、江戸時代に、河村秀穎・同秀根・同益根・稲葉通邦らによって、倉庫令逸文の復原と並行して行われ、これもまた塙保己一によって集大成されて塙本『令義解』に逸文二十七条が収録された。令集解目録による医疾令の条文数は「凡二十七条」であるから、あたかも全条が復原されたかの如くであるが、そのうちの二条は一つの条文と看做すべきものであるから、実質の復原条文数は二十六である。本書では配列もこれに依拠して収載した。なお厳密にいえば、本書に収録する令は養老令であるのだから、令集解の古記のみによって復原される(21)(22)の二条は、大宝令の条文として区別すべきであるが、便宜これらをも含めて掲記した。

なお本令逸文第(23)条の復原と、本書に収録しなかった医疾令条文一条について附言しておく。

本令逸文第(23)条について、河村秀穎・同秀根等の復原した医疾令、およびそれを収録した塙本『令義解』の医疾令(したがって塙本『令義解』を底本とする新訂増補国史大系『令義解』の医疾令も同じ)は、職制12疏文によって復原される「合㆓和御薬㆒、中務少輔以上一人、共㆓内薬正等㆒監視」の文と、東宮7穴記によって復原される「餌薬之日、侍医先嘗、次内薬正嘗、次中務卿菅、然後進レ御、其中宮及東宮准レ此」の文とを、それぞれ別条として掲げるが、夙に新訂増補国史大系『令義解』の校訂者がいうように、この二文は同一の条文のものと看做すべきであるので、本書では一条とした。同様の見解は福原栄太郎によっても示されている。

次に、営繕16の「応役五百人以上」という条文に注した令釈に、次のような文がある。

又唐医疾令云、行軍及作役之処、五百人以上、太常給二医師一人一、此令除二医疾令五百人文一、注二於営繕令一、相通可レ読、

滝川政次郎は、この文を、唐の医疾令には「行軍及作役之処、五百人以上、太常給二医師一人一」とする条文があったが、「此令」(=日本養老令)では医疾令で「五百人以上」の文を削除し、代って同じ文を営繕16に加えたことを述べた文と解し、したがってこのことから逆に、養老医疾令に、唐の相当条文から「五百人以上」の文を除いた、

(凡)行軍及作役之処、宮内省給二医師一人一、

とする条文の存したことが推定しうるとした(唐の太常寺は日本の宮内省ないし典薬寮に相当)。これにつき福原栄太郎も最近同様の見解を示し、復原条文は「凡行軍及作役之処、宮内給二医師一人一」であろうと推定した。

この一条の存在により、もし大宝令の逸文21 22の二条が養老令にも存したと看做すことができるならば、養老医疾令「凡弐拾柒条」の全条が復原しえたことになる。しかし上記の令釈の述べるところのものは、養老令条文そのものを引用したものではないので、本書ではこれを本文として収録しなかった。

3 **中国医学の諸経**(四二一頁) 中国古代医学の基本とされた古典は「黄帝内経」で、これは黄帝とその臣下の六人の名医たちに仮托されているが、実際には先秦以来の諸説を後漢時代の西暦一五〇年ころに結集したものとみられている。漢書、芸文志に十八巻とあるが、そのテキストは今日伝わらず、これを唐の楊上善が高宗の命をうけて改編した「黄帝内経太素」三十巻が現存するものの中で最も原形に近い。わが国ではこの「太素」が天平宝字元年(七五七)十一月九日の勅によって、「甲乙経」等と並んで医生の大経に加えられた。京都の仁和寺に「太素」の現存唯一の写本が伝えられているが、これは丹波頼基が仁平・久寿・保元・仁安年間(一一五一—一一六八)に家伝の秘本を書写したもので、全三十巻のうち二十三巻分(うち完本十二巻)が現存する。中国では「黄帝内経」のテキストが「素問経」と「九巻経」(のちに「霊枢経」と呼ばれた)に分けられたうちの「素問経」が、宋代の校訂を経て刊行され、「新校正素問」として流布し、また「素問経」十二巻と「霊枢経」十二巻が合刻された版本が、元代以後多く刊行された。なお晋の皇甫謐が「素問経」「九巻経」「明堂経」の三書を分類・改編したのが「甲乙経」で、これも「黄帝内経」の一本として挙げられる。医疾令に掲げられている諸経には、もとはこの「黄帝内経」から出たものが少なくないようであるが、今日内容不明のものが多い。

甲乙経—義解・見在書目録に十二巻とある。晋の皇甫謐の撰。「黄帝三部経」ともいい、「三部鍼灸経」と呼ばれたとの説もある。

脈経—義解に二巻とある。原本は十巻。西晋の王叔和の撰。「素問」「霊枢」その他の医書から診脈に関する記述を抜萃編集したもので、中国における診脈の最初の専門書。

本草—義解に「新修本草廿巻」とある。はじめ梁の陶弘景が定本「神農本草」四巻をつくり、「名医別録」を加えて「神農本草経」三巻とし、それにさらに注を加えた「神農本草経集注」七巻が日本で用いられていたが、延暦六年(七八七)五月、典薬寮の建言によって、唐の蘇敬が高宗の命をうけて修訂した「新修本草」に代えられた。「新修本草」は本文二十巻、薬図二十五巻、図経七巻、目録各一巻、合計五十五巻から成る薬方の書。日本には十巻の古鈔本の伝写本が今日伝えられている。

小品方—義解・見在書目録に十二巻。唐の陳延之の撰。湯薬などの治療法に関する書。

集験方—義解・見在書目録に十二巻。北周の姚僧坦の撰。経方書。

素問—義解に三巻、見在書目録に「黄帝素問十六巻、全元起注」とあり、隋書、経籍志は全元起注本を八巻とする。日本で当時用いられたのは全元起(隋の人といわれるが、宋・斉のころの人との説もある)が注を加えた

「黄帝素問経」と考えられるが、現存本は多くの改編を経ている。黄帝と岐伯・雷公など六人の名医との問答の書。

黄帝針経―義解に三巻、見在書目録に九巻とある。黄帝と六人の名医の問答を記したもの。現存の「霊枢経」がこれとされるが、後世の多くの改編を経たものである。

明堂―義解に三巻とある。「黄帝明堂経」は黄帝に仮托した鍼灸の書で、唐の楊上善が注を加えて十三巻としたが、今日そのうちの第一巻のみ、丹波長高が永仁四年(一二九六)に書写したものが、京都の仁和寺に残っている。明堂は針または灸点を施すべき腧穴を示した偶人のこと。

脈決―義解に二巻とある。「黄帝脈決」一巻に晋の王叔和が注を加えた「補註脈決」三巻があったが、現存しない。脈を見る法を述べた書。

流注―義解に「流注経、一巻」とある。隋書に「黄帝流注脈経、一巻」とあるが内容不明。針灸の経絡に関する書。

偃側図―義解に一巻とある。梁代の著述で八巻本があったが、早く散佚し、隋書によれば略抄の二巻本もあった。人体の経絡を示した図譜かという。

赤烏神針経―義解に一巻とある。隋の張子存の撰で、数条の逸文のみ伝わる。針灸の書。

25 假寧令

☆ **假寧令**(四三〇頁) いわゆる六假・供奉諸司の別給假・内官の田假・定省假・喪假挙哀假・改葬假・請假・装束假等、官人の休假に関する諸規定からなる。なお大学生・国学生の旬假・請假・田假・授衣假は学令に規定する→学8 16 20。

1a 毎六日並給休假一日(四三〇頁) 標註令義解校本に「この假、一月に六日あるゆゑに、職員令に六假といへり」とあり、一般に六假を一月に六日の休假としているが、一般の官人に六日の假が認められているのに、中務・宮内・供奉諸司・五衛府のごとき繁忙の官が月に五日の休假しか与えられないのは不自然である。「毎六日」は中四日ではなく、中五日置いてということでなければならず、在京諸司の休假も月に五日であったと認められる。両者の相違は月五日の休假をまとめて与えられるか否かに帰せられるであろう。したがって六假とは月六日の假ではなく、六日に一日の假ということであろう。ただし休日も出勤せんことを欲する場合は許される。

1b 田假(四三〇頁) 古記には土地により種収に早晩がある例として、大和国の添下・平群郡は四月に種を蒔き、七月に収穫するが、葛上・葛下・内(宇智)郡は五月、六月に種え、八月、九月に収るといっている。田假には往復の行程を別に給うか、給わざるかにつき二説があるが、京官には多く畿内豪族を任じたので、行程は一日程のものが多かったと思われるから、後説がよいのではないか。

2a 定省假(四三〇頁) 古記に曲礼を引いて「凡為二人子一之礼、昏定而晨省」といい、鄭玄註により「定安二其牀衽一也。省問二其安否何如一也」と説明する。なお、田假の内に往還することができれば、別に定省假を給わらないことも古記以下の説くところである。仁和三年(八八七)宇多天皇が即位すると、その諱定省(さだみ)をはばかり、以後定省假を晨昏假と改めた。晨は日の出、昏は日没をいう。

2b 已経還家者計還後年給(四三〇頁) 義解に「假有、官人因二縁公使一、便

得二経過一者、還レ家之後、更待二三年一而始給レ假之類」とあり、跡記に道を枉げること五里に足らざれば便宜、定省すべしという。五里は駅馬の一日の行程七十里(公式88)の十二分の一にすぎない。

3a 解官(四三〇頁) 義解に選叙22「職事官、患経二百廿日一、及縁二親患一、假満二百日一者並解官、其番官者、本司判解」と引き、これによれば「分番遭二父母及余親喪一者、解官幷給レ假、並皆同二職事一」という。

3b 祖父母喪(四三〇頁) 小野宮年中行事、雑穢事の条に「説者云、問、縦祖父母喪其假卅日也、未訖間又遭二養父母喪一、其假重給哉。答、従後日更計始耳、重不レ可レ給二六十日一」とあり、祖父母の喪に服している期間中に養父母の喪に遭えば、その日より三十日を限度として更に假を給うという。

4a 殤(四三一頁) 儀礼、喪服伝に「年十九至二十六一為二長殤一、十五至二十二一為二中殤一、十一至二八歳一為二下殤一、不レ満二八歳一以下、皆為二無服之殤一」とあるのが参考となる。

4b 七日服(四三一頁) 喪葬17によれば服紀五月以上の親はいずれも尊属であるから、生後三月以上七歳までの者はありえない。よってここは本服三月以下の規定のみ。

5 経受業(四三一頁) 義解に「私学亦同」とあり、大学に学んだものはいうまでもなく、私に就いて学んだ師も同じという。孝謙天皇における吉備真備などを「私学」というのであろう。名例6(8)不義の疏に「見受レ業師、謂。見受二経業一大学国学者、私学亦同。若已成レ業者、雖二先去レ学、並同二見受レ業師之例一」とある。僧尼の師におけるは伯叔に同じ(名例57)だが、僧尼は官人そのものではないので給假の法はないと穴記に見える。

6 改葬(四三一頁) 古記に「殯二埋旧屍柩一改移之類」とある。改葬の例は書紀に用明天皇(推古元)、皇太夫人堅塩媛(同二十)、続紀に元正天皇(天平勝宝二)、淳仁天皇(宝亀三)、井上内親王(同八)、光仁天皇(延暦五)などが見え、万葉一六五に「移二葬大津皇子屍於葛城二上山一之時…」とあるのも改葬の例か。船首王後の墓誌銘によれば辛丑年(舒明十三、六四一)に死んで、戊辰年(天智七、六六八)に殯葬したという。これも改葬の例であろう。また、天武六年(六七八)に葬られた小野毛人の墓誌に、同十三年(六八五)制定の朝臣姓が見えるので、毛人はそれ以後改葬されたと見る説がある(藪田嘉一郎)。

7a 挙哀(四三一頁) 挙哀の訓は、ミネタテマツル・ネナキスなど。ネはネナクのネ、泣き声のこと。ミネスは動作の主が天皇などの場合、ミネタテマツルはその対象が高位の貴人、父母・尊属などの場合。挙哀の類例を史に求めると、哀哭・発哀・奉哀・発哭・慟哭・哭などがある。

7b 其假減半(四三一頁) 義解に「假有、官人遭二祖父母喪一、本假卅日。若在レ遠聞レ喪、所在挙哀者、減半給二十五日一之類也」とあり、古記にはさらに「須レ向二喪所一、不レ合二挙哀一、並給程故」という。

7c 有乗日者入假限(四三一頁) 義解は「假有、本假三日減半、以二所レ乗一日一、入二假限一、給二二日一之類」とあり、古記も「七日假減半、即当二三日半日一、然猶給二四日一也。随レ多給二一種一」とする。

9 以聞喪為始(四三一頁) 続紀、天応元年十二月丁未(廿三日)条に「太上天皇(光仁)崩。…従二今月廿五日一始、諸国郡司於二庁前一挙レ哀三日、若遠レ道之処者、以二符到日一為レ始施行」とあるのが、この場合の実例となろう。

10 経所在官司陳牒告追(四三一頁) 古記は「川内人任二筑紫国一、申二川内国司一、即国付二便使一告遣、不レ得レ差二専使一也」とし、義解と所説を異にする。

11a 請假条(四三二頁) 続紀、大宝元年五月己卯(七日)条に「勅、一位已下、賜二休暇一不レ得レ過二十五日一。唯大納言已上、不レ在二聴限一」とあり、本条の「以外」というも「十五日」を限度とすることに定まっていたのである。また大臣・大納言に原則として臨時の休假を与えないことも注意される。

11b 請假条の施行(四三二頁) 類聚国史七九、大同二年二月己未朔の勅には「拠二假寧令一、五位已上欲レ出二畿外一奏聞、然則自レ非レ経レ奏、不レ可レ出レ外。如レ聞、或就二私事一、恣赴二畿外一、量二彼景迹一、良乖二憲法一。従レ今而後、非レ賷二印書一、不レ得二輙出一。若有二違犯一、録レ名奏申、或国吏阿容不レ申、共科二違勅罪一」とあり、本条の規定が遵守されなかったさまがうかがわれる。

12 不得於国郡庁内挙哀(四三二頁) 万葉三九五七に大伴家持の弟書持の死を傷む歌があり、「右(天平十八年)九月廿五日越中守大伴宿禰家持遙聞弟喪感傷作之也」との注記があるが、このとき家持はその館舎(三九四三題詞に「守大伴宿禰家持館」とある)に挙哀したことであろう。

26　喪葬令

☆　喪葬令（四三四頁）　喪葬令は葬事に関する諸規定を収めるが、中国では晋令にすでに喪葬令の篇目があり、歴朝これを承けて唐令に至り、それが日本令に継承された。日本ではすでに孝徳紀大化二年三月甲申（二十二日）条の詔にかなり詳細な葬送・営墓の規定が示されているが、令の篇目としての喪葬令については、大宝令以前にその存在を確認することができない。

養老喪葬令の構成と内容は大たいにおいて唐喪葬令を承けているが、養老令の条数が十七条であるのに対して、唐令の条数は逸文だけであるにも拘らず、二十四条を数え、その規定がはるかに詳細であったことを推測させる。これは中国の社会では死者に対する礼が古くから極めて重要視され、葬送の方式が非常に丁重で複雑化していたためであって、日本令では、とくに礼式の面について、唐令の規定をかなり簡素化しているということができる。

27　関市令

☆a　関市令（四四一頁）　関市令は関と市に関する規定を収めるが、中国では晋令にすでに関市令の篇目があり、歴朝これを承けて唐令に至り、それが日本令に継承された。日本では、関は孝徳紀大化二年正月朔条の改新の詔にその設置のことが述べられ、市も同三月甲申（二十二日）条の詔に市司の廃止のことが述べられていて、早くから政府の管理する市が存在したことを思わせるが、令の篇目としての関市令については、大宝令以前にその存在を確認することができない。

養老関市令と唐関市令とは対応する条文が多く、日本令は大たいにおいて唐令を摸しているといってよいが、わが国の実情に応じて内容的に変改を加えているところも少なくなく、とくに前半の関に関する諸規定にそれが多かったのではないかと思われる。

☆b　第一条の条文の復原（四四一頁）　底本の紅葉山文庫本令義解が書写された際には、その祖本とする金沢文庫本令義解巻第十の巻頭部分はすでに著しく欠損していたらしく、紅葉山文庫本はそうした祖本の欠損の状態をもかなり忠実に臨摹して、次のような形態を伝えている。改行はもとのまま、また令文だけでなく義解の文も掲げる。

謂本部
是京人而
過所先申本寮
於京職々更判
国者先経本郡
若有本司者亦経
過所官司検勘
者連来文　謂連行
者皆将来時
過所故云
文即知未
過所仍得随身

給若於来文外更　者験
実聴之日別惣連為案若已

これで知られるように、祖本の金沢文庫本において、すでに巻首に記されていた筈の「関市令第廿七　凡弐拾条」の字句を欠き、さらに関市令第一条の前半部分の字句をも欠いていたのである。この欠失部分の令文の復原は、古く江戸時代に試みられたが、その復原案には二つのものがあった。利光三津夫の調査に依拠して、二つの復原案の成った経由を述べれば、概略次の如くであったと推定される。

第一案　明和四年版の曾我部容所(源元寛)「関市令義解」(元寛本)および同年版の太申こと和泉屋甚助「関市令義解」(太申本)にみられる関市令第一条

凡行人欲向関国、而請過所者、本部具録其事及人物名数二通、申送所司、所司勘問印署、一通留為案、一通判給、其過所官司検勘聴過、其欲還者、連来文、及所詣請給、若於来文外、更有故者、験実聴之、日別総連為案、若已(以下本文に掲げるものと同じ、傍線部分は紅本と一致する字句)

古くより、令三十篇のうち倉庫令・医疾令・関市令の三篇は散逸して存しないと考えられていたが、享保七年に、徳川吉宗が天下に令して古書を採訪せしめた際、長崎より某家所蔵とする「関市令義解」が幕府に提出され、幕府書物奉行によって書写された。この書に関市令の第一条として載せられていたのが右の文章である。これを荷田在満が書写し(在満「関市令義解」跋文)、ついで和泉屋甚助に伝えられ、さらに曾我部容所に伝えられたものと推定される。

第二案　寛政十二年版の塙保己一校訂「令義解」にみられる関市令第一条

凡欲度関者、皆経本部本司、請過所、官司検勘、然後判給、還者連来文、申牒勘給、若於来文外、更須附者、験実聴之、日別惣連為案、若已(以下本文に掲げるものと同じ、傍線部分は紅本と一致する字句)

元寛本・太申本が世に出た後、尾張藩の学者神村正鄰は、元寛本の令文が令集解の職員68・公式22に引く関市令第一条逸文と字句を異にするものであることに着目し、「関市令考」をあらわした。そして同書において復原したのが、右の令文である。参考までに令集解に載せる逸文を挙げれば、次の如きものである。

職員68　私、関市令云、凡欲度関者、皆経本部本司、請過所、官司検勘、然後判給、還者連来文、申牒勘給、若於来文外、更須附者、験実聴之、日別惣連為案(以下略)

公式22　私、関市令云、欲度関者、皆経本部本司、(義解略)、請過所、官司検勘、然後判給、

而してこの神村正鄰による復原条文が塙版本に継承されたものと推定されている(以上利光三津夫説)。

本書では、令集解の引く逸文によって復原された第二案をもって、第一条の令文とした。

1 関(四四一頁)　古代の関はもっぱら軍事・警察上の目的で置かれたとみてよい。三代格、承和二年十二月三日付太政官符に白河・菊多の両剗(関)は設置以来四百余歳を経たとあって、もしそれを信用すれば、五世紀前半頃すでにこの両関が存在したことになるが、いずれにせよ辺境防備のため、あるいは各地の地方勢力の軍事的必要のために、素朴な関が大化以前からある程度存在していたことは考えられる。律令的な国家制度としての関は、孝徳紀、大化二年正月条の改新の詔の第一条にすでにその設置のことが述べられ、令制では、関の守固の態勢については軍防令に、通行人の勘過については関市令に規定がある。令の条文にその名があげてあるのは三関、すなわち越前の愛発(あら)関、美濃の不破関、伊勢の鈴鹿関だけで、この三関が制度上とくに重視されていたことは確かであるが、令の条文は三関以外の関の存在をも前提とした規定になっており、書紀、天武八年十一月条には初めて竜田山と大坂山(二上山の北の穴虫越)に関を置いたという記事があり、衛禁25私度関条や関市1欲度関条義解には長門・摂津関の名がみえる。また平安時代に入ってからも、上述の承和二年格に長門国関、白河・菊多剗、文徳実録、天安元年四月庚寅条に相坂(逢坂)・大石・竜華関、

三代格、昌泰二年九月十九日付太政官符に碓氷・足柄関などの名がみえる。

なお軍防54義解は関について「境界之上、臨時置レ関応ニ固守一、皆是也」と述べており、国と国との境界上に剗が置かれていたことは、出雲国風土記によって知ることができる。それによると常置の剗として、伯耆国との国界に手間剗・戸江剗・阿志毗縁山剗、備後国との国界に遊記山剗・荒鹿坂剗・三坂剗、石見国との国界に多伎伎山剗があり、これとは別に「当ニ有レ致時一権置」とする臨時の剗に、備後国との国界の波多径・須佐径・志都美径・比市山などの剗、石見国との国界の同国安濃郡川相郷に通ずる径の剗がある。なお剗については→職員70。

三関はみな近江から東海・東山・北陸三道への出口に当っており、壬申の乱のときすでに不破・鈴鹿の関が存在したことが知られるので、おそらく近江朝廷の防衛施設として天智朝に創設され、その後壬申の乱の教訓として、東国に対する警戒の必要が痛感されたために、天武朝において三関国の制度が確立したのであろうとみられている。従ってその目的は中央政府あるいは畿内地域の防衛、とくに中央の重要人物が東国に出て事を起すことを防止する点にあり、相坂・大石・竜華等の関も同様の目的のものということになる。これに対して、長門・摂津関や竜田・大坂関などは明らかに西海防備につながるもの、碓氷・足柄関などは治安警察上の目的のものとみられる。

11 **市**(四四三頁)　市は流通経済の未発達な段階における重要な交換取引の場で、臨時的なものから定期的、さらに恒常的なものに発展していった。大化前代すでに各地に素朴な市が存在していたと考えられ、畿内では軽市・海柘榴市(つばいち)・阿斗桑市(あとのくわのいち)・餌香市(えかのいち)などの名が知られるが、その実態や当時の商業発達の程度などは必ずしも明らかではない。ただ市の広場で一定の政治的行事や雨乞い、死刑の執行などが行われていたふしがあるから、中央では市がある程度恒常化し制度化していたことが推測される。孝徳紀大化二年三月甲申条の長文の詔の中で「罷ニ市司・要路津済渡子之調賦一、給ニ与田地一」と述べている市司は、そのような市の公的に認められた管理者であろう。

令制の市は政府の監督の下にある官設の市であって、藤原京以降の左右京に東西市、摂津職に難波市があり、東西市の官制は職員67東市司条、官市一般の管理・運営等については関市令に規定がある。平城京の東市と西市はそれぞれ左京と右京の八条三坊にあり、同坊の五・六・七・一〇・一一・一二の六坪の地域を占めていたことが、旧正倉院文書の天平勝宝元年頃の指図(大日本古文書二一所収)によって知られ、平安京の東西市は拾芥抄に附載する京図では、それぞれ左右京の七条一坊の一三・一四、同二坊の二・三・四・五・六・七・一一・一二、八条二坊の一・八の十二坪を占めている。そのほか地方でも各国衙の付近や交通の要地に国司の監督下の市がしだいに発達し恒常化していったと考えられ、駿河の安倍市、美濃の小川市、備後の深津市などの名が知られる。

28 捕亡令

☆ **捕亡令の沿革と内容**(四四六頁)　中国では晋令・梁令に捕亡令の篇目が見えるが、随開皇令・唐開元七年令には見えず、唐貞観令・永徽令・開元二十五年令には見えている。開皇令ないし開元七年令では、他の篇目に関係条文が編入されていたと考えられている。日本では大宝令に捕亡令の篇目が置かれていたが、それ以前の段階では存在の有無を確認できない。日本捕亡令は部分的に復元されている唐令と、内容・構成においてほぼ対応している。捕亡令に関係する律は捕亡律である。

令集解には本令の部分が欠けており、ここで集解として引くのは、すべて諸書に見える逸文である。

1a **逃亡者の発生**(四四六頁)　律令時代における囚ないし公役に徴発されている人の逃亡は少なくなかったらしい。例えば続紀、天平神護元年二月乙亥条に「勅ニ淡路国守従五位下佐伯宿禰助一、風聞、配ニ流彼国一罪人、稍致ニ逃亡一事、如有レ実、何以不レ奏、汝簡ニ朕心一、往監ニ於彼一、事之動静、必須ニ早奏一」とあるのは徒流囚の逃亡を示唆する記事である。防人・衛士・仕丁らの逃亡は多くの官符の中で述べられているところであり、その実例は出雲国計会帳の記載等から知ることができる。

1b **逃亡者に科せられる刑罰**　(四四六頁)　流徒囚が逃亡した場合は、捕亡律9逸文に「凡流徒囚、役限内而亡者、一日笞卅、三日加ニ一等一、過ニ杖一百一、五日加ニ一等一」と見える。流移の人が配所へ赴く路間で逃亡した場合については律文が堙滅していて不明だが、唐捕亡律によれば流徒囚の場合と同一の刑を科すとある。征人・防人・衛士についても日本律は残っていないが、唐捕亡律によれば、「諸征名已定、及従ニ軍征討一而亡者、一日徒一年、一日加ニ一等一、十五日絞、臨ニ対寇賊一而亡者斬、主司故縦、与同罪、軍還而先帰者、各減ニ五等一、其逃亡者、同ニ在家逃亡法一」(7条)、「諸防人向レ防、及在レ防未レ満而亡者、〈鎮人亦同〉一日杖八十、三日加ニ一等一」(8条)、「諸宿衛人在レ直而亡者、一日杖一百、二日加ニ一等一、即従ニ駕行一而亡者、加ニ一等一」(10条)と規定されている。8条の「鎮人」は日本の鎮兵に当ると考えられる。

仕丁についても日本律は不明だが、唐捕亡律11では丁夫雑匠らが逃亡した場合、一日で笞三十、十日ごとに一等を加えると規定している。

なお流徒囚ないし流移人の逃亡の場合、監守(→名例補9b)の責任も問題になるが、故意ないし過失により逃亡が発生した場合、捕亡律16逸文に「凡主守不レ覚レ失レ囚者、減ニ囚罪二等一、若囚拒捍而走者、又減ニ一等一、皆聴ニ一百日追捕一、限内能自捕得、及他人捕得、若囚已死、及自首、除ニ其罪一、即限外捕得、及囚已死、若自首者、各又追減ニ一等一、監当之官、各減ニ主守三等一、故縦者不レ給ニ捕限一、即以ニ其罪一罪レ之、未ニ断決一間、能自捕得、及他人捕得、若囚已死及自首、各減ニ一等一」と見えている。

2 **盗ないし殺人の場合の救助措置**(四四六頁)　強盗ないし殺人事件が発生した場合、近くに居合せた者には救助義務があり、捕亡律6逸文に「凡隣里被ニ強盗一、及殺レ人、告而不ニ救助一者杖一百、聞而不ニ救助一者減ニ一等一、力勢不レ能ニ赴救一者、速告ニ随近一、若不レ告者、亦以レ不ニ救助一論、其官司不ニ即救助一者、徒一年、窃盗者、各減ニ二等一」と見えている。

なお、救助の義務については三代実録、貞観八年十月丙申条に実例があり、讃岐国で江沼美津良麻呂と秦春貞および同成吉らが飲酒していた時に、美津良麻呂と春貞が闘乱し前者が後者を刺殺する事件が起きた。この事件を扱った第一審法廷たる讃岐国衙では、側にいた成吉を救助せざるの罪に問い杖一百の判決を下している。

なお、盗ないし殺人事件で救助を求められた時とは別に、捕亡律3により、折傷以上の暴行事件ないし盗・強姦事件の時は、第三者が犯人を捕縛し官司へ送ることができた。これら以外の犯罪で官司の要請を待たず第三者が捕縛した場合は、捕縛者を笞三十に処す定めで、もしも捕縛過程で殺傷した場合は故意に基づく殺人傷害罪に問われた。

3a **犯人追捕のための人兵動員**(四四七頁)　天平元年二月十日に左大臣長屋王宅を囲むために五衛府の兵士が派遣されているのは犯人追捕のための動員の一例である。続紀、天平元年二月二十一日条には「免下縁ニ長屋王事一徴発百姓雑徭」とあり、この時は公民も人夫として動員されている。なお「百姓の雑徭を免す」とあることから、かかる場合の人夫役は天平段階では雑徭そのものではなかったと考えられる。雑徭そのものであったならば、「雑徭を免す」という表現はあり得ないからである。人夫の動員は元慶七年二月に上総国で俘囚が叛乱を起した際にも行われている。犯人追捕のために五衛府ないし軍団の兵士が出動しているのは、長屋王の変以後六国史にその例が少なからず見られる。

なお、兵士を動員するに当っては、軍防17の規定により、二十人以下の場合は直ちに動員できるが二十人を越える時は勅契を待つ必要があり、それに違犯すると、擅興律1により処罰された。ただし同条の規定により例外として寇賊の襲来や城内での反乱ないし内応のごとき場合に限って勅契を待たずに動員することができた。その場合は動員と同時に馳駅申送する。元慶七年二月の上総国での俘囚の叛乱の時は上総介藤原正範が飛駅奏言しているが、奏言とともに兵士の動員も行われており、擅興律1の例外規定が適用されている例である。奏言してきた内容を吟味して多数の兵士の動員が適当でないと判断されると、兵士の動員の停止が指示される。人夫の差発に関しては、兵士の場合と異なり、かかる制限はない。擅興律1逸文に「若有二逃亡盗賊一、権差二人夫一、足二以追捕一、及公私田猟者、不レ用二此律一」と規定しており、人夫の動員は兵士擅発規定に拘束されなかったのである。

3b　犯人逮捕の際の事故（四四七頁）　捕亡律2逸文に「凡捕二罪人一而罪人持レ仗拒捍、其捕者格二殺之一、及走逐而殺、若迫窘而自殺者、皆勿論、即空手拒捍而殺者、徒二年、已就二拘執一及不二拒捍一而殺、或折二傷之一、各以二闘殺傷一論、用レ刃者、従二故殺傷法一、罪人本犯応レ死而殺者、遠流、即拒二殴捕者一、加二本罪一等一、傷者加二闘傷二等一、殺者斬」と見えている。

3c　追捕に当る者が力不足の場合（四四七頁）　捕亡律4逸文によれば、「凡追二捕罪人一、而力不レ能レ制、告二道路行人一、其行人力能助レ之而不レ助者、杖八十、勢不レ得レ助者勿論」とあり、行人に助力を求める定めで、助力を求められた者が力を有しながら助力しない場合は杖八十に処することになっていた。

3d　助力に赴いた比国比郡による馳駅申送（四四七頁）　罪人追捕のために助力を求められた比国比郡が人兵を動員する場合も、軍防17ないし擅興律1の規定による（→補3a）。承和四年に蝦夷の反乱鎮圧のため鎮守府将軍匝瑳末守の要請により陸奥出羽按察使坂上浄野が上奏を待たず援兵千人を動員し、動員と同時に馳駅上申しているのはその例である。

3e　官人が犯人捜索を怠った場合（四四七頁）　唐捕亡律1に相当する律文が日本律にも存していたと推測されるが、堙滅して知ることができない。ただし唐律によれば、「諸罪人逃亡、将吏已受レ使追捕、而不レ行及逗留、雖レ行与二亡者一相遇、人仗足レ敵、不レ闘而退者、各減二罪人罪一等一、闘而退者減二二等一、即人仗不レ敵、不レ闘而退者減二三等一、闘而退者不レ坐、即非二将吏一、臨時差遣者、各減二将吏一等一、三十日内、能自捕二得罪人一、獲二半以上一、雖レ不レ得レ半、但所レ獲者最重、皆除二其罪一、雖二一人捕得一、余人亦同、若罪人已死、及自首各尽者、亦従二免法一、不レ尽者、止以二不尽一為レ坐、限外、若配贖以後、能自捕得者、各追減二三等一、即為レ人捕得、及罪人已死、若自首、各追減二二等一」と規定されていた。

4　券證分明（四四八頁）　券は関市16の規定により奴婢ないし馬牛等を売買した時に作成される券契。證は亡失物が亡失者の所有物であることを証明するに足る証拠。官司に案記が提出されていなくても券契ないし証拠が十分であるならば亡失者は亡失物を返還してもらうことができた。案記が提出されていない場合ないし券契がない場合の本主の確認方法としては戸籍・計帳の利用ないし責保が考えられる。戸籍・計帳には家人・奴婢も登載されるのであり、特に戸籍は家人・奴婢の所有権の存在を示す原簿に相当することから、それにより家人・奴婢の本主を確認することができたはずである。戸籍は六年ごとに作成されることから、造籍の中間の年に取得した奴婢については毎年作成される計帳に拠ったことであろう。責保については→公式78。牛馬・雑畜に関しては出雲国計会帳に見える牛馬帳・鶏帳も本主確認のために有効であったと考えられる。

5a　知情主人（四四八頁）　事情を知りながら犯人をかくまったり罪人に資給し逃走させた場合の罪については、捕亡律18に規定されており、同逸文に「凡知レ情蔵二匿罪人一、若過致資給、令レ得二隠避一者、各減二罪人罪一等一、〈蔵匿無二日限一、過致資給亦同、若卑幼蔵隠、匿状已成、尊長知而聴之、独坐二卑幼一、家人奴婢首隠、主後知者、与同罪、即尊長匿二罪人一、尊長死、卑幼仍匿者、減二五等一、尊長死後、雖レ経レ匿、但已遣去而事発、及匿下得二相容隠一者之侶上、並不レ坐レ罪、四等以下親、亦同二減例一、若赦前蔵匿、而罪人不レ合二赦免一、赦後匿如レ故、不レ知二人有一レ罪、容寄之後、知而匿者、皆坐如レ律、其展転相使而匿二罪人一、知レ情者皆坐、不レ知者勿レ論〉罪人有二数罪一者、止坐レ所レ知」とある。罪人を容隠し得る範囲については名例46相隠条に見える。

5b　首告者依賞例(四四八頁)　朱説では共犯の場合に犯人の一人が、自分の罪についてではなく共犯者の罪についてのみ告発した場合を問題とし、かかる場合は自首ではないので罪を許すことはしないが賞物は与えるとしている。ただしかかる朱説の考え方が律令制定者の意図するところであったか否かは不明である。自首せず共犯者のみ告発する不完全な首告の取扱いや、その場合の賞物に倍贓をあてるかそれとも正贓をあてるか等の問題についての古代法家の議論が集解に収録されていた可能性があるが、不完全な逸文が知られるのみで具体的には判明しない。

6　牓(四四八頁)　本条の規定にもかかわらず、身許の知られない死体を埋葬し木標を立てることは必ずしも守られていなかったようである。「讃岐狭岑島視二石中死人一柿本朝臣人麿作歌一首幷短歌」(万葉二二〇)とあり、また「和銅四年歳次辛亥河辺宮人姫島松原見二嬢子屍一悲嘆作歌二首」(万葉二二八・二二九)があることから、行倒人の死体は放置され人眼につく状態であったことがわかる。逃亡者あるいは郷里に帰還する防人・衛士・仕丁ないし運脚の路間で粮食の尽き餓死する者も多く、京畿百姓が老病で役使できなくなった僕隷を路辺に放置し看養することなく餓死に至らしめたことも多い(政事要略、弘仁四年六月一日官符)。かかる場合に死体が放置されたのであろう。

7a　奴婢の逃亡(四四八頁)　奴婢の売買に当っては保証をたてた上で立券せしめ(関市16)、さらに戸籍制度を守ることにより奴婢の変動や帰属を明らかにし、独特の衣服を着用させる(衣服6)などして奴婢の逃亡を防いでいるが、現実には少なからず逃亡しており、その実例は東大寺奴婢帳や山城国愛宕郡出雲郷計帳・右京計帳等から知ることができる。奴婢の逃亡率はかなり高かったらしく、出雲郷計帳に見える出雲臣真足所有奴婢の場合九人中七人まで逃亡している。また東大寺の奴婢で逃亡したものの捕捉されている例が少なくないが、捕捉された奴婢があると奴婢見来帳が作成され、奴婢の氏名・年齢・特徴等を記載し併せて捕捉者の名を挙げている。滝川政次郎の見解によれば賞を受くべき権利を有する人を明確にするためだという。

7b　奴婢が逃亡した場合の刑罰(四四八頁)　逃亡した奴婢への刑罰ないし監督者の責任についての日本律は残っておらず不詳だが、唐捕亡律では13条で「諸官戸官奴婢亡者、一日杖六十、三日加二一等一、〈部曲私奴婢亦同〉主司不レ覚レ亡者、一口笞三十、五口加二一等一、罪止二杖一百一、故縦二官戸亡一者、与同罪、奴婢準レ盗論、即誘二導官私奴婢亡一者、準レ盗論、仍令二備償一」と規定している。

7c　前主の許へ逃帰する奴婢(四四九頁)　天平勝宝元年九月二十日民部省符で、奴婢を正税で購入して東大寺へ納入することを求められた但馬国司は、翌二年正月八日に五人の奴婢を貢上しているが、そのうち奴池麻呂と同糟麻呂は二月二十六日に逃亡して本国に走帰し、奴藤麻呂も四月二十五日に逃亡して本国に舞いもどり、いずれも捕捉されている。再貢上する際には前主たる宗賀部乳主ないし大生部直山方・土師部美波加志らに付していることから前主の許へ逃帰していたと考えられるのであり、逃亡の奴婢が前主の許へもどるケースが多かったと思われる。

8　限五日内の規定を守らなかった場合(四四九頁)　五日の限を越えて届け出ない場合について、義解では違令の罪を科すとする。違令の罪は雑律61に規定されており、令に禁制があって律に罪名のない場合で笞五十に処すとある。ただし義解の解釈と異なり、奴婢が財物であることから雑律60を適用すれば亡失の罪に問われることになる。亡失の罪について日本律は残っておらず不詳だが、唐律では雑律57に規定されており、盗に准じて論ずる棄毀の罪から三等を減じた罪に問うことになっている。なお、貴重な拾得物を期限が過ぎても届けない場合で、亡失の罪より重罪に問う必要のある時は贓をもって論ずる規定になっている。贓については↓名例33。五日の期限が過ぎても、発覚しないうちに官司へ届け出た場合について義解は自首扱いとしている。自首については↓名例37。また捕捉者が奴婢を勝手に釈放した場合について、義解は過致資給ないし棄毀官私器物の罪に問うとする。前者は捕亡律18に規定されており(↓補5 a)、後者は雑律57に規定されており、逸文から盗に准じて論ずることになっている。ただし義解では弁償する必要はないとする。

9 a　奴婢を死失せしめた場合(四五〇頁)　義解に「限内以レ理死失者、依レ法免レ罪」とあり、五日の限内で不当な取扱いをしないにも拘わらず死失せしめた時は処罰しないとし、逆に不当な取扱いにより死失した場合は限内といえど有罪とする。また限外に死失せしめた場合は理由の如何を問わず有罪としている。その場合の罪について義解は、捕亡8を適用して違令の罪に科すと考えているが、亡失の罪に問うことも考えられる。↓補8。

9 b　三度以上逃亡した奴婢を捕捉した場合の報賞(四五〇頁)　この場合三人以上の人で賞物を分割することになるが、義解では「若数度逃亡、重被二執送一者、以二一分一均賞二前捉人一、二分賞二最後捉人一、其前人捉下逃経二一月一奴婢上、而復逃経二一年一、即重被二執送一者、以二十分一一、更為二三分一、所二以知一者、唐令云、重被二執送一者、従二遠処一徴賞、若後捉者遠、三分、以二一分一賞二前捉人一、二分賞二後捉人一、若前捉者遠中分故、其官司捉獲者、全賞二前捉人一也」と解釈している。この解釈に従えば最後の補捉者の賞を二とした場合、それ以前に捉えた人の賞はすべて一で、滝川政次郎の公式化を用いれば、賞の額をAとし捕捉者の数をnとすると(n−1)人の前に捉えた人の受ける額は常に $A\frac{1}{n+1}$ であり最後に捉えた人の受ける額は $A\frac{2}{n+1}$ となる。また捕亡7の規定によりAが二十分の一のときと十分の一のときとがあるが、前に捉えた人が二十分の一の賞を受くべき場合であっても後に捉えた人が十分の一の賞を受くべき場合には、Aはすべて後の十分の一となる。

13 a　博戯を行なった場合の刑罰(四五一頁)　雑律14に規定されており、博戯で財物を賭けた時は杖一百に処すとある。特に双六・樗蒲の場合は財物を賭けなくとも罪に問い、逆に碁射は賭けても罪に問われることはなかった。因みに宮中における賭弓は正月中旬における盛大な恒例の儀式であった。特に賭物の額が大きい場合は盗に准じて論じ、輸者たる負者も賭けた分に応じて科罪された。なお、唐律では飲食物を賭けた場合は無罪としているが、日本律では逸文でしか知られないので唐律に見るごとき規定が存在したか否か不詳である。

13 b　博戯(四五一頁)　義解では双六と樗蒲を例示しているが、前者は和名抄に「俗云、須久呂久」とあり、筒から二個の骰を振出してその目で局の上の黒白十五個の馬を進め勝負を競う遊戯で、遊具一揃いが正倉院に所蔵されている。印度におこり中国を経由して日本に渡来したもので、日本で最も流行した博戯であり、持統三年十二月に禁制が出され、天平勝宝六年十月十四日勅では蔭贖を論ずることなく決杖一百ないし四・五位の官人については封戸・職位田の没収をもって禁制する程であり、弾正式に継承され、さらに平安時代から中世にかけての公家新制や武家法制にも継承されている。樗蒲は和名抄に「和名、加利宇知」とあり、双六と同様に中国から渡来した遊戯で四個の楕円・扁平の木製物を駈って勝負する。

14 a　官戸家人の場合(四五一頁)　義解は奴婢と同一に扱うとし、生まれた子は母に従うとするが、穴記では父に従うと考えている。令釈は義解と同一の説を出している。奴婢と良人の間に生まれた子については↓戸令42 43。

14 b　従母(四五一頁)　同一家内で奴婢が合して子が生まれた場合はその子の帰属如何について問題のおこる余地がないが、然らざる場合に本条が適用される。本条では逃亡の奴婢が合して生まれた子の場合のみをあげているが、最も多く起こる場合をあげているに過ぎず、甲乙両家ないし官私の奴婢が合して子を生んだすべての場合に本条が適用され、子は母方に帰属する。奴婢の子を母方に帰属させるのは奴婢が畜産に同じということに基づく。奴婢を畜産と同一視することについては↓賊盗42。かかる法意識は書紀、大化元年八月の男女の法に既に見られ、平安末期の公家法注釈書たる法曹至要抄にも見られ、さらに鎌倉期の裁判至要抄にも見える所で、公家法に一貫しているが、武家法では鎌倉幕府の御成敗式目に「奴婢所ㇾ生男女之事、如二法意一者雖ㇾ有二子細一任二同御時之例一、男者付ㇾ父女者可ㇾ付ㇾ母也」と規定しており、律令法と異なる立法がなされている。かく男子を父に付け女子を母に帰属させる法例は中世武家法に普遍的に認められる所である。

14 c 皆入本主(四五一頁)　年紀法を知らない律令法では正当な権原をもたない場合、取得物を本来の権原をもつ者に返還せねばならず、逃亡ないし略盗の奴婢を占有している場合は、如何に長期に渉り平穏無事に占有していても本主の取戻し行為に対抗できず、また生まれた子も本条により本主に返還しなければならないが、中世武家法では、たとえば御成敗式目で「奴婢雑人之事、右任二右大将家之例一、無二其沙汰一過二十箇年一者、不ㇾ論二理非一、不ㇾ及ㇾ改二沙汰一」と規定し、一定の年紀を過ぎた後は占有者が取得し本主は権利を失うことになった。かかる奴婢の帰属に関する年紀法は中世武家法に一貫して見られる所である。

15 官司へ送る期限(四五一頁)　闌遺物の官司への届出期限については厩牧23で五日と決められており、その期限を越えて送らなかった場合は雑律60で罪に問われることになる。↓補8。闌遺物の届出に関する規定は法曹至要抄や裁判至要抄にもみられ、公家法に一貫していると考えられる。遺失物の本主があらわれた時の拾得者に対する謝礼を律令では規定していないが、中世武家法では規定している場合があり、塵芥集では十分の一の礼を拾得者が受くべきことになっている。漂木については↓雑令11。

29 獄令

☆ a 獄令(四五三頁)　中国では獄官令と称し、晋令・梁令に見え、隋・唐の令に継承されている。日本では大宝令に獄令の編目が知られるが、それ以前においては不詳である。日本令では晋・梁令と同じく捕亡令の次に置かれているが、唐令では捕亡令の次に假寧令が置かれその後に獄官令が置かれている。僧尼21古記に「獄令云、凡犯罪、徒以上及姧盗、依律科断、余犯依僧尼法」とあり、養老獄令と異なり大宝獄令には、僧尼に関する条文が別に立てられていた可能性がある。獄令に関係する律は断獄律である。

令集解には本令の部分が欠けており、ここで集解として引くのは、すべて諸書に見える逸文である。

☆ b 獄令の断獄手続(四五三頁)　律令法の裁判手続には、公式63による訴訟手続と獄令に規定された断獄手続とがある。通説では事件が急迫した場合と然らざる場合とでよるべき手続が分かれていたとするが、利光三津夫によれば公式63による訴訟が被告の処罰を請求しないのに対し、断獄手続は処罰も請求している点で異なっていたという。訴訟手続が農閑期にのみ認められていたのに対し断獄手続による出訴はいつでもでき、糺弾者の告言により開始された。原則として告言は告状をもってなされ、官人はもとより一般公民も告言する権利を有していた(獄令32 33)。官人のうちで特に糺弾を主とするのは弾正台(職員58)の官人である。律令の断獄手続はかなり複雑であり、後には簡便な検非違使庁例に変化している。

なお、獄の古訓は和名抄に「比度夜」とある。

1 a 事発の時作成される文書(四五三頁)　犯罪が発生すると告言人はその目撃した事実を直写した書状を作成し官司に提出した。その書状を事発状と称したことが獄令32の義解からわかるが、平安時代に入ると通常事発日記と称し、その実例も知られる。事件の発生後直ちに作成され、訴の事実を立証する証拠書類として機能した。

1b 事発処官司(四五三頁)　律令法では原則として犯罪の発生地点を管轄する官司が告言(告訴ないし告発)を受理し、捜査ならびに裁判を行い、一定の範囲内で科刑も行なった。行政機関と司法機関とが未分離で、京官と外官とを問わず、すべての律令官司が犯罪発生の場合、検察と裁判とを同時に行なったのである。官司内で犯罪が発生した場合は、その官司が事発処官司となり、官司外で発生した場合はその地域を管轄する官司が当り、地方では諸国、中央では左右京職・五衛府および弾正台が当る。なお、犯罪の発生地点と発覚地点とが路遠な場合は、例外的に発生地点を管轄する官司でなく、随近の官司に告言をなしその官司で推断(罪を問い裁判を行うこと)することができた。義解のあげている例では、紀伊国で窃盗が発生し発覚したのが摂津国である場合は摂津国で推断し得ることになる。ただし贓物の価値を評価するに当っては摂津国でなく犯罪発生地点たる紀伊国の時価で行なった。

1c 徒以上の刑部省への移送(四五三頁)　告状により徒以上の罪になることが予想される時は直ちに事件を刑部省へ移送する。共犯で首犯が徒以上で従犯が杖罪以下の時は、義解によれば首従ともに刑部省に送る。

1d 弾正台の糺捉した罪人の管轄(四五三頁)　京官で犯人の糺弾に関係することの多いのは弾正台である。嘉祥二年十二月十六日官符に「案二獄令一云、衛府糺二捉罪人一、非レ貫二属京一者、皆送二刑部省一、即明貫二属京一者送二於京職一、其弾正糺二捉罪人一、亦須レ准レ此」とあり、弾正台で糺捉した罪人についても衛府の場合と同様に処理すべきであるという考えがあったが、大同二年のものと思われる弾例に「凡弾二官人及雑色人一者、具録二犯状一移二刑部省一令二断罪状一」とあり、貫属の如何を問わず刑部省へ移送することが慣例的に行われていた。これに対して嘉祥二年に弾正台と刑部省の間で議論があり、貫属が不明なまま弾正台から刑部省へ移送してくることに対し刑部省から疑問が出されたが、太政官の裁定により弾例の再確認が行われ、弾正台が糺捉した罪人は刑部省へ移送して裁判することにしている。ただし移送するに際しては貫属を明記させることにしている。なお、弾正台から移送されてきた罪人の裁判について、判事式に「凡弾正台移送罪人、若有下事不二分明一者上、遣下刑部録判事属、就レ台諮問上、若明知二台之所レ枉、及追就レ省勘問、其検非違使所レ送罪人亦准レ此」とある。

2 理尽申奏(四五三頁)　太政官で決定した判決文を天皇に奏上するが、延喜式では十月二十日以前に太政官から奏上することになっていた。太政官式に「凡刑部省所レ申断罪文者造二二通一、十月四日進二弁官一、即日史読申、外記覆勘造二論奏一、廿日以前奏聞、〈謂流罪以上及除免官当〉若有二依レ奏及恩降一、並具レ状録二刑部解一後印之、訖附二弁官一〈一通留二弁官一、一通下二刑部一〉」とある。貞観儀式、奏年終断罪儀には「刑部省預修二解文一進二太政官一、外記勘定作レ奏、訖大臣持二奏文一率二参議以上一升殿奏、刑部省乃年終政書進止申、大臣奉二勅語一引退、即奏文并解文二通尾書勅語云々、〈一通ハ給二刑部一一通ハ留二弁官一〉其奏文収二太政官一並捺二外印一」と見えている。論奏の手続(公式3)によるが、平安時代に入ってからの慣例では、死罪の場合は勅により減刑して遠流とし、それ以外は省ないし国断のままとすることが多い。式文では十月二十日以前に奏上することになっているが、六国史に見える実例では必ずしも十月二十日以前とはなっておらず二十日過ぎの場合も多い。

3 覆囚使(四五四頁)　獄令2の規定により太政官から諸国へ派遣される使人は、流以上の判決を下した国司の判決文に理不尽な点がある場合に、臨時にそれを再審するためであるのに対し、本条の使人は覆囚使で在外の司法行政を監督し、あわせて巡回裁判所判事としての機能を有する。ただし義解では徒以上の見囚に限定し、杖罪以下は覆囚使の対象にならないとする。すなわち諸国で判決を下した徒以上で、囚人の伏弁が得られなかった場合や、贓状露顕(贓(ぬすみ)が摘発され、あるいは現行犯という状(かた)の場合ではない)場合について再審した。国司の司法行政を監督し、その下した判決を再審し得ることから、国司と同等ないしそれ以上の位階を有する官人でなければならないが、僅かに天長二年五月十日官符に覆囚使を詔使に准ずると見えるのみで六国史にその例を見ず、実際は空文で国司がもっぱら断決していた可能性が強い。

4 枷杻(四五四頁)　義解に「在頸曰枷、在足曰杻也」とある。くびかせとあしかせ。ただし杻の字義はてかせ。継体紀でも杻をアシカシと訓んでおり、日本では杻をあしかせの意味に使用している。↓獄令19 63。

5a 大辟罪(四五五頁)　獄令5以下五条は死刑の執行に関する規定だが、律令法制下における死刑の執行例を見ると、弘仁元年に薬子の乱で藤原仲成を死刑に処したのを最後に、以後保元の乱に至るまで三百四十七年間に渉り行われていないといわれている。死刑の停止を意味するのか廃止したのであるか問題になるが、利光三津夫によれば嵯峨朝において無期停止の措置がとられたという。かかる措置がとられた理由として、温順な日本人の国民性ないし、奈良・平安時代における仏教的政策に帰せられるとし、あるいは死刑に代えられた流刑が、死刑と同一の効果をもったことに起因すると従来説かれてきたが、利光によれば、唐における死刑の廃止の影響が直接的な原因になっているという。

5b 三覆奏(四五五頁)　天皇に覆奏してその報を待たずに死刑を執行した場合の罪について、唐断獄律29では流二千里に処すとあるが、日本律はわずかな逸文を残すのみで堙滅して不詳である。なお、日本律同条の逸文に「奏報応レ決者、聴二三日乃行レ刑」とある。義解は、この律文を三度の覆奏をすませた後三日後に刑の執行を行うことにしていると解釈し、獄令5で、三度目の覆奏をなした日に刑を執行する規定になっているのと異なっているとし、「今案二此条一、再奏之日、即得二行決一、二法不レ同、遅速頓異、凡用レ刑之道、非二是好レ殺、捨レ速従レ遅、是為二優長一」と述べている。ただし、律文の三日を最初の覆奏から再度の覆奏までの日限と解釈すれば、律文と令文との矛盾は解消されよう。三日の日限を守らなかった場合の罪については日本律は不明だが、唐律では徒一年に処すとし、さらに三日後に執行せず遅延した場合は一日で杖一百、二日ごとに一等を加えると規定している。

6 宣告犯状と上訴手続(四五五頁)　被告に罪名を告げ承伏書たる伏弁をとる。伏弁は服弁とも称し、断獄の場合でなく公式63による訴訟の場合だが、実例が正倉院文書に収められており、伏弁手実なるものをとっていたらしい(大日本古文書五)。被告が服さない場合は事件を再び詳密に調査する必要があり、それに違犯した場合は断獄律22により笞四十に処せられることになっている。律令法では断獄における被告の上訴手続について明確な規定を欠くが、獄令3に規定された覆囚使の再審が上訴と同一の効果をもったと考えられ、また衛禁25では徒罪以上に枉断された者が太政官に上申する手段を示している。利光三津夫によれば公式63の訴訟手続に見る上訴規定が断獄手続にも準用され、そのことから律令制定者は敢えて獄令に上訴規定を設けなかったのであり、獄令52に「雖レ有二被訴一、抛レ理不レ移二前断一者」とあるのは断獄手続においても上訴が認められることを前提として立法されているという。

なお、刑部式に「凡告二囚罪名一者、囚獄司引二罪人一、就二省版位一、即判事属読二示判状一、少判事以上覆二問服不一」とあり、刑部省における宣告の具体的手続を示している。平安時代に入り検非違使の制度が整ってからは、徒罪以上の宣告は著鈦の政と称し、例として五月ないし十二月の障ない日を撰んで市司で行うことになっている。その詳細な次第は西宮記所引の勘問式に示されている。また判決文たる著鈦勘文の例は朝野群載に収載されている。

7a 市での死刑執行(四五六頁)　人の集まる市で死刑を執行することにより人民に恐怖の念を起こさせ、それにより犯罪の一般予防を期したのである。棄市ともいう。刑部式には「凡弁官所レ下罪人、到レ省付二囚獄司一、司即易二其徽纏一、其有二行決一者、随二罪軽重一、於二市若囚獄司一決之、行決之日、丞録各一人、引二囚獄官人并物部丁一、赴二向市司一、便令三本司喚二集市人一、列二立司南門一、示レ衆決之、於二囚獄司一決者、於二庁前一決之」と見えている。囚獄司の庁前で執行することもあった。この時刑の執行に当る物部については囚獄式に「凡応レ戮二罪人一者、注二預レ事物部歴名一進レ省、即官人共率供レ事」とある。

7b 五位に対する刑の執行(四五六頁)　五位には内外の二種があるが、古記では「五位不レ別二内外一、勲位二等以下者不レ合、一云、依二名例律一、勲四等以上合レ入也」という説をなしている。内外を分かたないという説だが、神亀五年三月二十八日太政官奏では外五位について、「其有二断レ罪行レ刑之日不レ得三乗馬辞訣及自二尽私家一」と述べ、内外に差異を設定している。古記は天平中期の有力な学説であるが、恐らく古代法家の間に外五位に自尽を許すか否かで議論があり、それを背景に神亀五年官符が出されたのであろう。

7c 隠処（四五六頁） 古記に「一云、隠処、謂二広野一也」とあり、穴記に「隠処者、非二市及京中一、絞二広野一也」とある。これらの解釈に従えば京外の人目につかない静謐な場所となろう。天平神護元年八月に和気王と紀益女を山城国相楽郡および綴喜郡松井村で絞刑に処したのは本条の適用例であろう。

8a 従立春至秋分不得奏決死刑（四五六頁） 唐律疏議に「斬自二軒轅一、絞興二周代一、二者法陰数也、陰主二殺罰一、因而則之、即古大辟之刑是也」とあり、春夏は陽に当るので刑殺を避けるとする。かかる法思想に基づき秋冬に死刑を執行する立法がなされているが、現実にはしばしば延引して翌年の春分を過ぎ再び禁殺期に入ることが多かったらしい。この弊風を絶つために弘仁六年十一月二日官符では十月初旬に死刑の断奏の終了すべきことを令している。ただし十一月一日から十二月十日までは祭事がつづくので京城内での死刑は停止することにしている。刑部式では「其死刑者、皆惣断十月四日申レ官、即断文令二判事属申送一」と規定している。なお、立春以後秋分以前に死刑を執行した場合は、断獄律により、徒一年に処せられ、大祀以下の禁殺日に執行した場合は杖六十ないし八十に処せられた。

8b 廿四気（四五六頁） 毎月二気となり、正月が立春・雨水、二月が啓蟄・春分、三月が清明・穀雨、四月が立夏・小満、五月が芒種・夏至、六月が小暑・大暑、七月が立秋・処暑、八月が白露・秋分、九月が寒露・霜降、十月が立冬・小雪、十一月が大雪・冬至、十二月が小寒・大寒となる。

8c 令弾正衛士府監決（四五六頁） 刑部式に「凡決二死囚一者、省預移二送弾正衛門一、其日会二集市司南門一、共監二行決一、其弾正、左衛門官人列二門外東一〈各西面北上、相去一許丈〉刑部右衛門官人列二門外西一〈各東面北上、相去同上〉市獄両司列二於南庭一〈自二衛府一南去四許丈、各北面中上、東西平頭、相去三許丈〉囚人当二中間一而跪、〈自二両司一南去三四許丈〉物部分レ陣防援、〈列二囚左右一、北向中上〉立定録進二於両司中間一、北向宣二告犯状罪名一示レ衆、衆人称レ唯、畢還二於本列一、即丞召二両司一仰云、依レ列行之、両司称レ唯以還二於本列一、転二告物部一、物部称レ唯案レ剣戮之、〈絞者用レ縄〉其残骸者令下授二近親一斂上レ之、若無レ親者令三両司埋二城外閑地一、兼樹二牓示一、〈注二国郡姓名一〉」と見えている。また弾正式に「凡決二死囚一、皆令二台左右衛門府監決一、若囚有二冤枉灼然一者、停レ決奏聞」とある。令文に衛士府とあり式文で左右衛門府となっているのは衛門府と左右衛士府が統合して左右衛門府となっていることによる。

11 不得棄放妻妾（四五七頁） 続紀、延暦元年閏正月十四日の記事によれば、謀反を企てた氷上川継は死一等を減じて伊豆国三島へ流されたが、その妻藤原法壱も同伴している。妻妾ではないが、承和の変に坐し伊豆国へ配流された橘逸勢には女子が歩従したとある（文徳実録、嘉祥三年五月十五日）。流人の配所での生活を安定させるという効果があったのであろう。

13 配流の方法（四五八頁） 刑部式に「凡流移人者、省定二配所一申レ官、具録二犯状一下二符所在幷配所一、〈良人請二内印一、賤隷請二外印一〉其路程者、従レ京為レ計、伊豆〈去レ京七百七十里〉、安房〈一千一百九十里〉、常陸〈一千五百七十五里〉、佐渡〈一千三百廿五里〉、隠岐〈九百一十里〉、土佐等国〈一千二百廿五里〉、為二遠流一、信濃〈五百六十里〉、伊予等国〈五百六十里〉、為二中流一、越前〈三百一十五里〉、安芸等国〈四百九十里〉、為二近流一」とあり、配所の内定を刑部省で行い太政官で最終的に決定した。また配所へ出発するまでの給粮については、同式に「凡諸国申送流移人及家口未二発遣一間、固禁二獄中一、其粮以二贓贖物一給之、〈人別日米一升、塩一夕〉」とある。防援ないし部領使については、同式に「凡流移罪人者、省申レ官遞請二左右兵衛一為二部領一、即授二省符一、路次差加二防援一、令レ達二前所一、其返抄者、従レ官下レ省」とある。平安時代に入ると検非違使官人が護送しているが、その行例次第の実例は清獬眼抄等に見えている。

14 囚徒の移動（四五八頁） 義解では「依レ律、鞫レ獄官、囚徒伴在二他所一者、聴下移二送先繋処一併論上レ之類也」と述べ、断獄律13の規定により移動する場合をあげている。同条では妄りに囚徒を移動することを禁止している。律令法で囚徒を移動する場合としては、断獄律の場合を別として、獄令1ないし同2による管轄する裁判所の変動に伴う囚徒の移動、および獄令6による断罪行刑のための移動、獄令13の流移人の配送、獄令20の徒流囚の服役に伴う移動等が考えられるが、獄令6の場合のごとく特に防援体制が明文化されている以外はいずれも本条に依ったと考えられる。天平六年出雲国計会帳に盗人移送のことが見えるが、かかる場合に本条が適用されたものであろう。

16 **在路稽留の罪**(四五九頁)　日本律は残っておらず不明だが、唐断獄律24では「諸徒流応レ送二配所一、而稽留不レ送者、一日笞三十、三日加二一等一、過二杖一百一、十日加二一等一、罪止二徒二年一、不レ得レ過二罪人之罪一」と規定している。通常の公事による稽留の場合は職制39が適用される。

19 **着鈦若盤枷**(四六〇頁)　続紀、天平神護二年末の記事に「是年、民私鋳レ銭者、先後相尋、配二鋳銭司一駈役、並皆著二鈴於其鈦一、以備二逃走一、聴レ鳴追捕焉」とある。逃走を防ぐために鈦に鈴を付けることがあった。また囚獄式に「凡罪人者随二罪軽重一、著二鈦若盤枷一、〈故焼二公私倉舎一盗、私鋳銭強姧之類居作者即著レ鈦、雑犯徒罪之類著二盤枷一〉 其鈦或四人或三人為レ連、至レ暮著レ杻、明旦脱而役之」とある。著鈦囚は三、四人を一繫ぎにし、さらに夜間は杻をし、日中はその杻を外して使役したのである。罪人を著鈦する時は着鈦勘文が作成され、獄令6の手続により宣告がなされた上で刑具がつけられた。検非違使式には「盗人不レ論二軽重一、停レ移二刑部一、別当直著レ鈦、配二役所一、令二駈使一」とある。

なお、西宮記所引勘問式に鈦を「加奈支」と訓み、和名抄に盤枷の訓について「日本紀私記云、久比加之」とある。

20 **服役囚の防援**(四六〇頁)　囚人一人につき防援二人となっているが、これは原則で、義解では「須レ臨レ事量配、令レ堪二掌固一也」としている。また本条では在京の場合物部と衛士を充てる規定になっているが、三代実録、貞観五年七月二十六日条に「囚獄司着鈦囚人殴二傷防援右兵衛百済豊国一、于時以二左兵衛二人、右兵衛二人一、為二左右囚人防援一、囚人等私発二憤恚一、遂成二此乱一」とあり、兵衛のあてられることもあった。適宜五衛府のトネリがあてられていたのであろう。

なお、衛門式には「凡捉人防援火長七人、〈三人守二獄所未弾人一、四人領二著鈦囚一〉」とある。また監獄に収禁されている囚人の場合は役務に従事している時に比べて警備は不必要となるが、囚獄式には「凡禁囚之処、当宿官人恒将二物部并物部丁等一、毎夜巡検、〈従二三月一至二七月一別三度、従二八月一至二二月一別四度〉」と規定されている。平安時代に入り検非違使体制が整った以降は使庁の下級官人である看督長が囚人の監視等の任に就いていた。

22 **流移人条の大宝令文との相異**(四六一頁)　喪葬17古記に「問、獄令云、其徒在レ役、父母亡者、給二假廿日一、発哀、未レ知、役限之内服闋以不、答、不レ合也」とある。これから大宝令文では養老令文の喪が亡、假五十が假廿日、挙哀が発哀であった可能性が強い。

23a **妊娠している女囚**(四六一頁)　妊娠している女囚の待遇については本条に規定されている臨月の仮出獄の他に、律に特例が規定されている。断獄律27逸文に「凡婦人懐孕、犯レ罪応三拷及決二杖笞一、若未レ産而拷決者、杖八十、傷重者、依下前人不レ合二捶拷一法上、産後未レ満二百日一而拷決者減二一等一、失者各減二一等一」とある。日本律はその逸文が知られないが、唐断獄律15によれば「前人不レ合二捶拷一而捶拷者」の場合は闘殺傷をもって論ずると規定している。さらに妊婦の死刑執行の延期について日本律は残っておらず不明だが、唐断獄律26では「諸婦人犯二死罪一懐孕、当レ決者、聴二産後一百日乃行レ刑、若未レ産而決者、徒二年、産訖限未レ満而決者、徒一年、失者各減二一等一、其過レ限不レ決者、依二奏報不レ決法一」と規定している。

23b **婦人流移囚が路次で臨月に入った場合**(四六一頁)　流移囚で配所へ到達している場合は本条が適用されるが、向かう途中で産月に入った場合は問題がある。義解では「問、流移之人、当二上道時一、妻妾臨二産月一如何、答、案二上条一、流移囚在レ路、有二婦人産一者、并家口、給二假廿日一、即有二在レ路給レ假之法一、而無二停レ囚待レ産之文一、雖二是臨レ月、猶須二配下一也」なる問答をなし、獄令21に出産の場合の給假を規定するものの出産を待つ間の給假規定がないことから、道中で産月となっても給假はないとする。出産して初めて給假の措置がとられると解釈している。同様の解釈は古記にも見られる。

25　公坐相連(四六二頁)　通常の律令官司の長官(総判)・次官(准長官)・判官(糺判)・主典(勘署)の職掌については職員1の神祇官の場合で示されており、特殊な官司を除き、それが自動的に適用されるが、太政官と大宰府・中務省・刑部省に見られる品官に関しては神祇官条に例示されている四等官制が直ちには適用できないので、特別扱いとする。太政官では右大臣以上が長官で、大納言が次官となり、判官以下は少納言局および左右弁官局の三局となり、同一局内では連坐が適用されるが相互の間では連坐しない。一例をあげれば、外記が公坐を犯した場合は外記が首、少納言が第二従、大納言が第三従、右大臣以上が第四従となるが、左右弁官には及ばない。品官内で公坐が発生した場合は、その品官を直接管摂する官人にのみ連坐規定が適用される。例えば、刑部省の判事が公坐を犯した時は判事局内官人に連坐が及ぶとともに、その判事の行為に直接関係する刑部省の官人が連坐することになる。刑部省のすべての四等官が連坐するとは限らないのである。政事要略八二に右衛門府内で四等官全員に連坐が適用され贖銅を徴納している例がある。

28a　降至者位記(四六三頁)　義解に「仮有、正七位上、更復有二歴任位記一、此犯二免官一者、三載之後、降二先位二等一叙、即正七位上、是為二見免一、正七位下、是為二降至者一、従七位上、是為二降所不至者一」とある。名例14により一年後に先位に一等降して叙位される官当ないし免所居官と異り、免官では三年後に先位に二等降して叙位するので、見当免とともにさらに一階分の位記を棄毀するのである。

28b　位記の棄毀(四六三頁)　令釈に「刑部惣収二応レ毀位記一送二太政官一、官史元授之司、就二少納言座一而令レ注二毀字一、已了外記自毀、刑部相随耳」とある。この過程を具体的に示す式部式には「内外有位犯二官当以上一者、刑部処断申レ官、奏聞訖刑部移二二省一〈五位以上移二中務省一〉并申二弁官一、太政官預定二其日一、少納言弁外記史引二二省一入、二省録各執二位記及位案一、進就二版位一、依レ次就レ座、並如二常儀一、書二毀字一捺レ印、訖以レ次退出、〈事見二儀式并刑部式一〉」とある。この詳細は刑部式ないし貞観儀式等から知ることができる。諸国が罪人の位記を進めない時は朝集使の返抄を拘留することが刑部式に見えている。

32a　告言人罪(四六四頁)　人の罪を告言する時は闘訟律54により年月日と犯罪の内容を記した告状を提出する必要があり、単に嫌疑のみで告言することは許されなかった。嫌疑のみで告言をした場合は笞四十に処せられ、受理した官司も処罰される。二罪以上を告言して一部が誣告となった時は闘訟律41の規定により、重罪が真実の場合は反坐に問われないが、逆の場合は問われ、二人以上を告言した時は一人でも被誣告者がいる時は反坐に問われた。また闘訟律42告小事条では告言を受理した官司が取調べた結果内容が真実でないことが判明しても、より重罪ないし類似の犯罪が発覚した場合は反坐に問わないと規定している。

告言により開始される審理は本条に見るごとく三審を経るが、その実例は政事要略八四に収載されている。三審の間被告とともに原告も拘禁されている点に律令刑事訴訟法の特徴がある。原告被告双方を平等に扱い、かつ原告を誣告罪の容疑者として扱うことにより濫訴を防ごうとしたのであろうが、現実には原告に酷な場合が多かったと思われる。かかる弊害を絶つために、平安時代の警察司法の中心となる検非違使では早くから反坐の制をとらず、原告を誣告罪の容疑者として扱うことをしていなかった。ただしこれが行き過ぎた結果、逆に濫訴がめだち、寛平七年および延長七年に再度反坐の励行を指示している。しかしそこでも原告被告双方を同時に拘禁する律令の原則にもどることはせず、まず被告を拘禁し尋問の結果、誣告の容疑が濃い時に改めて原告を拘禁し、誣告罪の審理を開始するという方式になっている。

告人の反拷については断獄律10に規定されており、獄令35による被告の訊問が完了した段階で自白が得られない時に告言人の拷訊が開始されるのである。ただし殺人・盗ないし水火損の被害者の親属が告言人となっている時は反拷を受けることはない。また誣告であることを原告が認めた場合は闘訟律43により被告に拷問を伴った取調べが開始される以前なら一等を減じた誣告罪に問われ、既に拷問が開始された以降ではかかる軽減をしないことになっている。

なお、特殊な場合として人を雇傭ないし教唆して誣告をなした時の罪については闘訟律55 56に規定されている。匿名ないし偽名で告言をなした場合は闘訟律50により処罰される。

32 b **告言が禁止されている範囲**(四六四頁)　上下の秩序を重んずる儒教イデオロギーに基づく律令法では目下の者が目上の者を告言することを禁止している。闘訟律44逸文では子孫が祖父母父母を告発した場合は絞刑に処すとし、その理由づけとして「父為二子天一、有レ隠無レ犯、如有二違失一、理須二諫諍一、起敬起孝、無レ令レ陥レ罪、若有二忘レ情棄レ礼而故告一者絞」と述べている。ただし祖父母父母が謀反以上の罪を犯したり嫡継母がその父母を殺したり被扶養者が扶養者を殺した場合は例外として犯人の子孫は犯人を告発することができた。さらに闘訟律45逸文では「凡告二一等尊長、外祖父母、夫、夫之祖父母一、雖レ得レ実、徒一年、其告事重者、減二所レ告罪一等一、〈所レ犯雖レ不レ合レ論、告レ之者若猶坐〉即誣告重者、加二所レ誣罪三等一、告二二等尊長一、各減二一等一、四等五等減二二等一、誣告重者、各加二所レ誣罪一等一、即非二相容隠一、被レ告者、論如レ律、若告二謀反逆叛一者、各不レ坐、其相侵犯、自理訴者聴」と規定している。また闘訟律48逸文では、奴婢が謀反逆叛にあらずして主人を告発した場合は絞刑に問うとしている。主人の親属を訴えた場合についての日本律は欠けていて不明だが、唐律には禁止規定が存している。以上は目下の者が目上の者を告発することへの禁止立法だが、逆に闘訟律46逸文では「凡告二五等四等卑幼一、雖レ得レ実、杖六十、三等以上逓減二一等一、誣告重者、二等親減二所レ誣二等一、三等親減二一等一、四等以下親以二凡人一論、即誣二告子孫、外孫、子孫之婦一者、各勿レ論」と規定し、その理由づけとして疏文で「相隠既得レ減レ罪、有レ過不レ合二告言一、故雖レ不レ虚、即得二此坐一」としているが、親属の間で協調し罪なからしめようという思想に基づいている。

33 **告密**(四六四頁)　謀叛以上の犯罪の発生を知った場合は告密の義務があり、闘訟律39の逸文によれば、謀反ないし大逆について告密しなかった時は絞刑に処すことになる。また告密の反坐に関する日本律は残っていないが、唐闘訟律40によれば斬刑に処すことになっている。また卑属が尊属を告言したり奴婢による主人の告言ないし囚人の告言は一般に禁止されているが、闘訟律44 45 48条および同51により例外的に告密は許されている。

告密の実例は政変と関連してしばしば記録の上にあらわれている。続紀、天平元年二月十日条に「左京人従七位下漆部造君足、無位中臣宮処連東人等告レ密、称下左大臣正二位長屋王秘学二左道一、欲上レ傾二国家一」とある。長屋王の政変はかく告密に始まっている。告密のあった当日の夜のうちに兵士が動員されて長屋王宅を包囲しているが、本条の規定に見るごとく告密の受理と同時に捜索が開始されたのであろう。天平宝字元年の橘奈良麻呂の乱では中衛舎人上道斐太都が紫微内相藤原仲麻呂に謀反を告密している。貞観八年七月十五日に大宰府は、肥前国基肄郡の人川辺豊穂が同郡擬大領山春永・藤津郡領葛津貞津・高来郡擬大領大刀主および彼杵郡の人永岡藤津らの共謀して新羅に渡り、兵弩器機の制作技術を学んで帰国し、対馬嶋を撃取しようという計画を告言してきたのを馳駅により上奏している。春永らの罪は本朝に背き蕃国に投ずる行為で謀叛に当る。告を受けた大宰府は本条に従って奏聞していると考えられる。

34 **第三者を共犯者と主張する罪**(四六五頁)　断獄律7により誣告罪に問われることになる。誣告罪については↓補32 a。死刑囚がかかる罪を犯した場合は加杖ないし収贖を付加することになる。

35 a **審理の進行**(四六六頁)　事実ないし証拠調べに当る官人は原則として判官と主典で、それが終了した段階で長官以下が刑名を定め判決を下す。審理ではまず人的および物的証拠調べが開始される。前者は被告の申立てと証人の証言である。証言には証人自身が目撃ないし耳で聞いた場合と間接的に伝聞した場合とを問わないが、断獄律6により同居人もしくは三等以上の親属・外祖父母・外孫・孫の妻・夫の兄弟・兄弟の妻・主人に対する家人奴婢および高年者・身体障害者は証人となり得ない。偽証罪については詐偽律26に規定されているが、日本律では僅かな逸文しか知られない。物的証拠としては事発状(↓補1 a)ないし官文書のごとき書証が中心であったと考えられるが、かかる証拠調べを十分に行なったにも拘わらず被告の自白が得られない時に拷問が開始された。ただし十分な審理を経ずに拷問を行うと断獄律8により笞五十に処せられる。ただし同6により議請減すべき人、七十歳以上ないし十六歳以下および廃疾者への拷問は禁止されている。かくしてなお、自白が得られない場合に告言人の主張が誣告でなかったか否かの審理が開始される。→補32a。ただし被告の自白が得られなくても被告の有罪であることが証拠により明らかな場合は、有罪の断を下すことができた。→断獄律8。

なお、被告の拷問は本条の規定により三度を越えることができないが、さらに断獄律9では杖の総数において二百を越えてはならず、かつ瘡病にかかっている被告の場合は治癒を待たねばならないとしている。具体的な打ち方については→獄令63。また唐律では杖による以外の拷問を禁止している。獄令63によると杖以外の方法への禁止規定は日本律にもあった可能性が強いが、違法な拷問を行なった場合は9条により処罰された。法に従って拷問を行い偶然死亡せしめた場合は問題がないが、故意に規定外の拷問を行い、その結果はからずも死亡せしめた時は、唐律では徒二年に問うとしている。

また官人が被告を取調べるに当っては告状に記された犯罪についてのみ審問すべきで、それ以外の犯罪について行なった場合は断獄12により処罰された。

35b **五聴**(四六六頁)　義解に「五聴者、一曰二辞聴一、観二其出レ言、不レ直則煩、二曰二色聴一、観二其顔色一、不レ直則赧然、三曰二気聴一、観二其気息一、不レ直則喘、四曰二耳聴一、観二其聴聆一、不レ直則惑、五曰二目聴一、観二其眸子一、不レ直則眊然也」とある。すなわち律令制下の裁判官は物的証拠や第三者の証言のみならず、被告の言辞・顔色・気息・聴聆、ないし眸子を観察してその陳述の信憑性を探り判断する必要があった。察獄の官が五聴を備えるべき規定は唐獄官令にも存し、義解の文章は周礼を模して作られており、中国では古くから裁判官に要請されていた条件であった。

38 **辞定して作成される文書**(四六七頁)　滝川政次郎は弁もしくは囚弁と称されていたと推測し、利光三津夫によれば弁定もしくは弁証と称すという。一度作製された弁定はたやすく翻すことを許されなかった。→獄令61。検非違使では被告の訊問調書を白状ないし問注状と称していたが、滝川によれば後者が正式の名称であったという。平安時代におけるその実例は滝川により五通紹介されている(『律令諸制及び令外官の研究』「事発日記と問注状」)。→補61a。訊問の結果被告が罪に承伏すると、検非違使の裁判では過状を呈出している。問注状ないし過状が判決を下すときの証拠となるのである。過状に基づいて判決が下され着鈦の政(→補5)がなされている実例は朝野群載および西宮記等に見られる。

39 **刑具の措置を誤った場合**(四六七頁)　断獄律1により罪を問われた。同条は逸文が知られ、「凡囚応レ禁而不レ禁、応二枷杻鈦禁梏禁一、而不二枷杻鈦禁梏禁一、及脱去者、杖罪笞三十、徒罪以上加二一等一、若不レ応レ禁而禁、及不レ応二枷杻鈦禁梏禁一而枷杻鈦禁梏禁者、杖六十」とある。

40 **令別勅参議者亦在集限**(四六七頁)　本条による太政官での衆議のために別勅参議せしめている例はないが、法隆寺僧善愷が少納言登美直名を訴えた事件は訴訟手続をめぐり紛糾し、右大判事讃岐永直・明法博士御輔長道・勘解由主典川枯勝成・左大史伴良田宗および弾正大疏漢部松長らに断文を呈出させている。右大判事讃岐永直以外はいずれも本条の大納言以上以下に列挙されている官人ではない。この事件では対立する断文を異議のあるまま天皇に奏上し、勅命で判決が下されている。本条の衆議に近似するあり方であると考えられる。

41 **断文**(四六七頁)　断獄律16に「凡断レ罪、皆須三具引二律令格式正文一、違者笞卅」とあり、格式の存する場合はそれをも引く必要があった。ただし断獄律18に「詔勅断レ罪、臨時処分、不レ為二永格一者、不レ得三引為二後比一」とあり、格式が臨時処分の場合は妄りに判決作成過程で援用することは許されない。従って罪刑法定主義が律令刑事裁判の原則であった。ただし裁判官が各条文を類推解釈を行い適用することも認めており、罪刑法定主義が必ずしも厳格に守られていた訳ではない。さらに天皇は律令法に制約されることなく処分を行うことが可能で、この点においても律令法の罪刑法定主義には限界がある。近代法の罪刑法定主義が被告の人権保護を意図するのと異なり、官人の越権を防ぐことが本条の意図するところだったと思われる。なお、判決は原則として有罪ないし無罪のいずれかであるが、断獄律34により証拠不十分等で断定し得ない時は両者の中間たる疑罪の判決を下すことができた。かくして作成された断文は獄令6の手続により宣告される。

官人が事実の誤認ないし法の適用を誤った場合は断獄律19入人罪条により処罰された。

46 **裁判の遅滞**(四六九頁)　裁判の遅滞はしばしば見られたようである。平安時代に入り検非違使の制度が整ってくると、司法機関として重要な位置を占めてくるが、貞観十二年七月二十日検非違使別当宣では「聴訴之官、各有二其職一、独為二惣行一、事多二擁滞一」と述べ、寛平七年二月二十一日別当宣でも「近者囚徒満レ獄、科決猶遅、或所レ犯是軽、禁固日久、或本罪既重、待レ断終レ身、獄官之道、理不レ可レ然」と述べている。かく裁判の渋滞を責める指示は平安時代を通じて出されており、裁判の遅延は当時の一般的な状態であったと推測される。刑部式では「凡流罪以下、随レ発且断、其死刑者、皆惣断十月四日申レ官」と規定し裁判の速かならんことを期しているが、現実には、はかばかしくなく、未決囚は判決の下るまでの禁獄に苦しんだ。

49 **婚姻之家**(四七〇頁)　義解では「依レ律、同籍為二一家一、即婚家姻家、各待二同籍一、乃聴二相避一也」と解釈する。賊盗12に「同籍及二等親外祖父母為二一家一」とあるのを根拠にしているのだが、この解釈に従えば三等内の姻族の同籍者となる。ただし家を戸の構成単位として把握する明法家の考え方(戸令9古記)もあり、律令制定者の意図するところが義解と同じであったか否か不明である。

52 **贖銅の納入状況**(四七〇頁)　贖銅により実刑を免除されるのは名例4〜6ないし22に規定された官人ないし老幼の者であるが、納入状況は必ずしもはかばかしくなかった。貞観刑部格に採られた弘仁十一年十一月二十五日太政官符では「今犯罪之輩相続不レ絶、贓贖未納逐レ年弥多、追徴之吏、徒疲二催勘一、負贖之人、無レ心二進納一、既狎二前断一不レ畏二後科一」と述べ、対策として在京官人については位季録の支給を折留し、雑人の場合は実力を有する検非違使に催徴させ、在外の場合は朝集使の返抄を拘留することにより徴収の円滑ならんことを期している。なお、刑部式に「凡贖レ罪無レ銅、准レ価徴レ銭」とある。また贖銅を収めるのは贓贖司だが大同三年に刑部省に併合されたあとは刑部省で収納の事務を行い、囚獄司に収監されている獄囚の衣食その他を賄うために使われた。→獄令55。刑部式に「凡贖銅銭者、収二囚獄司一、省相共出納」とある。

53 **禁止されている物品を差入れた場合**(四七一頁)　日本律は堙滅して不明だが、唐断獄律2では「諸以三金刃及他物可二以自殺及解脱一、而与レ囚者、杖一百、若囚以レ故逃亡、及自傷傷レ人者、徒一年、自殺殺レ人者、徒二年、若囚本犯流罪以上、因得二逃亡一、雖レ無二傷殺一、亦準レ此、即囚因逃亡、未レ断之間、能自捕得、及他人捕得、若囚自首、及已死、各減二一等一、即子孫以下可二解脱一之物上、与二祖父母父母一、部曲奴婢与レ主者、罪亦同」と規定している。

54 **本条に違犯した場合**(四七一頁)　断獄律5により処罰された。同条は逸文が知られ、「凡囚応レ請二給衣食医薬一、而不二請給一、及応レ聴二家人入視一而不レ聴、応レ脱二去枷杻等一而不レ脱者、笞五十、以レ故致レ死者、杖一百、即減二竊囚食一、笞四十、以レ故致レ死者加役流」とある。

56 **官粮**(四七二頁)　官粮について、令釈の引用する天平勝宝九年七月二十九日太政官符に「給二流人一粮、不レ論二良賤男女大小一、一人日米一升、塩一勺、至二来歳春一量二給種子一、秋収之後、一依二百姓例一」とある。刑部式に配所への出発を待つ間、流移人家口へ支給する粮を人別日に米一升、塩一勺とするのに量的に一致する。→獄令55注。官粮とともに春時には流人に種子を支給して農耕を勧めており、秋収以降は自給体制に入ることを意図していた。なお、宇佐八幡の神託事件に坐した和気清麻呂が大隅国へ配流されたときに藤原百川が封戸からの収入を配処へ送っている(後紀、延暦十八年二月二十一日条)。官粮と異なる私粮の一例としてよいだろう。

60 **房戸**(四七三頁)　里を構成する戸は通常数個の家から構成されるが、それを房戸という。戸令9古記に「一戸之内、縦有二十家一、以レ戸為レ限、不レ計二家多少一」とある家に該当し、多分に自然発生的な小家族としての性格を有していたと考えられる。房戸は経営ないし班田・徴税の単位の問題としてとりあげられることが多い。ただし房戸にも人為的な戸籍編成上の単位としての性格もあり、霊亀元年から天平十二年にかけて郷里制との関係をもちつつ制度として設定されたとする見解が出されている（岸俊男説）。ただし直木孝次郎によれば、天平十二年以降においても房戸の後身としての実態的な家族は納税の主体として存続しているという。

61 a　**弁證**（四七三頁）　古記に「弁、謂罪人申状也、證、謂證人也」とあり、朱説に「弁證者、二事也、弁者罪人之申弁已定意耳、證者證人之所レ明已定意耳」とある。これによれば弁は犯人の供述で證は證人の證言となる。

↓補35 a・補38。

61 b　**逢赦更翻者**（四七三頁）　義解では一例を挙げて「仮一夜盗二大祀神御物一、并於二神宮側近一殺人、官司意レ甲捉推、甲欵伏云、実盗二神物一、但不レ殺レ人、仍引レ丙為レ證、丙證分明、官司拠二此弁證一訖、時有レ赦云、死罪以下、皆悉赦除之、唯八虐不レ原、甲即更翻レ辞云、実是殺レ人、唯不レ盗レ物、亦引レ丁為レ證、丁證分明、官司猶依二前信一、不レ拠二後弁一、如レ此之類、是名下以二赦前弁證一為上レ定」と述べている。大祀神御の物を盗むと賊盗23により、八虐大不敬となるものの、法定刑は中流に止まるのに対し、殺人の場合は八虐ではないが賊盗9により絞斬となる。初め甲は刑の軽い神御の物を盗んだと主張したのであるが、八虐を対象外とする赦の出るに及び前言を翻して赦の範囲に入る殺人を主張したのである。前の供述を翻すことにより、かかる利益が被告に発生し得るのであるが、本条によりそれは封じられ、たとえ最初の供述が虚偽で、後の供述が真実の場合であったとしても被告が赦を有利に利用するために供述を変更した場合は採用されなかったのである。なお、赦と犯罪について、断獄律21逸文では、恩赦あるを知って故意に犯罪をなした場合は赦を適用しないと規定している。

63 a　**杖皆削去節目**（四七四頁）　義解に「笞杖亦准レ此也」とある。和名抄の訓に、笞は「之毛座」、杖は「都恵」。囚獄式に「凡司内所レ須笞杖、毎年十一月役二物部丁一令二採備一〈笞杖各一千枚〉」とある。物部丁↓職員32。杖には訊囚用・常行用および笞杖用の三種がある。

63 b　**杖笞刑の執行**（四七四頁）　刑部式に「凡犯罪之人、或尫或弱、決杖之時、且寒且熱、重加二頓杖一、恐致二死亡一、須レ量二其貌一、満レ役之間、准二折決一畢」とある。罪人の肉体的条件を考慮して刑を執行する必要があった。罪人が瘡病の時は癒えるのを待つ必要があり、断獄律14では違法な方法で執行した場合は笞二十に処し、その結果死亡させた場合は杖八十に処す規定になっている。日本律の当該条は逸文なので不明だが、唐律では規格外の笞杖を使用した場合も同罪とする。

30　雑　令

☆　**雑令**（四七五頁）　中国では晋・梁令の篇目にみえ、隋・唐令に継承されているが、前者では喪葬令の次に雑上・雑中・雑下として三篇に分かち、令全体のほぼ中央部に置かれていたのに対し、後者では喪葬令の次にくることに変りはないものの、一篇として令全体の末尾に位置している。日本令では大宝令に置かれていたことが知られるが、それ以前の段階では不詳である。内容・構成において復元された唐令にほぼ対応するが、その位置は令全体の末尾とはいえ獄令の次である。関係する律は雑律である。

令集解には本令の部分が欠けており、ここで集解として引くのは、すべて諸書に見える逸文である。

1a　度量衡の制定（四七五頁）　統一国家の成立と関係しており、極めて重要な事柄であるが、文献的には扶桑略記、舒明天皇十二年冬十月の記事に「始定二斗升斤両一」とあるのが初出である。扶桑略記の信憑性には問題があり、この記事もそのまま事実と見做すことはできないが、これも信憑性に問題はあるものの、大化二年詔にも丈尺の単位が見えており、この頃度量衡の制度が整備されてきている可能性は強い。大宝二年三月八日に度量を天下諸国に頒下しているのが、度量衡関係の令規の実施を示す。なお、度量衡の違犯については雑律に規定があり、同32条逸文では正確な度量権衡であっても官司の印を経ていない場合は笞三十に処すことになっており、唐律では不正確なものを使用して已に入れた場合盗をもって論ずることになっている。

1b　度量衡の今量（四七五頁）　八世紀の尺度の今量は、正倉院に蔵されている尺の測定より知られる。斗量に関しては、正倉院北倉漆胡瓶を使用した測定によれば、大一升の今量は約四合三勺である。但し、正倉院文書を基礎にした沢田吾一の算定によれば四・〇六合とされる。目方に関しては、正倉院遺品中の銀器類の測定により知られる。

2　度量衡の大小（四七五頁）　唐雑令では「諸積二秬黍一為二度量権衡一者、調二鐘律一、測二晷景一、合二湯薬一、及冠冕制用之外、官私悉用レ大者」と規定しており、雑式が唐制に依拠していることは明瞭である。令制と唐制ないし延喜式制とでは大分相異しているが、令制の度量衡は必ずしもすべてが唐制に依拠しているのではなく、例えば雑令1の大尺は高麗尺で、小尺が唐大尺であったと考えられるごとくである。しかしかかる混淆的状態も律令施行後間もなく廃され、唐制の全面的採用となり、それが延喜式制に継承されていったのである。→補4。

4　一歩五尺から六尺への改正（四七五頁）　大宝二年三月八日に七道へ頒下された大宝雑令に則った度量衡の一部改正である。この改正は雑式に継承されている。ただし改正とはいっても一歩の長さそのものに変化が生じたわけでなく、従来度地用に使用されていたと考えられる雑令1の大尺たる高麗尺と小尺たる唐大尺の比が一・二対一・〇となることから、従来の高麗尺五尺は唐大尺六尺に一致するのである。従って高麗尺の廃止と唐尺の全面的な採用といえる。なお、七・八世紀において現実に使用されていた尺について、高麗尺であるか、唐大尺ないし唐小尺であるかについては議論がある。

5　月六斎日（四七五頁）　毎月八日・十四日・十五日・二十三日・二十九日・三十日をさす。阿含経・四天王経等に由来するもので、六斎日には天界から四天王みずからないしその使者が下界に降って衆生を監視するとある。続紀、天平九年八月二日条、同十三年三月二十四日条に六斎日に殺生を禁断すべきことが見えている。死刑の執行を避けることは→獄令8。唐では、毎月十斎日の禁殺日を設け、更に正月・五月・九月には屠殺・採捕を禁止していた。六斎日に殺生を避けることは中世法にも継承されている。

6a　造暦（四七六頁）　進暦数は延喜式も同一。造暦のための用度については陰陽式に規定されている。次に示す。

凡造レ暦用度者、御暦三巻〈二巻具注、一巻七曜〉料、上紙一百廿張〈請二図書寮一、卌七張具注暦料、廿三張七曜暦料、五十張破損料、雖レ有二閏月一不レ加二其料一〉、麻紙四張〈標紙料、請二内蔵寮一〉、上墨大半廷〈請二図書寮一〉、上朱沙三両〈請二蔵人所一〉、兎毛筆十二管〈請二図書寮一〉、膠一両

〈請㆓大蔵省㆒〉、花軸三枚〈請㆓木工寮㆒〉、白綺三条〈別長一尺六寸、請㆓内侍所㆒〉、中宮、東宮各二巻、其料亦准㆑此〈破損料在㆓御暦料五十張内㆒〉、頒暦一百六十六巻料、紙二千六百五十六張〈巻別十六張、有㆓閏月㆒年巻別加㆓二張㆒〉、褾紙料五十六張〈以㆓一枚㆒充㆓三巻㆒〉、草案料一百廿九張〈暦草廿四張、日度草十五張、月度草十五張、交蝕草五張、五星度草五十張、五星行草廿張〉、暦本三巻料九十張〈卌七張具注本料、廿四張七曜本料、十九張頒暦本料〉、墨十二廷半〈頒暦幷草料、以㆓一廷㆒充㆓二百卌張㆒〉、鹿毛筆九十八管〈已上紙筆墨並請㆓図書寮㆒〉、糊料大豆三升三合〈請㆓大炊寮㆒〉、檜軸一百六十六枚〈請㆓木工寮㆒〉、竹十六株〈山城国所㆑進〉、切㆓続紙㆒料机二前〈長四尺、広一尺八寸、厚三寸、高七寸、随㆑損受㆓木工寮㆒〉、座料長畳四枚〈請㆓掃部寮㆒〉、砥一顆〈請㆓大蔵省㆒〉、装潢手単卌五人、写㆓御暦㆒手単五十五人〈並図書寮人〉、食米人別日一升六合、塩一勺六撮、醤滓二合、雑魚二合、写㆓頒暦㆒手卌一人〈諸司史生廿三人、内豎四人、大舎人四人、並不㆑在㆓給食之限㆒〉、

　右並具勘録、五月一日申㆑省請受、

黒漆函三合〈長各一尺二寸、広三寸八分、深二寸四分〉

黒漆机二脚

　別足一脚〈長三尺、広一尺三寸七分、高三尺〉

　榻足一脚〈長三尺、広一尺三寸、高三尺〉

　　已上納㆓御暦㆒

納㆓頒暦㆒赤漆韓櫃一合〈長二尺三寸、広一尺二寸、深一尺三寸、居㆓黒漆筥形㆒加㆑枋〉

布綱三条〈一条長一丈二尺、広二寸四分、二条長各四尺六寸、広一寸二分〉

　右漆函等収㆓寮庫㆒、至㆓奏日㆒出用之、若有㆓破損㆒、申㆑省修造、

6b　進御暦儀（四七六頁）　貞観儀式により示すと次のようになる。

当日平旦中務率㆓陰陽寮㆒候㆓延政門外㆒、大舎人叫門如㆑常、闈司就㆑版奏云御暦進止、中務省輔姓名叫門故尓申勅曰令奏与、闈司伝宣云令申姓名、輔丞各一人寮頭助各一人舁㆓御暦案㆒、寮允属各一人舁頒暦櫃〈若允属不足者、大舎人代㆑之〉、共進入㆑自㆓日華門㆒置於庭中簀上〈御暦在㆑北、頒暦在㆑南、相去一丈許〉、退出、輔便留就㆑版奏云、中務省申久、陰陽寮供奉礼留其年乃御暦又人給暦進良久乎申給波久止申〈無勅答〉、訖即退出、闈司二人入㆑自㆓左掖門㆒、舁㆓御暦机㆒安㆓簀子敷上㆒、即内侍持函奉覧、闈司便候㆓南階西下㆒奉覧、訖闈司却㆑机安㆓本処㆒、退出、即少納言率㆓内豎六人㆒入㆑自㆓日華門㆒、舁㆑机退出、大臣即以㆓頒暦㆒賜㆓太政官㆒、転付㆓弁官㆒令頒㆓下内外諸司㆒、

7a　陰陽寮諸生（四七六頁）　陰陽式に「学生卅人〈陰陽生十人、暦生十人、天文生十人〉、其得業生、陰陽三人、暦二人、天文二人、並取㆓生内人㆒、右得業生、選㆓性識聡慧㆒、令㆑専㆓精学㆒、其名申㆑官給㆓衣食㆒、成業年限依㆑令、未成業者、不㆑得㆑趁㆓入他色㆒、若未㆑終㆑業、其師遷㆓外官㆒者、従之終㆑業」「凡観㆓天文㆒生一人、不㆑立㆓年限㆒、其衣服食米、准㆓諸得業生㆒給之」と見えている。陰陽・暦の得業生の設置は天平二年三月二十七日官奏に始まる。また式部式に「凡陰陽寮諸生、典薬寮医生、預㆑考並免㆓徭役㆒」と規定されている。彼らの学習する経書は天平宝字元年十一月九日勅に見え、陰陽生が、周易・新撰陰陽書・黄帝金匱・五行大義、暦生(暦算生)が、漢晋律暦志・大衍暦議・九章・六章・周髀・定天論、天文生が天官書・漢晋天文志・三家薄讃・韓楊要集となっている。

7b　陰陽の世習者（四七六頁）　宝亀六年五月十七日に卒した大津連大浦の伝に「世々習㆓陰陽㆒」とある。大津連では首が養老五年正月二十七日に陰陽の師範として賞物に与かっており、代々陰陽を家業としていたらしい。かかる者が世習者に該当するが、八・九世紀段階では明確な家柄の固定は認められない。十世紀以降になると安倍氏と賀茂氏の独占的な家業となる。

8a　秘書玄象器物天文図書（四七六頁）　義解に「秘書者、遁甲太一式之類也、玄象器物者、銅渾儀之類也、天文図書者、星官薄讃之類也」とある。方術ないし星座に関係する図書や天体観測用の器物で、いずれも職制20により個人が妄りに所有することは禁止されていた。神護景雲元年九月十六日に日向員外介を解任された大津連大浦がその随身する陰陽天文関係の図書を没官されているのは、かかる禁止措置を示唆する一例である。個人が

妖書ないし妖言をなした場合の処罰規定については↓賊盗21。

8b 陰陽寮奏(四七六頁) 天文(密)奏と称す。陰陽式に「凡天文博士、常守観候、毎レ有二変異一、日記進レ寮、寮頭即共勘知、密封奏聞、其日記者、加二署封一送二中務省一、令レ附二内記一」とある。ただし蔵人所の制度が整ったのちは必ずしも陰陽寮を経由することなく、天文博士が蔵人所に持参し、蔵人を介して天皇へ奏聞していたのであり、侍中群要には「博士並蒙二宣旨一之輩進之、先覧二別当大臣若執政人一(博士加封進二大臣一、大臣開見、終後加封返二給博士一、博士持二参蔵人所一) 其後付二蔵人一奏聞、留御所(件書急書也、遂二御所一可レ奏云々)」とある。国史に天文密奏の実例を見るが、三代実録、天安二年八月二十九日条に「陰陽寮奏言、夜有レ星入二紫微宮一、赤如二炎火一、長十余丈、凡天文風雲、気色有レ異、陰陽頭及天文博士密封奏聞、修国史局召二陰陽寮一、索二其案文一、記載二史書一」とあるのはその一例である。

9 公私共之(四七六頁) 「公私共利」であることから所有の主体は「公」でも「私」でもない。しかし王臣家ないし権門が榜示を打ち永続的に占有を続け、農民の入会利用を妨害することが少なくなかった。かかる動きに対して八世紀末になると律令国家の側では収公という方針で臨んでおり、弥永貞三によれば原則として山川藪沢の公地化が行われたという。ただし以後も公私共利の原則は一貫している。用益権者の範囲について石母田正は特定の村落による排他的な独占は行なわれていないと解釈したが、弥永によれば石母田説を承認しつつも、用益者の居住地により用益地の範囲の限定されていく傾向があったという。

11 漂木の処分(四七七頁) 中世法では甲州法度之次第に規定が見え、「川流之木幷橋之事、於二于木一者、如二前々一可レ取之、至二于橋一者、本所江可二返置一」とある。この規定によれば雑令11と異なり、拾得者が直ちに自分の所有物とすることができた。

12 従下始(四七七頁) 古代法家の注釈としては、令釈に「従レ下始、下二於水下一也」とあり、朱説に「従レ下始、依レ次而用者、水専充二一人一、時行事耳、未レ知、不レ然於レ人別偏分充何、私案、於レ此者従レ上始可二充行一也、不レ然者亦必分法可レ違而何」とある。令釈は下流の田地から漑入すべきだとする説で、朱説は灌漑水路を利用する者が一人の時にのみ本条が適用され、その場合は令釈の解釈と同様に考え、同一水路を複数の耕作者が利用する時は上流の田地から順次取水していくと解釈していると思われる。ただし本条に関係する立法例では、弘仁十三年七月二日制では「引レ水漑レ田、皆従レ下始、灌漑之事、先レ貧後レ富、是則法令立レ文」と述べ、承和九年三月九日官符で「漑レ水養レ田、先レ賤後レ貴、事是権時、不レ得レ為レ例」と述べ、取水の順序である上下を貧富ないし貴賤の意味にとっている。大陸法では宋慶元河渠令に「諸以レ水漑レ田、皆従レ下始、仍先レ稲後レ陸」とあり、下＝水田、上＝畠田と解釈し、前者から取水すべしと解釈している。畠田の占める割合の大きい中国大陸では、灌漑に当り水田と畠田が競合する時に、どちらを優先させるかが大きな問題となり、かかる解釈が導かれたのであろう。本条ないし母法たる唐雑令、以水漑田条の下に関する立法者の解釈が、下流であったか水田であったか判然としないが、古代日本の明法家や為政者にとっても不明瞭となり、集解諸説ないし格等に見るごとき解釈を発生させたのであろう。

14 庁上及曹司座(四七八頁) 古記では「曹司座、謂庁事之座、止宿席者不レ合」と述べ、朱説では庁上を八省として曹司座を司における座としている。弘仁掃部式逸文に「凡庁座者、親王及中納言已上倚子、五位已上漆床子、自余白木床子」とあり、掃部式も同文で、弾正式にも同様の式文がおさめられている。本条の規定では五位以上にのみ牀席を支給する定めであるが、式文からすれば六位以下にも支給されていたことになる。床子およびその上に敷く敷物の作製に必要とする材料・人功については木工式・掃部式に規定されている。

15 給座席(四七八頁) 雑令14が牀席支給に関する規定であるのに対し、本条では座席支給を規定する。座席は牀席と異なり、茵のことで、しきもの。その製法については、掃部式に「凡諸司座者、随二官人員一三年一充。五位以上黄帛端茵、六位以下主典以上紺布端茵、史生不レ褁レ端茵、其朝堂有レ座者、朝堂幷曹司座並充、無二朝座一者、唯充二曹司一」と規定されている。

太政官式には「凡大臣以下及番上座等、三年一度支レ料充用」と見えている。

16 所賜(四七八頁)　使人に対する給法は、大蔵式に畿内校田使・班田使・征夷使・入蕃使の場合について規定されている。宝亀四年二月十六日官符で遣浮在安芸国舶使の人たちに給禄しているのは使人に対する賜物の一例である(大日本古文書二)。義解によれば、賜物のみならず、位にも本条を適用する。

18 依律科罪(四七九頁)　義解では「輙与、及買者、各是別犯、不レ可レ為二首従一、其依レ律、子孫等私輙用レ財、不レ満二五端一、則無二罪法一、若為二質私挙一、及輙出売与者、雖レ不レ満二五端一、猶亦依二此令一論之」とする。この解釈に従えば、戸婚13では子孫の私輙用財五端にして始めて処罰する規定になっているが、単純な消費使用でなく質挙ないし売与の時は五端未満でも本条が適用される。

19a 私契(四七九頁)　財物の貸借に関する契約状。正倉院文書にその実例があり、一例を次に示す。

謹解　申請出挙銭事
合銭肆佰文〈質式下郡十三条卅六走田一町〉
受山道真人津守
息長真人家女
山道真人三中
右、件三人、死生同心、限二八箇月一、半倍進上者、若不二進上一者、息長黒麻呂将二進上一、仍録レ状、以解、
天平勝宝二年五月廿六日息長真人黒麿

右引の私契は雑令19に則っていると考えられるが、これとは別に、月ぎめで銭を貸借する月借銭の制度が八世紀に盛行し、その過程で作成された私契が正倉院文書に多数残っている。短期の借銭で、利率はまちまちだが、百文につき月別利息十五文程度である。

19b 出挙の利息(四七九頁)　延暦十六年四月二十日官符で銭の出挙の利率について改正があり、最長一年につき元本の半倍としている。利率の引下げを行っているのだが、必ずしも遵守されず、法定利率を越えたり複利の行われることも多かったらしく、弘仁十年五月二日に励行の官符が出されている。しかし延暦十六年に改正された利率は公家法を一貫しており、鎌倉幕府法にも継承されている(鎌倉幕府法追加法17条参照)。ただし銭以外は改正がなく、最長四八〇日につき一倍の利で一貫している。

19c 非出息之債者(四七九頁)　利子つきの貸借である出挙と異なり、利子のつかない貸借。債務者が債務不履行の場合、出挙の時は役身折酬により労賃を弁済にあてればよく、不履行の故に刑罰を科せられることはないが、利子のつかない債務を負った者が債務不履行の時は雑律10逸文に「凡負債違レ契不レ償、一端以上違二十日一、笞二十、二十日加二一等一、罪止二杖六十一、三十端加二二等一、百端又加二三等一、各令二備償一」とあり、処罰された。

19d 質(四七九頁)　律令法では近代の占有質と抵当とを包含して質と称しており、動産質と不動産質とを区別していない。正倉院文書に見える月借銭の質としては布帛のごとき動産の場合があるが、田宅のあげられている場合も多い。ただし天平勝宝三年九月四日格では「豊富百姓出二挙銭財一、貧乏之民宅地為レ質、此至二於責急一自償二質家一、無レ処二住居一遂散二他国一、既失二本業一、或民弊多、為レ蠧実深、自今以後、皆悉禁断、若有二先日約契一者、雖レ至二償期一猶任住居稍令二酬償一」と述べ、田宅を質とすることを禁じている。その後、延暦二年十二月五日官符でも田宅の質入れを禁止しており、以後かかる禁止令は公家法を一貫しており、鎌倉期の法曹至要抄や裁判至要抄ないし金玉掌中抄に継承されている。違犯者に対しては違勅の罪に問うことにしているが、禁令にも拘わらず田宅の質入れは古代社会に盛行し、階級分化を促進する契機となっていた。

質取主は質物を保全する義務を有し、雑律46条ないし57条により、過失による水火が原因で損敗したり強盗された場合は弁償する必要はないが、故意であったり窃盗による場合は弁償しなければならなかった。

19e 出挙の保証(四七九頁)　保人は近代の保証人と異り債務者の逃亡に対してのみ責任をもつ。従って債務者が居住地から逃亡して始めて保人の代償義務が発生するのであるが、義解に「依レ律、雖二負人身死一、而保人亦代

償、若二人共保、而一人身死者、亦一人全償、不レ可レ折二死人之分一、既是非二六贓一、若犯レ罪配流者、猶徴二負人一」とある。すなわち保人の債務者逃避担保責任のみを規定する令条と異なり、義解では債務者が死亡した場合も保人が代償するとしている。義解が根拠とする律文は、散逸している日本律はもとより唐律にも見当らないが、債務者が死亡した場合も逃亡と同じく、役身折酬が不可能となることから、保人に代償させることになったのであろう。また義解では、複数の人が保人となっている時一人が死亡すると他の者が連帯して全償すべしとしているが、石井良助によれば令制定者の意思がそこにあったか否かは疑問だという。

以上の保人と異なり、債務者の逃亡如何に拘わらず支払保証をする者に償人がいる。律令法には規定されていないが、八世紀の月借銭の証文にしばしば見るところである。従って八世紀には逃亡担保責任を負う保人と支払保証に責任をもつ償人との二つの保証形式の存在していたことになるが、かかるあり方は近世に至るまで認められる。ただし中世以降においては保人・償人という名称は消滅し、ともに請人と称されている。請人に保人的性格をもつものと償人的性格をもつものとが認められるのである。

20 a 稲粟出挙の利(四七九頁)　大宝令文も同一の利率規定であったと考えられるが、公出挙(→賦役36注)の利率は、延暦十四年閏七月一日勅で五割から三割に軽減し、その後、大同初年に五割に復旧し、さらに弘仁元年に再度三割に軽減している。私出挙の場合の利率は、和銅四年十一月二十二日詔で「出二挙私稲一者、自今以後、不レ得レ過二半利一、余者如レ令」と指示し、令規の一倍を半減して利率五割を限度としている。その後、天平九年に至ると、私出挙は全面的に禁止されるのである。↓補20 b。

20 b 私稲出挙の禁止令(四七九頁)　天平九年九月二十一日勅を引く天平勝宝三年九月四日官符で「私稲貸二与百姓一求レ利、悉皆禁断者、今聞、京畿百姓出二挙穎稲一、名曰二銭財一、及二於秋時一償以二正税一、如レ此姦巧詐万端、何得二具陳一、略示二一緒一、実是国郡司等不レ加二教諭一、遂乖二勅書一、自今以後、如有レ犯者、依二先勅文一以二違勅一論、物即没官、国郡官人即解二見任一」と述べている。稲粟を銭財と詐り、天平九年の禁令にも拘わらず稲粟私出挙は盛行し、かつ律令体制を支える村落秩序の解体を促進していたらしい。しかし、かかる禁令は法曹至要抄等にも見られ、公家法に一貫していたと考えられる。因みに法曹至要抄では「出二挙私稲一、格制尤重、物則可レ従二没官一、人亦処二違勅罪一」と述べている。

22 宿蔵物を送らなかった場合(四八〇頁)　本条の規定に違犯して、他人の土地で得た宿蔵物を送らずに隠匿したり、官へ送るべきを送らなかった場合は雑律59により処罰される。ただし律文は散逸して伝わらず、僅かに疏文のみが逸文として知られる。唐雑律では送らなかった場合は贓をもって論ずる罪から三等を減じた罪に処すと規定している。坐贓については雑律1参照。

23 角を切り耳を切る理由と律の規定(四八〇頁)　かかる処置の理由は、人をついたり踏んだり喰いつく癖のある家畜を識別するためで、律では幖幟羈絆の法と称している。かかる処置を行なわなかったり狂犬を殺さないと廐庫律12幖幟羈絆条により処罰される。同条は逸文が知られ、「凡畜産及噬犬、有レ觝二蹹齧人一、而幖幟羈絆不レ如レ法、若狂犬不レ殺者、笞卅、以レ故殺二傷人一者、以二過失一論、若故放令レ殺二傷人一者、減二闘殺傷一等一、即被レ雇療二畜産一、被レ倩者、同二過失法一、及無レ故触レ之而被二殺傷一者、畜主不レ坐」と規定されていた。

26 a 文武官人(四八一頁)　在京官人のみか畿内国司も含むか否かについて、義解と延喜式文とで異同があるが、滝川政次郎によれば、義解の編述された天長年間には未だ国司による進薪はなかったが、延喜式の編纂された段階では国司進薪が行われていたとする。令釈に「文武官人、京官色、問、国郡何、答、畿内進、畿外亦不レ合、軍団亦同、唯朝集使耳」という解釈が見えている。

26 b 進薪(四八一頁)　進薪の国史上における初出は書紀、天武四年正月戊申条である。滝川政次郎によれば、古来中国では人のために薪を拾うことはその人の奴僕であることを示し、かかる観念が日本に入り、臣下が毎年正月天皇に忠節を示す行事として始まったもので、皇権の伸張する天武朝に始まると推測されるという。この行事は平安時代を通じてみられ、意義は失なわれ形骸化してくるが、鎌倉時代においてもみられる。帳内資人が本主へ納入するのは本主へ忠節を示すためである。なお、義解では中宮および東宮舎人も本職本坊へ納入すると述べるが、皇太神宮儀式帳によれば伊勢神宮でも禰宜・内人らが進薪することが見えている。

37 **公廨雑物**(四八三頁)　内外諸司の収蔵物。公廨とは元来官庁の舎屋をさす言葉であるが、それが転じて収蔵物をさすようになったのである。雑式では「凡諸司公廨限二三箇年一出挙。其本依レ数返納、仍以レ利為レ本、出息毎年十二月録二定本数一申二送於官一。交替官長分明付領、然後放還。其処分法者、長官五分、次官四分、判官三分、主典二分、史生一分。若無二次官或判官一者、止准二見官一為レ差」と規定している。すなわち官庁の収蔵物を場合によっては出挙して利息を挙げ、次にはその利息を元本にして出挙に出し、それによって得た利息を官衙の経費に充てたり官人の間で給与として分配していたのである。続紀、天平十六年四月二十三日条に「以下始営二紫香楽宮一、百官未レ成、司別給二公廨銭惣一千貫一、交関取レ息、永充二公用一、不レ得レ損二失其本一、毎年限二十一月一、細録二本利用状一、令レ申二太政官一」とあるのは、太政官へ申送する時期に異同があるが、雑式の実際に運用されている状況を示している。年終における太政官への報告はいわゆる年終帳により行われていたと考えられる。公廨稲については↓賦役36注「雑税」。

39 **本条に違犯した場合**(四八四頁)　日本律は散逸して不明だが、唐雑律6では「諸施二機槍一、作二坑穽一者杖一百、以レ故殺二傷人一者、減二闘殺傷一等一、若有二標幟一者、又減二一等一、其深山迥沢、及有二猛獣犯暴一之処而施作者聴、仍立二標幟一、不レ立者、笞四十、以レ故殺二傷人一者、減二闘殺傷罪三等一」と規定している。

40a **節日**(四八四頁)

正月一日―元日節会。太政官式に「凡元日朝賀畢、賜二宴次侍従以上一、大臣侍二殿上一行レ事〈事見二儀式一〉」とある。天皇が豊楽院で宴を群臣に賜い、この時陰陽寮の御暦を中務省が天皇へ奏上する。

七日―白馬節会。太政官式に「凡正月七日、賜二宴於五位已上一、若有レ叙二五位以上一者、前二日大臣及参議以上於二御所一択下定応二叙位一人上、即令レ書二位記一仰之〈事見二儀式一〉」とある。左右馬寮から白馬を引出し天皇以下観覧し、終了後宴会を行う。白馬を年の始めに見ると年中の邪気を去るという。万葉四二八四参照。奈良朝では青みがかった馬を引いていたが平安朝に入ると白馬に変っている。

十六日―踏歌節会。太政官式に「凡正月十六日、賜二宴於次侍従以上一、大臣侍二殿上一行事、如二元日儀一〈事見二儀式一〉」とある。踏歌とは隋唐の民間行事が取入れられたもので歌に巧みな男女が足を踏みならしながら歌い舞う。内教坊の男女が行うが、十六日が女踏歌であるのに対し男踏歌は十五日。書紀、持統七年正月条に見えるのが初出で、天皇以下群臣が観覧したあと会宴する。

三月三日―曲水宴。中国で觴を流水に流し不祥事を祓除する行事に由来する。顕宗紀に見える。宮中では文人を招いて詩賦させ宴会を行なった。上巳節会。

五月五日―端午節会。太政官式に「凡五月五日、天皇観二騎射幷走馬一、弁及史等検二校諸事一、所司設二御座於武徳殿一、是日内外群官皆着二菖蒲鬘一、諸司各供二其職一〈事見二儀式一〉」とある。古来中国では五月を悪月とし特に午日を忌んでいたが、のち五日に転じこの日に祓穢の行事が行われていた。さらに不祥日五日が祝日と化し宮中では宴会が催された。

七月七日―相撲節会。宮中では相撲が催され天皇以下群臣が観覧したあと宴会がもたれた。ただし天長元年七月七日に平城上皇が崩御してこの日が国忌日になってからは七月二十五日に行うことになっている。↓太政官式、相撲条。夜は乞巧奠が行われた。

十一月大嘗日↓神祇8。但し、本条の大嘗は新嘗をさす。

40b **節禄**(四八四頁)　九月九日も重陽節で宮中で宴会が催され、臣下に節禄が支給されている。大蔵式に規定されている正月七日・十六日・九月九日・新嘗の節会の時の節禄を表示すると次のようになる。

なお、平安朝に入ると節宴に連なることを停め、節禄支給を停止することにより、官人の統制を図ることがしばしば行われている。

	正月七日		正月十六日	九月九日		新嘗日	
	絁（疋）	綿（屯）	綿（屯）	綿（屯）		絁（疋）	綿（屯）
皇太子	八〇	五〇〇	三〇〇	三〇〇	文人加一〇〇	八〇	五〇〇
一品	四五	三五〇	一七〇	一九〇	〃 七〇	四五	三五〇
二品	四〇	三〇〇	一五〇	一七〇	〃 六〇	四〇	三〇〇
三品	三五	二五〇	一三〇	一五〇	〃 五〇	三五	二五〇
四品	三〇	二〇〇	一一〇	一三〇	〃 四〇	三〇	二〇〇
無品	二五	一〇〇	*七〇	七〇	〃 三〇	二五	一〇〇
太政大臣	七〇	五〇〇	二五〇	二五〇	〃 七〇	七〇	五〇〇
左右大臣	五〇	四〇〇	二〇〇	二〇〇	〃 六〇	五〇	四〇〇
大納言	三〇	二〇〇	一三〇	一三〇	〃 五〇	三〇	二〇〇
中納言	二五	一五〇	一〇〇	一〇〇	〃 四〇	二五	一五〇
三位参議	二〇	一〇〇	七〇	七〇	〃 四〇	二〇	一〇〇
四位参議	一五	六〇	五〇	五〇	〃 四〇	一五	六〇
一位	三〇	二〇〇	一三〇	一三〇	〃 四〇	三〇	二〇〇
二位	二五	一五〇	一〇〇	一〇〇	〃 四〇	二五	一五〇
三位	一五	六〇	五〇	五〇	〃 四〇	一五	六〇
四位	六	三〇	三〇	三〇	〃 二〇	六	三〇
五位	四	二〇	二〇	二〇	〃 一〇	四	二〇
外五位	三	一〇		一五	〃 一〇	三	一〇
六位已下文人				一〇			

*未冠減二〇屯

41 大射（四八四頁） 続紀、大宝元年正月十八日条に「廃二大射一、以三贈右大臣喪一故也」とあり、大宝令とともに大射礼を行うたてまえになっている。以後しばしば国史に見え、正月十七日に固定している。兵部式では「十七日大射、前月廿日、省点二親王以下五位以上卅人一、前二日簡二定能射者廿人一、〈若不レ足者通二取六位已下一〉於二省南門射場一令二調習一、其諸衛射手、本府各簡定造レ簿移レ省〈其数見二衛府式一〉当日丑剋、掃部寮設二省掌已上座於便所一、輔已下行二点検一、事訖聞二喚鼓声一、引二刀禰一参入、就レ座如レ常、次射手参入、即令二親王已下射一之、卿輔丞執レ札奏二射者官姓名一〈卿唱二親王一、大輔唱二参議已上一、少輔唱二五位以上一、丞唱二六位以下一〉其給レ禄法者見二大蔵式一、射畢後日、勘二録人数幷中不、給レ禄等色目一、申二送弁官一〈事見二儀式一〉」と規定している。大蔵式に見る給禄は十七日節条に見え、「大射幷諸衛射手禄者、一品一箭著二内規一調布卅五端、中規卅端、外規廿五端、二品著二内規一卅端、中規廿五端、外規廿端、三品、四品著二内規一廿五端、中規廿端、外規十五端〈無品准レ此〉、諸王諸臣三位已上各准二当品一、其四位著二内規一廿端、中規十五端、外規十端、五位著二内規一十六端、中規十二端、外規六端、六位、七位著二内規一八端、中規六端、外規四端、八位以下白丁以上著二内規一五端、中規四端、外規三端、著レ皮者五位已上一端、六位已下庸布一段、二箭並著倍給」となっている。詳細な式次第については、内裏式・内裏儀式・貞観儀式・北山抄ないし西宮記等に記されている。

校　異

一、はじめに条文番号を示し、次に原文の文字の傍に付した数字を掲げる。
二、底本の文字を改訂した場合、まず改訂した結果を示し、その根拠となった諸本を（ ）に括り、―の下に底本の文字を記した。底本に文字が欠けている場合は「ナシ」とし、底本が欠損している場合は「欠損」とする。また校注者の見解によって改めた場合は「意改」とした。
三、底本の文字を改訂しないが、諸本に参考となる異文があるとき、まず底本の文字を掲げ、―の下に（ ）に括りその異文を示した。例、祀―（京「礼」）　なお諸本に異文があるとき、底本と同じものがあることを示したい場合、底本の文字の下に〔＝ 〕としてその諸本を示す。例、者〔＝刑〕―（唐「若」）
四、校合に用いたものの略称は次の通りとする。校訂方針については凡例参照。

〔律〕　吉―吉部秘訓抄紙背谷森本名例律断簡　田―田中本名例律上　東―東山御文庫本律　九―伝九条家本律　谷―谷森本律　前―前田家本律　寛―源元寛本衛禁律　類―群書類従本律　刑―天一閣本宋刑統

（唐律疏議諸本）　滂―滂憙斎本　至―至正本　岱―岱南閣本　四―四部叢刊本　物―物観本　官―江戸幕府官版　なお唐律疏議諸本の間に実質的異同がない場合には、岱南閣本で唐律疏議を代表させ、「唐」と略称する。例、議―（唐「請」）

（敦煌発見唐律・律疏写本）　北―北京図書館、河字一七号開元名例律断簡　ス―スタイン文書六一三八号唐賊盗律疏断簡　ペ3593―ペリオ文書三五九三号開元名例律疏断簡　ペ3690―ペリオ文書三六九〇号唐職制律疏断簡　なお単に「ペ」とある場合はペリオ文書三六〇八号（永徽）職制律断簡をさすものとする。

〔令〕　広―広橋家本令義解　谷―谷森本令義解　猪―猪熊本令義解　岡―岡谷本令義解　紅―紅葉山文庫本令義解　藤―藤波本神祇令　イ・坂・或・一・又・本・宗―紅本傍書イ本・坂本・或本・一本・又本・本本・宗本　京―京本令義解　塙―塙本令義解　寛―源元寛本関市令　閣―内閣文庫本令集解　萩―萩野本令集解　宮―宮崎本令集解　なお紅葉山文庫本を底本とする部分では、集解諸本の異同を示すことが主要ではないので、無窮会本で令集解を代表させ、「集」と略称する。また倉庫令・医疾令では出典を示す

㈠㈡㈢…を校異記号として用いた。

要略―政事要略　文書目録―本朝法家文書目録

律

名例律　底本―紅本

☆ 1名例第一―(吉「名例第一上下」)。ナオ吉本ノ配列ハ

名例第一上下　衛禁第二　職制第三
戸婚第四　廐庫第五　擅興第六
賊盗第七　闘訟第八　詐偽第九
雑律第十　捕亡第十一　断獄第十二

コノ吉本ノ配列ハ神祇4穴記一云ノイウ「律目録篇所レ次」ト同ジ

1 1吉本ノ配列ハ「笞十贖銅一斤　笞廿贖銅二斤　笞卅贖銅三斤／笞卌贖銅四斤　笞五十贖銅五斤」コノ配列ハ律目録ト同ジ方式デ、以下、杖罪・徒罪・流罪モ同ジ

3 1半(吉・東・九)―ナシ

6 (4)1母(=ペ3593)―(唐・刑「母者」)　2計謀(=ペ3593)―(唐・刑「謀計」)　3赦(吉・東・九)―救　4同(吉・要略八二)―同也

(5)1之(=ペ3593)―(唐・刑ナシ)　2者(吉・要略八二)―者也

(6)1斥(吉・九・谷)―序。底本傍訓「シヤク」　2誤(=吉・田)―(類・唐「設」)　3為(吉・田)―為者　4恭(=刑)―(唐「敬」)　5勅(吉・田・儀制6集解)―詔

(7)1苦(=吉・田)―(類・唐「苦者」)　2者(=吉)―(田ナシ)

(8)1者―(吉ナシ)

7 (5)1推(田・東・九・要略八二)―(谷ィ・類・唐「摧」)

8 1議―(唐「請」)

9 1叔(=田・東・要略八二)―(類「叔父」)　2八虐(=田・東・要略八二)―(唐・刑「十悪反逆縁坐」)　3其(=刑)―(唐「其於」)

10 1及―(田ナシ)

11 1作(田)―作也　2配流(=刑)―(唐「流配」)　3父母(=田・九・東)―頭注参照。賊盗17ニオイテハ類似スル箇所デ「祖父母」　4失(田・東・九)―告　5姧(=田・要略八二)―(類・唐「姧也」)　6及八虐内―(刑「及犯拾悪内」、唐「内犯十悪及」)　7若(田・要略八二)―ナシ　8凡(=刑)―(唐「犯」)。底本傍訓「ホン」、濁音声点アリ

13 1上(田・要略八二)―上者

14 1獲(田)―獲者

15 1絶(=田・要略八二)―(類・唐「絶者」)

16 1未断勾間(=田・刑)―(唐「勾問未断」)　2公(=田)―(類・唐「犯公」)　3者(=刑)―(唐ナシ)　4子―(田ナシ)　5云(=田・滂・刑)―(類・至・岱「云並」)

17 1渉(田・九)―陟　2法―(唐・刑「法之類」)　3仍(田・東・九)―仭　4二(=北)―(唐・刑「徒二」)

18 1等(=北)―(唐・刑「者」)　2赦―(田本ハ赦ニ下ニ傍加書「所」)　3十(=北)―(唐・刑「年十」)　4及(=田)―(唐・刑「即」、北ナシ)　5法(=北)―(唐・刑「罪」)　6免(=北)―(滂・刑「其免」、至「若免」)　7亡(=北)―(唐・刑「亡者」)　8其(=北)―(唐・刑ナシ)　9者(田)―ナシ　10仍(=北)―(唐・刑「仍合」)　11官(=北)―(唐・刑「官之」)　12不(=北)―(唐・刑「不合」)

19 1娶(底本傍書・九)―娵　2乃―(唐・刑「若」)

20 1胎―(唐・刑「胎月」)

21 1降至(=田)―(唐・刑「降所不至」)　2之限―(田本ハ傍加書、唐・刑ナシ)。底本傍書ニ「小本云、或本无二之限二字一、本後書附也。勘レ疏无二此字一。或為二異本一可二尋勘一」　3官(=唐・刑)―日本律編纂時ニ位記ト書キ変エルノヲ忘レタカ

23 1誣(=滂・刑)―(至・岱「謂」)　2徒(=刑)―(唐「科徒」)　3若所枉重自従重―底本ハ本文トスルガ田本ニヨリ本注ニ改

24 1又―(刑「又云」、唐ナシ)　2放(田)―放也　3家―(田「宮」)　4為(=田)―(唐・刑「謂」)

25 1者―(田本ハ傍加書。唐・刑ナシ)　2馬―(唐・刑「馬日」)

26 1待(=田)―(類「得」、唐・刑「聴」)　2前犯(=田)―(刑「前更犯」、至・岱「準前更犯」)　3待(=田)―(至・岱・刑「侍」)

27 1唯(=刑)―(唐「雖」)　2禁―(田「因禁」)　3発―(唐・刑「事発」)　4亭(=田)―(類「斉」、唐・刑「停」)、底本訓点「ヒトシク

は」　5即(田)―即是。タダシ「是」ニ見セ消チカ　6条(田・九・東)―条唯

28　1外(＝刑)―(唐「例」)　2徒―(唐・刑「徒流」)　3造畜…如法―底本ハ本文トスルガ、田本ニヨリ改　4云―(至・岱「注云」、滂・刑「故云」)

29　1卌(類・名例28律意)―卌　2法(類・唐・刑)―ナシ　3流―(唐・刑ナシ)　4流(＝刑)―(唐ナシ)　5犯杖(田)―杖犯

30　1小(意改)―少　2流(＝刑)―(唐「犯流」)　3小―(田「少」)　4常(＝刑)―(唐「良」)　5能(＝刑)―(類・唐「敢」)　6如(＝田)―(類「令」)　7斫(田)―研。底本傍訓「ウチ」　8旁―(田「傍」)　9之(田)―ナシ

31　1病(＝田)―(類・唐「疾」)　2従(＝田)―(類・唐・刑「役」)　3老(＝田)―(唐・刑「老疾」)　4者准格仍(＝刑)―(唐「須」)　5病(＝滂・刑)―(至・岱「疾」)　6従(＝刑)―(唐「免」)　7小―(田「少」)

32　1資(田)―助　2放(田)―赦

(奥題)　1名例―(田ナシ)

名例律(下)

34　1估―(法曹類林一九二「沽」)

35　1類(滂・刑)―物　2首―(西宮記「着」)　3臣(至・滂・続紀天平十六年九月)―承

37　1容―(要略八四・陽明文庫本法曹至要抄上六ナシ。類従本法曹至要抄上六アリ)　2者―(要略八四・陽明文庫本法曹至要抄上六ナシ。類従本法曹至要抄上六ハ竹屋本ニヨリ補)　3越度―(陽明文庫本法曹至要抄上七「越度私度」)

38　1凡(例補)―ナシ

39　1凡(例補)―ナシ　2露(唐)―露文　3応坐之属悔過(唐・法曹至要抄上七)―ナシ　4本(唐)―ナシ

41　1凡(例補)―ナシ　2官(唐)―ナシ　3応(唐)―ナシ　4覚挙―(唐「自覚挙」)　5人(唐)―ナシ　6並―(唐「亦」)

44　1即―(令集解「則」)

45　1止―(西宮記「唯」)

46　1凡(例補)―ナシ　2外孫若(唐・法曹至要抄上六一)―子

47　1律(至・滂・刑)―ナシ

48　1凡(例補)―ナシ

50　1凡(例補)―ナシ　2則(金玉掌中抄・唐)―即　3則(法曹類林一九七・唐)―即

54　1州(至・滂・刑)―凡

55　1彰顕―(賊盗律1疏「彰顕」。法曹至要抄上六一「顕彰」)。開元律「彰明」は唐中宗の諱「顕」を避けたもので、永徽律も「彰顕」か。

56　1次―(令集解「決」)

57　1凡(小野宮年中行事)―ナシ

衛禁律　底本―広橋本

☆　1衛禁律第二―律目録及ビ名例・職制・賊盗律写本ノ例ニヨリ意補

17　1行(＝唐・刑)―(寛「行幸」)

21　1夜―(唐・刑「行夜」)　2行(寛・唐・刑)―依行　3謂―(類・唐・刑「守衛謂」)

23　1守衛謂衛士―職員令59集解ニヨリ注文トスル　2衛士(＝職員令59集解)―(類「兵衛」)　3守衛(寛・類)―主衛

24　1陸奥…亦同―寛本・類本ニヨリ注文トスル　2曹(寛・類)―曾　3大宰府垣亦同―寛本・類本ニヨリ注文トスル　4若(＝刑)―(類・唐「若応開」)　5擅(類・唐)―檀　6坊(類・唐)―防　7忽―(寛・類・唐「急」)　8合(寛・類)―令

25　1謂(法曹至要抄上四二)―諸。「謂三関者」ヲ同上ニヨリ注文トスル　2官―(寛・類・唐「若官」)

26　1有―(寛・類・唐「謂有」)　2度―(寛・類・唐「度者」)　3他―(唐・刑「他人」)　4与―(唐・刑「各与」)　5情―(類・唐・刑「情者」)

27　1忽―(類・唐・刑「急」)　2癈―(寛・唐・刑「稽癈」)

28　1者(＝刑)―(唐ナシ)　2重(＝刑)―(唐「重者」)

29　1故―(寛・類・唐「故云」)

32　1主司(寛・類・唐)―司主　2出―(唐・刑「内外姦人出」)　3預備(類・唐・刑)―備預　4作―(唐・刑「行」)　5而(寛)―両。唐・刑ナシ　6但(寛・類・唐)―祖　7人(寛・類・唐)―ナシ　8逐(寛・類・唐)―遂

33　1令(寛・類・唐)―合　2覚―(類・唐・

刑「挙」) 3告者(寛・類・唐)―者告 4亦―(寛・類・唐「罪亦」) 5之―(寛・類・唐ナシ) 6二里(寛・類・唐)―重

職制律 底本―広橋本

☆ 1凡伍拾陸条―名例律第一ノ「凡弐拾伍条」ニ朱注点ガアルノニナラウ

1 1者―(類・唐・刑ナシ) 2前人(類・唐・刑)―ナシ

2 1蔽(前・類・唐)―弊。タダシ蔽・弊相通ズ 2縦―(唐・刑「縦使」) 3十(前・類・唐)―七 4合(前・唐)―令 5附(=考課2集解)―(前・類・唐「附而」) 6者(=刑)―(唐「若」) 7免―(前・唐・刑「放免」) 8不在(前・類・唐)―在不 9恩(前・類・唐)―ナシ 10得罪(前・類・唐)―罪得 11各―(唐・刑「又各」)

4 1当―(前・類・唐ナシ) 2之(前・類・唐)―々 3上―(唐・刑「来上」) 4上(前・類・唐)―与

5 1因(法曹類林一九七・前・類)―日

6 1遣―(大宝律〈假寧13古記〉・唐・刑「発遣」)

8 1幣(前・類)―弊 2小―(前・類・唐「少」) 3坐(=唐・刑)―(類「座」)

9 1宍(前・類)―完。神祇11集解「肉」。宍は肉の譌字 2二―(前・ペ・唐・刑「一」)

10 1卌(=神祇18集解・要略六一・法曹至要抄上一四)―(類「卅」) 2散(=神祇18集解)―(前・唐「頒」) 3者―(神祇18集解・唐・刑ナシ) 4之(=神祇18集解・滂・刑)―(四・岱ナシ)

12 1駅―(要略七〇・類・唐・刑「駛」)。陽明文庫本法曹至要抄上三四所引雑律7ノ「或注冷熱遅駅」モ「駅」(傍訓「クエツ」) 2誤(=唐・刑)―(前・要略七〇「誤者」) 3名各(前・類・唐)―各名 4合和(前・類・唐)―和合 5共(=要略七〇)―(前・唐・刑「与」) 6於已(前・類・唐)―已於

13 1二(=類)―(前「一」)

14 1造作(前・類・唐)―作造 2槁(=ペ3690)―(類「橋」、唐・刑「篙」)

15 1一―(唐・刑ナシ)

16 1几(前・類・唐)―凡(=刑) 賊盗24疏モ「凡杖」(傍訓「キチヤウ」)。凡ハ几ノ俗字カ 2及(=刑)―(類・唐ナシ) 3玩(前・類・唐・刑)―元 4服―(前・類・唐・刑「服用」)

18 1上已―(類・唐・刑「已上」) 2穢―(ペ・唐・刑「若穢」)。職制13モホボ同ジ構成ノ文デ「若」字アリ

19 1討(前・類・唐・ペ)―計 2合(=滂・岱・刑)―(類・官「令」) 3鍾(=刑)―(類・唐「鐘」) 4聞(類・唐・刑)―聞知 5蕃(類・唐・刑・ペ)―藩 6漏(前・類・唐)―満 7使―(前・唐・刑「国使」) 8者(=ペ)―(唐・刑ナシ)

20 1習(=令抄僧尼)―(前「習者」) 2祥(前・類・唐)―詳

21 1詔(=ペ)―(唐・刑「制」)。開元律ハ則天武后ノ諱「照」ト同音ノ「詔」ヲ避ケテ「制」トスル。以下同ジ 2詔―(前・類・要略三〇「謂詔」) 3騰(=ペ・滂・岱・刑)―(物・官「謄」)。職制21 22疏ノ「騰」モ同ジ。但シペリオ文書ハ疏ノ部分ナシ 4一(=要略三〇)―(職員1集解・類「二」) 5少(=公式62令文)―(前・要略三〇・唐「小」)

22 1旨(前・類・唐・ペ)―百 2緩(前・類・唐)―緑 3畫(前・類・唐)―書

23 1転転―(前・唐・刑「転」) 2合―(要略三〇「者合」)

24 1誤(前・類・唐)―詔 2誤―(要略三〇「誤者」)

26 1誤(=職員1集解・ペ)―(要略三〇「誤者」) 2意(前・類・唐)―竟 3十(前・類・唐)―千 4緒(前・類・物・刑)―結。滂・岱「端」 5事(=要略三〇・ペ)―(前・唐・刑「事者」) 6甲由(=前・滂・ペ・刑)―甲申。類・物・官「申甲」

27 1答(=ペ)―(類・唐・刑「各答」) 2合(前・類・唐)―令 3奏―(前・唐・刑「奏者」) 4待(前・類・唐)―侍 5事―(前・唐・刑「謂事」) 6以―(前・唐・刑「已」) 7上―(唐・刑「申」)

28 1事(前・唐・刑)―ナシ 2若―(類・唐・刑「若有」) 3罪(=滂・岱・刑)―(類・物・官「人罪」) 4即(=滂・岱・刑)―

（前・類・官ナシ）

29 1徒（前・類）—従

30 1吉（類・唐・刑）—告　2楽〔＝金玉掌中抄・ぺ〕—（法曹至要抄上二「楽者」）　3儛—（前・類・唐「舞」）　4終（前・類・唐）—給　5幼〔＝滂・岱・刑〕—（類・官「卑幼」）　6択（前・類・唐）—釈　7法〔＝滂・岱・刑〕—（前・官ナシ）　8不—（前・唐・刑「従不」）　9従—（前ナシ）

31 1乃〔＝滂・岱・刑〕—（類・官「及」）

32 1而〔＝ぺ・刑〕—（滂・岱・物「于」、前・官「而于」）

33 1緩（前・類・唐）—緑　2日〔＝公式42集解〕—（前「符」）　3機〔＝ぺ〕—（唐・刑「務」）。開元律ハ唐玄宗ノ諱「基」ト同音ノ「機」ヲ避ケテ「務」　4者〔＝ぺ〕—（唐・刑ナシ）

34 1寄（公式49 62集解・前・類）—奇　2行〔＝ぺ〕—（前・類・唐・刑「以行」）　3杖（前・類）—ナシ　4機—（唐・刑「事」）　5遺（前・類・唐）—違

35 1不〔＝ぺ〕—（前・唐・刑「及不」）　2遺〔＝ぺ〕—（前・類・唐・刑「遣駅」）　3者〔＝刑〕—（唐「若違者」）

36 1者〔＝滂・岱・刑〕—（類・官「若」）

37 1馬—（前・唐・刑「駅馬」）　2知〔＝ぺ〕—（唐・刑「知情」）

38 1於—（前・類・唐・刑「依」）　2畜—（類・唐・刑「畜産」）　3償（類・唐・刑）—一字分空白

39 1斤謂…准此—前本・類本ニヨリ注文トスル

40 1身〔＝職員2集解〕—（前・唐・刑「身者」）

42 1依（前・類・唐・刑）—無期限者以付依　2罪〔＝ぺ〕—（唐・刑ナシ）　3減〔＝滂・刑〕—（岱・物「各減」）

43 1雇寄—（ぺ・唐・刑「寄雇」）　2放—（唐・刑「而放」）　3者—（前・唐・刑ナシ）

44 1遣（前・類・唐）—違

45 1曲（前・類・唐・刑）—典〔＝ぺ〕　2曲（前・類・唐・刑）—典　3者—（僧尼15集解・ぺ・類・前ナシ）　4求〔＝ぺ〕—（前・唐・刑「求者」）　5已—（類・唐・刑「以」）　6死〔＝ぺ〕—（唐・刑「死者」）

46 1二—（前「一」）　2妄（前・類・唐）—妾　3詐（前・類・唐）—許　4有（前・類・唐）—ナシ　5受—（前・類・唐「受之」）　6已（前・類・唐）—ナシ　7造（前・類・唐）—雖造　8曲—（唐・刑「枉」）　9犯—（前・唐・刑「犯法」）　10法—（前・唐・刑「三等」）

47 1判〔＝刑〕—（唐「判者」）　2依〔＝ぺ〕—（唐・刑「各依」）　3依—（唐・刑「各依」）

48 1冊—（法曹至要抄上三八・金玉掌中抄・類「卌」）

49 1枉〔＝ぺ〕—（金玉掌中抄「枉者」）

50 1累〔＝滂・岱・刑〕—（類・官「罪」）

51 1遺〔＝ぺ・刑〕—（唐「饋」）　2饋〔＝唐・刑〕—（類「遺」）　3所—（前・唐・刑ナシ）　4之—（前・唐・刑ナシ）

52 1貸（前・類・唐・刑・ぺ）—貮。ナオ、ぺリオ文書ノ字体ハ「貸」　2日（前・類・唐）—月　3免—（類・唐・刑「免罪」）　4恩（前・類・唐）—思　5貸（前・類・唐）—貮　6過—（前・唐・刑「過還主」）　7乃—（類・唐・刑「仍」）　8者—（唐・刑ナシ）　9復—（類「後」、唐・刑ナシ）　10利〔＝ぺ〕—（前・類・唐・刑「乗（剰）利」）　11日—（ぺ・唐・刑「日者」）　12十—（唐・刑「十一」）　13謂—（前「始」、類・唐・刑ナシ）

53 1賃（前・類・唐・刑・ぺ）—債。ナオ、ぺリオ文書ノ字体ハ「債」　2家人（前・類）—人家　3賃（前・類・唐）—債　4当時—（刑「当」、唐ナシ）　5貸（前・類・唐・刑）—儀　6処〔＝唐・刑〕—（類ナシ）

54 1苽—（前・唐・刑「瓜」）　2菓—（唐・刑「果」）

55 1率—（前・類・唐・刑「謂率」）

56 1臨〔＝ぺ〕—（前・唐・刑「臨之」）　2貸（前・類・唐）—貮。刑「貣」。→校異52ノ1　3身〔＝唐・刑〕—（類「身自」）　4令者省（意改）—合者省。アルイハ「者」ハ衍カ。前「令省」、類「合者有」

57 1賃（滂・岱）—債。→校異53ノ1。前・類「借」

58 1将〔＝法曹至要抄中四一・ぺ〕—（法曹至要抄上三九「持」）　2送（法曹至要抄上三

九・下四一・ペ)―以送　3従(=ペ・刑)
―(唐「従坐」)　4挾(前・類・唐)―狭

59　1明(要略三〇・類・唐)―州。前「折」　2
若(要略三〇・前・唐)―ナシ　3宣―(要
略三〇・前・類ナシ、唐・刑「議」)　4俓
―(類・唐・刑「但」、要略三〇「経」)

(奥題)　1衛禁(意改)―禁衛

賊盗律　底本―紅本

☆　1凡伍拾参条―底本ニハ注文ノ朱点ナシ。
名例律及ビ令義解ノ例ニヨリ注文トス

1　1狡(類・唐)―校　2将(底本抹消、唐・
刑)―持(=東・九)。底本「将」ヲ抹消シ
テ「持」　3故注云―(ス・滂・刑「故」、至
「注」)　4烋(=ス疏)―(唐・刑「休」)
5妖(=ス疏)―(唐・刑「祆」)　6沮(唐・
刑)―泊

2　1依(=刑)―(唐ナシ)

4　1抗拒(類・唐・刑)―拒抗

5　1卒(類・唐・刑)―率。底本疏ハ「卒」

6　1五(=九・東)―(要略八二「四」)

8　1妾(谷・類・唐)―妄

9　1役(類)―沒

10　1計(谷・類・唐)―許　2者(=刑)―(唐
ナシ)　3囚(底本朱書・東・九)―因　4
囚(九・谷)―因　5傷人―(類・唐「傷他
人」)　6傷(=刑)―(唐「傷人」)　7傷殺―
(類・唐「殺傷」)

11　1質(=刑)―(唐「質人」)

12　1入―(類・唐「並入」)

13　1違(東・九)―逓　2比(九・谷)―北。底
本傍訓「ヒイ」

14　1氷炭―(唐・刑「水岸」)　2人(類・唐)―
ナシ

15　1供―(類・唐「共」)

17　1此(唐・刑)―此人。底本ハ「人」ニ朱抹
消ラシキ点ヲ附ス　2魅(東・九)―魁　3
魅(谷・前・唐)―魁

18　1而(=刑)―(唐ナシ)

21　1説―(要略七〇「陳」)　2神(東・九)―
科　3私裹―(刑「私裡」、類・唐「裹私」)

22　1旧委―(類・唐「旧已知委」)

23　1薦(九・谷)―廌。底本傍訓「セン」

24　1駅(底本傍訓「ヤク」ヲモ参照シテ意改)
―鐸　2真(唐・刑)―ナシ

26　1者(類・唐)―ナシ　2大―(類・刑「文」)

29　1中(=東・九・前)―(谷・類「徒」)　2復
(=刑)―(唐「立」)

30　1塚―(要略二九・唐・刑「冢」)　2撤―
(唐・刑「徹」)　3有隙穴―(底本「有当隙
穴」、「当」ニ見セ消チ、刑「有隙有穴」、
唐「有隙穴」)　4之―(底本「之文」、「文」
ニ見セ消チ)

31　1不―(唐・刑「而」)　2艾―(類・唐「芟」)

33　1他(=刑)―(唐「他人」)　2端(類・唐)―
端若廿端　3合(=刑)―(唐ナシ)

34　1淩―(刑「稜」、唐「脅」)　2拒捕―(刑
「拒捍捕」、唐「拒捍追捕」)　3亦(=刑)―
(唐「並」)

37　1盗―(類・唐「濫」)　2焼舎―(刑「焼人
舎」、唐「焼人舎宅」)　3仗(谷・類・唐)
―杖

38　1計―(類・唐「訴」、東・九「計」)。底本
傍訓「ケエチセム」　2侵―(類・唐「所
侵」)　3本(=刑)―(唐「亦」)　4放(=刑)
―(唐「物」)　5枉(谷・類・唐)―狂　6許
(=刑)―(唐「取」)　7論准盗(=刑)―(唐
「准盗論」)

39　1法―(類・唐「盗」)

41　1殺(=刑)―(唐「殺傷」)　2財(=刑)―
(唐「財物」)　3物(=刑)―(唐「財物」)　4
不条(=刑)―(唐「条不」)

42　1強―(唐・刑「強盗」)

43　1庄―(唐・刑「荘」)

45　1詰(前・類・唐)―誥　2亡―(唐・刑「逃
亡」)　3及(九・東)―乃　4逐―(類・唐・
刑「遂」)　5去(唐・刑)―告

46　1賣別―(唐・刑「別賣」)　2誘―(唐・刑
「誘者」)　3捉(捕亡令8・唐)―投

47　1合(東・九)―令。底本傍訓「ヘシ」

48　1父―(類・唐「父母」)　2売―(唐・刑ナ
シ)　3娶―(唐・刑「取」)

49　1誘(類・唐、下文疏)―ナシ

50　1謀―(唐・刑「同謀」)　2々(盗)―(類・
唐「主」)　3則―(類・唐「財」)　4盗―
(唐・刑ナシ)　5而―(唐・刑「為」)　6唯
―(唐・刑「雖」)

51　1意―(類・唐「意者」)

52 1成〔=刑〕—(唐「計」)

53 1徒(類・唐)—徒 2処—(唐・刑「本処」) 3各—(唐・刑「各准」)

54 1境—(唐・刑「境内」) 2徒二年半—大宝律逸文(考課46古記)「徒一年」、唐律「徒二年」ヨリ重イ。上文ノ「里長笞卌」ハ大宝律逸文ノ「笞五十」(唐律ト同ジ)ヨリ軽イ。アルイハコノ条ノ刑量ニハ誤写アルカ 3以—(唐・刑「皆以」) 4官長—(唐・刑「長官」) 5被殺〔=大宝律逸文〕—(類・唐・刑「被他殺」) 6後(九・東、大宝律逸文)—見セ消チ 7帥(類)—師。底本傍訓「ソツ」 8假〔=刑〕—(唐「如」)

(奥題) 1七—文書目録ハ「律一部十巻」ノ「第六賊盗」トスル

闘訟律　底本—九本

☆ 1闘訟律第八—律目録及ビ名例・職制・賊盗律写本ノ例ニヨリ意補

3 1刀(刑・物)—ナシ〔=滂〕 2辜〔=刑〕—(唐「在辜」) 3外—(唐・刑「限外」) 4者〔=刑〕—(唐「者或雖在辜内胎落而子未成形者」) 5止従本殴傷法〔=刑〕—(唐「各従本損傷法」) 6徒(唐・刑)—ナシ 7減(唐・刑)—咸

4 1節(法曹至要抄上二二)—ナシ〔=滂・岱・刑〕 2謂—(唐・刑「文体謂」) 3徒—(唐・刑「各徒」) 4目—(唐・刑「一目」) 5者—(唐・刑ナシ) 6上—(唐・刑「上者」) 7者—(唐・刑ナシ) 8敗人—(唐・刑「毀敗」) 9毀—(唐・刑「毀敗」) 10瘂(唐・刑)—癈

5 1刃(唐・刑)—ナシ 2責—(唐・刑「者」) 3以—(唐・刑「以兵刃」) 4也—(唐・刑「之」)

令

官位令第一　底本—紅本

☆ 1令巻第一(紅本奥書・広本奥書・文書目録)—ナシ

1 1四品—広本ハ前行ノ三品ノ下ニ置ク

3 1従一位—底本・広本ハ前行ノ正一位ノ下ニ置ク

5 1従二位—底本・広本ハ前行ノ正二位ノ下ニ置ク

9 1等—広本ハ次行ニ「以前下階」ノ四字アリ

10 1左右中弁—コレ以下、広本ハ一行ニ四官名ヲ記ス 2弾正弼—広本・集解ハ左右中弁ノ上ニ置ク

11 1少納言大宰少弐—前行ノ侍従ノ下ニアリ

12 1葬—(職員20「喪」)

13 1水—(広「氷」) 2位(広・塙・集)—品位

15 1鍛冶佑—前行ノ兵馬佑ノ下ニアリ、意改、ヨッテ以下一項ズツ上下ヲ異ニスル 2冶(塙・集)—治

16 1葬—(職員20「喪」) 2水—(広「氷」)

17 1志(広・塙・集)—属 2医(広・塙・集)—医師 3志(広・塙・集)—属

18 1冶(塙・集)—治 2畫(広・塙・集)—書 3 4家(塙)—ナシ 5冶(塙・集)—治 6葬—(職員20「喪」) 7二(京・塙・集)—三

19 1水—(広「氷」)

職員令第二　底本—無窮会本令集解

☆ 1令巻第二(文書目録)―ナシ　2捌拾(例改)―八十

2 1少(田・宮・京・塙)―小

3 1少(田・萩・京・塙)―小　2鎰―(萩・京・塙「鑰」)　3事―(塙ナシ)　4578鎰―(京・塙「鑰」)　6鎰(京・塙)―鎰之

7 1雑(田・塙)―ナシ　2鑰―(塙「鎰」)　346鎰―(京「鑰」)　5人(田・萩・宮・京・塙)―ナシ

9 1有異密封(閣・塙)―ナシ　2奏(閣・萩・印・塙)―ナシ　3師(萩・印・塙)―ナシ

11 1事―(塙ナシ)

13 1定(閣・萩・塙)―ナシ

17 1卌(＝集解諸本・令聞書)―(京・塙「卅」)　2笛師二人(萩・塙・令聞書)―ナシ　3掌教雑笛(標注)―ナシ　4楽(萩・塙・令聞書)―ナシ　5余楽生准此(萩・塙)―ナシ

19 1令(田・萩・塙)―ナシ

20 1喪―(官位令「葬」)

22 1事―(田・京・塙ナシ)　2事―(塙ナシ)

27 1一人―塙本コノ下ニ「吹部卅人」ノ四字アリ

29 1事―底本コノ下ニ「佑一人」ノ三字アリ、官位令ニ佑ナキニヨリ削ル

33 1銅鉄(閣・塙)―銅銭鉄

34 1鉄(田・宮・萩・塙)―銭

38 1事―(塙ナシ)

40 123事―(塙ナシ)

44 1方(田・塙)―分　2掌学諸医療(塙)―ナシ　3事―(塙ナシ)　4薬―(塙ナシ)

46 1御(塙)―ナシ

56 1事(萩・塙)―ナシ

58 1卌―(閣・宮・塙「卅」)

64 1庫―(傍「庫寮」)

65 1庫―(萩・令聞書「庫司」)

74 1事余領(塙)―領事余

後宮職員令第三　底本―無窮会本令集解

9 1鎰―(塙「鑰」)

15 1東宮々人及嬪以上女竪准此(＝萩)―(田・宮・塙ハ本文トスル)

16 1女王(要略・令聞書・塙)―ナシ

18 1仕(田・萩・塙)―事

東宮職員令第四　底本―無窮会本令集解

☆ 1凡壱拾壱条(集解目録)―凡壱拾条

5 1物―(塙「属」)

8 1水部十人使部六人(田・萩・塙)―水部十人使部十人使部六人

10 1人(田・萩・塙)―ナシ

家令職員令第五　底本―無窮会本令集解

1 1以下―(塙「余文学」)　2余扶准此(萩・塙)―ナシ

神祇令第六　底本―藤波本

☆ 1令巻第三―底本奥書・猪本奥書ハコレト同ジ。岡本奥書ハ「令義解巻第三」　2三―底本ハコノ下ニ「神祇」ノ二字ヲ小書スルモ他巻ノ例ニナライ採ラズ

4 1神衣祭―以下ノ四祭ノ序次、家本・猪本傍書ハ神衣祭・三枝祭・大忌祭・風神祭トスル。猪本・京本・塙本・集解ハ底本ト同ジ　2大忌祭―塙本ハ改行セズ神衣祭ノ下ニ記ス　3風神祭―塙本ハ改行セズ三枝祭ノ下ニ記ス

5 1月次祭―以下ノ三祭ノ序次、底本傍書・猪本傍書ハ月次祭・道饗祭・鎮火祭トスル。猪本・京本・塙本・集解ハ底本ト同ジ　2鎮火祭―塙本ハ改行セズ月次祭ノ下ニ記ス

6 1風神祭―底本ハ改行セズ大忌祭ノ下ニ記スモ他例ニナライ行ヲ改ム。猪本・塙本・集解モ底本ト同ジ

7 1神嘗祭―猪本・塙本ハ改行セズ神衣祭ノ下ニ記ス。京本・集解ハ底本ト同ジ

8 1上卯相嘗祭―以下ノ三祭ノ序次、猪本傍書・京本・塙本・集解ハ上卯相嘗祭・下卯大嘗祭・寅日鎮魂祭トスル。猪本ハ底本ト同ジ　2下卯大嘗祭―塙本ハ改行セズ上卯相嘗祭ノ下ニ記ス

9 1月次祭―以下ノ三祭ノ序次、底本傍書・猪本傍書ハ月次祭・道饗祭・鎮火祭トスル。猪本・京本・塙本・集解ハ底本ト同ジ　2鎮火祭―猪本・塙本・集解ハ改行セズ月次祭ノ下ニ記ス　3道饗祭―猪本ハ改行セズ月次祭・鎮火祭ノ下ニ記ス

10 1一(猪・京・塙・集)―ナシ

11 1完―(塙「宍」、集「肉」)　2為―(塙・集「祭」、京ナシ)　3祀―(京ナシ)

13 1劔―(猪・京・塙・集「劒」)

17 1祀―(京「礼」)　2唯伊勢神宮常祀亦同

—京本・塙本・集解ハ本文トスル。猪本ニハ底本ト同ジク注点アリ

僧尼令第七　底本—猪熊本

3　1上—(京・塙・集「上者」)
4　1浚—(塙「陵」)　2者(京・塙・集)—ナシ
5　1而(京・塙・集)—ナシ
6　1年至—(京・塙・集「至年」)　2色—(集「邑」)
7　1肉—(京「完」、塙・集「宍」)　2服(塙・集)—ナシ
15　1掃(京・塙・集)—払　2如有意故(京・塙・集)—欠損
23　1凡僧尼等(京・塙・集)—欠損　2者(京・塙・集)—欠損
26　1凡斎会(岡・京・塙)—欠損　2其(岡・京・塙)—欠損
27　1断(=岡)—(京・塙・集「罪」)

戸令第八　底本—紅本

☆　1令巻第四(紅本奥書・文書目録)—ナシ
1　1桑禁察非違(京・塙・集)—欠損　2阻険地遠人(京・塙・集)—欠損
6　1小—(塙「少」)
15　1堺—(集「境」)
23　1若夫兄弟皆亡各同一子之分—坂本ハ本文トスル。若字ノ墨傍書ニ「若以下分字以上如二坂本一者无二注点一如何」、分字ノ墨傍書ニ「分以上如二坂本一者非二注文一无二其点一」
26　1還—(坂・集「帰」)
28　1妻—(塙ナシ)
31　1姑兄弟(塙・集)—兄弟姑
33　1敦(イ・塙・集)—敢　2遺—(集「匱」)
38　1没(坂・京・塙・集)—役
42　1陵戸—(坂ナシ)
44　1自(京・塙・集)—ナシ

田令第九　底本—紅本

5　1太(京・塙・集)—大
7　1勅所指者不拘此令—(京本・塙本・集解ハ本文トスル)
33　1小(集)—少

賦役令第十　底本—紅本

1　1菜(集)—藻　2二—(坂「三」)　3脂—(塙「油」)　4二—(集「三」)
4　1匠—(イ「丁匠」)
6　1斗—(坂・或「束」)
10　1必同—(京「如」)
15　1奴—(イ「奴婢」)
19　1位(京・塙・集)—位粒
20　1防(塙・集)—坊
22　1雇役丁—(イ「応雇役仕丁」)
24　1分(塙・集)—公
32　1牌—(坂「碑」)
33　1役(坂・京・塙・集)—没　2例—(或「限」)
35　1之—(集ナシ)
37　1条—(集・要略「条之」)

学令第十一　底本—紅本

8　1千(坂・塙・集)—ナシ

選叙令第十二　底本—紅本

☆　1令巻第五(紅本奥書・文書目録)—ナシ　2令第十二(集・令抄)—欠損　3捌—(集解目録「九」)
1　1校(京・塙・集)—授　2式部起十月(集)—欠損　3卅日太政官(集)—欠損
2　1内外(集)—欠損
8　1並闕(集)—闕並　2伎—(京・塙・集「岐」)
10　1止—(イ・京・塙・集「並」)
11　1職—(京「識」)　2量(集)—重
15　1 2番(塙・集)—蕃
16　1者(塙・集)—者並貢
17　1省—(塙・集ナシ)
22　1日—(続紀天平宝字二年九月条「日不愈者」)　2藉(集)—籍
27　1博(京・塙・集)—転
29　1博(京・塙・集)—転　2循—(京・塙「脩」)
35　1唯(塙・集)—准
37　1於(京・塙・集)—ナシ　2此—(集「於此」)

考課令第十四　底本—紅本

☆　1伍—(令抄「肆」)
1　1京(京・塙・集)—重　2畿(塙・集)—幾
2　1遏—(塙・集「景」)
14　1不—(集「弗」)
15　1庫—(集「廩」)
20　1忠(塙・集)—恵
25　1不—(集「弗」)
41　1十得七為多—塙・集ハコノ注文為方術之最ノ上ニアリ
42　1究—(京・塙・集「窮」)
44　1了(イ・集)—畢

45 1大―（京・塙「太」）
47 1愛（京・塙・集）―受
50 1量（京・塙・集）―重
51 1了（京・塙・集）―畢
53 1察（京・塙・集）―寮
54 1謂熟田之内有荒廃者―塙・集ハ、コノ注文、下文ノ降一等ノ下、若数処有功ノ上ニアリ
55 1応―（集「応須」） 2徙―（塙・集「従」）
57 1殿（京・塙・集）―処
58 1本犯不至除解而特除解者不徴―コノ注文、底本ハ本文トスルガ、延暦交替式所載延暦十七年四月七日太政官符所引ノ令文ニヨリ注文トスル
59 1卌（京・塙・集）―卅 2倍―（集「陪」）

禄令第十五 底本―紅本

1 1京（京・塙・集）―重 2太―（塙・集「大」）
3 1伎―（京・塙・集「岐」） 4絁（京・塙・集）―絶（以下同ジ） 5肆―（塙「参」） 6伍（塙）―五 7拾―（塙「拾弐」） 8肆（塙）―四 9壱（京・塙・集）―参
2 1五（塙）―伍
10 1一（塙・集）―ナシ 2卅―（塙・集「卌」）
12 1綿（京・塙・集）―錦
13 1得（‖宗）―（京・塙・集「伝」）

宮衛令第十六 底本―紅本

☆ 1令巻第六（紅本奥書・文書目録）―ナシ
1 1着―（京・塙・集「著」）
4 1昼（京・塙・集）―尽
16 1錀―（塙・集「鎰」）

軍防令第十七 底本―紅本

1 1大（京・塙）―太
5 1馱（京・塙）―駹
7 1芠―（京・塙「艾」） 2籙（京・塙）―録
11 1槍（京・塙）―拾
20 1漆―（又「秦」）
24 1人（塙）―ナシ
42 1即（京・塙）―為即
51 1丁（京・塙）―下
52 1鎰―（イ・京「錀」）
53 1逐―（京・塙「遂」）
55 1聴（イ・京・塙）―能
62 1遂―（塙「逐」） 2水（京・塙）―氷
64 1援―（塙「援者」）
73 1芠―（京・塙「艾」）

儀制令第十八 底本―紅本

☆ 1令巻第七（紅本奥書・文書目録）―ナシ
1 1天皇―谷・京・塙・集ハ平出セズ前行ニ続ク 2皇帝―谷・京・塙・集ハ平出セズ天皇ノ下ニ続ク 3陛下―谷・京・塙・集ハ平出セズ皇帝ノ下ニ続ク 4太―（谷「大」） 5称―（谷「称之」）
7 1大―（集「太」）
12 1坐―（京・赤「座」） 2司―（集「時」） 3坐―（集「座」）
14 1題云―（京「顕書」）
16 1祖父母々々―（集「祖父々母々」） 2祖父母々々―（集「祖父々母々」）
17 1即―（集「則」）
20 1弔―（塙「吊」）
25 1婦（塙・集）―婦妾

衣服令第十九 底本―紅本

3 1佩―（集「珮」）
5 1即―（塙・集「則」）
6 1即―（塙・集「則」）
7 1秦―（塙・集「蓁」）
8 1髻（京・塙・集）―髻
9 1髻（京・塙・集）―髻
10 1髻（京・塙・集）―髻
11 1 2髻（京・塙・集）―髻 3緑（集）―ナシ
14 1即―（塙・集「則」） 2朔節日即服之―底本ハ注文トスルガ京・塙・集ニヨリ本文トスル 3朔―（京・集「朔日」） 4即―（塙・集「則」）

営繕令第廿 底本―紅本

9 1物―（塙・集ナシ）
13 1逐―（京・塙・集「遂」）
16 1防（塙・集）―坊
17 1殖―（本・集「種」）

公式令第廿一 底本―紅本

☆ 1令巻第八（文書目録）―ナシ
1 1明神御宇天皇詔旨云云咸聞（塙・集）―ナシ 2州―（塙・集「洲」） 3旨―（集「書」） 4詔書―底本ハ前行ニ続クガ塙・集ニヨリ平出トスル 5詔―底本ハ詔字ノ上ニ闕字ナキモ京ニヨリ闕字トスル。塙ハ平出 6又―（集「亦」）

2 1勅—底本ハ勅字ノ上ニ闕字ナキモ京・塙ニヨリ闕字トスル

4 1並為(塙・集)—為並

6 1皇太子畫—(塙ナシ) 2令—底本ハ令字ノ上ニ闕字ナキモ集ニヨリ闕字トスル

8 1奏(集)—ナシ 2太(塙・集)—大

16 1太(京・塙・集)—大

19 1合詔勅若干—底本ハ改行セズ前行ニ続クガ京・塙・集ニヨリ行ヲ改ム 2科—(イ「料」) 3 4 5 6某—(京・塙・集「其」)

20 1科(京・塙・集)—料

21 1逐(集)—遂

22 1 4 6 某—(京・塙・集「其」) 2 5某—(塙・集「其」) 3若(集・令釈・穴記)—ナシ 7年—塙・集ハ小字注文トスル 8頭—(集「頭歳」) 9同—(京・塙・集「問」)

35 1太(京・塙・集)—大

40 1以(京・塙・集)—ナシ

47 1畢—(塙・集「了」)

50 1軍(集)—運

55 1列(塙・集)—別

62 1少—(集「小」)

66 1膀(京・塙・集)—傍

82 1 3案—(塙・集「安」) 2某—(塙・集「其」)

85 1校—(集「授」) 2擁(塙・集)—推

倉庫令第廿二(逸文)

☆ 1令巻第九(文書目録ニヨリ補ウ) 2倉庫令第廿二(集解目録・文書目録・令抄ニヨリ補ウ) 3凡弐拾弐条(集解目録ニヨリ補ウ)

2 1倉(㈠㈡㈢)—(㈤「庫」) 2検校(㈠㈡㈤)—(㈢「按検」)

5 1終(意改)—給終㈠

8 1鑰(㈡)—(㈠㈢「鎰」)

10 1司—(㈢デハ、コノ文ニ続ケテ「此号門文須任門文全進納」ノ文アリ、塙本ハコレヲ令文トスルガ、令文ニ非ザル文トミテ採ラズ)

11 1代(㈠㈡㈣)—(㈢「替」) 2分付然後(㈠㈢㈣)—(㈡「付至」)

13 1負(㈠㈡㈢)—(㈣「損」)

廐牧令第廿三　底本—無窮会本令集解

2 1五十(塙)—五十五

4 1取(塙)—耳

6 1三(塙・要略二三)—二

9 1復—(塙「後」)

17 1以(塙)—ナシ

20 1太—(京・塙「大」)

23 1認—(塙「認者」)

医疾令第廿四(逸文)

☆ 1医疾令第廿四(集解目録・文書目録ニヨリ補ウ) 2凡弐拾柒条(集解目録ニヨリ補ウ)

6 1灸(意改)—炙㈠

12 1医(㈠㈡)—(㈢「療医」) 2病(㈠㈡)—(㈢「患」)

13 1降㈠—(㈡「減」)

14 1刺㈠—(塙「判」)

16 1下(意改)—上㈠

23 1餌薬之日—医疾令補注☆参照 2其中宮及東宮准此—㈡及ビ塙本ニハ本文・注文ノ区別ナキモ、注文ト看做ス

24 1疾(㈠㈡㈢)—(㈣「病」) 2医(㈠㈢㈣)—(㈡「医師」) 3致仕者亦准此—㈠㈣及ビ塙本ニハ本文・注文ノ区別ナキモ、注文ト看做ス

25 1諸国准此—㈠及ビ塙本ニハ本文・注文ノ区別ナキモ、注文ト看做ス

26 1諸国医師亦准此—㈠及ビ塙本ニハ本文・注文ノ区別ナキモ、注文ト看做ス

假寧令第廿五　底本—無窮会本令集解

1 1月(田・宮・萩)—日

13 1装束假(田・宮・萩)—假装束

喪葬令第廿六　底本—無窮会本令集解

2 1喪(萩・京・塙)—ナシ 2外(塙)—ナシ

3 1及(田・宮・萩)—ナシ

6 1従(田・宮・萩)—ナシ

8 1轜—(萩・京「轜車」) 2口(宮・萩・塙)—ナシ

17 1姑—(塙「父姑」)

関市令第廿七　底本—紅本

☆ 1令巻第十(奥書・文書目録)—ナシ 2関市令第廿七(集解目録・文書目録)—欠損 3凡弐拾条(集解目録)—欠損

1 1凡…—第一条ノ前半ハ底本ニ欠損アリ、ソノ復原ニツイテハ、補☆b参照

3 1度関—(寛「度入関津」、底本ニモ入・津ノ二字アルガ抹消) 2聴—(寛「聴便」、底本ニモ便字アルガ抹消)
4 1並(塙・寛)—ナシ
7 1当—(寛「掌」)
8 1獲(塙・寛)—ナシ 2一分(塙・寛)—ナシ
12 1本(塙・寛)—ナシ
14 1 2詣—(寛「請」)
15 1者—(塙・寛「者皆」、底本ニモ皆字アルガ抹消)

捕亡令第廿八 底本—紅本

1 1加訪(京・塙)—訪加
7 1召—(京・塙「告」)
15 1遣—(イ「置」)

獄令第廿九 底本—紅本

3 1国見—(要略浦本・同佐本「国執見」)
5 1内—(京・塙「国」)
14 1大(塙)—太
22 1而—(一ナシ)
33 1 2導(塙)—導
34 1摂—(要略「捕」)
40 1大(京・塙)—太
44 1摂—(坂「捕」)
46 1可知雖—(京・塙「雖可知」) 2及—(京・塙「乃」)
58 1損—(要略所載延喜十三年二月廿五日太政官符所引獄令「負」)
63 1径(京)—住 2小(京・塙)—少

雑令第卅 底本—紅本

13 1以—(塙「已」)
21 1賞—(塙「給」)
29 1蕃(京・塙)—番
39 1径(京)—侄

訓読注

〔凡　例〕

〔I〕一、本書に収録した律・令のうち、訓点を有する紅葉山文庫本(ただし官位令を除く)・藤波本・猪熊本を底本として用いた諸篇については、次の諸事項に該当するものを、訓読注として掲記した。

(1)底本の訓読を修正して訓読文を作成した場合。

(2)底本の訓読に二訓・三訓あり、その一をとって訓読文を作成した場合。

(3)底本の訓読が、本書の訓読方針(解題参照)と異なる場合、ないし特殊例。たとえば、(イ)サ変動詞の命令形のヲコト点が「せよ」である例、(ロ)「及」の傍訓が「及ヒ」の例、(ハ)「則」の傍訓が「則チ」の例、など。

(4)底本の訓読で、古形と思われる語法。たとえば特殊な音便形。

(5)訓読文で採用した底本傍訓の字音が、呉音ではないと考えられる場合、ないし古形と思われる場合。

(6)その他。たとえば、(イ)朱筆による傍訓、(ロ)傍訓に濁点ある例、(ハ)他書における訓読例、など。

二、底本訓読の修正には、返り点の修正、句読点の修正、誤点と考えられるものの修正などがあるが、これらについては、まず底本の表記を示し、次に修正した理由を記した。ただし底本の仮名遣を修正した場合はこれを掲げていない。また底本の読点を省略した場合も、いちいち注記しない場合が多い。

三、底本の訓読に二訓・三訓ある場合は、まず訓読文で採用した底本の訓点を掲げ、次にその他の訓を記した。

四、上記六事項を掲記するにあたっては、次のような表記を用いた。

(イ)朱筆・墨筆を略して「朱」「墨」で示した。

(ロ)朱点と墨点があい補うものである場合は「訓点」とする。

(ハ)訓読文で採用した墨点、および墨点に二訓以上あるときの右傍のものまたは合点のあるものを「墨傍訓」とし、他の墨点を「墨別訓」とする。

(ニ)訓点の表記には、朱ヲコト点・朱傍訓にはひらがなを用いる。

墨傍訓(同別訓)の表記にはカタカナを用いる。

校訂者が補読した語句にはカタカナを用い、これを(　)に入れて示す。なお「へ」のひらがなとカタカナは、活字では区別しがたいので、ひらがなの「へ」には傍線を付す。

〔II〕官位令は、訓点を有する紅葉山文庫本を底本とするが、ここでは訓読文中に表記しえないもののみを、訓読注として掲記した。その方針については、官位令訓読注の〈官位令の底本訓点のあらわしかたについて〉を参照されたい。

〔III〕訓点なき諸本および逸文の諸篇では、訓読文作成上で典拠としたものを訓読注として適宜掲記した。

(なお諸本の略号は校異凡例参照。)

律

名例律

1 一「笞十贖銅一斤」以下は小字割書なので、養老律写本の通例では疏となるが、この部分は異例であって、本注に相当すると推定されるので、訓読文に加えた。→補☆b。

2 杖罪条～5 死罪条の部分も同じ。

6 (1)一 謀反—底本訓点ナシ。東本・谷本・前本「反(ヲ)謀る」。なお底本名例18疏の謀反の傍訓「ムヘン」。

二 危—訓点「アヤウクセムと」。

(3)一 従—訓点「従へむと」は他動詞。律の本意は自動詞「従(ハ)むと」か。

(4)一 夫—墨傍訓「ヲフト」。

(6)一 食—墨傍訓「シツ、坂」、墨別訓「シキ」、墨濁音声点。

二 牢—墨傍訓「カタク」、墨別訓「マタク」。

三 切—墨傍訓「セツ」。律底本の入声字(t)の傍訓には「―ツ」と表記するものが多いので、以下、律では入声字(t)は「―ツ」と補読する。例、切(セツ)別(ベツ)卒(ソツ)決(ケツ)姪(テツ)失(シツ)疾(シツ)殺(セツ)逸(イツ)帥(ソツ)熱(ネツ)奪(ダツ)節(セツ)竊(セツ)発(ホツ)。ただし底本傍訓に「―チ」と表記するものはそのまま傍訓を付す。なお「勿論」は「モチロン」「モツロン」の両方があるが、前者の例が多いので、補読する場合には「モチロン」とする。

四 捍—訓点「コハムて」。

(7)一 在—墨傍訓「アルトキ」。田本朱ヲコト点「在(ル)を」。

(8)一 受—朱ヲコト点「受(ケ)たる」。疏には「見に業受(ク)る師」。本文の訓点は日本律疏と唐律疏との違い(頭注参照)とも関係あるか。

二 従—墨傍訓「シタカイ」。東本・九本及び底本疏の傍訓により改。

7 (3)一 行—墨傍訓「カウ」。墨別訓「キヤウ」。墨濁音声点。

(4)一 藝—墨傍訓「ケイ」。墨別訓「キ」、墨濁音声点。

(5)一 功—墨傍訓「コウ」。東本・九本の傍訓、及び底本本注「大功勲」の傍訓により改。

8 一 先奏請議—訓点「先(ヅ)奏請してキせ(ヨ)」。律の本意は「先(ヅ)奏(シテ)議(ヲ)請(ヘ)」、または「先(ヅ)議(ヲ)奏請(セヨ)」か。

9 一 盗—墨傍訓「タウシ」。墨別訓「ヌスミシ」。

11 一 自—墨傍訓「ミ(ヅカラ)」(朱合点)、墨別訓「ヲ(ノヅカラ)」(イ本の「イ」注記)。

14 一 者—朱ヲコト点「(モ)の」。

二 従—墨傍訓「スウ」、墨濁音声点。

15 一 蔭—訓点「蔭スルを」。田本朱ヲコト点「蔭すること」。

二 絶—訓点「タエムは」。田本訓点「絶(タエタ)らは」。

16 一 卑—墨傍訓「ヒイ」。

二 勿—墨傍訓「モチ」。

17 一 比—訓点「ヒイす」。

18 一 者—墨傍訓「ヒト」。田本朱ヲコト点「(モ)の」。底本は「者」を「ひと」と訓読することが多いので、補読する場合には原則として「ひと」とし、以下底本訓点に「もの」とある場合だけを訓読注にあげた。

二 成—訓点「ナリンタラは」。田本朱ヲコト点「成ら(ハ)」。田本墨傍訓(後筆か)「ナラハ」。

三 成謂—墨傍訓「成(リ)タラントイ(フ)ハ謂(ハク)」。田本朱ヲコト点「成らむと謂(フ)は」。

四 者—訓点「(モ)ノを(イ)ふ」。

五 者—訓点「(モ)ノを(イ)ふ」。田本朱ヲコト点「(モ)のを(イフ)」。

六 死—墨傍訓「シニ」。田本墨傍訓(後筆か)「死(ナ)ム」。

七 者—訓点「ヒトを(イ)ふ」。田本朱ヲコト点「(モ)のを(イフ)」。

19 一 囚—墨濁音声点。

21 一 計—墨傍訓「ケ」。

二 従—訓点「従フて」。田本朱ヲコト点「従ふて」。

22 一 軽—訓点「カロウして」。

二 少—訓点「スクナウシて」。

三 年—朱声点、墨左傍訓「トシ」。

25 一 計—訓点「カソウルに」。

二 者—朱ヲコト点「(モ)のを(イ)ふ」。墨傍訓「(モ)ノ」。

三従―訓点「従フて」。田本朱ヲコト点「従ふ」。

26 一者―朱ヲコト点「(モ)のを(イ)ふ」。墨傍訓「(モ)ノ」。

二准―朱ヲコト点「准ふ」。田本朱ヲコト点「准(へ)よ」。

三未上道―墨傍訓「未タ上道セ(ザ)ル」。

四三月―訓点「ミ月にナムナハ」。

27 一而―墨傍訓「而ルカ」。

30 一勿―墨傍訓「モツ」。

二備―墨傍訓「備へ」。底本疏の「備」の墨傍訓「ソナヘト云」。「ヨ」補読不要か。

31 一幼―墨傍訓「イウ」。

32 一彼―墨傍訓「ヒイ」。

二者―朱ヲコト点「(モ)のを(イ)ふ」。墨傍訓「(モ)ノ」。

三倍―墨傍訓「ヘ」、墨濁音声点。

四従―朱ヲコト点「従ふて」。

衛禁律

24 一陸奥越後出羽→訓読注賊盗27二。

25 一私度関―陽明文庫本法曹至要抄上四二傍訓「私ニセキコヘタラハ」。

二越度―同右「ヲツト」。

26 一冒名―同右「冒名シテ」。

職制律

8 一遁―紅本賊盗40訓点「オヒに」、陽明文庫本法曹至要抄上五六傍訓「オヒニ」による。

21 一謄―公式令の集解諸説は「謄」(うつす)と同義に解していたらしいが、ここでは「謄」の字義に即して仮りに「つたふ」と訓読する。

26 一言―本条の「言」は文書と口頭の両方の場合を含むので(例、後文の「甲申」と「甲由」は明らかに文字の異同)、「いふ」と訓読するのは適切でないが、適当な訓がみつからないので仮りに「いふ」と訓読する。

48 一為曲法処断―返点は陽明文庫本法曹至要抄上三八による。

二不為曲法―同右。

賊盗律

1 一者―墨傍訓「モノヲイフ」。墨合点。

二惑―墨傍訓「オクセム」。

2 一婦―墨傍訓「フウ」。

4 一駈率―墨傍訓「クウソツセラ」。

二攻撃虜掠―訓点「セメウ(チ)て虜リヤウする」。朱ヲコト点「て」は疏の意により削。

三抗拒―墨傍訓「コハヒコハヘラ」。朱ヲコト点「らは」。朱訓連読符。

6 一卑幼―墨傍訓「ヒイエウ」。

9 一雇―朱傍訓「ヤ」、墨傍訓「トフ」。

10 一囚―墨傍訓「シウ」。

二竊―訓点「ヌスムて」。

三故―墨傍訓「ユヘ」。

四劫―墨傍訓「ムハヘル」。疏の「劫」字の墨傍訓にも「ムハヒ」、「ムハハルル」。

13 一遁―訓点「オロに」。賊盗40の「遁」の訓点「オヒに」により改。

二経卅日―訓点「ミソカフルマてに」。

14 一恐迫―墨傍訓「オトシセメ」。

二畏懼―墨傍訓「オソリオソラ」。懼に朱ヲコト点「ら」。

15 一堪…者―朱ヲコト点「堪(へ)たるを(イフ)〔者〕」。墨傍訓「タヘタルモノヲ(イフ)」。

16 一買―墨傍訓「カフテ」。

二経病人―朱ヲコト点「人を病にし経(タ)らむ」、経の墨傍訓「ヘタラム」。

三食―墨傍訓「ハムテ」。

17 一造―墨傍訓「ツクリ」。律の本意は「ナシ」(名義抄の「造」の訓に「ナス」)の方が適切か。15条の疏に「造。謂。自造」、21条の本注に「造。謂。自造二休咎及鬼神之言一」とあるように、造は、自分の発意で作りまたは実行すること。

二造符書呪詛―訓点「符書スウショを造(リ)て」。下文の疏の訓点も「以二厭魅符書呪詛之故一」。

三於―墨傍訓「オキ」。「オキ(テ)」の「て」の訓点ナシ。→訓読注19一。

四徒―墨傍訓「ツウ」。

五皆絞―墨傍訓「ミナケウ」。

18 一頭―墨傍訓「トウ」。

二雑―墨傍訓「サウ」。

19 一於―「て」の訓点ナシ。→訓読注17三。

20 一卑—墨傍訓「ヒイ」。
二於↓訓読注19一。
21 一凶—墨傍訓「クウ」。
二順—墨傍訓「スウン」。
22 一故—墨傍訓「ユヘ」。
二登時—朱ヲコト点「登の時に」、朱傍訓「ス」、墨傍訓「ナハチ」。
24 一非…者—訓点「行ヨウセルに非(サル)を(イフ)」。墨別訓「非(ザ)ルモノヲ(イフ)」。
二擬—訓点「スルを」。
三擬—墨傍訓「セヨ」は、朱ヲコト点「む」によって「セム」の誤りと看做した。
四及—墨傍訓「オヨヒ」。
五呈—墨傍訓「テイセル」。
六擬—朱ヲコト点「せらむ」。墨傍訓「セラ」。
25 一非…者↓訓読注24一。
26 一施—墨傍訓「シ」。
二勲—墨傍訓「クウン」。
三授—墨傍訓「シウ」。
27 一節刀—墨傍訓は「セツト」。
二陸奥越後出羽—陸奥↓訓読注職員70一。出羽—和名抄「以天波」。越後—訓点「コシのヲ(ミの誤か)チノシリ」。和名抄「古之乃美知乃之利」。ただし紅本軍防48では音読。
三宮城—訓点は「門鑰も亦宮城に同(ジ)」。ただし宮城の部分に注文の朱点がないことと文章とから、「に」の点はとらない。
30 一発撤—墨傍訓「アハキトヲセラ」。
二発而未撤—訓点「アハクか〔而〕撤(セ)未は」。
三塚—墨傍訓「チョウ」。
34 一等—墨傍訓「ヒトシ」。
二竊盗発覚—墨傍訓「セツタウホツカク」。
38 一准盗論—訓点「スウン盗論して」。朱音連読符。
二恐喝者—朱ヲコト点「恐(シ)喝せらは〔者〕」。あるいは「恐(シ)喝(セラム)」が可か。
39 一奪—墨傍訓「ムハヘラ」。
40 一逓—訓点「オヒに」。
42 一主—墨傍訓「スウ」。
二遇—朱訓点「アフて」。
三臨時—朱ヲコト点「に」。疏の「臨時」に朱音連読符。
43 一貿易—墨傍訓「モウヤクセラ」。
二准—墨傍訓「スウン」。
47 一和—訓点「アマナフて」。
二和—墨傍訓「ワア」か。
48 一和誘—墨傍訓「ワアイウ」か。
二売—墨傍訓「ウ」、朱ヲコト点「る」。朱傍訓「リ」。
49 一坐贓論—訓点「サアセウ論して」。セウはサウの誤りとみなした。
50 一盗—墨傍訓「ヌスミセラ」、朱ヲコト点「せらは」。
52 一徒—墨傍訓「ツウ」。
53 一繫閉—墨傍訓「ケヘイ」。
二飛走—墨傍訓「ヒイソウ」。
54 一随—朱ヲコト点「随ふて」。
二毅—墨傍訓「キイ」。

闘訟律

3 一眇—陽明文庫本法曹至要抄上二二闘訟2逸文の「眇」の傍訓「ヒソラシ」。動詞「ヒソラス」の連用形か。
4 一折跌—陽明文庫本法曹至要抄上二二傍訓「ヲリキカヘ」。
二瞎—同右傍訓「レツセラバ」。「レ」は「ケ」の誤写か。

令

官位令第一

〈官位令の底本訓点のあらわしかたについて〉

官位令においては、他巻と異なり、次のような方法で底本の訓点を示すことにした。

(1)音読・訓読の別は朱点により、これに基づくよみを右傍の傍訓で示した。したがって右傍に傍訓のないものは、原則としてその部分に朱点が存しないことを意味する。ただし一部に、校訂者の判断により、朱点が存しないにもかかわらず傍訓を付したものが含まれているが(これは親王・諸王・諸臣および品階・位階・勲階の一部に限られる)、これには( )を付して、朱点のあるものと区別した。

(2)朱点が音読を指示するものは、原則として呉音によったが、墨筆で字音が示されている場合はこれにより、その旨を訓読注に注した。

(3)朱点が訓読を指示するもので、墨傍訓のあるものはこれによる傍訓を施した。墨傍訓に二訓または三訓あるときは、合点のあるものを用いた。この場合、墨傍訓の仮名遣に誤りのあるときはこれを訂正し、また音便形のものは原形に復したものを傍訓とした。

(4)朱ヲコト点「の」のある場合は、これを字間に挿入した。

(5)墨傍訓が訓読の場合は、右傍の傍訓として採用したものをも含めて、そのすべてを、それぞれの字句の下に〈 〉を付して示した。その表記は原則として底本のままとし、仮名遣に誤りのある場合でもこれを訂正せずに残したが、漢字で表記されている場合はカタカナに直し、その旨を訓読注に記した。ただし、「人(ト)」「司(ツカサ)」「官(ツカサ)」「政人(マツリゴトヒト)」については、頻出するのでいちいち注記しない。また墨傍訓はないが連読符等によってそのよみかたの知られるものはこれを補い、校訂者が補読した文字とともに、( )を付して墨傍訓と区別した。

☆ 一 凡―墨傍訓「スヘテ」。

1 一 大納言―墨傍訓「オホイモノ申司」。

8 一 皇―墨傍訓「コウ」。二 中務卿―墨傍訓「ナカノ政スル司ノカミ」。三 卿―墨傍訓「キヤウ」。

10 一 中務大輔―墨傍訓「(ナカ)ノ政ノオホイスケ」。

11 一 中務少輔―墨傍訓「(ナカ)ノ政ノスナイスケ」。二 大舎人―墨傍訓「オホドネリノ」(傍訓に濁点ある例)。三 玄蕃―墨傍訓「法師客ノ」。四 侍従―墨傍訓「オボトビト」(傍訓に濁点ある例)。和名抄では「於毛止比止万知岐美」。五 中宮―墨傍訓「チウク」。六 春宮―墨傍訓「シュンク」。墨別訓「ミコノ宮ノスケ」。

12 一 奉膳―墨傍訓「スケ」は底本のまま。二 諸陵―墨傍訓「ミサヾキノ」(傍訓に濁点ある例)。三 玄―墨傍訓「クヱ」。四 采女―墨傍訓「ウネベノ」(傍訓に濁点ある例)。五 侍医―墨傍訓「オボトクスシ」(傍訓に濁点ある例)。六 七―墨傍訓「シツ」。

13 一 中宮―墨傍訓「チウク」。二 春宮―墨傍訓「シュンク」。三 内染―墨傍訓「ウチノソメ物ノ」。四 大宰―朱点に音読・訓読の二訓あり。五 中宮―墨傍訓「チウク」。六 春宮―墨傍訓「シュンク」。

14 一 大外記―職員2跡記に「大外記読云外大記司(トノオホイシルスツカサ)也」。和名抄では「於保伊之流須豆加佐」。

15 一 呪禁―墨傍訓「シュコン」。墨別訓「スコム」。二 扶―墨傍訓「政人」とするが、誤読と看做して採らず。三 東西―朱点に音読・訓読の二訓あり。

16 一 兵庫―朱点に音読・訓読の二訓あり。二 園―墨傍訓「ヲム」。三 典履―墨傍訓「テンリ」。墨一訓「クタラテビトノ司」(傍訓に濁点ある例)。四 春宮―朱点に音読・訓読の二訓あり。墨傍訓「シュンク」。五 摂津―朱点に音読・訓読の二訓あり。六 染―墨傍訓「(ソメ)物ノ」。七 主膳―朱点に音読・訓読の二訓あり。

17 一 神祇―朱点に音読・訓読の二訓あり。二 衛士―朱点に音読・訓読の二訓あり。三 雅楽―朱点に音読・訓読の二訓あり。四 主計―朱点に音読・訓読の二訓あり。五 主税―朱点に音読・訓読の二訓あり。六 図書―朱点に音読・訓読の二訓あり。

18 一 畫師―底本は畫師を書師につくり、墨傍訓は「フムノシ」とするが、採らない。
二葬儀―朱点に音読・訓読の二訓あり。

19 一染―墨傍訓「(ソメ)物ノ」。二主蔵―朱点に音読・訓読の二訓あり。三染―墨傍訓「(ソメ)物ノ」。

職員令第二

1 一神祇官―以下の官司名の音・訓の別は、紅本官位令において各司の長官に付せられた朱点による。ただし訓よみの場合には音便形は用いない。官職名についても同じ。
二掌―以下の本令での「掌、…」の文は、紅本戸令13の訓点にならい、「ツカサドラムコト、…セムコト」または「ツカサドラムコト、…ノコト」とよむ。
三神戸―藤本神祇20で音読。
四大嘗―藤本神祇8墨傍訓「オホムヘ」。
五鎮魂―藤本神祇8墨傍訓「オホムタマフリ」。
六御巫―跡記「巫、神奈岐」。
七卜兆―藤本神祇17の卜食の訓点「(ウ)ラにアヘラむ」より推して、「ウラニキザシミム」とよむ。
八使部―紅本選叙3 24・軍防47で音読。

2 一閼―平家物語一「(太政大臣ハ)其の人にあらずは、すなはち閼けよ」により下二段活用とする。
二持―「釈云、…孔安国孝経注曰…持猶執也」、名義抄「タモツ、モツ、トル」、紅本宮衛4持時の訓点「時をト(リ)て」。

三献替―紅本考課9の訓点「タテマツル(コト)ステ(ム)こと」。
四行署文案―「釈云、賫公文、而往官人辺、取署案」、「跡云、行署、謂、往主典以上許取署」、義解「謂、行官人所、取文案署也」等によれば、「行キテ文案ニ署セムコト」とよむべきか。塙本返り点は「行署二文案一」。
五大蔵―紅本考課18・宮衛8の大蔵はいずれも音読。ただし関市14の大蔵省は訓読。

3 一拾遺補闕―紅本考課30の訓点「ワスレたるを拾ヒ闕(ケ)たるをヲキヌヘらは」。オキヌフは清音。
二内舎人―紅本禄令3・宮衛19・軍防18 19 46・公式56の大舎人はいずれも音読。
三大主鈴―紅本官位14で訓読。
四少主鈴―紅本官位16で訓読。
五大典鎰―紅本官位15で訓読。
六少典鎰―紅本官位17で訓読。

4 一吐納―紅本考課10の訓点「吐タマヒ申給」。
二舎人―紅本選叙14の墨傍訓「トネリ」。ただしその墨別訓は音読。また賦役19・禄令8でも音読。

7 一大主鑰―紅本官位14墨傍訓「オホイカイトリ」(ただしここでは音便形を用いない)、墨別訓「(オホ)イカキノ司」。
二少主鑰―紅本官位16墨傍訓「(スナイ)カイトリ」(ただしここでは音便形を用いない)、墨別訓「(スナ)イカキノ司」。

三靴―和名抄「化乃久都」。ただし紅本衣服13烏皮靴の靴には朱声点あり、赤皮靴の靴には墨傍訓「クツ」。
四百済手部―紅本官位16典履の墨傍訓「クタラテビトノ司」(傍訓に濁点ある例)、墨別訓「クタラテヒトヘノ司」。

11 一診候―名義抄「ミウカヽフ」。

16 一解部―紅本考課44の朱ヲコト点「解きヘ」、解の墨傍訓「トキ」。

17 一々(笛)工―「釈云、笛工謂笛吹也」により「フエフキ」とよむ。
二腰鼓―和名抄「本朝令云腰鼓一人〈腰鼓読久礼豆々美〉」。

19 一諸陵司―紅本官位12の諸陵の墨傍訓「ミサヾキ」(傍訓に濁点ある例)。

21 一戸口―紅本考課15 54の戸口の戸に、墨の濁音声点あり。よって「ゴク」とよむ。

24 一烽―紅本軍防67の墨傍訓「フウ」、同68 70 75に墨の濁音声点あり(「ブウ」)。

28 一船戸―紅本営繕13の墨傍訓「フナヘ」。

30 一大判事―紅本官位10の朱点は訓読なるも、同12中判事・同13少判事の朱点はいずれも音読。今、音読とする。

31 一遺―紅本捕亡15闌遺の墨傍訓「クキ」。職員3令釈「遺音以住反、又音胡葵胡季二反」。

32 一物部―紅本獄令20の物部の両字に朱声点あり。また墨の音の連読符あり、その傍訓「モツフ」。墨別訓「モノヘ」。

33 一金銀―以下帳幕まで、便宜音読する。二権衡―紅本関市14墨傍訓「コンカウ」。雑令1墨傍訓も「コンカウ」だが権の墨別訓「クエン」、雑令3の権の墨傍訓も「クエン」。三狛部―紅本官位16典革の墨傍訓「コマヘノ司」。

38 一挑―名義抄「クル、トル」。

39 一御食産―紅本考課19食産の墨傍訓「シキセ(ン)」、産の墨傍書「前」(したがって「ジキゼン」、紅本では産に「セン」と傍訓し濁音声点を付す例多し)。ただしその墨別訓は「ミケミナリハヒ」とするから、本条の御食産も訓では「オホミケミナリハヒ」か。

40 一菓―和名抄「日本紀私記云古乃美、俗云久太毛乃」、名義抄「クダ物、コノミ」。二餅―和名抄「毛知比」。三主醬―紅本官位14墨傍訓「ヒシホノ司」。四主菓餅―紅本官位14墨傍訓「クタモノヽ司」。

42 一給―紅本戸令34 45・公式67の墨傍訓「コフ」、公式67に墨の濁音声点あり(「ゴフ」)。

44 一医師―紅本では音・訓の両訓あり。訓読例―官位15・田令31・軍防51、音読例―選叙27・考課68。二咒禁―紅本官位15墨傍訓「シユコン」。墨別訓「スコム」(「ズコム」か)。

46 一嘗―名義抄「心ミル、ナメミル」。

47 一醸―名義抄「ツクル、カム、サケカム、サケツクル」。

二醴―名義抄「コザケ」(濁)。三酢―名義抄、醋・酢に「ス、カラサケ」(カラサケは清)。

51 一瓦埿―義解「謂、瓦埿猶瓦也、以埿為瓦、故連言也」により、二字で「カハラ」とする。二泥部―「穴云、泥部者、古語波都加此乃友造」により、「ハツカシベ」とする。三泥戸―「穴云、泥戸、奴利戸」により、「ヌリヘ」とする。

53 一饘―名義抄「カタガユ」(濁)。二粥―名義抄「シルカユ」(清)。

55 一狭畳―令釈・義解「狭畳猶畳也」により、二字で「タタミ」とする。

59 一門部―紅本考課53で音読。

61 一車―紅本宮衛14・儀制1・公式38 44等の墨傍訓「キヨ」。公式44に墨の清音声点あり。集韻「斤於反」。

63 一閑馬―紅本考課28の訓点「ミ(ム)マヤの馬」、墨別訓「ムマヤ(ノ)馬」。二飼丁―紅本考課28墨傍訓「カウヨホロ」。

64 一曝涼―紅本考課29訓点「サラシ(サ)らす」、墨別訓「ホシサカス」、軍防43でも訓点「ホシサカせ」。

69 一筑前―前条「津ノ国」にならい、訓読とする。和名抄「筑紫乃三知乃久知」。二戎―紅本考課16 45 48の墨傍訓「ニウ」。ただし軍防20では墨の濁音声点あり(「ジュウ」)。

三醯―和名抄・名義抄等にこの訓みえず。令釈「説文、醯酸也」、義解「醯者醋也」により、和名抄の醋の訓「須」をとって「ス」とよむ。ただし古記は「宍醬也」とする。四醢―和名抄「之々比之保」、名義抄「シヽビシホ」(濁)。ただし古記「醢字一訓酢」、穴記「但此条酢訓耳」によれば、古記・穴記は醢をシシビシホ、醢をスとよんだか。五韲―和名抄「訓安不、一云阿倍毛乃」、名義抄「アフ、一云アヘモノ」。六鮭―名義抄「サケ、ホシイヲ」。

70 一陸奥―紅本戸令14墨傍訓「ミチノ奥」、公式43陸奥国の訓点「ミチの奥の国」。ただし戸令14の墨別訓「ムツノクニ」。和名抄「三知乃於久」。二壱岐―紅本選叙8墨傍訓「ユキ」、和名抄「由岐」。ただし禄令1墨傍訓「イ伎」。

79 一大毅―紅本軍防1の毅に墨の濁音声点あり(「ギ」)。

80 一国博士―紅本考課68墨傍訓「コクハカセ」。二医師―紅本考課68で音読。

後宮職員令第三

4 一内侍司―以下本令の官司名のよみは、おおむね紅本禄令9の訓点および金剛寺本延喜式中務省式の傍訓による。ただしここでは音便形は使用しない。また官職名のよみについても同じ。訓読注には、剛本傍訓が紅本禄令と異なる場合のみ注記する。

二女孺—剛本傍訓「メノワラハ」。

5 一掌蔵—剛本傍訓「蔵司ノ政人」。

6 一尚書—剛本傍書「フムノツカサノカミ」。

二典書—剛本傍訓「文司ノスケ」。

7 一尚薬—剛本傍訓「クスノツカサノカミ」。

二典薬—剛本傍訓「クスノツカサノスケ」。

8 一尚兵—剛本傍訓「兵司ノカミ」。

二典兵—剛本傍訓「兵司ノスケ」。

9 一闈司—剛本傍訓「ミカトツカサ」。

10 一殿司—剛本傍書「トノモツカサ」。

二尚殿—剛本傍書「トノモノカミ」。

三典殿—剛本傍書「トノモツカサノスケ」。

11 一掃司—剛本傍書「カモリ(ツカサ)」。

二尚掃—剛本傍訓「カモツカサノカミ」。

三典掃—剛本傍訓「カモツカサノスケ」。

12 一水司—剛本傍訓「モトリノ(ツカサ)」。

二尚水—剛本傍訓「主水司ノカミ」。

三典水—剛本傍訓「モトツカサノスケ」。

13 一膳司—剛本傍訓「カシハテノ(ツカサ)」。

二掌膳—剛本傍訓「カシハテツカサノ政人」。

14 一典酒—剛本傍訓「サケツカサノスケ」。

15 一縫司—剛本傍訓「ヌヒヘツカサ」。

二尚縫—紅本禄令9墨傍訓「ヌイトノノカミ」。墨別訓「ヌイヘノ(カミ)」。剛本傍訓も「ヌヒヘノカミ」。

三典縫—紅本禄令9墨傍訓「ヌヒトノ、スケ」。墨別訓「ヌイメノスケ」。剛本傍訓「ヌヒヘノスケ」。

四一—藤本神祇20・紅本雑令7の朱ヲコト点「一つ」。

17 一乳母—紅本禄令11に墨の音の連読符あり、墨傍訓「ニウモ」。墨別訓「チヲモ」。

18 一貢—紅本考課75朱ヲコト点「貢せ(ヨ)」。軍防38朱ヲコト点「貢せむ」。いずれも墨の濁音声点あり。

二采女—紅本軍防38墨傍訓「ウ(ネ)メ」。ただし賦役5では采女両字に朱声点あり、墨傍訓「サイニョ」。官位12では朱の訓の連読符あり、墨傍訓「ウネベ」(傍訓に濁点ある例)。

三形容—名義抄、形「カタチ」、容「カホカタチ」。

四端正—紅本軍防47で、両字に朱声点あり。ただし墨別訓「キラ〱シ」。したがってここも訓ならば「キラギラシキ者ヲ」。

東宮職員令第四

1 一傅—以下、本令の官職名のよみは、紅本官位令の訓点による。

2 一春宮坊—以下、本令の宮司名の音・訓の別は、紅本官位令において各司の長官に付せられた朱点による。ただし訓よみの場合は音便形を用いない。

二吐納—紅本考課10墨傍訓「(ノ)タマヒ申給」。

家令職員令第五

1 一文学—以下の本令の官職名のよみは、紅本官位令の訓点による。

神祇令第六

1 一天神地祇—底本は四字に朱声点あり、また天神・地祇にそれぞれ朱の音の連読符あり。猪本も天神・地祇にそれぞれ墨の音の連読符あり。底本の墨傍訓「アマツヤシロクニツヤシロト章敦読之」。

二典—猪本墨傍訓「ノリ」。底本に傍訓なし。

2 一祈年祭—底本・猪本とも墨返り点「祈㆓年㆒祭」とするも、採らず。なお底本・猪本とも祈に「の」の朱ヲコト点あり、底本訓点「年コヒの祭」、猪本訓点「トシコヒの祭」。

3 一鎮花祭—底本・猪本とも墨返り点「鎮㆓花㆒祭」とするも、採らず。なお底本・猪本とも鎮に「の」の朱ヲコト点あり、底本訓点「花シツメの祭」、猪本訓点「ハナシツメの祭」。

4 一神衣—猪本墨傍訓「カンミソ」。底本墨傍訓「カムミミソ」。

二風神—底本墨傍訓「カサカミノト章敦読之」。猪本墨傍訓「カサカンノ」。

5 一鎮火祭—底本・猪本とも墨返り点「鎮㆓火㆒祭」なるも、採らず。なお底本墨傍訓・猪本墨傍訓いずれも「ヒシツメノ祭」。

6 一風神—底本墨傍訓「カサカムノ」。猪本訓点「カサカンの」。

8 一上卯—底本訓点「カミつウに」。猪本訓点「カミノウに」。

二相嘗祭—底本訓点「アヒムへの祭」。猪本訓点「アヒンへの祭」。

三 鎮魂祭―底本訓点「オホムタマフリの祭」。猪本訓点「オホンタマフリノ祭」。

四 下卯―底本朱ヲコト点「下つ卯に」。猪本朱ヲコト点「下の卯に」。

五 大嘗祭―底本訓点「オホンへの祭」。猪本訓点「オホムへの祭」。

9 一 鎮火祭―底本墨返り点「鎮レ火祭」なるも、採らず。なお底本・猪本とも鎮に「の」の朱ヲコト点あり。

二 供―軍防62の供に墨の濁音声点あり(グ)。以下同じ。

三 祝詞―底本墨傍訓・猪本墨傍訓「ノトコト」。底本墨別訓「ノトノコト」。

10 一 即位―底本訓点「即位シ給(ハ)むトキハ」。猪本訓点「即位シ給(フ)とき」。

二 祭―底本朱ヲコト点「祭れ」、猪本訓点「マ(ツ)れ」。底本墨傍訓「マツル」。

11 一 為祀事―底本訓点「祀の事ノタ(メ)に」。

14 一 大嘗―底本朱の訓の連読符、猪本墨の訓の連読符あり。底本墨別訓として音の連読符あり。

16 一 穢―底本墨傍訓・猪本墨傍訓「エイ」。

18 一 晦―底本朱の音読符あり。猪本は墨の訓読符。

二 東西―底本両字に朱声点および朱の音の連読符あり。猪本も墨の音の連読符あり。底本墨傍訓・猪本墨傍訓ともに「ヤマトカフチノ」。

三 文部―底本墨傍訓「ブンヒトヘ」(傍訓に濁点ある例)。猪本墨傍訓「フンヒトヘ」。

四 刀―底本朱傍訓・猪本墨傍訓「タチ」。底本朱別訓・猪本墨別訓「ハカシ」。

五 祓詞―底本朱傍訓・猪本墨傍訓「ハラへコト」。底本朱別訓「ノトコト」。

六 為―底本朱ヲコト点「せ(ヨ)」(ただしいったん「よ」のヲコト点を書したのちこれをミセケチとする)、猪本朱ヲコト点「せよ」。

20 一 一―底本および猪本朱ヲコト点「一つ」。雑令7紅本朱ヲコト点でも「一つ」とあり。

僧尼令第七

1 一 象―墨傍訓「サアウ」。藤本傍訓「サウ」。

4 一 擾―墨傍訓「セウ」。墨別訓「ネウ」。

5 一 乞―墨傍訓「コツ」。

二 午―朱の訓読符あり。

7 一 服―底本に服字なく、訓点は「シヽ五辛ハ(メ)らは」。今、「らは」の朱ヲコト点を服字のものとして訓読。

8 一 擾―墨傍訓「セフ」。

二 滞―墨傍訓「テイ」。

9 一 戯―墨傍訓「キ」。

二 碁琴―墨傍訓「コキン」。

10 一 皂―墨傍訓「サウ」。墨別訓「シヤウ」。

二 錦―墨傍訓「ニシキ」。墨別訓「キン」。

13 一 居―墨傍訓「キヨ」。

二 餌―墨傍訓「ニイ」。

15 一 罰苦使―墨の音の連読符あり。使の朱ヲコト点「せ(ヨ)」。

16 一 方―墨傍訓「ハウ」。

二 便―墨傍訓「ヒン」。

三 与同罪―墨の音の連読符あり。

17 一 私事―朱ヲコト点「私の事」。墨は音の連読。

19 一 歩―墨傍訓「カチナラハ」。墨別訓「カチヨリナラハ」。

21 一 合徒年以上者―訓点「徒年以上ナル合(ク)は」。墨別訓「徒年以上(ニ)ス合(クハ)」。

22 一 冒―墨傍訓「ム」。

戸令第八

1 一 十―墨傍訓「シツ」なるも、採らず。

二 戸口―考課15 54等の戸口の戸に墨の濁音声点あるにより「ゴク」とよむ。

三 課殖―朱の訓の連読符あり、これに「坂」と墨傍書。訓点「課セウヱシメむこと」。課の墨別訓「ヲヽシ」。

2 一 里―上声と平声に朱声点あり、平声の声点に「宗」と墨傍書。

3 一 姧―墨傍書「音献」、ただし献の呉音ゴン、漢音ケン、漢音を以て字音を示したか。

4 一 強―墨傍訓「カウ」。墨別訓「キヤウ」。

5 一 以上―墨傍訓「以上ノ」とするも、これに「宗无」と墨傍書。これに従う。

7 一 拇指―墨傍訓「カヒユヒ」。不審なるも墨傍訓のままとする。或いは「搔キ指」の音便「搔イ指」か。

二 禿瘡―訓点「カフ(ロ)は瘡にシて」、義解文中の禿に墨傍訓「カフロ」、瘡に墨傍訓「カサ」。墨別訓として音の連読符あり、また禿の墨別訓「トク、坂」。
三 久漏—朱の訓の連読符あり、墨傍訓「モルヤマヒ」。墨別訓として音の連読符あり、その傍訓「キウロウ」。
四 瘻瘴—墨傍訓「ヤウシウ」。
五 残—墨傍書「音前、坂」。
六 痖—墨傍訓「オフシ」。墨別訓「オシ」。
七 折—訓点「ヲレタらむ」。墨別訓「クタケ(タラム)」。
9 一 察—墨傍訓「サツ」。
11 一 尽子孫—孫に朱ヲコト点「を」と「に」あり、「子孫を尽せ」「子孫に尽せ」の二訓あるか。「を」の点に墨の合点あり。
13 一 折—墨傍訓「ワカチ」。墨別訓「ヘキ」。
二 折—朱ヲコト点「折つ」。墨傍訓「ヘク」。
14 一 陸奥—墨傍訓「ミチノ奥」。墨別訓「ムツノクニ」。
二 従—訓点「従フて」。
三 於法—朱ヲコト点「法によりて」。墨傍訓「法(ニ)オ(キテ)」。
16 一 没—墨傍訓「モツ」。
二 帰化—訓点「化にヨラ(ハ)」、化に朱声点あり。墨別訓として音の連読符あり、その傍訓「クキ化セラハ」。
17 一 為—訓点「為タラむ」(タリがサ変動詞を承ける例)
18 一 郷—朱声点あり。墨傍訓「サト」。
二 収訖—訓点「収レリ訖(ラ)は」なるも不審、意改。
19 一 起—考課59起差使日の訓点「使にヨサ、ム日よりヲコリて」により、起はオコリとよむ。
二 出—墨傍訓「出(サ)シメヨ」。墨別訓「出セ」。
三 至—訓点「至ラは」。墨別訓「至(リ)ナハ」。
20 一 定以後—訓点「定(メ)てのノチ」。
21 一 国—点なし。「ノ」補読。
二 調使—調に朱の訓読符あり。墨は音の連読。
三 専使—訓点「専に使シて」。墨別訓は音の連読。
22 一 庚午—両字に朱声点および墨の濁音声点あり、呉音により「ギヤウゴ」とする。漢音ならば「ガウゴ」か。墨の別訓に訓の連読符あり。
23 一 分—朱声点あり。
二 出嫁—両字に墨声点あり。墨別訓「出テトツケリ(ト)」。別に嫁字の墨傍訓に「カヤス」とあるも不審。
三 灼—選叙22の灼の墨傍訓「シヤク」、かつ墨の濁音声点あり(「ジヤク」)、その墨傍書「音若」とする。本点本には灼字に墨の濁音声点ある例多し。
25 一 舅—儀制25義解文中の舅の墨傍訓「キウ」による。
二 欲—訓点「ホ(ツセ)む」。
26 一 結—墨傍訓「ケム」なるも不審。
二 欲—訓点「ホ(ツセ)は」。
28 一 淫泆—両字に朱声点あり。墨傍訓「タハシキ」。
二 不事舅姑—朱ヲコト点「舅姑に事(ヘ)不(シ)て」なるも、意改。
三 不拘—訓点「拘れす」。
30 一 不成棄—訓点「棄を成サす」。墨別訓「棄成ラ(ズ)」。
32 一 鰥—墨傍書「音官」。墨傍訓「クワ」。
二 勘問—墨傍訓「勘(ヘ)問ヘ」。墨別訓は音の連読、その傍訓「勘問セ(ヨ)」。
33 一 勧務—墨傍訓「スヽメ務(メ)シメヨ」。墨別訓「ツトメ務(メシメヨ)」。
二 者—朱傍訓「人」。墨傍訓「モノ」。
三 産—墨傍書「音仙」。ただし考課19 69・獄令21 23等では「ゼン」(墨傍訓「セン」とし濁音声点を付すか、または「音前」とする)、雑令23 31では「サン」。
四 脩—墨傍訓「ネリ」。名義抄にこれに類するよみなきも、「錬リ」の意か。
五 遺—墨傍訓「トモシク」。名義抄、遺に「トモシ」。
六 訟—墨傍訓「セウ」なるも不審。
七 計—墨声点あり。墨別訓「ハ(カリゴト)」。
34 一 産—戸令33の産の墨傍書「音仙」による。
二 給—墨傍訓「コフ」。公式67の給に墨の濁音声点あり(「ゴフ」)。

40 一 売買―朱ヲコト点「売買すること」。墨傍訓「売(リ)買フコト」。

41 一 非抄略―訓点「抄略セルに非す」なるも、意改。

42 一 為―訓点「シて」。墨別訓「ナリ(テ)」。

45 一 不熟―両字に墨声点あり。墨傍訓「不シユクナラム」。墨別訓「不シュナラ(ム)」。

二 給―墨傍訓「コフ」。

田令第九

2 一 畢―墨傍訓「ヲハレ」。墨別訓「畢(ヘ)ヨ」。

3 一 寛狭―朱ヲコト点「寛に狭(キ)こと」。墨傍訓「ユタカニサキコト」。墨別訓「ユタカナルセハキ(コト)」。7条「狭郷」の墨傍訓「サキ郷」。

6 一 以外―両字に墨声点あり、また墨の音の連読符あり。墨別訓「ホカハ」。

7 一 不拘―訓点「拘(レ)す」。本点本の「カカハル」の用例には、下二段活用と四段活用の二つの場合があるが、下二段活用の用例の方が多い。下二段活用の「カカハレズ、カカハレジ」の例―戸令28・選叙35 37・禄令14・営繕12 16、四段活用の「カカハラジ」の例―宮衛18。よってここでは「カカハレズ」とする。なお獄令8に「カ、ヘラレす」の例あるも不審。

8 一 追―朱ヲコト点「追せ(ヨ)」。墨傍訓「トレ」。

20 一 便―墨傍訓「ヒン」。

二 隔越―訓点「カクオツスルこと」。隔の墨別訓「キャク」。

三 牙―墨傍訓「カ」。

四 聴依旧受本郡無田者―訓点は訓読文の如く「モ(ト)に依(リ)て受(クル)こと聴せ、本郡に田無(ク)は」。塙本返り点「聴三依レ旧受二本郡一無レ田者」は誤りなるべし。

21 一 退―墨傍訓「シリソク」。墨別訓「カヘル」。二 班年―朱に訓の連読符と音の連読符あり、班の墨傍訓「タマハム」。

22 一 割退―墨傍訓「サキカヘス」。墨別訓「ワリシリソクル」。

23 一 対―訓点「ムカフて」。

二 使訖―訓点「ヲハら使よ」。墨別訓「訖へ使(ヨ)」。

25 一 錯―墨傍書「音尺」。墨別訓「サク」。

二 両主求換者―訓点「(フ)タ(ン)の主にカヘむと求メ(ナ)は」なるも、「主に」の「に」のヲコト点は衍とみて、意改。

29 一 空―墨傍訓「ク」。

二 閑―墨傍訓「ケン」。墨別訓「カン」。

31 一 主船―船に朱ヲコト点「の」あり、墨返り点「主二船一」とするも、官職なるによって「主船」と表記し、訓点「船のツカサ」を傍訓とする。

二 主厨―厨に朱ヲコト点「の」あるも、官職なるにより「主厨」と表記し、訓点「クリヤの主」を傍訓とする。

33 一 随―訓点「随フて」。

賦役令第十

1 一 絹―墨傍訓「カトリ」。墨別訓「キヌ」。和名抄「岐沼」、名義抄「カトリ、キヌ」。二 絁―墨傍訓「キヌ」。墨別訓「カトリ」。和名抄「阿之岐沼」、名義抄「アシギヌ」。三 疋―墨傍訓「ヒツ」。四 鰒―墨傍訓「アハヒ」。五 堅魚―墨傍訓「カツヲ」。六 烏賊―墨傍訓「イカ」。七 螺―墨傍訓「ツヒ」。和名抄、海嬴に「豆比」、栄螺子に「佐左江」、名義抄「螺、ツヒ」。八 熬海鼠―墨傍訓「イリコ」。九 雑魚―訓点「クサくのウヲ」。墨別訓「サウヲ」。一〇 楚割―墨傍訓「スハヤリ」。一一 腊―墨傍訓「ホシヲ」。墨別訓「ホシ、、坂本」。ホシヲとホシシは魚肉と獣肉の別。一二 紫菜―墨傍訓「ムラサキノリ」。一三 海菜―底本は「海藻」だがその墨傍訓「モハ」。墨別訓「フノリ」。一四 海藻―墨傍訓「メ」。一五 滑海藻―墨傍訓「アラメ」。一六 海松―墨傍訓「ミル」。一七 凝海菜―墨傍訓「コルモハ」。一八 腊―墨傍訓「キタヒ」。一九 海藻根―墨傍訓「マテカヒノ根」(朱の合点あり)。墨別訓「メカヒ」。二〇 未滑海藻―墨傍訓「カチメ」。二一 沢蒜―墨傍訓「ネヒル」。二二 嶋蒜―墨傍訓「アサツキ」。二三 貽貝―墨傍訓「イカイ」。二四 白貝―墨傍訓「オフ」。墨別訓「オウ」。二五 葅―墨傍訓「ナマリ」。ただし和名抄「邇良木」、名義抄「ニラギ」。二六 辛螺―墨傍訓「アキ」。ただし和名抄、大辛螺に「阿木」。二七 頭打―墨傍訓「カフチ」。二八 後折―墨傍訓「シリヲリ」。二九 海細螺―墨傍訓「シタヽミ」。三〇 棘甲蠃―墨傍訓「ウニ」。三一 甲蠃―墨傍訓「カセエ」。ただし和名抄「豆比」「加世」、名義抄、棘甲蠃に「カセ」。三二 堅魚煎汁―煎汁の墨傍訓「イロリ」。和名抄「加豆乎以呂利」。三三 蘗―墨傍訓「ケムシ」。三四 黒葛―墨傍訓「ツヽラ」。三五 曼椒―墨傍訓「ホソキ」。三六 脳―墨傍訓「ナツキ」。三七 金漆―墨訓傍「コシアフラ」。三八 山薑―墨傍訓「ワサビ」(傍訓に濁点ある例)三九 青土―墨傍訓「ソニ、坂本」。四〇 筺柳―墨傍訓「ハコクサ」。四一 樽―墨傍訓「コムカ」。墨別訓「コミカ、坂」。

2 一国郡―墨の訓の連読符あり(里以下に朱の訓読符あり)。別に墨の音の連読符あり、これに「宗」と傍書。

3 一納訖―訓点「納シ訖(ヘ)よ」なるも、「シ」の墨傍訓は「レ」の誤写とみて、意改。
二訖―墨傍訓「訖レ」。墨別訓「訖(ヘ)ョ」。
三糴―訓点「カフて」。墨別訓「カヒ(テ)」。

4 一留―墨傍訓「リウ」。
二閲―墨傍訓「エラフミル也」なるも、傍注と看做して「閲ビ」とする。
三周―墨傍訓「アハネク」。墨別訓「ヒトシク」。
四劣―墨傍訓「マツシク、坂」。
五注―朱ヲコト点「注せ(ヨ)」(「シルセ」とよむも可)。墨傍訓「カ」(「カ(ケ)」か)。
六匠―朱の訓読符あり。墨傍訓「シヤウ」。
七巧人―訓点「タクミセむ人を」。墨別訓「巧スル人(ヲ)」。

6 一雑色人等―朱ヲコト点「雑色の人等は」。墨傍書「宗説毛乃点」とあるによれば、宗家説では「雑色ノ人等モ」とよんだか(「毛」が「无」の誤字ならば「雑色人等(ハ)」か)
二大麦―傍訓なし。和名抄「布土無岐」。名義抄「フトムキ」による。
三小麦―墨傍訓「ホソ(ムギ)」。和名抄「和名古牟岐、一云末牟岐」、名義抄「コムギ、一云マムキ」。
四大豆―墨傍訓「マ(メ)」。和名抄「万米」、名義抄「マメ」。
五小豆―墨傍訓「アツ(キ)」。和名抄「阿加安豆木」、名義抄赤小豆に「アカアヅキ」。

7 一毛―墨傍訓「モ」。

8 一為―訓点「シて」。墨別訓「ツク(ツテ)」。

11 一蠲―墨傍訓「ケン」。なお公式19の蠲の墨傍訓は「クヱン」、名義抄「禾クヱン」。

17 一順―墨傍訓「スン」。
二行―墨傍訓「キヤウ」。墨別訓「カウ」。
三精誠―墨傍訓「セイセイ」。
四通―墨傍訓「トウ」。

19 一舎人―以下の官職名、各字に朱・墨の声点ないし墨の音の連読符あり。
二烽―墨傍訓「フ」、また墨の濁音声点あり(「ブ」)。なお軍防66 68 75では「ブウ」。
三勲―軍防31 32等に墨の濁音声点あり(「グン」)。
四烽―墨傍訓「フ」。
五国学博士―朱ヲコト点「国学の博士」。墨傍書「宗无ノ点」。
六医師―墨の訓の連読符あり。
七残―墨傍訓「セン」。

20 一免役―訓点「役をユルシて」。「て」のヲコト点に墨傍訓「宗无」。
二庸―朱ヲコト点「庸に」。
三聴之―朱ヲコト点「之を聴せ」。
四庸―朱ヲコト点「庸に」。

22 一以前―以に朱の声点あり。墨は訓の連読(「サキ」)。
二対―訓点「対フて」。

25 一逃走者―朱ヲコト点「逃走は」。「セラ」補読。

27 一有―訓点「ア(ツ)て」。墨別訓「有ラム」。
二大営造―訓点「大営造セシムルこと」。墨別訓「大営造スル(コト)」。

32 一次―墨傍訓「ホトリ」。墨別訓「ツイテ」。

33 一休―墨傍訓「キウ」。

34 一有―墨傍訓「有ラシメ」。墨別訓「アリ」。
二擾―墨傍訓「セウ」、また墨の濁音声点あり(「ゼウ」)。なお僧尼48の訓読注参照。

35 一金―墨傍訓「コ(ガネ)」。
二銀―墨傍訓「シ(ロガネ)」。
三珠―珠以下綾まで、羅を除き、各字に朱または墨の声点あり。よって音読とする。珠の墨傍訓「珠ノタマ」。

四 玉―墨傍訓「玉ノタマ」。
五 罽―墨別訓「ヲリカケ」。
六 縠―墨別訓「ウスキツムキ」。
七 紬―墨別訓「アツキ(ツ)ムキ」。
八 色―墨傍訓「ショク」。
九 市―訓点「カフて」。
一〇 令無損壊穢悪而已―無の墨傍訓「ナカラシムラク」、而已の墨傍訓「ナラクノミ」、したがって訓点をそのままよめば「損壊穢悪ナルことナカラシムラクナラクノミ」となるが、而已の墨傍訓を誤点とみて、意改。
一一 穢―墨傍訓「エイ」。
一二 過―訓点「スコして」。

36 一 税―墨傍訓「セイ」。

39 一 点―朱ヲコト点「点せ」、墨傍訓「テンセ(ヨ)」。墨別訓「サセ」。
二 匠丁―朱の訓の連読符あり、墨傍訓「タ(クミ)ヨ(ホロ)」。
三 匠丁―両字に朱の声点あり、また朱の音の連読符あり。墨傍訓「タ(クミ)ヨ(ホロ)」。

学令第十一

1 一 助教―墨傍訓「スケハカセ」。墨別訓、音の連読。
二 優長者―訓点「優長ナラむヒト」。墨別訓「優長セ(ラム)ヒト」。

2 一 東西―墨傍訓「ヤマトカウチ」。墨別訓、音の連読。
二 為―朱ヲコト点「せよ」。
三 為―朱ヲコト点「せよ」。
四 令―墨傍訓「レイ」。
五 為―朱ヲコト点「せよ」。

8 一 藝―墨傍書「音儀」。
二 受―訓点「受(タ)ラむ」。墨別訓「受タル」。

9 一 講―訓点「トクコトを」。墨別訓「カウ(ヲ)」。

11 一 挙―墨傍訓「キヨ」。

12 一 閑―訓点「ナラフて」。

13 一 綴術―墨傍訓「テッスツ」。墨別訓「テイスツ」。
二 差―墨傍訓「シヤ」。墨別訓「サ」。
三 周髀―墨傍訓「スヒ」。

15 一 写書―写に朱声点、書に墨声点あり。墨別訓「写セルフミ」。
二 周髀―墨傍訓「スユヒ」。
三 差―墨傍訓「サ」。
四 綴―墨傍訓「テツ」。墨別訓「テイ」。
五 一―点なし。神祇20・雑令7に「一つ」の用例あるに拠る。

18 一 戯―墨傍訓「キ」。
二 弾琴―訓点「琴タヽして」。琴に墨声点あり。墨別訓「琴ヒキ(テ)」。
三 習射―習に朱の音読符、射に墨傍訓「ユミ」。

22 一 礼事―墨傍訓「礼ノコト」。墨別訓は音の連読。

選叙令第十二

1 一 卅日―墨傍訓「ツモコリ」なるも、意改。

4 一 皆―朱ヲコト点「皆(ク)に」。

8 一 掾―朱の訓読符あり。墨傍訓「マツリコト人」。墨別訓は音読。
二 関―墨傍訓「クハン」、また墨の濁音声点あり(「グハン」)。
三 壱伎―墨傍訓「ユキ」。和名抄も「由岐」。
四 摂―墨傍訓「セフ」を抹消して「セツ」とするが、「セフ」に拠る。

9 一 毎三考中上―墨の返り点「毎二三考一中上」とするが、意改。因に、以下の訓点は「及(ビ)二考上下、幷(セ)て一考上中ナラは」とするから、塙本の返り点の如く「毎二三考中上、及二考上下、幷一考上中二」とはならない。
二 応―朱ヲコト点「応ふは」。墨傍訓「応ク(ハ)」、墨別訓「応ウ(ハ)」。

11 一 周―墨傍訓「シユ」。

13 一 清―墨傍訓「セイ」。
二 時務―朱ヲコト点「時の務に」、務の墨傍訓「ツトメ」。墨別訓は音の連読。
三 為―朱ヲコト点「せよ」。

14 一 舎人―墨傍訓「トネリ」。墨別訓は音読。

17 一 碁―墨傍訓「キ」。但し墨傍書「音後」、また考課58も「コ」(濁音)。

19 一 応叙才堪理務―墨返り点「応四叙三才堪二理務二」なるも、朱の読点および訓点「叙す応(カラ)む、才、理務に堪(ヘ)たる」にしたがう。

21 一 聴―朱ヲコト点「聴す」。墨傍訓「聴セ」。

22 一要—朱ヲコト点「に」「か」、また墨声点あり。「か」を「て」の誤点とみて、意改。
23 一被戮—訓点「リクせら(レ)タラハ」。被の墨別訓「カ(ウブレラハ)」。また戮の墨別訓「シユハ」とあるも不審。
25 一推—朱ヲコト点「推(ヒ)て」。墨傍訓「トヘ」。
27 一通—朱ヲコト点「通ふて」。墨傍訓も「カヨフテ」。
29 一爾雅—墨傍訓「シカ」、また両字に墨の濁音声点あり(「ジガ」)。
二循—墨傍訓「スキン」、また墨の濁音声点あり(「ズキン」)。
30 一有蔭及孝悌被表顕者—墨返り点「有㆓蔭及孝悌被表顕㆒者」なるも、朱読点および訓点「蔭有らむ、及ヒ、孝悌、表顕せ(ラ)れタラは」にしたがう。
34 一授—朱ヲコト点「(サ)つけむ」。墨傍訓「タマハム」。
二及—墨傍訓「及ヒ」。
35 一不拘—訓点「カヽハレし」。
37 一不拘—訓点「(カカ)ハれ不」。

継嗣令第十三

2 一継—朱ヲコト点「継(ガ)むことは」。墨傍訓「ツク(コトハ)」。
二亡—朱ヲコト点「亡し」。墨傍訓「(シ)ナン」。墨別訓「シニ」。
三氏宗—墨の音の連読符、および両字に墨の声点あり。宗の墨傍訓「シウ」。墨別訓「ソウ」。
3 一定—訓点「定メムことは」。墨別訓「定ムル(コトハ)」。
二耽—墨傍訓「チム」。墨別訓「タム」。
三不任—朱ヲコト点「任へ不は」。墨傍訓「タ(フ)マシウハ」。
4 一聴—朱ヲコト点「聴せ」。墨傍訓「聴ス」。

考課令第十四

1 一考—朱ヲコト点「考せ(ヨ)」、墨傍訓「カウ」。墨別訓「カンカヘヨ」。
二劣—墨傍訓「レツ」。
三申送—朱ヲコト点「申送せ(ヨ)」。墨傍訓「申シ送(レ)」。
四解—朱ヲコト点「解け」。墨傍訓「トキ」。
五附校—訓点「サツケテカムカヘよ」。墨別訓「カウニツケヨ」。また墨返り点あるも採らず。
2 一舛—墨傍訓「タカフテ」。
二貶—墨傍訓「クタ(ス)」。墨別訓「ヲトス」。
9 一献替—訓点「タテマツル(コト)ステ(ム)こと」。墨別訓は音の連読。
二奏宣—墨傍訓「申給ノタマヒ」。奏の墨別訓「ノタマヒ」。また墨の音の連読符あり。
三議—朱ヲコト点「議ら(ム)こと」。墨傍訓「ハカルコト」。
10 一吐納—墨傍訓「(ノ)タマヒ申給(コト)」。吐の墨別訓は「ト」、したがって吐・納いずれも音読。
12 一侍従—墨傍訓「ヲホトツカヘ」。因に官位11侍従の墨傍訓「オボトビト」(傍訓に濁点ある例)。
13 一衡—墨傍訓「カウ」。
二尽—朱ヲコト点「尽せは」(「ば」が已然形を承けて仮定の条件をあらわす例)。墨傍訓「ツクサ(バ)」。
14 一不擾—朱ヲコト点「擾れ不は」。墨傍訓「ミタンカハシカラ不(ハ)」。
15 一不濫—訓点「ミタンカハシカラす」。墨別訓「ミタレ不」。
16 一戎—墨傍訓「ニウ」。
19 一食産—墨傍訓「シキセン」、産に墨の濁音声点あり、また前と傍書(「ジキゼン」)。墨別訓「ミケミナリハヒ」。
20 一訪—朱ヲコト点「(トブ)らふ」。墨傍訓「トフラヒ」。
23 一方—墨傍訓「ハウ」。
26 一勾—墨傍訓「コウ」。
27 一税—墨は上声の清音声点と平声の濁音声点の二声点を記し、平声の濁音声点に合点を付す。よって「ゼイ」とよむ。因に名義抄は「禾歳」(「サイ」)。
28 一閑—墨傍訓「ミ(ム)マヤ」。墨別訓「ムマヤ」。
二不脱—訓点「モラサ不は」。墨別訓「ヲトサ不(ハ)」。
29 一曝—墨傍訓「サラシ」。墨別訓「ホシ」。
二凉—朱ヲコト点「(サ)らすに」。墨傍訓

「サカス(ニ)」。因に、軍防43の涼の訓点「サカせ」。

38 一詳―訓点「アき(ラカ)に」。墨別訓「ツハ(ビラカニ)」。

40 一方―墨傍訓「ハウ」。

二充―訓点「(ミ)てラは」。墨別訓「ミタ(ハ)」。

41 一効―朱ヲコト点「(イタセ)ること」。墨傍訓「イタス(コト)」。

二方―墨傍訓「ホウ」。

42 一推歩―朱ヲコト点「推歩し」。墨傍訓「ヲシカソヘテ」。

二虚―墨傍訓「キヨ」。墨別訓「コ」。

45 一戎―墨傍訓「ニウ」。

二充備―訓点「ミテ備ハレらは」。

二戎―墨傍訓「ニウ」。

二充備―訓点「ミテ備ハレらは」。

48 一調習―墨傍訓「ト、ノヘナラハシ」。墨別訓、音の連読。

二戎―墨傍訓「ニウ」。

三充備―訓点「ミテソナヘタらは」。

49 一方―墨傍訓「ハウ」。

50 一弗聞―弗の朱ヲコト点に「に」「は」あるも不審。今、墨傍訓「キコエス(ハ)」による。朱点は「聞(ユルコト弗〈ナ〉キ)には」か。

二濁―墨傍訓「チヨク」、また墨の濁音声点あり(「ヂヨク」)。

三責―墨傍訓「セム」。墨別訓「コ(フ)」。

51 一卓―訓点「サカ〱シクし」。墨別訓「サカシ(クシ)」。

二対―訓点「ムカフて」。

52 一不上―墨傍訓「ツカヒ(セ)不」。朱点なし。

二請―墨傍訓「ウケ」。墨別訓「コヒ」。

54 一方―墨傍訓「ホウ」。墨別訓「ハウ」。

二戸ロ―戸に墨の濁音声点あり(「ゴク」)。

三除―墨傍訓「チ」。

四乖―訓点「タ(ガヒ)て」。墨別訓「ソ(ムキテ)」。

五方―墨傍訓「ホウ」。

六熟―墨傍訓「スク」。

七発―朱ヲコト点「お(コ)せ(ル)」。墨傍訓「ヒラケル」。

八致―朱ヲコト点「致すこと」。墨傍訓「致セル(コト)」。

55 一不従―訓点「ウツサ不るを」。

二戸貫―戸に墨の濁音声点あり(「ゴクワン」)。

三折―墨傍訓「ワカチ」。墨別訓「ヘキ」。

56 一縦経恩降―訓点「縦(ヒ)恩降にへは」なるも、意改。

二追改―朱ヲコト点「追(シ)て改(ム)るに」。墨は音の連読。

58 一除―墨傍訓「チヨ」。墨別訓「チ」。

二碁―墨傍訓「コ」、また墨の濁音声点あり(「ゴ」)。

59 一断絶―訓点「タヘタヘたること」。ただし絶に別に「て」の朱ヲコト点あり。朱別訓は「(タチタ)て(ル)こと」か。墨別訓「タチタテル(コト)」。

二従―訓点「従フて」。

三及―墨傍訓「及ヒ」。

四起―訓点「ヲコリて」。起は、他もこれに倣う。

五黜陟―墨傍訓「スヰツチヨク」。

六如―朱ヲコト点「り」あるも、不審。「す」の誤点で、「之ノ如クす」か。

60 一折―訓点「へき」。墨別訓「ヘイキ」。

二累―訓点「カサネたる」。墨別訓「ヘタル」。

63 一考日―墨の音の連読符あり。墨別訓「考ノ日」。

64 一居―墨傍訓「ヲク」。墨別訓「ヲル」。

二上―墨傍訓「シヤウ」。墨別訓「カ(ミ)」。

65 一有―朱ヲコト点「有(リ)しを」。墨傍訓「有ルヲ」。

二蝗―墨傍訓「クワウ」。

三豊―墨傍訓「フウ」、また墨の濁音声点あり(「ブウ」)。

67 一貪濁―墨傍訓「タムタク」。因に考課50の濁の墨傍訓は「チヨク」(「ヂヨク」)。

二方―墨傍訓「ハウ」。

三清平―朱ヲコト点「清平に」。墨傍訓「イサ(ギヨク)ヒトシク」。

四藝―墨傍訓「ケイ」。因に学令8では「音儀」。

68 一方―墨傍訓「ハウ」。

二不倦―訓点「ムマす」。

三教訓―朱の訓の再読符あり、訓点「教(ヘ)ヲシフルこと」。墨別訓「教(ヘ)ミチヒ(クコト)」。
69 一祇承—祇の墨傍訓「シイ」、また両字に墨の濁音声点あり(「ジイジョウ」)。
二産業—産の墨傍訓「セン」、墨傍書「音仙」、また両字に墨の濁音声点あり(「ゼンゴフ」)。
70 一方—墨傍訓「ホウ」。
72 一爾雅—墨傍訓「ニカ」。選叙29の墨傍訓は「シカ」(「ジガ」)。
二慥—墨傍訓「タシカニ」。墨別訓「カナヒ」。
三有滞—訓点「ト丶コホレルこと有(ル)も」なるも、意改。
四不倫—訓点「タクヒア(ラ)すも」なるも、意改。墨別訓「倫ナラス」。
75 一随—朱ヲコト点「随へて」なるも、意改。
二不及試—朱ヲコト点「試するに及(ハ)すは」。不及の墨別訓「及フ(マシクハ)」。

禄令第十五

1 一絁—墨傍訓「キヌ」。
8 一夜—墨傍訓「ヨ」。
9 一尚蔵—墨傍訓「クラノカミ」。
二尚膳—墨傍訓「カシハテノカミ」。
三尚縫—墨傍訓「ヌイトノ丶カミ」。墨別訓「ヌイヘノ(カミ)」。
四典蔵—墨傍訓「クラノスケ」。
五尚侍—墨傍訓「内侍ノカミ」。
六典膳—墨傍訓「カシハテノスケ」。
七典縫—墨傍訓「ヌヒトノ丶スケ」。墨別訓「ヌイメノスケ」。
八尚酒—墨傍訓「サケノカミ」。
九尚書—墨傍訓「フムノカミ」。
一〇尚薬—墨傍訓「クスリノカミ」。
一一尚殿—墨傍訓「トノモリノカミ」。
一二典侍—墨傍訓「ナイシノスケ」。
一三尚兵—墨傍訓「ツハモノ丶カミ」。
一四尚闈—墨傍訓「ミカトツカサノカミ」。
一五尚掃—墨傍訓「カモノカミ」。
一六尚水—墨傍訓「モトンノカミ」。
一七掌蔵—墨傍訓「ククノマツリコトヒト」。
一八掌侍—墨傍訓「内侍政人」。
一九掌膳—墨傍訓「カシハテノ政人」。
二〇典書—墨傍訓「フムノスケ」。
二一典闈—墨傍訓「ミカトツカサノスケ」。
二二典殿—墨傍訓「トノモンノスケ」。
二三典掃—墨傍訓「カモンノスケ」。
二四典水—墨傍訓「モトンノスケ」。
二五典酒—墨傍訓「サケノスケ」。
10 一封—墨傍訓「フ」。
11 一給—朱ヲコト点「給へらむ」。墨傍訓「給(ヒ)タ(ラム)」。
二乳母—朱ヲコト点「乳母に」なるも、意改。乳母の墨傍訓「ニウモ」。墨別訓「チヲモ」。
14 一不拘—訓点「カ丶ハれ不」。

宮衛令第十六

1 一着—朱ヲコト点「おけ」。墨傍訓「オカシム」。
3 一上—朱声点あり、朱ヲコト点「上する」。墨傍訓「ノホル」。
4 一退朝—墨返り点「退レ朝」なるもこれを用いず。訓点「ミカトマカリの」。
二閉門—墨返り点「閉レ門」なるもこれを用いず。
三閉—墨傍訓「ヘイ」。墨別訓「ハイ」。
四詣—訓点「マイ(ツ)て」。墨別訓「イタ(ツテ)」。
五平—墨傍訓「ヒヤウ」。墨別訓「ヘイ」。
6 一車—傍訓なし。宮衛14・儀制1・公式38・44等の車の墨傍訓「キヨ」による。
二叱—墨傍訓「シツ」。
三使下—訓点「ヲリシメよ」。墨別訓「クタサ(シメヨ)」。
7 一夜—墨傍訓「ヨル」。
9 一蔵—点なし。「ノ」補読。
二夜—朱ヲコト点「(ヨ)る」。
11 一通—朱声点あり。朱ヲコト点「通すること」。墨傍訓「通セシムル(コト)」。
13 一去—墨傍訓「キヨ」。
14 一車—墨傍訓「キヨ」。集韻「斤於反」。
二夜—朱ヲコト点「(ヨ)る」。
三行—墨傍訓「イテイマセントキ」なるも不審。
四弁—墨傍訓「ワキ〳〵シク」。朱ヲコト点「弁に」とあるも不審。
17 一不如法—墨の音の連読符あり。
18 一不拘—朱ヲコト点「拘らし」。

19 一将—墨傍訓「モ(テ)」。墨別訓「キ(テ)」。
22 一聚—墨傍訓「シウ」。
24 一嫁—墨傍訓「カ」。
二訪—朱ヲコト点「訪へらは」なるも、上文須の訓点「(ヘカ)ラむは」により「訪(フヘカ)ラむは」とよむ。
三勘問—朱点に二訓あり、「勘問するに」、「勘(ヘ)問ふに」。
四夜—墨傍訓「ヨ」。
25 一駮—墨傍訓「ハク」。墨傍書「音白」。墨別訓「カク」。
27 一頭—朱声点あり。墨傍訓「トウ」。墨別訓「ハシ」。
28 一近—墨傍訓「キン」。
二速—訓点「ス(ミヤカ)に」。墨別訓「(スミヤケ)ク」。

軍防令第十七

1 一毅—墨の濁音声点あり。
2 一便弓馬者—便の朱ヲコト点「便(ナ)らむをは」、者の朱点「人」。「をは」の点を者に移して訓読。
3 一近—墨傍訓「キン」。
二劄—墨傍訓「カツ」。
三隔—墨傍訓「カク」。墨別訓「キヤク」。
四越—墨傍訓「エツ」。
5 一為—朱ヲコト点「す」。墨傍訓「セ(ヨ)」。
6 一備糒六斗塩二升—墨返り点「備二糒六斗一塩二升」なるも意改。
二糒—墨傍訓「ホシヒ」。和名抄「保之以比」。
三貯—訓点「ツメて」(ツメは下二段活用ツムの連用形)。
四雑使—朱ヲコト点「雑使すること」。墨傍訓「サフ(シ)セシムル(コト)」。
7 一盆—墨傍訓「ホトキ」。二釜—訓点「カナへ」。三鍬—墨傍訓「クワ」。四剉碓—墨傍訓「クサキリ」。五斧—墨傍訓「ヲノ」。六小斧—墨傍訓「テヲノ」。七鑿—墨傍訓「ノミ」。八鎌—墨傍訓「カマ」。九鉗—墨傍訓「カナハシ」。一〇火鑽—墨傍訓「ヒウチ」。和名抄「火鑽、比岐利」「燧、比宇知」。一一熟艾—墨傍訓「ヤイクサ」。名義抄「艾、ヨモキ」「艾、ヤイクサ、ヨモキ」。一二手鋸—墨傍訓「ノコキリ」。和名抄「能保岐利」、名義抄「ノコギリ、ノホギリ」。一三弓弦袋—墨傍訓「ユンツルフクロ」。一四副弦—訓点「(ソ)へツル」。一五征箭—墨傍訓「ソヤ」。一六胡籙—墨傍訓「ヤナクヒ」。一七大刀—墨傍訓「タチ」。一八刀子—墨傍訓「カタナ」。一九礪石—墨傍訓「ト」。二〇藺帽—墨傍訓「ヰカサ」。二一脛巾—墨傍訓「ハヽキ」。二二鞋—墨傍訓「カラワラクツ」。
9 一弩手—訓点「ヲホユミのテ」。
11 一抛—朱ヲコト点「抛せ」。墨傍訓「キ」なるも不審。
13 一藝—墨傍書「音儀」。
二為—朱ヲコト点「せよ」。
三為—朱ヲコト点「せよ」。
14 一郷—墨傍訓「キヤウ」。
17 一差発—朱ヲコト点「差し発す」。墨傍訓「差(シ)ヲコサシメヨ」。
18 一辞—朱声点あり。墨傍訓「コトハ」。
二存問—朱ヲコト点「存問せよ」。
20 一戎—墨の濁音声点あり、したがってここでは漢音「ジュウ」。
23 一必—点なし。名義抄「必、モシ」。
25 一対—朱ヲコト点「対ふて」。
26 一交代—両字に朱声点あり、朱ヲコト点「交代す」。墨傍訓「カハリカハル」。
二当厳兵守備—朱ヲコト点「(マサ)に兵を厳(シク)して守(リ)備ふ(ペ)し」(当の再読例)。厳の墨傍訓「イツクシン(デ)」。
28 一征還—訓点「征(キ)カへらむを」。墨別訓「ワウクワン」(征を往と誤ったものか)。
二発—墨傍訓「ホツ」。
29 一医—墨傍訓「ク(ツ)シ」。
30 一軍—朱声点あり。墨傍訓「イクサノ」。
二対—朱ヲコト点「対ふて」。
三甲仗見在損失—朱ヲコト点および読点「甲仗、見在の損失」なるも、意改。
31 一捉—墨傍訓「サク」。「ノ」補読。
二弁—朱ヲコト点「に」「し」あり、また墨傍訓「ワキ」なるも、「ワキ(ワキ)にし」と読むこと不審。意改。
35 一此法—朱ヲコト点「此の法に」。墨傍訓「此(ノ)法ヨリ」。

38 一子弟―朱ヲコト点「子第と」なるも意改。
40 一将―訓点「キて」。墨別訓「モ(テ)」。
42 一為―朱ヲコト点「せよ」。
二為―朱ヲコト点「せよ」。
三漂―訓点「ナカサれ」。墨別訓「ナカレ」。
43 一涼―訓点「サカせ」。色葉字類抄「涼、サガス、曝涼米也」。
45 一鑽刃―墨の音の連読符あるも意改。
二袍幡―墨の音の連読符あるも意改。
47 一責―訓点「コフて」。
二端正―両字に朱声点あり、朱ヲコト点「端正にして」。墨傍訓「キラ〳〵シ」。
三便―朱ヲコト点「便(ナ)らは」。墨傍訓「便(ナラム)ヲハ」。
48 一為―朱ヲコト点「せよ」。
二関―墨傍訓「クヱン」。墨別訓「クワン」。
三陸奥―戸令14墨傍訓「ミチノ奥」。
49 一資人―朱ヲコト点「資人には」なるも意改。
50 一勘験―朱ヲコト点「勘験するに」。墨傍訓「勘験セムニ」。
51 一主神―墨傍訓「(カム)ツカ(サ)」。墨別訓「カンヌシ」。官位14主神の墨傍訓「カムツカサ」。
52 一夜―朱ヲコト点「(ヨ)る」。
59 一預―朱ヲコト点「預て」。墨傍訓「預(シ)メ」。
60 一帖―訓点「ソフルこと」。ただし名義抄には帖にソフの訓なし。

62 一陸―墨傍訓「リク」。
二供―墨の濁音声点あり(「グ」)。
63 一休假―墨傍訓「キウケ」。
64 一逓―墨傍訓「タイ」、また墨の濁音声点あり(「ダイ」)。
66 一烽―軍防67烽の墨傍訓「フウ」、軍防68 70 75烽に墨の濁音声点あり(「ブウ」)。
67 一烟―墨傍訓「イン」、墨別訓「ケフリ」。
69 一代―朱ヲコト点「代れ」。墨傍訓「代(ヘ)ヨ」。
71 一嶮―墨傍訓「サカシク」。墨別訓「ハケシク」。
二狭―訓点「サキこと」。墨別訓「セハキ(コト)」。
三照―訓点「テラサむ」。「ニ」補読。墨別訓「(テラ)スコトノ」。
72 一松明―松に朱声点あり、また墨の音の連読符あり。墨傍訓「マツ」。
二雨湿―訓点「アメにウルホスこと」。雨の墨別訓「(シ)メラシ」。
73 一茇―墨傍訓「カヤ」なるも、名義抄「茇、ヨモキ」により改む。
二和―訓点「カテて」。墨別訓「アハセテ」。
三貯―訓点「マウケむ」。墨別訓「ツメラム」。
74 一応―墨傍訓「コタヘシ」。
二応―訓点「コタへの」。
75 一起―訓点「ヲコ(ツ)て」。墨別訓「タ(ツ)テ)」。
二逓―訓点「タカヒに」。墨別訓「ヲヒ(テ)」。
76 一参差―墨傍訓「シムシ」。

儀制令第十八

1 一天子―公式28天子の子に墨の濁音声点あり(「テンジ」)。
二譲位帝―朱点「譲位の帝に」。墨傍訓「位譲(ル)トキニ帝(ニ)」。
2 一赴―朱ヲコト点「赴(カ)むをは」。墨傍訓「ヲモムクヲハ」。
三車―墨傍訓「キョ」。
3 一后―墨傍訓「コウ」。
二行在所―墨傍訓「キヤウ(ザイショ)」。
二太―公式5 38に墨の濁音声点あり(「ダイ」)。
三於―点なし。不読なるべし。
四於―訓点「ヲき(テ)」。
五於―訓点「オ(キ)て」。
六臣妾―朱ヲコト点「臣妾とせ(ヨ)」。墨傍訓「臣妾トイヘ」。
4 一迎―墨傍訓「ケイ」。
6 一去―朱ヲコト点「去らむとき」。墨傍訓「マカラムハ」。
8 一麟―墨傍訓「セン」なるも不審。
二遂其本性―朱ヲコト点「其(ノ)本性を遂(ゲ)て」。ただし遂に朱ヲコト点「よ」あり。「其(ノ)本性を遂(ゲ)よ」または「其(ノ)本性(ニ)よ(リ)て」の別訓あるか。
10 一遇―墨傍訓「遇(ヘ)ラハ」。墨別訓「遇ハ(バ)」。

11 一司―朱声点あり。墨傍訓「ツカ(サ)」。
13 一戈―墨傍訓「カン」なるも不審。
14 一方―墨傍訓「ホ」。
二漆字―訓点「ウルシヌリの字」。墨別訓「ウルシ(ノ)字」。
15 一蘇方―墨傍訓「スハ」。和名抄「蘇枋、俗音須方」「蘇枋、俗云須房」、名義抄「蘇枋、スハウ」。
二纈―墨傍訓「ユハタ」。和名抄「纈、読由波太」。
17 一有―朱ヲコト点「有(ラ)むとき」。墨傍訓「有(ラ)ハ」。
18 一設―朱ヲコト点「設(ク)ること(ハ)」。墨傍訓「マウケムコトハ」。
二聴―朱ヲコト点「聴せ」。墨傍訓「ユルス」。
19 一飲―墨傍訓「イム」。
20 一遭―朱ヲコト点「遭(ヘ)らむ」。墨傍訓「遭ヘルヲ」。
21 一被起―起に朱声点あり、訓点「キセラ(レ)むは」。
25 一姪―墨傍訓「テツ」。
二舅―義解文中の墨傍訓「キウ」。
三甥―墨傍訓「シヤウ」、墨傍書「音庄」。
四女聟―朱ヲコト点「女の聟」、墨傍訓「ムスメノヲウト」。

衣服令第十九

1 一牙―朱声点あり、墨傍訓「ケ」。墨別訓「クヱ」。
二笏―朱声点あり、墨傍訓「コツ」。
三紗―墨傍訓「シヤ」。墨別訓「サア」。
四褶―墨傍訓「ヒラミ」。名義抄「ヒラミ」。
五襪―傍訓なし。名義抄「シタウヅ」。和名抄「和名之太久頭」。
六烏皮―墨傍訓「クリカハ」。
七舄―墨傍訓「クツ」。名義抄「クツ」。
2 一絛―墨傍訓「クミ」、朱ヲコト点「絛の」。
二佩―朱ヲコト点「佩ヘ」。墨傍訓「ヲヒ(ヨ)」。
三綬―墨傍訓「シウ」。
5 一皂―墨傍訓「クリ」。
二頭巾―墨傍訓「トキン」。
三烏油―墨傍訓「クロツクリ」。
四袋―墨傍訓「フクロ」。墨別訓「ツヽミ」。
6 一袍―訓点「コロも」。
二草鞋―墨傍訓「ワラクツ」。
三橡墨―訓点「ツルハミスミソメの」。
7 一橡―墨傍訓「ツルハヒ」。
二纁―墨傍訓「ソヒ」。
三蒲萄―墨傍訓「エヒソメ」。
四桑―墨傍訓「クハソメ」。
五黄―墨傍訓「キソメ」。
六揩衣―墨傍訓「スリソメコロモ」。
七秦―墨傍訓「ハリソメ」。
八柴―墨傍訓「シハソメ」。
九橡墨―墨傍訓「ツルハミスミソメ」。なお両字の間に朱読点あり。
8 一紕帯―墨傍訓「ソヘヲヒ」。
二以―朱ヲコト点「以(テ)す」。墨傍訓「以(テ)セ(ヨ)」。
11 一夫―朱ヲコト点「か」「に」あるも不審。意改。
12 一用―訓点「用(ヰ)むコトハ」。墨別訓「用ヰハ」。
13 一督佐―両字、朱点・墨点とも音読。
二緌―墨傍訓「ヲイカケ」。和名抄「和名冠乃乎、一云保々須介、又云於以加計」。
三繡―墨傍訓「ヌ(ム)モノ」。名義抄「ヌヒモノ、ヌムモノ」。
四雲―墨傍訓「クモカタノ」。
五靴―朱声点あり。
六靴―墨傍訓「クツ」。
14 一帯―朱ヲコト点「帯せ(ヨ)」。墨傍訓「オヘ」。二鞋―墨傍訓「カハワラクツ」。
三帯―朱ヲコト点「帯せ(ヨ)」。墨傍訓「オヘ」。四挂甲―訓点「ウチカけのヨロヒ」。
五帯―朱ヲコト点「帯せ(ヨ)」。墨傍訓「ヲヘ」。六帯―朱ヲコト点「帯せ(ヨ)」。墨傍訓「ヲヘ」。七衫―墨傍訓「ヒトヱキヌ」。
八帯―朱ヲコト点「帯せ(ヨ)」。墨傍訓「ヲヘ」。九末額―墨傍訓「マツカウ」。

営繕令第廿

3 一第―墨傍訓「テイ」。墨別訓「タイ」。
5 一縠―朱ヲコト点「き」あり、墨傍訓「ウスキツムキ」。墨別訓「ウスツムキ」。
二紬―墨傍訓「アツキツムキ」。
三紵―墨傍訓「テツクリ」。名義抄「テヅ

クリノヌノ」。

6 一 科―朱ヲコト点「科せ」。墨傍訓「ハカリ」。

8 一 人力―墨傍訓「ヒトチカラ」。墨別訓、音の連読。

9 一 謂―訓点「ヲモウに」。墨別訓「イフ(ニ)」。

二 不済―訓点「ナルマし(ク)は」。墨別訓「ナス(マジクハ)」。

12 一 交―朱ヲコト点「に」「せ」なるも、「せ」の点不審。墨傍訓「ニハカ」。

二 不拘―朱ヲコト点「拘れす」。

三 月―墨傍書「漢音」、よって「ゲツ」と訓む。

13 一 便―朱の音読符および声点あり、朱ヲコト点「便に」。墨傍訓「タョリ(ニ)」。

二 覆蓋―訓点「フキフクこと」。墨別訓「ヲホヒヲ(ホフコト)」。

14 一 受―受字の下に朱の読点あるも、意改。

16 一 溢―墨傍訓「イツ」。

二 不拘―訓点「カヽハれ不」。

17 一 檢―墨傍訓「ヤマニレ」。墨別訓「カクニレ」。和名抄「夜仁礼」。

公式令第廿一

☆ 一 公式令―紅本巻第一目録「公式令」の式に墨の濁音声点あり(「クウジキリヤウ」)。

1 一 御宇―宇に「の」の朱ヲコト点あり、また墨傍訓は御に「シラス」、宇に「アメノシタ」なるも、訓読文では「御宇」のまま表記。墨別訓は音の連読。

二 日本―朱ヲコト点「日の本の」。墨傍訓「ヤマト(ノ)」。

三 御大八州―朱ヲコト点「大八州御す」、墨返り点「御㆓大八州㆒」なるも、訓読文は「御大八州」のまま表記。訓点「オホヤシマノクニシラす」。大八州の墨別訓「オホヤシマトクニ」。

四 日―朱の音読符あり。墨傍訓「ヒ」。

五 務―朱ヲコト点「の」あるも、官職のため訓読文には記さず。

六 務―朱ヲコト点「の」あるも、官職のため訓読文には記さず。

七 謹言―墨傍訓「カシコムマウス」。墨別訓「コヽニ(マウス)」。

八 右―訓点「ミキは」。墨別訓「コレ(ハ)」。

九 誥―墨傍訓「カウ」。

2 一 右―訓点「ミキは」。墨別訓「コレ(ハ)」。

3 一 言―墨傍訓「言ス」。墨別訓「マウサ(ク)」。

二 謹以申聞謹奏―訓点「カシコミカシコミモ申しタマフことをキコシメセトカシコンマウす」。墨別訓「カシコン(カシコン)マ(ツ)シタマウコトヲ(キコシメセト)コヽニ(マウス)」。

三 聞―墨傍訓「フン」。

四 員―墨傍訓「ウン」。

五 聞―墨傍訓「フン」。

4 一 謹以申聞謹奏―訓点「カシコミカシコミモマウしタマウコトヲキコシメセとカシコンマウす」。ただし別に、各字に朱の声点あり。したがって朱に音読・訓読の二訓あり。墨別訓でも「キン(イ)シムモンキンソウ」。

二 附―朱傍訓「ツク」。

三 乃―朱傍訓「ス」。

5 一 便奏―便の墨傍訓「ヒン」、また両字に墨の濁音声点あり(「ビンゾウ」)。

二 奏―訓点「マふ(ス)」。ただし別に朱の声点あり。したがって朱に音読・訓読の二訓あり。

7 一 謹啓―朱ヲコト点「謹(ミ)啓す」、また啓には別に朱の声点あり。墨は音の連読。

二 奉令―両字に朱の声点あり。墨傍訓「令(タテ)マツル」。

8 一 謹―朱傍訓「カシコム」。

二 正―朱ヲコト点「の」あるも、官職名のため訓読文には記さず。

三 委―訓点「ツフサに」。墨別訓「ツハヒラカ(ニ)」。

9 一 辰―朱傍訓「トキ」。

10 一 上―朱傍訓「タテマツル」。

11 一 上―訓点「タテマツラは」。朱傍訓「上ラム」。

12 一 報答―墨傍訓「報答セムモ」。墨別訓「報答セハ」。

13 一 下―朱ヲコト点「下(サ)むは」。朱傍訓「下(シ)ナハ」。

二 并案―朱ヲコト点「案に并(セ)て」。案の墨傍訓「サヘ」、したがって墨訓は「幷(セテ)案サヘ(ニ)」か。ただし墨には「幷ﾚ案」の返り点あり、不審。

14 一 件—訓点「ツラネよ」。ただし名義抄にこの訓なし。

15 一 謂雑任初位以上—朱ヲコト点は任に「の」上に「を」のみなるも、他例に合せて訓読。

16 一 若干—墨傍訓「ソコソハク」。

17 一 若干—墨傍訓「ソコハク」。

19 一 省台—台の朱ヲコト点「も」、ただし穴記に「読文之方、省台尓毛准ﾚ此耳」による。
二 若干—墨傍訓「ソコソハク」。
三 下—訓点「クタす」。墨別訓「下セル」。
四 付—訓点は「サ(ヅクル)よと(イ)へ」と思われるが、「よ」の朱ヲコト点不審。下文の得の訓点「得たりとイヘ」を参照して訓読。

20 一 被—朱ヲコト点「…符下を被られて」なるも不審。墨傍訓「被ル(ニ)」により訓読。

22 一 従人—朱傍訓「従人ナラハ」。
二 申送—朱点に「申し送(ラシム)」と「申送せ(シム)」の二訓あり。
三 勘同—勘の朱ヲコト点「勘ふ(ル)に」。同に朱声点あり、朱ヲコト点「同せは」。

23 一 皇—墨傍書「音王」。

35 一 皇—墨傍訓「ワウ」。

36 一 皇—墨傍訓「クワウ」。

38 一 車—墨傍訓「キヨ」。
二 聖化—聖の朱傍訓「セイ」、化の朱傍書「音科」。
三 慈—朱傍訓「シイ」、また墨の濁音声点あり(「ジイ」)。

40 一 方—墨傍訓「ホ」。

43 一 鈴—朱の訓読符と音読符あり、訓読符に合点あり。
二 陸奥国—訓点「ミチの奥の国」。

44 一 車—墨傍訓「キヨ」、また墨の清音声点あり。 二 京師—墨傍訓「ケイシ」。

45 一 袋—墨傍訓「フクロ」。墨別訓「ツヽミ」。
二 参—墨傍訓「シム」。

46 一 有—朱点なし。墨傍訓「有ラハ」なるも、文意よりみて採らず。
二 向—朱ヲコト点「向ふて」。
三 告事—朱ヲコト点「告(ス)る事」。墨傍訓「マウ(ス)事」、墨別訓「カウセシ事」。

51 一 山陰—墨傍訓「センヲム」。
二 乗—朱ヲコト点「乗る」

52 一 有執掌者—朱ヲコト点「執掌有らむをは」。墨傍書「二説」とあり、墨傍訓は「執掌有(ラム)者ハ」。
二 職事官—朱点に、三字を音の連読とするよみと、「職事の官」とするよみの二訓あり。
三 府—朱ヲコト点「府の」なるも、意改。

54 一 正—墨の濁音声点あり(「ジヤウ」)。

55 一 分列—朱ヲコト点「分(レ)列(ネ)よ」。墨に、音の連読、「分レツラヌ」、「分レタテ」の三訓あり。

58 一 権検校—朱点に、音の連読とするよみと、「権に検校」とするよみの二訓あり。墨は音の連読。

60 一 開門—墨返り点「開ﾚ門」なるも用いず、訓点「ミ(カド)ヒらき」を傍訓とする。
二 閉門—訓点「ミ(カド)タテ」を傍訓とする。

62 一 及—墨傍訓「及ヒ」。
二 速—訓点「スミヤカ(ナラ)む」。墨別訓「スミヤケキ」。
三 召—訓点「召(サ)れムは」。墨別訓「召サハ」。
四 判決—朱ヲコト点「判決せ(ヨ)」。墨傍訓「判決セシメヨ」。
五 施—墨傍訓「シ」。

63 一 訟—墨傍訓「ジユ」(傍訓に濁点ある例)。墨別訓「シヨウ」。
二 請—墨傍訓「コフ(テ)」。

65 一 封—墨傍訓「フ」。
二 抑—墨傍訓「ヲク」。

67 一 給—墨傍訓「コフ」、また墨の濁音声点あり(「ゴフ」)。

69 一 及—墨傍訓「及ヒ」。

72 一 遅緩—墨傍訓「ヲコタリヲコタラムコト」。墨別訓「ヲソナハリオソナハル(コト)」。

75 一 関—朱ヲコト点「関らむ(ハ)」。墨傍訓「アツカラハ」。
二 暁—墨傍訓「サトリ」。墨別訓「アラハ(シ)」。

76 一及―墨傍訓「及ヒ」。
80 一付―朱点に「サツけよ」、「サツけて」の二訓あり。
82 一成―訓点「ナリタらは」。
83 一婚田―墨の音の連読符あるも、意改。
二検簡―朱の訓の連読符あり、また簡の訓点「エラムて」。墨別訓は音の連読。
84 一及―墨傍訓「及ヒ」。
二除―墨傍訓「チ」。
三依―朱点に「依(ル)に」「依(リ)て」の二訓あり。
85 一滞―墨傍訓「タイ」。墨別訓「テイ」。
86 一危―墨傍訓「アヤブミ」(傍訓に濁点ある例)。
89 一遠―墨傍訓「エン」。

倉庫令第廿二

4 一貯―紅本訓点に「マウク」と「ツム」の二種の用例あり。「マウク」の例―宮衛7「水マウけ」、軍防72「モ(チキ)む所のマウけ」、軍防73「マ(ウ)け備へむ」、営繕6「マウケ備へむ」(以上、用意して備えておく意)、「ツム」の例―軍防6「当色の庫にツメ」、雑令27「ツミヲサメよ」(以上、貯備する、たくわえる意)。なお紅本にはタクハフの用例なし。
7 一糒―紅本軍防6の墨傍訓「ホシヒ」。和名抄「保之以比」。

廐牧令第廿三

☆ 一廐牧令―紅本序目録の墨傍訓「キウモク令」。
1 一穫丁―紅本考課28で飼丁の墨傍訓を「カウヨホロ」とすることよりみれば、穫丁も訓ならば「クサカリノヨホロ」か。ここではかりに音読とする。
二乾草―紅本軍防72朱ヲコト点「乾たる草」。
3 一畜―紅本捕亡4・雑令18 23の墨傍訓はいずれも「キウ」。
4 一牧馬長帳―紅本賦役19の牧長帳は三字に朱声点あり、また朱ヲコト点「牧の長帳」。
二清幹―紅本戸令4の清の墨傍訓「イサ(ギヨ)ク」、幹の訓点「ツヨカ(ラ)む」。
5 一牧―名義抄「ムマキ」。本令ではウマ・ムマはウマに統一。
二牧子―紅本賦役19で二字に朱声点あり。
8 一同者―紅本宮衛10の同の朱ヲコト点「同せは」(同に墨の濁音声点あり)、公式22の勘同の朱ヲコト点「勘(フ)るに同せは」(同に朱声点あり)。
9 一覓―名義抄「モトム、ミル」。
二飼丁―紅本考課28墨傍訓「カウヨホロ」。
15 一非力制者―紅本考課55の非人力所制者非の訓点「人の力の制する所に(非ザル)をはイハす」、軍防42の非人力所制者の朱ヲコト点「人力の制する所に非(ズ)は」(制に朱声点あり)。
16 一使稀之処―紅本戸令1の人稀之処の訓点「人マレヲ(ナラ)む処」。
18 一騰―名義抄「ハス」。「駈ス」に同じ。
20 一太―名義抄「ハナハダシ」。
22 一給―紅本戸令34 45・公式67の墨傍訓「コフ」、公式67に墨の濁音声点あり(「ゴフ」)。
23 一無主識認者―紅本捕亡15の有主識認者の訓点「主識(リ)トムルこと有らは」(主に朱声点あり)、同条の主来識認の訓点「主来(リ)てシリトメむ」。
24 一遺―紅本捕亡15の墨傍訓「クキ」。

医疾令第廿四

1 一法術優長者―紅本学令1の取業術優長者の訓点「業術優長ナラむヒトを取レ」(業・術・優・長にそれぞれ朱声点あり、墨別訓「優長セ(ム)者」)、学令8の芸業優長者の訓点「芸業優長ナ(ラ)む者」(芸・業・優・長にそれぞれ墨声点あり)。
2 一聡令者―紅本学令2墨傍訓「ソウレイナラム者」。
7 一一―藤本神祇20の朱ヲコト点「一つ」、紅本雑令7の朱ヲコト点も「一つ」。
18 一劾―紅本考課41墨傍訓「イタス」。
26 一黜陟―紅本考課59墨傍訓「スキツチヨク」。

假寧令第廿五

13 一収獲―紅本田令2の訓点「トリカラむ」、同37の訓点「(ト)リカル」。

喪葬令第廿六

1 一陵―紅本官位12諸陵正の墨傍訓「ミサヾキノ正」(傍訓に濁点ある例)。

二 耕—名義抄「タカヘス」。
三 牧—名義抄「ウシカフ、カフ」。
四 樵—名義抄「キコリ」。
5 一 三分給二—紅本捕亡7の廿分賞一・十分賞一の訓点「廿分に(シ)て一賞へ」・「十分にして一タマヘ」。
二 不拘—紅本戸令28・選叙35 37・禄令14・営繕12 16の訓点「カカハレジ」(下二段活用)、宮衛18の訓点「カカハラジ」(四段活用)。
三 減数不等従多給—紅本軍防49の同文の訓点「減する数不等ナらは多きに従へて給へ」(減・不に朱声点あり)。
6 一 両応合給者従多給—紅本選叙31両応出身者従高叙の訓点「フタつに出身す応くは高きに従へて叙せ(ヨ)」。
8 一 鼓—以下、大角・小角・鉦など、いずれも紅本軍防39 44で音読。
二 鐃—名義抄「禾ネウ」。
三 遊部—「アソビベ」は試訓。
10 一 氏宗—紅本継嗣2で音の連読。宗の墨傍訓「シウ」。墨別訓「ソウ」。
13 一 亡人存日処分證験分明者—紅本戸令23の亡人存日処分證拠灼然者の朱ヲコト点「亡人の存日に処分して證拠灼然(ナ)らは」(亡人の二字に朱声点、存日・処分・證拠・灼然にそれぞれ墨の音の連読符あり)。
17 一 舅—紅本儀制25義解文中の舅の墨傍訓「キウ」。

関市令第廿七

2 一 擁—訓点「オコタルこと」。墨別訓「ト、コヘルコト」。墨傍書「怠也」。
3 一 随—訓点「シタカフて」。
4 一 随—訓点「シタカヘシメよ」。墨別訓「シタカハシメヨ」。
5 一 脚—墨傍訓「ヨホロ」。墨別訓「アシ」「キヤク」。
7 一 客—墨傍訓「カク」。
9 一 入—墨傍訓「ニツ」なるも、採用せず。
12 一 貨—墨傍訓「クワ」。
14 一 衡—墨傍訓「カウ」。
15 一 以—訓点「モてせよ」。墨別訓「モチキヨ」。
二 則—墨傍訓「則チ」。
16 一 付—訓点「ツケよ」。墨別訓「サツケヨ」。
二 責—訓点「コフて」。
18 一 坐—朱声点あり、墨傍訓「サ」。墨別訓「キルコト」。
20 一 交—訓点「コモ〳〵に」。墨別訓「ニハカニ」。

捕亡令第廿八

1 一 及—墨傍訓「及ヒ」。
二 征—墨傍訓「シヤウ」。墨別訓「セイ」。
三 郷—墨傍訓「キヤウ」。
2 一 発—墨傍訓「ホツ」。
二 及—墨傍訓「及ヒ」。
三 対—訓点「ムカふて」。
3 一 除—墨傍訓「チ」。
4 一 畜—墨傍訓「キウ」。
二 貨—墨傍訓「クワ」。
5 一 倍—墨傍訓「ヘイ」。
二 貧—訓点「マトシクして」。
三 及—墨傍訓「及ヒ」。
7 一 捉—訓点「トラへタらむ」なるも、義解文中の同文の訓点「(トラヘ)ラレタらむ」による。墨別訓「トラヘタラハ」。
二 召—訓点「メせ」。
8 一 知—訓点「シレラは」。墨別訓「シリ」。
二 随—訓点「シタカフて」。
10 一 従—訓点「シタカヒナむ」。墨別訓「従ヘム」。
二 及—墨傍訓「及ヒ」。
三 得免賤従良者—訓点に「センをユルしてラウに従フルコト得は」「センをユルしてラウにシタカヘラは」の二訓あるも、後者は得字をよんでいないので、前者による。
11 一 対—訓点「ムカふて」。
二 対—朱ヲコト点「対ふて」。
12 一 究—墨傍訓「キウ」。
二 実—墨傍訓「シツ」。
13 一 博戯—墨傍訓「ハツキ」なるも「ハクギ」とする。
二 席—墨傍訓「セキ」。因に獄令4では「シヤク」、雑令15では「セキ」、名義抄「禾者ク」。
14 一 合—朱ヲコト点「合ふて」。
15 一 遺—墨傍訓「クキ」。因に職員3令釈に

「遺音以往反、又音胡葵胡季二反」。

獄令第廿九

3 一強—墨傍訓「コハク」。墨別訓「ツョク」。
二国司枉断使人推覆—墨返り点「国司枉断ニ使人一推覆」なるも、意改。

5 一決日—訓点「クヱ(ツ)ゼン日に」(傍訓に濁点ある例)。墨別訓「決ノ日(ニ)」。
二符下日—朱ヲコト点「符下の日に」。墨傍訓「符クタラン日(ニ)」。
三悪逆以上—朱ヲコト点「悪逆の以上」なるも、意改。

6 一訣—墨傍訓「クヱツ」。

8 一決—墨傍訓「クヱツ」。
二不拘—訓点「カヽヘラレし」なるも不審。「カカハレジ」とする。
三及—墨傍訓「及ヒ」。
四晦—朱声点あり。ただし墨傍訓「アイ」は不審。墨別訓「ツコモリ」。
五監—訓点「ミセシメよ」(ミセは下二段活用ミスの未然形)。
六枉—訓点「マケタランこと」。墨別訓「マケタル(コト)」。

9 一閑地—訓点「イトマのトコロに」。墨別訓「マカラン地(ニ)」。
二埋—訓点「ウツムて」。

11 一留—墨傍訓「リウ」。
二及—墨傍訓「及ヒ」。
三逃亡—訓点「逃亡スルこと」。墨別訓「逃亡セル(コト)」。

12 一応—訓点「(ヘ)クは」。墨別訓「ヘウハ、坂本」。

13 一公—墨傍訓「ク」。

14 一及—墨傍訓「及ヒ」。

15 一粮—朱声点あり。墨傍訓「ラウ」。墨別訓「カテ」。
二停留—訓点「トヽマリトヽマルこと」。墨別訓「トヽメトヽメンコト」。
三給不—訓点「給(ハ)むタマハシは」。墨別訓「タマワルタマハシ(ハ)」。

16 一遣—墨傍訓「ヤル」。墨別訓「ヤ(ツ)シ」。
二到—朱ヲコト点「到らむ」。墨傍訓「到ル」。
三稽留—墨傍訓「ケル」。

17 一解—朱ヲコト点「む」「は」あるも、「は」の点は衍とみなす。

20 一物部—両字に朱の声点あり、墨傍訓「モツフ」。墨別訓「モノヘ」。
二防—墨傍訓「ホセキ」。墨別訓「ホソケ、坂」。

21 一産—墨傍訓「セン」。また朱傍書に「音前、又散」。因にこの点本では一般に産の傍訓は「セン」とし、これに濁音声点を付す(「ゼン」、例、考課169・獄令23に「音前」)が、雑令にのみ「サン」の傍訓がみえる。

22 一喪—朱声点あり、訓点「喪シナは」。墨別訓「モセラ(ハ)」。
二発—墨傍訓「ホツ」。

23 一責—訓点「コフて」。

25 一公—墨傍訓「ク」。

30 一究—墨傍訓「キウ」。

32 一殺人—両字に朱声点あり、殺の墨傍訓「セツ」。墨別訓「ヒトヲコロシ」。

33 一密—墨傍訓「ミツ」。
二不肯導—朱ヲコト点「導(ヒ)肯(ヘ)せ不して」、墨傍訓「イヒカヘ不(シテ)」。ここでは墨傍訓による。朱ヲコト点「せ」は「へ」の誤点か。
三不肯導—訓点「導(ヒ)カヘンセ不は」なるも意改。
四不吐—訓点「ハカすは」。墨別訓「マウサ不(ハ)」。
五給—訓点「給フて」。
六蜜—密と蜜相通。

35 一察獄之官—察・獄・官の三字に朱声点あり。墨傍訓は察に「ミ、坂」とする。坂家本では「獄ミルツカサ」とよんだか。
二対—訓点「ムカフて」。

39 一懐孕—墨傍訓「ヱョウ」。懐の墨別訓「クワイ」。

40 一簡—墨傍訓「カン」。

42 一肱—墨傍訓「ワウ」なるも不審。
二公—墨傍訓「ク」。
三責—訓点「コフて」。

43 一位—朱声点あり。墨傍訓「(クラ)ヒ」。

46 一未畢—訓点「未タヲヘサラン」(未の再読例)。

48 一喪―墨傍訓「モシ」。墨別訓「喪シタラム」。
二発―墨傍訓「ホツ」。
51 一讞―墨傍訓「ケツ」、また墨の濁音声点あり(「ゲツ」)。
52 一抛理―朱ヲコト点「理に抛(ル)に」。墨傍訓「リ(ニ)抛リ」。
二不移前断者―訓点「前の断にウツラ不は」、義解文中の「是名レ不レ移二前断一也」の訓点も「是をサ(キ)のタンにウツらスとナツく」。文意からすれば「前ノ断ヲ移サズハ」か。
三止―訓点「ヤメむ」。墨別訓「ヤム」。
55 一薦席―墨の連読符あるも、意改。
58 一犯―訓点「オカし」。墨別訓「犯(セ)ラム」。
60 一競財―墨傍訓「キヲヒタカラ」。墨別訓「(キ)ヲウ財」。
62 一傷損―訓点「ヤフリソンセシメむ」。墨別訓「ヤフリ損セラン」。
63 一削去―訓点「ケツリステよ」。墨別訓「ケツリサレ」。
二拷訊―訓点「拷訊せむは」、墨別訓「拷訊セラハ」。

雑令第卅

1 一権―墨傍訓「コン」。墨別訓「クヱン」。因に、関市14の墨傍訓「コン」、雑令3の墨傍訓「クヱン」。
二衡―墨傍訓「カウ」。関市14の墨傍訓も「カウ」。

3 一権―墨傍訓「クヱン」。
二様―墨傍訓「タメシ」。墨別訓「ヤウ」。
三様―訓点「タメシには」のまま。
5 一公―墨傍訓「ク」。
7 一業成年限―墨返り点「業成二年限一」なるも、意改。
8 一天文図書―天文と図書の間に朱の読点あるも、意改。「ノ」補読。
二一―朱ヲコト点「一つ」。
9 一公―墨傍訓「ク」。
二泄―墨傍訓「セツ」、また墨傍書「音節」。
10 一山―墨傍書に「音前」とあるも不審。
11 一漂失―訓点「漂失シて」。墨別訓「漂シツセラレテ」。
12 一堰―墨傍訓「ヰセキ」。墨別訓「セキ」。
13 一為次―訓点「ツイテとせ(ヨ)」。墨別訓「ツイツル(コト)為(ヨ)」。
15 一席―墨傍訓「セキ」。
16 一得―朱ヲコト点「得む」。墨傍訓「エテ」。
17 一交―訓点「ニハカに」。墨別訓「コモ〱」。
二奪―訓点「ウハヘは」(「ば」が已然形を承けて仮定の条件をあらわす例)。
18 一畜―墨傍訓「キウ」。
二者―朱点「人は」。墨傍訓「モ(ノハ)」。
19 一過―訓点「スコすこと」(スゴスはスグスの転)。
二過―訓点「スコセリと」。墨別訓「過スト」。

三債―墨傍訓「モノカビ」(傍訓に濁点ある例)。霊異記に「母乃々可比」。
四不贖―訓点「ツクノハ不は」(ツクノフは清音)。墨別訓「アカハ不(ハ)」(アカフも清音)。
五対―訓点「ムカンて」。
20 一稲粟―両字に朱の声点あり、また墨の音の連読符あり。墨傍訓「イネアハ」。
二断―訓点「サタムルこと」。墨別訓「カキル(コト)」。
三倍―墨傍訓「ヘ」。
四旧本―両字に朱の声点あり、墨傍訓「クホン」。墨別訓「フルキモト」。
21 一両情―二字の間に朱の読点あり。両の墨傍訓「フタ」、情の墨傍訓「コ、ロ」。「ノ」を補読して、フタリノココロ→フタ(ン)ノココロと試訓。
23 一畜―墨傍訓「キウ」。
二産―墨傍訓「サン」。因にこの点本では、産はおおむね「ゼン」とよんでいる。
三舡―訓点「ツカは」。墨別訓「ツケラハ」。
四其―朱ヲコト点「其の」なるも意改。
24 一貿―墨傍訓「モウ」。
25 一遠―墨傍訓「遠ク」。墨別訓「遠カラン」。
26 一薪―墨傍訓「ミカマギ」(傍訓に濁点ある例)。
二一担―両字に朱声点あり。担の墨傍訓「タン」。
三十担―墨傍訓「トニナヒ」、また墨の訓

の連読符あり。以下、八担、六担、四担、二担、一担にいずれも墨の訓の連読符あり。

27 一主殿寮―主・殿の二字に朱声点あり、また三字に墨の音の連読符あり。主殿の墨傍訓「トノモン」。

28 一炭―墨傍訓「アラスミ」。名義抄「スミ、アラスミ」。

二薪―墨傍訓「タキ、」。墨別訓「ミカマキ」。

31 一官戸奴婢―朱ヲコト点「官戸の奴婢」なるも、意改。

32 一給―朱ヲコト点「ヘ」と「せ」あり。朱点に「(タマ)ヘ」と「(キフ)せ(ヨ)」の二訓あるか。

二産―墨傍訓「サン」。

34 一給―朱ヲコト点「ヘ」と「せ」あり。朱点に「(タマ)ヘ」と「(キフ)せ(ヨ)」の二訓あるか。

二衫―墨傍訓「ヒトヘノキヌ」。墨別訓「ヒトヘキヌ」。

三衫―墨傍訓「ヒトヘキヌ」。

四襖―墨傍訓「アハセノキヌ」。

五襦―墨傍訓「アハセノキヌ」。名義抄「コロモ、ハカマ」。

35 一客―墨傍訓「カク」。

36 一客―墨傍訓「カク」。

37 一公廨―墨傍訓「クケ」。

二勾―墨傍訓「コウ」。

三勾―墨傍訓「ク」。

38 一准―朱ヲコト点「准(ヘ)よ」なるも意改。

39 一穽―墨傍訓「セイ」。

41 一大射―訓点「オホイクハは」。墨別訓「オホユ(ン)ノイハ」および「(オホ)ユミテハ」。

解説

日本律令の成立とその注釈書

井上光貞

日本律令は、わが古代の朝廷が中国の律令を継受して制定した日本最初の法典であって、古代の政治・社会を深く規制するとともに、それによって重大な影響を国民思想の上に及ぼした。もっとも律令の定める個々の規定は、平安時代になって公家法が発達し、鎌倉時代以後、武家法にもとづく法典が制定されるに及んで、ほとんどおこなわれなくなった。しかし、公家法は律令法にもとづいて形成された慣習法であり、武家法も公家法のおこなわれる社会のもとで成長した武士社会の慣習を規範化したものである。したがって、律令は公家法の形成に対してはもちろんのこと、それを通じて武家法の形成にも少なからず作用を及ぼしたとみるべきであろう。また、明治の新政府が王政復古の主旨にもとづく体制づくりにおいて、太政官制の制定ほか、古代の律令を重んじたことも逸することのできないできごとである。律令はこうして、日本歴史の上に高く権威として君臨し、深く規範として根をおろし、前近代の思想の深層にきわめて重要な意味をもつ法典であった。

日本律令の内容は、後にやや詳しく論ずるように大宝律令において完成したのであって、養老律令は若干の内容修正のほかは、たんに字句等の修正を施したにすぎないものであった。しかし大宝律令が、律も令も全く散逸してしまって、すべて古記に引用された逸文等によって知るほかはないのとは異なり、養老律令は次のような形でこんにちほぼその全容をうかがうことができる。すなわち、養老の律は、本文ならびに本注に、さらに疏を加えたところの律疏の形態において知られるのであるが、その一部分(律目録、名例律前半、衛禁律後半、職制律、賊盗律、闘訟律の一部)が残り、他の大部分も諸書に引かれた逸文から復原せられている。また、養老の令はその大部分が、令の公定注釈書たる令義解、及び私的注釈書令集解の本文及び注として伝えられ、残る倉庫・医疾の二篇も、諸書に引かれた逸文によってほぼ再構成することができるのである。

本書の作成にあたり、筆者らは以上にかんがみて、養老の律及び令の、可能の限りすべてをおさめて校訂をほどこし、訓読文をかかげ、さらに万遍なく注釈を加えることを志した。しかししばらくすると、こういう形態では、注釈を短い頭注に限定してもなお、「日本思想大系」の一巻の分量をはるかに越えることが判明したので、令については、当初の企画通りとする一方、律については、写本の残る部分に限定し、それ以外では総則ともいうべき名例律について、その後半(逸文)を唐律によって補って掲げ、各条の簡単な趣旨説明を加えるにとどめた。写本の残存は全く偶然の事情によるものであるので、律におけるこのような体裁が不自然であることはよく承知している。しかし律の全篇復原は、最近刊行の律令研究会の『訳註日本律令　律本文篇』によってもなされているのであり、また日本律は日本令とちがってほとんど唐と異ならず、(1)その点で、「日本思想大系」の一篇としてみる限りにおいて、国内文献としての価値が劣ることも考えあわせられる。そこで、復原の招きやすい人工性を極力避けることのできる利点を生かすことに重きをおいて、右の体裁に従うことも一法である、と考えたのである。

日本律令については、解説・解題としてふれるべき多くの問題が考えられるが、けっきょく井上が解説を、解題としては、本文及び訓読文の作成を中心として、律・令それぞれに事にあたった吉田孝・早川庄八が執筆し、国語学の立場で終始、指導をいただいた築島裕氏にも一文を草していただくこととした。次に私は解説として、最初、次の三つをとりあげることを考えた。第一に、日本律令は継受法であるので、古代の朝廷がどのようにして中国の律令を継受し、やがて日本律令法典を制定したかの問題、第二に、主として令に関することであるが、日本律令は唐に準拠しつつもいかなる点で唐と異なっているか、即ち日本律令の特徴の問題、第三に、律令制定後、その運営のために律令各条の正しい解釈を求めて多くの明法学者が注釈をあらわし、さらに公定注釈書たる令義解も制定されたが、これら注釈書の性質及び律令学の展開の問題、の三つである。しかしこれもじっさいに筆をとってみると、すべてを限られた紙数のうちにおさめることは困難である。また第二の問題については、令の各篇の担当者に、各篇の補注のはじめ(☆印)に、その篇における唐令とのちがいを論じていただいてあるので、それにゆずって、あえて綜合を試みることをやめ、ここでは第一・第三の二つだけをとりあげることとし、題名もそれにふさわしく改めた。

一　中国律令の摂取

律令は、中国古代の高次の文明の所産として、秦漢時代以後、長い歴史の経過において、しだいに精緻な、従ってたぶんに普遍的な性質をもつ成文法典として発達したもので、少なくとも北魏以後は、官僚制的な統治機構、良賤制にもとづく身分法、土地公有を本質とする土地法などを特徴的とする法典となっていた。ところで日本は、あとでやや詳しく述べるように、七世紀初頭以前から、部分的に律令法をとりいれはじめたと考えられ、七世紀中葉の大化改新以後、その本格的、かつ体系的な摂取の時期に入っていくのである。そこで、日本がどうしてこの時期に中国の法律たる律令の法をうけいれるようになったかについて考えるとき、まず、律令法の継受が、日本でのみ孤立的におこなわれたのではなかったという、基本的な事実に眼をそそぐ必要があろう。即ち、律令法は、北魏のように中国本土に立国した異民族ばかりでなく、中国周辺の農耕・遊牧等の多くの諸民族によってもつぎつぎと継受されたという事実である。具体的にいえば、朝鮮においては三国時代の高句麗が四世紀から、新羅が六世紀から律令を制定したと伝え、そのことは検討を要するにしても、七世紀に成立した新羅統一王朝、十世紀におこった高麗が律令法による国家体制を形成していたことは明らかな事実である。また八世紀におこったツングース系の渤海も、十世紀に渤海をほろぼして蒙古・満州・華北の一部を領土とした契丹族の遼も、十二世紀はじめ遼をほろぼして一時は華北をも版図におさめた女真族の金も、律令制国家を形成した。この中国周辺諸民族における事実を念頭におくならば、古代日本が、中国の律令法を継受したこともこうした中国周辺諸民族の動向の一つであった、とみることができるのである。

これら中国周辺の諸民族がつぎつぎと律令法を継受して律令制国家を作った理由は、細かくみれば民族によって一様ではなかったと考えられる。しかし律令法の継受の最大の理由は律令法が中央集権の統治技術としてすぐれた模範たり得たからである。即ちどの民族においても統一王権は、文明の一定の段階に達すると、権力の集中を最大の課題とするにいたる。律令法はそのとき、この目的に最もふさわしいものであるので、諸民族はきそってこれをとりいれようとしたのであろう。少なくとも日本の場合はそうであって、日本は六世紀から七世紀にかけての時代に漸く文明の門口に達し、王権の所在する飛鳥の古代貴族は儒教とともに仏教もとりいれ、他地域の文化を歴然と凌駕しはじめた。しかも大陸には隋唐帝国という巨大な統一国家が出現して、これまで日本の王権が政治的勢力を伸ばしていた朝鮮諸国にもその勢力を強くおよぼしてきた。このようにして、特に七世紀の大和政権にとっては、権力を集中し、国家としての威儀をととのえることが必須の課題となってきたが、それが、この時期に熱心に律令法の摂取のはかられた理由であったのである。

日本が中国の律令法を積極的にとりいれた動機は右のように理解されるのであるが、しからば律令の継受は具体的には、いかなるものであったか。私はこれを次の三段階においてあとづけることができるとおもう。第一は、部分的な断片的な律令法の摂取の時代であり、第二は、全面的な体系的な律令法の摂取の時代であり、第三は、日本律令法典の作成・施行の時代である。同じく律令といっても、律と令とはやや異なった歩みをしてうけいれられたが、全般として日本は、このような三つの時期を経て、ようやく律令制国家を形成するのである。そこで第一の問題からはじめて、それぞれの段階を具体的にあとづけていきたい。

㈠

律令の摂取というと、ふつうには、大化改新以後を問題とする。しかしそれは右記のように律令の摂取の第二段階であって、それ以前に律令の部分的な、断片的な摂取はすでにおこなわれていたのではなかろうか。なぜならば、日本と中国との国交は、梁書によれば六世紀初頭にもおこなわれたものの、その後ほぼ一世紀間、中絶していた。しかしこの時期にも、当方の国力が充実してきていただけに、三国時代の朝鮮諸国との頻繁な交渉を通じて、中国からの文明摂取が、積極的にすすめられたことは、儒教や仏教の受容にもよく示されているところである。まして七世紀初頭から、隋、つづいて唐との直接の国交が開かれて以後、そのいきおいがいっそう進められたことはいうをまたない。そうであるとすると、大化改新以前に、中国文明のさかんな摂取の一環として、律令法についての知識もまた、部分的には摂取しはじめていた、と考えるのがしぜんで、事実そのような徴証はところどころに見いだされるのである。

たとえば、隋書倭国伝の刑罰記事は、(2)隋書の性質として、隋時代にあたるわが推古朝の見聞を伝えるものとみられ、いくら降っても大化改新以前の倭国の習俗のそれにちがいないが、そこには、「其俗殺人強盗及姦皆死、(一)盗者計贓酬物、(二)無財者没身為奴、(三)自余軽重或流或杖」(四)と書かれている。この文をよくみると、全体が(一)以下の四段にわかれ、(一)・(四)には死・流・杖の三種の刑罰、(二)・(三)には盗犯における賠償制と、賠償をなし得ないときの労役による債務弁償を記述しているが、これによってみると、当時の倭国では、(A)国家的刑罰には死・流・杖の三つがあること、(B)強盗以外の盗犯においては国家が加害者と被害者の間にたって損害を賠償せしめる習俗のおこなわれていたことを知るのである。しかもこうした規定は書紀の関係記事を右に準拠して整理するときも、推古朝ごろのものとして矛盾しないことも知られる。しかし、倭国伝の記事をこのように理解するとき、(A)における死・流・杖の三種の刑罰は、石母田正もすでに指摘したように、(3)中国律の五刑の影響ではなかろうか。なぜなら唐律にみえる五刑(重さよりの順序によれば死・流・徒・杖・笞)はすでに北朝には成立しており、また杖・笞は同種の刑であり、徒の欠如にもしかるべき理由が想定されるからである。(4)なお仁井田陞は、中国律の、周辺諸民族による継受について、中国文明が周辺諸民族に及ぶと、(a)その民族が広く中国律を継受しはじめるとともに、(b)民族の歴史が幼く公権力が十分に確立していない場合には、中国ではすでに失なわれた血讐—賠償制の習俗が色濃く残存している例の多いことを指摘している。(5) このことを念頭におくとなおさら、国家的刑罰の種類といった領域においては、推古朝の倭国においてすでに中国律の五刑が選択的に導入せられ、他方では盗犯の領域に限るにもせよ、賠償制が残存しているというような、二元的な様相をきわめてしぜんに想定できるのである。この想定があたっていれば、中国律における五刑の導入は推古朝以前に遡る可能性がある。

それでは令はどうか。大化改新の詔にみえる戸調は、その実例とみなすべき例ではあるまいか。さて日本の賦役令の定める調は丁に課する調、即ち丁調であるが、日本書紀、大化二年正月条の大化改新詔の第四条では丁調がなくて、田調・戸調及び調副物の三種をかかげている。このうち田調と戸調を比べると、田調は改新政府のあらたに定めたもの、戸調は大化以前の慣行であると考えられる。なぜなら田調は、田一町(五〇〇シロ)について、布なら四〇尺×二・五尺＝一〇〇平方尺、絁ならこの単位量の半分、絹ならさらにその半分というようにすべてが割り切れる数値になっているので、これは改新政権が机上で立案したものと考えて矛盾がないのであるが、戸調は、一戸について貲布一丈二尺という数値である上、その数値は、官馬を買う値にも、仕丁の庸布の規定にも用いられている点からみて、大化以前の慣行によるものと考えるのがしぜんだからである。(6) しからばその起源は如何。いま中国の調についてみると、隋唐の賦役令の定める調は丁調であるが、古くは晋の戸調式に「丁男之戸、歳輸絹三匹、綿三斤、女及次丁男為戸者半輸云々」とある如く、戸調であった。そうしてその戸調は、南朝においては、梁の天監元年(五〇二)丁調にかわるまでつづいたし、北朝でもまた、太和九年(四八五)、北魏が均田制を施行するまで続いたようである。(7) このような沿革をしるとなおさら、わが古代日本において大化以前から丁調にかわるまでおこなわれていた戸調は、既に坂本太郎(8)が推定したように、中国において丁調以前におこなわれていた戸調に起源するのではないかという想定が濃厚になってくるであろう。また吉田孝は、本書の戸令6条の補注で、わが大宝戸令の相当条の条文に規定する丁中制は、隋唐のそれをとびこえて右記の晋の戸調式のそれときわめて近いことを指摘し、曾我部静雄も「次丁と称する律令語は、中国では……晋以後、唐までの間には、現われて来ない」と述べ、同様の推論を導いているが、(9)そうすればなおさらその可能性は強くなるといえる。おそらく、わが国が中国文明をうけいれる窓としての役割を果していた百済は南朝との交流が密であったが、百済からのいわゆる帰化人を用いて経営された屯倉などでは、南朝の戸調制の影響をうけた税制がおこなわれていたのであり、大化の詔は、これをその新税制の一部に位置づけたのではなかろうか。もしこの推測があたっていれば、これは大化改新以前、場合によっては六世紀にも遡る中国律令法の摂取の一例となろう。

以上、大化改新以前において律令が継受されていたと考えられる比較的確かな例を、律の場合と令の場合とについて、一つずつあげてみたが、ほかにもそういう例はいくつか考えられる。(10)おそらく、史料さえ豊富に残っていれば、考古学や美術史の場合のように、唐律令の全面的摂取以前の中国法制の移植の過程を解明する可能性は大きいといえよう。

(二)

律令の継受は、このような第一期を経て、第二期、即ち律令の全面的な体系的な摂取の時期に入るのであるが、そのはじまりについて考えるとき、まず念頭にうかぶのは、一つは推古朝の憲法十七条であり、第二は大化改新であろう。

まず憲法十七条であるが、弘仁格式序が、律令の起源を述べて、「上宮太子親作二憲法十七条一、国家制法自レ兹始焉、降至二天智天皇元年一、制二令廿二巻一云々」と述べていることはよく知られていよう。これによれば、平安朝初頭のわが古代貴族は憲法十七条を国家制法のはじめとし、律令の制定もそれを発展させたもの、とみていたのである。この見解はある意味においてあやまっている。なぜなら晋の武帝は泰始四年(二六八)正月、晋令四十巻を発布するとともに、十二月、五条詔書を郡国にわかち(晋書、武帝紀)、また、西魏の文帝の大統十年(五四四)、蘇綽は宇文泰の命によって大統式を作るとともに、六条詔書を地方官吏にわかっているが(周書、蘇綽伝)、憲法十七条は、律令のような法律ではなくて、五条詔書や六条詔書のような、役人に対する道徳的訓誡、ないし服務規律の系統のものだからである。しかし、憲法十七条は、仏教をもといれているが、儒教と法家思想を二本の柱とする役人への訓誡であり、律令もまた法律であるとともに儒教的な勧戒をめざす法典であって、二者、その精神を一にしていることも見逃すわけにはいかないのである。その意味からすると、弘仁格式序における日本古代貴族の考え方は、かえって本質をつかんでいるともみることができるのであって、憲法十七条は訓誡・服務規律にすぎない点でその諸規定はほとんど律令とは無縁であるけれども、憲法十七条はその求めるところにおいて、やがて律令の定める方向をさし示していたといえるのである。いまこれを、二、三の点で具体的にいえば、中国律令が、特に北魏以後の特徴として、官僚制・良賤制・公地公民制を本質としていることは既述の通りであるが、憲法十七条もまた官僚制的な国制を前提としているのであって、人を「君」「臣」「民」の三つに分ち、「臣」とよばれる官僚層に対して、「君」(天皇)への随順、儒教的な道徳の維持、さらに「民」(人民)に対する裁判の公平や賦役の均等を説いているのである。そしてそれは、同じ推古朝に冠位を定め、古代貴族のひとりひとりに、役人としての功労を規準にしてこれを授けるものとし、また各階の名称を儒教の徳目によってなづけていることと全く照応していることも見逃せないところである。また憲法十七条がすでに律令法の大前提とする公地・公民の思想をうちだしていることも指摘したい。というのは憲法十七条は、「所任官司、皆是王臣、何敢与レ公、賦二斂百姓一」(十二条)、「背レ私向レ公、是臣之道矣」(十五条)などと、公・私の別を強調している。これ、いうまでもなく法家思想によるものであるが、公とは何か、私とは何か。いま絶対君主の法治の立場にたてば、すべての中間的な支配は「私」であるが、憲法十七条はここに、すべての中間的搾取を「私」として排除することによって、君主が直接に人民と土地を支配する、公地・公民の思想をあらわしているのである。

憲法十七条が、律令のめざすと同じ国制への理想を前提とするものであることを指摘したが、その意味で憲法十七条は、律令の全面的な継受の思想的前提をなすものであった、といえよう。しかし、それを一歩すすめ、律令そのものの本格的な、全面的な摂取を開始したのは、やはり大化改新であった。なぜなら、大化改新は、推古朝に隋につかわされ、彼地に長期滞在した留学生をブレインとしておこなわれた政治改革であった。かれらは現実に、唐の、しかも太宗の貞観の治における、律令政治の具体的な運営をみていたのである。また、大化の政治改革は、大化の五年間に次々とだされた詔を通じて実施されていったのであるが、書紀にかかげるこれらの詔の内容とその施行とは、明らかに律令のめざすものの実現の過程を示しているのである。もっともこれらの詔、特に改革の大綱を示した二年正月詔を、そのまま当時のものとみて、そこに、留学生らの持ちかえった唐の高祖の武徳令(武徳七年、六二四)、太宗の貞観令(貞観十一年、六三七)の影響を想定することはいまでは困難となったといえよう。なぜなら、この二年正月の詔に対する津田左右吉の疑問が正しかったことは、藤原宮木簡によって明らかにされているからである。即ちこれを確実な手がかりとすれば、この詔は、大化の原詔を、書紀編纂当時の現行法たる大宝令によって、ととのえたものとしか考えられないのであり、いまかかる修飾を除き去ると、固有法や、朝鮮や隋唐以前の中国法制などの複合した諸制度が、原詔としてうかびあがってくるのである。[11] しかし大化の政治改革が、こうした形において発足したにもせよ、それが律令的国制への転換をめざしていたことは、正月詔のこのような理解と、原詔のおもかげをよりよく伝えている大化の五年間に発布された諸詔とを通じて、うかがうことができよう。なぜならそこには、(一)官僚制の創出(二年八月詔、三年四月詔ほか)、(二)部民制から公民制への転換(二年正月詔第1条、二年三月奏状、二年八月詔、三年四月詔)、郡県制への転換(二年正月詔第2条、二年八月詔)、統一的租税制度の樹立(二年正月詔、特に第4条)及び(三)良賤制の創出(元年八月詔)、が明らかにうかがわれるが、これらはまったく律令のめざす諸特徴にほかならないからである。即ち、中国帰りの留学生をブレインとした大化の朝廷のめざしたものは、律令制国家への転換であって、中国の武徳・貞観令の知識や、古くから中国及び朝鮮から学んだ制度や、わが固有の慣習法などを参照し、それにもとづく単行法令(詔)を次々とだすことによって、律令制への転換を具体化しようとしたのである。

私は以上のようにみるので、律令法の継受の第二期、即ちその全面的な、体系的なそれの摂取を、けっきょく古くから考えられてきたように大化改新におくものである。しかしそれならば、第三段階、日本律令の編纂は、どのようにしてすんだのであろうか。これについては、章を改めて考えてみなくてはならない。

二　日本律令の成立 (一)

古代中国の周辺には、すでに述べたように、いくつもの律令国家が形成された。このことはそれらの諸民族が自己の国情にあわせて中国の律令を継受したことを意味するのであるが、しかしかれらはその際に、必らず、その民族の律令、ないし律令的法典をもったであろうか。もちろん律令を編纂した民族もある。たとえば遼は立国以後、法典の編纂と改定を志し、興宗の重煕五年(一〇三六)には、新定条制を作った。この条制は律令ともよばれ、島田正郎によって唐律令に準拠する復原もおこなわれている。[12] また、金は、華北を領土とし中国的な国家の形をととのえるに及んで、法制整備の必要を生じ、十二世紀中葉には隋・唐・遼・宋の律令格式を参照して皇統新制を発布し、その後、泰和二年(一二〇二)には泰和律令を作っている。これらは律令を編纂した例であるが、他方、渤海は、律令体制をとったにもかかわらず、律令を編纂した事実が知られていない。また新羅はすでに三国時代の法興王の時代に律令を班布したといい(三国史記)、統一新羅を中心に新羅律令の復原も試みられているが、[13] 新羅が律令を制定したという確証はないのである。しかも、高麗では、「高麗一代之制、大抵皆倣二乎唐一、至二於刑法一、亦採二唐律一、参二酌時宜一、而用レ之云々」(高麗史、刑法志序)とある如く、唐の律令を大いに採用したが、法典を作ったか否か疑わしく、花村美樹は高麗の律を検討して、高麗は唐律を以て刑政の準拠とし、「王命に依つて編纂せられた統一的な律」は存しなかったとみている。[14] このように、明らかに律令制国家を作った民族でも、必らずしも固有の律令法典を作ったとは限らないのであろうが、その点からすると、日本が大化改新とともに中国律令を全面的に継受しはじめたばかりでなく、そのあとすぐ、すすんでみずからの律令法典を作りだしたことは、それ自体として、やはり見逃してはならないことである。

そこで日本律令の編纂の歴史を考えてみるのに、七世紀後半から八世紀初頭にかけての時代は、日本律令の形成期とよんでもよいであろう。即ち唐では高祖が武徳律令(武徳七年、六二四)、太宗が貞観律令(貞観十一年、六三七)、高宗が永徽律令

（永徽二年、六五一）というように、皇帝の代のかわるごとに律令法典をあらためた先例をおそったためでもあろう、天智は近江令を、天武は浄御原（律）令の編纂をすすめ、文武の世には大宝律令、元正の世には養老律令というように、あいついで律令法典が編纂・施行せられた。しかし、各律令法典の編纂と施行については、いずれについても、未解決の問題が残され、種々の学説があいならんでいるという状態である。そこでここでは、説明の便宜上、史料の最もめぐまれた大宝律令をはじめにとりあげ、ついでさかのぼって浄御原（律）令・近江令へと及び、最後に養老律令を扱うという順序で考察をすすめたい。なお、それぞれについて諸説、特に通説についてはできうる限り正確にその内容・論拠を伝えた。しかしそれと同時に、筆者は、ところどころ通説と異なる所見をいだくので、それらについては筆者の考えも遠慮なく申し述べたいとおもう。

(一)

大宝律令を最初にとりあげるのは、これについては多くの記載が続日本紀にあって、その経過が具体的にわかるのと、それらを通じて法典を作る経過と意義を、古代人の精神に即して理解することができるからである。

さて大宝律令の編纂・施行についての通説的見解を、いま滝川政次郎『律令の研究』についてうかがうと、(1)続紀の文武四年三月条の「詔二諸王臣一、読二習令文一、又撰二成律条一」は編纂の着手、(2)同年六月条に刑部親王らの諸王諸臣に勅して「撰二定律令一、賜レ禄各有レ差」というのは編纂員の任命、(3)翌大宝元年八月条に再び「撰二定律令一、於レ是始成、大略以二浄御原朝庭一為二准正一、仍賜レ禄有レ差」とあるのは編纂の完成を示すものと推断されるという。(15) 又施行については、(2)と(3)の間の時点の、(4)大宝元年三月条の大宝改元の日に、「始依二新令一、改二制官名位号一」として位階・服制を列挙し、左大臣以下百二十五人の位号を改め、大納言以上を任命した記事を施行のはじめとし、一年半のちの、(5)大宝二年十月条の「頒二下律令于天下諸国一」を以て、律令（正しくは「新令」）の全面的施行と解しているようである。(16) そして、これが大宝律令の編纂と施行についての基準的な見方となっているとおもわれ、多くはこれに似た記述を以てしている。しかし私はこの通説の一部に疑義をいだくのである。なぜなら⑴の文を律と令の「編纂着手」と解するのは無理があるし、賜禄は一般にことの終了に伴なうものなので、⑵を任命記事とみるのは不自然であり、また⑴を編纂の着手、⑶をその完成とみると、大宝律令なる劃期的法典の編纂期間が短きに失するし、さらに大宝改元の日の、⑷のような重要な施行の儀式のあと五ケ月ののちにやっと、⑶のような律令法典の完成がくるのも奇妙だからである。

私はこのように、通説に対して疑義をいだくのであるが、これに反して、既に直木孝次郎が持統朝の政治史をたどりつつ、文武四年六月の⑵を大宝律令の編纂の――編纂官任命ではなくして――終了に伴なう賜禄の記事とし[17]、押部佳周がその線に沿って大宝律令の成立を考えなおそうとした[18]ことに、注目したい。というのは、そうみると、⑵における賜禄が編纂の終了に伴なう褒賞として生きてくるばかりではない。⑴も、その前にすでに大宝令はでき上っていて、諸王臣に新令文(大宝令文)を読習せしめる[19]とともに、あらたに新律(大宝律)の撰修を命ずることになって、旧説のように、令文は旧令文、律条は新律条とし、あわせて大宝律令編纂の開始とみる無理を犯すよりは、はるかにしぜんなのである。又、⑴と⑵をこのように読みかえるならば、大宝令の編纂は文武四年三月以前に終っており、文武四年三月の⑴においてそれを朝廷貴族に披露すると共に、大宝律の撰成に入ったのであり、同年六月の⑵において大宝令の編纂終了に伴なう編纂者への賜禄の儀がおこなわれたのである。また大宝元年八月の⑶は、大宝律の撰成も終って律令編纂のすべてが完了したことに伴なう編纂者への賜禄の儀ととることができよう。ちなみに、以上のように大宝律令の編纂記事を整理するとき、編纂開始の時期は続紀にはみえないことになるが、その場合の一つの仮説として、直木孝次郎は、編纂着手は文武の即位後まもなくであろうと推測している。これもあり得べき妥当な仮説ではなかろうか。なぜなら、文武の即位をはかったのは祖母の持統太上天皇であろうが、持統は、かつて天武が草壁皇子を皇太子とした日に浄御原律令の編纂を命じた如く、文武即位のとき、もしくは少し前の立太子のとき、将来文武のもとに施行せられることを期待して、新律令の編纂を命ずるというのがきわめてしぜんとおもわれるからである。それはともかく、⑴を編纂開始と解する必要がないとすれば、大宝律令の編纂期間をわずか一年半とする通説の不自然さからも解放されることになろう。もっとも大宝律令編纂に関する右記の解釈は、断案とするにはなお考究を要するので、一つの仮説として提示しておきたい。

次に大宝律令の施行についてみると、(4)の大宝元年三月の記事は、史料にみられる限り大宝令施行のはじめての記事であることは疑う余地がないが、この時点は、通説によれば令のまだ完成しない途中となって不自然であるのに対し、上記の仮説では、前年の(1)以前に編纂を終った大宝令の、はじめての施行記事になることにまず着目したい。また私はこの記事の内容について、これは大宝令の一部(官位令・職員令・衣服令等)施行にとどまらず、石尾芳久や青木和夫[20]も指摘したように、さらに象徴的な晴れの儀式の意味をもつことに着目したいと考える。なぜなら、この日はまず、大宝という年号の建元の日であるばかりでなく、大勢の官人が大宝令の定める位階・官職に就任し、官位にふさわしい朝服で威儀をただすことによって、新令によるあたらしい世のはじめを意識することができたからである。しかしこのように、新令の編纂の終ったのち、特定のめでたい日をえらんで、新令の官位・衣服を公布し、かつそれを実施することが、浄御原令にも、近江令にも認められるが、このような儀は、単なる施行を超える、いわば新令の「公布」ともなづくべき意義をもつのである。

大宝律令の施行についてこのほかにも指摘したいことの一つは、右の(4)の公布の三ケ月後の、(6)元年六月条に、(一)「凡其庶務、一依㆓新令㆒」、(二)「国宰郡司貯㆓置大税㆒、必須㆑如㆑法」の二つを勅し、かつ使者を七道におくって、(イ)「依㆓新令㆒為㆑政」と、(ロ)「給㆓大租㆒之状」を諸国に宣示したことである。村尾次郎も解する如く[21]、(一)と(イ)、(二)と(ロ)は同一事で、はじめにはこの二事を勅し、次には官符によって二事を諸国に伝えたのであるが、これこそ、新令の、中央ならびに諸国に対する全面的施行の命に他ならぬものである。ただし、新令が諸国に頒下されるのは、(5)(七五三頁参照)にみるように、翌二年十月のことであるから、この時点で新令によれといっても、諸国にはよるべき新令はなかったはずである。(6)の記事において、諸国のおこなうべきことについては、(二)=(ロ)のように具体的に事項を指示しているのは、諸国が新令をもたないからであり、朝廷は㈡＝(ロ)の事項については具体的内容を新令からとりだしそれを単行法令（官符）によって布告したものとみられるのである。大宝律令の施行について付記すべきもう一つは、右のあと翌二年十月になって、（律）令が諸国に頒下されたことと、大宝二年の造籍との関係である。大宝戸籍は、二年十一月の日付をもつ。これは、大宝令文にも、養老戸令19造戸籍条の「凡戸籍六年一造、起二十一月上旬一云々」と同内容の字句があったためであろうが、（律）令は十月に頒下されて、翌月から造籍がはじめられたことを知るのである。しかし、岸俊男が指摘するように[22]、令の施行と造籍とは近江令以来密接不可分であった。もし中央において、新令の官位・衣服の施行の日が令の「公布」という象徴的意味をもつとすれば、諸国における令の施行上、これに当る役割をもったのは新令による造籍であった、といってよいであろう。

㈢

日本律令の制定史上、最も学説のわかれるところは、すでにふれたように、近江令と浄御原令の問題である。これには、次の三つの見解がおこなわれている。第一は、佐藤誠実[23]・中田薫[24]らのそれで、主たる史料を日本書紀・家伝・弘仁格式序に求めて、近江（律）令は天智（即位）元年（六六八）にでき、部分的には施行されていったが、天武十年からその更改がおこなわれ、完成ののち持統三年に諸国に班賜されたとするものである。第二は、滝川政次郎[25]、坂本太郎[26]らの説で、史料操作は第一説とかわらないが、第一説と最も異なる点は、天武十年の更改をあらたなる律令法典の編纂とみるものである。即ちこれによって近江令につぐ浄御原（律）令の編纂がはじまり、それが完成して持統三年に班賜されたとするのである。第三は、戦後、青木和夫のとなえたもので[27]、上記二説が史料として重んずる家伝や弘仁格式序は同時代史料でないので信ずるにたらずとして近江令の編纂、従ってその存在を認めず（ただし編纂着手は認める）、第二説のいう浄御原（律）令を最初の律令法典とみるのである。なお律については、近江令は律なしとし、浄御原令には律を認めるのがふつうであるが、右記の第三、青木説は、それを否定している。近江令と浄御原（律）令とについてはこのように三つの説が対立しているが、そのいずれが妥当であろうか。こんにち、通説的位置をしめるのは、おそらく第二説であるので、しばらくその説の上にたって、まず浄御原(律)令、ついで近江令の、編纂と施行の過程をあとづけることとしたい。

さて、第二説、第三説を前提とする限り、浄御原(律)令の編纂と施行に関する通説の大枠は、そのまま支持することができる。ただ、大宝律令のそれについて明らかにされたような古代人の法典編纂の意識を念頭におきながら、それを整理してみると、次のようなふしぶしを確めることができよう。第一は、天武十年二月の律令更改である。書紀は、天武が草壁皇子を皇太子として万機を摂らしめたためでたい日に、「朕今更欲下定二律令一改中法式上」と宣し、編纂をはじめさせたというが、これは、第二・三説にたつ限り浄御原(律)令の編纂の開始である。第二に、持統紀三年六月条に「班二賜諸司令一部廿二巻一」とあるが、これは浄御原令の編纂がすでに終了し、この日、中央諸司にこれを班賜したことを示すものである。但し令の班賜は施行とは区別すべきで、大宝令の例からうかがっても、役所に法典のコピーを配布することである。第三に、班賜に先立って編纂が完了しているはずで、一説には天武紀十一年八月条の「造法令殿内有二大虹一」を以てこの年とし、又は天武紀十四年条の後述の冠位施行以前とするが、いずれも決定的でなく、不明とすべきであろう。[28] 第四に、持統四年四月に詔して、官人の考選叙位について「考仕令」による規定を示し、かつ朝服を改めている。この「考仕令」は浄御原令のそれであり、新朝服も、同令の衣服令の定めであろう。七月になると、元日には公卿・百寮人が新朝服を着し、五日には高市皇子を太政大臣に任じたのを期に、その日「八省・百寮」、翌日「大宰・国司」の一斉の遷任がおこなわれた。これらはみな、新令の官職である。こうして新令の官位・衣服の制度が発布・施行されたが、なかでも七月の五、六日の太政大臣以下の任命の儀は、大宝令の場合なら、大宝改元の日におこなわれた、新令の「公布」の儀にあたるものである。第五に、大宝令においては、二年十月に令のコピーが諸国に頒下され、翌月から大宝二年戸籍の造籍がはじめられたが、浄御原令の場合にも、新令のコピーが中央諸司に班賜された二ケ月あとの持統三年閏八月に、諸国司に「今冬、戸籍可レ造、宜下限二九月一糺中捉浮浪上」と命ずると共に、兵士の点兵率を定め、また新令の「公布」の二ケ月あとの四年(庚寅)九月に再び諸国司等に「凡造二戸籍一者依二戸令一」との詔が下されている。ここに造籍のことが二度にわたってみえているが、第一度のは、大宝令に関する元年六月の処置のように、造籍の命とそれに必要な新令の必要事項を単行法令で諸国に伝達したものであり、そのあと新令のコピーが一斉に諸国に頒下されるのを機に、さらに第二度の詔で「依二戸令一」べきことを指示したものと、とれる。

以上が浄御原令の編纂・施行の大枠であるが、最後に一言つけ加えると、浄御原令の編纂開始より四年目、班賜に先立つ四年前の、天武十四年正月、新しい冠位の制を示して、草壁皇子ら以下諸王諸臣にこの新冠位を授け、同七月にまた朝服を定めている。この新しい冠位及び朝服と浄御原令との関係が問題であるが、この冠位と朝服とは通説のように浄御原令のそれであり(29)、またそれが浄御原令の完成をまたずして、単行法令の形で施行されたものと考える。というのは、天武十四年制と、持統四年に「公布」されたものとはほとんど全く同じだが、なおちがいがあって、そのちがいは令の編纂過程での形態と編纂終了後の形態のちがいに帰するのがしぜんだからである。なお天武十四年に新冠位を示し、それによる広汎な叙位をおこなったことは、前年に示された八色姓の施行と密接な関係にあり、両者の背後には阿部武彦が指摘した如く(30)、天武朝の開始とともに強力にすすめられた官人考選法による、官人の急激な冠位の上昇と、冠位と姓の平衡関係の破綻があったと考えられる。おそらくこのように強い時勢の要求によって、一方では八色の姓が制定・施行され、他方では新令の冠位と衣服の制を、その公布に先立ち、さらに編纂終了に先立って施行したものであろう。

浄御原(律)令の編纂と施行の過程は、大宝律令のそれを通じて知られる古代人の意識に即してあとづけると、だいたい以上のように整理されようが、同じ手法で、近江令を考えるとどうなるであろうか。再びいくつかの問題点を列挙していくと、第一に、上記の第三説は、近江令の編纂・施行を示す一等史料がないとしてこれを否定するが、日本書紀の天智紀九年(称制九、即位三)二月条の「造二戸籍一、断三盗賊与二浮浪一」はいわゆる庚午年籍の造籍の記載であって、それが広く全国におこなわれたことは否定しがたい事実である(31)。しかし、大宝令の場合には、令の編纂の終了後、翌々年(大宝二年)から大宝の造籍がはじまり、浄御原令の場合にも、令の「班賜」の翌年(持統四年)から庚寅の造籍がはじまっているのである。従ってそれと対比していえば庚午年籍の二年前、即ち天智七年(称制七、即位元)のこととして家伝が「先レ此帝令下大臣選ニ述礼儀一刊中定律令上……大臣与ニ時賢人一、損ニ益旧章一、略為ニ条例一」とし、また弘仁格式序が「降至ニ天智天皇元年一、制ニ令廿二巻一、世人所謂近江朝庭之令也」というのは、同時代史料ではないという理由で、むげに抹殺することはできなくはなかろうか。(32) 第二に、大宝令の場合も、浄御原令の場合も、令の編纂の終ったのち、特定の日をえらんで、新令の官位・衣服を制し、これを施行する儀がおこなわれ、これを新令の「公布」とした。しかもその日は、大宝令では大宝建元、浄御原律令では高市皇子の太政大臣就任という日があてられて、新令の公布は政治的な意味をもっていたが、天智紀十年(称制十、即位四)正月条の、大友皇子以下を太政大臣等に任じるとともに、「東宮太皇弟奉宣、施ニ行冠位法度之事一、大ニ赦天下一。(法度冠位之名、具載ニ於新律令一也。)」とする記事は、まさに近江令の「公布」にあたるものとみてよかろう。しかも、大宝令の場合は公布の前年(文武四年)に令の編纂が終り、浄御原令の場合は公布の前年(持統三年)に令が班賜されているが、近江令の場合には、さきの家伝や格式序は、この公布の三年前(天智称制七、即位元)に近江令を制したとするのである。家伝や格式序の記載はこの点でも、否定しがたいものがある。これらを総体としてみると、天智が即位したとき、それ以前からおこなわれてきた近江令の編纂が一応、完成したのであり、翌々年にはそれにもとづく造籍がおこなわれ、さらにその翌年、大友皇子の太政大臣就任とともに公布のはこびにいたったのではなかろうか。

もっともここに二つほど追記すべきことがある。第一に日本書紀には、私がかりに近江令の公布記事にみたてた天智十年(称制十、即位四)の条とよく似た記事が、令の制定の、しかも四年前にあたる天智三年(称制)のこととしてみえており、「天皇命ニ大皇弟一、宣下増ニ換冠位階名一、及氏上・民部・家部等事上」と書き、つづいて、冠位階名と氏上・民部・家部の制定の内容を記している。そこでこの記事と、近江令の「公布」記事との関係が問題となってくるのであって、坂本太郎は次のように論じた。(33) 即ち天智ははじめ称制し、称制七年に即位したので、天智朝の年立てには、称制によって数えるのと、即位から数えるのと二種の紀年法がおこったにちがいない。またその結果、書紀には、同じ出来事が右によって二ケ所にのせられる同事重出も生じたであろう。天智紀の三年条と十年条がのせる類似の二つの記事は、まさにこの同事重出の例であるが、いずれの記事が史実かといえば十年が正しい、とするのである。他方、青木和夫は坂本太郎の同事重出説を継承しつつ、史実性は三年にあるとしたが、それによって十年の公布記事はうきあがり、近江令はなかったという説の有力な論拠ともなったのである。(34) しかし、両説のいずれが妥当かと問う前に、三年条と十年条は果して同事重出であるかどうかを考えてみる必要があろう。なぜなら、同事重出ならば、即位からの年立てと称制からのそれの差は六年であるべきなのに、ここではその差が七年になっているという矛盾があり、それでもなお二つを同事重出とすべき内容上の必然性がいまひとつ明らかでないからである。これについておもいあわせられるのは、黛弘道が、坂本の同事重出説に疑いをいれて、両者は二事別事であっていずれも史実であるとし、かつこれを、浄御原令における「天武十四年における新冠位制の施行と、持統三年における令一部二十二巻の班賜という関係」と類似するとしたことである。(35) この黛説は事の真相をついたものとおもう。私はさきに浄御原令について、三年六月の令の班賜のあと、四年七月の新令公布にさいして発表された新令の冠位や朝服は、公布の五年前の天武十四年に、おそらく新令の編纂終了に先立って、時勢の必要上施行されたことを指摘したのであるが、天智三年の冠位の制定も、右と同じであって、この年、朝廷は甲子改革の必要上、編纂途上の近江令の一部をなす新冠位を単行法令の形で施行したものであるとみるのである。

附け加うべきもう一点は、近江令の「施行」という言葉の意味である。私はこれまで「施行」の語に二つの異なる意味を与えてきた。㈠一つは為政者だけが法典をもっていて、これを施行する場合であって、この場合には、法典の施行は内容的には常に一部分であり、伝達方法はそれを単行法令に盛って内外に伝達するものである。㈡他の一つは、法典のコピーをすべての諸司、すべての諸国に頒下してこれを施行するもので、それは内容的には全体的である。ところで、(イ)大化改新以後の律令的な政治は、中国の律令その他を朝廷が蔵し、必要な内容を単行法令(詔)で発布しつつ政治改革をすすめたこと、前記の通りであるので、これは前者、律令の単行法令による施行である。これに反して(ロ)浄御原令を諸司に班賜してのちの施行は、法典のコピーを諸司や諸国にわかっておこなうのであるから、後者の律令法典の頒下による施行であり、大宝律令もまた同じい。ところで、近江令の場合は、(一)であろうか、(二)であろうか。私は、近江令の場合は、九年の造籍も十年の冠位・法度も(一)の形での施行ではなかったかと考える。[36] なぜなら他の二令と異なり、凡そ法典の班賜を示す記事がないからである。即ち、近江令なる法典は作ったのであるが、その施行の仕方は、これまでの唐の律令にもとづく政治のように、朝廷がこれを蔵して、条件の熟するに従って施行していったのではないか、このことは、次項でまた、別の角度からふれられることになろう。

(三)

日本律令の成立の問題もまた、その起源にさかのぼるとわからないことが多い。近江令について議論が百出するのもそのためであるが、近江令関係の史料のみで検討するのではなく、浄御原・大宝の二律令との関連をふくめ、三つに一貫して流れる法典の編纂や施行について、古代人の意識と論理にそってみると、近江令は天智がその七年(称制七、即位元)、近江で即位した年に一応でき上ったとする家伝や弘仁格式序の所伝は信頼することができるのである。従って、本章のはじめにあげた三つの、近江令成立についての学説のうち、近江令の存在を認める第一・第二説がやはり穏当とみるべきものであろう。しかしさらにすすんで第一説と第二説のいずれが妥当であろうか。私は一応、こんにちの通説としての第二説にたって論をすすめてきたのであるが、ここで、改めて第一説をみると、次の点では、第一説の方が合理的であることを指摘しておかなくてはならない。即ち第一説と第二説を比較すると、第一説では日本の律令法典は近江令・大宝律令・養老律令の三つであり、第二説では近江令と大宝律令との間に浄御原律令を加えた四つとなるが、続紀の養老三年十月条に法の沿革を述べたところでは、「[A]開闢已来、法令尚矣、君臣定レ位、運有レ所レ属、[B]洎ニ于中古一、雖レ従ニ由行一、未レ彰ニ綱目一、[C]降至ニ近江之世一、弛張悉備、[D]迄ニ於　藤原之朝一、頗有ニ増損一、云々」といって、(C)と(D)の間に浄御原(律)令をあげていない。また弘仁格式序の律令の沿革史でも、「[a]降至ニ　天智天皇元年一、制ニ令廿二巻一、世人所謂近江朝庭之令也、[b]爰逮ニ　文武天皇大宝元年一、贈太政大臣正一位藤原朝臣不比等奉レ勅、撰二律六巻、令十一巻一、云々」といって同様である。又本朝法家文書目録でも「令一部十巻卅篇」(養老令)をあげたあとには「令廿二巻天智天皇元年作、近江国令是也」「令十一巻大宝元年不比等大臣与レ律遂レ作」として、ここでも浄御原(律)令を欠く。このように日本律令法典を四つでなく三つとし、いずれでも浄御原(律)令を欠く事実は第二説では説明できないであろう。これに反し、第一説のように、弘仁格式序が近江令を廿二巻とし、持統紀三年条が令一部廿二巻を班賜するとあるのに着目して、近江令は天智朝に作られたが、天武十年から更改され、持統三年に(更改)近江令として班賜されたとするならば、きわめてしぜんに理解されるのである。このように第一説と第二説を比較すると、古代人の律令制定史観に即して考察する限り、天武十年の律令更改を新律令の編纂開始ではなく、近江令の修正とみる第一説に従うほかはなくなるであろう。そこで、各令の称呼については全く第二説によりつつ(37)、内容上は第一説を生かしていえば、近江令は天智七年にほぼでき上ったが、天武十年より更改されることとなり、持統三年に班賜された浄御原令の中に発展的に吸収された、というべきであろう。私はさきに、近江令の施行の意味を問い、天智九年の造籍でも、十年の冠位・法度の施行でも、浄御原令以後のように令法典を諸司・諸国に班賜することなく朝廷がその部分部分を単行法令によって伝達し施行したと述べたが、このような施行法は、壬申の乱後の天武朝にもひきつづきおこなわれ——天武二・五・七年などの考選に関する立法などもその具体例であろう——、やがて天武十年の令の更改以後、浄御原令の中に吸収されたのである。だからこそ後世には、持統三年に班賜された令一部廿二巻、われわれのいう浄御原令しか残らなかったのである。しかし近江令の施行のこのような特性は、それが日本の最初の律令法典の施行であるという、いわば始源性にもとづくのであろう。

近江・浄御原二典について第二に残された問題は、律・令ともに作られたか、律が作られなかったか否かである。これについて近江令には律典はなかったとするのが通説であるのに反し、浄御原令では律典があったとするのがふつうの考え方であって、滝川政次郎は、持統紀六年七月条の「大二赦天下一、但十悪盗賊、不レ在二赦例一」とあるなどによれば浄御原令時代には律の十悪が実施されているとして、(38) 坂本太郎も持統紀七年四月条の「但贓者依ㇾ律徴納」とあるなどを証として、浄御原律の編纂・施行の証拠とみなしている。(39) しかしながら、すでに滝川も気付いていたように、弘仁刑部式の「其大宝二年制ㇾ律以後云々」(政事要略巻八十四)という文は、前後のコンテクストをあわせ考えれば、凡そ律の制せられたのは大宝律令からであることを察せしめる。また右記にかかげたほか、続日本紀に散見する二例も、律令の摂取の第一期・第二期のように、中国律、ここでは唐律の適用の延長ではあるまいかという疑問が当然湧いてくるのである。まして朝鮮では既にふれた、高麗の律の場合、唐律が用いられていたとする有力な見解があることも傍証となろう。故に私は、かつて青木和夫が右記の刑部式の文に固い足がかりを作って浄御原律存在説の論拠に疑いをいれ、(40) 石尾芳久が存在説の論拠は「わが国においては未だ律が編纂せられなかった為、唐律をそのまま適用していたのではないかという疑問に対して充分な解答を与えることができないようである」(41) というのに対して十分な共感を覚えるものである。というのは、次に述べるように、律の継受の全般的な傾向からみても、日本律は大宝律にはじまるとみるのがしぜんだからである。即ち、私は既述のように律令の継受には、㈠中国律令の部分的、断片的な摂取の時代、㈡中国律令の全体的、体系的な摂取の時代、㈢日本律令の編纂以後の時代の三つを想定し、令に関しては、㈠が推古朝又はそれ以前に、㈡が大化改新から、㈢が近江令のときからはじまったとみたのである。また律については、㈠が推古朝又はそれ以前にはじまっていることを、さきに五刑について述べた(七四七頁)のであるが、いま書紀の記載をていねいにたどっていくと、かかる部分的な律の摂取は特に大化改新ころから益々拡大されながら、天武朝の初年に一つの劃期に入ることが一目瞭然である。即ち、天武紀四年二月の詔に「群臣・百寮及天下人民、莫ㇾ作二諸悪一、若有ㇾ犯者、随ㇾ事罪之」とみえて、刑罰を厳にすべきことをいましめているが、あたかも符節を合する如く、この時以後、書紀には律の適用例がにわかに多くなるのであって、「坐ㇾ対二捍詔使一」(天武四年四月。名例律6八虐条大不敬ほか)、「造二檻穽一及施二機槍等之類一」(同上。唐雑律6施機槍作坑穽条。雑令39作檻穽条)、「徒罪以下已発覚・未発覚」(天武五年八月。五刑の「徒」の初見。注4参照。已発覚・未発覚も律の概念)、「常赦所ㇾ不ㇾ免」(持統三年三月。

唐断獄律20赦前断罪不当条、政事要略巻六十所引日本律同条)、「坐レ贓」(持統七年四月。唐雑律1坐贓致罪条、法曹至要抄等所引日本律同条)等があげられる。以後、大宝律の適用される直前までの続紀の実例はここでは省略するが、以上をみても、天武初年、特に四年以後にわかに、律の適用例が多くなるのはなぜであろうか。これを、この時又はそれに近いころ、日本律ができて、それを施行したためとみることには、いかなる律令研究者も二の足をふむであろう。というのは官位令集解の或説に「上宮太子并近江朝廷、唯制レ令而不レ制レ律」といって、近江令には律が伴っていなかったといっているからである。とすると、ごくしぜんに考えられることは、令の摂取の場合の第二期の如く、この時から律も第二期、即ち唐律の全面的、体系的な摂取の時期に入ったとみることなのである。天武朝は律を厳密に施行するために、天武八年には糺弾の強化を詔しているが、これは弾正台の起源として注目すべきであろう。持統朝もこれをおそって、持統三年に刑部省の判事、四年に解部を設置して、司法の強化をはかった。律の厳格な適用は、こうした糺弾・司法の機関の整備と結合して具体化し、古代国家は律令国家としての形をととのえるのであるが、それはともかくも、こう考えてくると、律の適用上の転機は、天武朝の初年にあるのであって、決して浄御原令の班賜のころ、即ち持統朝の初年ではないことが注目せられる。このことは、浄御原律存在の肯定者が、浄御原律の適用例とみなしているところの、持統四―文武四年間の律の適用例も、天武以来おこなわれてきたと同じ唐律適用の延長にすぎないことを示唆しているのである。かくして日本律の最初が大宝律であるとする青木・石尾説は妥当であって、大宝律以後はじめて㈢の日本律の適用の時代に入るとみられるのである。

㈣

日本律令の編纂は、以上述べたように、遅くも天智朝のはじめから、大宝元年(七〇一)の大宝律令の完成にいたるまでの間、間断なく、かつ試行錯誤を重ねつつ続けられたのであるが、この日本律令作成の基準となった中国律令としては永徽律令をあげることができる。即ち近江令の藍本は何令、浄御原令のそれは何令というように、一々具体的に指示することはできないけれども、これら三令は中国の律令制定史、及び彼我の文化交流史上、大勢的にみて永徽律令と密接であった、と考えられるのであり、大宝律令についてはさらに具体的にそれを指摘できる点が存するのである。

まず大勢的にみると、唐の高祖の武徳律令は武徳七年（六二四）に、太宗の貞観律令は貞観十一年（六三七）になったが、大化改新のブレインとなった僧旻はわが舒明四年（六三二）、高向玄理は同十二年（六四〇）に帰国したのであるが、大化の政治改革（六四五―九）にあたって、これら律令の知識が大いに活用されたであろうことは察するにかたくない。これに対し、唐の高宗が永徽律令をつくったのは、永徽二年（六五一）であって、わが白雉二年であるが、朝廷は、翌々四年に第二次・第三次の遣唐使をおくり、斉明五年（六五九）にも第四次のそれをおくった。これらの遣唐使はたぶんに政治的役割をもち、唐・新羅の連合と高句麗・百済との対立が激化するなかでわが外交上の地位を保つことを目的としたものと察しられるが、遣唐使はいずれの時にも唐の最新の文物の輸入者でもあるから、永徽律令も又これらによって輸入され、すでに近江令の編纂にも参照せられたとするのがしぜんである。尤も唐代における律令格式の制定史をひもとくと、その後、高宗の麟徳二年（六六五、天智四）、儀鳳二年（六七七、天武六）、律令格式を奏上し、則天武后は垂拱元年（六八五、天武十四）律令を刪定した。しかしこれらの法典編纂は小範囲のものであった上に(42)、日本と唐との交渉は、右記の第四次遣唐使の直後、新羅及び唐とも戦端を開くに及んで一時とだえ、戦後処理のため、天智四年（六六五）・天智八年（六六九）に使を唐につかわしたものの、爾後三十年間、唐との国交はとだえ、大宝元年（七〇一）、大宝律令の完成のあと、粟田真人を遣唐執節使とする一行が中国に旅立つのである。わが国に舶載さるべき律令法典は、律と令にとどまらないで各種の格式をふくみ、日唐の交渉も、遣唐使による国交のほかに新羅を介するそれも予想され、事態は複雑であるけれども、以上の推移を考えると、大勢論上、持統三年（六八九）班賜の浄御原令も、大宝元年（七〇一）完成の大宝律令も、そのもとになったものは、この時点までは最も権威のあった永徽律令であった公算の著しく高いことがおのずから推測せられよう。（なお唐律令の舶載については、「日本思想大系　洋学（上）」月報に、池田温氏作成の詳細な年表がある。）

もっとも、永徽律令は現存せず、その逸文も一部(43)しか知られない上に、近江令は勿論、浄御原令も、名のみ知られて実体はほとんどつかみがたいのであるから、以上述べたところは大勢からみた推測にすぎない。しかし大宝律令が永徽律令をもとにしていることは、今日、復原することのできる大宝律文がその形態において、本文・本注のほかに疏文を有していることによって知ることができる。なぜなら、高宗は永徽二年、律十二巻(永徽律)を作った翌年、「律学未レ有二定疏一、毎年所レ挙明法、遂無二憑準一、宜下広召二解律人一、修二義疏一、奏聞上」として、律疏の製作を命じ、そこで長孫無忌等は、律疏三十巻を作り、翌々永徽四年これを奏上し、詔して天下に頒布せしめることとなった(唐会要巻三十九)。これより、唐律には、律疏なる官撰注釈書がはじめてできるようになり、のち開元二十五年(七三七)の律令格式の制定においても律疏が作られたのである。わが大宝律の形態がその逸文から察して律本文及び注のほかに疏文をふくみ、養老律令もまたその形態をもつことは、唐律の歴史上、はじめて疏の作られた永徽律によることがきわめて明白であるといってよいであろう。これに反して、大宝令と永徽令との関係は、律の場合のような決定的史料を欠く。その上、日本令は律とちがって、長い沿革をもち、律の如く直輸入的でないという相違もある。[44] しかしそれでも大宝令文が永徽令文によって作られたとみるべき証拠は皆無ではない。即ち滝川政次郎の指摘した如く、養老職員令2太政官条には「太政大臣一人、右師二範一人一、儀二形四海一」とあり、大宝令文も同文であったことは古記によって知られる。しかるに令の注釈書の一つ、穴記は「永徽令儀形者、開元令儀刑也」と述べているのである。穴記のできたころには開元令が権威を有していた。その眼で日本令文をみると「儀刑」を「儀形」と書いている相違に気付かれるのであり、それは日本令が永徽令によるためであるという判断である。また、養老選叙令23癲狂酗酒条には癲狂酗酒のもの等は侍衛官になれないとあり、大宝令文も同様である。しかるに、この条文について穴記は、この条と宮衛令28宿衛近侍条の条文を比較しつつ、両者間に矛盾があるが、「此条先在二永徽令一、今於二開元令一省除、故両条難レ会」という。その意味は、この二条は永徽令にあり、日本は大宝令でこれをおそい、養老令またそれをおそったが、もともと永徽の二条間には矛盾があるので、中国では開元令で後者をけずったという沿革をもつ、故に二条を依然として生かしている養老令で彼此間に会通のできないのはやむを得ない、の意味である。なお一般に令集解にみえる諸説が唐令を引用するとき、唐の特定の令の名を明示したものは永徽令と開元令の二つだけである。開元令を引くのは注釈者の時代にそれが重んじられていたためであるが、永徽令を引くのはそれが日本令の形成上、基本的なものであったからであろう。(45)

三　日本律令の成立 (二)

律令の編纂は、近江令にはじまってから約四十年ののちの大宝元年(七〇一)の大宝律令にいたってほぼ終了したことは既述の如くであるが、その後また、律令編纂の議がおこり、通説によれば養老二年(七一八)、藤原不比等を総裁として律令、即ち養老律令ができ上った。この大宝律令と養老律令の、今日に伝えられている状態については、本稿のはしがきに述べた通りであるのでここにはくりかえさない。また大宝律令の復原については、条々について学者間に異論のあるものが少なくなく、他面また、それぞれの研究領域ごとに、精密な復原案が提示されているのが現状であるといえよう。従って大宝律令と養老律令との比較の如きも、詳しくいえば種々問題があるが、いま、大宝・養老の二律令の比較を精細に試みた滝川政次郎は次の如く述べている。(46)

まず律について、大宝と養老とを比べるとき、差異ありと認められるものは名例に二、衛禁に一、職制に二、戸婚に一、闘訟に一の計七ケ所であるが、それによってみると、「養老度に於ける律の刊修は、また令のそれと同じく、主として前律の贅文冗句を省き、扞格を矯め、前律の支那直訳的にして国情に適せざるものを日本的に改刪する方針を以て行われたものと見なければならない」と。次に令について、滝川は大宝の令文を広汎に復原した上で養老令文と比較した結果、両令間に差異ありと認められるものは令三十篇中に一二七あって、差異点のないのは家令職員令・神祇令・倉庫令・医疾令・雑令の五篇にすぎないこと、このうち一五は、たとえば戸令23応分条において財産相続を嫡庶異分主義から均分に近い方向に変更した如き重要な、又はこれに準ずる変更をなしてもいるけれども、全体としては「古令を増補せるものにあらずして、却ってこれを削除せる」ものが多く、「字句の改竄・名称の変更に止るもの」が大部分であり、ただ「古令が唐令の模倣に急にして我が国情に適せざるものを条文の中に入れたるを排し、努めてこれを日本の国情に合せしめんとした」ことや、「古令の用語よりも平易にして包括力大」なる用語への置きかえがおこなわれているとしている。なお、大宝律の復原は、利光三津夫によって大いにすすめられたが、利光はその厖大なる史料にもとづいて再び大宝・養老二律の比較を試みているが、その結論として次のように述べている。(47) 第一に養老律の編者は、大宝律条文を整頓し、その文章を体裁のよいものとすることに努めたこと、第二に寛刑主義に則って、大宝律所定の刑を更に軽減せんとしたと思われることである。しかし全般的にみると「養老律は、大宝律の文章と法定刑を若干改めたものであって、大宝律が唐律を改めた程の差は、大宝・養老二律の間にはみられなかった」と述べている。

以上、私は大宝律令と養老律令との相違について先学の所説を紹介することによって養老律令のだいたいの内容を示唆したのであるが、この本書におさめられている養老の律令についても、その編纂と施行については種々の問題を蔵し、なお未解決の問題を多くふくんでいるのである。以下、説明の便宜上、まず施行について述べ、次に編纂に及び、最後に、養老律令の施行後におこなわれた律令の删定について述べることとする。

㈠

養老律令は古くから、養老二年に制定され、同時に施行されたと考えられてきた。これに対して、養老律令は制定ののちも永く府庫に蔵され、天平勝宝九歳五月二十日にはじめて施行されたことを明らかにしたのは中田薫であった。(48) 即ち中田は続日本紀の同日条に、孝謙天皇が藤原仲麻呂を紫微内相としたあと、勅して「頃年選人依レ格結レ階、人々位高不レ便ニ任官一、自レ今以後、宜レ依ニ新令一、去養老年中、朕外祖故太政大臣、奉レ勅、刊ニ脩律令一、宜下告ニ所司一早使中施行上」としたのをとりあげ、これを以て養老律令の施行の勅とした。なぜならそれは次のような傍証によってもたしかめられるからである。第一に、古記は大宝令の注釈で天平年間に作られているが(後述)、このことは養老令が養老に施行されたのではなくて天平年間以後に施行されたことを示す。他方、令釈等の注釈は養老令のそれで延暦ごろに作られているが(後述)、このことは延暦以前に養老令が施行されたことを示す。右記の天平勝宝九歳の勅は、ちょうどその中間にあって両者の交替を命じたものとしてふさわしい。第二に、続日本紀や官符などには、大宝令に固有な制度や名称がしばしば天平勝宝九歳まで見出される。衛府の四等官を大宝令では率・翼と書く例が九歳の勅までみられるなどはその例である。このこともこの勅が養老令施行の勅であるとしてふさわしい。第三に、本朝法家文書目録には、養老律令をさして「律一部十巻」「令一部十巻」をあげ、両者ともその次に「天平勝宝九年五月廿日勅令施行」とみえている。中田のこの論証は適確であって、右中第二点の如き、こんにちあいついで出土する木簡等についても、全くこれに違反するものは存していない。

但しこの養老律令の施行については二つの点を附け加えておきたい。その第一点は、養老令のこのような施行方式が、やはり、これまでの日本令の「公布」の方式の伝統にそっているということである。なぜなら、この日、朝廷はまず、藤原仲麻呂を紫微内相としてその待遇を詔し、ついで、官人考選法の問題をとりあげて、大宝令の定めた選限(位階をあげる年限)を二年短くした慶雲三年二月の格をやめ新令によって元通りにすることを勅し、同時にその勅において、養老令の施行を命じ、さらに藤原豊成以下に広く叙位をおこなっているが、新しい位階法や考選法を発表しそれを実施することによって新令を公布するという方式が近江令以来の伝統であることは、ここで改めてくりかえす必要がないであろう。この考選法の改定は、慶雲格をやめて大宝令にかえれといえばよいだけのことであるのに、大げさに新令によらしめたのは、ある意味では辻つまがあわないが、新令公布の伝統を考えると、もっともとうなずかれるのである。

補足すべき第二の点は、この公布以前に、単行法令による部分的施行がおこなわれていなかったかどうか、ということである。既往に遡っても、大宝令編纂についての仮説を認めれば、法典が完成される以前に公布されることはなかったのであるが、公布以前に、場合によっては編纂途上でも、令文の一部を単行法令によって施行することはおこなわれた。従って養老律令の改正が既述のように僅少であっても、その修正が当時として必要のものであったときには、新法典は府庫に蔵していても、改正部分だけは単行法令(格)によって施行するという可能性は大いにあり得ることなのである。またじっさいにその例とみるべきものもあるので、その二、三を示そう。たとえば戸令6三歳以下条の大宝令文では一—三歳を緑、四—十六歳を小、十七—二十歳を少、二十一—六十歳を丁とよぶ。従って養老令の施行される天平勝宝九歳までは、養老令文に定める呼称、一—三歳を黄、四—十六歳を小、十七—二十歳を中とよぶことは公文書上にあってはならないのである。しかし籍帳において少丁を中男という例が天平からあらわれてくる。これは平野博之が指摘しているように[49]、中男作物なる税制が、養老律令の制定に先立つ元年十一月に定められ、中男なる称呼が現実に必要とされたので、籍帳においても特にこれだけは改める場合があったのであろう。また養老戸令28七出条は、妻を離縁する七つの条件を定めているが、古記によると、大宝令では、最後の悪疾を欠いて六出であったとみなされる。しかるに万葉集巻十八におさめる天平感宝元年の大伴家持作、教喩史生尾張小咋歌(四一〇六)の題詞では「七出例云、(中略)、無七出輙弃者、徒一年半」と記してある。このように、養老令の施行以前に六出を七出にかえていることについては諸種の解釈があるが、坂本太郎は右文の「例」を律令の不備不便を補正するために制定された単行の法令と解し、朝廷はこの単行法令をこれ以前にだしたのであるとしている[50]。また田令11公田条の大宝令文の復原については諸説があるが、虎尾俊哉は古記によって「凡諸国公田、皆国司随郷土估価賃租。其価販売、供公廨料、以充雑用」としている[51]。即ち大宝令では、諸国公田の耕作の地子は国衙財政中の、供廨料として雑用にあてしめるのである。これに反して養老令文は「凡諸国公田、皆国司随郷土估価賃租、其価送太政官、以充雑用」とし、地子は中央の太政官におくらせることとしている。しかるに、続紀には天平八年三月に太政官が「諸国公田、国司随郷土沽価賃租、以其価、送太政官、以供公廨」との法令を奏上、許可された。これは養老令の公田条を、養老令の施行に先立ち、天平八年の格によって一部施行したことの例となるものであろう。なおこれらは、類例中、特に興味あるもので、他にもその例は少なくない。

(二)

説明の便宜上、養老律令の施行をまずとりあげたが、そこでたちかえって養老律令の編纂された時点にたってみるとき、ここには、この時点でなぜ律令の編纂がおこなわれたか、それはいつできあがったか、また、完成されたにもかかわらず、なぜすぐには施行されなかったか、等々、種々の問題が生ずる。ところでこの点については坂本太郎に「養老律令の施行について」(52)という論文があり、こんにち、基準的意味を保持している。さてこの論文をみるのに、坂本はまず、さきにもあげた滝川政次郎の大宝・養老二令の比較研究をふまえ、さらに大宝以来の格が養老律令でどう処理されているかを考えた上で、養老律令は、格によって公布された事項は格にゆずり、それにも及ばぬ程度の小改正をおさめたものであること、律令删定の主たる関心は、ほとんど実質的な必要によるものではなくて、もっぱら文章上の矛盾・不備を修正することにあったこと、しかしそれにもかかわらずその修正は十分でなかったこと、などの諸点をあげている。次に養老律令のかくのごとき性質をふまえた上で、律令删定の理由を考えると、それを促すべき強い内的理由は考えがたくなるのであるが、坂本はその点に着目して、㈠養老删定には「唐における数次の律令改定に刺戟された国家的な理由もあろうけれど、主としては不比等がこの事業を主宰する功によって自家の権勢を張ろうとした私的な理由があろう」として、藤原不比等の権勢欲を第一にあげている。次に、このように不比等の個人的な権勢欲に焦点をあてれば、㈡養老律令が編纂せられながら、しかも長く施行されなかったのは、不比等が養老四年八月に薨去した事実に求めることができるとして、施行遅延の理由をこれに求めている。さらにまた㈢「行き過ぎた想像」と断りつつも、養老律令は果して通説の如く養老二年に編纂を終ったのかどうかにも疑問を投じた。即ち、続紀によると律令の撰定者らは養老六年二月に功田を賜っているのであるが、これは編纂終了年次とされるものとあまり年を隔てていることが疑問をおこす第一点である。次にまた養老律令の撰修の年次は続紀のさきの天平勝宝九歳の勅にはじめてみえるが、それには養老二年とはなくて「養老年中」とあるし、同年十二月紀の功田の品等を定めた太政官奏には「養老二年」とするが、この官奏では大宝律令の制定を大宝二年とあやまるなどたよりのないところのあることがもう一つの理由であるという。そして、編纂が二年でなくて養老年間もあとの方とすると、編纂終了は四年八月の不比等の死後となるが、そうすれば、令文の改修が充分でなく業なかばで終ったと考えられる理由も説明できる、という。

養老律令の編纂の動機・年次と、施行延期の理由に関する坂本の諸論点は、こんにちなお生きているが、㈠の編纂の動機について若干補足すれば、これを不比等の功名心にのみ帰するのは一面的かも知れない。一般に律令の制定の沿革を考えおこすと、そこには二つの目標、即ち第一には律令国家体制の創立という国家的目的と、第二にはその制定・公布権を自己の皇統に伝えようという個人的目的とがあったとみられるのであって、それは近江令が天智の子、大友皇子の太政大臣の就任の日に公布され、浄御原令の編纂が天武の子、草壁皇子の立太子の日に宣せられ、同令が高市皇子の太政大臣就任の日に公布されていることでもわかる。さすれば、利光三津夫[53]が、養老律令の編纂には、元明太上天皇と藤原不比等とが、文武の皇子であり藤原氏所出である首皇子(後の聖武)のもとに新律令を公布せしめようとして編纂したのであると述べていることは、律令制定の長い経過からみると、首肯されるところがある。不比等は大宝律令編纂では刑部親王のもとにあったが、こんどは自己の主宰のもとに編纂をすすめ、首皇子即位のあかつきに公布されることを期待したのであろう。そうしてそこに、養老律令にもまた、これまでの律令編纂との連続面をうかがうことができよう。しかし、編纂の意図が不比等の私的功名心にのみあったのではなくて、右に説くが如くであっても、大宝律令の編纂・施行までは一貫して強く流れていた国家的な目的の追究意欲がここでは著しく後退していることは、養老律令の修正の大部分が、文章や字句上のことにあった点からみてうごかすことのできない点である。そしてこの点からすると、石尾芳久[54]が坂本太郎の養老律令の性格規定に導かれて、大宝律令まではウェーバーの用語を用いれば、「明白な革新的企図に導かれた目的主義的な編纂」であったに反し、養老律令のそれは「外見的には法典編纂とみなされるけれども、実際には家産的君主の家産的官僚に対する委任においてつくられた官憲的法令の蒐集にすぎないもの」であるとみたのは、指導精神の推移をよく特徴づけたものといってよいであろう。そしてこのような時代精神の推移は、あとで述べる諸法令集の出現や、明法学者の擡頭といった現象にもまた通じてみられることだからである。

坂本説の論点㈢は、養老律令の養老二年成立説への疑いであり、坂本は暗にこれを養老四年八月不比等薨去後、養老末年までの間とみているようであるが、この坂本みずからいう「臆説」は、利光三津夫や野村忠夫によって肯定され、それぞれの角度から精細に論じられている。まず利光の着目するのは養老律令の編纂官の一人、大和宿禰長岡(もと大倭忌寸小東人)の入唐の件で、利光は、養老律令の編纂は霊亀二年に入ってはじまったという前提にたった上で、長岡が翌養老元年三月、遣唐使多治比県守に伴なわれて「入唐請益」したこと(続紀、神護景雲三年十月条)、県守が二年十月に帰国して十二月十五日に節刀を進上したことからすると、もし養老律令が二年に功畢ったとすれば、長岡が編纂に携わる機会はなかったはずであるとして、養老二年説を疑い、次の野村説にもとづいて養老五年末ないし六年はじめに終了したとみるのである。(55) 又野村忠夫は、養老官位・職員令は衛門府・左右兵衛府に医師をおくが、続紀では養老三年九月と五年六月条にこれらの衛府にはじめて医師をおくとあり、また養老衣服令には親王・諸王・諸臣の礼服、五位以上の朝服は牙笏を用い、六位以下は木笏を用うと規定するが、続紀では養老三年二月条にその規定を記しているので、養老令の各規定はこれらの格をとりいれたものであると解し、そこで養老令の編纂の終了を養老五年以後におこうとするものである。(56) かくして、両氏の研究によって、養老二年説批判は益々進展していくが、ここでたちどまってみると、利光説は、養老律令の編修を、大和長岡の入唐請益生任命の直前の霊亀二年におくのであるが、律令删定はそれより前にはじまっていた可能性がなぜ問題にされないか、私には不審におもわれる。長岡が律令删定に携ったのはむしろそれ以前で、そこに山積した疑問などを携えて入唐し、帰国後、それを開陳すれば、養老二年中に律令を奏上することは不可能ではないのではないか。また野村説については、提出された例は、前節であげた、養老令の格による一部施行の例とみる方がよくはないだろうか。養老令は編纂後ながく府庫におさまっていたが、その条文中、時勢に必要なものは格の形で施行した。その例はすでにあげたが、衛府の医師や官人の笏の規定もその類で、まず養老令に規定され、その後すぐと格によって施行されたのではなかろうか。

私は坂本が養老二年説を疑うことには別に異論をもたないが、まだ決定的な論拠はでていないといえる。

第三は、養老律令の編纂において開元律令が参照されているかどうかという問題である。この問題については早く滝川政次郎が(57)、養老律令もまた永徽律令にならったもので、開元律令にはよらなかったとし、その証として、開元四年(七一六)に刪定を命じられた開元七年令の篇目には、養老令にみえる学令・継嗣令・禄令*・假寧令・捕亡令の篇目のないことをあげている。しかもこのうち*印の令は、仁井田陞によれば(58)、永徽令にみえたものであるから、一つの有力な証拠とみなすことができよう。また滝川は、養老の律令においては、開元律令では避けている則天武后の諱と同音の詔、中宗の諱の顕、玄宗の諱の隆基と同音の窿・朞・期等の字を平気で使用している点で開元律令によらざることの証としている。これに反して、石尾芳久は、唐の開元令には三年令・七年令及び二十五年令があるが、開元三年は養老二年に先立つ三年前の霊亀元年にあたり、二年には遣唐使多治比県守が帰国しているから、情勢上、開元三年令が養老令に影響を及ぼした可能性があるとするとともに、開元令によって大宝令を改めたと推せられる令条を十六条ひろいあげてその証拠とみなしている(59)。もしこのことが立証されるとすると、開元令が養老令の編纂に影響を与えたことになるばかりでなく、養老律令の編纂年次についても、さきの延長説に有利な証拠となるであろう。なぜなら、奏上が養老二年よりのちであれば、開元令による改修の余裕がそれだけ大きくなるのである。ところで石尾の挙例のなかで、たとえば次の例の如きは開元三年令による改修の可能性の最も大なるものであろう。即ち喪葬令5職事官条の養老令文は「凡職事官薨卒賻物」にはじまるが、穴記は「古及本令、称二百官一、此令称二職事一云々」(無窮会本)という。即ち、大宝令と、その本令、おそらくは永徽令では、職事の二字は百官であったのである。他方、唐令拾遺によるに開元七年令の該当条は「諸職事官薨卒云々」ではじまる。とすると、開元三年令にも又「職事」とあって、それによって大宝令の「百官」を改めたものであると。しかし、唐では永徽律令ののち、いくたびも律令の改修がおこなわれた。麟徳・乾封・儀鳳・垂拱・神竜・太極の諸律令がこれであるが、そのうち大宝の遣唐使粟田真人の一行がその帰国以前に、垂拱以前の律令格式に接していたことは推察にかたくない。従って、右の場合のように、永徽令によってなったと考えられる大宝令文を、その後の令文によって改めたと推せられる場合にも、必らず開元三年令によったと断定するにはなお未しの感が残るわけである。このように厳密に考えると、かなり適例と考えられるものにも問題は残るけれども、十六例の大部分が、開元令と養老令の関係について、今後解明すべき課題を投げかけていることは否定できない。

㈢

石尾芳久は既述のように大宝律令と養老律令との間には法典編纂上の精神に大きなちがいがあるとした。即ち、近江→浄御原→大宝の三法典には、政治的革新の権力関心がこれを貫いているという意味においてカリスマ的な法の宣示の伝統を核心とするものであるのに対し、養老律令の編纂には「官憲的法令の蒐集という類型の法典編纂」の兆候がみられるというのである。しかしこのことは、時代の趨勢をかなり適確にとらえているとおもわれる。養老律令の編纂とともに、日本律令の編纂は、いわば官憲的法令の蒐集・整備の時代に入り、延暦年間施行の刪定律令及び刪定令格によって律令編纂は終焉するのであるし、それとは逆に、養老律令編纂のころから、格式の編纂の端緒が開かれ、やがて平安初期の本格的な格式編纂に展開していくからである。

さて刪定律令の編纂がおこなわれたのは養老律令の施行後十二年を経た称徳天皇の神護景雲三年(七六九)であった。このとき、右大臣吉備真備と、さきに養老律令の編修にあずかった大和宿禰長岡とが、律令廿四条を刪定したが、まもなく称徳の崩御、光仁の即位という時代の移り目にあって棚上げにされていたのが、桓武の延暦十年(七九一)に詔によって施行せられたのである(続日本紀、延暦十年三月条・日本後紀、弘仁三年五月条)。またこれとは別に大納言兼弾正尹神王や右中弁橘入居は、刪定令格四十五条を奏したが、延暦十六年、桓武はこれを可として、天下に施行せしめることとした(類聚国史巻百四十七、橘入居卒伝)、かくて延暦の後半には、刪定律令と令格との二種がおこなわれたが、やがて刪定律令は弘仁三年(八一二)、「訴訟逾繁、事不レ便レ人、理難レ取レ則」として停止されたが(日本後紀、同年五月条)、刪定令格もまもなくして廃止されたようである。刪定律令廿四条・令格四十五条が養老律令の令条を刪定したものであることは明らかであるが、その実例は既に滝川政次郎[60]によって明らかにされている。たとえば、後宮職員令の尚侍の職掌の「禁内礼式」の四字を「糺正推罰」と改めたとか(同条集解穴記)、戸令5戸主条の注の皇親の範囲を改めたとか(同条集解穴記)いったたぐいであって、それをみても、続紀が刪定律令の内容について「弁二軽重之舛錯一、矯二首尾之差違一」(延暦十年三月条)と述べるのをみても、けっきょくは各条間の矛盾を除き、字句の不適切を改める程度のものであったと察しられるのである。

延暦施行の刪定律令及び令格は律令の刪定の最後であり、これを以て古代における律令の編纂は細々と終りを告げるのであるが、これに対して、日本律令の展開の第二期、石尾の表現を以てすれば「官憲的法令の蒐集という類型の法典編纂期」に入って、積極的な活動のはじまったのは、基本法たる律や令の刪定ではなくて、律令格を改める単行法の格や、律令格の施行細則たる式などの法令の集成、法令集の編纂であった。その最も典型的なものは「例」の編纂である。虎尾俊哉[61]によれば、養老令編纂の過程を通じておのずから令文の検討が進み、その結果が主として令文の不備を補い、或いは令文の解釈を明確化する為に、養老三年を降らない時期に八十一例が撰定された。他方また、各官司ごとに、勅裁・官処分・太政官判などの形で——すなわち太政官符より軽便な形で——各官司内部の庶務執行に必要な細則が時あるごとに作られてきたが、おそらく神亀年間、そしておそらく一斉に、式部省例・治部省例・民部省例・刑部省例・囚獄司例が作られた。又民部省例の如きは、その後、延暦期に和気清麻呂によって再度編纂されている。さらにまた、右の諸司例と同じころ、弾正台の弾例もつくられた。これも諸司例の一種であるが、弾正台の糺弾の対象を明確にしたものである。この諸司例や弾例の特徴は、各官司ごとにその官司の庶務執行の対象や方法に関する施行細目を規定したことにあるが、これが施行細則たる式の、しかも諸司ごとの類纂という点で、延喜式などと原則をひとしくしている点は注目すべきで、ここに後世の格式編纂の端緒が開けたとみることができよう。また、その後、天平宝字三年六月、中納言兼文部卿の石川年足は「臣聞治レ官之本、要拠二律令一、為レ政之宗、則須二格式一、方今科条之禁、雖レ著二篇簡一、別式之文、未レ有二制作一、伏乞作二別式一、与二律令一並行」と奏し、天皇これを裁可した（続日本紀）。かくて別式廿巻が作られ、「各以二其政一、繋二於本司一」（続日本紀、天平宝字六年九月条）というのであるから、おそらく、前記の諸司例のすべてをあつめた法令集を意図したものであろう。ただ「雖レ未二施行一、頗有二拠用一焉」（同前）というのによると、大変珍重されたものの、施行にはいたらなかったのである。ついで桓武天皇は「方今雖三律令頻経二刊脩一、而格式未レ加二編緝一、稽二之政道一、尚有レ所レ闕」（弘仁格式序）として、格ならびに式の集大成を作らんとして、左大臣藤原内麻呂、参議菅野朝臣真道らにその編纂を命じた。まもなくして桓武の崩御にあい、その事は一たんとだえたが、嵯峨朝に入ると、大納言藤原冬嗣らによって編輯が再開された。かくして弘仁十一年四月に完成、奏進したものが弘仁格式で、弘仁格は大宝より弘仁にいたる格を諸司ごとに集大成したもの、式はやはり諸司ごとに、式を集大成したものである。その後、貞観格式・延喜格式の作られる過程は省略するが、以上によってこれら格式編纂の端緒が、養老律令編纂のころにはじまり、延暦年間の律令の删定ののち、本格的な格式編纂の時代に入る過程を知ることができよう。

四　日本律令の注釈書 (一)

中国律令の摂取にも、日本律令の編纂にも、外交に処し政治を指導するものの見識と、制度を作り法典を編むものの学識を必要としたことはいうまでもない。その意味で、これまで述べてきた律令の摂取と編纂に携った人々の顔ぶれをふりかえってみるならば、大化の政治改革では中臣鎌足と中大兄皇子のほかに、三十年前後も大陸に滞在して隋唐の律令政治を眼のあたりに見聞した漢人たち、特に僧旻や高向玄理がおもいうかぶのであり、近江令の編纂では、鎌足のほかに百済からの亡命者をふくむ「時賢人」（家伝）があげられるであろう。また大宝律令の撰修者の名は続紀にもうかがわれるが、ここでは刑部親王・藤原不比等のほかに、唐に使いして「好レ学能属レ文、進止有レ容」（新唐書、日本伝）とうたわれた粟田真人や、同じく入唐して征済役にとらわれ、帰って長く外交の事にあった伊吉博徳、丹後国司として浦嶋子伝を作り文人の才をうたわれた伊余(予)部馬養や筑後国司として善政をたたえられた道首名、遣唐留学生の土部𡒸(はにべ)・白猪骨や、明経第一の博士とうたわれながら令師とよばれて律令にも詳しかった鍛大角(かぬちのおおすみ)らが数えられよう。(62) さらに養老律令では、総裁の不比等のもとに、明法博士・刑部省大判事・大学頭を歴任した矢集虫麻呂(やずめ)、彼と同じ経歴をもつ塩屋古麻呂、唐語に秀でて楊子漢語抄の著者とみなされる陽胡真身(やこ)、「少好二刑名之学一、兼能属レ文」(続紀、神護景雲三年十月条)といわれ、入唐帰国後、「当時言二法令一者、就二長岡一而質レ之」(同条)といわれた大和小東人(長岡)、明法博士として「律令之義、無レ所レ不レ通」(文徳実録、天安二年六月条)といわれた百済人成(山田白金)らがあげられ、删定律令・令格では、在唐二十年、唐文化の輸入に貢献しまた奈良末の廟堂にも隠然たる力を発揮した吉備真備などがあった。

日本における律令の摂取と編纂はこれらの人々の見識と頭脳によってなされたのであるが、ここで右記の人々の履歴を注意してみると、中国律令の摂取や初頭の律令編纂に携った人々はほとんどが、帰化人や外国人、ないしは留学生である反面、必らずしも律令の専門ではなく、中国の学術一般に通じた学識経験者が多いのであるが、降って養老律令の編纂者となると、出身や留学経験には必らずしもとらわれぬ一方、履歴上、律令の専門家とみなされる人の多いことに気づかれよう。そこでいま、養老律令にも删定律令にも参劃した大和長岡の伝を基準にとると、長岡の生年は持統元年(六八七)で、卒伝に「少好二刑名之学一」という律令学への親炙は文武朝の初年ごろということになろうが、おおよそこのころ、即ち大宝律令編纂のころの、いわば二世・三世のころから、律令学は勃興しはじめたのではなかろうか。ところで、養老律令の編纂のころは、長岡でいえば三十代の前半で働きざかりであるが、それからほぼ十年たった神亀五年(七二八)は、大学寮の明法道の教官として律博士(後の明法博士)・助博士がおかれた年であり、天平二年(七三〇)には、専門科の明法生がおかれている。この明法科は、明法道といわれる律令学の専門家の養成機関であるから、その設置は律令学の発達の一つの指標とみるべきもので、もし上記のごとく大宝律令編纂のころを律令学の勃興期とすれば、それから一世代経た天平初年前後は、律令学の成立期とよんでよいであろう。律令の専門的知識に対する需要は、大宝律令までの、律令制国家の体制づくりの時代よりも、そのあと、律令の運営がすべての官人の日常業務となった時期から本格化したのである。そして、こういう時期になると、律令の令条の改訂(格)や施行細則(式)の立案、それらの蒐集(諸司例)が必要となり、裁判にあたって刑名を断じたり、争訟を判じたり、それらのための明法勘文を提出する業務が広汎に要請せられ、さらに明法道の学生の教育や試験にも応じなくてはならなくなる。かくしてあらわれたのが、律令学の専門家たる明法家であり、令師とか、刑部省の判事とか、明法博士などの職務・職掌も、かれらをまって始めて運営せられたのである。

ここでとりあげてみたいのは、これらの専門家をまたねばならなかったもう一つの任務、即ち律令運営上、どうしても必要な律令条文の解釈のための注釈書の展開である。ところが、貞観年間、惟宗直本の撰述した令の注釈書、令集解には、天平年間成立の古記からはじめて、集解成立時にいたる間の多くの令の注釈書や諸学説を引用し、又、それに比べると分量は少ないが、律の注釈書及び学説も引用している。そればかりではなく、これらの、令や律の注釈書の逸文は、紅葉山文庫本令義解や律の裏書等、政事要略・法曹至要抄や令抄等の法制書、僅かながら貴族の記録等にもまた引用されているのである。これによって、天平のころから、律令の運営上、本文の語義を明確にする必要から、明法家の間で、まず大宝律令の注釈書が作りはじめられ、養老律令の施行期に入ってのち、格式編纂時代ともいうべき平安初期には多数の明法家が学説を競い、かつ多くの注釈書が現われたことを知ることができるのである。これらの注釈書、特に令のそれの考察は、寛政年間の稲葉通邦の神祇令和解など(63)にみえ、佐藤誠実の律令考(64)、滝川政次郎の令集解釈義解題(65)などを経て、こんにちではさらに精細を加えている。これに反して、律の注釈書の方は、名は知られても逸文が少ないためもあって、利光三津夫の研究がスタンダードとして重んじられているにとどまるが、ここでは律の注釈書は利光の成果を注記(66)するにとどめ、令の注釈書中、主要なものをかかげて、律令学の展開の過程の側面を明らかにしたい。また最近、唐招提寺から、「古本令私記」と命名された令文の注釈、五断簡が発見された。内容上は、軍防令(E・D・Aの三断簡。Eは養老令第一条以後、Aの最後は第二二条)、営繕令(Bの前半。第七条―第十七条)、及び関市令(Bの後半とC。第一条―第十七条)の本文の字句とその注よりなる断簡であるが、内容・書風よりして、平安初頭を下らないとみなされる。注釈としては、甲・乙という表記で幾人かの解釈をふくむものの、注釈は一般に簡単で、当代一流の明法家の手になる注釈ではないとみられる。しかし令文の字句には養老令と異なるものがあり、時期的にみて删定律令（七七五頁参照）の文と推せられなくもないが、「養老令に先行する令文の可能性」も考えられるとみなされている。(67) しかしその位置づけについては後日を待ち、ここにはふれない。

㈠

大宝令の注釈として今日、確実にその俤の知られる唯一のものは古記である。(68) 古記は令集解ほかに直接に古記云として引用され、又は間接に、たとえば穴記には古私記云として引用されているが、異質本系の部分を除いて全篇にあまねく及んでいるから、大宝令の全篇の注釈であったとみることができる。古記の成立年代については、早く中田薫が、選叙令9遷代条の古記が、天平九年の格を引用していることからそれ以後、公式令53京官条の古記が天平十二年に和泉監が河内国に併合されたことを知らないのでそれ以前とした。(69) しかしその後、上・下限は多くの学者によって縮められ、上限について坂本太郎は喪葬令10三位以上条の古記が橘諸兄の天平十年正月に右大臣となったことを知っていることからそれ以後とし、(70) 下限について青木和夫は賦役令8封戸条の古記が天平十一年五月の封戸租全入制への改訂を知らないことからそれ以前とし、(71) 岸俊男はさらに田令11公田条の古記が天平十年三月の国司借貸制の停止を知らないことからそれ以前とした。(72) かくして古記の成立については天平十年という年がうかび上ってくるのである。しかし古記は上記のように厖大な分量の注釈なのであるからその年の正月から三月までの中に書きはじめ、書き終ったなどということは考えがたいことである。古記は田令18王事条に「死二王事一、謂、選叙令已説訖也」とあるように、果して令の篇目順に書かれていたのか（それとも大宝令の篇目順が唐令に似ていたのか）という厄介な問題もふくめて考えなければならないにもせよ、成立年次は各巻ごとにちがっていたことを念頭におかないと、上・下限の設定もおかしなことになってしまうであろう。故に私は上記の成果をふまえて、古記は天平十年ごろの成立というあいまいな表現を用いることにしている。古記の作者として滝川政次郎は、天平十年前後に活躍期にあった法律学者という意味で、大和長岡と山田白金をあげたが、(73)青木和夫は、続紀天平七年五月条に入唐請益をおえて問答六巻を献上した秦大麻呂を推している。(74)主たる根拠は、古記の引用する詔勅官符類が五十を越えるのに、天平以降は五つで非常に少ないのは天平年間の入唐留学のためと考えると理解しやすいことと、西宮一民によって古記の語法には当時の唐の口語・俗語が広く用いられていることが指摘されているが、(75)それは入唐の帰化系氏族としてふさわしいことなどにある。青木説はかなり蓋然性があると考えられる。古記が他の注釈書と異なる特色として、滝川(76)は、㈠実際的且つ常識的で、時行事・今行事(77)などの行事をあぐること九〇中の三八にも及ぶこと、㈡具体的事例による条文解釈が多く、従って当時の慣習・俗語等が豊富なること、㈢あとで引く令釈が中国の故事を引くこと多きに比して、日本の俗語・史実などをあげて日本的なること、㈣古記の議論の進め方は素朴であり、文章及び用語には生硬、古拙なるものの多いことなどの四点をあげている。㈢の日本的ということは㈡の特色の中にいれてもよいとおもうが、集解に親しむ人々は、滝川が古記の特色とするものにおおむね賛成の意を表するに相違ない。私は、右文にたまたま古拙という語があるにちなんで、古記はむしろ古典的な(均整・普遍・客観)かおりのある注釈といいたいのである。

令釈は養老令のまとまった注釈としては最古のもので、年代的に接近しているとみられ、又はみられてきた跡記・穴記との引用関係をみても、令釈が二者を引用した例はないが逆に二者はしばしば令釈を引用する。令釈の成立年代について中田薫は、延暦十年以後、大同二年としたがその理由は明示されていない。(78)亀田隆之は神祇令18大祓条の令釈に延暦六年六月の法令を引用するのでそれ以後、禄令9宮人給禄条に大同二年格を引くのでそれ以前としたが、(79)この下限について黛弘道は、令釈は延暦十四年八月以前にできている跡記を引用しているからそれ以前にできているのだとし、(80)井上辰雄は考課令最条46国司の令釈が延暦十二年三月摂津職の廃されたことを知らないからそれ以前とし、(81)さらに後の論文で、(82)令釈より後にできた跡記の成立年代の関係などから延暦十年にひきあげている。かくて令釈の成立は延暦六年以後十年までの間にできたものとみることができよう。令釈は、養老令の注釈としては権威のあったものとみえ、本朝法家文書目録の養老令の部に「令一部十巻卅篇」「令釈一部七巻卅篇」及び「令義解一部十巻卅篇并序」の三つをあげ、うちの令釈はおそらく確実に同一書と考えられ、公定注釈書たる後述の令義解の説には令釈にもとづくところが多いのである。令釈七巻は右の目録によると、第一巻は官位令―僧尼令、第二巻は戸令―学令、第三巻は選叙令―禄令、第四巻は宮衛令―営繕令、第五巻は公式令、第六巻は倉庫令―捕亡令、第七巻は獄令・雑令をその内容としたものであった。令釈の最大の特色は、中国の古典をあげ故事をかかげて字句の解釈を施している点にあり[83]、著者の明法と共に訓詁的な儒者としての素養の深いことをおもわしめるが、令釈の著者の擬定について井上辰雄[84]は伊予部家守をあげている。家守は、大宝令の撰者の一人であり浦嶋子伝の著者でもある伊予部連馬養の一族後裔と考えられ、また家守の子の真貞は善道朝臣の姓をたまわって令義解の編者の一人となっている。家守はまた卒伝(日本紀略、延暦十九年)によると、遣唐使(小野石根、大使を代行)の随員として宝亀八年に入唐し、彼地で五経大義、切韻・説文の字体を習い、帰国後大学の直講、ついで助教となり、大臣の命によって、左氏・公羊・穀梁の三伝を講じたという。他方、令集解、学令5経周易尚書条のひく延暦十七年官符によれば、学令には春秋左氏伝のみをあげて他の二伝をあげないので二伝は顧みられなかったが、宝亀七(九ヵ)年還来の遣唐使明経請益直講博士正六位上伊予部家守は二伝を学んで帰り、延暦三年官に申してこれより私的な三伝の講授がはじまり、十九年にいたって、二伝をも学ぶべきことを公に定めた官符が下されたのである。以上二種の史料を総合すれば、令釈の書かれた時点において、公羊・穀梁二伝をひとり講授していたのは家守であるが、いま、令集解の諸説の引用漢籍をみるのに、公羊伝の引用は令釈に十数例あって他にみられず、公式令50国有瑞条等においては左伝との相違さえ論じているのである。これらの事実と、家守の子の、上記の真貞の伝(続日本後紀、承和十二年二月条)に「当代読二公羊伝一者、只真貞而已」とあるなどを考えあわせて、井上は伊予部家守を令釈の著者に擬したのである。

令釈よりも明らかにあとだが、同じ延暦年間にできた養老令の注釈に跡記がある。跡記も異質本系統を除く現存集解の全篇にみえ、欠巻部分もほぼ各篇に見出されるので、養老令の全篇にわたる注釈とみることができる。跡記の成立年代については、黛弘道が、跡記は禄令11皇親条に延暦十年施行の刪定令を引いているから延暦十年より後にでき、僧尼令3自還俗条に既に延暦十四年には廃止された国師のことを書いているのでそれ以前にできたものとした。[85] これに対して井上辰雄は、公式令80京官出使条の跡記が延暦十二年二月に征東使を征夷使と名をかえたことを知らないので、下限をそこにまでひきあげている。[86] 要するに令釈と跡記は、引用関係上、令釈が先にできているのではあるが、その成立は近接していて、延暦六年から十二年にいたる間にまず令釈が、ついで跡記ができたのである。そしてこのころに、二つの大部の注釈ができたのは、桓武朝の延暦十年に施行された刪定律令、十六年に施行された刪定令格などの、養老律令の刪定事業と関連があるのではないかとおもうがどうであろうか。跡記の著者について佐藤誠実は、跡は即ち阿刀であり、作者の氏の名であるとみた。[87] この時期の知識人は阿刀氏と関係が深くて、興福寺の善珠の俗姓は跡連であり(日本霊異記巻下第三十九)、空海の母は阿刀氏で、空海は阿刀宿禰大足に学んで大学に入ったのであり(三教指帰序)、大学寮にも宝亀三年および延暦元年に大学助となった阿刀宿禰真足があった(続紀)。跡記は令釈と同時期の作であるのに、令釈が雄弁で、中国古典によるところ大なるに反し、跡記は簡潔で、かつ即物的である。

以上私は、大宝令の注釈である天平の古記と、養老令のそれ、延暦期の令釈と跡記とをあげた。そのいずれについても、細かくは残された問題があるが、以上の三書は、まず大方のところ、その実体の輪廓は明らかになっている、とみてよいであろう。ところがこれに反して、令釈・跡記と同じに延暦の注釈とみられてきた穴記については問題が多い。そこで穴記については次項で、改めてとりあげることにする。

㈡

穴記は、一般には、令釈・跡記とともに延暦期の注釈と考えられており、そのカバーする範囲も、令集解の現存部分及び逸文からみて全篇に及ぶものとみることができる。穴記という書名も、跡記と同じく著者の氏名によるものと考えられ、戸令27先奸条に穴の説を穴太博士説とよんでいる例に着目すると、穴記の作者は穴太氏であり、明法博士であったとみてよかろう。但しこの穴太なる氏名の明法博士は誰か。法曹類林巻二百におさめる弘仁五年の「勘式部執申大祓行立事」なる勘文には、明法博士の螺(貞)江継人、中原敏久とならんで穴太内人の名がみえるので、佐藤誠実以来、この穴太内人こそ穴記の作者であろうと考える人が多い。最近では、穴記の作者を複数とみる説などもでてきているが、私はこの旧説にかなりの信頼をおくものである。穴記の所説は令釈のように訓詁を重んずるものではないが、説明が微に入り細をうがち、冗長・瑣末な論を展開することが多いので、簡潔な古記や跡記とは全く風格を異にするところがある。(88)(89)(90)

穴記が、このように、天平の古記はもちろん、延暦の二大注釈とも著しく異なることは、同時代における人間のタイプの相異ともみることができるが、書かれた時代の相異によるものかも知れない。ここに、穴記の成立年代について、延暦説に疑いのいれられる一つの理由があろう。この延暦説に対する疑いは、私がこの十数年来つづけてきた令集解のゼミナールにおいても、出席の諸氏によりいくたびも提出された。まず早川庄八は学令8先読経文条の穴記にみえる音生の旬試について、桃裕行の所説によりつつ、この内容は弘仁八年に音生四人を設置した(日本紀略・弘仁格抄)のちの記述とみなすべしとした。又さきにもふれた中原敏久は、もとは物部敏久で、弘仁四年に物部中原敏久となり(日本後紀)、同十五年まではこの氏姓を称したが、天長四年正月には興原宿禰敏久と称している。そこで早川は、戸令23応分条の穴記に「原大夫幷掠哲云」とあるのに注目して、原大夫は物部中原宿禰敏久であるから、これは穴の弘仁四年以後成立の証であるとし、吉田孝はまた、穴が興大夫の説を引くが、それは興原宿禰敏久をさし、従って穴記は、弘仁十五年―天長四年の間に興原姓をたまわった以後に下げるべしとした。ちなみに、興大夫云はあとであげる讃記・讃説が多く引用するが、考課令2官人遷迹条の集解の、国史大系本五四九頁の興大夫は、五五一頁のそれとの対照によって穴の引用とみるべきと思う。このほか、神野清一、森田悌ら、穴の年代を引き下げる主張が多いが、私は、早川・吉田にもとづいて、穴記の成立年代は延暦期におくべきではなくて、弘仁・天長期におくのが妥当である、と考えるようになった。穴記の著者は養老令のはじめ(91)(92)(93)

の方は弘仁の初期に書きはじめたが、とにかく詳しい注釈なので長期を要し、考課令あたりになると弘仁末、あるいは天長にもかかっていたのではないだろうか。

もっとも弘仁・天長説をとるためにはひるがえって従来の諸説とその論拠をかえりみる必要があるが、延暦説は決定的とはいいがたいとおもう。たとえば、滝川政次郎は「延暦十五年に置かれて同廿四年に廃せられた造宮職及び删定令の名が見えるから延暦・弘仁の間に成ったものであろう(94)」と述べている。造宮職云々は公式令19計会式条の穴記が、諸司が官符をうけて諸国から舂米をうける場合の実例の説明に造宮職をあてている例をさし、この省は延暦二十四年までのものであるから、穴記のこの部分はそれ以前にできたというのであり、删定令云々は後宮職員令4内侍司条や戸令5戸主条の穴記が、删定令に言及しているのをさし、同令は延暦十年に施行、弘仁三年に停止されたから、その期間に書かれたというのであろう。しかし、删定令の例はともかく、造宮職についていえば、同箇所で延暦六年以後成立の令釈が延暦元年に廃止された造宮省を例に用いて説明していることも考えあわせる必要がある。この種の論理は、注釈書の成立年代が降り、注釈がよい意味でも悪い意味でも社会から遊離してくると、絶対年代決定の基準にはなしがたいのである。次に黛弘道は、穴記の成立の下限を延暦十七年とした(95)。その第一の理由は、職員令45正親司条の穴記が、令の注文の「皇親」を釈して「謂四世以上也。五世王非。但放レ格耳」にあるという。黛はこの文を、令文によれば四世以上であるが五世王を皇親の範囲にいれた慶雲三年三月格(A)によって五世以上とすべきだと解し、それ故、穴はこの格(A)を廃止して令文にもどした延暦十七年五月格(B)を知らなかったと考えたからである。しかしここは、もっと単純に、皇親は四世以上である、ただし延暦十七年の格(B)に説くところによって、と読んだ方が理解しやすいのではないか。第二は、学令5経周易尚書条の穴記が、令本文に左氏伝のみをあげて公羊・穀梁の二伝をあげないのは唐とちがっている点であり、「但於レ今読、此臨時行事耳」と書いている点に関する。既述のように、延暦十七年には、二伝をも小経に準ずることとしたので、黛はその点をとらえ、穴はそのことを知らないから延暦十七年以前の作としたのである。しかしこれも「臨時行事」の意味のとり方で、左伝を正とし、二伝を傍とし、しかも、二伝を学ぶものの至って少ない状態をかく表現したのだ、ととることも可能であろう。けっきょく穴記成立の下限を延暦におく説は、必らずしも決定的なものとはいえないのである。

(三)

令集解には、讃記、讃云、讃案、讃博士、讃説など種々の形で、讃に関する一連の説を引用、又は孫引きしている。既に早く稲葉通邦はこの讃は讃岐永直であろうとみなしたが、(96)その説がこんにちも有力なことは人の知るとおりである。永直は讃岐公といって讃岐の出身であり、天長七年、明法博士となり、大判事興原敏久(前出)らとともに令義解の編纂に携った。永直はその後、承和元年、明法博士のまま大判事、勘解由使次官となり、同三年、一族廿八烟とともに讃岐朝臣をたまわったが、同十三年、法隆寺僧善愷事件にまきこまれて権臣、伴善男の意にそむき、嘉祥元年、和気斉之の大不敬事件に連坐して配流に処せられ、入京をゆるされた後もしばらく身分を剝奪されていた。その後返り咲いて貞観四年、八十歳でなくなったが、この間、天安二年、文徳天皇は勅して「明法博士是律令之宗師也」といい、「惜下其歯在二耆老一、不上レ伝二正説一」と、里第でその学を講授せしめることとした(続日本後紀・三代実録・令義解序)。讃を讃岐永直とする旧説の弱点は永直たることの確証のない点にあり、布施弥平治(97)は、その点から讃複数説を唱えた。即ち、讃岐氏は平安初頭以来の明法学者を多く輩出した一族で、永直より前には凡直からはじめて讃岐公を賜った讃岐千継がいて、延暦廿二年上奏の延暦交替式の撰進に勘解由次官・大判事として携わり、次には讃岐広直があって政事要略巻六十七には大同二年明法博士として勘文を上っているし、また永直のころには右少史兼明法博士讃岐永成があって、承和三年、永直とともに朝臣をたまわっている。布施はこの事実に着目して、ひとしく讃といっても、讃博士は広直であり、考課令50一最以上条にみえる後讃こそ、永直であるという新説を提示し、神野清一はこの線にそって、『讃記』は千継・広直・永直・永成など、讃岐氏代々にわたって形成された令注釈書であった」としている。(98)神野説にはアンビギアスなところがあるが、「完成品となるのは、貞観期の永直」といっているところからして、集解の讃は全体として永直であり、ただその所説は代々の讃岐系明法学者の学問の蓄積であると解するならば、それには賛意を表することができる。既述の如く、讃が永直たるべき確証は今のところ提出されていないが、右の意味で、これを永直とする旧説を私はおそっているのである。

讃は上記のように種々の形態で令集解にあらわれる。それは㈠集解の作者、惟宗直本が直接に讃の書いた本を引用した場合や、㈡集解の作者が引用した他の著述が讃の説を引用し、又はそうした著述への書き入れ者が讃の説を引用したりして、複雑な関係になっている上に、直本がそうした種々の場合を意識して書きわけているところから来ているのである。私は以上の点に留意して、一応の仮説をたてているが、ほとんど確実と信じられる場合と、しからざる場合とがあることを御承知ねがいたい。まず第一に集解には「讃記」と書く場合があり、たとえば戸令33国守巡行条には令釈の説のあとに分注で「古記無レ別、讃記亦取二此文一」とあり、管見ではすべてがこの種の例である。これは明らかに集解撰者の注記であり、讃記とよび、又は仮称する本の名をさすのである。換言すれば、集解が直接引用した讃述作の本の名は讃記であるといってよい。第二に集解には「讃云」として引く文がおびただしく多いのであり、それは、ちょうど、古記・令釈・跡記・穴記と同じ扱いで引かれている。この讃云は従って讃記にほかならないのである。第三に讃云の例一五九中、文中に「私案」云々と書いて自説を開陳する例が二五、同様の意味で「案之」と書く例が六もある。いっぽう集解には「讃案」と書くものが職員令に一つ、戸令のしかも33国守巡行条に十一、考課令に一つ、また「讃案之」が職員令に一つあるが、これは、讃記中の「私案」又は「案之」以下の文だけを引用したものとみてよいであろう。従ってこの「讃案」「讃案之」も「讃記」の引用の例に加えることができるのである。

「讃記」「讃云」「讃案」「讃案之」の引用の分布状態はかたよっていて、三十篇中、職員令*・僧尼令・戸令*・賦役令・選叙令・継嗣令・考課令*・営繕令・公式令・喪葬令・関市令・獄令の十二篇で、中でも*印の篇では二十回以上に達する。従って讃記は、穴記以前の四大注釈とはちがって全篇に及ぶものではなかったと疑われるのであり、関心に精粗がめだつのである。讃記は穴記と同じように長文であって、そこに時代を共通する何ものかを感ぜしめるものがあるが、令条、特に律条の引用の多いことから、律令の個々の条文を律令全体の中に、従って律令の法意において理解しようとする態度がうかがわれ、私には、実務家よりも法律学者の風貌が彷彿とうかんでくるのである。また讃は先行学説にも広く目を通し、天平の古記、延暦の令釈・跡記、弘仁・天長期と考えられる穴記を引用するほかに、興原敏久の説を興大夫云として、額田今足の説を額大夫云として引くことが多い。興原敏久のことは前に述べたが、もとは物部敏久で、大同年間には大外記(外記補任)、弘仁二年には明法博士(法曹類林巻百九十二)、同四年には大判事となり(日本後紀)、「物記」の著述もあった。弘仁末—天長四年間に興原宿禰の氏姓をたまわり、ついで弘仁格式の編纂の功を以て天長七年、正五位上をたまわり、さらに、令義解の撰修にも預かって、天長十年の上表には正五位上、大判事とある。一方の額田今足は、政事要略巻五十三には明法博士として弘仁十三年の勘文がのっており、天長三年には同じく明法博士として、律令の注釈を公定すべきことを奏上して、令義解撰述の端をなした(応撰定令律問答私記事)。今足は天長六年正月、従五位下をたまわっているが(類聚国史巻九十九)、十年の令義解序にその名の欠けていることからみて、それ以前に世を去ったのであろう。讃云はこの二人についてては大夫云として引くのであるが、それは著者が、二人からその著書を通じてではなく、耳で直接にその意見を聞いて記録しているからであろう。

さきに記したように令集解にみえる讃のあり方には二様あって、㈠集解が讃記から直接引用した場合と、㈡集解以外の著述が、(イ)讃記を引用し、もしくは(ロ)そうした著述への書き入れに誰かが讃を引用した場合である。これまでは㈠を考えてみたので、次には㈡にうつり、まず第一に(イ)の場合を念頭にうかべてみると、神野清一や森田悌が、穴記が讃の説を、やはり讃云として引用する場合のあることをあげている如きはそれにあたろう。(99) ただこの説を検討してみると、神野の挙例二〇個の中には、たしかに、穴云「(中略)」、讃云「(中略)」のように分解することができず、(A)穴云「(中略)、讃云『(中略)』」というように、即ち穴が讃を引用したとみたくなる例がいくらかあることは認めなくてはならないであろう。たとえば、賦役令9水旱条の、穴云(A)。又問(B)、答(C)。讃云(D)。問(E)、答(F)。跡云(G)……などをみると、内容上、A・B・C・E・Fは連結しており、またGが孫引き引用であることも他から証明されるので、讃云のDは穴の引用とみる他はないようにみえる。ところが、類似の形態のものが継嗣令以下では、穴云「A」。讃云「B」。或云「C」……静可レ検レ之、師後同レ之、在二穴記背一。(継嗣令2継嗣条)、穴云「(A)。問(B)、答(C)」。讃云「D」。公「問(E)、答(F)」在二穴記一。(考課令59内外初位条)、穴云「A」、讃云「B」在二穴記一。(公式令11解式条)という形で頻出する点に注意したい。これらの例は後にもふれるように令集解作者手沢本の穴記に付せられた裏書や注記で、最も多くは、穴云「A」、或云「B」在二穴記一の形であらわれ、Aが穴記の本文、Bがその注記なのである。そしてこの注記には或云や公云のほかに讃云が引かれることが多いのである。いまこのことを念頭におくと、さきの賦役令9水旱条の場合も、穴云は(C)で終り、引用文の最後に「在二穴記背一」か「在二穴記一」の注記を欠いたためにまぎらわしくなったにすぎないものではないだろうか。[100] 私はこの故に、穴記が讃記を引くとする説には従いがたいのである。別言すればこの種の例は一見(イ)にみえるのであるが、じつは(ロ)の、「集解以外の著述(ここでは穴記)に書き入れをした誰かが讃を引用した場合」に属するのである。

ところで、この讃・穴の関係によく似たものとして、第二に問題となるのは、令集解に六つほどみえる讃博士である。この讃博士が穴記と密接なことはあとでもみる通りで、又神野や森田はこれも穴記が讃博士の説を引用、ないし文中にその人の名をあげているとみている。[101] そしてこれが正しいとすると、讃がもし永直であれば、永直が明法博士になったのはさきにふれたように天長七年であるので、穴記の成立年代の上限もわかってくることにもなる。しかし、この六つの実例も、けっきょく、さきの讃と穴との関係と同じで、穴記の書き入れに記されたものであろうとおもう。但しその書き入れ者が讃云といったときには讃記なる書名であるが、讃博士といったときはその人を主としていい、又は聞書きであったのではなかろうか。たとえば賦役令の冒頭の穴記のあとに「従二此令一奥所所加二讃博士云一、讃云『A』」と書くのは、賦役令以後には、穴記への書き入れ者がときどき讃云を引用することを説明し、その上で、讃記のAの部分を引いたのだろう。そのことは穴記と関係の深そうな「讃云」二〇例の一例(戸令23応分条)以外は、みなこの賦役令以後にあることともよく一致するのである(類例は選叙令冒頭にもある)。他方戸令23条の穴記の文のあとに、讃博士云「B」。問(C)、答(D)、とあるとき、その話題は穴の内容とはちがうので、これは穴記の注記であり、Bはおそらく聞書き、C・Dの問答はその聞書きへの意見であろう。また賦役令4歳役条の穴記の文章の中間に「讃博士同之、師亦同之」というのも、穴記の文ではなくて、穴記に付した注記で、やはり讃からの聞書きなのである(類例は考課令50一最以上条)。これらはいずれも注記の部分を注記であると書かなかった例であるが、他方、考課令59内外初位条では、穴云「A」。「讃云『B』、私案此説不レ当。……讃博士後同。問(C)、答(D)。……」在二穴記一。と書いてある。これは、讃云以下がすべて穴記の注記であること、注記を書いた人は讃記から引用したBは讃云と書くが、讃博士と書く場合は書物ではなくて人物であり、その賛同を得たことをさしているのである。

このように穴記に附随した「讃博士」もまた「讃云」と同種で、(イ)型ではなくて(ロ)型であるので、「讃云」の場合を(ロ)の(a)、讃博士の場合を(ロ)の(b)としてみると、第三にそれらとは又別に、令集解に散見する「讃説」もやはり(ロ)で、いわば(ロ)の(c)にあたる。というのは、結論を先にいうと、跡記の注記は、誰人かが讃の説を引いたとき、それを「讃説」と書いたのだからである。この種の、朱が跡記の注記、特に裏書であるということの証明は叙述の便宜上、次節に述べるが、朱と「讃説」の関係は、職員令1神祇官条の、跡云「A」。朱云「貞説『B』、未レ知、而何……歟何。私案……何。讃説『C』者、未レ知。(中略)、又云『D』者」。讃云「E」をみただけで知れよう。右の中、讃云「E」は、既に記したような(一)惟宗直本の讃記の直接引用であるに反し、讃説『C』(又云「『D』」も)は、跡記に書き入れられた朱注の中の文なのである。類例は他に九つあって原理をひとしくし、箇所は職員令に八、戸令にただ一つある。なお讃説が朱の引用であるとする点では神野や森田と全く一致する。[102]

以上穴記と讃記について考えたが、解説としては細をうがちすぎたきらいもあろう。しかし、注釈書研究のいまの焦点の一つはおそらくこの辺にあるので、敢て自説の根拠を示し、御批判を乞うものである。

穴記や讃記やの書かれた時代、即ち少し幅ひろくとって弘仁・貞観時代が、文化史上、一時期を劃し、文学に、仏教に、美術に、けっきょく総体として、エキゾチックなかおりの高い一時期を劃したことは周知の通りである。しかし法典編纂の領域でもまた性質の似た劃期をなすことは、弘仁格式が弘仁十一年に編纂を終り、諸司で検討の後、天長七年頒行せられ、さらに貞観の格が貞観十一年、式は十三年に施行せられたというような格式編纂の状況をおもいうかべただけでもうかがうことができよう。宮廷は律令のような基本法は一応完成されたものとみて、時勢の変化に応じて律令を改めた格や、律令格の施行細則を定めた式やを、類別編輯する仕事を法典編纂の中心としたのであるが、このことは、律令の求めるところが充分に日常化し、その威儀が一段と浸透したことを示すとともに、時代を改革しようとする意欲よりも、出来上ったものの成果を享受すること以上にかれらの想像力が飛翔できなくなってきた状況をよく伝えている。そしてこのことは弘仁・貞観時代の律令の注釈の性質を考える上にも重要であって、この半世紀には、穴太内人・貞江継人・興原敏久・額田今足・讃岐永直、さらには惟宗直本ら多くの明法家が相前後して一時に輩出して妍を競ったが、その学風が天平の古記はもとより、延暦の令釈・跡記とも異なることは、穴記や讃記をみれば一目瞭然であろう。なお、右のうち貞江継人は、もと螺江部継人といったが(類聚国史巻九十九)、弘仁十三年には明法博士になっており(政事要略巻六十九)、天長五年には従五位上に叙せられている(類聚国史巻九十九)。そこには、現実の運営に即して即物的、簡潔にして断定的な風格とは全く対蹠的に、該博ではあるが演繹的、詳しくはあるが思弁的な学風が、全体にただよっていることを何人もいなむことができないであろう。また一つの事項ごとにこの時期の諸説を対照比較すると、各々について解釈上の諸説が尽きることを知らないことが稀でないが、これも、律令学の学問としての深化をうかがわしめる反面、まま律令学の社会からの遊離にもとづく、訓詁的遊戯化の時代に入ったことをおもわしめるときがある。次に述べる二つのこと、即ち、公定注釈書たる令義解の制定と、諸注釈の集成たる令集解の編纂も、またこのような時代風潮のあらわれであろう。

㈠

さて、公定注釈書たる令義解の撰修は、紅葉山文庫本の巻首にのせる天長三年十月の、「応撰定律令問答私記事」によれば、これよりさき、明法博士額田今足の議によっておこったものである。今足によれば、養老令撰定ののち、諸学者が「或為二問答一、或為二私記一」たが、それらは「互作二異同一」、後の学者は取捨にまどい、「毎レ有レ論、決難レ塞」き今の状態である。そこで「塞二異端一、絶二異理一」んためには、「当時博士等」に命じて、先儒の旧説に取捨を加え、「迂説」は省いて「正義」をとり、それを書物として「備二解釈一」、「学者」をして解しやすく、「異」に迷さしめない必要がある、というのである。これがそもそものおこりで、朝廷はその議をとりあげ、公定注釈の作成を認可したのである。また、天長十年十二月の令義解奏上の上表文には「星霜五変、繕写功遂」とあるによると、義解の編纂が本格的にはじまったのは天長六年のことで、五年の星霜を経て、天長十年にその事業は成立したのであった。またその序によれば、総裁は右大臣清原夏野、そのもとに参議右大弁藤原常嗣と、左京大夫兼文章博士の菅原清公らがあり、編纂の実務にあたったと推せられる人々は大判事興原敏久、善道真貞(令釈の撰者に擬せられる伊予部家守の子)、小野篁、明法博士勘解由判官讃岐永直らであった。編纂官の顔ぶれに、発議者の額田今足を欠くのは、彼が中途にして世を去ったためとおもわれるが、全体として明法道の他に、文章・明経の大家を列したのは、令義解が公定注釈書として、文章の面からみても後世に範となることを求めたものであろう。序によると、各条ごとにさまざまの意見があると、「其善者従レ之、不下以レ人棄上レ言、其迂者略レ諸。不下以レ名取上レ実」といい、但し遂に決しがたいときは、聖断を仰いだと述べられている。かくて天長十年奏上の令義解は、承和元年十二月、詔によって、天下に施行されることとなった。

令義解の編纂・施行は、律令条文についてのさまざまな解釈を公的に統一したものであるから、そこに実務的な意図のあることは明々白々である。しかし令義解の撰進された弘仁・貞観時代は、すでに律令と社会との遊離も大きくなっていたのであるから、その意味からすると、令義解による解釈の統一には行政上前向きの意味は乏しかったというべきではなかろうか。令義解にみられるこのような二面性は、私的注釈書集成ともいうべき令集解にもまたあらわれている。令義解によって令条の解釈が公権によって制定せられれば、令条の解釈をめぐる研究心が減殺されるのはしぜんのいきおいである。しかも律令と社会の遊離は条文解釈そのものの積極的意味をなくしてしまうのである。令集解が、各条ごとにまず義解の説をかかげ、ついでそれまでの諸注釈を広く聚成してくれたことは古代律令の研究者に対しては実に大きな功績であるが、著者が諸説をかかげつつ、積極的に自説を展開しないのは、この書が客観的には回顧的な注釈大成にすぎないものであったことを端的に示しており、かかる意味において律令注釈時代の掉尾をかざっているのである。令集解は、本朝書籍目録に「令集解、三十巻、直本撰」とあるによって、惟宗直本の撰述によることは疑いをいれないが、直本は旧姓秦公で、その本貫は、讃岐国香川郡の人であった（三代実録）。兄弟ともに法曹界に出身し、兄の直宗は元慶元年には左少史、八年には大判事兼明法博士として勘解由次官を兼任し（三代実録）、仁和の阿衡事件には橘広相の罪名を勘申した勘文が政事要略巻三十にみえている。直本はその弟で、元慶元年には弾正忠、七年には右衛門少志であり（三代実録）、寛平四—五年、藤原時平が検非違使別当在職中、検非違使右衛門尉として検非違使私記を作っている（政事要略巻六十一）。この間、元慶七年に、兄直宗ら十九人とともに惟宗朝臣の姓を賜っているが（三代実録）、やがて官も昇進して、延喜七年の勘文には主計頭、明法博士とある（源語秘決）。又西宮記（巻十四）に、「以二明法博士惟宗直本一、於二里亭一、可レ講二律令一由、給二宣旨一」というが(103)、これは讃記の著者とおぼしい讃岐永直が、既述の如く天安二年七十六歳で仁明天皇からうけた栄誉と同じもので、直本の晩年をしのばせるものがある。次に令集解撰述の年代について、滝川政次郎は、これを貞観年中の作としている(104)。理由は、「この書にひかれてゐる格及び式が、悉く弘仁の格式であつて、貞観の格式ではないことである。即ち本書に引かれてゐる格は、後人の追記に係るものを除いては、悉く弘仁十一年以前のものであり、又本書に引かれてゐる式には、弘仁式と明記したもの（選叙令1応叙条——井上）はあるが、貞観式と明記したものは一として存在しない。故に本書は、貞観格の編纂せられた貞観十年以前に成つたものと推断しなければならない」というにある。私はこの説の適否をみずから検討してみたが、その説は動かしがたいとおもう。直本が直接引用したとみなすべき格中、次の三つを除いては、弘仁格抄にみえ、ないし類聚三代格に弘仁格にありとされているもののみである。また三つの例外中、職員令40大膳職条に引く弘仁十二年八月の官奏、同30刑部省条に引く貞観七年三月官符は、無窮会本では本文に入れていないから後人の書き入れとおもわれ、弘仁格抄にはみえない弘仁十一年閏正月の格（職員令55内掃部司条）も、類例がすべて格といわずして詔・官符・官奏と書くのと異なる点で、これも後の書き入れであろう。[105] 貞観十年以前といえば、直本はその履歴からみて四十歳前後ではなかろうか。

㈡

現行の集解諸本は脱字・錯簡が少なくなく、また、政事要略の同一文と比較するとき、割注とすべきを本文とするなど、形態上も考慮すべき点が多い。そこで、令集解を構成する諸注釈書、又は諸説のあり方を考えるにも、天平の古記、延暦の令釈・跡記は別格として、前節で問題とした穴記や讃記ぐらいになるとすでに、説のきれ目その他に種々の考慮すべき問題が生じてくるのである。ところで、これまで述べてきたところから学説の引用の仕方の種々相を簡略に類型化すると、

㈠集解がその人（A）の著書ないし学説を直接に引用する場合
㈡集解の引用した著書の作者Aが、他の人Bの著書ないし学説を引用する場合
㈢集解の引用したA作の著書に、Cなる何人かが、Dの著書ないし学説を引用する場合

の三種に大別できるとおもう。いま跡記・穴記に例をとれば、跡記・穴記自身がA・A′であり、跡記が引用する古記や令釈、穴記が引用する古記等や興大夫などはB・B′であり、跡記の朱の注記（Cの書いたもの）にみえる讃説や、穴云の注記（C′の書いたもの）にみえる讃云・讃博士はD・D′にあたるのである。ところでここに問題となるのは㈢のC・C′の問題である。私は説明の便宜上、前節で跡記裏書とか穴記の注記とかいう言葉を使ったが、その実態はいかなるものか、さらに

遡ってその存在はどのようにして証明せられるか。これが問題であって、私はそれについての自分の仮説をここに披瀝して、拙稿を閉じたいとおもう。なおここで注記と称するものは、集解の著者、直本の手沢本の注釈書(A・A′作)の本文の行間等に、おそらくは内容上特定のところどころに、C・C′なる人物が墨書又は朱書によって書きいれた文章をさし、その文章の中にD・D′の著書ないし学説を引用する場合が㈢である。又、紙背と称するのは、たとえば紅葉山文庫本の令義解・律のように、紙背のところどころに、本文の該当箇所にあたるところに注記を施したものをさす。

(イ)

さて跡記は延暦の著述であって、直本が令集解を書いたころは、すでに八十余年以上の歳月が流れていたことになるが、いくつも書写された跡記中の直本にわたった手沢本には朱で注記が施されていたのであるというのが私の考えで、私はそれを昭和三十九年度の東大での講義で発表したのち、今日もその意見を変えていない。その証明を手短かにすることはむずかしいが、いま、典型的な形の一例として宮衛令5未宣行条の集解をみると、

跡云「A」。朱云「……何。貞云『B』者。或云『C』。両先云『D』者。未レ明何、貞云『E』者」在レ跡。

とみえている。ここでは、(イ)朱云が、跡記の次に来る朱書であること、(ロ)他説(貞、先など)を引用するとき、文のあとに「者」と書く特徴のあること、(ハ)他説として貞・先・或を引用すること、(ニ)最後に「在レ跡」とあることなどの特徴があらわれている。これをみると、朱とは、跡記の行間に付せられた朱書の注記で、貞・先・或などの他説を引用する文であることが知られよう。ところで、このうち、(ニ)の「在レ跡」とか、「在二跡記一」などの注記は、調べてみると、戸令[106]・考課令・禄令・宮衛令・衣服令・営繕令・公式令に見出されるが、一般にこの種の注記のあるなしは巻によって異なり[107]、巻によっては省くことが多いので、たとえば田令29荒廃条の

跡云「A」。朱云「……何。私案……。先云『B』者何。或云『C』者、貞反不レ同也」

の如きも、(ニ)がぬけてはいるが、(イ)(ロ)(ハ)の条件をみたしているので同類である。また考課令2官人遷迹条の

跡云「A」。貞云「B」者私未レ同。「C」。朱先云「D」、不レ得最者。

もよくある形で、AとCは跡云の本文であり、貞云以下は跡のA箇所に対する、朱先云以下はC箇所に対する注記なのであるから、ここでも㈡はぬけているものの、(イ)(ロ)(ハ)の条件を満していて、同類なのである。なおついでにいうと、この種の朱云には儀制令6文武官(三位)条の

跡云「A」。朱云「額云『B』者、違二釈及貞説一、而……何。又云『C』者、額云『D』」

をみると知れるように、(イ)(ロ)(ハ)を満たすとともに、(ロ)の中に令釈や額をふくむものも多いのである。そうして額云の分布を一般的に調べてみると、跡の朱の中にふくまれていることの多いことにも心付かれるであろう。以上のようにみると、仮に「跡朱」と仮称する跡記の朱書の注の例は非常に多いことがわかってくるが、私はさらにすすんで、㈡の条件のみでなく、(イ)の条件を欠いたものでも、跡朱が少なくないとみるものである。たとえば、職員令から僧尼令にいたる各篇には「在二跡記一」とか「在レ跡」などの注記がなく、これは筆者がこうした注記を必要とおもわなかったためであるが、職員令30刑部省条の

跡云「A」。朱云「貞云『B』者。未レ明、問、令釈云『C』者、未レ知、其別何。答……者。未レ明」

というふつうの形とならんで、同令69大宰府条の

穴云「A」。朱云「……者、後反、或云『B』者、貞及先同也。……者何」

のように、朱云が穴の次に来ながら、内容上は、(ロ)(ハ)の条件をみてもわかるように、跡朱と判定されるものが多い。これは、撰者の立場にたってみて、跡記には特記すべき注釈文がなかったり、またあっても引用に値いしないのであるが、朱の書き入れだけは面白いので、そこだけを引用した結果なのである。

私は、以上によって跡朱なるものの存在と、その形態及び拡がりを指摘したのであるが、これは、令集解の研究上、難解とされてきた朱説[108]についての一つの仮説である。ただここに三つのことをつけ加えておきたい。その一つは、私は以上

のようにして跡朱の分量はきわめて多いとするものであるが、私はじつのところ、令集解の朱は、ひょっとすると、たとえば穴記の朱注など特殊のものをのぞいて、ことごとくが跡朱ではあるまいかという想念にとらわれているのである。第二に、跡朱の分量は以上の限りでも、古記・令釈・跡記及び穴記の四大注釈に匹敵するほどのものになる。もっともその筆者Xが何人かは全くわからないが、朱の引用をみると、Xは、令釈・跡記・穴記のほか、物(興原敏久)・貞(貞江継人)・額(額田今足)を引き、しかもさきに讃説について述べたところによれば、讃(讃岐永直か)をも引き、いわば弘仁・貞観朝のすべての学者の説を引用批判し、わずかに令集解の作者惟宗直本に先行しているのである。その上、朱が令義解を引いていることも職員令44典薬寮条でも知られるので、この書き入れは、讃記より少しおくれて、跡記の全面に施されたものではないだろうか。第三に、跡朱は跡記の行間の朱の書き入れであるが、集解には「在㆓跡記背㆒」(戸令・学令・選叙令・継嗣令・考課令・禄令・喪葬令)、「在㆓跡背㆒」(学令・考課令・禄令)、「跡背云」(考課令)、「在㆓跡記後㆒」(田令)、「在㆓跡後㆒」(田令・賦役令)のように、跡記の紙背の書き入れがある。この紙背の書き入れについては、私はこれまでそれとなく、跡朱と異なるものではないと考えてきたが、本稿作成に当り、ゼミの北条秀樹の指摘によって、両者は異なる可能性が濃厚であると判断するようになった。たとえば戸令34国郡司条には、

跡云「A」。朱云「……何。或云『B』、先云『C』者、『D』者、私同。問(E)未㆑知何」。或云「問(F)。答(G)」在㆓穴記㆒。或云「問(H)。穴答(I)、未㆑明」在㆓跡記背㆒。

とあるが、私のいう跡朱は「朱云」以下、或云や先云をふくみつつ、「問(E)未㆑知何」までで終る。次の或云は、あとでみるような穴記の注記であるので、最後の或云のみが、跡記の裏書の注なのである。これによって、跡朱と、「在㆓跡記背㆒」系の不連絡が明らかであるが、この点にたって紙背系のすべてをみわたすと、この種の割注に該当する文はたいていの場合、右にもみるように、割注のすぐ前の或云の文だけである場合が多い。また、この種のものに著しい特徴は、選叙令8在官身死条の

或云「生云『A』者、又『B』者、未ㇾ知」在二跡記背一也。

の如く、この種の裏書には「生」説が多くて、右を入れて六つにのぼる。そしておそらく考課令59内外初位条の、生云「……」在ㇾ跡。の割注も「在二跡(記)背一」の誤りと考えられるなら、いわゆる跡朱には、この「生云」は一つもでてこないことになるのである。そして選叙令9遷代条の

跡云「A」。朱云「B」。生云「……或云『C』」生云以下、在二跡記背一。

の割注を注意してみれば、跡記背は「生云」以下で、跡は「生」以下と関係のないことがはっきりと読みとれよう。又、生云が誰の説かはわからないが、右令右条の「奏聞別叙」に単独にでてくる「生云『A』」も、この辺の跡記紙背に多い同類とみると、およそ生云はすべて、跡記の紙背にしかあらわれないことになるのである。

(ロ)

以上跡記の行間や裏書の注について述べたが、穴記にもまた注記のあることは既述の通りである。但し、これには少なくとも表面上、四通りあって、その一つは、(一)「在二穴記一」とあるものである。これは、戸令・選叙令・継嗣令・考課令・禄令・公式令・厩牧令にみえるもので、たとえば考課令60任二官条に、

穴云「A」。或云「問(B)、答(C)。公問(D)、答、師云(E)。私思(F)。公問(G)、答、師云(H)」在二穴記一。

とあるが、この種のものには、その中に「或云」・「公」をふくむものが多い。また、私はさきに「讃云」について論じ、そのうちの一類は穴記の注記にふくまれているものが多い、としたが、それは、この「在二穴記一」か、もしくは次の(二)に限られている。また、この注記の成立年代は、讃を引用している点でおのずから知られようが、厩牧令3官畜条に、

穴云「A」。或云「問、義解云『B』者、……何、答……」在二穴記一。

とあるので、義解の施行以後のことであることもわかる。なお、以上の二例は、たまたま穴云の次に注記のある例であるが、たとえば跡朱の次にこの種の注記の書かれている例も少なくない。つぎは、(二)「在二穴記背一」とあるもので、これは

㈠のみえる篇目と同じ箇所、戸令・選叙令・継嗣令・考課令にみえ、内容的にも㈠と似ていることは、戸令33国守巡行条の

穴云「A」。或云「B」在穴記背。

や、継嗣令2継嗣条の

或云「A」。在跡記背。公云「B……、問、古答云『C』者、D……。文云『E』者、F……。未知、此説依不。答、師云『G』」在穴記背。

を、さきの㈠の場合の引用例と比べてもわかる通りである。また同令同条の

穴云「A」。讃云「B」。或云「C」……静可検之、師後同之、在穴記背。

の讃云は、㈠の場合と同じく、穴記の紙背の注記に書かれていたのである。以上のように㈠「在穴記」・㈡「在穴記背」は、引用・文脈等、同系統とみることができるが、第三に、㈢「在穴」は、宮衛令・儀制令・衣服令及び営繕令にみえるもので、衣服令7服色条の

穴云「A」。或云「師云『B』」在穴。

とか、儀制令9元日条の

或云「師云『A』者、(B)、令釈(C)、案文不合、可問他人也」在穴。

とあるなどは典型的である。この「在穴」の顕著な特徴は、㈠・㈡にはしばしば引用される公や讃が一つもみえないことであり、これに反し、右の二例にもみえるように、或云「師云『……』」が多いことなどがあげられる。第四は、㈣「穴後」とあるもので、これは、㈢と同じく宮衛令に二つあり、25諸門出物条に、

穴云「A」。或云「師云『B』者、(C)」在穴。又或云、「義解云『D』者E」後人注穴後。

とある。以上によってみると、㈠と㈡とはAなる一組をなして、その注記と裏書、㈢と㈣はBなる別の一組をなして、そ

の注記と裏書の関係にあるとみてよいであろう。ただAなる㈠・㈡のグループは宮衛令(第二十四巻)—営繕令(第三十巻)にみえず、Bなる㈢・㈣のグループはそこのみにみえることと、またたとえばAの㈠とBの㈢を比べると、問答体が多いことや、唐令や他の律令の条文に関心のあることや、文云・不安・為当・私思など共通な表現が多いことなどからみると、全くの別系とはみられないのである。おそらく、集解撰者の手にした穴記には、表にも裏にもそれぞれに注があったのであるが、撰者又は筆録者が、宮衛令(第二十四巻)—営繕令(第三十巻)と他の部分とでは、引用の表記法をかえているので、そういう別が生じたのだとみるのが一番自然であろう。またそうみれば、何故、Aなる㈠・㈡にのみ公や讃がみえ、Bなる㈢・㈣にのみ「或云師云」がみえるかも、簡単に説明できるのである。なぜなら、Aでは、公や讃を一々固有名詞で書いたが、Bでは、或云の一つとしてすませたと考えればよいのであるし、Aでは「或云a、師云『b』」とあるのを、Bではaをやめて或云「師云『b』」としたのだと考えればすむのである。

以上で跡記及び穴記の注記について記したのであるが、直本の手にした四大注釈の他の二つ、即ち古記や令釈ではどうだったろうか。古記について類似のものを求めると、

釈云、天平元年八月五日有レ詔、改レ司成レ寮。在二古記一。(職員令19諸陵司条)

釈云A。或云「B都良奴也在二古記一」。(宮衛令6車駕出行条)

釈云A。或云「貯、麻宇久」在二古記一。(宮衛令7理門条)

の三つがある。これらの古記云は、注記とはちがって、第一のは、令釈の引く天平の詔が古記にもあることを、第二・第三のは、令釈の注記の或云が古記の字訓を引いていることを、撰者がこう記したものと考える。従ってこれらはみな、古記の注記ではないのである。これに反して令釈には注記があった。その内容は、戸令14新付条の

釈云「A」。又「B」又字以下、在二釈云背一。

僧尼令1観玄象条の

或云「A」此云在二釈後一。未レ知二誰云一。

衣服令2親王条の

釈云「A」。或云「B」在レ釈。

などというのがそれである。そして、右にもみえる如く、これには、(一)「在レ釈」、(二)「在二釈云背一」、(三)「在二釈背一」、(四)「在二釈後一」の四通りの書き方があった。

以上、私は、四大注釈書のうち、古記を除く他の三つには行間、又は紙背に注記のあったことと、三つのそれぞれの注記の性質を述べたが、全体として、令集解におけるこの種の注記のあり方は、巻々によって次のように整理できる。

	篇別	令釈		跡記		穴記	
		オ	ウ	オ	ウ	オ	ウ
(1)	〜神祇令(巻六)						
(2)	僧尼令(巻七・巻八)		在二釈後一				
(3)	戸令(巻九〜巻十一)		在二釈云背一 在二釈背一	在二跡記一	在二跡記背一	在二穴記一	在二穴記背一
(4)	田令〜賦役令(巻十二〜巻十四)				在二跡記後一 在二跡後一		
(5)	学令〜禄令(巻十五〜巻二十三)			在二跡記一 在レ跡	在二跡記背一 在二跡背一 跡背云	在二穴記一	在二穴記背一
(6)	宮衛令〜公式令(1)(巻二十四〜巻三十二)	在レ釈*		在レ跡**		在レ穴	在二穴後一
(7)	公式令(2)〜喪葬令(巻三十二〜巻四十)	在レ釈	在二釈背一		在二跡記背一	在二穴記一	
(8)	関市令(巻四十一)〜	(不明)	(不明)	(不明)	(不明)	(不明)	(不明)

* 在レ釈はウラ、又はウラをふくむともとれぬではない。

** 在レ跡はウラ、又はウラをふくむともとれぬではない。

右をみると、三大注釈の注記についての表記法は、集解の部分部分によって少しずつちがうのである。これは、かかる表記上のちがいが対象のちがいにもとづくものではなくて、書き手の表記法のちがいによるものであることを明らかに示していよう。集解の製作には、著者は一人でも、複数の人が参加し、少なくとも筆録に携ったものであろう。

私は本稿の後半の二章、律令注釈書の成立(一)及び(二)においては、(A)古記・令釈・跡記や、令義解・令集解の成立については比較的簡単に記し、(B)穴記及び讃記系統や、諸注釈の注記に多くのページを割いた。それは(A)については、この程度の問題ならばすでにだいたいのことはわかっているのに反して、(B)については、これからの課題だからである。私は、東京大学の文学部に移って以来、十数年間、大学院では令集解のみをよみつづけてきたが、その際、重要な課題の一つは、(B)の問題で、本稿の記述はだいたいその蓄積にもとづいているのである。しかし、若い学徒の間でも、それぞれにこの課題の追究はすすんでおり、この機会に読んだ論文もいくつかある。賛成しがたいことは率直に意見を述べたが、啓発されることも多大であった。そして、これら論文の整理については大山誠一、注記の整理については北条秀樹及び佐藤信の三君ら、ゼミの若い諸君に多大の援助を得た。おかげで、自分が長期にわたって抱いていた所感のところどころについて、この際、あたらしく考えなおすことができたのは、諸君のあたたかい助力のたまものである。ただこの、(B)の課題についてのみでなく、本稿全体の私見には、ほとんどまちがいないと信ずる部分と、なおたしかめる必要があると自覚している部分とがある。忌憚なき御批判を得て、確かなものにしていきたいことをこいねがうものである。

〔注〕

（1）もちろん、日唐律の間には相違もある。これらについては、利光三津夫『律令及び令制の研究』(一九五九年)第三章、同『律の研究』(一九六一年)第二章第四節、参照。

(2) 井上光貞「隋書倭国伝と古代刑罰」(季刊日本思想史一号、一九七六年)。
(3) 石母田正「古代法小史附論、古代法の成立について」(同『日本古代国家論』第一部、一九七三年)。
(4) 「王権や族長が恣意的に人民を使役できる社会では刑罰としての労役刑はおこりにくいのではないか。賦役の一律化が大化の政治改革でうちだされたのち、天武朝以後に漸く、賦役と軍役の分離、雑徭等の賦役制の整備がおこなわれるが、その時期に、労役刑としての「徒」も確認されることは、その点からみて理解しやすいのである」(井上光貞「隋書倭国伝と古代刑罰」、注2参照)。
(5) 仁井田陞「東アジア古刑法の発達過程と賠償制(プーセ)」ほか(同『中国法制史研究　刑法』一九五九年)。
(6) 井上光貞「大化改新の詔の研究」(同『日本古代国家の研究』一九六五年)。
(7) 越智重明『魏晋南朝の政治と社会』(一九六三年)第三篇第三章。
(8) 坂本太郎『大化改新の研究』(一九三八年)三六九頁。
(9) 曾我部静雄「十悪と八虐」(日本歴史三四二号、一九七六年)。なお、同『律令を中心とした日中関係史の研究』(一九六八年)も参照。
(10) 井上光貞「隋唐以前の中国法と古代日本」(同『古代史研究の世界』一九七五年)。
(11) 井上光貞「大化改新の詔の研究」(注6参照)。
(12) 島田正郎『遼制之研究』(一九五四年)。
(13) 田鳳徳「新羅律令攷」(同『韓国法制史研究』一九六八年)。
(14) 花村美樹「高麗律」(京城大学『朝鮮社会法制史研究』一九三七年)。
(15) 滝川政次郎『律令の研究』(一九三一年)第一編第四章第一節。
(16) 滝川、右掲書、第一編第四章第二節。
(17) 直木孝次郎『持統天皇』(一九六〇年)二六〇頁。
(18) 押部佳周「大宝律令の成立」(ヒストリア六〇号、一九七二年)。なお押部は(2)が編纂官任命記事ではあり得ないことの証として、最後に名をつらねている調伊美伎老人がこの時点ですでに死亡していることを証明しようとした。そうだとすると決定的になるが、この証明は成功していない。

(19) 読習が旧律令でなく新律令である証拠として、大宝二年七月条の「令ニ内外文武官読ニ習新律一（律字は類聚国史による）」をあげることができる。大宝律令の場合、律でも令でも、まず王臣ないし内外文武官に対する読習、つづいて一般の講がおこなわれる。
(20) 石尾芳久『日本古代法の研究』（一九五九年）一〇六頁。青木和夫『奈良の都』（一九六五年）二五頁。
(21) 村尾次郎『律令財政史の研究』（一九六一年）二一五頁以下。
(22) 岸俊男「造籍と大化改新詔」（同『日本古代籍帳の研究』一九七三年）。
(23) 佐藤誠実「律令考」（国学院雑誌五―一三～六―三、一八九九年。同六八―八、一九六七年に再録）。
(24) 中田薫「唐令と日本令との比較研究」（同『法制史論集』第一巻、一九二六年）、同「古法雑観」（法制史研究一号、一九五一年、同『法制史論集』第四巻、一九六四年）。
(25) 滝川政次郎『律令の研究』（注15参照）。
(26) 坂本太郎『大化改新の研究』（注8参照）。同『日本全史　古代Ⅰ』（一九六〇年）第三章第一節。同「飛鳥浄御原律令考」（同『日本古代史の基礎的研究』下、一九六四年）。
(27) 青木和夫「浄御原令と古代官僚制」（古代学三―二、一九五四年）。
(28) 近藤芳樹『標注令義解校本』（一八六四年）は「造法令云々」により天武紀十一年以前説をとるが、ここは「造法令殿」とよむべきであろう。滝川政次郎『律令の研究』（注15参照）は天武紀十四年度の冠位を令の一部施行とみ、それ以前に令が造られたとするが、後述の如く、これも決定的でない。
(29) 滝川政次郎『律令の研究』（注15参照）一〇一頁以下。坂本太郎「飛鳥浄御原律令考」（注26参照）三頁。
(30) 阿部武彦「天武朝の族姓改革について」（日本歴史一三四号、一九五九年）。
(31) 井上光貞「庚午年籍と対氏族策」（同『日本古代史の諸問題』一九四九年）。
(32) 岸俊男「造籍と大化改新詔」（注22参照）もこの点を指摘する。
(33) 坂本太郎「天智紀の史料批判」（同『日本古代史の基礎的研究』上、一九六四年）。
(34) 青木、前掲論文（注27参照）。
(35) 黛弘道「坂本太郎博士『天智紀の史料批判』」（日本上古史研究一―八、一九五七年）。

(36) 石母田正は『日本の古代国家』(一九七一年)第三章第一節で、㈠近江令はなかったとする第三説をおそいつつ、㈡天智紀十年条の冠位・法度は、単行法令で施行されたとみている。私は㈠近江令は作られたが、その施行は、後の時代とはちがって、㈡単行法令の形で施行されたとみるのである。

(37) なお「近江朝廷之令」という名は、弘仁格式序にみえ、官位令集解の或説には「又上宮太子幷近江朝廷唯制レ令而不レ制レ律」という記事もある。他方飛鳥浄御原(律)令の名はなくて、ただ続紀、大宝元年八月条に「大略以二浄御原朝庭一為二准正一」とあるだけである。坂本太郎は後者を、浄御原律令の名称の存在する証とし、古くはその名があったのに、平安朝にはその称がなくなった、それは、光仁以後、皇統が天智系にうつり、天武の事績が省みられなくなったからというが(「飛鳥浄御原律令考」注26参照)、いかなるものであろうか。故に第一説のように浄御原(律)令不存在説が合理的なのであるが、近江・浄御原の二(律)令の名称はこんにち定着している感がある。そこで仮にその呼称を生かして説明するのである。

(38) 滝川政次郎『律令の研究』(注15参照)。

(39) 坂本太郎『大化改新の研究』(注8参照)。

(40) 青木和夫「浄御原令と古代官僚制」(注27参照)。

(41) 石尾芳久『日本古代法の研究』(注20参照)第三—四。

(42) 仁井田陞『唐令拾遺』(一九三三年)一五—一七頁。

(43) 律としては職制・戸婚・厩庫の各一部分(内藤乾吉「敦煌発見唐職制戸婚厩庫律断簡」、同『中国法制史考証』一九六三年)、令としては東宮諸府職員令(那波利貞「唐鈔本唐令の一遺文」〈史林二〇—三・四、二一—三・四、一九三五年〉、仁井田陞「唐の律令および格の新資料」〈同『中国法制史研究　法と慣習・法と道徳』一九六四年〉)。

(44) 滝川政次郎『律令の研究』(注15参照)第一編第四章第三節、及び第五章第三節。

(45) ちなみに滝川は右論文において、わが大宝・養老二令の諸注釈が「本令」とよぶものは、永徽令であるとしている。私見では、それはあり得べきことであり、また本令＝永徽令説を否定する例はない。ただこれを積極的に確証する例も、いまのところないようである。

(46) 滝川政次郎『律令の研究』(注15参照)第三編、新古律令の比較研究。

(47) 利光三津夫『律の研究』(注1参照)第一部第二章、大宝律考。

(48) 中田薫「養老令の施行期に就て」(同『法制史論集』第一巻、注24参照)。
(49) 平野博之「中男と少丁」(日本歴史二八一号、一九七一年)。
(50) 坂本太郎「大宝養老令異同二題」(国史学七六号、一九六八年、同『古典と歴史』一九七二年)。
(51) 虎尾俊哉「公田をめぐる二つの問題」(竹内理三博士還暦記念会編『律令国家と貴族社会』一九六九年)。
(52) 坂本太郎「養老律令の施行について」(史学雑誌四七―八、一九三六年、同『日本古代史の基礎的研究』下、注26参照)。
(53) 利光三津夫「養老律令の編纂とその政治的背景」(同『続律令制とその周辺』一九七三年)。
(54) 石尾芳久「律令の編纂」(同『日本古代法の研究』注20参照)、マックス・ウェーバー『法社会学』(石尾訳、一九五七年)第六章第三節。
(55) 利光三津夫「養老律令の編纂とその政治的背景」(注53参照)。
(56) 野村忠夫「官人把笏についての覚書」(続日本紀研究一二六号、一九六五年)、同「養老律令の成立をめぐる諸問題」(古代学一三―二、一九六六年)。
(57) 滝川政次郎『律令の研究』(注15参照)第一編第五章第三節。
(58) 仁井田陞『唐令拾遺』(注42参照)一五頁。
(59) 石尾芳久「律令の編纂」(注20・54参照)。
(60) 滝川政次郎『律令の研究』(注15参照)第一編第六章。
(61) 虎尾俊哉「例の研究」(坂本太郎博士還暦記念会編『日本古代史論集』下、一九六二年)。
(62) 虎尾俊哉「令集解考証三題」(弘前大学人文社会三三号、一九六四年)は、養老令制定の前後には「令師」と称せられる人々があって大宝・養老令の制定に参与し、かつ、大宝令の施行細則の治定を主要任務としたとするとともに、令釈に「師説」としてひく「師」は令釈の先生ではなくて右の「令師」の一人であり、師説はまた、当然、大宝令についての注釈であるとみている。
(63) 稲葉通邦『神祇令和解』(無窮会蔵、寛政八年写本)。
(64) 佐藤誠実「律令考」(注23参照)。
(65) 滝川政次郎『定本令集解釈義』(一九三一年)解題(同『日本法制史研究』一九四一年)。

(66) 利光三津夫「奈良・平安時代に成った日本律注釈書」「律集解逸文の探求」(『律の研究』、注1参照)。左に同書にあげる注釈書を列挙する(△は本朝書籍目録にみえるもの)。
△律集解(三十巻、惟宗直本)・△律疏(三十巻)・△律附釈(十巻)・古答(大和宿禰長岡か)・物私記(物部敏久か)・律釈(令釈と同一筆者か)・五記・春記・額記(額田国造今足か)・穴記(穴太内人か)・宗記・讃記(讃岐一族か)・律義・跡記(令の跡記と同一筆者か)・新刪定明法述義。
これらの書の著者の中には、本文にあげる令の注釈書の作者と共通の人々が少なくない。

(67) 歴史研究室平城宮跡発掘調査部「唐招提寺所蔵古本令私記並びに音義断簡について」(田中稔・狩野久、奈良国立文化財研究所年報、一九七二年)、同「唐招提寺所蔵古本令私記断簡補遺」(狩野久、同年報、一九七三年)。

(68) もっともその他に、古記が引用している「一云」は、当然、大宝令の注釈である。令集解にみられる古答は、古記の問答の部分と考えられるが、利光三津夫「集解所引の「古答」は大宝律令の注釈書」(『律の研究』第一部第一章、注1参照)は、古記とは別の大宝令の注釈書とみている。また虎尾俊哉「令集解考証三題」(注62参照)は、令釈等の引く師説も大宝令の注釈説とみる。なお、「古記無レ別」については、松原弘宣「『古記无レ別』について」(続日本紀研究一五七号、一九七二年)。また、松原に「『令集解』における大宝令」(史学雑誌八三―一一、一九七四年)がある。

(69) 中田薫「養老令の施行期に就て」(『法制史論集』第一巻、注24参照)。

(70) 坂本太郎「列聖漢風諡号の撰進について」(史学雑誌四三―七、一九三二年、『日本古代史の基礎的研究』下、注26参照)。

(71) 青木和夫「古記の成立年代について」(史学雑誌六三―二、一九五四年)。

(72) 岸俊男「班田図と条里制」(『日本古代籍帳の研究』注22参照)。

(73) 滝川政次郎「大宝令の注釈書『古記』について」(同『日本法制史研究』注65参照)。なお、同「平安時代の法家」(歴史教育九―六、一九六一年)に長岡説をあげているという。

(74) 青木和夫「古記の作者」(国史大系月報五二、一九六六年)。

(75) 西宮一民「令集解所引『古記』について」(国語国文二七―一一、一九五八年)。

(76) 滝川政次郎「大宝令の注釈書『古記』について」(注73参照)。

(77) なお、時行事・今行事は一般に慣習法と考えられてきたが、中田薫「古法雑観」(注24参照)は、「法例に根拠する関係官司の現行法を指すもので、官司内部で恣いままに定めた慣例でない」と断言している。

(78) 中田薫「日本庄園の系統」(同『法制史論集』第二巻、一九三八年)。

(79) 亀田隆之「令釈説の成立について」(日本歴史五四号、一九五二年)。なお、注81の井上説の検討をふくめたものに、同「令釈説についての二、三の問題」(日本歴史二一九号、一九六六年)がある。

(80) 黛弘道「令釈の成立年代について」(史学雑誌六三—七、一九五四年)。

(81) 井上辰雄「令釈をめぐる二、三の問題」(続日本紀研究十—八・九、一九六三年)、「『令集解』雑考」(坂本太郎博士古稀記念会編『続日本古代史論集』中、一九七二年)。

(82) 井上辰雄「跡記及び穴記の成立年代」(続日本紀研究一二二号、一九六四年)。

(83) 古記・令釈等が中国古典を引用する場合、原本玉篇からの孫引きの多いことの指摘されたことは、玉篇研究のみならず、古代律令学研究上にも大きな収穫の一つである。これについては、井上順理「令集解引玉篇佚文考——孟子伝来考附論——」(鳥取大学教育学部研究報告、人文社会科学、第十七巻、一九六六年)、西宮一民「令集解と玉篇」(万葉七〇号、一九六九年)、小島憲之「平安朝述作物の或る場合——「類書」の利用をめぐって——」(人文研究二一—六、一九六九年)、森鹿三「令集解所引玉篇考」(東方学報〈京都〉四一、一九七〇年)、小島憲之「上代に於ける学問の一面——原本系『玉篇』の周辺——」(文学三九—一二、一九七一年)。

(84) 井上辰雄「令釈をめぐる二、三の問題」(注81参照)。

(85) 黛弘道「跡記の成立年代について」(史学雑誌六三—七、一九五四年)。

(86) 井上辰雄「跡記及び穴記の成立年代」(注82参照)。

(87) 佐藤誠実「律令考」(注23参照)。

(88) 注90参照。

(89) 佐藤誠実「律令考」(注23参照)。

(90) 神野清一「令集解『讃記』の性格分析」(続日本紀研究一三八・一三九合併号、一九六八年)は穴記を、時代を異にする複数者の作とみるようである。その一例、戸令27先奸条では、穴云「(中略)令釈云『(中略)』、問、(中略)、答、穴太博士説云々」には穴が穴太博士を引用する形になっているから、穴と穴太博士は別人になる、等。しかし私はこれを、右文の前にある朱云の中とし、跡「A」。朱云「(B)」。穴云『(C)』。令釈云『(D)』者何、答(E)耳。問、(F)。答、穴太博士説云々」と読んでおり、従って穴＝穴太博士で一向さしつかえないのである。神野氏の他の一例は、戸令34国郡司条の、穴云「具同二先私記一跡云『(A)』、令釈云『(B)』、穴太云『(C)』」で、ここでも穴が穴太を引く形となるから、穴と穴太は別人であるというのであろうが、ここの穴太は、穴の筆者の自称で、他説とのちがいを明らかにするためこの呼称を用いたのであろう。

(91) 桃裕行『上代学制の研究』(一九四七年)第二章第二節。

(92) 神野清一「令集解『讃記』の性格分析」(注90参照)。

(93) 森田悌「令集解『穴記』について」(続日本紀研究一五五・一五六合併号、一九七一年)ほか。

(94) 滝川政次郎『定本令集解釈義』解題(注65参照)。

(95) 黛弘道「穴記の成立年代について」(史学雑誌六三―七、一九五四年)。

(96) 稲葉通邦『神祇令和解』(注63参照)。

(97) 布施弥平治『明法道の研究』(一九六六年)、特に一四六頁。

(98) 神野清一「令集解『讃記』の性格分析」(注90参照)。

(99) 右掲論文、及び森田悌「令集解『讃記』について」(続日本紀研究一七二号、一九七四年)。但し森田は神野の挙例中に、穴が讃を引用したものではなく、穴の注記に讃が引用されたものの多いことを指摘している。

(100) 森田悌、右掲論文は、讃と穴の関係について穴の注記に讃が引用されている例の多いことを認める点で(注99参照)、私説と一致する。しかし森田は、その他に、穴が讃を引く例もあることを指摘する。私はそれを認めない。

(101) 神野・森田、右掲論文。

(102) 神野(注90)・森田(注99)論文。

(103) この種の講書については、早川庄八「貞観講書と延喜講書」(国史大系月報五〇、一九六六年)。

(104) 滝川政次郎『定本令集解釈義』解題(注65参照)。

(105) なお、吉田孝「墾田永世私財法の変質」(宝月圭吾先生還暦記念会編『日本社会経済史研究』古代中世編、一九六七年)、鬼頭清明「令集解所引格と弘仁格について」(大和文化研究一三―三、一九六八年)参照。

(106) この種の調査については、北条秀樹・佐藤信両氏の助力によるところ大である。

(107) この種の注記の存否・表記法については八〇一頁の表参照。

(108) 朱説については、井上辰雄に「「朱説」を中心として」(国史大系月報五二、一九六六年)があり、そこに「朱説は恐らく跡説に附けられた朱筆を中心とするものではないか」と書かれているが、その証明はなされていない。また押部佳周は「朱記について」(続日本紀研究一五〇号、一九七〇年)で井上説を批判しつつ、朱が一所にいくつもならんでいることから朱に数種あることなどを述べているが、私はこの説をとらない。朱は跡記の文のA・B・Cなど、問題箇所ごとに傍書されるので、撰者が何度も朱云「A」、朱云「B」、朱云「C」と書きわけることもしぜんに生じてくる。

律令の古訓点について

築島裕

律令の研究に際して、その古写本に古訓点が施されている場合、それを解読することによって、過去の時代に本文がどのように読まれ、理解されたかを知る手掛りが得られることが多いと考えられる。本書においても、読み下し文の作成に当って、底本とした写本に存する訓点の解読に力が注がれ、その訓点の言語に古代の国語を反映する面のあることが注意されているのであるが、私は、古訓点研究の立場から、本書の訓点が、国語史の上でどのような位置を占めるものであるか、又どのような注目すべき点が認められるかという問題について、二三の卑見を記したいと思う。

律令の古訓点——実際には、律・令義解の古訓点であるが——についての国語学的研究は、従来殆ど行われていなかったようである。漢籍全般に亘ってその古訓点を渉猟精査された小林芳規博士の労作『平安鎌倉時代に於ける漢籍訓読の国語史的研究』においても、律令の訓点については言及されていない。これは恐らく、律令について平安時代書写の古訓点本が現存していないためであろう。所で、本書において底本とされた諸本を見ると、平安時代の古写本こそ見られないけれども、南北朝時代の識語を持つ写本(猪熊本、国学院大学現蔵、重文)があり、又紅葉山文庫本は、書写年代は下るけれども、本文の書体には古い時代の写本の俤を残しており、令巻第十(関市令)の巻首において各行下半分書きさしで空白になっているのは、もとの本が破損していたのをもとのままの行取で写したためと思われ、この点から見ても、原本に忠実な転写本であったと考えられるのであって、訓点について見ても、多分祖本の形を忠実に伝えた要素を含んでいると思われる。本奥書に鎌倉時代の年紀が多く見られるが、後述のように、現存の訓点の中には、鎌倉時代の訓点の特徴が認められるようであり、更に遡って、平安時代の語形の残存と見られる要素も少くないように見受けられる。ただ注意しなければならないのは、この種の訓点本の例として、多くの場合は、新しい時代の語形と古い時代の語形とが混在しており、外形だけによって新旧の区別をつけることは困難であって、内容上から新形と古形とを判別するという方法しかないということである。紅葉山文庫本の場合も正にそれに当るのであって、以下述べる所も、かような意味での推定の域に止るものである。

尚、紅葉山文庫本、猪熊本、藤波本の三本に存する訓点は、その加点年代が相違し、厳密に言うならば、同じ体系の論の下で別々に取扱った上で、その異同を見るのが筋であるが、本稿では紙数の制約もあり、又、結果的には多分同じ性格の訓法が反映しているとの見通しによって、便宜一括して取扱うこととした。

先ず仮名字体について見ると、キの仮名に「∖」、サの仮名に「七」、スの仮名に「爪」、ノの仮名に「乃」、ホの仮名に「丫」、ミの仮名に「ア」、ワの仮名に「禾」などの字体が用いられている。これらの字体は、比較的古い形を保っているものであり、中には平安時代の中期ごろまで遡るものもあるようであるが、強ち本書の訓点だけに限ることでなく、博士家の点法による漢籍の古訓点では中世以来屢〻用いられ、近世に及んでいるものである。訓点の中でも、仏書の場合は後世例を見ない字体であるから、漢籍の古点全般に亙っての特色ということは出来ようが、殊に律令の古点だけの特色というには当らないと思われる。一方では「ウ」「シ」「ツ」「テ」「レ」のように、近世通行の新しい字体をも併用しているのであるから、字体全体として見るときは、近世の博士家伝来の漢籍の古点の一般的な様相を示していると見てよいであろう。又、紅葉山文庫本の返点のレ点(雁点)に□レ□のような形が、このような位置に用いられているのは、室町時代以降の姿であって、南北朝時代以前には□ˇ□のような形であった筈であり、この点は後世の形と見なければならない。

次にヲコト点であるが、その星点(・の形の符号)の位置は、早川・吉田氏の解題の中に見える点図(八三四頁)のようなもので、左下テ、左上ニ、右上ヲ、右下ハと連呼され、又、右上からヲ・コト・ト・ハと続くもので、いわゆる博士家点の基本的形式を備えている。又、星点以外の符号である所の、一や一や「や」などの位置とそのよみ方は、博士家点の中での「明経点」(清原家などの所用)に近く、「紀伝点」(大江家・菅原家・藤原家などの所用)のものと全く異っている。博士家点に属するヲコト点の中では、後世、右二種が中心であり、この他に、平安中期頃に行われた古い形式のもの(岩崎文庫蔵毛詩古点、同蔵古文尚書古点、同蔵日本書紀推古紀・皇極紀古点)や、平安中期から院政期にかけて紀伝道関係で行われていた形式(私が仮に「古紀伝点」と命名したもの。漢書楊雄伝天暦点・史記延久点・文集天永点など。文献により小異あり)などがあり、又、医博士深根家に行われたと思われる特殊なもの(黄帝内経太素仁安点)も知られているが、この令義解に見えるものと全く一致するものは、未だ管見に入らない。本点と「明経点」との相異点は第一図のようであって、この中、「コト」「ク」「ル」「ス」など頻度の多い重要な符号に相異があることによって、この両者が別種のものであると認めなければならないようである。

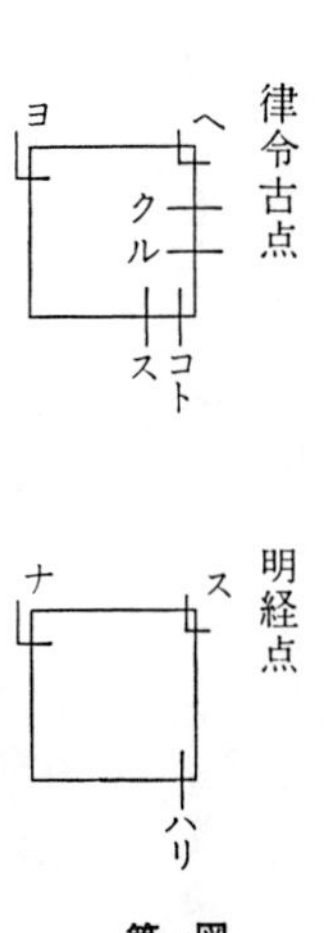

第一図

猪熊本令義解は、正平十七年(一三六二)の坂上大宿禰の伝授奥書を持つ古写本であるが、本文は鎌倉後期まで遡るかも知れないと思われるものであり、又、そのヲコト点の形式は紅葉山文庫本と同様であるから、その訓点も多分鎌倉時代の末頃まで遡り得るといえよう。但しこの祖点が更に何時の時代まで遡り得るものかについては、目下の所材料を持たない。本点に近い「明経点」は、保延五年(一一三九)加点の春秋経伝集解(清原頼業加点)に用いられているから、少くともこの時に成立していたことは明であるが、比較的整備された点法であるから、それよりもさほど古く遡ることは出来ないように感ぜられる。そして本点は、この「明経点」に近いものであるから、或いはこの頃に成立したものではないかとも思われる。

一面「コト」を表す符号として星点「・」の形で右の上寄りの位置に在るものと、ー点で右下に在るものと二種があるが、このことなどを不整備の形と見れば、或いは明経点よりも若干古いかとも思われるが、確ではない。又、紅葉山文庫本の律令には正嘉元年(一二五七)から文永十年(一二七三)に至る年紀を持つ、清原教隆及びその子俊隆の奥書が伝えられているが、若しそのヲコト点も現存本と同じであったとすれば、正嘉文永の頃清原家では経書の訓点などには「明経点」を使用していたことが現存資料(春秋経伝集解保延点、群書治要古点、古文孝経仁治点など)によって明であるから、清原教隆が、明経点を用いないでわざわざこの点をそのまま用いたのは、当時法曹家でこの点法が既に確立していたからとも考えられる。若しこの当時この点法が確立していなかったならば、教隆は自家の明経点によって加点したかも知れないからである。しかしこれは強く論ずべきほどのことでもない。

ヲコト点に関して注意すべきは、本訓点の漢字音表記に用いられた声点の形である。声点は漢字の字音の声調(アクセント)を示すための符号で、漢字の周囲に加えられたものであるが、その形は一般に●又は○(濁音の場合は●●又は○○など)が用いられた。この本でも○や○○が見られるのであるが、それと並んでーの形が見えている。「ー資財ー」(戸令)「所ー得」(戸令)などで、清音と濁音を区別せず、第二図のような形で用いられているらしい。これは漢籍の訓点では他にあまり例の多くないものであり(嘉禄本古語拾遺の鎌倉初期点に所見あり)、殊に清濁の区別をしていないことは、声点のまだ十分に発達していなかった時期の形を遺しているようにも思われる。仏書の訓点の中でも、天台宗関係などでは、ーを濁音の声点に用いた例があり、或いはそのような出自があるのかも知れない。

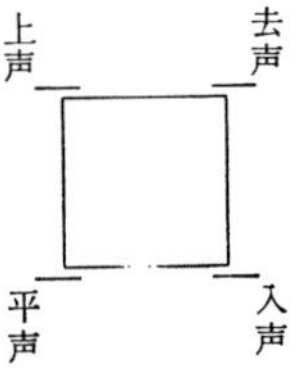

去声　入声
上声　平声

第二図

本点の内容で先ず注目されるのは、漢字音の中に呉音系の字音が見られることである。(以下の用例のうちには、本書に収めていない令義解巻頭の「序」「表」「詔」など(以下では「序」と略記)からのものを含む。尚、以下の用例においては、原文の仮名を片仮名、ヲコト点を平仮名、補読を( )に包んで表す。本文の訳文とは必ずしも一致しない。)

刑名《キャウミャウ》(序)　假寧令《ケニヤウ》(同)　政《シヤウ》刑(戸令)　政績《シヤウシヤク》(戸令)　辺遠《ヲンの》国(賦役令)　文武《モンム》(選叙令)　支解《ケ》(名例律)

皇帝《ワウタイ》(名例律)　冒《ム》名(僧尼令)

などはその例である。尤も中には漢音の系統も混在していて、

損益《エキ》(序)　軌物《フツ》(序)　歴《レキ》(序)　令《レイヲ》(序)　生霊《セイレイノ》(序)　斉刑《セイケイ》(序)

のような例もあるが、大勢としては呉音中心といえるようである。漢籍の訓点に於ては、古くから漢音系の字音が一般であり、呉音系の字音が用いられることは稀であったようである。八世紀末から九世紀初頭にかけて、漢音が頻に奨励されたことがあり、その影響が式部省管下の大学の中に行亙ったためと思われるが、大学の中といっても、それは紀伝道や明経道についてであって、律令を主管した明法道にはこの風潮が及ばず、従前から行われていた呉音が依然として行われたというような事情があったのかも知れない。清原宣賢の式目抄に律令格式は皆呉音でよむ由の記述がある(佐藤進一氏御教示)のも、この伝承を反映したものであろう。

尤も、そうだからといって、現在見られる呉音の字音がすべて平安初期以前の姿を伝えるものであるなどとは言えない。むしろ後代の音転の状態を示す面も少くないのである。それらの中の問題点を二三列挙しておく。

所謂ワ行合拗音のクヮ・クヰ・クヱなどの字音は、古くカ・キ・ケと区別されていて、その中クヮ・カの区別は近世まで存したが、クヰとキ、クヱとケとの区別は、南北朝時代頃まで存在した。本点に、

屈《クヰツ》(序)　訓《クヰン》(序)　拱《クヰウ》(序)　帰《クヰす》(序)　一十巻《クヱン》(序)　帰《クヰ》化(名例律)　偽《クヰ》(名例律)

などの例が見えるのは、それ以前の形を示すものである。又、サ行、タ行の合拗音を見ると、

黜《スヰツ》陟(考課令)　不順《スヰン》(賊盗律)

など、後世の表記と異るものがあるが、これらも平安時代から鎌倉時代にかけて一般の訓点に広く見られるものである。他方、撥音尾の脣内音(-m)と舌内音(-n)との区別は、鎌倉初期頃まで存して、以後次第に混乱して行った(1)が、本点では、

次のように混淆の例が少からず見えている。古くは -m はム、-n はンその他で表記して区別されていたものである。

〔唇内撥音尾 -m をンと表記した例〕　不厳《ケン》(序)　煩濫《ラン》(序)　劒戟《ケン》(序)　公廉《レン》(戸令)

〔舌内撥音尾 -n をムと表記した例〕　沿革《エム》(序)　煩濫《ハム》(序)　温育《ヲム》(序)

これらは大体鎌倉中期以降の状態を示すものである。又、唇内入声尾 -p (-フ)が、次に無声子音が来た場合に舌内入声(-t)化する現象は、鎌倉中期以降の現象と考えられているが[2]、本点にはそれが若干見えている。

蠟炷《ラツチウ》(古くはラフ|チウと表記された筈の例)(序)

これら漢字音の諸現象は、何れも鎌倉中後期の様相を示すもののようであり、この点に関する限り、概してこの写本は藍本の鎌倉中期の訓点の状況を反映しているものと見て良いのではないかと思われる。ただ中には、

垂拱《スイクキヤウシ》(序)

のクキヤウのように、開合の別の乱れた例があって(正しくはクキョウ)、この種の混用は一般に近世初期以降の現象とされているから、中には、近世の転写に際して、不用意に当時の新しい音韻体系に従ってしまった部分があるかも知れない。

一方、語法の面では、幾つかの古い形が認められる。先ず接続詞の「及」の訓法が問題になる。この字は、上下の字句を結合させる接続詞であるが、本来日本語にはオヨビという接続詞は無かったもので、「及」字が別に動詞としてオヨブの意味を有し、オヨブという和訓がこの字に定着したことから派生して、接続詞の場合にもオヨビと訓ずるようになったと見るべきであろう。小林芳規氏は、この種の「及」字は古く訓読では読まれなかったのであり、平安中期以降、字に即して「オヨビ」と訓ぜられるようになったことを実証されたが[3]、本点を見ると、本文では「及」字が頻出するにも拘らず、これをオヨビと訓じたことが明に認められるのは僅か数例に過ぎず、大多数は訓を附していない。「及」をオヨビと訓じて接続詞としてよみ下すことは、小林氏の説かれるように、平安中期以降の例があるが、古訓点においては、院政時代に

なっても「及」を読まない例も多い。大慈恩寺三蔵法師伝承徳点・同永久点などはそれである。これらの本は、南都の仏家に伝わった訓点を記したものであるが、博士家点本においても、史記延久点・文集天永点など、平安後半期の加点であるが、「及」をオヨビと訓じた例は原則として見られない。律令の古訓点に「及」の大部分が不読であることは、平安時代の訓法を反映しているものと認めることが出来よう。本書の訓点の中で二三の例外的に「及」を読んだ例というのは、鎌倉時代の藍本に既に存したものか、又は近世の書写の際に加筆されたものか詳でないが、前述の史記延久点本の中で、孝文本紀の後人の加筆（奥書には建久七年（一一九六）、建仁二年（一二〇二）などの年紀がある）らしいものの中に、「及」に「ヒ」を施した例があり、博士家にもこの頃から「及ヒ」を訓じた例が起ったかとも思われる。何れにせよ、多分鎌倉時代以降に現れた新しい語形と認めることが出来るであろう。

本書では人物を表す「者」を「ヒト」と訓じていることが多い。例えば、

徳行同(じ)くは、才用高(か)らむ者〔人〕を取れ。才用同(じ)くは、労効〔ケウ〕多〔オ(ほ)〕(か)らむ者〔人〕を取れ（徳行同取才用高者才用同取労効多者）（選叙令）

凡(そ)分番の者〔人〕は、年毎に本司、其の行能功過を量(り)て、三等の考第立(て)よ（凡分番者毎年本司量其行能功過立三等考第）（考課令）

右の「人」は「ヒト」と訓まれるものである。平安中期まではすべてヒトと訓まれたが、以後、時にモノと訓み替えられて行った。(4) しかしすべてがモノに転じたのではなく、鎌倉時代の頃でも依然としてヒトの訓も在ったのであって、例えば古文孝経仁治点などでは両者が併存しているようであり、漢籍では後までヒトの古訓が部分的には伝えられていたようである。律令のこの加点も古形を保っているものといえよう。

次に目的格にヲを用いない例が目立つ。

凡(そ)兵衛は、三等の考第□立(て)よ（凡兵衛立三等考第）（考課令）

其(れ)、八虐□犯セラは〔者〕、此の律□用ヰ不(其犯八虐者不用此律)(名例律)

中古の和文(平仮名書の日記・物語など)の類では、「月□見る」「花□折る」など、目的格に助詞「ヲ」を伴わないのは普通の語法であるが、漢文訓読において、目的格の語が動詞の下にあって返読する際には、「王関ヲ見ル」「筆ヲ執ル」のように助詞ヲを伴うのが普通であった。仏書では古くからこの格だったようで、漢籍でも多くはこの語法であったらしいが、漢籍の中で一部に助詞ヲを伴わない例のあることが、小林芳規氏によって指摘されている。例えば、論語の建武四年点本や正和四年点本、嘉暦二年点本などに、

樊遅、稼□学ヒむと請フ(樊遅請学稼)

礼□学(び)たり乎(学礼乎)

とあるような例である。[5] 論語のすべてがかようにヲを伴わないわけではなく、寧ろ全体から見れば僅な例であるが、律令の訓点では、この助詞ヲの無い例が相当に多い。

目的格に助詞ヲを伴わないのは、国語において古今に亙って広く行われている語法であるから、訓点におけるこの種の例によって、直ちにその時代の新しいか古いかをいうことは容易でなく、況やその訓の定まった時代を推定するのは、更に困難なことであるが、強いて推測を巡らすならば、これを和文に近い語法と認め、和文的な語法が、多く平安中期(又はそれ以前)の点本に例を拾うことが出来ることによって、この時期まで遡ると考えることが出来るかも知れない。

次に、「ベシ」の連用形「ベク」を音便で「ベウ」と訓じた例がある。

進ム応ウ者(は)、亦此に准へよ(応進者亦准此)(考課令)

蠱毒を造畜して流す応ウ者(は)、配流せむ(こと)法の如ク(造畜蠱毒応流者配流如法)(名例律)

皆謂く、本犯死ス合ウシ而、獄成(り)タル者をは(いふ)(皆謂本犯合死而獄成者)(名例律)

古訓点ではベクを用い、音便形のベウは用いないのが普通である。形容詞の連用形のウ音便は、一般に十世紀初頃以降に

文献に現れ、ベシの音便形ベゥは平安中期の仮名文学などには頻出しているが、訓点ではその例が極めて稀である。(6) これも右と同じく、和文的な語法として、平安中期頃の形の遺存と見得るかも知れない。

サ行変格活用動詞の命令形は、一般に「せよ」であるが、この古点では往々にして「せ」とのみあって「よ」を欠く場合がある。

防人の食に供せ(供防人食)(軍防令)

並に律に依(り)て科断せ(並依律科断)(僧尼令)

古訓点でもこのような例は他に見えないが、とにかく語源としては「よ」は助詞であって、後に添加されたものであることは疑無い。奈良時代には既に命令形は一般に「よ」を伴って「せよ」の形を取っているが、僅かながら「せ」の形の命令形も見えるようである。律令の古訓におけるこの例は、恐らく奈良時代以前の古形を伝えるものと考えられよう。

以上のように、これら律令の古訓に見られる国語上の性格は、一面では、鎌倉時代の漢籍の古点の要素を有しつつ、他面では平安中期十世紀前後と見られる古形を存し、又更に一部には奈良時代以前の語格を遺す面もあると考えられるわけである。そして大綱としては、一般の伝統的な古点がそうであるように、平安時代後半の国語の語格を多く反映していると見ることが許されるであろう。

最後に、余説ではあるが、令義解の書入れにみられる古辞書の引用について、国語史の立場から一二検討を加えて見ようと思う。

本書の訓点の中には、本文の行間・欄外、及び紙背に亙って、多くの漢文注の書入があり、その中には、古本玉篇、切韻など、漢土所撰の古辞書の引用が多く、その方面の研究に有用であるが、本邦撰述の古辞書についても、東宮切韻、和名類聚抄などの引用が都合数条見えている。中で、和名類聚抄の引用は、次に示すように二条が見出された。共に令巻第

十に在るもので、

①(「権衡」の上欄外注)(関市令14官私権衡条)(／は改行を示す)

権　廣雅云／錘謂之／権和名／波加利乃／於毛之又／加良波加／利

衡　兼、、云銓／音全一／名衡／楊氏抄／云加良／波加利／稱也

②(「榱」の紙背注)(雑令11公私材木条)(〈　〉内は小字割書)

榱　釋名云榱表和名太流岐楊氏云波閇岐在梠旁下垂也／兼名菀云一名橑〈―老〉一名椽〈音伝〉介雅注云桷〈―甬和名須美岐〉屋四阿大榱

①は現存二十巻本巻第十四の調度部中に、

権衡　廣雅云錘音垂謂之権和名波加利乃於毛之兼名苑云銓音全一名衡稱也楊氏漢語鈔云権衡加良波可利(道円本。東急本(室町時代写本とされる)では「稱也」が文末に、「漢語鈔」が「漢語抄」とある)

とあって、互に大同であり、小異あるものの、東急本にやや近いという面が見える。又②は、高山寺本(院政期写)巻第十の居処部に見える条で、

榱　釋名云―音衰和名太流岐楊氏云波閇木(ママ)在櫋旁下垂／也兼名菀云一名掩(ママ)一名椽音傳

桷　介雅注云―音甬和名須美岐屋四阿大榱也

とあって、やはり大同である(両者共に若干の誤写があるらしい)。二条とも高山寺本系乃至は二十巻本系の本文と大体符合していることが注意される。殊に①はこの訓点を鎌倉中期の形を伝えるものとすれば、この部分は本文として現存最古のものに当る。

東宮切韻は、

①平　東宮切／韻陸法／言云符兵／反郭知玄／云正也(捕亡令11平奴婢価条、下欄外注)

②(「諸」の注か)　東宮切／韻陸法言／云章魚／反郭知玄云／非一之辞又／止奢反麻果(杲の誤)／云衆也孫愐云／又六夫沙門／清徹云捻言也(雑令8秘書玄象条、下欄外注)

の例が見える。上田正氏の労作「東宮切韻論考」(国語学第二四輯、昭和三十一年)には言及されていないものである。

以上、内閣文庫本の訓点を主として、二三の卑見を述べたが、匆々の執筆で、不行届の点の多いことを虞れる。各位の高批を賜らば幸である。(五一、一〇、一六)

注

(1) 中田祝夫『古点本の国語学的研究　総論篇』九八九頁以下。

(2) 小松英雄「日本字音における唇内入声韻尾の促音化と舌内入声音への合流過程」(国語学第二五輯、昭和三十一年)。

(3) 小林芳規「「及」字の訓読」(国文学言語と文芸第四号、昭和三十四年)。

(4) 門前正彦「漢文訓読史上の一問題――ヒトよりモノへ――」(訓点語と訓点資料第十一輯、昭和三十四年)。小林芳規『平安鎌倉時代における漢籍訓読の国語史的研究』四五八頁他。

(5) 注(4)小林氏著書一〇二〇頁。

(6) 築島裕『平安時代語新論』五三二頁。尚、地蔵十輪経元慶七年(八八三)点に「般涅槃に入(ら)しメツヘウアルヘシ」(入般涅槃)(巻第九)の例のあることが報告されている(中田祝夫『古点本の国語学的研究　訳文篇』一〇九頁9行)。

解　題

早川庄八
吉田　孝

一　律令の伝本

1　律

日本律の写本は応仁・文明の乱以来散逸し、写本として残存するのは、名例律の上巻、衛禁律の後半、職制律、賊盗律と、闘訟律の三条(うち二条は前欠・後欠)にすぎず、他の部分は諸書に引用された逸文しか残されていない。残存する古写本(及びその影写本)は次の諸本である(*印は本書が底本としたもの。なお紅葉山文庫本は江戸時代の書写であるが加えた。書写年代、所蔵者等の詳細は「四　諸本解題」参照)。

(甲)訓点が附されていない写本

(イ)九条家本延喜式紙背闘訟律断簡*

(ロ)吉部秘訓抄紙背 {(i)名例律断簡〔谷森本〕, (ii)衛禁律(後半)・職制律〔広橋家本〕*}

(乙)訓点が附されている写本

(イ)田中光顕旧蔵名例律上*

(ロ)紅葉山文庫旧蔵名例律上・賊盗律

これらの写本は、その書写年代、訓点、内容等を総合して考察すると、すべて養老律の写本であったと推定される。またその書式はすべて同じで、唐律と比較すると、唐律の本文・本注に相当する部分を同じ大きさで大書し、疏に相当する部分を小字二行割(いわゆる割注)で記している。この書式は敦煌から発見されたペリオ文書三六九〇号の職制律疏断簡(職制律補注☆参照)と――ペリオ文書が条文の最初の「諸」字を提書(一字上げ)している以外は――同じであり、同文書も本文・本注を同じ大きさで大書し、疏を小字二行割で記している。この断簡が永徽律疏である確証はみつからないが、日本律の手本となった永徽律疏が、この文書とほぼ同じ形式で書かれていたことは疑いない。この文書が「律」(律は本文と本注とからなる)ではなくて「律疏」(律疏は本文・本注と疏とからなる)であることは、唐律疏議(正式には「故唐律疏議」。後述参照)や宋刑統に収録された「律疏」と殆んど同文であることによって確認され、事実、敦煌からは永徽の「律」の写本(ペリオ文書三六〇八・三二五二号)が別に発見されている。この文書は、避諱の有無や則天文字(名例律補注6g参照)などから、永徽「律」の写本であると考証されており(内藤乾吉「敦煌発見唐職制戸婚廐庫律断簡」『中国法制史考証』所収)、その書式は、律の本文を大字で、本注を小字二行割で記している。先の職制律疏が、本文・本注を全く同じ大きさで書いていて、本文と本注を区別していないのは、「律疏」の前提として「律」が存在していたからであろう。律疏では律文(本文・本注)と疏文との区別に主眼をおき、本文と本注との区別は「律」にゆだねていたと考えられるのである。

このように唐では永徽以後、「律」と「律疏」とが同時に造られているが、残存する養老律の写本は、明らかに唐の「律疏」に相当するものである。ところが、残存する写本の内題・奥題等は、「律目録」「名例律第一」「律巻第一名例」「職制律第三」「律巻第三禁衛(ママ)職制」「賊盗律第七」というように、いずれも「律」とだけ題して「律疏」とは題していない。残存する唐の「律」写本と「律疏」写本とを比べてみると、律では「戸婚律第四凡肆拾陸条」「廐庫律第五凡弐拾捌条」(ペリオ文書三六〇八・三二五二号)、律疏では「律疏巻第二名例」(北京図書館、河字一七号)というように、明確にその題名が区別されている。したがって疏を含む養老律の写本が全て「律」と題されていたことは、疏を含む律こそが続日本紀や弘仁格式序のいう「律」として正式に編纂されたことを示すと推定され、たとえ——その存否は確認されていないが——本文と（小字二行割の）本注とだけからなる律の写本が作られていたとしても、それは疏を含む正規の「律」の普及版的なものであったと推測される。もっとも、令義解の写本のなかには、「注義解」と附さず、単に「令」とだけ題しているものもあるので、律の場合にも題名だけから断定はできないが、令集解の諸説が律として疏の部分まで引用していることや、正史等に律の公定注釈書の作成についての記録が全く残されていないことは、残存写本が養老「律」そのものであったとする通説の傍証となろう。本書が「律令」の律として、疏を含む残存写本をそのまま掲げたのは、以上のような理由によるのである。

【本注について】

養老律の写本が、本文と本注を同じ大きさで書いていることから、直ちに養老律は本来、本文と本注を区別していなかったと断定することはできない。養老律編纂者の意図は不明だが、令集解の注釈等では、律の本文と本注を区別して律文を引用した例が沢山ある。例えば穴記は「賊盗律云、凡造二妖書及妖言一遠流、注云、造、謂、自造二休咎及鬼神之言一、……子注云、休、謂、妄説三他人及己身有二休徴一」（令集解僧尼令1）というように、本文・本注・疏（穴記は子注とよぶ）をはっきりと区別しているが、このような本文と本注との区別はどのようにしてなされたのだろうか。残存する養老律写本をみると、訓点が附されている写本（前掲(乙)）では、朱の「注点」（「二　律令の訓点について」参照）によって注文の部分が示されているので、それによって本文と本注を区別することができる。しかし訓点が附されていない写本（前掲(甲)）では、写本自体から本注の部分を識別することはできない。とくに前掲の(イ)と(ロ)は伝来の経路を異にしているので、本文と本注を区別しない写本も広範に存在していたことが推測される。注点によって注文を示す方式がどこまで遡るのか、養老律施行時に公布された律写本に注点が附されていたかどうかは、はっきりしない。そもそも朱点によって注文を表示する方式自体は、中国から学んだものと推測され、例えば唐初の書写と推定され、奈良時代には日本に伝来していた「礼記子本疏議」（早稲田大学蔵）には、同じ大きさで書いた正経と注語と疏とを区別するために、正経には朱線を、注語には朱点を施している

（毎日新聞社『原色版国宝2』解説参照）。したがって日本に伝来した永徽律疏の写本にも注点が附されていなかったとは断定できないし、また伝来した永徽律疏には注点がなくても、日本律の編纂者が永徽「律」を参照して注点を附した可能性もある。ただ注点による方式は、朱点の打ち方が間違えば注文の位置も変動することになり、事実、残存写本の間にも注点の食い違いがみられる（例、校異、名例律23条3項。なお「二　律令の訓点について」参照）。したがって律の編纂者が注文の表示を、このように不安定な朱点だけに依存したかどうかは、やはり疑問として残され、あるいは唐「律」のような本文と本注とだけからなる写本が同時に作られた可能性も残されているように思われるが、その存否すらまだ確認されていない。

ところで、令集解に引かれた養老令の注釈には養老律の本文と本注を区別して引用した例が沢山みえるが、大宝令の注釈書である古記は――一つの例外を除き――大宝律を引用する際に本文と本注を区別せず、疏にあたる部分を「注云」として引用している。このことから三浦周行は大宝律には疏がなかったと主張したが、滝川政次郎の反論の如く、大宝律も養老律と同じように、本文・本注にあたる部分を同じ大きさで大書し、疏にあたる部分を小字二行割で記していたと考えられる（利光三津夫『律の研究』）。大宝令は唐律令と同じく本文を大字で、本注を小字二行割で記していたので（例、戸令23古記）、古記は律も令と同じように小字二行割の部分を「注」と呼んだのであろう。ただし古記（令集解喪葬令2）も名例律7六議条を引いたときには本注にあたる部分を「注」と呼んでいるが、名例律冒頭の五罪・八虐・六議の部分が他の部分と異なった書式で、即ち疏を含まず本注を小字二行割とする書式で書かれていた可能性も、完全には否定しきれないように思われる（名例律補注☆b参照）。もしその仮定が事実とすれば、古記は大宝律の本文・本注を区別しなかったことになり、ひいては大宝律そのものが本文と本注を区別していたかどうか、という問題も生ずるが、ここでは疑問のまま残しておきたい。ただ本書は養老律を掲げる方針なので、一応本文と本注を区別することとし、底本に訓点のある場合はその注点によって注文の部分を定めた。底本に訓点のない場合は、唐律が本注とする部分をそのまま注文とし、日本律が唐律の文章を大幅に書き変えている場合にだけ、注文と推定する典拠を示した。ただしその典拠の多くは、おそらく江戸時代の学者が文意から注文と推定したものであるが、現在では見られない律逸文を参照した可能性も考慮して、そのまま典拠として掲げた。なお本文・本注・疏の別は、群書類従本や国史大系本にならい、本文を大字に、本注を中字に、疏を小字二行割として表わした。

【律の校訂について】

(一)名例律上については、宮内庁書陵部蔵吉部秘訓抄紙背名例律断簡(谷森本)、田中光顕旧蔵名例律上(東京大学史料編纂所蔵影写本による)。

異系統の写本について校勘ができるのはこの部分だけである。

(二)名例律上・賊盗律については、宮内庁侍従職蔵東山御文庫本、宮内庁書陵部蔵伝九条家本・谷森本(一)の谷森本とは別本)、前田育徳会蔵前田家本の名例律上・賊盗律。

この四本は、底本(紅葉山文庫本)と同じ金沢文庫本系統の写本であるが、紅本を祖とするものではないと推測される。

(三)衛禁律(後半)・職制律については、源元寛刊本衛禁律・前田育徳会蔵前田家本職制律。

ただしこの二本を含め、衛禁律(後半)・職制律の部分の江戸時代の写本・版本は全て底本の広橋家本を祖とするものと推測される。

(四)全般について群書類従本『律』、及び政事要略・法曹至要抄等に引用された逸文。

なお江戸時代の律の写本・版本には、一般に、(イ)政事要略や法曹至要抄などに引用された逸文によって改めた部分、(ロ)唐律疏議(主として官版)によって意改した部分、(ハ)文意から誤写として意改した部分、とが混在しており、なかでも(ロ)が多かったと推測される。(二)の谷森本、(三)の寛本・前本、(四)の類従本には、とくにその傾向が強くみられ、類従本は官版唐律疏議との密接な関連が想定される(例、校異、職制律19条2項)。ただし江戸時代の律の写本・版本は、現在では見られない律逸文を参照している可能性もあるので、そのまま校勘に用いた。

(五)全般について唐律疏議・宋刑統、一部分について敦煌発見の律・律疏。

宋刑統は宋代の法制書であるが、そのなかに開元二十五年の「律」と「律疏」とを収録している。唐律疏議は、おそらく元代のはじめごろに——その祖形はもう少し遡る可能性もあるが、残存する版本はすべて元代のものか——、同じく開元二十五年の「律」と「律疏」とを混成した編纂書である。同書は正式には「故唐律疏議」と呼ばれたが、本書では「唐律疏議」と略称する。日本律は唐律疏をそのまま継承した部分が多いので、養老律写本の誤写を、唐律疏議によって訂正できる箇所が非常に多い。その大部分は既に江戸時代の学者によってなされているが、近年、日本律写本の字句のなかには、唐律疏議とは一致しなくても、敦煌発見の「律」「律疏」や天一閣本宋刑統と一致する例が沢山あることが注目され、日本律写本は永徽律疏の字句を忠実に伝えている部分が多いことが明らかにされている(小林宏「唐律疏議の原文について」『国学院法学』一二巻二号)。そこで本書では唐律疏議だけでなく、敦煌文書や天一閣本宋刑統(宋刑統の諸刊本は全て天一閣本を祖とするが、天一閣本の字句を唐律疏議によって補訂した箇所が多いので、本書では天一閣写本の写真版によった)との校勘も行った。なお唐律疏議の諸本の間に実質的な差異がないと推定される場合には岱南閣叢書本で代表させ(略号「唐」)、諸本の間に実質的な異同がある場合には、滂憙斎本—四部叢刊本、至正本—岱南閣叢書本、物観本—江戸幕府官版、を校合に利用した(—線は版本・写本の系統を示し、なるべく上のものを用いた)。なお唐律関係の史料の多くは写真版によった。

(六)校訂の全般について、新訂増補国史大系『律』を参照し、唐律の校勘については、唐律研究会編『唐律疏議校勘表』『同補遺』、律令研究会編『訳註日本律令 律本文篇』上下巻から多大な便益を受けた。

【名例律下について】

本書の編集方針として、律は写本として残存する部分だけを掲げることにしたが、律は名例律という総則をもつ体系的な法典であったので、他の篇を理解するには、まず名例律の骨組みを把握しておく必要がある。そこで本書では特に名例律下に限って逸文（本文・本注だけ）を掲げることにしたが、本文・本注の一条全体が残存していないと推定される場合には、唐律をベースとして逸文の大要だけを示した（詳しくは名例律下凡例参照）。逸文の詳細は『訳註日本律令』（前掲）に詳述されており、同書によれば、名例律下の養老律は、唐律とほぼ同主旨であったと推定される。

2　令の底本と巻別編成

養老令は今日、令そのものとしては残されていない。それを今に伝えるのは、諸書に引用された個別の条文を除けば、天長十年（八三三）撰進の公定注釈書令義解と、九世紀なかばに惟宗直本が撰述した私的注釈書令集解であるが、しかし残念なことに、この二書の今日に残るのは、いずれも完本ではない。

令義解全十巻三十篇のうち、巻第一の官位令を除く職員令・後宮職員令・東宮職員令・家令職員令、巻第八の倉庫令・廐牧令・医疾令、巻第九の假寧令・喪葬令のあわせて九篇目は、早く散逸してしまった。だが幸にも、倉庫令と医疾令を除く七篇目は、その令集解が残されているために、当該篇目の令集解から令文と義解文を抽出すれば、令義解を復原することができる。江戸時代、慶安三年（一六五〇）に印行された京本（又は青本）令義解と、寛政十二年（一八〇〇）に印行された塙保己一校定の塙本（又は赤本）令義解には、ともにこれら七篇目が収載されているが、しかしそのことはこの二本の印行時に七篇目の令義解が現存したことを意味するのではなく、二本の校訂者が上記のような手続きを経て、七篇目の令義解をいわば編したのであった（なお正確にいえば、京本・塙本印行時には、これら七篇目のみでなく、神祇令・僧尼令の令義解の存在も知られていなかったため、この二篇目もまた令集解より抄出して編せられたものであった）。而して残る倉庫・医疾の二令にいたっては、その令集解も残存せず、ついに逸文が知られるにすぎないものとなっている。因に、全五十巻を以て成ったとみられている令集解の今日に残るものは、三十五巻である。

また令義解に関しては、次のような事情も存する。すなわち、今日令義解の形態のままに残されているのは、上掲の九篇目を除いた二十一篇目であるが、現存写本のなかには、これら二十一篇目のすべてを収載するものが存しないのである。現存写本のなかで最も多くの篇目を収めるのは内閣文庫蔵紅葉山文庫本令義解だが、しかし同本は神祇令・僧尼令をもたず、この二令は宮内庁書陵部蔵藤波本神祇令あるいは国学院大学蔵猪熊本令義解として伝えられた。

このような事情であるから、令義解または令集解から養老令文を抽出しようとする場合には、江戸時代の版本に拠るのでなければ、令義解のいずれか一本に拠ることができないのみでなく、令集解にも依拠する必要が生ずる。本書に収録した養老令は、こうした事情に制約されて、令義解の残存する篇目については数種の令義解の写本により、令義解の残存しない篇目については令集解により、それぞれ養老令文を抽出して成ったものであって、その意味では全くのとりあわせ本である。したがってまず、各篇目の底本としたものがどのようなものであったかを、示しておかなければならない。

(イ)内閣文庫蔵紅葉山文庫本令義解(紅本)を底本とした篇目

令巻第一　官位令
令巻第四　戸令　田令　賦役令　学令
令巻第五　選叙令　継嗣令　考課令　禄令
令巻第六　宮衛令　軍防令
令巻第七　儀制令　衣服令　営繕令
令巻第八　公式令
令巻第十　関市令　捕亡令　獄令　雑令

(ロ)宮内庁書陵部蔵藤波本神祇令(藤本)を底本とした篇目

令巻第三のうち神祇令

(ハ)国学院大学蔵猪熊本令義解(猪本)を底本とした篇目

令巻第三のうち僧尼令（同本には神祇令も収録されているが、その一部に欠失があるので底本としては用いなかった）

㈡無窮会蔵令集解（無本）を底本とした篇目

令巻第二　職員令　後宮職員令　東宮職員令　家令職員令

令巻第九のうち厩牧令・假寧令・喪葬令

㈥逸文

令巻第九のうち倉庫令・医疾令

次に、令文の校訂にあたっては、

㈠全般にわたって京本令義解および塙本令義解の二つの版本を使用したほか、

㈡令巻第一官位令については東洋文庫蔵広橋家本吉部秘訓抄紙背の官位令（広本）を、

令巻第三神祇令については猪熊本令義解を、

令巻第三僧尼令については藤波本神祇令（ただし篇首のみ）と岡谷本令義解残簡（岡本、東京大学史料編纂所蔵の影写本による、ただし篇尾のみ）を、

令巻第七儀制令については宮内庁書陵部蔵谷森本吉部秘訓抄紙背の儀制令（谷本）を、

令巻第十関市令については源元寛刊本関市令（寛本）を

それぞれ校合本として用い、

㈢無窮会蔵令集解を底本とした篇目については、宮崎道三郎氏旧蔵令集解（宮本）および萩野由之氏旧蔵令集解（萩本）を以て対校し、

㈣また全般にわたって、新訂増補国史大系『令義解』および同『令集解』を参考とした。

なお、本書に収録した養老令は、その多くの篇目を右のように令義解に拠っているにもかかわらず、巻別の編成は令義

解十巻のそれによらず、本朝法家文書目録に伝える養老令十巻の編成にしたがっている。本書の令が養老令であって、令義解ではないからである。参考までに養老令十巻の編成と令義解十巻の編成、および令義解諸本の巻別編成を示せば、次表の如くである。京本令義解と塙本令義解が令義解十巻の編成にしたがっているのは当然のこととしても、広橋家本・猪熊本・紅葉山文庫本・藤波本・岡谷本の令義解がいずれもそれによらず、令義解でありながら養老令十巻の編成にしたがっていることに、注目すべきである。

〔養老令と令義解の巻別編成〕

	養老令	令義解	京本・塙本	諸本
官位令第一	第一	第一	令義解巻第一	広本奥「令巻第一 官位令」、紅本奥「令巻第一 官位 注義解」
職員令第二	第二			
後宮職員令第三				
東宮職員令第四				
家令職員令第五				
神祇令第六	第三	第二	令義解巻第二	藤本奥「令巻第三 神祇令 僧尼令」 猪本奥「令巻第三」 岡本奥「令義解巻第三」
僧尼令第七				
戸令第八	第四			紅本奥「令巻第四 戸田 賦学」
田令第九		第三	令義解巻第三	
賦役令第十				
学令第十一				

選叙令第十二	第五	第四	令義解巻第四	紅本奥「令巻第五 選叙令 継嗣令 考課令 禄令」
継嗣令第十三				
考課令第十四				
禄令第十五				
宮衛令第十六	第六	第五	令義解巻第五	紅本奥「令巻第六[五] 宮衛令 軍防令 注義解」
軍防令第十七				
儀制令第十八	第七	第六	令義解巻第六	紅本奥「令巻第七[六] 儀制令 衣服令 営繕令 注義解」
衣服令第十九				
営繕令第二十				
公式令第二十一	第八	第七	令義解巻第七	紅本奥「令巻第七(ママ) 公式令 注義解」
倉庫令第二十二	第九	第八	令義解巻第八 (京本欠)	
廐牧令第二十三				
医疾令第二十四			(京本欠)	
假寧令第二十五		第九	令義解巻第九	
喪葬令第二十六				
関市令第二十七	第十		(京本欠)	紅本奥「令巻第十」
捕亡令第二十八				
獄令第二十九		第十	令義解巻第十	
雑令第三十				

二　律令の訓点について

本書に収めた律令の大部分の篇目で底本として用いた紅葉山文庫本律・同令義解・藤波本神祇令・猪熊本令義解、及び校勘に用いた田中本名例律には、朱筆と墨筆との両様よりなる訓点が施されている。その特徴は、猪熊本令義解の墨筆による傍訓が他の二本に比較してやや少いということを除けば、三本に共通するところが多いので、これらを一括して大要を述べておく。

朱筆による訓点(以下朱点という)は、ヲコト点・声点・音読符・訓読符・音の連読符・訓の連読符・訓の再読符・句点・読点・注点よりなり、まれに朱筆による仮名書きの傍書が施されている。而してその点図は次の如きものである。

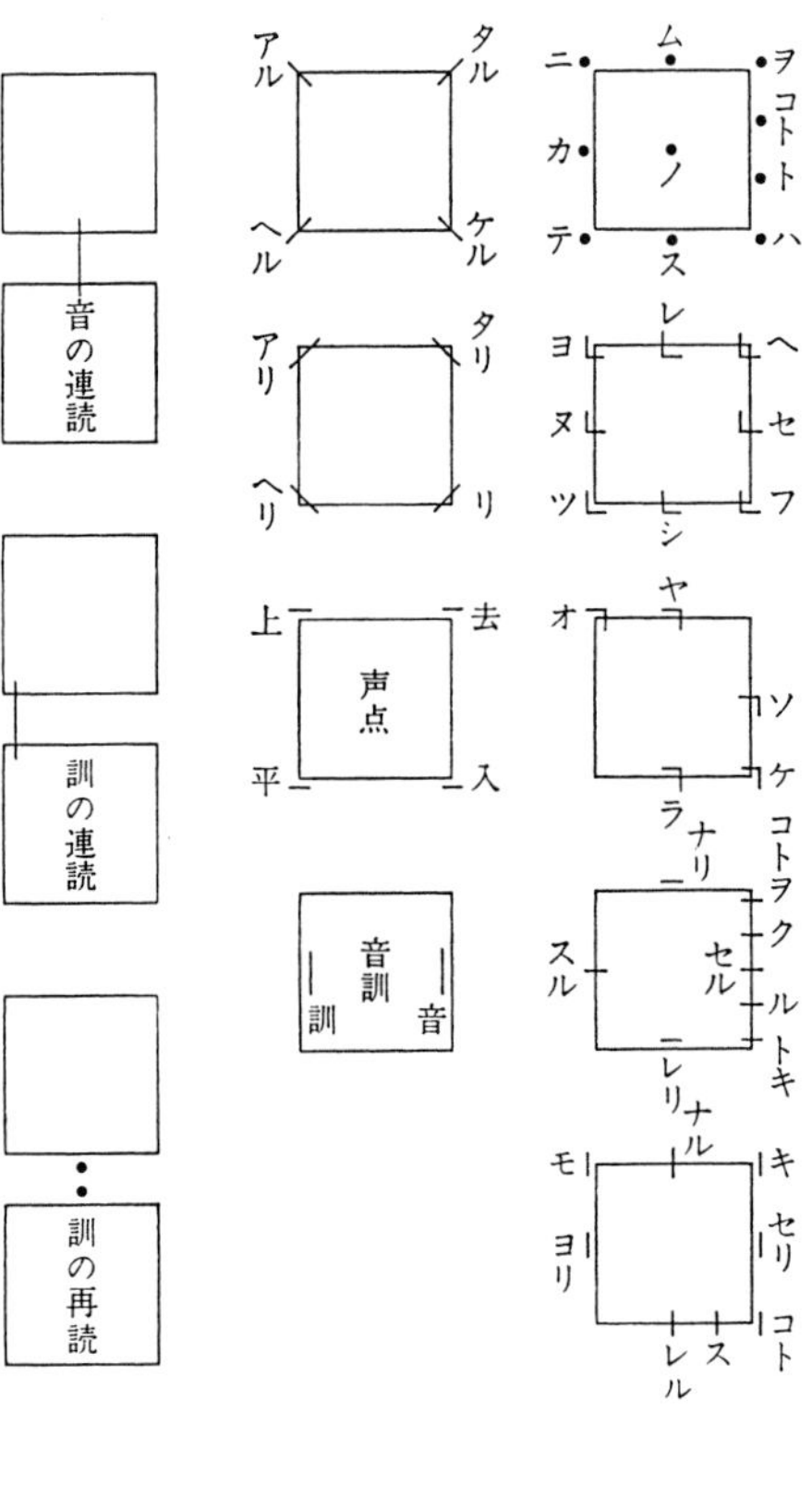

まずヲコト点は、星点はいわゆる博士家点と共通しているが、それ以外の符号のこれと一致するものは、他にみられないといわれる(本書所載築島氏解説参照)。しかしそれが「明経点」以外に「明法点」とでも称すべきものの存在を示すのかどうかは、さらに多くの明法関係の点本を調査してみなければ、明らかにしがたい。次に、声点が清・濁の別を区別せずに、すべて「ニ」であることも、本点本のいま一つの特徴とされている(同上参照)。これらの朱点がいつごろのものであるかも明らかではないが、少くとも墨筆による訓点より古いものであることは、たしかなようである。

朱点のいま一つの大きな特徴として挙げるべきものに、これら諸本の訓点に特有な注点がある。これは該当する文章が、令の本文ではなく注文であることを示すために、その文章全体について、字間にやや大きな「●」を附したものである。例として藤波本と猪熊本に一致して記されている神祇令17の場合を挙げれば、次の如くである。

●唯伊●勢神●宮常●祀●亦●同

而して紅本戸令23で、こうした点のある令文「若夫兄弟皆亡各同一子之分」の墨傍書に「若以下分字以上、如㆓坂本㆒者、無㆓注点㆒如何」「分以上、如㆓坂本㆒者、非㆓注文㆒、無㆓其点㆒」等とあるのをみれば、このような点を注点と称していたことが知られる。令の注文の本来の書様が、小字二行割であったことは、令集解に引用されている令文や延暦交替式に載せる倉庫令逸文等の書様によって推測できることであるが、令義解が律の書式に倣って書かれることになったため、本注と義解文を区別することを目的とした注点が、行われるようになったものと思われる。

次に墨筆による訓点(以下墨点という)は、声点・音読符・訓読符・音の連読符・訓の連読符および傍訓・返り点よりなる。声点には清音・濁音の別があり、「○」(清音)「∞」(濁音)で示すが、他の符号は朱点と同じである。墨筆による傍訓の特徴については、築島氏の解説に詳しく述べられているので、ここで触れることは避けるが、ただ、これら点本の大きな特色の一つの、漢字音の中に呉音系の字音が多いという事柄に関連して、気付いた事柄を一、二附言しておく。

(1) これら三本の表記する漢字音には呉音系の字音が多く、そのため本書の訓読文では字音を原則として呉音で示したのであるが、しかし三本の字音表記がすべて呉音系に統一されているわけではないのは勿論のことで、まま漢音の系統の字音も混在している。しかも――これはあくまでも比較のうえでのことだが――同じ紅葉山文庫本でありながら、令義解巻第一に収められている「応撰定令律問答私記事」・承和元年十二月十八日詔・「上令義解表」・「令義解序」では、令文にくらべて比較的漢音系の字音が多い。このことは、律令の訓読が他の一般の漢籍の訓読と区別されていた可能性のあることを示すものとして、注目してよいことと思われる。(2)令文を呉音系の字音でよむことがかなり根強い伝統であったことの傍証として、「天文三年閏正月廿八日終其功」という清原宣賢の奥書をもつ『清原宣賢式目抄』(版本による)が挙げられる。それによれば、御成敗式目第一条の「因茲於関東御分国々(中略)可致精誠也」に注して、宣賢は、

令ニテハ精誠ヲシヤウセイトヨメリ、律令格式ハ皆呉音ニヨメリ、此式目モ呉音ヲ本トスレトモ、又漢音モ交レリ、呉音ヲハ対馬音ト云、

と述べている。「精誠」を「シャウジャウ」とせずに「シャウセイ」とするのは、呉音を原則とするという主張に反するが、しかし「律令格式ハ皆呉音ニヨメリ」の一句には注目する必要があろう。恐らく平安末期の明法家の律令訓読法は鎌倉幕府の幕吏に継承され、これが室町後期にいたるまで伝承されたものと推察される。なおこの『清原宣賢式目抄』の一文の存在については、佐藤進一氏の御教示を得た。記して謝意を表する。

朱点と墨点の大要は以上の通りであるが、この両者はもとそれぞれ別個に附せられたらしい形跡がある。というのはこの両者の関係をみると、(イ)朱点と墨点とが一致する場合、(ロ)墨点が朱点を補っている場合のほか、(ハ)朱点と墨点が異なる場合がしばしば見出されるからである。たとえば朱点が音読なのに墨点では訓読とするものなどはその例である。つまり朱点を加えた者と墨点を加えた者とが、もともと別人であった可能性があるのである。この点で想起されるのは、金剛寺本延喜式巻第十二の次の奥書であろう。

朱点故允亮朝臣説也、墨点者故□

至二于朱墨相通之処一者、依レ朱不レ点レ墨、本定也

これによれば、同本の朱点は、「允亮者中古之名儒、法意之達者也」(平戸記、寛元三年四月十四日条)といわれた惟宗(令宗)允亮が附したものであり、墨点は故某が別に附したものであったという。朱点と墨点が共通する場合には朱点に譲って墨点は記さないという移点の方法も、(ロ)・(ハ)と共通するところがある。なお藤波本・紅葉山文庫本にはしばしばヲコト点に「宗無二ノ点一」(賦役令19)とか「宗無」(同20)とかの注記がみられ(宗は惟宗流の伝本の意であろう)、また傍訓に「坂」「坂本」(坂上流であろう)あるいは「章敦読之」(中原か)と注するものもかなりみられる。したがって両本には、いくつかの家流の訓点が重層して移点されているとみなければならない。

なお、条文名について附言すれば、その記入は、律では紅葉山文庫本・田中本に、令義解では紅葉山文庫本・藤波本・猪熊本に、令集解に拠った篇目では厩牧令・假寧令・喪葬令においてみられるが、これに関連して紅葉山文庫本令義解の獄令58犯罪条に「初条同云二犯罪条一、作二義解一之日、不レ正歟」という書入れがみられるのは興味深い。この書入れは、獄令1条が「犯罪条」であるのに、同58条をも「犯罪条」とすることに対する疑義を述べたものだが、その記者は条文名の撰定を令義解の撰述との関連において解釈しようとしている。これら諸本に伝えられている条文名が、はたして令義解撰述時に撰定されたものであるかどうか、これだけによって認定することはできないが、少くとも鎌倉時代初・中期にはそのように考えられていたことを示す事例として、参考のため附記しておきたい。

三　訓読文作成の方針

律令の訓読文は、次のような方針のもとに、校訂者の責任において作成し、築島裕氏の校閲を仰いだ。

【底本に訓点のあるもののうちの、令巻第一官位令を除くすべての篇目】

底本の訓点は、ほぼ十一世紀から十二世紀ころの漢籍の訓読法を基軸として、これに新旧の訓読が加味された形態のも

のと推定される(本書所載築島氏解説参照)。そこで訓読文の作成にあたっては、底本の訓点にできるだけ従うとともに、十一世紀～十二世紀の漢籍訓読としての共時的統一にも留意した。また、複雑な底本の訓点のありかたや、底本の訓点を修正した場合の理由を示すため、特に訓読注を設け、訓読文作成上の典拠を示すことにした。訓読注の箇所は、条文ごとに、本文の当該文字の右傍に一二三……の符号を以て示してある。

訓読文作成上の方針は、以下の如くである。

一、訓読文には、句点(。)と読点(、)とを並用した。その使用は底本の訓読にしたがったが、かならずしも底本の句点・読点を尽してはいない。また名詞が二以上並列するものには並列点(・)を用いた場合があり、主語がまぎらわしいものに読点を補った場合があるが、これらはいちいち訓読注には掲げない。

二、底本の訓読ないし返り点を改めた場合は、その改めた文にしたがって訓読文を作成し、その理由を訓読注に注記した。

三、底本のヲコト点(すべて朱点)・声点(朱点と墨点の並記)・訓読符(朱点と墨点の並記)・音読符(朱点と墨点の並記)・傍訓(ほとんど墨点、まれに朱点あり)等については、原則として朱点に依拠したうえで、次のように処理した。

1、朱点と墨点が一致する場合は、両者にしたがう。

2、墨点が朱点を補う場合は、両者あい補って用いる。

3、朱点と墨点が異なる場合は、朱点による。

4、墨点に二訓・三訓ある場合は、いずれかに合点があればこれにしたがい、合点のないときは原則として右傍の傍訓による。

なお3・4については、訓読注にその旨を注記した。

四、底本に訓点はないが、字句を補う必要のあるものは、これを補読した。そのうち特に重要なものは訓読注に注記した。

五、底本訓点の特殊な仮名遣は、これを正して用いた場合がある。たとえば「故(ユヘ)」は「故(ゆゑ)」とし、助動詞「ン」「ラン」は原則として「む」「らむ」とした。

六、底本の訓点で、後世のよみと考えられる次のようなものはこれを修正し、その旨を訓読注に注記した。

例　戸令1「五十戸(シツ)」は「五十戸(ごじふこ)」とする。　賦役7「用ふ」は「用ゐる」とする。

選叙8「権摂(コンセツ)」は「権摂(ごんせふ)」とする。　関市9「入(ニツ)朝」は「入朝(にふでう)」とする。

捕亡13「博戯(ハツギ)」は「博戯(はくぎ)」とする。

七、音便は次のように処理した。

1、底本傍訓が音便形を使用している場合は、これにしたがって訓読する。

例　名例6(7)「聞(キ)イて」は「聞(き)いて」とする。

田令13「足(タ)ンナは」は「足(た)んなば」とする。

賦役11「解(ト)イシ時」は「解(と)いし時」とする。

軍防10「強(ク)壮(サカ)(ン)ナらむ」は「強く壮(さか)んならむ」とする。

2、底本傍訓の古形と思われる音便形もそのまま用い、これを訓読注に注記した。

例　名例21「従フて」は「従ふて」のままとする。

選叙27「通ふて」は「通(かよ)ふて」のままとする。

3、底本の当該字句に訓点が施されていない場合、同じ字句の他の用例から推して、それが音便形を以て読まれた可能性がある場合でも、通常のよみにしたがって補読し、音便形とはしなかった。そのため同一字句のよみに不統一が生ずるが、止むをえないものとした。たとえば「対(むか)ひて」と「対(むか)ふて」「対(むか)うて」。

八、サ行変格活用動詞の命令形の底本訓点は、「せ」の点のみであるのが一般的である。したがって底本の訓読ではその命令形を「せ」とよんだ可能性が大きいが、本書では「ヨ」を補読し、「せよ」とした。なお一部に「せよ」のヲコト点を附す例もあるので、その場合のみを訓読注に注記した。

九、不読文字、再読文字、仮名書きとした文字、反復符について。

1、「而」「之」が助詞として用いられている場合は不読文字とした。また「則」も、関市15に「則チ」とある一例を除き、不読文字とした。「及」は、一部に「及ヒ」とある場合以外は、原則として不読文字であったと推定されるが、法律書としての律令の訓読として正確を期すため、すべて「及び」とした。なお底本訓点に「則チ」「及ヒ」とある例は、すべて訓読注に掲記した。

2、「応」「宜」「将」「須」「当」「未」等は、底本訓点では原則として再読していないので、訓読文においても再読しなかった。ただし一、二の再読している訓点(例、名例26の「未」、軍防26の「当」、獄令46の「未」)については訓点にしたがい、その旨を訓読注に注記した。「令」「使」(……ヲシテ……セシム)は底本訓点でも再読しているので、それにしたがった。

3、次のような文字は仮名書きとした。

応(ベシ)　宜(ベシ)　須(ベシ)　当(ベシ)　応須(ベシ)　将(……セントス)　不(ズ・ジ)　未(ズ)　令(……ヲシテ……セシム)　使(……ヲシテ……セシム)　与(ト)　自(ヨリ)　於(ニ)　被(ラル)

4、底本の反復符「〻」は、本文では「々」としたが、訓読文ではもとの文字にもどした。

例　祖父母〻〻(底本)　祖父母々々(本文)　祖父母父母(訓読文)

一〇、文字の音訓の別は、底本の訓点にしたがった。朱点と墨点とで音訓の別を異にするときは、原則として朱点によった。そのため、同一の文字または字句で、ところにより不統一が生ずるが、止むをえないものとした。

例　以下(いげ／しもつかた)　以前(いぜん／さき)　直(ぢき／あたひ／ちから)　検校(けむげう／かむがへかむがへ)

なお朱点と墨点で音訓の別を異にするときは、訓読文で採用しなかったものを訓読注に注した。

一一、字音は、原則として呉音によった。ただし底本の傍訓に漢音・慣用音あるいは古形の音がある場合には、それにしたがった。古形の音と思われるものは、訓読注に注記した。

一二、底本傍訓には濁点が用いられないのが一般であるが、本書では濁点を補った。しかし一字漢音にサ行変格活用動詞「ス」のついたものの場合は、濁点を補っていない。底本傍訓に濁点のある稀な例は、訓読注に注記した。

【官位令】

官位令としての特殊性に基づき、上記の例とは異なる表記を用いた。詳しくは、官位令訓読注の〈官位令の底本訓点のあらわしかたについて〉(七一八頁)を参照されたい。

【底本に訓点のないものと逸文】

この場合の訓読文はすべて、校訂者が訓点のある底本の訓読を模して作成した私訓である。

四　諸本解題

本書で底本として使用した諸本のすべてと、校合のために用いた諸本のうちの主要なものについて、簡単な解題を附しておく。

九条家本延喜式紙背闘訟律断簡(東京国立博物館蔵)

延喜式第廿六主税式の紙背にあり、闘訟律3(前欠)・4・5(尾欠)の三条を載せる。平安時代中期ごろの書写と推定されている。訓点なし。なお当本は『古簡集影』に収録されている。

広橋家本律・令義解(東洋文庫蔵)　**谷森本律・令義解**(宮内庁書陵部蔵)

現在の所蔵者は異なっているが、すべて「吉部秘訓抄」の紙背に伝えられたもので、もとは同一本であったとみるべきものである。広橋家本律は「吉部秘訓抄第一」の紙背にあり、衛禁律後半と職制律を残し、巻末奥題を「律巻第三 禁衛職制(マヽ)」とする。広橋家本令義解は「吉部秘訓抄第四」の紙背にあって、「応撰定令律問答私記事」・承和元年十二月十八日詔・「上令義解表」・「令義解序」と「官位令第一」(全)を載せ、巻末奥題を「令巻第一 官位令」とする。いっぽう谷森本律・令義解は「吉部秘訓抄第五」の紙背にあり、紙背第一紙から第四紙までに律の巻首(「律目録」から八虐まで)、第五・第六紙に「儀制令第十八」の巻首から6条の半ばまでを残す。いずれにも識語はないが、律と令義解の書写されたのは鎌倉時代初期を降らない時期と推定され、その紙背を利用して「吉部秘訓抄」が書写されたのは、南北朝のころであったとみられている(『図書寮典籍解題　続歴史篇』)。訓点なし。

猪熊本令義解(国学院大学蔵)

「神祇令第六」「僧尼令第七」を載せる一巻。巻末奥題を「令巻第三」とし、左の識語を残す。

正平十七年五月十五日以二家説一／授二愚息左尉明保一了、於二累家本一／□(者)、京都在レ之、先以二余本一授而已

大判事坂上大宿禰（花押）

南朝に従う大判事坂上某の家伝の本は京都に残しており、当本は「余本」であったことが知られるが、これの書写年代は鎌倉時代と推定されている(『古簡集影』解題)。ただし僧尼令の一部(19・20条および21条前半)に鎌倉時代末期ないし南北朝のころの補写があり、神祇令の一部(11条半ばから13条前半まで)に欠脱がある。朱筆によるヲコト点・声点・音読符・訓読符・注点等、墨筆による声点・音読符・訓読符・返り点・傍訓等を附す。返り点のうちレ点は、古形を残して字間に「□レ□」の如く記されている。

田中光顕旧蔵名例律上(東京大学史料編纂所蔵影写本)

原本は焼失したと伝えられ、現在は東京大学史料編纂所の影写本によってしか見られないが、原本はおそらく巻子本で、

末尾には、大治四年(一一二九)に明法博士となった小野有隣が、外祖父にあたる明法博士菅原有真のもっていた写本を忠実に書写した旨の次のような奥書がある。

律巻第一

以二外戚證本一垂露已畢

敢無レ残二一説一之　有隣

本書は名例律上にあたるが、巻首(6条6項の途中まで)、18(後半)・19・20(前半)条、28(後半)・29(前半)条が欠失している。朱ヲコト点、墨傍訓(少数)、条文名があり、点図・訓法は紅葉山文庫本と基本的には一致するが、細部では異なった訓読をしていることが注目される(例、訓読注、名例律15条1項)。なお本写本には詳細な書込みがある(国史大系本『律』に「名例律勘物」として収録)。

岡谷本令義解(東京大学史料編纂所蔵影写本)

僧尼令の巻末(24条後半から巻末まで)のみを残す。原本の所在は今知られず、東京大学史料編纂所架蔵の影写本「岡谷惣介氏所蔵文書」として伝えられているにすぎない。巻末奥題を「令義解巻第三」とするのが当本の特徴で、令の巻別編成に拠りながら、「令義解」とする。また左の識語があり、そこにみられる上皇は花園上皇で、原本の書写年代はやはり鎌倉時代を降らないと推定されている(皆川完一「岡谷本令義解について」新訂増補国史大系月報39)。

元弘三年十二月十日以二上皇御説一読了

訓点はないが、令集解等からの引用文の書入れがあり、そのなかに「無名記云」「当(堂カ)讃記云」「基案」等の、藤波本神祇令巻末の書入れと同一のものがある。

紅葉山文庫本律・令義解(内閣文庫蔵)

律巻第一名例律上・巻第七賊盗律、および令巻第一官位令、巻第四戸令・田令・賦役令・学令、巻第五選叙令・継嗣令・考課令・禄

令、巻第六 宮衛令・軍防令、巻第七 儀制令・衣服令・営繕令、巻第八 公式令、巻第十 関市令・捕亡令・獄令・雑令の全九巻を残す。駿府記および右文故事 巻之一 によれば、慶長十九年に、江戸幕府の律令格式採訪の要請に応じて、右大臣今出川晴季が、前関白豊臣秀次から同人に伝えられたといわれる「金沢文庫本」の律二巻・令義解七巻・令集解十巻を幕府に献上した。その律二巻と令義解七巻に相当するものが当本である。しかし近藤正斎が、(1)「奥書ミナ同筆ニシテ越後守参河守等カ親筆ニアラス」、(2)「花押ヲ手書セスシテ皆判トノミ書セリ」、(3)「金沢文庫ノ墨印ヲ捺セス」、(4)「凡金沢巻本ハ紺紙ノ標褫木軸ナリ、コレハ萌黄金緞ノ標紙ニシテ紫檀軸ナリ」との四つの理由を挙げて、当本が金沢文庫本の「真本」でなく「金沢本ヲ摹写シテ料紙標装トモ原書ノコトクニ製造セシモノナリ」としたように(右文故事)、当本は金沢文庫本そのものではなく、その臨摹本である。したがってこれの書写は、慶長十九年を遡ること、それほど古くはないと推定される。

しかしその臨摹のしかたは親本にかなり忠実で、金沢文庫本のおもかげをよく伝えている。朱筆によるヲコト点・声点・音読符・訓読符・句点・読点・注点等、および墨筆による声点・音読符・訓読符・傍訓・返り点等が附せられている。また多数の書入れおよび裏書がある。各巻の巻末に、祖本である金沢文庫本の奥書が、そのまま附記されている。

(律巻第一奥書)

律巻第一 名例

文永十年蒙ニ越州使君尊／閤厳命一移点畢。于時蕤賓／初律莰人後朝而已

音博士清原俊隆

此書先年受ニ教隆真／人之説一了。而件書回禄成／孽化ニ灰燼一。仍重以ニ俊隆之／本一（先年書写教隆本同事也（書カ））書写挍／合了。于時

文永十年九月／廿八日

越州刺史平（北条実時）（花押写）

文永十年十月十九日以二右金吾校尉奉重遺本一／裏書頭書以下多加二潤色一畢。彼本奥云

嘉禄弐年仲冬五日書写畢 律学博士四代相承秘本也以レ彼移レ之　前武者所豊原奉重（土御門院）

（朱筆）「以二家々秘本一聊比校畢」

于時任レ官依二当道之挙一拝二秘書一浴二無堀（涯カ）之恩一遷二監門一畢

以二家説一授二原右金吾校尉一畢　明法博士中原（章久）在判

以二大理卿中基光。律学博士中明継。右金吾録事中明方／等家本一令二挍合一之畢

（律巻第七奥書）

律巻第七

正嘉元年十一月廿九日以二相伝／秘説一奉二授越州太守尊閤一畢　前参河守清原（教隆）

（令義解巻第一奥書）

令巻第一　官位　注義解

正嘉二年五月十日、以二相伝秘説一、奉／レ授二越州（北条実時）使君尊閤一了　前参河守清原（教隆）

弘長三年十二月廿六日重読合了　越州（北条実時）刺史

（令義解巻第四奥書）

令巻第四　戸田 賦学

弘長元年五月十四日、以二代（ママ）相伝秘／説一、奉レ授二越州使君尊閤一了、抑此巻／相伝之本焼失之間、以二他人本一所二補

／入レ之也

前参河守清原(教隆)

(令義解巻第五奥書)

令巻第五 選叙令 継嗣令 考課令 禄令

正元〻年十月十四日、以ニ三代伝受秘説一奉／レ授ニ越州使君尊閤一畢

弘長元年九月五日重読ニ合／之一、散レ蒙了

直講清原(教隆)

(令義解巻第六奥書)

令巻第六[五] 宮衛令 軍防令 注義解

加ニ朱点墨点一畢

文永二年後四月四日以ニ清大／外史之本一書写点校了

朝請大夫清原俊隆

本奥云

於ニ僧廷尉亭一読合了

音博士清原 在判

元仁二年卯月十二日午剋之／許終ニ書写之功一了

後生中原 在判

同十四日申剋移点了

弾正忠中原 在判

（令義解巻第七奥書）

令巻第七

文応元年八月十六日、於二ノ鶴岡八幡宮放生会棚所一、ノ奉レ授二越州専城尊閤一了、凡ノ以二見物一為レ次、以二読書一為レ先ノ給、好学之志有レ所不レ暇、蓋ノ以レ此謂而已

直講清原（教隆）判

（令義解巻第八奥書）

令巻第七（ママ）公式令　注義解

文応二年二月八日、以二三代相伝ノ秘説一奉レ授二越州使君尊閤一了

直講清原（教隆）

弘長三年二月九日重読合了

（令義解巻第十奥書）

令巻第十

当巻故清大外史之本ノ令二紛失一之間、以二原武衛ノ奉政之本一、書写点校了、ノ于時文永三年黄鐘晦日

越州刺史平（実時）

安貞二年九月十一日書写了

同十四日委点了、貞永元年八月下旬以二或儒家本一重見合了、右衛門豊原重

本奥之（云）

安貞第三之天狭鐘中旬之候、以二ノ家説一授二原右金吾校尉一了

抑金吾者、依レ稟二庭訓於累葉之ノ風一、可三瑩鑽仰二於玉条之露一、而中ノ古以降、家門悉廃、学久昧二仙砌ノ之月一、父

祖共忘ㇾ道、徒翫ニ宮樹之花一／爰校尉学始勤学也、志元懇／志也、因ㇾ之弐部書令律併授ㇾ之而已

在裏判

修理左宮城判官明法博士兼左衛門少尉備中権掾章久(中原)

東山御文庫本律（宮内庁侍従職蔵）　**伝九条家本律・谷森本律**（宮内庁書陵部蔵）　**前田家本律**（前田育徳会蔵）

江戸時代には紅葉山文庫本と同じように金沢文庫本を祖とする名例律上と賊盗律が多数作られたらしい。ここに掲げた四本はたまたま閲覧（ないし写真版を入手）しえたものだが、四本とも紅葉山文庫本を直接の祖とするものではないと推定される（例えば名例律6条大不敬の「合和御薬」の「和」に附された朱ヲコト点「に」、「薬」に附された「を」の点は、紅葉山文庫本にはない）。四本には共通した脱行（名例律32条のうち）があるので祖本を等しくするらしい。なお東本と前本、九本と谷本とは近似するので、主として東本と九本とを校勘に用いた。

藤波本神祇令（宮内庁書陵部蔵）

表紙外題は「神祇令」とするが、内題に「令巻第三神祇」と書す冊子本一冊。神祇令と、僧尼令の篇首・篇末の各数行を収める。書写年代は江戸時代末期と推定されるが、紅葉山文庫本令義解の場合と同様に、祖本の形態を忠実に臨摹したものらしく、書写の際に変化した字くばり等を、いちいち別紙を貼付して訂正し、かつ祖本の形態を注記している。朱筆でヲコト点・声点・音読符・訓読符・注点等を書し、墨筆で声点・傍訓・返り点等を施すのも、紅葉山文庫本と共通する。ただし当本は金沢文庫本とは別系統のもので、奥書によれば、当本の祖本はもと藤原宗兼所有の本を建長七年に転写したものと伝え、南北朝期には坂上家の所有に帰していた。しかし、当本の祖本ないし当本奥書にいう「坂家證本」と、猪熊本令義解の奥書にみえる坂上家の「累家本」との関係は不明。

当本が金沢文庫本と系統を異にする伝本であるにもかかわらず、その訓点および訓読が、金沢文庫本系統の紅葉山文庫本のそれと、ほとんど変るものでないことは注目すべきである。紅葉山文庫本の本奥書から知られる訓点の移記は、令巻

第六での元仁二年(一二二五)の後生中原某と弾正忠中原某による移点と、令巻第十での安貞二年(一二二八)の豊原奉重による移点であるが、当本における移点はこれをさらに遡って、康和二年(一一〇〇)に藤原宗兼によって初度の移点が行われている。建長七年の転写に際し、書写終了とは別に「同十六日巳剋朱点了」と記していることよりすれば、宗兼による移点は朱点であったのであろうか。それはともかくとして、いわゆる明経点とは異なる律令独特の訓点が、十一世紀に遡るものであることを、当本の本奥書は示しているとみてよいであろう。改めてそれらの奥書を示せば、次の通りである。

令巻第三 本无 神祇令 本无
僧尼令

康永元年十月十四日、以㆓家説㆒奉㆑授㆓主殿頭／殿㆒訖

前豊前守坂上大宿禰明清 判

同十一月十五日、以㆓坂家證本㆒、重移点并裏／書訖

建長七年五月十三日未剋、書㆓写之㆒了

(朱筆)「同十六日巳剋朱点了」

同日校合了

本奥書云

康和二年十二月六日、蒙㆓家君厳旨㆒、以㆓善證各本㆒／移点了

散位宗兼

嘉承元年九月廿六日、受㆓師説㆒了

刑部権大輔藤原宗兼

源元寛刊本衛禁律(版本) **前田家本職制律**(前田育徳会蔵)

いずれも広橋家本を祖とするものと推定されるが、現在では見られない逸文を参照している可能性を考慮して考勘に加えた。

京本令義解（版本）

慶安三年、立野春節（蓬生巷林鶴）の校訂・印行したもので、一一冊よりなる。紅葉山文庫本の転写本を底本として用いたといわれ、職員令・後宮職員令・東宮職員令・家令職員令・神祇令・僧尼令・廐牧令・假寧令・喪葬令の九篇目は、令集解から令文と義解文を抽出して補っている。しかし紅葉山文庫本に存する関市令を収録しておらず、また倉庫・医疾の二令は欠巻のままとなっている。

塙本令義解（版本）

塙保己一が、京本に収録されなかった関市令を含め、紅葉山文庫本を校訂し、寛政十二年に印行したもの。職員令以下の九篇目は、京本と同じく令集解で補っている。塙本もはじめ倉庫・医疾の二令を欠巻としていたらしいが、文化七年以降に、河村秀穎・同秀根・同益根等の業績に依拠して、この二令の逸文を増補して再版した。再版本は全一〇冊よりなる。

田中穰氏蔵令集解・無窮会蔵令集解

田中氏所蔵本は金沢文庫本の転写本であって、三五冊。書写年代は明らかではないが、江戸時代と推定される。金沢文庫の黒印を墨書し、行間その他の書入れをも忠実に転写したもので、諸本のなかで最も金沢文庫本の原形に近いものとみられている。本書で底本として用いた無窮会本はこの田中本をやはり忠実に転写したもので、全三五冊。奥書によれば、弘化三・四年に神谷克楨が書写した。

内閣文庫蔵令集解

十巻。やはり金沢文庫本の転写本で、紅葉山文庫本律二巻・令義解七巻（上述）と一緒に、慶長十九年、江戸幕府の求めに応じて今出川家から献上されたもの。これの書写年代も、献上時期をそれほど遡るものではない。官位令から戸令までを収める。

国会図書館蔵令集解

全三四冊。上記三本がいずれも金沢文庫本の転写本であったように、当本も各巻の本奥書によれば、金沢文庫本の転写本である。上記三本との直接の系譜関係は明らかではないが、当本の巻第十九(考課二)の一冊は、もと巻子本であったのを袋綴に改装したもので、その書写年代は平安時代ないし鎌倉時代とみられている。令集解の伝本には他に古写本と称すべきものは存しないので、唯一の古写本として甚だ貴重な存在となっている。奥書によれば、当本は、慶長二〜四年に清原秀賢が、人をして書写・校合せしめ、またみずからも校合にあたった写本であって、巻第十九はそのとき、古写本をそのまま用い、首尾の欠脱を新写して補ったものであった。ほぼ各冊に秀賢自筆の識語を残し、一部に「清原秀賢」の朱印を印している。なお当本は萩野本令集解や宮崎本令集解の祖本となったものである。

萩野由之氏旧蔵令集解(坂本太郎氏蔵)

三三冊。寛永十一年、中原職忠は清家本すなわち清原秀賢書写校合の令集解を借覧してこれを書写したが、この職忠本を、文政年間に塙保己一がさらに転写し、校訂を加えた。当本はその保己一校訂本の転写本である。

宮崎道三郎氏旧蔵令集解(東京大学法学部蔵)

二三冊。これも清原秀賢本を祖本とするが、萩本と異なり、中原職忠本を親本とはしていない。すなわちこれの奥書によれば、元禄年間に某式秀が、人をして油小路隆貞の所持する令集解を書写せしめたが、その隆貞の所持したものは、清原本の転写本であった。当本は式秀本を江戸時代末にさらに転写したものである。

(この解題は、律・令に共通する部分と令に関する部分とを早川が、律に関する部分を吉田が執筆した。)

日本思想大系 3
律令

1976年12月20日　第1刷発行
1993年4月5日　第16刷発行
1994年4月7日　新装版第1刷発行
2001年10月5日　新装版第2刷発行
2016年11月10日　オンデマンド版発行

校注者　井上光貞(いのうえみつさだ)　関晃(せきあきら)
　　　　土田直鎮(つちだなおしげ)　青木和夫(あおきかずお)

発行者　岡本厚

発行所　株式会社 岩波書店
〒101-8002 東京都千代田区一ツ橋2-5-5
電話案内 03-5210-4000
http://www.iwanami.co.jp/

印刷／製本・法令印刷

ISBN 978-4-00-730525-2　Printed in Japan